2011—2020 年國家古籍整理出版規劃項目
2017 年度國家古籍整理出版專項經費資助項目

曹貞吉全集箋注

上

〔清〕曹貞吉　撰
趙紅衛　箋注

齊魯書社
·濟南·

圖書在版編目（CIP）數據

曹貞吉全集箋注 / （清）曹貞吉撰；趙紅衛箋注
. -- 濟南 ：齊魯書社，2022.6
ISBN 978-7-5333-4545-7

Ⅰ. ①曹… Ⅱ. ①曹… ②趙… Ⅲ. ①中國文學—古典文學—作品綜合集—清代 Ⅳ. ①Z842.49

中國版本圖書館CIP數據核字（2022）第096770號

封面題簽：張其鳳
責任編輯：劉玉林　張　超
裝幀設計：李　生　趙萌萌

曹貞吉全集箋注

CAO ZHENJI QUANJI JIANZHU

〔清〕曹貞吉 撰　趙紅衛 箋注

主管單位　山東出版傳媒股份有限公司
出版發行　齊魯書社
社　　址　濟南市市中區舜耕路517號
郵　　編　250003
網　　址　www.qlss.com.cn
電子郵箱　qilupress@126.com
營銷中心　（0531）82098521　82098519　82098517
印　　刷　山東臨沂新華印刷物流集團有限責任公司
開　　本　880mm × 1230mm　1/32
印　　張　61
插　　頁　10
字　　數　1560千
版　　次　2022年6月第1版
印　　次　2022年6月第1次印刷
標準書號　ISBN 978-7-5333-4545-7
定　　價　258.00圓（全二册）

曹貞吉畫像，清葉恭綽輯，楊鵬秋摹繪，
選自《清代學者像傳》第二集

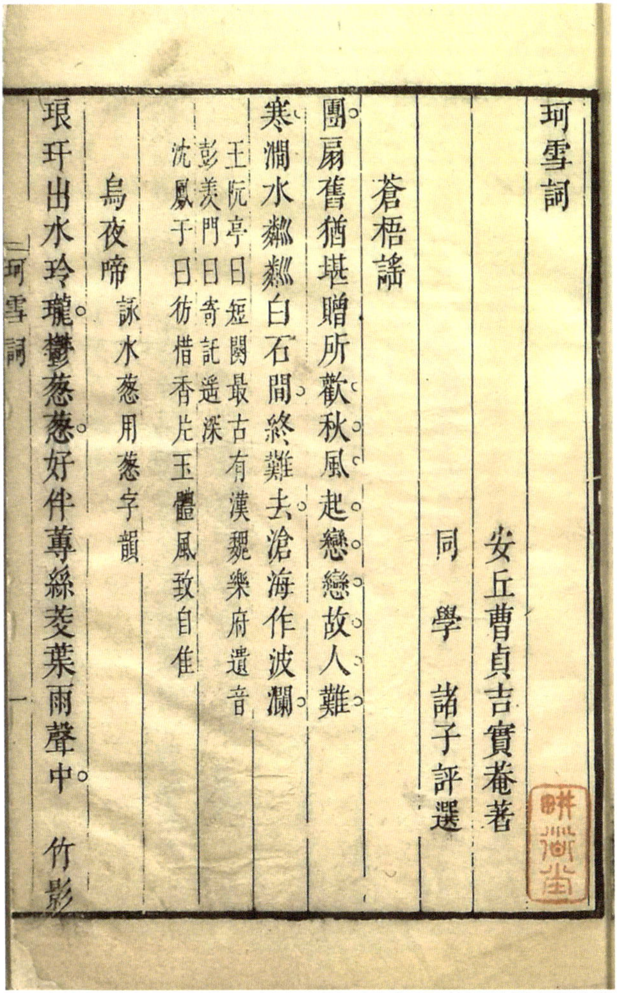
珂雪詞

安丘曹貞吉實菴著

同學諸子評選

蒼梧謠

團扇舊猶堪贈所歡。秋風起。戀戀故人難。寒澗水粼粼白石間。終難去。滄海作波瀾。

王阮亭曰短闋最古有漢魏樂府遺音

彭羨門曰寄託遙深

沈鳳于曰彷惜香片玉體風致自佳

烏夜啼 詠水葱用葱字韻

琅玕出水玲瓏。鬱葱葱。好伴蓴絲菱葉雨聲中。竹影

珂雪詞 一

《珂雪詞》，清康熙張潮刻本，南京圖書館藏

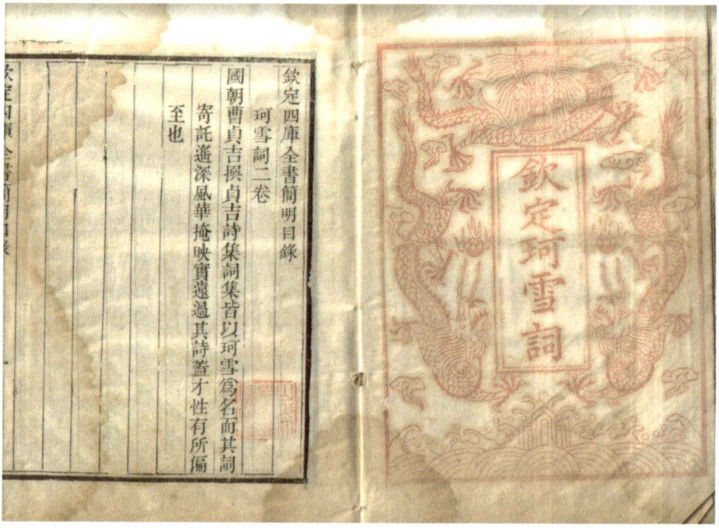

《珂雪詞》，清康熙刻乾隆增刻本，山東大學圖書館藏

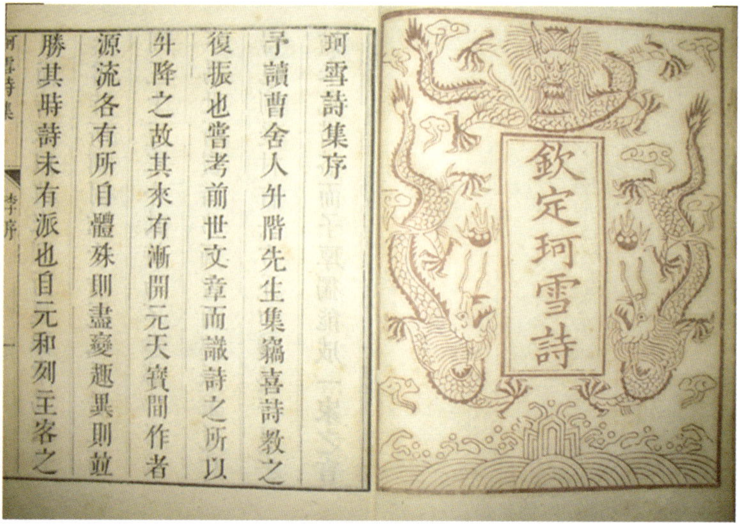

《珂雪詩集》，清康熙刻本，山東省圖書館藏

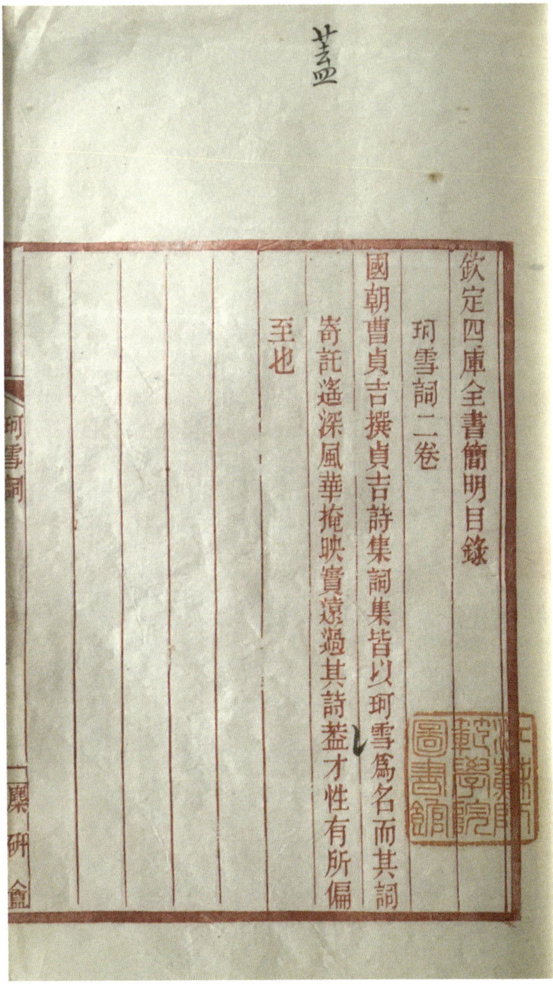

《珂雪詞》，清末麋研盦刻朱印本，
蘇州大學圖書館藏

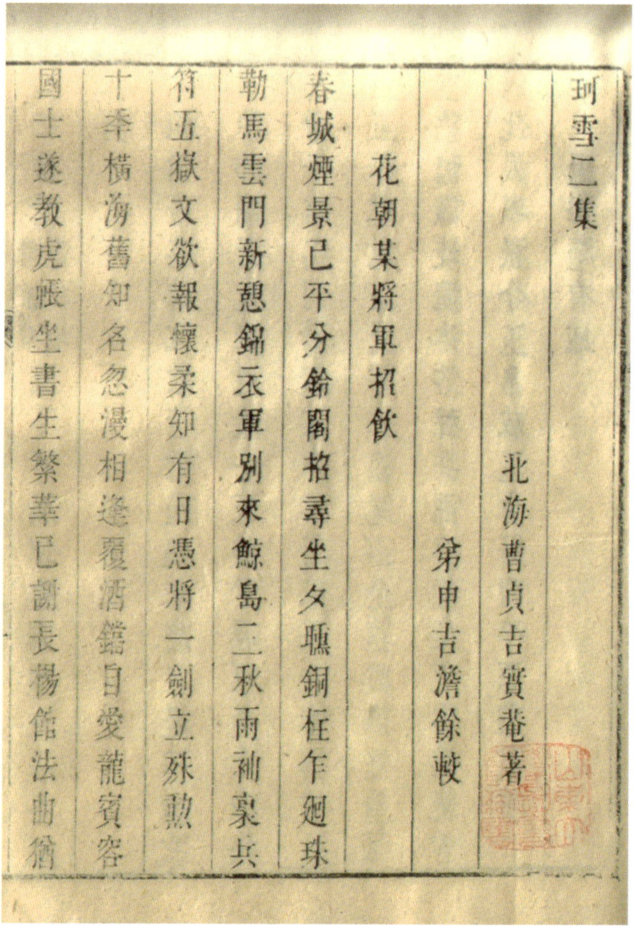
珂雪二集

北海曹貞吉實菴著

弟申吉澹餘較

花朝某將軍招飲

春城煙景已平分鈴閣招尋生夕曛銅柱乍迴珠
勒馬雲門新憩錦衣軍別來鯨島三秋雨袖裏兵
符五嶽文欲報懷柔知有日憑將一劍立殊勲

十年橫海舊知名忽漫相逢覆酒鐺自愛龍賓容
國士遂教虎帳坐書生繁華已謝長楊館法曲猶

《珂雪二集》，清康熙十一年（一六七二）
刻本，山東大學圖書館藏

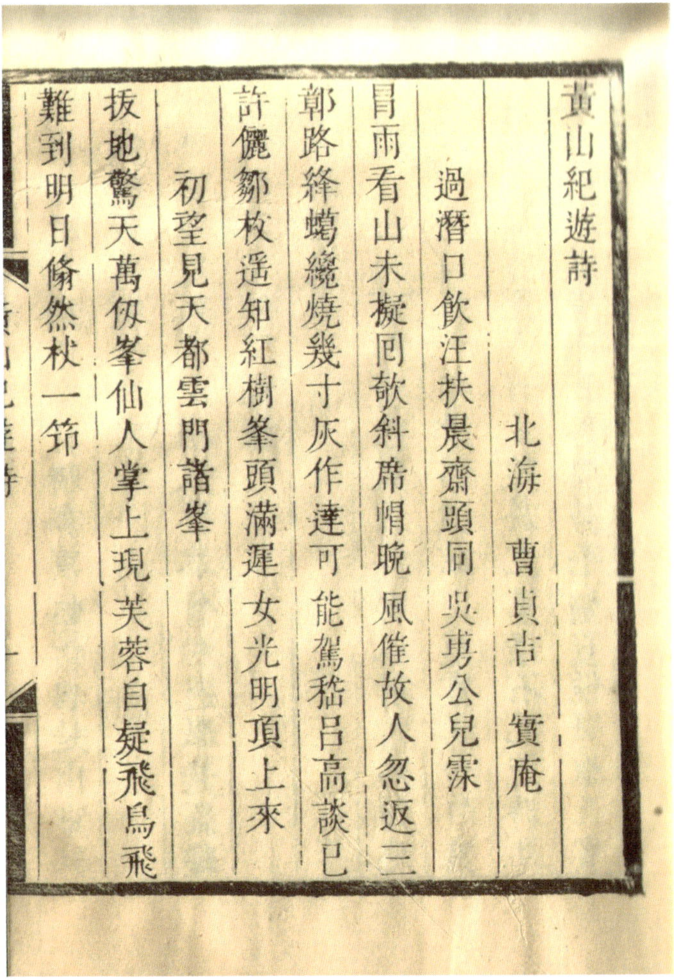

黃山紀遊詩

北海　曹貞吉　實庵

過潛口飲汪扶晨齋頭同吳冉公兒霦

冒雨看山未擬回欹斜席帽晚風催故人忽返三
郭路絳蠋纔燒幾寸灰作達可能駕嵇呂高談已
許儷鄒枚遥知紅樹峯頭滿遲女光明頂上來

初望見天都雲門諸峯

拔地驚天萬仞峯仙人掌上現芙蓉自疑飛鳥飛
難到明日翛然杖一節

《黃山紀游詩》，清康熙刻本，山東大學圖書館藏

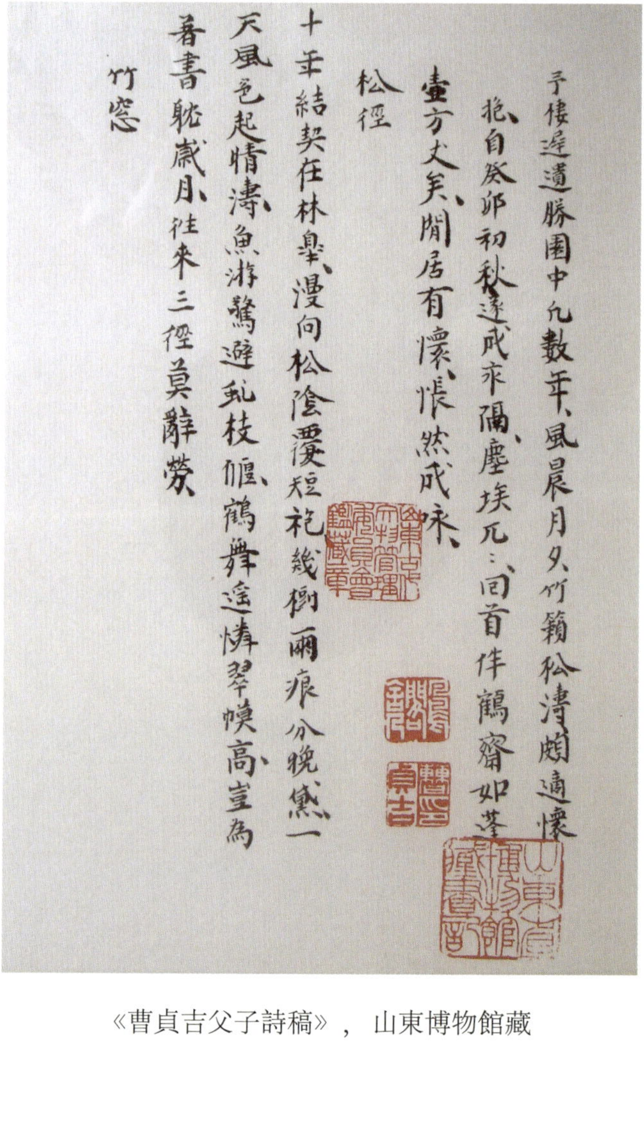
予僂遲遺勝園中凡數年，風晨月夕，竹籟松濤頗適懷
抱。自癸卯初秋，遂成來隔，塵埃凡凡，回首伴鶴齋如蓬
壺方丈矣。閒居有懷，悵然成咏。
松徑
十年結契在林臯，漫向松陰覆短袍。幾樹兩痕分晚黛，一
天風色起晴濤。魚游鷺避乱枝偃，鶴舞遥憐翠幰高。豈為
吾書耽歲月，往來三徑莫辭勞。
竹窓

《曹貞吉父子詩稿》， 山東博物館藏

序

中國文學發展史，詩性文化是主體。就詩詞而論，至唐宋已達巔峰。後世詩人或以唐爲尚，或以宋爲宗，或集百家之長，或重幽情單緒，或單求獨抒性靈，或意欲開宗立派，精彩紛呈，代有擅場。至明清易代，詩風大變，山東詩壇，獨領風騷，有『本朝詩人，山左爲盛』之譽，安丘曹貞吉即爲聲名最著者之一。其詩作氣清力厚，情感真摯，風格遒勁，風采獨具，在當時已名冠京都。《清史稿·文苑傳一》載『詩中十子』，號稱『金臺十子』，山東有其四，曹貞吉赫然列於其中；時人將其與嘉善詩人曹爾堪并稱爲『南北二曹』。主盟清初詩壇五十餘年的『一代正宗』王漁洋編成《十子詩略》，第三卷即收録曹貞吉的《實庵詩略》，可見曹氏詩在清初之地位。而曹貞吉尤以詞名世，其詞追踵宋人，風華掩映，寄托遥深，與納蘭性德和顧貞觀并稱『京華三絶』。《四庫全書》著録清初詞集，獨取曹貞吉《珂雪詞》一種。清人吴綺編《名家詞選》，推《珂雪詞》爲壓卷之作。曹貞吉全集的整理的確是一項貢獻巨大、意義深遠的學術工程。但直至當代，對曹貞吉詩詞，關注者既少，其全集箋注，更無人問津，實爲學界一大憾事。

紅衛是我二〇〇九年録取的博士研究生，其性情賢淑，爲人謙和，但治學刻苦，勤勉自勵。讀博之初，她即想做《曹貞吉全集箋注》，但箋注之事，似易實難，不可輕易爲之。且欲研其詩，先知其人，應從長計議，我鼓勵她博士論文先做《明清安丘曹氏家族文化研究》，厚植根基，待條件成熟，再做箋注。其在攻讀學位期間，勤奮刻苦，嚴謹認真，廣搜資料，深研文獻，博采衆説，獨創新徑，終以優秀成績畢業。當時我正主編『山東文化世家研究書系』，讓其將博士論文認真增補修改後，納入其中，由中華書局於二〇一三年十二月統一出版，并獲得二〇一五年山東省社會科學優秀成果奬特等奬。在『書系』二十八卷中，紅衛的曹氏家族文化研究，以其視野宏闊、用功扎實、考索嚴密、論説周詳，頗受好評。作爲導師，我感到尤爲高興。此後，紅衛又先後完成了專著《安丘曹氏家風》《〈安丘曹氏族譜〉整理研究》，對曹貞吉及其家族的研究漸次展開，逐步深入，爲高質量做好《曹貞吉全集箋注》奠定了堅實基礎。數月前，紅衛來電，告書稿已寫竣，年内即可由齊魯書社出版，囑我爲序。從學十餘年來，我看到她努力上進，孜孜於學，未嘗稍懈，難能可貴。今讀其書稿，知其學問又上層樓，更感欣慰。就書稿看，用功甚深，頗見心力，現僅就三點略陳如次。

一、凡曹貞吉作品的稿本、鈔本、刻本，別集、選本、他集引文，皆一一復核，所做校勘工作細緻縝密，不唯對相异版本校勘訂誤，校記詳實；對没有异本的作品，也字斟句酌，推理考證，勘誤訂正。我選讀若干，兹舉一例，《珂雪三集》中《送翁武原之任黄州》一詩詩題底本原作《送翁武源之任廣州》，版本衹存清鈔本一種，無其他异本可供對校，但紅衛詳加推理，多方考證，校訂『翁武源』當作『翁武原』，『廣州』當作『黄州』。其考訂詩題中『翁武源』之『源』當爲『原』，參校了清朱彝尊撰、清李富孫注《曝書亭集詞注》卷三引《浙人詩存》『翁介眉，字武原，錢唐人』，同代詩人王士禛《帶經堂集·送翁武原赴黄州岐亭丞》、陳維崧《湖海樓詩集·送錢塘翁武原同知黄州》，以及李澄中、李良年、李因篤、吴雯、彭孫遹等諸多與翁介眉的送别唱和詩，均作『武原』，遂據以改。『黄州』，底本作『廣州』，校訂中推理詩中『此去髯蘇舊游地』『七澤三湘』『郢中聲』諸意象，均與湖北有關。又反復詳考史地志書，查《（光緒）黄州府志》卷十一《職官表·同知》：『己未，翁介眉，錢塘例監。』知翁介眉於康熙十八年己未曾任黄州同知。《（雍正）廣西通志》《栖霞寺志》皆記載，翁介眉還曾任『桂林府太守』等，而相關史志資料中未見有翁介眉任職廣州的記載。綜上，考訂詩題中『廣州』當作『黄州』。紅衛校勘扎實嚴謹之功，可見一斑。

二、全書廣徵文獻，箋釋典故，究明史事，對曹氏詩詞紀事尤其關注。紅衛曾做過大量與曹氏有關的基礎工作，在其箋注中能時時體會到她與曹氏心領神會的對話。僅舉一例，其注《珂雪詞》之《西直門外作》一首，考歷史典故，顧炎武《昌平山水記》卷上：『（明）妃嬪、太子、諸王、公主之葬西山者以百數，自沙河而南三十里紅石口入山，陵冢相望，皆在京師西直門外。』證詞中的悼亡情緒與此典實相契合。但更深究詞中悼亡情緒與曹貞吉生平際遇的關聯，考究該首詞爲曹貞吉悼念外祖劉正宗所作，據《清史列傳·劉正宗》：『（順治）十七年……革職追奪誥命，籍家産一半歸入旗下，不許回籍。明年，聖祖仁皇帝御極，以世祖章皇帝遺詔内曾及正宗罪狀，當置之重典，念其年老，特予寬免。未幾，病死。』順治十八年（一六六一）劉正宗病逝後，因不許回籍，寄厝於北京西直門外。詞中情境，實出有源。

三、本書綴輯逸文，搜羅略遍，在曹氏作品結集已相對完備的基礎上，又輯補詞十首，詩十六首，文輯得碑銘一篇、序跋十二篇（其中存目一篇）、殘句二則、題評兩則、詞評詞話五則、書札十七通，儘可能地呈現了曹氏詩文詞作的全貌。附録則備集關於曹氏及其作品的序跋、題記、詩評、詞評、書信、贈答、傳記資料等，爲讀者瞭解曹氏創作提供了準確詳實的史料。

我們現在身處電子信息時代，古籍數字化，文獻紛呈，檢索便利，使得前輩學人認爲難以實現的高難選題，也具備了做好的可能性。相信紅衛也充分利用了各種資源，但其工作又絶非全靠檢索所能完成。電子信息時代并不意味着傳統治學的門徑、方法已失去其意義和價值，相反，從豐富的文獻資源中，善學者可以體悟出新的治學法門，更進一步貼近學術前沿，領悟學術精微，探究作品真髓，紅衛新著於此一端，可謂有心得者。《曹貞吉全集箋注》部帙宏大，徵引繁富，首次箋注，做到如此程度，已足可觀。但錯漏之處，恐屬難免，望紅衛能够於書籍出版後，廣采各方評騭，不斷修訂完善，日臻精粹，期成不二權威之作。

王志民

二〇二二年三月三十日

前言

曹貞吉，字迪清，一字升六，别號實庵，山東安丘連池（今山東安丘石堆鎮大蓮池村）人。生於崇禎七年（一六三四）正月二十二日，卒於康熙三十七年（一六九八）十一月初四日。清初詩人、詞人。曹貞吉之子曹濂言其父所著有『《珂雪集》二卷，《十子詩略》一卷，《朝天》《鴻爪》《黄山紀游詩》各一卷，《珂雪詞》一卷，行於世；古文辭一卷、《實庵未刻詩稿》、經書制藝各千餘首，藏於家』（《儀部公行狀》）。其詩作氣清力厚，情感真摯，風格遒勁，與嘉善詩人曹爾堪并稱爲『南北二曹』，且名列『金臺十子』。尤以詞名世，其詞追踵宋人，風華掩映，寄托遥深，與納蘭性德、顧貞觀并稱爲『京華三絶』。《四庫全書》著録清初詞集，獨取曹貞吉《珂雪詞》一種。清人吴綺編《名家詞選》，推《珂雪詞》爲壓卷之作。

安丘曹氏族譜記載，明初洪武年間，始祖曹德奉牒占籍安丘連池，隱迹田野，務農勤耕。至五世祖曹滕，始入學習儒，爲明弘治九年歲貢生。自曹滕始，一直到晚清科舉制度廢止，曹氏家族代代業儒，書香日起，功名日多，是爲邑里著姓。

曹貞吉之祖曹銓（一五七八—一六四二），字籲明，天啟三年例貢生，任光禄寺大官署丞，升江南淮安府邳州同知，爲官不避清苦，好自檢束，冰蘗之操，守終不易。又儉約持家，樂善好施，『庚辰、辛巳，連歲大祲，人至相食，公竭倉廩以賑貧者，先族人，次姻戚，暨鄉鄰農佃待舉火以存活者，蓋數百人有奇』（孫光祀《誥贈通議大夫大理寺卿籲明曹公暨配太淑人王太君合葬墓志銘》）。曹貞吉之父曹復植（一六一五—一六四二），字宗建，一字雲將，廪生。有文名，與益都孫廷銓、淄川高珩相頡頏。家多藏書，無不通究，尤留心於經世之學，好論古今利害成敗。明末清初戰亂中，因避兵難，客死安東衛（今山東日照），年僅二十九歲。曹復植雖英年早逝，但他在生前身後都以榜樣的力量給予曹貞吉極大的影響，曹復植『工書，能詩，嘗手寫唐詩七言一册，舍人（曹貞吉）幼誦之，傳於其弟，今舍人、中丞（曹申吉）并以詩名天下，贈公教也』（曹禾《雲將公墓志銘》）。曹貞吉之母劉太夫人，安丘劉正宗次女，『出自相門，自幼陶染詩禮間事，閨閣之内，肅若朝典』。曹復植去世時，劉氏年未三旬，二子俱在髫齔。劉太夫人『砥節課孤，以母兼父，有斷絲畫荻之風』（《（康熙）續安丘縣志》卷二十五《列女傳第十》）。曹貞吉胞弟曹申吉（一六三五—一六八〇），字錫餘，一字澹餘，清順治十二年（一六五五）進士。欽選翰林院庶吉士加一級，授國史院編修，充扈從日講官，轉湖廣下荆南道布政使司參議，遷河南睢陳兵備道按察司副使，内升通政司左通政，晋大理寺正卿，升禮部右侍郎加一級，祭告南岳，充丁未（一六六七）科殿試讀卷官，康熙九年（一六七〇）轉吏部右侍郎，康熙十年（一六七一）改工部右侍郎，巡撫貴州兼都察院右副都御史加一級。康熙十九年（一六八〇）在吴三桂之亂中殉難。入《山東通志·事功傳》、郡邑志《事功傳》。才情藻麗，工詩文，著有《又何軒詩集》《澹餘集》《南行日記》《黔行集》《黔寄集》等。曹貞吉文章名德，海内宗仰，曹申吉忠貞不屈，不墮家聲，遠承安丘曹氏先祖之家學門風，近受祖父輩之諄諄教誨，可謂淵源有自矣。

曹貞吉與胞弟曹申吉自幼便在家鄉同負俊聲。在曹貞吉七歲、曹申吉六歲時，兄弟二人同就外塾，曹貞吉好友安丘名士張貞曾言：『順治乙酉，余纔總角，吾先君自外歸，曰：「今日余於劉太史家見其曹氏兩外孫，爽朗玉立，精神足以蔭映數人，真一時龍鸞也！」」（《誥授奉政大夫禮部儀制清吏司郎中曹公墓志并銘》）張貞童年所聽聞的『曹氏兩外孫』即曹貞吉、曹申吉兄弟，劉太史即曹氏兄弟的外祖劉正宗。曹貞吉與其弟申吉受家世熏陶，自幼便聰明靈慧，立意於仕途。順治八年（一六五一），曹貞吉與申吉同赴省應舉，申吉中舉，而曹貞吉作爲兄長卻名落孫山。曹貞吉自幼失怙，年僅九歲時，父親在戰亂中罹難，兄弟二人與母親相依爲命，艱辛備嘗，其《歲暮感舊書懷二十八韵》詩言：『煢煢弃路隅，艱難時隕涕。提携惟老母，追隨有弱弟。搶攘兵戈中，生全偶然濟。茹苦甘熊丸，長貧恒斷虀。租税苦追呼，風雨門常閉。』曹貞吉作爲家中長子，承擔了更多的家庭責任和家族厚望，因此自幼便發奮攻讀，希冀能早登科第，振興家門。所以初次應舉的失利對曹貞吉來説是一個不小的打擊，尤其與科舉順利的弟弟相比，曹貞吉更覺壓力倍增。自初次科舉失利至清康熙二年癸卯以山東鄉試第一中舉，曹貞吉困頓於科場十二年，個中滋味，自是難言。後來曹貞吉在《歲暮感舊書懷二十八韵》詩中追憶往事嘗曰：『追乎辛卯秋，初較文壇藝。季方着先鞭，而余獨留滯。癸巳集東墅，晨夕互砥礪。阿弟陟承明，嘆予方食饑。咫尺判雲泥，撫躬憂非細。自度年力足，未肯甘薜荔。丙申游帝都，歸來遂决計。讀書唯小園，矢懷一何鋭。不謂兩放逐，失我凌雲勢。痛哭焚舊編，誓欲絶匏繫。淹屈負鬚眉，舉止慚僕隸。衆裏自嫌身，况復人間世。』初次應試後，曹貞吉與曹申吉晨夕砥礪，繼續學業。兩年後，即順治十年癸巳（一六五三），曹貞吉取得廪生資格，而申吉則已於同年進士及第，并很快官運亨通，躋身九列。曹貞吉則潦倒諸生間，『布衣徒行無改寒素，人有以相稱者，面輒發赤』。這讓曹貞吉頓生咫尺雲泥之嘆，但其自覺自己尚處年富力强之機，不肯甘心就此隱匿鄉間，碌碌無爲。於是在清順治十三年丙申（一六五六），至京探視弟弟回鄉後，又復鋭氣滿懷，誓志苦讀。然而順治十四年丁酉（一六五七），曹貞吉二十四歲時，秋試又不得志。兩度科舉失利，不免使意氣風發的青年曹貞吉喟嘆：『不謂兩放逐，失我凌雲勢。』然而曹貞吉愈挫愈勇，焚毁舊編，再入書齋，爲此甚至放弃自己喜愛的詩文創作。其子曹濂《儀部公行狀》曰：『蓋先大夫少即工詩，恐妨制舉而不爲。』曹申吉在《珂雪初集跋》中亦説『癸巳甲午之間，予從事聲律，時與兄商榷淵源，流連風雅，而兄方耽心制舉業，略不涉筆，無從測其閫奥也』。

曹貞吉掙扎於科舉路上多年，終於康熙二年癸卯（一六六三）中解元。康熙三年甲辰（一六六四）以第三甲第三十三名聯捷進士，時年三十歲，『三十獲一第，所負良已釋』（《櫛髮有白者感賦》），多年的苦讀與煎熬終得報償，讓曹貞吉有如釋重負之感。康熙九年（一六七〇），曹貞吉考授内閣中書舍人〔二〕。這一年，曹申吉正爲禮部侍郎，兄弟二人同在京師爲官，『一年之中，連床風雨，擊鉢行吟，此唱彼賡，兄酹弟勸，生平之歡，無逾此歲』（曹申吉《珂雪二集序》）。這大概是曹貞吉一生中少有的歡娱時光。康熙十年辛亥（一六七一）正月，曹申吉以工部右侍郎兼都察院右副都御史巡撫貴州。康熙十二年（一六七三）『三藩之亂』爆發，曹申吉在貴州巡撫任上被吴三桂所俘，陷敵七年間，音信全無，生死未卜，是投敵還是被俘，朝中衆説紛紜，其間甚至一度被清廷定爲『附逆』，這一時期身爲朝臣的曹貞吉的處境可想而知：一方面牽挂弟弟，憂思如焚，『囁嚅隱忍，惴惴焉而不敢歸寧其母』（曹禾《雲將公墓志銘》）；另一方面治世之思、升遷之望更爲渺茫，『進退維谷，日夕惟以眼泪洗面』（張貞《誥授奉政大夫禮部儀制清吏司郎中曹公墓志并銘》）。曹貞吉在中書舍人一任蹉跎十幾年，滯留於此，至康熙二十三年（一六八四），始終未得升遷。個中原因，一是與曹貞吉本身的清正耿介有關，其爲人『介特自許，意所不欲，萬夫不能回。以是

〔二〕按《安丘連池曹氏族譜》卷七『曹貞吉』條記爲『内弘文院中書舍人』。《（康熙）續安丘縣志》貢舉表第二、卷十三及曹貞吉子曹濂撰《儀部公行狀》均記爲『秘書院中書舍人』。

多取嫉於人，而亦以是爲清議所重』（《清史列傳·文苑傳一》）。除此之外，另有深層原因，那就是因爲曹申吉被錯定爲『附逆』的關係。仕途的坎坷，讓他深深體會到官場的無情與世態的炎凉，曾經的入世熱情不免消磨於怨嗟傷嘆之中。隱逸情懷與傳統文人以報國爲志向的價值取向常常令曹貞吉矛盾痛苦，如《秋暮感懷》所咏：『隔歲寒飇吹簪冠，重來落葉繞長安。愁中作客三秋盡，廡下逢人一笑難。黄菊未開遲命酒，牛衣好在慰加餐。故園回首西風裏，剩有烟雲護釣竿。』直言其在日復一日、年復一年的時光流逝中，困頓於舍人一職庸碌無爲的無奈。不過，這一時期仕途的坎坷與生活的磨難却促成了曹貞吉的文學創作。《珂雪初集》《珂雪二集》相繼出版，其詩歌或寫其閑適生活，或寫對功業的渴望，或寫對親情的眷戀，或寫對人生世態的思考，均情真意切，自出機杼。

清康熙二十四年乙丑（一六八五），曹貞吉在滯任中書舍人一職達十五年之久後，出任徽州府同知，時年五十二歲。隨着人生閱歷的豐富和對文學創新的孜孜以求，這一時期曹貞吉的詩詞創作達到了頂峰。其卓越的政治才華也在這一時期得以顯現，『轍迹到處，甘霖隨之』（曹錫田《儀部公墓表》）。在安徽府同知一任，曾歷攝祁門、青陽、安慶、黟縣諸縣之政，康熙二十五年（一六八六）在祁門攝令事，『罷門攤船課、汰磁土水車之税，祁人作《却金歌》以美之』。清康熙二十七年戊辰（一六八八），祁門新上任的縣令殘暴害民，激成民變，新縣令迫於壓力自經而亡，太守請於上官曰：『非曹君不能定此亂。』曹貞吉臨危受命，却胸有成竹，赴祁途中繞道白岳〔二〕，從容游山賞水，兩三日後抵祁門，立懲魁首，盡除苛政，人民稱頌，内外帖服。同年秋天又攝政青陽，『諸吏抱牘進曰：「兑漕例徵三千金爲公私費。」公笑曰：「猾吏欲以腐鼠嘗我邪？水次近縣門，何須多金！當事知我貧，或不過督也。」宿弊遂洗』（張貞《誥授奉政大夫禮部儀制清吏司郎中曹公墓志并銘》）。康熙二十八年己巳（一六八九）以徽州同知署黟縣事，『比其返也，争置旗扁以榮其行，朱彩迷離，照耀川谷，數十里不絶』（曹濂《儀部公行狀》）。康熙三十一年壬申（一六九二），曹貞吉又以安徽府同知署歙縣事，『爲之理煩治劇，青燈在案，丙夜無倦色』（曹錫田《儀部公墓表》）。同年遷户部廣東司員外郎。康熙三十二年癸酉（一六九三），改官禮部儀制司郎中。康熙三十五年（一六九六），調任湖廣提學僉事，以疾未赴。

曹貞吉爲官不僅勤謹敏行，以民爲本，而且品行端方，尊禮重儀。康熙三十二年

〔二〕白岳，山名，在今安徽省黄山市休寧縣境内。

癸酉（一六九三），任禮部儀制司郎中掌管禮儀，『其中貢舉、學政尤事之大者，先大夫（曹貞吉）蒞事，一切悉遵舊章』（曹漮《儀部公行狀》），『人間以史傳故實相咨，事雖隱僻，公應對如流，論者謂不減張司空在典午之代也』（張貞《誥授奉政大夫禮部儀制清吏司郎中曹公墓志并銘》）。曹貞吉之博學尊禮可見一斑。在曹貞吉任禮部儀制司郎中期間，適逢銓曹缺員，『上命大臣各舉才望堪任者一人，大宗伯特以公應。衆謂其且峻擢』（張貞《誥授奉政大夫禮部儀制清吏司郎中曹公墓志并銘》）。但康熙三十五年丙子（一六九六）銓曹之薦，正逢鄉試，曹貞吉任廣西主考官，旋即又被調任湖廣學政，以疾未赴，解官歸里，時年六十三歲。曹貞吉生性恬淡，不苟名利。在任徽州府同知期間，公務之餘，『長夏多暇，日與歙令靳熊封先生及新安諸名士坐修篁濃翠中，講求聲韵之學。客去，則弄紅絲小研，磨方程諸家舊墨，而衡其甲乙，磨已復洗，耽玩不厭，雖瓶甑生塵，不問也』。解官後，回到安丘故園，與劉源淥、張貞及諸好友結老人之會，笑言終日，有集會則必扶杖以往。動則『或獨乘肩輿，遺興郊原，或時過野墅，與田夫野老閑話農桑，怡然自適』，静則『居恒正襟危坐，静若枯禪，啜茗焚香，意泊如也』（曹漮《儀部公行狀》）。康熙三十七年（一六九八）十一月初四日，曹貞吉病逝，葬於安丘縣東北固原。著名史學家、思想家黄宗羲評其曰：

『淵渟岳峙，望之使人意消。英辭風謦，播於寰宇，而處之若無。』（《曹實庵先生詩序》）

二

康熙三年（一六六四），曹貞吉進士及第，於六月歸里，始有暇致力於詩詞創作。其間因丁祖母憂居家，『讀禮之暇，鈎貫經史，搜擷苑部，於一切周秦兩漢六朝唐宋諸書靡不縱觀。既除喪，以其所學發而爲詩，爲詞、爲古文辭，無不登峰造極』（曹濂《儀部公行狀》）。康熙五年（一六六六），曹貞吉再至京，申吉言『丙午，兄來京邸，時方居先大母憂，未赴選人。而兄之稱詩，自此始矣』（曹申吉《珂雪二集序》）。康熙六年（一六六七），曹貞吉爲吴越之游，得以結交四方名士。張貞《祭曹實庵先生文》記載：『憶丁未首夏，先生需次里居，結伴南游，泛棹長淮，艤舟邗上。時四方名士，多僑寓其間，投紵贈縞，論交甚衆。相與登紅橋，過竹西，上下平山堂，籃輿畫舫，匏尊竹杖，歡聚月餘，始各散去。』曹申吉言『兄五年中著述盈篋，予同阮亭王子擇其尤雅者若干篇，付之梓人』（《珂雪集跋》），名之曰《珂雪集》，即後來的《珂雪初集》。與生活經歷相關，《珂雪初集》多爲吟咏山水、交游唱和之作。

康熙九年（一六七〇），曹貞吉考授内閣中書，得以與同時在京爲官的弟弟曹申吉及諸好友詩酒唱和。康熙十年（一六七一），曹申吉出任貴州巡撫，曹氏兄弟的摯友李良年亦跟隨入黔。曹申吉在《珂雪二集序》中言明了當時的情狀：『迨辛亥春，予拜黔中之節，奉母南還，兄送至蘆溝東數里，握手躑躅，不能成句。』又『即郵筒萬里，篇什往來，彼以寫憂，此以當泣，殆怫鬱之意多而歡愉之言少矣』。康熙十一年（一六七二），曹申吉把曹貞吉『始於己酉之二月，迄於壬子之四月』所作詩『與李子武曾論定而付之梓人』，是爲《珂雪二集》。因曹貞吉已身入官場，加之兄弟、母子別離，《珂雪二集》中對人生之感慨漸多。

康熙十二年（一六七三），曹申吉在『三藩之亂』中被執，生死不明。曹濂《儀部公行狀》言：『迨自甲寅亂後，南天鮮雁足之書，故鄉有垂白之母，先大夫欲歸不能，欲留不可，日夕惟以眼淚洗面。視草餘閑，則同新城今大司寇王先生阮亭、德州今少司農田先生漪亭、商丘今中丞宋先生牧仲、秀水今檢討朱先生錫鬯、宜興故檢討陳先生其年、江都故比部汪先生蛟門及一時諸名公商量風雅，消減歲月，此《十子詩略》《珂雪詞》之所由成也。』《清史稿·文苑傳一》：『（曹禾）與田雯、宋犖、汪懋麟、顔光敏、王又旦、謝重輝、曹貞吉、丁澎、葉封齊名，稱詩中十子。』《（咸豐）

青州府志》卷四十七《人物傳十》、《清史列傳》卷七十《文苑傳一》、宋犖《西陂類稿》卷四十七《漫堂年譜》對此均有記載。王士禛爲『十子』選編《十子詩略》，『其版亦分藏於各家，往往别本單行，版心所題，猶其全編之總名也』（《四庫全書總目》卷一百八十一『《樂圃詩集七卷》』提要）。《實庵詩略》即第三卷，不僅選取了《珂雪初集》《珂雪二集》中的詩作一百零八首，還收録了《珂雪二集》刊行後所作詩歌八十九首，見於今存清鈔本《珂雪三集》《珂雪三集古近體詩》。

曹申吉作爲貴州巡撫陷敵七年，音信全無，毁譽不一，甚至一度被認爲投降了吴三桂，這不僅給曹貞吉造成了巨大的精神創傷，而且使其詩詞刊刻失去了有力的經濟支持。不過，翻檢《安丘曹氏家學守待》，由其從玄孫曹尊彝鈔存的《珂雪三集》《珂雪三集古近體詩》共收録曹貞吉詩歌近七百首可知，其間曹貞吉的詩歌創作并未停輟。集中既有《壬子秋盡夢渡大水驚濤拍天似聞人語曰洞庭湖也夢得句曰一夜相思過洞庭醒來足成之》《癸丑元旦》《乙卯元日過天咫齋頭遇沈康臣小飲翌日見投一詩賦答四首》等時間明確作於這一時期的詩，又有《濂兒省余都門兩宿而去作此送之追録》記載其長子曹濂在北京地震後入京視父，《賀新涼・地震後喜濂至都門》一詞亦記此事。《清史稿・聖祖本紀一》：『秋七月……庚申，京師地震。』這已是康熙十八年（一六七九）的事了。又如宋犖《西陂類稿》卷四十七《漫堂年譜》記康熙十九年（一六八〇）『四月，便道歸里……五月，復命如都，刻《雙江唱和集》』，曹貞吉有《爲牧仲題雙江唱和集》等詩。可見自康熙九年庚戌（一六七〇）考授内閣中書，一直到康熙二十四年乙丑（一六八五）出任徽州同知，曹貞吉所作詩大多收入鈔本《珂雪三集》《珂雪二集古近體詩》中了。

康熙二十四年（一六八五）秋，曹貞吉由中書舍人出爲徽州同知，不久奉命北上，繼除祁門令，轉青陽令、黟縣令。所至之處，皆有政聲，且一路詩興勃發。曹貞吉《桂留堂文集序》記曰：『乙丑冬，隨牒貳新安，度翬嶺，抵華陽，山川靈秀之氣，撲人眉宇。維時馮式流覽，長吟「山從人面起，雲傍馬頭生」之句，欣然忘疲，意必有賢人君子托處其地者然。』其於途中所作諸詩，輯爲《朝天集》，靳治荆《跋朝天集後》曰：『康熙丙寅夏五，武密靳治荆敬跋。』

康熙二十六年（一六八七）曹貞吉以事赴宛陵，前後歷月餘，於途次得詩四十四首。『宛陵，故先大夫舊游地也，郡中諸賢豪多於先大夫稱素心交，至是文酒流連，詩篇往復，清宴敬亭，有「鴻爪重尋感舊游」之句，遂以《鴻爪》名集。』（曹濂《儀部公行狀》）『鴻爪』一典出自北宋蘇軾《和子由澠池懷舊》：『人生到處知何似？應似飛鴻踏雪泥。泥上偶然留指爪，鴻飛那復計東西。』《鴻爪》一集『爲贈答，爲聯吟，或憶往昔，或紀目前，以至賦物咏懷，無不淋漓盡致，感慨繫之』（靳治荆《鴻爪集題辭》）。

康熙二十九年（一六九〇）晚秋，曹貞吉以公事之暇，得游黄山，得詩三十七首，名之曰《黄山紀游詩》，并於當年刊刻。其後有汪士鋐《黄山紀游詩序》：『吾師安丘曹夫子，以西清名彦，佐郡新安，庚午晚秋，公事之暇，爲黄山游，游凡七日，得詩三十七首。余家阮溪，在黄山之麓，公出山，手授一帙，予受而讀之，紀程書事，一歸簡净。』

康熙三十五年（一六九六），曹貞吉在禮部儀制清吏司郎中任上以病辭歸，康熙三十七年（一六九八）病逝於家鄉安丘。曹益厚在《珂雪詩集序》中説：『曾大父自新安内召，回翔郎署，以疾辭湖廣學政，遂歸里，前後十餘年詩若干首，未及付梓。』這部分『未及付梓』的作品應該也是清鈔本《珂雪三集》《珂雪三集古近體詩》的重要來源。

乾隆三十五年（一七七〇），曹貞吉曾孫曹益厚匯輯《實庵詩略》《朝天集》《鴻爪集》《黄山紀游詩》諸刻本的原版，總名之曰《珂雪詩集》，并撰《珂雪詩集序》，增刻印行，《四庫全書》即據此存目。《四庫全書總目提要·珂雪詩》著録：『貞吉詩格遒煉，其黄山諸作，極爲宋犖所推。在京師時，和其《文姬歸漢圖》等長歌，極有筆力，今檢集中不載。又士禛《感舊集》所選《登望海樓》《吴山晚眺》《金山》諸詩，亦皆不見集中，則全稿之散失者多矣。』實則《提要》所提及的《文姬歸漢圖》見於《珂雪三集》，題爲《題文姬歸漢圖同阮亭作》；《登望海樓》見於《珂雪二集》，題爲《和子延中丞登望海樓韵》；《吴山晚眺》《金山》見於《珂雪初集》，并未散失。

按數量統計，曹貞吉《珂雪初集》録詩一百六十三首，《珂雪二集》二百三十一首，《珂雪三集》四百三十二首（其中《夏日偶成》其二爲殘詩，又存殘句二聯），《珂雪三集古近體詩》二百五十五首，《朝天集》七十七首，《鴻爪集》四十四首，《黄山紀游詩》三十七首，共計一千二百三十九首。山東博物館藏《曹貞吉父子詩稿》之《曹貞吉詩稿》共録詩四十一題六十五首。其中三題五首，《珂雪初集》有同題詩但不載，又有二題四首不見於各集，今皆録入《珂雪詩補遺》；又輯得佚詩七首，亦録入《珂雪詩補遺》。綜上，本書共收録曹貞吉詩作一千二百五十五首、殘句二聯。

現存《珂雪詞》諸版本，最早的當爲清張潮刻本，此刻本上卷卷首書題『珂雪詞』，下卷卷首書題『珂雪詞下』，集後有張潮跋曰：『從來詞家小令多而長調少，大凡合中調、長調計之，其幅數僅足與小令相等，實庵先生獨優於長調，其中有似序者，有似記者，有似賦者，有似書牘者，可謂極詞家之能事，因爲壽之梨棗，與天下共讀之，當令海内文人一齊拜服耳，新安張潮山來氏敬跋。』張潮在其所著《尺牘偶存》卷一《與曹升六郡丞》尺牘中云：『《珂雪詞》校讎再四，應無訛謬。靳父母評語，俱補刊入。遵命漫綴拙評，以志嚮慕。』又云：『謹將《珂雪詞》板二束賫送貴署，辛爲照到。其間訛字，已經改補，但恐讎校未精，有辜台委耳。』由張潮的叙述可知《珂雪詞》的校對、刊刻情況，惜無具體的刊刻時間。

張潮刻本《珂雪詞》前有曹禾《詞話》序，落款題爲『康熙歲次丙辰夏五，江上年弟禾具草』。因此落款，《珂雪詞》初刻的時間常被認定爲康熙十五年丙辰（一六七六）。孫殿起《販書偶記》卷二十著録爲『康熙丙辰刊』，現各圖書收藏機構多從其説。康熙十七年（一六七八）歲暮，曹貞吉曾與好友顔光敏有過書信往來，在其信札中云：『詩餘一道，向因少事，借以送日，結習所在，筆墨遂多。其年、錫鬯日督付梓，所以未即灾梨者：作者林立，羞事雷同，一；囊無餘貲，難修不急，二；心懶憚於檢校，三；草草結構，不敢自信，四。俟年兄入都後，再加斧斤，方可出以示人耳。』可知《珂雪詞》的初刻時間當晚於康熙丙辰年。又檢視《珂雪詞》上、下卷，有多首作於一六七六年之後。康熙十八年（一六七九），錢塘龔翔麟刻《浙西六家詞》，其中有曹貞吉好友李良年的《秋錦山房詞》。曹貞吉爲之作序曰：『予近頗廢詩，以填詞自遣。適秋錦以應詔北至，復時時過從，相與論詞。』李良年於康熙十七年北至京師準備參加博學鴻詞科考試，這時曹貞吉正肆力於詞。即以康熙十八年言之，此年可謂多事之秋。二月，清軍收復岳州、長沙、衡陽，曹貞吉有《賀新涼·二月二日，宣岳州捷，是日大雪，和其年》詞記其事。同年，清廷召試博學鴻儒一百三十四人，所取士子中不少是曹貞吉的故交，如尤侗、陳維崧、朱彝尊等人授翰林院檢討，彭孫遹、喬萊、米漢雯等人授翰林院編修，皆入史館，修《明史》。李良年、蔣景祁落選。鄧漢儀因年老授内閣中書『賜歸』。曹貞吉有《渡江雲·送蔣京少下第游楚，步其年韵》一詞爲蔣景祁送别。七月，北京發生地震，曹貞吉有《百字令·中秋和其年，時甫過地震》《賀新涼·地震後喜濂至都門》等詞記其事。九月，曹貞吉與諸好友游黑龍潭，詩詞唱和，田雯《古歡堂集》卷六有《九日同其年升六舟次蛟門石林集黑龍潭和韵》一首，陳維崧《迦陵詞全集》卷二十九亦有《笛家·己未九日，蛟門招同諸子游黑龍潭，次實庵韵》一首，曹貞吉亦有詞《笛家·九日，蛟門招集諸子游黑龍潭》記其事。康熙十九年（一六八〇）閏八月，曹貞吉作《百字令·庚申閏中秋，和其年》《百字令·閏八月壽阮亭》。康熙二十三年（一六八四），沈荼星知來賓縣，曹貞吉作《喝馬一枝花·送沈荼星之來賓任》。由此可知，遲至康熙二十四年（一六八五）曹貞吉赴任徽州同知前夕，《珂雪詞》尚未刊印。集中所録詞作大多爲他任中書舍人一職期間所作，以詞抒情記事，詞作已頗繁複。

與康熙張潮刻本同雕版，在此基礎上補刻、增刻的，現存主要有張潮刻本康熙間補刻本、康熙刻乾隆增刻本兩種，這兩種版本與康熙張潮刻本所收詞作的内容、順序和版式相同，衹是在卷首序跋的有無及其順序上有出入。康熙刻乾隆增刻本則在上、下卷的基礎上，又增補遺一卷，卷首有欽定珂雪詞、欽定四庫全書簡明目録、欽定四庫全書總目提要版頁。并有高珩序、王煒序、陳維崧《咏物詞序》、王士禛、朱彝尊、宋犖等人題《咏物詞評》，高珩、王士禛、張貞、張潮題《懷古詞評》，曹禾《詞話》，陳維崧、鄧漢儀、李符、沈季友、張潮、吴陳琰《題辭》。這一刻本是目前留存最多的版本，爲國内很多機構所收藏。至於《珂雪詞》補遺一卷所收詞作，如《木蘭花·重九發皖城》《滿江紅·咏青陽署中老桑》《百字令·婺源道中記所見》諸首，顯然是曹貞吉任徽州同知期間所寫。又檢之清鈔本《安丘曹氏家學守待·珂雪三集古近體詩》後附《珂雪詞補遺》，有兩首不見於諸集，其中一首《雙蕖怨·辛未重九》明確標明作詞時間，辛未爲康熙三十年（一六九一），比之曹貞吉最後一部詩集《黄山紀游詩》的刊刻還要晚一年，可見曹貞吉後期仍未放弃作詞，可惜這些未及刊行的作品已難以查考。

除了上述康熙張潮刻本及其補刻、增刻本，《珂雪詞》還有《四庫全書》本，該本所收詞作及排列順序與康熙刻本同，但剔除了序跋、題辭、點評等文字。關於補遺一卷，《四庫全書總目·〈珂雪詞〉二卷》：『是編則其詩餘也。上卷凡一百三十四首，下卷凡一百五首，其總目所載補遺，尚有《卜算子》《浪淘沙》《木蘭花》《春草碧》《滿江紅》《百字令》《木蘭花慢》《臺城路》等八調，而皆有録無書，殆以附在卷末，裝緝者偶佚之歟？』《四庫全書》本《珂雪詞》雖注明補遺有目無辭，但其所列補遺諸詞目録，與今本補遺諸詞順序相同，或許其所用山東巡撫采進本果真是裝緝者偶佚之也未可知。

光緒二十七年（一九〇一），海豐吴重憙編刻《吴氏石蓮庵刻山左人詞》，收録《珂雪詞》二卷補遺一卷，剔除了康熙刻本的評點文字，其他的序跋、題辭與詞作順序等皆相同，但文字多有相异之處。一九三六年，中華書局編輯《四部備要》，收録《珂雪詞》二卷補遺一卷，文字與《吴氏石蓮庵刻山左人詞》相同，即當以此爲底本。

清末麋研齋刻朱印本曹貞吉《珂雪詞》二卷補遺一卷，也是不同於其他雕版的刻本，藏於蘇州大學圖書館。收録的詞作内容、順序與康熙刻乾隆增刻本同，但剔除了卷首的『同學諸子選評』字樣及卷内的評語。四周單邊，半頁十行，行二十一字，版心題『珂雪詞』、『麋研齋』、『卷上』或『卷下』字樣。因爲是用於校正修改的朱印本，此藏本文字與康熙刻乾隆增刻本多有相异之處，皆被勾畫出來，并在頁眉處用黑色字體寫明了改定文字，從改定文字看，其底本應還是康熙刻乾隆增刻本，是書未見正式印本。卷上最末六首《百字令》『出師二表』『三臺鼎峙』『濁醪妙理』『蒼苔古瓦』『春風吹面』『晚霞成暈』闕如，『月如無恨』『銀蟾的皪』兩首用黑色字體修訂補出。另陳乃乾輯《清名家詞》、民國王瀣手鈔批校《冬飲叢書·清詞四家録》，亦收録曹貞吉《珂雪詞》。

曹貞吉詞選本衆多，曹氏家集《安丘曹氏家學守待》中存清鈔本《珂雪詞補遺一卷》。此外，清卓回輯、王士禛等參訂，康熙十八年刻《古今詞滙三編》；蔣景祁輯，康熙二十五年刻《瑶華集》；聶先、曾王孫編，康熙間刻《百名家詞鈔》；顧貞觀、納蘭性德輯，康熙間刻《今詞初集》；馬長淑編，乾隆八年刻《渠風集略》；蔣重光編，乾隆三十二年刻《昭代詞選》；王昶輯，嘉慶七年增修本《國朝詞綜》；楊復吉續編，道光間刻《昭代叢書·辛集·咏物十詞》等，均選收曹貞吉詞。

本書收録《珂雪詞》二卷補遺一卷，録曹貞吉詞二百四十七首，加之輯補集外詞十首，共得詞二百五十七首。

曹貞吉對作詞有自己獨特的看法：『寧爲創，不爲述；寧失之粗豪，不甘爲描寫。』（曹禾《詞話》）反對模擬因襲，而重視獨創。曹貞吉寫咏物詞，『皆取其聞見所及耳，而神光離合，望之如蜃氣結成樓閣，每讀一過，覺江風海雨，撼撼生齒牙間也』（《咏物詞評》王士禛語）；寫懷古詞，『意興淋漓，胸懷浩蕩，至其上下千古，則一往情深，低徊欲絶』（《懷古詞評》張貞語）。曹貞吉詞之所以能獨立特出，是因爲他善於運用比興寄托之法述一己之遭際，具有强烈的個性特點和情感深度。無論寫宦海沉浮、歷史興亡的感慨，還是寫親情、友情、愛情，均情深意切，却并不給人以顯露唐突之感，而是意境深婉，『入微窮變』。王煒稱『骯髒磊落，雄渾蒼茫，是其本色，而語多奇氣，惝怳傲睨，有不可一世之意。至其珠圓玉潤、迷離哀怨，於纏綿款至中，自具瀟灑出塵之致，絢爛極而平淡生，不事雕鎪，俱成妙詣』（《珂雪詞序》）。不妨以一組咏雁詞爲例，《青玉案·雁字》借北歸的雁陣被『無端風雨，横斜催亂，幾陣烟雲黑』，暗喻身陷敵營的曹申吉在仕途中忽逢不測，而兄弟之間欲通信亦不可得。

《御街行·和阮亭贈雁》側重寫雁鳴「低頭臣甫」，代弟弟表明心迹。又「寒蕪極目連三楚，雁陣驚相語」「江深月黑，霜寒人静，獨自銜蘆去」「遥峰恰是衡陽數，寂寞瀟湘雨」「無端孤客最先聞，嘹嚦亂帆南浦」，「三楚」「瀟湘」「南浦」暗示其情感指向是弟弟曹申吉，而雁的驚懼、孤寂、寂寞、無助與憂傷，層層深入，字裏行間充滿雁的嘹嚦之聲，正是「三藩之亂」中曹申吉的被俘給詞人造成的窘迫處境的真實寫照。《滿庭芳·聞雁》：「更階前蛩語，林外秋聲。同是一般憔悴，算衹少，猿叫三更。從今去，湘流曲折，莫近小窗横。」從「湘流」意象看也是思念其弟申吉。在秋日寒風衰草中，孤雁的哀鳴尚不足以言詞人之憂思，還要配以「蛩語」「秋聲」「猿叫」。抒情之幽細深婉，直令人「不辨何聲，但覺腸斷」。

曹貞吉詞情思端正，取辭也雅正。朱孝臧稱頌其詞「脱盡詞流薌澤習」，曹禾亦説「實庵不爲閨襜靡曼之音」。誠然，《珂雪詞》中少有綺麗香艷的起興意象，如香草、美人、紅蘂、翠鈿等，也少有嬌、媚、恨、愁等婉媚詞語，甚至難見兩情相悦之詞，就更不必提烟花柳巷了。一些能引起清曠之思的詞語及意象，如寒風、清秋、淡雲、疏雨、霜雪、孤雁、寒蟬、白蓮、松菊、朗月、更漏、衰草等，則頻頻出現。曹貞吉「才具閎博，學殖淵邃，舉生平所誦習子史百家、古文奇書，含咀醖釀而出之」（《懷古詞評》張潮語），從而形成了其詞本色自然雅正的特點。

《珂雪詞》向以雅正爲人所稱賞，陳維崧説：『愛佳詞、一編《珂雪》，雄深蒼穩。』蔡嵩雲説其詞『崇尚姜張，以雅正爲歸』。《四庫全書總目》説：『其詞大抵風華掩映，寄托遥深，古調之中緯以新意，不必模周範柳，學步邯鄲，而實不失爲雅製。』晚清著名詞學家陳廷焯曾在《白雨齋詞話》中對《四庫全書》獨收《珂雪詞》做了自己的詮釋：『曹升六《珂雪詞》，在國初諸老中，最爲大雅，才力不逮朱、陳，而取徑較正。國朝不乏詞家，《四庫》獨收《珂雪》，良有以也。』

安丘曹氏家集《安丘曹氏家學守待》中存曹貞吉著《珂雪文稿》一卷，録文二十六篇，并楹聯三幅。又輯得曹貞吉遺文碑銘一篇、序跋十二篇（其中存目一篇）、殘句二則、題評兩則、詞評詞話五則、書札十七通。

曹貞吉的一生，命途多舛，『年不登耄耋，位不過曹郎』（曹濂《儀部公行狀》），但他的詩詞文創作不僅爲自己營造了精神家園，而且爲後人留下了一筆豐厚的文化遺産。在這筆遺産面前，我『一則以喜，一則以憂』。雖言『駑馬十駕，功在不舍』，然校書如掃落葉，注書亦疏漏難免，書稿一旦付之梨棗，唯屏息以待方家指正。

凡例

一、《珂雪詞》以清張潮康熙刻乾隆增刻本爲底本。《珂雪初集》《珂雪二集》《朝天集》《鴻爪集》《黄山紀游詩》以各集的清康熙刻本爲底本，《珂雪三集》《珂雪三集古近體詩》《珂雪文稿》以《安丘曹氏家學守待》鈔本爲底本。缺文處，以□标示。

二、詞集的參校本主要有：（一）張潮刻本（簡稱『張刻本』）；（二）張潮刻康熙補刻本（簡稱『康熙刻本』）；（三）文淵閣《四庫全書》本（簡稱『四庫本』）；（四）《吴氏石蓮庵刻山左人詞》本（簡稱『石本』）；（五）《四部備要》本（簡稱『備要本』）。用以參校的選本有《昭代叢書·辛集·咏物十詞》，蔣景祁《瑶華集》，王昶《國朝詞綜》，聶先、曾王孫《百名家詞鈔》，顧貞觀、納蘭性德《今詞初集》等。另參校以曹貞吉好友王士禛、張貞、田雯、朱彝尊、宋犖等人的别集，以及地方志等資料。

三、詩集的參校本主要有：（一）《曹貞吉父子詩稿三種六卷》之《曹貞吉詩稿》

一卷；（二）《十子詩略》之《實庵詩略》一卷。用以參校的選本有盧見曾《國朝山左詩鈔》，鄧漢儀《詩觀初集》，汪士鋐、吴菘《黄山志續集》，馬長淑《渠風集略》，沈德潛《清詩别裁集》，鄧之誠《清詩紀事初編》等，曹貞吉好友王士禛、張貞、田雯、宋犖等人的别集亦偶有參校。

四、此次整理包括『校訂』『箋注』『輯評』三項内容。校訂底本與各校本之异同，异體字或底本顯見的字形訛誤及避諱字，徑改不出校記。箋注的重點是典故、成句、名物等，用〔一〕標識。同一内容多次出現，僅在首次出現時箋注，之後祇標注首次出現的位置。輯評主要是照録《珂雪詞》《珂雪初集》《實庵詩略》《朝天集》等所見王士禛、朱彝尊、陳維崧、李良年、彭孫遹、張潮、趙執信、曹禾、沈爾燝、顔光敏、靳治荆、孫寶侗、宋實穎等人的評語，評者原多用字號，一律改爲姓名；對具體語句的評點則用〔一〕標識。

五、書後附録序跋、題記、詩話、詞話、題評、贈答，以及曹貞吉的相關傳記資料，以知人論世。

六、文中的异體字一般改爲規範的繁體字。『只』『祇』、『才』『纔』、『卷』『捲』、『舍』『捨』、『向』『嚮』、『累』『纍』等字未完全根據義項區分字形，而是遵從古籍原貌；人名、地名、書名、年號和引文中的异體字則酌情予以保留。

目録

珂雪詞卷下

珂雪詞補遺

珂雪詞輯佚

珂雪初集

珂雪二集

珂雪三集

珂雪三集古近體詩

朝天集

鴻爪集

黄山紀游詩

珂雪詩輯佚

家學守待珂雪文稿

書札

附録一 序跋 題記

附録二　詩評　詞評　贈答

附録三　傳記資料

後記

珂雪詞卷上

蒼梧謡

團，扇舊猶堪贈所歡。秋風起，戀戀故人難。

又

寒，澗水粼粼白石間〔一〕。終難去，滄海作波瀾。

校訂

寒，《古今詞匯三編》作『秋』。

箋注

〔一〕『澗水』句，《詩經·唐風·揚之水》：『揚之水，白石粼粼。』

輯評

王士禛曰：『短闋最古，有漢魏樂府遺音。』

彭孫遹曰：『寄托遥深。』

沈爾燝曰：『仿《惜香》《片玉》體，風致自佳。』

烏夜啼　咏水葱〔一〕，用葱字韵

琅玕出水玲瓏〔二〕。鬱葱葱。好伴蒓絲荚葉雨聲中〔三〕。　竹影織，苔痕濕，顫西風，比似個人眉黛可相同？

箋注

〔一〕水葱，明楊慎《丹鉛總録·花木·翠菅》：『水葱生水中，如葱而中空，又名翠菅。王維詩「水鷺波兮翠菅靡」是也。此草可以爲席。』

〔二〕琅玕，《山海經·海内西經》：『服常樹，其上有三頭人，伺琅玕樹。』晋郭璞注：『琅玕子似珠。』

〔三〕蒓，葉片橢圓形，深緑色，浮在水面，嫩葉可以做湯菜。茭，即茭白，嫩莖經菰黑粉菌寄生後膨大，可做蔬菜。

浣溪沙　步阮亭紅橋韵〔一〕

其一

幾曲清溪泛畫橈。緑楊深處見紅橋〔二〕。酒簾歌扇暗香銷。　白雨跳波荷冉冉〔三〕。青山擁髻水迢迢。三生如夢廣陵潮〔四〕。

箋注

〔一〕康熙六年（一六六七）丁未夏，曹貞吉與張貞結伴爲吴越之游，登紅橋、過竹西，上下平山堂，歡聚月餘，論交甚衆。張貞《祭曹實庵先生文》：『憶丁未首夏，先生需次里居，結伴南游，泛棹長淮，艤舟邗上，時四方名士多僑寓其間，投壺贈縞，論交甚衆，相與登紅橋，過竹西，上下平山堂，藍輿畫舫，匏尊竹杖，歡聚月餘，始各散去。』曹申吉《珂雪詩序》：『丁未，予奉使祭告南岳，兄亦爲吴越之游。』阮亭，王士禛（一六三四—一七一一），字貽上，號阮亭，又號漁洋山人，山東新城（今山東桓臺）人。順治十五年（一六五八）進士，授揚州推官，行取禮部員外郎，改翰林院侍講，官至刑部尚書。謚文簡。著有《漁洋山人精華録》《蠶尾集》《池北偶談》《香祖筆記》《居易録》等。紅橋，在今江蘇揚州。明崇禎時建，爲揚州游覽勝地之一。徐釚《詞苑叢談》卷九：『紅橋在平山堂法海寺之側，王貽上司理揚州，日與諸名士游宴，酒間小有唱酬，江南北頗流傳之，於是過廣陵者多問紅橋矣。』王士禛《紅橋游記》：『壬寅季夏之望，與籜庵、茶邨、伯璣諸子偶然漾舟，酒闌興極，援筆成小詞二章，諸子倚而和之。籜庵繼成一章，予亦屬和。』

〔二〕『緑楊』句，惠棟《漁洋山人自撰年譜注補》卷上：『（康熙元年）春，與袁于令籜庵諸名士修禊紅橋，有《紅橋倡和集》。山人作《浣溪沙》三闋，所謂「緑楊城郭是揚州」是也。和者自茶邨而下數君，江南北頗流傳之。或有繪爲圖畫者，於是過揚州者多問紅橋矣。』

〔三〕白雨，暴雨。冉冉，迷離貌。

〔四〕廣陵潮，清費錫璜《廣陵濤辯》：『春秋時，潮盛於山東，漢及六朝盛於廣陵。唐宋以後，潮盛於浙江。』

輯評

陳維崧曰：『諷咏結句，令我柔情一往如水。』

彭孫遹曰：『「三生如夢廣陵潮」，比「十年一覺揚州夢」，相去多少？』

其二

水過雷塘嗚咽流〔一〕。繁華人逝幾經秋。二分明月自揚州〔二〕。　玉樹歌來猶有恨〔三〕，錦帆牽去已無愁〔四〕。平山堂下是迷樓〔五〕。

箋注

〔一〕雷塘，在江蘇揚州城北，隋唐時爲風景勝地，隋煬帝葬於此。清鄭燮《揚州》其二：『廿四橋邊草徑荒，新開小港透雷塘。』

〔二〕『二分』句，唐徐凝《憶揚州》：『天下三分明月夜，二分無賴是揚州。』

〔三〕玉樹，南朝陳後主曾作《玉樹後庭花》，歌詞有云：『玉樹後庭花，花開不復久。』後陳後主統治不足七年而亡國，《玉樹後庭花》遂被稱爲『亡國之音』。

〔四〕錦帆，《隋書·食貨志》：『又造龍舟鳳艒，黄龍赤艦，樓船篾舫。募諸水工，謂之殿脚，衣錦行縢，執青絲纜挽船，以幸江都。帝御龍舟，文武官五品已上給樓船，九品已上給黄篾舫，舳艫相接，二百餘里。』唐李商隱《隋宫》：『玉璽不緣歸日角，錦帆應是到天涯。』

〔五〕平山堂，位於揚州西北郊蜀岡中峰大明寺内，始建於宋仁宗慶曆八年（一〇四八），時任揚州太守的歐陽修築堂於此，『負堂而望，江南諸山拱列檐下，故名』。曹貞吉好友汪懋麟曾捐貲修葺。曹貞吉另有《過平山堂懷阮亭儀部》：『太息法曹今已去，空餘灌木聚寒鴉。』迷樓，隋煬帝所建，故址在今江蘇揚州西北郊。唐馮贄《南部烟花記·迷樓》：『迷樓凡役夫數萬，經歲而成。樓閣高下，軒窗掩映，幽房曲室，玉欄朱楯，互相連屬。帝大喜，顧左右曰：「使真仙游其中，亦當自迷也。」故云。』

輯評

彭孫遹曰：『意在言外，不待人言愁，始欲愁也。』

況周頤《蕙風詞話》卷五：『神韵絶佳，與諸名輩抗生手。』

又　題畫

蟹舍魚莊此地偏〔一〕。陰陰灌木水平田。江湖無恙白鷗天〔二〕。　茭葉蘆花迷遠渡，斜風細雨擁歸船。漁翁何處枕蓑眠？

箋注

〔一〕蟹舍魚莊，清紀昀《閲微草堂筆記·槐西雜志四》：『疑是明末女冠，避兵於漁莊蟹舍，自作此圖。』

〔二〕『江湖』句，宋黄庭堅《次韵師厚病間十首》其六：『夢作白鷗去，江湖水黏天。』

輯評

彭孫遹曰：『「江湖無恙白鷗天」是錢、劉佳境，然畢竟入詩不得，解人自知之。』

沈爾燝曰：『分付沙鷗盡堪無恙。』

又　偶成

其一

飛鳳將雛紫玉釵。雙鸞小様合歡鞋。卓金車子響銅街〔一〕。　濯錦江頭朝復暮〔二〕，踏青陌上去還來。紅樓斜日費安排。

箋注

〔一〕卓，停。五代薛昭藴《浣溪沙》：『記得去年寒食日，延秋門外卓金輪。』銅街，洛陽銅駝街的省稱。

〔二〕濯錦江，即錦江，岷江流經成都附近的一段，一説成都市内之浣花溪。

輯評

沈爾燝曰：『隨手閑妙。』

又

宛轉紅絲結鼓忙〔一〕。避人學綉睡鴛鴦。朱朱粉粉自成雙。　雪作猧兒纖手怯〔二〕，香拖髻子緬蟲光。夜深待月下迴廊。

箋注

〔一〕鼓，明顧起元《客座贅語·女飾》：『制始於漢晋之大手髻，鄭玄之所謂「假紒」，唐人之所謂「義髻」也。以鐵絲織爲圜，外編以髮，高視髻之半，罩於髻，而以簪綰之，名曰「鼓」。』

〔二〕猧兒，小狗。唐王涯《宮詞》十三：『白雪猧兒拂地行，慣眠紅毯不曾警。』

減字木蘭花　雜憶

其一

掀髯抵几〔一〕。孤憤精神兼數子。磨蝎星辰〔二〕，多難如君更幾人。　文章休論。一擲副車千古恨〔三〕。五十年光。只與劉蕡共斷腸〔四〕。

箋注

〔一〕『掀髯』句，《漢書·朱博傳》：『齊郡舒緩養名，博新視事，右曹掾史皆移病卧……博奮髯抵几曰：「觀齊兒欲以此爲俗邪！」』

〔二〕磨蝎，『磨蝎宮』的省稱。舊時迷信星象者認爲，身、命居此宮者，常多磨難挫折。

〔三〕副車，清代稱鄉試的副榜貢生。

〔四〕『只與』句，《舊唐書·劉蕡傳》：『方宦人握兵，横制海内，號曰「北司」，凶醜朋挺，外脅群臣，内掣侮天子，蕡常痛疾。大和二年，舉賢良方正能直言極諫，帝引諸儒百餘人於廷……見蕡對嗟伏，以爲過古晁、董，而畏中官眦睚，不敢取。……於時，被選者二十有三人，所言皆冗齪常務，類得優調。河南府參軍事李郃曰：「蕡逐我留，吾顔其厚邪！」』

輯評

陳維崧曰：『「直教桂子落墳上，生得一枝恨始消」，與此詞同一悲愴。』

其二

戊申六月〔一〕，萬里驚心鰲背折。一夜罡風〔二〕，只有才人瓦礫中。　神仙詭异，露滿金莖曾乞未〔三〕？傲骨崚嶒，化作中林鬼火青〔四〕。

箋注

〔一〕是詞悼念在地震中遇難的表兄弟琰公。曹貞吉《夢琰公感述》：『與君内兄弟，長予乃十歲……戊申歲六月，乾坤失所位。鰲身撼地軸，風雷走其際。城郭半丘墟，樓臺雜蜃氣。予傷瓦礫中，生全偶然遂。魂魄驚乍回，聞君已長逝。予方支病骨，辛苦在左臂。咫尺未永訣，撫心有餘愧。顧兹良友殁，伏枕一垂涕。後乃詣君家，四壁皆頹墜。當年文酒場，今日荒凉地。不見談諧人，但見諸孤泣。慨焉傷心肝，如聞山陽吹。白骨委草萊，星霜忽再易。幻軀或已化，精誠猶不昧。長安風雪天，胡然通夢寐。形貌倘依稀，語言遂失記。似雲泉路杳，鬱鬱不得志。夜色黑如盤，桑乾莽流澀。塵沙暗九衢，君魂那能至。窗影對蒼茫，晨鐘隔清細。捉筆爲茲篇，惝怳不成字。帝側有頑仙，君才理應厠。願少戒談謔，無攖天人忌。』戊申六月，即康熙七年（一六六八）六月十七日，在山東境内發生以郯城爲震中的大地震，五萬餘人喪生，震中周圍五十多萬平方公里範圍内的州縣均受到不同程度的破壞，山東數十縣的縣志中對此均有記載。《（康熙）續安丘縣志》卷一《總紀》：『七年戊申夏六月甲申，地大震。十七日戌時，空中有聲訇訇若雷，又若萬馬奔騰屋上。須臾，垣墉亂墮，棟宇齊傾。有壓死者，打傷者，號泣相聞，自宵達旦，人皆蹴塊蹈礫，無所置足。比鄰數十家，一望四通。平地坼裂，或至深不可知，井泉壅竭，山亦有崩頽者。且連日動摇再三，雖有慭遺之敝廬，亦惴惴不敢入。百姓晝夜露居，與失穴狐兔無异。蓋自有渠丘以來，不經見之奇禍也。』曹貞吉亦在此次地震中傷一臂。曹濂《儀部公行狀》：『戊申六月夜，地大震，有聲如雷霆。先大夫最先覺，恐先王母受驚，徒跣急叩雙扉，大聲哀號。比鑰魚初啓，而坤輿漸寧，回視階面，瓦礫已盈數尺。假使當時稍移跬步，即身罹其灾矣。人謂誠孝格天，神實默佑云。』

〔二〕罡風，勁風。

〔三〕露滿金莖，《史記·孝武本紀》：『其後則又作柏梁、銅柱、承露仙人掌之屬矣。』裴駰集解引蘇林曰：『仙人以手掌擎盤承甘露也。』司馬貞索隱：『《三輔故事》曰「建章宫承露盤高三十丈，大七圍，以銅爲之。上有仙人掌承露，和玉屑飲之」。故張衡賦曰「立修莖之仙掌，承雲表之清露」是也。』

〔四〕中林，林中，林野。

輯評

曹禾曰：『韋相國「四月十七」同一起法。』

其三〔一〕

偶然游戲，人道東方真玩世〔二〕。君曰非狂，歷落嵚崎也未妨〔三〕。　當年花底，斗酒雙柑吾共爾〔四〕。黄葉東村〔五〕，車過難爲腹痛人〔六〕。

箋注

〔一〕此首同上首，亦爲悼表兄弟琰公。

〔二〕『人道』句，《漢書・東方朔傳贊》：『依隱玩世，詭時不逢。』顔師古注引如淳曰：『依違朝隱，樂玩其身於一世也。』

〔三〕歷落嵚崎，《晋書・桓彝傳》：『少與庾亮深交，雅爲周顗所重。顗嘗嘆曰：「茂倫嵚崎歷落，固可笑人也。」』

〔四〕斗酒雙柑，唐馮贄《雲仙雜記》卷二：『戴顒春携雙柑斗酒，人問何之，曰：「往聽鸝聲。此俗耳針砭，詩腸鼓吹，汝知之乎？」』曹貞吉《夢琰公感述》：『庚寅共研席，有酒必同醉。發言頗無擇，俯仰持清議。衆人苦欲殺，予獨憐憔悴。知君無他腸，東方聊玩世。游處二十年，遭逢鮮適意。上書不見收，長貧甘薜荔。』

〔五〕黄葉東村，曹貞吉《珂雪初集·九日琰公招飲東村即事十二韵》：『爲愛村居好，相邀到北堂。瓶花分野色，杯酒淡重陽。藤密疑穿石，桐疏半掩廊。白雲懸夕照，黄葉過東墻。』

〔六〕『車過』句，《後漢書·橋玄傳》：『初，曹操微時，人莫知者。嘗往候玄，玄見而异焉……又承從容約誓之言：「徂没之後，路有經由，不以斗酒隻鷄過相沃酹，車過三步，腹痛勿怨。」』

輯評

王士禛曰：『具此才筆，便不至作蘇、辛傖隸。』

其四

相逢濟上〔一〕，桂子三秋花始放。天碧槐黄，輸却南豐一瓣香〔二〕。禪房秋暮，揮手登車從此去。歲月侵尋，鈴鐸蕭蕭感我心。

箋注

〔一〕濟，《尚書·禹貢》：『導沇水。東流爲濟。入於河。溢爲滎。東出於陶。丘北。又東至於菏。又東北會於汶。又北東入於海。』

〔二〕『輸却』句，宋陳師道《觀兖文忠公家六一堂圖書》：『向來一瓣香，敬爲曾南豐。』南豐，北宋文學家曾鞏，世稱南豐先生。

其五〔一〕

竹林未遠，泉下定知憐小阮〔二〕。今我來思，風雪時時夢見之〔三〕。　傷心伯道〔四〕，住世何如歸去好。仙路匆匆，一匕丹砂誤乃公〔五〕。

箋注

〔一〕此首詞悼念曹貞吉族叔曹紘，紘號企鑒，準貢生，考授布政司理問廳。天啟二年（一六二二）七月初十日生，康熙七年（一六六八）五月二十六日卒，享年四十有七。

〔二〕小阮，阮咸與叔父阮籍都是『竹林七賢』之一，世因稱阮籍爲『大阮』，阮咸爲『小阮』。《晉書·阮咸傳》：『咸任達不拘，與叔父籍爲竹林之游。』

〔三〕『今我』句，《詩經·小雅·采薇》：『昔我往矣，楊柳依依。今我來思，雨雪霏霏。』

〔四〕伯道，《晉書·鄧攸傳》：『石勒過泗水，攸乃斫壞車，以牛馬負妻子而逃。又遇賊，掠其牛馬，步走，擔其兒及其弟子綏。度不能兩全，乃謂其妻曰：「吾弟早亡，唯有一息，理不可絶，止應自弃我兒耳。幸而得存，我後當有子。」妻泣而從之，乃弃之。其子朝弃而暮及。明日，攸繫之於樹而去。……攸弃子之後，妻不復孕。過江，納妾，甚寵之，訊其家屬，説是北人遭亂，憶父母姓名，乃攸之甥。攸素有德行，聞之感恨，遂不復畜妾，卒以無嗣。時人義而哀之，爲之語曰：「天道無知，使鄧伯道無兒。」』

〔五〕『一匕』句，曹貞吉《哭家企鑒叔六首》其一：『十年文字初除障，一匕丹砂未見恩。』自注：『叔近喜服丹藥。』

輯評

李良年曰：『喃喃如話。』

其六

當年綉虎〔一〕，才子人稱何水部〔二〕。卧病滄江，三載茸城信杳茫〔三〕。惟君知我，落落名場無一可。今竟何如？悔不同驅下澤車〔四〕。

箋注

〔一〕綉虎，宋曾慥《類説》卷四引《玉箱雜記》：『曹植七步成章，號綉虎。』綉，謂其詞華雋美；虎，謂其才氣雄杰。

〔二〕『才子』句，《南史·何遜傳》：『遜字仲言，八歲能賦詩，弱冠，州舉秀才。南鄉范雲見其對策，大相稱賞，因結忘年交。謂所親曰：「頃觀文人，質則過儒，麗則傷俗，其能含清濁，中今古，見之何生矣。」沈約嘗謂遜曰：「吾每讀卿詩，一日三復，猶不能已。」其爲名流所稱如此。……梁天監中，兼尚書水部郎。』

〔三〕茸城，因松江早年土地肥沃，適合鹿群繁衍生息，故名。

〔四〕下澤車，《後漢書·馬援傳》：『吾從弟少游常哀吾慷慨多大志，曰：「士生一世，但取衣食裁足，乘下澤車，御款段馬，爲郡掾史，守墳墓，鄉里稱善人，斯可矣。」』

輯評

彭孫遹曰：『彌淡彌真。』

王士禛曰：『與第三首并是絶妙。』

其七

王孫驢背，古三年伏枕，落拓無何惟日飲。柳七填詞〔一〕，減字偷聲或有之。錦奚囊拋得未〔二〕？不用傷神，大有長安失路人。

箋注

〔一〕柳七，宋代詞人柳永，因排行第七，人稱柳七。

〔二〕『王孫』句，唐代詩人李賀，爲唐宗室鄭王李亮後裔。《新唐書·文藝傳下》：『（李賀）每旦日出，騎弱馬，從小奚奴，背古錦囊，遇所得，書投囊中……非大醉、吊喪日率如此，過亦不甚省。母使婢探囊中，見所書多，即怒曰：「是兒要嘔出心乃已耳！」』

其八〔一〕

磨崖草檄，黄茅瘴雨〔二〕，萬里歸來悲自語。夢裏依稀，石髮蘿烟晝掩扉〔三〕。幕府應徐斑管筆〔四〕。離緒茫茫，何獨鯫生感對床〔五〕？

箋注

〔一〕此首詞當作於康熙十二年秋其好友李良年由貴州歸來，且尚未收到胞弟曹申吉殉難消息之前。李良年，字武曾，號秋錦，浙江秀水人，有《秋錦山房集》二十二卷。康熙十年（一六七一）春，曹申吉巡撫貴州，延請李良年入幕。康熙十二年（一六七三），李良年歸里。李良年《秋錦山房集》卷五《寄曹實庵舍人》其一：『青門折柳記年華，別後傷心百感賒。正憶舊游紅藥省，遠題清怨木蘭花。（舍人以《減字木蘭花》一闋見懷。）仙人隱祇宜朝市，才子詩曾說內家。不待斫窗公事了，向來班管是生涯。』其二：『飄零庾信江南賦，憔悴蘇公嶺外身。泪濕不緣懷古意，夢來先繞對床人。邊花落後應逢雁，妖鳥啼時祇暫春。馬首傳書曾一笑，隴梅池草是前塵。』詩後自注：『兼憶令弟中丞公。』

〔二〕黄茅瘴，晋嵇含《南方草木狀》卷上：『芒茅枯時，瘴疫大作，交廣皆爾也。土人呼曰「黄茅瘴」，又曰「黄芒瘴」。』

〔三〕石髮蘿烟，李良年《秋錦山房集》卷四《病起書懷》記黔中：『高林風易得，几席點紅芳。石髮掩秋徑，蘿烟生晝房。』

〔四〕應徐，漢應瑒、徐幹的并稱。《三國志·魏書·王粲傳》：『粲與北海徐幹字偉長、廣陵陳琳字孔璋、陳留阮瑀字元瑜、汝南應瑒字德璉、東平劉楨字公幹并見友善。』此處借指曹申吉和李良年。二人在貴州期間唱和應答，親密無間。曹申吉《和武曾見白髮韵》：『二載忝同游，晨夕商歌發。落落忘拘束，相對失巾襪。』李良年《奉贈曹中丞》：『墮幘能容懶，論文或廢眠。藏書分甲乙，暇日領丹鉛。』斑管筆，毛筆。以斑竹爲杆，故稱。

〔五〕鯫生，猶小生，多作自稱的謙詞。

輯評

李良年曰：『「石髮蘿烟」，先生殆指予昔年句也，往事綿綿，不覺憮然於此。』

彭孫遹曰：『八詞促節繁情，讀之令人神損。』

陳維崧曰：『八詞歷亂摧藏，迷離斷續，擬之古人，殆《章華九招》《同谷七歌》也。』

又　天津道中

其一

青衫羸馬〔一〕，野渡官橋誰問者？黄葉莊村，挂壁燈昏自掩門。　連宵急雨，雁陣横斜天際去。丁字沽邊〔二〕，蟹簖魚罾望渺然〔三〕。

箋注

〔一〕青衫，唐制，文官八品、九品服以青。唐白居易《琵琶行》：『座中泣下誰最多？江州司馬青衫濕。』

〔二〕丁字沽，明清時期，天津北運河畔的丁字沽爲通往京城的交通樞紐。

〔三〕蟹簖，捕蟹之具，狀如竹簾，橫置河道之中以斷蟹的通路。

其二

白雲紅樹，一路秋蟲相共語。幾縷朝霞，遥指東溟是我家。　長河百折，浪捲蘆花堆似雪。舟子灘邊，擊汰揚舲橫索錢〔一〕。

箋注

〔一〕擊汰揚舲，唐王維《送邢桂州》：『赭圻將赤岸，擊汰復揚舲。』

山花子　歲暮

歲暮真同赴壑蛇〔一〕，一天風色話栖鴉。又是黄昏新月影，上梅花。　屋角漸高星幾點，人聲欲靜鼓三撾。誰道壯心渾似鐵，不思家。

箋注

〔一〕『歲暮』句，宋陳著《九月十日鄉人醵飲丹山分韵得地字》：『流景赴壑蛇，浮生遷穴蟻。』

輯評

王士禛曰：『淡處亦是宋人。』

陳維崧曰：『直得妙。』

又　題石林小照〔一〕

寶抹紅絾鬢影花光撩亂俱，紛紛蝶翅接蜂鬚。共門南唐金葉子〔二〕，阿誰輸？

香菡萏〔三〕，冰綃白映玉芙蕖〔四〕。陶令閑情何所寄〔五〕？美人圖〔六〕。

箋注

〔一〕喬萊（一六四二—一六九四），字子静，一字石林，江蘇寶應人。康熙六年（一六六七）進士，授内閣中書。舉應『博學鴻儒』一等，授翰林院編修，修明史。同時人相關題照作品有汪琬《題喬石林像》《喬石林像贊》，孫枝尉《念奴嬌·題喬石林舍人小像》，潘耒《題喬石林侍直圖》等。

〔二〕金葉子，清趙翼《陔餘叢考·葉子戲》：『馬令《南唐書》：「李後主妃周氏又編金葉子格。」即今之紙牌也，《遼史》稱爲葉格，見第三卷，則紙牌之戲，唐已有之。』

〔三〕寶抹，洛陽民間稱作圍腰兒，以方尺之布裁製，綉以花卉，飾以珠寶，緊束腰間腹部。明王衡《二色牡丹》：『洛陽女兒紅顔饒，白色羅裙寶抹腰。』

〔四〕芙蕖、菡萏，皆指荷花。

〔五〕陶令閑情，晋陶潛曾任彭澤令，有《閑情賦》。

〔六〕美人圖，清孫枝尉《念奴嬌·題喬石林舍人小像》詞題下云：『圖中坐擁金釵，不類石林所爲。』

輯評

李良年曰：『江淹片錦尚堪分贈丘遲。』

又　爲人題簾上畫松

五鬣蒼然入畫圖〔一〕，一灣流水帶平蕪〔二〕。昨夜驚濤吹欲落，響金鋪〔三〕。曾在天台山下見〔四〕，霜皮黛色記來無〔五〕？仿佛溪南橋畔路，第三株。

箋注

〔一〕五鬣，唐段成式《酉陽雜俎·木篇》：『松，凡言兩粒、五粒，粒當言鬣。』

〔二〕帶，環繞。

〔三〕金鋪，《文選·司馬相如〈長門賦〉》：『擠玉户以撼金鋪兮，聲噌吰而似鐘音。』李善注：『金鋪，以金爲鋪首也。』吕延濟注：『金鋪，扉上有金花，花中作鈕鐶以貫鎖。』

〔四〕天台山，在浙江省東部天台、寧海、奉化等縣市間。

〔五〕霜皮黛色，唐杜甫《古柏行》：『霜皮溜雨四十圍，黛色參天二千尺。』

玉連環　水仙

盈盈似隔紅塵路，陳王休賦〔一〕。黄昏不是乍聞香，月底更無尋處。靜掩綉簾朱户，更聽微雨。青溪溪畔女郎祠〔二〕，髣髴見魂來去。

校訂

陳王，《國朝詞綜》卷三作『陳思』。

箋注

〔一〕陳王休賦，三國魏曹植《洛神賦》：『體迅飛鳧，飄忽若神。凌波微步，羅襪生塵。』

〔二〕『青溪』句，宋劉敬叔《异苑》卷五：『青溪小姑廟，云是蔣侯第三妹廟，中有大穀扶疏鳥嘗産育其上。晋太元中，陳郡謝慶執彈乘馬繳殺數頭，即覺體中栗然，至夜夢一女子衣裳楚楚，怒云：「此鳥是我所養，何故見侵？」經日謝卒。慶名奂，靈運父也。』

留春令　感舊

簸錢堂上〔一〕，避人羞傍，櫻桃花樹。半篙春水送蒲帆，便没個相逢處。　今古傷心常如許。紫玉成烟苦〔二〕。不是垂楊慣飛綿，被幾陣東風誤。

箋注

〔一〕簸錢，古代一種以擲錢賭輸贏的游戲。

〔二〕『紫玉』句，晋干寶《搜神記》卷十六：『吴王夫差女小名曰紫玉，年十八，才貌俱美。童子韓重，年十九，有道術。女悦之，私交信問，許爲之妻。重學于齊、魯之間，臨去，屬其父母使求婚。王怒，不與女。玉結氣死，葬閶門之外。……王妝梳，忽見玉，驚愕悲喜，問曰：「爾緣何生？」玉跪而言曰：「昔諸生韓重來求玉，大王不許。玉名毁義絶，自致身亡。重從遠還，聞玉已死，故賫牲幣，詣冢吊唁。感其篤終，輒與相見，因以珠遺之。不爲發冢，願勿推治。」夫人聞之，出而抱之，玉如烟然。』

望江南　代泉下人語

其一

黄壚杳〔一〕，寂寂恨難窮。荒草路迷寒食雨〔二〕，白楊聲亂紙錢風。掩泪拜殘鐘。繁華歇，金屋夢魂中。陌上人歸翁仲語〔三〕，林邊火入寶衣空。土氣蝕青銅。

箋注

〔一〕黄壚，《尚書·禹貢》：『厥土惟壤，下土墳壚。』

〔二〕寒食，南朝梁宗懔《荆楚歲時記》：『去冬節一百五日，即有疾風甚雨，謂之寒食。』

〔三〕翁仲，《淮南子·泛論訓》：『秦之時，高爲台榭，大爲苑囿，遠爲馳道，鑄金人。』高誘注曰：『秦皇帝二十六年，初兼天下，有長人見於臨洮，其高五丈，足迹六尺。放寫其形，鑄金人以象之，翁仲君何是也。』

其二

嗚咽水，腸斷爲誰流。磷火不隨山雨暗，蛩聲常伴故人愁，白骨怯清秋。千年事，零落委荒丘。青冢魂歸環佩泠〔一〕，珠襦香散土花留〔二〕，無語泣長楸〔三〕。

箋注

〔一〕『青冢』句，唐杜甫《咏懷古迹五首》其三：『一去紫臺連朔漠，獨留青冢向黄昏。畫圖省識春風面，環佩空歸月夜魂。』

〔二〕珠襦，《漢書·佞幸傳·董賢》：『及至東園秘器，珠襦玉柙，預以賜賢，無不備具。』顔師古注：『《漢舊儀》云東園秘器作棺梓……珠襦，以珠爲襦，如鎧狀，連縫之，以黄金爲縷。要以下，玉爲柙，至足，亦縫以黄金爲縷。』土花，金屬器皿表面長期受泥土剥蝕而留下的痕迹。

〔三〕長楸，《楚辭·哀郢》：『望長楸而太息兮。』

輯評

陳維崧曰：『「瀏瀏竹間雨，熒熒窗下燈。相逢不相顧，含泪過巴陵」，此昔人所作鬼仙詩也。此詞幽悄寂歷，髣髴同之。』

謝章鋌《稗販雜録·詞話紀餘》曰：『又代泉下人語填《望江南》句云「白骨怯清秋」，此五字殊覺慘動，比「陌上人，歸翁仲語」爲尤佳也。』

賣花聲　簾下美人影

對面尚參差。難慰相思。東風無力畫簾垂。薄霧冥冥春未曉，掩映花枝。蟬影亂罘罳〔一〕，似隔天涯，金鈎雙控是何時〔二〕？獨立窺人人不見，捲上些兒。

校訂

《瑶華集》卷四此詞詞牌作『浪淘沙』。

箋注

〔一〕罘罳，《漢書·文帝紀》：『未央宫東闕罘罳災。』顔師古注：『罘罳，謂連闕曲閣也，以覆重刻垣墉之處，其形罘罳然，一曰屏也。』

〔二〕『金鈎』句，元王實甫《西厢記》：『莫不是金鈎雙控，吉丁噹敲響簾櫳？』

輯評

彭孫遹曰：『「小開罵春風」是憎其開，「東風無力畫簾垂」是憎其不開。』

王士禛曰：『寫得歷亂惝恍，令人魂銷。』

陳維崧曰：『細膩風光我獨知。』

李良年曰：『「不惜捲簾通一顧，怕君着眼未分明」，與此結句誰賓誰主？』

又 秋夜

風緊紙窗鳴，秋氣淒清，淡雲籠月未分明。雨點疏如殘夜漏，滴到三更。無計破愁城，夢斷魂驚，一天黃葉雁縱橫。不待成霜霜滿鬢，短髮星星〔一〕。

校訂

『無計破愁城，夢斷魂驚』，《國朝詞綜》卷三、《詞則·别調集》作『孤枕夢難成，怕聽聲聲』。

『不待成霜霜滿鬢，短髮星星』，《國朝詞綜》卷三、《詞則·别調集》作『搔首自憐霜滿鬢，又喚愁生』。

箋注

〔一〕『不待』句，晋左思《白髮賦》：『星星白髮，生於鬢垂。』

輯評

王士禛曰：『前段「雨點」句妙，後段「黄葉」句妙。』

陳廷焯《雲韶集》卷十四：『（上闋）凄清而和雅，真不減宋人也。（下闋）哀感有情。』

又　丁巳清明〔一〕

烟草似愁生〔二〕，緑滿長汀，隔墻一一賣花聲。十日雨絲天作劇〔三〕，渲染清明。

林外乍啼鶯，樓外峰青，東風拂面酒微醒。欹帽垂鞭何處去〔四〕？淰淰寒輕〔五〕。

校訂

《瑶華集》《百名家詞鈔》此詞詞牌作『浪淘沙』。

隔墻一一賣花聲，《瑶華集》卷四作『隔墻隱隱賣花聲』。

箋注

〔一〕此首作於康熙十六年丁巳（一六七七）内閣中書任上。曹申吉被拘於云貴，杳無音信。

〔二〕『烟草』句，宋賀鑄《青玉案》：『試問閑愁都幾許，一川烟草，滿城風絮。』

〔三〕作劇，開玩笑。元方回《六十五春寒吟》：『老眼閑中子細看，天公作劇故多端。』

〔四〕欹帽垂鞭，宋陸游《定風波》：『欹帽垂鞭送客回，小橋流水一枝梅。』

〔五〕浛浛，雲霧散亂不定貌。

輯評

陳維崧曰：『輕攏慢撚，不使一呆筆，古人解此者惟張三影耳。』

沈爾熿曰：『乍雨乍晴春易老，點染絶佳。』

又　不寐口占

雨氣没高林，庭院深深，流螢如豆草如針。又是嫩涼時候也，祇欠疏砧。舊夢杳難尋，雲水沉沉，海南花發土墻陰〔一〕。斜月窺人人未起，冷浸孤衾。

校訂

《百名家詞鈔》《花鈿集選》此詞詞牌作『浪淘沙』。

箋注

〔一〕海南花，即鳳仙花。清周廣業《過夏雜録》：『鳳仙可染指甲，北方呼指甲草，亦名染甲桃，滄州人呼爲海南花。』

輯評

沈爾燝曰：『李後主得意語。』

又　詠鼓子花

其一

虛負此花名，聽去無聲，斷雲殘雨過荒汀。摵摵凄凄聞響答，也欠分明。　宜傍戰場生，畫角連營〔一〕，青山不動氣縱横。廣樂鈞天誰間作〔二〕？溪畔蘆笙。

箋注

〔一〕畫角，竹木或皮革製成，外面繪彩，口細尾大，聲音高亢激厲，古代軍中常用。

〔二〕廣樂鈞天，《史記·趙世家》：『趙簡子疾，五日不知人……居二日半，簡子寤。語大夫曰：「我之帝所甚樂，與百神游於鈞天，廣樂九奏萬舞，不類三代之樂，其聲動人心。」』

其二

懶去報晨衙，浄洗鉛華，虛名那受錦堂撾〔一〕？誰把山香翻一闋〔二〕，落盡庭花。霜重冷蒹葭〔三〕，蕭瑟堪嗟，却疑三弄走寒沙〔四〕。老矣岑牟無感慨〔五〕，不用喧嘩。

箋注

〔一〕『虛名』句，《後漢書·文苑傳下》：『衡方爲《漁陽》參撾，蹀躍而前，容態有异，聲節悲壯，聽者莫不慷慨。』

〔二〕山香，即《舞山香》。

〔三〕『霜重』句，《詩經·秦風·蒹葭》：『蒹葭蒼蒼，白露爲霜。』

〔四〕三弄，即《梅花三弄》。

〔五〕岑牟，《後漢書·文苑傳下》：『諸史過者，皆令脱其故衣，更着岑牟單絞之服。』李賢注引通史志曰：『岑牟，鼓角士胄也。』

鷓鴣天　腰跕〔一〕，和壁間女子韵

門裏桃花想去年，幾回惆悵晚風前。餘情難續雲藍袖〔二〕，舊恨仍留唾碧衫〔三〕。雙泪落，一燈懸，魂銷只有夢相關。生平怕近楸紋局〔四〕，纔到中心不忍彈。

箋注

〔一〕腰跕，今山東德州腰站鎮。清王培荀《鄉園憶舊録》卷一：『山東爲南中入京孔道，往平、腰跕、東昌、臨清、德州，舟車輻輳之區，絲竹歌舞，夙稱繁盛。』

〔二〕雲藍袖，蘇軾小妾朝雲喜穿藍色衣服，蘇東坡曾以『雲藍小袖』戲稱之。宋蘇軾《與蔡景繁十四首》：『然雲藍小袖者，近輒生一子，想聞之拊掌也。』

〔三〕唾碧衫，漢伶玄《趙飛燕外傳》：『后與婕妤坐，后誤唾婕妤袖，婕妤曰：「姊唾梁人紺袖，正似石上華。」』

〔四〕楸紋局，因古時棋盤多用楸木製作，故名。

木蘭花　鞠觀玉哀詞〔一〕

依然笳吹春明路〔二〕，丹旐飄摇何處去〔三〕。故人强半白衣冠〔四〕，泪濕幽州城下土。悲嘆旦暮渾無據，昨日驪歌今薤露〔五〕。老親垂白望歸來〔六〕，精爽冥冥隔烟霧〔七〕。

箋注

〔一〕鞠珣（一六二五—一六七九），字觀玉，登州府大嵩衛（今山東海陽）人。歷任嶧縣教諭、隆安知縣、廣東道監察御史等。《（光緒）海陽縣續志》卷九趙作舟作《祭觀玉鞠侍御文》：『自去夏五月客兖州，小力從都門回，道我姻兄病甚劇，中心怦怦，累日夜不寧。旋得口信自臺莊來，道有起色，私心慶喜，以爲天相吉人必無恙也。未幾，得家伯氏書曰，姻兄已於四月廿二殁於燕邸矣……去冬臘月，又傳望石兄危篤，正月六日疾驅入京，已殁十日。』望石，即李贊元，山東海陽人，號望石。孫光祀《兵部督捕右侍郎望石李公墓志銘》：『康熙十七年季冬念有六日，望石李公以疾卒於京邸。』與趙作舟所言『正月六日疾驅入京，已殁十日』正相符。由此可推知鞠珣殁於康熙十八年（一六七九）四月廿二日。

〔二〕春明，即長安城春明門。

〔三〕丹旐，猶丹旌。

〔四〕白衣冠，《史記·刺客列傳》：『太子及賓客知其事者，皆白衣冠以送之。』

〔五〕驪歌，告别的歌。薤露，晋崔豹《古今注·音樂》：『《薤露》《蒿里》，并哀歌也，出田横門人。横自殺，門人傷之爲作悲歌，言人命薤上露，易晞滅也。……其一曰：「薤上朝露何易晞！露晞明朝更復落，人死一去何時歸？」……至孝武時，李延年乃分二章爲二曲，《薤露》送王公貴人，《蒿里》送士大夫庶人，使挽柩者歌之，世亦呼爲挽歌，亦謂之長短歌。』

〔六〕老親，曹貞吉、曹申吉兄弟幼年失怙，此處指慈母。

〔七〕精爽，魂魄。晋潘岳《寡婦賦》：『晞形影於几筵兮，馳精爽於丘墓。』

輯評

李良年曰：『如聽隴頭嗚咽水。』

又　春晚

蘼蕪一剪城南路〔一〕，弱絮隨風亂如雨。垂鞭常到日斜時，送客每逢腸斷處。

愔愔門巷春將暮〔二〕，樹底蔫紅愁不語。畫梁燕子睡方濃，落盡香泥却飛去。

校訂

《國朝詞綜》卷三、《篋中詞·今集第一》、《詞則·大雅集》此詞詞牌作《玉樓春》。

箋注

〔一〕蘼蕪，屈原《九歌·少司命》：「秋蘭兮麋蕪，羅生兮堂下。」王逸注：「衆香之草，又環其堂下，羅列而生。」

〔二〕愔愔，幽深悄寂貌。

輯評

譚獻《篋中詞·今集第一》曰：「警策。」

陳廷焯《詞則·大雅集》曰：「托意淡遠。」

陳廷焯《雲韶集》曰：「祇如此寫，情味自勝。其神味在骨不在貌。」

虞美人　有感

三春誤向風塵走〔一〕，空負長條柳。落花流水思悠悠，便是玉簫金管也生愁。傷心慣作人間別，夢裏添嗚咽。伯勞飛燕去匆匆〔二〕，消受一窗殘月五更鐘〔三〕。

箋注

〔一〕三春，夏曆正月爲孟春，二月爲仲春，三月爲季春，合稱『三春』。

〔二〕伯勞飛燕，《玉臺新咏·東飛伯勞歌》：『東飛伯勞西飛燕，黄姑織女時相見。』

〔三〕消受，禁受，忍受。

輯評

彭孫遹曰：『如此消受，亦極不惡。』

李良年曰：『妍在淡中。』

南鄉子 夏夕無寐，茫茫交集，輒韵語寫之，不求文也

其一

兀坐寂無歡，檢點平生一笑難。四十年來渾是夢，邯鄲〔一〕。得得青驢尚未還〔二〕。往事總闌珊，不待新愁鬢已斑。試問從前誰誤我，儒冠〔三〕。燕壘蠶絲卒歲艱。

箋注

〔一〕邯鄲，即邯鄲夢，唐沈既濟《枕中記》寫盧生於邯鄲客店中遇道士呂翁，翁探囊中枕授之，曰：『子枕此，當令子榮適如志。』生就枕入夢，歷盡人間富貴榮華。夢醒，店主蒸黄粱尚未熟，因悟人生得失榮辱皆爲黄粱一夢。

〔二〕青驢，清順治八年辛卯（一六五一），曹貞吉十八歲，與其弟申吉同赴省應舉。曹貞吉《歲暮感舊書懷二十八韵》：『今上新御極，騎驢復應制。』

〔三〕儒冠，唐杜甫《奉贈韋左丞二十二韵》：『紈褲不餓死，儒冠多誤身。』

輯評

彭孫遹曰：『此調第四句止用兩字，頗難安放，「邯鄲」「儒冠」兩成妙押。』

其二

少小憶趨庭〔一〕，總角齊肩好弟兄。嘗得熊丸心自苦〔二〕，同聽。夜雨連床十載聲〔三〕。

有約待躬耕，白髮慈親望眼瞢〔四〕。誰料而今成幻影，飄零。瘴雨蠻烟一帶青。

箋注

〔一〕趨庭，《論語·季氏》：『（孔子）嘗獨立，鯉趨而過庭。』鯉，孔子的兒子伯魚。

〔二〕熊丸，《新唐書·柳仲郢傳》：『仲郢字諭蒙。母韓，即臯女也，善訓子，故仲郢幼嗜學，嘗和熊膽丸，使夜咀咽以助勤。』

〔三〕夜雨連床，唐白居易《雨中招張司業宿》：『能來同宿否，聽雨對床眠。』清康熙九年（一六七〇）曹貞吉考授内閣中書，曹申吉亦在京爲官。曹申吉《珂雪二集序》：『庚戌，（曹貞吉）得中書舍人。一年之中，連床風雨，擊鉢行吟，此唱彼賡，兄酹弟勸，生平之歡，無逾此歲。』

〔四〕瞢，目不明。

輯評

沈爾燝曰：『汾水雁飛，含情正在不盡。』

其三

文酒憶同游，雅會西園事事幽〔一〕。惆悵落花飛絮急，悠悠。笛裂山陽曲未休〔二〕。

知己痛西州，文采風流土一丘〔三〕。他日隴頭看宿草〔四〕，颼颼。石馬無聲起暮愁。

箋注

〔一〕西園，曹貞吉在詩詞中多次提到與友朋在西園雅集之事，如《寒夜集頌嘉獨笑亭限韵二首》其一：『三徑蓬蒿在，西園此再來。』《熱甚與杞園話舊口占》：『愛煞西園亭子好，萬竿修竹一簾風。』。

〔二〕笛裂山陽，三國魏向秀《〈思舊賦〉序》：『余與嵇康、吕安居止接近，其人并有不羈之才。然嵇志遠而疏，吕心曠而放，其後各以事見法。嵇博綜技藝，於絲竹特妙，臨當就命，顧視日影，索琴而彈之。余逝將西邁，經其舊廬。于時日薄虞淵，寒冰凄然。鄰人有吹笛者，發聲寥亮。

追思曩昔游宴之好，感音而嘆，故作賦云……』

〔三〕『知己』句，《晋書·謝安傳》：『羊曇者，太山人，知名士也，爲安所愛重。安薨後，輟樂彌年，行不由西州路。嘗因石頭大醉，扶路唱樂，不覺至州門。左右白曰：「此西州門。」曇悲感不已，以馬策扣扉，誦曹子建詩曰：「生存華屋處，零落歸山丘。」慟哭而去。』

〔四〕宿草，《禮記·檀弓上》：『朋友之墓，有宿草而不哭焉。』孔穎達疏：『宿草，陳根也，草經一年則根陳也，朋友相爲哭一期，草根陳乃不哭也。』

其四

德耀憶同栖〔一〕，兩小無猜稚齒齊〔二〕。冷雨篝燈頻下泪，牛衣〔三〕。十載行踪愧老妻。　草草送將歸，白馬青絲事已非〔四〕。膝下痴兒應念我，誰知？片片浮雲各自飛。

箋注

〔一〕『德耀』句，《後漢書·逸民傳》：『乃更爲椎髻，着布衣，操作而前。鴻大喜曰：「此真梁鴻妻也。能奉我矣！」字之曰德曜，（名）孟光。……遂至吴，依大家臯伯通，居廡下，爲人賃春。每歸，妻爲具食，不敢於鴻前仰視，舉案齊眉。』

〔二〕兩小無猜，唐李白《長干行》：『郎騎竹馬來，繞床弄青梅。同居長干里，兩小無嫌猜。』曹貞吉娶同邑處士王公爰莊女。

〔三〕牛衣，《漢書·王章傳》：『初，章爲諸生學長安，獨與妻居。章疾病，無被，卧牛衣中，與妻決，涕泣。』

〔四〕白馬青絲，《梁書·侯景傳》：『普通中，童謡曰：「青絲白馬壽陽來。」後景果乘白馬，兵皆青衣。』康熙十二年（一六七三）『三藩之亂』爆發，曹貞吉胞弟曹申吉在貴州巡撫任上被俘，生死未卜。

其五

江上憶鳴榔，杜宇聲中過夏長〔一〕。回首敬亭濃翠裏〔二〕，蒼茫。白苧何人勸一觴。

西子好湖光，十里荷花繞畫塘〔三〕。記得吴山觀落日，悲凉。嗚咽寒潮勢未降。

箋注

〔一〕杜宇，《文選·左思〈蜀都賦〉》：『鳥生杜宇之魄。』李善注引《蜀記》曰：『昔有人姓杜名宇，王蜀，號曰望帝。宇死，俗説云宇化爲子規。子規，鳥名也。蜀人聞子規鳴，皆曰望帝也。』

〔二〕敬亭，在安徽宣城北。唐李白《獨坐敬亭山》：『衆鳥高飛盡，孤雲獨去閑。相看兩不厭，只有敬亭山。』

〔三〕十里荷花，宋柳永《望海潮》：『有三秋桂子，十里荷花。』

輯評

王士禛曰：『先兄往有《減字木蘭花》七首，同此情事。旅夜孤檠，讀此令我腸斷矣。』

陳維崧曰：『字字嗚咽。』

又　砧聲

霜信到邊城，入夢龍沙萬里程。秦女捲衣何限恨〔一〕，凄清。歷歷君聽空外聲。

風急亂殘更，乍密還疏似有情。想見紅閨纖手怯，亭亭。静倚朱欄待月明。

箋注

〔一〕『秦女』句，《樂府詩集》卷七十三：『樂府解題曰：「秦王卷衣，言咸陽春景及宫闕之美，秦王卷衣以贈所歡也。唐李白有《秦女卷衣》。」』

輯評

陳維崧曰：『骨肉停勻。』

又

詠燕

雙燕坐雕梁，軟語呢喃晝自長。掠水蹴花飛不定，過墻。亂剪春蕪故故忙。

新月淡昏黄，柳絮池塘夜未央。落盡香泥人不見，迴翔。錯認誰家白玉堂。

輯評

彭孫遹曰：『梅溪以長調擅場，此復以片言居勝。』

王士禛曰：『「掠水蹴花」三句爲燕燕傳神，「亂剪春蕪」得未曾有。』

陳維崧曰：『字字摇曳，與邦卿作异曲同工。』

夜行船　本意

十幅蒲帆風力勁，有魚床〔一〕、夜燈相映。兩岸衰蘆，一條寒碧，波影月痕難定。柔櫓無聲人語静，怕沙鷗，暫時驚醒。篷背新霜，山邊曉市，楓葉亂遮笭箵〔二〕。

箋注

〔一〕魚床，用竹木編成如床席大小的漁具，上投餌料，沉入水中，供魚栖息。

〔二〕笭箵，貯魚的竹籠。

醉落魄　咏鷹

凍雲慘淡，鬱輪囷〔一〕、天邊心膽。韝絛欲掣金睟閃〔二〕，雨血風毛，一灑平原暗。層霄呼下纔如點，割鮮小飲霜花蘸〔三〕。藍田歸騎垂弓劍，野闊天低，狐兔山中減。

箋注

〔一〕 轇，積聚貌。輪囷，盤曲貌。

〔二〕 韝絛，拴鷹的繩子。

〔三〕 割鮮，割殺畜獸。

輯評

陳維崧曰：『押險韵如使硬弩，無不射麋麗鼅。』

虞美人第二體 雨過

錢塘戰後風雷弱，貴主還宮樂。靈旗捲罷楚天高〔一〕，湘妃鼓瑟和雲璈〔二〕，擁鮫綃。

長空一抹曾青色，全學柴窑碧〔三〕。諸峰螺翠晚來横，烟鬟霧鬢劇多情，可憐生。

箋注

〔一〕靈旗，《漢書·禮樂志》：『招摇靈旗，九夷賓將。』顔師古注：『畫招摇於旗以征伐，故稱靈旗。』

〔二〕湘妃，舜帝的兩個妃子娥皇、女英。相傳二妃没於湘水，遂爲湘水之神。湘妃鼓瑟，《楚辭·遠游》：『張《咸池》奏《承雲》兮，二女御《九韶》歌。使湘靈鼓瑟兮，令海若舞馮夷。』雲璈，即雲鑼。

〔三〕柴窑，傳爲周世宗柴榮時所燒造，所燒瓷器有『青如天，明如鏡，薄如紙，聲如磬』的特點。

輯評

陳維崧曰：『渲染欲滴。』

蝶戀花　荔裳席上作，用阮亭韵〔一〕

吹面東風能散纈，雨弄柔絲，過了清明節。脆滑鶯兒聲不歇，池塘淡淡霏香雪。

好倩吴儂翻一闋〔二〕，宫錦氍毹，顧影神清絶。銀燭光消銀箭徹，一鈎斜挂城邊月。

箋注

〔一〕宋琬（一六一四—一六七三），字玉叔，號荔裳，山東萊陽人，清初著名詩人。詩與施閏章齊名，稱『南施北宋』，又與嚴沆、施閏章、丁澎等合稱爲『燕臺七子』。著有《安雅堂集》《二鄉亭詞》。

〔二〕倩，請。吴儂，操吴方言，語音輕清柔美。

輯評

彭孫遹曰：『意言新警。』

張潮曰：『生香真色人難學。』

又　看演祭皋陶劇，仍用前韻〔一〕

水面綾紋堆亂纈，一曲清商〔二〕，寫出清流節。枉矢離離光未歇〔三〕，若盧閉處飛霜雪〔四〕。呵壁左徒聲乍闋〔五〕，南北甘陵〔六〕，鴻影冥冥絶。尺霧消來天問徹，一鞭好弄山間月〔七〕。

箋注

〔一〕此首作於康熙十一年（一六七二）初夏，宋琬授四川按察使入蜀前。康熙十年（一六七一）清明節之際，宋琬招王士禛、曹貞吉、王士禄、龔鼎孳、梁清標、汪懋麟、周在濬、陳維崧等人到梁清標家宴集，觀看宋琬創作的《祭皋陶》雜劇，王士禛《香祖筆記》卷四：『康熙辛亥，宋荔裳琬在京師，一日招龔芝麓龔大宗伯、梁蒼岩大司馬及余兄弟飲梁家園子，予首倡偶用「纈」字。』梁清標《蝶戀花・宋荔裳觀察招飲觀劇次阮亭韵》詞下引宋琬云：『初夏，僕將往蜀，同芝麓諸公宴集梁家園，伶人演僕所編《祭皋陶》雜劇，座上各賦《蝶戀花》一闋。』

〔二〕清商，樂府歌曲名，聲調清越。

〔三〕枉矢，星名。

〔四〕若盧，監獄名。

〔五〕『呵壁』句，漢王逸《〈天問〉序》：『屈原放逐，憂心愁悴。彷徨山澤，經歷陵陸。嗟號昊旻，仰天嘆息。見楚有先王之廟及公卿祠堂，圖畫天地山川神靈，琦瑋僑佹，及古賢聖怪物行事，周流罷倦，休息其下，仰見圖畫，因書其壁，呵而問之，以渫憤懣，舒瀉愁思。』

〔六〕南北甘陵，《後漢書·黨錮傳序》：『初，桓帝爲蠡吾侯，受學於甘陵周福，及即帝位，擢福爲尚書。時同郡河南尹房植有名當朝，鄉人爲之謡曰：「天下規矩房伯武，因師獲印周仲進。」二家賓客，互相譏揣，遂各樹朋徒，漸成尤隙。由是甘陵有南北部，黨人之議，自此始矣。』

〔七〕弄，欣賞。

又

送荔裳入蜀，再用前韻〔一〕

濯錦江頭濤作纈，萬里蠶叢〔二〕，重建相如節〔三〕。渝唱巴童渾未歇，一簾曉映峨嵋雪。　紅濕海棠歌正闋，帽影鞭絲〔四〕，點染三川絶〔五〕。散髮瞿塘清欲徹〔六〕，半輪流送平羌月〔七〕。

箋注

〔一〕同前首作於康熙十一年初夏，宋琬授四川按察使入蜀前。王士禛《漁洋詩話》卷下：『康熙辛亥，宋荔裳琬、施愚山閏章皆集京師，與余兄弟倡和最久。明年壬子，荔裳補官蜀臬，余典蜀試，先後出都門。既而余以十月下峽，荔裳以明年春上峽，遂不相見。是歲荔裳入覲，殁於京師。』

〔二〕蠶叢，指蜀道。唐李白《送友人入蜀》：『見説蠶叢路，崎嶇不易行。』

〔三〕相如節，《史記·司馬相如列傳》：『聞南夷與漢通，得賞賜多，多欲願爲内臣妾，請吏，比南夷。天子問相如，相如曰：「邛、筰、冉、駹者近蜀，道亦易通，秦時嘗通爲郡縣，至漢興而罷。今誠復通，爲置郡縣，愈於南夷。」天子以爲然，乃拜相如爲中郎將，建節往使。』

〔四〕帽影鞭絲，宋陸游《乍晴出游》：『本借微風敧帽影，却乘新暖弄鞭絲。』

〔五〕三川，唐中葉後以劍南西川、劍南東川及山南西道三鎮爲『三川』。

〔六〕瞿塘，瞿塘峽，爲長江三峽之首，也稱夔峽。西起重慶奉節白帝城，東至巫山大溪。兩岸懸崖壁立，江流湍急，山勢險峻，號稱西蜀門户。

〔七〕平羌，峨眉山東北有平羌江，即今青衣江，源出於四川蘆山縣，流至樂山縣入岷江。

輯評

陳維崧曰：『峽月巴船，清輝如見。』

李良年曰：『讀此但覺山川嫵媚，何須作《蜀道難》耶！始信青蓮故是比體。』

張潮曰：『非是山川嫵媚，乃是先生筆墨嫵媚耳。』

又 送沈郎，再用前韵

滿路丹榴明似纈，蜀道羊腸，細馬隨旌節。花重錦官香未歇〔一〕，倚欄閑看峨嵋雪。

記得梁園歌一闋〔二〕，貼地腰身，四座顛狂絶。嫩緑池塘清影徹，依稀照見人如月。

箋注

〔一〕花重錦官，唐杜甫《春夜喜雨》：『曉看紅濕處，花重錦官城。』

〔二〕梁園，明程敏政《篁墩集》：『京師賣花人聯住小南城，古遼城之麓，其中最盛者曰梁氏園。園之牡丹、芍藥幾十畝，花時雲錦布地，香冉冉聞里余。』清阮葵生《茶餘客話》：『梁家園積水到門，顏其堂曰半山房，後有疑野亭，朝爽樓，前對西山，後繞清波，極亭臺花木之勝。池之南北，旗亭歌榭不斷，游人泛舟，竟盡忘返，賦詩者甚多。』

輯評

彭孫遹曰：『何其清綺。』

靳治荆曰：『「花重」二語耐看，「嫩緑」二語耐思。』

又　題龔半千畫〔一〕

石骨嶙峋鷩拔地，千尺藤蘿，盤壁蛟龍勢。茅屋半間風打碎，個中應有幽人睡。門外片塵飛不起，嫩緑新蒲，杳靄江湖意。倘許移家來畫裏，一廛請隸無懷氏〔二〕。

箋注

〔一〕龔賢（一六一八—一六八九），又名豈賢，字半千，又字野遺，號半畝，又號柴丈人、鐘山野老。江蘇昆山人，早年曾參加復社活動。入清隱居不出，與樊圻、高岑、鄒喆、吴宏、葉欣、胡慥、謝蓀等并稱爲『金陵八家』。工詩文，善行草，著有《香草堂集》。

〔二〕一廛，古時一夫所居之地。無懷氏，傳説中的上古帝王。晋陶淵明《五柳先生傳》：『銜觴賦詩，以樂其志，無懷氏之民歟？』

輯評

彭孫遹曰：『瀟灑出塵。』

王士禛曰：『字字飛動紙上。』

陳維崧曰：『「茅屋」二語，詩中孟六。』

張潮曰：『我亦欲移家畫裏。』

又　題王宓草畫蝶〔一〕

筆帶烟霞人晉魏，拓得滕王，海眼圖中意〔二〕。惆悵東風吹不起，翩翩只在生綃裏。

夜雨攪林花瓣碎，覓蕊爲糧，還抱花鬚睡。春色滿園拖粉翅，不知夢見莊周未〔三〕？

箋注

〔一〕王蓍，原名尸，字宓草，秀水（今浙江嘉興）人，家金陵。善花卉、翎毛，兼工書法、篆刻，與兄王槩、弟王臬齊名，共同編繪有《芥子園畫譜》。張貞《杞田集》卷十四《題珂雪堂咏物詞譜》：『實庵詩文妙天下，閒倚聲作詞，遂奪宋人之席。近吴園次有《名家詞選》，得珂雪集，即用壓卷，流傳江左，一時皆推爲絶唱。吴介兹最愛其咏物諸調，手録廿一闋，屬王宓草繪爲圖譜，凡八幀，氣韵生趣，秀溢楮墨間。徐熙野逸，黄筌富艷，既兼有之至，分布配合，參差掩映，可謂人巧極天工。錯矣，宓草固以寫生名家，未必便能盡。如此合作，良由佳句逼出精思，因成詞壇雅語。』

〔二〕『拓得』句，明朱謀垔《畫史會要》：『滕王元嬰，高祖子，善畫蝶。故王建《宫詞》有「内中數日無呼唤，拓得滕王蛺蝶圖」之句。《酉陽雜俎》曰：滕王畫蛺蝶有數名，江夏斑、大海眼、小海眼、村裏來、菜花子。』

〔三〕『不知』句，《莊子·齊物論》：『昔者莊周夢爲胡蝶，栩栩然胡蝶也。自喻適志與，不知周也。俄然覺，則蘧蘧然周也。不知周之夢爲胡蝶與，胡蝶之夢爲周與？』

輯評

彭孫遹曰：『寫生妙手。』

王士禛曰：『跌宕風流，才子之筆。』

陳維崧曰：『輕盈婉約，盡態極妍。』

靳治荆曰：『「夜雨」三句，較唐人「樹頭蜂抱花鬚落」，更爲細膩。』

又 夏夜酒醒口占

解識濁醪多妙理〔一〕，八尺琉璃，引入甜鄉裏。酒重燈昏慵不起，夢回已是三千里。　殘月幾櫺斜界紙〔二〕，天色空青，銀漢光垂地。苔澀流螢飛且止，穿簾好趁荷風細。

箋注

〔一〕『解識』句，宋辛弃疾《賀新郎》：『江左沉酣求名者，豈識濁醪妙理。』

〔二〕櫺，舊式房屋的窗格。

輯評

沈爾煬曰：『夢中記里，煞是無聊。』

又 修來席上咏秋海棠〔一〕

涼月娟娟流影細，道是秋花，却帶春花字〔二〕。何限嫣紅思婦泪〔三〕，玉壺亂滴珍珠碎。

籬畔幾枝纔放蕊，任是春花，不比秋花媚。簪向個人鬟髻髻〔四〕，晚霞一點明於洗。

箋注

〔一〕顔光敏（一六四〇—一六八六），字遜甫，一字修來，號樂圃，山東曲阜人。康熙六年（一六六七）進士，官至吏部考功司郎中。與曹貞吉、田雯、宋犖、曹禾等并列『金臺十子』。

〔二〕『却帶』句，秋海棠又名『八月春』。

〔三〕何限，多少，幾多。

〔四〕鬟髻髻，古代婦女的一種髮式，髮髻向額前俯偃。《樂府詩集·陌上桑》：『頭上倭墮髻。』

輯評

彭孫遹曰：『裴回宛轉，自成文章。』

李良年曰：『有色無香，此花恨事。讀「簪向個人」二語，饒有香在。』

張潮曰：『予曾和先生此詞，真有珠玉在前之愧。』

又

讀《六一集·十二月鼓子詞》〔一〕，嫌其過於富麗，吾輩爲之，正不妨作酸餡語耳，閑中試筆，即以故鄉風物譜之

其一

正月春盤初獻歲〔二〕，帽影鞭絲〔三〕，羅拜人如市。爆竹一聲烟霧起，幾枝紅燭消燈事。　記得少年扶半醉，襬襶衝塵〔四〕，評話開明寺〔五〕。三十年來風景异，似看洛下伽藍記〔六〕。

箋注

〔一〕鼓子詞，宋代的一種説唱文學，用同一曲調反復演唱，并夾有説白，用以叙事寫景。説唱以鼓合之，故稱。宋代詞人用以寫同調聯章之詞，亦名鼓子詞。如北宋歐陽修《漁家傲·十二月鼓子詞》。

〔二〕春盤，立春日以韭黄、果品、餅餌等簇盤爲食，或饋贈親友，稱春盤。帝王亦於立春前一天，以春盤并酒賜近臣。

〔三〕帽影鞭絲，見《蝶戀花·送荔裳入蜀，再用前韵》箋注〔四〕。

〔四〕襬襶，清郝懿行《證俗文》卷二：『襬襶，《潛確類書》：即今暑月所戴凉笠，以青繒綴其簷，而蔽日者也。』

〔五〕評話，表演者多爲一人，以醒木、扇子等做道具，運用説表、口技、賦贊、人物模擬、噱頭等技巧講述故事。開明寺，《（萬曆）安丘縣志》卷五：『開明寺，在縣治西，宋天聖三年建，洪武初重修。』

〔六〕洛下伽藍記，《洛陽伽藍記》，北魏楊衒之撰，追叙北魏京城洛陽佛寺的興隆景象。

其二

二月花明鄰上巳〔一〕，柳學鵝兒，桃學紅妝媚。布穀勸耕聲未已〔二〕，腥風海上來魚市。　經濟山林渾不易，種杏條桑，多少閑心事。金馬鳳池春夢耳〔三〕，竹籬茅舍原如此。

箋注

〔一〕上巳，《後漢書·禮儀志上》：『是月上巳，官民皆絜於東流水上，曰洗濯祓除去宿垢疢爲大絜。』

〔二〕布穀，鳴聲似『布穀』，又鳴於播種時，故相傳爲勸耕之鳥。

〔三〕金馬，《史記·滑稽列傳》：『朔行殿中，郎謂之曰：「人皆以先生爲狂。」朔曰：「如朔等，所謂避世於朝廷間者也。古之人，乃避世於深山中。」時坐席中，酒酣，據地歌曰：「陸沉於俗，避世金馬門。宮殿中可以避世全身，何必深山之中，蒿廬之下。」金馬門者，宦者署門也，門傍有銅馬，故謂之曰「金馬門」。』鳳池，唐杜佑《通典》卷二十一《職官三》：『魏晉以來，中書監令掌贊詔令，記會時事，典作文書，以其地在樞近，多承寵任，是以人因其位，謂之「鳳凰池」焉。』

其三

三月桐華鶯哺子〔一〕，百囀聲中，一串驪珠碎〔二〕。過了清明無意思，鞦韆還挂垂楊裏。　墻下櫻桃纔謝蕊，顆顆珊瑚，已浸饞牙齒。萬紫千紅同逝水，幾翻風雨春歸矣。

校訂

華，吴氏本、備要本、《清名家詞》作『花』。

翻，吴氏本、備要本作『番』。

箋注

〔一〕桐華，桐花，常在清明時節開放，是清明節日之花。

〔二〕驪珠，《莊子·列御寇》：『千金之珠，必在九重之淵，而驪龍頷下。』

其四

四月東皋樓下水，入網河魚，竟尺鮮無比。煮酒遥沾青杏意，牡丹大似姚家一夜簟聲來屋底，滿眼新篁，帶粉拖香氣。絡罷繅車蠶下子，一年村女渾無事。第〔一〕。

箋注

〔一〕『牡丹』句，《洛陽牡丹記·花釋名》：『姚黃者，千葉黃花，出於民姚氏家，洛陽亦不甚多，一歲不過數朵。』

其五

五月黃雲全覆地，打麥場中，咿軋聲齊起〔一〕。野老謳歌天籟耳〔二〕，那能略辨宫商字〔三〕？屋角槐陰耽美睡，夢到華胥〔四〕，蝴蝶翩翩矣〔五〕。客至夕陽留薄醉，冷淘飥餺窮家計〔六〕。

箋注

〔一〕咿軋，指碌碡等農具工作時的聲音。

〔二〕天籟，《莊子·齊物論》：『女聞人籟而未聞地籟，女聞地籟而未聞天籟夫！』

〔三〕宫商字，古代音律有宫、商、角、徵、羽五個音階。

〔四〕華胥，《列子·黄帝》：『（黄帝）晝寢，而夢游於華胥氏之國。華胥氏之國在弇州之西，台州之北，不知斯齊國幾千萬里。蓋非舟車足力之所及，神游而已。其國無帥長，自然而已；其民無嗜欲，自然而已……黄帝既寤，怡然自得。』

〔五〕『蝴蝶』句，見《蝶戀花·題王宓草畫蝶》箋注〔三〕。

〔六〕冷淘，過水麵及凉麵一類食品。飥餺，湯餅的别名。

其六

六月溪堂風細細，課雨占晴〔一〕，略帶農夫意。雲脚倒垂龍掉尾，汶河已上黏天水〔二〕。　素柰抹紅三道未〔三〕？帶露繁枝，老子生歡喜。瓜是緑沉朱是李〔四〕，敲冰不羡長安市。

箋注

〔一〕課，占卜。

〔二〕汶河，古稱汶水，係濰河主要支流，源出臨朐縣沂山，主要流域在曹貞吉家鄉安丘境内。

〔三〕素柰，白柰，又名沙果，俗稱花紅，花開時白色而微呈紅暈。

〔四〕瓜是緑沉，《南史·任昉傳》：『（任昉）卒於官……武帝聞問，方食西苑緑沉瓜，投之於盤，悲不自勝。』緑沉瓜即今天的西瓜。

輯評

王士禛曰：『亦復工絶，非但豪邁。』

張潮曰：『農圃風味，時物變遷，天然生趣，點染無窮。』

其七

七月西疇禾稻美，翠色沾衣，香比春花細。乞巧聊供兒女戲〔一〕，衰翁厭説填橋事〔二〕。

細雨連宵偏入耳，颯颯秋聲，苔影生涼意。回首江南鱸作市，扁舟愛殺天隨子〔三〕。

校訂

説，吴氏本、備要本均作『學』。

箋注

〔一〕『乞巧』句，南朝梁宗懔《荆楚歲時記》：『是夕，人家婦女結彩縷，穿七孔針，或以金、銀、鍮石爲針，陳几筵、酒、脯、瓜果、菜於庭中以乞巧。有喜子網於瓜上，則以爲符應。』

〔二〕填橋事，漢應劭《風俗通義》：『織女七夕當渡河，使鵲爲橋。』

〔三〕天隨子，唐陸龜蒙《奉和襲美太湖詩·縹緲峰》：『身爲大塊客，自號天隨子。』

其八

八月長空飛雁字，芋栗全登〔一〕，消受田家味。矖棗堂前紅滿地，何須苦憶南天荔。　蟾兔秋毫輝萬里，玉宇瓊樓，人抱清光睡。蕉葉翻翻斜界紙，草蟲慣作嘤嘤技。

箋注

〔一〕登，穀物成熟。

其九

九月涼風蘋末起〔一〕，落帽登高〔二〕，一觳雙螯美。楓老當門圍薜荔〔三〕，年豐豈懼催租吏？　白酒黄鷄滋味异，老瓦盆中〔四〕，牧竪堪同醉。風雨攪林渾不寐，挑燈起作秋聲記〔五〕。

箋注

〔一〕蘋末，戰國楚宋玉《風賦》：『夫風生於地，起於青蘋之末。』

〔二〕落帽登高，《晋書·孟嘉傳》：『後爲征西桓温參軍，温甚重之。九月九日，温燕龍山，僚佐畢集。時佐吏并着戎服，有風至，吹嘉帽墮落，嘉不之覺。温使左右勿言，欲觀其舉止。嘉良久如厠，温令取還之，命孫盛作文嘲嘉，着嘉坐處。嘉還見，即答之，其文甚美，四坐嗟嘆。』

〔三〕薜荔，又稱『木蓮』，常緑灌木。

〔四〕老瓦盆，唐杜甫《少年行二首》其一：『莫笑田家老瓦盆，自從盛酒長兒孫。』分門集注引蘇軾曰：『陳喧好飲，一日，貴客過，笑喧用陶器，喧曰：「莫笑此老瓦盆，多見興廢也。」客無語。』

〔五〕秋聲記，北宋歐陽修有《秋聲賦》。

輯評

王士禛曰：『不怕租吏亦大奇事，恐是姑妄言之耳。』

張潮曰：『讀「風雨」一句，不須更讀《秋聲記》矣。』

其十

十月寒雲陰匝地，草淺霜濃，獵騎蕭蕭意。老去垂楊生左臂〔一〕，鼻端出火翻成愧〔二〕。

榾柮爐紅堪自慰，絶勝年年，風雪金門轡。日出黄綿還炙背，杞人不下憂天泪〔三〕。

箋注

〔一〕垂楊生左臂，《莊子·至樂》：『支離叔與滑介叔觀於冥伯之丘、昆侖之虚，黄帝之所休。俄而柳生其左肘，其意蹶蹶然惡之。支離叔曰：「子惡之乎？」滑介叔曰：「亡，予何惡！生者，假借也；假之而生生者，塵垢也。死生爲晝夜。且吾與子觀化而化及我，我又何惡焉！」』唐成玄英疏：『蹶蹶，驚動貌。柳者，易生之木；木者，棺槨之象；此是將死之徵也。二叔游於昆侖，觀於變化，俄頃之間，左臂生柳，蹶然驚動，似欲惡之也。』郭慶藩集釋引郭嵩燾曰：『柳，瘤字，一聲之轉。』

〔二〕鼻端出火，《南史・曹景宗傳》：『我昔在鄉里，騎快馬如龍，與年少輩數十騎，拓弓弦作辟礰聲，箭如餓鴟叫，平澤中逐獐，數肋射之，渴飲其血，飢食其脯，甜如甘露漿，覺耳後生風，鼻頭出火，此樂使人忘死，不知老之將至。』

〔三〕『杞人』句，《列子・天瑞》：『杞國有人憂天地崩墜，身亡所寄，廢寢食者；又有憂彼之所憂者，因往曉之，曰：「天，積氣耳，亡處亡氣。若屈伸呼吸，終日在天中行止，奈何憂崩墜乎？」其人曰：「天果積氣，日月星宿，不當墜耶？」曉之者曰：「日月星宿，亦積氣中之有光耀者；祇使墜，亦不能有所中傷。」其人曰：「奈地壞何？」曉者曰：「地積塊耳，充塞四虛，亡處亡塊。若躇步跐蹈，終日在地上行止，奈何憂其壞？」其人舍然大喜，曉之者亦舍然大喜。』

其十一

十一月狂飈驚晚歲，一綫陽回〔一〕，家慶逢南至〔二〕。覓果堂前成往事，兒孫滿眼當年似。　一夜仙人紛玉戲〔三〕，三尺瑶華，妝點天容醉。鹽撒空中差可擬，未如柳絮因風起〔四〕。

箋注

〔一〕陽回，冬至節陰氣盡而陽氣始回，故稱。

〔二〕南至，即冬至。

〔三〕『一夜』句，宋陶穀《清异録·天文》：『比丘清傳與一客同入湖南，客曰：「凡雪，仙人亦重之，號天公玉戲。」』

〔四〕『鹽撒』句，南朝宋劉義慶《世説新語·言語》：『謝太傅寒雪日内集，與兒女講論文義。俄而雪驟，公欣然曰：「白雪紛紛何所似？」兄子胡兒曰：「撒鹽空中差可擬。」女曰：「未若柳絮因風起。」公大笑樂。即公大兄無奕女，左將軍王凝之妻也。』

輯評

王士禛曰：『末十四字全用成語，奇妙。』

孫寶侗曰：『用古之妙，直參化工。』

陳維崧曰：『稼軒用晋帖語入詞，猶未若珂雪之入化也。』

其十二

十二月檐冰如列齒，撿點流光，又逐修鱗逝〔一〕。屈指明朝二十四，一年好事應無幾。　鬱壘桃符忙底事〔二〕？彩勝銀旛〔三〕，分付兒童記。夜火松枝還熰歲〔四〕，五更不策朝天騎。

校訂

撿，吴氏本、備要本作『檢』。

箋注

〔一〕修鱗，指蛇。

〔二〕鬱壘桃符，南朝梁宗懍《荆楚歲時記》：『造桃板著户，謂之仙木。繪二神貼户左右，左神荼，右鬱壘，俗謂之門神。』

〔三〕彩勝銀旛，南朝梁宗懍《荆楚歲時記》：『正月七日爲人日，以七種菜爲羹，剪彩爲人，或鏤金箔爲人，以貼屏風，亦戴之頭鬢。』

〔四〕熰歲，清于敏中、英廉等編《日下舊聞考·風俗》：『除夕五更焚香楮，送玉皇上界，迎新灶君下界……夜以松柏枝雜柴燎院中，曰松盆，熰歲也。』

輯評

王士禛曰：『十二首瀏漓頓挫，公孫大娘舞渾脱手段，乃於行墨遇之。』
顔光敏曰：『豳雅遺音。』
沈爾燝曰：『以田家行樂點染歲華，覺本地風光絶勝。』

漁家傲　秋感

燕市秋來風色改〔一〕，山圍碧玉清涼界。屈指津門多紫蟹〔二〕，街頭賣，天生左手持螯在〔三〕。　不信濁醪澆磊塊，醉鄉更比人間隘。月落屋梁憎老態，渾無賴，蟲聲四壁愁如海。

箋注

〔一〕燕市，燕京，今北京。
〔二〕紫蟹，天津傳統的冬令珍饈，有『津門蟹，肥美甲天下』之稱。

〔三〕左手持螯，《晉書·畢卓傳》：『卓嘗謂人曰：「得酒滿數百斛船，四時甘味置兩頭，右手持酒杯，左手持蟹螯，拍浮酒船中，便足了一生矣。」』

輯評

彭孫遹曰：『《酒德頌》可以不作。』

又 讀《漢史》

縹緲雲中赤兔子〔一〕，求仙遠隔蓬萊水〔二〕。巨棗安期曾餉未〔三〕？真奇事，馬肝一片文成死〔四〕。　天下神仙皆妄耳，茂陵石馬秋風裏〔五〕。金碗玉魚紛出市〔六〕，渾無味，如鉛早下銅人泪〔七〕。

校訂

一片，《瑤華集》卷六、《百名家詞鈔》作『解令』。

箋注

〔一〕赤堯子，舊題漢郭憲《洞冥記》卷一：『漢武帝未誕之時，景帝夢一赤彘，從雲中直下，入崇蘭閣，帝覺而坐於閣上，果見赤氣如烟霧，來蔽户牖，望上有丹霞蓊鬱而起，乃改崇蘭閣爲猗蘭殿。』

〔二〕『求仙』句，《史記·封禪書》：『於是天子始親祠竈，遣方士入海求蓬萊安期生之屬，而事化丹沙諸藥齊爲黄金矣。……居久之，李少君病死。天子以爲化去不死，而使黄錘史寬舒受其方。求蓬萊安期生莫能得，而海上燕齊怪迂之方士多更來言神事矣。』

〔三〕巨棗安期，《史記·封禪書》：『少君言上曰……臣嘗游海上，見安期生，食巨棗，大如瓜。安期生，仙者，通蓬萊中，合則見人，不合則隱。』

〔四〕『馬肝』句，《史記·封禪書》：『文成食馬肝死耳。』司馬貞索隱：『案：《論衡》云「氣熱而毒盛，故食走馬肝殺人」。』文成，《史記·封禪書》：『齊人少翁以鬼神方見上……於是乃拜少翁爲文成將軍，賞賜甚多，以客禮禮之。』

〔五〕『茂陵』句，《漢書·武帝紀》：『（前八七年）二月……丁卯，帝崩於五柞宫……葬茂陵。』

〔六〕『金碗』句，唐杜甫《諸將五首》其一：『漢朝陵墓對南山，胡虜千秋尚入關。昨日玉魚蒙葬地，早時金碗出人間。』

〔七〕『如鉛』句，唐李賀《〈金銅仙人辭漢歌〉序》：『魏明帝青龍元年八月，詔宮官牽車，西取漢孝武捧露盤仙人，欲立置前殿。宮官即拆盤，仙人臨載，乃潸然泪下。』詩曰：『茂陵劉郎秋風客，夜聞馬嘶曉無迹。』

輯評

王士禛曰：『實庵此等詞，今作者中惟其年能之。』

陳維崧曰：『如王先生言，僕何敢當？正如昔人所言「春水將生，孤當速去」耳。』

李良年曰：『是史公《封禪書》本旨。』

沈爾熀曰：『絶似《通天臺表》，颯颯逼人。』

蘇幕遮　冬閨

塞雲横，關月遠。簾外霜濃，寒重呵金剪〔一〕。手擗緑橙香霧濺〔二〕。綉被兜羅〔三〕，祇許猧兒伴。

參旗斜，銀漢淺。好夢依稀，又被風吹斷。離思乍隨清漏滿。倦眼窺窗，蟬影垂垂亂〔四〕。

箋注

〔一〕金剪，篆體名。

〔二〕掰，𢺐。

〔三〕兜羅，棉被。

〔四〕蟬影，唐上官儀《奉和秋日即目應制》：『落葉飄蟬影，平流寫雁行。』

輯評

彭孫遹曰：『妙於吹夢無踪。』

王士禛曰：『《珂雪詞》骯髒多而嫵媚少，此等絶有周、柳風味。』

添字漁家傲　六月

六月南窗無暑氣，幾點流螢，偏照青苔地。摇曳慣乘絲雨細，翩然起，隨風又到簾櫳裏。　紈扇撲來紛欲避，似滅還明，驚入蓮花蕊。露冷昔耶鴛瓦膩，依稀是，摩訶池畔凉如此〔一〕。

箋注

〔一〕摩訶池，《資治通鑒》胡三省注引《成都記》：『摩訶池在張儀子城内，隋蜀王秀取土築廣子城，因爲池。有胡僧見之曰：「摩訶宫毗羅。」蓋胡僧謂摩訶爲大宫，毗羅爲龍。謂此池廣大有龍耳，因名摩訶池。』

輯評

王士禛曰：『昔最喜羡門「秋窗無火，暗螢相照」之句，以爲文外獨絶。實庵正復不減。』

陳維崧曰：『末語推開一筆，正所謂離鈎三寸法也。』

又　初秋鄉思

急雨携將秋色至，門掩西風，早是愁滋味。漠漠濕雲千樹裏，偏垂地，晚山一點烟螺髻。　茉莉宵凉還放蕊，穿瓦螢飛，隱壁蟲聲細。歸夢亂如春絮起，書空寄，迢迢銀漢人千里。

輯評

王士禛曰：『已近秦、李，此是當行本色。』

又　賦得『手提金縷鞋』

一樹木蘭花影大，露濕銅鋪，不閉葳蕤鎖。半夜出來驚欲躲，君王過，澄心堂側藏鐙火〔一〕。　響屧迴廊知未可〔二〕，似水香階，那受青苔涴〔三〕。半晌偎人魂乍妥，嬌無那，匆匆難唱家山破〔四〕。

箋注

〔一〕澄心堂，宋陳師道《後山談叢》卷二：『澄心堂，南唐烈祖節度金陵之燕居也。世以爲元宗書殿，誤矣。』

〔二〕響屧迴廊，宋范成大《吴郡志·古迹》：『響屧廊在靈岩山寺，相傳吴王令西施輩步屧，廊虚而響，故名。今寺中以圓照塔前小斜廊爲之，白樂天亦名「鳴屧廊」。』

〔三〕涴，弄髒，沾染。

〔四〕家山破，宋馬令《南唐書·後主紀》：『舊曲有《念家山》，王親演爲《念家山破》，其聲焦殺，而其名不祥，乃敗徵也。』

輯評

陳維崧曰：『勝讀梅村先生《秣陵春》樂府。』

青玉案 雁字

數行界破青天色，似一幅、荆關筆〔一〕。楓葉蘆花秋瑟瑟〔二〕。問君何事？書空難盡，影落瀟湘碧。人間多少傷心客，欲寄離愁那能得？折勢分明成乙乙〔三〕。無端風雨，横斜催亂，幾陣烟雲黑。

校訂

離愁，吴氏本、備要本作『離思』。

箋注

〔一〕荆關，五代後梁畫家荆浩和關仝。金元好問《郭熙溪山秋晚》：『九十仙翁自游戲，不應辛苦作荆關。』

〔二〕『楓葉』句，唐白居易《琵琶行》：『潯陽江頭夜送客，楓葉荻花秋瑟瑟。』

〔三〕乙乙，猶一一。

輯評

陳維崧曰：『筆陣駊騀。』

張潮曰：『咏雁字詩極夥，無如此詞不即不離之妙。』

江城子 冬日偶興

千門霽色日曈曨〔一〕，暖融融，似春濃。只少桃花扇底一襟風〔二〕。忽憶平原淺草地，追狡兔，控雕弓。呼鷹直上最高峰，氣如虹，馬如龍。遥望一天毛血灑晴空。罷獵歸來何處去？殘雪路，灞陵東〔三〕。

箋注

〔一〕曈曨，日初出漸明貌。

〔二〕『只少』句，宋晏幾道《鷓鴣天》：『舞低楊柳樓心月，歌盡桃花扇底風。』

〔三〕『罷獵』句，《史記·李將軍列傳》：『頃之，家居數歲。廣家與故潁陰侯孫屏野居藍田南山中射獵。嘗夜從一騎出，從人田間飲。還至霸陵亭，霸陵尉醉，呵止廣。廣騎曰：「故李將軍。」尉曰：「今將軍尚不得夜行，何乃故也！」止廣宿亭下。』

輯評

彭孫遹曰：『腦後風，鼻端火，當是爾時語。』

沈爾燝曰：『坡老擎蒼牽黄，興致略同。』

又　戲作

貧家今日聚多錢，是荷錢，是苔錢。怪底三春常費買花錢。亂撒東風渾欲盡，留不住，似榆錢。　紛紛人世競青錢〔一〕，拔釘錢〔二〕，捋鬚錢〔三〕。絶勝嗷嗷九府一文錢〔四〕。昨夜鄰家喧社鼓，頻吹落，紙黃錢。

校訂

喧，吴氏本、備要本、《清名家詞》作『唱』。

箋注

〔一〕青錢，《新唐書·張薦傳》：『員外郎員半千數爲公卿稱「鷟文辭猶青銅錢，萬選萬中」。』

〔二〕拔釘錢，《新五代史·雜傳八》：『在禮在宋州，人尤苦之；已而罷去，宋人喜而相謂曰：「眼中拔釘，豈不樂哉！」既而復受詔居職，乃籍管内，口率錢一千，自號「拔釘錢」。』

〔三〕捋鬚錢，宋鄭文寶《南唐近事·捋鬚錢》：『張崇帥廬州，好爲不法，士庶苦之。嘗入覲江都，廬人幸其改任，皆相謂曰：「渠伊必不復來矣。」崇來，計口徵渠伊錢。明年，再入覲，盛有罷府之議。不敢指實，道路相見皆捋鬚爲慶。崇歸，又徵捋鬚錢。』

〔四〕九府一文錢，明謝肇淛《五雜組》：『秦士有好古物者，價雖貴，必購之。一日，有人持敗席一扇，踵門而告曰：「昔魯哀公命席以問孔子，此孔子所坐之席也。」秦氏大愜，以爲古，遂以負郭之田易之。逾時，又有持枯竹一枝，告之曰：「孔子之席，去今未遠，而子以田售。吾此杖乃太王避狄，杖策去邠時所操之棰也，蓋先孔子又數百年矣，子何以償我？」秦士大喜，因傾家資悉與之。既而又有持巧漆碗一隻，曰：「席與杖皆周時物，固未爲古也。此碗乃舜造漆器時作，蓋又遠於周矣，子何以償我？」秦士愈以爲遠，遂虚所居之宅以予之。三器既得，而田舍資用盡去，致無以衣食，然好古之心，終未忍捨三器。於是披哀公之席，持太王之杖，執舜所作之碗，行乞於市，曰：「那個衣飲父母，有太公九府錢，乞我一文！」聞者噴飯。』九府，《史記·貨殖列傳》：『其後齊中衰，管子修之，設輕重九府。』張守節正義：『周有大府、玉府、内府、外府、泉府、天府、職内、職金、職幣，皆掌財幣之官，故云九府也。』

輯評

李良年曰：『唤作阿堵，那得不算解人？』

張潮曰：『此詞亦萬選萬中。』

風入松　七夕戲作

明河低轉恰西東，良夜方中。鵲橋欲駕飈輪起，盼雙星、輾轉愁儂〔一〕。只恐金支翠節，難勝鬢霧鬟風。　樓頭乞巧定誰工〔二〕，女伴匆匆。露華如水天如洗，最凄凉、銀井高桐。月照紗幮無那，黄姑夢裏相逢〔三〕。

校訂

盻，四庫本、備要本作『盼』。

箋注

〔一〕『鵲橋』句，見《蝶戀花》（七月西疇）箋注〔二〕。

〔二〕『樓頭』句，見《蝶戀花》（七月西疇）箋注〔一〕。

〔三〕黄姑，《玉臺新咏·歌辭之一》：『東飛伯勞西飛燕，黄姑織女時相見。』吴兆宜注引《歲時記》：『河鼓、黄姑，牽牛也。皆語之轉。』

輯評

彭孫遹曰：『政如君家綉虎，亦復有獨處瓠瓜之感。』

張潮曰：『謙父翻案其詞達，先生游戲其情深。』

越溪春　郭外，用宋人韵

草軟沙平何處路，郭外即天涯。板橋流水傷心地，帶夕陽、點點明霞。歌哭聲中，紙錢灰裏，知是誰家？　參差油壁香車[一]，燕尾隔窗紗。歸來三盞兩盞淡酒[二]，黄昏鴉亂風斜。只有短檠如舊，依依爲照寒花。

箋注

〔一〕油壁香車，《錢塘蘇小小歌》：『妾乘油壁車，郎騎青驄馬。』

〔二〕三盞兩盞淡酒，宋李清照《聲聲慢》：『三杯兩盞淡酒，怎敵他、晚來風急。』

輯評

彭孫遹曰：『詩情畫意。』

御街行　和阮亭《贈雁》〔一〕

寒蕪極目連三楚，雁陣驚相語。一聲長笛出高樓，渺渺斷雲天暮。江深月黑，霜寒人靜，獨自銜蘆去。　遥峰恰是衡陽數〔二〕，寂寞瀟湘雨。無端孤客最先聞，嘹嚦亂帆南浦〔三〕。隻影横空，相逢何處，紅蓼洲邊路〔四〕。

箋注

〔一〕王士禛《衍波詞》卷下《御街行·贈雁》：『銀河一雁歸湘楚。似向離人語。獨將二十五弦彈，玉軫金徽清苦。水明沙碧，參横月落，遠向瀟江去。　衡陽南望峰無數。楓葉秋如雨。不勝清怨却飛來，應記江南烟浦。春社纔過，又逢秋社，燕雁行相遇。』

〔二〕『遥峰』句，宋祝穆《方輿勝覽》卷二十四《湖南路·衡州》：『回雁峰：在衡陽之南，雁至此不過，遇春而回，故名。』

〔三〕嘹嚦，雁聲響亮凄清。

〔四〕紅蓼，花呈淡紅色，生長在水邊或水中。

輯評

彭孫遹曰：『「江深月黑，霜寒人静」八字中，如聞嘹嚦。』
王士禛曰：『君從何處看，得此無人態？』
陳廷焯《雲韶集》曰：『視阮亭原作，應相伯仲。意極凄清，而語不激迫，《風》《雅》之遺。』
王溌《清詞四家録》曰：『此柳永第一體。下片「處」字非均，偶然也。』
王溌《清詞四家録》曰：『和詞第二句若有所諷。過片明指衡陽，兩詞皆然，非無意也。』

祝英臺近

賦得『更脱紅裙裹鴨兒』

浦風迴，村路遠，畫楫弄還倦。閑唼浮萍[一]，乳鴨兩三點。任他次第呼名[二]，竹弓休射，怕驚起、睡鴛波面。　綉裙茜，忽地蘸水空明，花影碎凌亂。猶帶殘霞，混入也難辨。笑携女伴歸來，滿身荷露，渾疑是、巫山行遍[三]。

校訂

更，《百名家詞鈔》作『戲』。唐皇甫松《采蓮子》：『晚來弄水船頭濕，更脱紅裙裹鴨兒。』

凌亂，吴氏本、備要本作『零亂』。

箋注

〔一〕唼，水鳥或魚吃食。

〔二〕呼名，《禽經》：『鴨名呷呷，其名自呼。』宋龔明之《中吴紀聞》：『陸魯望有鬥鴨一欄，頗極馴養。一旦，驛使過焉，挾彈斃其尤者。魯望曰：「此鴨善人言，見欲附蘇州上進使者，奈何斃之？」使者盡以囊中金，以窒其口。使徐問其語之狀，魯望曰：「能自呼其名爾。」使者憤且笑，拂袖上馬。復召之，還其金，曰：「吾戲耳！」』

〔三〕『渾疑』句，戰國楚宋玉《〈高唐賦〉序》：『昔者先王嘗游高唐，怠而晝寢。夢見一婦人，曰：「妾巫山之女也，爲高唐之客。聞君游高唐，願薦枕席。」王因幸之。去而辭曰：「妾在巫山之陽，高丘之阻，旦爲朝雲，暮爲行雨，朝朝暮暮，陽臺之下。」旦朝視之，如言，故爲立廟，號曰朝雲。』

輯評

陳維崧曰：『渲染處如北宋人畫。』

又 木稼〔一〕

玉瓏鬆〔二〕，冰纖軟，撲面柳花亂。滿目琳琅，疑向畫中看。非關青女初來〔三〕，天風微送，任月地、雲階都遍。莫吹散，掩映三尺瑶華，弄影倍輕倩。片片空濛，銀海也生眩〔四〕。誰摶圓璧方珪，零珠斷粉，是碧落、天孫偷剪〔五〕。

箋注

〔一〕木稼，即木冰，指雨雪霜沾附於樹木所凝結成的冰。

〔二〕玉瓏鬆，金元好問《游天壇雜詩五首》其二：『總道楂花香氣好，就中偏愛玉瓏鬆。』自注：『花名有玉瓏鬆。』

〔三〕青女，《淮南子·天文訓》：『季春三月，豐隆乃出，以將其雨。至秋三月，地氣不藏，乃收其殺，百蟲蟄伏，静居閉户，青女乃出，以降霜雪。』高誘注：『豐隆，雷也。青女，天神，青霄玉女，主霜雪也。』

〔四〕銀海，道家、醫家稱人的眼睛。宋蘇軾《雪後書北臺壁二首》其二：『凍合玉樓寒起粟，光摇銀海眩生花。』

〔五〕天孫，織女星。

一叢花　并蒂蓮

碧幢翠蓋舞風輕〔一〕，照水兩亭亭。金塘好暖鴛鴦睡，孤飛下、宿鷺還驚。漢殿雙栖〔二〕，江東并嫁〔三〕，一樣曉妝明。更疑人傍楚皋行，解佩悄無聲。紅衣對拂光凌亂，平分取、玉露金莖〔四〕。劈是同彎，心憐共苦，絲引暗愁生。

校訂

凌亂，吴氏本、備要本作『零亂』。

箋注

〔一〕碧幢，隋唐以來，高級官員舟車上張挂的以青油塗飾的帷幔。

〔二〕漢殿雙栖，謂西漢趙飛燕、趙合德姊妹，俱得寵於漢成帝。宋晁説之《偶得雙頭蓮花戲作》：『君不見昭儀飛燕姊妹在漢宫，同妍共麗媚赤鳳。』

〔三〕江東并嫁，《三國志·吴書·周瑜傳》：『策欲取荆州，以瑜爲中護軍，領江夏太守，從攻皖，拔之。時得橋公兩女，皆國色也。策自納大橋，瑜納小橋。』

〔四〕玉露金莖，見《減字木蘭花·雜憶》其二箋注〔三〕。

柳初新　寄懷高舜木〔一〕

當年快作春燈聚，曾踏遍、磚街雨。帝子高臺〔二〕，將軍法曲〔三〕，彈指舊游如霧〔四〕。見説烏衣儔侶〔五〕，未消磨、平生豪舉。脆管哀絲頻度，入新聲、香奩詞賦〔六〕。午橋魚鳥〔七〕，平泉樹石〔八〕，都是泥人情處。待跨個、青驢歸去，與君上、雲門山路〔九〕。

箋注

〔一〕高舜木，即高橓，山東益都人。曹貞吉好友張貞的妹婿。

〔二〕帝子，喻京師。

〔三〕法曲，《新唐書·禮樂志十二》：『初，隋有法曲，其音清而近雅。其器有鐃、鈸、鐘、磬、幢簫、琵琶。琵琶圓體修頸而小，號曰「秦漢子」，蓋弦鞀之遺制，出於胡中，傳爲秦、漢所作。』

〔四〕彈指，按佛經説法，二十念爲一瞬，二十瞬爲一彈指。

〔五〕烏衣儔侶，宋張敦頤《六朝事迹編類·烏衣巷》：『王榭，金陵人，世以航海爲業。一日，海中失船，泛一木登岸，見一翁一嫗皆衣皂，引榭至所居，乃烏衣國也。以女妻之，既久，榭思歸，復乘雲軒泛海至其家，有二燕栖於梁上……來春，燕又飛來榭身上，有詩云：「昔日相逢冥數合，如今睽遠是生離。來春縱有相思字，三月天南無雁飛。」』

〔六〕香奩詞賦，宋嚴羽《滄浪詩話·詩體》：『香奩體。韓偓之詩，皆裾裙脂粉之語。有《香奩集》。』

〔七〕午橋，唐宰相裴度的别墅名，至宋爲張齊賢所有，其地在今河南洛陽。唐白居易《奉和裴令公新成午橋莊緑野堂即事》：『只添丞相閣，不改午橋莊。』

〔八〕平泉，唐康駢《劇談録·李相國宅》：『（平泉莊）去洛陽三十里，卉木臺榭，若造仙府。』唐白居易《醉游平泉》：『洛客最閑唯有我，一年四度到平泉。』

〔九〕雲門山，位於山東青州城南。張貞《杞田集》卷四《游廣福寺記》：『青州之南多山，游青州之山者多至雲門而止，即余亦然。康熙己巳，余客青州，適余妹婿高舜木譚廣福寺之勝，遂於重九偕舜木及兒子在辛往游。』

爪茉莉　本意，和蛟門，用宗梅岑韵〔一〕

玉蕊離離，只飛瓊可比，添多少、晚窗清氣。風前小立，微嗅處、詎人嬌意。黄昏後、雨過新凉，金蟲簪兒串起。新妝鬟髻紗幗旁，鵶鬟底〔二〕。窺斜月、花光流墜，餘香幽約，收來枕畔合子。待明朝淡抹遠山相對，碧天澄澄似水。

校訂

四庫本詞牌作『茉莉』。

《瑶華集》無『和蛟門』三字。

箋注

〔一〕汪懋麟（一六四〇—一六八八），字季角，號蛟門，江蘇江都（今屬江蘇揚州）人。康熙六年（一六六七）進士，授内閣中書。著有《百尺梧桐閣集》，入《清史列傳》。宗元鼎（一六二〇—一六九八），號梅岑，字定九，又字鼎九，江蘇江都人，清代詩人、詞人。

〔二〕鵶鬟，色黑如鵶的丫形髮髻。

輯評

彭孫遹曰：『咏物詩詞，貴在取意不取象，寫神不寫形。如此結語，妙在形象之表。』

陳維崧曰：『後段四十二字，無一字説茉莉，却無一字不是茉莉，正詞家三昧也。羨門言是。』

李良年曰：『温柔一片，春夢無痕。』

簇水 玉蝶梅

雲母堆成〔一〕，并刀剪破滕王譜〔二〕。幾雙粉翅，化玉蕊，瓏鬆千樹〔三〕。行遍瑶臺十二〔四〕，還向孤峰住。怕雪擁、斷橋來路〔五〕。　吟思苦，便一夜窗前忽到，在屋角、昏黄處。濃香作陣，更莫引蜂兒舞。怊悵曉風吹亂，好夢參差去。闌干曲，倩淡烟低護。

校訂

闌干，《百名家詞鈔》作『欄杆』。

箋注

〔一〕雲母，俗名『千層紙』，有玻璃光澤的礦岩。

〔二〕并刀，并州剪，古時并州所産剪刀，以鋒利著稱。滕王譜，見《蝶戀花·題王宓草畫蝶》箋注〔二〕。

〔三〕瓏鬆，花木繁茂貌。

〔四〕瑶臺十二，晋王嘉《拾遺記·昆侖山》：『傍有瑶臺十二，各廣千步，皆五色玉爲臺基。』

〔五〕『怕雪擁』句，唐韓愈《左遷至藍關示侄孫湘》：『雲横秦嶺家何在？雪擁藍關馬不前。』

喝馬一枝花

送沈茶星之來賓任〔一〕

絶遠賓江路，亂水輕舟頻渡。瀟湘行欲盡，瘴雲苦，千樹桄榔，月黑鵑啼處。到日清秋好，蜑户鮫人〔二〕，滿城看笑舞。　椰子傾甘露，照眼紅蕉初吐。推琴小拄笏〔三〕。訟庭暮，龍目香中〔四〕，早暗送、年華去。吟情應不減，問寫就蠻箋，重寄昭王臺否〔五〕？

校訂

城，朱彝尊《曝書亭集》卷二十六、《曝書亭集詞注》卷三作『城隅』。

照眼，朱彝尊《曝書亭集》卷二十六、《曝書亭集詞注》卷三作『照影』。

初，《百名家詞鈔》作『輕』。

箋注

〔一〕沈皞日（一六三七—一七〇三），字融谷，號柘西，又號茶星，浙江平湖人，爲浙西六詞家之一，有《柘西精舍詞》。《（乾隆）柳州府志》卷二十一《秩官》：『沈皞日，字融谷，浙江平湖人。貢生，康熙二十三年任（來賓縣知縣）。』來賓，今廣西壯族自治區來賓市境内。

〔二〕蜑户，宋王象之《輿地紀勝》卷一二四：『蜑户以船爲生，居無室廬。』鮫人，晉張華《博物志》卷二：『南海外有鮫人，水居如魚，不廢織績，其眼能泣珠。』

〔三〕拄笏，南朝宋劉義慶《世説新語·簡傲》：『王子猷作桓車騎參軍。桓謂王曰：「卿在府久，比當相料理。」初不答，直高視，以手版拄頰云：「西山朝來，致有爽氣。」』

〔四〕龍目，即龍眼，桂圓。

〔五〕昭王臺，戰國燕昭王曾築黄金臺招賢納士，故址在今河北省易縣東南。

惜紅衣　咏荷花紫草〔一〕

影借氍毹，根連阡陌，都無人惜。翠蓋紅衣，佳名倩誰錫。盈盈帶露，剗襪過、茜裙留迹。春碧，行盡斷蕪，怕王孫岑寂〔二〕。　斜陽弄赤，山抹烟光，丁香也無色。幾番風信，曾否記開日？莫是雲英潛化〔三〕？滿地亂瓊狼籍，惹牧童驚問，蜀錦甚時鋪得。

箋注

〔一〕荷花紫草，又名紅花草、紫雲英。李富孫《曝書亭集詞注》注朱彝尊《臺城路·送耕客南還》『紫荷田醉舞』：『《嘉興府志》，孩兒草，俗名荷花紫草，田家蒔以壅田，暮春花開，彌望成錦色。』曹貞吉好友李良年有《惜紅衣·荷花紫草》，李良年弟李符有《惜紅衣·和家兄賦荷花紫草》。

〔二〕『春碧』句，漢淮南小山《招隱士》：『王孫游兮不歸，春草生兮萋萋。』

〔三〕雲英，《太平廣記》卷五十：『夫人後使裊烟持詩一章曰：「一飲瓊漿百感生，玄霜擣盡見雲英。藍橋便是神仙窟，何必崎嶇上玉清。」航覽之，空愧佩而已，然亦不能洞達詩之旨趣。……經藍橋驛側近，因渴甚，遂下道求漿而飲。見茅屋三四間，低而復隘，有老嫗緝麻苧。航揖之求漿，嫗咄曰：「雲英，擎一甌漿來，郎君要飲。」航訝之，憶樊夫人詩有「雲英」之句，深不自會。俄於葦箔之下，出雙玉手捧瓷。航接飲之，真玉液也，但覺異香氤郁，透於户外。因還甌，遽揭箔，睹一女子，露娩瓊英，春融雪彩，臉欺膩玉，鬢若濃雲，嬌而掩面蔽身，雖紅蘭之隱幽谷，不足比其芳麗也。航驚怛，植足而不能去。……良久謂嫗曰：「向睹小娘子，艷麗驚人，姿容擢世，所以躊躕而不能適，願納厚禮而娶之，可乎？」嫗曰：「渠已許嫁一人，但時未就耳。我今老病，只有此女孫，昨有神仙遺靈丹一刀圭，但須玉杵臼搗之百日，方可就吞，當得後天而老。君約取此女者，得玉杵臼，吾當與之也。其餘金帛，吾無用處耳。」航拜謝曰：「願以百日爲期。必攜杵臼而至，更無他許人。」……數月餘日，或遇一貨玉老翁曰：「近得虢州藥鋪卞老書，云有玉杵臼貨之，郎君懇求如此，此君吾當爲書導達。」航愧荷珍重，果獲杵臼。……遂步驟獨挈而抵藍橋。昔日嫗大笑曰：「有如是信士乎？吾豈愛惜女子，而不酬其勞哉。」女亦微笑曰：「雖然，更爲吾搗藥百日，方議姻好。」嫗於襟帶間解藥，航即搗之，晝爲而夜息，夜則嫗收藥臼於内室。航又聞搗藥聲，因窺之，有玉兔持杵臼，而雪光輝室，可鑒毫芒，於是航之意愈堅。』

滿江紅　德水道中〔一〕

滿目淒其，又早是、亭皋葉下。憶當日、披裘過此，六花飛灑。秋水一灣波寫雁，青烟幾點星分野。問長驅、下澤爾何人〔二〕？悠悠者〔三〕。　荒林畔，寒鴉話。老柳上，漁罾挂。更濃烟衰草，迷離堪畫。客路驚看沙似雪，奚奴慣使車如馬。向玉河、冰底聽流澌〔四〕，歸來也。

箋注

〔一〕德水，《史記·秦始皇本紀》：『始皇推終始五德之傳，以爲周得火德，秦代周德，從所不勝。方今水德之始……更名河曰德水，以爲水德之始。』

〔二〕下澤，《後漢書·馬援傳》：『吾從弟少游常哀吾慷慨多大志，曰：「士生一世，但取衣食裁足，乘下澤車，御款段馬，爲郡掾史，守墳墓，鄉里稱善人，斯可矣。」』

〔三〕悠悠者，唐高適《封丘縣》：『我本漁樵孟諸野，一生自是悠悠者。』

〔四〕流澌，江河解凍時流動的冰塊。

輯評

彭孫遹曰：『超妙至此，要使辛、劉俯首。』

靳治荆曰：『空闊高蒼，語語堪畫。』

又　題吴遠度《竹村情話圖》〔一〕

滿目蒼然，似嶰谷〔二〕、琅玕千尺。想落筆、公孫舞劍〔三〕，張顛濡墨〔四〕。瀟灑青天鸞鳳下，動摇雷雨蛟龍黑。掩柴門、清話爾何人，情金石。　草閣外，江流積。小艇上，孤蓬窄。喜青樽可共，閑愁如滌。風起窗前聞解籜，月明林下堪容屐。憶當年、幽事幾人同，山陽笛〔五〕。

校訂

鳳，《清名家詞》作『凰』。

箋注

〔一〕吴宏（一六一五—一六八〇），字遠度，號竹史、西江外史，江西金溪人，寓南京。清畫家，擅畫山水、墨竹。爲『金陵八家』之一。

〔二〕嶰谷，漢應劭《風俗通·聲音序》：『昔黄帝使伶倫自大夏之西，昆侖之陰，取竹於嶰谷，生其竅厚均者，斷兩節而吹之，以爲黄鐘之管。』

〔三〕『想落筆』句，唐杜甫《觀公孫大娘弟子舞劍器行》：『昔有佳人公孫氏，一舞劍器動四方。』

〔四〕張顛，《舊唐書·文苑傳中·賀知章》：『時有吴郡張旭，亦與知章相善。旭善草書，而好酒，每醉後號呼狂走，索筆揮灑，變化無窮，若有神助，時人號爲「張顛」。』

〔五〕山陽笛，見《南鄉子》其三箋注〔二〕。

輯評

彭孫遹曰：『鸞鳳一聯，亦自有蔽日干霄之况；結語慷慨悲凉，可抵子期感舊。』

顔光敏曰：『常語都有奇氣。』

陳維崧曰：『是竹林中人語。』

又　金臺懷古〔一〕

落照蒼然，空掩映、荒臺數尺。憶當日、君臣之際，悲哉昌國〔二〕。七十二城如解籜，功成翻削英雄色〔三〕。讀先生一紙報燕書，爲沾臆。　碣石畔，風蕭瑟。即墨下，牛騰擲〔四〕。笑安平奇計，兒童能識。騎劫庸才何足道，可憐戰血凝深碧〔五〕。問千金、馬骨倩誰埋，邯鄲陌〔六〕。

校訂

戰血，《百名家詞鈔》作『血戰』，《昭代詞選》卷七作『戰骨』。

箋注

〔一〕金臺，『金臺夕照』爲舊時北京十景之一。《史記·燕召公世家》：『燕昭王於破燕之後即位，卑身厚幣以招賢者……郭隗曰：「王必欲致士，先從隗始。况賢於隗者，豈遠千里哉！」於是昭王爲隗改築宮而師事之。樂毅自魏往，鄒衍自齊往，劇辛自趙往，士爭趨燕。』

〔二〕昌國，又名昌城，戰國齊地，後入燕，在今山東淄博東南。《史記·樂毅列傳》：『燕昭王大説，親至濟上勞軍，行賞饗士，封樂毅於昌國，號爲昌國君。』

〔三〕『七十二城』句，《史記·樂毅列傳》：『樂毅留徇齊五歲，下齊七十餘城，皆爲郡縣以屬燕，唯獨莒、即墨未服。會燕昭王死，子立爲燕惠王。惠王自爲太子時嘗不快於樂毅，及即位，齊之田單聞之，乃縱反間於燕，曰：「齊城不下者兩城耳。然所以不早拔者，聞樂毅與燕新王有隙，欲連兵且留齊，南面而王齊。齊之所患，唯恐他將之來。」於是燕惠王固已疑樂毅，得齊反間，乃使騎劫代將，而召樂毅。樂毅知燕惠王之不善代之，畏誅，遂西降趙。』

〔四〕『即墨』句，《史記·田單列傳》：『田單乃收城中得千餘牛，爲絳繒衣，畫以五彩龍文，束兵刃於其角，而灌脂束葦於尾，燒其端。鑿城數十穴，夜縱牛，壯士五千人隨其後。牛尾熱，怒而奔燕軍，燕軍夜大驚。牛尾炬火光明炫燿，燕軍視之皆龍文，所觸盡死傷。』

〔五〕騎劫，《史記·田單列傳》：『頃之，燕昭王卒，惠王立，與樂毅有隙。田單聞之，乃縱反間於燕……燕王以爲然，使騎劫代樂毅。……齊人遂夷殺其將騎劫。』

〔六〕『問千金』句，《戰國策·燕策一》：『燕昭王收破燕，後即位，卑身厚幣，以招賢者，欲將以報仇。故往見郭隗先生……郭隗先生曰：「臣聞古之君人，有以千金求千里馬者，三年不能得。涓人言於君曰：『請求之。』君遣之，三月，得千里馬。馬已死，買其首五百金，反以報君。君大怒曰：『所求者生馬，安事死馬而捐五百金？』涓人對曰：『死馬且買之五百金，況生馬乎？天下必以王爲能市馬，馬今至矣！』於是不能期年，千里之馬至者三。」』

輯評

彭孫遹曰：『不須重吊望諸君矣。』

陳維崧曰：『憑高吊古，自是先生擅場，每遇此等題，不覺耳後生風，鼻端出火。』

李良年曰：『杜陵詩史後又添一詞史。』

又　題阮亭寓竹〔一〕

何物琅玕，偏愛傍、子猷書屋〔二〕。微雨後，月痕低照，亭亭新沐。洛女凌波鳴雜佩〔三〕，湘人鼓瑟敲寒玉〔四〕。早風雷、一夜起龍孫〔五〕，森然緑。何處是，秦川曲。休更覓，篔簹谷〔六〕。只閑庭半畝，差堪醫俗〔七〕。振籜未隨秋寂寞，窺簾似共人幽獨。待他年、玉版好同參，寧爲腹〔八〕。

校訂

寓，《百名家詞鈔》作『寫』。

後，吴氏本、備要本、《清名家詞》作『夜』。

箋注

〔一〕阮亭，即王士禛，見《浣溪沙·步阮亭紅橋韵》其一箋注〔一〕。王士禛《移竹戲題》：『齋居飽藜藿，兼旬食無肉。昨從季主卜，筮得蒼筤竹。入世二十年，磬折仍負俗。愛君霜雪姿，磊砢多節目。秋雨日蕭蕭，卧起篔簹谷。露下更婆娑，官奴試爇燭。』

〔二〕子猷，晉王徽之的字，南朝宋劉義慶《世説新語·任誕》：『王子猷嘗暫寄人空宅住，便令種竹。或問：「暫住何煩爾？」王嘯咏良久，直指竹曰：「何可一日無此君！」』

〔三〕洛女凌波，見《玉連環·水仙》箋注〔一〕。

〔四〕湘人鼓瑟，見《虞美人·雨過》箋注〔二〕。

〔五〕龍孫，宋梅堯臣《韓持國遺洛笋》：『龍孫春吐一尺牙，紫錦包玉離泥沙。』

〔六〕篔簹谷，宋蘇軾《文與可畫篔簹谷偃竹記》：『因以所畫篔簹谷偃竹遺予曰：「此竹數尺耳，而有萬尺之勢。」篔簹谷在洋州，與可嘗令予作《洋州三十咏》，《篔簹谷》其一也。予詩云：「漢川修竹賤如蓬，斤斧何曾赦籜龍。料得清貧饞太守，渭濱千畝在胸中。」與可是日與其妻游谷中，燒笋晚食，發函得詩，失笑噴飯滿案。』

〔七〕醫俗，宋蘇軾《於潛僧緑筠軒》：『可使食無肉，不可使居無竹。無肉令人瘦，無竹令人俗。人瘦尚可肥，士俗不可醫。』

〔八〕『玉版』句，宋惠洪《冷齋夜話·東坡作偈戲慈雲長老》：『嘗要劉器之同參玉版和尚……至廉泉寺燒筍而食，器之覺筍味勝，問此筍何名，東坡曰：「即玉版也。此老師善説法，要能令人得禪悦之味。」於是器之乃悟其戲。』

輯評

彭孫遹曰：『如不經人意處，正自邈不可及。』

張潮曰：『吾鄉玉版頗饒佳味，想不負先生此腹矣。』

又　過滹沱〔一〕

雁齒紅橋，聽橋下、怒濤如箭。作襟帶、長安日近，雪消波暖。納納津門潮水合，茫茫句注奔流遠〔二〕。變桑田、一派古今愁，難消遣。　千尺堰，秋風捲。千家哭，秋雲暗。任歌殘瓠子〔三〕，陽侯驕蹇〔四〕。夢裏常驚龍氣冷，眼前復見蛟宫淺。倚危欄，塵土上須眉，王程緩。

箋注

〔一〕滹沱，即滹沱河。出山西省繁峙縣東之泰戲山，穿割太行山，東流入河北平原，在獻縣和滏陽河匯合爲子牙河。至天津，會北運河入海。

〔二〕句注，在今山西代縣北，古代九塞之一。唐薛思漁《河東記》：『句注以山形句轉，水勢注流而名，亦曰陘嶺。』

〔三〕瓠子，舊址在河南濮陽境内。《史記·河渠書》：『天子既臨河決，悼功之不成，乃作歌曰：「瓠子決兮將奈何？皓皓旰旰兮閭殫爲河……」於是卒塞瓠子，築宫其上，名曰宣房宫。而道河北行二渠，復禹舊迹，而梁、楚之地復寧，無水灾。』

〔四〕陽侯，《戰國策·韓策二》：『塞漏舟而輕陽侯之波，則舟覆矣。』宋鮑彪注：『説陽侯多矣。今按《四八目》，伏羲六佐，一曰「陽侯」，爲江海。蓋因此爲波神歟？』

又

和錫鬯吴大帝廟下作〔一〕

遺廟江東，舊日是、紫髯天下〔二〕。英魂在，靈風夢雨，捲旗飄瓦〔三〕。師子雄才原足惜〔四〕，孝廉嫵媚還能霸〔五〕。笑周郎、帷幄慮偏長，忘中夏〔六〕。羞銅雀，東風借〔七〕。軍衣白，艨艟駕〔八〕。彼孫劉之睦，姻盟何假〔九〕？自惜江山吴子國，於今父老新豐社〔一〇〕。聽石頭、戰鼓似寒潮，空城打〔一一〕。

校訂

大，《百名家詞鈔》作『太』。

長，《百名家詞鈔》作『深』。

『軍衣白，艨艟駕』，《百名家詞鈔》作『紛摇櫓，吴蒙詐』。

何，《百名家詞鈔》作『其』。

自惜江山吴子國，《百名家詞鈔》作『自昔江山阿閦國。』

箋注

〔一〕朱彝尊（一六二九—一七〇九），字錫鬯，號竹垞，晚號小長蘆釣魚師，又號金風亭長。秀水（今浙江嘉興）人，浙西詞派創始人。吴大帝廟，吴大帝即三國吴開國君主孫權，吴大帝廟故址在金陵（今南京）清涼山。

〔二〕紫髯，謂孫權。《三國志·吴書·孫權傳》南朝宋裴松之注引《獻帝春秋》曰：『張遼問吴降人：「向有紫髯將軍，長上短下，便馬善射，是誰？」降人答曰：「是孫會稽。」』

〔三〕『靈風』句，唐李商隱《重過聖女祠》：『一春夢雨常飄瓦，盡日靈風不滿旗。』

〔四〕師子，孫權長兄孫策。《三國志·吴書·孫策傳》裴松之注引《吴歷》：『曹公聞策平定江南，意甚難之，常呼「猘兒難與争鋒也」。』

〔五〕孝廉嫵媚，謂孫權。《三國志·魏書·鍾繇傳》裴松之注引《魏略》：『孫權稱臣，斬送關羽。太子書報繇，繇答書曰：「……顧念孫權，了更嫵媚。」』

〔六〕『笑周郎』句，羅貫中《三國演義》故事中周瑜氣量狹小，在赤壁之戰中，嫉妒諸葛亮的智慧，而忘了進軍中原的大事。

〔七〕『羞銅雀』句，《三國演義》第四十四回：『瑜又問果用何二人，孔明曰：「亮居隆中時，即聞操於漳河新造一臺，名曰銅雀，極其壯麗；廣選天下美女以實其中。操本好色之徒，久聞江東喬公有二女，長曰大喬，次曰小喬，有沉魚落雁之容，閉月羞花之貌。操曾發誓曰：『吾一願掃平四海，以成帝業；一願得江東二喬，置之銅雀臺，以樂晚年，雖死無恨矣。』」』唐杜牧《赤壁》：『東風不與周郎便，銅雀春深鎖二喬。』

〔八〕『軍衣白』句，《三國志·吴書·吕蒙傳》：孫權遣吕蒙奪荆州，『蒙至尋陽，盡伏其精兵𦨴䑹中，使白衣摇櫓，作商賈人服，晝夜兼行，至羽所置江邊屯候，盡收縛之，是故羽不聞知』。

〔九〕『彼孫劉』句，孫權曾以聯姻與劉備聯盟，名爲聯盟，實爲各圖霸業。

〔一〇〕新豐，唐李白《叙舊贈江陽宰陸調》：『多酤新豐醁，滿載剡溪船。』

〔一一〕『聽石頭』句，唐劉禹錫《石頭城》：『山圍故國周遭在，潮打空城寂寞回。』

輯評

彭孫遹曰：『劉賓客如許好詩，對此幾成鱗爪。「戰鼓似寒潮」，詩家倒裝法也。』

陳維崧曰：『顧盼横江，英姿颯爽。』

李良年曰：『睥睨悲凉，如聞廣武之嘆。』

沈爾燝曰：『一結凄其似漁陽摻。』

王士禛曰：『兩段各有其妙，後段尤工矣。』

惜秋華　牽牛花〔一〕

河鼓星高〔二〕，繞莓墻幾點，野花開了。不近夕陽，横斜曉風吹老。依稀過、雨長天，誰脱下、柴窑新稿〔三〕。杯小，縱金盤露濃，承來些少〔四〕。　耐肯伴紅蓼，只深描淺畫，把秋容妝好。偷剪碧霞，疑倩七襄人巧〔五〕。佳期約略填橋〔六〕，望翠軿〔七〕、欲來波渺。更悄，濕青苔、暗螢相照。

校訂

惜秋華，《國朝詞綜》作『惜花華』。

來，《清名家詞》作『求』。

濕青苔，《國朝詞綜》作『認籬邊』。

箋注

〔一〕康熙十七年朱彝尊進京時，携咏物詞集《樂府補題》前往，在清代詞壇引發了一次大規模、長時間的唱和。《樂府補題》是成書於元朝初年的一部咏物詞集，作者大抵爲南宋遺民詞人。存詞五調三十七首，有《天香·龍涎香》八首、《水龍吟·白蓮》十首、《摸魚兒·蓴》五首、《齊天樂·蟬》十首、《桂枝香·蟹》四首，曹貞吉時在京任内閣中書，有咏龍涎香、咏白蓮、咏蟬諸詞。不久，李良年又有《樂府後補題》五首，分别爲《惜秋華·牽牛花》《留客住·鷓鴣》《尾犯·笋》《催雪·珍珠蘭》《瑣窗寒·倭盆》，諸家賡和，《惜秋華·牽牛花》即其一。

〔二〕河鼓，《爾雅·釋天》：『北極謂之北辰，河鼓謂之牽牛。』

〔三〕柴窑，見《虞美人·雨過》箋注〔三〕。

〔四〕『縱金盤』句，見《減字木蘭花·雜憶》其二箋注〔三〕。

〔五〕七襄，《詩經·小雅·大東》：『跂彼織女，終日七襄，雖則七襄，不成報章。』鄭玄箋：『襄，駕也。駕，謂更其肆也。從旦至暮七辰一移，因謂之七襄。』一説，『七襄，織文之數也。《詩》意謂望彼織女，終日織文至七襄之多，終不成報我之文章也』。

〔六〕填橋，見《蝶戀花》（七月西疇）箋注〔二〕。

〔七〕翠軿，宋蘇軾《陌上花》其二：『陌上山花無數開，路人争看翠軿來。』

掃花游　春雪，用宋人韵

元宵過也，看春色蘼蕪〔一〕。淡烟平楚〔二〕，濕雲萬縷。又輕陰作暈，蜂兒亂舞。一夜梅花，暗落西窗似雨。飄摇去，試問逐風，歸到何處？　燈事纔幾許，記流水鈿車，畫橋争路。蘭房列俎，嘆蕣華易擲〔三〕。鬢絲堆素，擁斷關山，知有離人獨苦。漫憑佇，聽寒城、數聲譙鼓。

校訂

蜂兒亂舞，《國朝詞綜》卷三、《詞則·大雅集》《全清詞鈔》作『綿飄絮舞』。

風，《渠風集略》卷七、《全清詞鈔》作『東風』。

憑伫，《國朝詞綜》卷三、《詞則·大雅集》《全清詞鈔》《白雨齋詞話》作『凝伫』。

箋注

〔一〕蘼蕪，見《木蘭花·春晚》箋注〔一〕。

〔二〕平楚，明楊慎《升庵詩話》：『楚，叢木也，登高望遠，見木杪如平地，故云平楚。』

〔三〕蕣華易擲，漢許慎《説文解字·草部》：『蕣，木堇，朝華莫落者……詩曰：「顔如蕣華。」』

輯評

王士禛曰：『「一夜梅花」四句，「擁斷關山」二句，已到高、史妙處。』

沈爾燝曰：『群山玉立，與爾共高寒。』

張潮曰：『恰好是春雪妙甚。』

陳廷焯《白雨齋詞話》卷三曰：『升六詞，余最愛其《掃花游·春雪》一篇。如云：「一夜梅花，暗落西窗似雨。飄摇去，試問逐風，歸倒何處。」又云：「擁斷關山，知有離人獨苦。漫凝伫。聽寒城、數聲譙鼓。」綿雅幽細，斟酌於美成、梅溪、碧山、公謹而出之者。』

陳廷焯《雲韶集》卷十四：『咏雪之作，古今佳者多矣，然未有如此作之雅者。』又評下闋曰：『旁面點染，亦不傷雅。』

露華　題沈鳳于被園〔一〕

沈郎學圃，傍罨畫溪邊〔二〕，點染千樹。十畝緑陰，接葉交柯憐汝。藤梢橘刺森然，飽幾載江南烟雨。垂垂熟，來禽過時，偷眼銜去。　青蓑箬笠容與。羡種杏條桑，經濟如許。未老雲卿，東湖暫結幽趣〔三〕。兒子上樹生狙〔四〕，早摘下翠盤無數。秋氣冷，蟲聲斷畦静否？

箋注

〔一〕沈爾燝，字鳳于，號冀昭，浙江烏程（今湖州）人。康熙二十一年（一六八二）進士，授湖北公安知縣。有《被園詩集》《被園文集》《月團詞》。被園，沈爾燝故鄉烏程之園居。

〔二〕罨畫溪，唐顧況《題梨花睡鴨圖》：『昔年家住太湖西，常過吴興罨畫溪。』

〔三〕『未老』句，《宋史·蘇雲卿傳》：『蘇雲卿，廣漢人。紹興間，來豫章東湖，結廬獨居，待鄰曲有恩禮，無良賤老稚皆愛敬之，稱曰蘇翁。』

〔四〕狙，猴子。

滿庭芳　聞雁

細草摧霜，寒風敗葉，樓頭一雁初鳴。偶來嘹嚦，何事恰關卿。惆悵沙平月落〔一〕，衡陽路〔二〕、幾點峰青。還堪憶，江楓漁火〔三〕，隻影傍人明。伶俜，山枕上，夢回酒醒，哀韵偏清。更階前蛩語，林外秋聲。同是一般憔悴，算只少，猿叫三更。從今去，湘流曲折，莫近小窗橫。

校訂

沙平，《今詞初集》作『平沙』。

還堪憶，《今詞初集》作『曾相識』。

『更階前蛩語，林外秋聲』，《今詞初集》作『更空階絮語，消受蛩聲』。

箋注

〔一〕沙平月落，宋張炎《清平樂》：『月落沙平江似練，望盡蘆花無雁。』

〔二〕衡陽路，宋范仲淹《漁家傲》：『寒下秋來風景异，衡陽雁去無留意。』

〔三〕江楓漁火，唐張繼《楓橋夜泊》：『月落烏啼霜滿天，江楓漁火對愁眠。』另見《御街行·和阮亭〈贈雁〉》箋注〔二〕。

輯評

彭孫遹曰：『不辨何聲，但覺腸斷。』

張潮曰：『句裏行間如有雁聲嘹嚦。』

又　和人潼關

太華垂旒〔一〕，黄河噴雪，咸秦百二重城〔二〕。危樓千尺，刁斗静無聲〔三〕。落日紅旗半捲，秋風急、牧馬悲鳴。閑憑吊，興亡滿眼，衰草漢諸陵。　泥丸封未得〔四〕，漁陽鼙鼓〔五〕，響入華清〔六〕。早平安烽火，不到西京。自古王公設險，終難恃、帶礪之形〔七〕。何年月，鏟平斥堠，如掌看春耕？

箋注

〔一〕太華，華山，在潼關西南方。

〔二〕百二，《史記·高祖本紀》：『秦，形勝之國，帶河山之險，縣隔千里，持戟百萬，秦得百二焉。』裴駰集解引蘇林曰：『秦地險固，二萬人足當諸侯百萬人也。』唐杜甫《諸將五首》其三：『洛陽宮殿化爲烽，休道秦關百二重。』

〔三〕刁斗，古代軍中用具，形狀大小似斗，有柄。白天用來燒飯，晚上敲擊巡邏。

〔四〕泥丸，《後漢書·隗囂傳》王元説隗囂曰：『元請以一丸泥爲大王東封函谷關……圖王不成，其弊猶足以霸。』

〔五〕漁陽鼙鼓，唐白居易《長恨歌》：『漁陽鼙鼓動地來，驚破霓裳羽衣曲。』

〔六〕華清，華清宮，舊址在今陝西省西安市臨潼區南驪山上，唐玄宗時興建。

〔七〕帶礪，《漢書》記漢高祖與諸臣盟誓：『使黄河如帶，泰山若厲，國以永存，爰及苗裔。』

輯評

彭孫遹曰：『竟以史家論斷語入詞，横絶今古。』

靳治荆曰：『出經入史而無烟火氣，所以爲雅詞。』

又　和錫鬯李晋王墓作〔一〕

石馬無聲，飢烏作陣，白楊風急蕭蕭。珠襦玉匣〔二〕，曾此葬人豪。河朔同盟藩鎮，分帶礪，只汝功高〔三〕。真樂事，錦囊三矢，意氣快兒曹〔四〕。銀刀，新霸府，十年征戰，兖鄆之郊〔五〕。奈優伶日月，粉墨親調〔六〕。惆悵諸陵寒食，青青草、麥飯誰澆〔七〕？豐碑卧，牛羊礪角〔八〕，壞磴走山樵。

校訂

墓作，《瑶華集》卷十、《昭代詞選》卷七作『墓下』。

白楊風急蕭蕭，《昭代詞選》卷七作『白楊樹、風急蕭蕭』。

曾此，《昭代詞選》卷七作『此』。

銀刀，《瑶華集》卷十作『重開』。

箋注

〔一〕李克用（八五六—九〇八），字翼聖，本姓朱邪（又作朱耶），被唐朝皇帝賜姓李氏，沙陀人，居神武川新城。别號『李鴉兒』。因一目失明，又號『獨眼龍』。驍勇善騎射，唐僖宗中和三年（八八三），被任命爲河東節度使。因剿黄巢軍功晋封爲晋王。曾長期割據河東，與占據汴州的朱温對峙。其子李存勖建立後唐後，追謚其爲武皇帝，廟號太祖。晋王墓，位於今山西忻州代縣陽明堡鎮七里鋪村。

〔二〕珠襦玉匣，見《望江南·代泉下人語》其二箋注〔二〕。

〔三〕『河朔』句，《新五代史·唐本紀》：『克用兵大掠晋、絳，至於河中，赤地千里。克用上表自訴，其辭慢侮，天子爲之引咎，優詔答之。二年二月，復拜克用河東節度使、隴西郡王，加檢校太師兼中書令。』

〔四〕『真樂事』句，《新五代史·伶官傳》：『世言晋王之將終也，以三矢賜莊宗而告之曰：「梁，吾仇也，燕王吾所立，契丹與吾約爲兄弟，而皆背晋以歸梁。此三者，吾遺恨也。與爾三矢，爾其無忘乃父之志！」莊宗受而藏之於廟。其後用兵，則遣從事以一少牢告廟，請其矢，盛以錦囊，負而前驅，及凱旋而納之。』

〔五〕兖鄆之郊，《新五代史·梁本紀》：『乾寧元年二月，王（統）及朱宣戰於漁山，大敗之。二年八月，又敗宣於梁山。十一月，又敗之於巨野。兗、鄆求救於河東，李克用發兵救之，假道於魏。既而魏人擊之，克用怒，大舉攻魏。羅弘信來求救，遣葛從周救魏。是歲，李克用封晉王。』

〔六〕『奈優伶』句，《新五代史·伶官傳》：『莊宗既好俳優，又知音，能度曲，至今汾、晉之俗，往往能歌其聲，謂之「御製」者皆是也。其小字亞子，當時人或謂之亞次。又別爲優名以自目，曰李天下。自其爲王，至於爲天子，常身與俳優雜戲於庭，伶人由此用事，遂至於亡。』莊宗，即唐莊宗李存勖，李克用之子。

〔七〕麥飯，宋劉克莊《寒食清明》：『漢寢唐陵無麥飯，山蹊野徑有梨花。』

〔八〕牛羊礪角，宋黄庭堅《題竹石牧牛》：『石吾甚愛之，勿遣牛礪角！』

輯評

彭孫遹曰：『大爲亞兒生色，然亦是定論不刊。』

王士禛曰：『有此見地，筆力可以吊古。』

陳維崧曰：『每讀《五代史》至《伶官傳》，輒爲涕下沾裳也，今于此詞亦然。』

水調歌頭　大醉放言

左手把歡伯〔一〕，右手擘雙螯〔二〕。淋漓酒濃衫重，一任髮蕭蕭。我自狂歌潦倒，醉看長安市上，若個插金貂〔三〕。鄧禹莫相笑〔四〕，阮籍正逍遥〔五〕。列蛾眉，調錦瑟，響雲璈〔六〕。君侯應自貴耳，吾欲等鷦鷯〔七〕。腐鼠鵷堪一飽，仰視鵷雛曰『嚇』〔八〕，意氣一蟲驕〔九〕。安往非貧賤，三徑問蓬蒿〔一〇〕。

箋注

〔一〕歡伯，漢焦贛《易林·坎之兑》：『酒爲歡伯，除憂來樂。』

〔二〕雙螯，《荀子·勸學》：『蟹六跪而二螯。』南朝宋劉義慶《世説新語·任誕》：『畢茂世云：「一手持蟹螯，一手持酒杯，拍浮酒池中，便足了一生。」』

〔三〕若個，哪個。金貂，《後漢書·輿服志下》：『武冠……侍中、中常侍加黄金璫，附蟬爲文，貂尾爲飾。』

〔四〕『鄧禹』句，《南齊書·王融傳》：『融自恃人地，三十内望爲公輔。直中書省，夜嘆曰：

「鄧禹笑人。」』

〔五〕『阮籍』句，南朝宋劉義慶《世説新語・任誕》：『阮籍乃求爲步兵校尉。』劉孝標注引晋張隱《文士傳》曰：『籍放誕，有傲世情，不樂仕宦。』

〔六〕雲璈，即雲鑼，打擊樂器。

〔七〕鷦鷯，《莊子・逍遥游》：『鷦鷯巢於深林，不過一枝。』晋張華《〈鷦鷯賦〉序》：『鷦鷯，小鳥也，生於蒿萊之間，長於藩籬之下，翔集尋常之内，而生生之理足矣。』

〔八〕『腐鼠』句，《莊子・秋水》：『南方有鳥，其名爲鵷雛，子知之乎？夫鵷雛發於南海而飛於北海，非梧桐不止，非練食不食，非醴泉不飲。於是鴟得腐鼠，鵷雛過之，仰而視之曰：「嚇！」』

〔九〕二蟲，《莊子・逍遥游》：『之二蟲又何知。』王先謙注：『謂蜩、鳩。』

〔一〇〕三徑，《文選・陶淵明〈歸去來兮辭〉》：『三徑就荒，松菊猶存。』李善注引《三輔决録》：『蔣詡，字元卿，隱於杜陵，舍中三徑，惟羊仲、求仲從之游。皆挫廉逃名不出。』

輯評

彭孫遹曰：『以漆園成語入詞，奇絶妙絶。』

王士禛曰：『有此胸情，可免搥壁。』

陳維崧曰：『人言阿龍超，阿龍固自超。』

張潮曰：『豪邁曠達。』

又 喜厚餘至都，率然有贈〔一〕

落拓老兄弟，踪迹共沉浮。匆匆神虎分袂〔二〕，江海幾經秋。多少黄金横帶，我輩青衫羸馬〔三〕，散蕩足風流。吾試與君語，富貴定難求。　魯陂側〔四〕，錦秋岸〔五〕，峼湖頭〔六〕。溪山如畫，烟波兩兩釣魚舟。辛苦斜風細雨，消受紫蒓紅蓼，冷淡爾爲儔。努力飲醇酒，身世問沙鷗〔七〕。

箋注

〔一〕李鴻霔，字季霖，號厚餘，山東新城（今淄博桓臺）人。順治十一年（一六五四）舉人，康熙三年（一六六四）進士。康熙十七年（一六七八）以内閣中書典試兩浙，康熙二十八年（一六八九）任元江府知府。

〔二〕神虎，《南史·陶弘景傳》：『永明十年，脱朝服挂神武門，上表辭禄。』

〔三〕青衫，見《減字木蘭花・天津道中》箋注〔一〕。

〔四〕魯陂，又名魯連陂。《（道光）濟南府志》卷十二：『縣志云：今華溝，古魯連陂也，在錦秋湖北岸，相傳爲魯仲連故居。』

〔五〕錦秋，錦秋湖，位於今山東博興與桓臺之間。《大清一統志・濟南府二》：『麻大泊俗名官湖，又名錦秋湖。周五六十里。蒲葦叢生，芙蕖如錦。其中有魚龍灣，水流旋轉不定，相傳有龍窟。其水溢而北流，至博興南入烏河。』元于欽《齊乘》：『錦秋亭，博興東南城上。中統間，邑人所建，取坡詩命名。』

〔六〕峼湖，又名峼山湖。《（道光）濟南府志》卷六：『峼山湖在府城北十五里。舊志云：濼水舊并大明湖北流，繞峼華匯爲湖。今則莽然田壤，無復烟波。』

〔七〕『身世』句，唐杜甫《旅夜書懷》：『飄飄何所似，天地一沙鷗。』

輯評

李良年曰：『磊落蒼茫，襟期可念。』

張潮曰：『厚餘先生視工河上，不須更嘆青衫羸馬矣。』

又　爲龔節孫題《種橘圖》〔一〕

玉局昔年客〔二〕，秃鬢老仙翁〔三〕。思移林屋嘉樹〔四〕，飽啖洞庭紅〔五〕。擬作亭名楚頌〔六〕，眷此素榮緑葉，慘淡比青楓。有志那能遂，遺迹大江東〔七〕。　仿瞻子〔八〕，懷古意，畫圖中。雨蓑風笠，長鑱白木苦匆匆〔九〕。且自耕雲半畝，轉眼霜林千顆，一笑對山童。忘却生綃裏，欲倩右軍封〔一〇〕。

箋注

〔一〕龔勝玉，一名眉望，字節孫，江蘇武進（今常州）人，官奉天錦州通判。清詞人，著有《仿橘詞》。

〔二〕玉局，《資治通鑒》卷二七二：『蜀主詔於玉局化設道場。』胡三省注：『玉局化在成都。彭乘《記》曰：後漢永壽元年，李老君與張道陵至此，有局脚玉床自地而出，老君升坐，爲道陵説《南北斗經》，既去而坐隱，地中因成洞穴，故以「玉局」名之。』《宋史·蘇軾傳》：『更三大赦，遂提舉玉局觀，復朝奉郎。』

〔三〕老仙翁，蘇軾長於行楷，書法高妙，傳世書法作品《洞庭春色賦》中言：『吾聞橘中之樂，不減商山。豈霜餘之不食，而四老人者游戲於其間。』

〔四〕林屋，道教十大洞天之一，在江蘇吴縣洞庭山西山。

〔五〕洞庭紅，洞庭山古來盛産紅橘。

〔六〕楚頌，屈原有《橘頌》。宋蘇軾有《楚頌帖》，又名《種橘帖》：『吾性好種植，能手自接果木，尤好栽橘。陽羨在洞庭上，柑橘栽至易得，暇當買一小園，種柑橘三百本。屈原作《橘頌》，吾園若成，當作一亭，名之曰「楚頌」。』

〔七〕『遺迹』句，宋蘇軾《念奴嬌・赤壁懷古》：『大江東去，浪淘盡，千古風流人物。』

〔八〕瞻子，蘇軾，字子瞻。

〔九〕長鑱白木，唐杜甫《乾元中寓居同谷縣作歌》其二：『長鑱長鑱白木柄，我生托子以爲命。』

〔一〇〕右軍，晋書法家王羲之曾任右軍將軍，故稱『王右軍』。

又

送陳六謙之安邑任〔一〕

琴鶴渺然去，爲政足風流。何意鳳漂鸞泊，百里借君侯〔二〕。三晋雲山北向，咫尺門霜戟，人綉虎〔五〕，二陵風雨〔三〕，納納動離愁〔四〕。雪片大如手，匹馬過蘆溝。天寶物華收〔八〕。欲問段干木〔九〕，舊迹杳難求。筆銀鈎。禹都吟眺〔六〕，淋漓墨瀋碧峰頭。試到野狐泉上〔七〕，入望鹽花似霧，

校訂

渺，《瑶華集》卷十作『蕭』。

納納，《瑶華集》卷十作『颯颯』。

箋注

〔一〕陳奕禧（一六四八—一七〇九），字六謙，又字子文、文一，號香泉，晚號葑叟，海寧鹽官人。清代著名詩人、書法家。歷官安邑縣丞、石阡知府、南安知府。著有《金石遺文録》《緑陰亭題跋》等。安邑，在今山西夏縣，位於山西南部、運城東北方向。

〔二〕百里，古時一縣所轄之地，因以爲縣的代稱，舊稱縣級最高行政長官爲百里侯。

〔三〕二陵，《左傳·僖公三十二年》：『晋人禦師必於殽，殽有二陵焉。其南陵，夏后皋之墓也；其北陵，文王之所辟風雨也。』楊伯峻注：『二陵者，東崤山與西崤山也。』

〔四〕納納，沾濕貌。

〔五〕人綉虎，見《減字木蘭花·雜憶》其六箋注〔一〕。

〔六〕禹都，傳説禹都安邑，今安邑城中有『禹王城』遺址。

〔七〕野狐泉，位於今山西運城境内，又名『西淡泉』，與位於池神廟東坡下的『東淡泉』同爲淡水泉。元代《解鹽司新修鹽池神廟碑》：『其環池地鹹鹵，皆不可井飲，惟兩池中間有淡泉，水特甘凉……歲當炎暑，常役萬人取鹽，苟勺飲不繼，則渴死者過半，酌泉飲之，則免於病。』

〔八〕天寶物華，唐王勃《滕王閣序》：『物華天寶，龍光射牛斗之墟。』

〔九〕段干木，戰國初年魏國名士，一説其故里爲魏都城安邑。

輯評

陳維崧曰：『風流豪邁，堂堂復堂堂。』

張潮曰：『慨當以慷。』

又　午日和其年〔一〕

何處劚蒲去〔二〕，俯首飲醇醪。長安十度重午〔三〕，令節又相遭。不是今朝弧矢〔四〕，不是今朝魚腹〔五〕，歌哭總無聊。雲氣挾雷鼓，疑聽廣陵濤〔六〕。　憶當日，觀競渡，趁江潮。天風正怒，仿佛角黍飼饞蛟〔七〕。憔悴故園心眼，潦倒女兒景物〔八〕，未足寄吾豪。和汝驚人句，土缶與雲璈〔九〕。

校訂

雷鼓，《詞菿》作『霜鼓』。

箋注

〔一〕陳維崧（一六二五—一六八二），字其年，號迦陵，宜興（今屬江蘇無錫）人。清代詞人，著有《湖海樓詞》。陳維崧有《水調歌頭·庚申五日》（又是女兒節）一詞。此首作於康熙十九年庚申端午，時在内閣中書任上。

〔二〕蒲，多年生草本植物，生池沼中，根莖長在泥裏，可食。

〔三〕重午，即端午節，農曆五月初五日，又稱重五。

〔四〕弧矢，《禮記·郊特牲》：『孔子曰：「射之以樂也，何以聽？何以射？」孔子曰：「士使之射，不能則辭以疾，縣弧之義也。」』鄭玄注：『男子生而設弧於門左，示有射道而未能也；女子設帨。』

〔五〕魚腹，屈原《漁父》：『寧赴湘流葬於江魚之腹中，安能以皓皓之白而蒙世俗之塵埃乎？』

〔六〕廣陵濤，見《浣溪沙·步阮亭紅橋韵》其一箋注〔四〕。

〔七〕角黍，即粽子。

〔八〕女兒景物，清潘榮陛《帝京歲時紀勝·端陽》：『飾小女盡態極妍，已嫁之女亦各歸寧，呼是日爲女兒節。』

〔九〕土缶，圓腹小口有蓋，用以汲水或盛流質，也可用作打擊樂器。

又　快雨

白雨響新瓦，火鬣走長天。錢塘萬弩齊射〔一〕，驚起老龍眠。疑是夔牛鼓震〔二〕，又恐驅山鐸掣〔三〕，潑墨蕩雲烟。咫尺匡廬下，九叠亂鳴泉〔四〕。飛石燕〔五〕，笑玉女〔六〕，捲湘川。錚鏦金鐵，洞庭張樂宴群仙。立掃黄塵褦襶〔七〕，一洗神皋禾黍，濃翠正娟娟。造物不言德，風日弄清妍。

箋注

〔一〕『錢塘』句，錢載《十國詞箋》：『鏐築捍海塘，怒潮急湍，版築不就。鏐乃采竹造箭三千隻，羽鏃備具，於叠雪樓，命水犀軍架强弩五百以射潮，潮頭東趨西陵，遂定其基，以鐵絙貫幢用石鍵之，而塘成。』宋蘇軾《八月十五日看潮五絶》其五：『安得夫差水犀手，三千强弩射潮低。』

〔二〕夔牛，《山海經·中次九經》：『其獸多犀象、多夔牛。』郭璞注：『今蜀山中有大牛，重數千斤，名爲夔牛。』

〔三〕驪山鐸，明朱國禎《湧幢小品》卷四：『昔有漁者釣得一金鎖，長數百尺；又得一鐘，如鐸狀，舉之，聲如霹靂，山川震動，漁人恐，沉於水中，或言此秦始皇帝驪山鐸也。』

〔四〕『九叠』句，廬山有九叠泉瀑布。

〔五〕石燕，北魏酈道元《水經注·湘水》：『湘水東南流徑石燕山東，其山有石，紺而狀燕，因以名山。其石或大或小，若母子焉。及其雷風相薄，則石燕群飛，頡頏如真燕矣。』

〔六〕玉女，今江西萍鄉蘆溪鎮郊外有玉女峰，雨前山石間雲霧涌現的奇景被稱爲玉女披衣。唐段成式《苦雨》逸句：『不願石郎戴笠，難甘玉女披衣。』

〔七〕褦襶，見《蝶戀花》（正月春盤）箋注〔四〕。

輯評

沈爾燝曰：『快哉亭上，繪寫有聲有光；虞次安《瑞雨頌》，盛德形容，當復過之。』

天香　咏緑牡丹，爲牧仲作〔一〕

國色凝香，露華垂檻〔二〕，苔痕欲上階砌。不就輕黄，還成嫩碧，接葉交柯無二。石家金谷〔三〕，供妙舞、珠珠濃睡〔四〕。渲染春光好處，掩映一天空翠。魚子暮雲微起，帶蕉窗、幾分凉意。阿誰是眉黛，遠峰如此。倒挂嶺南么鳳〔五〕，莫藏影花間、覓花蕊。芳草成裀，碧旗磯試〔六〕。

校訂

阿誰是，《瑶華集》卷十一、《百名家詞鈔》作『暗想阿誰』。

箋注

〔一〕宋犖（一六三四—一七一三），字牧仲，號漫堂、綿津山人，晚號西陂老人，一作西陂放鴨翁，河南商丘人。國史院大學士宋權之子。康熙年間以父蔭入仕，官江蘇巡撫，後累升至吏部尚書，加太子少師。被康熙帝譽爲『清廉爲天下巡撫第一』。工詩詞古文，精鑒藏。著有《西陂類稿》《楓香詞》《漫堂墨品》《滄浪小識》等。《漫堂年譜》記康熙十一年壬子『五月如都候補，寓柳湖寺』，『冬，需次返里』。《西陂類稿》卷三有《緑牡丹》詩二首，作於此期在京期間。曹貞吉此詞亦當作於此時。緑牡丹，納蘭性德《渌水亭雜識》：『牡丹近數曹亳。北地則大房山僧多種之，其色有天紅、淺緑，江南所無也。』

〔二〕露華垂檻，唐李白《清平調》：『雲想衣裳花想容，春風拂檻露華濃。』

〔三〕石家金谷，晋石崇《金谷詩序》：『有别廬在河南縣界金谷澗中，或高或下，有清泉茂林，衆果竹柏、藥草之屬，莫不畢備。又有水碓、魚池、土窟，其爲娱目歡心之物備矣。』

〔四〕『供妙舞』句，《晋書·石崇傳》：『崇有妓曰緑珠，美而艷，善吹笛。孫秀使人求之。……使者出而又反，崇竟不許。秀怒，乃勸倫誅崇、建。崇、建亦潛知其計，乃與黄門郎潘岳陰勸淮南王允、齊王冏以圖倫、秀。秀覺之，遂矯詔收崇及潘岳、歐陽建等。崇正宴於樓上，介士到門。崇謂緑珠曰：「我今爲爾得罪。」緑珠泣曰：「當效死於官前。」因自投於樓下而死。』

〔五〕么鳳，緑毛么鳳，又稱桐花鳳，羽毛五色，體型比燕子小，爲嶺南珍禽。

〔六〕碧旗，泛指一芽一葉或一芽二葉的茶。

輯評

陳維崧曰：『淡沲空明，幾於水天一碧。』

李良年曰：『寫生妙手，不藉粉本。』

又 龍涎香〔一〕

孤嶼荒寒，斷潮嗚咽，抱珠神物濃睡。蜃霧成樓〔二〕，綃宮噴雪，點點鮫人清泪〔三〕。紅薇露濕〔四〕，早釀就、都梁佳致〔五〕。巨舶長風破浪，似帶海山鱗尾。春閨夜闌烟細，鬱空青、水天霞氣。漫惹雨絲沾灑，金猊聲碎。鳳脛一枝深炷〔六〕，偎翠袖、餘寒戀纖指。莫放悠颺，綉簾匝地。

校訂

似，《瑶華集》卷十一作『疑』。

帶，《百名家詞鈔》作『携』。

山，《百名家詞鈔》作『嶠』。

鬱空青，《瑶華集》卷十一作『裊金猊』。

金猊聲碎，《瑶華集》卷十一作『砰訇聲起』。

箋注

〔一〕龍涎香，抹香鯨腸胃的分泌物，爲黄、灰乃至黑色的蠟狀物質，是名貴香料。

〔二〕蜃霧成樓，《史記·天官書》：『海旁蜃氣象樓臺；廣野氣成宫闕然。』

〔三〕『點點』句，《洞冥記》：『（吠勒國人）乘象入海底取寶，宿於鮫人之舍，得泪珠，則鮫所泣之珠也，亦曰泣珠。』

〔四〕紅薇，指薔薇。宋周密《天香》：『碧腦浮冰，紅薇染露。』

〔五〕都梁，香名。

〔六〕鳳脛，因燈足形同鳥腿，故稱。清陳維崧《金盞子·咏燈》：『且獨自、纖手靠妝臺，挑鳳脛。』

輯評

陳維崧曰：『此錢塘貴主奩中物也，趙家姊妹雖有好香，總不脱人間烟火。』

李良年曰：『妙於曲寫龍涎，不然，博山爐中百和香、鬱金、蘇合及都梁與此無與也。』

玉簟凉　七夕有感，和其年〔一〕

十載長安，記如此良宵，團扇抛殘。龍梭初罷織〔二〕，赴碧落幽歡。幾多鈿合蟢子，陳瓜果、乞巧樓前〔三〕。驚夢醒，但絳河千尺〔四〕，雲氣漫漫。無端。嫩苔綉瓦，斜月窺窗，妝做秋意闌珊。去年當此際，正同倚危欄。定識凉生玉簟，盼鵲駕不到人間〔五〕。天似水，擲泪珠荷露争圓。

箋注

〔一〕陳維崧有《玉簟凉・己未長安七夕》（太液荷香），曹貞吉此詞即倡和是首。

〔二〕龍梭，《晋書・陶侃傳》：『侃少時漁於雷澤，網得一織梭，以挂於壁。有頃雷雨，自化爲龍而去。』

〔三〕『幾多』句，見《蝶戀花》其七箋注〔一〕。蟢子，蜘蛛的一種。多在室内墻壁間結網，其網被認爲像八卦，以爲是喜樂的預兆，故亦稱『喜子』，北齊劉晝《新論・鄙名》：『今野人晝見蟢子者，以爲有喜樂之瑞。』

〔四〕絳河，即銀河。古代觀天象者以北極爲基準，天河在北極之南，南方屬火，尚赤，因借南方之色稱之。

〔五〕鵲駕，見《蝶戀花》（七月西疇）箋注〔二〕。

輯評

陳維崧曰：『殊有雲鬟玉臂之思。』

暗香　緑萼梅

墻陰淡白，算雪晴未久，换成春色。一剪蘼蕪〔一〕，移上枝頭弄輕碧。照水空明數朵，認樹老、雨痕交蝕。大好是、洛浦相逢，尋翠羽消息〔二〕。　橋側，聞夜笛。笑寂寂玉鱗〔三〕，月中難覓。九嶷舊客〔四〕，又向蟠螭露仙迹。轉眼青青似豆，還記取、前身蕭瑟。摇落處，苔影薄，依稀見得。

校訂

蟠，《瑶華集》卷十一作『盤』。

箋注

〔一〕蘼蕪，見《木蘭花·春晚》箋注〔一〕。

〔二〕翠羽，唐柳宗元《龍城録》：『隋開皇中，趙師雄遣羅浮。一日天寒日暮，在醉醒間，因憩僕車於松林間，酒肆旁舍，見一女人，淡妝素服，出迓師雄。時已昏黑，殘雪未消，月夜微明，師雄喜之，與之語，但覺芳香襲人，語言極清麗。因與之扣酒家門，得數杯相與共飲。少頃有一緑衣童子來，笑歌戲舞，亦自可觀。師雄醉寐，但覺風寒相襲，久之東方已白，師雄起視，乃在大梅花樹下，上有翠羽啾嘈相顧，月落參横，但惆悵而已。』

〔三〕玉鱗，唐李群玉《人日梅花病中作》：『玉鱗寂寂飛斜月，素艷亭亭對夕陽。』

〔四〕九嶷舊客，緑萼梅有『九疑仙人』的别稱。南朝梁陶弘景《真誥·運象篇第一》：『萼緑華者，自云是南山人，不知是何山也。女子年可二十上下，青衣，顔色絶整，以升平三年十一月十日夜降羊權。自此往來，一月之中，輒六過來耳。云本姓楊，贈權詩一篇，并致火浣布手巾一枚，金玉條脱各一枚。條脱似指環而大，异常精好。神女語權：「君慎勿泄我，泄我則彼此獲罪。」訪問此人，云是九疑山中得道女羅鬱也。』宋范成大《范村梅譜》：『凡梅花跗蒂，皆絳紫色。惟此純緑，枝梗亦青，特爲清高，好事者比之九疑仙人萼緑華。』

輯評

陳維崧曰：『後半闋鈎魂攝魄，姜白石不能擅美於前矣。』

張潮曰：『是爲緑萼傳神，與泛咏梅花迥别。』

《百名家詞鈔》曰：『萼緑華曰：「余九疑仙人也。」』

留客住

鷓鴣〔一〕

瘴雲苦。遍五溪〔二〕、沙明水碧，聲聲不斷，只勸行人休去〔三〕。行人今古如織，正復何事關卿？頻寄語。空祠廢驛，便征衫濕盡，馬蹄難駐。風更雨。一髮中原〔四〕，杳無望處。萬里炎荒，遮莫摧殘毛羽〔五〕。記否越王春殿，宫女如花，只今惟剩汝〔六〕？子規聲續〔七〕，想江深月黑，低頭臣甫〔八〕。

箋注

〔一〕參見《惜秋華·牽牛花》箋注〔一〕。《留客住·鷓鴣》即李良年《樂府後補題》五首之一。康熙十年（一六七一）曹貞吉胞弟曹申吉改工部右侍郎，巡撫貴州兼都察院右副都御史，康熙十二年（一六七三）年，吴三桂叛亂，曹申吉自此被羈留黔中七年，後遇害於雲南雙塔寺。曹貞吉借此詞懷念遠在雲貴、音信不通的弟弟曹申吉。

〔二〕五溪，指雄溪、樠溪、無溪、酉溪、辰溪，一説指雄溪、蒲溪、酉溪、沅溪、辰溪。漢屬武陵郡，在今湖南西部和貴州東部。

〔三〕『只勸』句，明李時珍《本草綱目·禽二》：『鷓鴣性畏霜露，早晚稀出，夜棲以木葉蔽身，多對啼，今俗謂其鳴曰：「行不得也哥哥。」亦作「行不得哥哥」。』

〔四〕一髮中原，宋蘇軾《澄邁驛通潮閣二首》其二：『杳杳天低鶻没處，青山一髮是中原。』

〔五〕遮莫，盡教。

〔六〕『記否』句，唐李白《越中覽古》：『越王勾踐破吴歸，義士還家盡錦衣。宫女如花滿春殿，只今惟有鷓鴣飛』。

〔七〕子規，見《南鄉子·夏夕無寐，茫茫交集，輒韵語寫之，不求文也》其五箋注〔一〕。

〔八〕臣甫，唐杜甫《北征》：『東胡反未已，臣甫憤所切。』

輯評

譚獻《篋中詞》曰：『投荒念亂之感。』

水晶簾　賦得『無端嫁得金龜婿，辜負香衾待早朝』

夢細幽香靚，甚長樂鐘聲敲醒。倦眼迷離，訝寶炬星輝〔一〕，照人難定。正好睡時何處去，想蓮漏迢迢尚永。五更天最是霜寒，鎮教寂静。　徘徊掩清鏡，憶紅閨深夜，鄰鷄曾聽。便惱他咿喔〔二〕，未愁伶俜。不似而今慵早起，怕瑟瑟篝殘被冷。又争如簾幕長垂，小窗日影。

箋注

〔一〕寶炬，蠟燭的美稱。

〔二〕咿喔，鷄鳴聲。

輯評

陳維崧曰：『於題意極爲體貼。』

尾犯　笋〔一〕

小窗雨霽，傍疏籬一帶，籜聲盈耳。繩床乍破幽人夢〔二〕，驗苔錢穿碎。墻陰屋角，鬱千尺凌雲勢。笑洋州太守清貧〔三〕，却饒玉版風致〔四〕。曾過荻洲江市，銀鰣撥刺出水〔五〕。向柁樓晨飯〔六〕，松濕烟青，燒來偏脆。谷口如蓬〔七〕，宫中似束〔八〕，故人情味。最憐是憔悴龍孫，琅玕銷盡生翠。

箋注

〔一〕參見《惜秋華·牽牛花》箋注〔一〕。《尾犯·笋》即李良年《樂府後補題》五首之一。

〔二〕繩床，宋王觀國《學林·繩床》：『繩床者，以繩貫穿爲坐物，即俗謂之交椅之屬是也。』

〔三〕洋州太守，見《滿江紅·題阮亭寓竹》箋注〔六〕。

〔四〕玉版，見《滿江紅·題阮亭寓竹》箋注〔八〕。

〔五〕銀鰣，一種名貴的食用魚。

〔六〕柁樓，船上操舵之室，亦指後艙室。因高起如樓，故稱。

〔七〕谷口如蓬，宋蘇軾《文與可畫篔簹谷偃竹記》：『予詩云：「漢川修竹賤如蓬，斤斧何曾赦籜龍。」』

〔八〕宫中似束，唐元稹《連昌宫詞》：『連昌宫中滿宫竹，歲久無人森似束。』

燕山亭　九日排悶

北雁横斜，似水晴空，無限蕭蕭意。深巷閉門，懶去登高〔一〕，那問幾人曾醉？紅葉青山，正渲染蒼凉天氣。何事，只辜負秋光，淡然如此。記得去歲城南，傍野徑疏籬，亂穿濃翠。女兒景物〔二〕，羈客心情，添得一番悲喜。便上層樓，望不到故園千里。千里，有多少荒烟敗壘。

箋注

〔一〕登高，南朝梁宗懔《荆楚歲時記》：『九日登高飲菊花酒。』

〔二〕女兒景物，見《水調歌頭·午日和其年》箋注〔八〕。

孤鸞　送陸藎思歸武林，時新有悼亡之戚〔一〕

新秋天氣，正河鼓星高，牽牛花媚。禾黍西風〔二〕，驢背一鞭遥指。有人巢青閣上，倚危闌望窮烟水。那識猿啼鵑唱，早斷魂千里。憶去年、瓜果閑庭裏，看兒女燈前，乞巧歡意〔三〕。螢火斜飛處，乍夜凉於洗。而今歸來索寞，最無憀、黄昏窗底。鸞鏡輕塵莫掃，剩盈盈清泪。

箋注

〔一〕陸進，字藎思，浙江餘杭人，清初詩人，有《巢青閣集》。

〔二〕禾黍，《詩經·王風·黍離序》：『《黍離》，閔宗周也。周大夫行役至於宗周，過故宗廟宫室，盡爲禾黍。閔宗周之顛覆，彷徨不忍去而作是詩也。』

〔三〕『憶去年』句，見《玉簟凉·七夕有感，和其年》箋注〔三〕。

雙雙燕 見燕子營巢有感

舊年社日〔一〕，向聚燕臺邊〔二〕，送君歸去。杏花開罷，遲日園林春暮〔三〕。又栩栩梁間住，聽一片呢喃相訴。不嫌僦舍荒涼〔四〕，來伴京塵淒楚。柳絮池塘何處，看玉剪交飛〔五〕，亂衝花雨。主人謝客，辛苦舊巢將護。莫待新雛成羽，更去傍紅樓朱户。且自掠水銜泥，睡足一庭香霧。

校訂

舊年，《瑶華集》作『去年』。

箋注

〔一〕社日，古代春秋兩次祭社神的日子，通常是立春、立秋後的第五個戊日。

〔二〕聚燕臺，明劉侗、于奕正《帝京景物略》：『采育東南二十里，有埠，高丈，廣三四十尺，曰聚燕臺。歲秋社燕辭巢日，京畿城村燕，必各將其成雛數千百，聚此臺，呢喃竟二日，然後乃能去之。爲話將别，爲語約所群歸也。』采育，位於今北京南部大興境内。

〔三〕遲日，《詩經·豳風·七月》：『春日遲遲。』

〔四〕僦舍，指租賃之屋。

〔五〕玉剪，此處指燕子，因其尾似剪，故稱。

輯評

王士禛曰：『竹屋、梅溪、夢窗、白石四家之間，可置一座。』

陳維崧曰：『莫待新雛二語，殊深言外之感。』

李良年曰：『「去傍紅樓朱户」較「飛入尋常百姓家」傷心十倍。』

又　咏鏡中美人影，和沈鳳于〔一〕

一泓秋水，誰移向深閨，偷近蛾緑〔二〕。空明不定，綽約伴人幽獨。臨就崔徽别幅〔三〕，又淺笑輕顰相矚。何人解識傾城〔四〕，自賞容輝金屋。掠削雲鬟妝束〔五〕，問就裏芳心，可同千曲。離魂初覺，嬌暈枕痕紅足。小閣朝來新沐，瞥收却巫峰六六〔六〕。怕是清冷圓冰，一擲黃金難贖。

箋注

〔一〕沈鳳于，見《露華·題沈鳳于被園》箋注〔一〕。

〔二〕蛾緑，宋姜夔《疏影》：『猶記深宫舊事，那人正睡裏，飛近蛾緑。』

〔三〕崔徽别幅，唐元稹《崔徽歌序》：『崔徽，河中府娼也。裴敬中以興元幕使蒲州，與徽相從景月，敬中便還，崔以不得從爲恨，困而成疾。有丘夏善寫人形，徽托寫真，寄敬中曰：「崔徽一旦不及畫中人，且爲郎死。」發狂卒。』

〔四〕傾城，《詩經·大雅·瞻卬》：『哲夫成城，哲婦傾城。』鄭玄箋：『城，猶國也。』孔穎達疏：『若爲智多謀慮之婦人，則傾敗人之城國。』

〔五〕掠削，梳理齊整貌。

〔六〕巫峰六六，謂巫山三十六峰。見《祝英臺近·賦得『更脱紅裙裹鴨兒』》箋注〔三〕。

金菊對芙蓉　和錫鬯《蟂磯吊孫夫人》〔一〕

蜀國夫人，孫郎小妹，腰間龍雀刀環〔二〕。嘆東南人物，弱女登壇。錦帆摇曳江如練，望瞿塘、道路漫漫〔三〕。永安龍去〔四〕，蚕叢夢杳〔五〕，紅粉凋殘。　靈澤遺廟江干，有雲車風馬，霧鬢烟鬟。悵西風白帝〔六〕，鸞馭難還。千尋鐵鎖銷沉後〔七〕，家何在、兩地悲酸。千帆落照，漁歌唱晚，露白楓丹。

校訂

龍，《昭代詞選》卷七作『宮』。

澤，《瑶華集》卷十一、《昭代詞選》卷七作『潭』。

箋注

〔一〕錫圕，即朱彝尊，見《滿江紅·和錫圕吴大帝廟下作》箋注〔一〕。蟂磯，位於安徽蕪湖西江中，磯上舊有靈澤夫人祠，俗傳靈澤夫人即三國時劉備之妻孫夫人。朱彝尊有《金菊對芙蓉·蟂磯吊孫夫人》『去國青娥』一詞（翁之潤《曝書亭詞拾遺》），曹貞吉此首爲和詞。

〔二〕龍雀刀環，十六國時赫連勃勃（匈奴單于，國號夏）的寶刀。製作極巧，下爲大環，以纏龍爲之，其首鳥形。北魏酈道元《水經注·河水三》：『并造五兵，器鋭精利，乃咸百煉爲龍雀大鐶，號曰大夏龍雀。銘其背曰：古之利器，吴楚湛盧，大夏龍雀……』據傳孫夫人才捷剛猛，其侍婢皆親自執刀侍立。

〔三〕瞿塘，見《蝶戀花·送荔裳入蜀，再用前韵》箋注〔六〕。

〔四〕永安龍去，二二三年，蜀漢先主劉備伐吴，在猇亭戰敗後，駐軍白帝城（即今奉節城），建永安宫，次年死於此。故址在今重慶奉節縣城内。

〔五〕蠶叢，《藝文類聚》卷六引漢揚雄《蜀本紀》：『蜀始王曰蠶叢，次曰伯雍，次曰魚鳧。』

〔六〕白帝，北魏酈道元《水經注·江水》：『江水又東徑魚復縣故城南，故魚國也……公孫述名之爲白帝，取其王色。』

〔七〕『千尋』句，唐劉禹錫《西塞山懷古》：『王濬樓船下益州，金陵王氣黯然收。千尋鐵鎖沉江底，一片降幡出石頭。』

輯評

彭孫遹曰：『羽聲慷慨之中，仍自粉心香口。』

陳維崧曰：『英雄兒女，慨當以慷，如見高凉洗氏月明錦傘也。』

宋實穎曰：『女子英雄，得曹公彩筆憑吊，幾令二喬無色。』

沈爾燝曰：『憑吊精靈，足令漢苑吴宫同悲離黍。』

月華清　詠山鶘，爲阮亭作〔一〕

織翠爲裳，凝丹作距〔二〕，飛來何處烟暝。金索珊珊，落下碧梧銀井。憶蜀國待詔圖中，共棘雀山花相映〔三〕。難定，試洗却濃妝，雪衣嫌影。挂向玉堂深處，莫百囀軥輈〔四〕，惱人幽靚。夢結梨雲〔五〕，怕是數聲驚醒。若覓句、負手巡檐，更攤書、茶清香冷。風静，好低徊一曲，伴他寒磬。

校訂

《瑶華集》卷十一詞題作『王阮亭侍讀書齋詠山鶘』。

輈，《瑶華集》卷十一作『鉤』。

『夢結梨雲，怕是數聲驚醒』，《瑶華集》卷十一作『怕夢結梨雲，數聲驚醒』。

箋注

〔一〕山鶘，王士禛《帶經堂集·漁洋續詩》卷十一戊午稿有《山鶘》：『秋葉下庭樹，飛來山鷓鴣。寧因避珠彈，只合傍金鋪。清唳雲中鶴，晨飛烟渚鳧。微生各性情，太息羽毛殊。』此詞亦當作於康熙十七年（一六七八）内閣中書任上。

〔二〕距，指山鵲爪。

〔三〕『憶蜀國』句，五代十國畫家黄居寀曾爲後蜀孟昶朝翰林待詔，爲宫廷作畫。作有《山鷓棘雀圖》。

〔四〕軥輈，鳥鳴聲。清趙翼《題嶺南物産圖六十二韵》：『鷓鴣啼軥輈，翡翠飛熠煌。』

〔五〕梨雲，宋張邦基《墨莊漫録》卷六引唐王建《夢看梨花雲歌》：『薄薄落落霧不分，夢中唤作梨花雲。』

輯評

陳維崧曰：『冷香幽翠，烘染絶倫。』

張潮曰：『是一幅絶妙着色翎毛。』

催雪　珍珠蘭〔一〕

裊裊牽風，溥溥帶露，窈窕最宜深院。恰閩海移來，龍宫幾串。金谷墮樓姝麗〔二〕，伴杜若、江蘺分嬌面〔三〕。鮫人泪滴〔四〕，紫莖楨甲，都教開遍。　開遍，含笑盼〔五〕。任徑寸蚌胎〔六〕，讓他香倩。羡瑟瑟輕圓，凉飔吹顫。莫向池塘顧影，怕瀉入、紅蕖尋難見。正鬟髻妝晚，珠娘頭上〔七〕，一枝微綻。

箋注

〔一〕珍珠蘭，又名翡翠珠，葉片爲粒狀圓心形，如深緑色珠子，植株如串串風鈴摇曳。

〔二〕『金谷』句，見《天香·咏緑牡丹，爲牧仲作》箋注〔四〕。

〔三〕杜若、江蘺，香草名。

〔四〕鮫人泪滴，見《天香·龍涎香》箋注〔三〕。

〔五〕含笑盼，《詩經·衛風·碩人》：『巧笑倩兮，美目盼兮。』

〔六〕蚌胎，《文選·揚雄〈羽獵賦〉》：『方椎夜光之流離，剖明月之珠胎。』李善注：『明月珠，蚌子珠，爲蚌所懷，故曰胎。』

〔七〕珠娘，南朝梁任昉《述异記》卷上：『越俗以珠爲上寶，生女謂之珠娘，生男謂之珠兒。』

又　紅梅

夕雨凝丹，曉晴着樹，麂眼小籬如綉〔一〕。喜照眼偏明，數枝窺牖。只恐春寒微重，費幾許、燕支匀紅縐〔二〕。峰迴路轉，紛紛開落，武陵近否〔三〕？　清瘦，賴玉鏤〔四〕。看一片迷離，斷霞鋪就。甚真色芋蘿〔五〕，縞衣非舊。好伴吴娘記曲，碎顆顆，珊瑚盈懷袖〔六〕。嘆隴首，萬點風飄，冷落絳綃時候。

箋注

〔一〕麂眼小籬，竹籬。籬格斜方如麂眼，故名。

〔二〕燕支，即胭脂。

〔三〕武陵，晋陶淵明《桃花源記》：『晋太元中，武陵人捕魚爲業，緣溪行，忘路之遠近。忽逢桃花林，夾岸數百步，中無雜樹，芳草鮮美，落英繽紛。』

〔四〕賴，赤色。

〔五〕芋蘿，《吴越春秋》卷九：『十二年，越王謂大夫種曰：「孤聞吴王淫而好色，惑亂沉湎，不領政事，因此而謀，可乎？」種曰：「可破。夫吴王淫而好色，宰嚭佞以曳心，往獻美女，其必受之。惟王選擇美女二人而進之。」越王曰：「善。」乃使相者國中得苧蘿山鬻薪之女，曰西施、鄭旦。』元徐天祜注：『《會稽志》：「苧蘿山在諸暨縣南五里。」《輿地志》：「諸暨縣苧蘿山，西施、鄭旦所居。」《十道志》：「勾踐索美女以獻吴王，得之諸暨苧蘿山賣薪女也，西施山下有浣沙石。」』

〔六〕『好伴』句，唐段安節《樂府雜録・歌部》：『大曆中有才人張紅紅者，本與其父歌于衢路丐食。過將軍韋青所居（在昭國坊南門里），青於街牖中聞其歌者喉音寥亮，仍有美色，即納爲姬。其父舍于後户，優給之。乃自傳其藝，穎悟絶倫。嘗有樂工自撰一曲，即古曲《長命西河女》也，加減其節奏，頗有新聲。未進聞，先印可於青，青潛令紅紅於屏風後聽之。紅紅乃以小豆數合，記其節拍。樂工歌罷，青因入問紅紅如何，云：「已得矣。」青出，紿云：「某有女弟子，久曾歌此，非新曲也。」即令隔屏風歌之，一聲不失，樂工大驚异，遂請相見，嘆伏不已。再云：「此曲先有一聲不穩，今已正矣。」尋達上聽。翊日，召入宜春院，寵澤隆异，宫中號「記曲娘子」，尋爲才人。一日，内史奏韋青卒，上告紅，紅乃於上前嗚咽奏云：「妾本風塵丐者，一旦老父死，有所歸，致身入内，皆自韋青，妾不忍忘其恩。」乃一慟而絶。』

月下笛　悼何蕤音〔一〕

官閣明鐙，珠藤覆屋〔二〕，雨中深酌。茶烟綽約，檐花聲在簾箔。酒人已逐浮雲散，轉眼叫、秋猿夜鶴。想鴛湖畫舸〔三〕，一天絲管，更誰行樂？　思着，中情惡。記威鳳文章〔四〕，神羊頭角〔五〕。龍賓揮霍〔六〕，漏痕還帶釵脚〔七〕。原邊宿草年年緑，有多少、西州泪落〔八〕。斷魂處，隔江南，苦竹黄蘆寂寞〔九〕。

校訂

官，備要本作『宦』。

箋注

〔一〕何元英，字蕤音，秀水（今浙江嘉興）人，順治十二年（一六五五）進士，官通政史參議，工書法。

〔二〕珠藤覆屋，何元英在京城宣武門有古藤書屋，中有紫藤二本，爲當時文人雅集之地。阮元《兩浙輶軒録》卷四：『《藤陰雜記》：海波寺街古藤書屋，康熙初何御史元英寓此，名丹臺書屋。王儼齋、汪蛟門宴集有詩。丙辰朱竹垞來京，有飲藤花下詩，云「泠卿宴客已無錢」，時官鴻臚少卿。假歸後，竹垞接住此屋，今人但知竹垞寓此，不知前有何少卿也。』參見《藤陰雜記》卷九。

〔三〕鴛湖，嘉興南湖，雅稱鴛鴦湖。

〔四〕威鳳，《漢書・宣帝紀》：『九真獻奇獸，南郡獲白虎威鳳爲寶。』顏師古注引晋灼曰：『鳳之有威儀者也，與《尚書》「鳳皇來儀」同意。』

〔五〕神羊，《後漢書・輿服志下》：『法冠，一曰柱後。高五寸，以纚爲展筩，鐵柱卷，執法者服之，侍御史、廷尉正監平也。或謂之獬豸冠。獬豸神羊，能別曲直，楚王嘗獲之，故以爲冠。』

〔六〕龍賓，守墨之神。唐馮贄《雲仙雜記・陶家瓶餘事》：『玄宗御案墨曰龍香劑。一日，見墨上有小道士如蠅而行。上叱之。即呼「萬歲」，曰：「臣即墨之精，黑松使者也。凡世人有文者，其墨上皆有龍賓十二。」上神之，乃以墨分賜掌文官。』

〔七〕漏痕，宋姜夔《續書譜》：『屋漏痕者，欲其無起止之迹。』釵脚，唐吕總《續書評》：『李陽冰書若古釵倚物，力有萬夫。李斯之後一人而已。』清王澍《論書賸語》：『古釵脚不如屋漏痕，屋漏痕不如萬歲枯藤，以其漸近自然。』

〔八〕西州泪落，見《南鄉子》其三箋注〔三〕。

〔九〕苦竹黄蘆，唐白居易《琵琶行》：『住近湓江地低濕，黄蘆苦竹繞宅生。』

玲瓏四犯　送杞園游西湖〔一〕

三月吴山〔二〕，記梅子黄時，幾多烟雨〔三〕。載酒西泠〔四〕，千頃嫩荷澄暑。沉醉失却湖光，似夢裏、斷雲飛絮。嘆軟塵十載遮留，翻送故人游去。一枝柔櫓穿花路，淡空明、個儂眉嫵〔五〕。檀欒金碧天然麗，都在晚霞紅處。試問堤畔垂楊，尚否青青如故？遇禪燈老衲，還爲我、殷勤語。

箋注

〔一〕張貞，字起元，號杞園，一號渠亭山人，山東安丘人。清代文學家、書法家、篆刻家。康熙十一年（一六七二）貢生，官至翰林院孔目。康熙十八年（一六七九）舉博學鴻儒，以母憂不試。著有《杞田集》《渠丘耳夢録》《杞紀》等。

〔二〕吴山，在今浙江杭州西湖東南。

〔三〕『記梅子』句，宋賀鑄《青玉案》：『一川烟草，滿城風絮，梅子黄時雨。』

〔四〕西泠，在杭州孤山西北。

〔五〕個儂，那人。

鎖窗寒　倭奩〔一〕

巨舶巍峨，寒潮寂寞，颶風吹暝。鸞膠鬼斧〔二〕，製自海山人境。鬱金砂屑來粒粒〔三〕，明霞猶帶歐羅勝〔四〕。想龍涎潛貯，冰綃偷捲，迷離交映。光靚，伴清鏡。試摩挲小簇〔五〕，玉纖留證。宫鴉一色，拖逗麗華雲影〔六〕。憶當年連弩射魚〔七〕，浩蕩烟波，歸未肯。更誰携、彩扇昆刀〔八〕，泛蓬壺月冷〔九〕。

箋注

〔一〕參見《惜秋華·牽牛花》箋注〔一〕。《瑣窗寒·倭奩》即李良年《樂府後補題》五首之一。

〔二〕鸞膠，漢東方朔《海内十洲記·鳳麟洲》：『鳳麟洲在西海之中，地方一千五百里。洲四面弱水繞之，鴻毛不浮，不可越也。洲上多鳳麟數萬，各各爲群。又有山川池澤及神藥百種，亦多仙家。煮鳳喙及麟角合煎作膠，名之爲續弦膠，或名連金泥。此膠能續弓弩已斷之弦，連刀劍斷折之金，更以膠連續之處，使力士掣之，他處乃斷，所續之際終無所損也。』

〔三〕鬱金，多年生草本植物，有塊莖及紡錘狀肉質塊根，黄色，有香氣，可作染料。

〔四〕羅勝，古代飾物，用絲羅剪製。

〔五〕簇，通『蔟』，供蠶吐絲用的圓形竹器。

〔六〕麗華雲影，《南史·后妃列傳》：『張貴妃，名麗華，兵家女也……髮長七尺，鬒黑如漆，其光可鑒。特聰慧，有神彩，進止閑華，容色端麗。每瞻視眄睞，光彩溢目，照映左右。嘗於閣上靚妝，臨於軒檻，宫中遥望，飄若神仙。』

〔七〕連弩射魚，《史記·秦始皇本紀》：『方士徐市等入海求神藥，數歲不得，費多，恐譴，乃詐曰：「蓬萊藥可得，然常爲大鮫魚所苦，故不得至，願請善射與俱，見則以連弩射之。」始皇夢與海神戰，如人狀。問占夢，博士曰：「水神不可見，以大魚蛟龍爲候。今上禱祠備謹，而有此惡神，當除去，而善神可致。」乃令入海者賫捕巨魚具，而自以連弩候大魚出射之。自琅邪北至榮成山，弗見。至之罘，見巨魚，射殺一魚，遂并海西。』

〔八〕昆刀，漢東方朔《海内十洲記·鳳麟洲》：『昔周穆王時，西胡獻昆吾割玉刀及夜光常滿杯，刀長一尺，杯受三升。刀切玉如切泥。』

〔九〕蓬壺，晋王嘉《拾遺記》卷一：『三壺則海中三山也。一曰方壺，則方丈也；二曰蓬壺，則蓬萊也；三曰瀛壺，則瀛洲也。形如壺器。』

又　即事

銀鴨香銷，湘篝獸冷〔一〕，夜長生倦。寒梅未放，勒住春痕一綫。聽驚沙飛鳴陣陣，颯然似入關山怨。想參旒半落〔二〕，明河斜挂，霜風如剪。思遠，情何限。縱文鴛交扣，綉衾爭戀。迢迢玉漏，海水注來難滿。還愁他旅夢乍回，屈曲銅鋪門靜掩。更誰團雪作猧兒，映小窗人面。

箋注

〔一〕湘篝，湘妃竹做的熏籠。漢許慎《説文解字》：『篝，笿也，可熏衣。』

〔二〕參旒，即參旗，星名。

又　爲梁大司農悼亡〔一〕

苔濕春蕪，蛛縈綉幕，悄無人影。玉釵斷後，曲曲畫闌誰憑？怕紅絲繫來雙燕，斷映，生悲哽。記皂莢煎呢喃還向珠簾等。縱寶衣施盡，縷金裙在，泪花猶剩。成〔二〕，鸞膠未冷〔三〕。彩雲一片，又苦斜風吹暝。步瑶臺姊妹肩隨，茫茫那知長夜永？問何時環佩珊然，飛下蓬萊頂？

箋注

〔一〕梁清標（一六二〇—一六九一），字玉立，一字蒼岩，號棠村，一號蕉林。明末清初著名藏書家、文學家，名列『貳臣傳』。直隸真定（今河北省正定縣）人，明崇禎十六年（一六四三）進士，清順治元年（一六四四）補翰林院庶吉士，授編修，歷任弘文院編修、國史院侍講學士、詹事府詹事、禮部左侍郎、吏部右侍郎、吏部左侍郎、兵部尚書、禮部尚書、刑部尚書、户部尚書、保和殿大學士等職。著有《蕉林詩集》《棠村詞》等。大司農是漢朝廷管理國家財政的官職。因明清兩代以户部掌漕糧田賦，故户部尚書又稱爲大司農。因梁清標曾任户部尚書，故稱之爲梁大司農。

〔二〕皂莢，落葉喬木，枝幹有刺，開淡黄色花，結莢果，也稱皂角。莢果、樹皮和刺均可入藥。

〔三〕鸞膠，見《鎖窗寒·倭奩》箋注〔二〕。

輯評

沈爾燝曰：『迷離哀怨。』

張潮曰：『凄惋悲切，哀而不傷。「等」字妙押。』

百字令　咏史

其一

海門一點，駕素車白馬〔一〕，怒潮來去〔二〕。回首蘇臺金虎氣〔三〕，斷送幾場歌舞。鄢郢家門〔四〕，荆蠻帶礪，兩地應難補。英魂猶在，空餘血泪凝注。五千甲楯行成，十年生聚，軋軋句章艫〔五〕。吴越興亡關底事？都作寒江烟霧。入楚旌旗，盟齊歲月，寂寞渾無據。蘆中人杳〔六〕，區區恩怨何苦？

箋注

〔一〕素車白馬，《太平廣記》卷二九一引《錢唐志·伍子胥》：『伍子胥累諫吴王，賜屬鏤劍而死。臨終，戒其子曰：「懸吾首於南門，以觀越兵來。以鮧魚皮裹吾尸，投於江中，吾當朝暮乘潮，以觀吴之敗。」自是自海門山，潮頭洶高數百尺……時有見子胥乘素車白馬在潮頭之中。』

〔二〕怒潮，伍胥潮，也稱胥潮。《吴越春秋·夫差内傳》：『吴王乃取子胥尸，盛以鴟夷之器，投之於江中……子胥因隨流揚波，依潮來往，蕩激崩岸。』

〔三〕蘇臺，《史記·吴太伯世家》：『十九年夏，吴伐越，越王句踐迎擊之檇李。越使死士挑戰，三行造吴師，呼，自剄。吴師觀之，越因伐吴，敗之姑蘇，傷吴王闔廬指，軍却七里。』裴駰集解引《越絶書》曰：『闔廬起姑蘇臺，三年聚材，五年乃成，高見三百里。』司馬貞索隱：『姑蘇，臺名，在吴縣西三十里。』金虎氣，《文選·陸機〈答賈長淵〉詩》：『大辰匿耀，金虎習質。』李善注：『《石氏星經》曰：昴者，西方白虎之宿也。太白者，金之精。太白入昴，金虎相薄，主有兵亂也。』

〔四〕鄢郢，春秋時楚國都城，今湖北江陵、襄陽一帶。

〔五〕『五千』句，《左傳·哀公元年》：『吴王夫差敗越于夫椒，報檇李也，遂入越。越子以甲楯五千，保于會稽，使大夫種因吴大宰嚭以行成。吴子將許之。伍員曰：「不可……」弗聽。退而告人曰：「越十年生聚，而十年教訓。二十年之外，吴其爲沼乎？」』

〔六〕蘆中人，《吴越春秋·王僚使公子光傳》：『楚之亡臣伍子胥奔吴，至江，漁夫渡之。見子胥有飢色，曰：「爲子取餉。」漁夫去後，子胥疑之，乃潛身於深葦之中。有頃，漁夫來，呼之曰：「蘆中人，蘆中人，豈非窮士乎！」』

輯評

王士禛曰：『起句英靈颯然，如見穿山脅挾文種時也。』

李良年曰：『逝水興亡，閑中憑吊，只百字寫來，可當一編《越絶》。』

沈爾燝曰：『每嘆吴越興亡，全賴《左》《國》《越絶》諸篇，留人慨想，不然戰國六雄與漢陽諸姬同盡耳，得此自足千古。』

其二

田光老矣〔一〕，笑燕丹賓客，都無人物。馬角烏頭千載恨〔二〕，匕首匣中如雪〔三〕。落日蒼涼，羽聲慷慨，壯士衝冠髮〔四〕。咄哉孺子，武陽色怒而白〔五〕。　試問擊筑漸離，此時安在？何不同車發〔六〕？負劍祖龍驚掣袖，六尺屏風堪越〔七〕。貫日長虹〔八〕，繞身銅柱〔九〕，天意留秦劫。蕭蕭易水，至今猶爲嗚咽。

箋注

〔一〕田光，《史記·刺客列傳》：『臣聞騏驥盛壯之時，一日而馳千里；至其衰老，駑馬先之。

今太子聞光盛壯之時，不知臣精已消亡矣。雖然，光不敢以圖國事，所善荆卿可使也。』」

〔二〕『馬角』句，漢王充《論衡·感虛篇》：『傳書言：燕太子丹朝於秦，不得去，從秦王求歸。秦王執留之，與之誓曰：「使日再中，天雨粟，令烏白頭，馬生角，厨門木象生肉足，乃得歸。」』

〔三〕『匕首』句，《史記·刺客列傳》：『太子豫求天下之利匕首，得趙人徐夫人匕首，取之百金，使工以藥焠之，以試人，血濡縷，人無不立死者。』。

〔四〕『落日』句，《史記·刺客列傳》：『太子及賓客知其事者，皆白衣冠以送之。至易水之上，既祖，取道。高漸離擊筑，荆軻和而歌，爲變徵之聲，士皆垂泪涕泣。又前而爲歌曰：「風蕭蕭兮易水寒，壯士一去兮不復還！」復爲羽聲慷慨，士皆瞋目，髮盡上指冠。』

〔五〕『咄哉』句，《史記·刺客列傳》張守節正義引《燕丹子》云：『田光答曰：「武陽骨勇之人，怒而面白。光所知荆軻，神勇之人，怒而色不變。」』《史記·刺客列傳》：『荆軻奉樊於期頭函，而秦舞陽奉地圖柙，以次進。至陛，秦舞陽色變振恐，群臣怪之。』

〔六〕『試問』句，《史記·刺客列傳》：『秦并天下，立號爲皇帝。於是秦逐太子丹、荆軻之客，皆亡。高漸離變名姓爲人庸保，匿作於宋子……宋子傳客之，聞於秦始皇。秦始皇召見，人有識者，乃曰：「高漸離也。」秦始皇惜其善擊筑，重赦之，乃矐其目，使擊筑，未嘗不稱善。稍益近之，高漸離乃以鉛置筑中，復進得近，舉筑朴秦皇帝，不中。於是遂誅高漸離，終身不復近諸侯之人。』

〔七〕『魚劍』句，《史記·刺客列傳》：『秦王方環柱走，卒惶急，不知所爲，左右乃曰：「王負劍！」負劍，遂拔以擊荆軻，斷其左股。』張守節正義引《燕丹子》云：『左手揕其胸。秦王曰：「今日之事，從子計耳。乞聽琴聲而死。」召姬人鼓琴，琴聲曰：「羅縠單衣，可裂而絶；八尺屏風，可超而越；鹿盧之劍，可負而拔。」王於是奮袖超屏風走之。』

〔八〕貫日長虹，《史記·魯仲連鄒陽列傳》裴駰集解引應劭曰：『丹亡去，故厚養荆軻，令西刺秦王。精誠感天，白虹爲之貫日也。』又引如淳曰：『白虹，兵象。日爲君。』

〔九〕繞身銅柱，《史記·刺客列傳》：『荆軻逐秦王，秦王環柱而走。』

輯評

王士禛曰：『此首尤逼幼安，神氣俱肖，南渡二劉，絶脰未必到此。』

陳維崧曰：『沉着頓挫，必傳，必傳！』

張潮曰：『無限感慨，恍聞當日變徵之聲。』

其三

南山歸晚，遭相訶醉尉，灞亭秋暮〔一〕。故李將軍猿臂在，射石猶能飲羽〔二〕。虎回首百戰功名，北平上郡〔五〕，歷歷風沙苦。屈指封侯諸校尉〔六〕，意氣寧堪儔伍？白髮宮娃〔七〕，青衫羈客〔八〕，老泪同今古。掀髯一笑，塵埃野馬看取〔九〕。

鼠行藏〔三〕，烟雲變態，若輩争知否？霜寒草短，且尋田舍歸去〔四〕。

箋注

〔一〕『南山』句，《史記·李將軍列傳》：『廣家與故潁陰侯孫屏野居藍田南山中射獵。嘗夜從一騎出，從人田間飲。還至霸陵亭，霸陵尉醉，呵止廣。廣騎曰：「故李將軍。」尉曰：「今將軍尚不得夜行，何乃故也！」止廣宿亭下。居無何，匈奴入殺遼西太守，敗韓將軍，後韓將軍徙右北平。於是天子乃召拜廣爲右北平太守。廣即請霸陵尉與俱，至軍而斬之。』

〔二〕『故李』句，《史記·李將軍列傳》：『廣出獵，見草中石，以爲虎而射之，中石没鏃，視之石也。因復更射之，終不能復入石矣。』

〔三〕行藏，《論語·述而》：『用之則行，舍之則藏。』

〔四〕尋田舍，《三國志·魏書·陳登傳》：『汜曰：「昔遭亂過下邳，見元龍。元龍無客主之意，久不相與語，自上大床卧，使客卧下床。」備曰：「君有國士之名，今天下大亂，帝主失所，望君憂國忘家，有救世之意，而君求田問舍，言無可采，是元龍所諱也，何緣當與君語？如小人，欲卧百尺樓上，卧君於地，何但上下床之間邪？」』

〔五〕北平上郡，李廣曾歷任右北平太守、上郡太守。

〔六〕『屈指』句，《史記·李將軍列傳》：『諸廣之軍吏及士卒或取封侯。廣嘗與望氣王朔燕語，曰：「自漢擊匈奴而廣未嘗不在其中，而諸部校尉以下，才能不及中人，然以擊胡軍功取侯者數十人，而廣不爲後人，然無尺寸之功以得封邑者，何也？豈吾相不當侯邪？且固命也？」』

〔七〕白髮宫娃，唐劉得仁《悲老宫人》：『白髮宫娃不解悲，滿頭猶自插花枝。』

〔八〕青衫羈客，見《減字木蘭花·天津道中》箋注〔一〕。

〔九〕塵埃野馬，《莊子·逍遥游》：『野馬也，塵埃也，生物之以息相吹也。』

輯評

王士禛曰：『衛、霍天幸，李廣數奇，太史公於此三致意焉。然後人謂讀《衛霍傳》不值一錢，讀《李將軍傳》英風如在，二者將何居耶？』

李良年曰：『有「草枯鷹眼」「雪盡馬蹄」之概。』

其四

出師二表〔一〕，與殷盤周誥〔二〕，同銘金石。臣本不求聞達者〔三〕，爲許先君破賊。今日丞相祠瘴雨蠻江，秋風渭水，上將揮神筆。落星如斗，熒熒火井將熄〔四〕。

堂，黄鸝碧草，俯仰悲陳迹〔五〕。八陣圖邊波浪涌〔六〕，似恨譙周䜩國。一片降幡〔七〕，千尋鐵鎖，鼎足三分失〔八〕。先生已矣，何能親見銜璧〔九〕？

校訂

恨，吴氏本、備要本、《清名家詞》作『悵』。

箋注

〔一〕出師二表，三國蜀諸葛亮作，有前、後二表，均爲諸葛亮出師伐魏前上奏蜀後主劉禪的奏表。

〔二〕殷盤，指《尚書·盤庚》。周誥，指《尚書·周書》中的《大誥》等篇。

〔三〕『臣本』句，《前出師表》：『臣本布衣，躬耕於南陽，苟全性命於亂世，不求聞達於諸侯。』

〔四〕火井，宋劉敬叔《异苑》：『蜀郡臨邛縣有火井，漢室之隆則炎赫彌熾。暨桓靈之際，火勢漸微。諸葛亮一瞰而更盛矣。』

〔五〕『今日』句，唐杜甫《蜀相》：『丞進祠堂何處尋，錦官城外柏森森。映階碧草自春色，隔葉黄鸝空好音。』

〔六〕八陣圖，《三國志·蜀書·諸葛亮傳》：『推演兵法，作八陣圖。』唐杜甫《八陣圖》：『功蓋三分國，名成八陣圖。』

〔七〕『似恨』句，《三國志·蜀書·後主劉禪傳》：『用光禄大夫譙周策，降於艾……艾至城北，後主輿櫬自縛，詣軍壘門。』

〔八〕『一片』句，見《金菊對芙蓉·和錫鬯〈蜈磯吊孫夫人〉》箋注〔七〕。

〔九〕銜璧，《左傳·僖公六年》：『許男面縛銜璧，大夫衰絰，士輿櫬。』杜預注：『縛手於後，唯見其面，以璧爲贄，手縛故銜之。』

輯評

王士禛曰：『有才如此，可謂筆補造化，天無功矣。不能名其所以，直須五體投地耳。』

陳維崧曰：『拔地倚天，鯨呑鰲掣。』

沈爾燝曰：『森沉閃爍，亦詞中卧龍也。古人詩文堪頡頏者，其昌黎之《平淮西》、山谷之《題浯溪》乎？』

張潮曰：『鳳于評是。』

其五

三臺鼎峙〔一〕，俯清漳如帶〔二〕，東流淒切。數載譙南泥水路，射獵讀書人杰〔三〕。横槊悲歌，臨江灑酒，一片雄心熱〔四〕。二喬何在〔五〕？東風吹浪成雪。更憶綉虎蜚聲〔六〕，陳思才調，舞蔗中郎絶〔七〕。縹緲西園飛蓋處〔八〕，賓客應劉心折〔九〕。吴蜀君臣，魏家父子，人物皆英發〔一〇〕。何哉青史？世龍猶自羞説〔一一〕。

校訂

東，吴氏本、備要本、《清名家詞》作『南』。

灑，吴氏本、備要本、《清名家詞》作『釃』。

箋注

〔一〕三臺，位於河北省臨漳縣境内，三國時期，曹操擊敗袁紹後營建鄴都，修建了銅雀、金鳳、冰井三臺。

〔二〕清漳，漳河上流，源出於山西省平定縣南大黽谷。

〔三〕『數載』句，曹操《述志令》：『去官之後，年紀尚少，顧視同歲中，年有五十，未名爲老。内自圖之，從此却去二十年，待天下清，乃與同歲中始舉者等耳。故以四時歸鄉里，於譙東五十里築精舍，欲秋夏讀書，冬春射獵，求底下之地，欲以泥水自蔽，絶賓客往來之望。然不能得如意。』

〔四〕『横槊』句，宋蘇軾《前赤壁賦》：『釃酒臨江，横槊賦詩，固一世之雄也。』

〔五〕二喬，見《一叢花·并蒂蓮》箋注〔三〕。

〔六〕綉虎，見《減字木蘭花·雜憶》其六箋注〔一〕。

〔七〕舞蔗，《三國志·魏書·文帝紀》裴松之注引曹丕《典論·自叙》曰：『嘗與平虜將軍劉勳、奮威將軍鄧展等共飲，宿聞展善有手臂，曉五兵，又稱其能空手入白刃。余與論劍良久，謂言將軍法非也，余顧嘗好之，又得善術，因求與余對，時酒酣耳熱，方食芋蔗，便以爲杖，下殿數交，三中其臂，左右大笑。』中郎，曹丕曾於建安十六年（二一一）任五官中郎將。

〔八〕西園，漢靈帝爲分外戚大將軍何進兵權，於中平五年置西園八校尉。《後漢書·孝靈帝紀》：『（中平五年）八月，初置西園八校尉。』袁紹、曹操等均爲西園八校尉之一。

〔九〕應劉，漢末建安文人應瑒、劉楨的并稱，二人均爲曹丕、曹植所禮遇。

〔一〇〕英發，南朝宋劉義慶《世説新語·容止》：『魏武將見匈奴使。』劉孝標注引晋孫盛《魏氏春秋》：『武王姿貌短小而神明英發。』宋蘇軾《念奴嬌·赤壁懷古》：『遥想公瑾當年，小喬初嫁了，雄姿英發。』

〔一二〕世龍，《晋書·王衍傳》：『衍既有盛才美貌，明悟若神，常自比子貢。兼聲名藉甚，傾動當世。妙善玄言，唯談老莊爲事。每捉玉柄麈尾，與手同色。義理有所不安，隨即改更，世號「口中雌黄」。朝野翕然，謂之「一世龍門」矣。』

輯評

彭孫遹曰：『稼軒詞「雅健雄深太史公」，吾欲爲此詞移贈。』

王士禛曰：『兩段結束皆妙境，似有神助。』

陳維崧曰：『置此等詞于龍門列傳、杜陵歌行間，誰曰不如？彼以填詞爲小技者，皆下士蒼蠅聲耳。』

又　張先生席上咏鸚鵡杯

濁醪妙理〔一〕，向水晶宫裏，搜羅杯斝。海氣冥濛光不定，逗漏通明一罅〔二〕。織水爲衣，流波似羽，鸚鵡佳名也。畫堂捧出，隴頭梟梟飛下〔三〕。盛來琥珀香濃〔四〕，鵝兒黄嫩〔五〕，浸明珠無價。想見蜃樓歌舞處〔六〕，玉乳璚漿自瀉。風雪撩天，金貂滿眼，我是悠悠者〔七〕。莫辭一醉，簾櫳嬌鳥相罵。

箋注

〔一〕濁醪妙理，唐杜甫《晦日尋崔戢李封》：『濁醪有妙理，庶用慰沉浮。』

〔二〕逗漏，透露。

〔三〕隴頭，《雍勝略》：『隴山山高而長，多産鸚鵡，亦名鸚鵡山。』故鸚鵡又稱隴客。

〔四〕盛來琥珀，唐李白《客中行》：『蘭陵美酒鬱金香，玉碗盛來琥珀光。』

〔五〕鵝兒，唐杜甫《舟前小鵝兒》：『鵝兒黄似酒，對酒愛新鵝。』

〔六〕蜃樓，見《天香·龍涎香》箋注〔二〕。

〔七〕悠悠者，見《滿江紅·德水道中》箋注〔三〕。

輯評

彭孫遹曰：『「風雪」數語，妙在題外，題中惝恍迷離，不可思議。』

王士禛曰：『鸚鵡螺，歐公曩以長歌擅場，實庵此詞幾欲方駕。』

又 天龍寺高歡避暑宫遺址，和錫鬯〔一〕

蒼苔古瓦，是人天法界〔二〕，雪山深處。燕麥兔葵荒草地〔三〕，人道高王曾住。水殿風凉，瑶臺露白，院静渾無暑。流螢閃閃，宫墻飛入無數。遥想渭水邙山〔四〕，東西鑾觸〔五〕，五技窮鼯鼠〔六〕。敕勒老公歌慷慨〔七〕，早見英雄黄土。馬䂍功名，人龍意氣，總逐西風去。繁華銷歇，紞然朝暮鐘鼓〔八〕。

校訂

雪山，《瑶華集》卷十二作『雲山』。

銷歇，《瑶華集》卷十二作『消歇』。

荒草，吴氏本、備要本作『芳草』。

箋注

〔一〕天龍寺，北齊孝昭帝高演創建。高歡避暑宫，東魏大丞相高歡的避暑勝宫遺址。均位於山西太原天龍山風景區。高歡（四九六—五四七），小字賀六渾，原籍渤海蓨縣（今河北景縣），出身於懷朔鎮（今内蒙古固陽西南）兵户之家，東魏權臣，北齊王朝奠基人，史稱北齊神武帝。錫鬯，即朱彝尊，見《滿江紅・和錫鬯吴大帝廟下作》箋注〔一〕。

〔二〕法界，佛教語，泛稱各種事物的現象及其本質。

〔三〕燕麥兔葵，唐劉禹錫《〈再游玄都觀絶句〉并引》：『重游玄都，蕩然無復一樹，唯兔葵燕麥動摇於春風耳。』

〔四〕邙山，在河南洛陽北，東漢及北魏的王侯公卿多葬於此。唐沈佺期《邙山》：『北邙山上列墳塋，萬古千秋對洛城。』

〔五〕蠻觸，《莊子・則陽》：『有國於蝸之左角者，曰觸氏。有國於蝸之右角者，曰蠻氏。時相與争地而戰，伏尸數萬，逐北，旬有五日而後反。』

〔六〕『五技』句，北齊顔之推《顔氏家訓・省事》：『鼫鼠五能，不成伎術。』漢許慎《説文解字》：『鼫，五伎鼠也，能飛不能過屋，能緣不能窮木，能游不能度谷，能穴不能掩身，能走不能先人。』

〔七〕『敕勒』句，《北齊書・神武帝紀下》：『是時西魏言神武中弩，神武聞之，乃勉坐見諸貴，使斛律金敕勒歌，神武自和之，哀感流涕。』

〔八〕紞然，形容似擊鼓之聲。

輯評

王士禛曰：『與錫鬯是一勁對。』

陳維崧曰：『章法極似老杜《哀江頭》。』

又　朱錫鬯過訪不值，悵然有寄[一]

春風吹面，又匆匆過了，傳柑佳節[二]。羸馬敝裘何處去，一刺懷中磨滅[三]。日跳如丸[四]，臣飢似朔[五]，那得名心熱？思君一話，瞥然鴻爪留雪[六]。記得昨夕燈前，流連蕃錦錫鬯詞名，無縫仙衣接。白石小山門徑在[七]，天半峨嵋幽絶。火樹連宵，歌鐘匝地，奪我冰腸潔。因風寄與，重來同醉烟月。

箋注

〔一〕朱錫鬯，即朱彝尊，見《滿江紅·和錫鬯吴大帝廟下作》箋注〔一〕。

〔二〕傳柑佳節，宋蘇軾《上元侍飲樓上三首呈同列》其三：『歸來一盞殘燈在，猶有傳柑遺細君。』自注：『侍飲樓上，則貴戚争以黄柑遺近臣，謂之傳柑，蓋尚矣。』

〔三〕刺，名帖。明宗臣《報劉一丈書》：『即門者持刺入，而主者又不即出見。』

〔四〕日跳如丸，唐韓愈《秋懷詩十一首》其九：『憂愁費晷景，日月如跳丸。』

〔五〕臣飢似朔，《漢書·東方朔傳》：『朱儒長三尺餘，奉一囊粟，錢二百四十。臣朔長九尺餘，亦奉一囊粟，錢二百四十。朱儒飽欲死，臣朔飢欲死。』

〔六〕鴻爪留雪，宋蘇軾《和子由澠池懷舊》：『人生到處知何似，應似飛鴻踏雪泥。泥上偶然留指爪，鴻飛那復計東西。』

〔七〕白石小山，宋代詞人姜夔、晏幾道的號。

輯評

彭孫遹曰：『含毫邈然。』

又　中秋和其年，時甫過地震〔一〕

晚霞成暈，似非烟籠就，霓裳仙闕〔二〕。只恐清光明作鏡，照見鬢眉愁絶。静掩珠簾，輕遮團扇，蜃霧樓臺結〔三〕。憑誰吹散，玉簫聲細如髮。　况是一陣罡風，須彌芥子〔四〕，偶現空花劫。八柱蛟龍還掉尾，穆穆金波無缺。動魄驚心，十年兩度〔五〕，錯過中秋節。餘生瓦礫〔六〕，他時月底重説。

箋注

〔一〕其年，即陳維崧，見《水調歌頭·午日和其年》箋注〔一〕。清劉獻廷《廣陽雜記》：『康熙十八年七月二十八日巳時地震，京城倒房一萬二千七百九十三間，壞房一萬八千二十八間，死人民四百八十五名。』此首作於康熙十八年中秋。曹貞吉又有《賀新涼·地震後喜濂至都門》一詞亦記此事，又有《濂兒省餘都門兩宿而去作此送之追録》一詩記載了其長子濂在北京地震後入京視父的事情。

〔二〕霓裳，即《霓裳羽衣曲》，唐代宫廷樂舞套曲。相傳爲唐開元中西涼節度使楊敬忠所獻，後經唐玄宗潤色并填詞。白居易有《霓裳羽衣舞歌和微之》詩描寫此曲及舞姿。

〔三〕『蜃霧』句，見《天香·龍涎香》箋注〔二〕。

〔四〕須彌芥子，《維摩詰經·不思議品》：『以須彌之高廣内芥子中，無所增減。』

〔五〕十年兩度，指曹貞吉經歷過兩次地震，除了康熙十八年這次京師地震，還有康熙七年家鄉安丘的一次地震。見《減字木蘭花·雜憶》其二箋注〔二〕。

〔六〕餘生瓦礫，曹貞吉胞弟曹申吉《送家兄歸里》：『拂拭緇塵辨鬢髮，餘生瓦礫寧堪説？』

注：『兄新鐫一章，曰「瓦礫餘生」。』

輯評

陳維崧曰：『老筆紛披。』

張潮曰：『可與東坡《水調歌頭》一闋頡頏千古。』

又　庚申閏中秋，和其年〔一〕

月如無恨，便清輝萬古，長圓難缺〔二〕。昔我來思〔三〕，渾不記瓜果中庭重設〔四〕。余生甲戌，是年亦閏八月。身世斜陽，悲歡逝水，鬢有星星髮〔五〕。驚聞人語，今年兩度佳節。　却憶去歲中秋，輕雲薄霧，黯黮芙蓉闕〔六〕。造物多情還補得，潑眼明蟾奇絶〔七〕。再舞霓裳〔八〕，平分桂影，疑對千峰雪。重陽遲了，幾行白雁能説？

校訂

《百名家詞鈔》無此詞題。

黯黮，《百名家詞鈔》作『黯黯』。

箋注

〔一〕陳維崧《迦陵詞全集》卷十九有《百字令·庚申長安閏中秋》（姮娥天上）一首。

〔二〕『月如』句，宋司馬光《司馬温公詩話》：『李長吉歌「天若有情天亦老」，人以爲奇絶無對。曼卿對「月如無恨月長圓」，人以爲勍敵。』

〔三〕昔我來思，見《減字木蘭花·雜憶》其五箋注〔三〕。

〔四〕『渾不記』句，清富察敦崇《燕京歲時記》：『至十五月圓時，陳瓜果於庭以供月，并祀以毛豆、鷄冠花。是時也，皓魄當空，彩雲初散，傳杯洗盞，兒女喧嘩，真所謂佳節也。』

〔五〕鬢有星星髮，宋蔣捷《虞美人·聽雨》：『而今聽雨僧廬下，鬢已星星也。』另見《賣花聲·秋夜》箋注〔一〕。

〔六〕芙蓉闕，唐王維《敕賜百官櫻桃》：『芙蓉闕下會千官，紫禁朱櫻出上蘭。』

〔七〕潑眼，滿眼。

〔八〕霓裳，見《百字令·時甫過地震》箋注〔二〕。

又　閏八月壽阮亭〔一〕

銀蟾的皪〔二〕，記何時此月，重啓珠宮？羽葆虬幢紛去住，石麟飛下天中〔三〕。四十七年，匆匆過却，回首憶生嵩。仙家晝永，雕弧今日初逢。等到人歷花磚〔四〕，文登金鏡〔五〕，乃許醉顔紅。李杜詩篇聞帝語，蓂莢纔發銅龍〔六〕。縹緲蓬山，從容赤舄〔七〕，幾見桂輪同。他年佳話，依然玉露秋風。

箋注

〔一〕阮亭，即王士禛，見《浣溪沙·步阮亭紅橋韵》其一箋注〔一〕。此首作於康熙十九年庚申（一六八〇），作於同年的《百字令·庚申閏中秋，和其年》自注『余生甲戌，是年亦閏八月』。惠棟注補《漁洋山人自撰年譜》：『故明崇禎七年甲戌閏八月二十八日亥時，山人生。』曹貞吉亦同年生，參見張貞《渠亭山人半部稿·曹申吉墓志并銘》。

〔二〕的皪，明亮。

〔三〕石麟，《陳書·徐陵傳》：『時寶志上人者，世稱其有道，陵年數歲，家人携以候之，寶志手摩其頂，曰：「天上石麒麟也。」』

〔四〕花磚，《新唐書·李程傳》：『學士入署，常視日影爲候，程性懶，日過八磚乃至，時號「八磚學士」。』

〔五〕金鏡，唐康駢《劇談録·宣室夜召翰林學士》：『朕聽政之暇，未嘗不披尋史籍，此讀者先朝所述金鏡一卷，則《尚書·大禹謨》。』

〔六〕蓂莢，《竹書紀年·帝堯陶唐氏》：『又有草夾階而生，月朔始生一莢，月半而生十五莢，十六日以後，日落一莢，及晦而盡，月小則一莢焦而不落，名曰「蓂莢」，一曰「曆莢」。』

〔七〕赤舄，《詩經·豳風·狼跋》：『赤舄幾幾。』毛傳：『赤舄，人君之盛履也。』

珂雪詞卷下

解語花　咏水仙，同家弟作〔一〕

鏤冰作面，剪雪爲衣，溪畔盈盈女。幽懷誰許？相逢處、翠袖低垂不語。淡黄眉嫵，聽子夜〔二〕、歌殘白紵〔三〕。更難兼、并蒂連枝，姊妹還同侣。　因念雲迷洛浦，自陳王去後，離别酸楚〔四〕。明珠翠羽，相遲誤、脉脉此情塵土。花魂無主，抵多少小窗微雨。顛年年、月白風清，仗東君留取〔五〕。

校訂

相遲，《百名家詞鈔》作『相逢』。

箋注

〔一〕家弟，曹貞吉胞弟曹申吉（一六三五—一六八〇），字錫餘，一字澹餘，順治十二年（一六五五）進士。欽選翰林院庶吉士加一級，授國史院編修，充扈從日講官，順治十五年（一六五八）轉湖廣下荆南道布政使司參議，歷任河南睢陳兵備道按察司副使、通政司左通政、大理寺正卿，康熙六年（一六六七）升禮部右侍郎加一級，奉使祭告南岳，充丁未科殿試讀卷官，康熙九年（一六七〇）轉吏部右侍郎，康熙十年（一六七一）改工部右侍郎，巡撫貴州兼都察院右副都御史加一級。康熙十二年（一六七三），吴三桂叛亂，曹申吉被羈留黔中七年，後遇害於雲南雙塔寺，入《山東通志·事功傳》、郡邑志《事功傳》。崇祀鄉賢祠。詩文俱佳，著有《澹餘詩集》四卷、《南行日記》一卷、《黔行集古近體詩》一卷、《黔寄集》三卷、《黔寄集古近體詩》一卷、《又何軒古近體詩》一卷。

〔二〕子夜，子夜歌，《舊唐書·音樂志二》：『子夜，晋曲也。晋有女子夜造此聲，聲過哀苦。』

〔三〕白紵，《新唐書·禮樂志下》：『清樂三十二曲中有《白紵》，吴舞也。』

〔四〕『因念』句，曹植《〈洛神賦〉序》：『黄初三年，余朝京師，還濟洛川。古人有言，斯水之神，名曰宓妃。感宋玉對楚王神女之事，遂作斯賦。』

〔五〕東君，司春之神。

輯評

彭孫遹曰：『後段曲傳水仙之神，幾於化工在手。近人詩「瑶臺夜冷黄冠濕，小洞秋深玉佩凉」徒形似耳。』

王士禛曰：『極似延露佳作，宜羡門之嘆絶也。』

陳維崧曰：『「脉脉」「盈盈」，幾於「凌波微步」矣。』

又

和人咏驪山温泉〔一〕

蜃蒸作霧，地涌成珠，一水溶溶貯。炎凉誰主？大千界，只有清流可語。乾坤奥府，是天地、恩波凝注。閲從來、蕭索繁華，多少傷心處。　記否長生雨露，乘春風靈液，蕩潏容與〔二〕。霓裳妙舞，驚魂散、鐵騎漁陽鼙鼓〔三〕。石蓮如許，想舊日、魚龍無數。悵華清〔四〕、一帶蘼蕪〔五〕，任撫今吊古。

箋注

〔一〕驪山，在今陝西省西安市臨潼區東南，因古驪戎居此得名。唐張説《奉和聖制初入秦川路寒食應制》：『漢家行樹直新豐，秦地驪山抱温谷。』唐貞觀間在驪山麓建湯泉宫，唐玄宗時擴建，改名華清宫，其温泉浴池名華清池。

〔二〕蕩潏，水動蕩涌出貌。容與，隨水波起伏動蕩貌。

〔三〕『霓裳』句，唐白居易《長恨歌》：『漁陽鼙鼓動地來，驚破霓裳羽衣曲。』

〔四〕華清，唐白居易《長恨歌》：『春寒賜浴華清池，温泉水滑洗凝脂。』

〔五〕蘼蕪，見《木蘭花·春晚》箋注〔一〕。

輯評

彭孫遹曰：『「天地恩波凝注」，勝於「此中涵聖澤」，「悵華清，一帶蘼蕪」勝於「竹樹陰陰碧殿寒」，世有賞音，當不以僕爲阿好。』

陳維崧曰：『華清殿後，綉嶺宫前，滿目興亡，沉吟不少，如讀「汾水」「秋風」之曲，不得不呼「李嶠真才子」也。』

靳治荆曰：『前半雄渾，後半蒼凉，各極其致。』

又　咏美人花間影和鳳于

伯勞偷唤〔一〕，纔理晨妝，小立東風徑。緑陰深靚，苔痕濕、羅襪一鈎清冷。遲迴不定，喜蝶粉、花光相映。生憎他、倒暈明霞，漏洩驚鴻影。　百襇綉裙厮稱，似天風吹墮，露桃仙井。冶游暗省，銷凝處、怕惹離魂難静。流輝耿耿，任撲簌、亂紅飛暝。帶滿身、香氣歸來，向枕邊猶剩。

校訂

《國朝詞綜》録此詞，無詞題。

箋注

〔一〕伯勞，《詩經·豳風·七月》：『七月鳴鵙。』毛傳：『鵙，伯勞也。』

渡江雲　送蔣京少下第游楚〔一〕，步其年韵

對西風一笑，碧雲黃葉，怊悵舊霜毫。珠投仍按劍，悔殺平生，未譜鬱輪袍〔二〕。帆搖，女兒浦口，雪花似翼桑乾路〔三〕，寒色刁騷。任紛紛、黃金白璧，意氣屬吾曹。新婦磯邊〔四〕，看江天影倒。問六朝、艨艟鐵鎖，盡逐洪濤〔五〕。蘆聲瑟瑟鵾弦急，伴漁火、酒醒無聊。湘岸闊，回頭咫尺青霄。

校訂

殺，吴氏本、備要本、《清名家詞》作『煞』。

箋注

〔一〕蔣景祁（一六四六—一六九五），字京少，一作荆少，宜興（今屬江蘇無錫）人。以歲貢生至府同知。康熙十八年（一六七九）舉博學鴻詞，未遇。有《東舍集》《梧月亭詞》《罨畫溪詞》，輯《瑶華集》二十二卷。

〔二〕鬱輪袍，唐薛用弱《集异記》：『維未冠而有文名，又精音律，妙能琵琶，爲岐王所重。維方將應舉，求王庇借。王遂引至公主第，使爲伶人。維奏新曲號《鬱輪袍》，爲公主所激賞，乃爲之説項，維遂得高中。』

〔三〕桑乾，今永定河上游，相傳每年桑椹成熟時河水乾涸，故名。

〔四〕女兒浦、新婦磯，宋方岳《丫頭岩》：『君不見新婦磯，女兒浦，小姑嫁與彭郎去。』

〔五〕『問六朝』句，見《金菊對芙蓉·和錫鬯〈蜾磯吊孫夫人〉》箋注〔七〕。

又

欲雪

濕雲黏似絮，關山凍合，風色偃貂裘。玉樓寒起粟〔一〕，知是仙人，咫尺駕銀虬。黄昏漠漠窗影黑，思挂簾鈎。誰剪碎、明河冰水，一夜下皇州。　還愁，孟婆潦倒〔二〕，滕六商量〔三〕，怕梅花孤瘦。又化作、輕烟薄霧，繚繞枝頭。五更錯認虚生白，最分明、碧落清幽。成獨笑，飛瓊畢竟遲留。

箋注

〔一〕玉樓，道教語，指肩。起粟，謂皮膚起鷄皮疙瘩。宋蘇軾《雪後書北臺壁二首》其二：

『凍合玉樓寒起粟，光摇銀海眩生花。』

〔二〕孟婆，傳説中的風神。清趙翼《湖上》其二：『連日狂飈捲地來，孟婆作意把花摧。』

〔三〕滕六，傳説中的雪神。《太平廣記》卷四四一：『唐中書令蕭至忠，景雲元年爲晋州刺史。將以臘日畋游。……老虎、老麋即屈膝哀請。黄冠曰：「蕭史君每役人，必恤其飢寒。若祈滕六降雪，巽二起風，即不復游獵矣。」』

輯評

陳維崧曰：『結語傲睨。』

張潮曰：『句句是欲雪，妙甚。』

珍珠簾　爲牧仲題《楓香詞》〔一〕

烏絲閑寫柔情句〔二〕，吟紅豆、才子梁園新賦〔三〕。高調和人稀，似引商刻楚〔四〕。又向粉憶佩雙韃隨豹尾〔五〕，諳出塞、凄風零雨。辛苦，早中年易感，鬢絲添素。署爲郎〔六〕，聽薰香侍史，鵝笙曲度。動魄復驚心，耿一天星露。江上青楓聞鐵撥〔七〕，抵多少、海飛山怒。休訴，倩岑牟狂客，撾殘羯鼓〔八〕。

校訂

零雨，四庫本作『泠雨』。

箋注

〔一〕牧仲，即宋犖，見《天香・咏緑牡丹，爲牧仲作》箋注〔一〕。此首作於康熙十七年，宋犖自撰《漫堂年譜》：『十七年戊午，三月，升刑部貴州司員外郎。』

〔二〕烏絲，唐李肇《唐國史補》卷下：『宋亳間，有織成界道絹素，謂之烏絲欄、朱絲欄。』

〔三〕『才子』句，《史記・司馬相如列傳》：『會景帝不好辭賦，是時梁孝王來朝，從游説之士齊人鄒陽、淮陰枚乘、吴莊忌夫子之徒，相如見而説之，因病免，客游梁。梁孝王令與諸生同舍，相如得與諸生游士居數歲，乃著子虛之賦。』

〔四〕引商，『商』聲在五音中最高，稱『引』。

〔五〕韃，漢許慎《説文解字》：『韃，所以戢弓矢。』豹尾，晋崔豹《古今注・輿服》：『豹尾车，周制也，所以象君子豹變，尾言謙也，古軍正建之，今唯乘輿得建之。』

〔六〕粉署，即粉省，尚書省的别稱。

〔七〕鐵撥，彈撥弦樂器的工具，因用鐵製成而名。

〔八〕『休訴』句，《後漢書·文苑傳下》：『禰衡，字正平，平原般人也。少有才辯，而尚氣剛傲，好矯時慢物……融既愛衡才，數稱述於曹操。操欲見之，而衡素相輕疾，自稱狂病，不肯往，而數有恣言。操懷忿，而以其才名，不欲殺之。聞衡善擊鼓，乃召爲鼓史，因大會賓客，閱試音節。諸史過者，皆令脱其故衣，更着岑牟單絞之服。次至衡，衡方爲《漁陽》參撾，蹀躡而前，容態有异，聲節悲壯，聽者莫不慷慨。衡進至操前而止，吏呵之曰：「鼓史何不改裝，而輕敢進乎？」衡曰：「諾。」於是先解衵衣，次釋餘服，裸身而立，徐取岑牟、單絞而着之，畢，復參撾而去，顔色不怍。操笑曰：「本欲辱衡，衡反辱孤。」』

輯評

李良年曰：『跌宕纏綿，三復此詞，并覺《楓香》佳句可挹。』

沈爾燝曰：『絶似《惜香樂府》。』

又　賦得『水晶簾下看梳頭』〔一〕

雕房幾曲桐陰裏，金塘側、第一傾城姝麗。鬟髻照人明，學遠山螺髻。蟬影花光相撩亂，襯一片、芭蕉濃翠。清綺，更珊鈎犀押，冷波横地。疑是月底初逢，被冰輪掩映，纖綃情思。宛轉玩瓊顔，倩曉風吹起。人在銀河清淺處，倚白玉、欄杆如水。心醉，想道書慵把，幽懷旖旎。

校訂

《國朝詞綜》卷三録此詞，無詞題。

犀，《國朝詞綜》作『遲』。

箋注

〔一〕賦題出自唐元稹《離思五首》其二：『山泉散漫繞階流，萬樹桃花映小樓。閑讀道書慵未起，水晶簾下看梳頭。』

輯評

陳維崧曰：『玉殿瑶臺，一清如水。』

張潮曰：『「清綺」二字，可移以贈此詞。』

木蘭花慢 送孫開盛假歸〔一〕，用稼軒韵

桑乾河畔路，沙似雪，是還非。想杖策從軍，頻年轉戰，今始成歸。金鎞，山南射虎，更淋漓、醉墨染弓衣。白馬青絲未了〔二〕，霜鱸紫蟹空肥〔三〕。　擁麾，清渭駐全師，落日二陵西。早一騎黄塵，數聲清角，東下旌旗。依稀，四明狂客〔四〕，看江湖、滿地鷓鴣飛。無那孫郎病骨，不勝玉繞金圍。

箋注

〔一〕彭孫遹評此詞：『想見傅修期一流人物。』傅修期，南北朝時期北魏名將傅永，字修期，清河人。據此孫開盛或任武職，生平未詳。

〔二〕白馬青絲，見《南鄉子・夏夕無寐，茫茫交集，輒韵語寫之，不求文也》其四箋注〔四〕。

〔三〕霜鱸，南朝宋劉義慶《世説新語・識鑒》：『張季鷹辟齊王東曹掾，在洛見秋風起，因思吴中菰菜羹、鱸魚膾，曰：「人生貴得適意爾，何能羈宦數千里以要名爵！」遂命駕便歸。俄而齊王敗，時人皆謂爲見機。』紫蟹，唐殷堯藩《九日病起》：『紫蟹霜肥秋縱好，緑醅蟻滑晚慵斟。』

〔四〕四明狂客，《舊唐書·文苑傳中·賀知章》：『知章晚年尤加縱誕，無復規檢，自號四明狂客，又稱「秘書外監」，遨游里巷。』

輯評

彭孫遹曰：『想見傅修期一流人物。』
張潮曰：『此調二字句最難安頓，今三闋俱妙極自然。』

又 寄武曾〔一〕

故人知我在，枉尺素，自菰蘆〔二〕。想秋錦堂中〔三〕，蕭然四壁，鶴徑親鋤。蘧廬〔四〕，不堪回首，望青山、一髮淚痕枯。九日龍番葉落〔五〕，三秋葛鏡霜鋪〔六〕。歸歟，迢遞歲華徂，渺渺正愁予〔七〕。想夢覺沉吟，鳥名脱佛，魚唤娵隅。南湖，先生健否？正長安、冰雪上鬑鬚〔八〕。辛苦馮唐老矣〔九〕，烟波垂釣何如？

校訂

渺渺，四庫本作『眇眇』。

箋注

〔一〕武曾，即李良年，見《減字木蘭花·雜憶》其八箋注〔一〕。

〔二〕菰蘆，宋陸游《聞新雁有感》：『新雁南來片影孤，冷雲深處宿菰蘆。』

〔三〕秋錦堂，李良年的書齋名。

〔四〕蘧廬，古代驛站傳遞中供人休息的房子，猶今言旅館。

〔五〕龍番，唐末五代時期，楚王馬殷曾遣龍、石等八姓將領率兵前往貴州惠水平叛，後長期屯居惠水，與當地番民雜居，所轄地稱『八番』，龍番爲八番之一。清顧祖禹《讀史方輿紀要》：『八番：程番、韋番、方番、洪番、龍番、金石番、羅番、盧番也。』

〔六〕葛鏡，即葛鏡橋，位於貴州福泉城東南，明萬曆年間，郡人葛鏡籌建。

〔七〕『渺渺』句，屈原《九歌·湘夫人》：『帝子降兮北渚，目眇眇兮愁予。』

〔八〕鬅鬙，稀疏的鬚髮。

〔九〕馮唐，西漢大臣馮唐身歷三朝，而終不能封侯。唐王勃《滕王閣序》：『馮唐易老，李廣難封。』曹貞吉於康熙二年（一六六三）鄉試第一，清康熙三年（一六六四）進士及第，授内弘文院中書舍人，其間因爲吴三桂叛亂的爆發，時任貴州巡撫的曹申吉被執於黔中數年無消息，被朝廷誤認爲投降了吴三桂，這直接影響了曹貞吉的升遷，一直到五十一歲（一六八四）出任徽州同知，曹貞吉在中書舍人一任滯留十餘年之久，故有『馮唐老矣』之感。

輯評

彭孫遹曰：『「青山一髮淚痕枯」視「別淚滴清潁」，其句彌工，其情彌苦。』

李良年曰：『洗馬言愁，令人心折，况聽者如予也，雙鯉南來，斷腸久矣。』

又

送徐方虎假歸[一]

官河懸夕照，帆十丈、影垂垂。正白露横空，寒蛩聲急[二]，蘆葉争飛。追隨東門千騎，羨相如、擁傳有光輝[三]。驛路水明沙碧，江鄉蟹美鱸肥。

東籬，無恙柘桑圍，罨畫越來溪[四]。早魚鳥關心，烟霞寄傲，才子初歸。燃藜[五]，龍門太史[六]，擬江山、賀監是耶非[七]？莫戀紫蒓紅蓼，來司玉册金泥。

箋注

〔一〕徐倬（一六二四—一七一三），字方虎，號蘋村，浙江德清人，工古詩文辭，著有《蘋村類稿》。

〔二〕寒螀，寒蟬。

〔三〕『羡相如』句，見《蝶戀花·送荔裳入蜀，再用前韻》箋注〔三〕。

〔四〕越來溪，《吴地記》：胥門『西南五里有越來溪』。宋朱長文《吴郡圖經續記》卷中：『越來溪在吴縣之境，自太湖過横山，至於郡城之西。蓋越王由此水至於吴，故得此名。』

〔五〕燃藜，《三輔黄圖·閣》：『劉向於成帝之末，校書天禄閣，專精覃思。夜有老人着黄衣，植青藜杖，叩閣而進。向暗中獨坐誦書，老父乃吹杖端烟然，因以見向，授五行洪範之文。』

〔六〕龍門太史，漢司馬遷《太史公自序》：『遷生龍門。』

〔七〕賀監，見《木蘭花慢·送孫開盛假歸，用稼軒韻》箋注〔四〕。

輯評

彭孫遹曰：『茗雪故當不讓鑒湖。』

張潮曰：『逸興遄飛。』

桂枝香　蟹〔一〕

風清露細，早稻熟江鄉，嫩凉無比。八跪雙螯〔二〕，郭索迷離烟水〔三〕。斷蘆折葦正好是、荒村雨霽，問何人笭箵，蕭然汀嘴。小市平橋過處，霜天凝紫。橙黄橘緑登高會〔五〕，醉東籬、酒人風致〔六〕。依稀記得，魚莊設斷，夜分無寐。

校訂

問何人笭箵，《百名家詞鈔》作『何人問笭箵』。

箋注

〔一〕參見《惜秋華·牽牛花》箋注〔一〕。《桂枝香·蟹》即李良年《樂府後補題》五首之一。

〔二〕跪，蟹足。

〔三〕郭索，漢揚雄《太玄·鋭》：『蟹之郭索，心不一也。』司馬光集注：『范曰：「郭索，多足貌。」王曰：「郭索，匡禳也。」吴曰：「匡禳，躁動貌。」』

〔四〕輪囷，盤曲貌。

〔五〕橙黄橘緑，宋蘇軾《贈劉景文》：『一年好景君須記，正是橙黄橘緑時。』

〔六〕『醉東籬』句，晋陶淵明《飲酒二十首》其五：『采菊東籬下，悠然見南山。』宋李清照

《醉花陰》：『東籬把酒黄昏後，有暗香盈袖。』

輯評

李良年曰：『兩尾句，的是齊魯間風景。輟筆有鄉園之思矣。』

沈爾燝曰：『描寫入微，讀「橙黄橘緑」數語，更令人食指欲動，真不數一殼玄黄玳瑁膏也。』

齊天樂

蟬〔一〕

前身疑是空山侣，遺蜕杳然仙去。露給資糧，形藏密葉，有得孤高如許。緑陰亭午〔二〕，引天籟笙簧，移宫换羽。雨後微涼，餘音摇曳過庭樹。　依稀銀雁柱緊〔三〕，被晚風吹斷，曼聲凄楚。八尺琉璃〔四〕，半簾蒼翠，睡起了無情緒。秋來更苦，咽四壁寒蟲，無聊和汝。且莫哀吟，覓疏林宿處。

校訂

柱，吴氏本、備要本、《清名家詞》作『住』，誤。

箋注

〔一〕參見《惜秋華·牽牛花》箋注〔一〕。《齊天樂·蟬》即李良年《樂府後補題》五首之一。

〔二〕亭午，正午。

〔三〕銀雁，比喻銀質或銀色的古筝弦柱，因斜列有如雁行，故名。

〔四〕八尺琉璃，竹席的別稱。宋蘇軾《寄蘄簟與蒲傳正》：『皇天何時反炎燠，愧此八尺黄琉璃。』

輯評

朱彝尊曰：『數語極似草窗。』

張潮曰：『形容盡致，後半闋更具疏引清商之感。』

又　春晚同諸子游祖園〔一〕

城南韋曲東風路〔二〕，長蕪緑暗如許。帽影參差，衣香掩冉〔三〕，漸入水雲多處。

閑亭列俎，似鮭菜江鄉〔四〕，茶烟顧渚〔五〕。浣盡京塵，一雙布穀樹陰語。深卮且共斟酌，怕穿林風雨，亂紅無數。節過浮觴〔六〕，人同荷鍤〔七〕，作達全忘羈旅。游絲飛絮，倩燕嘴蜂須，將春繫住。芍藥開時，又携尊看去。

箋注

〔一〕祖園，《（光緒）順天府志》卷十四《京師志》坊巷下「南堂子胡同」條，著録曹貞吉第五首詩：『「刺梅花未發，有約故人來。落葉紛如夢，松風對舉杯。」（刺梅）園當在黑龍潭北，今悉爲葦蕩，其旁又有祖園。』

〔二〕韋曲，位於唐長安城南郊，因韋氏世居於此得名。

〔三〕掩冉，縈繞貌。

〔四〕鮭菜，古時魚類菜肴的總稱。

〔五〕顧渚，在今浙江湖州長興縣西北，唐以來以産茶著名。

〔六〕浮觴，南朝梁宗懔《荆楚歲時記》：『三月三日，四民并出江渚池沼間，臨清流，爲流觴曲水之飲。』

〔七〕荷鍤，《晋書·劉伶傳》：『常乘鹿車，携一壺酒，使人荷鍤而隨之，謂曰：「死便埋我。」』

輯評

陳維崧曰：『流連節物，愛惜景光，遂爾一往盡致。』

張潮曰：『「燕嘴」句幽倩安閑，令人咀嚼不盡。』

水龍吟　咏柳絮，用坡公楊花韵

千紅萬紫誰留，頻驚暗裏韶光墜。飛來何處，漫天香雪，撩人情思。纔過平橋，又穿小徑，柴門深閉。任蜂鬚燕嘴，交銜不定，三眠了、還三起〔一〕。記得鵝黄初撋〔二〕，等閑間、又成虛綴。曉風乍引，離魂難定，杜鵑聲碎。飄泊無心，輕狂有態，恨拋流水。願年年常傍，永豐坊側〔三〕，看伊清泪。

箋注

〔一〕『三眠』句，《三輔故事》：『漢武帝苑中有柳，狀如人，號曰人柳，一日三起三眠。』

〔二〕撋，撫弄，揉搓。

〔三〕永豐坊，在唐東都洛陽。唐白居易曾賦《楊柳枝詞》贊賞其西南角園中垂柳，因而名聞京都。

輯評

王士禛曰：『與羨門《螢》《蓮》二詞可以頡頏。』

李良年曰：『冷蒨疏葩，妙無組織。』

又

白蓮〔一〕

平湖烟水微茫，個人彷彿横塘住〔二〕。碧雲乍起，羽衣初試，靚妝楚楚。露下三更，月明千里，悄無尋處。想蘆花蘋葉，冥濛一色，迷玉井、峰頭路〔三〕。莫是苧蘿未嫁，曳明璫、若耶歸去〔四〕。游仙夢杳，瑶天笙鶴，凌波微步〔五〕。宿鷺飛來，依稀難認，風吹一縷。泛木蘭舟小，輕綃掩映，問誰家女。

校訂

冥，《國朝詞綜》《篋中詞》《全清詞鈔》作『空』，《百名家詞鈔》作『溟』。

箋注

〔一〕參見《惜秋華·牽牛花》箋注〔一〕。《水龍吟·白蓮》即李良年《樂府後補題》五首之一。

〔二〕個人，那人。横塘，在江蘇吴縣（今屬蘇州）西南。清吴梅村《圓圓曲》：『前身合是采蓮人，門前一片横塘水。』

〔三〕『迷玉井』句，唐韓愈《古意》：『太華峰頭玉井蓮，開花十丈藕如船。』

〔四〕『莫是』句，見《催雪·紅梅》箋注〔五〕。

〔五〕凌波微步，見《玉連環·水仙》箋注〔一〕。

輯評

陳維崧曰：『人常呼衍波爲「王桐花」，閲此闋我欲呼先生作「曹白蓮」矣。』

李良年曰：『供奉醉中作《白蓮序》。宫人以冰水沃之，若朗吟斯闋，自當勸以香醪。』

譚獻《篋中詞》曰：『瑶臺嬋娟。』

又　春日送客過慈仁寺感舊〔一〕

尋常彈指聲中，優曇偶現空王地〔二〕。海棠着錦，丁香衣紫，霞烘烟細。急管哀絲，青衫白袷〔三〕，嬉春情味。嘆穠華電擲〔四〕，風流雲散，容易下、中年泪。　身是金閨倦客〔五〕，賦渭城〔六〕、重過蕭寺〔七〕。倡條冶葉，笑人岑寂〔八〕，樹猶如此〔九〕。只有孤松，似曾扶我，當時沉醉〔一〇〕。倩禪燈老衲，往來指點，説花榮瘁。

校訂

着，《瑶華集》作『碎』。

袷，《瑶華集》作『帢』。

重，《全清詞鈔》作『曾』。

花，《瑶華集》作『他』。

箋注

〔一〕慈仁寺，俗稱報國寺，位於北京西城區廣安門内大街路北。

〔二〕優曇，即優曇鉢花，佛教以爲優曇鉢開花是佛的瑞應，稱爲祥瑞花。優曇鉢花隱於花托內，一開即斂，不易看見。空王，佛的尊稱。佛説世界一切皆空，故稱。

〔三〕青衫，見《減字木蘭花·天津道中》箋注〔一〕。

〔四〕穠華，《詩經·召南·何彼穠矣》：『何彼穠矣，唐棣之華。』

〔五〕金閨，金馬門，見《蝶戀花》（二月花明）箋注〔三〕。

〔六〕渭城，唐王維《送元二使安西》：『渭城朝雨浥輕塵，客舍青青柳色新。勸君更盡一杯酒，西出陽關無故人。』

〔七〕蕭寺，唐李肇《唐國史補》卷中：『梁武帝造寺，令蕭子雲飛白大書「蕭」字，至今一「蕭」字存焉。』

〔八〕笑人岑寂，宋劉克莊《賀新郎·九日》：『若對黃花孤負酒，怕黃花也笑人岑寂。』

〔九〕樹猶如此，南朝宋劉義慶《世説新語·言語》：『桓公北征經金城，見前爲琅邪時種柳，皆已十圍，慨然曰：「木猶如此，人何以堪！」攀枝執條，泫然流淚。』

〔一〇〕『只有』句，宋辛弃疾《西江月·遣興》：『昨夜松邊醉倒，問松我醉何如。只疑松動要來扶，以手推松曰去。』

輯評

陳維崧曰：『未免有情，誰能遣此？讀此數過，彷彿洗馬渡江時也。』

李良年曰：『俯仰陳踪，如訴如怨，僕本恨人，何能再讀？』

張潮曰：『一字一珠。』

又 詠蠟梅

嶺頭异種誰留？檀心初暈猶含凍。輕黄試着，歌翻金縷〔一〕，曉風吹送。剪蠟王郎〔二〕，等閑妝點，珠珠成鳳。想壽陽閣下〔三〕，飛來一片，遠山際、蜂黄擁〔四〕。

記否師雄曾夢，月朧朧、拂衣寒重〔五〕。颯然驚覺，天空雲净，翠禽微哢〔六〕。乳色侵鵝，流光照夜，暗香浮動〔七〕。願明年更綴，如來金粟〔八〕，淡烟低攏。

箋注

〔一〕金縷，《金縷衣》：『勸君莫惜金縷衣，勸君惜取少年時。有花堪折直須折，莫待無花空折枝。』

〔二〕剪蠟王郎，《南齊書·王僧虔傳》：『曇首兄弟集會諸子孫，弘子僧達下地跳戲，僧虔年數歲，獨正坐采蠟燭珠爲鳳凰。弘曰：「此兒終當爲長者。」』

〔三〕壽陽閣下，《事類賦注》卷二十六引《宋書》：『武帝女壽陽公主人日卧於含章檐下，梅花落公主額上，成五出之華，拂之不去。皇后留之，自後有梅花妝，後人多效之。』

〔四〕蜂黄，古代婦女塗額的黄色妝飾，也稱花黄、額黄。

〔五〕『記否』句，見《暗香·緑萼梅》箋注〔二〕。

〔六〕喺，鳥叫。

〔七〕暗香浮動，宋林逋《山園小梅》：『疏影横斜水清淺，暗香浮動月黄昏。』

〔八〕金粟，桂花的别名。因其色黄如金，花小如粟，故稱。金粟如來，即維摩詰大士。宋辛弃疾《西江月·木犀》：『金粟如來出世，蕊宫仙子乘風。』

輯評

彭孫遹曰：『用蠟事，僻而巧，典而新。』

張潮曰：『工於賦物，千古獨步。』

憶舊游　題郭熙《秋江行旅圖》〔一〕

看迷離一片，淼淼洪波，漠漠平沙。烏桕丹楓岸〔二〕，問何人驢背，悵望天涯。驚風亂葉飛墜，帽影任欹斜。況幾縷殘雲，千尋叠嶂〔三〕，滿目蒹葭。荒寒入真境，是舊日河陽〔四〕，貌寫烟霞。曾記游吴楚，泛扁舟東下，指點神鴉。少年回首一夢，江上聽悲笳。更對此何堪？京塵如霧開楝花〔五〕。

校訂

開楝花，四庫本作『楝開花』。

箋注

〔一〕郭熙，北宋畫家，字淳夫，温縣（今屬河南）人，擅畫山水。

〔二〕烏桕，落葉喬木，樹皮灰色，葉菱形或橢圓形，夏季開黄花，春秋季葉色紅艷奪目，不下丹楓。

〔三〕尋，古以八尺爲一尋。

〔四〕河陽，唐白居易《白孔六帖》卷七十七：『潘岳爲河陽令，樹桃李花，人號曰「河陽一縣花」。』

〔五〕楝花，落葉喬木，暮春時節開花。

瑞鶴仙　詠灌嬰廟瓦硯〔一〕，照《夢窗詞》填

嶙峋黄玉璞，化陶泓光怪〔二〕，藝林棲托。梅花費雕琢，問何時出土，琉璃如削。漢家封爵，是潁陰、諸侯刻桷〔三〕。嘆灌池、遺廟荒凉，惆悵風雲刀槊〔四〕。猶昨，滎陽屯後〔五〕，白馬盟書〔六〕，丹青酬酢。幾年索寞，人礪劍，牛磨角。論功高值得，詞華消受，十二龍賓盤礴〔七〕。試代他、盾鼻磨來，筆花亂落〔八〕。

校訂

《詠物十詞》《百名家詞鈔》詞題皆無『照《夢窗詞》填』五字。

箋注

〔一〕灌嬰廟瓦硯，清王士禛《池北偶談》：『吉水李梅公侍郎元鼎有硯，五瓣如梅花狀，質如黄玉，雜翡翠丹砂之色，纍纍墳起，云是灌嬰廟瓦。一時文士多賦之。故友鄒程村祇謨作《硯考》，引洪文敏《容齋隨筆》灌瓦硯銘爲證。』

〔二〕陶泓，陶制的硯，因硯中有蓄水處，故稱。

〔三〕『漢家』句，灌嬰，西漢大臣，曾受封潁陰侯。

〔四〕『嘆灌池』句，宋曾敏行《獨醒雜志》：『贛之雩都尉廳後，舊有灌嬰廟，臨其池上。廟毁，往往瓴甓墮池中。歲年不可計矣，因刀鑷工，取半瓦爲礪石。人見而异之，遂求其瓦爲硯，於是有灌瓦之名。』

〔五〕滎陽屯後，《資治通鑒》卷九：『乃拜灌嬰爲中大夫令，李必、駱甲爲左右校尉，將騎兵擊楚騎於滎陽東，大破之，楚以故不能過滎陽而西。』

〔六〕白馬盟書，《史記·吕太后本紀》：『太后稱制，議欲立諸吕爲王，問右丞相王陵。王陵曰：「高帝刑白馬盟曰『非劉氏而王，天下共擊之』。今王吕氏，非約也。」』

〔七〕十二龍賓，見《月下笛·悼何蕤音》箋注〔六〕。

〔八〕筆花亂落，五代王仁裕《開元天寶遺事·夢筆頭生花》：『李太白少時，夢所用之筆頭上生花，後天才贍逸，名聞天下。』

輯評

王士禛曰：『賦廟、賦瓦、賦硯，凡作數層，洗發剥芭蕉手也。』

陳維崧曰：『「人礪劍」六字，是張王樂府中語。』

宴清都　詠宋人大食瓷茶杯〔一〕

猶帶鯨波冷，遥天色，斷雲微露清影。玻璃質脆，盈盈不類，汝哥官定〔二〕。曾隨貝葉金書，煩赤罽、拳鬚管領。而今作、承露銅盤，仙人泪滴猶剩〔三〕。　思量紫袖昭容〔四〕，白頭阿監〔五〕，深夜調茗。松濤罷響，流泉淡注，碧梧銀井。那堪回首天上，空暗憶、龍團鳳餅〔六〕。伴高齋、瀟灑琴樽，小窗日永。

校訂

詠宋人大食瓷茶杯，《詠物十詞》《瑶華集》作『詠大食瓷茶杯』，《百名家詞鈔》作『詠大食瓷茶杯爲牧仲作』。

汝哥官定，《咏物十詞》作『官哥汝定』。

猶剩，《百名家詞鈔》《瑶華集》卷十四作『還靚』。

日，《瑶華集》卷十四作『月』。

箋注

〔一〕大食，唐以來用以稱阿拉伯帝國。《宋史·外國傳六》：『唐永徽以後，（大食）屢來朝貢。其王盆泥末换之前謂之白衣大食，阿蒲羅拔之後謂之黑衣大食。』蔣景祁輯《瑶華集》卷十四有《宴清都·牧翁寶大食瓷杯一具，曹實庵舍人以味茶，牧翁曰子爲我酌酒，遂應命》。牧翁，即宋犖。

〔二〕汝哥官定，宋朝是中國瓷器發展的鼎盛期，有汝、官、哥、定、鈞五大名窑。

〔三〕『而今』句，《資治通鑒》卷二十：『（漢武帝元鼎二年）春起柏梁臺，作承露盤，高二十丈，大七圍，以銅爲之，上有仙人掌，以承露，和玉屑飲之，云可以長生。宫室之修，自此日盛。』

〔四〕昭容，古女官名。

〔五〕阿監，太監。

〔六〕龍團鳳餅，即龍鳳團茶，宋時製上有龍鳳紋的圓餅形貢茶。

輯評

王士禛曰：『無中生有，前段似閻立本畫，後段似唐人華清宮詩。』

陳維崧曰：『秋槐葉落，滿紙閑愁。』

張潮曰：『渲染自然，饒有瀟灑出塵之概。』

花犯　詠花鴨

傍雕欄、啄花唼葉，呼名任游戲。依稀蘆岸，蘸拍拍烟波，成隊飛起。紅裙偷裹采蓮女，船頭競弄水。好趁取、碧天雲淡，桄榔斑暗記〔一〕。　何人竹弓莫輕彈，鴛鴦交頸處，驚他濃睡。争撲鹿〔二〕，澄潭下，嫩黄難比。渾迷却、斷霞一點，看隻影、横斜穿暮紫。倩去伴、甲煎銀葉〔三〕，蹣跚香霧裏。

校訂

《百名家詞鈔》詞題作『詠花鴨，爲阮亭作』。

箋注

〔一〕桄榔，常緑喬木，熱帶植物，羽狀復葉，小葉狹而長，肉穗花序，果實倒圓錐形。

〔二〕撲鹿，象聲詞，形容拍打翅膀的聲音。

〔三〕甲煎，香料名。銀葉，用銀片製成的茶盞、熏籠等器物。

輯評

陳維崧曰：『字字研細，鈎剔入微。』

張潮曰：『於枯題中有掉臂游行之樂，洵是天才。』

臺城路　咏隗囂宫瓷杯〔一〕

丸泥不閉函關路〔二〕，神功煅來杯斝。色映琉璃，聲隨哀玉，淺碧嫩黄交射。流霞欲化，想西伯雍容，葡萄傾瀉〔三〕。紫殿基平，何人收拾夜泉下。　千年又成廢寺，早霜鐘粥鼓，相伴清暇。土嚙花斑，魚吹浪白，過眼興亡難話。誰堪并價？有銅雀荒臺〔四〕，尚留殘瓦。且盡深卮，任更闌燭灺〔五〕。

校訂

《瑶華集》卷十四引此詞，詞牌作『齊天樂』，與『臺城路』同。文，《瑶華集》作『相』。

箋注

〔一〕隗囂宫，在秦州麥積山北，爲隗囂避暑之地。隗囂，字季孟，東漢成紀（今甘肅天水）人。王莽末，據隴西，稱西州上將軍，旋屬光武，後又叛附公孫述，光武西征，囂敗死。

〔二〕『丸泥』句，《東觀漢記·隗囂載記》：『囂將王元説囂曰：「……今天水完富，士馬最强，北取西河，東收三輔，案秦舊迹，表裏山河。元請以一丸泥，爲大王東封函谷關，此萬世一時也。」』

〔三〕『想西伯』句，相傳周文王兒子聃季載曾把在封地沈子國（今安徽阜陽境内）所釀美酒進貢給周文王，因酒香醇厚深得周文王贊賞。

〔四〕銅雀荒臺，見《滿江紅·和錫鬯吴大帝廟下作》箋注〔七〕。

〔五〕灺，（燭）熄滅。

輯評

王士禛曰：『起句奇陡，匪夷所思。』

陳維崧曰：『一起亦屬神煅。』

又

遼后洗妝樓〔一〕

東樓春色天邊落，來時白蘋風作。鳳輦曾留，瑶臺乍起，妝點遠山眉角〔二〕。宫蟬綽約，想欲動晨光，未垂簾箔。炫轉熒煌，明星一一帶池閣。　　興亡幾番過眼，聽游人指説，斜照城脚。窣堵波高〔三〕，雨淋鈴急〔四〕，壞磴莓墻蕭索。驚飇振籜，是曲裏琵琶，白翎哀雀〔五〕。只有長河，潺湲聲似昨。

校訂

白蘋，《百名家詞鈔》作『鴛鵝』。

箋注

〔一〕洗妝樓，清戴璐《藤陰雜記》：『瓊華島遼后洗妝樓，相傳爲金章宗李宸妃，非遼后。然詞人歌咏，名作如林。』

〔二〕遠山眉角，《西京雜記》卷二：『文君姣好，眉色如望遠山。』

〔三〕窣堵波，梵語音譯，即佛塔。

〔四〕雨淋鈴，宋王灼《碧鷄漫志》卷五：『雨淋鈴，《明皇雜録》及《楊妃外傳》云：「帝幸蜀，初入斜谷，霖雨彌旬。棧道中聞鈴聲，帝方悼念貴妃，采其聲爲《雨淋鈴》曲以寄恨。」』

〔五〕白翎哀雀，元陶宗儀《輟耕録》卷二十：『《白翎雀》者，國朝教坊大曲也。……白翎雀生於烏桓朔漠之地，雌雄和鳴，自得其樂。世皇因命伶人碩德閭製曲以名之。』

輯評

陳維崧曰：『隔江商女猶唱《玉樹後庭花》，均兹妍婉。』

又 送分虎歸長水〔一〕

秋陰慘淡天如墨，城頭角聲初起。野水長橋，炊烟小市，魚尾斷霞成綺〔二〕。羈愁未已，怕土銼荒涼〔三〕，夜長難睡。人影幢幢，一行清露曉風裏。　分湖紫蟹正美〔四〕，桃鄉新稻熟〔五〕，流匙香細。白雁縱橫，黄花爛漫，還憶離亭曲子。行滕漫試〔六〕，便脚底匡廬〔七〕，不如歸計。霜冷吴根〔八〕，扁舟栖暗葦。

校訂

幢幢，備要本作『憧憧』。

根，四庫本作『楓』。

箋注

〔一〕李符，原名符遠，字分虎，號耕客，浙江嘉興人。少與兄李繩遠、李良年齊名，號『浙西三李』，與朱彝尊等結詩社，著有《香草居集》《耒邊詞》。長水，嘉興古名。

〔二〕斷霞成綺，南朝齊謝朓《晚登三山還望京邑》：『餘霞散成綺，澄江静如練。』

〔三〕土銼，炊具，猶今之砂鍋。

〔四〕分湖，今又名汾湖，位於江蘇吴江和浙江嘉善交界處，是春秋戰國時期吴越的分界湖。

〔五〕桃鄉，嘉興地名。《梅里志》：『桃鄉在司馬坊，詩人李符築花南老屋於此。』

〔六〕行縢，綁腿布。

〔七〕匡廬，《後漢書·郡國志四·廬江郡》：『有匡俗先生者，出殷周之際，隱遁潛居其下，受道於仙人而共嶺，時謂所止爲仙人之廬而命焉。』朱彝尊《同里李符游於滇，遇碧鷄山道士，謂曰：子前身廬山行脚僧也，後十年當仍歸廬山。（符）乃畫〈廬山行脚圖〉，俾予題詩二首》其一：『畫裏分明廬岳僧，雲峰有約十年登。江湖到處勾留住，看爾入山能不能。』其二：『桃鄉一望水挼藍，擬結鄰居共釣潭。休信碧鷄狂道士，閑抛老屋在花南。』

〔八〕吴根，唐杜牧《昔事文皇帝三十二韵》：『溪山侵越角，封壤盡吴根。』

柳色黄　對雨和竹垞〔一〕

柳絮爲萍，梅子漸黄，天氣如許〔二〕。溪雲乍起遮山，釀做幾絲微雨。東西不定，摇曳淡霧輕烟，荷錢一一跳珠露。庭樹碧參差，蔭青苔無數。平楚〔三〕，斷塘遥指，如髮秧針，綠迷南浦。暗想空江，軋軋唯聞柔櫓。亂紅無影，寂寞静掩疏籬，銅街濕糝香塵路。倩斗帳高眠，小窗邊聽去。

箋注

〔一〕竹垞，即朱彝尊，見《滿江紅·和錫鬯吴大帝廟下作》箋注〔一〕。

〔二〕『柳絮』句，見《玲瓏四犯·送杞園游西湖》箋注〔三〕。

〔三〕平楚，見《掃花游·春雪，用宋人韵》箋注〔二〕。

拜星月慢　秋日雨後，飲宋子昭新泉亭，座上聞歌〔一〕

撩亂苔錢，差池菱葉，白板橋邊秋水。點點浮漚，溜銀塘、珠碎斷雲濕。拖逗餘霞明滅，暈作遠山螺髻。薄暮樽開，正玉簫聲起。　顫冰弦、百囀春鶯脆，西風冷月落朱門閉。一朵兩朵幽蘭，共荷香迢遞。汲新泉、乍試龍團味、紅燈小，不照愁人醉。待歸時、露滿閑階，有吟蟲伴睡。

校訂

顫冰弦，《百名家詞鈔》作『裊晴絲』。

滿，《百名家詞鈔》作『滴』。

箋注

〔一〕宋炘（一六三九—一六八四），字子昭，河南商丘人，宋犖之弟，大學士宋權之子。歷官中書舍人、户部廣東司員外郎、工部虞衡司郎中等。

霓裳中序第一　咏龍鬚，爲渭清賦〔一〕

峥泓勢猶怒，誰向層波剪冰箸。憶當日、青天乍擘，伴火鬣朱鱗、度雲穿霧。清秋島嶼，抱驪珠〔二〕、濃睡腥雨。莫也是、涓淵戰罷〔三〕，飄落翠蓬路。　羈旅，生涯如許，還藏得、鮫宫幾縷。輕綃鈿合潛貯，怕一夜驚雷，破壁飛舞，何人拾鳳羽。便鬥草〔四〕、休教换去。他年事、天風鶴背，拔下又重數。

校訂

『爲渭清賦』四字，《瑶華集》《咏物十詞》無。

層波，《瑶華集》卷十四作『烟波』。

箋注

〔一〕龍須，多年生草本植物，初夏開花，莖葉可做蓑衣、繩索、草鞋等，亦可織席、造紙。李澄中《龍鬚小記》：『予表兄丘氏，家白龍山下，種竹數萬竿，每雨輒披蓑坐竹中。一日，忽雷電大作，雨汩汩如注。既晴，見龍頦尺許，墮竹根，血淋漓，鬚猶怒張，鬚莖從頦骨出，映日作魚腦紋。後歸表侄丘霞標，舉以相贈。長安諸君子見而异之，共得詩詞若干首。』李澄中（一六二九—一七〇〇），字渭清，號茵田，又號漁村，山東諸城人。康熙十八年（一六七九）應博學鴻詞，授翰林院檢討。歷明史纂修官、雲南鄉試正考官等。著有《卧象山房集》三卷，《日雲村集》八卷。

〔二〕驪珠，見《蝶戀花》（三月桐華）箋注〔二〕。

〔三〕洧淵，在今河南省新鄭市東。

〔四〕鬥草，南朝梁宗懔《荆楚歲時記》：『五月五日……四民并踏百草，又有鬥百草之戲。』

輯評

王士禛曰：『起句突兀，前段離奇光怪，似錢唐君《破陣樂》，結句有割乖龍左耳之興。』

陳維崧曰：『離奇怪詭，筆墨之妙至此，如鼓天風海濤之曲，令我三日耳聾。』

又

爲杞園題《浮家圖》〔一〕

烟波寬幾許，抖擻青蓑垂釣去。恰流水，桃花時節，對西塞山前，一雙飛鷺〔二〕。高風可溯，倩生綃、三尺留取。看歷歷、筆床茶竈，泛宅畫中住。

今古，逃名漁父，怕東華、軟紅如霧〔三〕。江湖自結鷗侶，正柳下移船，菰邊分路，美人共蘭渚。又何必、天家賜與。仙槎上〔四〕、此生有分，鼓枻帶笭否〔五〕？

箋注

〔一〕杞園，即張貞，見《玲瓏四犯·送杞園游西湖》箋注〔一〕。

〔二〕『恰流水』句，唐張志和《漁歌子》：『西塞山前白鷺飛，桃花流水鱖魚肥。青箬笠，緑蓑衣，斜風細雨不須歸。』

〔三〕『怕東華』句，宋蘇軾《次韵蔣穎叔錢穆父從駕景靈宫》其一：『半白不羞垂領髮，軟紅猶戀屬車塵。』自注：『前輩戲語，有西湖風月，不如東華軟紅香土。』

〔四〕仙槎，晋張華《博物志》卷十：『舊説云天河與海通，近世有人居海渚者，年年八月有浮槎去來不失期，人有奇志，立飛閣於槎上，多賫糧，乘槎而去。十餘日中，猶觀星月日辰，自後芒芒忽忽，亦不覺晝夜，去十餘日，奄至一處，有城郭狀，屋舍甚嚴，遥望宫中多織婦，見一丈夫牽牛渚次飲之。牽牛人乃驚問曰：「何由至此？」此人具説來意，并問此是何處。答曰：「君還至蜀郡，訪嚴君平則知之。」竟不上岸，因還如期。後至蜀，問君平，曰：「某年月日，有客星犯牽牛宿。」計年月，正是此人到天河時也。』

〔五〕鼓枻，畫槳。笭，魚簍。

綺羅香　宋牧仲座上聞歌〔一〕

抹麗凝香〔二〕，池塘過雨，屈注明河天際。雪洒銀桃，六月燕山風味。倩數聲、玉笛吹來，似一串、驪珠擲碎〔三〕。看盈盈、初日芙蕖，雙瞳剪水兩眉翠〔四〕。　青衫留落舊客〔五〕，遮莫嬌絲脆管〔六〕，難令沉醉。幾點螢光，猶照蒼苔無寐。好宫調、賀老教成〔七〕，倦心情、屏風立地。漫流連、入破伊州〔八〕，記楓香曲子。

校訂

座上，《瑶華集》卷十四作『席上』。
留落，《瑶華集》卷十四作『流落』。

箋注

〔一〕宋牧仲，即宋犖，見《天香·咏緑牡丹，爲牧仲作》箋注〔一〕。
〔二〕抹麗，即茉莉花。
〔三〕驪珠，見《蝶戀花》（三月桐華）箋注〔二〕。
〔四〕雙瞳剪水，唐李賀《唐兒歌》：『一雙瞳人剪秋水。』
〔五〕青衫，見《減字木蘭花·天津道中》箋注〔一〕。
〔六〕遮莫，任憑，儘管。
〔七〕賀老，指唐玄宗天寶年間著名的琵琶藝人賀懷智。唐元稹《連昌宮詞》：『夜半月高弦索鳴，賀老琵琶定場屋。』
〔八〕入破，大曲每套都有十餘遍，歸入散序、中序、破三大段，入破即破這一段的第一遍。

伊州，商調大曲。

輯評

陳維崧曰：『百囀春鶯，屏花俱碎。』

沈爾燝曰：『一種生香，不涉柔靡。』

又 沈融谷新娶夫人善琴書，同人共賦〔一〕

柳密藏鴉，堂空語燕，大好夭桃天氣〔二〕。蝶粉初消，二月東風破睡。鏡奩映、筆格珊瑚，硯匣伴、眉妝翡翠。最憐他、腕底橫斜，烏絲閑寫麗情字〔三〕。　珍珠指下亂撒，彈入明光一曲〔四〕，聲隨流水。兒女喁喁，點綴小窗幽致。妒兩行、銀雁輕飛，墮萬里、玉關清淚。記夜深、金鴨燒殘，迷離香霧裏。

箋注

〔一〕沈融谷，即沈皞日，見《喝馬一枝花·送沈茶星之來賓任》箋注〔一〕。此詞作於康熙十八年。胡愚《沈皞日年譜》『康熙十八年』：『原配陸氏已卒，在京師續娶夫人，善琴書。』

〔二〕『大好』句，《詩經·周南·桃夭》以『桃之夭夭，灼灼其華』起興，爲賀新婚之辭。

〔三〕烏絲，見《珍珠簾·爲牧仲題〈楓香詞〉》箋注〔二〕。

〔四〕明光，古琴曲名。唐閻朝隱《明月歌》：『揮玉指，拂羅裳，爲君一奏《楚明光》。』

瀟湘逢故人慢

張晴峰修雷琴成有贈〔一〕

千年神物，是天寶元音，宣和遺譜。零亂金徽苦，想閱遍繁華，蘧然今古。流水高山〔二〕，彈不盡、喁喁兒女。當此際、燕市重游，白髮郎官知汝。　續鸞膠，調鳳咮，早韵罄琤琮，響泉凄楚。百衲還堪鼓〔三〕，似海岸窈冥，成連徑去〔四〕。危柱哀弦，抵多少、驚沙飛雨。再等到、蛇蚹紋成〔五〕，又是幾番旦暮。

校訂

重游，《瑶華集》卷十五作『重逢』。

窈冥，《瑶華集》卷十五作『窅冥』。

紋成，《瑶華集》卷十五作『成紋』。

箋注

〔一〕張衡，字友石、義文，號晴峰，直隸景州（今河北景縣）人。順治十八年（一六六一）進士，官工部水曹郎。雷琴，唐李肇《唐國史補》卷下：『蜀中雷氏斫琴，常自品第，第一者以玉徽，次者以瑟瑟徽，又次者以金徽，又次者螺蚌之徽。』

〔二〕流水高山，《列子·湯問》：『伯牙善鼓琴，鍾子期善聽。伯牙鼓琴，志在登高山，鍾子期曰：「善哉，峨峨兮若泰山。」志在流水，鍾子期曰：「善哉，洋洋兮若江河。」』

〔三〕韵磬、百衲，琴名。唐李綽《尚書故實》：『李汧公取桐孫之精者，雜綴爲之，謂之百納琴，用蝸殼爲徽，其間三面尤絶异。通謂之響泉韵磬，弦一上，可十年不斷。』

〔四〕成連徑去，唐吴兢《樂府古題要解·水仙操》：『伯牙學鼓琴於成連先生，三年不成，至於精神寂寞，情志專一，尚未能也。成連云：「吾師子春，在海中，能移人情。」乃與伯牙延望無人，至蓬萊山，留伯牙，曰：「吾將迎吾師。」刺船而去，旬時不返。但聞海上水汨汲㶑澌之聲，山林窅窅，群鳥悲號，愴然嘆曰：「先生將移我情。」乃援琴而歌之，曲終，成連刺船而還，伯牙遂爲天下妙手。』

〔五〕蛇蚹，古琴的斷紋，其紋與蛇蜕腹下之紋相似，故稱。

輯評

王士禛曰：『董大琵琶、中湖子觱篥、張猩猩湖琴諸作可以并傳。』

陳維崧曰：『碧桃已謝，素柰方開，閲未數語，殊有觀河面皺之感。』

李良年曰：『操縵金門，商聲凄婉，歐公晚得雷琴而意愈不樂，豈真在人不在器耶？』

永遇樂　送孫屺瞻學士歸省〔一〕

十丈蒲帆，一篙秋水，仙舟天際。綉虎才人〔二〕，珥貂貴客，歸作承歡計。當年射策〔三〕，五雲日下，臚唱魏公第二〔四〕。羡璧人、天街衣馬〔五〕，夾道争看如蟻。　紫宸朝罷，講筵初御，金碗天漿親賜。東觀深嚴〔六〕，北門清切〔七〕，待署黄麻紙。君恩暫許，湖山佳處，添個宫袍萊子〔八〕。須珍重、黑頭卿相，碧紗名氏〔九〕。

箋注

〔一〕孫在豐（一六四四—一六八九），字屺瞻，浙江德清人。康熙九年（一六七〇）進士，歷官翰林院編修、工部侍郎、禮部侍郎等。清朝治河名臣。

〔二〕綉虎才人，見《減字木蘭花·雜憶》其六箋注〔一〕。

〔三〕射策，《漢書·蕭望之傳》：『望之以射策甲科爲郎。』顔師古注：『射策者，謂爲難問疑義書之於策，量其大小署爲甲乙之科，列而置之，不使彰顯。有欲射者，隨其所取得而釋之，以知優劣。』

〔四〕魏公第二，北宋大臣韓琦封魏國公，宋仁宗天聖五年進士第二名。因孫在豐康熙九年中一甲二名進士，故言。

〔五〕衣馬，唐杜甫《秋興八首》其三：『同學少年多不賤，五陵衣馬自輕肥。』

〔六〕東觀，東漢洛陽南宫内觀名，東漢明帝曾詔班固等修撰《漢記》於此，書成名爲《東觀漢記》，章、和二帝時爲皇宫藏書之府。

〔七〕北門，《舊唐書·劉禕之傳》：『上元中，遷左史、弘文館直學士，與著作郎元萬頃……皆召入禁中，共撰《列女傳》《臣軌》《百僚新誡》《樂書》，凡千餘卷。時又密令參决，以分宰相之權，時人謂之「北門學士」。』宋葉夢得《石林燕語》卷七：『唐翰林院在銀臺之北，乾封以後，劉禕之、元萬頃之徒，時宣召草制其間，因名「北門學士」。今學士院在樞密之後，腹背相倚，不可南向，故以其西廊西向爲院之正門；而後門北向，與集英相直，因榜曰「北門」。兩省、樞密院皆無後門，唯學士院有之，學士朝退入院，與禁中宣命，往來皆行此門，而正門行者無幾，不特取其便事，亦以存故事也。』

〔八〕萊子，《藝文類聚》卷二十引《列女傳》曰：『老萊子孝養二親，行年七十，嬰兒自娱，着五色采衣。嘗取漿上堂，跌僕，因卧地爲小兒啼，或弄烏鳥於親側。』

〔九〕碧紗名氏，五代王定保《唐摭言·起自寒苦》：『王播少孤貧，嘗客揚州惠昭寺木蘭院，隨僧齋餐。諸僧厭怠，播至，已飯矣。後二紀，播自重位出鎮是邦，因訪舊游，向之題已皆碧紗幕其上。播繼以二絶句曰：……「上堂已了各西東，慚愧闍黎飯後鐘。三十年來塵撲面，如今始得碧紗籠。」』宋吴處厚《青箱雜記》卷六：『世傳魏野嘗從萊公（寇准）游陝府僧舍，各有留題。後復同游，見萊公之詩，已用碧紗籠護，而野詩獨否，塵昏滿壁。時有從行官妓，頗慧黠，即以袂就拂之。野徐曰：「若得常將紅袖拂，也應勝似碧紗籠。」萊公大笑。』

輯評

孫寶侗曰：『一字移贈他人不得，所以大家。』

張潮曰：『盛唐應制遜此清華。』

又 和人《望華山》

誰鑿鴻濛，最驚人處，芙蓉千丈。激蕩疑潮，崩騰似馬，羅列兒孫狀〔一〕。八荒雷雨〔二〕，一天蒼翠，縹緲靈旗想像。待清秋、憑陵絶頂，畫裏秦川如掌〔三〕。潼關孤聳〔四〕，黄河東注，俯覽翻增惆悵。颯颯天風，泠泠環佩，九節仙人杖〔五〕。咄哉韓子〔六〕，蒼龍迴馭，那得褰衣長往？耐可拉〔七〕、青蓮居士〔八〕，三峰高唱〔九〕。

箋注

〔一〕兒孫狀，唐杜甫《望岳》：『西岳崚嶒竦處尊，諸峰羅立如兒孫。』

〔二〕八荒，《漢書·項籍傳贊》：『并吞八荒之心。』顔師古注：『八荒，八方荒忽極遠之地也。』

〔三〕秦川如掌，唐杜甫《樂游園歌》：『公子華筵勢最高，秦川對酒平如掌。』

〔四〕潼關，古稱桃林塞，東漢時設潼關，故址在今陝西省渭南市潼關縣東南，處陝西、山西、河南三省要冲，素稱險要。

〔五〕九節仙人杖，唐杜甫《望岳》：『安得仙人九節杖，拄到玉女洗頭盆。』

〔六〕韓子，唐代韓愈。蒼龍，華山著名險道之一。唐李肇《唐國史補》卷中：『韓愈好奇，與客登華山絶峰，度不可返。乃作遺書，發狂慟哭。華陰令百計取之，乃下。』

〔七〕耐可，寧可。

〔八〕青蓮居士，唐詩人李白的號。唐馮贄《雲仙雜記》卷一：『李白登華山落雁峰，曰：「此山最高，呼吸之氣，想通天帝座矣！恨不携謝朓驚人詩來，搔首問青天耳。」』

〔九〕三峰，指華山的蓮花、毛女、松檜三座山峰。

輯評

彭孫遹曰：『于鱗曾有言，太華以拙句取雄，不謂又逢勁敵。讀起三句便知非太華不足當此。』

消息

和錫鬯《度雁門關》〔一〕

蕭瑟關門，西風吹雪，貂裘都偃。蟻垤行人，羊腸驛路，哀角邊聲怨。魚海冰寒〔二〕，龍沙戍斷，歷亂蓬根飛捲。悵青衫〔三〕、暮雲驅馬，望盡蒼蒼修坂。絶壁祠堂，趙家良將，入夜靈旗如電〔四〕。折戟沉沙，老兵拾得，磨洗前朝辨〔五〕。塞雁南飛，滹沱東注〔六〕，可惜英雄人遠。問誰是、封侯校尉，虎頭仍賤〔七〕？

箋注

〔一〕錫鬯，即朱彝尊，見《滿江紅·和錫鬯吴大帝廟下作》箋注〔一〕。此首詞爲和朱彝尊《曝書亭集》卷二十四《消息·度雁門關》：『千里重關，憑誰踏遍，雁銜蘆處？亂水滹沱，層霄冰雪，鳥道連句注。畫角吹愁，黄沙拂面，猶有行人來去。問長途、斜陽瘦馬，又穿入，離亭樹。猿臂將軍，鴉兒節度，説盡英雄難據。竊國真王，論功醉尉，世事都如許！有限春衣，無多山店，酹酒徒成虚語！垂楊老，東風不管，雨絲烟絮。』雁門關，長城上的重要關隘，以『險』著稱，有『天下九塞，雁門爲首』之説，位於今山西忻州代縣雁門山。

〔二〕魚海，又名魚海子，即古之休屠澤、白亭海，在今内蒙古阿拉善右旗境内。

〔三〕青衫，見《減字木蘭花·天津道中》箋注〔一〕。

〔四〕『絶壁』句，在雁門關有靖邊寺，祀戰國時趙國良將李牧。

〔五〕『折戟』句，唐杜牧《赤壁》：『折戟沉沙鐵未銷，自將磨洗認前朝。』

〔六〕滹沱，見《滿江紅·過滹沱》箋注〔一〕。

〔七〕虎頭，《東觀漢記·班超傳》：『相者曰：「生燕頷虎頭，飛而食肉，此萬里侯相也。」』

輯評

彭孫遹曰：『度雁門作悲壯語，人盡知之，有如此雄渾蒼老否？』

王士禛曰：『集中《和錫鬯塞上》諸作，皆有龍象蹴踏之勢，朱十幾不能堅其壁壘。』

陳維崧曰：『廢驛荒祠，長吟曼嘯，當今不得不以此事推袁。』

秋霽 本意

過雨長天，早露重閑階，新月如沐。射角明河〔一〕，垂檐珠斗〔二〕，苔影上人眉緑。流螢誰撲？霜紈小扇銀塘曲〔三〕。渾無寐，風度、藥欄戛戛響修竹。漏殘酒醒，篆冷烟銷，隱壁秋蟲，似伴幽獨。拂莓墻、花香作陣，秋蘭綽約疑空谷。故國難窮千里目〔四〕。悠然歸興，只在黄葉村中，白蘋鄉裏，數間茅屋。

校訂

過雨，《百名家詞鈔》作『雨過』。

箋注

〔一〕射角明河，《古詩源・古逸・〈四民月令〉引農語》：『河射角，堪夜作。犁星没，水生骨。』

〔二〕珠斗，指北斗七星，因斗星相貫如珠，故名。

〔三〕『流螢』句，唐杜牧《秋夕》：『銀燭秋光冷畫屏，輕羅小扇撲流螢。』
〔四〕『故國』句，唐王之涣《登鸛雀樓》：『欲窮千里目，更上一層樓。』

輯評

朱彝尊曰：『其源出於遺山。』
陳維崧曰：『我欲倩虎頭寫此數句小景，以當還鄉，何如？』

南浦 春水，用玉田詞韵〔一〕

新漲碧於天，近清明，做弄横塘晴曉〔二〕。輕燕掠波圓，靴文細，一片麴塵誰掃？魚梭織影，跳珠只似荷錢小。催雨東風寒又暖，緑遍長堤芳草。漫漫別浦瀠洄，驚畫船簫鼓，鷗眠未了。雁齒接紅橋〔三〕，漁莊遠，何處鳴榔聲到〔四〕。斷烟渺渺，斜川如帶平蕪悄。撲面楊花飛作陣，添入浮萍多少？

校訂

作陣，《百名家詞鈔》作『亂落』。

添入，《百名家詞鈔》作『更添入』。

箋注

〔一〕玉田，南宋詞人張炎的號。張炎有《南浦·春水》一首，得『張春水』之目。曹貞吉詞步其韵分咏春水、秋水。

〔二〕做弄，漸漸形成。

〔三〕雁齒，排列整齊的橋的臺階。

〔四〕鳴榔，敲擊船舷使作聲。用以驚魚，使入網中，或爲歌聲之節。

輯評

李良年曰：『「鷗眠未了」襯「簫鼓」句下，輕俊欲絶。』

張潮曰：『情景兼至，備擅詞場之勝。』

又　秋水，再叠前韵

片月映寒汀，碧澄澄，人對江山清曉。緑浄繞柴扉，晴磯上，已有垂楊先掃。蘆花似雪，連拳鷺占圓沙小〔一〕。淡抹遥天渾一色，夾岸粘雲衰草〔二〕。百川争赴長河，看魚床燈火〔三〕，黄昏近了。白露老蒹葭〔四〕，清歌發，無數采菱船到。平湖浩渺，芙蓉落盡空潭悄。又是霜明波冷後，此際撈蝦人少。

校訂

《瑶華集》卷十五録此詞，詞題作『秋水，用玉田詞韵』。《昭代詞選》卷七録此詞，詞題作『秋水，用《山中白雲詞》韵』。

波冷後，《瑶華集》卷十五作『楓渚冷』。

箋注

〔一〕連拳，拳曲貌。

〔二〕『淡抹』句，宋秦觀《滿庭芳》：『山抹微雲，天粘衰草，畫角聲斷譙門。』

〔三〕魚床，編竹木如床席大，上投餌料，沉入水中，供魚栖息。

〔四〕『白露』句，見《賣花聲·咏鼓子花》其二箋注〔三〕。

輯評

李良年曰：『郭熙《畫記》：「秋山明净而如洗」，此語只如秋水；詞中「淡抹遥天渾一色」，此句却似秋山。然互易便成死句，非解人那得知其故？』

張潮曰：『合《春水》作觀之，一句不可移易，真化工筆也。』

花發沁園春　詠司馬相如私印〔一〕

倒薤披離〔二〕，朱絲零亂，土花苔葉交亞〔三〕。龍文覆斗，天色垂陰，温潤玉情堪把。千秋作者，字裏認、當年司馬。嘆經過、華屋山丘〔四〕，閲人良白多也。辛苦臨邛書劍〔五〕，倩何人昆刀〔六〕，刻鏤風雅。凌雲賦就〔七〕，卓女妝成，十樣蠻箋親打〔八〕。纖纖欲下，早逗漏、明紅一罅。好留伴、硯匣琉璃，冷光朝暮相射。

箋注

〔一〕此詞作於内閣中書任上，司馬相如印當時爲翰林院編修錢中諧收藏。同時文人多有題詠，如毛奇齡《錢編修所藏司馬相如玉印歌》、朱彝尊《瑞鶴仙·錢編修庸亭席上觀司馬相如私印》。錢中諧，字宫聲，號庸亭，吴縣人，寄籍昌平。順治十五年（一六五八）進士，官瀘溪知縣。康熙十八年（一六七九）召試博學鴻詞，授編修。

〔二〕倒薤，一種篆書書體名。

〔三〕土花，見《望江南·代泉下人語》其二箋注〔二〕。

〔四〕華屋山丘，三國魏曹植《箜篌引》：『生在華屋處，零落歸山丘。』

〔五〕臨邛，《史記·司馬相如列傳》：『相如與（文君）俱之臨邛，盡賣其車騎，買一酒舍酤酒，而令文君當鑪。相如身自着犢鼻褌，與保庸雜作，滌器於市中。』

〔六〕昆刀，昆吾刀，漢東方朔《海内十洲記·鳳麟洲》：『昔周穆王時，西胡獻昆吾割玉刀及夜光常滿杯，刀長一尺，杯受三升。刀切玉如切泥……劍之所出，從流州來。』

〔七〕凌雲賦就，《史記·司馬相如列傳》：『相如既奏大人之頌，天子大説，飄飄有凌雲之氣，似游天地之間意。』

〔八〕十樣蠻箋，明楊慎《墐户録·十樣蠻箋》：『韓浦詩云：「十樣蠻箋出益州。」《成都古今記》載其目：曰深紅，曰粉紅，曰杏紅，曰明黄，曰深青，曰淺青，曰深緑，曰淺緑，曰銅緑，曰淺雲，凡十樣。又有松花、金沙、流沙、彩霞、金粉、桃花、冷金之别，即其异名。』

輯評

陳維崧曰：『筆情淡冶，亦似卓家眉黛。』

王士禛曰：『便以風致勝。』

又 賦得『流水桃花色』

萬點殘紅，五更微雨，夜來初葬傾國〔一〕。暗落無聲，飛流不定，染就明霞一色。鮫姝泪織〔二〕，似淡抹、胭脂還濕。最好是、唼影游魚，儵然身住花宅〔三〕。莫也神仙作劇〔四〕？賺溪邊漁人，歸路難識〔五〕。一篙渡闊，千尺潭深〔六〕，根葉漫從尋覓〔七〕。珊瑚浪擲，任送下、東溟無力。蕩空濛、水氣花光，赤城雲起相射〔八〕。

箋注

〔一〕傾國，宋周邦彦《六醜·薔薇謝後作》：『爲問花何在？夜來風雨，葬楚宫傾國。』

〔二〕鮫姝泪織，見《喝馬一枝花·送沈荼星之來賓任》箋注〔二〕。

〔三〕儵然，疾遠貌。

〔四〕作劇，戲弄，開玩笑。

〔五〕『賺溪邊』句，晋陶淵明《桃花源記》：『既出，得其船，便扶向路，處處志之。及郡下，詣太守，説如此。太守即遣人隨其往，尋向所志，遂迷，不復得路。』

〔六〕千尺潭深，唐李白《贈汪倫》：『桃花潭水深千尺，不及汪倫送我情。』

〔七〕『根葉』句，唐李商隱《燕臺四首・冬》：『當時歡向掌中銷，桃葉桃根雙姊妹。』

〔八〕赤城，北周庾信《奉答賜酒》：『仙童下赤城，仙酒餉王平。』倪璠注引《神仙傳》：『茅蒙，字初成，乃於華山之中乘雲駕龍，向日升天，歌曰：「神仙得者茅初成，駕龍上升入泰清，時下玄洲戲赤城。」』

輯評

李良年曰：『流水桃花，繪家須用没骨乃合，先生之詞得之。拙手但摹色相，縱饒光澤，祇是鄴下桃油瓦耳。』

尉遲杯

咏朱碧山銀槎，照蔡松年詞填〔一〕

黄流注，送扁舟、似葉凌雲渡。蟲書猶記當年〔二〕，想見良工心苦。何人稱杜舉〔三〕，都不管、華堂幾朝暮。但茫茫、醉了還醒，夢裏居然千古。因思博望去遠，縱苜蓿葡萄，回首非故〔四〕。太乙爐開〔五〕，朱提液冷〔六〕，好泛明河深處。問此去、盈盈一水，曾否有、黄姑相逢語〔七〕？慢學他羽化神奇，酌盡天漿無數。

校訂

《咏物十詞》詞題無『照蔡松年詞填』一句。

箋注

〔一〕朱碧山，字華玉，室名長春堂。浙江嘉興人。元代金銀器雕刻鑄造工藝家。銀槎，一種銀質的盛酒器。蔡松年（一一〇七—一一五九），字伯堅，號蕭閑老人，冀州真定（今河北正定）人，金代詩人。銀槎杯當時爲宋犖所收藏，宋犖《古銀槎歌》：『我有匣中銀鑿落，碧山山人手所作。』王士禛《居易録》卷六：『孫侍郎承澤北海、宋按察琬荔裳皆藏銀槎一，上有仙人，款曰「朱碧山製」。』

〔二〕蟲書，秦八體書之一，又名鳥蟲書。

〔三〕杜舉，《禮記·檀弓下》：『知悼子卒，未葬。平公飲酒，師曠、李調侍，鼓鐘。杜蕢自外來，聞鐘聲，曰：「安在？」曰：「在寢！」杜蕢入寢，歷階而升。酌，曰：「曠，飲斯！」又酌，曰：「調，飲斯！」又酌，堂上北面坐飲之。降，趨而出。平公呼而進之，曰：「蕢，曩者爾心或開予，是以不與爾言。爾飲曠，何也？」曰：「子卯不樂。知悼子在堂，斯其爲子卯也大矣。曠也，大師也，不以詔，是以飲之也。」「爾飲調，何也？」曰：「調也，君之褻臣也，爲一飲一食，亡君之疾，是以飲之也。」「爾飲，何也？」曰：「蕢也，宰夫也，非刀匕是共，又敢與知防，是以飲之也。」平公曰：「寡人亦有過焉。酌而飲寡人。」杜蕢洗而揚觶。公謂侍者曰：「如我死，則必無廢斯爵也。」至於今，既畢獻，斯揚觶，謂之「杜舉」。』

〔四〕『因思』句，《史記·大宛列傳》：『然張騫鑿空，其後使往者皆稱博望侯，以爲質於外國，外國由此信之。……宛左右以蒲陶爲酒，富人藏酒至萬餘石，久者數十歲不敗。俗嗜酒，馬嗜苜蓿。漢使取其實來，於是天子始種苜蓿、蒲陶肥饒地。』

〔五〕太乙，傳説中的天神，有八卦煉丹爐。

〔六〕朱提，《漢書·食貨志下》：『朱提銀重八兩爲一流，直一千五百八十。』顔師古注：『朱提，縣名，屬犍爲，出善銀。』

〔七〕『問此去』句，《古詩十九首》：『迢迢牽牛星，皎皎河漢女。……盈盈一水間，脉脉不得語。』黄姑，見《風入松·七夕戲作》箋注〔二〕。

輯評

王士禛曰：『足與顧庵《長歌》并傳。』

張潮曰：『刻劃處都無斧鑿痕，所以爲佳。』

望遠行　咏延陵季子劍〔一〕

寒星黯淡青銅色，出匣驚飛風雨。龍鱗三尺，虎氣千年，彷彿精靈堪語。記得當時，曾帶故人荒隴，此道于今如土。挹神光，重見冠裳楚楚。　賓旅，鳴佩中原歷聘，只解識、寸心相許〔二〕。回首蘇臺，魚腸忽起，散亂長鈹無數〔三〕。試吊要離墳草〔四〕，鴟夷潮水〔五〕，一樣英雄難訴。對州來君子，恩仇忘否？

箋注

〔一〕春秋時吴季札，爲吴王壽夢少子，不受君位，封於延陵，號延陵季子。劍當時爲孫承澤所收藏。孫承澤（一五九三—一六七六），字耳北，一作耳伯，號北海，又號退穀，一號退穀逸叟、退穀老人、退翁、退道人，山東益都（今山東博山）人，世隸順天府上林苑（今河北大興）。明末清初政治家、收藏家。明崇禎四年（一六三一）進士，官至刑科給事中。清順治元年（一六四四）被起用，歷任吏科給事中、太常寺卿、大理寺卿、兵部侍郎、吏部右侍郎等職。富收藏，精鑒别書畫。著有《春明夢餘録》《天府廣記》《庚子銷夏記》《九州山水考》《溯洄集》《研山齋集》等四十餘種，多傳於世。王士禛《池北偶談》卷十四：『孫北海承澤家藏三劍，其一銅劍，長尺餘，有鳥篆十字，云「吴季子之子保之永用劍」，篆甚奇古。』

〔二〕『賓旅』句，《史記·吴太伯世家》：『季札之初使，北過徐君。徐君好季札劍，口弗敢言。季札心知之，爲使上國，未獻。還至徐，徐君已死，於是乃解其寶劍，繫之徐君冢樹而去。從者曰：「徐君已死，尚誰予乎？」季子曰：「不然。始吾心已許之，豈以死倍吾心哉！」』

〔三〕『回首』句，《史記·刺客列傳》：『四月丙子，光伏甲士於窟室中，而具酒請王僚。王僚使兵陳自宫至光之家，門户階陛左右，皆王僚之親戚也。夾立侍，皆持長鈹。酒既酣，公子光詳爲足疾，入窟室中，使專諸置匕首魚炙之腹中而進之。既至王前，專諸擘魚，因以匕首刺王僚，王僚立死。左右亦殺專諸，王人擾亂。公子光出其伏甲以攻王僚之徒，盡滅之，遂自立爲王，是爲闔閭。』蘇臺，見《百字令·咏史》其一箋注〔三〕。魚腸，魚腸劍。

〔四〕要離，《吴越春秋》卷四《闔閭内傳》：『要離乃詐得罪出奔，吴王乃取其妻子，焚弃於市。要離乃奔諸侯而行怨言，以無罪聞於天下。遂如衛，求見慶忌。……慶忌信其謀。後三月，揀練士卒，遂之吴。將渡江於中流，要離力微，坐與上風，因風勢以矛鈎其冠，順風而刺慶忌，慶忌顧而揮之，三捽其頭於水中，乃加於膝上，「嘻嘻哉！天下之勇士也！乃敢加兵刃於我。」左右欲殺之，慶忌止之，曰：「此是天下勇士。豈可一日而殺天下勇士二人哉？」乃誡左右曰：「可令還吴，以旌其忠。」於是慶忌死。要離渡至江陵，憫然不行。……要離乃自斷手足，伏劍而死。』

〔五〕鴟夷，革囊。《戰國策·燕策二》：『昔者五子胥説聽乎闔閭，故吴王遠迹至於郢。夫差弗是也，賜之鴟夷而浮之江。』《史記·伍子胥列傳》：『吴王聞之大怒，乃取子胥尸盛以鴟夷革，浮之江中。』

輯評

王士禛曰：『題中題外，無一不到。』

陳維崧曰：『偷聲減字，吹出《吴越春秋》。』

解連環　咏蘆花，遥和錢舍人〔一〕

驚風凄切，滿江干一片，凍雲吹折。飄萬點、不辨東西，枉賺得行人，鬢絲添雪。明月光中，隱沙岸、鴻聲清絶。更閑隨釣艇，暗入柴門，伴人騷屑〔二〕。助他怒潮嗚咽，捲興亡舊恨，浪花明滅〔三〕。笑垂楊、只解飛綿，難點上征衫，迷離成鐵〔四〕。露冷蒹葭〔五〕，還記得、緑芽如髮。問故家、秋娘何在〔六〕？風流總歇〔七〕。

校訂

《百名家詞鈔》詞題作『蘆花，和《湘瑟詞》韵』。

切，《全清詞鈔》作『絶』。

捲，《全清詞鈔》作『掃』。

衫，《瑶華集》卷十五作『衣』。

總，《瑶華集》卷十五作『消』。

箋注

〔一〕錢舍人，即錢芳標，原名鼎瑞，字寶汾，一字葆馚，江南華亭（今上海松江）人。康熙五年（一六六六）舉人，官内閣中書。著有《金門稿》《湘瑟詞》。

〔二〕騷屑，凄清愁苦。唐元稹《遣病》其三：『白日速如飛，佳晨亦騷屑。』

〔三〕『助他』句，《太平廣記》卷二九一：『伍子胥累諫吴王，賜屬鏤劍而死。臨終，戒其子曰：「懸吾首於南門，以觀越兵來，以鮧魚皮裹吾尸，投於江中，吾當朝暮乘潮，以觀吴之敗。」自是自海門山，潮頭洶高數百尺，越錢塘漁浦，方漸低小。朝暮再來，其聲震怒，雷奔電走百餘里。時有見子胥乘素車白馬在潮頭之中，因立廟以祠焉。』

〔四〕『笑垂楊』句，宋楊萬里《宿皂口驛》：『不奈東風無檢束，亂吹花片點春衫。』

〔五〕蒹葭，見《賣花聲·咏鼓子花》其二箋注〔三〕。

〔六〕秋娘，唐杜牧《〈杜秋娘詩〉并序》：『杜秋，金陵女也。年十五，爲李錡妾。後錡叛滅，籍之入宫，有寵於景陵（即憲宗）。穆宗即位，命秋爲皇子傅姆，皇子壯，封漳王。鄭注用事，誣丞相欲去己者，指王爲根，王被罪廢削，秋因賜歸故鄉。』

〔七〕風流總歇，宋辛弃疾《永遇樂·京口北固亭懷古》：『舞榭歌臺，風流總被，雨打風吹去。』

輯評

朱彝尊曰：『湘瑟原詞工緻已極，未若此意態横出，正無异子瞻之和質夫《楊花》也。』

陳維崧曰：『换頭以後，有五十二顆真珠盤旋紙上。』

宋實穎曰：『「滿地蘆花和我老，舊家燕子傍誰飛」同此凄凉感切，不獨調之珠圓玉潤也。』

張潮曰：『不着色相，偏饒嫵媚。』

一寸金　咏長平遺鏃〔一〕

數點寒鋩，入眼離離土花碧〔二〕。是咸陽王者〔三〕，神兵親鑄，沉沙千載，耕夫重得。黯黮黄金色〔四〕，試磨洗、猶堪穿石。笑平原、計誤馮亭，圍合邯鄲幾輕擲〔五〕。暗想當年，武安初將〔六〕，疾聲撼趙壁。早沙蟲猿鶴〔七〕，一軍都化，粘雲衰草〔八〕，戰場如昔。鬼哭西風裏，最慘淡、天陰月黑〔九〕。乍摩挲、綫齒銀闌，怕帶青磷迹。

校訂

《昭代詞選》卷七録此詞，詞題作『長平遺鏃』。

黯黮，《昭代詞選》作『黯黯』。

初，《咏物十詞》作『親』。

都，《咏物十詞》作『多』。

昔，《咏物十詞》《昭代詞選》作『雪』。

箋注

〔一〕長平，戰國趙邑，故址在今山西省高平市西北，長平之戰所在地。

〔二〕土花，見《望江南·代泉下人語》其二箋注〔二〕。

〔三〕咸陽王者，指秦昭王，秦孝公十二年（前三五〇）徙都咸陽，故址在今陝西咸陽東之渭城故城。

〔四〕黯黮，昏暗不明貌。

〔五〕『笑平原』句，《史記·白起王翦列傳》：『四十五年，伐韓之野王。野王降秦，上黨道絕。其守馮亭與民謀曰：「……不如以上黨歸趙，趙若受我，秦怒，必攻趙。趙被兵，必親韓。韓趙爲一，則可以當秦。」因使人報趙。趙孝成王與平陽君、平原君計之。平陽君曰：「不如勿受。受之，禍大於所得。」平原君曰：「無故得一郡，受之便。」趙受之，因封馮亭爲華陽君。……四十七年，秦使左庶長王齕攻韓，取上黨。上黨民走趙。趙軍長平，以按據上黨民。……至九月，趙卒不得食四十六日，皆内陰相殺食。來攻秦壘，欲出。爲四隊，四五復之，不能出。其將軍趙括出鋭卒自搏戰，秦軍射殺趙括。括軍敗，卒四十萬人降武安君。武安君計曰：「前秦已拔上黨，上黨民不樂爲秦而歸趙。趙卒反覆。非盡殺之，恐爲亂。」乃挾詐而盡阬殺之，遺其小者二百四十人歸趙。前後斬首虜四十五萬人。趙人大震。』《史記·平原君虞卿列傳》：『平原君，翩翩濁世之佳公子也，然未睹大體。鄙語曰「利令智昏」，平原君貪馮亭邪説，使趙陷長平兵四十餘萬衆，邯鄲幾亡。』

〔六〕武安，《史記·白起王翦列傳》：『其明年（秦昭王二十九年），攻楚，拔郢……白起遷爲武安君。』

〔七〕沙蟲猿鶴，《藝文類聚》卷九十五引《抱朴子》：『周穆王南征，一軍皆化，君子爲猿爲鶴，小人爲蟲爲沙。』

〔八〕粘雲衰草，見《南浦·秋水，再疊前韵》箋注〔二〕。

〔九〕『鬼哭』句，唐李華《吊古戰場文》：『此古戰場也。嘗覆三軍，往往鬼哭，天陰則聞。』

輯評

王士禛曰：『字字神境，一篇《吊古戰場文》，筆力如牛弩。』

陳維崧曰：『仍是實庵咏史詞。』

風流子 京口懷古〔一〕

三山圍鐵甕〔二〕，孫郎後，今古幾英雄〔三〕？憶北府參軍，寄奴王者，金戈鐵馬，横據江東〔四〕。凌歊上〔五〕、歌風追漢帝，置酒宴群公〔六〕。一代偉人，龍行虎步，十年征戰，洛下關中〔七〕。　只今憑吊處，佛貍祠下路，烟樹冥濛〔八〕。爲念尋常巷陌，社鼓連空〔九〕。算碻磝戰地〔一〇〕，幾多白骨，金焦名勝〔一一〕，兩點青峰。惟見驚濤滿眼，東去匆匆。

校訂

冥，《昭代詞選》《丹徒縣志》作『溟』。

碻磝，《昭代詞選》作『磝碻』。

箋注

〔一〕京口，在今江蘇鎮江。二〇九年，孫權把首府自吴（蘇州）遷於此，稱爲京城。二一一年遷治建業後，改稱京口鎮。東晋、南朝時稱京口城。爲古代長江下游的軍事重鎮。

〔二〕三山，護國山，位於南京西南，以有三峰得名。鐵甕，即鐵甕城，江蘇鎮江古城名。

〔三〕『孫郎』句，孫權，字仲謀，三國時吴國的建立者。宋辛弃疾《永遇樂·京口北固亭懷古》：『千古江山，英雄無覓，孫仲謀處。』

〔四〕『憶北府』句，宋辛弃疾《永遇樂·京口北固亭懷古》：『斜陽草樹，尋常巷陌，人道寄奴曾住。想當年，金戈鐵馬，氣吞萬里如虎。』北府，東晋建都建康（今江蘇南京），軍府設在建康之北的廣陵（今江蘇揚州），故稱軍府曰北府。寄奴，南朝宋高祖劉裕的乳名，劉裕曾任北府軍將領。

〔五〕凌歊，宋陸游《入蜀記》卷二：『凌歊台，正如鳳凰、雨花之類，特因山顛名之，宋高祖所營。面勢虛曠，高出氛埃之表，南望青山龍山九井諸峰如在几席。』

〔六〕『歌風』句，《史記·高祖本紀》：『高祖還歸，過沛，留。置酒沛宫，悉召故人父老子弟縱酒，發沛中兒得百二十人，教之歌。酒酣，高祖擊筑，自爲歌詩曰：「大風起兮雲飛揚，威加海内兮歸故鄉，安得猛士兮守四方！」』

〔七〕洛下，指洛陽城。關中，指陝西渭河流域一帶。《史記·高祖本紀》：『高祖欲長都雒陽，齊人劉敬説，乃留侯勸上入都關中，高祖是日駕，入都關中。六月，大赦天下。』

〔八〕『只今』句，宋辛弃疾《永遇樂·京口北固亭懷古》：『可堪回首，佛貍祠下，一片神鴉社鼓。』佛貍祠，北魏太武帝拓跋燾小名佛貍。四五〇年，他曾反擊劉宋，征戰至長江北岸。在長江北岸瓜步山建立行宫，即後來的佛貍祠。

〔九〕『爲念』句，宋辛弃疾《永遇樂·京口北固亭懷古》：『斜陽草樹，尋常巷陌，人道寄奴曾住。想當年，金戈鐵馬，氣吞萬里如虎。　元嘉草草，封狼居胥，赢得倉皇北顧。四十三年，望中猶記，烽火揚州路。可堪回首，佛狸祠下，一片神鴉社鼓。』

〔一〇〕碻磝，多石不平貌。

〔一一〕金焦，金山與焦山的合稱，兩山都在今江蘇鎮江。

輯評

王士禛曰：『倜儻權奇，如此氣概，自非靈寶敵手，唐人宋祖凌歊之咏直田舍語耳。』

陳維崧曰：『跳蕩恢奇，激揚頓挫，讀此詞覺稼軒「千古江山」一首猶非俊物。』

又　金陵懷古

大江流日夜〔一〕，寒潮急，寂寞打空城〔二〕。想玉樹曲終〔三〕，梁塵争落〔四〕，金釵垂後，斜月低横。如今但、荒臺存瓦礫，廢殿走鼯鼪〔五〕。桃葉渡頭〔六〕，半篙春水，莫愁湖畔〔七〕，一片秋聲。　　南唐成往事〔八〕，攝山看斷碣〔九〕，夢裏三生。千載澄心堂紙〔一〇〕，撥燈書名。嘆衣冠王謝〔一一〕，高低禾黍〔一二〕，文章庾鮑〔一三〕，冷落沙汀。依舊龍蟠虎踞〔一四〕，渺渺峰青。

箋注

〔一〕大江流日夜，南朝齊謝朓《暫使下都夜發新林至京邑贈西府同僚詩》：『大江流日夜，客心悲未央。』

〔二〕『寒潮』句，唐劉禹錫《石頭城》：『山圍故國周遭在，潮打空城寂寞回。』

〔三〕玉樹，南朝陳後主所作歌曲《玉樹後庭花》的省稱。

〔四〕梁塵，《太平御覽》卷五七二引漢劉向《别録》：『漢興以來，善雅歌者，魯人虞公，發聲清哀，蓋動梁塵。』

〔五〕鼯鼪，指鼯鼠與鼬鼠一類動物。

〔六〕桃葉渡，在今江蘇南京秦淮河畔，相傳因晋王獻之在此送其愛妾桃葉而得名。

〔七〕莫愁湖，位於今江蘇南京水西門外，相傳六朝時有女子莫愁居於此，故名。清時有『金陵第一名勝』之稱。

〔八〕南唐，五代十國之一。九三七年李昪代吴稱帝，建都金陵（今江蘇南京），國號唐，史稱南唐，九七五年爲北宋所滅。

〔九〕攝山，即栖霞山，位於今南京栖霞區，被譽爲『金陵第一明秀山』。

〔一〇〕澄心堂紙，元費著《箋紙譜》：『澄心堂紙，取李氏澄心堂樣製也，蓋表光之所輕脆而精絶者。』

〔一一〕王謝，六朝望族王氏、謝氏的并稱。唐劉禹錫《烏衣巷》：『舊時王謝堂前燕，飛入尋常百姓家。』

〔一二〕禾黍，見《孤鸞·送陸藎思歸武林，時新有悼亡之戚》箋注〔二〕。

〔一三〕庾鮑，指南北朝詩人庾信、鮑照。唐杜甫《春日憶李白》：『清新庾開府，俊逸鮑參軍。』

〔一四〕龍蟠虎踞，《太平御覽》卷一五六引《吴録》：『蜀主曾使諸葛亮至京口，睹秣陵山阜，嘆曰：「鐘山龍蟠，石頭虎踞，帝王之宅。」』

輯評

王士禛曰：『換頭妙入三昧，非慧業文人不解，括盡梅村《秣陵春》一部傳奇。』

陳維崧曰：『風景不殊，舉目有河山之异，何必新亭酣宴，纔能流涕也？』

又　姑蘇懷古〔一〕

胥門懸落日〔二〕，東風軟，人立小斜廊。是越女靚妝，舞停歌罷，捧心無賴，展轉迴腸〔三〕。難重問、錢江烟水白，檇李陣雲黄〔四〕。歌吹海中，荒哉旦暮，温柔鄉裏，老矣君王。

句章烽火急，見姑蘇臺畔，長劍如霜。誰念鴟夷相國〔五〕，目斷危檣。早輕裝一舸，浮家遠去，功成身退，磊落行藏〔六〕。回首故宫花草，難遣茫茫。

箋注

〔一〕姑蘇，見《百字令·咏史》其一箋注〔三〕。

〔二〕胥門，即今江蘇蘇州城西門。

〔三〕『是越女』句，《莊子·天運》：『西施病心而矉其里，其里之醜人見而美之，歸亦捧心而矉其里。其里之富人見之，堅閉門而不出；貧人見之，挈妻子而去之走。彼知矉美而不知矉之所以美。』

〔四〕檇李，在今浙江嘉興西南。

〔五〕鴟夷相國，《史記·越王句踐世家》：『范蠡浮海出齊，變姓名，自謂鴟夷子皮，耕于海畔，苦身戮力，父子治産。居無幾何，致産數十萬。齊人聞其賢，以爲相。』

〔六〕『早輕裝』句，《史記·越王句踐世家》：『范蠡事越王句踐，既苦身勠力，與句踐深謀二十餘年，竟滅吴，報會稽之耻……乃裝其輕寶珠玉，自與其私徒屬乘舟浮海以行，終不反。』行藏，《論語·述而》：『用之則行，舍之則藏。』

輯評

王士禛曰：『姑蘇、錢塘兩起句尤勝。』

陳維崧曰：『繁華逝水，樂往哀來，此昔人所以不待管弦終，摇鞭背花去也。』

又　錢塘懷古

英雄開草昧〔一〕，山衣錦、萬弩射潮低〔二〕。彼吴越一王〔三〕，高車駟馬〔四〕，威靈五季，玉册金泥。驚回首，西陵烟月淡〔五〕，葛嶺斷霞飛〔六〕。三竺六橋〔七〕，老髯曾醉〔八〕，斜風細雨，和靖頻題〔九〕。　六飛南巡後〔一〇〕，西湖比西子〔一一〕，緑拆紅欹。惟憶金明池水〔一二〕，禾黍離離〔一三〕。想德壽重華〔一四〕，兩宫游幸，綺羅弦管，繚繞蘇堤〔一五〕。千載江山如故，還使人悲。

校訂

巡，《瑶華集》卷十六作『幸』。

拆，《瑶華集》卷十六、《百名家詞鈔》作『坼』。

惟，《瑶華集》卷十六、《百名家詞鈔》作『誰』。

幸，《瑶華集》卷十六作『處』。

箋注

〔一〕草昧，唐杜甫《重經昭陵》：『草昧英雄起，謳歌歷數歸。』仇兆鰲注：『草而不齊，昧而不明，此言隋末之亂。』

〔二〕萬弩射潮低，見《水調歌頭·快雨》箋注〔一〕。

〔三〕吳越一王，《舊五代史·世襲列傳》：『故天下兵馬都元帥、尚父、吳越國王錢鏐……位已極於人臣，名素高於簡册……以王禮葬。』

〔四〕高車駟馬，北魏酈道元《水經注·江水一》：『城北十里曰升仙橋，有送客觀，司馬相如將入長安，題其門曰：「不乘高車駟馬，不過汝下也。」後入邛蜀，果如志焉。』

〔五〕西陵，即西陵橋，在浙江杭州西湖孤山西北盡頭處。

〔六〕葛嶺，位於浙江杭州西湖之北寶石山西面，相傳東晋時著名道士葛洪曾於此結廬修道煉丹，故而得名。

〔七〕三竺，浙江杭州靈隱山飛來峰東南的天竺山，有上天竺、中天竺、下天竺三座寺院，合稱『三天竺』，簡稱『三竺』。六橋，浙江杭州西湖外湖蘇堤上的映波、鎖瀾、望山、壓堤、東浦、跨虹六橋，宋蘇軾所建。

〔八〕老髯，蘇東坡有絡腮胡，人稱老髯。

〔九〕和靖，北宋詩人林逋，字君復，錢塘（今浙江杭州）人。他曾隱居西湖，卒後謚和靖先生。

〔一〇〕六飛，亦作『六騑』『六蜚』，古代皇帝的車駕六馬，疾行如飛，故名。《史記·袁盎晁錯列傳》：『令陛下騁六騑，馳下峻山。』裴駰集解引如淳曰：『六馬之疾若飛。』

〔一一〕西湖比西子，宋蘇軾《飲湖上初晴後雨》：『若把西湖比西子，淡妝濃抹總相宜。』

〔一二〕金明池，在宋京開封西鄭門西北，周圍約九里。《宋史·太宗紀一》：『（太平興國三年）詔鑿金明池。』宋孟元老《東京夢華録·三月一日開金明池瓊林苑》：『三月一日，州西順天門外，開金明池瓊林苑，每日教習車駕上池儀苑。』

〔一三〕禾黍，見《孤鸞·送陸藎思歸武林，時新有悼亡之戚》箋注〔二〕。

〔一四〕德壽，即德壽宫，原爲紹興十五年宋高宗欽賜給秦檜的大宅，并有高宗親筆題額『一德格天之閣』，後改名爲『德壽宫』，紹興三十一年高宗退位後常居於此，故址在今浙江杭州望仙橋東。重華，即重華宫，宋代孝宗傳位給光宗後所居。《宋史·孝宗紀三》：『（淳熙十六年春正月）己未，更德壽宫爲重華宫……（二月）壬戌，下詔傳位皇太子，是日，皇太子即皇帝位。帝素服駕之重華宫。』

〔一五〕蘇堤，在浙江杭州西湖中，北宋元祐年間蘇軾所築。

輯評

王士禛曰：『起句絶似杜公「慘淡風雲會」。古稱謝朓工於發端，較此四章，未知孰爲伯仲。通體感慨淋漓，謦欬作洪鐘響，真奇作也。』

彭孫遹曰：『許渾、劉滄以懷古稱雄唐季，此詞亦詩之劉許。』

朱彝尊曰：『懷古四詞非蘇非辛非劉，絶似陳經國。』

陳維崧曰：『此四闋吾欲倩高漸離、荆卿諸人歌之，若賀懷智、張野狐一輩，縱能略説興亡，不過喁喁兒女語耳，切勿令唱此等詞也。』

宋實穎曰：『昔人稱「馬中赤兔，人中吕布」，與今詞中珂雪，皆千古絶調也。』

沈爾燝曰：『四闋中忽爾犀弩霜鋋，亦間作鬘雲香雨，似柳秀才宴龍宫細聆《破陣還宫樂》也。』

李良年曰：『四詞非十五女郎所按，又非「大江東」比也，其年擬以悲歌擊筑之間，知言哉。』

張潮曰：『懷古情深，激昂憑吊，自見豪邁凌雲之氣。』

又　題劉岱儒葭水山房〔一〕

城南泥水路，蒹葭滿，白露曉蒼蒼〔二〕。想茅屋數間，中央宛在，青蓑箬笠，何處鳴榔。漁歌發，斜風楊柳岸，細雨薜蘿墻〔三〕。鷺立晚汀，點開波面，鴉翻亂葉，界破殘陽。　伊人高卧處，有茶鐺丹竈，布被繩床〔四〕。遥指軟紅十丈〔五〕，應笑人忙。似烟波釣叟，浮家泛宅，魚鰕結伴，雲水爲鄉。誰道桃花片片，誤却劉郎〔六〕。

箋注

〔一〕劉鍾秀，字岱儒，曹州（今山東菏澤）人。

〔二〕『蒹葭』句，見《賣花聲·咏鼓子花》其二箋注〔三〕。

〔三〕『漁歌』句，唐張志和《漁歌子》：『西塞山前白鷺飛，桃花流水鱖魚肥。青箬笠，緑蓑衣，斜風細雨不須歸。』

〔四〕繩床，見《尾犯·笋》箋注〔二〕。

〔五〕軟紅十丈，見《霓裳中序第一·爲杞園題〈浮家圖〉》箋注〔三〕。

〔六〕『誰道』句，南朝宋劉義慶《幽明録》：『漢明帝永平五年，剡縣劉晨、阮肇共入天台山，迷不得返。經十三日，糧食乏盡，飢餒殆死。遥望山上有一桃樹，大有子實，而絶岩邃澗，永無登路。攀援藤葛，乃得至上。各啖數枚，而飢止體充。復下山，持杯取水……復一杯流出，有胡麻糁。……得度山，出一大溪，溪邊有二女子……因邀還家……遂停半年。氣候草木是春時，百鳥啼鳴，更懷悲思，求歸甚苦。女曰：「罪牽君，當可如何？」遂呼前來女子有三四十人，集會奏樂，共送劉阮，指示還路。既出，親舊零落，邑屋改异，無復相識。問訊得七世孫，傳聞上世入山，迷不得歸。』

輯評

彭孫遹曰：『擬倩好手寫此一段作畫，恐畫亦不盡也。』

疏影

詠落照，遥和錢舍人〔一〕

斜陽欲下，學西流弱水，如電傾瀉。未免多情，弄影蒼然，迴光更戀亭樹。明霞幾縷霜天赤，掩映作、江山圖畫，最撩人、烏桕丹楓〔二〕，常是借他聲價。　依約黄昏近矣，齊飛并孤鶩〔三〕，秋色瀟灑。莫向樓頭，賺得愁人，一地迷離生怕。平蕪衰草淒涼處，有多少、暮雲歸馬。倩開元、小李將軍〔四〕，海岸斷紅描寫。

箋注

〔一〕錢舍人，見《解連環·咏蘆花，遥和錢舍人》箋注〔一〕。

〔二〕烏桕，見《憶舊游·題郭熙〈秋江行旅圖〉》箋注〔二〕。

〔三〕『齊飛』句，唐王勃《滕王閣序》：『落霞與孤鶩齊飛，秋水共長天一色。』

〔四〕小李將軍，唐代畫家李昭道，字希俊，善畫山水，并創海景，與其父李思訓在中國繪畫史上被稱爲大小李將軍。

輯評

陳維崧曰：『襯一筆，皴染入微。』

張潮曰：『恐小李軍描寫不出，不如仍倩佳詞寫之。』

又　黄梅，和武曾〔一〕

春前數點，向水邊林下，孤影凌亂。圓磬開時，一抹檀心，明霞暈去還淺。分他崖蜜餘甘後〔二〕，怕金粟、如來窺見〔三〕。映短籬、初月微昏，迢遞暗香門掩〔四〕。蜂涷寒聲細細，偶來覓蕊處，飛入難辨。莫是仙人，泪滴銅盤，幻作此花生面〔五〕。誰家少婦年年織，織不到、乳鶯嬌蒨。趁夜燈、移近樽前，驗取珀光濃淡。

校訂

四庫本詞題作『黄梅，遥和武曾』。

凌，吴氏本、備要本、《清名家詞》作『零』。

箋注

〔一〕武曾，即李良年，見《減字木蘭花・雜憶》其八箋注〔一〕。

〔二〕崖蜜，山崖間野蜂所釀的蜜。又稱石蜜、岩蜜。色青，味微酸。

〔三〕『怕金粟』句，見《水龍吟・咏蠟梅》箋注〔八〕。

〔四〕『初月』句，宋林逋《山園小梅》：『疏影横斜水清淺，暗香浮動月黄昏。』

〔五〕『莫是』句，《三輔黄圖》卷三：『神明臺，武帝造，祭仙人處，上有承露盤，有銅仙人舒掌捧銅盤玉杯以承雲表之露，以露和玉屑服之，以求仙道。』《三國志・魏書・明帝紀》裴松之注引《漢晋春秋》：『帝徙盤，盤拆，聲聞數十里，金狄或泣，因留於霸城。』

輯評

陳維崧曰：『纖側取姿，絶似張玉田手筆。』
張潮曰：『采花成蜜，紅紫皆甜。』

又　咏金絲荷葉〔一〕

絲縈别浦，似嫩荷出水，青青如許。弱蒂牽風，乍密還疏，不礙蜻蜓來路。何人種向西窗外，添幾點、黄昏微雨。若遣伴、翠蓋紅衣，玉井更無尋處〔二〕。　誰把嘉名錫汝，傍蕻塘蓼岸，歌罷金縷〔三〕。淺碧初勻，手弄柔波，淡淹難成珠露〔四〕。深秋怕作闌珊别，共三十六陂凄楚〔五〕。且逐他、荇葉田田，一曲風潭清暑。

箋注

〔一〕金絲荷葉，荇菜的别名，淺水性植物。
〔二〕玉井，玉井蓮，古代傳説中的華山峰頂玉井所産之蓮。
〔三〕金縷，見《水龍吟·咏蠟梅》箋注〔一〕。

〔四〕淡沲，蕩漾貌。

〔五〕三十六陂，在今江蘇揚州。

八寶妝　咏未央宫銅奩〔一〕

渭上西風，漁床晚照，鐵網千絲初舉。翡翠迷離光映水，一片苔痕凄楚。咸陽遺制，花天月地樓臺，蜂黄蝶粉重重護〔二〕。細字蟲魚綉斷〔三〕，依稀金縷。　未央拋擲何年，昆吾村外〔四〕，濕磷入夜偷聚。慣點綴、鮫宫眉嫵，問飛燕〔五〕、菱花曾貯。思伴侣、銅駝陌上〔六〕，黄昏聽盡瀟瀟雨。算流落人間，玉箱也出茂陵去〔七〕。

校訂

菱花曾貯，《瑶華集》卷十六、《百名家詞鈔》作『舊時曾否』。

箋注

〔一〕未央宫，故址在今陝西西安西北長安故城内西南隅。西漢高祖七年建，新莽朝末毁，唐未央宫在禁苑中，至唐末毁。王士禛《池北偶談》卷十四『未央宫銅奩』條：『順治中，渭南漁人於渭水中得秦時未央宫香奩一具，銅緑如鸜鵒毛可愛。溧陽狄秋水敬爲潼關道兵備副使，得之。副使子億，予辛未所取士，今官翰林。』

〔二〕蜂黄蝶粉，宋周邦彦《滿江紅》：『臨寶鑒，緑雲撩亂，未忺妝束。蝶粉蜂黄都褪了，枕痕一綫紅生肉。』

〔三〕蟲魚，鳥蟲書爲漢王莽所定六體書之一，篆書的變體。

〔四〕昆吾，在長安南，靠終南山，漢代屬上林苑的範圍。

〔五〕飛燕，漢成帝皇后趙飛燕。

〔六〕銅駝陌，即銅駝街，在今河南洛陽故城中，以道旁曾有漢鑄銅駝兩枚相對而得名。

〔七〕玉箱，《漢武帝内傳》：『帝冢中先有一玉箱、一玉杖，此是西域康渠王所獻，帝甚愛之，故入梓宫中。』茂陵，漢武帝劉徹墓，在陝西興平東北。

輯評

王士禛曰：『咏一物具興廢之感，如讀「昭陵玉匣」之句。』

陳維崧曰：『讀竟，我亦欲效陌上銅仙，泪下如雨。』

霜葉飛　村居

數間茅屋荒原悄，紆迴樵徑幽獨。半竿斜照亂鴉啼，早隴頭歸牧。點幾樹、丹楓似簇，空林墮葉聲聲續。喜野老忘機，共領略、清泉白石，閑伴麋鹿。　入畫范緩倪迂〔一〕，柴門雙掩，靜對千尺飛瀑。繩床高卧聽秋風〔二〕，問何榮何辱。漫料理、牛衣罣𣪠〔三〕，凝寒未到深溪谷。倩濁醪、消長夜，醉裏生涯，悠然良足。

箋注

〔一〕范緩，北宋畫家范寬，名中正，字仲立，一字中立，華原人，今陝西耀縣人，爲人性情寬緩，人呼之『范緩』。倪迂，元末畫家倪瓚，字元鎮，號雲林，又號懶瓚倪迂，無錫人，善畫山水。

〔二〕繩床，見《尾犯·笋》箋注〔二〕。

〔三〕牛衣，宋蘇軾《浣溪沙》：『牛衣古柳賣黄瓜。』罣𣪠，下垂貌。

輯評

陳維崧曰：『似向子諲。』

張潮曰：『如讀《歸去來辭》。』

蘇武慢　元宵雪後作

皓魄初圓，罡風猶勁，剪破彤雲萬里。桂影扶疏，嫦娥清冷，白玉樓頭似水。銀花作陣，火樹迷空，照見離離珠蕊〔一〕。想蜀天積雪，峨嵋崖下〔二〕，佛燈如此〔三〕。何須問、雙鳳雲間，六鰲海上〔四〕，簫鼓聲中燕喜。竹葉橫窗，松陰滿徑，有個幽人在裏。白眼誰同〔五〕？青樽易歇，赤脚層冰游戲〔六〕。應難尋、千樹梅花，長笛一聲而已。

箋注

〔一〕『銀花』句，唐蘇味道《正月十五夜》：『火樹銀花合，星橋鐵鎖開。』

〔二〕峨嵋，峨眉，在四川峨眉縣西南，因山勢逶迤，有山峰相對如蛾眉，故名。是普賢菩薩的道場。

〔三〕佛燈，山谷間因光綫通過雲霧經衍射作用而産生的光環。古人以爲神异，謂之聖燈。宋范成大《吴船録》卷上：『上清之游，真天下偉觀哉。夜有燈出四山，以千百數，謂之聖燈。聖燈所至多有，説者不能堅决。或云古人所藏丹藥之光，或謂草木之靈者有光，或又以謂龍神山鬼所作，其深信者則以謂仙聖之所設化也。』明葉子奇《草木子·雜俎》：『聖燈，名山之大者往往皆有之，世人多歸之佛氏之神。如眉縣峨眉山、成都聖燈山、簡州天光觀、衡山聖燈巖、匡廬之神燈巖、明州天童山、高麗之太白山數處，聖燈時現，蓋山之精英之氣發爲光怪耳。』

〔四〕六鰲，神話中負載岱輿、員嶠、方壺、瀛洲、蓬萊五仙山的六隻大龜。

〔五〕白眼，《晋書·阮籍傳》：『籍又能爲青白眼，見禮俗之士，以白眼對之。』

〔六〕『赤脚』句，唐杜甫《早秋苦熱堆案相仍》：『南望青松架短壑，安得赤脚踏層冰。』

輯評

彭孫遹曰：『松筠之況，冰雪之懷，柳州所云「凄神愴骨」，境至清也。』

陳維崧曰：『字字清絶，是瑶臺閬苑中人語。』

李良年曰：『峨嵋佛燈，自有雪以來未經人道。』

惜餘春慢 雨雹

窈窕紋紗，參差曲檻，無計消他長夏。金鉦匿影，石燕穿雲，縹緲靈旗來也。隱隱輕雷度時，不惜真珠，抛殘盈把。似湘妃游泳〔一〕，玉徽零亂，冰弦彈罷。又疑是破陣錢塘〔二〕，青天飛去，雪霰一時交下。介山昨夜，風雨黄昏，霹靂車憑誰借〔三〕？怊悵方塘碧筒，出水初圓，怎禁狼藉。助新凉、午夢繩床〔四〕，仿佛聲飄鴛瓦。

箋注

〔一〕湘妃，舜帝的兩個妃子娥皇、女英，相傳没於湘水後爲湘水之神。

〔二〕破陣錢塘，即《錢塘破陳樂》。清王韜《淞濱瑣話·徐麟士》：『又使演《錢塘破陳樂》，聲音雄壯激烈，聽之殊令人興勒銘燕然之思。』

〔三〕『介山』句，唐段成式《酉陽雜俎》前集卷八：『李鄘在北都，介休縣百姓送解牒，夜止晋祠宇下。夜半有人叩門云：「介休王暫借霹靂車，某日至介休收麥。」良久，有人應曰：「大王傳語，霹靂車正忙，不及借。」其人再三借之，遂見五六人秉燭，自廟後出，介休使者亦自門騎而入。數人共持一物如幢扛，上環綴旗幡，授與騎者曰：「可點領。」騎者即數其幡，凡十八葉，每葉有光如電起。百姓遍報鄰村，令速收麥，將有大風雨，村人悉不信，乃自收刈。至其日，百姓率親情據高阜，候天色及午，介山上有黑雲氣如窑烟，斯須蔽天，注雨如綆。風吼雷震，凡損麥千餘頃。數村以百姓爲妖，訟之，工部員外郎張周封親睹其推案。』介山，在山西省介休市東南。春秋時晉國介子推隱居於此，故名。

〔四〕繩床，見《尾犯·笋》箋注〔二〕。

沁園春

長夏少事，撫枕輒睡，夢境荒忽，不一而足，因集古人夢事成篇

梧影初回，槐角風涼，引入華胥〔一〕。見蝴蝶園中，翩翩曬粉〔二〕；邯鄲道上，衮衮騎驢〔三〕。蕉鹿慵看〔四〕，櫻桃空啖〔五〕，擬上蚍蜉王者書〔六〕。南柯郡，有同昌嘉禮〔七〕，覓醉何如？　排空馭氣歸歟，更裊裊巫雲送我車〔八〕。問風雨連宵，西施曾葬〔九〕；鳳凰再降，蕭史焉居〔一〇〕。黍米山川〔一一〕，蘧廬將相，一瞬悲歡付子虛〔一二〕。醒來後，對豆棚茗碗，半晌躊躇。

箋注

〔一〕華胥，見《蝶戀花》（五月黄雲）箋注〔四〕。

〔二〕『蝴蝶』句，見《蝶戀花・題王宓草畫蝶》箋注〔三〕。

〔三〕『邯鄲』句，見《南鄉子・夏夕無寐，茫茫交集，輒韵語寫之，不求文也》其一箋注〔一〕。

〔四〕蕉鹿，《列子・周穆王》：『鄭人有薪於野者，遇駭鹿，御而擊之，斃之。恐人見之也，遽而藏諸隍中，覆之以蕉，不勝其喜。俄而遺其所藏之處，遂以爲夢焉。』

〔五〕櫻桃，《廣群芳譜》卷五十六：『《异聞録》：天寶初，有范陽盧子在東都，春暮游僧舍，僧方開講，盧詣之。有青衣携櫻桃一籠，因與同餐，遂隨之行，即夢爲御史爲相。經三十年，又逢青衣，復到僧舍，下馬，忽然昏醉。講僧云：「何久不起？」乃見身着白衫，服飾如故。問其僕，曰：「日已午矣。」』

〔六〕蚍蜉，唐代李公佐有傳奇《南柯太守傳》，記主人公淳於棼夢中至槐安國，與蟻族金枝公主成婚，任南柯太守二十年，享盡榮華，後又獲罪被放逐，醒來後發現槐安國竟是蟻穴。

〔七〕同昌，同昌公主，唐懿宗長女，下嫁韋保衡。

〔八〕巫雲，見《祝英臺近・賦得『更脱紅裙裹鴨兒』》箋注〔三〕。

〔九〕『問風雨』句，《太平廣記》卷二八二：『吾友王生者，元和初，夕夢游吴，侍吴王久之。聞宫中出輦，吹簫擊鼓，言葬西施。王悼悲不止，立詔門客作挽歌詞。』唐韓偓《哭花》：『若是有情争不哭，夜來風雨葬西施。』

〔一〇〕『鳳凰』句，漢劉向《列仙傳》卷上：『蕭史者，秦穆公時人也。善吹簫，能致孔雀、白鶴於庭，穆公有女，字弄玉，好之，公遂以女妻焉。日教弄玉作鳳鳴。居數年，吹似鳳聲，鳳凰來止其屋，公爲作鳳臺，夫婦止其上，不下數年，一旦皆隨鳳凰飛去。故秦人爲作鳳女祠於雍，宫中時有簫聲而已。』

〔一一〕黍米山川，宋釋普濟《五燈會元》：『一粒粟中藏世界，半升鐺内煮山川。』

〔一二〕子虚，司馬相如《子虚賦》中虚構的人物。

輯評

彭孫遹曰：『足敵子山一賦。』

王士禛曰：『令我説夢，不能到此。』

陳維崧曰：『讀末數語，是黄粱初熟時。』

張潮曰：『如許夢境，抽揚曲盡，真大夢而大覺者。』

又　贈柳敬亭〔一〕

席帽單衫〔二〕，擊缶嗚嗚，豈不快哉？況玉樹聲銷〔三〕，低迷禾黍〔四〕；梁園客散〔五〕，清淺蓬萊。蕩子辭家，羈人遠戍，耐可逢場作戲來？掀髯笑，謂浮雲富貴〔六〕，麯蘖都埋。　縱横四座嘲詼，嘆歷落嶔崎是辨才。想黄鶴樓邊，旌旗半捲；青油幕下，樽俎常陪〔七〕。江水空流，師兒安在〔八〕？六代興亡無限哀。君休矣，且扶同今古，共此銜杯。

箋注

〔一〕康熙九年（一六七〇），曹貞吉在京城遇到了明末清初的著名説書藝人柳敬亭，贈以《沁園春·贈柳敬亭》《賀新凉·再贈柳敬亭》二首。這兩首詞爲當時許多詞人所激賞，引起一次影響較大的唱和活動，曹禾、曹爾堪、汪懋麟、龔鼎孳、周在浚等當時著名詞人均有唱和。柳敬亭爲明末清初著名評話藝術家，康熙九年柳敬亭應龔鼎孳之邀來京説書，龔鼎孳聽柳敬亭説書後的席上限韻之作《贈柳叟敬亭同諸子限韻》七律兩首，收入《定山堂詩集》卷三十二《康熙庚戌秋冬存笥近稿》，庚戌即康熙九年，龔鼎孳又有和曹申吉詩《和曹澹餘少宗伯贈柳叟敬亭四絶句》，收在《定山堂詩集》卷四十三《康熙庚戌秋冬存笥近稿·七言絶句八》。曹禾《珂雪詞話》：『柳生敬亭以評話聞公卿，入都時，邀致接踵。一日過石林，許曰：「薄技必得諸君子贈言以不朽。」實庵首贈以二闋，合肥尚書見之扇頭，沉吟嘆賞，即援筆和韵珂雪之詞，一時盛傳京邑。學士顧庵叔自江南來，亦連和二章，敬亭名由此增重。』

〔二〕席帽，以藤席爲骨架，形似氈笠，四緣垂下，可遮蔽太陽。宋吴處厚《青箱雜記》卷二：『（宋李巽）累舉不第，爲鄉人所侮，曰：「李秀才應舉，空去空回，知席帽甚時得離身？」巽亦不較，至是，乃遺鄉人詩曰：「當年踪迹困泥塵，不意乘時亦化鱗。爲報鄉閭親戚道，如今席帽已離身。」』

〔三〕玉樹，見《浣溪沙·步阮亭紅橋韵》其二箋注〔三〕。

〔四〕禾黍，見《孤鸞·送陸藎思歸武林，時新有悼亡之戚》箋注〔二〕。

〔五〕梁園，《史記·梁孝王世家》：『於是孝王築東苑，方三百餘里。……招延四方豪桀，自山以東游説之士。莫不畢至，齊人羊勝、公孫詭、鄒陽之屬。』張守節正義引《括地志》云：『兔園在宋州宋城縣東南十里。』葛洪《西京雜記》云「梁孝王苑中有落猨巖、栖龍岫、雁池、鶴洲、鳧島。諸宫觀相連，奇果佳樹，瑰禽异獸，靡不畢備」。俗人言梁孝王竹園也。』此處借指柳敬亭曾入左良玉幕之事。

〔六〕『謂浮雲』句，《論語·述而》：『子曰：「不義而富且貴，於我如浮雲。」』

〔七〕『想黄鶴樓』句，柳敬亭曾入明末將領左良玉幕府，與左良玉賓主相得，參與幕府機要，甚至曾爲左良玉出使南明王朝，人稱柳將軍。清孔尚任《桃花扇·哭主》一出寫左良玉設宴黄鶴樓，席間聽柳敬亭説書。

〔八〕『江水』句，左良玉於南明弘光元年（一六四五）從武昌起兵，以清君側爲名，進軍南京，未幾，病死於九江舟中。南明政權也於清康熙二十二年（一六八三）在清軍打擊下最後覆滅。

輯評

王士禛曰：『柳生未足當此，借他人酒杯澆自己磊塊耳。「扶同」二字妙贛，君分别黑白，不免多事。』

陳維崧曰：『此詞旗亭畫壁久矣，今讀之猶如初脱口也。』

張潮曰：『快讀一過，如聽柳生擊缶雄談。』

又　病齒戲作

檢點形骸，牙齒空存，凋零可哀。似潮嚙危巘，谽谺欲墮〔一〕；蟲雕敗葉，次第成灰。活玉巢邊〔二〕，大郎游戲，狗竇從君出入來〔三〕。昌黎曰：倘歲常落一，兩紀奚猜〔四〕？　只愁三五爲儕，拚一夜霜風散早梅。彼伏生床上，傳經詰曲〔五〕；張君杜下，覓乳徘徊〔六〕。語怕成訛，食還喜軟，遮莫廉頗善飯哉〔七〕？柔能久，但吾生舌在〔八〕，暫此銜杯。

箋注

〔一〕谽谺，中空貌。

〔二〕活玉巢，宋陶穀《清异録》『活玉巢』條：『盩厔吏魁，召士人訓子弟，館於門。士人素有蛀牙，一日復作，左腮掀腫，遂張口卧，意似瞢騰。忽聞有聲發於齗顎，若切切語言，人馬喧哄，漸次出口外，痛頓止。至半夜，却聞先來之聲仍云：「小都郎回活玉巢也。」似呵喝狀，頰上蠢蠢然直入口，彈指頃，齒大痛。詰旦，具告主人。勸呼符祝，用符水。士人從之，痛已腫消，竟不知何怪也。』

〔三〕『狗竇』句，南朝宋劉義慶《世説新語·排調》：『張吴興年八歲，虧齒，先達知其不常，故戲之曰：「君口中何爲開狗竇？」張應聲答曰：「正使君輩從此中出入。」』宋辛弃疾《卜算子·齒落》：『已闕兩邊厢，又豁中間個。説與兒曹莫笑翁，狗竇從君過。』

〔四〕『昌黎』句，唐韓愈《落齒》：『倘常歲落一，自足支兩紀。』兩紀，二十四年，一紀爲十二年。

〔五〕『彼伏生』句，《史記·儒林列傳》：『伏生者，濟南人也。故爲秦博士。孝文帝時，欲求能治《尚書》者，天下無有，乃聞伏生能治，欲召之。是時伏生年九十餘，老，不能行，於是乃詔太常使掌故朝錯往受之。秦時焚書，伏生壁藏之。其後兵大起，流亡，漢定，伏生求其書，亡數十篇，獨得二十九篇，即以教于齊魯之間。學者由是頗能言《尚書》，諸山東大師無不涉《尚書》以教矣。』

〔六〕『張君』句，張君，漢丞相張蒼，秦時爲柱下史。《史記·張丞相列傳》：『蒼之免相後，老，口中無齒，食乳，女子爲乳母。妻妾以百數，嘗孕者不復幸。蒼年百有餘歲而卒。』

〔七〕『遮莫』句，《史記·廉頗藺相如列傳》：『廉頗居梁久之，魏不能信用。趙以數困於秦兵，趙王思復得廉頗，廉頗亦思復用於趙。趙王使使者視廉頗尚可用否。廉頗之仇郭開多與使者金，令毀之。趙使者既見廉頗，廉頗爲之一飯斗米，肉十斤，被甲上馬，以示尚可用。趙使還報王曰：「廉將軍雖老，尚善飯，然與臣坐，頃之三遺矢矣。」趙王以爲老，遂不召。』

〔八〕『但吾生』句，《史記·張儀列傳》：『張儀已學游説諸侯。嘗從楚相飲，已而楚相亡璧，門下意張儀，曰：「儀貧無行，必此盗相君之璧。」共執張儀，掠笞數百，不服，醳之。其妻曰：「嘻！子毋讀書游説，安得此辱乎？」張儀謂其妻曰：「視吾舌尚在不？」其妻笑曰：「舌在也。」儀曰：「足矣。」』

輯評

彭孫遹曰：『捃拾齒事殆盡，使王摛見之，何處更抽扇簟？』

王士禛曰：『升老病齒一闋，雖稼軒復起，何以過之？叔夏、公瑾不足道也。』

陳維崧曰：『俶詭離奇，妙絶千古。』

李良年曰：『嘻笑之章，亦復巉嵯峄峭。』

張潮曰：『我更愛其博奥。』

又　泛舟明湖，訪仲愚留飲即事，李道思、劉伯叙繼至〔一〕

所謂伊人，一水盈盈，欲往從焉〔二〕。見雁影蕭條，烟波上下；漁歌欸乃〔三〕，笭箵便娟〔四〕。雨笠烟蓑，瓔瓢竹杖，衰柳殘荷望渺然。櫓聲斷，恰門横短港，巷面青山。

一觴一咏流連，殊不似、扁舟雪夜還。況高議雲生，尊同北海〔五〕；勝流狎集，客比西園〔六〕。鴻爪遭逢〔七〕，萍踪聚散，絶勝他人交十年。拚沉醉，問中秋好月，可照湖干？

校訂

四庫本詞題中『李道思、劉伯叙繼至』作『有李道思、劉伯叙繼至』。

箋注

〔一〕孫寶侗，字仲愚，一作仲孺，山東益都顔神鎮（今淄博博山）人。孫廷銓之子，官都察院經歷，著有《惇裕堂集》。

〔二〕『所謂』句，《詩經·秦風·蒹葭》：『蒹葭蒼蒼，白露爲霜。所謂伊人，在水一方。溯洄從之，道阻且長。溯游從之，宛在水中央。』

〔三〕漁歌欸乃，唐柳宗元《漁翁》：『烟銷日出不見人，欸乃一聲山水緑。』

〔四〕便娟，美好貌。

〔五〕『况高議』句，《後漢書·孔融傳》：『時年饑兵興，操表制酒禁，融頻書争之，多侮慢之辭。……及退閑職，賓客日盈其門。常嘆曰：「坐上客恒滿，樽中酒不空。吾無憂矣！」』北海，漢末孔融曾爲北海相。

〔六〕西園，北宋駙馬都尉王詵之第。元豐初，王詵曾邀同蘇軾、蘇轍、黄庭堅、米芾、蔡肇、李之儀、李公麟、晁補之、張耒、秦觀、劉涇、陳景元、王欽臣、鄭嘉會、圓通大師十六人游園。

米芾爲記，李公麟作圖，史稱『西園雅集』。

〔七〕鴻爪遭逢，見《百字令·朱錫鬯過訪不值，悵然有寄》箋注〔六〕。

輯評

彭孫遹曰：『「衰柳殘荷望渺然」勝於「斜陽冉冉春無際」。』

陳維崧曰：『結句沉吟不盡，大有「不愁明月盡，自有夜珠來」遺意。』

張潮曰：『如輞水淪漣，與月上下。』

又 題美人畫芙蓉

裊裊亭亭，何處折來，芙蓉一枝。是青溪女士〔一〕，寫生妙手；花光粉膩，游戲爲之。縱使無情，也應有恨，月白風輕欲墮時。堪憐處，傍沙汀蘆岸，掩冉丰姿〔二〕。

多愁多病蛾眉，便畫出、傷心寄阿誰？憶紅樓倦綉，輕拈小筆；烏絲罷咏〔三〕，淡抹脣脂。更費雌黄〔四〕，枝頭點染，添個翩翩蝴蝶兒。吹能起，笑拂蠅成誤〔五〕，老眼迷離。

校訂

丰，《瑶華集》卷十七作『風』。

箋注

〔一〕青溪女士，范珏，字雙玉，明代金陵名妓，善畫山水。

〔二〕掩冉，輕盈柔美貌。

〔三〕烏絲，見《珍珠簾·爲牧仲題〈楓香詞〉》箋注〔二〕。

〔四〕雌黄，用礦物雌黄製成的顔料。

〔五〕拂蠅成誤，《三國志·吴書·趙達傳》裴松之注引《吴録》曰：『曹不興善畫，權使畫屏風，誤落筆點素，因就以作蠅。既進御，權以爲生蠅，舉手彈之。』

輯評

彭孫遹曰：『渾脱瀏利，詞家所難。』

陳維崧曰：『點染寫生，不數南唐北宋。』

又 讀子厚新詞却寄〔一〕

其一

不見澂庵，六年於兹，思如之何？憶大明湖畔，論心握手；之萊海上〔二〕，痛飲高歌。以子襟懷，消人鄙吝，叔度汪汪千頃波〔三〕。分袂後，想生平意氣，暗裏蹉跎。

驚聞二豎相苛〔四〕，早伏枕、山中歲月多。幸清漳第近〔五〕，時過小阮〔六〕；人來不夜〔七〕，問訊無他。拚事醫王，未驅窮鬼，且負青青六尺蓑。長安市，悵故人疏放，老子婆娑。

箋注

〔一〕黄垍，字子厚，號澂庵，山東即墨人，康熙二年（一六六三）舉人。工書畫。有《草法輯略》《夕霏亭集》。

〔二〕之萊，即之罘，也作芝罘，在今山東烟臺北。

〔三〕『叔度』句，《後漢書·黄憲傳》：『郭林宗少游汝南，先過袁閎，不宿而退；進往從憲，累日方還。或以問林宗。林宗曰：「奉高之器，譬諸氿濫，雖清而易挹。叔度汪汪若千頃陂，澄之不清，淆之不濁，不可量也。」』

〔四〕二豎相苛，指疾病侵襲。《左傳·成公十年》：『公疾病，求醫於秦。秦伯使醫緩爲之。未至，公夢疾爲二豎子，曰：「彼，良醫也。懼傷我，焉逃之？」其一曰：「居肓之上，膏之下，若我何？」。醫至，曰：「疾不可爲也，在肓之上，膏之下，攻之不可，達之不及，藥不至焉，不可爲也！」公曰：「良醫也！」厚爲之禮而歸之。』

〔五〕清漳，漢劉楨《贈五官中郎將四首》其二：『余嬰沉痼疾，竄身清漳濱。』

〔六〕小阮，見《減字木蘭花·雜憶》其五箋注〔二〕。

〔七〕不夜，唐李吉甫《元和郡縣圖志》卷十一：『不夜故城，在縣東北八十五里。屬東萊郡。春秋時萊子所置，初築此城，有日夜出，故名之。』黄垍爲山東即墨人，即墨古屬東萊。

輯評

彭孫遹曰：『不事雕鎪，俱成妙詣，此絢爛極而平淡生也。』

其二

憑藉飛鴻，貽我一編，花間草堂〔一〕。喜風流旖旎，小山珠玉〔二〕；驚心動魄，西蜀南唐〔三〕。更愛長篇，嵚崎歷落，辛陸遥遥一瓣香〔四〕。吟哦久，姤金荃佳句〔五〕，遂滿奚囊〔六〕。　休論小弟行藏，嘆筆硯、年來已盡荒。縱勞他精衛，難填悶海〔七〕；傾來米汁，莫潤愁腸。鳥亦傷心，花能濺泪，獨對東風舞一場〔八〕。如何是，羡扁舟漁父，蘆荻蒼蒼。

箋注

〔一〕花間，五代後蜀趙崇祚編《花間集》。草堂，南宋何士信編《草堂詩餘》。兩部詞集所收詞風格多婉約柔靡。

〔二〕小山，晏幾道詞集名。珠玉，晏殊詞集名。晏幾道、晏殊均爲婉約派詞人的代表。

〔三〕西蜀南唐，五代十國時期，後蜀、南唐爲填詞風氣蔚然的兩個國家。

〔四〕辛陸，南宋詞人辛弃疾和陸游。一瓣香，見《減字木蘭花·雜憶》其四箋注〔二〕。

〔五〕金荃，温庭筠有《金荃集》。

〔六〕奚囊，見《減字木蘭花·雜憶》其七箋注〔二〕。

〔七〕『縱勞』句，《山海經·北山經》：『又北二百里，曰發鳩之山，其上多柘木。有鳥焉，其狀如烏，文首、白喙、赤足，名曰精衛，其鳴自詨。是炎帝之少女名曰女娃，女娃游於東海，溺而不返，故爲精衛，常銜西山之木石，以堙於東海。』

〔八〕『鳥亦』句，唐杜甫《春望》：『感時花濺泪，恨別鳥驚心。』

輯評

陳維崧曰：『瀏脱頓挫，想見公孫舞劍、張旭草書時。』

張潮曰：『先生長調妙絶古今，此詞乃是自爲寫照。』

其三

讀罷新詞，擊碎唾壺〔一〕，悄然以悲。任邯鄲枕上，重裀列鼎〔二〕；大槐宫裏，貂錦蛾眉〔三〕。未了功名，難消磊塊，不向空門何處歸？又底事，問安期高誓〔四〕，乞取刀圭。　茫茫大造誰知，况世上、原無真是非。彼南華齊物，呼牛呼馬〔五〕；靈均呵壁〔六〕，將信將疑。我賦三章，爲君七發〔七〕，得愈頭風或有之。掀髯笑，望西山一帶，暮雨迷離。

校訂

爲君，吴氏本、備要本、《清名家詞》作『君爲』。

箋注

〔一〕擊碎唾壺，《晉書·王敦傳》：『每酒後輒咏魏武帝樂府歌曰：「老驥伏櫪，志在千里。烈士暮年，壯心不已。」以如意打唾壺爲節，壺邊盡缺。』

〔二〕邯鄲枕，見《南鄉子·夏夕無寐，茫茫交集，輒韵語寫之，不求文也》其一箋注〔一〕。

〔三〕大槐宫，見《沁園春·長夏少事，撫枕輒睡，夢境荒忽，不一而足，因集古人夢事成篇》箋注〔六〕。

〔四〕安期，晉皇甫謐《高士傳》：『安期生者，琅琊人也，受學河上丈人，賣藥海邊，老而不仕，時人謂之「千歲公」。秦始皇東游，請與語三日三夜，賜金璧直數千萬。』後安期生弃金不顧，留書始皇：『後數年求我於蓬萊山。』秦始皇遣使入海求之，遇風浪而還，未果。高誓，《史記·秦始皇本紀》：『三十二年，始皇之碣石，使燕人盧生求羡門、高誓。』

〔五〕『彼南華』句，即《南華經·齊物論》，《南華經》即《莊子》。呼牛呼馬，指毀譽由人，悉聽自然。《莊子·天道》：『昔者子呼我牛也，而謂之牛；呼我馬也，而謂之馬。』

〔六〕靈均呵壁，見《蝶戀花·看演祭皋陶劇，仍用前韵》箋注〔五〕。靈均，屈原《離騷》：『名余曰正則兮，字余曰靈均。』

〔七〕七發，漢枚乘作辭賦名篇《七發》，文中假設楚太子有病，吴客說七事以啓發太子。

輯評

陳維崧曰：『僕題《珂雪詞》有雄深蒼穩之贈，諸公試瞪目讀此等詞，然乎否？』

王士禛曰：『以詞代書，亦奇。』

張潮曰：『讀「世上原無真是非」一語，不勝嘆息。」』

又

送藍公漪還閩〔一〕

閩海畸人，凌轢詞壇，飛揚若斯。况烟雲落紙，南宫北苑；鋸鋙切玉〔二〕，周鼎商彝。大翮山頭〔三〕，鴻都門下〔四〕，一藝分來自可師。延秋路〔五〕，對西風黄葉，欹帽吟詩。　滄浪遺派攸歸，除高棅、林鴻更有誰〔六〕？喜霜濃月白，共君一醉；短衣孤劍，此去安之？三尺殘陽，兩行枯柳，衰草平蕪有所思。今行矣，想舊廬無恙，松菊依稀。

校訂

凌，吴氏本、備要本、《清名家詞》作『陵』。

箋注

〔一〕藍漣，字公漪，侯官（今福建福州）人。康熙間布衣，工篆隸、古體詩，有《采飲集》。

〔二〕錕鋙，《列子·湯問》：『周穆王大征西戎，西戎獻錕鋙之劍，火浣之布。其劍長尺有咫，練鋼赤刃，用之切玉如切泥焉。』

〔三〕大翮山，位於今北京延慶區張山營鎮北部與河北省赤城縣交界處，屬於燕山山脉。

〔四〕鴻都門下，東漢靈帝光和元年（一七八）曾在洛陽鴻都門設立學校，專習辭賦書畫。

〔五〕延秋路，唐長安禁苑西門名延秋門。天寶十四載冬，安禄山起兵叛亂。次年六月，唐玄宗即由延秋門出長安，赴蜀避難。

〔六〕『滄浪』句，閩中詩人規摹盛唐的源頭爲宋代嚴羽《滄浪詩話》，至明代以高棅、林鴻爲首的閩十子出現，標志着閩派的形成。

輯評

陳維崧曰：『感慨芊綿，如讀許渾、趙嘏懷古登高諸作。』

張潮曰：『如見藍公多才多藝。』

又

日照李伯開作生壙成，自題云：『竹帛誰千古，烟霞我一丘。』余喜其能達生也，詞以贈之[一]

表聖之徒[二]，富貴浮雲[三]，能齊死生[四]。憶早年任俠，千夫辟易[五]；中年策杖，五岳縱横。紫塞黄榆[六]，短衣孤劍，鬱鬱胸蟠百萬兵[七]。今老矣，向荒山寄迹，汐社藏形[八]。　牛眠好卜佳城[九]，便撒手、懸崖自在行。彼麒麟贔屭[一〇]，誰當不朽？烟霞没滅，我本無營。大海潮青，嵐峰月白，樂此安知後世名？君無語，持黄金鑿落[一一]，飲若長鯨[一二]。

校訂

《瑶華集》卷十七詞題作『友人李生作壙成，詞以贈之』。

箋注

〔一〕李時泰，字伯開，山東日照人，明崇禎十二年（一六三九）武科進士。生壙，清趙翼

《陔餘叢考·生壙》引《後漢書·趙岐傳》：『岐自爲春秋藏，圖季札、子産、晏嬰、叔向四像居賓位，自畫其像居主位，皆爲贊頌。此生壙之始也。』達生，《莊子·達生》：『達生之情者，不務生之所無以爲。』

〔二〕表聖之徒，司空圖，字表聖，《舊唐書·司空圖傳》：『圖既脱柳燦之禍還山，乃預爲壽藏終制。故人來者，引之壙中，賦詩對酌，人或難色，圖規之曰：「達人大觀，幽顯一致，非止暫游此中，公何不廣哉！」』

〔三〕富貴浮雲，見《沁園春·贈柳敬亭》箋注〔六〕。

〔四〕能齊死生，《莊子·齊物論》中提出了『齊死生』的思想。

〔五〕辟易，《史記·項羽本紀》：『是時，赤泉侯爲騎將，追項王，項王瞋目而叱之，赤泉侯人馬俱驚，辟易數里。』

〔六〕紫塞，晋崔豹《古今注·都邑》：『秦築長城，土色皆紫，漢塞亦然，故稱紫塞焉。』黄榆，唐于濆《戍客南歸》：『北別黄榆塞，南歸白雲鄉。』

〔七〕『鬱鬱』句，《魏書·崔浩傳》：『世祖指浩以示之，曰：「汝曹視此人，尫纖懦弱，手不能彎弓持矛，其胸中所懷，乃逾於甲兵。」』

〔八〕汐社，宋方鳳《謝君皋羽行狀》：『（謝翱）後避地浙水東，留永嘉、括蒼四年，往來鄞越復五年……大率不務爲一世人所好，而獨求故老與同志，以證其所得。會友之所名汐社，期晚而信，蓋取諸潮汐。』

〔九〕牛眠，《晉書·周訪傳》：『初，陶侃微時，丁艱，將葬，家中忽失牛而不知所在。遇一老父，謂曰：「前崗見一牛眠山污中，其地若葬，位極人臣矣。」又指一山云：「此亦其次，當世出二千石。」言訖不見。侃尋牛得之，因葬其處，以所指别山與訪。訪父死，葬焉，果爲刺史，著稱寧、益，自訪以下，三世爲益州四十一年，如其所言云。』

〔一〇〕麒麟，古代傳説中的一種動物，形狀像鹿，頭上有角，全身有鱗甲，尾像牛尾，古人以爲仁獸、瑞獸。贔屭，蠵龜的别名。

〔一一〕黄金鑿落，宋葉廷珪《海録碎事·飲食》：『湘楚人以盞斝中鎸鏤金鍍者爲金鑿落。』

〔一二〕飲若長鯨，唐杜甫《飲中八仙歌》：『左相日興費萬錢，飲如長鯨吸百川。』

又　再贈李君，聊廣其意

日月跳丸〔一〕，虎頭健兒〔二〕，鷄皮老翁。笑求仙問藥，都無憑據；靈椿朝菌〔三〕，一樣成空。羊角扶摇〔四〕，枋榆栖止〔五〕，總在茫茫噫氣中〔六〕。何處問，有南柯太守〔七〕，馬鬣高封〔八〕。　達人游戲神通〔九〕，便冢象祁連蟻垤同〔一〇〕。甚珠襦玉匣〔一一〕，牛羊廢壠，金鳧銀雁，禾黍秋風〔一二〕。天地蘧廬，乾坤窀穸〔一三〕，千載王孫道未窮。今古恨，是白楊衰草，掩盡英雄。

校訂

《瑶華集》卷十七録此詞，無此詞題。

箋注

〔一〕日月跳丸，見《百字令·朱錫鬯過訪不值，悵然有寄》箋注〔四〕。

〔二〕虎頭，見《消息·和錫鬯〈度雁門關〉》箋注〔七〕。

〔三〕靈椿，《莊子·逍遥游》：『上古有大椿者，以八千歲爲春，八千歲爲秋。』朝菌，《莊子·逍遥游》：『朝菌不知晦朔，蟪蛄不知春秋。』

〔四〕羊角扶摇，《莊子·逍遥游》：『有鳥焉，其名爲鵬，背若泰山，翼若垂天之雲，摶扶摇羊角而上者九萬里，絶雲氣，負青天，然後圖南，且適南冥也。』

〔五〕枋榆栖止，《莊子·逍遥游》：『我決起而飛，槍榆枋而止，時則不至，而控於地而已矣，奚以之九萬里而南爲？』

〔六〕噫氣，《莊子·齊物論》：『夫大塊噫氣，其名爲風。』

〔七〕南柯太守，唐代李公佐傳奇《南柯太守傳》中的主人公。

〔八〕馬鬣，《禮記·檀弓上》：『昔者夫子言之曰：「吾見封之若堂者矣，見若坊者矣，見若覆夏屋者矣，見若斧者矣。」從若斧者焉，馬鬣封之謂也。』孔穎達疏：『馬鬣之上，其肉薄，封形似之。』

〔九〕游戲神通，即神通游戲，謂佛菩薩以神通化度衆生如游戲然。

〔一〇〕祁連，祁連山，廣義的祁連山是甘肅省西部和青海省東北部邊境山地的總稱，綿延一千公里。

〔一一〕珠襦玉匣，見《望江南·代泉下人語》其二箋注〔二〕。

〔一二〕禾黍，見《孤鸞·送陸藎思歸武林，時新有悼亡之戚》箋注〔二〕。

〔一三〕窀穸，墓穴。

八歸　題其年《填詞圖》〔一〕

散聖安禪〔二〕，烏衣白袷〔三〕，淡宕風流如許。酒旗戲鼓人間世〔四〕，博得蕭然驢背，鬚眉塵土。凌轢詞壇三十載，寫六代、興亡無數。翻墨瀋，歷落嵚崎，看海奔鯨怒。

誰拂生綃作照，維摩清冷，坐對散花天女〔五〕。三疊霓裳〔六〕，一聲河滿〔七〕，曲項琵琶金縷〔八〕。問英雄紅粉，可到相逢斷腸處？想歌闌、深卮微勸，銀甲春寒，水沉香慢炷。

校訂

《瑤華集》卷十七載此詞，題作『題其年填詞圖小像』。

袷，《瑤華集》作『帢』。

宕，《瑤華集》作『蕩』。

淩，吴氏本、備要本、《清名家詞》作『陵』。

詞壇，《瑤華集》作『詞場』。

箋注

〔一〕其年，即陳維崧，見《水調歌頭·午日和其年》箋注〔一〕。此首作於康熙十七年，是年陳維崧入京師赴博學鴻詞科考試，携帶釋大汕所繪《迦陵填詞圖》。陳康祺《郎潛紀聞四筆》卷六：『康熙朝，海內老輩傳有三圖：一爲朱竹垞《烟雨歸耕圖》，一爲李秋錦《灌園圖》，一爲陳迦陵《填詞圖》。蓋三君皆命世才，仗劍出門，窮老盡氣，所交皆天下奇士，胸中鬱律不可一世，一題一咏，其詩詞盡古今之瑰寶也。三圖今不知落何許，以康祺所聞，惟《填詞圖》流傳最久，其題咏補續亦最多。』

〔二〕安禪，指静坐入定，俗稱打坐。

〔三〕烏衣，《三國志·魏書·鄧艾傳》：『值歲凶旱，艾爲區種，身被烏衣，手執耒耜，以率將士。』

〔四〕酒旗戲鼓，宋周邦彦《西河·金陵懷古》『酒旗戲鼓甚處市？想依稀、王謝鄰里。』

〔五〕『維摩』句，《維摩經·觀衆生品》：『時維摩詰室，有一天女，見諸天人聞所説法，便現其身，即以天花散諸菩薩大弟子上，花至諸菩薩，即皆墜落，至大弟子，便著不墜』。

〔六〕霓裳，見《百字令·中秋和其年，時甫過地震》箋注〔二〕。

〔七〕河滿，即《何滿子》。

〔八〕金縷，見《水龍吟·咏蠟梅》箋注〔一〕。

賀新凉　再贈柳敬亭〔一〕

咄汝青衫叟〔二〕，閲浮生〔三〕、繁華蕭索，白衣蒼狗〔四〕。六代風流歸抵掌，舌下濤飛山走〔五〕。似易水、歌聲聽久〔六〕。試問於今真姓字，但回頭、笑指蕪城柳〔七〕。休暫住，譚天口〔八〕。　當年處仲東來後〔九〕，斷江流、樓船鐵鎖〔一〇〕，落星如斗。七十九年塵土夢，纔向青門沽酒。更誰是、嘉榮舊友〔一一〕？天寶琵琶宮監在〔一二〕，訴江潭、憔悴人知否〔一三〕？今昔恨，一搔首。

校訂

再贈柳敬亭，《瑶華集》卷十八、《東白堂詞選》卷十四無『再』字。

叟，《東白堂詞選》作『瘦』。

索，《近三百年名家詞選》作『瑟』。

於，《東白堂詞選》作『如』。

字，《瑶華集》《清詞玉屑》作『氏』。

譚，《瑶華集》《百名家詞鈔》《東白堂詞選》《清詞玉屑》作『談』。

榮，《瑶華集》作『賓』。

訴，《東白堂詞選》作『只』，《清詞玉屑》作『泝』。

一，《瑶華集》《東白堂詞選》作『頻』。

箋注

〔一〕柳敬亭，見《沁園春·贈柳敬亭》箋注〔一〕。

〔二〕青衫，見《减字木蘭花·天津道中》箋注〔一〕。

〔三〕浮生，《莊子·刻意》：『其生若浮，其死若休。』

〔四〕白衣蒼狗，唐杜甫《可嘆》：『天上浮雲如白衣，斯須改變如蒼狗。』

〔五〕『六代』句，清黄宗羲《柳敬亭傳》：『每發一聲，使人聞之，或如刀劍鐵騎，颯然浮空，或如風號雨泣，鳥悲獸駭；亡國之恨頓生，檀板之聲無色。』

〔六〕『似易水』句，見《百字令·咏史》其二箋注〔四〕。

〔七〕『試問』句，清黄宗羲《柳敬亭傳》：『柳敬亭者，揚之泰州人。本姓曹，年十五，獷悍無賴，犯法當死，變姓柳，之盱眙市中爲人説書。』清吴偉業《柳敬亭傳》：『（柳敬亭）過江休大柳下，生攀條泫然。已，撫其樹，顧同行數十人曰：「嘻！吾今氏柳矣！」』蕪城，即古廣陵城，位於今江蘇揚州。鮑照作有《蕪城賦》。柳敬亭所居的泰州隸屬揚州府，故言。

〔八〕譚天口，《史記·孟子荀卿列傳》：『騶衍之術迂大而閎辯，奭也文具難施，淳于髡久與處，時有得善言。故齊人頌曰：「談天衍，雕龍奭，炙轂過髡。」』裴駰集解引漢劉向《别録》：『騶衍之所言五德終始，天地廣大，盡言天事，故曰，「談天」。』

〔九〕處仲，晋王敦的字。《晋書·王敦傳》記載，晋元帝永昌元年（三二二），荆州刺史王敦以誅隗爲名，在武昌謀反。他率兵東下攻陷石頭城（故址在今南京清凉山一帶），入朝自爲丞相，并謀篡帝位。後王敦退兵姑孰（今安徽當塗縣），自爲揚州牧。明帝太寧二年（三二四），王敦再次謀反，兵入江寧，却病死於途中。

〔一〇〕樓船鐵鎖，見《金菊對芙蓉·和錫鬯〈蜈磯吊孫夫人〉》箋注〔七〕。

〔一一〕嘉榮舊友，唐劉禹錫《與歌者米嘉榮》：『唱得涼州意外聲，舊人唯數米嘉榮。』米嘉榮，唐時米國人，憲宗、穆宗朝宫廷樂師。

〔一二〕天寶琵琶，見《綺羅香·宋牧仲座上聞歌》箋注〔七〕。

〔一三〕江潭，北周庾信《枯樹賦》：『昔年種柳，依依漢南。今看摇落，凄愴江潭。』此處以『江潭』暗指柳姓，又暗指柳敬亭入左良玉武昌幕府事。

輯評

王士禛曰：『贈柳生詩詞，牛腰束矣，當以此爲壓卷。』

彭孫遹曰：『如柳州柳刺史種柳柳江邊，涉筆成趣。』

顔光敏曰：『樅金戛玉，亦復石破天驚，得此兩作，敬亭不朽矣。』

陳維崧曰：『百十六字括盡梅村先生敬亭一傳。』

張潮曰：『兩詞嶔崎歷落，骯髒激昂，傳神阿堵。』

郭則澐《清詞玉屑》：『曹實庵贈柳敬亭詞，芝麓見之扇頭，即援筆次韵；顧庵至自江南，亦合之；一時推爲絶唱，然未必盡勝龍松。其詞爲《沁園春》《賀新涼》二闋，次闋特勝……蓋亦同龍松韵也。當日雅流聯翩，投贈不減秋水軒唱酬之盛。』

又　送周雪客南歸〔一〕

其一

雲際孤帆卷，送將歸，登山臨水，離情難遣。年少周郎江左去，望裏寒林霜泫。問底事、頻勞雙繭？奕葉才名推綉虎〔二〕，共秦淮、春水無深淺。逸興到，剡藤展〔三〕。

風流顧曲亭邊顯〔四〕，是何年、看山讀畫，佳名題扁？擊筑燕臺文酒伴〔五〕，自愧淮南鷄犬〔六〕。驪駒唱〔七〕、寧須求免？歸矣青溪三尺棹〔八〕，坐六朝、金粉翻前典。江似練，爲君剪。

校訂

《秋水軒倡和詞》詞題作《送雪客南旋再和前韵》。

箋注

〔一〕周在浚，字雪客，一字龍客，號梨莊。河南祥符人，清代文學家。周亮工之子。

〔二〕奕葉，纍世，代代。綉虎，見《減字木蘭花·雜憶》其六箋注〔一〕。

〔三〕剡藤，剡溪出産的藤可以造紙，負有盛名。

〔四〕風流顧曲，《三國志·吴書·周瑜傳》：『瑜少精意於音樂，雖三爵之後，其有闕誤，瑜必知之，知之必顧，故時人謡曰：「曲有誤，周郎顧。」』

〔五〕擊筑，《史記·刺客列傳》：『至易水之上，既祖，取道，高漸離擊筑，荆軻和而歌，爲變徵之聲，士皆垂泪涕泣。』燕臺，見《滿江紅·金臺懷古》箋注〔一〕。

〔六〕淮南鷄犬，晋葛洪《神仙傳·淮南王》：『乃取鼎煮藥，使王服之。骨肉近三百餘人同日升天，鷄犬舐藥器者亦同飛去。』

〔七〕驪駒，《漢書·王式傳》：『謂歌吹諸生曰：「歌《驪駒》。」』顔師古注：『服虔曰：「逸詩篇名也，見《大戴禮》，客欲去，歌之。」』

〔八〕青溪，指三國吴在建業城東南所鑿東渠。發源於今江蘇南京鐘山西南，流經南京市區入秦淮河，曲折達十餘里，亦名九曲青溪。

輯評

彭孫遹曰：『令人却憶謝玄暉。』

張潮曰：『險韵妙押，當與顧庵學士二十二章并傳。』

其二

敗葉西風卷，近河橋，六花片片〔一〕，離觴聊遣。撲面驚沙森似霧，日暮蘆溝冰泫。寒夜凍馬毛如繭。爲愛雲山歸去好，諒雲山、於子情非淺。五岳志〔二〕，向禽展〔三〕。　文章雖以幽栖顯，更須憑、經綸大手，爲時盧扁〔四〕。路近三茅丹鼎在〔五〕，洞裏一聲仙犬〔六〕。塵土夢、知君其免。淮水東邊明月上，問齊梁、佳勝何人典？春草緑，不容剪。

校訂

情，《秋水軒倡和詞》作『緣』。

知，《秋水軒倡和詞》作『唯』。

箋注

〔一〕六花，雪花結晶六瓣，故名。

〔二〕五岳志，明徐霞客《游嵩山日記》：『余髫年蓄五岳志，而玄岳出五岳上，慕尤切。』

〔三〕向禽，東漢隱士向長、禽慶，二人相善，俱隱居不仕，漫游五岳名山，不知所終。

〔四〕盧扁，即古代名醫扁鵲。因家於盧國，故名。

〔五〕三茅，《梁書·處士傳·陶弘景》：『於是止于句容之句曲山。恒曰：「此山下是第八洞宫，名金壇華陽之天，周回一百五十里。昔漢有咸陽三茅君得道，來掌此山，故謂之茅山。」』

〔六〕仙犬，漢王充《論衡·道虚》：『儒書言：淮南王學道，招會天下有道之人。傾一國之尊，下道術之士，是以道術之士并會淮南，奇方异術，莫不争出。王遂得道，舉家升天。畜産皆仙，犬吠於天上，鷄鳴於雲中。此言仙藥有餘，犬鷄食之，并隨王而升天也。』

輯評

彭孫遹曰：『稼軒意得之境。』

陳維崧曰：『「剪」字妙押。』

又　寄李武曾，用朱錫鬯韵〔一〕

潦倒壇松醉，是何人、單衣白袷，維朱與李。十日蘆溝橋下别〔二〕，上巳清明之際〔三〕。看匹馬、蕭然高寄。幾度見詩詩總好，咏蠻花、犵鳥無前輩〔四〕。石鼎倡，誰侯喜〔五〕？　杜鵑聲裏人憔悴，問何如、東方索米〔六〕，千金裘敝〔七〕。身世頓成風六鷁〔八〕，不僅文章而已。慚鹿鹿〔九〕、遂同餘子。夢裏故人頻握手，送離愁、幾捺瀟湘水。可想見，吾懷矣。

校訂

李良年《秋錦山房集》卷十一録此詞，詞牌作《貂裘换酒》，同《賀新涼》。《秋錦山房集》録此詞，詞題作『寄李十九，用朱十韵』。

杜鵑，《秋錦山房集》作『鶻鵃』。

索米，《秋錦山房集》作『倦客』。

幾，《秋錦山房集》作『一捺』。

箋注

〔一〕李武曾，即李良年，見《減字木蘭花・雜憶》其八箋注〔一〕。朱錫鬯，即朱彝尊，見《滿江紅・和錫鬯吴大帝廟下作》箋注〔一〕。

〔二〕蘆溝橋，在北京廣安門西，跨永定河上。建於金，清初重建。

〔三〕上巳，見《蝶戀花》（三月花明）箋注〔一〕。

〔四〕犵，即仡佬，我國西南地區少數民族之一。因此詞寫於李良年游幕於貴州巡撫曹申吉之際，故言。

〔五〕侯喜，唐代詩人，韓愈好友。侯喜過世後，韓愈親自爲其書寫祭文《祭侯主簿文》，寫道『惟子文學，今誰過之』。

〔六〕東方索米，《漢書·東方朔傳》：『久之，朔紿騶朱儒，曰：「上以若曹無益於縣官，耕田力作固不及人，臨衆處官不能治民，從軍擊虜不任兵事，無益於國用，徒索衣食，今欲盡殺若曹。」朱儒大恐，啼泣。朔教曰：「上即過，叩頭請罪。」居有頃，聞上過，朱儒皆號泣頓首。上問：「何爲？」對曰：「東方朔言上欲盡誅臣等。」上知朔多端，召問朔：「何恐朱儒爲？」對曰：「臣朔生亦言，死亦言。朱儒長三尺餘，奉一囊粟，錢二百四十。臣朔長九尺餘，亦奉一囊粟，錢二百四十。朱儒飽欲死，臣朔飢欲死。臣言可用，幸异其禮；不可用，罷之，無令但索長安米。」上大笑，因使待詔金馬門，稍得親近。』

〔七〕千金裘，《史記·孟嘗君列傳》：『此時孟嘗君有一狐白裘，直千金，天下無雙。』

〔八〕六鷁，《左傳·僖公十六年》：『六鷁退飛，過宋都，風也。』杜預注：『鷁，水鳥。高飛遇風而退。宋人以爲灾，告於諸侯，故書。』

〔九〕鹿鹿，平庸，無作爲。

輯評

彭孫遹曰：『「身世頓成風六鷁」真是不經人道語，未許輕分牙後。』

王士禛曰：『驅使古人處，俱不見痕迹，故是神化。』

沈爾燝曰：『毫端蕭颯作秋聲。』

又 壬子歲寄家弟用韵〔一〕

猶記燕臺醉，嘆無何，斷雲飛絮，匆匆行李。大纛高牙今异域，縹緲碧鷄天際〔二〕。有蘋末、清飔相寄。出守一麾誰抵掌〔三〕，莫長風、萬里成吾輩〔四〕。不聞見，那嗔喜？　中郎阿大形骸悴〔五〕，悵年年、陟釐紙尾〔六〕，毛君頭敝。自是不歸歸便得，柳下寧辭三已〔七〕。須認取、妄庸男子。夢裏相逢終幻劇，要徐牽、百丈牂牁水〔八〕。五岳志〔九〕，有年矣。

箋注

〔一〕家弟，見《解語花·咏水仙，同家弟作》箋注〔一〕。壬子歲，康熙十一年（一六七二），曹貞吉任内閣中書，其弟曹申吉任貴州巡撫。曹申吉《珂雪二集序》：『迨辛亥春，予拜黔中之節，奉母南還，兄送至蘆溝東數里，握手躑躅，不能成句』，『即郵筒萬里，篇什往來，彼以寫憂，此以當泣，殆彿鬱之意多而歡愉之言少矣』。曹濂《儀部公行狀》：『而先叔父以少宰出撫黔中，因奉母以歸，先大夫送至蘆溝橋下，離别之際，固難以爲懷，初不意慈母悌弟，遂於此成永訣也。先大夫獨留京國，常鬱鬱不自樂，然而驛使星馳，月或四三至，萬里倡酬，歲常盈帙。』

〔二〕碧鷄，在今雲南昆明西南。元李京《初到滇池》：『珍重碧鷄山上月，相隨萬里更多情。』

〔三〕出守一麾，南朝宋顔延之《五君咏五首》其四：『屢薦不入官，一麾乃出守。』

〔四〕長風萬里，《宋書·宗慤傳》：『宗慤，字元幹，南陽人也。叔父炳高尚不仕，慤年少時，炳問其志，慤曰：「願乘長風破萬里浪。」』

〔五〕中郎，次子，此處指弟弟曹申吉。阿大，稱子女中排行最大的，此處指作爲長兄的曹貞吉。

〔六〕陟釐，一種蕨類植物，可造紙，即苔紙。

〔七〕三已，《論語·公冶長》：『令尹子文三仕爲令尹，無喜色；三已之，無慍色。』

〔八〕牂牁水，牂牁江，即貴州北盤江，得名於貴州古代有名的牂柯國。宋孫奕《履齋示兒編·字説·集字一》：『牂牁者，繫船杙也。楚伐夜郎，椓船於且蘭岸，因以名其地。』《史記·西南夷列傳》：『夜郎者，臨牂柯江，江廣百餘步，足以行船。』

〔九〕五岳志，見《賀新涼・送周雪客南歸》其二箋注〔二〕。

輯評

王士禛曰：『字字臻到。』

張潮曰：『「自是不歸歸便得」，然歸後當如蒼生何？』

又　得來韵再和

駘蕩春如醉，踏東華，軟紅十丈〔一〕，隨他趙李〔二〕。前路茫茫何所似，悶海難尋邊際。得新句、佳名黔寄〔三〕。聞道東山堪躡屐〔四〕，須磨崖、潑墨驚時輩。頻置酒，群公喜。　天南地北人同悴，嘆婆娑、潘郎鬢影〔五〕，經霜先敝。三世金環誰認取〔六〕，顧況中情難已。彼達者、延陵季子〔七〕。槐緑垂垂侵麥秀，動歸心、一片明湖水。長太息，吾衰矣〔八〕。

箋注

〔一〕『踏東華』句，見《霓裳中序第一・爲杞園題〈浮家圖〉》箋注〔三〕。

〔二〕趙李，秦臣趙高、李斯的并稱。
〔三〕黔寄，即曹申吉詩集《黔寄集》。
〔四〕東山堪躡屐，《晉書·謝安傳》載，謝安早年曾辭官隱居會稽之東山，經朝廷屢次徵聘，方從東山復出，官至司徒要職，成爲東晉重臣。又，臨安、金陵亦有東山，也曾是謝安的游憩之地。
〔五〕潘郎鬢影，晉潘岳《秋興賦》：『余春秋三十有二，始見二毛。』
〔六〕『三世金環』句，《晉書·羊祜傳》：『祜年五歲，時令乳母取所弄金環。乳母曰：「汝先無此物。」祜即詣鄰人李氏東垣桑樹中探得之。主人驚曰：「此吾亡兒所失物也，云何持去！」乳母具言之，李氏悲惋。時人异之，謂李氏子則祜之前身也。』
〔七〕延陵季子，《史記·吴太伯世家》：『吴人固立季札，季札弃其室而耕，乃舍之。……十三年，王諸樊卒。有命授弟餘祭，欲傳以次，必致國於季札而止，以稱先王壽夢之意，且嘉季札之義，兄弟皆欲致國，令以漸至焉。季札封於延陵，故號曰延陵季子。』
〔八〕『長太息』句，《論語·述而》：『子曰：「甚矣吾衰也！久矣吾不復夢見周公。」』

輯評

彭孫遹曰：『使人作淥水芙蕖之想。』

顔光敏曰：『清健高雅，一洗靡靡之音，快極！快極！』

陳維崧曰：『音節歷落，填詞神境。』

張潮曰：『《黔寄集》已衣被海内，然未免有人琴之感。』

又　寄鄧孝威[一]

才子生南國，坐江樓、擁書十萬，百城難敵。高密元侯門第在[二]，伯道清風奕奕[三]。看威鳳、鸞龍氣色。屈指騷壇誰執耳？羡葵丘[四]、玉帛長干側[五]。千古事，名山得。　慚余潦倒東溟客[六]，望龍門、清塵濁水，蓬踪疏隔。八月西風吹雁羽，漫學秋蟲唧唧。携布鼓[七]、雷庭偷擊。汪李比來情更好，似桃花、流水深千尺[八]。空夢到，邗溝碧[九]。

箋注

〔一〕鄧漢儀（一六一七—一六八九），字孝威，號舊山，别號舊山梅農、鉢叟，吴縣（今江蘇蘇州）人，明末清初詩人。著有《淮陰集》《官梅集》《過嶺集》等，評選詩歌總集《詩觀》。

〔二〕高密元侯，《後漢書·鄧禹傳》：『十三年，天下平定，諸功臣皆增户邑，定封禹爲高密侯，食高密、昌安、夷安、淳于四縣。』

〔三〕伯道，見《減字木蘭花·雜憶》其五箋注〔四〕。

〔四〕葵丘，《左傳·僖公九年》：『夏，公會宰周公、齊侯、宋子、衛侯、鄭伯、許男、曹伯于葵丘。』

〔五〕長干，故址在今江蘇南京南。鄧漢儀出生於南京東陽，故言。清龔鼎孳《鄧孝威官梅集序》：『鄧子以吴趨之妙族，生東陽之秀里。』

〔六〕東溟客，《莊子·外物》：『周昨來，有中道而呼者。周顧視車轍中，有鮒魚焉。周問之曰：「鮒魚來，子何爲者邪？」對曰：「我東海之波臣也。君豈有斗升之水而活我哉？」周曰：「諾。我且南游吴越之王，激西江之水而迎子，可乎？」』

〔七〕布鼓，《漢書·王尊傳》：『毋持布鼓過雷門。』顔師古注：『雷門，會稽城門也，有大鼓。越擊此鼓，聲聞洛陽……布鼓，謂以布爲鼓，故無聲。』

〔八〕『汪李』句，唐李白《贈汪倫》：『桃花潭水深千尺，不及汪倫送我情。』此處當指曹貞吉與鄧漢儀共同的好友汪懋麟。

〔九〕邗溝，也稱邗水、邗江、邗溟溝等。春秋時吴王夫差爲争霸中原，引江水入淮以通糧道而開鑿的古運河。

又　送阮亭東歸，兼悼西樵〔一〕

倦客歸轅里〔二〕，恰三秋，霜林葉散，鯉魚風起〔三〕。四角紅氈驟子背〔四〕，躑躅河橋之際。趁不上、東華宵騎。三疊淒涼渭城曲〔五〕，感生平、清淚如鉛水。知我者，惟兄耳。

重逢蕭寺人憔悴〔六〕，憶君家、中郎阿大〔七〕，清言何綺。杳矣人琴千載恨〔八〕，宿草吞聲未已〔九〕。離緒到、中年如此。生不成名身已老，嘆虎頭、食肉非吾事〔一〇〕。空擊筑，長安市〔一一〕。

箋注

〔一〕王士禄（一六二六—一六七三），字子底，一字伯受，號西樵，山東新城（今淄博桓臺）人，王士禛長兄。此首作於康熙十二年内閣中書任上，王士禛需次歸里，曹貞吉爲之送行。《漁洋山人自撰年譜》：『康熙十二年癸丑，四十歲。居廬。長兄考功以毁致疾，七月卒』，『康熙十四年乙卯，四十二歲。服闋。夏，以父命赴京師。。秋，需次歸里』。

〔二〕轅里，轅固里，故址在王士禛家鄉山東新城。王士禛《池北偶談》卷九：『新城有地名牛固，相傳轅固故里也，未知所據。』王士禛《轅固里》：『我生睽千載，桑梓寧异鄉。寤寐思哲人，流風一何長。』轅固，又名轅固生，西漢齊郡西安縣（今淄博桓臺）人，漢景帝時《詩經》博士，西漢《詩經》齊詩詩派代表人物。

〔三〕鯉魚風，南朝梁簡文帝蕭綱《艷歌篇十八韵》：『燈生陽燧火，塵散鯉魚風。』清吴兆宜注引《提要録》：『鯉魚風，九月風也。』

〔四〕驟，漢許慎《説文解字》：『驟，驢子也。』

〔五〕渭城曲，見《水龍吟·春日送客過慈仁寺感舊》箋注〔六〕。

〔六〕蕭寺，見《水龍吟·春日送客過慈仁寺感舊》箋注〔七〕。

〔七〕阿大，王士禛與長兄王士禄、二哥王士禧、三哥王士祜皆有詩名。

〔八〕人琴千載恨，南朝宋劉義慶《世説新語·傷逝》：『王子猷、子敬俱病篤，而子敬先亡……子敬素好琴，便徑入坐靈床上，取子敬琴彈，弦既不調，擲地云：「子敬子敬，人琴俱亡。」因慟絶良久，月餘亦卒。』

〔九〕宿草，見《南鄉子·夏夕無寐，茫茫交集，輒韵語寫之，不求文也》其三箋注〔四〕。

〔一〇〕虎頭食肉，見《消息·和錫鬯〈度雁門關〉》箋注〔七〕。

〔一一〕『空擊筑』句，見《賀新凉·送周雪客南歸》其一箋注〔七〕。

輯評

彭孫遹曰：『送阮亭非此詞不稱。』

陳維崧曰：『長安秋夜，讀此詞一過，如聽鄰家笛聲，我不忍竟此曲也。』

李良年曰：『尋常聚散凄惻，等於河梁，令人增交道之重。』

又　鴉陣

鴉陣來沙渚，逗輕寒，霜天一抹，晚紅如縷。掠下晴窗驚帛裂，影逐斷雲歸去。伴黄葉，蕭蕭亂舞。寒話空林飛且止，似商量、明日風兼雨〔一〕。聲啞啞，倩誰訴。黄雲城畔知無數，趁星稀、月明三匝，一枝休妒〔二〕。雁字横斜紛幾點，極目江村烟樹。惆悵煞，落霞孤鶩〔三〕。啼向碧紗堪憶遠，最凄凉，織錦秦川女。空房宿，泪偷注〔四〕。

校訂

陳廷焯《詞則·大雅集》録此詞，詞題作『鴉』。

紛，《瑶華集》卷十八、《詞則·大雅集》作『分』。

箋注

〔一〕『似商量』句，宋姜夔《點絳唇》：『數峰清苦，商略黄昏雨。』

〔二〕『趁星稀』句，三國魏曹操《短歌行》：『月明星稀，烏鵲南飛。繞樹三匝，何枝可依。』

〔三〕落霞孤鶩，唐王勃《滕王閣序》：『落霞與孤鶩齊飛，秋水共長天一色。』

〔四〕『黄雲城』『啼向』『空房』句，唐李白《烏夜啼》：『黄雲城邊烏欲栖，歸飛啞啞枝上啼。機中織錦秦川女，碧紗如烟隔窗語。停梭悵然憶遠人，獨宿空房泪如雨。』

輯評

彭孫遹曰：『更不須唱《烏夜啼》矣。』

王士禛曰：『「似商量、明日風兼雨」句造神境。』

曹禾曰：『極類史邦卿《咏燕》。』

朱彝尊曰：『神似竹山。』

陳維崧曰：「作使古人，妙於無迹，真飛針繾綫伎倆。』

李良年曰：『是中有斜有整，有分有合，正如韋郎用越筆點簇鞍馬圖，手擦墨水，曲盡其妙。』

沈爾燝曰：『梅溪《咏燕》「軟語商量不定」，此商量風雨，當并推絶唱。』

張潮曰：『觸景生情，匪夷所思。』

謝章鋌《稗販雜録·詞話紀餘》曰：『近閲曹實庵貞吉《珂雪詞·鴉陣》填《金縷曲》句云：「寒話空林飛且止，似商量、明日風兼雨。」用意頗與余同，但詩詞之造句則有辨矣。』

又　放魚

縱爾游深壑，早徜徉，靴文細浪〔一〕，擲梭騰躍。老子長齋無所用，忍見刀砧揮霍？活汝者，陽侯一勺〔二〕。莊惠臨濠頻問答，子非魚，何以知魚樂〔三〕？吾意在，神冥漠〔四〕。

金溝流水環城郭〔五〕，更何殊、滄溟無際，鯤鯨盤礴〔六〕。幸免漁蠻垂釣手，咫尺江湖自若。從此去，好生頭角。恩怨於今都忘了，任隋珠〔七〕、相報甘投却。看六字〔八〕，莽寥廓。

箋注

〔一〕靴文細浪，宋蘇軾《游金山寺》：『微風萬頃靴文細，斷霞半空魚尾赤。』

〔二〕陽侯，傳説中的波濤之神。

〔三〕『莊惠』句，《莊子·秋水》：『莊子與惠子游於濠梁之上。莊子曰：「鯈魚出游從容，是魚之樂也。」惠子曰：「子非魚，安知魚之樂？」莊子曰：「子非我，安知我不知魚之樂？」』

〔四〕冥漠，指天庭，暗用魚躍龍門的典故。

〔五〕金溝，《文選·徐悱〈古意酬到長史溉登琅邪城〉》：『金溝朝灞滻，甬道入鴛鸞。』李善注：『戴延之《西征記》曰：「御溝引金谷水，從閶闔門入。」』

〔六〕鯤鯨，鯤魚千尺如鯨，故名。

〔七〕隋珠，《淮南子·覽冥訓》：『譬如隋侯之珠，和氏之璧，得之者富，失之者貧。』高誘注：『隋侯，漢東之國，姬姓諸侯也，隋侯見大蛇傷斷，以藥傅之，後蛇於江中銜大珠以報之。因曰隋侯之珠，蓋明月珠也。』

〔八〕六宇，謂天地四方。

輯評

彭孫遹曰：『相見實庵胸次。』

王士禛曰：『甚厭人輒以稼軒許人，如實庵遂無愧色。』

張潮曰：『先生佐郡吾鄉，六邑皆有悠然之樂，于此詞可見一斑。』

又 冬夜書懷

斜漢西南落，正繁霜，關河淒緊〔一〕，攪林風惡。歷歷大星垂幾點，光射五雲樓閣。聽寒夜、數聲殘柝。濁酒一杯澆磊塊〔二〕，笑枯腸、那得生芒角〔三〕。吾所志，在林壑。

鯫生福相天然薄〔四〕，對西風、稜稜瘦骨，支床如削〔五〕。老矣北堂人健否〔六〕？夢裏乍逢還覺。慚愧殺、林邊烏鵲。頭禿毛君歸亦得〔七〕，淡生涯、老瓦盆中樂〔八〕。追麏犢〔九〕，力耕作。

箋注

〔一〕關河淒緊，宋柳永《八聲甘州》：『對瀟瀟暮雨灑江天，一番洗清秋。漸霜風淒緊，關河冷落，殘照當樓。』

〔二〕『濁酒』句，南朝宋劉義慶《世説新語·任誕》：『王孝伯問王大：「阮籍何如司馬相如？」王大曰：「阮籍胸中壘塊，故須酒澆之。」』

〔三〕『笑枯腸』句，王士禛《曹升六謝千仞携酒過飲宋牧仲張杞園亦至同賦長句二首》其一：『一斗枯腸芒角生，五斗胸中鱗甲平。』。

〔四〕鰍生，小生，謙稱。

〔五〕支床，《史記·龜策列傳》：『南方老人用龜支床足，行二十餘歲，老人死，移床，龜尚生不死。龜能行氣導引。』

〔六〕北堂，母親的居室。《儀禮·士昏禮》：『婦洗在北堂。』鄭玄注：『北堂，房中半以北。』賈公彦疏：『房與室相連爲之，房無北壁，故得北堂之名。』

〔七〕頭禿毛君，唐韓愈《毛穎傳》：『後因進見，上將有任使拂拭之，因免冠謝。上見其髮禿，又所摹畫不能稱上意，上嘻笑曰：「中書君老而禿，不任吾用。」』

〔八〕老瓦盆，見《蝶戀花》（九月涼風）箋注〔四〕。

〔九〕麑犢，幼鹿。

輯評

彭孫遹曰：『激昂自喜。』

張潮曰：『英雄本色，名士風流，兼而有之。』

又

送霖〔一〕

慘淡征車發，正連宵，狂飇拂地，琤琮金鐵。老淚臨岐餘數點，灑向關山殘月。笑舐犢、年來更切。歸去高堂頻問訊，莫輕言、游子傷神絶。人兩地，腸千結。

匆匆慣作天涯別，似孤鴻、雪中留爪，翩然飛越〔二〕。一束書囊驢子背，老僕長鬚蹩躠〔三〕。惆悵煞、鳩巢計拙〔四〕。弱妹牽衣遲汝去，意彷徨、爲我添嗚咽。今夜在，誰家歇？

箋注

〔一〕霖，即曹貞吉次子曹霖，字掌霖，以蔭授七品京職，才詣超群，善詩詞。嘗赴省闈，閩主司爲父摯友，遂馳歸，人咸高之。著有《棗花田舍詩》《冰絲詞》《黄山紀游詞》。

〔二〕『似孤鴻』句，見《百字令·朱錫鬯過訪不值，悵然有寄》箋注〔六〕。

〔三〕蹩躠，跛行貌。

〔四〕鳩巢計拙，《詩經·召南·鵲巢》：『維鵲有巢，維鳩居之。』

輯評

彭孫遹曰：『情至語聲泪俱咽。』

陳維崧曰：『讀至此等詞，不忍言佳，惟微吟密咏而已。』

又　爲其年題詞[一]

光怪騰蛟蜃，化髯公[二]，壺中墨汁，離奇輪囷[三]。海若驚飛天吴走[四]，翠節靈旗隱隱。憑誰話、六朝金粉。譜入鵾弦三千曲，寫冰車、鐵馬無窮恨。數紅豆，記宫本[五]。　烏衣王謝江東俊[六]，是當年、將軍猿臂[七]，虎頭猶困[八]。羸馬敝裘銅駝陌，博士賢良待問[九]。賦朱鷺[一〇]、黄驄惟謹[一一]。擊筑且隨屠狗輩[一二]，任西風、吹老滄浪鬢[一三]。秋氣肅，雁聲緊。

校訂

《瑶華集》卷十八載此詞，題作『題其年《烏絲詞》』。

三千曲，《瑶華集》作『三千調』。

箋注

〔一〕其年，即陳維崧，見《水調歌頭・午日和其年》箋注〔一〕

〔二〕髯公，秦瀛《己未詞科録》卷二：『其年少清臞，冠而于思，鬢浸淫及顴準，天下學士大夫號爲「陳髯」，與字并行，由是陳髯之名滿天下。性落拓，視錢帛如土，每出游，饋遺隨手盡，空囊而歸。所歷南舟北轅，檣危馬駭，髯咿唔自如，未嘗釋卷。』

〔三〕輪囷，盤曲貌。

〔四〕海若，屈原《遠游》：『使湘靈鼓瑟兮，令海若舞馮夷。』王逸注：『海若，海神名也。』洪興祖補注：『海若，莊子所稱北海若也。』天吴，《山海經・海外東經》：『朝陽之谷，神曰天吴，是爲水伯。……其爲獸也，八首人面，八足八尾，皆青黄。』

〔五〕數紅豆，見《催雪・紅梅》箋注〔六〕。

〔六〕烏衣，烏衣巷，在今南京東南，是東晋士族名門的聚居區。唐劉禹錫《烏衣巷》：『朱雀橋邊野草花，烏衣巷口夕陽斜。舊時王謝堂前燕，飛入尋常百姓家。』

〔七〕將軍猿臂，《史記・李將軍列傳》：『廣爲人長，猨臂，其善射亦天性也，雖其子孫他人學者，莫能及廣。』

〔八〕虎頭，見《消息·和錫鬯〈度雁門關〉》箋注〔七〕。

〔九〕『博士』句，陳維崧於清康熙十八年（一六七九）舉博學鴻詞，授翰林院檢討。

〔一〇〕朱鷺，朱鷺曲，漢鼓吹鐃歌十八曲的第一曲。傳説戰國楚威王時曾有朱鷺合沓飛翔而來舞。一説古代在鼓上飾畫作鷺形，因以爲名。

〔一一〕黄驄，黄驄曲，黄驄疊。唐段安節《樂府雜録·黄驄迭》：『太宗定中原時所乘戰馬也。後征遼，馬斃。上嘆惜，乃命樂工撰此曲。』

〔一二〕『擊筑』句，《史記·刺客列傳》：『荆軻既至燕，愛燕之狗屠及善擊筑者高漸離。』

〔一三〕滄浪鬢，唐姚合《奉和前司封蘇郎中喜嚴常侍蕭給事見訪驚斑鬢之什》：『繞鬢滄浪有幾莖，珥貂相問夕郎驚。』

又　送洪昉思歸吴興〔一〕

年少愁如許，嘆羈栖、京華倦客，雄文難遇。廣漠寒風吹觱篥〔二〕，彈鋏歌聲太苦〔三〕。且白眼、看他詞賦。單絞岑牟直入座，拚酒酣、撾碎漁陽鼓〔四〕。攲帽影，掉頭去。

湖山罨畫迎人住，溯空江、白雲紅葉，一枝柔櫓。歸矣家園燒笋熟，五岳胸中平否？學閉户、讀書懷古。舟過吳門煩問訊，是伯鸞、德耀傭春處〔五〕。魂若在，定相語。

箋注

〔一〕洪昇（一六四五—一七〇四），字昉思，號稗畦，又號稗村、南屏樵者，錢塘（今浙江杭州）人。清代戲曲作家、詩人。有傳奇《長生殿》《四嬋娟》等。康熙十六年丁巳歲暮，洪昇取道大梁南返，擬卜居武康（今浙江湖州），王士禛、曹貞吉、方象瑛等人爲之賦詩送行。王士禛《帶經堂集》卷三十二《漁洋續詩·丁巳稿》有《送洪昉思由大梁之武康》詩。

〔二〕觱篥，以竹爲管，管口插有蘆製哨子，有九孔。本出西域龜茲，後傳入内地，爲隋唐燕樂及唐宋教坊樂的重要樂器。

〔三〕彈鋏，《戰國策·齊策四》：『齊人有馮諼者，貧乏不能自存，使人屬孟嘗君，願寄食門下。……居有頃，倚柱彈其劍，歌曰：「長鋏歸來乎！食無魚。」左右以告。孟嘗君曰：「食之，比門下之客。」居有頃，復彈其鋏，歌曰：「長鋏歸來乎！出無車。」左右皆笑之，以告。孟嘗君曰：「爲之駕，比門下之車客。」於是乘其車，揭其劍，過其友曰：「孟嘗君客我。」後有頃，復彈其劍鋏，歌曰：「長鋏歸來乎！無以爲家。」左右皆惡之，以爲貪而不知足。孟嘗君問：「馮公有親乎？」對曰：「有老母。」孟嘗君使人給其食用，無使乏。於是馮諼不復歌。』

〔四〕『單絞』句，見《珍珠簾·爲牧仲題〈楓香詞〉》箋注〔八〕。

〔五〕伯鸞、德耀，見《南鄉子·夏夕無寐，茫茫交集，輒韵語寫之，不求文也》其四箋注〔一〕。

又

二月二日，宣岳州捷，是日大雪，和其年〔一〕

鐵騎連營下，羡奇謀、真同六出〔二〕，烽銷荆野。試問洞庭深幾許，春水纔堪飲馬。露布到、甘泉宫也〔三〕。殿上雲迷三素色，正仙人、玉戲飄鴛瓦。簾影動，冷光射。　方圭圓璧渾無價，近蓬萊、天顔喜氣，玲瓏欲化。白虎幢前霜戟擁〔四〕，荼作軍容豈借。積三尺、瑶華不夜〔五〕。遥想璚樓歌舞處，延鄒生、枚叟珠璣瀉〔六〕。恩波淼，入清灞。

箋注

〔一〕康熙十八年（一六七九），在吴三桂叛亂中，清廷收復岳州、長沙等地，取得决定性勝利。二月二日清廷於午門宣岳州大捷，曹貞吉作詞以賀。

〔二〕六出，見《賀新涼·送周雪客南歸》其二箋注〔一〕。又暗合三國時諸葛亮『六出祁山』北伐曹魏事。

〔三〕露布，不封口的文書。特指檄文、捷報等緊急文書。甘泉宮，故址在今陝西淳化西北甘泉山，本秦林光宮，漢武帝增築擴建。

〔四〕白虎幢，晉崔豹《古今注·輿服》：『魏朝有青龍幡、朱雀幡、玄武幡、白虎幡、黄龍幡五，而以招四方……』

〔五〕不夜，見《沁園春·讀子厚新詞却寄》其一箋注〔七〕。

〔六〕鄒生，西漢散文家鄒陽。枚叟，西漢辭賦家枚乘。

又

咏茨菰〔一〕

急雨跳珠濺，洗長汀，琅玕三尺，亭亭如箭。燕尾點波渾不定，一縷碧霞輕剪。笑菱角〔二〕、鷄頭價賤〔三〕。葉爛西灣人别後，最蕭條、玉露秋風戰。空極目，楚江遠。漂流萬顆沉雲散，伴寂寥、蓮房墜粉，紅妝零亂。蘋末驚飈連紫籜，穩宿沙洲鳬雁。任漁艇、釣絲斜罥。聞道凋胡堪作米〔四〕，莽披離、太液池頭遍。留取配，青精飯〔五〕。

箋注

〔一〕茨菰，即慈姑。明李時珍《本草綱目·果六·慈姑》：『慈姑，一根歲生十二子，如慈姑之乳諸子，故以名之。』

〔二〕菱角，一年生水生草本植物，果實有硬殼，有角，稱『菱』或『菱角』，可食。

〔三〕鷄頭，鷄頭米，即茨實。

〔四〕凋葫，即凋胡，菰米，六穀之一。

〔五〕青精飯，即立夏吃的烏米飯。相傳首爲道家太極真人所製，服之延年。後佛教徒亦多於農曆四月八日造此飯以供佛。唐杜甫《贈李白》：『豈無青精飯，使我顔色好。』

又　地震後喜濂至都門〔一〕

乍見銜悲喜，又經過，空花泡影，途分人鬼。瘦骨崑崑驢背下〔二〕，强拭闌干別泪〔三〕。帶秋雨、秋風情味。爾未成名吾將老，問荒田、負耒何年事〔四〕？生計在，尚餘幾？　傳聞消息驚千里，累衰親、蕭條白髮，關心游子。無限蒼生歸劫火〔五〕，我輩偶然活耳。還共飽、長安珠米。苦語難終嫌夜短，燈熒熒、一點摇窗紙。燕酒薄，那能醉？

校訂

荒田，四庫本作『荒山』。

箋注

〔一〕濂，即曹濂，曹貞吉長子，字廉水，號去矜，歲貢生，任東昌府聊城縣訓導。此首作於康熙十八年（一六七九）秋京師地震後。清劉獻廷《廣陽雜記》：『康熙十八年七月二十八日巳時地震，京城倒房一萬二千七百九十三間，壞房一萬八千二十八間。死人民四百八十五名。』曹貞吉又有《濂兒省余都門兩宿而去作此送之追録》一詩記載其長子濂在北京地震後入京視父的事情。

〔二〕嵓嵓，瘦削貌。

〔三〕闌干，縱横交錯貌。

〔四〕負耒，《孟子·滕文公上》：『陳良之徒陳相，與其弟辛，負耒耜而自宋之滕。』

〔五〕劫火，佛教謂壞劫之末所起的大火，此處借指京師地震。

輯評

陳維崧曰：『樸老高渾，老杜歌行。』

張潮曰：『真率中自饒至味。』

摸魚子　拜墓〔一〕

幾年來、西州拜掃，羊曇傷盡懷抱〔二〕。心驚寒食棠梨雨，又是粘天衰草〔三〕。尋壞道，知多少、飛烏銜紙青山繞〔四〕。頹垣桑棗，算只有牛羊，日斜來下〔五〕，拍手牧童笑。

千秋事，誰定榮華壽考。北邙松柏多了〔六〕。豐碑贔屭崢嶸處〔七〕，一樣西風憑吊。吟望好，君不見、玉泉流水濺濺到！單衫破帽，對吹角殘霞，打頭敗葉，寂寂古原悄。

校訂

牧童，《瑶華集》卷十九作『小兒』。

對吹，《瑤華集》卷十九作『眺城』。

寂寂古原悄，《瑤華集》卷十九作『簌簌一林悄』。

箋注

〔一〕所拜爲曹貞吉外祖父劉正宗之墓。劉正宗（一五九四—一六六一），字可宗，號憲石，世稱『劉閣老』，山東安丘人。明崇禎年間進士，歷任真定府司理、翰林院編修、東宮講讀官、侍講、禮部會試副主考等職。明亡之際，曾一度輾轉避難於南京和安丘故里。清朝起用舊臣，劉正宗屢接詔書，以薦起國史院編修，歷任秘書院大學士、吏部右侍郎、弘文院大學士、文華殿大學士兼禮部尚書，參謀朝廷機要。劉正宗不僅是順治朝重臣，而且能詩能文，精於字畫鑒賞，曾主盟清初山東詩壇頗有影響的『濟南詩派』，作詩師法明七子，推崇初盛唐詩。在文學創作方面，曹貞吉兄弟二人也深受外祖影響。順治十七年（一六六〇），正值曹貞吉、曹申吉兄弟初入仕途之際，其外祖劉正宗在上層官僚集團的爭鬥中落敗，被免宰相職，不許回籍，於康熙初年病逝於京，寄葬在北京西直門外玉泉山一帶，康熙十五年（一七七七）始准其歸葬。彭孫遹評曰：『白髮門生，薤歌助挽。』順治十六年彭孫遹中進士，會試主考官即劉正宗，故言。

〔二〕『幾年』句，《晉書·謝安傳》：『羊曇者，太山人，知名士也，爲安所愛重。安薨後，輟樂彌年，行不由西州路。嘗因石頭大醉，扶路唱樂，不覺至州門。左右白曰：「此西州門。」曇悲感不已，以馬策扣扉，誦曹子建詩曰：「生存華屋處，零落歸山丘。」慟哭而去。』羊曇爲晉謝安外甥。

〔三〕粘天衰草，見《南浦·秋水再疊前韵》箋注〔二〕。

〔四〕飛烏銜紙，宋蘇軾《寒食雨二首》其二：『那知是寒食，但見烏銜紙。』

〔五〕『算只有』句，《詩經·王風·君子于役》：『鷄栖於塒，日之夕矣，羊牛下來。』

〔六〕北邙，見《百字令·天龍寺高歡避暑宫遺址，和錫鬯》箋注〔四〕。

〔七〕贔屭，舊時石碑下的石座相沿雕作贔屭狀，取其力大能負重之義。

輯評

彭孫遹曰：『色絲幼婦，虀臼含辛，白髮門生，薤歌助挽，俯仰千秋，同兹一痛。』

陳維崧曰：『傷逝之言，極其凄惋。』

又　咏蒓〔一〕

好清秋、江湖滿眼，畫船鷗鳥争路。柔花嫩葉何人摘，兩兩輕舠如鶩。君莫誤，須珍重、迷離白露爲霜處〔二〕。滑絲凝箸〔三〕，憶千里東吴，未施鹽豉，入洛舊時語〔四〕。

青門外〔五〕，蘋末凉風微度〔六〕。片帆乘興歸去，此行但爲鱸魚鱠〔七〕，那得關情如許？君莫妒，須記取、青山紅樹空江渡。夢回鳴櫓，溯萬頃平波，田田荇葉〔八〕，欹枕對烟雨。

箋注

〔一〕參見《惜秋華·牽牛花》箋注〔一〕。曹貞吉時在京任内閣中書，有咏龍涎香、白蓮、蟬、蓴諸詞，此首即其一。蓴，蓴菜，多年生水草，浮在水面，葉子橢圓形，開暗紅色花，可食。

〔二〕『迷離』句，見《賣花聲·咏鼓子花》其二箋注〔三〕。

〔三〕滑絲，蓴菜葉柄和花梗有黏液，口感滑嫩，故言。

〔四〕『憶千里』句，《晋書·陸機傳》：『又嘗詣侍中王濟，濟指羊酪謂機曰：「卿吴中何以敵此？」答云：「千里蓴羹，未下鹽豉。」時人稱爲名對。』

〔五〕青門，《三輔黄圖·都城十二門》：『長安城東出南頭第一門霸城門。民見門色青，名曰青城門，或曰青門。門外舊出佳瓜，廣陵人邵平爲秦東陵侯，秦破爲布衣，種瓜東門外。』

〔六〕蘋末，見《蝶戀花》（九月涼風）箋注〔一〕。

〔七〕鱸魚鱠，南朝宋劉義慶《世説新語·識鑒》：『張季鷹辟齊王東曹掾，在洛，見秋風起，因思吴中菰菜羹、鱸魚鱠，曰：「人生貴得適意爾，何能羈宦數千里以要名爵？」遂命駕便歸。俄而齊王敗，時人皆謂爲見機。』

〔八〕荇葉，荇菜，多年生水生草本植物，葉對生，漂浮水面。夏秋開黄花。嫩莖可食，全草入藥。

輯評

李良年曰：『士龍語翻剔盡矣，正以直書見老。』

張潮曰：『逸致遥情，翛然自遠。』

又 西直門外作〔一〕

北邙邊，高低丘壟，縱横無數羊虎。玉魚金碗何時葬〔二〕，又見斷碑如礎。魂自語，須認取、文章功業難憑據。白楊老樹，戰一片秋聲，向人頭上，颯颯作凉雨。

西州路〔三〕，敗笠青衫羈旅〔四〕。緇塵撲面來去。黄蘆苦竹千秋恨〔五〕，都付紙錢飛處。天已暮，想入夜、雲旗風馬精靈度。荒凉三户，共冢上狐狸，山中木客〔六〕，同結歲寒侣。

箋注

〔一〕西直門，北京内城的九大古城門之一，位於北京城内城西垣側。清顧炎武《昌平山水記》卷上：『（明）妃嬪、太子、諸王、公主之葬西山者以百數，自沙河而南三十里紅石口入山，陵冢相望，皆在京師西直門外三十餘里之内。』

〔二〕玉魚金碗，見《漁家傲·讀〈漢史〉》箋注〔六〕。

〔三〕西州路，見《南鄉子·夏夕無寐，茫茫交集，輒韵語寫之，不求文也》其三箋注〔三〕。

〔四〕青衫，見《減字木蘭花·天津道中》箋注〔一〕。

〔五〕黄蘆苦竹，見《月下笛·悼何蕤音》箋注〔九〕。

〔六〕木客，《太平御覽》卷八八四引晋鄧德明《南康記》：『木客，頭面語聲亦不全异人，但手脚爪如鈎利，高岩絶峰然居之。』

輯評

陳維崧曰：『月黑燈青，魂消千古，絶作，絶作！』

朱彝尊曰：『此等詞惟白石、飛仙有之，叔夏、仲舉亦不能道也。』

靳治荆曰：『「白楊老樹」以下，字字驚心動魂。』

又　答沈融谷〔一〕

坐江樓，冰甌滌筆，新翻水調南浦〔二〕。瑶華飛落長安市，紅豆譜來非誤〔三〕。良夜聚，有多少、烏衣白帢同樽俎〔四〕。悠然懷古，甚蘭畹金荃〔五〕，尊前復雅〔六〕，未抵玉田句〔七〕。　深卮勸，從事青州太苦〔八〕。匆匆鮭菜無序〔九〕。虎房橋畔霜花冷〔一〇〕，撲上征衫如霧。君且住，君不見、團圞好月參旗度〔一一〕。高齋歸去，想鳳味嶙峋〔一二〕，龍賓磊落〔一三〕，又寫麗情賦。

箋注

〔一〕沈融谷，即沈皞日，見《綺羅香·沈融谷新娶夫人善琴書，同人共賦》箋注〔一〕。

〔二〕水調、南浦，均爲詞牌名。

〔三〕『紅豆』句，見《催雪·紅梅》箋注〔六〕。

〔四〕烏衣，見《八歸·題其年〈填詞圖〉》箋注〔三〕。白帢，晋張華《博物志》卷九：『漢中興，士人皆冠葛巾。建安中，魏武帝造白帢，於是遂廢。唯二學書生猶着也。』

〔五〕蘭畹金荃，王世貞《藝苑卮言》：『温飛卿所作詞曰《金荃集》，唐人詞有集曰《蘭畹》，蓋皆取其香而弱也。』

〔六〕尊前復雅，《尊前集》，唐五代詞選。《復雅歌詞》，鮦陽居士編，唐宋詞總集。

〔七〕玉田，張炎，字叔夏，號玉田，南宋詞人，其詞清空騷雅，論詞推崇南宋詞人姜夔，與姜夔并稱『姜張』。

〔八〕從事青州，南朝宋劉義慶《世説新語・術解》：『恒公有主簿善別酒，有酒輒令先嘗，好者謂「青州從事」，惡者謂「平原督郵」。』

〔九〕鮭菜，古時魚類菜肴的總稱。

〔一〇〕虎房橋，位於今北京西城區，清程迓亭《箕城雜綴》：『虎坊橋在琉璃廠東南，其西有鐵門，前朝虎圈地也。』

〔一一〕參旗，屬畢宿，共九星，在參星西。

〔一二〕鳳味，硯石名。

〔一三〕龍賓，見《月下笛・悼何蕤音》箋注〔七〕。

又　題錫鬯《蕃錦集》〔一〕

裊茶烟〔二〕，吟成樂府，旗亭畫壁無數〔三〕。龍梭一擲光凌亂〔四〕，碎剪碧霞千縷。

紅豆譜〔五〕，彷彿似、方圭圓璧冰花鑄。高岑李杜〔六〕，入主客圖中〔七〕，新聲古調，總屬麗情句。

前身是，白石仙人非誤〔八〕。精靈虎僕輸汝〔九〕。長安簫鼓千門熱，閉户著書良苦。寒欲去，又早是、春鐙金薤琳瑯處〔一〇〕。天衣重補，羨妙手針神，絲絲無縫，莫被夜來妒〔一一〕。

校訂

凌，吴氏本、備要本、《清名家詞》作『零』。

針神，《百名家詞鈔》作『神針』。

箋注

〔一〕朱彝尊著有《江湖載酒集》《静志居琴趣》《茶烟閣體物集》《蕃錦集》等。此首作於康熙十八年（一六七九）春。時朱彝尊在京師應博學鴻詞科試，值《蕃錦集》成，曹貞吉賞讀并題詞。楊謙《朱竹垞先生年譜》：『（戊午）夏，自江寧應召入都，舍於三里河橋之南泉寺，與李徵士良年同寓……《蕃錦集》成，柯維楨序，刊行之。』參見曹貞吉《百字令・朱錫鬯過訪不值，悵然有寄》：『記得昨夕燈前，流連蕃錦，無縫仙衣接。』

〔二〕『裊茶烟』句，朱彝尊著有咏物詞集《茶烟閣體物集》。

〔三〕旗亭畫壁，唐薛用弱《集异記》：『開元中，詩人王昌齡、高適、王之涣齊名。……一日天寒微雪，三詩人共詣旗亭。貰酒小飲，忽有梨園伶官十數人登樓會宴……俄有妙妓四輩，尋續而至。……旋則奏樂，皆當時之名部也。昌齡等私相約曰：「我輩各擅詩名，每不自定其甲乙，今者可以密觀諸伶所謳，若詩入歌詞之多者，則爲優矣。」俄而一伶拊節而唱，乃曰：「寒雨連江夜入吴，平明送客楚山孤。洛陽親友如相問，一片冰心在玉壺。」昌齡則引手畫壁曰：「一絶句。」尋又一伶謳之曰：「開篋泪沾臆，見君前日書。夜臺何寂寞，猶是子雲居。」適則引手畫壁曰：「一絶句。」尋又一伶謳曰：「奉帚平明金殿開，强將團扇共徘徊。玉顔不及寒鴉色，猶帶昭陽日影來。」昌齡則又引手畫壁曰：「二絶句。」之涣自以得名已久，因謂諸人曰：「此輩皆潦倒樂官，所唱皆巴人下里之詞耳。豈陽春白雪之曲，俗物敢近哉？」因指諸妓之中最佳者，曰：「待此子所唱，如非我詩，即終身不敢與子争衡矣。」……須臾，次至雙鬟發聲，則曰：「黄河遠上白雲間，一片孤城萬仞山。羌笛何須怨楊柳，春風不度玉門關。」』

〔四〕龍梭，《晋書·陶侃傳》：『侃少時漁於雷澤，網得一織梭，以挂於壁。有頃雷雨，自化爲龍而去。』

〔五〕紅豆譜，見《催雪·紅梅》箋注〔六〕。

〔六〕高岑李杜，指唐代詩人高適、岑參、李白、杜甫。

〔七〕主客圖，對詩人作詩法度或風格等進行分門别類的一種方式，以代表詩人爲主，以法度或風格等相近似的詩人爲客，形成主客圖。此處是指朱彝尊詩博采衆長，兼具高岑李杜之所長。

〔八〕白石仙人，指南宋詞人姜夔，姜夔，字堯章，别號白石道人。姜夔晚年寓居武康時，與白石洞天爲鄰，其友人潘檉號之曰『白石道人』。姜夔詩云：『南山仙人何所食，夜夜山中煮白石。世人唤作白石仙，一生費齒不費錢。』

〔九〕虎僕，明楊慎《丹鉛續録》卷六：『《博物志》：「有獸緣木，文似豹，名虎僕，毛可取以爲筆。」』

〔一〇〕金薤，倒薤書的美稱，一種篆書書體名。

〔一一〕『天衣』句，晋王嘉《拾遺記》：『文帝所愛美人，姓薛名靈芸，常山人也……靈芸未至京師十里，帝乘雕玉之輦，以望車徒之盛，嗟曰：「昔者言『朝爲行雲，暮爲行雨』，今非雲非雨，非朝非暮。」改靈芸之名曰夜來……夜來妙於針工，雖處於深帷之内，不用燈燭之光，裁製立成。非夜來縫製，帝則不服。宫中號爲「針神」也。』曹貞吉所題朱彝尊《蕃錦集》爲集句詞集，故言。

又　寄贈史雲臣〔一〕

繞荆溪〔二〕，數間茅屋，竹山舊日曾住〔三〕。吟花課鳥無遺恨，領袖詞場南渡。逐電去，誰更續、哀絲脆管紅牙譜〔四〕。湖山如故，又幻出才人，鏤冰繪影〔五〕，抒寫斷腸句。　　鵾弦上，彈入蝶庵金縷〔六〕。平分髯客旗鼓〔七〕。搓酥滴粉方成調，偷換羽聲淒楚。推獨步，須信道、秦黄蘇陸無今古〔八〕。江東日暮，想席帽風欹，春衫酒濕，行過翠藤路。

箋注

〔一〕史惟圓，字雲臣，號蝶庵，又號荆水釣客，江蘇宜興人。清詞人，有《蝶庵詞》。

〔二〕荆溪，在江蘇宜興南，以近荆南山而得名。

〔三〕竹山，南宋詞人蔣捷，字勝欲，號竹山，江蘇宜興人。有《竹山詞》，詞中多次提到『荆溪』。

〔四〕脆管，笛的别稱。紅牙，檀木製的拍板，用以調節樂曲的節拍。

〔五〕鏤冰繪影，宋黄庭堅《送王郎》：『炊沙作糜終不飽，鏤冰文字費工巧。』《咏李伯時摹韓幹三馬》：『李侯寫影韓幹墨，自有筆如沙畫錐。』

〔六〕蝶庵，史惟圓詞集名《蝶庵詞》。

〔七〕『平分』句，見《賀新凉·爲其年題詞》箋注〔二〕。

〔八〕秦黄蘇陸，宋代詞人秦觀、黄庭堅、蘇軾、陸游。

輯評

陳維崧曰：『結數語如見蝶庵風度。』

李良年曰：『起調清蒼，尾音閑雋。』

又

方渭仁葺健松齋，幸園松之存也，詞以贈之〔一〕

響晴濤，緑陰半畝，神龍拿攫烟霧。關門一夜喧銅馬，波上鯨鯢争怒〔二〕。鳴戰鼓。有多少、蘭亭梓澤皆塵土〔三〕。午橋如故〔四〕，縱劫火茫茫，斧斤不到，交讓大夫樹〔五〕。

江東秀，王謝衣冠最古。五陵佳氣呵護〔六〕。霜皮黛色年年在〔七〕，點綴菊畦桑苧俱園名。誰種汝？須記取、黄山白岳移根處〔八〕。婆娑自舞，看五鬣蒼然〔九〕，向人頭上，謖謖滴秋雨。

校訂

鯨鯢，《百名家詞鈔》作『鯨鯤』。

頭上，《百名家詞鈔》作『有意』。

箋注

〔一〕方象瑛，字渭仁，浙江遂安人。康熙六年（一六六七）進士。著有《健松齋詩文集》《封長白山記》《松窗筆乘》等。健松齋，方象瑛《健松齋集》卷六《重葺健松齋記》：『健松齋在遂安城内西偏，先君子所營讀書處也……順治甲午，游新安得栝子松於許氏舊園，載以歸植池之東。』陳僖《燕山草堂集》卷三《健松齋記》：『健松齋者，方君渭仁讀書所也，松者，渭仁先子手植之於其勺圃者也。甲寅閩變，樵於兵者三年，凡環邑之喬柯薤藿暨此圃桃柳梧竹悉薪之，而松獨存。初渭仁以松名其齋曰健松，取唐詩「松凉夏健人」之義。余謂至今日而健，始不虚也，重葺之存先人手澤，幸也。不得先人而見之，見其松而護之葺之，如見先人焉，孝也。』

〔二〕鯨鯢，雄曰鯨，雌曰鯢。

〔三〕蘭亭，在浙江紹興西南之蘭渚山上，東晋永和九年（三五三）王羲之、謝安等同游於此，王羲之作流傳千古的《蘭亭集序》。梓澤，晋代著名富豪石崇别墅金谷園的别稱，故址在今河南省孟州市境。

〔四〕午橋，見《柳初新·寄懷高舜木》箋注〔七〕。

〔五〕大夫樹，《史記·秦始皇本紀》：『二十八年，始皇東行郡縣，上鄒嶧山。立石，與魯諸儒生議，刻石頌秦德，議封禪望祭山川之事。乃遂上泰山，立石，封，祠祀。下，風雨暴至，休於樹下，因封其樹爲五大夫。』

〔六〕五陵佳氣，唐杜甫《哀王孫》：『哀哉王孫慎勿疏，五陵佳氣無時無。』五陵，長陵、安陵、陽陵、茂陵、平陵，均在渭水北岸今陝西咸陽附近，爲西漢五個皇帝陵墓所在地。

〔七〕『霜皮』句，唐杜甫《古柏行》：『霜皮溜雨四十圍，黛色參天二千尺。』

〔八〕黃山白岳，黃山脚下的齊雲山，古稱白岳，位於徽州休寧境内。

〔九〕五鬣，見《山花子·爲人題簾上畫松》箋注〔一〕。

又

謝念東先生惠藥〔一〕

問先生，丹砂幾粒，是誰搓得如許。金膏九轉匆匆熟，吹落半天風雨。顔可駐，君不見、淮王鷄犬雲中去〔二〕。且留小住，待紺髮徐生〔三〕，虬髯更紫，重覓玉京路。人間世，只有鬚眉良苦。地黃蘿菔相誤〔四〕。黑頭自笑渾無用〔五〕，一任秋霜千縷〔六〕。飄弱絮，有多少、北邙年少無尋處〔七〕。尻輪堪馭〔八〕，縱親到神山，便能屈曲，俯首看人否？

箋注

〔一〕高珩（一六一二—一六九七），字葱佩，號念東，晚號紫霞道人，山東淄川人，清詩人。明崇禎十六年（一六四三）進士，選翰林院庶吉士。清順治朝授秘書院檢討，升國子監祭酒，後晋吏部左侍郎、刑部左侍郎。有《栖雲閣集》。

〔二〕淮王鷄犬，見《賀新凉·送周雪客南歸》其一箋注〔六〕。

〔三〕紺髮，原指佛教如來紺琉璃色頭髮，後亦指道教得道者之髮。

〔四〕地黄，多年生草本，其塊根爲中藥。蘿菔，即蘿卜。

〔五〕黑頭，唐李頎《欲之新鄉答崔顥綦毋潛》：『數年作吏家屢空，誰道黑頭成老翁。』

〔六〕秋霜，唐李白《秋浦歌》：『不知明鏡裏，何處得秋霜。』

〔七〕北邙，見《百字令·天龍寺高歡避暑宫遺址，和錫鬯》箋注〔四〕。

〔八〕尻輪，《莊子·大宗師》：『浸假而化予之尻以爲輪，以神爲焉，予因以乘之，豈更駕哉！』

輯評

陳維崧曰：『作達之言，更增凄楚，病中讀之，尤難爲情。』

張潮曰：『憂能傷人，恐蘿菔、地黄不任受過奈何？』

金明池 大熱，有懷蓬萊閣〔一〕

大海涵青，丹樓聳翠，淼淼鴻濛奥府。蜃氣蕩〔二〕，雲車鬼馬，貝闕擁鮫姝龍女〔三〕。望扶桑〔四〕、幾點烟螺，便打疊、鰲背匆匆歸去。更荒島人烟，斜陽草樹，蟹斷魚罾凄楚。

安得披襟常卧此，對銅井金波〔五〕，冰輪初吐。無從覓、湘靈鼓瑟〔六〕，但可向、安期乞霧〔七〕。醉婆娑、晞髮臨流，任萬斛天風，捲晴吹雨〔八〕。縱爍石流金，憑欄一嘯，試問暑歸何處〔九〕？

校訂

鬼，吴氏本、備要本、《清名家詞》作『風』。

嘯，吴氏本、備要本、《清名家詞》作『笑』。

箋注

〔一〕蓬萊閣，在山東蓬萊北丹崖山上，面臨黄海，主體建築建於北宋嘉祐六年（一〇六一）。

〔二〕蜃氣，見《天香·龍涎香》箋注〔二〕。

〔三〕貝闕，屈原《九歌·河伯》：『魚鱗屋兮龍堂，紫貝闕兮朱宫。』

〔四〕扶桑，《南齊書·東南夷傳贊》：『東夷海外，碣石、扶桑。』

〔五〕銅井金波，蓬萊十大勝景之一。傳説銅井是八仙之一的鐵拐李用他的鐵拐造的。每當月明之夜，月光反映井中，景色美麗，故稱『銅井金波』。

〔六〕湘靈鼓瑟，見《虞美人·雨過》箋注〔二〕。

〔七〕安期乞霧，見《沁園春·讀子厚新詞却寄》其三箋注〔四〕。

〔八〕婆娑，《爾雅·釋訓》：『婆娑，舞也。』郭璞注：『舞者之容。』晞髮，屈原《九歌·少司命》：『與女沐兮咸池，晞女髮兮陽之阿。』

〔九〕爍石流金，《淮南子·詮言訓》：『大熱鑠石流金，火弗爲益其烈。』

輯評

王士禛曰：『起二語奇偉，有千仞萬里之勢。』

陳維崧曰：『瑰麗非常，總是龍宫機杼。』

笛家　九日，長安遣興，和其年〔一〕

黄菊浮觴，紫萸盈把〔二〕；露凉風細，匆匆早是秋將暮。天街如蟻，燕尾鬟鬆；卓金車響，紛紛兒女。剪彩旗幡，花糕擔子〔三〕，知送誰家去？葉争飛、雁初緊，只少滿城風雨。　情緒。不堪摇落，龍山戲馬〔四〕，何處追游？破帽單衫，一襟塵土。試問、故國荒凉宅樹，草長欲齊階否？深巷人歸，華堂客醉，作陣鳴腰鼓。聊送目，夕陽邊，惟見碧雲千縷。

校訂

《瑶華集》卷十九引此詞，詞題作『九日，和其年』。《百名家詞鈔》録此詞，詞題作『己未九日，長安遣興，和其年』。

箋注

〔一〕陳維崧《笛家·九日長安遣興》：『秋士心情，女兒節物，懨懨愁坐，緑樽雖滿何心勸。

帝京此夜，鏤棗成斑，煎酥凝獸，題糕才健。麝帕紛貽，綉旗細裊，點綴侯門宴。正新晴，恣游賞，天氣不寒不暖。　閑筭。去年九日，有人樓上，笑摘黄花，斜倚西風，任他簾捲。今日、懶覓登高伴侣，愁望秋槐宫殿。幾度逡巡，一番追悔，且倚闌干遍。怕萬一，鳳城邊，瞥遇南飛沙雁。』詞中所言『去年九日』，即康熙十八年（一六七九）。參見下首《笛家·九日，蛟門招集諸子游黑龍潭》。

〔二〕紫萸，即茱萸，落葉小喬木，開小黄花，果實橢圓形，紅色，味酸，可入藥。舊俗重陽節佩茱萸。

〔三〕花糕，舊俗重陽節所食的一種糕餅，也稱重陽糕。

〔四〕龍山，《晋書·孟嘉傳》：『九月九日，温燕龍山，僚佐畢集。』。

又　九日，蛟門招集諸子游黑龍潭〔一〕

野水拖藍，遥峰叠翠，嫩凉時候，閑人那不登高去？城陰杜曲〔二〕，幾樹枯楊，幾層頹壁，當年游處。橘井苔腥〔三〕，曉堂霧濕，莫作重陽雨。話新寒，晚鴉急，客子羈愁添否？　良晤。峭帆乍歇，玉盤鰕菜，斟酌南烹〔四〕，蟻緑鱗紅〔五〕，十觴連舉。

只少、繞砌黄花爛熳，空負數聲金縷。拂拂鞭絲，垂垂帽影，行過風潭路。月上也，恰當頭，共聽荒畦人語。

校訂

九日，《百名家詞鈔》作『己未九日』。

箋注

〔一〕是首作於康熙十八年己未（一六七九）。是年秋，汪懋麟至京，諸友集於曹禾邸齋爲其洗塵。汪懋麟《百尺梧桐閣遺集》卷一有《重九前二日其年升六子綸頌嘉子静舟次家兄嘉余抵京集飲頌嘉邸齋同用六月韵》詩，田雯《古歡堂集》卷六有《九日同其年升六舟次蛟門石林集黑龍潭和韵》詩，陳維崧《迦陵詞全集》卷二十九有《笛家・己未九日，蛟門招同諸子游黑龍潭，次實庵韵》詞。明劉侗、于奕正《帝京景物略》：『入金山口……小山累累，小岡層層，依岡而亦碧殿，亦丹垣者，龍王廟也。廟前爲潭，乾四丈，水二尺，文石輪輪，弱荇縷縷，空鳥雲雲，水有光無色，内物悉形，外物悉影。土人傳黑龍潜中，曰黑龍潭也。』

〔二〕杜曲，在今陝西西安東南，樊川、御宿川流經其間。唐大姓杜氏世居於此，故名。

〔三〕橘井，《太平廣記》卷十三：『明年天下疾疫，庭中井水，檐邊橘樹，可以代養。井水一升，橘葉一枚，可療一人。』

〔四〕南烹，唐韓愈《初南食貽元十八協律》：『我來禦魑魅，自宜味南烹。』

〔五〕蟻緑，唐白居易《問劉十九》：『緑蟻新醅酒，紅泥小火爐。』

輯評

陳維崧曰：『幽窅崢泓，似子厚游山諸小記。』

張潮曰：『景中有情，詞中有畫。』

畫屏秋色　送舅氏之唐山廣文任〔一〕

行李蕭條去，騁遠目、禾黍芃芃驛路〔二〕。督亢陂荒〔三〕，滹沲浪急〔四〕，亂雲天暮。韋杜舊家聲〔五〕，早打叠、寒氈辛苦〔六〕，聽一片、鳴蟬訴。况夢繞西州〔七〕，哀湍壞道，知在斜陽一帶，蒼然平楚。

無語，銷魂羈旅，更莫去、傷今懷古。十年踪迹，一番離别，悲歡無據。馬首又他鄉，烏衣巷口人何處〔八〕？苜蓿闌干堪煮。上日及新秋，爲語天邊好月，分照兩人愁緒。

箋注

〔一〕廣文，唐天寶九載設廣文館，設博士、助教等職，主持國學。此所言舅氏或即其二舅劉忞之。曹貞吉又有《蘭陵王·送二舅之沅州》《良鄉道上送舅氏之大名》《發沅州舅氏家報有感》諸詩詞。

〔二〕禾黍，見《孤鸞·送陸藎思歸武林，時新有悼亡之戚》箋注〔二〕。

〔三〕督亢，戰國燕的膏腴之地。今河北涿州東南有督亢陂，其附近定興、新城、固安諸縣一帶平衍之區，皆燕之督亢地。

〔四〕滹沲，見《滿江紅·過滹沱》箋注〔一〕。

〔五〕韋杜，唐代韋氏居韋曲，杜氏居杜曲，皆在長安城南，世爲望族。時稱『韋杜』。

〔六〕寒氈，《新唐書·文藝傳中·鄭虔》：『在官貧約甚，淡如也。杜甫嘗贈以詩曰「才名四十年，坐客寒無氈」云。』

〔七〕西州，見《南鄉子·夏夕無寐，茫茫交集，輒韵語寫之，不求文也》其三箋注〔八〕。

〔八〕烏衣巷，見《賀新凉·爲其年題詞》箋注〔六〕。

輯評

王士禛曰：『「生存華屋處，零落歸山丘」，讀「夢繞西州，哀湍壞道」數語，令人氣盡。』

蘭陵王　送二舅之沅州〔一〕

嶺雲白，湖草黏天弄碧。湘烟淡、沅水分流〔二〕，弱柳絲絲罥行色。武陵南下驛〔三〕，漸入桄榔瘴黑〔四〕。鵑聲裏、鐵騎連營，一髮青山望京國。　依依感疇昔，記巷口烏衣〔五〕，門邊霜戟。電光石火音塵寂。愁一肩行李，半林斜照，空祠榕暗嘯木客〔六〕，衡陽雁程隔〔七〕。　難覓，謝公屐〔八〕。問橘井遺踪〔九〕，郢雪荒宅〔一〇〕，參軍鑾府工書檄〔一一〕。念東第淒冷〔一二〕，北堂晨夕。寒蛩啼徹，聽砌語，助太息。

箋注

〔一〕沅州，清初沅州隸辰州府，清乾隆元年（一七三六）升爲沅州府。轄區在湘西北地區。參見《畫屏秋色·送舅氏之唐山廣文任》箋注〔一〕。

〔二〕沅水，沅江，源出貴州省，流經湖南省，入洞庭湖。

〔三〕武陵，清代屬常德府。常德府屬湖南布政使司，領武陵、桃源、龍陽、沅江四縣，府治在武陵縣。

〔四〕桃榔，棕櫚科，常緑喬木，喜高温多濕氣候。

〔五〕烏衣，見《賀新凉·爲其年題詞》箋注〔八〕。

〔六〕木客，見《摸魚子·西直門外作》箋注〔六〕。

〔七〕衡陽雁，見《御街行·和阮亭〈贈雁〉》箋注〔二〕。

〔八〕謝公屐，《宋書·謝靈運傳》：『尋山陟嶺，必造幽峻，岩嶂十重，莫不備盡。登躡常着木履，上山則去其前齒，下山去其後齒。』

〔九〕橘井，見《笛家·九日，蛟門招集諸子游黑龍潭》箋注〔三〕。

〔一〇〕郢雪，《楚辭·宋玉〈對楚王問〉》：『客有歌於郢中者，其始曰《下里》《巴人》，國中屬而和者數千人；其爲《陽阿》《薤露》，國中屬而和者數百人；其爲《陽春》《白雪》，國中屬而和者不過數十人……是其曲彌高，其和彌寡。』

〔一一〕參軍蠻府，南朝宋劉義慶《世説新語·排調》：『郝隆爲桓公南蠻參軍。三月三日會，作詩，不能者罰酒三升。隆初以不能受罰，既飲，攬筆便作一句云：「娵隅躍清池。」桓問：「娵隅是何物？」答曰：「蠻名魚爲娵隅。」桓公曰：「作詩何以作蠻語？」隆曰：「千里投公，始得蠻府參軍，那得不作蠻語也！」』

〔一二〕東第，《漢書·司馬相如傳下》：『故有剖符之封，析圭而爵，位爲通侯，居列東第。』顔師古注：『東第，甲宅也。居帝城之東，故曰東第也。』

輯評

沈爾燝曰：『語帶風烟，以此作南征障子，當夜聞水聲，不但鵑啼猿泪也。』

大酺　石林席上聞弦索〔一〕

正酒船行〔二〕，人聲寂，好月如珪偷照。鶗鴂初入破〔三〕，響風箏刀尺，麻姑手爪〔四〕。銀甲徐調，冰絲輕撥，啄木丁丁小鳥。空山無人處，任花開花落，洞天深窅。忽變作玉關，千群鐵馬，平沙衰草。　吴儂歌縹緲，嘆舊曲、誰似臨川好〔五〕。遮莫向、岐王筵上，崔九堂前，琵琶彈出傷心調〔六〕。未抵繁弦巧，引蝶翅、蜂鬚相惱〔七〕。但羈客青衫老〔八〕，奈何頻唤，頓減中年懷抱，鬢邊明日白了。

校訂

聞弦索，《瑶華集》卷二十作『聽弦索』。

偷，《瑶華集》作『相』。

小鳥，《瑶華集》作『林鳥』。

相惱，《瑶華集》作『縈繞』。

箋注

〔一〕石林，即喬萊，見《山花子·題石林小照》箋注〔一〕。

〔二〕酒船，即酒杯。

〔三〕鵾鷄，古曲名。入破，見《綺羅香·宋牧仲座上聞歌》箋注〔八〕。

〔四〕麻姑手爪，晋葛洪《神仙傳》卷二《王遠》：『麻姑，手爪不如人，爪形皆似鳥爪。』

〔五〕『嘆舊曲』句，《舊唐書·音樂志二》：『《烏夜啼》者，宋臨川王義慶所作也。元嘉十七年，徙彭城王義康於豫章，義慶時爲江州。至鎮相見而哭，爲帝所怪，徵還宅，大懼。妓妾夜聞烏啼聲，扣齋閤云：「明日應有赦。」其年更爲南兖州刺史，作此歌。』

〔六〕『岐王』句，唐杜甫《江南逢李龜年》：『岐王宅裏尋常見，崔九堂前幾度聞。』岐王，唐睿宗第四子，本名李隆範，唐玄宗李隆基的弟弟，封岐王，以好學愛才著稱，雅善音律。崔九，崔滌，中書令崔湜的弟弟。唐玄宗時曾任殿中監，得玄宗寵幸。

〔七〕蜂鬚，唐朱慶餘《題薔薇花》：『粉着蜂鬚膩，光凝蝶翅明。』

〔八〕青衫，見《減字木蘭花·天津道中》箋注〔一〕。

玉女摇仙佩　與米紫來論詞，即書其集後〔一〕

才人剩技，削玉團香，有得離奇如此。綉嶺宫前〔二〕，苧蘿溪上〔三〕，一一傾城姝麗。更把繁弦倚。似飛仙劍客，乘風游戲。怨離别、青衫紅袖〔四〕，消向琵琶、羯鼓聲裏。沙石砉然驚，苦竹黄蘆，暗啼山鬼〔五〕。　省識紅鹽妙理〔六〕，换羽移宫，墮盡關河人泪。細數名家，晚唐南宋，漫説蘇豪柳膩〔七〕。海岳當年裔〔八〕。平分取、書畫船中風味；又證入、金荃蘭畹〔九〕，小山白石〔一〇〕。天花亂撒珊瑚碎，酒邊珍重烏絲字〔一一〕。

校訂

《瑶華集》卷二十引此詞，題作『與米紫來論詞，即題其《始存集》』。

海岳，《瑶華集》作『火正』。北宋米芾號海岳外史，又號火正後人。

箋注

〔一〕米漢雯，字紫來，宛平（今北京）人，順治十八年（一六六一）進士，工書畫，尤工金石篆刻。著有《漫園詩集》《始存集》。

〔二〕綉嶺宫，舊址在今河南省三門峽市。唐李洞《綉嶺宫詞》：『春日遲遲春草緑，野棠開盡飄香玉。綉嶺宫前鶴髮翁，猶唱開元太平曲。』

〔三〕苧蘿，見《催雪・紅梅》箋注〔五〕。

〔四〕青衫，見《減字木蘭花・天津道中》箋注〔一〕。

〔五〕苦竹黄蘆，見《月下笛・悼何蕤音》箋注〔九〕。

〔六〕紅鹽妙理，宋蘇軾《橄欖》：『紛紛青子落紅鹽，正味森森苦且嚴。』

〔七〕蘇豪柳膩，謂蘇詞豪放，柳詞旖旎。清陳維崧《賀新郎・題曹實庵珂雪詞》：『多少詞場談文藻，向豪蘇、膩柳尋藍本。吾大笑，比蛙黽。』

〔八〕海岳，北宋書法家米芾，號海岳外史，故此處稱米紫來爲『海岳當年裔』。

〔九〕金荃蘭畹，見《摸魚子・答沈融谷》箋注〔五〕。

〔一〇〕小山，北宋詞人晏幾道著有《小山詞》，詞風深婉。白石，南宋詞人姜夔，號白石道人。其詞精於格律，清空騷雅。

〔一二〕烏絲，見《珍珠簾·爲牧仲題〈楓香詞〉》箋注〔二〕。

輯評

陳維崧曰：『迷離惝怳，渾脱激昂，都不作吴兒細咳。』

沈爾燝曰：『駢金儷玉中丰神飛動，此贈言絶妙好詞也。』

又

咏魚苔箋

剡溪玉葉〔一〕，渲染神工，却倩銀塘丹鯽。波面揚鬐，鏡中吹雨，飄入碎萍無力。一抹空明碧。問何人拾取，水天顔色。欲偷寄、飛瓊片紙，怕似方諸、滴泪難識〔二〕。

驚萬縷千絲，莫是珠宫，鮫姝輕織〔三〕？不辨河山一氣，潮落潮平，納納乾坤生白〔四〕。杳靄嵐光，迷離樹影，總帶蠻雲腥澁。造物莽搜索。有多少、寒火温泉奇迹，渾未扺、浮漚隱現，瀛滄島。苔痕掩映荆關筆〔五〕，憑誰爲訊騫霄國〔六〕。

校訂

平，《咏物十詞》作『生』。

嵐光，《咏物十詞》作『風光』。

寒火，《清名家詞》作『寒光』。

箋注

〔一〕剡溪，在浙江嵊州。其地多古藤，用剡溪藤所造的紙也被稱爲剡溪藤。

〔二〕『怕似』句，《淮南子·覽冥訓》：『夫陽燧取火於日，方諸取露於月。』唐陸龜蒙《自遣詩三十首》其十五：『月娥如有相思泪，祇待方諸寄兩行。』

〔三〕鮫姝輕織，見《喝馬一枝花·送沈茶星之來賓任》箋注〔二〕。

〔四〕納納，包容貌。

〔五〕荆關，見《青玉案·雁字》箋注〔一〕。

〔六〕騫霄國，晋王嘉《拾遺記》：『始皇元年，騫霄國獻刻玉善畫工名裔。』

輯評

王士禛曰：『題不經見，詞亦迷離，奇幻如觀化人之戲。』

陳維崧曰：『一氣混茫。』

沈爾燝評：『組織工細。』

多麗　送葉慕廬南歸〔一〕

恰新秋，一夜涼飈聲急。指湘皋、晚烟淡處，章華臺下荒宅〔二〕。挂蒲帆、白蘋鄉裏，鱠鱸魚破玉盈尺〔三〕。赤壁江聲〔四〕，烏林戰地〔五〕，楚南形勝，依稀記得。擊銅斗、歌成慷慨，棹碎空明碧。東籬畔、黄花滿徑，應待歸客〔六〕。憶燕市、匆匆文酒，西山亂入游屐。動公卿、五雲詞賦，才子人稱掞天筆〔七〕。姑射仙姿〔八〕，苧蘿姝麗〔九〕，如君流落也堪惜。悲團扇，班姬未老，永巷青苔隔〔一〇〕。桑乾路，驢背書囊，席帽攲側〔一一〕。

箋注

〔一〕葉封，字井叔，號慕廬，又號退翁，浙江嘉善人。順治十六年（一六五九）進士。與曹貞吉、田雯、宋犖、曹禾等并稱『金臺十子』。著有《慕廬集》《嵩陽石刻集記》《嵩游草》等。康熙十八年（一六七九）舉博學鴻詞科試未中，銓授工部虞衡司主事。即南歸，居於武昌樊湖。曹貞吉此詞即寫於康熙十八年送葉封南歸之際。

〔二〕章華臺，楚靈王所建離宮名，建築宏大，有『天下第一臺』之稱。

〔三〕鱠鱸魚，見《木蘭花慢·送孫開盛假歸，用稼軒韵》箋注〔三〕。

〔四〕赤壁，漢獻帝建安十三年（二〇八）孫權與劉備聯軍大破曹操軍隊處，在今湖北武昌西赤磯山。

〔五〕烏林，在湖北省嘉魚縣西，位於長江北岸。赤壁之戰中周瑜曾破曹兵於此。

〔六〕『東籬』句，晋陶淵明《飲酒二十首》其五：『采菊東籬下，悠然見南山。』

〔七〕『動公卿』句，南朝梁鍾嶸《詩品》：『初，淹罷宣城郡，遂宿冶亭。夢一美丈夫，自稱郭璞。謂淹曰：「吾有筆在卿處多年矣，可以見還。」淹探懷中，得五色筆以授之。爾後爲詩，不復成語，故世傳江淹才盡。』又《南史·江淹傳》：『淹乃探懷中得五色筆一以授之。爾後爲詩絶無美句，時人謂之才盡。』

〔八〕姑射，《莊子·逍遥游》：『藐姑射之山，有神人居焉，肌膚若冰雪，淖約若處子。』

〔九〕苧蘿姝麗，見《催雪·紅梅》箋注〔五〕。

〔一〇〕『悲團扇』句，漢班婕妤《團扇歌》：『新裂齊紈素，鮮潔如霜雪。裁爲合歡扇，團團似明月。出入君懷袖，動摇微風發。常恐秋節至，凉飆奪炎熱。弃捐篋笥中，恩情中道絶。』永巷，漢代幽禁妃嬪、宫女的地方。

〔一一〕桑乾，見《渡江雲·送蔣京少下第游楚，步其年韵》箋注〔四〕。

輯評

陳維崧曰：『聲情婉惻，極似《片玉詞》。』

張潮曰：『忼慨悲歌，纏綿凄惋，直欲敲碎唾壺。』

小諾皋　挽尤展成夫人〔一〕

德耀眉齊〔二〕，少君車挽，十載牛衣人泪〔三〕。憶當年、白帢翩翩，比肩蘭蕙。夫子龍城綰綬，紫塞風沙難避。賦歸來、還共東籬憔悴〔四〕。咏絮庭閑〔五〕，篝燈門閉，慰白頭佳兒佳婦〔六〕，百歲相看何已。蝶夢醒〔七〕，偏無幾。日下蒲輪〔八〕，江邊桂楫，驚起山中濃睡。全不管、西風病骨，懨懨情思。環佩珊然去矣，垂老寧堪傷逝？轉眼便泡影，空花相似。綺户絲縈，鏡奩塵細。怕黄昏、微雨疏簾，滴到愁人兩耳。更莫聽，蛩吟碎。

校訂

尤侗《西堂詩集·哀弦集》附此詞。

微雨疏簾，《西堂詩集·哀弦集》作『綉簾微雨』。

到，《西堂詩集·哀弦集》作『入』。

箋注

〔一〕尤侗，字展成，一字同人，蘇州府長洲（今江蘇蘇州）人，明末清初著名詩人、戲曲家。有《西堂全集》。此詞作於康熙十七年（一六七八）冬。尤侗《西堂雜組》三集卷九《祭先室曹孺人文》：『維康熙十七年十月十六日，杖期拙夫尤侗，在京聞吾妻敕封孺人曹氏於九月十九日病故，驚痛幾絶。以奉旨候試不得歸，乃遣長男珍星夜奔喪，滴泪和墨，以一言告奠於吾妻之靈。』

〔二〕德耀眉齊，見《南鄉子·夏夕無寐，茫茫交集，輒韵語寫之，不求文也》其四箋注〔一〕。

〔三〕牛衣人泪，《漢書·王章傳》：『初，章爲諸生學長安，獨與妻居。章疾病，無被，卧牛衣中，與妻決，涕泣。其妻呵怒之曰：「仲卿！京師尊貴在朝廷人誰逾仲卿者？今疾病困戹，不自激卬，乃反涕泣，何鄙也！」後章仕宦歷位，及爲京兆，欲上封事，妻又止之曰：「人當知足，獨不念牛衣中涕泣時耶？」』

〔四〕『賦歸來』句，陶淵明有《歸去來兮辭》，表達隱逸之志。

〔五〕咏絮庭閑，見《蝶戀花》（十一月）箋注〔四〕。

〔六〕佳兒佳婦，《資治通鑒》卷一九九：『遂良對曰……先帝臨崩，執陛下手謂臣曰：「朕佳兒佳婦，今以付卿。」』

〔七〕蝶夢，見《蝶戀花·題王宓草畫蝶》箋注〔三〕。

〔八〕蒲輪，《漢書·武帝紀》：『議立明堂。遣使者安車蒲輪，束帛加璧，徵魯申公。』顔師古注：『以蒲裹輪，取其安也。』

輯評

沈爾燝曰：『繁音哀亂，似潯江夜奏，不堪終曲。』

張潮曰：『可作賢媛小傳。』

哨遍　題萬柳堂〔一〕

何處嬉春，踏青挑菜，鄠杜城南地〔二〕，過危橋、夕照恰當門，亂擁入、群峰螺髻。鬱坡陀，緑遍黏天芳草，粼粼十畝風潭水。看萬縷千絲，交柯接葉，掩映長空無際。問當年、誰折永豐枝〔三〕，已仿佛、靈和殿裏時〔四〕。欲起還眠〔五〕，帶雨拖烟，昵人情思。

是相國滄洲逸興，萬象含生氣。忘機魚鳥，穿林啖影任游戲。更石笋排雲，花香作霧，東風一剪靡蕪翠。梁苑詩篇〔六〕，西園賓從〔七〕，點綴平泉佳麗。羨新荷驟雨，遺踪如此。似歐冶池邊溯漣洏〔八〕，恨只少，篔簹谷意〔九〕。喜得賜沐餘閑，小駐東華騎。河上清明，洛濱祓禊〔一〇〕，油壁鈿車來矣〔一一〕。年年渲染費春工，且自與人同樂耳！

箋注

〔一〕萬柳堂，清英廉等編《日下舊聞考》卷五十六『城市』：『元廉希憲萬柳堂在今右安門外草橋相近。』卷九十『郊坰』：『萬柳堂在府南，元廉希憲别墅。』後清初大學士馮溥慕其名，在廣渠門内建別墅，也取名萬柳堂。《日下舊聞考》卷五十六『城市』：『萬柳堂在廣渠門内，爲國朝大學士益都馮溥別業。』後歸倉場侍郎石文桂。

〔二〕鄠杜，鄠縣與杜陵。杜陵，漢宣帝陵墓，位於今西安東南。

〔三〕永豐枝，即永豐柳，唐時洛陽永豐坊西南角園中，有垂柳一株，柔條極茂，白居易因賦《楊柳枝》云：『一樹春風萬萬枝，嫩於金色軟於絲。永豐西角荒園裏，盡日無人屬阿誰。』後傳入樂府，遍流京師。唐宣宗聞之，下詔取其兩枝植於禁苑中。

〔四〕靈和殿，南朝齊武帝時所建，内多置楊柳。五代李存勖《歌頭》：『靈和殿，禁柳千行斜，金絲絡。』

〔五〕欲起還眠，見《水龍吟·咏柳絮，用坡公楊花韵》箋注〔一〕。

〔六〕梁苑，見《沁園春·贈柳敬亭》箋注〔五〕。

〔七〕西園，見《沁園春·泛舟明湖，訪仲愚留飲即事，李道思、劉伯叙繼至》箋注〔六〕。

〔八〕歐冶池，春秋時著名鑄劍工歐冶子鑄劍的水池，位於今福建福州境内。漣洏，形容涕泪交流。

〔九〕篔簹谷，見《滿江紅·題阮亭寓竹》箋注〔六〕。

〔一〇〕祓禊，見《蝶戀花》（二月花明）箋注〔一〕。

〔一一〕油壁鈿車，見《越溪春·郭外，用宋人韵》箋注〔一〕。

輯評

李良年曰：『二百一十字外尚似有餘，此長調中能事也。諸家無此筆力，輒似狹巷短兵移之車騎之地，鮮不敗矣。』

靳治荆曰：『是爲鐘呂大聲，不同絲竹細響。』

鶯啼序　送牧仲榷税贛關〔一〕

憶隨羽林十二，作英雄指顧。正補衮〔二〕、黄閣初開〔三〕，城南尺五韋杜〔四〕。屬車下，參差豹尾，新豐樹杪旌旗度〔五〕。佩雙鞬、馳電長河，馬嘶冰路。　獵騎纔回，小篆乍裊，誦琳琅好句。宴梁苑、賓客鄒枚，勝流齊奉樽俎〔六〕。泛扁舟、重尋赤壁〔七〕，是玉局、舊曾游處〔八〕。嘆臨皋、一段風流，杳然千古〔九〕。　京塵再染，屬國旂常，九賓看拜舞〔一〇〕。又移入、白雲司裏〔一一〕，鷄舌香賜〔一二〕，綽約雙鬟，旗亭歌賭〔一三〕。衍波紙寫〔一四〕，驚心動魄，廣平冰鐵梅花賦〔一五〕。問枝頭、紅杏今能否〔一六〕？銅龍命下，持衡賧布賨錢〔一七〕，片帆欲飛南浦。　清江似鏡〔一八〕，章貢分流，是天開大府〔一九〕。最好向、鬱孤臺上〔二〇〕，極目夕陽，幾道蠻烟，亂垂平楚。乘槎漢使〔二一〕，登樓清嘯，驚濤拍拍千尋下。聽榕陰、木客吟詩苦〔二二〕。載將廉石歸來〔二三〕，滿酌蒲桃，歌翻舊譜。

箋注

〔一〕牧仲，即宋犖，見《天香·咏緑牡丹，爲牧仲作》箋注〔一〕。贛關，清代户部的二十四關之一，設於江西省。此詞作於康熙十七年。宋犖自撰《漫堂年譜》卷一：『（康熙）十七年戊午，余四十五歲……十一月，堂官保舉才能，奉命視榷贛關。是月，男至來省……十二月，偕錢介維柏齡、男至出都。時博學鴻詞諸公集闕下，以詩文相送者甚夥，朱竹垞彝尊題曰《使虔録别》。』

〔二〕補衮，《詩經·大雅·烝民》：『衮職有闕，維仲山甫補之。』

〔三〕黄閣，《宋書·禮志二》：『三公黄閣，前史無其義。史臣按，禮記「士韠與天子同，公侯大夫則异」。鄭玄注：「士賤，與君同，不嫌也。」夫朱門洞啓，當陽之正色也。三公之與天子，禮秩相亞，故黄其閣，以示謙不敢斥天子，蓋是漢來制也。』

〔四〕韋杜，見《畫屏秋色·送舅氏之唐山廣文任》箋注〔五〕。

〔五〕新豐，《漢書·地理志上》：『新豐，驪山在南，故驪戎國。秦曰驪邑。高祖七年置。』顔師古注：『應劭曰：太上皇思東歸，於是高祖改築城寺街里以象豐，徙豐民以實之，故號新豐。』

〔六〕『宴梁苑』句，見《沁園春・贈柳敬亭》箋注〔五〕。鄒枚，見《珠珍簾・爲牧仲題〈楓香詞〉》箋注〔三〕。

〔七〕赤壁，赤鼻磯，在今湖北黄州西北江濱，因山形截然如壁而有赤色，故稱。蘇軾多次游覽，留下了《念奴嬌・赤壁懷古》《前赤壁賦》《後赤壁賦》等流傳千古的作品。

〔八〕玉局，見《水調歌頭・爲龔節孫題〈種橘圖〉》箋注〔二〕。

〔九〕『嘆臨皋』句，蘇軾於宋神宗元豐三年（一〇八〇）二月貶謫黄州，適時家眷仍在南都。黄州太守徐君猷對蘇軾的道德文章仰慕有加，等蘇軾眷屬一遷來，就把一家人安置在臨皋亭。

〔一〇〕九賓，《史記・廉頗藺相如列傳》：『今大王亦宜齋戒五日，設九賓於庭，臣乃敢上璧。』裴駰集解引韋昭曰：『九賓則《周禮》九儀。』《周禮・秋官・大行人》鄭玄注：『九儀謂命者五：公、侯、伯、子、男也；爵者四：孤、卿、大夫、士也。』又《後漢書・禮儀志上》：『大鴻臚設九賓，隨立寢殿前。』劉昭注引薛綜曰：『九賓謂王、侯、公、卿、二千石、六百石下及郎、吏、匈奴侍子，凡九等。』

〔一一〕白雲司，刑部屬秋官，故稱。宋犖曾任刑部員外郎，故言。

〔一二〕鷄舌香，即丁香，古代尚書上殿奏事，口含此香。

〔一三〕旗亭歌賭，見《摸魚子・題錫鬯〈蕃錦集〉》箋注〔三〕。

〔一四〕衍波紙，《詩話總龜》卷三十四引宋王直方《直方詩話》：『蕭貫少時，嘗夢至宮廷中……見群婦人如神仙，視貫，驚問何所從來。貫愕然，亦不知對。貫自陳進士，能爲詩。中有一人授貫紙，曰：「此所謂衍波箋，煩賦《宮中曉寒歌》。」貫援筆立成。』

〔一五〕『廣平』句，唐玄宗時著名賢相宋璟，以大功高德被封爲廣平郡公，人稱『宋廣平』。宋璟曾作《梅花賦》，中有詞句：『曷若茲卉，歲寒特妍。冰凝霜沍，擅美專權。相彼百花，誰敢爭先。』

〔一六〕『問枝頭』句，宋代詞人宋祁曾任工部尚書。其《玉樓春》詞有名句曰：『緑楊烟外曉寒輕，紅杏枝頭春意鬧。』

〔一七〕賧布，指南方少數民族向朝廷輸納布帛。賨錢，秦漢時西南一些少數民族作爲賦税交納的錢。

〔一八〕清江，發源於南嶺山脉北麓的章、貢二水，合流後稱爲贛江。贛江北流八百里，匯納蜿蜒西來的袁河，江面驟然寬闊，波流陡然澄澈。於是，贛江的這段江面又稱清江。

〔一九〕大府，周代掌管財幣的機構。

〔二〇〕鬱孤臺，在江西贛州西北隅田螺嶺，《(同治)贛縣志》：『鬱孤臺，在文筆山，一名賀蘭山，其山隆阜，鬱然孤峙，故名。』宋辛弃疾《菩薩蠻·書江西造口壁》：『鬱孤臺下清江水，中間多少行人泪。』

〔二一〕乘槎漢使，見《霓裳中序第一·爲杞園題〈浮家圖〉》箋注〔四〕。清孔尚任《岸桴記》：『予乘槎三年，江淮湖海，住里巷。』

〔一二二〕『木客』句，宋蘇軾《虔州八境圖八首》其八：『回峰亂嶂鬱參差，雲外高人世得知。誰向空山弄明月，山中木客解吟詩。』王十朋注引趙次公曰：『《寰宇記》所載上洛山多木客，乃鬼類也，形似人，語亦似人。而徐鉉小説載鄱陽山中有木客，自言秦時造阿房宮采木者也，食木實，遂得不死，時就民間飲酒，爲詩一章云：「酒盡君莫酤，壺傾我當發。城市多囂塵，還山弄明月。」』

〔一二三〕廉石，《新唐書·隱逸傳·陸龜蒙》：『陸氏在姑蘇，其門有巨石。遠祖績嘗事吴爲鬱林太守。罷歸無裝，舟輕不可越海，取石爲重。人稱其廉，號「鬱林石」。世保其居云。』

輯評

陳維崧曰：『章法絶妙，是盧陵一篇送行文字，一起陡健舉。』

張潮曰：『石破天驚，洵可推倒一世，開拓萬古。』

珂雪詞補遺

卜算子　秧針

欲製水田衣〔一〕，難學天衣縫。倦綉空中亂唾絨，點點楊花弄。　卓影刺波明，補得青莎空〔二〕。乞巧穿來定幾時〔三〕，秋老無人共。

箋注

〔一〕水田衣，又名稻田衣，即袈裟。因衣紋正方，似水稻田之界畫，故名。唐王維《過盧四員外宅看飯僧共題七韵》：『乞飯從香積，裁衣學水田。』

〔二〕青莎，即莎草，多年生草本植物，地下塊根名香附子，可供藥用。

〔三〕乞巧穿來，見《蝶戀花》（七月西疇）箋注〔一〕。

浪淘沙　午夢

午夢費追尋，行遍園林，落梅如雪滿庭陰。粉蝶游蜂紛去住，又是春深。　鄉信抵黃金，雲水沉沉，先生老矣廢長吟。喫飯著衣些個事〔一〕，忙到如今。

箋注

〔一〕喫飯著衣，禪宗語，生活日用。些個，多少，幾許。

又　詠史

秋老伏波營〔一〕，海氣淒清，鷓鴣啼上越王城〔二〕。玉几金床何限恨，紫殿苔生。　霸業總飄零，青蓋亭亭，五千甲楯憶行成〔三〕。回首羊車游幸地〔四〕，多少娉婷。

箋注

〔一〕伏波，《後漢書·馬援傳》：『又交阯女子徵側及女弟徵貳反，攻没其郡，九真、日南、合浦蠻夷皆應之，寇略嶺外六十餘城，側自立爲王。於是璽書拜援伏波將軍，以扶樂侯劉隆爲副，督樓船將軍段志等南擊交阯。』

〔二〕越王城，漢時閩越王無諸舊治，位於今福建福州境内。

〔三〕『五千』句，《左傳·哀公元年》：『元年春，楚子圍蔡，報柏舉也。里而栽，廣丈，高倍。夫屯晝夜九日，如子西之素。蔡人男女以辨。使疆於江、汝之間而還。蔡於是乎請遷於吴。吴王夫差敗越於夫椒，報檇李也。遂入越。越子以甲楯五千保於會稽，使大夫種因吴大宰嚭以行成。吴子將許之，伍員曰：「不可！臣聞之：『樹德莫如滋，去疾莫如盡……』」弗聽。退而告人曰：「越十年生聚，而十年教訓，二十年之外，吴其爲沼乎！」三月，越及吴平。吴入越不書，吴不告慶，越不告敗也。』參見《國語·越語》。

〔四〕羊車，《晋書·胡貴嬪傳》：『并寵者甚衆，帝莫知所適，常乘羊車，恣其所之，至便宴寢。宫人乃取竹葉插户，以鹽汁灑地，而引帝車。』

木蘭花

重九發皖城〔一〕

黄昏急雨跳珠露，五兩迎潮打槳去〔二〕。烟螺一點認龍山，暗憶西風吹帽處〔三〕。

魚床蟹籪紛無數，夜火陰沉隔江步。寒蘆颯颯走濤聲，十萬鼉蛟爲誰怒。

箋注

〔一〕皖城，治所位於今安徽省潛山市。

〔二〕五兩，《文選·郭璞〈江賦〉》：『覘五兩之動静。』李善注：『兵書曰：「凡候風法，以鷄羽重八兩，建五丈旗，取羽繫其巔，立軍營中。」許慎《淮南子注》曰：「綄，候風也，楚人謂之五兩也。」』

〔三〕龍山吹帽，《晋書·孟嘉傳》：『九月九日，温燕龍山，僚佐畢集。時佐吏并著戎服，有風至，吹嘉帽墮落，嘉不之覺。温使左右勿言，欲觀其舉止。嘉良久如厠，温令取還之，命孫盛作文嘲嘉，著嘉坐處。嘉還見，即答之，其文甚美，四坐嗟嘆。』

春草碧　題梅雪坪小照〔一〕

春風作意淹愁客，晞髮弄琅玕〔二〕，千條碧。脉脉空谷佳人〔三〕，翠袖無言鎮相憶。過雨嫩苔生，流光濕。　莫是擁髻燈前〔四〕，翩然獨立。認他桃花紅，梨花白。劇憐畫裏都官〔五〕，朱霞天半無人識。高唱紫雲回〔六〕，消受得。

箋注

〔一〕梅庚，字子長，號雪坪，晚年號聽山翁，清朝書畫家，詩人，安徽宣城人。康熙二十年（一六八一）舉人，官泰順知縣。

〔二〕晞髮，見《金明池·大熱，有懷蓬萊閣》箋注〔八〕。

〔三〕空谷佳人，唐杜甫《佳人》：『絶代有佳人，幽居在空谷。……天寒翠袖薄，日暮倚修竹。』

〔四〕擁髻，漢伶玄《趙飛燕外傳》附《伶玄自叙》云：『通德（伶玄妾，曾爲漢成帝宫婢）占袖，顧際燭影，以手擁髻，凄然泣下，不勝其悲。』

〔五〕都官，梅堯臣，字聖俞，宣州宣城（今屬安徽）人。北宋著名詩人，皇祐三年（一〇五一）賜同進士出身，爲太常博士。以歐陽修薦，爲國子監直講，累遷尚書都官員外郎，故世稱『梅直講』『梅都官』。

〔六〕紫雲回，《太平廣記》卷二十九：『唐玄宗嘗夢仙子十餘輩，御卿雲而下列於庭，各執樂曲而奏之，其度曲清哉，真仙府之音也。及樂闋，有一仙人前而言曰：「陛下知此樂乎？此神仙《紫雲曲》也。今願傳授陛下，爲聖唐正始音。」』

滿江紅　咏青陽署中老桑〔一〕

輪囷離奇，常自是、參天溜雨〔二〕。髣髴似、龍纏蛟鎖。獸蹲鯨怒。衣被神功歸草木，絲綸大業生機杼〔三〕。笑倡條、冶葉亦何爲？紛如許。　溝中斷〔四〕、青黄取。冥靈壽〔五〕，蹉跎補。幸斧斤不到，先生宥楮〔六〕。定有烟霞興左右，何年廟社煩鐘鼓？數春秋、又過八千餘，喬松侶〔七〕。

校訂

何年，吴氏本、備要本、《清名家詞》作『每年』。

箋注

〔一〕青陽，在今安徽省青陽縣，明清屬安徽池州府。曹濂《儀部公行狀》：『戊辰……是歲乃有秋。九月，復視篆於池之青陽，下車之日，諸吏抱牘以進，曰：「刻日兑糟例徵白金三千，以濟公私之費。」先大夫啞然笑曰：「猾吏無狀，乃敢以腐鼠嘗我耶？水次近在縣門，何須多金！若督糧監稅，或悉我之清貧，不過督也。至慮丁弁跳梁，則吾得制梃而撻之矣，橫徵奚爲哉。」是歲，兑漕宿弊一空，而事卒辦。會值校試童子，先大夫手自披閲，不假幕賓。後督學高素侯先生歲科兩試，凡居二十名以内者悉録無遺，一縣孤寒有獎拔之感。」

〔二〕參天溜雨，唐杜甫《古柏行》：「孔明廟前有老柏，柯如青銅根如石。霜皮溜雨四十圍，黛色參天二千尺。」

〔三〕絲綸，《禮記·緇衣》：「王言如絲，其出如綸。」孔穎達疏：「王言初出，微細如絲，及其出行於外，言更漸大，如似綸也。」生機杼，《後漢書·列女傳》：「此織生自蠶繭，成於機杼。」

〔四〕「溝中」句，《莊子·天地》：「百年之木，破爲犧尊，青黄而文之，其斷在溝中。」

〔五〕冥靈壽，《莊子·逍遥游》：「楚之南有冥靈者，以五百歲爲春，五百歲爲秋。」。

〔六〕先生宥楮，宋蘇軾《宥老楮》：「投斧爲賦詩，德怨聊相贖。」

〔七〕喬松，古代傳説中的仙人王子喬和赤松子。

百字令　婺源道中記所見〔一〕

濕雲潑墨，儘連宵做弄，碎瓊零玉〔二〕。灘雪驚飛流不定，軋軋水車翻軸。山鬼荒祠，女郎遺廟〔三〕，擬聽秋墳曲。亂鴉枯樹，峰腰猶抹青緑。莫是洪谷雲林〔四〕，匆匆渲染，健筆能醫俗〔五〕。一縷炊烟來木末，籬落人家堪宿。烏桕紅銷〔六〕，棕櫚葉散，掩映千竿竹。數杯濁酒，敵他檐際風肅。

校訂

《安丘曹氏家學守待·珂雪詞補遺》録此詞，題作『歸途記所見』。

儘連宵做弄，《安丘曹氏家學守待·珂雪詞補遺》作『連宵來做弄』。

灘雪驚飛流不定，《安丘曹氏家學守待·珂雪詞補遺》作『嗚咽溪聲流不定』。

擬聽秋墳曲，《安丘曹氏家學守待·珂雪詞補遺》作『點綴蒼崖腹』。

峰腰猶抹青緑，《安丘曹氏家學守待·珂雪詞補遺》作『山腰猶抹青緑』。

箋注

〔一〕婺源，位於今江西省東北部，屬上饒市，明清時隸屬徽州。

〔二〕『濕雲』句，宋謝懋《石州引》：『飛雲特地凝愁，做弄晚來微雨。』

〔三〕女郎，清甘熙《白下瑣言》：『祠祀所在，祭祀者多不近理，如……蔣公廟祭祀蔣子文，後殿有女像，其妹小姑也。俗訛爲織女，又稱爲雲機娘，機匠祀之。』

〔四〕洪谷雲林，指畫家荆浩與倪雲林。荆浩，五代後梁畫家，字浩然，號洪谷子，擅畫山水。

倪瓚，元代畫家、詩人，號雲林子，亦善畫山水。

〔五〕醫俗，見《滿江紅·題阮亭寓竹》箋注〔七〕。

〔六〕烏桕紅銷，宋陸游《明日又來天微陰再賦二首》其一：『烏桕赤於楓，園林九月中。』

木蘭花慢　題文孝祠壁〔一〕

拜昭明遺廟，臺下水，自淪漪。想文選樓中〔二〕，銅龍晝暖〔三〕，玉簡宵披。摛詞，六朝金粉，遍千秋作者沐恩暉。兆始乘鷄牽犬〔四〕，禍成白馬青絲〔五〕。　靈旗，雜佩葳蕤〔六〕，鼓坎坎，舞傲傲〔七〕。嘆故國山川，鄉人伏臘〔八〕，舍此安歸？追維湘東太忍，使江陵文武盡灰飛〔九〕。但奉九郎神在〔一〇〕，重游幾度沾衣。

箋注

〔一〕文孝祠，安徽省蕪湖西門外升平橋東有文孝祠，祀梁昭明太子蕭統，俗稱文孝皇帝。據清代多處州府縣志等史料記載，有多處文孝祠遺址。據曹貞吉漫游仕宦經歷，此詞當寫於他在安徽任職期間。《珂雪詞》寫作刊刻時間可詳參拙文《山左詞人曹貞吉詩詞結集及輯佚考略》。

〔二〕文選樓，一在湖北襄陽，傳爲南朝梁昭明太子蕭統建。并於此輯《文選》，故名。又一在江蘇揚州，舊謂蕭統讀書處。或言非是，乃隋曹憲故居，曹憲以《文選》教授生徒，故名所居巷爲文選巷，樓爲文選樓。清阮元居文選巷，建樓五間，題名隋文選樓，用以藏書，所輯書名《文選樓叢書》，參見清阮元《揚州隋文選樓記》。

〔三〕銅龍，筆架、筆套之類文具。南朝梁庾肩吾《謝賚銅硯筆格啓》：『管撫銅龍，還笑王生之璧。』

〔四〕乘鷄牽犬，《宋史·五行志》：『周廣順初，江南伏龜山圮，得石函，長二尺，廣八寸，中有鐵銘……銘曰：「莫問江南事，江南自有馮。乘鷄登寶位，跨犬出金陵。子建司南位，安仁秉夜燈。東鄰家道闕，隨虎遇明興。」其字皆小篆，體勢完具，徐鉉、徐鍇、韓熙載皆不能解。及煜歸朝，好事者云：煜丁酉年襲位，即乘鷄也；開寶八年甲戌，江南國滅，是跨犬也。』

〔五〕白馬青絲，見《南鄉子·夏夕無寐，茫茫交集，輒韵語寫之，不求文也》其四箋注〔四〕。

〔六〕雜佩，《詩經·鄭風·女曰鷄鳴》：『知子之來之，雜佩以贈之。』毛傳：『雜佩者，珩、璜、琚、瑀、冲牙之類。』

〔七〕舞僛僛，《詩經·小雅·賓之初筵》：『賓既醉止，載號載呶。亂我籩豆，屢舞僛僛。』毛傳：『僛僛，舞不能自正也。』

〔八〕伏臘，指伏祭和臘祭。伏祭在夏季伏日，臘祭在農曆十二月。

〔九〕『追維』句，《資治通鑒》卷一六五：『帝入東閣竹殿，命舍人高善寶焚古今圖書十四萬卷。……將自赴火，宫人左右共止之。又以寶劍斫柱令折，嘆曰：「文武之道，今夜盡矣。」』

〔一〇〕九郎神，清侯鳴珂曾任韓城知縣，其《重裝奕應侯神像記》言：『韓邑向有奕應侯，俗呼爲九郎神，相傳爲晋趙文子。自元時崇祀。以其靈應禱雨，功在生民，故歷數百年馨香勿替。』趙文子，即春秋時晋國卿大夫趙武。

臺城路　爲熊封題《金陵覽古》詩卷〔一〕

騎驢踏遍臺城路〔二〕，秋風更兼秋雨。朱雀航邊〔三〕，莫愁湖畔〔四〕，有底關情如許〔五〕？英雄割據，嘆鐵鎖銷沉〔六〕，龍驤飛渡〔七〕。彈指聲中，匆匆暗送六朝去。

金床玉几盡變〔八〕，變涼螢滿院，動人愁處。夢裏三生，奈何頻喚？禪榻鬢絲千縷〔九〕。精靈虎距，和冷雁哀猿，江山重數。嗚咽寒潮，蘆花飄正苦。

箋注

〔一〕靳治荆，字熊封，號書樵，别號黄山長，清初詩人、詞人，襄平人，曾任安徽歙縣知縣、江西吉安知府等職，有《思舊録》《金陵覽古詩》。

〔二〕臺城，宋洪邁《容齋續筆·臺城少城》：『晋宋間謂朝廷禁省爲臺，故稱禁城爲臺城。』

〔三〕朱雀航，又名朱雀桁，六朝都城建康（今江蘇南京）南城門朱雀門外的浮橋。

〔四〕莫愁湖，見《風流子·金陵懷古》箋注〔七〕。

〔五〕有底，爲甚，爲什麽。

〔六〕鐵鎖，見《金菊對芙蓉·和錫鬯〈蟂磯吊孫夫人〉》箋注〔七〕。

〔七〕龍驤，晋大將龍驤將軍王濬爲伐吴曾造大船。唐劉禹錫《西塞山懷古》：『王濬樓船下益州，金陵王氣黯然收。』

〔八〕金床玉几，宋王安石《和微之登高齋三首》其二：『六朝人物隨烟埃，金輿玉几安在哉？』

〔九〕禪榻鬢絲，唐杜牧《題禪院》：『今日鬢絲禪榻畔，茶烟輕颺落花風。』

珂雪詞輯佚

雙蕖怨 辛未重九〔一〕

好清秋、曾拖雙屐，一天凄冷難賦。祇今遥憶垂珠洞〔二〕，迢遞銀河誰渡。雲外樹，早姹紫嫣紅，霜葉濃如許。舊游似霧。擬摒擋巾車〔三〕，招携勝友，共踏翠微路。恰重九，忽到滿城風雨，吹殘箬笠何處。荒齋坐對瀟湘色，争换幾群腰鼓。斜日暮，喜倒暈〔四〕，明霞片片依人住。叵羅十舉〔五〕。便百尺嵐光，千尋練影，未抵此中趣。

箋注

〔一〕輯自《安丘曹氏家學守待》卷十五《珂雪詞補遺》。

〔二〕垂珠洞，位於黄山黟縣淋瀝山之東。

〔三〕摒擋，收拾，整理。

〔四〕倒暈，宋歐陽修《洛陽牡丹記》：『倒暈檀心者，多葉紅花，凡花近萼色深，至其末漸淺，此花自外深色，近萼反淺白，而深檀點其心，此尤可愛。』

〔五〕叵羅，古代酒器。

買陂塘　題荻雪村莊爲西畬作〔一〕

恰先生結茅之地。滿陂渾是濃霧。非關玉蕊吹零亂，遮斷菱舟歸路。鄰薄暮。趁一陣西風，飛過前村去。魚莊蟹浦。映幾縷斜陽，幾株疏柳，寂寂伴鷗鷺。

人間世，祇有楊花無主。芳菲却占時序。蒹葭等待爲霜後〔二〕，剩得淒清如許。秋色苦。檬亞字〔三〕、紅橋雁齒低迷處。徐娘淡嫵〔四〕。鎮孤影蕭騷，餘情懶慢，隔水夜燈雨。

箋注

〔一〕輯自《安丘曹氏家學守待》卷十五《珂雪詞補遺》。俞欽奇，字丹嶼，號西畬，浙江平湖人。工詩書，尤長篆籀隸書。歷游齊楚燕豫閩粤滇黔間，與諸名士交。結茅城西荻雪村，嘯歌自得。有《荻雪莊詩》《西墅筆談》《芹廬近稿》《衡素齋印譜》。曹貞吉另有《題俞丹嶼小照》《題西畬印譜》，曹貞吉好友李良年有同題詞作《買陂塘·寄題俞丹嶼荻雪村莊》。

〔二〕『蒹葭』句，見《賣花聲·咏鼓子花》其二箋注〔三〕。

〔三〕糝，粘貼。亞字，舊時官僚家出殯柩前的儀具，於高二尺四寸的方形木框上蒙以白布，下有柄，舉以蔽柩前行。布上畫有兩『己』相背圖形，如『亞』字，故稱。

〔四〕徐娘，指南朝梁元帝妃徐昭佩。《南史·後妃傳下》：『徐娘雖老，猶尚多情。』

賀新凉　賀汪蛟門納姬〔一〕

其一

十二珠簾捲〔二〕，恰三秋、月明人醉，客懷都遣。通德燈前擁袖立〔三〕，不定流光欲泫〔三〕。映綉被、兜羅如繭〔四〕。小婢青衣雙掩户，恨兒郎、排突窺人淺〔五〕。銀蒜落〔六〕，手慵展。　九嶷作黛明妝顯〔七〕，問何如、黄金名屋〔八〕，蕓輝題扁〔九〕。幾日温柔鄉裏坐，謝客一聲吠犬。惆悵事，輸君全免。珍重烏絲盟紙尾〔一〇〕，聽花間，小咒終成典。鶯嚦嚦，還同剪〔一一〕。

箋注

〔一〕輯自曹爾堪、顧貞觀等《秋水軒倡和詞》。汪懋麟，見《爪茉莉·本意，和蛟門，用宗梅岑韵》箋注〔一〕。

〔二〕十二珠簾，宋賀鑄《怨三三》：『飛樓十二珠簾，恨不貯，當年彩蟾。』

〔三〕通德，漢朝大臣伶玄妾樊通德，有才色，能講趙飛燕姊妹故事，伶玄爲作《趙飛燕外傳》。

〔四〕兜羅，棉。

〔五〕排突，恣肆放縱。窺人淺，清龔鼎孳《賀新郎》：『霜信五更殘漏急，恨關山、月影窺人淺。憔悴後，鏡慵展。』

〔六〕銀蒜，銀質蒜頭形簾墜，用以壓簾幕。

〔七〕九嶷，在湖南寧遠縣南。《史記·五帝本紀》：『（舜）南巡狩，崩於蒼梧之野，葬於江南九嶷。』九嶷作黛，唐李群玉《黄陵廟》：『猶如含顰望巡狩，九疑如黛隔湘川。』

〔八〕黄金名屋，舊題漢班固《漢武帝故事》記漢武帝曾言：『若得阿嬌作婦，當作金屋貯之也。』

〔九〕蕓輝，唐蘇鶚《杜陽雜編》卷上：『蕓輝，香草名也，出于闐國，其香潔白如玉，入土不朽爛。春之爲屑，以塗其壁，故號蕓輝。』

〔一〇〕烏絲，見《珍珠簾·爲牧仲題〈楓香詞〉》箋注〔二〕。

〔一一〕同剪，唐李商隱《夜雨寄北》：『何當共剪西窗燭，却話巴山夜雨時。』

其二

意似蕉心捲〔一〕。譬當年、玄霜初搗〔二〕，茫茫難遣。翩若驚鴻雲際去，洛女凌波光泫〔三〕。真好事、吴蠶成繭。飛燕玉環誰彼此〔四〕，問蜂黄〔五〕，一夜眉深淺。清漏永，更須展。　無多軟語聽成顯。訂三生、文鸞彩鳳，月圓風扁〔六〕。漏泄春光今八九，妒殺陸機黄犬〔七〕。長麈柄安能求免。且向臨邛沽一斗，鷫鷞裘，未被郎君典〔八〕。情脉脉，如何剪。

箋注

〔一〕『意似』句，宋李清照《添字醜奴兒·芭蕉》：『窗前誰種芭蕉樹？陰滿中庭。陰滿中庭。葉葉心心舒卷有餘情。』

〔二〕玄霜，神話中的一種仙藥。

〔三〕『翩若』句，三國魏曹植《洛神賦》：『其形也，翩若驚鴻，婉若游龍……體迅飛鳧，飄忽若神。凌波微步，羅襪生塵。』

〔四〕飛燕玉環，飛燕，指漢成帝的皇后趙飛燕。玉環，楊玉環，唐玄宗李隆基的貴妃。

〔五〕蜂黄，古代婦女塗額的黄色妝飾。也稱花黄、額黄。唐李商隱《酬崔八早梅有贈兼示之作》：『何處拂胸資蝶粉，幾時塗額藉蜂黄。』

〔六〕風扁，風小。

〔七〕陸機黄犬，《晉書·陸機傳》：『初機有駿犬，名曰黄耳，甚愛之。既而羈寓京師，久無家問，笑語犬曰：「我家絶無書信，汝能賚書取消息不？」犬摇尾作聲。機乃爲書，以竹筒盛之而繫其頸，犬尋路南走，遂至其家，得報還洛。其後因以爲常。』

〔八〕『且向』句，《史記·司馬相如列傳》：『相如與俱之臨邛，盡賣其車騎，買一酒舍酤酒，而令文君當鑪。相如身自着犢鼻褌，與保庸雜作，滌器於市中。』鷫鸘裘，《西京雜記》卷二：『司馬相如初與卓文君還成都，居貧愁懣，以所着鷫鸘裘就市人陽昌貰酒，與文君爲歡。』

金縷曲　同頌嘉飲綸霞齋讀新詩〔一〕

羅酒清如乳。共燈前、宣窑一色〔二〕，十觴連舉。我醉倒持銅綽板，擬倩花奴擊鼓〔三〕。竟弟勸、兄酬無數。疑是吾州從事者，問何年、却向平原住。鄉耆舊，還相遇。

主人鸚鵡初成賦。動光芒、天孫五色，長篇短句。比似峨嵋天半雪，奇秀差堪儔伍。高歌罷、眉峰欲舞。一卷漢書傾一斗〔四〕，借斯文、下酒君須誤。扶上馬，夜方午。

箋注

〔一〕輯自田雯《古歡堂集》卷十一《七言律・酒熟邀升六頌嘉過飲》，詩後附曹貞吉賀詞。曹禾，字頌嘉，號未庵，又號峨嵋，江蘇江陰人，康熙三年（一六六四）進士。田雯，字紫綸，一字子綸，亦字綸霞，號漪亭，自號山薑子，晚號蒙齋，山東德州人，康熙三年進士。歷任中書舍人、江南學政、江蘇巡撫等，著有《山薑詩選》《古歡堂集》《黔書》《長河志籍考》等。

〔二〕宣窑，即宣德窑，明宣德年間於江西景德鎮所設的官窑，瓷器做工精良。

〔三〕花奴擊鼓，《太平廣記》卷二百五：『玄宗性俊邁，酷不好琴。曾聽彈正弄，未及畢，叱琴者曰：「待詔出去。」謂内官曰：「速召花奴將羯鼓來，爲我解穢。」』

〔四〕『一卷』句，宋龔明之《中吴紀聞》卷二『蘇子美飲酒』：『子美（蘇舜欽）豪放，飲酒無算，在婦翁杜正獻家，每夕讀書以一斗爲率。正獻深以爲疑，使子弟密察之。聞讀《漢書・張子房傳》，至「良與客狙擊秦皇帝，誤中副車」，遽撫案曰：「惜乎！擊之不中！」遂滿飲一大白。又讀至「良曰：始臣起下邳，與上會於留，此天以臣授陛下」，又撫案曰：「君臣相遇，其難如此！」復舉一大白。正獻公聞之大笑，曰：「有如此下物，一斗誠不爲多也。」』

疏影 蛛網

柔絲幾縷，學柔腸亂結，檐牙低處〔一〕。雨濕還明，一任風吹，時有晴塵凝聚。多情慣惱閑蜂蝶，更惹遍、落英飛絮。憶那回、拂面牽衣，也解暫留人住〔二〕。　一一疏籬都罥〔三〕，看晚紅屋角，又添如許。記得前宵，鈿盒齊開，輸與痴騃兒女。怪他不礙愁城路，只隔斷、夢來魂去。把花枝、欲拭還休，獨自憑欄情緒。

校訂

輯自蔣景祁輯《瑶華集》卷十六。曹貞吉子曹霂《冰絲詞》亦録此首，考詞意當爲曹貞吉作，故輯入。

箋注

〔一〕檐牙，檐際翹出如牙的部分。

〔二〕『憶那回』句，宋辛弃疾《摸魚兒》：『怨春不語。算只有、殷勤畫檐蛛網，盡日惹飛絮。』

〔三〕罥，纏繞。

采桑子〔一〕　春閨

東風小立簾櫳静。蛺蝶飛飛。蛺蝶飛飛。撲面楊花燕子歸。　困人天氣無些事〔二〕。金鴨香微〔三〕。金鴨香微。睡損芙蓉一半兒。

箋注

〔一〕《采桑子》二首輯自聶先、曾王孫編《百名家詞鈔》。

〔二〕困人天氣，宋張先《雨中花令》：『正不寒不暖，和風細雨，困人天氣。』

〔三〕金鴨，一種鍍金的鴨形銅香爐。

又　秋閨

梧桐小院黄昏後。茉莉風凉。茉莉風凉。一縷香生鬟髻妝。　窺人斜月渾無賴。

又上西窗。又上西窗。金井烏啼夜未央〔一〕。

箋注

〔一〕『金井』句，宋周邦彦《蝶戀花》：『月皎驚鳥栖不定。更漏將殘，轣轆牽金井。』

念奴嬌 讀畫樓，周子雪客言近將以甘露閣改作，爲賦此〔一〕

神游飛閣，見周郎、説在雨花臺畔〔二〕。僧是尸黎人李白〔三〕，醉裏逃禪汗漫。地涌浮圖，天開雙闕，金粉年年换。移山掇水，更能事英賢慣。　奇哉四面烟雲，中間□□，應接無昏旦。便下深帷，燒樺燭，遮莫恣情柔翰〔四〕。畫作山看，山將畫讀，主客誰能判。前身摩詰，還教裴迪爲伴〔五〕。

校訂

據南京大學中文系編《全清詞》（順康卷）引《清平詞選》輯入曹貞吉詞。詞題後標注『後段少二字』。《全清詞》（順康卷）又録此詞於紀映鍾名下，下片『中間』句正作『中間是畫，應接無昏旦』。按：《清平詞選》即《清平初選後集》，有清康熙刻本，張淵懿、田茂遇編。是集該詞收入卷九紀映鍾名下。又饒宗頤、張璋編《全明詞》，據陳維崧等編《今詞苑》也録此詞於紀映鍾名下。清宣統年間，掃葉山房重印《清平初選後集》，改書名爲《詞壇妙品》，内容與《清平初選後集》略异，此詞署名爲曹升六，曹貞吉，字升六。故仍暫輯待考。

箋注

〔一〕周子雪客，即周在浚，見《賀新凉·送周雪客南歸》其一箋注〔一〕。甘露閣，位於南京秦淮河畔。《念奴嬌》原調一百字，前片四十九字，後片五十一字，曹貞吉此調後片爲四十九字，故言『後段少二字』。

〔二〕雨花臺，位於今江蘇南京中華門外，古時多寺廟，相傳梁武帝時，雲光法師在此講經，落花如雨，故名。

〔三〕『僧是』句，唐李白《登梅岡望金陵贈族侄高座寺僧中孚》：『我來屬天清，登覽窮楚越。吾宗挺禪伯，特秀鸞鳳骨。』王琦注：『高座寺在江寧府雨花臺梅岡，晋永嘉中建，名甘露寺，西竺僧尸黎密據高座説法，世謂高座道人，葬此，故名。』

〔四〕遮莫，任憑。柔翰，毛筆。晋左思《咏史詩八首》其一：『弱冠弄柔翰，卓犖觀群書。』

〔五〕摩詰，指唐王維，王維字摩詰。裴迪，盛唐山水田園詩人，王維的好友。

浪淘沙〔一〕　波内美人影

秋水淡空明。形影雙清。洛妃乘霧去亭亭〔二〕。明月蘆花多少恨，環佩無聲。疑傍若耶行〔三〕。溪畔香生。還愁烟靄鎖娉婷。只似深閨鸞鏡裏〔四〕，檀暈輕輕。

箋注

〔一〕據南京大學中文系編《全清詞》（順康卷）引《古今詞匯三編》輯。

〔二〕洛妃，見《玉連環·水仙》箋注〔一〕。

〔三〕若耶，若耶溪出浙江紹興若耶山，相傳爲西施浣紗之所。

〔四〕鸞鏡，《太平御覽》卷九一六引南朝宋范太《鸞鳥詩序》：『罽賓王結屋峻卯之山，獲一鸞鳥，王甚愛之，欲其鳴而不能致。乃飾以金樊，養以珍羞。對之逾歲，三年不鳴。夫人曰：「聞鸞見類而後鳴，可懸鏡以映之！」王從其言。鸞觀影感起，慨然悲鳴，哀響沖霄，一奮而絕。』

珂雪初集

張起元印典成詩以贈之〔一〕

博物何人號冠軍，風流張緒若爲群〔二〕。平分秦相磨崖筆，遍勒周王石鼓文〔三〕。座側青緗移歲月，腕中不律走風雲〔四〕。詞華愧我蕭條甚，欲問鷄窗乞碧芸〔五〕。

校訂

《曹貞吉詩稿》詩題作《張杞園集印典將成詩以贈之》，張貞《渠丘耳夢録》乙集引作《杞園輯寶典成詩以贈之》。

張緒，《渠丘耳夢録》乙集引作『思曼』。張緒，字思曼。

若爲，《曹貞吉詩稿》作『獨軼』。

欲問，《曹貞吉詩稿》作『欲向』。

箋注

〔一〕張起元，即張貞，見《玲瓏四犯·送杞園游西湖》箋注〔一〕。

〔二〕張緒，字思曼，南朝齊吴郡人，博聞多識。《南齊書·張緒傳》：『緒少知名，清簡寡欲……口不言利，有財輒散之。……夫如緒之風流者，豈不謂之名臣！』

〔三〕秦相，秦始皇時丞相李斯。相傳秦始皇巡泰山時所立刻石爲李斯所書。石鼓文，我國最早的石刻文字，世稱『石刻之祖』，無具體年月，一度被認爲是周宣王時期的刻石。

〔四〕青緗，青色和淺黄色，古代常以此兩種顔色的布帛做書衣、書套。因用以指書籍、畫卷等。不律，筆。

〔五〕鷄窗，《藝文類聚》卷九十一引南朝宋劉義慶《幽明録》：『晋兖州刺史沛國宋處宗嘗買得一長鳴鷄，愛養甚至，恒籠著窗間，鷄遂作人語，與處宗談論，極有玄致，終日不輟。處宗因此功業大進。』碧芸，珍貴的書籍。南宋白玉蟾《題瓮齋》：『萬軸牙籤聚碧芸，數間茅屋鎖閑雲。』

小游仙詩七首

其一

坐看滄海幾成田，白玉樓頭尺五天〔一〕。鶴背崚嶒歸去晚〔二〕，安期巨棗讓誰先〔三〕？

校訂

《實庵詩略》選第三、四兩首，詩題作《小游仙詩》。

箋注

〔一〕白玉樓，唐李商隱《李長吉小傳》：『長吉將死時，忽晝見一緋衣人，駕赤虬，持一版，書若太古篆或霹靂石文者，云：「當召長吉。」長吉了不能讀，欻下榻叩頭，言：「阿㜷老且病，賀不願去。」緋衣人笑曰：「帝成白玉樓，立召君爲記。天上差樂，不苦也。」』

〔二〕鶴背，金元好問《步虛詞三首》其一：『閬苑仙人白錦袍，海山宫闕醉蟠桃。三更月底鸞聲急，萬里風頭鶴背高。』

〔三〕安期巨棗，見《漁家傲·讀〈漢史〉》箋注〔三〕。

其二

武陵烟水漸平田〔一〕，雲氣霏微隔洞天。環佩聲闌仙樂歇，紫虬銀鳳各争先。

箋注

〔一〕『武陵』句，見《風流子·題劉岱儒葭水山房》箋注〔六〕。

其三

閑却蓬萊雲水田，月明笙鶴下瑶天。橘中二老如相問〔一〕，麟脯今輸一着先。

箋注

〔一〕橘中二老，《太平廣記》卷四十：『有巴邛人，不知姓。家有橘園，因霜後，諸橘盡收，餘有二大橘，如三四斗盎。巴人异之，即令攀摘，輕重亦如常橘。剖開，每橘有二老叟，鬚眉皤然，肌體紅潤，皆相對象戲，身僅尺餘，談笑自若。』

其四

瓊臺玉斧倩誰修〔一〕，天際俄開百尺樓。倦舞霓裳依桂樹，遥知清冷不勝秋。

箋注

〔一〕玉斧，唐段成式《酉陽雜俎·天咫》：『見一人布衣，甚潔白，枕一襆物，方眠熟。即呼之……其人笑曰：「君知月乃七寶合成乎？月勢如丸，其影日爍其凸處也。常有八萬二千户修之，予即一數。」因開襆，有斤鑿數事，玉屑飯兩裹。』

輯評

王士禛評：『縹緲。』

其五

微茫弱水三千里〔一〕，縹緲丹霞十二樓〔二〕。讀罷道書無一事，坐看白露下深秋。

箋注

〔一〕弱水，漢東方朔《海内十洲記》：『鳳麟洲在西海之中央，地方一千五百里。洲四面有弱水繞之，鴻毛不浮，不可越也。』

〔二〕十二樓，《漢書·郊祀志》：『明年，東巡海上，考神仙之屬，未有驗者。方士有言黄帝時爲五城十二樓，以候神人於執期，名曰迎年。上許作之如方，名曰明年。上親禮祠，上犢黄焉。』

其六

從來仙子愛重樓，碧樹紅雲一色秋。子夜歌殘人不見，海天明月挂如鈎。

校訂

碧樹紅雲，《曹貞吉詩稿》作『紅樹白雲』。

其七

年來蹤迹喜飄蓬，山水漁樵處處通。欲覓仙源知近遠〔一〕，一聲清磬翠微中。

箋注

〔一〕仙源，唐王維《桃源行》：『春來遍是桃花水，不辨仙源何處尋。』

歲暮感舊書懷二十八韻

遥憶我生初，乃在甲戌歲〔一〕。傷哉垂九齡，已感終天逝〔二〕。煢煢弃路隅〔三〕，艱難時隕涕。提携惟老母，追隨有弱弟。搶攘兵戈中〔四〕，生全偶然濟。茹苦甘熊丸〔五〕，長貧恒斷薺。租税苦追呼，風雨門常閉。先皇丁亥春，言循采芹例〔六〕。碌碌塵埃間，俯仰如精衛〔七〕。迨乎辛卯秋，初較文壇藝〔八〕。季方着先鞭，而予獨留滯〔九〕。癸巳集東墅〔一〇〕，晨夕互砥礪。阿弟陟承明，嘆予方食餼〔一一〕。咫尺判雲泥〔一二〕，撫躬憂匪細。自度年力足，未肯甘薜荔〔一三〕。丙申游帝都，歸來遂決計。讀書唯小園〔一四〕，矢懷一何鋭。不謂兩放逐〔一五〕，失我凌雲勢。痛哭焚舊編，誓欲絶匏繫〔一六〕。淹屈負鬚眉，舉止慚僕隸〔一〕。衆裏自嫌身，况復人間世。今上新御極，騎驢復應制〔一七〕。敝帚豈有殊，乃結文章契。顧予淡蕩人，入世傷鑿枘〔一八〕。素志既一酬，升沉隨所際。

五斗亦足榮〔一九〕，寧必駕行綴〔二〇〕。廿載徒營營，暫爾長林憩。蒼茫對積雪，遥空一雁唳。

箋注

〔一〕甲戌，明崇禎七年（一六三四）。

〔二〕『傷哉』句，明崇禎十五年壬午（一六四二），曹貞吉九歲，其父曹復植去世。

〔三〕煢煢，孤單無依貌。

〔四〕搶攘，紛亂貌。

〔五〕熊丸，見《南鄉子·夏夕無寐，茫茫交集，輒韵語寫之，不求文也》其二箋注〔二〕。

〔六〕『先皇』句，清順治三年丙戌（一六四六），清廷開科取士。清順治四年丁亥（一六四七），曹貞吉十四歲，與其弟曹申吉同就外塾，入縣學爲生員。采芹，《詩經·魯頌·泮水》：『思樂泮水，薄采其芹。』毛傳：『泮水，泮宮之水也。』

〔七〕精衛，見《沁園春·讀子厚新詞却寄》其二箋注〔七〕。

〔八〕『迨乎』句，清順治八年辛卯（一六五一），曹貞吉十八歲，與其弟曹申吉同赴省應舉。

〔九〕『季方』句，清順治八年辛卯的鄉試，曹申吉中舉，而貞吉落榜。

〔一〇〕癸巳，清順治十年（一六五三）。東墅，曹貞吉《春日臣鵠招同翼辰游東墅感賦三首》

自注：『東墅爲先少傅園亭，余舊讀書地也。』

〔一一〕『阿弟』句，清順治十年癸巳，曹貞吉二十歲，成爲廪生，而申吉進士及第。承明，《漢書·嚴助傳》：『君厭承明之廬，勞侍從之事，懷故土，出爲郡吏。』顔師古注引張晏曰：『承明廬在石渠閣外。直宿所止曰廬。』食餼，指明清時經考試取得廪生資格的生員享受廪膳補貼。

〔一二〕雲泥，《後漢書·逸民傳·矯慎》：『汝南吴蒼甚重之，因遺書以觀其志曰：「仲彦足下：勤處隱約，雖乘雲行泥，栖宿不同，每有西風，何嘗不嘆！」』

〔一三〕薜荔，屈原《九歌·山鬼》：『若有人兮山之阿，被薜荔兮帶女蘿。』

〔一四〕唯小園，曹貞吉在家鄉山東安丘的讀書處，名字取自唐杜甫《孟氏》『孟氏好兄弟，養親唯小園』。

〔一五〕『不謂』句，清順治十四年丁酉（一六五七），曹貞吉二十四歲，秋試又不得志。

〔一六〕匏繫，《論語·陽貨》：『吾豈匏瓜也哉！焉能繫而不食？』劉寶楠正義曰：『匏瓜以不食，得繫滯一處。』

〔一七〕『今上』句，順治十八年辛丑（一六六一），曹貞吉二十八歲，順治帝卒，康熙帝即位。清康熙二年癸卯（一六六三），曹貞吉中舉，爲山東鄉試第一。

〔一八〕鑿枘，戰國楚宋玉《九辯》：『圜鑿而方枘兮，吾固知其鉏鋙而難入。』

〔一九〕五斗，《晋書·隱逸傳》：『郡遣督郵至縣，吏白應束帶見之，潜嘆曰：「吾不能爲五斗米折腰，拳拳事鄉里小人邪！」義熙二年，解印去縣。』

〔二〇〕駕行，唐白居易《翰林院中感秋懷王質夫》：『寄迹鴛鷺行，歸心鷗鶴群。』

輯評

〔一〕王士禛評：『真有此感。』

予栖遲遺勝園中凡數年自癸卯初秋遂成永隔閑居有懷悵然成咏六首〔一〕

其一

十年結契在林皋，漫向松陰覆短袍。幾樹雨痕分晚黛，一天風色起晴濤。魚游驚避虬枝偃，鶴舞遥憐翠幕高〔二〕。豈爲著書耽歲月，往來三徑莫辭勞〔三〕。松徑

校訂

《曹貞吉詩稿》詩題作《予栖遲遺勝園中凡數年風晨月夕竹籟松濤頗適懷抱自癸卯初秋遂成永

隔塵埃兀兀回首伴鶴齋如蓬壺方丈矣閑居有懷悵然成咏》。

箋注

〔一〕癸卯，康熙二年癸卯（一六六三），曹貞吉三十歲，張貞《誥受奉政大夫禮部儀制清吏寺郎中曹公墓志并銘》：『（曹貞吉）年三十，中康熙癸卯鄉試第一。』

〔二〕鶴舞，《韓非子·十過》：『平公曰：「寡人之所好者，音也，願試聽之。」師曠不得已，援琴而鼓。一奏之，有玄鶴二八，道南方來，集於郎門之垝；再奏之而列；三奏之，延頸而鳴，舒翼而舞。』

〔三〕三徑，見《水調歌頭·大醉放言》箋注〔一〇〕。

其二

幾年坐卧篔簹谷〔一〕，此日重逢思惘然。翠色窺簾微見月，雨聲拂地乍驚蟬。移來渭曲悲秦樹〔二〕，夢去瀟湘隔楚烟。憶得當時初振鐸〔三〕，繞亭常聽水潺潺。竹窗

校訂

常聽，《曹貞吉詩稿》作『常自』。

箋注

〔一〕篔簹谷，見《滿江紅・題阮亭寓竹》箋注〔六〕。

〔二〕渭曲，在陝西省大荔縣東南。

〔三〕振籜，新竹萌生。

其三

疏雨輕雷薄暮收，長空如洗碧雲流。微吟小徑苔初净，閑折花枝露尚浮。魚唼淺萍新沼滿〔一〕，鳥啼近樹晚風秋。主人對此銷塵慮，漫采荷珠付茗甌。新晴

校訂

『魚唼淺萍新沼滿，鳥啼近樹晚風秋』，《曹貞吉詩稿》作『魚唼新萍知水長，鳥啼近樹覺林幽』。

箋注

〔一〕唼，魚吃食的聲音。

其四

碧天無際玉繩開〔一〕，好友俄從薄暮來。長笛一聲吹亂葉，飛英幾點落輕杯。濛濛花霧當窗濕，簌簌松香拂檻回。怪爾晨鐘驚醉客，猶餘清影照蒼苔。月飲

箋注

〔一〕玉繩，星名。

其五

兀然峭壁古藤垂，策杖登臨意屢移。危堞千尋懸夕照〔一〕，高梧百尺動涼颸。雲開遠樹疑峰合，泉滴空岩落澗遲。結侣長林應有待，青鞋布襪杳難追。登眺

校訂

結侣，《曹貞吉詩稿》闕『侣』字。

登眺，《曹貞吉詩稿》作『閑眺』。

箋注

〔一〕尋，古以八尺爲一尋。

其六

曉起蒼茫入望賒〔一〕，滿庭寒玉護蒹葭〔二〕。難尋雲際千峰合，不盡炊烟一縷斜。縹緲隨風迷去鶴，霏微帶月冷栖鴉。林間時滯幽人迹，屐齒休輕點六花〔三〕。雪後

箋注

〔一〕賒，遥遠。

〔二〕蒹葭，見《解連環·咏蘆花，遥和錢舍人》箋注〔五〕。

〔三〕六花，見《賀新涼·送周雪客南歸》其二箋注〔一〕。

馬近温尋親嶺南詩以送之

爲憶慈顔涕泪殷，幾年悵望嶺頭雲。船從章貢江邊去〔一〕，夢自羅浮雪後紛〔二〕。

廿載相逢人盡老，天涯重晤手遲分。越王臺上銷魂處〔三〕，衰草離離日正曛。

校訂

《曹貞吉詩稿》詩題作《馬近温尋親之嶺南詩以送之》，共二首，此首爲其二。

箋注

〔一〕章貢，章水和貢水的并稱，亦泛指江西贛江及其流域。

〔二〕羅浮，在廣東省東江北岸，風景優美，爲粤中游覽勝地。

〔三〕越王臺，在今浙江紹興種山，相傳爲春秋時越王勾踐登臨之處。

答馬翼辰用原韵〔一〕

五兩風高片羽輕〔二〕，霏霏烟雨近清明。寒潮一夜催蘭槳〔三〕，夢裏金陵春草平。

箋注

〔一〕馬天撰，字翼辰，山東安丘人，清詩人，曹貞吉摯友。

〔二〕五兩，古代測風器。以鷄毛五兩或八兩繫於高竿頂，藉以觀測風向、風力。

〔三〕蘭槳，宋蘇軾《前赤壁賦》：『桂棹兮蘭槳，擊空明兮泝流光。』

日照道中觀海二首

其一

曉起空濛宿霧遮，遲回漸覺海生霞。一天霽色迎朝日，十里潮聲捲落沙〔一〕。寶氣疑從鮫室盡，颶風欲動蜃樓斜〔一〕。三山縹緲知何處〔二〕，漫想安期棗似瓜〔三〕。

校訂

《曹貞吉詩稿》《實庵詩略》詩題均作《日照道中觀海》；鄧漢儀《詩觀初集》卷三選録第一首，詩題作《日照道中》；《（康熙）青州府志》卷二十二《藝文志下》録第二首，詩題作《日照道中觀海上》；《（乾隆）沂州府志》卷三十五《藝文志・近體詩》録第二首，詩題作《日照道中望海》；《（光緒）日照縣志》卷十一《藝文志下》二首皆録，詩題作《日照道中望海二首》。

起，《（光緒）日照縣志》作『後』。

欲，《詩觀初集》作『忽』。
縹緲，《曹貞吉詩稿》作『飄緲』。
漫，《（光緒）日照縣志》作『空』。

箋注

〔一〕蜃樓，《漢書·天文志》：『海旁蜃氣象樓臺，廣野氣成宮闕然。』
〔二〕『三山』句，《史記·秦始皇本紀》：『既已，齊人徐市等上書，言海中有三神山，名曰蓬萊、方丈、瀛洲，仙人居之。』
〔三〕安期棗似瓜，見《漁家傲·讀〈漢史〉》箋注〔三〕。

輯評

〔一〕王士禛評：『神到。』

其二

孰云斥鹵變桑田，此際俄看一色天〔一〕。孤嶼雨晴尋蟹迹，海門風起斷蛟涎〔二〕〔一〕。波臣自護重溟險，估客誰操下瀨船〔三〕。日暮濤聲來枕上，驚回旅夢倍淒然。

校訂

孰，《曹貞吉詩稿》作『誰』。

倍，《實庵詩略》《青州府志》《沂州府志》《日照縣志》皆作『轉』。

箋注

〔一〕俄，短時間。

〔二〕蛟涎，宋陸游《度笮》：『回觀目眩浪花上，小跌身裹蛟涎中。』

〔三〕下瀨船，行於淺水急流中的平底快船。

輯評

〔一〕王士禛評：『警特。』

昔年

昔年陵谷傷心地〔一〕，過此誰能不愴神？雪後趁船猶昨日，洲邊拾蚌似前身。迎潮山色尋常紫，負海人家依舊貧。驢背一鞭餘感慨，杜鵑聲裏度殘春。

箋注

〔一〕陵谷，《詩經·小雅·十月之交》：『高岸爲谷，深谷爲陵。』

早發清口〔一〕

雨後遥峰幾點青，白雲猶自護東溟。海門潮去餘寒港，小市人來隔短汀。宿雁啄沙存爪迹，蟄龍起霧帶魚腥。數聲欸乃烟波裏〔二〕，欲洗塵惊馬上聽。

箋注

〔一〕清口，原爲泗水入淮之口，在今淮安北，清代清口爲治理黄淮、通航運輸的重地。

〔二〕欸乃，見《沁園春·泛舟明湖，訪仲愚留飲即事，李道思、劉伯叙繼至》箋注〔三〕。

晚泊

偶來河上乘春舫，只似空齋覓句時。推户俄驚山色改，隔林常怪燕飛遲。千帆蔽日迎艖賈，一水含潮冷釣絲。薄暮維舟何處宿，緑楊亭畔有疏籬。

登舟口號

沙鷗幾點浴清灣，寂寂寒潮去復還。一夜好風吹短棹，輕舟已過大魚山〔一〕。

箋注

〔一〕大魚山，古稱宜山，位於浙江岱山島西北的灰鰵洋海域，因島形如一條遨游的大鯊，故名。清代屬定海縣。

輯評

王士禛評：『標緻天然。』

渡江

春水盈盈送畫橈，望中兩點見金焦〔一〕。江南芳草連天碧，剩有游人趁暮潮。

校訂

《曹貞吉詩稿》詩題作《渡江口號》。

箋注

〔一〕金焦，見《風流子·京口懷古》箋注〔一一〕。

燕子磯〔一〕

幾年夢裏秦淮路〔二〕，此日初登燕子磯。千尺游絲縈去翼，一江春色映烏衣〔三〕。
拂雲疑共晴霄遠，掠水難同孤鶩飛〔四〕。怕向莫愁湖畔去〔五〕，石城烟雨正霏微。

箋注

〔一〕燕子磯，位於江蘇省南京市北郊觀音門外，長江三大名磯之一，因山石直立江上，三面臨空，形似燕子展翅欲飛，故名。

〔二〕秦淮，秦淮河，南京名勝之一。相傳秦始皇南巡至龍藏浦，發現有王氣，於是鑿方山，斷長壟爲瀆入於江，以泄王氣，故名秦淮。

〔三〕烏衣，見《賀新涼·爲其年題詞》箋注〔六〕。

〔四〕『掠水』句，唐王勃《滕王閣序》：『落霞與孤鶩齊飛，秋水共長天一色。』

〔五〕莫愁湖，見《風流子·金陵懷古》箋注〔七〕。

游翠螺山登三臺閣遠眺〔一〕

絶頂孤峰一徑幽，萬松深處見重樓。芳洲忽送三江碧，釣艇全疑幾點鷗。地近星辰分岳氣，山連吴楚枕寒流〔二〕。扶笻欲結長林契，鴻迹冥冥不可求〔三〕。

校訂

《曹貞吉詩稿》詩題中無『山』字。鄧漢儀《詩觀初集》卷三詩題作《游采石登三臺閣》。

箋注

〔一〕翠螺山，原名牛渚山，在安徽馬鞍山市西南。因山上松翠欲滴，山形酷似蝸牛，故名。

〔二〕『鴻迹』句，見《百字令·朱錫鬯過訪不值，悵然有寄》箋注〔六〕。

輯評

〔一〕王士禛評：『妙入自然。』鄧漢儀曰：『確。』

鄧漢儀曰：『筆墨都近自然。』

送賈石公還山西

萍迹重逢又一春，燕陰飛絮倦游人〔一〕。青樽江上別離色，暮雨聲中去住身。三晋雲山隨蠟屐〔二〕，五湖烟水罷垂綸〔三〕。謝公池畔遥相憶〔四〕，帆影茫茫何處津〔一〕？

校訂

《曹貞吉詩稿》詩題作《送賈石公年丈還晋中》。

青，《實庵詩略》、《山左詩鈔》卷三十一、《清詩人徵略》卷七作『清』。

別離色，《實庵詩略》、《山左詩鈔》卷三十一、《清詩人徵略》卷七作『蕭條別』。

箋注

〔一〕蕪陰，在今安徽省蕪湖市境内。

〔二〕蠟屐，南朝宋劉義慶《世説新語·雅量》：『或有詣阮（孚），見自吹火蠟屐，因嘆曰：「未知一生當着幾量屐！」神色閑暢。』

〔三〕五湖，《國語·越語下》：『（范蠡）遂乘輕舟以浮於五湖，莫知其所終極。』

〔四〕謝公池畔，南朝宋謝靈運《登池上樓》：『池塘生春草，園柳變鳴禽。』

輯評

〔一〕王士禛評：『文房。』

宣城苦雨〔一〕

積雨疏林動客思，宛溪春盡緑楊垂〔二〕。朝來歸興濃如酒，怕上鰲峰聽子規〔三〕〔一〕。

箋注

〔一〕宣城，位於今安徽省東南部。

〔二〕宛溪，位於宣城境内。

〔三〕鰲峰，位於宣城東南隅。子規，見《南鄉子·夏夕無寐，茫茫交集，輒韵語寫之，不求文也》其五箋注〔一〕。

輯評

〔一〕鄧漢儀評：『風韵。』

王士禛評：『嫣秀欲絶。』

鄧漢儀曰：『何讓許丁卯？』

花朝曉發姑孰〔一〕

踏屐乘春去，微雲動早凉。菜花浮麥隴，流水繞漁莊。小市人初集，長林鳥未翔。江南風日好，遮莫冷奚囊〔二〕。

校訂

踏屐，《曹貞吉詩稿》作『箯輿』。

箋注

〔一〕花朝，宋吴自牧《夢粱録·二月望》：『仲春十五日爲花朝節，浙間風俗，以爲春序正中，百花争放之時，最堪游賞。』姑孰，安徽省歷史古城，因城南姑孰溪而得名。

〔二〕遮莫，莫要。奚囊，見《減字木蘭花·雜憶》其七箋注〔三〕。

登赭山同石公六非釋智燈〔一〕

爲愛赭山好，携僧絶頂游。千尋丹嶂合，一綫大江流。塔影平分水，鐘聲半出樓。探幽迷杖履，隔浦問漁舟。

箋注

〔一〕赭山，位於安徽省蕪湖市中心，土石殷紅，故名。

蕪陰觀競渡五絶句

其一

赤幟飛摇下碧空，棹歌一任往來風。三十二船如箭發，玉清名字列當中〔一〕。

校訂

《曹貞吉詩稿》詩題作《蕪陰觀競渡八絶句》，共八首，其二、其三、其四、其五、其六即爲此組詩《蕪陰觀競渡五絶句》所録諸首。其一、其七、其八輯於《珂雪詩輯佚》。《實庵詩略》選録《蕪陰觀競渡五絶句》其二、其四兩首，詩題作《蕪陰觀競渡》；鄧漢儀《詩觀初集》卷三選録其四、其五兩首，詩題作《蕪陰觀競渡》。

箋注

〔一〕玉清，《雲笈七籤》卷三：『其三清境者，玉清、上清、太清是也。』古時賽船競渡前，往往要先在道觀神廟中設壇祭神以祈平安順利。

輯評

王士禛評：『《竹枝》《水調》本色。』

其二

平江如練迴無痕，彩鷁飛行捷似猿〔一〕。兩岸萬人方鼓掌，朱幡已自過蟂門〔二〕。

箋注

〔一〕彩鷁，南朝梁劉孝綽《釣竿篇》：『釣舟畫彩鷁，漁子服冰紈。』

〔二〕鵙門，即鵙磯，在安徽蕪湖西江中。磯上舊有靈澤夫人祠，俗傳靈澤夫人即三國時劉備的妻子、孫權的妹妹。明朱國禎《湧幢小品·鵙磯》：『蕪湖江心有磯，磯上有祠，祠孫夫人，曰鵙磯，甚有神靈。』

其三

夾岸垂楊映碧湍，隔簾時見影珊珊。最憐子夜笙歌後，更與何人半面看〔一〕。

箋注

〔一〕半面看，《後漢書·應奉傳》『奉年二十時，嘗詣彭城相袁賀，賀時出行閉門，造車匠於内開扇出半面視奉，奉即委去。後數十年於路見車匠，識而呼之。』

輯評

王士禛評：『蘊藉處唐人之髓。』

鄧漢儀曰：『僕《過吴江》有句：「不識吴娘何處住，垂虹橋外滿人家。」王司勛嘆以爲佳。觀舍人作，正同此風調也。』

其四

樓船簫鼓在中流，衣錦王孫樂未休。爆竹一聲烟霧起，親呼妖伎與纏頭〔一〕。

箋注

〔一〕纏頭，唐杜甫《即事》：『笑時花近眼，舞罷錦纏頭。』仇兆鰲注引《通鑒注》：『舊俗賞歌舞人以錦彩，置之頭上，謂之錦纏頭。』

輯評

鄧漢儀曰：『使君於此，風流不淺。』

其五

十三弱女髮垂垂，薄霧輕綃金縷衣。貪看龍舟歸去晚，不知失却翠蛾兒〔一〕。

箋注

〔一〕蛾兒，宋辛弃疾《青玉案·元夕》：『蛾兒雪柳黄金縷，笑語盈盈暗香去。』

輯評

王士禛評：『都寫側面最好。』

春日過唯小園柬天池明遠〔一〕

天池，蘇州人，工篆法；明遠，即墨人，善命理

年來浪迹近鷗盟〔二〕，閑向花陰覆酒鐺。鐵畫舊推秦獄吏〔三〕，奇才今見管公明〔四〕。雲中匹練霏霏下，海上晴霞冉冉生。邂逅東園成二妙，相携樹底聽流鶯。

箋注

〔一〕唯小園，見《歲暮感舊書懷二十八韻》箋注〔一四〕。

〔二〕鷗盟，《列子·黄帝二》：『海上之人有好鷗鳥者，每旦之海上，從鷗鳥游，鷗鳥之至者百數而不止。其父曰：「吾聞鷗鳥皆從汝游，汝取來，吾玩之。」明日之海上，鷗鳥舞而不下也。』

〔三〕『鐵畫』句，《晋書·衛恒傳》：『或曰，下邽人程邈爲衙獄吏，得罪始皇，幽繫雲陽十

年，從獄中作大篆，少者增益，多者損減，方者使員，員者使方，奏之始皇。始皇善之，出以爲御史，使定書。或曰，邈所定乃隸字也。』

〔四〕管公明，三國時魏術士管輅，字公明。《三國志·魏書·方技傳·管輅》：『評曰：華佗之醫診，杜夔之聲樂，朱建平之相術，周宣之相夢，管輅之術筮，誠皆玄妙之殊巧，非常之絶技矣。』

懷近温〔一〕

陸賈城邊漠漠春〔二〕，茘枝花底醉游人。三江浪暖船初下〔三〕，五嶺烽銷月正匀〔四〕。耳畔應聞方語亂，歸來畏見北風頻。水雲亭上常相憶，棠蕊行看一樹新。

箋注

〔一〕近温，曹貞吉另有《馬近温尋親嶺南詩以送之》。

〔二〕陸賈城，西漢政治家陸賈曾奉命出使南越（今兩廣一帶），招諭故秦南海尉趙佗臣屬漢朝，爲表誠意，陸賈劃地（約位於今廣州城内西場）以石頭和泥土築城，稱『泥城』，即今所言陸賈城。

〔三〕三江，指廣東境内的西江、北江、東江。

〔四〕五嶺，横貫在湖南、江西、廣東、廣西四省區間的一系列山脉的總稱。從西向東主要有越城嶺、都龐嶺、萌渚嶺、騎田嶺和大庾嶺，故又稱『五嶺』。

無題十首 用彭、王倡和原韵〔一〕

其一

冥冥香霧隔岩扉，柳鎖朱門晤漸稀。已倩蜂黄描額色〔二〕，還分燕尾剪春衣。飄零寶鈿誰同語〔三〕，冷落閑窗只自依。榆火半隨寒食改〔四〕，并無歸夢到鴛幃。

箋注

〔一〕彭孫遹（一六三二—一七〇〇），字駿孫，號羡門、金粟山人，浙江海鹽人，順治十六年（一六五九）進士，著有《桂松堂集》等。王士禛，見《浣溪沙·步阮亭紅橋韵》其一箋注〔一〕。王士禛《阮亭詩選》卷八《己亥詩》自序：『己亥三月，余復游京師……是冬，與海鹽彭孫遹、嘉善魏學渠卜鄰宣武門外，有香奩倡和詩。』王士禛與彭孫遹此次唱和的香奩詩，後來集爲一卷刊刻行世，名《彭王倡和》。曹貞吉此組詩當爲彭王倡和的追和之作。當時鄒祇謨、孫枝蔚等衆多詩人也有追和詩作。

〔二〕蜂黄，見《水龍吟・咏蠟梅》箋注〔四〕。

〔三〕寶鈿，《新唐書・車服志》：『三品以上，玉梁寶鈿，五品以上，金梁寶鈿。』

〔四〕榆火，《周禮・夏官・司爟》：『四時變國火。』鄭玄注：『鄭司農説以鄹子曰：「春取榆柳之火。」』

其二

苔影遲遲漏未央，鷺鳥繞樹已成行〔一〕。黄梅時節晴偏少，青杏園林晝自長〔一〕。紈扇頓消花底暈，游絲虛引午風涼。眉端月様無人畫〔二〕，那得芙蓉點翠妝。

箋注

〔一〕『鷺鳥』句，宋周邦彦《蝶戀花》：『月皎驚烏栖不定。更漏將殘，轣轆牽金井。』

〔二〕月様，宋毛滂《浣溪沙・咏梅》：『月様嬋娟雪様清，索强先占百花春。』

輯評

〔一〕王士禛評：『絶調。』

其三

一庭香靄露華滋，風揭朱簾乍起時。人去有情憐璧月，春來無夢慰瓊枝。紅襟燕子將辭乳〔一〕，白雪猧兒欲亂棋。此際音書何處覓，幽懷争許小姑知〔二〕。

箋注

〔一〕紅襟燕子，清宋征輿《玉樓春·燕》：『雕梁畫棟原無數，不問主人隨意住。紅襟惹盡百花香，翠尾掃開三月雨。』

〔二〕争許，怎許。

其四

梨雲小院罷鞦韆〔一〕，九十春光劇可憐〔二〕。信寄莫愁湖畔水〔三〕，帆迷揚子渡頭烟〔四〕。拋殘舞袖渾無那〔五〕，拚斷柔腸不似前。閑倚洞簫歌一曲，月明庭樹影娟娟。

箋注

〔一〕梨雲，元陳樵《玉雪亭》其二：『梨雲柳絮共微茫，春入園林一色芳。』

〔二〕九十，指春季三個月，共九十天。

〔三〕莫愁湖，見《風流子・金陵懷古》箋注〔七〕。

〔四〕揚子渡，位於今江蘇省邗江南。唐李白《長干行》其二：『八月西風起，想君發揚子。』

〔五〕無那，無奈。

其五

霍家小玉自傾城〔一〕，猶憶芳名隸上清〔二〕。鶴背乍辭仙路杳〔三〕，鵲橋欲駕晚潮生〔四〕。五銖薄霧偏縈恨〔五〕，百寶明妝劇有情。試問碧霞誰個伴，雙成娘子舊吹笙〔六〕。

箋注

〔一〕霍家小玉，霍小玉，唐蔣防傳奇《霍小玉傳》中的女主人公。傾城，漢李延年《北方有佳人》：『北方有佳人，絶世而獨立。一顧傾人城，再顧傾人國。寧不知傾城與傾國？佳人難再得！』

〔二〕上清，見《蕪陰觀競渡五絶句》其一箋注〔一〕。

〔三〕鶴背，見《小游仙詩七首》其一箋注〔二〕。

〔四〕鵲橋，見《蝶戀花》（七月西疇）箋注〔二〕。

〔五〕五銖，《博异志》：『岑文本問上清童子曰：「衣服皆輕細，何土所出？」曰：「此是上清五銖衣。」』

〔六〕雙成娘子，《太平廣記》卷三：『於坐上酒觴數遍，王母乃命諸侍女王子登彈八琅之璈，又命侍女董雙成吹雲和之笙。』

其六

疏雨梧桐別院居，西風裊裊太愁予〔一〕。情疑柳浪狂飛絮，意似蕉心倒捲書。砧發千家人去後，夢殘金屋雁來初。此身定合生雙翼〔二〕，歷盡巫山如不如〔三〕。

箋注

〔一〕愁予，屈原《九歌·湘夫人》：『帝子降兮北渚，目眇眇兮愁予。』

〔二〕雙翼，唐李商隱《無題》：『身無彩鳳雙飛翼，心有靈犀一點通。』

〔三〕『歷盡』句，唐元稹《離思五首》其四：『曾經滄海難爲水，除却巫山不是雲。』

其七

柔情宛轉若爲通，私語微聞小院東。一別驟沉青鳥迹〔一〕，三年羞對落花紅。離魂帳冷秋容裏，錦字香濃月夜中。好去木蘭舟上立〔二〕，天涯極目數歸鴻。

箋注

〔一〕青鳥，唐李商隱《無題》：『蓬山此去無多路，青鳥殷勤爲探看。』

〔二〕木蘭舟，《太平廣記》卷四百六：『七里洲中，有魯班刻木蘭爲舟，舟至今在洲中，詩家所云木蘭舟，出於此也。木蘭洲在潯陽江中，多木蘭樹。昔吴王闔閭植木蘭於此，用構宫殿也。』

其八

天際微雲薄暮收，盈盈河漢阻牽牛〔一〕。珠翻南浦螢千點〔二〕，簾捲西風月一鈎〔三〕。曲沼碧荷方綴露，板橋衰柳已驚秋。飄摇意緒渾如許，不必傷心泪始流。

箋注

〔一〕『盈盈』句，《古詩十九首》：『迢迢牽牛星，皎皎河漢女。河漢清且淺，相去復幾許。盈盈一水間，脉脉不得語。』

〔二〕南浦，屈原《九歌·河伯》：『子交手兮東行，送美人兮南浦。』

輯評

〔一〕王士禛評：『妙處又在韓、李之外。』

其九

閑階芳草鬱披離，拂拂春風特地吹。蜀鳥乍啼猶帶血〔一〕，吴蠶空老不成絲。已拋白雪羞工曲〔二〕，爲惜朱顏更棄脂。欲卜南陵歸信早，清溪獨拜女郎祠〔三〕。

箋注

〔一〕『蜀鳥』句，見《南鄉子·夏夕無寐，茫茫交集，輒韵語寫之，不求文也》其五箋注〔一〕。

〔二〕白雪，戰國楚宋玉《對楚王問》：『客有歌於郢中者，其始曰《下里》《巴人》，國中屬而和者數千人；其爲《陽阿》《薤露》，國中屬而和者數百人；其爲《陽春》《白雪》，國中屬而和者不過數十人；引商刻羽，雜以流徵，國中屬而和者，不過數人而已。是其曲彌高，其和彌寡。』

〔三〕『清溪』句，見《玉連環·水仙》箋注〔二〕。

其十

驚看馬首去迢迢，腸斷維揚廿四橋〔一〕。午夜笙歌愁裏度，三春環佩暗中消〔二〕。山陽神女工爲雨〔三〕，南國珠兒解弄潮〔四〕。待得歸來桃葉渡〔五〕，與君次第試纖腰。

箋注

〔一〕維揚廿四橋，唐杜牧《寄揚州韓綽判官》：『二十四橋明月夜，玉人何處教吹簫？』

〔二〕三春，夏曆正月爲孟春，二月爲仲春，三月爲季春，此處指春季的第三個月，即暮春時節。

〔三〕『山陽』句，見《祝英臺近·賦得『更脱紅裙裹鴨兒』》箋注〔三〕。

〔四〕南國珠兒，南朝梁任昉《述异記》：『越俗以珠爲上寶，生女謂之珠娘，生男謂之珠兒。』

〔五〕桃葉渡，見《風流子·金陵懷古》箋注〔六〕。

餉翼辰馬金囊二首〔一〕

其一

争傳北地文官果〔二〕，誰向滇南寄遠心。萬里山川分雨露，十年戎馬變球琳〔三〕。錦苞和霧寧辭折〔四〕，玉蕊含餳自不禁〔五〕。見説臨邛多病渴，聊將雙蒂報花陰〔六〕。

校訂

《曹貞吉詩稿》詩題作《餉翼辰馬金囊并繫以詩》。

箋注

〔一〕翼辰，即馬天撰，見《荅馬翼辰用原韵》箋注〔一〕。馬金囊，馬檳榔的别名。明李時珍《本草綱目·果三·馬檳榔》：『馬檳榔生滇南金齒、沅江諸夷地，蔓生。結實大如葡萄，紫色味甘，内有核，頗似大楓子而殼稍薄，團長斜扁不等。核内有仁，亦甜。』明吴寬《記園中草木·馬檳榔》：『有樹吾不識，人云馬檳榔。後金囊又訛爲「檳榔」，遂以文官果爲馬檳榔。不知文官果，樹生；馬金囊，蔓生也。』

〔二〕文官果，明謝肇淛《五雜組》：『北地有文官果，形如螺，味甚甘。類滇之馬金囊，或云即是也。』

〔三〕球琳，《尚書·禹貢》：『厥貢惟球琳琅玕。』孔安國傳：『球、琳，皆玉名。』

〔四〕錦苞，竹籜的美稱。

〔五〕含錫，甜美貌。

〔六〕『見説』句，《史記·司馬相如列傳》：『相如口吃而善著書，常有消渴疾。』

其二

异種誰將馳薊北，悠然獨慰兩人心。平分蒟醬三年味〔一〕，定集含桃二月禽〔二〕。仙掌乍傾凝宿露〔三〕，層綃剥盡見懸琛。點蒼風物由來勝〔四〕，佇看移根入上林。

箋注

〔一〕蒟醬，晉嵇含《南方草木狀·蒟醬》：『蒟醬，蓽茇也。生於蕃國者，大而紫，謂之蓽茇；生於番禺者，小而青，謂之蒟焉。可以調食，故謂之醬焉。』

〔二〕含桃，《禮記·月令》：『是月（仲夏之月）也，天子乃以雛嘗黍，羞以含桃先薦寢廟。』

鄭玄注：『含桃，櫻桃也。』《淮南子·時則訓》：『羞以含桃。』高誘注：『含桃，鶯所含食，故言含桃。』

〔三〕仙掌，見《减字木蘭花·雜憶》其二箋注〔三〕。

〔四〕點蒼，在今雲南大理西北，洱海及漾濞江間。

晚興

雲開微覺露盈盈，彳亍扶筇繞砌行〔一〕。窗外痴兒牽蟹影，風前老婢祝鷄聲〔二〕。茶鐺欲沸先驚枕，月色初來暫隔城〔二〕。小院陰沉門閉後，燈昏酒淡是平生〔三〕。

箋注

〔一〕彳亍，走走停停貌。

〔二〕祝鷄聲，漢劉向《列仙傳》：『祝鷄翁者，洛人也。居尸鄉北山下，養鷄百餘年。鷄有千餘頭，皆立名字，暮栖樹上，晝放散之。欲引呼名，即依呼而至。』

〔三〕『燈昏』句，宋王安石《示長安君》：『草草杯盤供笑語，昏昏燈火話平生。』

輯評

［一］王士禛評：『純是神韻。』

秋日過東郭草堂雷雨大至園林變色居然米海岳筆也得二首〔一〕

其一

撲棗墻頭興莫禁，遥天風雨暗西林。開門似對瀟湘色，入耳惟聞澎湃音。急電穿窗喧稚子，輕雷繞樹墮鳴禽。白衣蒼狗須臾事〔二〕，佇看閑庭夕照陰。

校訂

《曹貞吉詩稿》詩題無『得二首』三字。

箋注

〔一〕米海岳筆，米芾（一〇五一—一一〇七），字元章，湖北襄陽人，時人號海岳外史，又號鬻熊後人、火正後人。曾任校書郎、書畫博士、禮部員外郎。能詩文，精鑒別，擅書畫。書法得王獻之筆意，尤工行、草。山水畫多以水墨點染，重意趣不求工細，世稱『米氏雲山』。

〔二〕白衣蒼狗，見《賀新涼·再贈柳敬亭》箋注〔四〕。

其二

雲來一片鴻濛色，疑是南宮潑墨山〔一〕。萬象氤氳悲落木，數聲霹靂起沙灣。座聞流水心同寂，庭有黄花夢亦閑。對此便思垂釣去，輕舟欸乃出人間。

校訂

南宮，《曹貞吉詩稿》作『昔人』。

箋注

〔一〕南宮，宋洪邁《容齋四筆·官稱别名》：『禮部……今曰南宮。』米芾曾官禮部員外郎，故世稱『米南宮』。

重過遺勝園感賦同翼辰琰公〔一〕

十年潦倒長松卧〔二〕，結伴重來歲屢更。怪石舊依岩際瘦，小窗猶傍夕陽明〔一〕。斜風亂掩芙蓉色，細雨微添薜荔聲。憶得主人扶杖立，旋收黄葉沸茶鐺。

箋注

〔一〕翼辰，即馬天撰，見《答馬翼辰用原韵》箋注〔一〕。琰公，曹貞吉《夢琰公感述》：『與君内兄弟，長予乃十歲。』

〔二〕『十年』句，宋陸游《讀書》：『君不見長松卧壑困風霜，時來屹立扶明堂。』

輯評

〔一〕王士禛評：『淡語情至，詩家三昧在此。』

題畫

樹老欲無枝，山影淡明滅。垂釣爾何人？寒風吹鬢雪。

午睡戲作

寂寂幽居傍水開，小窗遲日影明苔〔一〕。山童莫慢高齋客，新署南柯太守來〔二〕。

箋注

〔一〕遲日，見《雙雙燕·見燕子營巢有感》箋注〔三〕。

〔二〕南柯太守，見《沁園春·長夏少事，撫枕輒睡，夢境荒忽，不一而足，因集古人夢事成篇》箋注〔五〕。

九日琰公招飲東村即事十二韵〔一〕

爲愛村居好，相邀到北堂。瓶花分野色，杯酒淡重陽〔二〕。藤密疑穿石，桐疏半掩廊。白雲懸夕照，黄葉過東墻。竹徑蟲吟静，莎庭鳥迹荒。歡酬忘爾汝，興會各蒼茫。揮麈徵三耳〔三〕，臨風誦九章〔三〕。探幽移近圃，扶杖陟崇岡。茗碗傳秋露，檐瓜帶早霜。茱萸仍在佩〔四〕，薜荔欲爲裳〔五〕。漸覺凉侵水，行看月到塘。歸途驢背穩，落落足清狂。

箋注

〔一〕琰公，參見《夢琰公感述》。

〔二〕三耳，明郎瑛《七修類稿·辯證·三耳》：『張君房《脞説》載三耳秀才事，謂陰官晋方以事愬上元夫人，不允。聞陽世柳慎善文，遂追令爲表。既而獲命，喜曰：「子何願？」對曰：「欲聰明也。」乃取一耳置其額，額癢，搔出一耳，時號「三耳秀才」。又《太平廣記》載之，但易晋方爲唐張審通，上元夫人爲太山府君，事意俱同。』晋陶潜《續搜神記》：『兖州張審通爲泰山府君所召，額上安一耳，既醒，額癢，果生一耳，尤聰俊，時號「三耳秀才」。』宋蘇軾《次韻秦太虛見戲耳聾》：『須防額癢出三耳，莫放筆端風雨快。』

〔三〕九章，戰國楚屈原撰，《楚辭》篇名。

〔四〕茱萸，南朝梁吴均《續齊諧記》：『長房謂曰：「九月九日，汝家中當有灾，宜急去，令家人各作絳囊，盛茱萸以繫臂，登高飲菊花酒，此禍可除。」……今世人九日登高飲酒，婦人帶茱萸囊，蓋始於此。』

〔五〕『薜荔』句，見《歲暮感舊書懷二十八韻》箋注〔一三〕。

輯評

〔一〕王士禛評：『好在「淡」字。』

秋日同翼辰宿唯小園夜話有感〔一〕

十載憶連床〔二〕，重來絮夜長。同人今剩幾？相對各悲凉。哀柝鳴殘月，寒烏話早霜。不堪秋色暮，珍重菊花觴〔三〕。

箋注

〔一〕翼辰，即馬天撰，見《答馬翼辰用原韵》箋注〔一〕。唯小園，見《歲暮感舊書懷二十八韵》箋注〔一四〕。

〔二〕連床，唐白居易《奉送三兄》：『杭州暮醉連床卧，吴郡春游并馬行。』

〔三〕菊花觴，宋韓琦《崔象之宰韓城》：『去年同舉菊花觴，自揭清音入醉鄉。』

輯評

王士禛評：『真樸老到。』

秋盡牟山道中曉行〔一〕

郊原秋一色，野望轉蒼蒼。疲馬心驚水，飢烏背帶霜。雲連雙岫白〔二〕，風聚半林黄。剩有登臨興，方笻好寄將。

箋注

〔一〕牟山，唐李吉甫《元和郡縣圖志》卷十一：『大業二年，改牟山縣爲安丘縣，取漢舊名也，屬密州。……牟山，在縣西南十三里。牟山縣取名於此。』

〔二〕『雲連』句，晉陶淵明《歸去來兮辭》：『雲無心以出岫，鳥倦飛而知還。』

望岱

青岳群峰長，蒼然勢自雄。碑存秦相迹〔一〕，雪滿漢王宫。横海開千嶂，彌天劃二東。杖藜曾有約，心怯北來風。

箋注

〔一〕『碑存』句，泰山最早的石刻是秦泰山石刻，爲秦丞相李斯所書。

輯評

王士禛評：『可上匹少陵「齊魯青未了」。視滄溟「宇内名山有岱宗」，不免皮相矣。』

登岱二首

其一

空岩積雪界深冬，鳥道千盤陟岱宗[一]。鐘鼎有人尋漢碣，風雷何處覓秦松？雲中孤鶴飛難定，洞裏雙龍窈自封[二]。欲問仙源知近遠，遥遥七十二青峰。

校訂

《實庵詩略》選録第二首，鄧漢儀《詩觀初集》卷三選録第一首，詩題皆作《登岱》。

箋注

〔一〕岱宗，《尚書·舜典》：『歲二月，東巡守。至於岱宗。』孔安國傳：『岱宗，泰山，爲四岳所宗。』

輯評

〔一〕王士禛評：『轉別。』

鄧漢儀曰：『曲穩處特見蒼辣。』

其二

雲間縹緲一峰孤，憑吊言從五大夫〔一〕。海氣遠浮吴觀雨〔二〕，河聲近繞魯王都〔三〕。千尋白練分高下，九點青烟辨有無〔四〕。不盡天風吹客袂，扶笻石磴笑相呼。

箋注

〔一〕五大夫，見《摸魚子·方渭仁葺健松齋，幸園松之存也，詞以贈之》箋注〔五〕。

〔二〕吴觀，泰山峰名。

〔三〕魯王都，魯國國都曲阜。

〔四〕九點青烟，唐李賀《夢天》：『遥望齊州九點烟，一泓海水杯中瀉。』

晶章行贈楊樹滋明府〔一〕

關西夫子冰雪姿〔二〕，清標玉立衆所師。情耽薜蘿稱石隱〔三〕，矻矻商山茹紫芝〔四〕。窮年服古不知倦，袖中彩筆何陸離〔五〕。漳海飛來一片石〔六〕，參差斜刻雙蟠螭。蔡邕飛白李斯篆〔七〕，重之不減珊瑚枝。孰意中原值陽九〔八〕，赤縣揚塵魑魅走〔九〕。無數黄巾掃地來〔一〇〕，百二秦關遂不守〔一一〕。金石鐘鼎弃道旁，玉蚪雷文竟何有。湯湯大海變桑田〔一二〕，先生羽化亦登仙。令威鶴背成千古〔一三〕，叔夜琴聲隔九天〔一四〕。郎君樹滋美無度，爲念先型一泫然。懸金似購蘭亭迹，延津不返雙龍泉〔一五〕。瑰寶由來天所秘，閩山之質含精氣〔一六〕。多少蛟龍護大文，詎令神光終掩抑。咸陽遺老農家流，雙膝過頤但拾穗。璠璵投來不可名，持向長安矜得意。楊子一見擗且號，依稀辨得昆吾刀〔一七〕。當日良工運鐵筆，恢恢游刃薄秋毫。一從魯殿靈光失〔一八〕，二陵風物皆蕭條〔一九〕。和璧再來人换世〔二〇〕，浦珠俄轉海生潮。細辨籀文重拂拭〔二一〕，爾時觀者皆嘆息。楊君孝思通神明，萍迹遭逢那能測。嗚呼先生遺愛無終極，大節清風存史筆。區區長物何足言，君子于兹觀世德。古來琰琬皆守器，兩序陳之重邦國〔二二〕〔一〕。余生亦是陟岵人〔二三〕，緬想音容如不識。干戈定後二十年，欲覓手澤何可得。對此茫茫空斷腸，勖哉楊君守當力〔二四〕。噫吁嘻，勖哉楊君守當力。

校訂

〔一〕清標，《實庵詩略》作『高標』。

樹滋美無度，《實庵詩略》作『翩翩美風度』。

箋注

〔一〕楊端本，字函樂，又字樹滋，陜西潼關人，順治十二年（一六五五）進士，曾任山東臨淄縣知縣。著有《潼水閣詩文》《潼關衛志》。明府，唐以後多用以專稱縣令。

〔二〕關西夫子，《後漢書·楊震傳》：『震少好學，受《歐陽尚書》於太常桓鬱，明經博覽，無不窮究。諸儒爲之語曰：「關西孔子楊伯起。」』

〔三〕薜蘿，見《歲暮感舊書懷二十八韵》箋注〔一三〕。

〔四〕『矻矻』句，明高濂《遵生八箋·塵外遐舉箋·歷代高隱姓氏》：『四皓者，皆河内軹人也，或在汲。一曰東園公，二曰角里先生，三曰綺里季，四曰夏黄公，皆修道潔己，非義不動。秦始皇時，見秦政虐，乃退入藍田山，而作歌曰：「莫莫高山，深谷逶迤；曄曄紫芝，可以療飢。唐虞世遠，吾將何歸？駟馬高蓋，其憂甚大。富貴之畏人，不如貧賤之肆志。」』

〔五〕彩筆，《南史·江淹傳》：『又嘗宿於冶亭，夢一丈夫自稱郭璞，謂淹曰：「吾有筆在卿處多年，可以見還。」淹乃探懷中得五色筆一以授之。爾後爲詩絶無美句，時人謂之才盡。』

〔六〕漳海，漳江，福建省南部主要江河之一，富有水晶礦藏。

〔七〕蔡邕飛白，蔡邕，字伯喈，陳留圉（今河南杞縣西南）人，東漢文學家、書法家。工篆、隸，創飛白書。李斯篆，李斯，秦代政治家，秦統一六國後擔任丞相，并以小篆作爲全國規範的文字。

〔八〕陽九，古代術數家以四千六百一十七歲爲一元，初入元一百零六歲，内有旱灾九年，謂之『陽九』。

〔九〕赤縣，《史記·孟子荀卿列傳》：『中國名曰赤縣神州。』

〔一〇〕黄巾，即黄巾軍，東漢末年張角所領導的農民起義軍，因頭包黄巾而得名。

〔一一〕百二秦關，見《滿庭芳·和人潼關》箋注〔二〕。

〔一二〕『湯湯』句，《神仙傳》卷七：『麻姑自説云：「接待以來，已見東海三爲桑田。」』

〔一三〕『令威』句，晋陶淵明《搜神後記》：『丁令威，本遼東人，學道於靈虚山。後化鶴歸遼，集城門華表柱。時有少年，舉弓欲射之。鶴乃飛，徘徊空中而言曰：「有鳥有鳥丁令威，去家千歲今始歸。城郭如故人民非，何不學仙冢壘壘。」遂高上冲天。』

〔一四〕『叔夜』句，《晋書·嵇康傳》：『嵇康字叔夜，譙國銍人也。……常修養性服食之事，彈琴咏詩，自足於懷。……康將刑東市，太學生三千人請以爲師，弗許。康顧視日影，索琴彈之，曰：「昔袁孝尼嘗從吾學廣陵散，吾每靳固之，廣陵散於今絶矣！」』

〔一五〕『延津』句，《晋書·張華傳》：『華大喜，即補焕爲豐城令。焕到縣，掘獄屋基，入地四丈餘，得一石函，光氣非常，中有雙劍，并刻題，一曰龍泉，一曰太阿。其夕，斗牛間氣不復見焉。焕以南昌西山北岩下土以拭劍，光芒艷發。大盆盛水，置劍其上，視之者精芒炫目。遣使送一劍并土與華，留一自佩。或謂焕曰：「得兩送一，張公豈可欺乎？」焕曰：「本朝將亂，張公當受其禍。此劍當繫徐君墓樹耳。靈异之物，終當化去，不永爲人服也。」華得劍，寶愛之，常置坐側。華以南昌土不如華陰赤土，報焕書曰：「詳觀劍文，乃干將也，莫邪何復不至？雖然，天生神物，終當合耳。」因以華陰土一斤致焕。焕更以拭劍，倍益精明。華誅，失劍所在。焕卒，子華爲州從事，持劍行經延平津，劍忽於腰間躍出墮水。使人没水取之，不見劍，但見兩龍各長數丈，蟠縈有文章，没者懼而反。須臾光彩照水，波浪驚沸，於是失劍。華嘆曰：「先君化去之言，張公終合之論，此其驗乎！」』

〔一六〕閩山，又名光禄坊，原名玉尺山，山中一石長二丈，曲起如盡。

〔一七〕昆吾刀，漢東方朔《海内十洲記·鳳麟洲》：『昔周穆王時，西胡獻昆吾割玉刀及夜光常滿杯，刀長一尺，杯受三升。刀切玉如切泥……劍之所出，從流州來。』

〔一八〕魯殿靈光，漢王延壽《〈魯靈光殿賦〉序》：『魯靈光殿者，蓋景帝程姬之子恭王餘之所立也……遭漢中微，盗賊奔突，自西京未央、建章之殿皆見隳壞，而靈光巋然獨存。』

〔一九〕二陵，《左傳·僖公三十二年》：『晋人禦師必於殽，殽有二陵焉。其南陵，夏后皋之墓也；其北陵，文王之所辟風雨也。』楊伯峻注：『二陵者，東崤山與西崤山也。』

〔二〇〕和璧，《韓非子·和氏》：『楚人和氏得玉璞楚山中，奉而獻之厲王。厲王使玉人相之。

玉人曰：「石也。」王以和爲誑，而刖其左足。及厲王薨，武王即位。和又奉其璞而獻之武王。武王使玉人相之，又曰：「石也。」王又以和爲誑，而刖其右足。武王薨，文王即位。和乃抱其璞而哭於楚山之下，三日三夜，泪盡而繼之以血。王聞之，使人問其故，曰：「天下之刖者多矣，子奚哭之悲也？」和曰：「吾非悲刖也，悲夫寶玉而題之以石，貞士而名之以誑，此吾所以悲也。」王乃使玉人理其璞而得寶焉，遂命曰「和氏之璧」。』

〔二二〕籀文，我國古代書體的一種，也叫『籀書』『大篆』，春秋、戰國間通行於秦國。

〔二三〕兩序，指國家重臣。《詩經·大雅·行葦》：『序賓以賢。』

〔二三〕陟岵，《詩經·魏風·陟岵》：『陟彼岵兮，瞻望父兮。』

〔二四〕勖哉，《尚書·牧誓》：『勖哉夫子。』

輯評

〔一〕王士禛評：『身分。』

琉璃瓶貯小金魚

雪後遥天霽景鋪，坐看紅豆下冰壺。一泓清泠光難定，兩點珊瑚淡若敷。怪爾丹霞留色相〔一〕，居然游泳自江湖。年年依舊桃花水〔二〕，記得前身噴浪無？

箋注

〔一〕色相，《涅槃經·德王品四》：『一切衆生各各皆見種種色相。』

〔二〕桃花水，《禮記·月令》：『（仲春之月）始雨水，桃始華。』鄭玄注：『漢始以雨水爲二月節。』

輯評

王士禛評：『咏物詩易入俗派，此殊大雅。』

初春野行

春色郊原外，幽尋興自偏〔一〕。微雲低野水，遠岫界青天。麥甲肥沾雨〔二〕，林光淡拂烟。何來孤磬發〔三〕，吾欲老栖禪。

箋注

〔一〕『幽尋』句，晋陶淵明《飲酒二十首》其五：『問君何能爾？心遠地自偏。』

〔二〕麥甲，即米象，一種穀物害蟲。

〔三〕磬，古代打擊樂器，形狀像曲尺，用玉、石製成，可懸挂。

春日象先見過賦贈〔一〕

入門疑對古瞿曇〔二〕，握麈微言興已酣〔三〕。名士價能争李御〔四〕，故鄉人自愛桓譚〔五〕。時象先許爲序小詩。彌天宿望誰居一，環海詩名尚第三。櫟園先生刻四家集，象先第三。斗酒雙柑吾輩事〔六〕，樽前任使髮鬖鬖〔七〕。

校訂

《曹貞吉詩稿》詩題作《春日象先翼辰見過即席賦贈各成一首》，共二首，分贈李焕章（字象先）、馬天撰（字翼辰）。此首爲其一。

四家集，《曹貞吉詩稿》作『四大家集』。

箋注

〔一〕李焕章，字象先，號織齋，山東樂安（今東營廣饒）人，明末諸生，入清不仕。與壽光安致遠、諸城李澄中、安丘張貞合稱『青州四大家』。

〔二〕瞿曇，釋迦牟尼的姓。

〔三〕握麈，麈尾原爲古人閑談時驅蟲、彈塵的工具，後名流雅士清談相沿成習，常執麈尾在手。南朝宋劉義慶《世説新語·言語》：『庾法暢造庾太尉，握麈尾至佳。公曰：「此至佳，那得在？」法暢曰：「廉者不求，貪者不與，故得在耳。」』

〔四〕『名士』句，《後漢書·李膺傳》：『李膺字元禮，潁川襄城人也……荀爽嘗就謁膺，因爲其御，既還，喜曰：「今日乃得御李君矣。」其見慕如此。』

〔五〕桓譚，《後漢書·桓譚傳》：『桓譚字君山，沛國相人也……是時，帝方信讖，多以決定嫌疑……有詔會議靈臺所處，帝謂譚曰：「吾欲以讖決之，何如？」譚默然良久，曰：「臣不讀讖。」帝問其故，譚復極言讖之非經。帝大怒曰：「桓譚非聖無法，將下斬之！」譚叩頭流血，良久乃得解。出爲六安郡丞，意忽忽不樂，道病卒，時年七十餘……元和中，肅宗行東巡狩，至沛，使使者祠譚冢，鄉里以爲榮。』

〔六〕斗酒雙柑，見《減字木蘭花·雜憶》其三箋注〔四〕。

〔七〕鬖鬖，毛髮散亂貌。

冬日過原思墓擬有所問三首〔一〕

其一

欲不停車問，其如腹痛何〔二〕？知君封馬鬣〔三〕，只似隱山阿。磷火中宵寂，寒風壟上多。兀然三尺在〔四〕，壯志竟蹉跎。

校訂

《曹貞吉詩稿》詩題作《過原思墓擬有所問冬日作》。《實庵詩略》選録第一首，詩題作《冬日過原思墓》。

箋注

〔一〕原憲，字子思，孔門七十二賢之一，隱士，今山東臨沂市平邑縣仲村鎮人。

〔二〕腹痛，見《減字木蘭花·雜憶》其三箋注〔六〕。

〔三〕封馬鬣，見《沁園春·再贈李君，聊廣其意》箋注〔八〕。

〔四〕三尺，三尺土，指墳墓。

其二

母病君知否？冬來勢轉加。縱憐孫在側，猶望子還家〔一〕。霜暗樓頭月，寒催樹杪鴉。舊游如可溯，應返草堂斜。

校訂

返，《曹貞吉詩稿》作『過』。

輯評

［一］王士禛評：『不堪。』

其三

多難人間事，修文地下稀〔一〕。不知泉路杳，可似世情非？鵩鵡休成賦〔二〕，鵂鶹各自飛〔三〕。悠悠渾未答，林際月光微。

箋注

〔一〕『修文』句，《太平廣記》卷三一九引晋王隱《晋書》：『詔曰：「言天上及地下事，亦不能悉知也。顔淵、卜商，今見在爲修文郎，修文郎凡有八人，鬼之聖者。」』

〔二〕『鸚鵡』句，《後漢書·禰衡傳》：『射時大會賓客，人有獻鸚鵡者，射舉卮於衡曰：「願先生賦之，以娱嘉賓。」衡攬筆而作，文無加點，辭采甚麗。』

〔三〕『鶺鴒』句，《詩經·小雅·常棣》：『脊令在原，兄弟急難。』

重陽前一日留别翼辰

自愧鷦鷯策未工〔一〕，翩然雲際逐飛鴻。愁看孤館三秋月，倦對霜林十里風。籬畔黄花今日醉〔二〕，夕陽衰草去年同〔二〕。欲知别後經行處，匹馬蕭蕭亂葉中。

箋注

〔一〕『自愧』句，《莊子·逍遥游》：『鷦鷯巢於深林，不過一枝。』

〔二〕黄花，《禮記·月令》：『季秋之月……鞠有黄華。』

輯評

〔一〕王士禛評：『三昧處。』

過友人山莊

寄興由來丘壑存，仙源到處足追捫。岩邊老樹全遮屋，竹裏流泉曲抱村〔一〕。鳥語乍聞時近遠，溪雲忽起亂朝昏。向平空有名山約〔二〕，安得移家傍石門。

箋注

〔二〕『向平』句，《後漢書·逸民傳》：『向長，字子平，河内朝歌人也……建武中，男女娶嫁既畢，敕斷家事勿相關，當如我死也。於是遂肆意，與同好北海禽慶俱游五岳名山，竟不知所終。』

輯評

〔一〕王士禛評：『畫意。』

良鄉道上送舅氏之大名〔一〕

天涯骨肉三年别，此日相逢嘆轉蓬。不信人言成市虎〔二〕，須知杯影辨蛇弓〔三〕。寒砧入夢秋聲裏，曉角催人細雨中。回首試從雲際看，漫漫野馬動悲風。

箋注

〔一〕良鄉，位於北京西南，自秦朝建縣以來，因人物俱良而得名。大名，位於河北省東南部。舅氏，或謂其二舅劉悫之。

〔二〕『不信』句，《韓非子·内儲説上》：『龐恭與太子質於邯鄲，謂魏王曰：「今一人言市有虎，王信之乎？」曰：「不信。」「二人言市有虎，王信之乎？」曰：「不信。」「三人言市有虎，王信之乎？」王曰：「寡人信之。」龐恭曰：「夫市之無虎也明矣，然而三人言而成虎。今邯鄲之去魏也遠於市，議臣者過於三人，願王察之。」』

〔三〕『須知』句，漢應劭《風俗通義·世間多有見怪》：『應彬請杜宣飲酒，時北壁上有懸赤弩照於杯，形如蛇。宣畏惡之，然不敢不飲。』

重陽雨中作

客裏悲秋序，蕭條細雨中。飢烏啼亂葉，疲馬怯西風。山遠連雲白，霜明墮柹紅。登高無限思，遥憶故園同。

濟南旅夜不寐感懷

最是初長漏，難支客裏身。三年兄弟隔，兩地室家貧。風急寒侵幌，窗明月照人。何來簫鼓發，夜夜峼湖濱〔一〕。

箋注

〔一〕峼湖，位於濟南古城北，鵲華兩山之間。又名華山湖、鵲山湖等。

雨中渡河作

盈盈一水闊，客子問浮槎〔一〕。雨濕青氈重，風吹箬笠斜。洲邊閑白鷺，擔上冷黄花。何事緇塵裹〔二〕，蕭條閱歲華。

箋注

〔一〕浮槎，見《霓裳中序第一・爲杞園題〈浮家圖〉》箋注〔四〕。

〔二〕緇塵，南朝齊謝朓《酬王晋安德元詩》：『誰能久京洛，緇塵染素衣。』

任丘道中偶成〔一〕

霜天隻影自徘徊，牛鐸哀音徹曉催。十里寒林穿葉過，一聲清磬隔城來。雲中鴻迹秋原杳，日下嵐光匹練開。正好臨流乘興去，漁歌欸乃出塵埃〔二〕。

箋注

〔一〕任丘，位於今河北省中部。

〔二〕漁歌欸乃，見《沁園春·泛舟明湖，訪仲愚留飲即事，李道思、劉伯叙繼至》箋注〔三〕。

哭外祖墓〔一〕

音容欲溯竟茫茫，三尺蕭然尚异鄉〔二〕。兩地松楸存馬鬣〔三〕，十年感慨痛羊腸。原邊衰草迷離色，日下頹垣慘淡光。漫向九京思故國〔四〕，天涯到處足悲凉。

箋注

〔一〕外祖，即劉正宗，見《摸魚子·拜墓》箋注〔一〕。

〔二〕『三尺』句，順治十七年（一六六〇）劉正宗在上層官僚集團的争鬥中傾埼，被免宰相職，不許回籍，於順治十八年（一六六一）病逝於京，寄厝於北京西直門外。康熙四十五年（一七〇六），康熙帝始准其歸葬。

〔三〕馬鬣，見《沁園春·再贈李君，聊廣其意》箋注〔八〕。

〔四〕九京，猶九泉。

立冬日過滴翠園和家弟韵柬望石侍御二首〔一〕

其一

名園秋色暮，落日散高涼。欹柳寒侵水，飢烏夜話霜。烟生蘆荻岸，月滿薜蘿墻〔二〕。彳亍長橋上，微風動客裳。

箋注

〔一〕滴翠園，李贊元在京師的别墅，曹氏兄弟與李贊元等友人常常在滴翠園宴集唱和。《（光緒）海陽縣續志》卷九李昌霖作《紀滴翠園始末》：『滴翠園在都城琉璃廠之南，先六世祖司馬公爲臺諫時所置别墅也。司馬公雅好交游，值康熙初年山左先達官京者稱極盛一時，名公巨卿歌咏升平，樹騷壇旗鼓，咸推司馬公爲東道主。每退食之暇，即園中張筵設飲，分韵擘箋，詩酒之會，殆無虚日。著有《滴翠園集》。』望石侍御，即李贊元，李贊元（一六二三—一六七八），字公弼，號望石，山東海陽（今屬烟臺）人，順治十二年（一六五五）進士。

〔二〕薛蘿，見《歲暮感舊書懷二十八韻》箋注〔一三〕。

其二

入門塵念寂，波影一庭閑。雲薄寒殘照，霜明映小山。竹林嵐氣合，石磴蘚痕斑。盡日陪高躅〔一〕，疏籬正未關。

箋注

〔一〕高躅，指有崇高品行的人。

冬夜

疾風打窗窗欲裂，驚沙過樹聲凄然。濁醪三斗不成醉〔一〕，微茫星月當空懸。一衾敗絮冷于鐵，將卧未卧先愁絕。今宵且復聽狂飆，明日鏡中看白雪。

箋注

〔一〕三斗，漢許慎《説文解字》：『斗，十升也。』三斗極言其多。

冬日雨山亭觀晚照同松友學士〔一〕

千里同人集，探幽過輞川〔二〕。晚霞全映水，高閣倒浮天。雁白蘆花净，波明石壁穿。夕陽三徑寂〔三〕，欲上采菱船。

箋注

〔一〕綦汝楫（約一六三六—？），字松友，號膠崖，山東高密人。順治十二年（一六五五）進士，改庶吉士，授編修，歷官至内弘文院學士，有《四友堂詩》。

〔二〕輞川，《新唐書·文藝傳》：『（王維）别墅在輞川，地奇勝，有華子岡、欹湖、竹里館、柳浪、茱萸沜、辛夷塢，與裴迪游其中，賦詩相酬爲樂。』

〔三〕三徑，見《水調歌頭·大醉放言》箋注〔一〇〕。

寄果家弟之作

人去持將一練囊，个中風味只尋常。南州露下花成果，東國秋深柿作霜〔一〕。開篋自應喧稚子，鬥茶聊復借清香。遥知竹屋梅全放，却憶連床絮夜長。

校訂

自，《實庵詩略》作『定』。

箋注

〔一〕東國，《史記·孟嘗君列傳》：『其攻秦也，欲王之令楚王割東國以與齊，而秦出楚懷王以爲和。』張守節正義：『東國，齊、徐夷。』《文選·陸機〈演連珠〉》：『是以三卿世及，東國多衰弊之政；五侯并軌，西京有陵夷之運。』李善注：『東國，謂魯也。』

輯評

王士禛評：『真詩絶唱。』

讀象先游山記四首〔一〕

其一

選勝悠然仗一筇，青天隱隱現芙蓉。冥濛海氣通員嶠〔二〕，呼吸山靈接岱宗〔三〕。石磴有人尋薜荔〔四〕，仙源無處覓喬松〔五〕。洗頭盆水仍千載〔六〕，玉女霞栖若个峰。

箋注

〔一〕象先，即李煥章，見《春日象先見過賦贈》箋注〔一〕。

〔二〕員嶠，《列子·湯問》：『渤海之東不知幾億萬里，有大壑焉，實惟無底之谷，其下無底，名曰歸墟。八紘九野之水，天漢之流，莫不注之，而無增無減焉。其中有五山焉：一曰岱輿，二曰員嶠，三曰方壺，四曰瀛洲，五曰蓬萊。』

〔三〕岱宗，見《登岱二首》其一箋注〔一〕。

〔四〕薜荔，見《歲暮感舊書懷二十八韵》箋注〔一三〕。

〔五〕喬松，王子喬和赤松子的并稱，兩人均爲傳説中的仙人。

〔六〕『洗頭』句，華山中峰玉女祠南的崖石上有玉女洗頭盆，本爲幾塊大小不一的天然石，傳説是秦穆公女兒弄玉洗髮的地方，故而得名。唐杜甫《望岳》：『安得仙人九節杖，拄到玉女洗頭盆。』

其二

鳥道攀雲愧未能，妒君先上最高層。遥天翠嶂盤雙鶻〔一〕，絶頂孤峰住一僧〔一〕。得句共邀滄海月，逢人惟乞照山燈。青鞋布襪時來往，回首蛟門看日升〔二〕。

箋注

〔一〕鶻，隼科，比山鵲小，短尾，青黑色，性凶猛。

〔二〕蛟門，蛟門山，在浙江鎮海城東海上。

輯評

〔一〕王士禛評：『險仄。』

其三

一客相從意自閑，烟霞興劇不知還。好携處士囊中藥，飽看仙人霧裏鬟。嶺界斷雲明野水，天回落照滿秋山。桃花澗底幽如許，便可移家住此間。

其四

紆迴石徑足莓苔，野老欣逢漫舉杯。潭影半隨秋色斂，林烟初帶燒痕催。攀蘿杖劈寒雲下，問寺人從亂葉來〔一〕。更向東峰尋舊約，蓮花五朵望中開。

輯評

〔一〕王士禛評：『妙句。』

翼老以七言長句見送賦此答之〔一〕

依依楊柳近清明，襆被辭君又遠行。自是江山容嘯傲，敢云冠蓋有逢迎。人餐白下雲濤色〔二〕，春老淮河乳燕聲。聽罷驪歌重慰藉，歸帆計日續嚶鳴〔三〕。

箋注

〔一〕翼老，即馬翼辰，見《答馬翼辰用原韵》箋注〔一〕。

〔二〕白下，在今江蘇省南京市西北。唐移金陵縣於此，改名白下縣。

〔三〕嚶鳴，《詩經·小雅·伐木》：『嚶其鳴矣，求其友聲。』

翼老詩中頗及昔游又成此首

忽忽春愁壓鬢絲，那堪重話舊游時。山隨短屐雲成陣〔一〕，客渡長江雨半垂〔一〕。此日棲遲羞燕壘〔二〕，况逢寒食少花枝。別君但負奚囊去，月下孤舟有所思。

校訂

《實庵詩略》詩題作《答翼辰》。鄧漢儀《詩觀初集》卷三詩題作《答翼辰話舊之作》。

箋注

〔一〕短屐，元范梈《題黄隱君秋江釣月圖》：『世故風塵雙短屐，生涯天地一扁舟。』

〔二〕栖遲，唐李賀《致酒行》：『零落栖遲一杯酒，主人奉觴客長壽。』

輯評

〔一〕王士禛評：『畫不可盡。』

客廣陵送杞園之金陵〔一〕

送子秦淮拂釣磯，石城烟雨碧山圍。船從朱雀桁邊去〔二〕，燕自烏衣巷口飛〔三〕。
千里同人時載酒，一番握手未成歸。舊題名處應還在，芳草萋萋正染衣。

校訂

金陵，《渠丘耳夢録》乙集作『白門』。

箋注

〔一〕杞園，即張貞，見《玲瓏四犯·送杞園游西湖》箋注〔一〕。

〔二〕朱雀桁，見《臺城路·爲熊封題〈金陵覽古〉詩卷》箋注〔三〕。

〔三〕烏衣巷，見《賀新凉·爲其年題詞》箋注〔六〕。

武林苦雨

積雨黄梅近〔一〕，溪流欲漲天。千條分石脉，萬道響飛泉。杳靄雲中樹，迷離江上烟。憑欄無限思，芳草自芊芊〔二〕。

箋注

〔一〕黄梅，春末夏初梅子黄熟的多雨時節。宋賀鑄《青玉案》：『一川烟草，滿城風絮，梅子黄時雨。』

〔二〕芊芊，草木茂盛貌。

吴山晚眺〔一〕

絶頂吴峰踏碧苔，遥遥西子鏡奩開〔二〕。山扶靈隱樓臺出〔三〕，日落錢塘風雨來〔四〕。自有鉢龍隨霧現〔四〕，無煩强弩射潮迴〔五〕。短筇躑躅歸何晚，萬樾清音只自哀。

校訂

《實庵詩略》、王士禛《感舊集》卷十二、《山左詩鈔》卷三十一皆選録此首。

吴峰，《感舊集》作『孤峰』。

自有，《感舊集》作『似有』。

只自，《感舊集》作『響易』。

箋注

〔一〕吴山，又名胥山，在今浙江杭州西湖東南。曹申吉《珂雪二集序》：『丁未，予奉使祭告南岳，兄亦爲吴越之游。』

〔二〕西子，宋蘇軾《飲湖上初晴後雨》：『欲把西湖比西子，淡妝濃抹總相宜。』

〔三〕靈隱，靈隱寺，在杭州西湖西北之北高峰下。晉咸和元年印度僧人慧理創建，慧理以爲『佛在世日，多爲仙靈之所隱』，因建寺名『靈隱』，爲西湖游覽勝地。

〔四〕鉢龍，北魏崔鴻《十六國春秋·前秦·僧涉》：『僧涉（一作沙公）者，西域人也……能以秘祝下神龍。每旱，堅常使之咒龍。俄而龍便下鉢中，天輒大雨。』

〔五〕强弩射潮，見《風流子·錢塘懷古》箋注〔二〕。

輯評

〔一〕王士禛評：『神到。』

湖上宴集

半生纔識錢塘路，畫舸中流一嘯歌。十里樓臺杯影過〔一〕，六橋風雨夕陽多〔二〕。人來白社耽魚鳥〔三〕，客傍青山製芰荷〔四〕。更向西泠尋舊迹〔五〕，玉簫金管奈愁何。

箋注

〔一〕杯影，《太平廣記》卷九十引《高僧傳》：『杯渡者，不知姓名，常乘木杯渡水，因以爲號。』

〔二〕六橋，見《風流子・錢塘懷古》箋注〔七〕。

〔三〕白社，《晋書・逸民傳》：『董京，字威輦，不知何郡人也。初與隴西計吏俱至洛陽，被髮而行，逍遥吟咏，常宿白社中。時乞於市，得殘碎繒絮，結以自覆，全帛佳緜則不肯受。』

〔四〕製芰荷，屈原《離騷》：『製芰荷以爲衣兮，集芙蓉以爲裳。』

〔五〕西泠，在杭州孤山西北盡頭處，是由孤山入北山的必經之路。

雨夜不寐

永夏翻愁夜，高樓悵獨吟。三年塵外迹，十日雨中心。螢火穿窗急，江流入夢深。吴山真好客〔一〕，留滯到於今。

箋注

〔一〕吴山，見《吴山晚眺》箋注〔一〕。

吴山即事〔一〕

十年初聽浙江潮，石壁峻嶒入望遥。夜静魚龍喧客夢，月明簫鼓出山腰。扶疏佳氣來三竺〔二〕，杳靄烟波接六橋〔三〕。我欲乘風窺海若〔四〕，碧天無際水迢迢。

箋注

〔一〕吴山，見《吴山晚眺》箋注〔一〕。

〔二〕三竺，見《風流子·錢塘懷古》箋注〔七〕。

〔三〕六橋，見《風流子·錢塘懷古》箋注〔七〕。

〔四〕海若，見《賀新凉·爲其年題詞》箋注〔四〕。

山上聞歌

閑亭喜傍碧山幽，何處清歌散客愁。百囀聽來花雨落，一聲飄送海天秋。乍沉溪水疑難續，似隔松風只暫留。最是夜闌簫鼓歇，歸雲無夢到行舟。

輯評

王士禛評：『似唐人花宫仙梵之什。』

晨起

門外寒山曲徑通〔一〕，一江宿霧送空濛。憑欄最是銷魂處〔二〕，十日斜風細雨中。

箋注

〔一〕寒山，指浙江省天台縣的寒岩，唐詩僧寒山子曾居此。

〔二〕銷魂，南朝梁江淹《别賦》：『黯然銷魂者，唯别而已矣。』

輯評

王士禛評：『恨不令鐵崖見之。』

德清訪馮令不值歸途暮景可喜詩以志之〔一〕

一棹歸何晚，斜陽半在天。片霞分野水，宿鳥亂鳴蟬〔一〕。鷄犬桑間入，桔槔隴上閑〔二〕。更憐垂釣叟，日暮不知還。

箋注

〔一〕德清，位於浙江省湖州市。

〔二〕桔槔，井上汲水的一種工具，在井旁樹上或架子上挂一杠杆，一端繫水桶，一端墜大石塊，一起一落，汲水可以省力。

輯評

〔一〕王士禛評：『杜工部《南池》之句，何必多讓。』

客鴛湖偶於鏡中見月戲成四首〔一〕

其一

新秋月色江南好，清泠俄從一鑒開。白玉城中丹炬合，水晶宫裏夜珠來。扶疏桂影光難定，慘淡雲流静欲回。疑是湖心亭上看，烟波千頃自瀠洄。

箋注

〔一〕鴛湖，鴛鴦湖的簡稱，位於婺源縣西部賦春鎮。

其二

漸離碧海挂長空，蟾兔秋毫入照中〔一〕。蕭瑟自知宜月姊〔二〕，晶瑩端不受天風。移來桂闕霞成陣〔三〕，望去青霄玉作宫。更溯明河問織女，遥遥清夢可相同？

箋注

〔一〕蟾兔，《古詩十九首》：『三五明月滿，四五蟾兔缺。』

〔二〕月姊，《太平御覽》卷一引《春秋感精符》曰：『人主與日月同明，四時合信，故父天、母地、兄日、姊月。』

〔三〕桂闕，指月宫。

其三

月中人向鏡中孤，玉斧修成傍玉壺〔一〕。萬里碧空分彩暈，一泓秋水護明珠〔二〕。乍回星漢雲膚濕〔三〕，似映雕欄桂影俱。此夜有懷渾不寐，坐看皓魄落天衢。

箋注

〔一〕玉斧，見《小游仙詩七首》其四箋注〔一〕。

〔三〕雲膚，晋潘尼《苦雨賦》：『氣觸石而結蒸兮，雲膚合而仰浮。』

輯評

〔一〕王士禛評：『工而雋。』

其四

霓裳倦舞向菱花，搗盡玄霜樹影斜〔一〕。怪爾空明留色相，須知金水逗光華〔二〕。飛飛螢火星疑亂，片片輕烟玉不遮。放却金蟆離掌上〔三〕，清輝依舊滿天涯。

箋注

〔一〕『搗盡』句，晋傅玄《擬天問》：『月中何有？白兔搗藥。』

〔二〕金水，金星與水星。

〔三〕金蟆，指月亮。

送臣鵠北歸二首〔一〕

其一

苕溪烟水闊〔二〕，草草遽成歸。自是鄉思切，寧關旅況違。微風吹短棹，細雨濕荷衣。先到汶河上〔三〕，爲余拂釣磯。

箋注

〔一〕馬良顯，字臣鵠，山東安丘人，任鴻臚寺序班。

〔二〕苕溪，一名苕水，有二源，出浙江天目山之南者爲東苕，出天目山之北者爲西苕。兩溪合流後注入太湖。夾岸多苕，秋後花飄水上如飛雪，故名。

〔三〕汶河，見《蝶戀花》（六月溪堂）箋注〔二〕。

其二

半載同爲客，胡然揮手行〔一〕。輕舠隨雁影，孤燭暗秋聲。須解憐童僕，遥知憶弟兄。寒家如問訊，莫道滯歸程。

箋注

〔一〕胡然，突然。

中秋感懷 時在江陰〔一〕

中庭皎潔夜三更，斷續秋聲雜樹聲。試問芙蓉江上月〔二〕，今宵曾否到郚城〔三〕。

箋注

〔一〕江陰，位於江蘇省南部。

〔二〕芙蓉江，宋張炎《摸魚子》：『秋城自有芙蓉主。』原注：『澄江，又名芙蓉城。』江昱疏證：『按《江陰志》：「舊有芙蓉湖，在縣南四十里。南朝魚子英得赤鯉化爲龍者，即此地也。城名蓋以此。」』

〔三〕郚城，春秋時爲紀國之郚，齊滅紀後屬齊國。遺址位於安丘城西南紅沙溝鎮李家西邵村。

丹陽道中夜作二首

其一

舴艋乘流去〔一〕，涼思近夜生〔二〕。潮連揚子渡〔三〕，月滿吕蒙城〔四〕。蓼岸悲蛩語〔五〕，篷窗落葉聲。好傾江上酒，夢裏欲忘情。

校訂

《實庵詩略》選録此組詩，《山左詩鈔》卷三十一選録第一首，詩題皆作《丹陽道中夜作》。涼思，《實庵詩略》《山左詩鈔》作『涼颸』。

箋注

〔一〕舴艋，指兩頭尖尖的小船。

〔二〕涼思，唐李賀《昌谷詩》：『鴻瓏數鈴響，羈臣發涼思。』王琦彙解：『涼思，凄涼之思。』

〔三〕揚子渡，位於江蘇省揚州市邗江區。

〔四〕呂蒙城，位於今安徽樅陽縣境内。《安慶府志》：『孫權克皖城，拜呂蒙爲廬江太守。蒙築城壘於隘，皖人謂之呂蒙城。』呂蒙（一七八—二二〇），字子明，汝南富陂（今安徽阜南東南）人，東漢末期著名軍事家。

〔五〕蓼，一年生草本植物，葉披針形，花小，白色或淺紅色，生長在水邊或水中。

其二

夢裏欲忘情，其如百感生。雲垂千樹沓，月黑大江橫。方語鄰舟亂，熒光夾岸明。愁懷仍不寐，空聽漏三更。

野泊

淅淅風吹鬢有絲，離愁欲遣倩深卮。故園他日甘貧病，記得荒村夜雨時。

泊京口將游白下不果〔一〕

邗溝南下碧澄澄〔二〕，雲際輕帆得未曾。江水有潮通鐵甕〔三〕，游人無夢到金陵。驚心故國愁千里，回首名山愧一僧。浮玉勝緣今咫尺〔四〕，好憑健足上高層。

箋注

〔一〕京口，見《風流子·京口懷古》箋注〔一〕。

〔二〕邗溝，也稱邗水、邗江、邗溟溝等，春秋時吴王夫差引江水入淮而開鑿的古運河。

〔三〕鐵甕，鐵甕城，江蘇鎮江古城名。

〔四〕浮玉，浮玉山，指今江蘇省鎮江市的金山、焦山。

金山四首〔一〕

其一

夢中山色畫中看，一柱狂流砥去瀾。江面霧隨蛟室現，海門潮落日光寒。乾坤兀突存元氣，吴楚風烟得大觀。擬向妙高臺上望〔二〕，洪濤萬里自漫漫。

校訂

王士禛《感舊集》卷十二選録第二首，鄧漢儀《詩觀初集》卷三選録第二首，馬長淑《渠風集略》卷二選録第二、三、四首，詩題皆作《金山》。

箋注

〔一〕金山，位於江蘇省鎮江市區西北，爲鎮江游覽勝地。

〔二〕妙高臺，宋蘇軾《金山妙高臺》：『不如金山去，清風半帆耳。中有妙高臺，雲峰自孤起。』

其二

攀蘿直下俯迢遥，隔岸蘆聲帶影飄。江氣尚浮三峽雨，石根空嚙百年潮。人天物色分高下，南北舟航見動摇。潭底蛟龍方睡穩，莫携簫鼓到山腰。

校訂

下，《詩觀初集》作『欲』，《渠風集略》作『上』。

輯評

鄧漢儀評：『氣力欲撼金山。』

其三

巋然一塔俯江濱，清磬依稀到耳頻。山影自隨南去雁，濤聲真懼北來人。憑陵上界虚無地，慚愧塵中色相身。欲下翠微歸路杳，西風吹亂水鱗鱗。

校訂

自，《感舊集》作『似』。

其四

郭璞墓前凝曉烟〔一〕，梵音閣下水淪漣。空濛疑見函三色〔二〕，清泠閑斟第一泉〔三〕。黄鶴欲來飛近遠，白雲忽起亂江天〔二〕。何當更乞樵風便〔四〕，爲吊名山焦孝然〔五〕。

箋注

〔一〕郭璞墓，位於鎮江金山旁。郭璞（二七六—三二四），河東聞喜（今屬山西）人，字景純，兩晋時期著名學者、文學家、訓詁學家。

〔二〕函三，謂包含天、地、人三氣。《漢書·律曆志上》：『太極元氣，函三爲一。』

〔三〕第一泉，中泠泉在金山脚下，古稱南零水，有『天下第一泉』之稱。唐張又新《煎茶水記》：『故刑部侍郎劉公，諱伯芻……稱較水之與茶宜者凡七等：揚子江南零水第一。』

〔四〕樵風，《後漢書·鄭弘傳》：『鄭弘，字巨君，會稽山陰人。』李賢注引南朝宋孔靈符《會稽記》：『射的山南有白鶴山，此鶴爲仙人取箭。漢太尉鄭弘嘗采薪，得一遺箭，頃有人覓，弘還之，問何所欲，弘識其神人也，曰：「常患若邪溪載薪爲難，願旦南風，暮北風。」』

〔五〕焦孝然，焦先，字孝然，三國時魏國河東郡（今山西夏縣）人，隱士。相傳與金山、北固山并稱鎮江三山的焦山，原名譙山，因附會焦先故事，而名焦山。

輯評

〔一〕王士禛評：『神到。』

題子求畫竹

倐然百尺拂長空〔一〕，好筆移來嶰谷中〔二〕。傍石最憐人寂静，窺窗喜見月朦朧。

娟娟弄響非關雨〔三〕，戛戛鳴秋不是風。拄笏參軍今在否〔四〕，此君幽夢與誰同？

箋注

〔一〕倐然，無拘無束貌。

〔二〕嶰谷，昆侖山北谷名，傳説黄帝使伶倫取嶰谷之竹以製樂器。

〔三〕娟娟，姿態柔美貌。

〔四〕拄笏參軍，見《喝馬一枝花·送沈荼星之來賓任》箋注〔三〕。

遥送家弟瀶餘奉使祭告南岳〔一〕

其一

太平天子垂裳日〔二〕，禋祀遥傳遣秩宗〔三〕。牲璧自隆三殿禮〔四〕，懷柔真見百靈從〔五〕。帆隨湘水經多曲，人望衡山幾面峰〔六〕。曳履南宫應計日〔七〕，好聽清漏近夔龍〔八〕。

箋注

〔一〕瀶餘，即曹貞吉胞弟曹申吉，見《解語花·咏水仙，同家弟作》箋注〔一〕。

〔二〕垂裳，《周易·繫辭下》：『黄帝堯舜垂衣裳而天下治，蓋取諸乾坤。』

〔三〕禋祀，《周禮·春官·大宗伯》：『以禋祀祀昊天上帝，以實柴祀日月星辰，以槱燎祀司中司命。』鄭玄注：『禋之言烟。周人尚臭，烟氣之臭聞者。槱，積也。《詩》曰：「芃芃棫樸，薪之櫝之。」三祀皆積柴、實牲體焉，或有玉帛燔燎，而升烟所以報陽也。』秩宗，《尚書・舜典》：『帝曰：俞咨伯，汝作秩宗。』孔安國傳：『秩，序；宗，尊也，主郊廟之官。』

〔四〕牲璧，《周禮・春官・大宗伯》：『以蒼璧禮天，以黃琮禮地，以青圭禮東方，以赤璋禮南方，以白琥禮西方，以玄璜禮北方。皆有牲幣，各放其器之色。』

〔五〕『懷柔』句，《詩經・周頌・時邁》：『懷柔百神，及河喬岳。』毛傳：『懷，來；柔，安。』鄭玄注：『來安群神，望于山川，皆以尊卑祭之。』《文選・班固〈東都賦〉》：『禮神祇，懷百靈。』李善注：『《毛詩》曰：「懷柔百神。」』

〔六〕衡山，五岳之南岳，在湖南省中部。

〔七〕南宮，見《秋日過東郭草堂雷雨大至園林變色居然米海岳筆也得二首》其二箋注〔一〕。康熙六年（一六六七）曹申吉升禮部右侍郎，奉使祭告南岳，故言。

〔八〕夔龍，相傳舜的二臣名，夔爲樂官，龍爲諫官。《尚書・舜典》：『伯拜稽首，讓於夔龍。』孔安國傳：『夔龍，二臣名。』

輯評

王士禛評：『高雅稱題。』

其二

親承帝簡下鸞坡〔一〕，四牡煌煌擁節過。自許精誠開瘴癘，可無詞賦重山河？重尋峴首碑猶昨〔二〕，再到襄江水不波。襄陽，弟舊游地。此夜廣陵應有夢〔三〕，衡陽歸雁信如何〔四〕？

校訂

重，《實庵詩略》作『動』。

《實庵詩略》無小注。

箋注

〔一〕鸞坡，宋葉夢得《石林燕語》卷五：『俗稱翰林學士爲坡，蓋唐德宗時，嘗移學士院於金鑾坡上，故亦稱鑾坡。』

〔二〕『重尋』句，《晋書·羊祜傳》：『襄陽百姓於峴山祜平生游憩之所建碑立廟，歲時饗祭焉。望其碑者莫不流涕，杜預因名爲墮泪碑。』

〔三〕廣陵，今揚州，曹申吉奉使南岳之時，正是曹貞吉游歷吴地之際，故言。

〔四〕衡陽歸雁，見《御街行·和阮亭〈贈雁〉》箋注〔二〕。

輯評

王士禛評：『五、六，聲情綿折。』

雨中偶興

拂拂當門竹亂垂，廣陵秋半雨如絲。白蘋江上風初起，正是鱸肥蟹美時。

聞雁

最是初聞雁，能令感慨深。偶來非有意，何事便關心。帶雨聲偏急，凌霜怨不任。銜蘆歸去好〔一〕，切莫滯江潯。

箋注

〔一〕銜蘆，《淮南子·修務訓》：『夫雁順風以愛氣力，銜蘆而翔，以備矰弋。』高誘注：『銜蘆所以令繳不得截其翼也。』

見落葉有感

閉門十日真成隱，忽漫扶笻聽晚鐘〔一〕。把酒正當愁亂葉，思鄉況復見歸鴻。心悲邗水東流曲〔二〕，秋老紅橋夕照中〔三〕。欲買扁舟仍自問，行藏落落與誰同〔四〕？

箋注

〔一〕忽漫，忽而，偶然。

〔二〕邗水，見《泊京口將游白下不果》箋注〔二〕。

〔三〕紅橋，見《浣溪沙·步阮亭紅橋韵》其一箋注〔一〕。

〔四〕行藏，《論語·述而》：『用之則行，舍之則藏。』

過平山堂懷阮亭儀部〔一〕

蜀岡南下俯平沙，策杖登臨繫釣艖。自是山光能悦客，非關游子不思家。天垂白練江流闊，門對丹楓驛路斜。太息法曹今已去〔二〕，空餘灌木聚寒鴉。

校訂

艖，《揚州府志》卷三十三《藝文志六》作『槎』。

箋注

〔一〕平山堂，見《浣溪沙·步阮亭紅橋韵》其二箋注〔五〕。阮亭，即王士禛，見《浣溪沙·步阮亭紅橋韵》其一箋注〔一〕。儀部，用爲對禮部主事及郎中的別稱，因王士禛曾爲禮部員外郎，故稱。

〔二〕法曹，古代司法官署，亦指掌司法的官吏。王士禛曾任揚州推官，掌理刑名，故言。

秋日過滴翠園呈望石侍御六首〔一〕

其一

塵中何處覓蓬壺〔二〕？大隱金門興不孤〔三〕。三徑雲深堆薜荔〔四〕，一庭波冷對江湖。西山翠靄來朝暮，北闕晴霞辨有無〔五〕。讀罷道書人自静，坐看黄葉下高梧。

校訂

《實庵詩略》選録第四首，詩題作『秋日水亭呈望石侍御』。

箋注

〔一〕滴翠園，見《立冬日過滴翠園和家弟韵柬望石侍御二首》其一箋注〔一〕。

〔二〕蓬壺，見《鎖窗寒·倭奩》箋注〔九〕。

〔三〕大隱金門，《史記·滑稽列傳》：『朔行殿中，郎謂之曰：「人皆以先生爲狂。」朔曰：「如朔等，所謂避世於朝廷間者也。古之人，乃避世於深山中。」時坐席中，酒酣，據地歌曰：「陸沉於俗，避世金馬門。宫殿中可以避世全身，何必深山之中，蒿廬之下。」金馬門者，宦〔者〕署門也，門傍有銅馬，故謂之曰「金馬門」。』

〔四〕三徑，見《水調歌頭·大醉放言》箋注〔一〇〕。薜荔，見《歲暮感舊書懷二十八韵》箋注〔一三〕。

〔五〕北闕，《漢書·高帝紀》：『蕭何治未央宫，立東闕、北闕、前殿、武庫、大倉。』顔師古注：『未央殿雖南嚮，而上書奏事謁見之徒皆詣北闕，公車司馬亦在北焉。』

其二

紆迴石徑繞堤通，烟覆寒雲綠幾叢。野水微茫栖白鷺，人家縹緲隔丹楓。三秋半落蘋花雨，一壑全收荻岸風。遥識山林經濟好，閑亭宛在碧波中。

其三

攀蘿遥溯輞川居〔一〕，一葦凌空恣所如〔二〕。屋似張融堪載酒〔三〕，船疑米芾好藏書〔四〕。寥天雁影臨秋回，入夜荷聲帶雨疏。寂寂茅亭人不到，隔溪凉月乍來初。

箋注

〔一〕輞川居，見《冬日雨山亭觀晚照同松友學士》箋注〔二〕。

〔二〕『一葦』句，宋蘇軾《前赤壁賦》：『縱一葦之所如，凌萬頃之茫然。』

〔三〕『屋似』句，《太平廣記》卷二四六：『宋張融嘗乞假還，帝問所居。答曰：「臣陸居非屋，舟居非水。」上未解，問張緒。緒曰：「融近東山，未有居止。權牽小船上岸，住在其間。」上大笑。』

〔四〕『船疑』句，宋黄庭堅《戲贈米元章二首》其一：『滄江静夜虹貫月，定是米家書畫船。』宋任淵注：『崇寧間，元章爲江淮發運，揭牌於行舸之上，曰「米家書畫船」云。』

其四

兀然飛閣界虚空，映水危欄曲曲紅。探鶴客來船送酒〔一〕，采菱人去鳥呼風。一庭柳色秋烟裏，十畝篁聲夕照中。子夜歌殘無覓處〔二〕，碧天遥見月如弓。

校訂

《實庵詩略》選此首，詩題作《秋日水亭呈望石侍御》。

箋注

〔一〕探鶴，唐姚合《送狄兼謨下第歸故山》：『映竹窺猿劇，尋雲探鶴情。』

〔二〕子夜歌，見《解語花·咏水仙，同家弟作》箋注〔二〕。

其五

謖謖西風菊正開〔一〕，龍門客至共登臺〔二〕。霜殘荇帶牽舟去〔三〕，簾捲蘆花送雪來。溪上暮雲停促管〔四〕，岩邊飛雨濺深杯。知君剩有長林興，策杖臨流日幾回。

箋注

〔一〕謖謖，勁風聲。

〔二〕龍門客，南朝宋劉義慶《世説新語·德行》：『李元禮風格秀整，高自標持，欲以天下名教是非爲己任。後進之士，有升其堂者，皆以爲登龍門。』

〔三〕荇，荇菜，多年生草本植物，葉略呈圓形，浮在水面，根生水底，夏天開黄花；結橢圓形蒴果。全草可入藥。

〔四〕促管，因笛聲急促，故稱。

其六

萬縷柔條手自栽，扶疏一半映樓臺。平堤葉下啼烏静，遠岸沙明旅雁哀。橘柚晴添林外色，芙蓉香接掌中杯。不知張季緣何事，帝里秋風却憶回〔一〕。

箋注

〔一〕『不知』句，見《木蘭花慢·送孫開盛假歸，用稼軒韵》箋注〔三〕。

冬日高密道中

迢遞風塵歲月更，蕭然匹馬又孤城。天低平野空青色，僧汲寒泉碎玉聲。杳靄嵐光依遠岫，冥濛海氣亂朝晴。何人共剪西窗燭〔一〕，聽盡梅花一夜冰〔二〕。

箋注

〔一〕『何人』句，唐李商隱《夜雨寄北》：『何當共剪西窗燭，却話巴山夜雨時。』

〔二〕梅花，漢樂府横吹曲《梅花落》。

途中大風雪倦極有作

蒙茸短髮亂青氈，兀突寒雲没馬韉。有客來看花六出〔一〕，無人得似柳三眠〔二〕。

吹殘河渚風沙急，凍合危岩薜荔懸。去去漸知濰水近〔三〕，好從冰底聽鳴泉。

箋注

〔一〕花六出，見《賀新凉·送周雪客南歸》其二箋注〔一〕。

〔二〕柳三眠，見《水龍吟·咏柳絮，用坡公楊花韵》箋注〔一〕。

〔三〕濰水，《水經》：『濰水出琅邪箕縣濰山。』

濰河道中〔一〕

衝寒誰復念間關，驅馬悠悠盡日還。深雪欲迷韓信壘〔二〕，白雲猶護蓋公山〔三〕。天垂遠樹疑三尺，水繞疏籬自一灣。擬向荒村尋活火，紆迴石磴可能攀？

箋注

〔一〕濰河，見《途中大風雪倦極有作》箋注〔三〕。

〔二〕韓信壘，楚漢濰水之戰中，韓信以沙囊壅水處形成的遺迹，因韓信平齊後被立爲齊王，又稱『韓王壩』，故址在今山東諸城相州鎮境内。

〔三〕蓋公山，位於山東安丘趙戈鎮，因安葬蓋公而得名。蓋公，山東安丘人，西漢學者，善黄老之學。

渡濰水吊淮陰侯〔一〕

聞道韓王壩〔二〕，遺踪尚可求。橋横殘照裏，雪壓大河流〔三〕。斷岸餘衰草，寒風上敝裘。雄圖今不見，匹馬獨淹留。

校訂

《實庵詩略》、鄧漢儀《詩觀初集》卷三、蔣鑨《清詩初集》卷七、陳以剛等《國朝詩品》卷三皆選録此首，《詩觀初集》《清詩初集》《國朝詩品》詩題作《渡濰水》。裏，《詩觀初集》《清詩初集》《國朝詩品》《國朝詩話》作『出』。獨，《詩觀初集》《清詩初集》《國朝詩品》作『慎』。

箋注

〔一〕《史記·淮陰侯列傳》：『遂戰，與信夾濰水陳。韓信乃夜令人爲萬餘囊，滿盛沙，壅水上流，引軍半渡，擊龍且，佯不勝，還走。龍且果喜曰：「固知信怯也。」遂追信渡水。信使人決壅囊，水大至。龍且軍大半不得渡，即急擊，殺龍且。龍且水東軍散走，齊王廣亡去。』

〔二〕韓王壩，見《濰河道中》箋注〔二〕。

輯評

〔一〕鄧漢儀評：『壯。』

楊際昌《國朝詩話》卷二：『曹升六貞吉「橋橫殘照出，雪壓大河流。」……皆詩中畫也。其深細處，正恐畫手難到，所以爲高。』

雪中偶成兼憶湖上風景

居然飛絮滿前川，廣莫風高酒失權〔一〕。人逐寒吹驚晚歲，馬隨殘照入冰天。遙知海底蛟龍蟄，不礙山中雉兔眠。却憶斷橋初霽後〔二〕，湖邊多少探梅船。

箋注

〔一〕廣莫風，南朝宋劉義慶《世說新語·言語》：『鼻如廣莫長風，眼如懸河決溜。』劉孝標

注：『廣莫者，精大備也，蓋北風也，一曰寒風。』

〔二〕斷橋，在杭州西湖白堤上。宋周密《武林舊事》：『斷橋，又名段家橋，萬柳如雲，望如裙帶。』

余友象山遘危疾益都劉中麟一匕起之象先大索同人各爲詩歌以謝余得七律一首〔一〕

海岱雲濤千里餘〔二〕，杏林有客閲居諸〔三〕。青囊甫解文園渴〔四〕，赤箭全留宛委書〔五〕。市上韓康聊復爾〔六〕，山中梅福近何如〔七〕？生平看盡齊門雪〔八〕，底事偏違長者車。予尚未識中麟，故云。

箋注

〔一〕李焕章，見《春日象先見過賦贈》箋注〔一〕。

〔二〕海岱，海，渤海；岱，泰山。

〔三〕杏林，《太平廣記》卷十二：『董奉者，字君异，侯官人也……奉居山不種田，日爲人治病，亦不取錢。重病愈者，使栽杏五株，輕者一株。如此數年，計得十萬餘株，鬱然成林。』居諸，《詩經・邶風・柏舟》：『日居月諸，胡迭而微。』孔穎達疏：『居、諸者，語助也。』

〔四〕青囊，《晉書・郭璞傳》：『有郭公者，客居河東，精於卜筮。璞從之受業，公以青囊中書九卷與之，由是遂洞五行、天文、卜筮之術。』文園渴，見《餉翼辰馬金囊二首》其一箋注〔六〕。

〔五〕赤箭，天麻的別名。宛委書，《史記・太史公自序》：『探禹穴。』張守節正義引《吴越春秋》：『禹乃登宛委之山，發石，乃得金簡玉字，以水泉之脉。』

〔六〕韓康，《後漢書・逸民列傳》：『韓康……常采藥名山，賣於長安市，口不二價三十餘年。時有女子從康買藥，康守價不移。女子怒曰：「公是韓伯休那？乃不二價乎？」康嘆曰：「我本欲避名，今小女子皆知有我，何用藥爲？」乃遁入霸陵山中。博士公車連徵不至。』

〔七〕梅福，《漢書・梅福傳》：『梅福字子真，九江壽春人也。……補南昌尉……至元始中，王莽顓政，福一朝弃妻子，去九江，至今傳以爲仙。』南朝宋謝靈運《會吟行》：『范蠡出江湖，梅福入城市。』

〔八〕齊門，古稱望齊門，故址在今江蘇省蘇州市東北。《吴越春秋・闔閭内傳》：『齊子使女爲質於吴，吴因爲太子波聘齊女。女少思齊，日夜號泣，因乃爲病。闔閭乃起北門，名曰望齊門，令女往游其上。』

雪中憶弟二首〔一〕

其一

雁聲嘹嚦北風哀，萬里勞臣衣錦回。雪擁長江如練色，遥看畫舫自天來。

箋注

〔一〕從詩中多言湖南境内景物來看，這兩首詩當作於康熙六年（一六六七）曹貞吉之弟曹申吉奉使祭告南岳之際。張貞《曹申吉墓志并銘》記康熙『六年殿試進士，充讀卷官，遷禮部右侍郎，以上親政，遣祭南岳』。

其二

雲際君山動客思〔一〕，微波落木晚烟垂。遥知風雪孤篷底，獨咏黄陵廟裏詩〔二〕。

校訂

篷，《實庵詩略》作『蓬』。

箋注

〔一〕君山，在湖南洞庭湖口，又名湘山。

〔二〕黄陵廟，傳説爲舜二妃娥皇、女英之廟，亦稱二妃廟，在湖南省湘陰縣之北。

贈張參宇山人二首〔一〕

其一

白髮山人顔尚童，五弦手撫送歸鴻〔二〕。聲依流水情何遠，彈到春江曲愈工〔三〕。散蕩或能窺大藥，悲歡聊復寄孤桐〔三〕。衹今叔夜飄蓬甚〔四〕，高調誰堪嗣郢中〔五〕。

箋注

〔一〕清安丘詩人劉祚遠有《贈張參宇琴士買鶴雁放生》詩，由曹貞吉《贈張參宇山人二首》來看，張參宇當爲一位善彈琴、性高節、隱逸不仕的遺民。

〔二〕『五弦』句，三國魏嵇康《贈秀才入軍》：『目送歸鴻，手揮五弦。』

〔三〕孤桐，《尚書·禹貢》：『嶧陽孤桐。』孔安國傳：『孤，特也。嶧山之陽，特生桐，中琴瑟。』

〔四〕叔夜，見《晶章行贈楊樹滋明府》箋注〔一四〕。

〔五〕『高調』句，見《蘭陵王·送二舅之沅州》箋注〔一〇〕。

輯評

〔一〕王士禛評：『對入妙。』

其二

二十年來狂鼓史，岑牟登座説漁陽〔一〕。聽殘翿羽三洲冷〔二〕，撾盡銅丸五夜長〔三〕。慘淡疑翻花底葉，悲涼亂下海天霜。懶從開寶搜遺事〔四〕，對此茫茫亦可傷。

箋注

〔一〕『二十』句，見《珍珠簾·爲牧仲題〈楓香詞〉》箋注〔七〕。

〔二〕翿羽，古代羽舞或葬禮所用的旌旗，即羽葆幢。聚鳥羽於幢首，其形下垂如蓋，爲舞者所執。三洲，指傳説中的蓬萊、方丈、瀛洲三仙山。

〔三〕銅丸，《漢書·史丹傳》：『建昭之間，元帝被疾，不親政事，留好音樂。或置鼙鼓殿下，天子自臨軒檻上，隤銅丸以擿鼓，聲中嚴鼓之節。後宮及左右習知音者莫能爲。』五夜，《文選·陸倕〈新刻漏銘〉》：『六日不辨，五夜不分。』李善注引衛宏《漢舊儀》：『晝夜漏起，省中用火，中黄門持五夜。五夜者，甲夜、乙夜、丙夜、丁夜、戊夜也。』

〔四〕『懶從』句，五代王仁裕著有《開元天寶遺事》。開元、天寶，唐玄宗李隆基年號。

輯評

王士禛評：『神氣豪縱，旁若無人。』

除夜思舍弟此時將抵廣陵矣

漏下遲眠思楚客，依稀似在廣陵城。晶瑩我對三秋月〔一〕余八月客維揚，黯淡君聽五夜冰〔二〕。竟夕鄰舟喧爆竹，幾人孤燭話平生。不知酒盡燈昏後，可向篷窗憶老兄。

箋注

〔一〕三秋，夏曆七月爲初秋，八月爲仲秋，九月爲季秋，合稱『三秋』。

〔二〕五夜，見《贈張參宇山人二首》其二箋注〔三〕。

題李渭清燕磯獨眺圖二首〔一〕

其一

雲際孤峰杳靄中，振衣千仞許誰同〔二〕？山圍故國仍朝北，潮落空江盡向東〔三〕。回首欲占龍虎氣〔四〕，披襟獨對海天風。輕舟渺渺不歸去，恐有漁燈傍晚紅。

箋注

〔一〕李澄中（一六二九—一七〇〇），字渭清，號雷田，又號漁村，山東諸城人。康熙十八年（一六七九）應『博學鴻儒』，授翰林院檢討。歷明史纂修官、雲南鄉試正考官等職。著有《卧象山房集》《日雲村集》。燕磯，見《燕子磯》箋注〔一〕。

〔二〕『振衣』句，晋左思《咏史詩八首》其五：『振衣千仞岡，濯足萬里流。』

〔三〕『山圍』句，唐劉禹錫《石頭城》：『山圍故國周遭在，潮打空城寂寞回。』

〔四〕『龍虎』氣，宋陳與義《次韵尹潛感懷》：『共説金陵龍虎氣，放臣迷路感烟津。』

其二

我友青鞋汗漫游〔一〕，風烟幾點望中收〔二〕。千帆静落平江色，兩岸悲生荻影秋〔三〕。詩思可隨流水變，名山應許酒人留。慚余亦是登高客，只似孤雲到眼浮。

箋注

〔一〕汗漫游，《淮南子·道應訓》：『吾與汗漫期於九垓之上，吾不可以久。』高誘注：『汗漫，不可知之也。九垓，九天之外。』

〔二〕風烟，唐王勃《送杜少府之任蜀州》：『城闕輔三秦，風烟望五津。』

〔三〕荻，多年生草本植物，生在水邊，葉子長形，似蘆葦，秋天開紫花。

花朝得家弟過江消息二首〔一〕

其一

使者乘秋泛畫橈，重來不覺斗回杓〔二〕。花明故國初啼鳥，人渡平江欲暮潮〔三〕〔一〕。萬里山川供筆札，一天風雨過金焦〔四〕。孤帆摇曳垂楊裏，知在蕪城第幾橋〔五〕？

校訂

平江，《清詩别裁集》卷六、吴翌鳳《國朝詩》卷三作『空江』。

孤帆，《實庵詩略》、《國朝山左詩鈔》卷三十一作『錦帆』。

箋注

〔一〕花朝，見《花朝曉發姑孰》箋注〔一〕。

〔二〕杓，古代指北斗第五、六、七顆星，亦稱『斗柄』。

〔三〕平江，今屬湖南省岳陽市。

〔四〕金焦，見《風流子·京口懷古》箋注〔一一〕。

〔五〕蕪城，即廣陵城，故址在今江蘇省揚州市境，鮑照有《蕪城賦》。

輯評

〔一〕王士禛評：『秀冶至此。』

鄧漢儀《詩觀初集》卷三：『讀舍人寄弟諸篇，便想王司勛、主客兄弟。』

其二

未有雙魚破寂寥〔一〕，遥傳京口暫停橈〔二〕。屐穿北固雲千叠〔三〕，泉煮中泠水一瓢〔四〕。池草夢回人咫尺，春林燕到影飄蕭。床頭濁釀今方熟，待爾歸來折柳條。

箋注

〔一〕雙魚，漢蔡邕《飲馬長城窟行》：『客從遠方來，遺我雙鯉魚。呼兒烹鯉魚，中有尺素書。』

〔二〕京口，見《風流子·京口懷古》箋注〔一〕。

〔三〕北固，北固山，在江蘇省鎮江市區東北江濱，有『京口第一山』之稱。宋辛弃疾有《南鄉子·登京口北固亭有懷》《永遇樂·京口北固亭懷古》。

〔四〕中泠，見《金山四首》其四箋注〔三〕。

春日課僕種樹開池漫興

曲沼俄成傍竹間，條桑種杏不知還。即今茅屋花相映，他日疏籬水自灣〔一〕。敢道山林經濟好，衹緣麋鹿性情閑。菟裘若待歸來後〔二〕，翻恐兒童笑鬢斑〔二〕。

箋注

〔一〕菟裘，在今山東省泗水縣。《左傳・隱公十一年》：『羽父請殺桓公，以求大宰。公曰：「爲其少故也，吾將授之矣。」使營菟裘，吾將老焉。』

輯評

〔一〕王士禛評：『宛然畫圖。』

〔二〕王士禛評：『結亦老氣。』

過杞園齋頭贈繪先象先用繪先韵〔一〕

爛漫春光流水俱，枝頭好鳥自相呼。竹林初入誰高士〔二〕？白社重來愧酒徒〔三〕。千古文章推海岳，一樽風雨對菰蘆。擬將五色天孫錦〔四〕，綉作東園二仲圖〔五〕。

箋注

〔一〕杞園，即張貞，見《玲瓏四犯·送杞園游西湖》箋注〔一〕。李燦章，字繪先，李焕章兄。

〔二〕『竹林』句，南朝宋劉義慶《世説新語·任誕》：『陳留阮籍、譙國嵇康、河内山濤三人年皆相比，康年少亞之。預此契者，沛國劉伶、陳留阮咸、河内向秀、琅邪王戎。七人常集於竹林之下，肆意酣暢，故世謂「竹林七賢」。』

〔三〕白社，見《湖上宴集》箋注〔三〕。

〔四〕天孫，《史記·天官書》：『織女，天女孫也。』

〔五〕二仲，見《水調歌頭·大醉放言》箋注〔一〇〕。

喜家弟至里門〔一〕

人去楚天空極目，俄然使節復荒城。還家又是三年別，將母何妨十日行。望裏風雲名岳色，携來詞賦大江聲。與君把酒聽春雨，遮莫池塘芳草生〔二〕。

箋注

〔一〕家弟，即曹貞吉胞弟曹申吉，見《解語花·咏水仙，同家弟作》箋注〔一〕。

〔二〕『遮莫』句，南朝宋謝靈運《登池上樓》：『池塘生春草，園柳變鳴禽。』

家弟旋里不數日即還朝賦此志別

弟兄握手須臾事，又賦驪歌指大東〔一〕。行遍園林人醉後，聽殘絲竹月明中。三春花鳥迎螭蓋，十里旌旗捲麥風〔二〕。北闕應知煩議禮，肯將衣錦傲兒童？

箋注

〔一〕大東，《詩經·魯頌·閟宫》：『遂荒大東。』鄭玄箋：『大東，極東。』

〔二〕麥風，唐白居易《和微之四月一日作》：『麥風低冉冉，稻水平漠漠。』

夏日集慈因庵與寒灰上人論詩三首〔一〕

其一

好將綺語千重嶂，來問彌天釋道安〔二〕。自識夏雲多變化，誰傳佳句并琅玕。指麾如意三車幻〔三〕，老大逢人一字難。便欲與師分佛火，萬緣銷盡向蒲團。

箋注

〔一〕寒灰上人，或寒輝上人，曹貞吉胞弟曹申吉《澹餘詩集》卷二《寒輝上人覓大藏功成詩以贈之》、卷四《奉和家兄夏日過慈因庵同老僧寒輝論詩之作三首》諸詩可證。

〔二〕彌天釋道安，《高僧傳》卷五：『時襄陽習鑿齒鋒辯天逸，籠罩當時，其先聞安高名。……即往修造，既坐稱言：「四海習鑿齒。」安曰：「彌天釋道安。」時人以爲名答。』

〔三〕三車，《妙法蓮華經·譬喻品》：『長者告諸子，言羊車、鹿車、牛車今在門外，可以游戲，汝等於此火宅宜速出來。』

其二

蕭然丈室謝繁華，静掩禪關眺暮霞。結夏暫依開士座〔一〕，休糧偶飲趙州茶〔二〕。揮殘麈尾霏金屑，悟到天龍指落花〔三〕。舌上青蓮今在否？空勞半偈向人誇〔四〕。

箋注

〔一〕結夏，南朝梁宗懍《荆楚歲時記》：『四月十五日，僧尼就禪刹挂搭，謂之「結夏」。』開士，唐玄應《一切經音義》卷三：『開士，謂以法開導之士也。梵云扶薩，又作扶薛，或言菩薩是。』

〔二〕趙州茶，《五燈會元·南泉原禪師法嗣·趙州從諗禪師》：『師問新到：「曾到此間麼？」曰：「曾到。」師曰：「吃茶去。」又問僧，僧曰：「不曾到。」師曰：「吃茶去。」後院主問曰：「爲甚麼曾到也云吃茶去，不曾到也云吃茶去？」師召院主，主應喏。師曰：「吃茶去。」』

〔三〕天龍，謂諸天與龍神。

〔四〕半偈，佛經中的唱詞。

其三

十年坐卧古招提〔一〕，有約重來欲杖藜。詩思乍同雲出谷，禪心可似絮沾泥。豆棚虛引涼風入，茗碗平分草色凄。法雨烟蘿存勝迹〔二〕，午橋回首嘆低迷〔三〕。庵内有聯曰『法雨净烟蘿』，少傅公筆也〔四〕。

箋注

〔一〕招提，梵語音譯，『拓鬥提奢』，省作『拓提』，後誤爲『招提』，義爲『四方』。

〔二〕法雨，佛法普度衆生，如雨之潤澤萬物，故稱。

〔三〕午橋，見《柳初新·寄懷高舜木》箋注〔五〕。

〔四〕少傅公，即曹貞吉外祖劉正宗，見《摸魚子·拜墓》箋注〔一〕。

午睡

蘧廬一枕道心生〔一〕，萬慮浮雲覺後清。仿佛入簾風柳色，依稀回夢雨蘿聲。暫爲蝴蝶寧非我〔二〕，便住華胥亦近名〔三〕。睡起兀然成獨坐，任教窗外沸茶鐺。

箋注

〔一〕『蘧廬』句，見《南鄉子·夏夕無寐，茫茫交集，輒韵語寫之，不求文也》其一箋注〔一〕。

〔二〕『暫爲』句，見《蝶戀花·題王宓草畫蝶》箋注〔四〕。

〔三〕華胥，見《蝶戀花》（五月黄雲）箋注〔四〕。

哭家企鑒叔六首〔一〕

其一

茫茫大造竟何言，自恨無香可返魂。白髮人争憐伯道〔二〕，黄金誰復鑄平原〔三〕。十年文字初除障，一匕丹砂未見恩。叔近喜服丹藥。池上蓮花曾有約，空餘血泪灑松根。

箋注

〔一〕曹貞吉族叔曹紘，曹銓衡第三子，號企鑒，準貢生，考授布政司理問廳。天啟二年（一六二二）七月初十日生，康熙七年（一六六八）五月二十六日卒，享年四十有七。

〔二〕伯道，見《減字木蘭花·雜憶》其五箋注〔四〕。

〔三〕平原，《史記·平原君虞卿列傳》：『平原君趙勝者，趙之諸公子也。諸子中勝最賢，喜賓客，賓客蓋至者數千人。』唐李賀《浩歌》：『買絲綉作平原君，有酒惟澆趙州土。』

其二

憶自文壇推綉虎〔一〕，君方三十我垂髫。談經白社花初發〔二〕，載酒東園月可邀。往事并隨泡影散，萬緣疑向夢中消〔三〕。冥冥泉路成千古，争有音書破寂寥？

箋注

〔一〕綉虎，見《減字木蘭花·雜憶》其六箋注〔一〕。

〔二〕白社，見《湖上宴集》箋注〔三〕。

〔三〕『往事』句，《金剛經》：『一切有爲法，如夢幻泡影。』

其三

幾回躡屐游燕市，意氣飛揚各少年〔一〕。上客争邀金鑿落〔二〕，天街雙鞚鐵連錢〔三〕。新豐一别浮雲散〔四〕，丁令重來暮草芊〔五〕。北去阿戎渾未識〔六〕謂予弟也，猶疑嘯傲小窗前。

箋注

〔一〕『幾回』句，《史記·刺客列傳》：『荆軻既至燕，愛燕之狗屠及善擊筑者高漸離。荆軻嗜酒，日與狗屠及高漸離飲於燕市，酒酣以往，高漸離擊筑，荆軻和而歌於市中，相樂也，已而相泣，旁若無人者。』

〔二〕金鑿落，以鎸鏤金銀爲飾的酒盞。

〔三〕鐵連錢，指馬身上黑色的錢形斑點，爲良馬的特徵。

〔四〕新豐，《漢書·地理志上》：『新豐，驪山在南，故驪戎國。秦曰驪邑。高祖七年置。』顔師古注：『應劭曰：太上皇思東歸，於是高祖改築城寺街里以象豐，徙豐民以實之，故號新豐。』

《史記·高祖本紀》：『（十年）七月，太上皇崩櫟陽宫。楚王、梁王皆來送葬。赦櫟陽囚。更命酈邑曰新豐。』

〔五〕丁令，見《晶章行贈楊樹滋明府》箋注〔一三〕。

〔六〕阿戎，《資治通鑒》卷一四一：『（王晏）及拜驃騎將軍，集會子弟，謂思遠兄思徵曰：「隆昌之末，阿戎勸吾自裁，若從其語，豈有今日。」思遠遽應曰：「如阿戎所見，今猶未晚也。」』胡三省注曰：『晋宋間人，多謂從弟爲阿戎，至唐猶然。』

其四

策蹇尋幽去復還〔一〕，勝緣消得幾人閑。共穿西嶺雲中樹，飽看東沂雨後山。丁酉秋，隨叔游東鎮。〔二〕爾日風流存杖履，於今瀑布剩潺湲。舊游隔世何能續，回首琳宫泪欲潸。

箋注

〔一〕蹇，蹇驢，即跛足驢。

〔二〕隨叔，申涵盼，字隨叔，號定舫，永年（今屬河北）人。順治十八年（一六六一）進士，改庶吉士，授檢討，著有《定舫詩草》。東鎮，山東臨朐縣城南沂山九龍口東鎮廟，宋代奠基創修，後經歷代拓基增修。

其五

十年落魄君同我，骨肉關情似一身。作客共傾桑落酒〔一〕，爲漁并識武陵津〔二〕。麈揮如意風生座〔三〕，花底扶筇雨折巾。湖海元龍今在否〔四〕，九泉肝膽向何人〔五〕？

箋注

〔一〕桑落酒，北魏酈道元《水經注·河水四》：『（河東郡）民有姓劉名墮者，宿擅工釀，采挹河流，醖成芳酎，懸食同枯枝之年，排於桑落之辰，故酒得其名矣。』

〔二〕武陵津，晋陶淵明《桃花源記》：『晋太元中，武陵人捕魚爲業。緣溪行，忘路之遠近，忽逢桃花林，夾岸數百步，中無雜樹。……尋向所志，遂迷，不復得路。南陽劉子驥，高尚士也，聞之，欣然規往，未果，尋病終，後遂無問津者。』

〔三〕如意，一種象徵吉祥的器具，頭爲雲形或靈芝形，柄微曲，以玉、骨等製成。

〔四〕湖海元龍，《三國志·魏書·陳登傳》：『後許汜與劉備并在荆州牧劉表坐，表與備共論天下人，汜曰：「陳元龍湖海之士，豪氣不除。」備謂表曰：「許君論是非？」表曰：「欲言非，此君爲善士，不宜虛言；欲言是，元龍名重天下。」備問汜：「君言豪，寧有事邪？」汜曰：「昔遭亂過下邳，見元龍。元龍無客主之意，久不相與語，自上大床卧，使客卧下床。」備曰：「君有國士之名，今天下大亂，帝主失所，望君憂國忘家，有救世之意，而君求田問舍，言無可采，是元龍所諱也，何緣當與君語？如小人，欲卧百尺樓上，卧君於地，何但上下床之間邪？」』

〔五〕九泉，漢阮瑀《七哀》：『冥冥九泉室，漫漫長夜臺。』

其六

作達誰能似仲容〔一〕，竹林舊社許相從。那知十日僧房約，竟化千秋馬鬣封〔二〕。欲理荷裳仙路杳〔三〕，乍回鶴馭白雲重。他時再向西州去〔四〕，指點墳前幾樹松。叔氏去歲請仙，有『速把荷衣整』之句。

箋注

〔一〕仲容，《晉書·阮咸傳》：『咸，字仲容……任達不拘，與叔父籍爲竹林之游。』

〔二〕馬鬣封，見《沁園春·再贈李君，聊廣其意》箋注〔八〕。

〔三〕荷裳，見《湖上宴集》箋注〔四〕。

〔四〕西州，見《南鄉子·夏夕無寐，茫茫交集，輒韵語寫之，不求文也》其三箋注〔三〕。

記變〔一〕

長空入夜響天風，元氣奔騰大小東〔二〕。十萬蛟龍迴地軸，一聲霹靂走鴻蒙。身隨泡影山川裏，家在洪濤震蕩中。聞道流民圖已上〔三〕，可能飛到未央宫〔四〕？

箋注

〔一〕記變，指康熙七年（一六六八）六月，安丘發生大地震。

〔二〕大小東，《詩經·小雅·大東》：『小東大東，杼柏其空。』清惠周惕《詩説》下：『小東，大東，言東國之遠近也。』

〔三〕流民圖，宋魏泰《東軒筆録》卷五：『熙寧六七年，河東、河北、陝西大饑，百姓流移於京西就食者，無慮數萬……流連襁負，取道於京師者，日有千數。選人鄭俠監安上門，遂畫《流民圖》，及疏言時政之失。』

〔四〕未央宫，故址在今陝西西安市西北長安故城内西南隅。

中秋步翼老韵

長空一半暮雲遮，幾點青烟逗彩霞。望去樓臺仍有月，聽來絲竹竟誰家？清光聊許同人醉，斗酒何勞稚子賒。渺渺銀河如練色，擬從江上問浮槎。

變後寄舍弟一首

銀鹿乍回頻寄語〔一〕，老兄三月減清狂。由來元會存終古〔二〕，不信蛟龍走帝鄉。世閱千年悲劫燒〔三〕，人從兩地問滄桑。故園此日蒼生淚，脉脉江河爾許長。

箋注

〔一〕銀鹿，唐李肇《唐國史補》卷上：『顔魯公之在蔡州，再從侄峴家僮銀鹿始終隨之。』

〔二〕元會，皇帝於元旦朝會群臣，也稱正會。

〔三〕劫燒，晋干寶《搜神記》：『天地大劫將盡，則劫燒。』

秋日牟山道中〔一〕

郊原蕭瑟客懷同，野水危橋次第通。黄葉乍飛秋色裏，頹垣依舊鳥聲中。山低故國垂垂影，驢背斜陽面面風。老大自憐逢世難，一天衰草爲誰紅？

箋注

〔一〕牟山，見《秋盡牟山道中曉行》箋注〔一〕。

中秋印臺待月感懷

雨後空林寂，扶筇陟北岡。微雲遲好月，野水帶斜陽。爛漫霞成綺，蒼茫霧似霜。衣沾宿草潤，樹動晚風凉。幾縷炊烟矗，一條樵徑荒。披襟停短屐，搔首罷深觴。瓦礫餘生僅，滄桑歷劫長。興來歌且哭，端恐負清光。

挽遜業二首

其一

一夜豐隆起二東〔一〕，山河震蕩有無中。才人自昔關天運，吾輩何心怨道窮。玉折千年同劫燒〔二〕，蘭枯九畹泣秋風〔三〕。如予多病空相憶，哭向郊原唳斷鴻。

箋注

〔一〕豐隆，《淮南子·天文訓》：『季春三月，豐隆乃出，以將其雨。』高誘注：『豐隆，雷也。』

〔二〕劫燒，見《變後寄舍弟一首》箋注〔三〕。

〔三〕九畹，屈原《離騷》：『余既滋蘭之九畹兮，又樹蕙之百畝。』

其二

策蹇名山遠學仙，心傾海上有成連〔一〕。那知南國丹霞約，竟化東原宿草阡〔二〕。

白璧難酬高士價，青雲空負帝京篇〔三〕。依依膝下仍隨母，底事泉臺更泫然。遜業與母同日葬。

箋注

〔一〕『心傾』句，見《瀟湘逢故人慢·張晴峰修雷琴成有贈》箋注〔四〕。

〔二〕宿草，見《南鄉子·夏夕無寐，茫茫交集，輒韵語寫之，不求文也》其三箋注〔四〕。

〔三〕帝京篇，唐駱賓王《帝京篇》抒發了懷才不遇的悲憤。

和翼辰重陽苦雨却憶邗上之游〔一〕

佳節偏令客思傷，凄凄風雨又重陽。尊前濁酒真相負，籬畔黄花只自芳。野水微茫低雁影，歸雲慘淡作秋霜。去年此日紅橋路〔二〕，簫鼓中流覆幾觴。

箋注

〔一〕翼辰，即馬天撰，見《答馬翼辰用原韵》箋注〔一〕。

〔二〕紅橋，見《浣溪沙·步阮亭紅橋韵》其一箋注〔一〕。

移居

東風吹絮轉茫茫，三月頻遷尚故鄉。病久關心惟藥裹，貧來長物是書囊。不將鷄犬煩鄰叟，翻怪兒童戀草堂。回首吾廬秋色裏，蕭條松菊亦堪傷。

冬日過趵突泉用松雪韵〔一〕

耳畔輕雷聽有無，溶溶噴浪出冰壺。峨峰蹴雪光難定，瀛海鮫人泪不枯〔二〕。鬼斧千年分石髓〔三〕，濤聲十里下明湖〔四〕。依欄嗒爾忘歸去〔五〕，坐對華山一點孤〔六〕。

箋注

〔一〕趵突泉，位於山東濟南市中心，居濟南七十二名泉之首，被譽爲『天下第一泉』。趵突，北魏酈道元《水經注》：『泉源上奮，水涌若輪，突出雪濤數尺。聲如隱雷。』元代書畫家趙孟頫，字子昂，號松雪、松雪道人，吳興（今浙江湖州）人。有七律《咏趵》。

〔二〕鮫人，見《天香·龍涎香》箋注〔三〕。

〔三〕石髓，即石鐘乳。

〔四〕明湖，濟南大明湖，在趵突泉東北約一公里處。

〔五〕嗒爾，猶嗒然，形容物我兩忘。

〔六〕華山一點孤，北魏酈道元《水經注·濟水二》：『華不注山，單椒秀澤，不連丘陵以自高，虎牙桀立，孤峰特拔以刺天，青崖翠發，望同點黛。』

珂雪二集

花朝某將軍招飲〔一〕

其一

春城烟景已平分，鈴閣招尋坐夕曛〔二〕。銅柱乍迴珠勒馬〔三〕，雲門新憩錦衣軍。
別來鯨島三秋雨，袖裏兵符五岳文。欲報懷柔知有日，憑將一劍立殊勛。

箋注

〔一〕花朝，見《花朝曉發姑孰》箋注〔一〕。

〔二〕鈴閣，唐韓翃《寄裴鄆州》：『官樹陰陰鈴閣暮，州人轉憶白頭翁。』

〔三〕銅柱，銅製的作爲邊界標志的界樁。

其二

十年橫海舊知名〔一〕，忽漫相逢覆酒鐺。自愛龍賓容國士〔二〕，遂教虎帳坐書生。繁華已謝長楊館〔三〕，法曲猶聞細柳營〔四〕。營在廢藩故地。漏下不須傳畫燭，龍文星斗照人明。

箋注

〔一〕橫海，《史記·衛將軍驃騎列傳》：『將軍韓說……元鼎六年，以待詔爲橫海將軍，擊東越有功，爲按道侯。』

〔二〕龍賓，見《月下笛·悼何蕤音》箋注〔六〕。

〔三〕長楊館，《三輔黃圖·秦宮》：『長楊宮在今盩厔縣東南三十里，本秦舊宮，至漢修飾之，以備行幸。宮中有垂楊數畝，因爲宮名；門曰射熊觀，秦漢游獵之所。』

〔四〕細柳營，《史記·絳侯周勃世家》：『文帝之後六年，匈奴大入邊。……以河内守亞夫爲將軍，軍細柳：以備胡。上自勞軍。至霸上及棘門軍，直馳入，將以下騎送迎。已而之細柳軍，軍士吏被甲，鋭兵刃，彀弓弩，持滿。天子先驅至，不得入。先驅曰：「天子且至！」軍門都尉曰：「將軍令曰『軍中聞將軍令，不聞天子之詔』。」居無何，上至，又不得入。於是上乃使使持節詔將軍：「吾欲入勞軍。」亞夫乃傳言開壁門。壁門士吏謂從屬車騎曰：「將軍約，軍中不得驅馳。」於是天子乃按轡徐行。至營，將軍亞夫持兵揖曰：「介冑之士不拜，請以軍禮見。」天子爲動，改容式車。使人稱謝：「皇帝敬勞將軍。」成禮而去。』

其三

錦袍猶帶荔枝紅，弦管當筵樂未終。自是樓船歌白苧〔一〕，非關蜀道舞巴童〔二〕。
一天皓月將軍壘，十畝松濤帝子宮。爲問滄溟深處事，蓬萊果在水雲中〔三〕。

箋注

〔一〕白苧，南朝宋鮑照《白紵歌》其五：『古稱《渌水》今《白紵》，催弦急管爲君舞。』

〔二〕巴童，《文選·鮑照〈舞鶴賦〉》：『燕姬色沮，巴童心耻。』劉良注：『巴童、燕姬，并善歌者。』

〔三〕『蓬萊』句，《史記·封禪書》：『自威、宣、燕昭使人入海求蓬萊、方丈、瀛洲。此三神山者，其傳在勃海中，去人不遠；患且至，則船風引而去。蓋嘗有至者，諸仙人及不死之藥皆在焉。其物禽獸盡白，而黄金銀爲宮闕。未至，望之如雲；及到，三神山反居水下。臨之，風輒引去，終莫能至云。』

其四

簫鼓華堂欲二更，霏霏塵尾落金莖〔一〕。縱譚壁壘風雲色，舊識蛟龍沐浴聲。斗酒喜從梁苑客〔二〕，錦帆曾過化人城〔三〕。衹今玉帛成王會，好向平原樂戰耕。

箋注

〔一〕塵尾，古人閑談時執以驅蟲、撣塵的一種工具。在細長的木條兩邊及上端插設獸毛，或直接讓獸毛垂露外面，類似馬尾松。因古代傳説塵遷徙時，以前塵之尾爲方向標志，故稱。金莖，見《減字木蘭花·雜憶》其二箋注〔四〕。

〔二〕梁苑客，見《沁園春·贈柳敬亭》箋注〔五〕。

〔三〕化人城，化人宮，《列子·周穆王》：『化人之宫構以金銀，絡以珠玉，出雲雨之上，而不知下之據，望之若屯雲焉。』

過廢宅有感

誰向昆池問劫灰〔一〕，浮生多難此登臺〔二〕。尋巢燕子飛難定，近水桃花好自開。

剩有蛛絲封石徑，無勞春雨綉蒼苔。舊傳仙子神樓術〔三〕，擬倩鮫人驅霧來〔四〕。

箋注

〔一〕昆池，《漢書·武帝紀》：『（元狩三年春）發謫吏穿昆明池。』顔師古注引臣瓚曰：『漢使求身毒國，而爲昆明所閉。今欲伐之，故作昆明池象之，以習水戰，在長安西南，周回四十里。』劫灰，南朝梁釋慧皎《高僧傳》卷一：『昔漢武穿昆明池底，得黑灰，以問東方朔，朔云：「不委。可問西域人。」後法蘭既至，衆人追以問之。蘭云：「世界終盡，劫火洞燒，此灰是也。」』

〔二〕『浮生』句，唐杜甫《登樓》：『花近高樓傷客心，萬方多難此登臨。』

〔三〕神樓，明周暉《金陵瑣事·神樓》：『神樓乃劉南坦尚書制爲修煉者。用篾編成，似陶靖節之籃輿，懸之於梁，僅可弓卧，其上下收放之機皆自握之，不用他人。』

〔四〕鮫人，見《喝馬一枝花·送沈茶星之來賓任》箋注〔二〕。

小白兔

羡爾晶瑩玉一團，藥畦小徑影珊珊。琢來雲母難分色〔一〕，傅就明沙不耐看。自愛婆娑依桂樹，誰教跌宕走冰丸。雕籠好爲添湯餅，春草蒙茸月正寒。

半透明。

箋注

〔一〕雲母，俗稱千層紙，晶體常成假六方片狀，集合體爲鱗片狀。薄片有彈性。玻璃光澤，半透明。

和子延中丞登望海樓韵〔一〕

其一

杯勺滄溟望裏收，百年觴咏幾登樓〔二〕。尊前忽覺來三島〔三〕，此外猶聞更九州〔四〕。斷岸雨晴天倒影，海門風急氣成秋。摇摇坤軸渾難定，曾否金鰲背尚浮〔五〕。時地震未久也。〔六〕

校訂

鄧漢儀《詩觀二集》卷六選録此組詩；王士禛《感舊集》卷十二、吴翌鳳《國朝詩》卷三、《清詩別裁集》卷六選録第一首，詩題作《登望海樓》。《（光緒）永平府志》卷三十《城池下》、

《（民國）臨榆縣志》卷九《建置編・城池》選録第一首，詩題作《登望海樓詩》。

影，《國朝詩》作『景』。

尚，《國朝詩》作『上』，《臨榆縣志》作『向』。

《感舊集》《國朝詩》《清詩别裁集》《臨榆縣志》無自注。

箋注

〔一〕劉祚遠（一六一一—一六七三），字子延，號石水，别號鶴林，山東安丘人，劉正宗族孫。順治十二年（一六五五）進士，改庶吉士，歷任吏部考功司主事、文選主事、太常少卿、大理寺卿、副都御史等職。

〔二〕觴咏，晋王羲之《蘭亭集序》：『一觴一咏，亦足以暢叙幽情。』

〔三〕三島，見《日照道中觀海二首》其一箋注〔二〕。

〔四〕『此外』句，唐李商隱《馬嵬二首》其二：『海外徒聞更九州，他生未卜此生休。』

〔五〕金鼇，《列子・湯問》：『渤海之東不知幾億萬里，有大壑焉，實惟無底之谷，其下無底，名曰歸墟……其中有五山焉：一曰岱輿，二曰員嶠，三曰方壺，四曰瀛洲，五曰蓬萊……而五山之根無所連箸，常隨潮波上下往還，不得暫峙焉。仙聖毒之，訴之於帝。帝恐流於西極，失群仙聖之居，乃命禺强使巨鼇十五舉首而戴之。迭爲三番，六萬歲一交焉。五山始峙而不動。』

〔六〕時地震未久也，《（康熙）續安丘縣志》卷一《總紀》：『七年戊申夏六月甲申，地大震。』曹貞吉在此次地震中傷一臂。曹濂《儀部公行狀》：『戊申六月夜，地大震，有聲如雷霆。先大夫最先覺，恐先王母受驚，徒跣急叩雙扉，大聲哀號。比鑰魚初啓，而坤輿漸寧，回視階面，瓦礫已盈數尺，假使當時稍移跬步，即身罹其灾矣。人謂誠孝格天，神實默佑云。』

其二

黏天無際水常浮，萬里風烟此盡收。岸點青山如畫壁，波翻白雨似深秋。排空珠貝光成闕〔一〕，落日魚龍影撼樓。欲訪安期知近遠〔二〕，茫茫蜃氣是三洲〔三〕。

箋注

〔一〕『排空』句，見《天香·龍涎香》箋注〔二〕。

〔二〕安期，見《漁家傲·讀〈漢史〉》箋注〔三〕。

〔三〕三洲，見《日照道中觀海二首》其一箋注〔二〕。

秋暮感懷

隔歲寒颸吹籜冠，重來落葉繞長安。愁中作客三秋盡〔一〕，廡下逢人一笑難。黃菊未開遲命酒，牛衣好在慰加餐〔二〕。故園回首西風裏，剩有烟雲護釣竿。

箋注

〔一〕三秋，見《除夜思舍弟此時將抵廣陵矣》箋注〔一〕。

〔二〕牛衣，宋程大昌《演繁露·牛衣》：『牛衣者，編草使暖，以被牛體，蓋蓑衣之類也。』

秋日憶故山風景

偶來作客逢秋暮，忽漫關情汶水東。吟罷亂蛩微雨後，飛殘豆葉夕陽中。床頭濁釀傳螯白〔一〕，籬畔西風落柿紅。却似鱸蓴歸未得〔二〕，金門詞賦讓人工。

箋注

〔一〕『床頭』句，見《漁家傲·秋感》箋注〔三〕。

〔二〕鱸蒓，見《木蘭花慢·送孫開盛假歸，用稼軒韵》箋注〔三〕。

落葉

其一

望裏飄摇百感生，危橋小徑獨經行。平遮衰草尋難見，暗入幽林踏有聲。掃去漫愁添鳥迹，拾來恰欲沸茶鐺〔一〕。衹今景物蕭條盡，公子何心問落英〔二〕。

校訂

鄧漢儀《詩觀二集》卷六、蔣鑨《清詩初集》卷九、孫鋐《清詩選》卷二十一皆選録第一首。

其二

林際紛紛點緑苔，洞庭秋暮晚烟開。吹殘南浦青山出，墮盡西風白雁來。隋苑長條空歷落〔二〕，江潭枯樹重徘徊〔三〕。無情怪爾飄蓬甚，一夜隨風下草萊。

校訂

墮，《清詩選》作『捲』。

歷落，《清詩選》作『寂歷』。

隨風下，《清詩選》作『凋零没』。

箋注

〔二〕隋苑，隋煬帝時所建，即上林苑，又名西苑，故址在江蘇省揚州市西北。

〔三〕江潭枯樹，見《賀新凉·再贈柳敬亭》箋注〔一三〕。

輯評

鄧漢儀評：『音節偏爾撩人。』

孫鋐評：『鬼斧神工，豈是尋常間架？』

都門遇韓芑懷言地震之變亦僅以身免憶自蕪陰話別四年餘矣有感賦贈〔一〕

白蘋江上輕舟別，離緒關心似轉輪。閱盡昆明池畔火〔二〕，相逢瓦礫劫中人。樓臺偶過皆成幻，芋栗全登未是貧〔三〕。鬥酒青門同好在〔四〕，頻搔短髮莫沾巾。

箋注

〔一〕《清史稿·世祖本紀二》：『庚申（一六八〇），京師地震。』

〔二〕昆明池畔火，晋干寶《搜神記》卷十三：『漢武帝鑿昆明池，極深，悉是灰墨，無復土。舉朝不解。以問東方朔。朔曰：「臣愚不足以知之。」曰：「試問西域人。」帝以朔不知，難以移問。至後漢明帝時，西域道人入來洛陽，時有憶方朔言者，乃試以武帝時灰墨問之。道人云：「經云：『天地大劫將盡，則劫燒。』此劫燒之餘也。」乃知朔言有旨。』

〔三〕『芋栗』句，唐杜甫《南鄰》：『錦里先生烏角巾，園收芋栗不全貧。』

〔四〕青門，見《摸魚子·咏蒓》箋注〔五〕。

單子思招飲歸來漏三鼓矣天街悄然不知攘攘者皆歸何處慨然成咏〔一〕

帝城星聚共銜杯，燈火蕭然送却回。菜市寒風衝月過〔二〕，虎橋羸馬帶霜來〔三〕。緇塵頓向中宵寂〔四〕，銀箭何勞午夜催。明日九衢知更滿，紛紛車騎任人猜。

箋注

〔一〕單務孜，字予思，號秋厓，山東高密人。康熙三年（一六六四）進士，初授中書舍人，歷官兵部員外郎、禮部郎中、江蘇淮安府知府。攘攘者，《史記·貨殖列傳》：『天下熙熙，皆爲利來。天下攘攘，皆爲利往。』

〔二〕菜市，即菜市口，舊時曾爲行刑之所。

〔三〕虎橋，即虎坊橋，清程迓亭《箕城雜綴》：『虎坊橋在琉璃廠東南，其西有鐵門，前朝虎圈地也。』

〔四〕緇塵，見《雨中渡河作》箋注〔二〕。

瞻禮大享殿十二韵〔一〕

玉宇嚴清禁，金門鎖閴寥。青蒲三墠肅〔二〕，絳節百靈朝〔三〕。塔頂斜分照，松梢半起飆。喬皇欽帝座〔四〕，邃穆逼神霄。地迥雲雷静，天高象緯昭〔五〕。祖功懸日月，宗祀叶簫韶〔六〕。八柱龍文護〔七〕，千重芝蓋飄。遲回尋輦道，迢遞俯齋寮。頓覺塵囂盡，還窺制作遥〔八〕。鐸音風細細，鹿迹草蕭蕭〔九〕。路轉杉陰合，人歸鳥語驕。無才空載筆，終是愧應劭〔一〇〕。

校訂

十二韵，《實庵詩略》作『十韵』，無『遲回尋輦道，迢遞俯齋寮。頓覺塵囂盡，還窺制作遥』四句。

箋注

〔一〕大享殿，北京天壇圜丘内祭祀處所之一，位於圜丘壇成貞門之北，乾隆十六年（一七五一〕更名爲祈年殿，每年正月上辛日於此行祈穀禮。

〔二〕青蒲，《文選·任昉〈天監三年策秀才文〉三》：『比雖輻湊闕下，多非政要；日伏青蒲，罕能切直。』李周翰注：『青蒲，天子内庭也，以青色規之，而諫者伏其上。』墠，《禮記·祭法》：『是故王立七廟、一壇、一墠。』

〔三〕百靈，見《遥送家弟澹餘奉使祭告南岳》箋注〔五〕。

〔四〕矞皇，漢揚雄《太玄經·交》：『物登明堂，矞矞皇皇。』司馬光集注引陸績曰：『矞皇，休美貌。』

〔五〕象緯，唐杜甫《游龍門奉先寺》：『天闕象緯逼，雲卧衣裳冷。』仇兆鰲注：『象緯，星象經緯也。』

〔六〕簫韶，《尚書·益稷》：『簫韶九成，鳳皇來儀。』

〔七〕八柱，《楚辭·天問》：『八柱何當？東南何虧？』王逸注：『言天有八山爲柱。』洪興祖補注：『《河圖》言，昆侖者，地之中也，地下有八柱，柱廣十萬里，有三千六百軸，互相牽制，名山大川，孔穴相通。』

〔八〕制作，《史記·禮書》：『今上即位，招致儒術之士，令共定儀，十餘年不就。或言古者太平，萬民和喜，瑞應辨至，乃采風俗，定制作。』

〔九〕鹿迹，唐陸龜蒙《頭陀僧》：『自掃雪中歸鹿迹，天明恐被獵人尋。』

〔一〇〕應劭，字仲遠，汝南郡南頓縣（今河南項城市南頓鎮）人，東漢學者，精於律令儀禮。

邯鄲行

九月寒飆吹雁字，驦裘貰酒新豐市〔一〕。梨園小部號擅場〔二〕，分明演得邯鄲事〔三〕。邯鄲盧生策蹇回〔四〕，重裀列鼎思悠哉。逆旅老翁授以枕，枕中兀突朱門開。明眸皓齒世鮮匹，十五盈盈解佩來。西上長安見天子，黃金一擲稱奇才。高第由來出儔伍，張趙聲名安足數〔五〕。河功奏罷復邊功，兜鍪巍然持綉斧〔六〕。悲歡一瞬幻烟雲，蒲類捷書成禍府〔七〕。雲陽市上列修羅〔八〕，盈場觀者色如土。鷄竿詔下許投荒〔九〕，銅柱珠崖道路長。月黑箐深魑魅走，風生海涌蛟螭狂。祇謂南天留賈傳〔一〇〕，誰知北闕問馮唐〔一一〕。九重忽落明光紙〔一二〕，黃閣仍開綬加紫〔一三〕。文軒窈窕富蛾眉，歌鐘日夕集孫子。樓上金蓮寶炬迎〔一四〕，殿前鐵鑕奸人死〔一五〕。清宵抵掌聲砰訇〔一六〕，丈夫得志當如此。原邊蕉鹿醒徐徐〔一七〕，百年將相真蘧廬。一悟丈人贈黍米，乘風擬傍昆侖居。鯨呿鳳舞不知數，交梨火棗爭紛挐〔一八〕。須臾金止衆樂寂，盧生盧生竟子虛〔一九〕。神仙富貴皆渺茫，廣筵人散西風涼。蹀躞青駒歸路杳，虎坊橋畔月如霜〔二〇〕。

箋注

〔一〕驌裘貰酒，見《賀新涼·賀汪蛟門納姬》箋注〔八〕。新豐市，唐王維《少年行四首》其一：『新豐美酒斗十千，咸陽游俠多少年。』

〔二〕梨園，《新唐書·禮樂志十二》：『玄宗既知音律，又酷愛法曲，選坐部伎子弟三百教於梨園，聲有誤者，帝必覺而正之，號「皇帝梨園弟子」。宫女數百，亦爲梨園弟子，居宜春北院梨園。』小部，唐袁郊《甘澤謡·許雲封》：『值梨園法部置小部音聲，凡三十餘人，皆十五以下。』元張昱《唐天寶宫詞》：『小部梨園出教坊，曲名新賜《荔枝香》。』

〔三〕邯鄲事，此處指明湯顯祖的傳奇《邯鄲記》，取材於唐沈既濟的傳奇《枕中記》。以下即隱栝《邯鄲記》的故事情節。

〔四〕『邯鄲』句，見《南鄉子·夏夕無寐，茫茫交集，輒韵語寫之，不求文也》其一箋注〔一〕。

〔五〕張趙，漢代張敞、趙廣漢的并稱。二人爲地方官，均有治績。宋蘇軾《穆父新涼》：『君今崔蔡手，政比趙張健。』

〔六〕綉斧，《漢書·武帝紀》：『遣直指使者暴勝之等，衣綉衣，杖斧，分部逐捕，刺史郡守以下皆伏誅。』

〔七〕蒲類，在今新疆維吾爾自治區東部巴里坤湖（漢名蒲類海）附近。原爲匈奴右部地，後屬姑師。漢宣帝神爵二年（前八〇），漢軍破姑師，以其地分置車師前後國、蒲類前後國等共八國。

〔八〕雲陽市上，《史記·秦始皇本紀》：『韓非使秦，秦用李斯謀，留非，非死雲陽。』張守節正義引《括地志》：『雲陽城在雍州雲陽縣西八十里秦始皇甘泉宫在焉。』漢桓寬《鹽鐵論·毀學》：『李斯相秦，席天下之勢，志小萬乘，及其囚於囹圄，車制於雲陽之市。』修羅，『阿修羅』的省稱。意譯『不端正』或『非天』，是古印度神話中的一種鬼神。住在海底，常與天神戰鬥。佛教采用其名，列爲天龍八部之一，又列爲輪回六道之一。

〔九〕鷄竿，《新唐書·百官志三》：『赦日，樹金鷄於仗南，竿長七丈，有鷄高四尺，黄金飾首，銜絳幡長七尺，承以彩盤，維以絳繩，將作監供焉。』

〔一〇〕賈傅，《史記·屈原賈生列傳》：『孝文帝初即位，謙讓未遑也。諸律令所更定，及列侯悉就國，其説皆自賈生發之。於是天子議以爲賈生任公卿之位。絳、灌、東陽侯、馮敬之屬盡害之，乃短賈生曰：「洛陽之人，年少初學，專欲擅權，紛亂諸事。」於是天子後亦疏之，不用其議，乃以賈生爲長沙王太傅。』

〔一一〕馮唐，《史記·張釋之馮唐列傳》：『當是之時，匈奴新大入朝那，殺北地都尉卬。上以胡寇爲意，乃卒復問唐曰：「公何以知吾不能用廉頗、李牧也？」……文帝説。是日令馮唐持節赦魏尚，復以爲雲中守。』

〔一二〕明光，《三輔黄圖·漢宫》：『未央宫漸台西有桂宫，中有明光殿，皆金玉珠璣爲簾箔，處處明月珠，金陛玉階，晝夜光明。』

〔一三〕黄閣，見《鶯啼序·送牧仲榷税贛關》箋注〔三〕。

〔一四〕金蓮寶炬，《新唐書·令狐綯傳》：『夜對禁中，燭盡，帝以乘輿、金蓮華炬送還，院吏望見，以爲天子來。』

〔一五〕鑕，古代斬首或腰斬用的墊板。

〔一六〕抵掌，《戰國策·秦策一》：『（蘇秦）見説趙王於華屋之下，抵掌而談。』

〔一七〕蕉鹿，見《沁園春·長夏少事，撫枕輒睡，夢境荒忽，不一而足，因集古人夢事成篇》箋注〔三〕。

〔一八〕交梨火棗，南朝梁陶弘景《真誥·運象二》：『玉醴金漿，交梨火棗，此則騰飛之藥，不比於金丹也。』

〔一九〕子虚，司馬相如《子虚賦》中虚構的人物。

〔二〇〕虎坊橋，見《單予思招飲歸來漏三鼓矣天街悄然不知攘攘者皆歸何處慨然成咏》箋注〔三〕。

拜先外祖墓〔一〕

吁嗟乎！白日何黯黯！衰草何蕭蕭！紙灰何飛揚！敗葉何飄摇！頽垣三尺牛羊卧，疾沙撲面風飔飔。盛衰翻覆如轉轂，婆娑清泪憶唐堯〔二〕。先皇求治恢前業，金華書敞日三接〔三〕。細旃促膝出連鑣，賜得天閑馬蹀躞〔四〕。黄扉七載佐升平〔五〕，政府由來冰蘗聲〔六〕。侍直頻沾長樂酒〔七〕，春明時聽上林鶯〔八〕。淋漓翰墨承清燕，執經直入蓬萊殿〔九〕。珊瑚筆格玻璃床，金泥玉册題之遍。驚傳供奉到人間〔一〇〕，妙筆圖將麟閣顔〔一一〕。想象毫端雙鬢雪，依稀夢裏五湖山〔一二〕。乞骸未遂孤臣願〔一三〕，白首彤墀矢靖獻〔一四〕。東門不許二疏還〔一五〕，北山空使猿鶴怨。虞淵日落蒼梧愁〔一六〕，我公示病歸丹丘〔一七〕。三年墳向玉泉峙〔一八〕，遺書無復茂陵求〔一九〕。午橋緑野皆寂寞〔二〇〕，秋光慘淡浮雲薄。叔敖之子行負薪〔二一〕，廉吏于今那可作。故里誰稱宅相賢，短衣破帽青門邊〔二二〕。辭家趙壹仍貧賤〔二三〕，入洛陸機非少年〔二四〕。京兆原邊一杯酒〔二五〕，手披蓬蒿延佇久。騎驢颯沓却歸來，緇塵落落空搔首。車馳人散高梁河〔二六〕，狐狸冢上夜還多。北邙松柏雜笙歌〔二七〕，古今賢達將奈何！噫嘻！古今賢達將奈何！

校訂

《實庵詩略》詩題作《吁嗟行》。鄧之誠《清詩紀事初編》卷六、錢仲聯《清詩紀事》録此首。日三接，《實庵詩略》《清詩紀事初編》《清詩紀事》作『勤三接』。執經，《實庵詩略》《清詩紀事初編》《清詩紀事》作『横經』。題之遍，《實庵詩略》《清詩紀事初編》《清詩紀事》作『題皆遍』。示病，《實庵詩略》《清詩紀事初編》《清詩紀事》作『示疾』。

箋注

〔一〕外祖，即劉正宗，見《摸魚子·拜墓》箋注〔一〕。

〔二〕唐堯，《史記·五帝本紀》：『帝堯者，放勛。其仁如天，其知如神。就之如日，望之如雲。富而不驕，貴而不舒。黄收純衣，彤車乘白馬。能明馴德，以親九族。九族既睦，便章百姓。百姓昭明，合和萬國。』

〔三〕金華，《漢書·叙傳上》：『時上方鄉學，鄭寬中、張禹朝夕入説尚書、論語於金華殿中。』顔師古注：『金華殿在未央宫。』

〔四〕天閑，皇帝養馬的地方。

〔五〕黄扉，見《邯鄲行》箋注〔一三〕。

〔六〕冰蘖，唐白居易《三年爲刺史》：『三年爲刺史，飲冰復食蘖。』

〔七〕長樂，《史記·叔孫通列傳》：『孝惠帝爲東朝長樂宫，及閑往，數蹕煩人，乃作複道，方築武庫南。』裴駰集解引《關中記》曰：『長樂宫本秦之興樂宫也，漢太后常居之。』

〔八〕上林，《三輔黄圖·苑囿》：『漢上林苑，即秦之舊苑也。《漢書》云武帝建元三年開上林苑。』

〔九〕蓬萊殿，在陜西省西安市北，原名大明宫，唐高宗時改爲蓬萊宫。

〔一〇〕供奉，唐玄宗賞識李白才華，曾令李白供奉翰林，草擬文告，陪侍左右。

〔一一〕麟閣，《漢書·蘇武傳》：『上思股肱之美，乃圖畫其人於麒麟閣，法其形貌，署其官爵姓名……凡十一人，皆有傳。』

〔一二〕五湖，《吴越春秋》：『（范蠡）乃乘扁舟出三江，入五湖，人莫知其所適。』

〔一三〕乞骸，乞骸骨，古代官吏因年老請求退職。

〔一四〕靖獻，《尚書·微子》：『自靖，人自獻於先王。』

〔一五〕二疏，《漢書·雋疏于薛平彭列傳》：『疏廣字仲翁，東海蘭陵人也。少好學，明《春秋》，家居教授，學者自遠方至。征爲博士、太中大夫。地節三年，立皇太子，選丙吉爲太傅，廣爲少傅，數月，吉遷御史大夫，廣徙爲太傅。廣兄子受字公子，亦以賢良舉爲太子家令。受好禮恭謹，敏而有辭。宣帝幸太子宫，受迎謁應對，及置酒宴，奉觴上壽，辭禮閑雅，上甚歡説。頃之，拜受爲少傅……父子并爲師傅，朝廷以爲榮。在位五歲，皇太子年十二，通《論語》《孝經》。廣謂受曰：「吾聞『知足不辱，知止不殆』，『功遂身退，天之道』也。今仕宦至二千石，宦成名立，如此不去，懼有後悔，豈如父子相隨出關，歸老故鄉，以壽命終，不亦善乎？」受叩頭曰：「從大人議。」即日父子俱移病。滿三月賜告，廣遂稱篤，上疏乞骸骨。上以其年篤老，皆許之，加賜黄金二十斤，皇太子贈以五十斤。公卿大夫故人邑子設祖道，供張東都門外，送者車數百兩，辭决而去。及道路觀者皆曰：「賢哉二大夫！」或嘆息爲之下泣。』

〔一六〕虞淵，《淮南子·天文訓》：『至於虞淵，是謂黄昏。』

〔一七〕丹丘，《楚辭·遠游》：『仍羽人於丹丘兮，留不死之舊鄉。』王逸注：『丹丘，晝夜常明也。』

〔一八〕玉泉，在北京頤和園西玉泉山麓，曾長期爲北京城區主要水源。

〔一九〕茂陵，漢武帝墓，在今陝西省興平市東北。

〔二〇〕午橋，見《柳初新·寄懷高舜木》箋注〔五〕。

〔二一〕『叔敖』句，《史記·滑稽列傳》：『楚相孫叔敖知其賢人也，善待之。病且死，屬其子曰：「我死，汝必貧困。若往見優孟，言我孫叔敖之子也。」……莊王置酒，優孟前爲壽。莊王大驚，以爲孫叔敖復生也，欲以爲相。……孟曰：「婦言慎無爲，楚相不足爲也。如孫叔敖之爲楚相，盡忠爲廉以治楚，楚王得以霸。今死，其子無立錐之地，貧困負薪以自飲食。必如孫叔敖，不如自殺。」……於是莊王謝優孟，乃召孫叔敖子，封之寢丘四百户，以奉其祀。後十世不絶。』

〔二二〕青門，見《摸魚子・咏蒓》箋注〔五〕。

〔二三〕『辭家』句，《後漢書・文苑傳・趙壹》：『州郡争致禮命，十辟公府，并不就，終於家。初袁逢使善相者相壹，云「仕不過郡吏」，竟如其言。』

〔二四〕『入洛』句，《三國志・吴書・陸遜傳》裴松之注引《機雲别傳》：『晋太康末，俱入洛，造司空張華，華一見而奇之，曰：「伐吴之役，利在獲二俊。」遂爲之延譽，薦之諸公。』

〔二五〕京兆，京兆尹，漢代京畿的行政區域，爲三輔之一。

〔二六〕高梁河，水流貫穿古北京城。

〔二七〕北邙，見《百字令・天龍寺高歡避暑宫遺址，和錫鬯》箋注〔四〕。

輯評

鄧之誠《清詩紀事初編》卷六按曰：『此詩傷劉正宗而作，正宗爲清議所不許，故以《吁嗟》名篇。』

飲鄉中酒至醉

其一

閲盡長安酒，開樽得故人。色添鵝子嫩〔一〕，香浸橘皮新。旅况鱸莼似〔二〕，鄉情麯米春〔三〕。風簾對積雪，爛醉是閑身。

箋注

〔一〕鵝子嫩，唐杜甫《舟前小鵝兒》：『鵝兒黄似酒，對酒愛新鵝。』

〔二〕鱸莼，見《木蘭花慢·送孫開盛假歸，用稼軒韵》箋注〔三〕。

〔三〕麯米春，唐杜甫《撥悶》：『聞道雲安麯米春，纔傾一盞即醺人。』

其二

缸面浮來濁〔一〕，相看眼倍青〔二〕。人皆傳妙理，我亦愧常醒〔三〕。茗碗兼三雅〔四〕，槽床富五經。霜螯須共把〔五〕，聊以破沉冥。

箋注

〔一〕缸面，唐張彦遠《法書要録》卷三引唐何延之《蘭亭記》：『便留夜宿，設缸面、藥酒、茶果等。江東云缸面，猶河北稱甕頭，謂初熟酒也。』

〔二〕眼倍青，《晋書·阮籍傳》：『籍又能爲青白眼，見禮俗之士，以白眼對之。及嵇喜來吊，籍作白眼，喜不懌而退。喜弟康聞之，乃賫酒挾琴造焉，籍大悦，乃見青眼。』

〔三〕『我亦』句，屈原《漁父》：『舉世皆濁我獨清，衆人皆醉我獨醒，是以見放。』

〔四〕三雅，三國魏曹丕《典論》：『劉表有酒爵三：大曰伯雅，次曰仲雅，小曰季雅。伯雅容七升，仲雅六升，季雅五升。』

〔五〕『霜螯』句，見《漁家傲·秋感》箋注〔三〕。

余既作飲酒詩家弟依韵和之適同人見過再賦此〔一〕

其一

兄弟天涯聚，燈前命酌頻。淺深醽醁酒〔二〕，清濁聖賢人〔三〕。飛雪明殘夜，寒爐共客身。興酣還耳熱，渾是故園春。

箋注

〔一〕家弟，即曹貞吉胞弟曹申吉，見《解語花·咏水仙，同家弟作》箋注〔一〕。

〔二〕醽醁，晋葛洪《抱朴子·嘉遁》：「藜藿嘉於八珍，寒泉旨於醽醁」。

〔三〕「清濁」句，屈原《漁父》：「舉世皆濁我獨清，衆人皆醉我獨醒。」

其二

親串遥相過〔一〕，芳樽入夜青。一觴人作史，五齊酒爲經〔二〕。風味傳鄉井，歸心寄杳冥。琵琶天寶事，傾聽亦忘形。時有平話人朱生在座。

箋注

〔一〕親串，親戚。

〔二〕五齊，《周禮·天官·酒正》：「辨五齊之名：一曰泛齊，二曰醴齊，三曰盎齊，四曰緹齊，五曰沈齊。」

讀王仲初老婦嘆鏡詩戲作〔一〕

其一

十五盈盈入畫堂，芙蓉帶綉兩鴛鴦。蜂黄自喜描深淺〔二〕，燕尾逢人問短長〔三〕。頭上已看添白雪，匣中那復怨清光。等閑回首明妝盡〔四〕，落月空梁掩曲房〔五〕。

箋注

〔一〕王建，字仲初，生於潁川（今河南許昌），唐詩人。王建《老婦嘆鏡》：『嫁時明鏡老猶在，黄金鏤畫雙鳳背。憶昔咸陽初買來，燈前自綉芙蓉帶。十年不開一片鐵，長向暗中梳白髮。今日後床重照看，生死終當此長别。』

〔二〕蜂黄，見《水龍吟·咏蠟梅》箋注〔四〕。

〔三〕燕尾，元劉永之《題扇》：『烏絲細寫蠶頭篆，白紵新裁燕尾衫。』

〔四〕等閑，尋常，平常。

〔五〕曲房，漢枚乘《七發》：『往來游宴，縱恣於曲房隱間之中。』

其二

容鬢依稀太息生，羞他却月照人明。十年秋水看無迹，一擲黄金鑄不成。背影自憐仍素素，春閨曾否記卿卿〔一〕？由來此物難終弃，持伴兒童折脚鐺〔二〕。

箋注

〔一〕卿卿，親昵貌。

〔二〕折脚鐺，宋蘇軾《送柳宜歸》：『折脚鐺邊煨淡粥，曲枝桑下飲離杯。』

題文衡山雪圖爲高念東先生作〔一〕

先生姑射人〔二〕，立身晋魏上。四壁列岩壑，悠然共欣賞。酒酣示我飛雪圖，醉眼摩娑神欲往。冰作長林玉作山，寒溪一帶如指掌。古今誰貌雪？屈指王摩詰〔三〕。雁門文太史〔四〕，經營慘淡真其匹。此圖潑墨自何年？至今觀者還凛慄。于時月黑天冥冥，北風號怒響中庭。恍有馮彝剪冰水〔五〕，天吴倒驅來精靈〔六〕。躊躕掩卷上馬去，不記此圖在何處。夢中簌簌打窗聲，却是天公施粉絮〔七〕。六花如翼下岩城〔八〕，鮫人涷泪集深更〔九〕。須臾三尺瑶華遍，此圖無乃通神明？我作歌，公飲酒，手把雙螯浮大斗〔一〇〕。更開此圖向晴空，霏霏玉戲猶然否〔一一〕？令人疑殺衡山叟。

校訂

雪圖，《實庵詩略》作『飛雪圖』。

如指掌，《實庵詩略》作『平如掌』。

箋注

〔一〕文壁，字徵明，長洲（今江蘇蘇州）人，明著名書畫家。因先世爲衡山人，故號衡山居士，世稱文衡山。高念東，見《摸魚子·謝念東先生惠藥》箋注〔一〕。

〔二〕姑射人，見《多麗·送葉慕廬南歸》箋注〔八〕。

〔三〕王摩詰，王維，河東蒲州（今山西運城）人，祖籍山西祁縣，唐朝著名詩人、畫家，字摩詰，號摩詰居士。此處言文壁《飛雪圖》堪比王維《雪溪圖》。

〔四〕雁門文太史，因文姓郡望爲雁門，故文壁亦自稱雁門文壁。

〔五〕馮彝，《莊子·大宗師》：『馮夷得之，以游大川。』成玄英疏：『姓馮名夷，弘農華陰潼鄉堤首里人也。服八石，得水仙。大川，黄河也。天帝錫馮夷爲河伯，故游處盟津大川之中也。』

〔六〕天吴，見《賀新涼·爲其年題詞》箋注〔四〕。

〔七〕施粉絮，見《蝶戀花》（十一月）箋注〔四〕。

〔八〕六花，見《賀新涼·送周雪客南歸》其二箋注〔一〕。

〔九〕鮫人涷泪，見《天香·龍涎香》箋注〔三〕。

〔一〇〕手把雙螯，見《漁家傲·秋感》箋注〔三〕。浮，違反酒令被罰飲酒。

〔一一〕玉戲，宋陶穀《清异録·天文》：『比丘清傳與一客同入湖南，客曰：「凡雪，仙人亦重之，號天公玉戲。」』

冬日李望石侍御招同李貞孟編修李召林楊岱楨兩侍御李季霖中翰南郊觀射小飲長歌記事〔一〕

長安十月天氣凉，李君招我游南岡。日光慘淡浮雲薄，帷帟樽俎臨風張。主人揖客下馬立，分明角射何昂藏。手柔弓燥悵不發，恨無北地雙黄羊。牽來駿足拳毛昇，雲錦爲群光照地。丁香叱撥鐵連錢〔二〕，障泥盤鶻鑾花刺。霜寒草短驟嘶風，欲下金鞭先辟易〔三〕。紫陌喧填人不行，爾時觀者雜童稚。侍御腰間佩兩刀召林。據鞍顧盼真人豪。堤平沙軟去無迹，霜蹄歷落凌風濤〔四〕。鼻端出火意自得〔五〕，中石飲羽今吾曹〔六〕。剪髮昆侖騎汗血，翩然上下輕鴻毛。中州太史石渠人貞孟〔七〕。挽彊命中疑有神。綉衣楊子生海曲〔八〕，亦能洞虱如車輪岱楨。李君虬髯當風磔望石，英姿颯颯開千鈞。袖手自嗟兩縫掖〔九〕余與季霖，但從樹影見飛塵。揚觶紛然飲貫革，散蕩人疑五侯客〔一〇〕。文裀地藉氍毹紅，深巵色映玻璃白。小僕新成敕勒歌〔一一〕，巵人又薦灤河鯽〔一二〕。興闌韜矢却歸來，遥峰幾縷斜陽赤。我聞萬乘東南行〔一三〕，縹緲鸞旗輦路清。射熊都尉長楊館〔一四〕，落雁期門細柳營〔一五〕。天低百道聯星幕，日暮千屯暗雪聲。安得橐鞬從五柞〔一六〕，遥看薊北塞雲横〔一七〕。

校訂

《實庵詩略》、《山左詩鈔》卷三十一選録此首。詩題中『中翰』，《實庵詩略》《山左詩鈔》作『舍人』。

明，《山左詩鈔》作『朋』。

填，《山左詩鈔》作『闐』。

《實庵詩略》《山左詩鈔》皆無『剪髮昆侖騎汗血，翩然上下輕鴻毛』二句。
疆，《實庵詩略》《山左詩鈔》作『彊』。
但從樹影見飛塵，《實庵詩略》《山左詩鈔》皆作『參差樹影迷飛塵』。

箋注

〔一〕李望石，即李贊元，見《立冬日過滴翠園和家弟韵東望石侍御二首》其一箋注〔一〕。李元振，字貞孟，號惕園，河南柘城人。與曹貞吉同爲康熙三年（一六六四）進士，歷官編修、都察院副都御史、工部侍郎。李棠，字召林，廣西臨桂人。與曹貞吉同爲康熙三年進士，選翰林院庶吉士，散館改監察御史。楊維喬，字岱楨，號午臺，山東烟臺人。清順治十六年（一六五九）進士，選翰林院庶吉士，歷任廣西、浙江兩道監察御史，分巡河東鹽政，轉口北道監察御史，山西布政使司參議。李鴻霆，字季霖，號厚餘，新城（今山東桓臺）人。與曹貞吉同爲康熙三年進士，歷官內閣中書舍人、刑部浙江司員外郎、雲南元江府知府。

〔二〕丁香叱撥，宋李石《續博物志》卷四：『唐天寶中，大宛進汗血馬六匹：一曰紅叱撥，二曰紫叱撥，三曰青叱撥，四曰黃叱撥，五曰丁香叱撥，六曰桃花叱撥。』

〔三〕辟易，退避。

〔四〕霜蹄，《莊子·馬蹄》：『馬蹄可以踐霜雪。』

〔五〕鼻端出火，《南史·曹景宗傳》：『我昔在鄉里，騎快馬如龍，與年少輩數十騎，拓弓弦作礔礰聲，箭如餓鴟叫，平澤中逐麞，數肋射之，渴飲其血，飢食其脯，甜如甘露漿，覺耳後生風，鼻頭出火，此樂使人忘死。』

〔六〕中石飲羽，指西周時楚國君熊渠、春秋時楚大夫養由基、西漢名將李廣等人力大善射的故事。相傳他們射箭中石，箭頭竟没入石中。分别見《吕氏春秋·精通》、《韓詩外傳》卷六、《史記·李將軍列傳》。清鄧顯鶴《例授修職郎歲貢生鄒君墓志銘》：『君試日，以「中石飲羽」命題，備舉熊渠、養由基、李廣三事。』

〔七〕中州，古豫州（今河南省一帶）地處九州之中，稱爲中州。此句作者自注貞孟，李貞孟爲河南人，官編修，編修明清時屬翰林院。太史，明清時稱欽天監，修史之職歸之翰林院，故俗稱翰林爲太史。

〔八〕『綉衣』句，《漢書·百官公卿表》：『侍御史有綉衣直指，出討奸猾，治大獄，武帝所制，不常置。』

〔九〕縫掖，《後漢書·王符傳》：『徒見二千石，不如一縫掖。』李賢注：『《禮記·儒行》：「孔子曰：『丘少居魯，衣逢掖之衣。』鄭玄注曰：「逢猶大也。大掖之衣，大袂單衣也。」」』

〔一〇〕五侯，《後漢書·宦者列傳》：『悺、衡遷中常侍，封超新豐侯，二萬户，璜武原侯，瑗東武陽侯，各萬五千户，賜錢各千五百萬；悺上蔡侯，衡汝陽侯，各萬三千户，賜錢各千三百萬。』

〔一一〕敕勒歌，北朝民歌。歌辭爲：『敕勒川，陰山下。天似穹廬，籠蓋四野。天蒼蒼，野茫茫，風吹草低見牛羊。』

〔一二〕灤河，在今河北省東北部。

〔一三〕萬乘，《孟子·梁惠王上》：『萬乘之國弑其君者，必千乘之家；千乘之國弑其君者，必百乘之家。』趙岐注：『萬乘，兵車萬乘，謂天子也。千乘，諸侯也。』

〔一四〕長楊館，見《花朝某將軍招飲》其二箋注〔三〕。

〔一五〕期門，《漢書·百官公卿表》：『期門掌執兵送從，武帝建元三年初置，比郎，無員，多至千人，有僕射，秩比千石。』細柳營，見《花朝某將軍招飲》其二箋注〔四〕。

〔一六〕橐韃，馬上盛弓的袋子。五柞，《三輔黄圖·甘泉宫》：『五柞宫，漢之離宫也，在扶風盩厔。宫中有五柞樹，因以爲名。五柞皆連抱上枝，覆陰數畝。』

〔一七〕薊，位於今天津市北部，鄰接北京市和河北省。

讀明詩偶成

其一

司寇才名天下重〔一〕，龍跳虎卧起江東。假令生在貞元日〔二〕，廣大寧教屬白公〔三〕。

箋注

〔一〕『司寇』句，王世貞（一五二六—一五九〇），字元美，號鳳洲，又號弇州山人，太倉（今屬江蘇）人。明嘉靖二十六年（一五四七）進士，『後七子』代表人物，著有《弇州山人四部稿》《弇山堂别集》等。因王世貞曾爲南京刑部尚書，故以『司寇』稱之。

〔二〕貞元，唐德宗李適的年號。

〔三〕『廣大』句，唐張爲撰《詩人主客圖》，將唐代詩人按作品内容、風格分爲六類，各以一人爲主。白居易被列爲第一類詩人之首，被尊稱爲廣大教化主。見宋計有功《唐詩記事·張爲》。

其二

吏部蘇門鸞鳳吟〔一〕，江聲月色見幽尋。比似汝南張助甫〔二〕，韓非老子可同林。

胡元瑞《詩藪》二人并論。

箋注

〔一〕蘇門鸞鳳吟，《晉書·阮籍傳》：『嘗於蘇門山遇孫登，與商略終古及栖神導氣之術。登皆不應，籍因長嘯而退。至半嶺，聞有聲若鸞鳳之音，響乎岩谷，乃登之嘯也。』

〔二〕汝南，今河南省汝南縣。張助甫，即張九一，字助甫，號周田，明詩人。

其三

濟南聲調自琳琅，白雪黄金未易方〔一〕。怪殺竟陵兩才子〔二〕，一生空作夜郎王〔三〕。

箋注

〔一〕『濟南』句，李攀龍，字于鱗，號滄溟，山東濟南府歷城人，明代著名文學家，繼『前七子』之後，與王世貞、謝榛等倡導文學復古運動，爲『後七子』的領袖人物。李攀龍在家鄉濟南歷城築白雪樓，與詩友唱和其中，著有《白雪樓集》。後人在其少年讀書處趵突泉建白雪樓憑吊他，今已成爲游覽勝地。

〔二〕竟陵兩才子，指竟陵詩派代表人物鍾惺、譚元春，作詩講求『幽情單緒』和『孤行静寄』，詩風幽深孤峭。

〔三〕夜郎王，《史記·西南夷列傳》：『滇王與漢使者言曰：「漢孰與我大？」及夜郎侯亦然。以道不通故，各自以爲一州主，不知漢廣大。』

其四

明卿詩格本嶙峋，大曆開元共一身〔一〕。此論七律。若向五言求妙理，布衣只有謝山人〔二〕。

箋注

〔一〕大曆（七六六—七七九），唐代宗李豫的年號。開元（七一三—七四一），唐玄宗李隆基的年號。

〔二〕謝山人，即明詩人謝榛，字茂秦，號四溟山人、脱屣山人，山東臨清人，明代布衣詩人，『後七子』之一。

其五

寂寞半生田水月〔一〕，幽壙鬼語動湘靈〔二〕。更憐撾盡漁陽曲〔三〕，三峽哀猿不可聽〔四〕。

箋注

〔一〕田水月，明代文學家徐渭，初字文清，改字文長，別號青藤、田水月等。

〔二〕湘靈，見《虞美人·雨過》箋注〔二〕。

〔三〕漁陽曲，即《漁陽參撾》，南朝宋劉義慶《世説新語·言語》：『禰衡被魏武謫爲鼓吏，正月半試鼓，衡揚枹爲《漁陽摻撾》，淵淵有金石聲，四座爲之改容。』徐渭有雜劇《四聲猿》，其一爲《狂鼓史漁陽三弄》。

〔四〕『三峽』句，北魏酈道元《水經注·江水》：『故漁者歌曰：「巴東三峽巫峽長，猿鳴三聲泪沾裳」。』

其六

一卷詩歸冰雪清〔一〕，公安旖旎亦多情〔二〕。彌天四海尋常事〔三〕，只恐前賢誤後生。

箋注

〔一〕詩歸，自『古逸』到唐詩的選本。由明代竟陵派詩人鍾惺、譚元春合編。

〔二〕公安，明代後期文學流派公安派，以湖北公安人袁中道、袁宏道、袁宗道兄弟三人爲代表，詩主性靈。

〔三〕彌天四海，見《夏日集慈因庵與寒灰上人論詩三首》其一箋注〔二〕。

送臣鵠歸里〔一〕

猶憶去年苕水畔〔二〕，扁舟草草送將歸。今來燕市同沽酒〔三〕，又見青門早拂衣〔四〕。駟馬乍回珠入掌，明駝好載燕輕飛〔五〕。天涯兄弟如君少，爲念行歌減帶圍。

箋注

〔一〕臣鵠，即馬良顯，見《送臣鵠北歸二首》其一箋注〔一〕。

〔二〕苕水，見《送臣鵠北歸二首》其一箋注〔二〕。

〔三〕『今來』句，見《哭家企鑒叔六首》其三箋注〔一〕。

〔四〕青門，見《摸魚子·咏蒓》箋注〔五〕。

〔五〕明駝，《木蘭詩》：『願馳明駝千里足，送兒還故鄉。』

墨莊行爲王近微使君作〔一〕

先皇張八紘〔二〕，實惟丙戌始。王君獻賦來，蹻屩見天子。承恩宴賜曲江邊〔三〕，入洛書生真少年〔四〕。河陽縣裏花開遍〔五〕，南宫振佩聲鏘然〔六〕。鳳凰詔下賢書奏，海岳英靈争入彀〔七〕。祇今玉笋滿彤墀，與君大業相先後。由來鎖鑰重西秦〔八〕，帝命參藩洮水濱〔九〕。拂衣便辭金馬去，一疏居然不异人〔一〇〕。故園松菊開三徑〔一一〕，北窗高卧臨石磴〔一二〕。曝書洗硯日徜徉，霏微柳絮花陰暝。瀟瀟風雨下吟廊，慘淡莎庭鳥迹荒。誰知抱甕東園叟〔一三〕，舊是君王粉署郎。世上何人稱大隱〔一四〕，茹芝商山差可近〔一五〕。行年三十早歸耕，求之往牒良亦僅。興來濯足復垂綸〔一六〕，不染京華十丈塵〔一七〕。運甓陶公猶未老〔一八〕，珍重磻溪夢裏身〔一九〕。

箋注

〔一〕王天鑒，字近微，直隸萬全（今屬河北張家口）人，順治三年（一六四六）進士，曾任山東恩縣知縣，累遷郎中，主山東鄉試，陝西河西道參議。後辭官，隱居墨莊。魏象樞《寒松堂全集·祭少參王近微同年文》：『墨莊一卧，不復作功名事業想，集詩萬首寄托終身矣。』

〔二〕八紘，《淮南子·地形訓》：『九州之外，乃有八殥……八殥之外，而有八紘，亦方千里。』高誘注：『紘，維也。維落天地而爲之表，故曰紘也。』

〔三〕『承恩』句，唐李肇《唐國史補》卷下：『進士爲時所尚久矣……既捷，列書其姓名於慈恩寺塔，謂之題名會。大宴於曲江亭子，謂之曲江會。』

〔四〕『入洛』句，見《拜先外祖墓》箋注〔二四〕。

〔五〕『河陽』句，見《憶舊游·題郭熙〈秋江行旅圖〉》箋注〔四〕。

〔六〕南宫，指禮部會試，即進士考試。

〔七〕入彀，五代王定保《唐摭言·述進士上篇》：『蓋文皇帝修文偃武，天贊神授，嘗私幸端門，見新進士綴行而出，喜曰：「天下英雄入吾彀中矣！」』

〔八〕西秦，指關中陝西一帶秦之舊地，王近微曾任陝西河西道參議，故言。

〔九〕洮水，漢許慎《説文解字》：『洮水出隴西臨洮，東北入河。』

〔一〇〕二疏，見《拜先外祖墓》箋注〔一五〕。

〔一一〕三徑，見《水調歌頭・大醉放言》箋注〔一〇〕。

〔一二〕北窗高卧，宋辛弃疾《水龍吟》：『問北窗高卧，東籬自醉，應別有，歸來意。』

〔一三〕抱甕東園叟，《莊子・外篇・天地》：『子貢南游於楚，反於晋，過漢陰，見一丈人方將爲圃畦，鑿隧而入井，抱甕而出灌，搰搰然用力甚多而見功寡。子貢曰：「有械於此，一日浸百畦，用力甚寡而見功多，夫子不欲乎？」爲圃者卬而視之曰：「奈何？」曰：「鑿木爲機，後重前輕，挈水若抽，數如泆湯，其名爲槔。」爲圃者忿然作色而笑曰：「吾聞之吾師，有機械者必有機事，有機事者必有機心。機心存於胸中，則純白不備。純白不備，則神生不定，神生不定者，道之所不載也。吾非不知，羞而不爲也。」子貢瞞然慚，俯而不對。』

〔一四〕『世上』句，唐白居易《中隱》：『大隱住朝市，小隱入丘樊。』

〔一五〕『茹芝』句，見《晶章行贈楊樹滋明府》箋注〔四〕。

〔一六〕『興來』句，《孟子・離婁上》：『滄浪之水清兮，可以濯我纓；滄浪之水濁兮，可以濯我足。』

〔一七〕『不染』句，見《霓裳中序第一・爲杞園題〈浮家圖〉》箋注〔三〕。

〔一八〕運甓陶公，《晋書・陶侃傳》：『侃在州無事，輒朝運百甓於齋外，暮運於齋内。人問其故，答曰：「吾方致力中原，過爾優逸，恐不堪事。」其勵志勤力，皆此類也。』

〔一九〕「珍重」句，《史記·齊太公世家》：「吕尚蓋嘗窮困，年老矣，以漁釣奸周西伯。西伯將出獵，卜之，曰『所獲非龍非彲，非虎非羆；所獲霸王之輔』。於是周西伯獵，果遇太公於渭之陽，與語大説，曰：『自吾先君太公曰「當有聖人適周，周以興」。子真是邪？吾太公望子久矣。』故號之曰『太公望』，載與俱歸，立爲師。」

寄兒輩索裘

其一

三月長安住，微官竟若何？比來南雁少，只恐北風多。雪暗關河色，寒生慷慨歌。短裘思更着，什襲寄烟蘿。

其二

外氏傳來舊，深藏志不忘。何人嗤敗絮？我自傲無裳。紫鳳憑顛倒〔一〕，青氈護短長〔二〕。醉歸羸馬上，拂拭得軒昂。

箋注

〔一〕紫鳳，唐杜甫《北征》：『天吴及紫鳳，顛倒在裋褐。』

〔二〕青氈，《太平御覽》卷七百八引晋裴啟《語林》：『王子敬在齋中卧，偷人取物，一室之内略盡。子敬卧而不動，偷遂登榻，欲有所覓。子敬因呼曰：「偷兒，石染青氈是我家舊物，可特置否？」於是群偷置物驚走。』

封濂兒落卷與之〔一〕

余初下第，年亦十八

君子四千紛逐鹿〔二〕，乘流汝亦到華峰。五窮是處逢人忌〔三〕，一蹶當年繼父踪。毛羽未堪隨鸑鷟〔四〕，風雷端只鼓蛟龍。槐黄天碧須臾事〔五〕，莫遣芸壇蛛網封〔六〕。

箋注

〔一〕濂兒，見《賀新凉·地震後喜濂至都門》箋注〔一〕。落卷，指未被録取者的試卷。

〔二〕逐鹿，《史記·淮陰侯列傳》：『秦失其鹿，天下共逐之。』

〔三〕五窮，唐韓愈《送窮文》：『其名曰智窮：矯矯亢亢，惡圓喜方。羞爲奸欺，不忍害傷。

其次名曰學窮：傲數與名，摘抉杳微。高挹群言，執神之機。又其次曰文窮：不專一能，怪怪奇奇。不可時施，祇以自嬉。又其次曰命窮：影與形殊，面醜心妍。利居衆後，責在人先。又其次曰交窮：磨肌戛骨，吐出心肝。企足以待，置我讎冤。凡此五鬼，爲吾五患。飢我寒我，興訛造訕。能使我迷，人莫能間。朝悔其行，暮已復然。蠅營狗苟，驅去復還。』

〔四〕鸑鷟，鳳屬。

〔五〕槐黄，宋范成大《送劉唐卿户曹擢第西歸》其三：『槐黄燈火困豪英，此去書窗得此生。』

〔六〕芸壇，書齋。芸，香草，置書頁内可以辟蠹。

賦得故園歸去又新年

帝城冬盡鬱森森，風雪難支歲暮心。夢去北堂殘夜漏〔一〕，聽來社鼓异鄉音。已添馬齒猶京國，再見花飛即故林。莫道青春歸路杳，王孫芳草隔遥岑〔二〕。

箋注

〔一〕北堂，見《賀新凉·冬夜書懷》箋注〔六〕。

〔二〕王孫芳草，漢淮南小山《招隱士》：『王孫游兮不歸，春草生兮萋萋。』

題梅花鸚鵡圖

何意金籠鳥，翻成倒挂看〔一〕。雪衣梳日暖，丹嘴啄梅殘。妙筆傳嬌語，鄉心托素紈。隴頭朋舊在，珍重慰加餐。

箋注

〔一〕倒挂，宋蘇軾《十一月二十六日松風亭下梅花盛開》其二自注：『嶺南珍禽有倒挂子，緑毛紅喙，如鸚鵡而小，自東海來，非塵埃中物也。』宋朱彧《萍洲可談》卷二：『海南諸國有倒挂雀，尾羽備五色，狀如鸚鵡，形小似雀，夜則倒懸其身。』

題灩滪圖〔一〕

其一

青山夾岸浪噴雷，畫舸中流一箭開。寄語榜人須努力〔二〕，狂瀾仗爾濟川才〔三〕。

箋注

〔一〕灧澦，即灧澦堆，長江瞿塘峽口的險灘，在重慶市奉節縣東。

〔二〕榜人，船夫。

〔三〕濟川才，《尚書·說命上》：『爰立作相，王置諸其左右。命之曰：「朝夕納誨，以輔臺德。若金，用汝作礪；若濟巨川，用汝作舟楫。」』

其二

驚帆次第下瞿唐〔一〕，散髮江流不易當。回首夔門天際望，輕舟多少未成裝。

箋注

〔一〕瞿唐，即瞿塘峽，爲長江三峽之首，峽口有夔門和灧澦堆。

題葛稚川移居圖〔一〕

先生尚童顏，丹砂信可駐。驅車安所之？勾漏山中住〔二〕。手持一編行且讀，白雲深處尋茅屋。攜將鷄犬去匆匆〔三〕，疑君拔宅飛長空〔四〕。𦏁角巍峨騎老嫗，大襆嬰兒頻指顧。由來眷屬俱神仙，長鬚負擔亦翛然〔五〕。峰回溪轉參差見，胡麻香飯桃花片〔六〕。蒙茸草色樹交加，畫工筆底富烟霞。世間真有此靈境，我欲從君問仙井〔七〕。

箋注

〔一〕葛洪，字稚川，自號抱朴子，丹陽句容（今屬江蘇）人，東晋道學家。曾受封爲關内侯，後隱居羅浮山煉丹，著有《神仙傳》《抱朴子》《西京雜記》等。元代畫家王蒙有《葛稚川移居圖》，描繪葛洪移居羅浮山的情景。

〔二〕勾漏，在今廣西北流東北。有山峰聳立如林，溶洞勾曲穿漏，故名。爲道家所傳三十六小洞天的第二十二洞天，見《雲笈七籤》卷二十七。《晋書·葛洪傳》：『以年老，欲煉丹以祈遐壽，聞交阯出丹，求爲句屚令。』

〔三〕『攜將』句，見《賀新凉·送周雪客南歸》其一箋注〔六〕。

〔四〕『疑君』句，《太平廣記》卷十四引《十二真君傳·許真君》：『真君以東晋孝武帝太康二年八月一日，於洪州西山，舉家四十二口，拔宅上升而去。』

〔五〕長鬚，漢王褒《僮約》：『資中男子王子淵，從成都安志里女子楊惠，買亡夫時户下髯奴便了。』

〔六〕『胡麻』句，見《風流子·題劉岱儒葮水山房》箋注〔六〕。

〔七〕仙井，其地有鹽井，相傳爲道教創始人漢代張道陵所開。北宋熙寧五年置陵井監，宣和四年改名仙井監。治所在仁壽，轄境相當於今四川省仁壽、井研兩縣地。

戲作

時和冬日温，炙背信可樂。心手詎能閑，探虱恣盤礴〔一〕。視爾雖蠕蠕，蠢動良已虐。聊復示驅除，用以戒谿壑。群然前致詞，君戲無乃惡。同在血氣間，何忍自居薄。人皆游褌中〔二〕，而我甘瓠落〔三〕。于君但少苦，衆情欣所托。譬兹大厦成，相賀及燕雀。我生匪營營，安居耽寂莫。君非景略儔〔四〕，捫之亦以怍。我聞頗解頤，辨哉錫康爵〔五〕。矯首窺太虚，六宇莽寥廓。

校訂

《實庵詩略》詩題作『捫虱戲作』。

寂莫，《實庵詩略》、馬長淑《渠風集略》卷二作『寂寞』。

箋注

〔一〕盤礴，箕踞而坐。形容不拘形迹，曠放自適。宋蘇軾《〈和飲酒二十首〉序》：『在揚州時，飲酒過午輒罷，客去，解衣盤礴，終日歡不足而適有餘。』

〔二〕『人皆』句，《晉書・阮籍傳》：『上欲圖三公，下不失九州牧。獨不見群虱之處褌中，逃乎深縫，匿乎壞絮，自以爲吉宅也。行不敢離縫際，動不敢出褌襠，自以爲得繩墨也。然炎丘火流，焦邑滅都，群虱處於褌中而不能出也。君子之處域内，何异夫虱之處褌中乎！』

〔三〕瓠落，《莊子・逍遥游》：『今子有五石之瓠，何不慮以爲大樽，而浮於江湖，而憂其瓠落無所容？則夫子猶有蓬之心也夫！』

〔四〕景略，王猛，字景略，北海劇縣（今山東昌樂西北）人。十六國時期著名的政治家、軍事家，在前秦官至丞相、大將軍，輔佐苻堅掃平群雄，統一北方。《晉書・王猛傳》記苻堅曾言：『王景略固是夷吾、子産之儔也。』

〔五〕康爵，《詩經・小雅・賓之初筵》：『酌彼康爵，以奏爾時。』鄭玄箋：『康，虚也。』

觀樂行

己酉歲暮月嘉平〔一〕，南宫閲技來咸英〔二〕。魚龍百戲須臾集〔三〕，鈞天之響繁中庭〔四〕。霓旌雲罕輝清晝，九功七德紛前後〔五〕。高歌不復辨宫商，似爲艱難王業奏〔六〕〔一一〕。壯夫綽板立當筵〔七〕，昆侖琵琶龜兹弦〔八〕。冰車鐵馬應無數〔九〕，一彈再鼓聲凄然。長弓大矢忽馳驟，正如豐草從原獸。蒼兕黄熊皆飲羽〔一〇〕，稱觴却獻南山壽〔一一〕。梨園小兒清且妍〔一二〕，珠襦綉褓白中單。急管催成鸜鵒舞〔一三〕，反腰貼地凌飛仙。渤海吹殘蘆葉碎，教坊又唤高麗隊。依稀弄丸復承蜩〔一四〕，翻覺翠盤無意態。我聞此樂自鎬豐，年年待詔未央宫〔一五〕。至尊寧爲耳目玩，聊同稼穡陳豳風〔一六〕。惟願普天恒熙穰，干羽兩階如指掌〔一七〕。野人無事常擊壤〔一八〕，回首金門成快想〔一九〕。

校訂

〔一〕須臾，《實庵詩略》《山左詩鈔》《清詩紀事初編》作「欻然」。

《實庵詩略》、《山左詩鈔》卷三十一、鄧之誠《清詩紀事初編》卷六選録此首。

『惟願普天恒熙穰，干羽兩階如指掌。野人無事常擊壤，回首金門成快想』四句，《實庵詩略》《山左詩鈔》《清詩紀事初編》作『須臾舞罷歌亦止，觀樂平生有如此』二句。

箋注

〔一〕己酉，清康熙八年（一六六九）曹貞吉赴京殿試，并於次年考授内閣中書。嘉平，臘月的别稱。

〔二〕咸英，堯樂《咸池》與帝嚳樂《六英》的并稱。

〔三〕魚龍百戲，唐張説《侍宴隆慶池》：『魚龍百戲紛容與，鳧鷁雙舟較泝洄。』

〔四〕鈞天之樂，見《賣花聲·咏鼓子花》箋注〔三〕。

〔五〕九功七德，《新唐書·禮樂志》：『唐之自制樂凡三：一曰七德舞，二曰九功舞，三曰上元舞。七德舞者，本名秦王破陳樂……九功舞者，本名功成慶善樂。』

〔六〕艱難王業，唐白居易《七德舞》：『太宗意在陳王業，王業艱難示子孫。』

〔七〕壯夫綽板，宋俞文豹《吹劍録》：『東坡在玉堂日，有幕士善歌，因問：「我詞何如柳七？」對曰：「柳郎中詞，只合十七八女郎，執紅牙板，歌『楊柳岸，曉風殘月』。學士詞，須關西大漢，銅琵琶、鐵綽板，唱『大江東去』。」東坡爲之絶倒。』

〔八〕昆侖琵琶，唐代琵琶家康昆侖，宫廷樂師，西域康國（今新疆一帶）人。龜兹，在今新疆庫車一帶。

〔九〕冰車鐵馬，清汪琬《官軍行》：『胡琴撥遍伊涼曲，盡是冰車鐵馬聲。』

〔一〇〕蒼兕、黄熊，《史記・齊太公世家》：『師行，師尚父左杖黄鉞，右把白旄以誓，曰：「蒼兕蒼兕，總爾衆庶，與爾舟楫，後至者斬！」』司馬貞索隱：『馬融曰「蒼兕，主舟楫官名」。又王充曰「蒼兕者，水獸，九頭」。』《左傳・昭公七年》：『昔堯殛鯀于羽山。其神化爲黄熊。以入于羽淵。實爲夏郊。三代祀之。』

〔一一〕南山壽，《詩經・小雅・天保》：『如南山之壽，不騫不崩。』孔穎達疏：『天定其基業長久，且又堅固，如南山之壽。』

〔一二〕梨園小兒，見《邯鄲行》箋注〔二〕。

〔一三〕鸜鵒舞，唐杜審言《贈崔融二十韵》：『興酣鸜鵒舞，言洽鳳凰翔。』

〔一四〕弄丸，也稱『跳丸』『抛丸』。以單手或雙手上下連續抛接數個彈丸，一個在手，數個滯空，遞抛遞接，往復不絶。

〔一五〕未央宫，故址在今陝西西安市西北長安故城内西南隅。

〔一六〕豳風，《詩經》十五《國風》之一。

〔一七〕干羽，《尚書・大禹謨》：『帝乃誕敷文德，舞干羽于兩階。』孔安國傳：『干，楯；羽，翳也。皆舞者所執。修闡文教，舞文舞于賓主階間，抑武事。』

〔一八〕擊壤，擊壤歌，《太平御覽》卷五八四引周處《風土記》：『壤者，以木作之，前廣後銳，長一寸餘，其形如履；節，僮少以爲戲也。堯時，有八九十老人擊而歌曰：「日出而作，日入而息。鑿井而飲，耕田而食。帝力何有於我哉。」』

〔一九〕金門，《史記·滑稽列傳》：『金馬門者，宦署門也。門傍有銅馬，故謂之曰「金馬門」。』

輯評

〔一〕郭則澐《十朝詩乘》卷四：『蓋所以述鴻業、揚耿光也。』

對酒

對酒不能醉，慷慨發長吟。丈夫無特達，四十守故林。老折彭澤腰〔一〕，安取單父琴〔二〕。既非縱横才，懼爲世網侵。曩哲賦感遇，豁矣披靈襟。志士恥刀錐，達人貴幽尋。寧以桃李榮，易此金石心。誓將侶猿鶴，名山追向禽。大藥换我骨，天風吹我簪。飛飛榆枋間〔三〕，焉知南溟深〔四〕。

箋注

〔一〕『老折』句，《晉書·隱逸傳》：『郡遣督郵至縣，吏白應束帶見之，潛嘆曰：「吾不能爲五斗米折腰，拳拳事鄉里小人邪！」』

〔二〕單父琴，漢劉向《説苑·政理》：『宓子賤治單父。鳴琴，身不下堂而單父治。』

〔三〕『飛飛』句，《莊子·逍遥游》：『蜩與學鳩笑之曰：「我決起而飛，搶榆枋而止，時則不至，而控於地而已矣，奚以之九萬里而南爲？」』

〔四〕南溟，《莊子·逍遥游》：『鵬之徙於南冥也，水擊三千里，摶扶摇而上者九萬里，去以六月息者也。』

冬日過宣武門即事〔一〕

北風吹短髮，高堞暮光殘。瘦馬臨冰怯，柴車入市難〔二〕。雲開千嶂近，天净一雕盤。獨怪雍門客〔三〕，勞勞閲歲寒。

箋注

〔一〕宣武門，明清時期京城内城九門之一，位於北京西城區南部。

〔二〕柴車，《韓詩外傳》卷十：『疏食惡肉，可得而食也；駑馬柴車，可得而乘也。』

〔三〕雍門客，漢劉向《説苑·善説》：『雍門子周引琴而鼓之，徐動宫徵，微揮羽角，切終而成曲。孟嘗君涕浪汗增，欷而就之曰：「先生之鼓琴，令文立若破國亡邑之人也！」』

輯評

鄧漢儀《詩觀二集》卷六：『氣味沉雄。』

孫鋐《清詩選》卷十三：『高爽有氣概。』

都門逢黄子厚以海上文石相贈賦謝〔一〕

其一

多難如君遠世情，緇塵落落復班荆〔二〕。攜將大海雲濤色，來聽長安雨雪聲。三品何人呼作丈〔三〕，一拳我自拜爲兄〔四〕。離奇入手真成癖，山母于今浪得名。邑中文石舊號山母〔五〕。

箋注

〔一〕黄垍，字子厚，號瀓庵，即墨（今屬山東青島）人，康熙二年（一六六三）舉人，工書法、古文、詩、詞，著有《夕霏亭詩集》《白鶴峪集》《書法輯略》等。

〔二〕班荆，《左傳·襄公二十六年》：『伍舉奔鄭，將遂奔晉。聲子將如晉，遇之於鄭郊，班荆相與食，而言復故。』

〔三〕三品，唐白居易《偶作二首》其一：『身爲三品官，年已五十八。』

〔四〕一拳，《禮記·中庸》：『今夫山，一卷石之多。』

〔五〕『邑中』句，曹貞吉家鄉安丘盛産一種紋石。曹貞吉胞弟曹申吉有詩《文石十二咏》記安丘紋石，曹貞吉好友張貞《渠丘耳夢録》丁集《印臺文石》：『印臺畔數里内有石出土中，玉質也，五色燦然，异文凸起，備天繪神鏤之巧，其大者兼寸，小者如棗、栗、菱、芡，略同髯蘇所稱「齊安怪石」。至文如人指上螺，及形如虎豹首，有口、鼻、眼處者，乃不足奇也。其初土人不知貴，後爲好事者取置几案間，以水注之，瑟瑟可愛。一時人士遂競尚之，得者每獲厚直，雨過傾城往拾，穰穰田野中，反多於晴日之農夫。』印臺，安丘古文化遺址，在今安丘城内。

其二

玉潤珠圓詎易方，離離還帶暮潮光。緣慳叔夜難成髓〔一〕，客遇初平恐化羊〔二〕。
未補青天同瓦礫，一投素瀨焕星鋩。木桃欲贈渾無那〔三〕，珍重瓊琚作報章。

箋注

〔一〕『緣慳』句，《晋書·嵇康傳》：『嵇康，字叔夜……康又遇王烈，共入山。烈嘗得石髓如飴，即自服半，餘半與康，皆凝而爲石。』

〔二〕『客遇』句，晋葛洪《神仙傳》：『皇初平者，丹溪人也。年十五而家使牧羊，有道士見其良謹，使將至金華山石室中，四十餘年，忽然不復念家。其兄初起，入山索初平，歷年不能得見。後在市中，有道士善卜，乃問之曰：「吾有弟名初平，因令牧羊失之，今四十餘年，不知死生所在，願道君爲占之。」道士曰：「金華山中有一牧羊兒，姓皇名初平，是卿弟非耶？」初起聞之驚喜，即隨道士去尋求，果得相見，兄弟悲喜。因問弟曰：「羊皆何在？」初平曰：「羊近在山東。」初起往視，了不見羊，但見白石無數，還謂初平曰：「山東無羊也。」初平曰：「羊在耳，但兄自不見之。」初平便乃俱往看之。乃叱曰：「羊起！」於是白石皆變爲羊，數萬頭。』

〔三〕木桃，即楂子，小於木瓜，味酸澀。《詩經·衛風·木瓜》：『投我以木瓜，報之以瓊琚。……投我以木桃，報之以瓊瑤。』無那，無奈。

顧影自嘲

對影翻成笑，燈前欲自呼。短裘疑蝟縮，敝帽類僧孤。敢謂行藏拙〔一〕，翻憐骨相癯。風塵誰按劍，辛苦我吹竽。文字憂河漢，浮生混狗屠〔二〕。營營干禄筆，僕僕小人儒〔三〕。意氣仍存否，鬚麋好在無〔四〕？乾坤雙白眼，今古幾青蚨〔五〕？憊矣邯鄲步〔六〕，愚哉夸父趨〔七〕。伯仁寧縱酒〔八〕，彦道競樗蒱〔九〕。以此能銷日，猶賢但守株〔一〇〕。不才陳九九〔一一〕，争似老菰蘆〔一二〕。

校訂

《實庵詩略》詩題作《顧影》。

箋注

〔一〕行藏，見《百字令・咏史》其三箋注〔三〕。

〔二〕狗屠，見《哭家企鑒叔六首》其三箋注〔一〕。

〔三〕小人儒，《論語・雍也》：『子謂子夏曰：「汝爲君子儒，無爲小人儒。」』

〔四〕鬚麋，《荀子・非相》：『伊尹之狀，面無鬚麋』。楊倞注：『麋，與眉同。』

〔五〕青蚨，《太平御覽》卷九百五十引漢劉安《淮南萬畢術》：『青蚨還錢：青蚨一名魚，或曰蒲，以其子母各等，置甕中，埋東行陰垣下，三日後開之，即相從。以母血塗八十一錢，亦以子血塗八十一錢，以其錢更互市，置子用母，置母用子，錢皆自還。』

〔六〕邯鄲步，《莊子・秋水》：『且子獨不聞壽陵餘子之學行於邯鄲與？未得國能，又失其故行矣，直匍匐而歸耳。』

〔七〕夸父趨，《山海經・海外北經》：『夸父與日逐走，入日；渴，欲得飲，飲於河渭；河渭不足，北飲大澤。未至，道渴而死。弃其杖，化爲鄧林。』

〔八〕『伯仁』句，東晋名臣周顗，字伯仁。《晋書・周顗傳》：『初，顗以雅望獲海内盛名，後頗以酒失。爲僕射，略無醒日，時人號爲「三日僕射」。庾亮曰：「周侯末年，所謂鳳德之衰也。」顗在中朝時，能飲酒一石。及過江，雖日醉，每稱無對。偶有舊對從北來，顗遇之欣然，乃出酒二石共飲，各大醉。及顗醒，使視客，已腐肋而死。』

〔九〕『彦道』句，南朝宋劉義慶《世説新語・任誕》：『桓宣武少家貧，戲大輸，債主敦求甚切。思自振之方，莫知所出。陳郡袁耽，俊邁多能。宣武欲求救於耽，耽時居艱，恐致疑，試以告焉。應聲便許，略無嫌吝。遂變服懷布帽隨温去，與債主戲。耽素有藝名，債主就局，曰：「汝故當不辦作袁彦道邪？」遂共戲。十萬一擲，直上百萬數。投馬絶叫，旁若無人。探布帽擲對人曰：「汝竟識袁彦道不？」」』

〔一〇〕守株，《韓非子·五蠹》：『有耕田者，田中有株，兔走，觸株折頸而死，因釋其耒而守株，冀復得兔，兔不可復得，而身爲宋國笑。』

〔一一〕陳九九，一一歷數。

〔一二〕老菰蘆，宋陸游《新涼書懷四首》其二：『藥物扶持病少蘇，殘年不恨老菰蘆。』

僧有領印歸里者詩以送之

其一

西來曾幾日，歸去綰銅章。鄭重鶯同侶，斑斕篆一行。鳴鐘升講座，移牒覓齋糧〔一〕。蘭若今添色〔二〕，衣冠禮梵王〔三〕。

箋注

〔一〕齋糧，供僧道用的食糧。

〔二〕蘭若，寺廟。

〔三〕梵王，指色界初禪天的大梵天王。

其二

此物煩爐冶，矜持到上方〔一〕。官徒勞弟子，朝典比珪璋〔二〕。海月隨潮滿，優曇拂綬香〔三〕。黑衣曾宰相〔四〕，計日換銀黄〔五〕。

箋注

〔一〕上方，同『尚方』，古代製造帝王所用器物的官署。

〔二〕珪璋，《禮記·禮器》：『圭璋特。』孔穎達疏：『「圭璋特」者，「圭璋」，玉中之貴也；「特」謂不用他物媲之也。諸侯朝王以圭，朝後執璋，表德特達不加物也。』

〔三〕優曇，即無花果樹，其花如蓮花十二瓣，隱於花托内，一開即斂。佛教以爲優曇鉢開花是佛的瑞應，稱爲祥瑞花。

〔四〕『黑衣』句，《南史·夷貊傳上·天竺迦毗黎國》：『慧琳者，秦郡秦縣人，姓劉氏。少出家，住冶城寺。有才章，兼内外之學，爲廬陵王義真所知……元嘉中，遂參權要，朝廷大事皆與議焉。賓客輻凑，門車常有數十兩。四方贈賂相係，勢傾一時。方筵七八，座上恒滿。琳着高屐，披貂裘，置通呈書佐，權倖宰輔。會稽孔覬嘗詣之，遇賓客填咽，暄涼而已。覬慨然曰：「遂有黑衣宰相，可謂冠屨失所矣。」』

〔五〕銀黃，《漢書・酷吏傳・楊仆》：『懷銀黃，垂三組。』顏師古注：『銀，銀印也；黃，金印也。』

其三

我亦東溟客〔一〕，逢師天一涯。緇塵傷老大〔二〕，畫錦妒龍華〔三〕。行役真無恨，言歸反有家。佛光兼國法，珍重護三花〔四〕。

箋注

〔一〕東溟客，《莊子・外物》：『周昨來，有中道而呼者。周顧視車轍中，有鮒魚焉。周問之曰：「鮒魚來，子何爲者邪？」對曰：「我東海之波臣也。君豈有斗升之水而活我哉？」周曰：「諾。我且南游吴越之王，激西江之水而迎子，可乎？」』

〔二〕緇塵，唐李益《答許五端公馬上口號》：『晚逐旌旗俱白首，少游京洛共緇塵。』

〔三〕龍華，《法苑珠林》卷二十四：『彌勒得道爲佛時，於龍華樹下坐。』

〔四〕三花，北齊賈思勰《齊民要術》：『《嵩山記》曰：「嵩寺中忽有思惟樹，即貝多也。有人坐貝多樹下思惟，因以名焉。漢道士從外國來，將子於山西脚下種，極高大，今有四樹，一年三花。」』

書劉次山詩後〔一〕

其一

前輩風流自一時，頽唐末路使人悲。羨君老筆精嚴甚，不作夔州以後詩〔二〕。

箋注

〔一〕劉粱嵩，字次山，一字玉少，江南江都（今江蘇揚州）人，康熙三年（一六六四）進士，授江西崇義知縣。

〔二〕『夔州』句，清趙翼《甌北詩話》卷二：『黄山谷謂「少陵夔州以後詩，不煩繩削而自合」。此蓋因集中有「晚節漸於詩律細」一語，而妄以爲愈老愈工也。今觀夔州後詩，惟《秋興八首》及《咏懷古迹五首》，細意熨貼，一唱三嘆，意味悠長；其他則意興衰颯，筆亦枯率，無復舊時豪邁沉雄之概。』

其二

讀詩却憶淮南好，膾擘銀絲春筍青〔一〕。二載廣陵清夢絶，更無人到竹西亭〔二〕。

箋注

〔一〕膾擘銀絲，宋趙汝鐩《訪黄簿留飲》：『旋切銀絲鱠鮮鯽，新嘗金顆擘香柑。』

〔二〕竹西亭，唐杜牧《題揚州禪智寺》：『誰知竹西路，歌吹是揚州。』後人因於其處築竹西亭，又名歌吹亭，在揚州府甘泉縣（今江蘇省揚州市）北。

其三

雷塘春雨膩如脂，二月辛夷乍放時〔一〕。欲唤尖頭小艇去，東風吹入緑楊絲。

箋注

〔一〕辛夷，木蘭科，花期在二、三月間，花初出枝頭，苞長半寸，而尖鋭儼如筆頭，因而俗稱木筆。宋張樸《木筆花》：『亭亭花一樹，乍發小墻東。碧管描春色，丹鋒點化工。凝窗時染翰，弄影日書空。莫問龍蛇事，臨池興不窮。』

和家弟移居韵〔一〕

作客自憐逢歲暮，移家仍傍五雲天〔二〕。布囊再束疑初到，書卷重携似舊年。去年地震後頻移居。聽去角聲殘照裏，騎將羸馬玉河邊。倦來擬向紅爐卧，拂拭床頭帶雪氈。

箋注

〔一〕家弟，即曹貞吉胞弟曹申吉，見《解語花·咏水仙，同家弟作》箋注〔一〕。

〔二〕五雲，指皇帝所在地。

咏將開臘梅

官閣移來近，疏枝對夕陽。一盆金粟影〔一〕，半面漢宫妝〔二〕。韵冷羞春艷，香含傍酒黄。會當看爛漫，不用怯清霜。

箋注

〔一〕金粟，見《水龍吟·咏蠟梅》箋注〔八〕。

〔二〕漢宮妝，明張萱《疑耀》卷三：『漢給宮人螺子黛，故云黛眉……額上塗黄，亦漢宮妝。』

月夜不寐口占

微名驚屢誤，幾見月團圓。屈指逢元夕〔一〕，清光又一年。窗明枯樹影，夢逼曉霜天。休矣嚴城柝〔二〕，羈人暫乞眠。

箋注

〔一〕元夕，農曆正月十五日爲上元節，是夜稱元夕。

〔二〕柝，巡夜打更用的梆子。

再咏臘梅

數枝紛欲露，鼻觀遠香過〔一〕。暈入檀心重〔二〕，歌催金縷多〔三〕。流光堪照夜，乳色乍侵鵝。不受東風妒，飛英襯緑莎。

箋注

〔一〕鼻觀，鼻孔。

〔二〕檀心，女子額上點的梅花妝。

〔三〕金縷，見《水龍吟·咏蠟梅》箋注〔一〕。

古錦歌

漢唐酹庸皆不薄〔一〕，宋家錦袍視其爵〔二〕。觀察學士簇金雕〔三〕，宰相親王天下樂。今皇己酉閶闔成〔四〕，頒來文綺賜公卿。仲也疏榮錦爲四，雲霞璀璨輝茅蘅〔五〕。

中有一匹花紋异，翠色殷流紅作地〔六〕。熒熒細楷猶堪讀，辨得當年萬曆字。盤螭小篆澄心紙〔七〕，似滅還明印花紫。上言太守臣某進，下書工人如列齒。太平物力富檐楹，規摹可久制作精。屈指五十有四載，輝煌不惹纖塵輕。織素織縑工匪易，一絲一躡勞軒輊。晻靄流黄子夜歌〔八〕，蕭條白髮機人泪。輕帆北上龍衣船，水驛江淮路幾千。置之尚方閱朝代〔九〕，滄桑累劫空頑然。青眼相看致楚楚〔一〇〕，疑逢舊人述舊語。斷腸再見李龜年〔一一〕，天寶琵琶互爾汝〔一二〕。什襲何人重錦裙，鏤金錯采徒紛紜。人代那如此物壽，古光縵縵成卿雲〔一三〕。由來黼黻盛清朝〔一四〕，群工拜舞羅星杓。回首南天烟霧裏，舳艫猶壓廣陵潮〔一五〕。

校訂

《實庵詩略》詩題作『古錦行』。

酹，《實庵詩略》作『酬』。

蘅，《實庵詩略》作『衡』。

匪，《實庵詩略》作『不』。

箋注

〔一〕酹，以酒灑地表祭奠。庸，功績。

〔二〕視其爵，《大清會典》：『朝衣冠帶，各視其爵。』

〔三〕觀察，唐代於不設節度使的區域設觀察使，省稱『觀察』，爲州以上的長官。宋代觀察使實爲虛銜，清代作爲對道員的尊稱。學士，南北朝以後以學士爲司文學撰述之官。唐代翰林學士爲文學侍臣，因接近皇帝，往往參預機要。宋代始設專職，其地位職掌與唐代略同。明代設翰林院學士及翰林院侍讀、侍講學士，學士遂專爲詞臣之榮銜。清代改翰林院學士爲掌院學士，餘如故。清末期内閣、典禮院亦置學士。

〔四〕己酉，清康熙八年。閶闔成，當指清康熙八年重修太和殿事。

〔五〕茅蘅，明唐寅《無題》：『領解皇都第一名，猖披歸卧舊茅蘅。』

〔六〕殷流，盛行。

〔七〕澄心紙，見《風流子·金陵懷古》箋注〔一〇〕。

〔八〕晻靄，昏暗貌。子夜歌，見《解語花·咏水仙，同家弟作》箋注〔二〕。

〔九〕尚方，見《僧有領印歸里者詩以送之》其二箋注〔一〕。清吴偉業《織婦詞》：『少時織綺貢尚方，官家曾給千金直。』頑然，自然質樸貌。

〔一〇〕楚楚，憂戚貌。

〔一一〕李龜年，唐杜甫《江南逢李龜年》：『岐王宅裏尋常見，崔九堂前幾度聞。正是江南好風景，落花時節又逢君。』

〔一二〕爾汝，唐韓愈《聽穎師彈琴》：『昵昵兒女語，恩怨相爾汝。』

〔一三〕『古光』句，《尚書大傳》卷一下：『卿雲爛兮，糾縵縵兮。』

〔一四〕黼黻，《淮南子·説林訓》：『黼黻之美，在於杼軸。』高誘注：『白與黑爲黼，青與赤爲黻，皆文衣也。』

〔一五〕舳艫，晋郭璞《江賦》：『舳艫相屬，萬里連檣。』廣陵潮，見《浣溪沙·步阮亭紅橋韻》其一箋注〔四〕。

除夕守歲步家弟韻〔一〕

長安兀兀逢除夕〔二〕，兄弟相看慰索居。銀漢倒垂千丈練，青氈寒壓一床書。聲隨哀玉同敲鉢，韭入春盤乍翦蔬〔三〕。小宋當年饒盛事〔四〕，只將弦管補三餘〔五〕。

校訂

《實庵詩略》詩題作『除夕守歲用家弟韵』。

丈，《實庵詩略》作『尺』。

箋注

〔一〕守歲，陰曆除夕終夜不睡，以迎候新年的到來，謂之『守歲』。

〔二〕兀兀，孤獨貌。

〔三〕韭入春盤，明彭大翼《山堂肆考》卷八：『唐立春日薦春餅、生菜，號春盤。』清富察敦崇《燕京歲時記·打春》：『是日富家多食春餅，婦女等多買蘿卜而食之，曰咬春，謂可以却春困也。』

〔四〕小宋，《宋史·宋祁傳》：『與兄庠同時舉進士……人呼曰「二宋」，以大小別之。』清吳偉業《王郎曲》：『往昔京師推小宋，外戚田家舊供奉。』

〔五〕三餘，《三國志·魏書·王肅傳》：『明帝時大司農弘農董遇等，亦歷注經傳，頗傳於世。』裴松之注引三國魏魚豢《魏略》：『遇言：「（讀書）當以三餘。」或問三餘之意。遇言「冬者歲之餘，夜者日之餘，陰雨者時之餘也」。』

擬上祈穀南郊應制十八韻〔一〕

萬乘雲間下，千靈拱護中。青旗迎輦路，蒼璧答神功〔二〕。雨露煩昭格〔三〕，風雷闕化工。聖情深國計，天意在年豐。禮器匏陶肅〔四〕，農祥稼穡隆。衣冠隨主鬯〔五〕，劍佩動呼嵩〔六〕。法曲簫韶奏〔七〕，爐烟靉靆叢〔八〕。日星分右序〔九〕，岳瀆象群公。已覺明禋遠〔一〇〕，還窺孝德崇。思文勤俎豆，大武祀岐酆〔一一〕。三后音徽重〔一二〕，一朝典制同。金泥尊泰畤〔一三〕，玉簡出皇穹。太乙青陽駕〔一四〕，諸儒白虎通〔一五〕。曾孫臨左个〔一六〕，元子毖齋宮。從此休徵告，真紓宵旰衷〔一七〕。五行調水旱，二氣净螟蟲〔一八〕。栖畝歡童稚，登歌醉老翁。小臣慚珥筆〔一九〕，紀瑞達堯聰。

箋注

〔一〕祈穀，《禮記·月令》：『（孟春之月）天子乃以元日祈穀於上帝。』

〔二〕蒼璧，《周禮·春官·大宗伯》：『以蒼璧禮天，以黄琮禮地。』

〔三〕昭格，古代祭祀神靈的地方。

〔四〕匏陶，《宋書·禮志一》：『太祝送神，跪執匏陶，酒以灌地。』

〔五〕主鬯，主掌宗廟祭祀。鬯，古代祭祀用的酒，用郁金草釀黑黍而成。

〔六〕呼嵩，《漢書·武帝紀》：『翌日親登嵩高，御史乘屬，在廟旁吏卒咸聞，呼萬歲者三。』

〔七〕簫韶，見《瞻禮大享殿十二韵》箋注〔六〕。

〔八〕靉靆，雲盛貌。

〔九〕右序，《詩經·周頌·時邁》：『實右序有周。』吴闓生注：『右序，皆助也。』

〔一〇〕明禋，《尚書·洛誥》：『明禋，爲明潔致敬也。』

〔一一〕大武，《周禮·春官·大司樂》：『以樂舞教國子，舞《雲門》……《大濩》《大武》。』鄭玄注：『《大武》，武王樂也。』

〔一二〕音徽，《詩經·大雅·思齊》：『大姒嗣徽音，則百斯男。』

〔一三〕泰畤，《史記·孝武本紀》：『神靈之休，祐福兆祥，宜因此地光域立泰畤壇以明應。』

〔一四〕青陽，《禮記·月令》：『（孟春之月）天子居青陽……駕倉龍，載青旂，衣青衣，服倉玉。』

〔一五〕白虎通，班固等編撰，記録東漢建初四年（七十九）在白虎觀經學辯論的結果。

〔一六〕左个，《禮記·月令》：『（孟春之月）天子居青陽左个。』

〔一七〕宵旰，宵衣旰食，唐陸贄《論兩河及淮西利害狀》：『今師興三年，可謂久矣，税及百物，可謂繁矣，陛下爲之宵衣旰食，可謂憂勤矣。』

〔一八〕二氣，《周易·咸》：『咸，感也。柔上而剛下，二氣感應以相與。』

〔一九〕珥筆，古代史官、諫官上朝，常插筆冠側，以便記録，謂之珥筆。

不寐

一衾寒抱影，窗月入蒼涼。社鼓喧鄰女，疏鐘出上方。孤燈看乍暈，春夜醒添長。暝語憐童僕，居然到睡鄉。

燈市嘆〔一〕

十載游長安，曾未值燈市。今年結伴來，遣懷聊復爾。其初見市不見燈，腰裹駿足相憑陵〔二〕。肩摩轂擊不得過〔三〕，緇塵襬襶踏春冰〔四〕。列廛櫛比隘環堵，珠明歷歷差堪數。自識雍門客到稀，入眼先看青州土。料絲五色稱絶倫，鏤空繪影争鮮新。草野那知此物貴，千金詫我薄游人〔五〕。都門好手皆可辨，翦彩迷離驚創見。邇來頗重米家燈，摹得老蓮舊畫片。太平物力富年年，五侯七貴囊金錢〔六〕。一揮中人數家產，持向深閨伴綺筵。嗚呼！金可竭，燈不滅，長鬚大賈恣怡悅。六鰲背上繁星列〔七〕，斑斑照見蒼生血！

校訂

長鬚大賈恣怡悅，《實庵詩略》、鄧之誠《清詩紀事初編》卷六無此句。

箋注

〔一〕燈市，宋周密《武林舊事》卷二：『都城自舊歲冬孟駕回，則已有乘肩小女、鼓吹舞綰者數十隊，以供貴邸豪家幕次之玩。而天街茶肆，漸已羅列燈球等求售，謂之「燈市」。自此以後，每夕皆然。』

〔二〕腰褭，《文選·司馬相如〈上林賦〉》：『羂騕褭，射封豕。』郭璞注引張揖曰：『騕褭，馬金喙赤色，一日行萬里者。』

〔三〕肩摩轂擊，《史記·蘇秦列傳》：『臨淄之塗，車轂擊，人肩摩。』

〔四〕褦襶，見《蝶戀花》（正月春盤）箋注〔四〕。

〔五〕薄游，唐杜甫《夜雨》：『通籍恨多病，爲郎忝薄游。』

〔六〕五侯，見《冬日李望石侍御招同李貞孟編修李召林楊岱楨兩侍御李季霖中翰南郊觀射小飲長歌記事》箋注〔一〇〕。七貴，《文選·潘岳〈西征賦〉》：『窺七貴於漢庭。』李善注：『七貴謂吕、霍、上官、趙、丁、傅、王也。』

〔七〕六鰲，見《蘇武慢·元宵雪後作》箋注〔四〕。

三如贈秋岕賦謝〔一〕

故人雅嗜如鴻漸〔二〕，贈我龍團意轉殷〔三〕。采後乍逢秋日雨，携來還帶罨溪雲〔四〕。香疑楚畹杯中出〔五〕，露自金盤掌上分〔六〕。欲汲南泠愁遠道，夢回酒醒一思君。

箋注

〔一〕山東安丘詩人馬長春，字三如，順治三年（一六四六）舉人，著有《竹香齋集》。秋岕，岕茶，産於浙江省長興縣境内的羅岕山，故名。爲茶中上品。明袁宏道《龍井》：『岕茶葉粗大，真者每斤至二千餘錢。』

〔二〕鴻漸，《周易·漸卦》：『初六，鴻漸於干……六二，鴻漸於磐……九三，鴻漸於陸……

六四，鴻漸於木……九五，鴻漸於陵……上九，鴻漸於陸……』孔穎達疏：『鴻，水鳥也。干，水涯也。漸進之道自下升高，故取譬鴻飛自下而上也。』

〔三〕龍團，宋代貢茶，餅狀，上有龍紋，故稱。

〔四〕霅溪，霅畫溪，《長興縣志》：『霅畫溪在縣西八里，花時游人競集，溪畔有霅畫亭。』

〔五〕楚畹，屈原《離騷》：『余既滋蘭之九畹兮，又樹蕙之百畝。』

〔六〕『露自』句，見《減字木蘭花·雜憶》其二箋注〔三〕。

元霄燈雪月行

帝城一夜西風起，簌簌長空翦冰水。玉蕊平添三寸多〔一〕，銀蟾依舊晴雲裏。朱門綉户羅笙歌，雪光月色兩婆娑。更有華燈相間出，大珠小珠如星河。鰲峰縹緲紛千炬〔二〕，貝闕蜃樓飛火樹〔三〕。雪中人影亂瓊瑤，月下佩環雜烟霧。天上人間皎潔同，峨眉萬仞廣寒宫。九枝燈下霓裳舞，清泠繁華咫尺中。春宵欲半游踪歇，酒闌人散香塵絶〔四〕。獨留深雪照天閶，寂寂幽輝延素月。月明還過小窗前，誰家少婦鳴鵾弦。蘭膏已燼金猊冷〔五〕，抱得清光不忍眠。

校訂

峨眉，《實庵詩略》、《山左詩鈔》卷三十一作『峨嵋』。

箋注

〔一〕玉蕊，金元好問《續夷堅志·虞令公早慧》：『虞令公仲文質夫四歲，賦《雪花詩》云：「瓊英與玉蕊，片片落階墀。」』

〔二〕鰲峰，見《和子延中丞登望海樓韵二首》其一箋注〔五〕。

〔三〕貝闕蜃樓，見《天香·龍涎香》箋注〔二〕。

〔四〕香塵，晋王嘉《拾遺記·晋時事》：『（石崇）又屑沉水之香如塵末，布象床上，使所愛者踐之。』

〔五〕蘭膏，《楚辭·招魂》：『蘭膏明燭，華容備些。』王逸注：『蘭膏，以蘭香煉膏也。』

雪後看西山〔一〕

鳳城西俯白雲生，石徑丹梯入望平。海上晴濤飛沆瀣〔二〕，塵中素嶂立空明。遥分吳觀千尋練〔三〕，疑下冰天一片聲。清泠何人堪大隱〔四〕，應輸老衲得高名。

箋注

〔一〕西山，北京西山，爲太行山北端餘脉。

〔二〕沆漭，水面遼闊無際貌。

〔三〕吳觀，泰山峰名。

〔四〕大隱，見《墨莊行爲王近微使君作》箋注〔一四〕。

和家弟朝鮮館主宴之作〔一〕

其一

東海波臣尊正朔〔二〕，梯航遥自日邊來。峨冠殿下三呼去，屬國門前九譯開〔三〕。使者冬浮鴨緑水〔四〕，王人春宴紫霞杯。箕封千古渾無恙〔五〕，巨舶凌風送却回。

箋注

〔一〕家弟，即曹貞吉胞弟曹申吉，見《解語花·咏水仙，同家弟作》箋注〔一〕。主宴，明廖道南《殿閣詞林記》：『凡筵宴之錫賚臣下者，令大臣侍之，謂之主宴。』

〔二〕東海波臣，見《賀新凉・寄鄧孝威》箋注〔五〕。正朔，《禮記・大傳》：『改正朔，易服色。』孔穎達疏：『改正朔者，正，謂年始；朔，謂月初，言王者得政示從我始，改故用新，隨寅丑子所損也。周子、殷丑、夏寅，是改正也；周夜半、殷鷄鳴、夏平旦，是易朔也。』

〔三〕『屬國』句，《漢書・昭帝紀》：『以武爲典屬國。』顔師古注：『典屬國，本秦官，漢因之，掌歸義蠻夷，屬官有九譯令，後省，并大鴻臚。』

〔四〕鴨緑水，即鴨緑江，中朝兩國界河。因水色若鴨頭緑，故稱。

〔五〕『箕封』句，漢伏勝《尚書大傳》：『釋箕子之囚，箕子不忍周之釋，走之朝鮮。武王聞之，因以朝鮮封之。箕子既受周之封，不得無臣禮，故於十二祀來朝。』

其二

槃木白狼入漢宫〔一〕，大官詔下五雲崇。恩浮湛露常依北，潮涌歸帆盡向東。滄海夜明觀蜃闕，扶桑日暖静天風〔二〕。太平自偃重溟險，玉帛遥知萬國同。

箋注

〔一〕槃木、白狼，《後漢書・種暠傳》：『岷山雜落皆懷服漢德。其白狼、槃木、唐菆、邛、僰諸國，自前刺史朱輔卒後遂絶；暠至，乃復舉種向化。』

〔二〕扶桑，《山海經·海外東經》：『湯谷上有扶桑，十日所浴，在黑齒北，居水中。有大木，九日居下枝，一日居上枝。』郭璞注：『扶桑，木也。』

夢琰公感述

與君内兄弟，長予乃十歲。壬午遘喪亂，予時在童稚〔一〕。流離東海濱，九死各遷次〔二〕。負我冰雪叢，仡仡憂顛躓〔三〕。感君搶攘時，而有古人義。庚寅共研席〔四〕，有酒必同醉。發言頗無擇〔五〕，俯仰持清議。衆人苦欲殺，予獨憐憔悴〔六〕。知君無他腸，東方聊玩世〔七〕。游處二十年，遭逢鮮適意。上書不見收，長貧甘薜荔〔八〕。戊申歲六月，乾坤失所位〔九〕。鰲身撼地軸，風雷走其際。城郭半丘墟，樓臺雜蜃氣。予傷瓦礫中，生全偶然遂〔一〇〕。魂魄驚乍回，聞君已長逝。予方支病骨，辛苦在左臂。咫尺未永訣，撫心有餘愧。顧兹良友殁，伏枕一垂涕。後乃詣君家，四壁皆頹墜。當年文酒場〔一一〕，今日荒凉地。不見談諧人，但見諸孤泣。慨焉傷心肝，如聞山陽吹〔一二〕。白骨委草萊，星霜忽再易。幻軀或已化，精誠猶不昧。長安風雪天，胡然通夢寐。形貌倘依稀，語言遂失記。似云泉路杳，鬱鬱不得志。夜色黑如盤，桑乾莽流澧。塵沙暗九衢，君魂那能至。窗影對蒼茫，晨鐘隔清細。捉筆爲兹篇，惝怳不成字。帝側有頑仙，君才理應厠。願少戒談諧，無攖天人忌。

箋注

〔一〕『壬午』句，明崇禎十五年壬午（一六四二）冬，清軍攻打山東諸城等地，造成生靈塗炭，史稱『壬午兵燹』，曹貞吉時年九歲。

〔二〕『流離』句，曹貞吉之父曹復植崇禎壬午在戰亂中遇害於安東衛。曹貞吉《歲暮感舊書懷二十八韵》：『煢煢弃路隅，艱難時隕涕。提携惟老母，追隨有弱弟。搶攘兵戈中，生全偶然濟。』

九死，《文選·屈原〈離騷〉》：『亦余心之所善兮，雖九死其猶未悔。』劉良注：『九，數之極也，言……雖九死無一生，未足悔恨。』

〔三〕仡仡，恐懼不能言貌。

〔四〕庚寅，清順治七年庚寅（一六五〇）。

〔五〕無擇，《周書·王德傳》：『德性厚重廉慎，言行無擇。』

〔六〕『衆人』句，唐杜甫《不見》：『不見李生久，佯狂真可哀。世人皆欲殺，吾意獨憐才。』

〔七〕『東方』句，《漢書·東方朔傳》：『非夷齊而是柳下惠，戒其子以上容：「首陽爲拙，柱下爲工；飽食安步，以仕易農；依隱玩世，詭時不逢。」』

〔八〕薛荔，見《歲暮感舊書懷二十八韵》箋注〔一三〕。

〔九〕『戊申』句，康熙七年（一六六八）六月，安丘發生大地震。

〔一〇〕『予傷』句，曹貞吉在康熙七年（一六六八）六月的安丘地震中手臂受傷。曹濂《儀部公行狀》記當時地震，曹貞吉最先驚覺，因擔心母親受驚，『徒跣急叩雙扉，大聲哀號，比鑰魚初啓而坤輿漸寧，回視階面，瓦礫已盈數尺，假使當時稍移跬步，即身罹其灾矣。人謂誠孝格天，神實默佑云』。

〔一一〕文酒，宋司馬光《和君貺宴張氏梅臺》：『淹留文酒樂，璧月上瑶臺。』

〔一二〕山陽吹，見《南鄉子·夏夕無寐，茫茫交集，輒韵語寫之，不求文也》其三箋注〔一一〕。

送家弟知貢舉入闈〔一〕

其一

十五年前辛苦地，乘軒今復到龍門〔二〕。坐當紅燭人争識，卧聽春蠶體自尊。日下文章分氣色〔三〕，樓頭鼓角動朝昏。南宫桃李知無數〔四〕，國士云誰解報恩？

箋注

〔一〕家弟，即曹貞吉胞弟曹申吉，見《解語花·咏水仙，同家弟作》箋注〔一〕。此詩當作於康熙九年，張貞《渠亭山人半部稿·曹申吉墓志并銘》：「（康熙）九年會試天下士，（曹申吉）爲知貢舉官。」

〔二〕乘軒，《左傳·閔公二年》：「衛懿公好鶴，鶴有乘軒者。」杜預注：「軒，大夫車。」龍門，科舉試場的正門。

〔三〕日下，指京都。

〔四〕南宫，見《遥送家弟澹餘奉使祭告南岳》其一箋注〔七〕。

其二

恩承北斗典諸儒〔一〕，雙引朱衣傍九衢〔二〕。彩筆何人干象緯〔三〕？風簾有客問唐虞〔四〕。光分藜火才原盛〔五〕，雪壓層樓興不孤。佇看五雲歸騎好，太平天子待傳呼〔六〕。

箋注

〔一〕北斗，《晉書·天文志上》：『北斗七星在太微北……斗爲人君之象，號令之主也。』

〔二〕『雙引』句，宋魏泰《東軒筆録》卷二：『舊制，學士以上，并有一人朱衣吏引馬，所服帶用黄金，而無魚。至入兩府，則朱衣二人引馬，謂之雙引，金帶懸魚，謂之重金矣。』

〔三〕彩筆，《南史·江淹傳》：『又嘗宿於冶亭，夢一丈夫自稱郭璞，謂淹曰：「吾有筆在卿處多年，可以見還。」淹乃探懷中得五色筆一以授之。爾後爲詩絶無美句，時人謂之才盡。』

〔四〕唐虞，唐堯與虞舜的并稱。《論語·泰伯》：『唐虞之際，于斯爲盛。』

〔五〕藜火，見《木蘭花慢·送徐方虎假歸》箋注〔五〕。

〔六〕太平天子，《明皇雜録》卷上：『唐天后嘗召諸皇孫坐於殿上，觀其嬉戲，取竺西國所貢玉環釧杯盤列於前後，縱令争取，以觀其志。莫不奔競，厚有所獲，獨玄宗端坐，略不爲動。后大奇之，撫其背曰：「此兒當爲太平天子。」遂命取玉龍子以賜。』

二月十一日對月

雪後青天雲作鱗，明河淡淡雜星辰。須臾皎月雲間出，冰壺濯魄露華新。塵中車馬欣暫息，九天閶闔争嶙峋。我來七見長安月，屈指清光圓復缺。缺處無勞仙斧修〔一〕，圓時獨愛銀蟾潔。誰家思婦倚樓看？何處征人傷遠别？思婦征人地不同，關河曲折月明中。夢去夢來飛蛺蝶，和烟和霧隔簾櫳。繚繞長河初見影，低迷楊柳乍迴風。西山積素遥相向〔二〕，瓊宫玉宇紛形狀。爲想峨眉萬仞峰，金波瀲灔開千嶂。仙人赤脚凌層冰，一聲鐵笛殊悲壯〔三〕。從來秋月解傷神，我看春月亦沾巾。不分長空清冷色，偏照青門憔悴人〔四〕。五更酒醒知難覓，淰淰輕寒傍客身〔五〕。

箋注

〔一〕『缺處』句，見《小游仙詩七首》其四箋注〔一〕。

〔二〕積素，南朝宋謝惠連《雪賦》：『若乃積素未虧，白日朝鮮。』

〔三〕鐵笛，唐李肇《唐國史補》卷下：『李舟好事，嘗得村舍烟竹，截以爲笛，堅如鐵石，以遺李牟。牟吹笛天下第一，月夜泛江，維舟吹之，寥亮逸發，上徹雲表。俄有客獨立於岸，呼船請載。既至，請笛而吹，甚爲精壯，山河可裂，牟平生未嘗見。及入破，呼吸盤擗，其笛應聲粉碎，客散不知所之。舟著記，疑其蛟龍也。』

〔四〕青門，見《摸魚子·咏莼》箋注〔五〕。

〔五〕淰淰，散亂不定貌。唐杜甫《放船》：『江市戎戎暗，山雲淰淰寒。』

投卷有感〔一〕

六載蓬蒿歲月虚〔二〕，重游只似乍傳臚〔三〕。紅綾啖後仍携策〔四〕，黄閣徵來再上書〔五〕。久客自憐身似葉，浮生真見蠹成魚〔六〕。金門珥筆知多少，詞賦凌雲愧不如〔七〕。

箋注

〔一〕投卷，明胡震亨《唐音癸籤》卷十八：『舉子麻衣通刺，稱鄉貢。繇户部關禮部，各投公卷。亦投行卷於諸公卿間，舊嘗投今復投者曰「温卷」，禮部例得采名望收録。』

〔二〕『六載』句，順治八年（一六五一），曹貞吉與弟弟曹申吉同赴省應舉，申吉中舉，曹貞吉却名落孫山。自初次科舉失利至清康熙二年癸卯（一六六三）以山東鄉試第一中舉，曹貞吉困頓於科場十二年，康熙三年甲辰（一六六四）曹貞吉中進士，時年三十歲。

〔三〕傳臚，科舉時代，殿試揭曉唱名的一種儀式。殿試公布名次之日，皇帝至殿宣布，由閣門承接，傳於階下，衛士齊聲傳名高呼，謂之『傳臚』。

〔四〕紅綾，宋葉夢得《避暑録話》卷下：『唐御膳以紅綾餅餤爲重。昭宗光化中，放進士榜，得裴格等二十八人，以爲得人。會燕曲江，乃令大官特作二十八餅賜之。』

〔五〕黄閣，見《鶯啼序·送牧仲榷税贛關》箋注〔三〕。

〔六〕蠹魚，常蛀蝕書籍，體小，有銀白色細鱗，尾分二歧，形稍如魚，故名。唐白居易《傷唐衢二首》其二：『今日開篋看，蠹魚損文字。』

〔七〕凌雲，《史記·司馬相如列傳》：『乃遂就《大人賦》。相如既奏大人之頌，天子大説，飄飄有凌雲之氣，似游天地之間意。』

入試戲作

按籍猶同舊日呼，漢家鹽鐵試諸儒〔一〕。金門有客生車耳〔二〕，名士何人掌唾壺。自是折腰羞五斗〔三〕，故教濡首賦三都〔四〕。鳳凰池上春如此，芳草迷離看得無。

箋注

〔一〕『漢家』句，指西漢鹽鐵之議，是漢昭帝時中央政府召開的一次由鹽鐵官營問題所引起的關於國家政策的辯論，桓寬編著爲《鹽鐵論》。

〔二〕金門有客，見《蝶戀花》（二月花明）箋注〔三〕。車耳，《漢書·景帝紀》：『令長吏二千石車朱兩轓。』顏師古注引應劭曰：『車耳反出，所以爲之藩屏，翳塵泥也。二千石雙朱，其次乃偏其左，轓以簟爲之，或用革。』

〔三〕『自是』句，見《歲暮感舊書懷二十八韵》箋注〔一九〕。

〔四〕『故教』句，《晋書·文苑傳》：『復欲賦三都……遂構思十年，門庭藩溷皆著筆紙，遇得一句，即便疏之。自以所見不博，求爲秘書郎。及賦成，時人未之重。思自以其作不謝班張，恐以人廢言，安定皇甫謐有高譽，思造而示之。謐稱善，爲其賦序。張載爲注魏都，劉逵注吴蜀而序之曰……陳留衛權又爲思賦作略解，序曰……自是之後，盛重於時，文多不載。』

都門晤沈大行因憶湖上之游

其一

柳外人家湖上堤，畫船曾過斷橋西。祇今襏襫黄塵裏〔一〕，説着孤山路總迷〔二〕。

箋注

〔一〕襏襫，見《蝶戀花》（正月春盤）箋注〔四〕。

〔二〕孤山，在浙江杭州西湖中，孤峰獨聳，秀麗清幽。

其二

潑墨濃雲界遠山，分明西子弄烟鬟〔一〕。米顛畫裏尋常見〔二〕，粉本誰移在此間〔三〕。

箋注

〔一〕西子，宋蘇軾《飲湖上初晴後雨》：『欲把西湖比西子，淡妝濃抹總相宜。』

〔二〕米顛，米芾，字元章，以其行止違世脱俗，倜儻不羈，人稱『米顛』。

〔三〕粉本，古人作畫，先施粉上樣，然後依樣落筆，故稱畫稿爲『粉本』。

其三

湖水拖藍分霽色，明霞片片翦芙蓉。謝公樓上曾相識謂健行也〔一〕，夢斷吴山第幾峰〔二〕？

箋注

〔一〕謝公樓，南朝齊謝朓爲宣城太守時所建之高齋地，一名北樓。

〔二〕吴山，又名胥山，俗稱城隍山，在今浙江杭州西湖東南。

其四

十里荷花映綺羅，一聲白紵雪兒歌〔一〕。不愁蕩槳歸來晚，湖上清光入夜多。

箋注

〔一〕白紵，見《花朝某將軍招飲》其三箋注〔一〕。雪兒，孫光憲《北夢瑣言》卷十七：『雪兒者，李密之愛姬，能歌舞，每見賓僚文章有奇麗入意者，即付雪兒叶音律以歌之。』

其五

高峰南北兩屏開，人語衣香傍水隈。一路松杉圍古塔，净慈寺裏納涼回〔一〕。

箋注

〔一〕净慈寺，杭州西湖歷史上四大古刹之一，位於南屏山慧日峰下。

其六

披圖常是羡荆關〔一〕，咫尺韜光未易攀〔二〕。有約再扶青竹杖，君歸爲我報名山。

箋注

〔一〕荆關，見《青玉案·雁字》箋注〔一〕。

〔二〕韜光，唐代名僧，蜀人，能詩，住杭州靈隱寺，與郡守白居易爲詩友。穆宗長慶年間，於靈隱山西北巢枸塢築寺，後人名之『韜光寺』。

五鼓入朝候試

年來意緒等虚舟〔一〕，挾策真同汗漫游〔二〕。金闕鐘圓催漏盡，玉河水急帶冰流。

寒風掠樹鴉千點，曉色迎人月一鈎。蹀躞青駒堪逐隊，春風遮莫滿龍樓。

箋注

〔一〕虛舟，《莊子·列御寇》：『巧者勞而智者憂，無能者無所求，飽食而敖游，泛若不繫之舟。』

〔二〕汗漫游，見《題李渭清燕磯獨眺圖二首》其二箋注〔一〕。

午門外候試和隴西〔一〕

珥筆從君後〔二〕，長廊坐老生。五雲千騎散，雙闕一雕平。塔影微涵照，松濤静有聲。何當塵紙筆，常傍玉階行。

箋注

〔一〕午門，故宫的正門，群臣待朝候旨之處。王士驥（一六三二—一六八〇），字隴西，一字杜稱，新城（今山東桓臺）人。康熙三年（一六六四）進士，授内閣中書。以母老乞歸，母終未赴補。著有《聽雪堂詩集》《聽雪堂詞集》《游大梁詩集》。

〔一二〕珥筆，見《擬上祈穀南郊應制十八韻》箋注〔一九〕。

口號

書生老去渾無著，鳳沼偏宜側理親〔一〕。唐室紫微稱外制〔二〕，宋家西掖號詞臣〔三〕。含香署裏容傳草〔四〕，管子城邊好問津〔五〕。翹首五雲真咫尺，可能黽勉副絲綸〔六〕？

箋注

〔一〕側理，晋王嘉《拾遺記·晋時事》：「側理紙萬番，此南越所獻。後人言陟理，與側理相亂。南人以海苔爲紙，其理縱横斜側，因以爲名。」

〔二〕紫微，《新唐書·百官志二》：「開元元年，改中書省曰紫微省，中書令曰紫微令……舍人六人。」宋趙彦衛《雲麓漫鈔》卷五：「至唐置翰林學士，以文章侍從，而本朝因之。翰林學士司麻制批答等，爲内制。中書舍人六員分房行詞，爲外制云。」

〔三〕西掖，漢應劭《漢官儀》：「左右曹受尚書事，前世文士以中書在右，因謂中書爲右曹，又稱西掖。」

〔四〕含香署，漢應劭《漢官儀》：『尚書郎含鷄舌香，伏其下奏事。』

〔五〕管子城，唐韓愈《毛穎傳》：『遂獵，圍毛氏之族，拔其豪……秦皇帝使恬賜之湯沐，而封諸管城，號曰「管城子」。』

〔六〕絲綸，《禮記·緇衣》：『王言如絲，其出如綸。』孔穎達疏：『王言初出，微細如絲，及其出行於外，言更漸大，如似綸也。』

華不注〔一〕

誰鑿鴻濛破〔二〕，蒼然矗一峰〔三〕。天清分澗壑，玉立削芙蓉〔四〕。絕頂窺溟渤，孤雲接岱宗〔五〕。何當尋鳥道，策杖竟相從。

箋注

〔一〕華不注，亦稱華山、金輿山，在今山東濟南市東北。《左傳·成公二年》：『（鞌之戰）齊師敗績，（晋）逐之，三周華不注。』

〔二〕鴻濛，《莊子·在宥》：『雲將東游，過扶摇之枝而適遭鴻蒙。』成玄英疏：『鴻蒙，元氣也。』

〔三〕『蒼然』句，見《冬日過趵突泉用松雪韵》箋注〔六〕。

〔四〕削芙蓉，唐李白《望廬山五老峰》：『廬山東南五老峰，青天削出金芙蓉。』

〔五〕岱宗，見《登岱二首》其一箋注〔一〕。

觀松友學士題壁有感〔一〕

熒熒壁上墨光明，學士才華冰雪清。黄絹欲題文漶漫，銀鈎猶辨草縱横。魂歸鶴表愁冥漠〔二〕，客過郵亭識姓名。記得梁園風雨夜，巡檐擊鉢讓先鳴〔三〕。丙午冬，集梁園，學士詩先成。余倚韵和之，猶昨日耳。

箋注

〔一〕松友學士，即綦汝楫，見《冬日雨山亭觀晚照同松友學士》箋注〔一〕。

〔二〕『魂歸』句，見《晶章行贈楊樹滋明府》箋注〔一三〕。

〔三〕擊鉢，《南史·王僧孺傳》：『竟陵王子良嘗夜集學士，刻燭爲詩。四韵者則刻一寸，以此爲率。（蕭）文琰曰：「頓燒一寸燭，而成四韵詩，何難之有？」乃與（丘）令楷、江洪等共打銅鉢立韵，響滅則詩成，皆可觀覽。』

上巳抵家作〔一〕

還家逢上巳，只似燕歸來。舊壘經年別，新花滿地開。五雲停弄筆，三徑待銜杯〔二〕。猿鶴應相笑，風塵去復回。

箋注

〔一〕上巳，見《蝶戀花》（二月花明）箋注〔一〕。

〔二〕三徑，見《水調歌頭·大醉放言》箋注〔一〇〕。

春日臣鵠招同翼辰游東墅感賦

東墅爲先少傅園亭，余舊讀書地也〔一〕

其一

二十年來感慨地，憑欄依舊夕陽多。悲歡幾許人同醉，花鳥猶存客自過。柳色依依圍緑野，雲光片片落長河。不須悵望蘭亭暮，斗酒還堪一嘯歌。

箋注

〔一〕臣鵠，即馬良顯，見《送臣鵠北歸二首》其一箋注〔一〕。翼辰，即馬天撰，見《答馬翼辰用原韵》箋注〔一〕。少傅，即曹貞吉外祖劉正宗，見《摸魚子·拜墓》箋注〔一〕。

其二

寂寂幽居傍水開，閑雲猶護讀書臺。空庭舊蔭千竿竹，石徑今添幾寸苔。把酒漫愁兄弟隔，臨流忽抱友生哀。是日聞文仲逝矣。飛花落絮渾無定，有約支笻肯再來。

其三

麥隴陰陰隔短汀，蕭然數騎出林坰〔一〕。緣堤乳鴨三分緑，入網河魚一寸青。草閣有年遲好月，舊游幾日剩晨星。枝頭好鳥還求友，矯首空梁思杳冥。

箋注

〔一〕坰，漢許慎《説文解字》：『邑外謂之郊，郊外謂之野，野外謂之林，林外謂之坰。象遠界也。』

杞園以圓墨見貽賦此志謝〔一〕

君家文物焕縹緗〔二〕，珍重陳玄出豹囊〔三〕。千杵何人規作月，一丸我欲喚爲莊。光分側理寧辭染〔四〕，價借龍賓未許方〔五〕。守黑衹今成快友〔六〕，從教俯首十三行〔七〕。

校訂

張貞《渠丘耳夢録》乙集附此詩，詩題作《謝杞園贈墨》。

箋注

〔一〕杞園，即張貞，見《玲瓏四犯·送杞園游西湖》箋注〔一〕。

〔二〕縹緗，南朝梁蕭統《〈文選〉序》：『詞人才子，則名溢於縹囊；飛文染翰，則卷盈乎緗帙。』

〔三〕陳玄，墨的别稱。墨色黑，存放年代越陳越佳，故稱。

〔四〕側理，見《口號》箋注〔一〕。

〔五〕龍賓，見《月下笛·悼何蕤音》箋注〔六〕。

〔六〕守黑，《道德經》第二十八章：『知其白，守其黑，爲天下式。』河上公注：『白以喻昭昭，黑以喻默默，人雖自知昭昭明白，當復守之以默默，如暗昧無所見。』

〔七〕十三行，晋王獻之所書《洛神賦》真迹，至南宋時僅存十三行，共二百五十字，故名。

江南獻白烏恭紀

重臣分陜位中台〔一〕，一騎南天捧瑞來。雲際不隨青鳥下〔二〕，江邊初换雪衣回。上林繞處人疑練〔三〕，霜府啼時月滿臺。遠略寧須誇白雉，争傳孝德遍埏垓〔四〕。

箋注

〔一〕分陜，《史記·燕召公世家》索隱述贊：『召伯作相，分陜而治。人惠其德，甘棠是思。』中台，漢代以來，以三台當三公之位，中台比司徒或司空。

〔二〕青鳥，傳説中爲西王母傳信的神鳥。

〔三〕上林，見《拜先外祖墓》箋注〔八〕。

〔四〕埏垓，指廣闊的大地。

與家弟談舊書懷〔一〕

東華散騎促回鑣〔二〕，露下清宵話寂寥。老我今爲丞相掾，羨君早插侍中貂〔三〕。十年文字羞逢世，一旦鬚眉盡折腰。敢向金門稱大隱〔四〕，也同踪迹混漁樵。時吴仁趾寄一印曰『金門大隱』〔五〕。

箋注

〔一〕家弟，即曹貞吉胞弟曹申吉，見《解語花·咏水仙，同家弟作》箋注〔一〕。

〔二〕東華，明清時中樞官署設在宫城東華門内，因以借稱中央官署。

〔三〕侍中貂，唐門下省有侍中二人，正二品，其官帽以貂尾爲飾。

〔四〕『敢向』句，見《秋日過滴翠園呈望石侍御六首》其一箋注〔三〕。

〔五〕吴仁趾，吴麐，字仁趾、樵貴穀、樵穀，安徽歙縣人，隸籍廣陵（今江蘇揚州）。著有《樵貴穀詩》，工篆刻。

和家弟啓事瀛臺之作〔一〕

曾爲西苑游〔二〕，彷彿景山右。春日靄曦光，雲氣生靈囿。蒲菰一以深，鸛鶩呼前後。至尊乘舟來，驚濤濺衣袖。于時方道泰，明堂接群后〔三〕。穆穆金波平，游豫及清晝。貞也縫掖人〔四〕，偶向長安走。天顔咫尺中，倏忽稱良遘。光景信不留，十載白駒驟〔五〕。朅來更上書〔六〕，乃值重熙候。緬想金鰲旁，荷風拂鴛甃〔七〕。紺碧縹緲間，遥對玉泉岫。朝夕從長楊〔八〕，珥筆親華簉〔九〕。第憂麋鹿質〔一〇〕，偃仰翻多疚。對此發長喟，微飔吹户牖。

箋注

〔一〕家弟，即曹貞吉胞弟曹申吉，見《解語花·咏水仙，同家弟作》箋注〔一〕。瀛臺，在北京清故宫西苑太液池（即今中南海）中，康熙、乾隆兩朝常作爲夏日聽政之所。

〔二〕西苑，清代皇家園林，位於今北京海澱區。清顧祖禹《讀史方輿紀要·直隸·順天府》：『西苑在皇城内，中有太液池、瓊華島。』

〔三〕明堂，《孟子·梁惠王下》：『夫明堂者，王者之堂也。』

〔四〕縫掖，見《冬日李望石侍御招同李貞孟編修李召林楊岱楨兩侍御李季霖中翰南郊觀射小飲長歌記事》箋注〔九〕。

〔五〕白駒，《莊子·知北游》：『人生天地之間，若白駒之過隙，忽然而已。』

〔六〕朅來，猶言爾來。

〔七〕甃甃，用對稱的磚瓦砌成的井壁。清納蘭性德《金菊對芙蓉·上元》：『正上林雪霽，甃甃晶瑩。』

〔八〕長楊，見《花朝某將軍招飲》其二箋注〔三〕。

〔九〕珥筆，見《擬上祈穀南郊應制十八韵》箋注〔一九〕。

〔一〇〕麋鹿質，唐李白《山人勸酒》：『各守麋鹿志，耻隨龍虎爭。』

西苑即事〔一〕

長楊勝概甲天閶〔二〕，十里平湖入淼茫。望裏孤臺涵水氣，夜來微雨散荷香。雲遮北闕千門杳〔三〕，樹擁西清一帶凉〔四〕。橋下濤聲還噴玉，恩波遥送出宫墻。

箋注

〔一〕西苑，見《和家弟啓事瀛臺之作》箋注〔二〕。

〔二〕長楊，見《花朝某將軍招飲》其二箋注〔三〕。

〔三〕北闕，見《秋日過滴翠園呈望石侍御六首》其一箋注〔五〕。

〔四〕西清，清宫廷内南書房。

立秋後一日雨中入署

好雨如絲上客衣，浮雲雙闕影霏微。驚看紫陌三條闊，暗想疏林一葉飛。匹馬漫隨天仗入，斜風忽送早凉歸。東方舊索侏儒米〔一〕，彳亍寧辭到禁扉。

箋注

〔一〕『東方』句，《漢書·東方朔傳》：『朱儒長三尺餘，奉一囊粟，錢二百四十。臣朔長九尺餘，亦奉一囊粟，錢二百四十。朱儒飽欲死，臣朔飢欲死。臣言可用，幸异其禮；不可用，罷之，無令但索長安米。』

秋日送三如東歸〔一〕

闢門令典重賢書〔二〕，歸路還乘下澤車〔三〕。千里凉風翻豆葉，一竿秋水上鱸魚。重來北闕仍裁賦〔四〕，此去東籬好種蔬〔五〕。怪是五雲留滯客，頻從紫陌送華裾。

箋注

〔一〕三如，即馬長春，見《三如贈秋芥賦謝》箋注〔一〕。

〔二〕闢門，《尚書·舜典》：『詢於四岳，闢四門。』孔穎達疏：『開四方之門，大爲仕路，致衆賢也。』

〔三〕下澤車，《後漢書·馬援傳》：『從容謂官屬曰：「吾從弟少游常哀吾慷慨多大志，曰：『士生一世，但取衣食裁足，乘下澤車，御款段馬，爲郡掾史，守墳墓，鄉里稱善人，斯可矣。致求盈餘，但自苦耳。』」』

〔四〕北闕，見《秋日過滴翠園呈望石侍御六首》其一箋注〔五〕。

〔五〕東籬，見《桂枝香·蟹》箋注〔六〕。

讀高陽夫子頒賜蓮藕恭紀詩步韵〔一〕

魚水升平賦樂嘉，恩波太液毓靈芽〔二〕。傳來瓊島仙人飯，褪盡紅衣君子花。萬顆星懸紛欲吐，一彎冰折自無瑕。上林珍异先元宰〔三〕，陶鑄群生未有涯。

箋注

〔一〕李霨（一六二五—一六八四），字景霱，號坦園，直隸高陽（今屬河北保定）人。累官至太子太保、户部尚書、保和殿大學士、太子太師。著有《心遠堂詩集》。李霨《心遠堂詩集》卷十《瀛臺頒賜蓮藕恭紀》：『太液芙蓉晚色嘉，更嘗仙實與靈芽。金盤始薦三宫味，玉井曾看十丈花。剖出緑房香自遠，削來素質瑩無瑕。叨隨鵷鷺沾珍賜，拜舞恩波就水涯。』

〔二〕太液，見《和家弟啓事瀛臺之作》箋注〔二〕。

〔三〕元宰，《文選·王融〈三月三日曲水詩序〉》：『元宰比肩乎尚父，中鉉繼踵於《周南》。』李善注：『元宰，冢宰也。』

賦得退食從容出每遲〔一〕

梧陰剛轉翠華東，晝漏沉沉咏在公。夢適頓忘依畫省〔二〕，日長翻似住山中。秋風半入朱門迴，塔頂平分夕照紅。緩步漫從丹陛去，禁雲宮樹晚朧朧。

箋注

〔一〕退食，《詩經·召南·羔羊》：『委蛇委蛇，退食自公』。朱熹集傳：『退食，退朝而食於家也。』

〔二〕畫省，漢尚書省以胡粉塗壁，紫素界之，畫古烈士像，故别稱『畫省』，或稱『粉省』『粉署』。

雨中聞角步韵

迢遞雙龍帶雨鳴〔一〕，黄墳竹嶺韵同清〔二〕。聽來蘆葉仍三叠，怨入秋鴻第一聲。

衰草迷離孤館静，斜風斷續晚林横。不須惆悵霜天裏，樓角殘霞已報晴。

校訂

《山左詩鈔》卷三十一詩題作『雨中聞角』。

箋注

〔一〕雙龍，見《晶章行贈楊樹滋明府》箋注〔一五〕。

病中步蛟門韵〔一〕

朅來秋暮仍多病，蕭摵寒燈夜雨零〔二〕。酒債放除餘汗漫，藥囊羞澀到參苓〔三〕。
貧中作客頭堪白，廡下何人眼倍青〔四〕？伏枕幾回求入夢，哀鴻雲際可能聽？

箋注

〔一〕蛟門，即汪懋麟，見《爪茉莉·本意，和蛟門，用宗梅岑韵》箋注〔一〕。

〔二〕蕭摵，形容風吹樹木的聲音。

〔三〕 參苓，人參與茯苓。

〔四〕 眼倍青，見《飲鄉中酒至醉》其二箋注〔二〕。

哭漢儀〔一〕

壬辰之春識君面〔二〕，于時鎩羽歸鄉縣。憔悴風塵千里間，入門下馬恣歡宴。斗酒相看脱寶刀，鬚眉顧盼真人豪。淳于意氣東方舌〔三〕，笑談磊落輕時髦。荏苒公車二十年〔四〕，春明常放孝廉船〔五〕。相逢寂寂對無語，顧予每惜終寒氈〔六〕。皇帝改元歲在癸，槐黄天碧明湖水。自愧邯鄲步未工〔七〕，得失摇摇心欲死。先生長笑爲余言，第一科名今在子〔八〕。桂樹秋高咫尺中，片言契合古人風。電光石火偶然耳，多君水鏡懸雙瞳。陸機入洛還年少〔九〕，李廣難封嘆數窮〔一〇〕。潦倒緇塵隨計吏，今年仍策青門騎。志大寧甘伏櫪羞〔一一〕，形癯猶擅雕龍事〔一二〕。凉宵風雨黑如盤，半醉掀髯憂失意。明珠按劍鮫人愁〔一三〕，毾㲪長安過夏秋〔一四〕。半刺知君非所願〔一五〕，重來或可追驊騮〔一六〕。詎識廣寧門外路，滔滔不返江河流。噫嘻吁！客游已經年，還家纔一日。琴書那復陳，稚子空繞膝。悲哉山陽笛〔一七〕，絶矣廣川筆〔一八〕。燕市故人爲此歌，階下秋蟲聞唧唧。

箋注

〔一〕鄧漢儀（一六一七—一六八九），字孝威，號舊山，別號舊山梅農、鉢叟。明末清初詩人，吴縣（今江蘇蘇州）人。著有《淮陰集》《官梅集》《過嶺集》等，評選詩歌總集《詩觀》。

〔二〕壬辰，清順治九年（一六五二）。

〔三〕淳于意氣，《史記·滑稽列傳》：「淳于髡者，齊之贅婿也。長不滿七尺，滑稽多辯，數使諸侯，未嘗屈辱。」東方舌，《史記·滑稽列傳》：「武帝時，齊人有東方生名朔……數召至前談語，人主未嘗不説也。……時會聚宫下博士諸先生與論議，共難之曰……東方生曰……於是諸先生默然無以應也。」

〔四〕「荏苒」句，康熙十七年，鄧漢儀被迫參加博學鴻詞科考試，最終被賜内閣中書舍人。

〔五〕春明，即唐長安春明門。孝廉船，南朝宋劉義慶《世説新語·文學》：「張憑舉孝廉出都，負其才氣，謂必參時彦。欲詣劉尹，鄉里及同舉者共笑之。張遂詣劉……清言彌日，因留宿至曉。張退，劉曰：『卿且去，正當取卿共詣撫軍。』張還船，同侣問何處宿，張笑而不答。須臾，真長遣傳教覓張孝廉船。同侣惋愕。即同載詣撫軍。」

〔六〕寒氈，《新唐書·文藝傳中》：「（鄭虔）在官貧約甚，淡如也。杜甫嘗贈以詩曰「才名四十年，坐客寒無氈」云。』

〔七〕邯鄲步，《漢書·叙傳上》：『昔有學步於邯鄲者，曾未得其彷彿，又復失其故步，遂匍匐而歸耳。』

〔八〕『第一』句，曹申吉《珂雪二集序》：『康熙癸卯，兄舉於鄉，爲第一人。』

〔九〕『陸機』句，見《拜先外祖墓》箋注〔二四〕。

〔一〇〕『李廣』句，《史記·李將軍列傳》：『大將軍青亦陰受上誡，以爲李廣老，數奇，毋令當單于，恐不得所欲。……至莫府，廣謂其麾下曰：「廣結髮與匈奴大小七十餘戰，今幸從大將軍出接單于兵，而大將軍又徙廣部行回遠，而又迷失道，豈非天哉！且廣年六十餘矣，終不能復對刀筆之吏。」遂引刀自剄。』索隱述贊：『……失道見斥，數奇不封。惜哉名將，天下無雙！』

〔一一〕伏櫪，曹操《龜雖壽》：『老驥伏櫪，志在千里；烈士暮年，壯心不已。』

〔一二〕雕龍，《史記·孟子荀卿列傳》：『騶衍之術迂大而閎辯；奭也文具難施；淳于髡久與處，時有得善言。故齊人頌曰：「談天衍，雕龍奭，炙轂過髡」。』

〔一三〕明珠按劍，《史記·魯仲連鄒陽列傳》：『臣聞明月之珠，夜光之璧，以暗投人於道路，人無不按劍相眄者。何則？無因而至前也。』

〔一四〕毷氉，煩惱，鬱悶。

〔一五〕半刺，晋庾亮《答郭預書》：『別駕舊與刺史別乘，同流宣王化於萬里者，其任居刺史之半。』

〔一六〕騂騮，晋張華《博物志》卷六：『周穆王八駿：赤驥、飛黄、白蟻、華騮、騄耳、騧騟、渠黄、盗驪。』

〔一七〕山陽笛，見《南鄉子・夏夕無寐，茫茫交集，輒韵語寫之，不求文也》其三箋注〔二〕。

〔一八〕廣川筆，宋路振《九國志》卷十一：『廣陵筆工李鬱者，善爲詩什，（彭）玗嘗貽書於鬱，以白金十兩市一筆；又令鬱訪石本五經，卷以白金百兩爲直。廣陵人相謂曰：「玗以十金易一筆，百金酬一卷，况得士乎！」於是蕭謨等數人，咸往依之。』

咏懷

麋鹿在山林，豐草恣盤桓。置之樊圃中，鬱鬱鮮所歡。貞也江海人，逐隊來長安。微名誤見收，蓬蓽志已完。盍輕五斗粲〔一〕，艷此蘭臺官〔二〕。寒蟬集枯木，厥憂非一端。日夕趨東觀〔三〕，忽忽歲云殘。石田無人耕，饘粥良獨難。小兒甫識字，大兒已勝冠。矻矻懼荒落〔四〕，何以修羽翰。性僻寡逢迎，入世嗟狂瀾。强顔爲嚬笑，大樸倘易刓〔五〕。憶讀古人書，匪慮在飢寒。幸際唐虞代，有懷不一殫。吹竽復齊門，學步今邯鄲〔六〕。側身望岩壑，千里空漫漫。松菊或蕭條，猿鶴亦辛酸。丈夫貴決計，逝將賦考槃〔七〕。寄語東籬叟〔八〕，爲余理釣竿。

箋注

〔一〕五斗，見《歲暮感舊書懷二十八韻》箋注〔一九〕。

〔二〕蘭臺，《漢書·百官公卿表》：『御史大夫，秦官，位上卿，銀印青綬，掌副丞相。有兩丞，秩千石。一曰中丞，在殿中蘭臺，掌圖籍秘書，外督部刺史，内領侍御史員十五人，受公卿奏事，舉劾按章。』

〔三〕東觀，北周庾信《周宗廟歌十二首》其九：『南宫學已開，東觀書還聚。』

〔四〕矻矻，勤勞不懈貌。

〔五〕大樸，謂原始質樸的大道。刓，損。

〔六〕『吹竽』句，用濫竽充數、邯鄲學步兩典，此處均表自謙之辭。

〔七〕考槃，《詩經·衛風·考槃》，毛傳：『考，成；槃，樂也。』孔穎達疏：『此經言「考槃」，文連「在澗」，明碩人成樂在於此澗，謂成此樂而不去，所謂終處也。』

〔八〕東籬叟，見《桂枝香·蟹》箋注〔六〕。

秋日雪中同魏元永家弟澹餘夏忱飲鄉中酒至醉偶成〔一〕

傳來濁釀葛巾殘〔二〕，琥珀光濃鬥玉盤。價重三齊從事醆〔三〕，塵輕五斗舍人官〔四〕。披離黄菊持螯慣，迢遞青山荷鍤難〔五〕。入夜六花猶片片〔六〕，依稀翠覆女蘿寒〔七〕。

校訂

《實庵詩略》詩題作『秋日雪中同魏元永家弟澹餘夏忱飲』。

箋注

〔一〕家弟澹餘，即曹貞吉胞弟曹申吉，見《解語花·咏水仙，同家弟作》箋注〔一〕。曹貞吉堂弟曹恂吉，字夏忱，監生。任江南青浦縣縣丞。

〔二〕『傳來』句，《宋書·陶潛傳》『郡將候潛，值其酒熟，取頭上葛巾漉酒，畢，還復著之。』

〔三〕三齊，秦亡，項羽以齊國故地分立齊、膠東、濟北三國，皆在今山東東部，後泛稱『三齊』。從事，見《摸魚子·答沈融谷》箋注〔八〕。

〔四〕五斗，見《歲暮感舊書懷二十八韵》箋注〔一九〕。舍人官，曹貞吉於康熙三年中進士，授内弘文院中書舍人，故言。

〔五〕荷鍤，《晋書·劉伶傳》：『常乘鹿車，携一壺酒，使人荷鍤而隨之，謂曰：「死便埋我。」其遺形骸如此。』

〔六〕六花，見《賀新凉·送周雪客南歸》其二箋注〔一〕。

〔七〕女蘿，即松蘿，多附生在松樹上，成絲狀下垂。《詩經·小雅·頍弁》：『蔦與女蘿，施於松柏。』

寄劉玉少遷安用蛟門韻〔一〕

其一

君别維揚久，頻年未到家。懷人勞雁鯉，逢客問桑麻。雪擁關河冷，風吹塞草斜。傳經吾輩事，直北尚京華。

箋注

〔一〕劉玉少，見《書劉次山詩後》其一箋注〔一〕。遷安，位於今河北省境内。蛟門，即汪懋麟，見《爪茉莉·本意，和蛟門，用宗梅岑韻》箋注〔一〕。

其二

驚聞襆被出，晨起欲衝泥。行李蕭條在，關山道路迷。時清須左馬〔一〕，客久荷招攜。余亦逃名者，真慚秘省棲。

箋注

〔一〕左馬，左丘明、司馬遷的并稱。清顧炎武《汾州祭吴炎潘檉章二節士》：『一代文章亡左馬，千秋仁義在吴潘。』

讀唐人詩偶題

其一

延清秀麗本天然，風流不羡落花篇〔一〕。駱丞賓客曾相識〔二〕，更向空山唤少年。

箋注

〔一〕『延清』句，宋之問（約六五六—七一三），字延清，唐詩人，詩與沈佺期齊名，并稱

『沈宋』。元辛文房《唐才子傳》卷一：『劉希夷……嘗吟詩曰：「年年歲歲花相似，歲歲年年人不同。」宋之問苦愛此一聯，知其未傳於人，懇求之。許而竟不與，之問怒其誑己，使以土囊壓殺於別舍。時未及三十，人悉憐之。』

〔二〕駱丞，唐代詩人駱賓王曾任臨海丞，故稱。賓客，唐代詩人劉禹錫晚遷太子賓客，世稱『劉賓客』。

其二

清净維摩畫裏禪〔一〕，琵琶一曲使人憐〔二〕。千年凝碧傷心地〔三〕，何似長齋住輞川〔四〕。

箋注

〔一〕維摩，此處指唐代詩人王維，字摩詰，號摩詰居士。

〔二〕『琵琶』句，唐薛用弱《集异記》：『王維右丞，年未弱冠，文章得名。性閑音律，妙能琵琶，游歷諸貴之間，尤爲岐王所重……維方將應舉，具其事言於岐王，仍求庇借……仍令賫琵琶，同至公主之第……即令獨奏新曲，聲調哀切，滿座動容。公主自詢曰：「此曲何名？」維起曰：「號《鬱輪袍》。」公主大奇之。』

〔三〕『千年』句，《舊唐書·王維傳》：『維以《凝碧詩》聞於行在，肅宗嘉之。』

〔四〕輞川，在陝西省藍田縣南，王維曾置別業於此，《新唐書·文藝傳中》：『別墅在輞川，地奇勝，有華子岡、欹湖、竹裏館、柳浪、茱萸沜、辛夷塢，與裴迪游其中，賦詩相酬爲樂。』

其三

見說樊川呵綺語〔一〕，杜秋一曲苦相仍〔二〕。兩枝仙桂尋常事〔三〕，也向城南詫老僧。

箋注

〔一〕樊川，唐代詩人杜牧號樊川居士。杜牧別業樊川，故稱。

〔二〕杜秋一曲，唐杜牧《杜秋娘》：『京江水清滑，生女白如脂。其間杜秋者，不勞朱粉施。』

〔三〕『兩枝』句，唐杜牧《贈終南蘭若僧》：『家在城南杜曲旁，兩枝仙桂一時芳。休公都不知名姓，始覺禪門氣味長。』

其四

達夫五十始能詩〔一〕，落筆皆成幼婦辭〔二〕。一悟九還黍米在〔三〕，苦吟争似少年時〔四〕。

箋注

〔一〕達夫，唐代詩人高適，字達夫，滄州渤海人。年過五十，始留意詩什，數年之間，體格漸變，以氣質自高，每吟一篇，已爲好事者稱誦。

〔二〕幼婦辭，南朝宋劉義慶《世説新語·捷悟》：『魏武嘗過曹娥碑下，楊修從。碑背上見題作「黄絹幼婦，外孫齏臼」八字……修曰：黄絹，色絲也，於字爲絶；幼婦，少女也，於字爲妙；外孫，女子也，於字爲好；齏臼，受辛也，於字爲辭。所謂絶妙好辭也。』

〔三〕『一悟』句，唐高適《封丘作》：『生事應須南畝田，世情付與東流水。』

〔四〕『苦吟』句，唐高適《邯鄲少年行》：『且與少年飲美酒，往來射獵西山頭。』

其五

王孫驢背氣縱横〔一〕，賈尉長江句自清〔二〕。不分都官聲價好，鷓鴣一首便成名〔三〕。

箋注

〔一〕王孫驢背，見《減字木蘭花·雜憶》其七箋注〔三〕。

〔二〕『賈尉』句，唐代詩人賈島，曾任遂州長江縣（今四川蓬溪）主簿，有詩文集《長江集》，其人也被稱爲『賈長江』。

〔三〕『不分』句，唐代詩人鄭谷，字守愚，袁州宜春（今屬江西）人。僖宗時進士，官都官郎中，人稱鄭都官。又以《鷓鴣詩》得名，人稱『鄭鷓鴣』。

雪中入署

凌晨寒色劇，行踏草痕枯。雪裏千門閉，城邊一騎孤。雲涵高闕静，風急衆禽呼。拂面堅冰在，回頭愧僕夫。

寒夜集頌嘉獨笑亭限韵〔一〕

其一

三徑蓬蒿在〔二〕，西園此再來〔三〕。酒懷分橘柚，雪氣上樽罍。哀玉聲隨鉢，爐香影亂梅。沉冥吾輩事，遮莫晚鐘催。

箋注

〔一〕曹禾（一六三七—一六九九），字頌嘉，號未庵，又號峨嵋，江蘇江陰人，康熙三年（一六六四）進士，官内閣中書，康熙十八年（一六七九）應試博學宏詞，授翰林院編修，官至國子祭酒。著有《未庵初集》《峨嵋集》等。

〔二〕三徑，見《水調歌頭·大醉放言》箋注〔一〇〕。

〔三〕西園，見《南鄉子·夏夕無寐，茫茫交集，輒韵語寫之，不求文也》其三箋注〔一〕。

其二

青樽歡永夜，曲檻一燈明。歲暮同爲客，天涯問舊盟。酒因風力减，寒逐敝裘生。歸路緇塵絶，依依月影横。

除夕步家弟韵〔一〕

其一

青門驚歲晚〔二〕，暘谷待寅賓〔三〕。法酒仍官舍〔四〕，閑情半旅人。雪痕披老樹，梅影逗先春。漏下還催鉢，長檐更一巡〔五〕。

箋注

〔一〕家弟，即曹貞吉胞弟曹申吉，見《解語花·咏水仙，同家弟作》箋注〔一〕。

〔二〕青門，見《摸魚子·咏莼》箋注〔五〕。

〔三〕暘谷，《淮南子·天文訓》：『日出於暘谷，浴於咸池。』寅賓，《尚書·堯典》：『分命羲仲，宅嵎夷，曰暘谷，寅賓出日。』孔安國傳：『寅，敬。賓，導。』

〔四〕法酒，清錢謙益《病榻消寒雜咏四十六首》其十三：『内苑御舟思叵叵，上尊法酒賜逡巡。』

〔五〕長檐，北齊顔之推《顔氏家訓·勉學》：『梁朝全盛之時，貴游子弟，多無學術……無不熏衣剃面，傅粉施朱，駕長檐車，躡高齒屐。』

其二

一年餘此夕，坐到晚鐘殘。倦眼窺紅燭，鄉心入歲盤〔一〕。遠游兒女大，歸夢道途難。剩有敲窗竹，風來葉葉乾〔二〕。

箋注

〔一〕歲盤，宋吴自牧《夢粱録·除夜》：『是日内司意思局進呈精巧消夜果子合，合内簇諸般細果、時果、蜜煎、糖煎及市食。』

元宵前二日内直獲觀御前烟火恭紀

太平天子燕芳辰，手挈大造開陽春〔一〕。纖塵不動琉璃色〔二〕，蟾光玉闕争嶙峋。參差雙鳳雲間下，金蓮寶炬輝清夜。千行法從静無聲〔三〕，但見疏星映臺榭。長竿一綫走空明，萬點流光紛送迎。魚龍出没老蛟舞，奔騰海若天吴驚〔四〕。太乙燈鏤萬歲字〔五〕，的皪明珠七十二。峥嶸千丈塔凌雲，窈窕一雙眉覆翠。更有銀花錯落摇〔六〕，長空亂擁金葡萄。變爲昆侖騎象出〔七〕，嵯峨勢與丘山高。其後光芒難復辨，火樹迷離擬掣電。歷歷金丸飛上天，霹靂一聲香霧散。須臾駕起歸龍樓，惟餘明月照螭頭。倦眼摩挲空嘆息，恍然夢向鈞天游〔八〕。我願年豐多黍穀，金波穆穆平如縠〔九〕。聖主爲歡歡未足，小臣常傍玉堂宿。

箋注

〔一〕大造，指天地，大自然。唐劉長卿《重推後却赴嶺外待進止寄元侍郎》：『大造功何薄，長年氣尚冤。』

〔二〕纖塵，唐張若虛《春江花月夜》：『江天一色無纖塵，皎皎空中孤月輪。』

〔三〕法從，《漢書·揚雄傳上》：『又是時趙昭儀方大幸，每上甘泉，常法從，在屬車間豹尾中。』顏師古注：『法從者，以言法當從耳，非失禮也。一曰從法駕也。』

〔四〕海若、天吴，見《賀新凉·爲其年題詞》箋注〔四〕。

〔五〕太乙燈，《上清靈寶大法》：『晝夜常明太乙燈。』

〔六〕銀花，唐蘇味道《正月十五夜》：『火樹銀花合，星橋鐵鎖開。』

〔七〕昆侖，昆侖奴，唐顧況《杜秀才畫立走水牛歌》：『昆侖兒，騎白象，時時鎖著師子項。』

〔八〕鈞天，《吕氏春秋·有始》：『中央曰鈞天。』高誘注：『鈞，平也。爲四方主，故曰鈞天。』

〔九〕『金波』句，宋胡宿《天街曉望》：『金波穆穆沙堤月，玉樹琤琤上苑風。』

余與蛟門作禁中烟火詩家弟澹餘題以長句蛟門倚韵和之得二首余復步家弟韵却呈蛟門〔一〕

其一

九微燈徹翠華明〔二〕，雲際簫韶入夜清〔三〕。月轉玉衡臨閣道〔四〕，天迴珠斗静岧城〔五〕。晶瑩鳷鵲千重觀〔六〕，角觝魚龍一片聲〔七〕。自是恩波開浩蕩，小臣何以頌升平。

箋注

〔一〕蛟門，即汪懋麟，見《爪茉莉·本意，和蛟門，用宗梅岑韵》箋注〔一〕。家弟澹餘，即曹貞吉胞弟曹申吉，見《解語花·咏水仙，同家弟作》箋注〔一〕。

〔二〕『九微』句，《漢武内傳》：『七月七日設座大殿上，以紫羅薦地，燔百木之香，燃九光九微之燈，以待王母。』

〔三〕簫韶，見《瞻禮大享殿十二韵》箋注〔六〕。

〔四〕玉衡，北斗七星中的第五星。《文選・揚雄〈長楊賦〉》：『是以玉衡正而太階平也。』李善注引韋昭曰：『玉衡，北斗也。』

〔五〕珠斗，指北斗七星，因斗星相貫如珠，故名。唐王維《同崔員外秋宵寓直》：『月迥藏珠斗，雲消出絳河。』

〔六〕鳷鵲，漢宮觀，在長安甘泉宮外。

〔七〕角觝，《資治通鑒》卷二十一『角觝戲』，胡三省注引三國魏文穎曰：『名此樂爲角抵，兩兩相當，角力、角技藝射御，蓋雜技樂也。』魚龍，《漢書・西域傳贊》：『設酒池肉林以饗四夷之客，作《巴俞》都盧、海中《碭極》、漫衍魚龍、角抵之戲以觀視之。』顔師古注：『魚龍者，爲舍利之獸，先戲於庭極，畢乃入殿前激水，化成比目魚，跳躍漱水，作霧障日，畢，化成黄龍八丈，出水敖戲於庭，炫耀日光。』

其二

火樹迷離照眼明，金蓮拂地映西清〔一〕。一天烟靄長楊館〔二〕，萬頃琉璃不夜城。

倦客久慚鸚鵡賦〔三〕，舍人高唱鳳凰聲。吾儕襆被年年事，喜見瑶階瑞草平。

箋注

〔一〕西清，宋徐鉉《茱萸》：『長和菊花酒，高宴奉西清。』

〔二〕長楊館，見《花朝某將軍招飲》其二箋注〔三〕。

〔三〕鸚鵡賦，漢禰衡曾作《鸚鵡賦》，其序曰：『時黄祖太子射賓客大會，有獻鸚鵡者，舉酒於衡前曰：「禰處士，今日無用娱賓，竊以此鳥自遠而至，明彗聰善，羽族之可貴，願先生爲之賦，使四座咸共榮觀，不亦可乎？」衡因爲賦，筆不停綴，文不加點。』

清明同人野集送朱錫鬯之揚州〔一〕

其一

長條拂地柳毿毿〔二〕，潦倒離情客自諳。强欲從君過韋曲〔三〕，斷烟芳草似江南。

校訂

《實庵詩略》選此組詩；《山左詩鈔》卷三十一選録第一、二、四首；吴翌鳳《國朝詩》卷三選録第一、二首；王士禛《感舊集》卷十二、鄧漢儀《詩觀初集》卷三、陳維崧《篋衍集》卷十

一、《（雍正）揚州府志》卷三十九《藝文志四》、《（乾隆）江都縣志》卷三十一《藝文志下》、《（光緒）增修甘泉縣志》卷二十一《藝文志下》皆選録第三首。《篋衍集》《揚州府志》《江都縣志》詩題作《清明送朱錫鬯之揚州》；《增修甘泉縣志》詩題作《清明送錫鬯之揚州》。

韋曲，《實庵詩略》《國朝詩》《山左詩鈔》作『杜曲』。

斷，《國朝詩》作『淡』。

箋注

〔一〕朱錫鬯，即朱彝尊，見《滿江紅·和錫鬯吴大帝廟下作》箋注〔一〕。

〔二〕毿毿，形容枝條細長披垂。

〔三〕韋曲，見《齊天樂·春晚同諸子游祖園》箋注〔二〕。

其二

酒旗歌扇問流鶯，路入郊原送客行。一帶寒蕪迷近遠〔一〕，天涯何處不清明。

箋注

〔一〕寒蕪，唐皇甫曾《送鄭秀才貢舉》：『晚色寒蕪遠，秋聲候雁多。』

其三

風颸幾尺青簾子〔一〕，雨濕一枝紅杏花。共向樂游原上望〔二〕，鈿車流水日初斜。

校訂

颸，《篋衍集》及各方志皆作『揚』，同。

箋注

〔一〕『青簾』句，唐鄭谷《旅寓洛南村舍》：『白鳥窺魚網，青簾認酒家。』

〔二〕樂游原，故址在今陝西西安市南郊，本爲秦時宜春苑，漢宣帝時改建樂游苑，唐時，爲長安士女游賞勝地。唐李白《憶秦娥》：『樂游原上清秋節，咸陽古道音塵絶。』

輯評

鄧漢儀評：『只似作一首樂府，而送別意在其中。』

其四

竹西歌吹紅橋路〔一〕，疏雨斜風記得無？此去恰逢櫻笋熟〔二〕，清和時節泛菰蘆。

箋注

〔一〕『竹西』句，見《書劉次山詩後》其二箋注〔二〕。

〔二〕櫻笋熟，唐薛能《晚春》：『賴指清和櫻笋熟，不然愁殺暮春天。』

奇石歌贈李諫臣〔一〕

吾聞海上蜃爲市，雲車風馬成大觀。孤烟没滅山吞吐，潮光慘淡三洲寒〔二〕。鼋鼉之窟神仙宅〔三〕，千年靈氣常鬱盤。中有怪石妙天下，森然物象非雕刓。李生袖中蠕蠕動，欲出不出憂相摶。爲石者八四其最，目瞠舌撟疑無端。其一老佛趺跏坐〔四〕，窅冥古洞從阿難〔五〕。更有道士撑孤髻，一瓢一笠來珊珊。别爲狡兔撲朔走，長林豐草精神完。石榴一株垂兩子，虬枝老幹相糾蟠。滿堂大叫稱奇絶，參差入眼真琅玕〔六〕。寧數蘇公虎豹首〔七〕，米顛靈璧空烟巒〔八〕。乃知造化之功入微細，誰爲藻潤施青丹。我告李君珍什襲，無令飛騰踴躍歸滄瀾。蛟龍失寶非所願，倘有風雷逼夜闌。

校訂

《實庵詩略》、《山左詩鈔》卷三十一、鄧漢儀《詩觀初集》卷三皆選此首。

摶，底本作『搏』，據《實庵詩略》《山左詩鈔》改。

箋注

〔一〕李應廌，字諫臣，號愚庵，又號杜三，山東日照人，清康熙朝著名公卿、學者、書法家和詩人。康熙十五年（一六七六）進士，歷任翰林院編修、順天學政、内閣學士兼禮部侍郎。著有《四書文稿》《寧拙堂詩文稿》。

〔二〕三洲，見《贈張參宇山人二首》其二箋注〔二〕。

〔三〕黿鼉，大鱉和猪婆龍。

〔四〕趺跏坐，亦作『結加趺坐』。佛教徒坐禪法，即交迭左右足背於左右股上而坐。

〔五〕阿難，釋迦十大弟子之一，斛飯王之子，釋迦之從弟。

〔六〕琅玕，《尚書·禹貢》：『厥貢惟球、琳、琅玕。』孔穎達疏：『琅玕，石而似珠者。』

〔七〕虎豹首，宋蘇軾《後赤壁賦》：『履巉岩，披蒙茸，踞虎豹，登虬龍。』

〔八〕米顛，見《都門晤沈大行因憶湖上之游》其二箋注〔二〕。

輯評

鄧漢儀評：『筆力夭矯聳异，前惟子美，後則空同。』

送家弟之黔中〔一〕

其一

金門索米代躬耕〔二〕，建節翻爲萬里行。一道旌旗開瘴癘，百蠻君長見將迎。如天聖澤還求舊〔三〕，似水臣心豈近名。最是燕臺留滯客〔四〕，離情鄉思一時生。

箋注

〔一〕家弟，即曹貞吉胞弟曹申吉，見《解語花·咏水仙，同家弟作》箋注〔一〕。曹申吉於康熙十年巡撫貴州，張貞《渠亭山人半部稿·曹申吉墓志并銘》：『（康熙）十年，改工部右侍郎兼都察院右副都御史，巡撫貴州。』

〔二〕金門索米，見《賀新涼·寄李武曾，用朱錫鬯韵》箋注〔六〕。

〔三〕求舊，宋蘇軾《次天字韵答岑岩起》：『莫嘆郎潜生白髮，聖朝求舊鄙爲肩。』

〔四〕燕臺，見《滿江紅·金臺懷古》箋注〔一〕。曹申吉自京赴黔時，曹貞吉正在京師爲内閣中書舍人，故以『燕臺留滯客』自稱。

其二

駪駪四牡復遐荒〔一〕，楚水蠻烟道路長。自識人倫歸品叙，無如聖主念封疆。名駒蹀躞來天廄〔二〕，寶鏹輝煌出尚方〔三〕。干羽有年煩廟算〔四〕，勞臣何以慰君王？

箋注

〔一〕駪駪，唐杜甫《八哀詩·贈太子太師汝陽郡王璡》：『羽旗動若一，萬馬肅駪駪。』四牡，《詩經·小雅·四牡》序：『四牡，勞使臣之來也。』康熙六年八月，曹申吉奉旨祭祀南岳，曹貞吉有詩《遥送家弟澹餘奉使祭告南岳二首》記之，中有『太平天子垂裳日，禋祀遥傳遺秩宗』『親承帝簡下鸞坡，四牡煌煌擁節過』等句。

〔二〕天廄，天廄坊，宋朝養馬機構。

〔三〕寶鏹，皇家所賜的錢。尚方，見《僧有領印歸里者詩以送之》其二箋注〔一〕。

〔四〕干羽，《尚書·大禹謨》：『帝乃誕敷文德，舞干羽於兩階。』廟算，《孫子兵法·始計》：『夫未戰而廟算勝者，得算多也；未戰而廟算不勝者，得算少也。』

其三

三十餘年老兄弟，別離幾度泪痕多。丹心自可酬恩去，遠道其如將母何？望裏碧鷄山似黛[一]，聽來銅鼓鬢成皤。古今詞賦吾家事，剩有風謡入嘯歌。

校訂

酧，據詩意當作『酬』。

箋注

〔一〕碧鷄，在今雲南省昆明市西南。元李京《初到滇池》：『珍重碧鷄山上月，相隨萬里更多情。』

其四

一麾南下拜君恩，僰道安車使者尊〔一〕。不信疾風靡勁草，由來利器藉盤根。花明池館應多夢，雨暗江湖若个村。此去五雲煩坐鎮，晝開鈴閣静朱幡〔二〕。

箋注

〔一〕僰道，漢屬犍爲郡，爲僰人所居，故名，地在今四川宜賓。

〔二〕鈴閣，見《花朝某將軍招飲》其一箋注〔二〕。

其五

行人幾日過方城〔一〕，翹首南雲太息生。三户鶉衣還待澤〔二〕，十年銅柱乍休兵〔三〕。行間絳灌須温語〔四〕，幕府殷劉有盛名〔五〕〔一〕。草檄欲成寧父老，急將典禮化蠻傖〔六〕。

校訂

鄧漢儀《詩觀初集》卷三、陶煊、張璨《國朝詩的》之《山東卷》卷一皆録此首。

草檄欲成寧父老，《詩觀初集》作『草檄碧鷄風雷暗』，《國朝詩的》作『草檄碧鷄風雨暗』。

箋注

〔一〕方城，唐元稹《楚歌十首》其六：『殷勤聘名士，莫但倚方城。』

〔二〕鶉衣，《荀子·大略篇》：『子夏家貧，衣若懸鶉。』

〔三〕銅柱，《後漢書·馬援傳》：『嶠南悉平。』李賢注引晋顧微《廣州記》：『援到交阯，立銅柱，爲漢之極界也。』

〔四〕絳灌，漢絳侯周勃、潁陰侯灌嬰的并稱。二人均輔佐漢高祖劉邦定天下，建功封侯。

〔五〕殷劉，東晋殷浩、劉惔的并稱，二人均以風度才氣著稱。

〔六〕鑾傖，曹申吉《〈（康熙）貴州通志〉序》曰：『予嘗佐秩宗，貳冢宰，奏事殿中，得仰見天子。嘉與維新，中外一視。軫黔民之困，以阡陌責令長，俾勸於農桑。念邊土貧瘠，而特罷鼓鑄。知荒落之區，罔習法度，不可以中原之律治也。而寬其禁令，所以懷柔遠人，更張區畫者備至。予抵黔既久，日進殘黎，而風曉以聖世與民休養之意，童叟歡悦，式歌且舞，有事關邊計，亦次第指陳。上不以其言爲愚，輒得報可。庶幾蠶叢鳥道之鄉，登於衽席矣。』

輯評

〔一〕鄧漢儀評：『大有經濟。』

鄧漢儀評：『不作尋常折柳語，固有胸蟠武庫。』

其六

兩年共走新豐路〔一〕，折柳旗亭旆影摇。薄禄吾甘從五柞〔二〕，長才君合定三苗〔三〕。山川指顧南荒迥，劍履星辰北斗遥。歸闕相逢俱未老，安排生計到漁樵。

箋注

〔一〕『兩年』句，清康熙九年曹貞吉考授内閣中書，曹申吉亦在京爲官。曹申吉《珂雪二集序》：『庚戌，（曹貞吉）得中書舍人。一年之中，連床風雨，擊鉢行吟，此唱彼賡，兄酹弟勸，生平之歡，無逾此歲。』

〔二〕五柞，見《冬日李望石侍御招同李貞孟編修李召林楊岱楨兩侍御李季霖中翰南郊觀射小飲長歌記事》箋注〔一六〕。

〔三〕定三苗，貴州爲多民族聚居區，曹申吉在任期間，『凱里、廣順等苗相繼蠢動，兵至，即竄入穴箐。諸將欲大其功，競陳搜剿之策，公力持撫議。殲魁而止，地方安堵』。事見《（康熙）續安丘縣志·事功傳·曹申吉》。

柬李召林侍御

韋曲城南舊種瓜〔一〕，凄凉别緒在天涯。不辭款段從君去〔二〕，愁見丁香一樹花。

箋注

〔一〕韋曲，見《齊天樂·春晚同諸子游祖園》箋注〔二〕。

〔二〕款段，《後漢書·馬援傳》：『從容謂官屬曰：「吾從弟少游常哀吾慷慨多大志，曰：『士生一世，但取衣食裁足，乘下澤車，御款段馬，爲郡掾史，守墳墓，鄉里稱善人，斯可矣。致求盈餘，但自苦耳。』」』李賢注：『款，猶緩也，言形段遲緩也。』

賦畫上驚燕步李書雲黄門韵〔一〕

雙垂綉帶引風長，天女何緣到畫廊〔二〕。乍避簾光窺宛轉，斜飛練影護瀟湘。尋巢慘淡猶三匝〔三〕，學語呢喃更一商〔四〕。憶得烏衣門巷在〔五〕，石城如黛閣殘陽。

箋注

〔一〕李宗孔，字書雲，號秘園，江蘇江都人。順治四年（一六四七）進士，歷任户部主事、工科給事中。

〔二〕天女，晋崔豹《古今注·鳥獸》：『燕，一名天女。』

〔三〕『尋巢』句，曹操《短歌行》：『月明星稀，烏鵲南飛。繞樹三匝，何枝可依？』

〔四〕商，商調，樂曲七調之一，其音凄愴哀怨。

〔五〕『憶得』句，見《賀新凉·爲其年題詞》箋注〔六〕。

題陳章侯潑墨圖〔一〕

誰能畫石如畫人？誰能取貌兼取神？遐哉顧陸不可作〔二〕，曹衣吴帶如飛塵〔三〕。老蓮筆底富造化，揮毫落紙抽嶙峋。生平所見非一種，豐頤長頸皆失真。海鹽夫子具隻眼，收藏此幅誠絶倫。一夫屹屹當石立，衣冠肅穆逼先民。代研以盂筆以口，淋漓兀突成逡巡。霜林似聞敗葉響，近山已作披麻皴〔四〕。胸中丘壑良鬱勃，墨光慘淡發其醇。旁有昆侖跛且短〔五〕，瞠目直視微反唇。綏也出奇乃自況，烟雲變怪神所臻。十指拂拂走真氣〔六〕，妍媸物象生龍賓〔七〕。吾師什襲亦已珍，匪存厥藝存厥人。吁嗟陳生終不泯！

校訂

《實庵詩略》、《山左詩鈔》卷三十一皆録此首。

潑，《山左詩鈔》作『噀』。

抽，《山左詩鈔》作『何』。

屹屹，《實庵詩略》《山左詩鈔》作『奮髯』。

研。《實庵詩略》作『硯』。

亦，《實庵詩略》《山左詩鈔》作『良』。

厥，《山左詩鈔》作『其』。

箋注

〔一〕陳洪綬（一五九九—一六五二），字章侯，幼名蓮子，一名胥岸，號老蓮，別號小净名，晚號老遲、悔遲，浙江諸暨人，明末清初書畫家、詩人。

〔二〕顧陸，東晋畫家顧愷之與南朝宋畫家陸探微的并稱。

〔三〕曹衣吴帶，北齊曹仲達與唐吴道子都善畫佛像。宋郭若虚《圖畫見聞志·論曹吴體法》：『吴之筆，其勢圓轉，而衣服飄舉；曹之筆，其體稠叠，而衣服緊窄，故後輩稱之曰：「吴帶當風，曹衣出水。」』

〔四〕披麻皴，中國畫山石皴法之一種，又稱麻皮皴。因所繪山石脉理如披麻，故名。

〔五〕昆侖，見《元宵前二日内直獲觀御前烟火恭紀》箋注〔七〕。

〔六〕拂拂，舞動貌。

〔七〕龍賓，見《月下笛·悼何蕤音》箋注〔六〕。

賀誦嘉迎養并移居之作〔一〕

其一

牙籤十萬擁高車〔二〕，宅借烏衣吏部衙。慈母遠乘青雀舫〔三〕，阿兄文是赤城霞〔四〕。乍圍兒女還堪喜，遥憶溪山轉自嗟。我亦有家真咫尺，只將離思度年華。

校訂

《實庵詩略》、《山左詩鈔》卷三十一選録第二首，詩題作『贈頌嘉移居之作』。楊鍾羲《雪橋詩話》三集卷二選録第二首，詩題作《贈峨嵋移居之作》。

箋注

〔一〕誦嘉，即曹禾，見《金縷曲·同頌嘉飲綸霞齋讀新詩》箋注〔一〕。

〔二〕牙籤，唐韓愈《送諸葛覺往隨州讀書》：『鄴侯家多書，插架三萬軸。一一懸牙籤，新若手未觸。』

〔三〕青雀舫，漢揚雄《方言》卷九：『舟……或謂之鷁首。』郭璞注：『鷁，鳥名也。今江東貴人船前作青雀，是其像也。』《玉臺新咏·古詩爲焦仲卿妻作》：『青雀白鵠舫，四角龍子幡。』

〔四〕赤城霞，唐李白《夢游天姥吟留别》：『越人語天姥，雲霞明滅或可睹。天姥連天向天横，勢拔五岳掩赤城。』

其二

高齋頻徙尚天涯，灌木森然帶晚鴉。分緑舊憐公子宅〔一〕，草玄今屬舍人家〔二〕。

十千酒醒吴江鱠〔三〕，第二泉烹顧渚茶〔四〕。聞説退朝饒盛事，書聲連屋謝繁華。

校訂

《實庵詩略》《山左詩鈔》《雪橋詩話》『分緑』句下均有小注曰：『宅舊爲張舉之京兆分緑居。』

頻徙，《雪橋詩話》作『徙倚』。

箋注

〔一〕分緑，宋楊萬里《閑居初夏午睡起二絶句》其一：『梅子留酸軟齒牙，芭蕉分緑與窗紗。』

〔二〕草玄，《漢書·揚雄傳下》：『哀帝時，丁、傅、董賢用事，諸附離之者或起家至二千石。時雄方草《太玄》，有以自守，泊如也。』

〔三〕十千，唐王維《少年行四首》其一：『新豐美酒斗十千，咸陽游俠多少年。』

〔四〕第二泉，無錫惠山泉，唐代『茶聖』陸羽品評水品，稱惠山泉爲『天下第二』。顧渚茶，宋樂史《太平寰宇記》：『長興縣顧渚，在縣西北三十里。昔吴王夫差，顧其渚次，原隰平衍，爲都邑之所。今崖谷林薄之中，多産茶茗，以充歲貢。』

夏日漫興

其一

朝來雨過緑苔生，自愛門停剥啄聲〔一〕。長夏漫漫如倦客，孤雲淡淡類時名。奇書借得皆成友，怪石移來便作兄。捫腹徐吟塵事少〔二〕，餘年真戀此官清。

箋注

〔一〕剥啄，唐韓愈《剥啄行》：『剥剥啄啄，有客至門。』

〔二〕捫腹，宋蘇軾《寓居定惠院之東雜花滿山有海棠一株土人不知貴也》：『先生食飽無一事，散步逍遥自捫腹。』

其二

槐陰風散片涼生，仿佛家園打麥聲。歸思汶湄東郭樹，懷人天際楚江城。自甘貧病親書帙，不願公卿識姓名。一枕邯鄲容午卧〔一〕，夢中蝴蝶亦多情〔二〕。

箋注

〔一〕『一枕』句，見《南鄉子·夏夕無寐，茫茫交集，輒韵語寫之，不求文也》箋注〔一〕。

〔二〕『夢中』句，見《蝶戀花·題王宓草畫蝶》箋注〔三〕。

其三

西堂睡足晚烟平，窗外雲低片片聲。急電穿林喧坐鳥，老蛟拖雨過高城。座無好客稱開士〔一〕，榻有遺經號净名〔二〕。大腹鴟夷拋永晝〔三〕，可憐辜負麴先生〔四〕。

校訂

聲，《實庵詩略》作『横』。

箋注

〔一〕開士，菩薩的异名。以能自開覺，又可開他人生信心，故稱。

〔二〕净名，《維摩詰經》的异稱。

〔三〕大腹鴟夷，《藝文類聚》卷七十二引漢揚雄《酒賦》：『鴟夷滑稽，腹大如壺，盡日盛酒，人復藉酤。』

〔四〕麯先生，清厲荃《事物异名録·飲食部·酒》：『張安國《椰子酒榼》詩：「道傍麯先生，風味固自佳。」』

得家弟書悵然有懷并寄同游諸子〔一〕

其一

北窗一榻夢蘧蘧〔二〕，喜得南來宛葉書〔三〕。別後塵埃知好健，同行親串定何如〔四〕？江連湘水追游屐，地入烏蠻擁傳車。此去遺黎遮道問，日邊都護帝親除。

校訂

鄧漢儀《詩觀初集》卷三、張璨《國朝詩的》之《山東卷》卷一皆選録第二首，詩題作《得家弟途中報悵然有懷》。

箋注

〔一〕家弟，即曹貞吉胞弟曹申吉，見《解語花·咏水仙，同家弟作》箋注〔一〕。

〔二〕蘧蘧，悠然自得貌。見《蝶戀花·題王宓草畫蝶》箋注〔四〕。

〔三〕宛葉，二古邑的并稱：宛，即今河南南陽；葉，在今河南葉縣南。古代由南陽通往葉縣的宛葉古道是楚地與中原的交通要道，楚地也是曹申吉入黔的必經之地，故言。

〔四〕親串，親戚。曹申吉入黔，其族叔曹師彬等隨行，曹師彬著有《黔行記略》記其入黔經歷。

其二

青衫敗笠影蘧蘧，難得平安兩字書。天意定教寧貴竹，人言君或似相如〔一〕〔一〕。瀘溪五月初開瘴，僰道千盤好叱車〔二〕。屈指秋風應不遠，佇看封事到彤除〔三〕。

箋注

〔一〕『人言』句，見《木蘭花慢·送徐方虎假歸》箋注〔三〕。

〔二〕僰道，見《送家弟之黔中》其四箋注〔一〕。

〔三〕封事，南朝梁劉勰《文心雕龍·奏啓》：『自漢置八儀，密奏陰陽，皂囊封板，故曰封事。』

輯評

〔一〕鄧漢儀評：『對法健。』

鄧漢儀評：『雍容其都。』

其三

小弟北來過委巷時夏忱弟初至〔一〕，携將一紙濟南書。論詩异地還同調，聽雨連床定不如〔二〕。虎觀仍騎嘶櫪馬〔三〕，蠶叢穩度采風車〔四〕。夜郎未可淹行李〔五〕，倘有新綸下御除。

箋注

〔一〕夏忱弟，曹貞吉族弟曹恂吉，字夏忱，監生，任江南青浦縣縣丞。

〔二〕連床，見《南鄉子·夏夕無寐，茫茫交集，輒韵語寫之，不求文也》其二箋注〔三〕。

〔三〕虎觀，白虎觀的簡稱，爲漢宫中講論經學之所。

〔四〕蠶叢，唐李白《送友人入蜀》：『見説蠶叢路，崎嶇不易行。』

〔五〕夜郎，漢時我國西南地區古國，在今貴州省西北部及雲南、四川二省部分地區。

其四

一騎紅塵追過鳥，傳將京洛倦游書。客懷潦倒杯相負，詩思蕭條葉不如。此日折梅煩驛使〔一〕，他年納節共柴車〔二〕。南湖知己應相憶，爲報狂夫態未除〔三〕。

箋注

〔一〕『此日』句，三國吴陸凱《贈范曄詩》：『折花逢驛使，寄與隴頭人。江南無所有，聊贈一枝春。』

〔二〕納節，《宋史·岳飛傳》：『飛與庶書：「今歲若不舉兵，當納節請閑。」』柴車，見《冬日過宣武門即事》箋注〔二〕。

〔三〕狂夫，唐杜甫《狂夫》：『欲填溝壑惟疏放，自笑狂夫老更狂。』

晨興

虛堂睡到日曈曨〔一〕，覓得清涼五月中。薇省自同蟬抱葉〔二〕，槐鄉飽看蟻拖蟲〔三〕。一犁黄犢花村雨時聞故鄉雨足，十丈紅塵柳市風〔四〕。明起依然趨北闕，曦光還徹翠微宫〔五〕。

校訂

十丈，《實庵詩略》作『千丈』。

明起，《實庵詩略》作『曉起』。

箋注

〔一〕曈曨，漢許慎《説文解字·日部》：『曈，曈曨，日欲明也。』

〔二〕薇省，紫薇省的簡稱，中書省。

〔三〕『槐鄉』句，唐李公佐《南柯太守傳》：『生感念嗟嘆，遂呼二客而語之。驚駭，因與生出外，尋槐下穴。生指曰：「此即夢中所經入處。」二客將謂狐狸木媚之所爲祟。遂命僕夫荷斤斧，斷擁腫，折查枿，尋穴究源。旁可袤丈，有大穴，根洞然明朗，可容一榻。上有積土壤，以爲城郭臺殿之狀。有蟻數斛，隱聚其中……追想前事，感嘆於懷，披閱窮迹，皆符所夢。不欲二客壞之，遽令掩塞如舊。是夕，風雨暴發。旦視其穴，遂失群蟻，莫知所去。』

〔四〕柳市，《三輔黄圖·長安九市》：『又有柳市、東市、西市。當市樓有令署，以察商賈貨財買賣貿易之事，三輔都尉掌之。』

〔五〕翠微宫，唐王維《敕借岐王九成宫避暑應教》：『帝子遠辭丹鳳闕，天書遥借翠微宫。』

讀陸放翁詩偶題〔一〕

其一

放翁文藻艷當時，開卷臨風一吊之。憶得鏡湖投老日〔二〕，杖藜欹帽自吟詩〔三〕。

校訂

《實庵詩略》選録第二、三、五首，詩題作《讀陸放翁集偶題》。

箋注

〔一〕陸游（一一二五—一二一〇），字務觀，號放翁，越州山陰（今浙江紹興）人，南宋著名詩人。著有《劍南詩稿》《渭南文集》《老學庵筆記》等。

〔二〕鏡湖，唐李白《對酒憶賀監二首》其二：『狂客歸四明，山陰道士迎。敕賜鏡湖水，爲君臺沼榮。』

〔三〕『杖藜』句，宋陸游《定風波》：『攲帽垂鞭送客回，小橋流水一枝梅。』

其二

錦官城外柳如絲〔一〕，急管聲催酒滿卮。怪底逢人誇蜀樂〔二〕，一生得意劍南詩。

箋注

〔一〕錦官城，成都舊有大城、少城，少城古爲掌織錦官員之官署，因稱『錦官城』。陸游曾任蜀州通判、錦城參議等職。

〔二〕怪底，難怪，怪不得。

其三

未了功名志可悲，青山別駕老邊陲。一般不信先生處，學射山頭射虎時〔一〕。

箋注

〔一〕學射山，明曹學佺《蜀中廣記·名勝記第三·成都府三》：『《寰宇記》云：「學射山，一名斛石山，在縣北十五里。」……是從來講武備於斯矣。今爲蜀府墳墓，此游遂絶。』陸游《劍南詩稿》中有多首提到射虎：卷四《聞虜亂有感》：『前年從軍南山南……赤手曳虎毛毵毵』；卷十一《建安遺興六首》其六：『刺虎騰身萬目前，白袍濺血尚依然』；卷十四《十月二十六日夜夢行南鄭道中既覺恍然攬筆作此詩時且五鼓矣》：『奮戈直前虎人立，吼裂蒼崖血如注』；卷二十六《病起》：『少年射虎南山下，惡馬强弓看似無』；卷二十八《懷昔》：『挺劍刺乳虎，血濺貂裘殷』；卷三十八《三山杜門作歌》其三：『南沮水邊秋射虎』。

其四

學仙學劍未爲奇，三萬牙籤手自治〔一〕。兒子相看俱不惡，真能誦得老夫詩。

箋注

〔一〕『三萬』句，見《賀誦嘉迎養并移居之作》箋注〔一〕。陸游親手選定其平生所作詩爲《劍南詩稿》八十五卷，收詩九千餘首。

其五

玉局祠官百萬錢〔一〕，古人優老政堪傳。一囊粟共侏儒飽〔二〕，自是文章愧昔賢。

箋注

〔一〕玉局，見《水調歌頭·爲龔節孫題〈種橘圖〉》箋注〔一〕。

〔二〕『一囊』句，見《賀新涼·寄李武曾，用朱錫鬯韵》箋注〔六〕。

直南苑〔一〕

其一

身到甘泉避暑宫〔二〕，青衫如侍翠華東〔三〕。遥峰兀突奇雲裏，毳帳高低落日中。大野臺高鷹晾羽，平堤草緑馬嘶風。年年珥筆慚宸從〔四〕，矯首晴空一帶紅。

校訂

《實庵詩略》選録此組詩，《山左詩鈔》卷三十一選録第一首，詩題皆作『直南苑作』。

箋注

〔一〕南苑，即南海子，在北京永定門外，清皇家園林。

〔二〕甘泉，見《賀新凉·二月二日，宣岳州捷，是日大雪，和其年》箋注〔三〕。
〔三〕翠華，唐陳鴻《長恨歌傳》：『潼關不守，翠華南幸。』
〔四〕珥筆，見《擬上祈穀南郊應制十八韵》箋注〔一九〕。曹貞吉時任内閣中書，主要掌撰擬、記載、翻譯、繕寫等，故言。

其二

法駕驚傳出苑門〔一〕，金鱗十萬射朝暾〔二〕。黄旗半捲蛟龍偃，鐵騎無聲虎豹蹲。鐃吹鷄人投曉箭〔三〕，髐鳴兔子走荒原〔四〕。大官冰酪尋常賜，丞相營前拜上恩。

箋注

〔一〕法駕，《史記·吕太后本紀》：『乃奉天子法駕，迎代王於邸。』裴駰集解引蔡邕曰：『天子有大駕、小駕、法駕。法駕上所乘，曰金根車，駕六馬，有五時副車，皆駕四馬，侍中參乘，屬車三十六乘。』
〔二〕朝暾，《隋書·音樂志下》：『扶木上朝暾，嵫山沉暮景。』
〔三〕鷄人，《周禮·春官·鷄人》：『鷄人掌共鷄牲，辨其物。大祭祀，夜呼旦以嘂百官。凡國之大賓客、會同、軍旅、喪紀，亦如之。凡國事爲期，則告之時。凡祭祀，面禳釁，共其鷄牲。』

〔四〕髐，同『髇』，響箭。

其三

長楊百里渾難盡〔一〕，别館迢遥隔遠坰〔二〕。入望樓臺環細柳，平川燈火暗疏星。西清視草頭堪白〔三〕，東閣憐才眼倍青〔四〕。曠野自諳麋鹿性〔五〕，朝朝飽飯過前汀。

箋注

〔一〕長楊，見《花朝某將軍招飲》其二箋注〔三〕。

〔二〕遠坰，見《春日臣鵠招同翼辰游東墅感賦》其三箋注〔一〕。

〔三〕西清，見《西苑即事》箋注〔四〕。視草，《舊唐書·職官志二》：『玄宗即位，張説、陸堅、張九齡、徐安貞、張垍等，召入禁中，謂之翰林待詔。王者尊極，一日萬機，四方進奏、中外表疏批答，或詔從中出。宸翰所揮，亦資其檢討，謂之視草。』

〔四〕眼倍青，見《飲鄉中酒至醉》其二箋注〔二〕。

〔五〕麋鹿性，南朝梁蕭繹《金樓子·興王》：『伯夷叔齊不食周粟，餓于首陽，依麋鹿以爲群。』

其四

昔年我亦來南苑，阿弟横經侍講筵〔一〕。輦道夜深三尺雪，周廬寒壓一層氈〔二〕。桑乾河畔冰如鏡〔三〕，螞蟻墳邊草似綿。披褐書生今老大，可憐渾未在人前。

校訂

桑乾，《實庵詩略》作『蝦蟆』。

箋注

〔一〕『阿弟』句，曹貞吉胞弟曹申吉，順治十二年（一六五五）進士，欽選翰林院庶吉士，順治十四年（一六五七）散館授國史院編修，充扈從日講官。

〔二〕『輦道』句，《（康熙）續安丘縣志·事功傳·曹申吉》記，順治十五年元旦，順治帝正在南苑，忽傳曹申吉，并以曹申吉之字澹餘相稱呼，『中使倉遽問寓直曹庶子曰：「誰爲曹錫餘者？」庶子以公名對，比使及門，已丙夜矣，乃馳入。直時新應殊寵，中外謂當有不次之遷』。周廬，《史記·秦始皇本紀》：『衛令曰：「周廬設卒甚謹。」』裴駰集解引《西京賦》曰：『徼道外周，千廬内傅。』薛綜曰：『士傅宫外，内爲廬舍，晝則巡行非常，夜則警備不虞。安得賊敢入宫？』

〔三〕桑乾河，今永定河之上游，相傳每年桑椹成熟時河水乾涸，故名。

賦得日落溪山散馬群限嘶字同蛟門作〔一〕

關河一片暮雲低，望去驪黄杳自迷。乍脱金羈還噴沫〔二〕，遥憐芳草驟聞嘶。平岡蹀躞來千帳，野水空明走萬蹄。苜蓿正肥沙正軟〔三〕，恍疑身在大宛西〔四〕。

箋注

〔一〕蛟門，即汪懋麟，見《爪茉莉·本意，和蛟門，用宗梅岑韵》箋注〔一〕。

〔二〕噴沫，《西京雜記》卷二：『瓠子河決，有蛟龍從九子，自決中逆上入河，噴沫流波數十里。』

〔三〕苜蓿，《史記·大宛列傳》：『俗嗜酒，馬嗜苜蓿。漢使取其實來。於是天子始種苜蓿、蒲陶肥饒地。及天馬多，外國使來衆，則離宫别觀旁盡種蒲萄、苜蓿極望。』

〔四〕大宛，西域三十六國之一，北通康居，南面和西南面與大月氏接，其地産名馬。見《史記·大宛列傳》《漢書·西域傳上·大宛國》。

苦熱

其一

步屧閑門髮屢科〔一〕，薄絺欲着奈愁何。共看京國氛埃集〔二〕，争似南天瘴霧多。溽逼那能生健翮，夢回空想浴長河。草堂郭畔凉如許，悔殺微官换釣蓑。

箋注

〔一〕科，科頭，謂不戴冠帽，裸露頭髻。

〔二〕氛埃，屈原《遠游》：『風伯爲余先驅兮，氛埃辟而清凉。』

其二

小雨還成午後晴，長空依舊火雲生。園瓜虚負沉沉碧，冰盞欣聽磕磕聲。撲面流螢紛去住，迴風團扇費將迎。遥憐貴竹蠶叢裏，大有勞人擁傳行〔一〕。

箋注

〔一〕『遥憐』句，曹貞吉《得家弟書悵然有懷并寄同游諸子》其二：『天意定教寧貴竹，人言君或似相如。』其三：『虎觀仍騎嘶櫪馬，蠶叢穩度采風車。』其一：『江連湘水追游屐，地入烏蠻擁傳車。』

和家弟寄懷之作同用杜韵

其一

遥傳舴艋下荆州，慘淡離懷翻百憂。去國雲迷三楚澤〔一〕，思親泪墮五溪頭〔二〕。青山滿眼寧辭險，白雨隨江不斷流。安輯略酧黔父老〔三〕，還家好共飯黄牛。

校訂

王士禛《感舊集》卷十二選録第一首。

酧，《感舊集》作『酬』。

箋注

〔一〕三楚，戰國楚地疆域廣闊，秦漢時分爲西楚、東楚、南楚，合稱『三楚』。

〔二〕五溪，漢屬武陵郡，爲少數民族聚居地，在今湖南西部和貴州東部。北魏酈道元《水經注·沅水》：『武陵有五溪，謂雄溪、樠溪、無溪、酉溪、辰溪其一焉。』

〔三〕安輯，《漢書·王莽傳上》：『居攝之義，所以統立天功，興崇帝道，成就法度，安輯海内也。』

其二

六月天南瘴癘深，木蘭舟畔浪花侵。雖經卑濕消魂地，敢負馳驅報主心。大纛帆檣連野市〔一〕，小窗鐙火得微吟。喜聞故國秋禾茂，緑滿平疇思不禁。

箋注

〔一〕大纛，宋歐陽修《相州晝錦堂記》：『然則高牙大纛，不足爲公榮；桓圭衮裳，不足爲公貴。』

立秋後大雨

微凉催候轉，急雨逼高城。一片行雲色，半空流水聲。神光迴倏忽，龍氣走砰訇〔一〕。七夕來朝是，羈人感倍生。

箋注

〔一〕龍氣，《周易·乾》：『雲從龍。』砰訇，晉顧愷之《雷電賦》：『夫其聲無定響，光不恒照，砰訇輪轉，倏閃藏曜。』

病中

病覺微凉好，蕭然力不勝。蓽門閑似隱，秋意淡如僧。入耳風前磬〔一〕，觀心雨後鐙。匡床眠欲熟〔二〕，夢到故鄉曾？

箋注

〔一〕磬，《詩經·商頌·那》：『既和且平，依我磬聲。』

〔二〕匡床，《淮南子·主術訓》：『匡床蒻席。』高誘注：『匡，安也。』

病起

委巷無車馬〔一〕，閑階上緑苔。病隨殘暑去，秋似故人來。月影窺窗白，蛩吟入夜哀。誰家鐃樂事，簫鼓隔城隈。

箋注

〔一〕委巷，《禮記·檀弓上》：『小功不爲位也者，是委巷之禮也。』鄭玄注：『委巷，猶街里，委曲所爲也。』

賦得誰家擣練風凄凄

清秋欲半凉思集，雁聲哀怨蛩聲急。何處更來砧杵聲，躊躕四顧搴衣立。響入行雲凝不流〔一〕，昨夜深閨夢隴頭。露華如水衣如雪，關山月冷思悠悠。無限商飆吹落葉〔二〕，羅袂寒生纖手怯。還倚欄杆看女牛，銀漢茫茫那堪涉。

箋注

〔一〕『響入』句，《列子·湯問》：『薛譚學謳於秦青，未窮青之技，自謂盡之，遂辭歸。秦青弗止，餞於郊衢，撫節悲歌，聲振林木，響遏行雲。薛譚乃謝，求反，終身不敢言歸。』

〔二〕商飆，秋風。唐韋應物《擬古詩十二首》其六：『商飆一夕至，獨宿懷重衾。』

聽鄰女琵琶和蛟門〔一〕

西風吹雲雲不起，河漢無聲露光紫。誰家女兒銀甲寒〔二〕，一弦一弦清于水。欲歌不歌嬬人嬌〔三〕，賀老傳來曲乍調〔四〕。金猊香冷那成寐，一彈再鼓冰輪高。霓裳入破音相續〔五〕，忽雷斜抱腰如束〔六〕。閨裏何知人斷腸，但扣檀槽作哀玉〔七〕。楚客東墻思惘然，願爲却月當胸前〔八〕。廣陵歸夢遥千里〔九〕，錦瑟無端似往年〔一〇〕。

校訂

《實庵詩略》、《山左詩鈔》卷三十一詩題作『隔院聞琵琶和蛟門』。

箋注

〔一〕蛟門，即汪懋麟，見《爪茉莉·本意，和蛟門，用宗梅岑韵》箋注〔一〕。

〔二〕銀甲，唐杜甫《陪鄭廣文游何將軍山林十首》其五：『銀甲彈筝用，金魚换酒來。』

〔三〕嬬人嬌，詞牌名，首見於柳永《樂章集》。

〔四〕賀老，見《綺羅香·宋牧仲座上聞歌》箋注〔六〕。

〔五〕霓裳，見《百字令·中秋和其年，時甫過地震》箋注〔二〕。

〔六〕忽雷，唐段安節《樂府雜録·琵琶》：『文宗朝有内人鄭中丞善胡琴。内庫有二琵琶，號「大小忽雷」。鄭嘗彈小忽雷。』

〔七〕檀槽，檀木製成的琵琶、琴等弦樂器上架弦的槽格。唐李賀《感春》：『胡琴今日恨，急語向檀槽。』

〔八〕却月，唐杜牧《閨情》：『娟娟却月眉，新鬢學鴉飛。』

〔九〕廣陵，廣陵散，見《晶章行贈楊樹滋明府》箋注〔一四〕。

〔一〇〕『錦瑟』句，唐李商隱《錦瑟》：『錦瑟無端五十弦，一弦一柱思華年。』

得家書感賦以難將寸草心報得三春暉爲韵

其一

五月暫京華，離別良獨難。春風動幨帷，游子泪闌干。慈顔日以遠，山川空鬱盤。嗟哉十丈塵〔一〕，易此萊衣歡〔二〕。

箋注

〔一〕十丈塵，見《霓裳中序第一·爲杞園題〈浮家圖〉》箋注〔三〕。

〔二〕萊衣歡，見《永遇樂·送孫屺瞻學士歸省》箋注〔七〕。

其二

秋氣變蕭索，葉落桑乾涼〔一〕。老僕策蹇驢，尺書遠携將。爲言臨書時，忽忽泪承眶。珍果豈不甘，食之心悲傷。

箋注

〔一〕桑乾，見《渡江雲·送蔣京少下第游楚，步其年韵》箋注〔三〕。

其三

予生真薄祜，俯仰多遺恨。未得免指視，何敢計利鈍〔一〕。辭親逐斗升，捧檄慚幽遁。寒蟬集枯木，所獲豈能寸。

箋注

〔一〕利鈍，南朝梁劉勰《文心雕龍·養氣》：『且夫思有利鈍，時有通塞。』

其四

寒飆集東林，巷陌浄如掃。屈指數晨昏，授衣恐不早。側聞三農登〔一〕，穀賤憂父老。何以勉終事，我心良草草〔二〕。

箋注

〔一〕三農，指春、夏、秋三個農時。登，穀物成熟。

〔二〕草草，《詩經·小雅·巷伯》：『驕人好好，勞人草草。』毛傳：『草草，勞心也。』

其五

阿弟新持節，努力赴滇黔〔一〕。矯首望南雲，凄然感予心。有子俱好游，安取慈母吟。高堂垂白髮，日暮空愔愔〔二〕。

箋注

〔一〕『阿弟』句，曹貞吉弟弟曹申吉於康熙十年（一六七一）赴貴州巡撫任。

〔二〕愔愔，悄寂貌。

其六

憶昔丸熊時〔一〕，所期在遠到。遠到亦何爲，不如遂夙好。有田可以耕，有子可以教。菽水雖云薄〔二〕，聊申羊烏報〔三〕。

箋注

〔一〕丸熊，見《南鄉子·夏夕無寐，茫茫交集，輒韵語寫之，不求文也》其二箋注〔二〕。

〔二〕菽水，《禮記·檀弓下》：『子路曰：「傷哉！貧也！生無以爲養，死無以爲禮也。」孔子曰：「啜菽飲水盡其歡，斯之謂孝。」』

〔三〕羊烏報，羊羔跪乳，烏鴉反哺。

其七

先後游泮宮〔一〕，弟兄俱愿飭。家塾逼里巷，肩隨盡子職〔二〕。骨肉無參商〔三〕，思之那可得。微名與薄禄，使我憂反側。

箋注

〔一〕泮宫，《詩經·魯頌·泮水》：『既作泮宫，淮夷攸服。』《漢書·郊祀志上》：『周公相成王，王道大洽，制禮作樂，天子曰明堂辟雍，諸侯曰泮宫。』

〔二〕肩隨，《禮記·曲禮上》：『年長以倍，則父事之；十年以長，則兄事之；五年以長，則肩隨之。』鄭玄注：『肩隨者，與之并行差退。』

〔三〕參商，參星和商星。參星在西，商星在東，此出彼没，永不相見。唐杜甫《贈衛八處士》：『人生不相見，動如參與商。』

其八

丈夫墮地時，當思義在三〔一〕。建竪既匪易，曷不抽朝簪〔二〕。懷哉五畝宅，結構如春蠶。劣足羅盤匜〔三〕，無容羨烟嵐。

箋注

〔一〕在三，《國語·晋語一》：『「民生於三，事之如一。」父生之，師教之，君食之。非父不生，非食不長，非教不知生之族也，故壹事之，唯其所在，則致死焉。』韋昭注：『三，君、父、師也。』

〔二〕抽朝簪，南朝梁沈約《應詔樂游苑餞吕僧珍詩》：『將陪告成禮，待此未抽簪。』

〔三〕盤匜，古代盛酒之具。

其九

人子于父母，寢膳貴躬親。奈何以微軀，而憂北堂人〔一〕。拊心有餘愧，動止還逡巡。魂馳濰汶間，承歡當及春。

箋注

〔一〕北堂，見《賀新凉·冬夜書懷》箋注〔六〕。曹貞吉與曹申吉兄弟自幼失怙，在寡母劉氏撫育下長大。馬步元《公舉儀部公鄉賢呈文》記曹貞吉『恪遵母訓，提携弱弟，不憂風雨之飄摇』。

其十

初度逢長至〔一〕，藹藹生陽暉。諸孫羅舉觴，當使心歔欷。南望五溪闊〔二〕，北顧燕齊違。安得雙羽翰，家慶集庭幃。

箋注

〔一〕初度，生日，謂始生之年時。屈原《離騷》：『皇覽揆余初度兮，肇錫余以嘉名。』

〔二〕五溪，見《和家弟寄懷之作同用杜韵》箋注〔二〕。

爲蛟門題修竹吾廬圖〔一〕

其一

一天濃翠小亭陰，中有幽人抱膝吟。欲共此君商寂歷〔二〕，清秋明月照同心。

箋注

〔一〕蛟門，即汪懋麟，見《爪茉莉·本意，和蛟門，用宗梅岑韵》箋注〔一〕。

〔二〕寂歷，南朝梁江淹《燈賦》：『冬膏既凝，冬箭未度，悁連冬心，寂歷冬暮。』

其二

誰寫蛟龍千尺影，蒼然獨對子雲亭〔一〕。依稀舊隱堪尋處，夜雨疏簾酒半醒。

箋注

〔一〕子雲亭，在今四川省綿陽市，相傳爲西漢學者揚雄讀書處，揚雄字子雲，故名。唐劉禹錫《陋室銘》：『南陽諸葛廬，西蜀子雲亭。』

答沈康臣〔一〕

舍人南國真才子，嘯咏皆成鸞鳳吟〔二〕。松下自憐同潦倒，竹林倘許更招尋。昨于天壇送朱錫鬯分韵〔三〕。風來紫陌還吹柳，日抱黄雲倦作霖。六事只今勞聖主〔四〕，群公何以答朝簪。時方苦旱。

箋注

〔一〕沈胤範，字康臣，號肯齋，浙江紹興人，康熙六年（一六六七）進士，官刑部郎中，善吹簫，工書法。

〔二〕『舍人』句，清徐珂《清稗類鈔·沈康臣吹洞簫》：『毛大可善歌，沈康臣吹洞簫和之，能曲折倚其聲。』

〔三〕朱錫鬯，即朱彝尊，見《滿江紅·和錫鬯吴大帝廟下作》箋注〔一〕。

〔四〕六事，《荀子·大略篇》：『湯旱而禱曰：「政不節與？使民疾與？何以不雨至斯極也！宫室榮與？婦謁盛與？何以不雨至斯極也！苞苴行與？讒夫興與？何以不雨至斯極也！」』

別放翁詩〔一〕

晤對此翁久，臨歧殊黯然。詩如天半鶴，人是地行仙〔二〕。氣盛游梁日〔三〕，緣深入蜀年〔四〕。鏡湖三十載〔五〕，風月足流連。

箋注

〔一〕放翁，見《讀陸放翁詩偶題》其一箋注〔一〕。

〔二〕地行仙，原爲佛典中所記的一種長壽的神仙，後因以喻高壽或隱逸閑適的人。

〔三〕游梁，見《珍珠簾·爲牧仲題〈楓香詞〉》箋注〔三〕。

〔四〕『緣深』句，乾道七年（一一七二），應四川宣撫使王炎之邀，陸游投身軍旅，任職於南鄭幕府。次年，幕府解散，陸游奉詔入蜀。在蜀地先後任夔州通判、成都府路安撫司參議官、蜀州通判、嘉州通判、錦城參議等職。

〔五〕鏡湖，見《讀陸放翁詩偶題》其一箋注〔二〕。

偶然行

曹子入市垂空囊，琳琅觸目心彷徨。商夷周鼎吾何有〔一〕，不如坐對雙松蒼。興闌步屧出門去，忽訝虬龍生左顧〔二〕。垂雲倒薤勢莫當〔三〕，拂拭塵埃認少傅〔四〕。猩紅小篆尚依稀，二十八字羅珠璣。蘭亭繭紙無心出〔五〕，捧讀涕泪沾裳衣。白頭老人鬻此幅，云是相公真面目。憶得當時讀秘書，手擘蠻箋墨波蹴〔六〕。茫茫回首幾經秋，蕭寺逢人説故侯〔七〕。飄零敗素猶槐市〔八〕，離披宿草今西州〔九〕。輝煌太史名山舊，宅相愧余非子幼〔一〇〕。颯沓緇塵騎馬歸，却喜光芒動懷袖。人事從來有變遷，盛衰反覆疑轉環。昔年聲價千金享，今日凄凉索百錢〔一一〕。嗚呼！公之遺墨值百錢！

校訂

夷，《實庵詩略》作『彝』。

拂拭塵埃認少傅，《實庵詩略》作『拂拭泥沙出烟霧』。

箋注

〔一〕商夷，《禮記·明堂位》：『灌尊，夏后氏以鷄夷。』鄭玄注：『夷，讀爲彝。《周禮》：「春祠夏禴祼用鷄彝鳥彝。」』

〔二〕虬龍，傅專《周鼎》：『腹中奇字隱約見，刻畫屈曲蟠虬龍。』

〔三〕倒薤，一種篆書書體名。

〔四〕少傅，曹貞吉外祖劉正宗，見《摸魚子·拜墓》箋注〔一〕。

〔五〕蘭亭繭紙，《事類賦注》卷十五引南朝宋劉義慶《世説新語》：『王羲之書《蘭亭序》，用蠶繭紙，鼠須筆，遒媚勁健，絶代更無。』

〔六〕蠻箋，唐時高麗紙的别稱，亦指蜀地所産名貴的彩色箋紙。

〔七〕蕭寺，見《水龍吟·春日送客過慈仁寺感舊》箋注〔七〕。

〔八〕槐市，《三輔黄圖》：『倉之北，爲槐市，列槐數百行爲隊，無墻屋，諸生朔望會此市，各持其郡所出貨物及經傳書記、笙磬樂器相與買賣。』

〔九〕『離披』句，見《南鄉子・夏夕無寐，茫茫交集，輒韵語寫之，不求文也》其三箋注〔三〕。

〔一〇〕宅相，外甥的代稱。唐趙元一《奉天録》卷四：『王賁侍郎，即令公之宅相也，志大氣雄，酷似其舅。』

〔一一〕『昔年』句，見《摸魚子・拜墓》箋注〔一〕。

九日雜感

其一

登高耐可遠塵寰，濁酒東籬興未删〔一〕。幾日舊游驚白骨，他年歸計剩青山。時同官黃繼武新逝。〔二〕 周廬襆被栖遲慣〔三〕，手版侯門去住艱。自笑東華憔悴者〔四〕，苦從忙裏失朱顏。

校訂

《實庵詩略》選録此組詩，詩中小注均略去不録。

箋注

〔一〕濁酒東籬，見《桂枝香·蟹》箋注〔五〕。

〔二〕黄礽緒，字繼武，又字繩伯、成伯，上海崇明人。康熙六年（一六六七）進士，仕至内閣中書舍人。

〔三〕周廬，見《直南苑》其四箋注〔二〕。

〔四〕東華，明清時中樞官署設在宫城東華門内，因以借稱中央官署。清康熙九年曹貞吉考授内閣中書，授中書舍人，後此任滯留十餘年之久未得升遷。

其二

繞砌寒花帶露開時茉莉猶見數花，緇塵衮衮易興哀。一家骨肉天南北，半載悲歡書去來〔一〕。别後故人青鳥使時李武曾札至〔二〕，夢中親串紫萸杯。清秋擬掣霜鞲去〔三〕，獨立蒼茫日幾回。

箋注

〔一〕「一家」句，康熙十年（一六七一）曹申吉出任貴州巡撫，三藩之亂起，曹申吉陷敵後，書信難通。李良年《黔寄集序》：『時太夫人（曹貞吉之母劉太夫人）方在里第，而長公（曹貞吉）官京師，郵騎往復，狄公親舍之思，蘇子對床之感，詩筒互答，三致意焉。』

〔二〕李武曾，即李良年，見《減字木蘭花·雜憶》其八箋注〔一〕。

〔三〕韝，唐杜甫《見王監兵馬使》其一：『一生自獵知無敵，百中争能耻下韝。』仇兆鰲注：『韝，捍臂也，以皮爲之。』

其三

茫茫何處問心期，萬里傳將幾首詩。人過五溪生白髮〔一〕，山通一綫雜侏離〔二〕。楓林月黑槃弧館，冷雨秋深木客祠〔三〕。莫嘆長沙卑濕地，瀟湘南望更天涯。

箋注

〔一〕五溪，見《和家弟寄懷之作同用杜韵》箋注〔二〕。

〔二〕侏離，《周禮·春官·韎韉氏》：『掌四夷之樂。』賈公彦疏引《孝經緯·鈎命决》：『西夷之樂曰侏離。』

〔三〕木客，見《摸魚子·西直門外作》箋注〔六〕。

其四

夾道雙呵避大官，鬢眉塵土向人難。騎將瘦馬兒童侮，未理羊裘雨雪寒。擔上菊花纔着蕊，山中槲葉欲全丹。客懷正與秋相似，蕭摵無端倦倚欄〔一〕。

箋注

〔一〕蕭摵，凋零，零落。唐杜甫《法鏡寺》：『嬋娟碧蘚凈，蕭摵寒籜聚。』

賀蛟門新婚〔一〕

其一

苧蘿春色大江南〔二〕，山自空濛水蔚藍〔三〕。試問柴桑宅畔柳〔四〕，長條拂地可毿毿？

箋注

〔一〕蛟門，即汪懋麟，見《爪茉莉·本意，和蛟門，用宗梅岑韵》箋注〔一〕。

〔二〕苧蘿，見《催雪·紅梅》箋注〔五〕。

〔三〕『山自』句，宋蘇軾《飲湖上初晴後雨二首》其二：『水光瀲灧晴方好，山色空濛雨亦奇。』

〔四〕『試問』句，晋陶淵明《五柳先生傳》：『宅邊有五柳樹，因以爲號焉。』

其二

香殘寶袜卸頭初，一握冰綃玉不如。雲滿巫山渾未醒〔一〕，斜風吹上侍臣車。

箋注

〔一〕雲滿巫山，見《祝英臺近·賦得『更脱紅裙裹鴨兒』》箋注〔三〕。

其三

才子乘秋賦好逑〔一〕，閉門十日坐温柔。不知冷雨黄昏後，憔悴何人倦倚樓？

箋注

〔一〕好逑，《詩經·周南·關雎》：『窈窕淑女，君子好逑。』

賦得隨風直到夜郎西即用爲起句〔一〕

其一

隨風直到夜郎西，嗚咽溪聲聽轉迷。路近黄牛穿峽過〔二〕，江飛烏鬼掠船低〔三〕。荒人負弩喧銅鼓〔四〕，鳥道淩秋駐水犀〔五〕。不是伏波通下瀨〔六〕，親承德意出金閨〔七〕。

箋注

〔一〕唐李白《聞王昌齡左遷龍標遥有此寄》：『楊花落盡子規啼，聞道龍標過五溪。我寄愁心與明月，隨風直到夜郎西。』

〔二〕黄牛，北魏酈道元《水經注·江水二》：『江水又東，逕黄牛山下……此岩既高，加以江湍紆迴，雖途逕信宿，猶望見此物。故行者謠曰：「朝發黄牛，暮宿黄牛。三朝三暮，黄牛如故。」』

〔三〕烏鬼，宋邵博《聞見後録》卷十九：『夔峽之人，歲正月，十百爲曹，設牲酒於田間，已而衆操兵大噪，謂之養烏鬼。長老言地近烏蠻戰場，多與人爲厲，用以禳之。』

〔四〕負弩，《史記·司馬相如列傳》：『乃拜相如爲中郎將，建節往使……至蜀，蜀太守以下郊迎，縣令負弩矢先驅。』

〔五〕水犀，《國語·越語上》：『句踐既許之，乃致其衆而誓之曰：「寡人聞古之賢君，不患其衆之不足也，而患其志行之少恥也。今夫差衣水犀之甲者億有三千，不患其志行之少恥也，而患其衆之不足也。」』韋昭注：『犀形似豕而大，今徼外所送，有山犀有水犀。水犀之皮有珠甲，山犀則無。』

〔六〕下瀨，《漢書·南粵傳》：『故歸義粵侯二人爲戈船、下瀨將軍，出零陵，或下離水，或抵蒼梧。』

〔七〕德意，《周禮·秋官·掌交》：『道王之德意志慮，使咸知王之好惡。』

其二

隨風直到夜郎西，無限寒螿夾岸啼。地折千盤蒸白霧，山迴一徑入丹梯。崖傾漸東蠻江險〔一〕，蟻附平看楚澤低。却嘆化工真老手，誰携鬼斧破天倪〔二〕。

箋注

〔一〕蠻江，指四川青衣江，亦泛指南方少數民族聚居地帶的江水。

〔二〕天倪，《莊子·齊物論》：『何謂和之以天倪？』郭象注：『天倪者，自然之分也。』

其三

隨風直到夜郎西，日暮群山静鼓鼙〔一〕。帝命懷柔同岳鄙，天開文字諭黔黎。摩崖墨瀋千尋落，問壑笻枝九叠迷〔二〕。翻笑一官鷄肋似，不將雙屐共攀躋。

箋注

〔一〕鼓鼙，《禮記·樂記》：『君子聽鼓鼙之聲，則思將帥之臣。』

〔二〕笻枝，《廣韵·鍾韵》：『笻，竹名，可爲杖，張騫至大宛得之。』

其四

隨風直到夜郎西，我馬虺隤慎大堤〔一〕。行矣須探猿狖宅，歸歟難信鷓鴣啼。星分軫翼三苗盡〔二〕，路入牂牁九姓迷〔三〕。寄語南中親串道，兹游奇絶莫含凄。

箋注

〔一〕我馬虺隤，《詩經·周南·卷耳》：『陟彼崔嵬，我馬虺隤。』毛傳：『虺隤，病也。』

〔二〕星分軫翼，唐王勃《滕王閣序》：『星分翼軫，地接衡廬。』三苗，《史記·五帝紀》：『三苗在江淮、荆州數爲亂。』張守節正義：『吴起云：「三苗之國，左洞庭而右彭蠡。」……以天子在北，故洞庭在西爲左，彭蠡在東爲右。今江州、鄂州、岳州，三苗之地也。』

〔三〕牂牁，見《賀新凉·壬子歲寄家弟用韵》箋注〔八〕。

送張簣山學士歸廬陵〔一〕

其一

士氣今全盛，昌言出禁林。陳書寧有托，歸去亦無心。客路丹楓落，還家白雪深。他年宣室召，應獻舊時箴〔二〕。

箋注

〔一〕張貞生（一六二三—一六七五），字幹臣，一字簣山，江西廬陵人。順治十五年（一六五八）進士。官編修，以苦節稱。累遷侍講學士，因言事降二級，乞病歸。尋奉特旨起補原官。至京，卒。著有《玉山遺響》《唾居隨録》《庸書》等。

〔二〕『他年』句，《史記·屈原賈生列傳》：『孝文帝方受釐，坐宣室。上因感鬼神事，而問鬼神之本。賈生因具道所以然之狀。』

其二

啓事蓬萊下，追隨識道顔。横經纔紫幄〔一〕，作計已青山。聖代方求諫，幽人自愛閑。片帆江上水，争似季鷹還〔二〕。

箋注

〔一〕横經，南朝梁何遜《七召·儒學》：『横經者比肩，擁帚者繼足。』

〔二〕季鷹還，見《木蘭花慢·送孫開盛假歸，用稼軒韵》箋注〔三〕。

書黔行集後〔一〕

男兒生不行萬里，閉置車中新婦似。讀書不獲擁旌旄，東觀石渠空爾爾〔二〕。阿弟建節出不意〔三〕，驅車直渡牂牁水〔四〕。林密箐深叫子規，月黑江横吊湘鬼。翠屏千仞蠻烟合，白雨一川老苗紫。對之一空京洛塵，長篇短句清如泚。賓客誰歌行路難〔五〕，童奴皆嗜魚稻美。昨日天南驛騎來，篋裏新詩盈百紙。乍讀疑聽關山謠，水經注兼杜陵髓。去國懷鄉憂盡除，離思百結還成喜。汝兄避人燕市中，筆頑墨鈍翻多毁。君苗之硯良可焚〔六〕，龍賓十二何彼此〔七〕。願言寄我方竹杖，游屐當從點蒼始〔八〕。名山相見定開顔，破戒未須懺妄綺〔九〕。更闌刻燭復連床，我歌子唱無窮已。不然但索長安米〔一〇〕，短髮蒙頭真老矣。

校訂

《實庵詩略》、《山左詩鈔》卷三十一皆選録此首，詩題皆作《書黔行集後寄舍弟》。

箋注

〔一〕《黔行集》，曹貞吉胞弟曹申吉著。曹申吉族孫曹益厚後來整理先輩遺作記曰：『中丞（曹申吉）詩凡數種，自吳難後，澹餘前集板既漶漫，最後《黔行》《黔寄》二集，原板亦湮滅無存。當我曾大父儀部公出貳新安，遇鄧孝威先生於邗上，得江閩孝廉在貴竹中丞所授二册，爲刻入《詩觀》六十餘首。』曹申吉今天所遺存的《黔行集》詩歌則爲依《詩觀》選刻而保留的部分詩作。

〔二〕東觀，東漢洛陽南宮内觀，漢章帝、漢和帝時爲皇宮藏書之府。北周庾信《皇夏樂》：

『南宮學已開，東觀書還聚。』石渠，石渠閣，西漢皇室藏書之處，在長安未央宫北。《三輔黄圖·閣》：『石渠閣，蕭何造。其下礱石爲渠以導水，若今御溝，因爲閣名。所藏入關所得秦之圖籍。至於成帝，又於此藏秘書焉。』

〔三〕建節，見《木蘭花慢·送徐方虎假歸》箋注〔三〕。

〔四〕牂牁，見《賦得隨風直到夜郎西即用爲起句》其四箋注〔三〕。

〔五〕行路難，樂府雜曲歌辭名，内容多寫世路艱難和離情别意。原爲民間歌謡，後經文人擬作，采入樂府。南朝宋鮑照《擬行路難》十九首及唐李白所作《行路難》三首都較著名。

〔六〕君苗之硯，《晉書·陸機傳》：『機天才秀逸，辭藻宏麗，張華嘗謂之曰：「人之爲文，常恨才少，而子更患其多。」弟雲嘗與書曰：「君苗見兄文，輒欲燒其筆硯。」』

〔七〕龍賓十二，見《月下笛·悼何蕤音》箋注〔四〕。

〔八〕點蒼，在雲南大理西北，洱海及漾濞江間。

〔九〕妄綺，《智度論》十四：『妄語者，不净心，欲誑他，覆隱實，出异語，生口業，是名妄語。』《大乘義章》七：『邪言不正，其猶綺色，從喻立稱，故名綺語。』

〔一〇〕長安米，見《賀新涼·寄李武曾，用朱錫鬯韵》箋注〔六〕。

寄樸庵黔中〔一〕

其一

試問蠶叢路幾何〔二〕？行人七月到牂牁〔三〕。書來温語知無恙，詩入蠻鄉定不磨。地控三苗笻竹賤〔四〕，山連五嶺木棉多〔五〕。清秋好理登高屐，兀首西風鬢易皤。

校訂

《實庵詩略》選録第二首，詩題作《寄樸庵》。

箋注

〔一〕魏之京，字樸庵，一字元水，山東壽光人，順治年優貢，官伊陽知縣，兵部侍郎魏琯之子。

〔二〕蠶叢路，見《蝶戀花·送荔裳入蜀，再用前韵》箋注〔二〕。

〔三〕牂牁，見《賦得隨風直到夜郎西即用爲起句》其四箋注〔三〕。

〔四〕三苗，見《送家弟之黔中》其六箋注〔三〕。

〔五〕五嶺，見《懷近温》箋注〔四〕。

其二

十年風雪長安路，回首天涯各渺茫。偶立夕陽悲獨語，還因夜雨想連床〔一〕。遥天白霧迷丹壑，留客青山傍女墻。聞道丘遲時過從〔二〕，异鄉兄弟足徜徉。謂施秉令丘旮清也。

校訂

《實庵詩略》無小注。

箋注

〔一〕『還因』句，清康熙九年（一六七〇）曹貞吉考授内閣中書，曹申吉亦在京爲官。曹申吉《珂雪二集序》：『庚戌，（曹貞吉）得中書舍人。一年之中，連床風雨，擊鉢行吟，此唱彼賡，兄酹弟勸，生平之歡，無逾此歲。』

〔二〕丘遲，南朝齊梁間著名文學家，字希範，吴興烏程（今屬浙江湖州）人。

讀李武曾南行詩偶題却寄〔一〕

長水李君天下士〔二〕，騎驢直上黄金臺〔三〕。定交痛飲壇松下，三春爛熳桃花開。東風忽送黔中客，君亦遠游同挂席〔四〕。蘆溝南去河水黄〔五〕，瀟湘西來九嶷碧〔六〕。拂衣欲拜陳思冢〔七〕，吊古還尋宋玉宅〔八〕。辰龍形勢轉蒼蒼，蠻府參軍道路長〔九〕。月明鷄唱槃弧館，草深瘴黑牂牁江〔一〇〕。瘦馬行吟一萬里，珠璣錯落收奚囊〔一一〕。阿弟從來雙眼放，客裏同君推哲匠。飛雲岩上探龍窟，華嚴洞測支笻杖。無限波光歸筆底，一天翠靄來衣上。古今詞客誰夜郎〔一二〕，龍標太白皆投荒〔一三〕。山川盤鬱氣未吐，坤維坐惜終凄凉〔一四〕。君幄毛錐同鬼斧，蠶叢洞闢生文章。一編貽我神清曠，絶勝木棉與蒟醬〔一五〕。他年來賦帝京篇，西園賓客紛酧唱。

校訂

弧，《山左詩鈔》卷三十一作『瓠』。

酧，《實庵詩略》作『酬』。

箋注

〔一〕李武曾，即李良年，見《減字木蘭花·雜憶》其八箋注〔一〕。

〔二〕長水，浙江嘉興古名，李良年爲浙江嘉興秀水人，故言。

〔三〕黄金臺，見《滿江紅·金陵懷古》箋注〔一〕。

〔四〕挂席，《文選·謝靈運〈游赤石進帆海詩〉》：『揚帆采石華，挂席拾海月。』李善注：『揚帆、挂席，其義一也。』清康熙十年曹申吉出任貴州巡撫，李良年亦跟隨入黔。

〔五〕蘆溝，蘆溝橋，在北京廣安門西，跨永定河上。建於金，清初重建。

〔六〕九蠻，在湖南寧遠縣南。《山海經·海内經》：『南方蒼梧之丘，蒼梧之淵，其中有九嶷山，舜之所葬，在長沙零陵界中。』郭璞注：『其山九溪皆相似，故云「九疑」。』

〔七〕陳思冢，指三國魏陳思王曹植墓，在山東東阿境内。

〔八〕宋玉宅，戰國楚宋玉的故宅，傳説在湖北秭歸。

〔九〕蠻府參軍，見《蘭陵王·送二舅之沅州》箋注〔一一〕。

〔一〇〕牂牁，見《賦得隨風直到夜郎西即用爲起句》其四箋注〔三〕。

〔一一〕『瘦馬』句，見《減字木蘭花·雜憶》其七箋注〔三〕。

〔一二〕夜郎，見《讀明詩偶成》其三箋注〔三〕。

〔一三〕龍標，即今湖南省洪江市。唐代詩人王昌齡曾左遷龍標，爲龍標尉，因以稱。太白，唐李白《聞王昌齡左遷龍標遥有此寄》：『楊花落盡子規啼，聞道龍標過五溪。』

〔一四〕坤維，指西南方，因《易·坤》有『西南得朋』之語。

〔一五〕蒟醬，見《餉翼辰馬金囊二首》其二箋注〔一〕。

柴窑碗歌〔一〕

峨嵋齋頭少俗物〔二〕，秦銅漢瓦參差張。中有一碗最奇古，蒼然影帶玻璃光。扣之無聲色剥蝕，非金非石曷可測。徘徊共作千年想，命曰柴窑理亦得。傳言四座且勿囂，諸君聽我説柴窑。顯德當年垂制作〔三〕，九秋風露凉蕭蕭。想像青天雨過色〔四〕，千峰縹緲翠痕交。錢塘國主充常貢，舳艫北上輕帆送。二百年前什襲珍，汝哥官定皆不重〔五〕。于今片瓦等璠璵〔六〕，何幸吾曹得摩弄。懸知此碗閲人多，幾人曾作柴窑歌。周宋元明如電走，歷落神光還不磨。古來誰見河濱器，致此亦足供婆娑。主人好客常清嘯，坐我高齋領衆妙。黄金叵羅鸕鷀卮〔七〕，柴窑不屑稱同調。勸君美酒君莫辭，不飲乃爲碗所笑。

校訂

《實庵詩略》、《山左詩鈔》卷三十一、王士禛《感舊集》卷十二皆選録此首。

曷可，《實庵詩略》《山左詩鈔》《感舊集》作『誰能』。

『傳言四座且勿囂，諸君聽我説柴窑』，《感舊集》作『四座且勿囂，聽我説柴窑』。

汝哥官定皆不重，《感舊集》作『官定汝哥皆不重。』

箋注

〔一〕柴窑，故址在今河南省鄭州市一帶，傳爲五代周世宗柴榮指令建造，故名。相傳所燒瓷器，質地甚佳，有『青如天，明如鏡，薄如紙，聲如磬』之譽。參見明曹昭《格古要論》、清梁同書《古銅瓷器考》。清王士禛《古夫于亭雜録》卷三：『柴窑於陶器中最古，流傳至今者，碎片與金翠同價。』此詩所咏柴窑碗爲曹禾所藏。同時代文人多有吟咏，如張英《文端集》卷六《柴窑酒碗歌》（曹頌嘉齋中同嚴存庵沈康臣趙武昔周絨齋曹升六汪蛟門喬石林作），沈胤範《采山堂二集》五言古《柴窑酒碗歌仝嚴存庵周絨齋張夢敦曹升六汪蛟門喬石林集曹頌嘉邸齋賦》等。

〔二〕峨嵋，即曹禾，見《金縷曲·同頌嘉飲綸霞齋讀新詩》箋注〔一〕。

〔三〕顯德，後周世宗柴榮年號。

〔四〕『想像』句，宋歐陽修《汝窑花觚》：『誰見柴窑色，天青雨過時。』

〔五〕汝哥官定，汝窑、哥窑、官窑、定窑與鈞窑合稱宋代五大名窑。

〔六〕璠璵，美玉名。

〔七〕叵羅，西域語音譯，當地的一種飲酒器，口敞底淺。

同沈康臣夏鄰湘張夢敦喬石林游黑龍潭〔一〕

其一

已過登高節，還同看菊游。松風迴殿角，雲氣護龍湫〔二〕。灌木當幽徑，寒烏話晚秋。幾人閑藉草，疑在故山頭。

箋注

〔一〕沈康臣，見《答沈康臣》箋注〔一〕。夏沅，字鄰湘，江南丹徒（今屬江蘇鎮江）人。康熙六年（一六六七）進士，選翰林院庶吉士，散館授編修。張英，字敦復，又字夢敦，號樂圃，安徽桐城人。康熙六年進士，選庶吉士。歷任禮部侍郎、工部尚書、文華殿大學士、禮部尚書等職。喬石林，即喬萊，見《山花子·題石林小照》箋注〔一〕。黑龍潭，見《笛家·九日，蛟門招集諸子游黑龍潭》箋注〔一〕。

〔二〕龍湫，上有懸瀑，下有深潭，謂之『龍湫』。

輯評

鄧漢儀《詩觀二集》卷六評：『温潤是右丞一派。』

其二

此地堪長嘯，幽懷曲折生。林光浮近渚，雁影下高城。漸入漁樵路，時聞鐘磬聲。主人情不淺，草閣沸茶鐺。

其三

山色憑欄盡，西窗入晚風。堤環秋水碧，草帶夕陽紅。歸路蒼烟外，人家亂葉中。興來隨步屧，不復悵途窮。

其四

逼暮柴車静，當門扣老松。幾年分雨雪，終日偃虬龍。莫厭頻相過，還期得再逢。刺梅花發日〔一〕，坐汝翠陰濃。

箋注

〔一〕刺梅，原名鐵海棠，蔓生灌木，花期在冬、春季。

臘梅今年止見七花悄然有感

虬枝微露數花新，月影昏黄認未真。孤潔不隨宮額色〔一〕，蕭疏似對竹林人〔二〕。檀心暈去仍含凍〔三〕，金縷歌來亦損神〔四〕。記得雪窗寒夜漏，連床擊鉢那辭頻〔五〕。

箋注

〔一〕宮額色，古代宮中婦女以黄色塗額作爲妝飾。

〔二〕竹林人，見《過杞園齋頭贈繪先象先用繪先韵》箋注〔二〕。

〔三〕檀心，淺紅色的花蕊。

〔四〕『金縷』句，見《水龍吟·咏蠟梅》箋注〔一〕。

〔五〕『連床』句，見《南鄉子·夏夕無寐，茫茫交集，輒韵語寫之，不求文也》其二箋注〔三〕。

壬子元旦賜宴恭紀〔一〕

佳氣連閶闔，瓊筵傍冕旒。貂褕分侍從，劍履坐公侯。雉尾開雙影〔二〕，龍旗静九斿〔三〕。大庖蒲作箑〔四〕，湛露酒如流〔五〕。鐘鼎雲雷篆〔六〕，香烟殿閣浮。金盤傳橘柚，翠幕列朱髹。稽拜千官肅，簫韶一曲幽〔七〕。旌干輝映日，羆虎氣凝秋。小隊迴風舞，長歌破陣謳〔八〕。峨冠通象胥〔九〕，槃木貢螭頭〔一〇〕。王會同遐邇〔一一〕，天漿遍溢陬〔一二〕。恩深賡既醉，珥筆愧前修〔一三〕。

箋注

〔一〕壬子，康熙十一年（一六七二），曹貞吉居内閣中書職。

〔二〕雉尾，雉尾扇，古代帝王儀仗用具之一。

〔三〕九斿，九旒，古代旌旗上的九條絲織垂飾。

〔四〕箑，《竹書紀年》卷上：『厨中自生肉，其薄如箑，摇動則風生，食物寒而不臭，名曰箑脯。』

〔五〕湛露，《詩經·小雅》篇名。《左傳·文公四年》：『昔諸侯朝正於王，王宴樂之，於是乎賦《湛露》。則天子當陽，諸侯用命也。』

〔六〕雲雷篆，鐘鼎銅器上的雲紋和雷紋。一般稱圓形的爲雲紋，方形的爲雷紋。

〔七〕簫韶，見《瞻禮大享殿十二韵》箋注〔六〕。

〔八〕破陣，破陣樂，唐教坊樂曲名。

〔九〕象胥，古代接待四方使者的官員。

〔一〇〕槃木，《後漢書·種暠傳》：『岷山雜落皆懷服漢德。其白狼、槃木、唐菆、邛、僰諸國，自前刺史朱輔卒後遂絶；暠至，乃復舉種向化。』

〔一一〕王會，《逸周書·王會》：『成周之會。』孔晁注：『王城既成，大會諸侯及四夷也。』

〔一二〕澨，水邊。

〔一三〕珥筆，見《擬上祈穀南郊應制十八韵》箋注〔一九〕。

上元日同諸子游旃檀寺〔一〕

勝地瞻依近，人天願不違。幡風迴殿角，花雨上禪衣。明水供祠部〔二〕，金盤出禁扉〔三〕。逢僧精舍裏，徙倚欲忘歸。

箋注

〔一〕上元日，俗以陰曆正月十五爲上元節。旃檀寺，原名弘仁寺，康熙五年（一六六六）即明清馥殿舊基改建，位於今北京西城區内。

〔二〕祠部，掌禮制、祠祀等。三國魏尚書有祠部曹，後歷代迭有變革，明清時期爲祠祭司。

〔三〕金盤，見《減字木蘭花·雜憶》其二箋注〔三〕。

瞻禮大光明殿〔一〕

神樓尊太乙〔二〕，法駕祀甘泉〔三〕。王者豈無敬，皇穹禮自專〔四〕。莊嚴雄五時〔五〕，冠冕列諸天。輦路青旂肅，齋居絳節懸〔六〕。塔隨殘照落，鐘出上方圓。烏鵲聲全寂，蛟龍勢欲騫。雲雷三界合，風雨百靈還。鼇祝年年事〔七〕，長歌帝謂篇。

校訂

尊，《實庵詩略》作『迎』。

豈無敬，《實庵詩略》作『尊無上』。

箋注

〔一〕大光明殿，原址位於今北京市西城區西安門大街路南光明胡同以西的道教宫觀。其始建於明嘉靖年間，清雍正、乾隆年間經過重建和修繕，成爲皇家專用的道觀。後毁於八國聯軍侵華戰爭。

〔二〕太乙，太一，即道家所稱的『道』，《莊子·天下》：『建之以常無有，主之以太一。』

〔三〕法駕，見《直南苑》其二箋注〔一〕。甘泉，見《賀新凉·二月二日，宣岳州捷，是日大雪，和其年》箋注〔三〕。

〔四〕皇穹，《舊唐書·代宗紀》：『皇穹以朕爲子，蒼生以朕爲父。』

〔五〕五時，又稱五時原，在今陝西鳳翔南。《史記·孝武本紀》：『上初至雍，郊見五時。』張守節正義：『先是文公作鄜畤，祭白帝；秦宣公作密畤，祭青帝；秦靈公作吳陽上畤、下畤，祭赤帝、黄帝；漢高祖作北畤，祭黑帝：是五畤也。』

〔六〕絳節，唐杜甫《玉臺觀》：『中天積翠玉臺遥，上帝高居絳節朝。』

〔七〕釐祝，《史記·孝文本紀》：『今吾聞祠官祝釐，皆歸福朕躬，不爲百姓，朕甚愧之。』裴駰集解引如淳曰：『釐，福也。』

初度感懷〔一〕

其一

兒童竹馬尚依稀〔二〕，四十年來百事非。白髮料隨愁共長，青山難與雁齊歸。看來雲影心同淡，夢到親闈色已飛。三度長安逢此日〔三〕，爲憐去住一霑衣。

箋注

〔一〕初度，見《得家書感賦以難將寸草心報得三春暉爲韵》其十箋注〔一〕。

〔二〕竹馬，《後漢書·郭伋傳》：『始至行部，到西河美稷，有童兒數百，各騎竹馬，道次迎拜。』

〔三〕三度，康熙九年（一六七〇），曹貞吉考授内閣中書舍人，至此已在京師度過三個生日。去住，猶去留。

其二

阿弟天南頻憶我，香櫞大似楚江萍〔一〕。尊前相映酒同色，夢裏遥知眼尚青。瘴癘山川存碩果，洞庭橘柚滿寒汀。何時握手東籬下，却撰蠻中草木經。

箋注

〔一〕香櫞，常緑小喬木或大灌木。

登高遠眺

上苑鬱迴薄，叠石象崇崗。結構何歲年，常依日月光。拾級步危梯，灌木森以長。孤亭收衆妙，四顧誠蒼茫。遼遼未央闕〔一〕，流水圜宫墻。景山峙其北，麋鹿走且藏。

繚繞五侯第〔二〕，萬瓦如鱗張。群峰勢拱揖，積雪明天閶。渾河從西來，日暮聞湯湯。壯哉帝王都，虎踞復龍翔。我聞古長安，百二稱金湯〔三〕。洛邑亦天府〔四〕，規摹閱漢唐。終期遜茲土，俯仰羅八荒〔五〕。聖人重設險，卜曆當無疆。

校訂

《實庵詩略》無『景山峙其北，麋鹿走且藏。繚繞五侯第，萬瓦如鱗張』四句。

箋注

〔一〕未央闕，未央宮，故址在今陝西西安市西北長安故城内西南隅。漢高祖七年建，常爲朝見之處。新莽末毁，東漢末董卓復葺未央殿。

〔二〕五侯，見《冬日李望石侍御招同李貞孟編修李召林楊岱楨兩侍御李季霖中翰南郊觀射小飲長歌記事》箋注〔一〇〕。

〔三〕百二，見《滿庭芳·和人潼關》箋注〔二〕。金湯，《漢書·蒯通傳》：『必將嬰城固守，皆爲金城湯池，不可攻也。』

〔四〕洛邑，一作『雒邑』，周成王時周公營建，故址在今河南洛陽市洛水北岸、瀍水東西。

〔五〕八荒，見《永遇樂·和人〈望華山〉》箋注〔二〕。

送高念東先生假歸〔一〕

曳履金華侍從臣〔二〕，衮衣歸去午橋新〔三〕。息機佛火聞禪誦，采藥名山有故人。白社好依開士座〔四〕，青雲偶現宰官身。他年黍米丹成後，鶴髮還來秉大鈞〔五〕。

箋注

〔一〕高念東，即高珩，見《摸魚子·謝念東先生惠藥》箋注〔一〕。

〔二〕金華，金華殿。

〔三〕衮衣，《詩經·豳風·九罭》：『我覯之子，衮衣綉裳。』毛傳：『衮衣，卷龍也。』午橋，見《柳初新·寄懷高舜木》箋注〔五〕。

〔四〕白社，見《湖上宴集》箋注〔三〕。開士，見《夏日集慈因庵與寒灰上人論詩三首》其二箋注〔一〕。

〔五〕秉大鈞，比喻執政。鈞，製陶器所用的轉輪。

春日同蛟門石林再游黑龍潭還過刺梅園用蛟門韵〔一〕

其一

好鳥試新晴，虚窗受午明。舊游思隔歲，佳興自平生。遂有探幽客，相隨款段行〔二〕。纔依芳草地，頓覺一身輕。

校訂

《實庵詩略》、《山左詩鈔》卷三十一皆選録第一、二、三、五首。鄧漢儀《詩觀二集》卷六選録第二首，詩題作《春日再游黑龍潭還過刺梅園用蛟門韵》。孫鋐《清詩選》卷十三選録第二首，詩題作《春日再游黑龍潭過刺梅園用蛟門韵》。

箋注

〔一〕蛟門，即汪懋麟，見《爪茉莉·本意，和蛟門，用宗梅岑韵》箋注〔一〕。石林，即喬萊，見《山花子·題石林小照》箋注〔一〕。黑龍潭，見《笛家·九日，蛟門招集諸子游黑龍潭》箋注〔一〕。刺梅園，見《齊天樂·春晚同諸子游祖園》箋注〔一〕。

〔二〕款段，見《柬李召林侍御》箋注〔二〕。

其二

老樹仍遮屋，風聲萬壑鐘。殿門當晝閉，游屐入春濃。曲徑穿幽閣，高譚恐蟄龍。舊時狂飲處，擬倩薜蘿封〔一〕。

校訂

譚，《實庵詩略》《山左詩鈔》作『談』。

恐，《清詩選》作『起』。

箋注

〔一〕薜蘿，見《歲暮感舊書懷二十八韵》箋注〔一三〕。

輯評

鄧漢儀評：『蒼嚴之概，令人神竦。』

其三

緩步風潭近，都人無此閑。吾徒策杖入，只似到空山。雙闕晴雲裏，千峰夕照間。東風如醉客，駘宕不知還〔一〕。

箋注

〔一〕駘宕，亦作駘蕩，怡悦。宋范成大《行唐村平野晴色妍甚》：『雲烟釀春色，心目兩駘蕩。』

其四

遥憶淮南好，紅橋賦冶春〔一〕。朅來同寂莫〔二〕，終日飽風塵。此地聊舒嘯，何年更問津。竹西歌吹地，野性一時馴。

箋注

〔一〕『遥憶』句，見《浣溪沙·步阮亭紅橋韵》其一箋注〔一〕。清代詩壇領袖王士禛曾引領紅橋唱和，有《紅橋唱和集》。

〔二〕 朅來，爾來。

其五

刺梅花未發，有約故人來。落葉紛如夢，松風對舉杯。城陰春似水，石磴雨生苔。三徑遥相待〔一〕，蓬門盡日開〔二〕。

箋注

〔一〕 三徑，見《水調歌頭·大醉放言》箋注〔一〇〕。

〔二〕 蓬門，唐杜甫《客至》：『花徑不曾緣客掃，蓬門今始爲君開。』

爲石林題畫〔一〕

其一

何人富奇情，寫此荒寒境。紅蓼白蘋中〔二〕，抱琴對清影。

箋注

〔一〕石林，即喬萊，見《山花子·題石林小照》箋注〔一〕。

〔二〕紅蓼，一年生草本植物，葉披針形，花小，生長在水邊或水中。白蘋，水草，葉浮水面，夏秋開小白花。

其二

春山如黛草如烟，疑是江南二月天。莫向招提看野色〔一〕，孤亭風雨正凄然。

箋注

〔一〕招提，見《夏日集慈因庵與寒灰上人論詩三首》其三箋注〔一〕。

其三

蕭瑟溟濛蜃氣驕〔一〕，孤峰獨壓海門潮。何當一踏金鼇背〔二〕，看盡青天萬里遥。

校訂

看盡，《實庵詩略》作『呼吸』。

箋注

〔一〕蜃氣，見《天香·龍涎香》箋注〔二〕。

〔二〕金鰲，見《和子延中丞登望海樓韵二首》其一箋注〔五〕。

送頌嘉六階之湯泉〔一〕

其一

六飛縹緲向回中〔二〕，親簡鄒枚待詔同〔三〕。一道嚴城雄朔漠，千山積雪散春風。黄花戍外驚沙白〔四〕，飲馬泉邊夕照紅〔五〕。退食從容仍獻賦〔六〕，好將彩筆誦車攻〔七〕。

箋注

〔一〕頌嘉，即曹禾，見《金縷曲·同頌嘉飲綸霞齋讀新詩》箋注〔一〕。六階，據本組詩其二『從來文望屬曹劉』之比擬，六階當爲劉六階，生平未詳。湯泉，湯山湯泉，位於今北京市昌平區東南小湯山鎮。《大元一統志》：『在昌平縣東南三十五里，地名湯山，其上有寺。』清康熙中於此建行宮，并於泉泮鑿石爲池，乾隆初擴建爲浴池。所出泉水温度高，又含硫質，故名湯泉。

〔二〕六飛，見《風流子·錢塘懷古》箋注〔一〇〕。

〔三〕鄒枚，西漢鄒陽、枚乘的并稱，二人均爲梁孝王劉武的文學侍從。

〔四〕黄花戍，黄花灘，位於甘肅馬鬃山下，北望包爾烏拉山脉，東臨巴丹吉林沙漠。唐王烈《塞上曲二首》其一：『白草城中春不入，黄花戍上雁長飛。』

〔五〕飲馬泉，唐李益《過五原胡兒飲馬泉》：『緑楊著水草如烟，舊是胡兒飲馬泉。』

〔六〕退食，《詩經·召南·羔羊》：『退食自公，委蛇委蛇。』鄭玄箋：『退食，謂減膳也。自，從也；從於公，謂正直順於事也。』朱熹集傳：『退食，退朝而食於家也。自公，從公門而出也。』

〔七〕車攻，即《詩經·小雅·車攻》，是一首叙述周宣王在東都會同諸侯舉行田獵的詩。

其二

從來文望屬曹劉〔一〕，鄴下西園簡最優〔二〕。獵騎曉隨天仗過，懸崖驚壓大河流。春衫亂點桃花色，客夢遥憐芳草洲。自是長楊耽執戟〔三〕，不將投筆羡封侯。

校訂

春衫，《賓庵詩略》作『春山』。

箋注

〔一〕曹劉，曹植、劉楨的并稱。唐杜牧《酬張祜處士見寄長句四韵》：『七子論詩誰似公，曹劉須在指揮中。』

〔二〕鄴下，遺址主體位於今河北省臨漳縣境内。獻帝建安時，曹操據守鄴城。在他周圍聚集了以『建安七子』爲主的一批文士，在創作上形成一種梗概多氣的詩風。故建安七子又稱『鄴下七子』。西園，在河南省臨漳縣鄴縣舊治北，傳爲曹操所建。

〔三〕『自是』句，揚雄曾爲執戟郎，人稱揚執戟。三國魏曹植《與楊德祖書》：『昔揚子雲先朝執戟之臣耳，猶稱壯夫不爲也。』長楊，西漢揚雄作《長楊賦》。

和子延盆梅〔一〕 一本雙株，紅白二色

其一

誰奪天工巧，芳菲迴自奇。花寒簾幕重，枝老雪霜垂。漢殿雙飛日〔二〕，江東并嫁時〔三〕。紅紅兼白白，濃淡恰相宜。

箋注

〔一〕子延，即劉祚遠，見《和子延中丞登望海樓韵》其一箋注〔一〕。

〔二〕『漢殿』句，趙飛燕，西漢成帝皇后。趙合德，趙飛燕的妹妹，西漢成帝妃子。

〔三〕『江東』句，見《一叢花・并蒂蓮》箋注〔三〕。

其二

亭亭雙幹出，清泠得同根。并入羅浮夢〔一〕，誰招處士魂〔二〕。園林遲歲暮，桃李讓春繁。解識東君意〔三〕，孤芳杳自存。

箋注

〔一〕羅浮夢，見《暗香・緑萼梅》箋注〔二〕。

〔二〕處士，清吕留良等《宋詩鈔・和靖詩鈔序》：『逋不娶，無子，所居多植梅畜鶴，泛舟湖中，客至則放鶴致之，因謂梅妻鶴子云。』

〔三〕東君，司春之神。

和翌辰小屋如漁舟〔一〕

其一

小屋如漁舟，蓬窗挂酒簹〔二〕。朝來微雨過，疑泛藕花洲。

校訂

《實庵詩略》、馬長淑《渠風集略》卷二皆選録第三、四、五、八首，《山左詩鈔》卷三十一選録第五首，諸集詩題『翌辰』均作『翼辰』。

箋注

〔一〕翌辰，即馬天撰，見《答馬翼辰用原韵》箋注〔一〕。

〔二〕酒簹，用篾子編成的漉酒具。

其二

小屋如漁舟，池塘清見影。游魚没鏡中，錯認波千頃〔一〕。

箋注

〔一〕頃，百畝爲頃。

其三

小屋如漁舟，疾風吹不起。中有淡宕人，自號天隨子〔一〕。

箋注

〔一〕天隨子，見《蝶戀花》（七月西疇）箋注〔三〕。

其四

小屋如漁舟，年年灘上住。只愁風雨聲，吹向瀟湘去。

其五

小屋如漁舟，霜寒蘆荻折〔一〕。孤雲明滅中，仿佛江天雪。

校訂

蘆荻，《實庵詩略》《山左詩鈔》作『荻蘆』。

箋注

〔一〕蘆荻，唐杜荀鶴《溪岸秋思》：『秋風忽起溪浪白，零落岸邊蘆荻花。』

其六

小屋如漁舟，白蘋間紅蓼。漁翁醉即眠，那復計昏曉。

其七

小屋如漁舟，晴窗飛柳絮。斜陽理釣竿，不向嚴陵去〔一〕。

箋注

〔一〕嚴陵，即嚴光，《後漢書·逸民列傳》：『嚴光字子陵，一名遵，會稽餘姚人也。少有高名，與光武同游學。及光武即位，乃變名姓，隱身不見。……除爲諫議大夫，不屈，乃耕於富春山，後人名其釣處爲嚴陵瀨焉。』

其八

小屋如漁舟，樵風吹五兩〔一〕。聲從屋角來，獵獵菰蒲響〔二〕。

箋注

〔一〕樵風，《後漢書·鄭弘傳》：『鄭弘，字巨君，會稽山陰人也。』李賢注引南朝宋孔靈符《會稽記》一：『射的山南有白鶴山，此鶴爲仙人取箭。漢太尉鄭弘嘗采薪，得一遺箭，頃有人覓，弘還之，問何所欲，弘識其神人也，曰：「常患若邪溪載薪爲難，願旦南風，暮北風。」後果然。』五兩，古代的測風器。鷄毛五兩或八兩繫於高竿頂上，藉以觀測風向風力。

〔二〕菰，多年生草本植物，生在淺水裏。蒲，多年生草本植物，生池沼中。

其九

小屋如漁舟，寒潮生且落。魚莊蟹舍間〔一〕，與爾同漂泊。

箋注

〔一〕魚莊蟹舍，見《浣溪沙·題畫》箋注〔一〕。

其十

小屋如漁舟，船頭繫笭箵〔一〕。安然具生綃，寫此滄浪境〔二〕。

箋注

〔一〕笭箵，漁具的總稱，也指貯魚的竹籠。

〔二〕滄浪，見《墨莊行爲王近微使君作》箋注〔一五〕。

初夏雜感

其一

偶乘果下去匆匆〔一〕，行遍園林緑潤中。槐密略能篩細日，松低全似醉薰風。池塘春草知何處，鳥語花香不暫同。月底歸來人未散，間聞絲管出芳叢。

箋注

〔一〕果下，果下馬，《後漢書·東夷傳》：『（濊）又多文豹，有果下馬，海出班魚，使來皆獻之。』李賢注：『高三尺，乘之可於果樹下行。』

其二

小兒長大如黄犢，纔向燈前識乃翁。學語漸能同薊北〔一〕，思歸常自説山東。金門我似生車耳〔二〕，汶上誰期共釣筒〔三〕。南陌一犁春雨足，追隨拄杖慶年豐。

箋注

〔一〕薊，位於今天津市北部，鄰接北京市和河北省。

〔二〕金門，金明門，唐時宮門名，爲翰林院所在。車耳，車兩旁反出如耳的部分，用以遮擋塵泥。生車耳，宋錢惟演《登師欲東歸因成五言》：『久住生車耳，因閑長道牙。』

〔三〕汶上，見《蝶戀花》（六月溪堂）箋注〔二〕。《論語·雍也》：『季氏使閔子騫爲費宰。閔子騫曰：「善爲我辭焉！如有復我者，則吾必在汶上矣。」』何晏集解引孔安國曰：『去之汶水上，欲北如齊。』

其三

今年四月那聞雷，慘慘陰濃晝不開。天上炎涼偏异態，人間哀樂莫深猜。堅冰盡逐桃花落，大雪翻同柳絮來。却喜羊裘渾未典，一杯潦倒坐莓苔。

珂雪三集

夏日偶成

其一

隔墻終日聽槐風，未許愁顔借酒紅。惜别經年還异域，思歸遠道愧兒童。只宜荒影蘧蘧睡〔一〕，不耐冰銜數數通〔二〕。却憶故園朱柰熟〔三〕，滿林香氣草堂中。

箋注

〔一〕蘧蘧，悠然自得貌。見《蝶戀花·題王宓草畫蝶》箋注〔四〕。

〔二〕冰銜，清潘永因《宋稗類鈔》卷二：「（陳）彭年在翰林，所兼十餘職，皆文翰清秘之目，時人謂其署銜爲「一條冰」。」

〔三〕朱柰，明李時珍《本草綱目·果之二·柰》：「柰與林檎，一類二種也……有白、赤、青三色。白者爲素柰，赤者爲丹柰，亦曰朱柰，青者爲緑柰，皆夏熟。』

其二

鼻觀香濃倩遠風〔一〕，朱櫻猶自弄輕紅。心依漠漠閑□□，□□□□□□□。
□□□□□□□，□□□□□□□。□□□□□□□，愁在絲絲細雨中。

校訂

心依漠漠閑□□，底本『閑』字後缺兩字。『愁在絲絲細雨中』另起一行，依詩中韵脚，或爲此組詩第一首詩的同韵組詩。

箋注

〔一〕鼻觀，宋陸游《登北榭》：『香浮鼻觀煎茶熟，喜動眉間煉句成。』

其三

大隱且沽燕市酒〔一〕，浮名不問□□□。

校訂

大隱且沽燕市酒，底本中與上首『愁在絲絲細雨中』同在一行。『浮名不問』後缺三字，或爲一聯殘詩。

箋注

〔一〕大隱，見《墨莊行爲王近微使君作》箋注〔一三〕。燕市酒，見《賀新涼·爲其年題詞》箋注〔一一〕。

其四

書簽藥裹吾生事，莫嘆鶬鶊策未工。

校訂

此聯在底本中爲一行。

閲黔風有述〔一〕

六籍在古今，爛如日星垂。聖人大一統，文字變侏㒧〔二〕。蠢兹有苗人〔三〕，梗化中天時。師徒鮮膚功〔四〕，重煩干羽治〔五〕。狡狡夜郎侯〔六〕，闢國自羅施〔七〕。山川重以複，草木紛以披。猺獞相仇殺，風俗等鴞鵐。兵戈三十載，鬼火青離離。向疑五溪南〔八〕，類不通文詞。今年夏四月，驛騎來星馳。貽我一編書，云是黔士爲。開緘復躊躇，擬將大笑之。詎意尺幅間，雲起而風隨。危坐乃更讀，終卷無傾欹。卓哉古哲人，微言百世師。青青黄茅中，誦説仍不遺。更有作賦才，揚馬窺藩籬〔九〕。賡彼泰山雲，鏘然金石詞。乃識邦無陋，能可張四維〔一〇〕。以我鄒魯弦，化此青白黎。吾友卧山子〔一一〕，昨日辭丹墀。逝將施鐵網，羅取珊瑚枝〔一二〕。阿弟相提携，异域采風詩。安知大廷對〔一三〕，而無賈董姿〔一四〕。斯集實嚆矢〔一五〕，諸君幸念兹。

箋注

〔一〕此詩當作於康熙十一年（一六七二）。詩中所言『吾友卧山子』，即吴元龍，號卧山，於康熙十一年赴貴州任主考官。《（道光）貴陽府志》卷二：『（康熙）十年……七月……巡撫佟鳳彩丁憂歸，以曹申吉爲貴州巡撫，申吉至任』，『（康熙）十一年……五月……主考官吴元龍、楊西狩至，始取副榜四名，准貢』。

〔二〕侏𠌯，《後漢書·南蠻西南夷傳》：『衣裳班蘭，語言侏離，好入山壑，不樂平曠。』李賢注：『侏離，蠻夷語聲也。』

〔三〕蠢兹有苗，《尚書·大禹謨》：『蠢兹有苗，昏迷不恭。』孔安國傳：『蠢，動。』

〔四〕膚功，《詩經·小雅·六月》：『薄伐玁狁，以奏膚公。』毛傳：『膚，大；公，功也。』

〔五〕干羽，見《觀樂行》箋注〔一七〕。

〔六〕夜郎，見《得家弟書悵然有懷并作》其三箋注〔五〕。

〔七〕羅施，《明史·貴州土司傳》：『貴州，古羅施鬼國。漢西南夷牂牁、武陵諸傍郡地。』

〔八〕五溪，見《留客住·鷓鴣》箋注〔二〕。

〔九〕揚馬，漢代辭賦家揚雄和司馬相如的并稱。

〔一〇〕四維，《管子·牧民》：『國有四維……何謂四維？一曰禮，二曰義，三曰廉，四曰耻。』

〔一一〕卧山子，吴元龍，字長仁，號卧山，江南華亭（今上海松江）人。康熙三年甲辰進士，與曹貞吉同年，授弘文院清書庶吉士，歷督捕理事、工部郎中。著有《問月堂集》。

〔一二〕『逝將』句，南朝宋劉義慶《世説新語·汰侈》：『愷惘然自失。』劉孝標注引三國吴萬震《南州异物志》曰：『珊瑚生大秦國，有洲在漲海中，距其國七八百里，名珊瑚樹洲。底有盤石，水深二十餘丈，珊瑚生於石上。初生白，軟弱似菌。國人乘大船，載鐵網，先没在水下，一年便生網目中，其色尚黄，枝柯交錯，高三四尺，大者圍尺餘。三年色赤，便以鐵鈔發其根，繫鐵網於船，絞車舉網。還，裁鑿恣意所作。若過時不鑿，便枯索蟲蠹。』宋梅堯臣《送韓子文寺丞通判瀛州》：『選才才且殊，鐵網收珊瑚。』

〔一三〕『安知』句，張貞《曹申吉墓志并銘》：『先生之赴黔也，上臨朝遣行兩宴於保和殿，温文誥誡，錫予便蕃，謂此行稱職，當必大用，上之所以知之眷之者至矣。』

〔一四〕賈董，漢賈誼和董仲舒的并稱。

〔一五〕嚆矢，《莊子·在宥》：『焉知曾史之不爲桀跖嚆矢也。』成玄英疏：『嚆，箭鏃有吼猛聲也。』

得家弟見懷詩却寄同用蘇韻〔一〕

東風吹旌旆，游子蕭蕭去。至今青門外〔二〕，怕逢折柳處。鶗鴂啼不歇〔三〕，瘴雨千山中。深杯把螯時〔四〕，怊悵將無同。秋氣動高林，晨星照虚牖。巡檐摇膝間，閑却垂竿手。夢裏過黄陵〔五〕，驚起復然疑。君能識我魂，杳渺非心期。鬢鬚颯然變，太息維摩老。前路苦鬱盤，息機貴在早。掉頭汶水湄〔六〕，菟裘倘已成〔七〕。旦夕疏籬下，攜柑聽鶯聲。

箋注

〔一〕家弟，即曹貞吉胞弟曹申吉，見《解語花·咏水仙，同家弟作》箋注〔一〕。

〔二〕青門，見《摸魚子·咏蒓》箋注〔五〕。

〔三〕鶗鴂啼，見《留客住·鶗鴂》箋注〔三〕。

〔四〕深杯把螯，見《漁家傲·秋感》箋注〔三〕。

〔五〕黄陵，北魏酈道元《水經注·湘水》：『湖水西流，徑二妃廟南，世謂之黄陵廟也。』

〔六〕汶水，見《蝶戀花》（六月溪堂）箋注〔二〕。

〔七〕菟裘，《左傳·隱公十一年》：『羽父請殺桓公，將以求大宰。公曰：「爲其少故也，吾將授之矣。」使營菟裘，吾將老焉。』杜預注：『菟裘，魯邑，在泰山梁父縣南，不欲復居魯朝，故别營外邑。』

雨後

一雨澄煩暑，清風吹我襟。炎凉争旦莫〔一〕，氣候變晴陰。緑净園林色，秋悲客子心。豆棚新浴後，茗椀且須斟。

箋注

〔一〕旦莫，旦暮。

曉起

曉起星何在，凉思馬上生。一鈎看月色，萬樹得秋聲。高闕晴霞散，長橋金水平〔一〕。幾人同落寞，空傍赤霄行〔二〕。

箋注

〔一〕金水，金水河，又名玉河，清于敏中《日下舊聞考》卷三十二：『自瀛洲西渡飛橋上回闌，巡紅墻而西，則爲明仁宫，沿海子導金水河步邌河南行爲西前苑。』

〔二〕赤霄，指京城。唐杜甫《送覃二判官》：『蹉跎病江漢，不復謁承明。……肺肝若稍愈，亦上赤霄行。』

七夕前一日同蛟門渭清杞園集雪客寓齋用渭清韵〔一〕

幾人依曲徑，幽興各披襟。雪酒初開甕，銀桃乍出林〔二〕。涼霄星漢迴，匹練水雲深。犢鼻明當曬〔三〕，居然愁夕霖。

箋注

〔一〕蛟門，即汪懋麟，見《爪茉莉·本意，和蛟門，用宗梅岑韵》箋注〔一〕。渭清，即李澄中，見《霓裳中序第一·咏龍鬚，爲渭清賦》箋注〔一〕。杞園，即張貞，見《玲瓏四犯·送杞園游西湖》箋注〔一〕。

〔二〕銀桃，《舊唐書·西戎傳》：『武德十一年，（康國）又獻金桃、銀桃，詔令植之於苑囿。』

〔三〕『犢鼻』句，《晋書·阮咸傳》：『咸與籍居道南，諸阮居道北，北阮富而南阮貧。七月七日，北阮盛曬衣服，皆錦綺粲目，咸以竿挂大布犢鼻於庭。人或怪之，答曰：「未能免俗，聊復爾耳！」』

七夕和蛟門步韵〔一〕

其一

笛簟涼生入夜多〔二〕，風微團扇逗輕羅。朝聞烏鵲隨青輦，晚識黄姑隔絳河〔三〕。一枕漫憑桑落酒〔四〕，三年空負雪兒歌〔五〕。摩訶池畔君休憶〔六〕，私語新從小院過。

箋注

〔一〕蛟門，即汪懋麟，見《爪茉莉·本意，和蛟門，用宗梅岑韵》箋注〔一〕。

〔二〕笛簟，笛竹做的席子。

〔三〕黄姑，見《虞美人·有感》箋注〔三〕。

〔四〕桑落酒，見《哭家企鑒叔六首》其五箋注〔一〕。

〔五〕雪兒歌，見《都門晤沈大行因憶湖上之游》其四箋注〔一〕。

〔六〕摩訶池，見《添字漁家傲·六月》箋注〔一〕。

其二

風吹茉莉暗香多，熠熠螢飛上越羅〔一〕。遠樹微茫低片月，長流屈注走明河。病來久廢蹣跚舞，卧去猶聽宛轉歌。兒女避人還乞巧〔二〕，不知身在客中過。

校訂

茉莉，《實庵詩略》作『抹麗』。
蹣跚，《實庵詩略》作『婆娑』。

箋注

〔一〕越羅，唐劉禹錫《酬樂天衫酒見寄》：『酒法衆傳吴米好，舞衣偏尚越羅輕。』
〔二〕乞巧，見《蝶戀花》（七月西疇）箋注〔一〕。

吊柳麻子〔一〕

其一

昨日驚聞敬亭死，人間無復米嘉榮〔二〕。淮南小吏尋常事，何處鬚眉更寫生〔三〕。

箋注

〔一〕柳麻子，即柳敬亭，見《沁園春·贈柳敬亭》箋注〔一〕。

〔二〕米嘉榮，見《賀新涼·再贈柳敬亭》箋注〔一一〕。

〔三〕『淮南』句，清來集之《來集之先生詩話稿》：『顧偉南開雍，華亭人。《柳生歌》序云：「揚之泰州柳生，名遇春，别號敬亭。……柳生還吴中，酒酣，時時向人説寧南事，聞者皆泣下，而柳生從説書益奇。庚寅七月之季，僕始相見淮浦，爲僕發故宋淮南小吏宋江記一回，縱横感動，聲摇屋瓦，俯仰合離，皆出己意，使聽者悲以泣，喜以樂。世稱柳生，不虚云。」』

其二

遥知此去作頑仙〔一〕，抵掌談諧玉帝前。若問人間堪笑事，激昂短髮又成編。

箋注

〔一〕頑仙，初得仙道者。唐司空圖《商山二首》其二：『馬上搜奇已數篇，籍中猶愧是頑仙。』

和渭清雨中見寄之作〔一〕

一雨連朝暮，冥冥失遠山。蛩聲依壁近，樹影帶秋還。曉角千門裏，重雲五柞間〔二〕。短衣策馬入，空憶釣蓑閑。

箋注

〔一〕渭清，即李澄中，見《霓裳中序第一·咏龍鬚，爲渭清賦》箋注〔一〕。

〔二〕五柞，見《冬日李望石侍御招同李貞孟編修李召林楊岱楨兩侍御李季霖中翰南郊觀射小飲長歌記事》箋注〔一六〕。

秋夕

日暮高城喧鼓角，鄉心納納轉車輪。當風老樹紛如霧，絶岫孤雲淡似人。雨氣乍隨秋入夜，蛩聲每與雁爲鄰。可能更渡蘆溝去〔一〕，羸馬青衫笑此身〔二〕。

箋注

〔一〕蘆溝，桑乾河，爲永定河上游，流經北京，至天津附近入海河。

〔二〕青衫，見《減字木蘭花·天津道中》箋注〔一〕。

問渭清疾〔一〕

側聞游子病，可是怯西風。獨卧秋陰裏，長貧逆旅中。角聲吹亂葉，鄉思入鳴蟲。莫夢牛涔好〔二〕，岩花正待紅。

箋注

〔一〕渭清，即李澄中，見《霓裳中序第一·咏龍鬚，爲渭清賦》箋注〔一〕。

〔二〕牛涔，《淮南子·氾論訓》：『夫牛蹄之涔，不能生鱣鮪。』高誘注：『涔，雨水也。滿牛蹄迹中，言其小也，故不能生鱣鮪也。』

閏七夕再和蛟門〔一〕

杳藹星雲碧欲流，又看河漢引槎頭〔二〕。何人更問支機石〔三〕，有約還登乞巧樓〔四〕。再駕翠軿仍帶露〔五〕，重來烏鵲倍含愁〔六〕。獨憐織盡天襄錦，屈指茫茫定幾秋。

箋注

〔一〕蛟門，即汪懋麟，見《爪茉莉·本意，和蛟門，用宗梅岑韵》箋注〔一〕。

〔二〕槎頭，槎頭鯿，即鯿魚。唐杜甫《解悶十二首》其六：『即今耆舊無新語，漫釣槎頭縮頸鯿。』

〔三〕支機石，《太平御覽》卷八引南朝宋劉義慶《集林》：『昔有一人尋河源，見婦人浣紗，以問之，曰：「此天河也。」乃與一石而歸。問嚴君平，云：「此織女支機石也。」』

〔四〕乞巧，見《蝶戀花》（七月西疇）箋注〔一〕。

〔五〕翠軿，見《惜秋華·牽牛花》箋注〔七〕。

〔六〕烏鵲，見《蝶戀花》（七月西疇）箋注〔一〕。

吴遠度畫山水歌〔一〕

君家道玄擅奇筆〔二〕，好畫天宫及鬼神。裴旻拔劍舞一曲，圓光落壁如車輪。嘉陵山水胸中出，淋漓潑墨成逡巡。君去開元定幾世，屹屹風格追前人。廿載知名人未老，青衫席帽踏緇塵〔三〕。燈前示我一幅絹，倪迂黄痴驚再見〔四〕。老樹千章不辨名，江流幾曲疑澄練〔五〕。斷橋破屋人烟絶，但見漁舟横水面。蒹葭蒼蒼敗葉黄〔六〕，斜風細雨山光亂。恍然置我丘壑間，骨戛青玉鬚眉换。此道江河俱失傳，飄零敗楮如雲烟。君從何處得粉本，千岩萬壑生毫顛。掩卷歸來不寂寞，耳邊三日聞潺潺。吴生吴生爾更爲，我磨隃麋拂生綃〔七〕。畫作石頭城下水，驚濤滿眼浮金焦〔八〕。青鞋布襪吾與女，燕磯牛首相招邀。他日披圖成熟客，三生一笑大江潮。

校訂

〔一〕裴旻，底本作『斐旻』，據《實庵詩略》改。《新唐書·文藝傳中·李白》：『文宗時，詔以白歌詩、裴旻劍舞、張旭草書爲「三絶」。』

箋注

〔一〕吴遠度，即吴宏，見《滿江紅·題吴遠度〈竹村情話圖〉》箋注〔一〕。

〔二〕道玄，吴道子，陽翟（今河南禹州）人，唐玄宗時畫家，人稱『畫聖』。因與吴宏同姓，故稱『君家道玄』。

〔三〕青衫，見《減字木蘭花·天津道中》箋注〔一〕。席帽，見《沁園春·贈柳敬亭》箋注〔二〕。

〔四〕倪迂，見《霜葉飛·村居》箋注〔一〕。黄痴，南宋畫家黄公望，擅畫山水，有《富春山居圖》。

〔五〕『江流』句，見《臺城路·送分虎歸長水》箋注〔二〕。

〔六〕蒹葭蒼蒼，見《解連環·咏蘆花，遥和錢舍人》箋注〔五〕。

〔七〕喻糜，元伊世珍《瑯嬛記》卷上：『漢人有墨，名曰喻糜。』

〔八〕金焦，見《風流子·京口懷古》箋注〔一一〕。

中秋感懷

其一

由來佳節倍思親〔一〕，况復天涯憶遠人。弱子無知還待月，病夫當酒易傷神。窮交失意明朝别，孤燭離筵此夕真。簫鼓誰家仍得醉，不堪夢裏到濰濱〔二〕。

箋注

〔一〕『由來』句，唐王維《九月九日憶山東兄弟》：『獨在异鄉爲异客，每逢佳節倍思親。』

〔二〕濰濱，見《途中大風雪倦極有作》箋注〔三〕。

其二

兩子諸孫皆遠道，獨留白髮倚柴扉。風塵北地憐浮梗，瘴癘南天憶釣磯。何物世間愁得似，偶來塞上雁初飛。清光猶是當年好，底事婆娑與願違〔一〕。

箋注

〔一〕婆娑，盤桓，逗留。

偶成

竟夕喧雷電，秋燈夜闃然。雁聲低近屋，雨氣遠浮天。病眼慵親帙，忘機愛熟眠。何人稱大隱〔一〕，珍重得幽偏。

箋注

〔一〕大隱，見《墨莊行爲王近微使君作》箋注〔一三〕。

采菊葉煮蟹戲作

長安美風味，九月蟹郭索〔一〕。老饕秋巷中，雙螯常大嚼。内子識我意，質衣佐杯杓。日費數十錢，飽滿恣溪壑〔二〕。持付三足鐺，纍纍悉解縛。籬菊葉向乾，潔若霜林籜。小婢屢采擷，耳畔濤聲作。眈此玳瑁膏，腴不數黄雀。顧余憂患人，頻年戒殘虐。兹嗜獨未除，每食輒中怍。蠢蠢皆物命，奚忍供煎爆。畏死理亦然，但苦筋力弱。黽勉護殘汁，告語無所托。從來惡豺虎，見人必争攫。而我具幻質〔三〕，漁獵良足噱。問當饜飫時，何殊飽藜藿〔四〕。喟然視天地，生氣懼漸薄。

箋注

〔一〕郭索，見《桂枝香・蟹》箋注〔三〕。

〔二〕溪壑，《南齊書・垣崇祖傳》：『頻煩升擢，溪壑靡厭，浸以彌廣。』

〔三〕幻質，佛教語，猶幻身。宋陸游《記夢》：『即今相逢兩幻質，轉盼變滅如飛烟。』

〔四〕藜藿，《文選・曹植〈七啓〉》：『予甘藜藿，未暇此食也。』劉良注：『藜藿，賤菜，布衣之所食。』

有鴿入禁門罘罳中不能去〔一〕

小鳥乘秋來，顧瞻宫殿美。雙闕供翱翔，下飲金溝水。微生誠足樂，惜哉不知止。

冥冥入網羅，徘徊心欲死。當其初入時，華燦良自喜。既而歸路迷，羽毛安可恃。以兹廣厦間，容女如蝼蟻。所憂稻粱絶，吸露寒蟬似。旁觀但瞠視，誰人能决毁。何如榆枋中，天空飛復起〔二〕。

校訂

《實庵詩略》、《山左詩鈔》卷三十一皆選録此詩。

華燦，《實庵詩略》《山左詩鈔》作『光怪』。

女，《實庵詩略》《山左詩鈔》作『汝』。

箋注

〔一〕罘罳，見《賣花聲·簾下美人影》箋注〔一〕。

〔二〕『何如』句，見《沁園春·再贈李君，聊廣其意》箋注〔五〕。

壬子秋盡夢渡大水驚濤拍天似聞人語曰洞庭湖也夢得句曰一夜相思過洞庭醒來足成之〔一〕

一夜相思過洞庭，岳陽城下水泠泠〔二〕。樵風欲起千帆黑，霜葉初飛兩岸青。夢裏或能生片羽，塵中何處覓長汀。明宵仍借邯鄲枕〔三〕，直到牂牁不願醒〔四〕。

箋注

〔一〕壬子，清康熙十一年（一六七二），曹貞吉在内閣中書任上，曹申吉在貴州巡撫任上，兄弟二人詩歌酬唱，以寄相思。

〔二〕『一夜』句，唐杜甫《登岳陽樓》：『昔聞洞庭水，今上岳陽樓。』

〔三〕邯鄲枕，見《南鄉子·夏夕無寐，茫茫交集，輒韵語寫之，不求文也》其一箋注〔一〕。

〔四〕牂牁，見《賀新涼·壬子歲寄家弟用韵》箋注〔八〕。

作詩後連夜夢至貴州矣〔一〕

風烟萬里舊羅施〔二〕，魂去魂來自不知。但覺一堂增楚語，誰云兩地隔江湄。意中親串低眉久，掌上兒童覓果痴。只恐五溪歸路杳〔三〕，楓林月黑悵何之。

箋注

〔一〕此詩當與前首《壬子秋盡夢渡大水驚濤拍天似聞人語曰洞庭湖也夢得句曰一夜相思過洞庭醒來足成之》作於同時。

〔二〕羅施，見《閱黔風有述》箋注〔六〕。

〔三〕五溪，見《留客住·鷓鴣》箋注〔二〕。

見新曆有感

我生墮地三逢丑，癸丑明年曆又頒〔一〕。作客幾回新歲月，懷人一夜夢江山。老將白髮垂垂至，詩似黄楊漸漸刪。咫尺廣寧門外路〔二〕，擬乘款段問柴關〔三〕。

箋注

〔一〕『我生』句，此詩當作於清康熙十一年（一六七二），曹貞吉在内閣中書任上。曹貞吉生於明崇禎七年（一六三四），至清康熙十二年癸丑（一六七三），年四十歲。三逢丑，指明崇禎十年丁丑（一六三七）、清順治六年己丑（一六四九）、清順治十八年辛丑（一六六一）。

〔二〕廣寧門，明清北京城外城西側正門。

〔三〕款段，見《柬李召林侍御》箋注〔二〕。

蛟門夢得十二硯戲爲短歌〔一〕

汪生三載承明廬〔二〕，濡染大筆校群書。煌煌典册待揮掃，兩手一硯争三餘〔三〕。何乃夢入清都恣漁獵〔四〕，端溪落落同璠璵〔五〕。潑墨淋漓盈懷袖，發狂大叫驚妻孥。我聞自古至人乃無夢，爲因爲想皆紛拏。日之所思夜所夢，未聞鼠穴可乘輿。君寧索有胠篋癖〔六〕，夢中苟得胡爲與？若曰爾文通帝座，陶泓處士真爾徒〔七〕。錫之十二良不忝，龍賓麟角相匡扶〔八〕。不然但置琴几作清供，纍纍頑石安用渠。

校訂

《實庵詩略》、《山左詩鈔》卷三十一皆選録此詩。

校，《實庵詩略》《山左詩鈔》作『讎』。

煌煌典册待揮掃，《實庵詩略》《山左詩鈔》作『金泥玉册紛著作』。

盈懷袖，《實庵詩略》作『滿襟袖』。

我聞自古至人乃無夢，《實庵詩略》《山左詩鈔》無『自古』二字。

紛拏，《實庵詩略》作『紛挐』。

箋注

〔一〕蛟門，即汪懋麟，見《爪茉莉·本意，和蛟門，用宗梅岑韵》箋注〔一〕。

〔二〕承明廬，見《歲暮感舊書懷二十八韵》箋注〔一一〕。

〔三〕三餘，見《除夕守歲步家弟韵》箋注〔五〕。

〔四〕清都，《列子·周穆王》：『清都、紫微、鈞天、廣樂，帝之所居。』

〔五〕端溪，端溪硯，廣東高要東南端溪産硯石，爲硯中上品。璠璵，《初學記》卷二十七引《逸論語》：『璠璵，魯之寶玉也。孔子曰：美哉璠璵，遠而望之，焕若也；近而視之，瑟若也。』

〔六〕胠篋㵒，《莊子·胠篋》：『將爲胠篋、探囊、發匱之盗，而爲守備，則必攝緘縢，固扃鐍，此世俗之所謂知也。』陸德明釋文引司馬彪曰：『從旁開爲胠，一云發也。』成玄英疏：『胠，開；篋，箱……此蓋小賊，非巨盗者也。』

〔七〕陶泓處士，唐韓愈《毛穎傳》：『穎與絳人陳玄、弘農陶泓及會稽褚先生友善，相推致，其出處必偕。』毛穎指筆，陳玄指墨，陶泓指硯，褚先生指紙，皆爲擬托人名。

〔八〕『錫之』句，見《月下笛·悼何蕤音》箋注〔六〕。

快雪行和蛟門〔一〕

壬子之歲冬過半〔二〕，纔見長空飛雪霰。薄暮瓊瑶三寸多，老夫僵卧黄壚畔。黄昏忽聽打門聲，乃得汪生詩一卷。持向西窗就暝色，細讀何能已三嘆。余性懶慢最喜雪，對之輒覺鬚眉换。憶在家園值飛絮，高樓置酒窮歡宴。今來長安僦舍中，破屋兩間風撩亂。敗衾多年冷於鐵，提筆無何憎手顫。老瓦盆中火不紅〔三〕，一家骨肉惟相看。大兒十歲頗痴肥，摶雪猶能作獸面。小兒眉宇飽塵垢，背我時時來攫炭。當此令人意色惡，安能摇膝恣吟翰。君家逸氣不可當，落紙千言光燦爛。有人擁膝嬌如花，大几明窗調筆硯。手擘鸞箋打篆文，焚沉烹岕羅清玩〔四〕。傭書之債苦來酬〔五〕，云何對雪思鄉縣。余亦大笑拂衣起，積雪門前没至骭〔六〕。呼酒持螯還一醉〔七〕，平明騎馬入東觀〔八〕。

校訂

黄壚，《實庵詩略》作『寒壚』。

細讀何能已三嘆，《實庵詩略》作『讀罷何能不三嘆』。

憎，底本作『增』，據《實庵詩略》改。

肥，《實庵詩略》作『頑』。

獸，底本作『壽』，據《實庵詩略》改。

岕，底本作『芥』，據《實庵詩略》改。

來，《實庵詩略》作『未』。

箋注

〔一〕蛟門，即汪懋麟，見《爪茉莉·本意，和蛟門，用宗梅岑韵》箋注〔一〕。

〔二〕壬子，清康熙十一年（一六七二），曹貞吉在内閣中書任上。

〔三〕老瓦盆，見《蝶戀花》（九月涼風）箋注〔四〕。

〔四〕芥，見《三如贈秋芥賦謝》箋注〔一〕。

〔五〕傭書，《後漢書·班超傳》：『家貧，常爲官傭書以供養。』

〔六〕骭，脛骨，亦指小腿。《古詩源·飯牛歌》：『生不逢堯與舜禪，短布單衣適至骭。』

〔七〕呼酒持螯，見《漁家傲·秋感》箋注〔三〕。

〔八〕東觀，見《咏懷》箋注〔三〕。

冬日偶成

其一

寒風掠歲匆匆去，辛苦書窗薄暮燈。壺缺尚同伏櫪馬〔一〕，官閑只似住山僧。雲遮故國千重影，雪擁長安一片冰。翹首玉泉真咫尺〔二〕，何人赤脚最高層。

箋注

〔一〕『壺缺』句，見《沁園春·讀子厚新詞却寄》其三箋注〔一〕。

〔二〕玉泉，玉泉山，在北京市西北，山下有玉泉，因以得名。

其二

布被繩床夜氣清〔一〕，燈昏酒淡閱浮生。敢逢上客稱文字〔二〕，喜得窮交憶姓名。萬里音書遲鳥道，一天風雪亂鷄聲。懸知野老空山裏，榾柮罏邊睡到明〔三〕。

箋注

〔一〕繩床，見《尾犯·笋》箋注〔二〕。

〔二〕上客，尊客。《禮記·曲禮上》：『食至起，上客起。』鄭玄注：『敬尊者。』

〔三〕榾柮罏，宋陸游《霜夜二首》其二：『榾柮燒殘地罏冷，喔咿聲斷天窗明。』

歲莫寄澹餘以亂山殘雪夜孤燭异鄉人爲韵〔一〕

其一

己酉庚戌間，余初來里閈〔二〕。官閑常閉門，兄弟同几案〔三〕。敲鉢剪燈花，玉版光凌亂〔四〕。良會信難值，踪迹浮雲散〔五〕。疾風吹短髮，何能已三嘆。

校訂

《實庵詩略》收録此詩，詩題中『歲莫』作『歲暮』。

箋注

〔一〕澹餘，即曹貞吉胞弟曹申吉，見《解語花·咏水仙，同家弟作》箋注〔一〕。

〔二〕『己酉』句，康熙八年己酉（一六六九）曹貞吉赴京殿試，曹申吉《珂雪二集序》：『己酉秋，兄至都就試。』康熙九年庚戌（一六七〇）考授内閣中書，張貞《誥授奉政大夫禮部儀制清吏司郎中曹公墓志并銘》：『庚戌，以推擇書舍人。』

〔三〕『官閑』句，張貞《誥授奉政大夫禮部儀制清吏司郎中曹公墓志并銘》：『庚辛之交，公在中書，澹餘爲少宗伯，居同邸舍，夜雨對床，銜杯談藝，兄弟之樂，人豔稱之。』

〔四〕玉版，《史記·太史公自序》：『周道廢，秦撥去古文，焚滅詩書，故明堂石室金匱玉版圖籍散亂。』裴駰集解引如淳曰：『刻玉版以爲文字。』

〔五〕『良會』句，清康熙十年（一六七一）春，曹申吉出任貴州巡撫，兄弟離别。張貞《誥授奉政大夫禮部儀制清吏司郎中曹公墓志并銘》：『十年，以工部右侍郎兼都察院右副都御史，巡撫貴州。』

其二

春草緑於染，游子去間關。蕭蕭班馬鳴〔一〕，悠悠旌旆閑。握手古亭下，落日明西山。相揖數語别，行路慘心顔。驅車委巷中，離思詎可删。

箋注

〔一〕『蕭蕭』句，唐李白《送友人》：『揮手自兹去，蕭蕭班馬鳴。』

其三

清秋得佳夢，夢裏生羽翰〔一〕。淼淼洞庭波，木落瀟湘殘〔二〕。酒醒月滿窗，喟然傷肺肝。天明接遠書，勸我勤加餐〔三〕。人生百年中，别離良獨難。

箋注

〔一〕羽翰，唐孟郊《出門行二首》其二：『參辰出没不相待，我欲横天無羽翰。』

〔二〕『淼淼』句，屈原《九歌·湘夫人》：『嫋嫋兮秋風，洞庭波兮木葉下。』

〔三〕『天明』句，《飲馬長城窟行》：『客從遠方來，遺我雙鯉魚。呼童烹鯉魚，中有尺素書。長跪讀素書，書中竟何如。上有加餐食，下有長相憶。』

其四

李生湖海士，萬里同車轍〔一〕。兩載蠻烟中，花草供采擷。貽我秋錦詩〔二〕，一卷如冰雪。阿叔學宋人〔三〕，詞章見摹切。矯首望天末，孤雲何明滅。

校訂

何，《實庵詩略》作『淡』。

箋注

〔一〕李生，即李良年，見《減字木蘭花·雜憶》其八箋注〔一〕。清康熙十年（一六七一）隨同曹申吉入黔。

〔二〕秋錦詩，李良年著有《秋錦山房集》。

〔三〕阿叔，曹貞吉族叔、曹氏十一世曹師彬，字仁南，號又魯，庠生，隨同曹申吉入黔。著有《黔行記略》。

其五

明年余四十〔一〕，瞿然鄰衰謝。痴兒初學步，弱女遂已嫁。筆硯久塵荒，寒冬僵旅舍。迂疏寡逢迎，安能免彈射〔二〕。回首鬱蒼茫，驚飆響深夜。

校訂

初學步，《實庵詩略》作『學初步』。

箋注

〔一〕『明年』句，此詩當作於清康熙十一年壬子（一六七二），曹貞吉在内閣中書任上，至明年清康熙十二年癸丑（一六七三），將年屆四十。

〔二〕彈射，《宋書·五行志一》：『故吳之風俗，相驅以急，言論彈射，以刻薄相尚。』

其六

爲吏長子孫，斯言良非誣。汝既弄雙珠〔一〕，余亦添一雛。待乘下澤去〔二〕，拄杖各能扶。人來聞汝瘦，或未白髭鬚。懷哉各努力，晚節當不孤。

箋注

〔一〕雙珠，曹申吉的兩個兒子：長子曹澐，字庭始，一字山來，號去華，蔭生，候選七品京官，順治十四年正月生；次子曹溆，字湘鄰，一字履霜，又字鄘渠，號去靡，庠生，康熙十一年七月初四日生。

〔二〕下澤，見《減字木蘭花·雜憶》其六箋注〔四〕。

其七

聞道泮洞俗〔一〕，編竹以爲屋。冬深樹不凋，雪厚草猶緑。寄我十二柑，香霧手未觸。纔上武陵舟，已化爲冰玉。啞然成一笑，兀首窺殘燭。

校訂

舟，《實庵詩略》作『船』。

窺，《實庵詩略》作『對』。

箋注

〔一〕泮洞，見《賀新涼·壬子歲寄家弟用韻》箋注〔八〕。

其八

驢背來長安〔一〕，除夕已逢四。但聞爆竹喧，不覺鄉俗异。所驚歲月遒，龍鍾倏爾至。頗思馬少游〔二〕，沉冥寡人事〔三〕。貴賤信遭逢，何用識丁字〔四〕。

校訂

倏爾，《實庵詩略》作『倏而』。

箋注

〔一〕『驢背』句，康熙八年己酉（一六六九），曹貞吉赴京殿試，曹申吉《珂雪二集序》：『己酉秋，兄至都就試。』

〔二〕馬少游，見《減字木蘭花·雜憶》其六箋注〔四〕。

〔三〕沉冥，漢揚雄《法言·問明》：『蜀莊沉冥，蜀莊之才之珍也，不作苟見，不治苟得，久幽而不改其操。』李軌注：『沉冥，猶玄寂，泯然無迹之貌。』

〔四〕『何用』句，《舊唐書·張弘靖傳》：『今天下無事，汝輩挽得兩石力弓，不如識一丁字。』

其九

二十所生兒〔一〕，頎然如我長。昨宵來入夢，憔悴無輝光。我尚甘卑棲，爾安能發揚。旦夕歸敝廬，共爾習文章。勿嗟不得意，得意即他鄉。

校訂

來入夢，《實庵詩略》作『入夢來』。

共爾習文章，《實庵詩略》作『教爾攻文章』。

箋注

〔一〕『二十』句，當指曹貞吉次子霦。《安丘曹氏族譜》卷七曹霦小傳：『諱霦，貞吉次子，行三，字掌霖，一字仲益，號去浮，官監生，候選八品京職，入郡志文學傳，順治十二年四月初四日生。』順治十二年，曹貞吉二十二歲。

其十

今日臘已盡，明日又逢春。繞庭惟雪霜，不見歲華新。比學故鄉法，醞釀得其醇。所惜非郫筒〔一〕，不可寄遠人。聊復弄筆墨，兹意輒具陳。

箋注

〔一〕郫筒，《月令輯要》卷四引《華陽風俗録》：『郫縣有郫筒池，池旁有大竹，郫人刳其節，傾春釀於筒，苞以藕絲，蔽以蕉葉，信宿香聞於竹外，然後斷之以獻，俗號郫筒酒。』

壬子除夕

其一

長安過眼三除夕，壬子堂堂歲又除〔一〕。漫酌屠蘇千日酒〔二〕，雙懸鬱壘舊年書〔三〕。燒殘榾柮仍餘火，夢入華胥穩跨驢〔四〕。珥筆小臣今白髮〔五〕，不堪舞拜向勾臚〔六〕。

校訂

《實庵詩略》選録此詩，詩題作『壬子除夕三首』。

舞拜，《實庵詩略》作『拜舞』。

箋注

〔一〕壬子除夕，康熙十一年（一六七二）除夕，見《歲莫寄澹餘以亂山殘雪夜孤獨异鄉人爲韵》其五箋注〔一〕。

〔二〕屠蘇，南朝梁宗懍《荆楚歲時記》：『（正月一日）長幼悉正衣冠，以次拜賀，進椒柏酒，飲桃湯，進屠蘇酒……』宋王安石《元日》：『爆竹聲中一歲除，春風送暖入屠蘇。』

〔三〕鬱壘，見《蝶戀花》（十二月）箋注〔二〕。

〔四〕華胥，見《蝶戀花》（五月黄雲）箋注〔四〕。

〔五〕珥筆，見《擬上祈穀南郊應制十八韵》箋注〔一九〕。

〔六〕勾臚，科舉時代，進士殿試後，皇帝召見，按甲第唱名傳呼，稱臚唱。元方回《趙賓暘唐師善見和涌金城望次韵五首》其五：『臚唱曾叨殿上傳，末班遥望御爐烟。』

其二

回頭三十仍餘九〔一〕，幾許悲歡繫夢思。擊筑聲高屠狗在〔二〕，餟餟客倦楚漁知〔三〕。貧來冰雪欺蓬户，老去文章愧繭絲。最是鳳城香霧滿，踟躇羸馬欲何之。

校訂

餟餟，《實庵詩略》作『啜醨』。

箋注

〔一〕『回頭』句，見《歲莫寄澹餘以亂山殘雪夜孤獨异鄉人爲韵》其五箋注〔一〕。

〔二〕『擊筑』句，見《賀新凉·爲其年題詞》箋注〔一一〕。

〔三〕餟醨，屈原《漁父》：『衆人皆醉，何不餔其糟而歠其醨？』

其三

爆竹聲中物色新，孤燈明滅劇懷人。全家半入烏蠻署〔一〕，兩載重看銅鼓春。北使人誰傳橘柚，東風思不到鱸蒓〔二〕。梅花一樹垂垂發，却憶連床索句頻〔三〕。

箋注

〔一〕『全家』句，《清史稿·聖祖本紀一》：『（康熙十年）正月……以曹申吉爲貴州巡撫。』張貞《誥授奉政大夫禮部儀制清吏司郎中曹公墓志并銘》：『十年，以工部右侍郎兼都察院右副都御史，巡撫貴州。』曹貞吉族叔曹師彬亦隨同曹申吉一起入黔。

〔二〕鱸蒓，見《木蘭花慢·送孫開盛假歸，用稼軒韵》箋注〔三〕。

〔三〕『却憶』句，曹申吉《珂雪二集序》：『庚戌，（曹貞吉）得中書舍人。一年之中，連床風雨，擊鉢行吟，此唱彼賡，兄酧弟勸，生平之歡，無逾此歲。』

癸丑元旦〔一〕

其一

一萬四千三十日〔二〕，昨宵爆竹已全收。飛騰我自無長策，鄉里人誰似少游。獻歲椒花仍得醉〔三〕，中年絲竹倍關愁。獨憐冰雪閑曹署，手版沿門卒未休〔四〕。

校訂

《實庵詩略》選録此組詩第一、二首，題作《癸丑元旦二首》。

絲竹，《實庵詩略》作『絲肉』。

箋注

〔一〕此詩作於清康熙十二年癸丑（一六七三），曹貞吉在内閣中書任上。

〔二〕『一萬』句，曹貞吉時年四十歲，故言。

〔三〕獻歲椒花，《晉書·列女傳》：『劉臻妻陳氏者，亦聰辯能屬文。嘗正旦獻《椒花頌》，其詞曰：「旋穹周回，三朝肇建。青陽散輝，澄景載焕。標美靈葩，爰采爰獻。聖容映之，永壽於萬。」』

〔四〕手版，《宋書·禮志五》：『笏者，有事則書之……手板，則古笏矣。』

其二

古人四十稱強仕，三載微官余過之〔一〕。聞道雖慚千里謬，知非尚較十年遲。每思蓬島來青鳥〔二〕，何處塵中見肉芝〔三〕。莫向東風怨離索，潘郎鬢影盡成絲〔四〕。

校訂

見，《實庵詩略》作『得』。

箋注

〔一〕『古人』句，清康熙九年曹貞吉考授内閣中書舍人，至清康熙十二年作此詩，已過三載。

〔二〕『每思』句，唐李商隱《無題》：『蓬山此去無多路，青鳥殷勤爲探看。』

〔三〕肉芝，晉葛洪《抱朴子·仙藥》：『肉芝者，謂萬歲蟾蜍，頭上有角，頷下有丹書八字……千歲蝙蝠，色白如雪，集則倒懸……千歲靈龜，五色具焉……行山中，見小人乘車馬，長七八寸者，肉芝也，捉取服之，即仙矣。……又百二十種，此皆肉芝也。』」

〔四〕潘郎鬢影，晋潘岳《〈秋興賦〉序》：「余春秋三十有二，始見二毛。」

其三

鈿東流水閲年年〔一〕，令下天街倍肅然。花底秦官諳布素〔二〕，曲中賀老罷貂蟬〔三〕。定知風俗同前古，無那篇章愧昔賢。但願春晴過人日，不愁辦納大農錢〔四〕。

箋注

〔一〕鈿東，唐白居易《潯陽春三首·春來》：「金谷蹋花香騎入，曲江碾草鈿車行。」

〔二〕秦官，《漢書·百官公卿表》：「中尉，秦官，掌徼循京師。……武帝太初元年，更名執金吾。」顔師古注引應劭曰：「吾者，禦也，掌執金革以禦非常。」師古曰：「金吾，鳥名也，主辟不祥。天子出行，職主先導，以禦非常。故執此鳥之象，因以名官。」

〔三〕曲中賀老，見《綺羅香·宋牧仲座上聞歌》箋注〔六〕。貂蟬，《後漢書·輿服志下》：「侍中、中常侍加黄金璫，附蟬爲文，貂尾爲飾，謂之『趙惠文冠』。」

〔四〕大農錢，《史記·平準書》：「於是以東郭咸陽、孔僅爲大農丞，領鹽鐵事……大農上鹽鐵丞孔僅、咸陽言：「山海，天地之藏也，皆宜屬少府，陛下不私，以屬大農佐賦。」』唐司馬貞索隱引韋昭云：『（少府）天子私所賜經用也，公用屬大司農也。』

元夕三如過飲即事〔一〕

連宵夢入翠華頻，横墮天風九陌塵。有約且看燕市月，無聊喜對故鄉人。君餘短髮還看白，余托長謡舊耐貧。濁酒一瓢春甕在，燈前懶漫共閑身。

箋注

〔一〕三如，即馬長春，見《三如贈秋岕賦謝》箋注〔一〕。

春日署中

曉衙人吏散，蕭索閉門中。鴿曝樓頭日，鴉翻殿角風。龍媒嘶弱草〔一〕，花帽控長弓。杳藹西山裏，春雲出未窮。

箋注

〔一〕龍媒，《漢書·禮樂志》：『天馬徠，龍之媒。』顏師古注引應劭曰：『言天馬者乃神龍之類，今天馬已來，此龍必至之效也。』

送李召林之任粵東〔一〕

其一

如公可是倦承明〔二〕，補闕中臺舊有聲。啓事屢煩丹陛顧，栽花忽傍海雲横。珠官應罷鮫人使〔三〕，瘴雨還乘驄馬行。十載貧交傷遠别，夢魂先到五羊城〔四〕。

箋注

〔一〕李召林，即李棠，見《冬日李望石侍御同李貞孟編修李召林楊岱楨兩侍御李季霖中翰南郊觀射小飲長歌記事》箋注〔一〕。

〔二〕承明，見《歲暮感舊書懷二十八韵》箋注〔一一〕。

〔三〕珠官，唐陸龜蒙《奉和襲美寄瓊州楊舍人》：『人多藥户行狂蠱，吏有珠官出俸錢。』鮫人，見《喝馬一枝花·送沈茶星之來賓任》箋注〔二〕。

〔四〕五羊城，《太平寰宇記·廣州》：『五羊城，按《續南越志》云：「舊説有五仙人騎五色羊，執六穗秬而至，至今呼五羊城是也。」』

其二

地北天南有所思，難憑苦語慰將離。衙時人或殊蠻蛋〔一〕，上日君應醉荔枝。問俗還過錦繖第，摳衣不拜尉佗祠〔二〕。他年宣室徵才子〔三〕，燕市重來覆一卮。

箋注

〔一〕蠻蛋，見《喝馬一枝花·送沈茶星之來賓任》箋注〔二〕。

〔二〕摳衣，《禮記·曲禮上》：『摳衣趨隅，必慎唯諾。』孔穎達疏：『摳，提也。衣，裳也。』尉佗，《史記·南越列傳》：『南越王尉佗者，真定人也，姓趙氏。』

〔三〕『他年』句，見《送張篔山學士歸廬陵》其一箋注〔二〕。

其三

扶筇直上鬱孤臺〔一〕，萬里風烟漠漠開。幾樹木棉花爛熳，一帆章貢水瀠洄〔二〕。

盛朝誰鼓齊門瑟〔三〕，失路君憐爨後才〔四〕。矯首南雲雙雁影，清秋耐肯寄書來。

箋注

〔一〕鬱孤臺，見《鶯啼序·送牧仲榷税贛關》箋注〔二〇〕。

〔二〕章貢，章水和貢水的并稱，亦泛指贛江及其流域。

〔三〕齊門瑟，唐韓愈《答陳商書》：『齊王好竽，有求仕於齊者，操瑟而往，立王之門三年，不得入。叱曰：「吾瑟鼓之，能使鬼神上下；吾鼓瑟合軒轅氏之律吕。」客罵之曰：「王好竽而子鼓瑟，瑟雖工，如王不好何？」是所謂工於瑟而不工於求齊也。』

〔四〕爨後才，《後漢書·蔡邕傳》：『吴人有燒桐以爨者，邕聞火烈之聲，知其良木，因請而裁爲琴，果有美音。而其尾猶焦，故時人名曰「焦尾琴」焉。』

爲石林題畫六絶句〔一〕

其一

窗前烏臼明於染〔二〕，溪上孤雲静似人。羡殺林中閑老子，一生不踏世間塵。

校訂

《實庵詩略》選録第二、五、六首，《山左詩鈔》卷三十一選録第二、六首，皆題作《爲石林題畫絶句》。

箋注

〔一〕石林，即喬萊，見《山花子·題石林小照》箋注〔一〕。

〔二〕烏臼，見《憶舊游·題郭熙〈秋江行旅圖〉》箋注〔二〕。

其二

青山東岸浪噴雷，雨後澄江霽色開。草閣有人閑似我，夕陽遥數片帆來。

校訂

片，《實庵詩略》《山左詩鈔》作『斷』。

其三

萬木陰垂山色濃，魚莊蟹舍水淙淙〔一〕。依稀聞得幽人語，綠到芭蕉第幾重。

箋注

〔一〕魚莊蟹舍，見《浣溪沙·題畫》箋注〔一〕。

其四

松風謖謖響高原〔一〕，迢遞長橋對石門。秋老空山人不見，惟聞落葉下荒村。

箋注

〔一〕謖謖，勁風聲。

其五

蕭摵秋山常帶雨，披離老樹不禁風。驚看瀑布千尋落，忽憶吾家沂嶺東〔一〕。

箋注

〔一〕沂嶺，沂山。在山東沂水北、臨朐南，又稱東泰山。《周禮·夏官·職方氏》：『正東曰青州，其山鎮曰沂山。』鄭玄注：『沂山，沂水所出也。』

其六

萬壑凄然秋色驕，孤峰玉立插青霄。欹斜烏帽來何晚〔一〕，知爲梅花過板橋。

校訂

秋色驕，《山左詩鈔》作『暝色遥』。

箋注

〔一〕烏帽，《隋書·禮儀志七》：『帽，古野人之服也。……案宋、齊之間，天子宴私，著白高帽，士庶以烏。』

送程職方周量守桂林〔一〕

其一

虎符初上侍臣衣，嶺際俄看駟馬騑。日下琴樽才子去，家門牛酒使君歸。立成五咏顔光禄〔二〕，重補虞衡范紫微〔三〕。别後還須占斗柄，三台掩映舊綸扉〔四〕。

校訂

《實庵詩略》選録此組詩，詩題作《送程職方出守桂林》。

箋注

〔一〕程可則，字周量，廣東南海人。官兵部職方郎中。

〔二〕『立成』句，顔延之有《五君咏》，分咏阮籍、嵇康、劉伶、阮咸、向秀。顔光禄，即顔延之（三八四—四五六），字延年，琅琊臨沂人，南朝宋孝武帝時爲金紫光禄大夫，故稱。

〔三〕虞衡，《周禮·天官·太宰》：『以九職任萬民，三曰虞衡。』鄭玄注：『虞衡，掌山澤之官，主山澤之民者。』賈公彦疏：『地官掌山澤者謂之虞，掌川林者謂之衡。』范紫微，范成大（一一二六—一一九三），字致能，號石湖居士，平江吴都（今江蘇蘇州）人。宋高宗紹興二十四年（一一五四）進士，官至參知政事。因曾任中書舍人，故稱。紫微，亦作『紫薇』，唐開元元年改中書省爲紫微省，中書舍人爲紫微舍人。明謝肇淛《五雜組·地部一》：『紫微原爲帝星，以其政事之所從出，故中書省亦謂之紫微，而舍人爲紫微郎。』范成大著有《桂海虞衡志》，其序云：『始余自紫薇垣，出帥廣右。』

〔四〕三台，《晉書·天文志上》：『三台六星，兩兩而居……在人曰三公，在天曰三台，主開德宣符也。西近文昌二星曰上台，爲司命，主壽。次二星曰中台，爲司中，主宗室。東二星曰下台，爲司禄，主兵，所以昭德塞違也。』綸扉，猶内閣。明謝肇淛《五雜組·事部三》：『弘成以前，内閣尚參用外秩，如陳山以舉人，楊士奇以薦辟……皆入綸扉，五十年以來，遂顓用詞臣矣。』

其二

親承帝命握中權，夾路材官擁旆旃〔一〕。詎意仙郎翻出守，由來司馬慣行邊。桄榔樹暗蠻鄉雨，荔子香隨下瀨船。聞道雪花還過嶺，熙春臺畔看瑶天。

箋注

〔一〕材官，唐杜甫《諸將五首》其一：『多少材官守涇渭，將軍且莫破愁顔。』仇兆鰲注引《唐志》：『況材官不知其多少，大抵皆侍官輩耳。』

薄暮

薄暮人聲綺陌長，黄雲如霧覆天閶。一鈎月挂遠林静，幾點星飛螢火光。兒病更勞翻藥裏，家貧渾未減書囊。怪來底事縈心曲，南北關河路杳茫。

送李鄴園制軍之武林〔一〕

其一

藤花纔見落繽紛，迢遞雙旌指越雲。煮海舊成鹽鐵論〔二〕，籌邊新總鸛鵝軍〔三〕。捲簾南北群峰入，隱几江湖二水分。上日遥知秋色好，轅門鼓角對斜曛。

箋注

〔一〕李之芳，字鄴園，山東武定（今濱州惠民）人，順治四年（一六四七）進士，官至吏部尚書、文華殿大學士，謚號文襄。武林，杭州的别稱，以武林山得名。康熙十二年六月，李鄴園授浙江總督，加兵部右侍郎、都察院右副都御史。

〔二〕鹽鐵論，見《入試戲作》箋注〔一〕。

〔三〕鸛鵝軍，《左傳·昭公二十一年》：『丙戌，與華氏戰於赭丘，鄭翩願爲鸛，其禦願爲鵝。』杜預注：『鸛、鵝皆陣名。』

其二

貂蟬再到浙江西〔一〕，花鳥迎人路不迷。鈴閣風清程岳牧〔二〕，海門波息偃鯨鯢。中銓例秉中丞節〔三〕，上宰重分上將鼙。此去應勞宣室待，沙堤無恙草萋萋。

箋注

〔一〕貂蟬，見《癸丑元旦》其三箋注〔三〕。

〔二〕岳牧，《尚書·周官》：『唐虞稽古，建官惟百，内有百揆四岳，外有州牧侯伯。』孔安國傳：『外置州牧十二，及五國之長。』孔穎達疏：『四岳，内典四時之政，外主太岳之事，立四人也。外有州牧侯伯，牧，一州之長，侯伯，五國之長，各監其所部之國。』

〔三〕中銓，《舊唐書·職官志二》：『尚書、侍郎，分爲三銓。尚書爲尚書銓，侍郎二人分爲中銓、東銓也。』《新唐書·選舉志下》：『凡選有文、武，文選吏部主之，武選兵部主之，皆爲三銓，尚書、侍郎分主之。』中丞，《漢書·百官公卿表上》：『御史大夫……有兩丞，秩千石。一曰中丞，在殿中蘭臺，掌圖籍秘書，外督部刺史，内領侍御史員十五人，受公卿奏事，舉劾按章。』清梁章鉅《稱謂録·巡撫》：『巡撫之名，始於前明正統十四年，命都察院右僉都御史鄒來學巡撫順天、永平二府、紫荆等關。……今巡撫之稱中丞，蓋沿於此。』

入夜

入夜濃陰合，微茫失遠星。雷聲驚帛裂，雨氣帶龍腥。地撼疑回軸，天低勢建瓴〔一〕。郊原行改色，萬畝自青青。

箋注

〔一〕建瓴，《史記·高祖本紀》：『地勢便利，其以下兵於諸侯，譬猶居高屋之上建瓴水也。』

裴駰集解引如淳曰：『瓴，盛水瓶也。居高屋之上而幡瓴水，言其向下之勢易也。』

偶興

長夏饒幽事，柴門静不譁。晨餐分蟻陣，午睡起蜂衙。避客還晞髮，爲農憶鬥瓜。勞勞燕市裏，冰盞向人誇〔一〕。

箋注

〔一〕冰盞，明劉侗、于奕正《帝京景物略·春場》：『立夏日，啓冰，賜文武大臣，編氓得賣買，手二銅盞疊之，其聲磕磕，曰冰盞。』

石車行和蛟門〔一〕

宣武門前少人過〔二〕，石車磷磷來嵯峨。重如舳艫壓積水〔三〕，巍然勢與天闐摩。旗角斜飛鑼鳴急，長繩兩道驅百羸。邪許聲中亂鞭起，前者僵僕後者蹉。一夫屹屹轅端立，口吟臂指兼譙訶〔四〕。鴻濛削鑿山鬼哭，金鋪玉砌羅笙歌。嗚呼！此車所獲亦已多，石兮石兮將奈何！

箋注

〔一〕蛟門，即汪懋麟，見《爪茉莉·本意，和蛟門，用宗梅岑韵》箋注〔一〕。

〔二〕宣武門，明清時京師内城九門之一，位於今北京西城區南部。

〔三〕舳艫，《漢書·武帝紀》：『自尋陽浮江，親射蛟江中，獲之。舳艫千里，薄樅陽而出。』顔師古注引李斐曰：『舳，船後持柂處也。艫，船前頭刺櫂處也。言其船多，前後相銜，千里不絶也。』

〔四〕譙訶，《史記·萬石張叔列傳》：『景帝立，歲餘不噍呵綰。』唐司馬貞索隱：『一作「譙呵」。譙，責讓也。』

快雨行

六月陽烏暍欲死，老魃乘風掉其尾〔一〕。潭底老龍蟄不起，吾徒俱在洪爐裏〔二〕。

冰盞磕磕生佳思〔三〕，舉匕汗流如激矢。青蠅嬲人揮不去〔四〕，薄暮蚊雷聒兩耳。今夜三更夢初覺，長空忽失明河水。私計炎威難頓除，赤日匿光差可喜。詎意濃陰匝地來，霹靂一聲喧稚子。黑雲潑墨壓城頭，竟日翻盆不可止。庭浮杯盎欲爲舟，階前長堤緣衆蟻。一灑人間煩屙蠲，無事靈符驅疫鬼。朝暮炎凉倏已分，此公老手有年矣。座中有客三太息，昨午日暈曾移晷。况復少女來微風〔五〕，又見涉波亂群豕。我聞厥語大笑之，腐儒占驗乃如此。田家五行昔有徵，郎顗李尋應爾爾〔六〕。只愁天街泥盈咫，瘦馬蹩蹩勞鞭箠〔七〕。且自北窗耽睡美，醒來題詩又滿紙。

校訂

老，《實庵詩略》作『懶』。

前，《實庵詩略》作『作』。

箋注

〔一〕老魃，《詩經·大雅·雲漢》：『旱魃爲虐，如惔如焚。』毛傳：『魃，旱神也。』

〔二〕洪爐，《後漢書·何進傳》：『今將軍總皇威，握兵要，龍驤虎步，高下在心，此猶鼓洪爐燎毛髮耳。』

〔三〕冰盞磕磕，見《偶興》箋注〔一〕。

〔四〕𪇆，攬擾。

〔五〕少女，《三國志·魏書·管輅傳》裴松之注引《管輅别傳》：『樹上已有少女微風，樹間又有陰鳥和鳴。』清黄生《義府·少女風》：『兑爲少女，位西方，此謂風從西來耳。』

〔六〕郎顗，《漢書·郎顗傳》：『郎顗，字雅光，北海安丘人也。……顗少傳父業，兼明經典，隱居海畔，延致學徒常數百人。晝研精義，夜占象度，勤心鋭思，朝夕無倦。』李尋，《漢書·李尋傳》：『李尋，字子長，平陵人也。治《尚書》，與張孺、鄭寬中同師。寬中等守師法教授，尋獨好《洪範》灾异，又學天文、月令、陰陽。』

〔七〕蹩蹩，緩行貌。

題王筠侶花鳥便面〔一〕

其一

小鳥枝頭意態閑，坐來紅葉滿秋山。趙昌妙筆何從識〔二〕，只在傳神寫照間。

箋注

〔一〕王崇節，字玉筠、筠侶，宛平（今屬北京豐臺）人。擅花鳥人物。

〔二〕趙昌，字昌之，劍南（今屬四川）人。北宋畫家，在真宗大中祥符間尤負盛名。工花卉草蟲，嘗自號『寫生趙昌』。

其二

老子當年慣寫生，霏霏落筆羽毛輕〔一〕。依稀曉日鈎簾外，弄到間關第幾聲〔二〕。

箋注

〔一〕『老子』句，王崇簡《五弟筠侶行狀》：『與崔文學青蚓友善。崔工於繪事，久而得其筆法，長於花鳥人物，善設色。雖一羽一葉，率渲染數四始成。』

〔二〕間關，唐白居易《琵琶行》：『間關鶯語花底滑，幽咽泉流水下灘。』

雨過

其一

鐵馬兵車想像間，濃雲拖雨下西山。好風吹汝東南去，萬畝青時自可還。

其二

疑是錢塘破陣歸，火鱗朱鬣遠天飛。須臾雨過渾無事，企脚高吟送落暉。

苦雨行

十日而一雨，越國見父兄。五日而一雨，千里逢友生。一日而一雨，畏之若寇兵。天澤豈有殊，所愛易所憎。憶昨苦炎熱，褦襶黄塵行〔一〕。矯首望西山，雲氣恐不興。側聞霹靂鬥，如聽鏞與笙。玉女葬投壺〔二〕，石燕飛零陵〔三〕。一瀉連朝暮，快哉絺綌清〔四〕。詎識濃陰合，不睹朝霞晴。流水覆長渠，溝氣思上騰。蹭蹬跬步間，疑同棧道登。奴劣馬亦尪〔五〕，失足禍所攖。長安競馳逐，車騎聲砰訇。倀倀擬何之〔六〕，而與此輩争。頗思王寧朔〔七〕，揖壁羨公卿。車前無八騶，勿乃慚生平〔八〕。忻然成獨笑，彳亍歸柴荆。

校訂

忻然，《實庵詩略》作『聽然』。

箋注

〔一〕褦襶，見《蝶戀花》（正月春盤）箋注〔四〕。

〔二〕『玉女』句，《太平御覽》卷七五三引《神异經》曰：『東荒山中有大石室，東王公居焉。與一玉女投壺，説有入不出者，天爲之笑。』

〔三〕石燕，明李時珍《本草綱目·禽二·石燕》集解引李績曰：『石燕出零陵。』時珍曰：『石燕似蝙蝠者，食乳汁，能飛。』零陵，《史記·五帝本紀》：『（舜）南巡狩，崩於蒼梧之野，葬於江南九疑，是爲零陵。』裴駰集解引《皇覽》：『舜冢在零陵營浦縣。』

〔四〕絺綌，《詩經·周南·葛覃》：『爲絺爲綌，服之無斁。』鄭玄箋：『精曰絺，粗曰綌。』

〔五〕尪，跛。

〔六〕倀倀，《荀子·修身》：『人無法則倀倀然。』楊倞注：『倀倀，無所適貌也，言不知所措履。』

〔七〕王寧朔，南齊王融，曾爲寧朔將軍，故名。

〔八〕『車前』句，《南齊書·王融傳》：『融自恃人地，三十内望爲公輔。直中書省，夜嘆曰：「鄧禹笑人。」行逢大航開，喧湫不得進。又嘆曰：「車前無八騶卒，何得稱爲丈夫！」』

立秋日修來席上觀劇〔一〕

淡雲疏雨過高城，秋作長安一片清。斗酒欲謀良夜醉，狂歌不減故人情。飄揚貴主還宫曲〔二〕，慷慨荆卿變徵聲〔三〕。無那畫堂簫鼓歇，霏霏玉露滿金莖〔四〕。

箋注

〔一〕修來，見《蝶戀花·修來席上咏秋海棠》箋注〔一〕。

〔二〕還宫曲，《明史·樂志三》：『還宫曲，《萬歲樂》：天回北極雲成瑞，望層霄，重華日麗。九垓八極樂雍熙，祝聖壽，萬萬歲。』

〔三〕『慷慨』句，見《百字令·咏史》其二箋注〔四〕。

〔四〕露滿金莖，見《減字木蘭花·雜憶》其二箋注〔四〕。

聞蟬

秋氣漸蕭瑟，夕陽聞暮蟬。一天雲影淡，萬户杵聲圓〔一〕。乍咽音仍續，將飛勢欲翩。草蟲閑似汝，唧唧絮窗前。

箋注

〔一〕杵聲，宋賀鑄《杵聲齊》：『砧面瑩，杵聲齊。搗就征衣淚墨題。寄到玉關應萬里，戍人猶在玉關西。』

爲客

爲客金常盡，蕭然秋巷中。兒飢還索餅，身病强支筇。閱世心能淡，謀生策未工。故人揮袂去〔一〕，落落嘆冥鴻〔二〕。

箋注

〔一〕揮袂，唐劉禹錫《楊柳枝》其八：『城外春風吹酒旗，行人揮袂日西時。』

〔二〕冥鴻，漢揚雄《法言·問明》：『鴻飛冥冥，弋人何篡焉。』李軌注：『君子潛神重玄之域，世網不能制禦之。』

送石林南還以登山臨水送將歸爲韻〔一〕

其一

余生寡朋儔，浮沉性所憎。只有素心人，相逢意氣傾。喬子起淮南〔二〕，矯矯凌秋鷹。捧檄來長安，聯步天衢登。三載蓬山直，譬諸驥與蠅。一朝揮手去，使我心怦怦。

箋注

〔一〕石林，即喬萊，見《山花子·題石林小照》箋注〔一〕。

〔二〕『喬子』句，喬萊爲江蘇寶應人，故言。

其二

與君稱世講，寔維酉戌間〔一〕。同時諸耆舊，零落秋風殘。君家堂上人，九秩猶童顏〔二〕。此日洵可愛，歸去舞斑斕。門繞甓湖水〔三〕，遠眺金焦山〔四〕。天末凉飈來，離思詎能删。

箋注

〔一〕『與君』句，清康熙六年喬萊中進士，授内閣中書；清康熙九年，曹貞吉考授内閣中書。酉戌間，指康熙八年己酉至康熙九年庚戌。

〔二〕九秩，九十，十年爲一秩。

〔三〕甓湖，甓社湖。清顧祖禹《讀史方輿紀要》卷二十三『高郵州』：甓社湖在『州西北二十里。東西長七十里，南北闊五十里』。宋黄庭堅《呈外舅孫莘老二首》其二：『甓社湖中有明月，淮南草木借光輝。』

〔四〕金焦山，見《風流子·京口懷古》箋注〔一一〕。

其三

秋風颯然至，有聲在空林。蘆葉鳴嗚嗚，城角吹殘霖。此時送歸客，蕭條感予心。渾河勢浩蕩，餘潦尚浸淫〔一〕。策策短轅車〔二〕，行傍西山陰。回頭望帝闕，五雲天色臨〔三〕。涼風翻豆葉，夕陽集暮禽。去矣五湖棹〔四〕，逸興杳難尋。

箋注

〔一〕潦，《詩經·大雅·泂酌》：『泂酌彼行潦，挹彼注兹，可以餴饎。』毛傳：『行潦，流潦也。』鄭玄箋：『流潦，水之薄者也。』浸淫，流溢。

〔二〕策策，象聲詞。

〔三〕五雲，《南齊書·樂志三》：『聖祖降，五雲集。』

〔四〕五湖，見《送賈石公還山西》箋注〔三〕。

其四

君年甫三十〔一〕，才華清於水。汪季稱同調〔二〕，共拂明光紙。宴集究風雅，擊鉢剪燈蕊〔三〕。余老才復卑，鞭策憂骳骫〔四〕。大言頗無擇，河漢驚餘子。薄宦類鷄栖，游處甘龍尾。歸豈戀蒓鱸〔五〕，兹行亦偶爾。爲開柘溪圖〔六〕，雅意正如此。

箋注

〔一〕『君年』句，喬萊生於明崇禎十五年（一六四二），至曹貞吉作此組詩的清康熙十一年壬子（一六七二），恰三十歲。

〔二〕汪季，即汪懋麟，見《爪茉莉·本意，和蛟門，用宗梅岑韵》箋注〔一〕。

〔三〕擊鉢，見《觀松友學士題壁有感》箋注〔三〕。

〔四〕骳骫，骫骳，謂爲人曲意依從，無骨氣。

〔五〕蒓鱸，見《木蘭花慢·送孫開盛假歸，用稼軒韵》箋注〔三〕。

〔六〕柘溪圖，柘溪草堂圖，是清畫家吴宏應喬萊之邀，爲喬萊之父喬可聘隱居讀書柘溪草堂而作的畫。作者款署：『壬子秋九月，擬李咸熙筆意呈石翁先生教之，金溪吴宏。』鈐印『吴宏私印』『遠度』，南京博物院藏。

其五

余常溯淮浦，柔櫓輕帆送。屹屹八寶城〔一〕，湖光時蕩動。君廬在何處，漁歌發清夢。朅來四五年，聞道驚波哄。杭稻分陽侯〔二〕，饔飧仰餘俸〔三〕。養志在承顔，寧須五鼎用〔四〕。

箋注

〔一〕八寶城，喬萊家鄉寶應的别稱。王士禛《環溪觀玉蘭同朱秋崖陳冰壑》：『淮南二月好天氣，八寶城中春鳥鳴。』

〔二〕杭稻，粳稻。《文選·揚雄〈長楊賦〉》：『馳騁杭稻之地，周流梨栗之林。』李善注：『《説文》曰：「杭，稻屬也。《聲類》以爲杭，不黏稻也。」』陽侯，見《滿江紅·過滹沱》箋注〔三〕。

〔三〕饔飧，《孟子·滕文公上》：『賢者與民并耕而食，饔飧而治。』趙岐注：『饔飧，熟食也。』

〔四〕五鼎，《史記·平津侯主父列傳》：『且丈夫生不五鼎食，死即五鼎亨耳。』

其六

頻年感離索，萬里思茫茫。仰見雙飛鴻，顧影輒自傷。提携良友間，别意能暫忘。云胡復决去，驛路青山長。泥塗策蹇驢，未出愁悵悵〔一〕。黄河多鯉魚，好音時寄將。

箋注

〔一〕倀倀，見《苦雨行》箋注〔六〕。

其七

候蟲鳴壁間，秋日淡無暉。曉起理琴書，游子行當歸。迢迢二千里，家慶能及期〔一〕。婆娑對鶴髮，瞻拜情依依。君家所驕兒，頎然冰雪姿。問父歸何遲，繞膝牽裳衣。天倫良足樂，何爲五斗羈〔二〕。我母亦垂白，倚閭常歔欷〔三〕。比歲復不登，百憂集庭闈。旦夕返敝廬，不敢羡輕肥〔四〕。扁舟如可求，還當訪釣磯。

箋注

〔一〕家慶，久别歸家省親。唐孟浩然《夕次蔡陽館》：『明朝拜家慶，須着老萊衣。』

〔二〕『何爲』句，見《歲暮感舊書懷二十八韵》箋注〔一九〕。

〔三〕倚閭，《戰國策·齊策六》：『王孫賈年十五，事閔王。王出走，失王之處。其母曰：「女朝出而晚來，則吾倚門而望；女暮出而不還，則吾倚閭而望。」』

〔四〕輕肥，唐杜甫《秋興八首》其三：『同學少年多不賤，五陵衣馬自輕肥。』

天未明行和蛟門〔一〕

天街牛鐸忽亂鳴，檐端低垂三五星。白露漫空河射角〔二〕，西風暗入千林驚。勞人土銼眠乍熟，老婢聲急穿窗櫺。衣裳顛倒不自得〔三〕，瞢騰負爾茶香清〔四〕。出門上馬理殘夢，禁鐘歷歷聞砰訇。吾徒日奉一囊粟，經年蹩躠非人情〔五〕。嗚呼，天未明，腐儒起，大官已在銅龍裏。君不見公卿白髮歸林丘，睡到天明惱欲死。

校訂

土銼，《實庵詩略》作『土莝』。銼，炊具。清鄭燮《滿江紅·田家四時苦樂歌》：『土爲銼，瓢爲杓。』清陳鵬年《雨中即事二首》其二：『短墻老屋幾經秋，土銼高眠得自由。』莝，切碎的草。《說文解字》：『莝，斬芻。』《聊齋志异·褚遂良》：『土莝無席，灶冷無烟。』

箋注

〔一〕蛟門，即汪懋麟，見《爪茉莉·本意，和蛟門，用宗梅岑韵》箋注〔一〕。

〔二〕河射角，見《秋霽・本意》箋注〔一〕。

〔三〕衣裳顛倒，《詩經・齊風・東方未明》：『東方未明，顛倒衣裳。顛之倒之，自公召之。』毛傳：『上曰衣，下曰裳。』鄭玄箋：『挈壺氏失漏刻之節，東方未明而以爲明，故群臣促遽顛倒衣裳。』

〔四〕瞢騰，唐韓偓《馬上見》：『去帶瞢騰醉，歸成困頓眠。』

〔五〕蹩躠，奔波。唐李白《鳴皋歌送岑徵君》：『若使巢由桎梏於軒冕兮，亦奚异於夔龍蹩躠於風塵。』

雁聲

歸心一夜過黄陵〔一〕，月冷關河思杳冥。咿軋乍隨寒漏急，凄清只作故人聽。雲迷幾處塵沙白，影帶千門燈火青。莫向西風怨離索，蘆花蘆葉總飄零。

箋注

〔一〕黄陵，見《得家弟見懷詩却寄同用蘇韵》箋注〔五〕。

聞澐侄自黔歸里〔一〕

三年留滯吾何嘆，遠道難爲萬里行。自識離愁千緒結，誰憐襆被一肩輕。重經漢水知魚美，纔過衡陽有雁聲。知汝還家同大阮〔二〕，北堂遥待酌深觥〔三〕。

箋注

〔一〕澐侄，曹澐，曹貞吉侄，曹申吉長子，字庭始，一字山來，號去華，蔭生，候選七品京官。

〔二〕大阮，見《減字木蘭花·雜憶》其五箋注〔二〕。

〔三〕北堂，見《賀新涼·冬夜書懷》箋注〔六〕。

遥送武曾代柬〔一〕

歸思臨風未易裁，知君端爲倚閭來〔二〕。山川從此成孤咏，寂寞誰同更舉杯。旁午軍書餘汗漫〔三〕，經秋使節重徘徊。何當便挂蒲帆去，不及春流一棹回。

箋注

〔一〕武曾，即李良年，見《减字木蘭花·雜憶》其八箋注〔一〕。

〔二〕倚閭，見《送石林南還以登山臨水送將歸爲韵》其七箋注〔三〕。

〔三〕旁午，紛繁。《漢書·霍光傳》：『受璽以來二十七日，使者旁午，持節詔諸官署徵發，凡千一百二十七事。』顔師古注：『一從一横爲旁午，猶言交横也。』

長歌送蛟門歸江都〔一〕

人生百年無離别，頭亦可不白，顔亦可不凋。相聚三萬六千日，終日痛飲讀離騷。胡爲乎有刺船竟去之成連，窅冥海岸聞驚濤〔二〕。又胡爲乎有驪駒之唱〔三〕，折柳之謡〔四〕，陽關之稠叠〔五〕，祖帳之蕭條〔六〕。令人不得久行樂，終古傷心萬里橋。我於中歲得汪子，飛揚跋扈真吾曹。石林翩翩美才調〔七〕，峨嵋颯沓挺風標〔八〕。三年擊筑長安市〔九〕，頻遭白眼叢譏嘲。金門轗軻不得志〔一〇〕，予唱汝和解鬱陶。今年秋風莽蕭摵，紛然落葉東西飄。廣寧門外送子静〔一一〕，維時八月風初高。草草杯酒不成别，三句夢魂爲之勞。驚聞子又拂衣去，短轅躑躅城西郊。老僕三五驅蹇衛，來時書卷纏牛腰。丈夫困悴理應耳，但惜所號爲宫僚。君歸且侍老親側，無煩兩地如瓜匏〔一二〕。射陽湖水建瓴下〔一三〕，扁舟時泛邗江潮〔一四〕。竹西亭子未索莫，紅橋斗酒還招邀〔一五〕。我有阿連共晨夕〔一六〕，平分好友心無聊。嗚呼，平分好友心無聊，何時翩翩二妙同游遨。

校訂

窅冥，《實庵詩略》作『杳冥』。

解，《實庵詩略》作『寧』。

風，《實庵詩略》作『氣』。

子静，《實庵詩略》作『喬子』。

夢魂，《實庵詩略》作『魂夢』。

宫僚，底本作『官僚』，據《實庵詩略》改。

箋注

〔一〕蛟門，即汪懋麟，見《爪茉莉·本意，和蛟門，用宗梅岑韵》箋注〔一〕。江都，清時屬揚州府，今屬江蘇揚州。

〔二〕『胡爲』句，見《瀟湘逢故人慢·張晴峰修雷琴成有贈》箋注〔四〕。

〔三〕驪駒之唱，《漢書·儒林傳·王式》：『謂歌吹諸生曰：「歌《驪駒》。」』顏師古注：『服虔曰：「逸《詩》篇名也，見《大戴禮》。客欲去歌之。」文穎曰：「其辭云『驪駒在門，僕夫具存；驪駒在路，僕夫整駕』也。」』

〔四〕折柳之謡，唐李白《春夜洛城聞笛》：『此夜曲中聞折柳，何人不起故園情。』

〔五〕陽關之稠叠，見《水龍吟·春日送客過慈仁寺感舊》箋注〔六〕。

〔六〕祖帳，唐白居易《潯陽宴别》：『鞍馬軍城外，笙歌祖帳前。』

〔七〕石林，即喬萊，見《山花子·題石林小照》箋注〔一〕。

〔八〕峨嵋，即曹禾，見《金縷曲·同頌嘉飲綸霞齋讀新詩》箋注〔一〕。

〔九〕擊筑長安市，見《哭家企鑒叔六首》其三箋注〔一〕。

〔一〇〕轗軻，《楚辭·東方朔〈七諫·怨世〉》：『年既已過太半兮，然埳軻而留滯。』漢王逸注：『轗軻，不遇也。言己年已過五十，而轗軻沉滯，卒無所逢遇也。埳，一作轗，一作轗。』洪興祖補注：『轗，音坎。埳坷，不平也。轁軻，車行不平。一曰不得志。』

〔一一〕廣寧門，明清時期北京城門，在京城西南隅，爲外郭七門之一。子靜，喬萊，字子靜。

〔一二〕瓜匏，猶言匏瓜。《文選·曹植〈洛神賦〉》：『嘆匏瓜之無匹兮，咏牽牛之獨處。』李善注：『阮瑀《止欲賦》曰：「傷匏瓜之無偶，悲織女之獨勤。」俱有此言，然無匹之義，未詳其始。』張銑注：『匏瓜，星名，獨在河鼓東，故云無匹。』建瓴，見《入夜》箋注〔一〕。

〔一三〕射陽湖，位於江蘇寶應東郊。

〔一四〕邗江，又名邗溝。南起揚州以南的長江，北至淮安以北的淮河。《左傳·哀公九年》：『秋，吴城邗，溝通江、淮。』杜預注：『於邗江築城穿溝，東北通射陽湖，西北至末口入淮，通糧道也。今廣陵韓江是。』

〔一五〕竹西亭子、紅橋，均爲江蘇揚州勝景，見《浣溪沙·步阮亭紅橋韵》其一箋注〔一〕。

〔一六〕阿連，南朝宋詩人謝靈運從弟謝惠連，此處借指曹貞吉胞弟曹申吉。《宋書·謝靈運傳》：『惠連幼有奇才，不爲父方明所知……（靈運）謂方明曰：「阿連才悟如此，而尊作常兒遇之。」』

秋夜

燭冷香消空復情，虛堂次第入秋聲。風多市鼓偏驚枕，月黑飛鴻轉近城。酒醒紙窗翻落葉，夢回疏雨滴深更。一年節序渾無賴〔一〕，只有黄花照眼明。

校訂

消，《實庵詩略》作『銷』。

箋注

〔一〕無賴，宋蘇舜欽《奉酬公素學士見招之作》：『意我羈愁正無賴，欲以此事相誇招。』

憶杞園〔一〕

雨脚沉沉曉氣浮，故人今日發雄州〔二〕。獨憐禾黍西風急，匹馬蕭然古渡頭。

箋注

〔一〕杞園，即張貞，見《玲瓏四犯·送杞園游西湖》箋注〔一〕。

〔二〕雄州，今河北雄縣。清劉崇本《雄縣鄉土志》：『周世宗顯德六年，自將伐遼，取瓦橋關，置雄州，而「雄」之名自此始。』

送劉次山之崇義任〔一〕

日下鳴鑣舊友生〔二〕，十年今去領專城〔三〕。峰連庾嶺烟霞色〔四〕，舟過匡廬瀑布聲〔五〕。撫字欲行詢父老〔六〕，荆榛初闢憶陽明〔七〕。好携篋裏驚人句，留作西江一段清。

箋注

〔一〕劉梁嵩，字次山，一字玉少，江南江都（今江蘇揚州）人，康熙三年（一六六四）進士，授江西崇義知縣。

〔二〕鳴鑣，宋周邦彦《憶舊游》：『迢迢，問音信，道徑底花陰，時認鳴鑣。』

〔三〕專城，任州牧、太守等地方長官。唐白居易《忠州刺史謝上表》：『豈意天慈，忽加詔命，特從佐郡，寵授專城。』

〔四〕庾嶺，即大庾嶺山脉，爲五嶺之一，位於江西與廣東兩省邊境。

〔五〕匡廬，見《臺城路·送分虎歸長水》箋注〔七〕。

〔六〕撫字，《北齊書·封隆之傳》：『隆之素得鄉里人情，頻爲本州，留心撫字，吏民追思，立碑頌德。』

〔七〕陽明，明代王守仁，號陽明。劉次山所赴任之崇義縣爲王陽明上疏建議設立，王陽明曾上《立崇義縣治疏》《再議崇義縣治疏》。王陽明《立崇義縣治疏》：『及查得横水議建縣治處所，原係上猶縣崇義里，因地名縣，亦爲相應。』

送周緘齋還錫山〔一〕

歸及維揚八月潮，西風落葉過金焦〔二〕。從來雲影三秋淡，不盡蛩聲兩岸遥。往迹依依黄歇浦〔三〕，舊游歷歷伯通橋〔四〕。明年一棹凌風去，夜話横林慰寂寥〔五〕。

校訂

《實庵詩略》、《山左詩鈔》卷三十一皆選録此詩。錫山，底本作『鈎山』，據《實庵詩略》《山左詩鈔》改。

橫林，底本作『紅陵』，據《實庵詩略》《山左詩鈔》改。

箋注

〔一〕周弘，字子重，號緘齋，常州無錫縣（今江蘇無錫）人。清康熙三年甲辰科探花，官至侍講學士。清梁清標有《贈周緘齋編修假旋錫山》詩。

〔二〕金焦，見《風流子·京口懷古》箋注〔一一〕。

〔三〕黄歇浦，上海市境内黄浦江的别稱。明代後，相傳戰國時楚令尹春申君黄歇開鑿此江，故有黄歇浦、春申江等别稱。

〔四〕伯通橋，皋橋的别稱，在今蘇州市閶門内。《吴郡圖經續記·橋梁》：『皋橋，在吴縣西北，皋伯通，字奉卿，所居之地也。伯通爲漢朝議郎，卒，葬胥門西二百步，號伯通墩。』

〔五〕橫林，宋賀鑄《天香》：『烟絡橫林，山沉遠照，邐迤黄昏鐘鼓。』

觀進熊者

日射罘罳輦路開〔一〕，身隨職貢到平臺。河魁老將争先識〔二〕，曾否君王入夢來？

箋注

〔一〕罘罳，見《有鴿入禁門罘罳中不能去》箋注〔一〕。

〔二〕河魁，唐楊炯《出塞》：『二月河魁將，三千太乙軍。』

秋夜偶成

閉門秋巷裏，蕭索夜如何？斜月深窗得，寒風老樹多。人聲低市鼓〔一〕，雁影亂明河。咄咄吾生事，頻年罷嘯歌。

箋注

〔一〕市鼓，北魏楊衒之《洛陽伽藍記·城東·龍華寺》：『里有土臺，高三丈，上作二精舍。

趙逸云，此臺是中朝旗亭也，上有二層樓，懸鼓擊之，以罷市。』

秋夕有懷

企脚繩床老衲同，興來無語自書空。疏林晚借歸鴉黑，夕照斜分墮柿紅。九日暫沽桑落酒〔一〕，三朝不解鯉魚風〔二〕。年年兄弟關心處，只在黄塵驛路中。

箋注

〔一〕桑落酒，見《哭家企鑒叔六首》其五箋注〔四〕。

〔二〕鯉魚風，見《賀新涼·送阮亭東歸，兼悼西樵》箋注〔三〕。

晚直即事

無限驚沙撲面來，黄雲暮角動深哀。趨蹌舊識千門杳，駑鈍真同五技猜〔一〕。敗葉亂投流水去，晚鴉争背夕陽回。周廬一帶勾陳肅〔二〕，多少熊羆繞上臺。

箋注

〔一〕五技，見《百字令·天龍寺高歡避暑宮遺址，和錫鬯》箋注〔六〕。

〔二〕周廬，見《直南苑》其四箋注〔二〕。勾陳，漢劉向《説苑·辨物》：『璿璣，謂北辰，勾陳樞星也。』

晚出西掖有感〔一〕

入看驚鴉起，出看歸鴉宿。與爾共晨昏，人生何逐逐〔二〕。

箋注

〔一〕西掖，見《口號》箋注〔三〕。曹貞吉時任中書舍人，爲中書省的屬官。

〔二〕逐逐，奔忙貌。宋范仲淹《送鄖鄉尉黄通》：『争先尚逐逐，致遠貴徐徐。』

不得黔中信

不得黔中信，悠悠動四旬〔一〕。有懷愁似水，無定夢如春。迢遞烏蠻驛，焦勞白髮人。何時濰與汶〔二〕，兀坐并垂綸。

箋注

〔一〕四旬，四十日，十日爲一旬。

〔二〕濰與汶，濰水與汶水，均爲流經曹貞吉家鄉山東安丘的河流。

秋盡

落可登高作賦頻，年年秋盡轉傷神。烏巾漉酒仍留客〔一〕，黄葉當頭不避人。細雨催霜成索莫〔二〕，斜風拂水起嶙峋。故園此際丹楓滿，妝點平原試小春〔三〕。

箋注

〔一〕烏巾漉酒，見《秋日雪中同魏元永家弟濬餘夏忱飲鄉中酒至醉偶成》箋注〔二〕。

〔二〕索莫，蕭索貌。唐元稹《醉行》：『秋風方索漠，霜貌足暌携。』

〔三〕小春，宋釋贊寧《笋譜》：『大抵竹八月，俗謂之小春。熱欲去，寒欲來，氣至而凉，故曰小春。』

送戴岵瞻夫子還山〔一〕

其一

二十年來國士知，拂衣高卧浙江湄。休論世上夔龍事〔二〕，自愛山間野鶴姿。五夜定中聞梵唄〔三〕，一龕深處伴軍持〔四〕。獨憐燕市塵沙裏，立雪徬徨安所之。

箋注

〔一〕戴京曾，字岵瞻，浙江仁和（今屬杭州）人，進士。順治十三年以部郎出爲山東提學僉事。

〔二〕夔龍，見《遥送家弟澹餘奉使祭告南岳》箋注〔八〕。

〔三〕五夜，見《贈張參宇山人二首》其二箋注〔三〕。

〔四〕軍持，澡罐或净瓶，僧人游方時携帶之，貯水以備飲用及净手。

其二

南屏玉立正清秋〔一〕，無著天親許共游〔二〕。行處白雲千寺杳，坐來黄葉亂山幽。沉沉佛火隨緣住，寂寂江聲帶月流。高躅他年知最憶〔三〕，那能虚泛剡溪舟〔四〕。

箋注

〔一〕南屏，浙江杭州西湖勝景之一。

〔二〕無著，古印度大乘佛教瑜伽宗開創者，天親，無著之弟。唐王維《過乘如禪師蕭居士嵩丘蘭若》：『無著天親弟與兄，嵩丘蘭若一峰晴。』

〔三〕高躅，指歸隱。唐盧綸《酬李端長安寓居偶咏見寄》：『唯當倣高躅，歸止共抽簪。』

〔四〕剡溪，位於浙江嵊州南，爲曹娥江的上游。南朝宋劉義慶《世説新語·任誕》：『王子猷居山陰，夜大雪……忽憶戴安道。時戴在剡，即便夜乘小船就之。經宿方至，造門不前而返。人問其故，王曰：「吾本乘興而行，興盡而返，何必見戴。」』

西直門外作〔一〕

馬頭風力劇凄清，凉思偏從郭外生。籬畔草枯樵徑出，林間葉盡夕陽明。排空絶嶂添晴色，作陣飢烏帶晚聲。嗚咽似聞橋下水，長流滚滚恨難平。

箋注

〔一〕西直門，見《摸魚子·西直門外作》箋注〔一〕。

題張杞園春岑閣〔一〕

其一

避人小築開三徑〔二〕，杰閣憑陵帶遠坰〔三〕。平子著書容短几〔四〕，思光高卧失空舲〔五〕。窗横峿嶺千尋碧〔六〕，檻揖牟婁一色青〔七〕。我是燕雲留滯客〔八〕，輸君白眼望滄溟。

箋注

〔一〕杞園，即張貞，見《玲瓏四犯·送杞園游西湖》箋注〔一〕。春岑閣，張貞在其家鄉山東安丘城郊所築房舍。

〔二〕三徑，見《水調歌頭·大醉放言》箋注〔一〇〕。

〔三〕遠坰，見《春日臣鵠招同翼辰游東墅感賦》其三箋注〔一〕。

〔四〕平子，東漢張衡，字平子，南陽西鄂（今河南南陽）人，著有《歸田賦》《二京賦》等。

〔五〕『思光』句，張融，字思光，南朝齊吴郡吴縣（今江蘇蘇州）人。見《秋日過滴翠園呈望石侍御六首》其三箋注〔三〕。

〔六〕峿嶺，峿山，在山東安丘西南。

〔七〕牟婁，《左傳·隱公四年》：『四年春王二月，莒人伐杞，取牟婁。』孔穎達疏：『牟婁，杞邑，莒伐取之，自是以後常爲莒邑。』

〔八〕燕雲，燕指幽州，雲指雲州。歐陽修《新五代史·晋高祖紀》：『敬瑭夜出北門見耶律德光，約爲父子。十一月丁酉，皇帝即位，國號晋。以幽、涿、薊、檀、順、瀛、莫、蔚、朔、雲、應、新、嬀、儒、武、寰州入於契丹。』

其二

百尺崚嶒石磴開，幾人躡屐共登臺。桃花弄影侵書幌，柳絮隨風入酒杯。野色乍浮平楚盡，山光如抱女墻來〔一〕。元龍湖海知何似〔二〕，床下從教卧散才〔三〕。

箋注

〔一〕女墻，《釋名·釋宫室》：『城上垣，曰睥睨……亦曰女墻，言其卑小，比之於城。』

〔二〕『元龍』句，見《哭家企鑒叔六首》其五箋注〔四〕。

〔三〕散才，唐錢起《長安落第作》：『散才非世用，回音謝雲蘿。』

初冬偶過廢寺

入門石磴滑，黄葉覆階墀。僧老逢人乞，廊空任鼠痴。蛟龍圍古塔，風雨蝕殘碑。額是何王賜，當年盛祝釐〔一〕。

箋注

〔一〕祝鼞，見《瞻禮大光明殿》箋注〔七〕。

冬夜

榾柮爐邊對短檠〔一〕，風生老屋敝裘輕。寒花月下如人影，濁釀床頭作雨聲。哀柝自隨殘夢斷，曉霜故傍紙窗明。牛車軋軋過門去，早有鄰家喚賣餳〔二〕。

箋注

〔一〕榾柮爐，見《冬日偶成》其二箋注〔二〕。

〔二〕餳，飴糖。明李時珍《本草綱目·飴糖》集解引韓保昇曰：『飴即軟糖也，北人謂之餳。』

感舊寄翼辰用韵〔一〕

文酒當年意氣真，七人五作下泉塵。心慚季子林中劍〔二〕，腹痛喬公陌上輪〔三〕。白髮多情新入鬢，青氈無恙舊隨身。水雲深處堪同隱，待我溪橋策蹇頻。

箋注

〔一〕翼辰，即馬天撰，見《答馬翼辰用原韵》箋注〔一〕。

〔二〕『心慚』句，見《望遠行·咏延陵季子劍》箋注〔二〕。

〔三〕『腹痛』句，見《減字木蘭花·雜憶》其三箋注〔六〕。

雪夜讀書以病止酒感賦

老作蠹魚夜不眠〔一〕，松肪一碗當我前〔二〕。兩眼猶能辨細字，行間歷落明松烟。維時十月北風怒，冰車鐵馬聲闐闐。西鄰有槐高百尺，長夏陰森疑緑天。清霜已隕木葉脱，秃枝老幹當空纏。動摇風聲撼老屋，裂帛之響聞窗邊。驚砂入户撲燈滅，恍有鬼火來盤旋。病夫雙足冷如鐵，欲睡不睡愁寒氈。糟床露滴琥珀注〔三〕，依稀三峽飛流泉。還憶少年作牛飲，長鯨一吸擬百川〔四〕。今來燕市頓小户，蕉葉不勝真可憐〔五〕。伯倫之婦足諷諫〔六〕，老饕閉拒胡能賢〔七〕。五斗一石有底急，韜精沉飲非自然〔八〕。貞也雖狂頗知命，短檠白業將終焉〔九〕。所惜雙夾貯廟後，頻勞石鼎松風煎。覆杯掩卷三太息，腐儒腸胃寧當湔〔一〇〕？

校訂

《實庵詩略》、鄧漢儀《詩觀三集》卷八皆選録此詩，詩題中『雪夜』作『寒夜』。

冷如鐵，《實庵詩略》作『冷於鐵』。

箋注

〔一〕蠹魚，見《投卷有感》箋注〔六〕。

〔二〕松肪，《神農本草經》卷一：『松脂，味苦温……久服，輕身不老延年，一名松膏，一名松肪。』宋范成大《次韻徐廷獻機宜送自釀石室酒三首》其二：『清絶仍香如橘露，甘餘小苦似松舫。』

〔三〕糟床，榨酒的器具。唐杜甫《羌村》其二：『賴知禾黍收，已覺糟床注。』琥珀，唐李白《客中行》：『蘭陵美酒郁金香，玉碗盛來琥珀光。』

〔四〕『長鯨』句，唐杜甫《飲中八仙歌》：『飲如長鯨吸百川，銜杯樂聖稱世賢。』

〔五〕蕉葉，宋胡仔《苕溪漁隱叢話後集·回仙》引宋陸元光《回仙録》：『飲器中，惟鐘鼎爲大，屈卮螺杯次之，而梨花蕉葉最小。』

〔六〕『伯倫』句，南朝宋劉義慶《世説新語·任誕》：『劉伶病酒，渴甚，從婦求酒。婦捐酒毁器，涕泣諫曰：『君飲太過，非攝生之道，必宜斷之！』伶曰：『甚善。我不能自禁，唯當祝鬼神，自誓斷之耳！便可具酒肉。』婦曰：『敬聞命。』供酒肉於神前，請伶祝誓。伶跪而祝曰：『天生劉伶，以酒爲名，一飲一斛，五斗解酲。婦人之言，慎不可聽。』便引酒進肉，隗然已醉矣。』

〔七〕老饕，宋蘇軾《老饕賦》：『蓋聚物之夭美，以養吾之老饕。』

〔八〕韜精沉飲，南朝宋顔延之《五君咏·劉參軍》：『韜精日沉飲，誰知非荒宴。』

〔九〕白業，佛教語，謂善業。《五燈會元·東土初祖·菩提達磨大師》：『當勤修白業，護持三寶，吾去非晚，一九即回。』

〔一〇〕湔，洗滌。北周庾信《温湯碑》：『灑胃湔腸，興羸起瘠。』

輯評

『清霜』六句，鄧漢儀評曰：『此段摹擬風雨杳冥，筆力直是横睨。』

鄧漢儀曰：『君終酒人。』

得黔中信偶成

棘道驅星使〔一〕，中權勢建瓴〔二〕。時艱勞岳牧〔三〕，客病覓參苓。落日群峰紫，歸舟一髮青。殷勤詢小阮〔四〕，知過楚江汀。

箋注

〔一〕星使，《後漢書·李郃傳》：『和帝即位，分遣使者，皆微服單行，各至州縣，觀采風謡。使者二人當到益部，投郃候舍。時夏夕露坐，郃因仰觀，問曰：「二君發京師時，寧知朝廷遣二使邪？」二人默然，驚相視曰：「不聞也。」問何以知之，郃指星示云：「有二使星向益州分野，故知之耳。」』

〔二〕建瓴，見《入夜》箋注〔一〕。

〔三〕岳牧，見《送李鄴園制軍之武林》其二箋注〔二〕。

〔四〕小阮，見《減字木蘭花・雜憶》其五箋注〔二〕。此處當指曹貞吉侄子，曹申吉長子曹澐。

病良已與杞園小飲至醉復爲短歌〔一〕

胸中磊塊無時無〔二〕，形貌雖腴神明癯。連宵氣急勢澎湃，隱囊假寐難須臾〔三〕。兀然趺坐等枯木〔四〕，燈前影弄鬖鬖鬚。床頭熟釀故鄉麯，潺湲入耳神魂蘇。擬傾一盞沃焦釜，恐置冰炭勞醫巫。今日故人對清嘯，二豎無煩桃茢驅〔五〕。一舉十觴那成醉，酒懷浩蕩凌江湖。中年作惡賴陶寫〔六〕，絲竹嘔啞非良圖。無寧揮麈共談笑，唾壺擊碎歌嗚嗚〔七〕。枚生七發酒德頌〔八〕，恍惚置我鴻濛都。心和氣平理則壽，五岳方寸何區區！

校訂

《實庵詩略》選録此詩，詩題無『至醉』二字。

箋注

〔一〕杞園，即張貞，見《玲瓏四犯·送杞園游西湖》箋注〔一〕。

〔二〕胸中磊塊，見《賀新凉·冬夜書懷》箋注〔二〕。

〔三〕隱囊，北齊顔之推《顔氏家訓·勉學》：『梁朝全盛之時，貴游子弟……跟高齒屐，坐棋子方褥，憑斑絲隱囊，列器玩於左右。』王利器集解引盧文弨補注：『隱囊如今之靠枕。』

〔四〕趺坐，見《奇石歌贈李諫臣》箋注〔四〕。

〔五〕二豎，見《沁園春·讀子厚新詞却寄》其一箋注〔四〕。桃茢，《周禮·夏官·戎右》：『贊牛耳桃茢。』鄭玄注：『桃，鬼所畏也，茢，笤帚，所以掃不祥。』

〔六〕『中年』句，南朝宋劉義慶《世説新語·言語》：『謝太傅語王右軍曰：「中年傷於哀樂，與親友别，輒作數日惡。」王曰：「年在桑榆，自然至此，正賴絲竹陶寫。恒恐兒輩覺，損欣樂之趣。」』

〔七〕唾壺擊碎，見《沁園春·讀子厚新詞却寄》其三箋注〔一〕。

〔八〕枚生七發，見《沁園春·讀子厚新詞却寄》其三箋注〔七〕。酒德頌，南朝宋劉義慶《世説新語·文學》：『劉伶著《酒德頌》，意氣所寄。』

冬夕有感

習懶從教筆硯荒，巡檐負手咏滄浪〔一〕。囊金已盡如殘臘，玉粒何時出太倉。病骨那同黄犢健，家貧難覓紫芝方。驚看壁上幢幢影，檢點鬚眉漸老蒼。

箋注

〔一〕咏滄浪，見《墨莊行爲王近微使君作》箋注〔一五〕。

讀劉子羽詩有寄〔一〕

其一

一卷新詩手自評，黄昏風雪暗燈檠。幽燕老將悲歌甚〔二〕，疑聽當年擊筑聲〔三〕。

箋注

〔一〕劉翼明（一六〇七—一六八八），字子羽，號鏡庵，山東諸城人。貢生，官利津訓導。有《鏡庵詩鈔》。

〔二〕『幽燕』句，宋敖陶孫《臞翁詩評》：『魏武帝如幽燕老將，氣韵沉雄。』

〔三〕擊筑聲，見《哭家企鑒叔六首》其三箋注〔一〕。

其二

五陵俠氣羡如雲〔一〕，老去常隨麋鹿群〔二〕。他日瑯琊臺下路〔三〕，濤聲澎湃最思君。

箋注

〔一〕五陵俠氣，《漢書·游俠傳·原涉》：『郡國諸豪及長安、五陵諸爲氣節者皆歸慕之。』顔師古曰：『五陵，謂長陵、安陵、陽陵、茂陵、平陵也。班固《西都賦》曰「南望杜、霸，北眺五陵」，是知霸陵、杜陵非此五陵之數也。而説者以爲高祖以下至茂陵爲五陵，失其本意。』

〔二〕麋鹿，見《和家弟啓事瀛臺之作》箋注〔一〇〕。

〔三〕瑯琊臺，位於今山東青島市黃島區。《山海經・海内東經》：『琅琊臺在渤海間，琅琊之東。』

其三

散去殘編不自聊，半生詩卷壓牛腰〔一〕。世間莫有桓譚在〔二〕，留取長江處士瓢〔三〕。

箋注

〔一〕牛腰，唐李白《醉後贈王歷陽》：『書禿千兔毫，詩裁兩牛腰。』王琦注：『言其卷大如牛腰也。』

〔二〕『世間』句，《後漢書・桓譚傳》：『是時，帝方信讖，多以決定嫌疑。又酬賞少薄，天下不時安定。譚復上疏曰：……凡人情忽於見事而貴於異聞，觀先王之所記述，咸以仁義正道爲本，非有奇怪虚誕之事。』

〔三〕處士瓢，漢蔡邕《琴操・河間雜歌・箕山操》：『許由者，古之貞固之士也。堯時爲布衣，夏則巢居，冬則穴處，飢則仍山而食，渴則仍河而飲。無杯器，常以手捧水而飲之。人見其無器，以一瓢遺之，由操飲畢，以瓢挂樹，風吹樹動，歷歷有聲，由以爲煩擾，遂取損之。』

其四

坎壈長爲揚子悲〔一〕，重蘿山上跨驢時〔二〕。英雄失路尋常事，何必青衫始泪垂〔三〕。

箋注

〔一〕坎壈，宋司馬光《上許州吴給事書》：『東西南北，崎嶇壈坎。』揚子悲，《列子·説符》：『楊子之鄰人亡羊。既率其黨，又請楊子之豎追之。楊子曰：「嘻！亡一羊，何追者之衆？」鄰人曰：「多歧路。」既反，問：「獲羊乎？」曰：「亡之矣。」曰：「奚亡之？」曰：「歧路之中又有歧焉，吾不知所之，所以反也。」楊子戚然變容，不言者移時，不笑者竟日。』

〔二〕重蘿山，劉翼明有《過重蘿山留别主人丁平之》詩。

〔三〕『何必』句，唐白居易《琵琶行》：『座中泣下誰最多？江州司馬青衫濕。』

其五

懷人時夢海東頭〔一〕，兩點浮勞氣未收。留得蕭條白髮在，談仙説鬼亦風流。

箋注

〔一〕『懷人』句，劉翼明居瑯琊臺下，琅琊濱東海，故言。漢袁康《越絶書·記地傳》：『勾踐伐吴，霸關東，從琅琊起觀臺。臺周七里，以望東海。』

斜月

斜月照深巷，熒熒亂燭光。牛鳴車畔火，人語曉來霜。風力千門勁，鐘聲午夜長。星廬嚴宿衛〔一〕，列戟已成行。

箋注

〔一〕星廬，清張英《南苑講筵恭紀應制四首》其二：『喜見孝經通衛士，誦聲常聽滿星廬。』宿衛，唐羅鄴《老將》：『年年宿衛天顔近，曾把功勛奏建章。』

咏土鐵〔一〕

大哉百谷王〔二〕，天地英華結。陰陽氣摩蕩，潮水光明滅。蛟龍出没多，蜃霧樓臺瞥〔三〕。大魚崩連山，首尾不可截。巨猶推魴鱮〔四〕，細不數蝦鱉。群生飽其德，南北走鼈蓬〔五〕。四明海物會，情狀良詼譎。脆若江瑶柱〔六〕，腴比西施舌〔七〕。鬻醬徒甘肥，黿脚亦瑣屑。一物不可名，非土還非鐵〔八〕。眉目漸渾淪，囷蠢露奇拙。哂兹氣味殊，藐焉形質劣。當在溟渤間，瓦礫何區别。啜醨與餔糟〔九〕，居然發香潔。因思嗜欲深，朵頤刀几血。未能遠庖厨〔一〇〕，胡乃及蠓蠛〔一一〕。想其入筐筥〔一二〕，擾擾神魂絶。於人豈有無，而煩鼎俎列。在昔何處士，門下議以决。蘇公持殺戒，螺蚌亦時設〔一三〕。造物廣生成，人心莽饕餮。勿寧守藜藿〔一四〕，斯味行當輟。

校訂

首尾，《實庵詩略》作『百尾』。

箋注

〔一〕土鐵，明屠本畯《閩中海錯疏》卷下：『泥螺，一名土鐵，一名麥螺，一名梅螺。殻似螺而薄。肉如蝸牛而短，多涎有膏。』《（萬曆）温州府志》：『吐鐵，一名泥螺，俗名泥蛳，歲時銜以沙，沙黑似鐵，至桃花時鐵始吐盡。』

〔二〕百谷王，《道德經》第六十六章：『江海所以能爲百谷王者，以其善下之，故能爲百谷王。』

〔三〕蜃霧樓臺，見《天香·龍涎香》箋注〔二〕。

〔四〕魴鱮，魴，徐珂《清稗類鈔·動物·鯿》：『鯿，古謂之魴，體廣而扁，頭尾皆尖小，細鱗。産於淡水，可食。』鱮，徐珂《清稗類鈔·動物·鰱》：『俗呼白鰱，亦名鱮魚。』《詩經·小雅·采緑》：『其釣維何？維魴及鱮。』

〔五〕蹩躠，見《天未明行和蛟門》箋注〔五〕。

〔六〕江瑶柱，清袁枚《隨園食單》：『江瑶柱出寧波，治法與蚶、蟶同。其鮮脆在柱，故剖殻時，多弃少取。』

〔七〕西施舌，宋梁克家《淳熙三山志》卷四十二：『沙蛤出長樂，殻黑而薄，中有沙焉，故名，俗呼西施舌。』

〔八〕『一物』句，明張如蘭《土鐵歌》：『土非土，鐵非鐵，肥如澤，鮮如蟹。』

〔九〕啜醨與餔糟，屈原《漁父》：『衆人皆醉，何不餔其糟而歠其醨？』

〔一〇〕遠庖厨，《孟子·梁惠王上》：『君子之於禽獸也，見其生不忍見其死，聞其聲不忍食其肉，是以君子遠庖厨也。』

〔一一〕蠓蠛，《文選·揚雄〈甘泉賦〉》：『歷倒景而絶飛梁兮，浮蠛蠓而撇天。』李善注引孫炎《爾雅》注：『蠛蠓，蟲小於蚊。』

〔一二〕筐筥，《詩經·周頌·良耜》：『或來瞻女，載筐及筥。』鄭玄箋：『筐筥，所以盛黍也。』

〔一三〕『蘇公』句，宋蘇軾《老饕賦》：『蛤半熟而含酒，蟹微生而帶糟。』

〔一四〕藜藿，見《采菊葉煮蟹戲作》箋注〔四〕。

煨芋〔一〕

天芋出終南，葉似荷而小。蜀國富蹲鴟，臨邛山下道。頗聞彼中民，至死無餓莩〔二〕。在昔卓與程，驅車悔不早〔三〕。鄴侯神仙人，矯矯風塵表。懶殘牛火旁，得半不爲少。十年信遭逢，無言深所寶〔四〕。余家東海濱，種蒔雜禾稻。雨澤倘及期，蕃殖同蔓草。篝車一以登，歡喜兒童飽。比復來都市，矜貴如火棗〔五〕。昨見擔簦人，樹幟以自標。長安稱斤賣，玆語良非嬲。寒家固多怪，乃得此惡鳥。爐燼撥殘灰，修治煩指爪。未墮貪夫涎，只益鄉心攪。恨無老衲俱，坐談山日曉。

校訂

臨邛，底本作『臨笻』，據《實庵詩略》改。

莩，《實庵詩略》作『殍』，同。

蒔，底本作『時』，據《實庵詩略》改。

談，《實庵詩略》作『譚』，同。

箋注

〔一〕芋，漢許慎《說文解字》：『芋，大葉實根，駭人，故謂之芋也。』

〔二〕『蜀國』句，《史記·貨殖列傳》：『卓氏曰：「……吾聞汶山之下，沃野，下有蹲鴟，至死不飢。民工於市，易賈。」』張守節正義：『蹲鴟，芋也。言邛州臨邛縣其地肥又沃，平野有大芋等也。』

〔三〕『在昔』句，《史記·貨殖列傳》：『蜀卓氏之先，趙人也，用鐵冶富。秦破趙，遷卓氏……乃求遠遷。致之臨邛，大喜，即鐵山鼓鑄，運籌策，傾滇蜀之民，富至僮千人。田池射獵之樂，擬於人君。程鄭，山東遷虜也，亦冶鑄，賈椎髻之民，富埒卓氏，俱居臨邛。』

〔四〕『鄴侯』句，唐李蘩《鄴侯家傳》：『李泌在衡岳。有僧明瓚，號懶殘，泌察其非凡人也，中夜前往謁焉。懶殘命坐，發火煨芋以啗之。曰：「勿多言，領取十年宰相。」』

〔五〕火棗，南朝梁陶弘景《真誥·運象二》：『玉醴金漿，交梨火棗，此則騰飛之藥，不比於金丹也。』

書子羽詩後兼懷渭清〔一〕

七十年光萬首詩〔二〕，嶔崎歷落驗鬚眉。愁中吾倍憐蜣轉〔三〕，老去君猶唱竹枝。好友自來明月共，神仙擬近海風吹。牛涔有路何能到〔四〕，大雪空岩足夢思。

箋注

〔一〕劉子羽，即劉翼明，見《讀劉子羽詩有寄》其一箋注〔一〕。渭清，即李澄中，見《霓裳中序第一·咏龍鬚，爲渭清賦》其一箋注〔一〕。

〔二〕『七十』句，曹貞吉《讀劉子羽詩有寄》其三：『半生詩卷壓牛腰。』

〔三〕蜣轉，《新五代史·任圜傳》：『如弃蘇合之丸，而取蜣蜋之轉也！』晋崔豹《古今注》：『蛣蜣，一名轉丸。』

〔四〕牛涔，見《問渭清疾》箋注〔二〕。

冬至前一日偶過天寧寺訪陳心齋裴蘆院〔一〕

柴車無避處〔二〕，偶向梵宫行。天净塔垂影，風多鈴亂鳴。短笻人寂静，長至歲峥嶸。颯沓忘歸去，翻愁暮靄生。

箋注

〔一〕天寧寺，乾隆《御製重修天寧寺碑記》：『京師廣寧門外有招提，曰「天寧」。』陳心齋，與裴衮同邑，河南新安人，曾講學嵩陽書院。裴衮（一六二二—一七〇四），字九章，號蘆院，河南新安人。順治十六年（一六五九）進士，歷任溧陽知縣、兵部督捕司主事、武選司員外郎。康熙二十九年（一六九〇），典試江南。

〔二〕柴車，見《冬日過宣武門即事》箋注〔二〕。

讀史記刺客傳〔一〕

其一

桓公方定霸，盟會肅衣冠〔二〕。胡然樽俎間，乃激壯士肝。匕首色如雪，遥映刑牲盤。侵地既已復，退就群公班。仲父持大信〔三〕，曹子窺其端。顧非枹鼓才〔四〕，何能屢登壇。用之三敗餘，明斷良獨難。右曹沫

校訂

《實庵詩略》選録此組詩。

群公，《實庵詩略》作『群臣』。

『右曹沫』，底本此組詩每首詩後均無小題，據《實庵詩略》補。

箋注

〔一〕本組詩分咏《史記·刺客列傳》中的歷史人物曹沫、專諸、豫讓、聶政、荆軻。

〔二〕『桓公』以下諸句言曹沫事迹。《史記・刺客列傳》：『曹沫者，魯人也，以勇力事魯莊公。莊公好力。曹沫爲魯將，與齊戰，三敗北。魯莊公懼，乃獻遂邑之地以和。猶復以爲將。齊桓公許與魯會於柯而盟。桓公與莊公既盟於檀上，曹沫執匕首劫齊桓公，桓公左右莫敢動，而問曰：「子將何欲？」曹沫曰：「齊强魯弱，而大國侵魯亦甚矣。今魯城壞，即壓齊境，君其圖之。」桓公乃許盡歸魯之侵地。既已言，曹沫投其匕首，下檀，北面就群臣之位，顔色不變，辭令如故。桓公怒，欲倍其約。管仲曰：「不可。夫貪小利以自快，弃信於諸侯，失天下之援，不如與之。」於是桓公乃遂割魯侵地，曹沫三戰所亡地盡復予魯。』

〔三〕仲父，《荀子・仲尼》：『見管仲之能足以托國也，是天下之大知也；安忘其怒，出忘其仇，遂立以爲仲父，是天下之大决也。』

〔四〕枹鼓，《國語・齊語》：『執枹鼓立於軍門，使百姓加勇焉。』

其二

揖讓事已遠，干戈起庭阼〔一〕。壯哉專設諸，乃爲血氣誤。短劍出魚腸，長鈹散如霧〔二〕。大業歸闔閭，七尺寧足顧〔三〕。季子豈不賢，骨肉耻交惡〔四〕。同時有烈士，曾爲慶忌怒。宿草莽蕭蕭，一吊要離墓〔五〕。右專諸

箋注

〔一〕『揖讓』句，《史記·刺客列傳》：『光既得專諸，善客待之。九年而楚平王死。春，吴王僚欲因楚喪，使其二弟公子蓋餘、屬庸將兵圍楚之灊；使延陵季子於晋，以觀諸侯之變。楚發兵絶吴將蓋餘、屬庸路，吴兵不得還。於是公子光謂專諸曰：「此時不可失，不求何獲！且光真王嗣，當立，季子雖來，不吾廢也。」專諸曰：「王僚可殺也。母老子弱，而兩弟將兵伐楚，楚絶其後。方今吴外困於楚，而内空無骨鯁之臣，是無如我何。」』

〔二〕『短劍』句，見《望遠行·咏延陵季子劍》箋注〔三〕。

〔三〕『大業』句，《史記·刺客列傳》：『公子光出其伏甲以攻王僚之徒，盡滅之，遂自立爲王，是爲闔閭。闔閭乃封專諸之子以爲上卿。』

〔四〕『季子』句，《史記·刺客列傳》：『光之父曰吴王諸樊。諸樊弟三人：次曰餘祭，次曰夷眛，次曰季子札。諸樊知季子札賢而不立太子，以次傳三弟，欲卒致國於季子札。諸樊既死，傳餘祭。餘祭死，傳夷眛。夷眛死，當傳季子札；季子札逃不肯立，吴人乃立夷眛之子僚爲王。公子光曰：「使以兄弟次邪，季子當立；必以子乎，則光真適嗣，當立。」故嘗陰養謀臣以求立。』

〔五〕『同時』句，見《望遠行·咏延陵季子劍》箋注〔四〕。

其三

漆身以爲厲，吞炭以爲啞〔一〕。豈有智伯頭，而爲飲器者〔二〕。三躍擊仇衣，橋上血光灑。臣志雖不成，臣心亦已寫〔三〕。詎無生死悲，國士知遇寡〔四〕。襄子亦義人，惜非吾君也〔五〕。寒夜讀斯編，疾風飄屋瓦。右豫讓

校訂

臣志，《實庵詩略》作『臣事』。

箋注

〔一〕『漆身』句，《史記·刺客列傳》：『居頃之，豫讓又漆身爲厲，吞炭爲啞，使形狀不可知，行乞於市。』

〔二〕『豈有』句，《史記·刺客列傳》：『趙襄子最怨智伯，漆其頭以爲飲器。』

〔三〕『三躍』句，《史記·刺客列傳》：『豫讓曰：「臣聞明主不掩人之美，而忠臣有死名之義。前君已寬赦臣，天下莫不稱君之賢。今日之事，臣固伏誅，然願請君之衣而擊之，焉以致報讎之意，則雖死不恨。非所敢望也，敢布腹心！」於是襄子大義之，乃使使持衣與豫讓。豫讓拔劍三躍

而擊之，曰：「吾可以下報智伯矣！」遂伏劍自殺。』

〔四〕『詎無』句，《史記·刺客列傳》：『於是襄子乃數豫讓曰：「子不嘗事范、中行氏乎？智伯盡滅之，而子不爲報讎，而反委質臣於智伯。智伯亦已死矣，而子獨何以爲之報讎之深也？」豫讓曰：「臣事范、中行氏，范、中行氏皆衆人遇我，我故衆人報之。至於智伯，國士遇我，我故國士報之。」』

〔五〕『襄子』句，《史記·刺客列傳》：『於是襄子大義之，乃使使持衣與豫讓。』

其四

聶政出深井，居然孝友人。黄金買吾頭，親在難許身。揮之同瓦礫，非不存主賓〔一〕。卒以剸俠累，方與屠狗均〔二〕。阿姊更烈烈，殺身成其仁〔三〕。黠哉嚴仲子，感深恨不泯〔四〕。知己骨肉間，何論幗與巾。右聶政

箋注

〔一〕『聶政』句，《史記·刺客列傳》：『久之，濮陽嚴仲子事韓哀侯，與韓相俠累有隙。嚴仲子恐誅，亡去，游求人可以報俠累者。至齊，齊人或言聶政勇敢士也，避仇隱於屠者之間。嚴仲子至門請，數反，然後具酒自暢聶政母前。酒酣，嚴仲子奉黄金百溢，前爲聶政母壽。……聶政曰：

「臣所以降志辱身居市井屠者，徒幸以養老母；老母在，政身未敢以許人也。」嚴仲子固讓，聶政竟不肯受也。然嚴仲子卒備賓主之禮而去。』

〔二〕『卒以』句，《史記·刺客列傳》：『杖劍至韓，韓相俠累方坐府上，持兵戟而衛侍者甚衆。聶政直入，上階刺殺俠累，左右大亂。聶政大呼，所擊殺者數十人，因自皮面決眼，自屠出腸，遂以死。』

〔三〕『阿姊』句，《史記·刺客列傳》：『政姊榮……乃大呼天者三，卒於邑悲哀而死政之旁。晋、楚、齊、衛聞之，皆曰：「非獨政能也，乃其姊亦烈女也。」』

〔四〕『黠哉』句，《史記·刺客列傳》：『聶政曰：「嗟乎！政乃市井之人，鼓刀以屠；而嚴仲子乃諸侯之卿相也，不遠千里，枉車騎而交臣。臣之所以待之，至淺鮮矣，未有大功可以稱者，而嚴仲子奉百金爲親壽，我雖不受，然是者徒深知政也。夫賢者以感忿睚眦之意而親信窮僻之人，而政獨安得嘿然而已乎！且前日要政，政徒以老母；老母今以天年終，政將爲知己者用。」』

其五

荆卿入咸秦，貫日白虹粗。易水不西流，壯士寧東徂〔一〕。乃思生劫之，設謀良已迂〔二〕。圖窮匕首見，失在一身孤〔三〕。舞陽信可兒，所惜非吾徒〔四〕。何不遣漸離，擊筑空嗚嗚〔五〕。當時魯勾踐，亦嗟劍術疏〔六〕。右荆軻

校訂

荆卿，《實庵詩略》作『慶卿』。《史記·刺客列傳》：『荆軻者，衛人也。其先乃齊人，徙於衛，衛人謂之慶卿。而之燕，燕人謂之荆卿。』

箋注

〔一〕『易水』句，《史記·刺客列傳》：『太子及賓客知其事者，皆白衣冠以送之。至易水之上，既祖，取道，高漸離擊筑，荆軻和而歌，爲變徵之聲，士皆垂泪涕泣。又前而爲歌曰：「風蕭蕭兮易水寒，壯士一去兮不復還！」復爲羽聲慷慨，士皆瞋目，髮盡上指冠。於是荆軻就車而去，終已不顧。』

〔二〕『乃思』句，《史記·刺客列傳》：『軻自知事不就，倚柱而笑，箕踞以駡曰：「事所以不成者，以欲生劫之，必得約契以報太子也。」』

〔三〕『圖窮』句，《史記·刺客列傳》：『軻既取圖奏之，秦王發圖，圖窮而匕首見。因左手把秦王之袖，而右手持匕首揕之。……於是左右既前殺軻，秦王不怡者良久。』

〔四〕『舞陽』句，《史記·刺客列傳》：『乃令秦舞陽爲副。……至陛，秦舞陽色變振恐，群臣怪之。荆軻顧笑舞陽，前謝曰：「北蕃蠻夷之鄙人，未嘗見天子，故振慴。願大王少假借之，使得畢使於前。」』皃，同『貌』。

〔五〕『何不』句，《史記・刺客列傳》：『荆軻嗜酒，日與狗屠及高漸離飲於燕市，酒酣以往，高漸離擊筑，荆軻和而歌於市中，相樂也，已而相泣，旁若無人者。……稍益近之，高漸離乃以鉛置筑中，復進得近，舉筑朴秦皇帝，不中。於是遂誅高漸離，終身不復近諸侯之人。』

〔六〕『當時』句，《史記・刺客列傳》：『荆軻游於邯鄲，魯勾踐與荆軻博，争道，魯勾踐怒而叱之，荆軻嘿而逃去，遂不復會。……魯勾踐已聞荆軻之刺秦王，私曰：「嗟乎，惜哉其不講於刺劍之術也！甚矣吾不知人也！曩者吾叱之，彼乃以我爲非人也！」』

書李將軍傳後

短身射虎灞亭秋〔一〕，醉尉呵來不自由〔二〕。聞道黄金還鑄印，次公新拜岸頭侯〔三〕。

箋注

〔一〕『短身』句，《史記・李將軍列傳》：『廣出獵，見草中石，以爲虎而射之，中石没鏃，視之石也。因復更射之，終不能復入石矣。廣所居郡聞有虎，嘗自射之。及居右北平射虎，虎騰傷廣，廣亦竟射殺之。』

〔二〕『醉尉』句，見《百字令·咏史》其三箋注〔一〕。

〔三〕『次公』句，《史記·衛將軍驃騎列傳》：『青校尉張次公有功，封爲岸頭侯。』

冬日雜感

其一

日月無寧期，慘慘忽窮冬。門外寒風來，有聲如鐘鏞〔一〕。陰雲垂四郊，將雪意復慵。飢烏掠窗下，暮色蒼然中。執卷苦皴瘃〔二〕，顧影羞龍鍾〔三〕。愁思杳無端，紛然那可攻。

校訂

《實庵詩略》選録此組詩第一、三、四首。

杳，《實庵詩略》作『渺』。

箋注

〔一〕鐘鏞，《詩經·小雅·鼓鐘》：『鼓鐘將將，淮水湯湯，憂心且傷。』《詩經·大雅·靈臺》：『虡業維樅，賁鼓維鏞。』鄭玄箋：『鏞，大鐘也。』

〔二〕皴瘃，《漢書·趙充國傳》：『將軍士寒，手足皸瘃。』顔師古注引文穎曰：『瘃，寒創也。』

〔三〕龍鍾，唐李華《卧疾舟中相里范二侍御先行贈別序》：『華也潦倒龍鍾，百疾叢體，衣無完帛，器無兼蔬。』

其二

我昔違慈顔，辛亥莫春月。蘆溝橋下拜，傌傌征車發〔一〕。庭草三枯榮，定省依然缺。年來疲婚嫁，拮據憂白髮。游子戀鷄肋〔二〕，長安支病骨。未能便決去，書空時咄咄。

箋注

〔一〕『我昔』句，曹申吉《珂雪二集序》：『迨辛亥春，予拜黔中之節，奉母南還，兄送至蘆溝東數里，握手躑躅，不能成句。』曹貞吉《劉太夫人行述》：『憶辛亥三月，拜送東歸，蘆溝道上，母搴簾揮手令回。』

〔二〕鷄肋，《三國志·魏書·武帝紀》裴松之注引《九州春秋》曰：『時王欲還，出令曰「鷄肋」，官屬不知所謂。主簿楊修便自嚴裝，人驚問修：「何以知之？」修曰：「夫鷄肋，弃之如可惜，食之無所得，以比漢中，知王欲還也。」』

其三

黄河雖云廣，一葦差可航〔一〕。太行能摧車，不在天一方。豈有舜華姿，垂老銅鼓鄉〔二〕。遥憶亂山中，積霧迷曦光。小龍番外路〔三〕，驛騎愁倀倀〔四〕。一髮望中原，長歌慨以慷。

校訂

舜華，《實庵詩略》作『蕣華』。

箋注

〔一〕『黄河』句，《詩經·衛風·河廣》：『誰謂河廣，一葦杭之。』孔穎達疏：『言一葦者，謂一束也，可以浮之水上而渡，若桴栰然，非一根葦也。』

〔二〕『豈有』句，張貞《誥授奉政大夫禮部儀制清吏司郎中曹公墓志并銘》：『十年，以工部右侍郎兼都察院右副都御史，巡撫貴州。』舜華，《詩經·鄭風·有女同車》：『有女同車，顏如舜華。』毛傳：『舜，木槿也。』銅鼓，宋范成大《桂海虞衡志·志器》：『銅鼓，古蠻人所用。南邊土中時有掘得者，相傳爲馬伏波所遺，其制如坐墩而空其下。滿鼓皆細花紋，極工緻。四角有小蟾蜍。兩人舁行，以手拊之，聲全似鞞鼓。』

〔三〕小龍番，見《木蘭花慢·寄武曾》箋注〔五〕。

〔四〕倀倀，見《苦雨行》箋注〔六〕。

其四

人生各有儕，麇鹿亦有群。西園良宴會〔一〕，旗鼓張其軍。同時文酒伴，散若秋空雲。宿草各離離〔二〕，誰拜橋公墳〔三〕。親知雜存歿，習俗徒紛紜。回首汶水陽〔四〕，惆悵心如焚。

校訂

存歿，《實庵詩略》作『存没』。

箋注

〔一〕西園，見《南鄉子·夏夕無寐，茫茫交集，輒韵語寫之，不求文也》其三箋注〔一〕。

〔二〕宿草，見《南鄉子·夏夕無寐，茫茫交集，輒韵語寫之，不求文也》其三箋注〔四〕。

〔三〕橋公墳，見《減字木蘭花·雜憶》其三箋注〔六〕。

〔四〕汶水，見《蝶戀花》（六月溪堂）箋注〔二〕。

其五

自我來燕市，不見昔屠狗〔一〕。同舍二三人，時時共飲酒。狂生白眼多〔二〕，嫚罵亦叢垢。喬子具俠腸〔三〕，歷歷心在口。今年秋風起，各向淮南走〔四〕。大雪擁爐時，寧不思君否。

箋注

〔一〕『自我』句，見《哭家企鑒叔六首》其三箋注〔一〕。

〔二〕白眼，見《蘇武慢·元宵雪後作》箋注〔五〕。

〔三〕喬子，即喬萊，見《大酺·石林席上聞弦索》箋注〔一〕。

〔四〕『今年』句，曹貞吉《長歌送蛟門歸江都》：『廣寧門外送子静，維時八月風初高。』

曹貞吉全集箋注

下

〔清〕曹貞吉　撰
趙紅衛　箋注

齊魯書社
·濟南·

冬日和人韵

其一

不寐惜殘更，天街一柝鳴。星河低曉樹，鼓角入寒聲。霜影窺窗白，龍文拂劍明〔一〕。床頭濁釀在，爛醉閲浮生。

校訂

《實庵詩略》選録此組詩，詩題作《冬日和止一外叔祖韵》。《（康熙）續安丘縣志》卷二十《武冑傳》：『劉正學，字止一，國朝順治時人，舊爲諸生，遭世鼎革，投筆從戎，仕至山東撫標中營游擊。』

箋注

〔一〕龍文，唐駱賓王《宿温城望軍營》：『風旗翻翼影，霜劍轉龍文。』

其二

赴壑修鱗去〔一〕，堂堂歲欲更〔二〕。亂雲橫雪影，老屋壯風聲。拂地驚沙響，垂天半月明。年來離索意，偏向故園生。

箋注

〔一〕『赴壑』句，宋蘇軾《守歲》：『欲知垂盡歲，有似赴壑蛇。修鱗半已没，去意誰能遮。』

〔二〕堂堂，猶公然。唐薛能《春日使府寓懷二首》其一：『青春背我堂堂去，白髮欺人故故生。』

閑居偶憶舊游

其一

誰持小李將軍畫〔一〕，巨幅中流作大觀。岷水西來回砥柱，海門東望鬱狂瀾〔二〕。十年風鶴三山静，萬里帆檣一鳥看。聞道妙高臺上月〔三〕，依依遠照大江寒。右

金山〔四〕

箋注

〔一〕小李將軍，見《疏影·咏落照，遥和錢舍人》箋注〔四〕。

〔二〕『岷水』句，宋蘇軾《游金山寺》：『我家江水初發源，宦游直送江入海。』清施補華《峴傭説詩》：『蓋東坡家眉州，近岷江，故曰「江初發源」；金山在鎮江，下此即海，故曰「送江入海」。』

〔三〕妙高臺，見《金山四首》其一箋注〔二〕。

〔四〕金山，見《金山四首》其一箋注〔一〕。

其二

上游形勝千年在，高閣憑陵一目空。寺繞群峰迷向背，江分二水劃西東。青山白紵留題處，鐵馬金戈想像中。回首扶笻萬松裏，蕭然逸興復誰同。右采石〔一〕

箋注

〔一〕采石，采石磯，原名牛渚磯，位於安徽當塗縣西北牛渚山下。《太平寰宇記》：『牛渚山，在（太平州當塗縣）北三十五里，突出江中，謂爲牛渚，古所津渡處也。……《輿地志》云，牛渚山首有人潛行，去處連洞庭，傍通無底，見有金牛狀异，乃驚而出牛渚山，此謂之采石。』

其三

生公説法已多年〔一〕，石上千人月冷然〔二〕。三白漫斟僧舍酒〔三〕，四條輕拂女郎弦。泉邊঳雁吴王墓〔四〕，門外菰蘆楚客船。爛醉劍池君記否〔五〕，依稀佛光望中圓。

右虎丘〔六〕

箋注

〔一〕『生公』句，釋慧皎《高僧傳》卷七：『竺道生，本姓魏，巨鹿人，寓居彭城。家世仕族，父爲廣戚令，鄉里稱爲善人。生幼而穎悟，聰哲若神。其父知非凡器，愛而异之。後值沙門竺法汰，遂改俗歸依，伏膺受業。』

〔二〕石上千人，宋葉廷珪《海録碎事》卷二十一：『虎丘澗側有平石，可容千人坐，謂之「千人石」。俗傳，因生公講法於此。』

〔三〕三白，明謝肇淛《五雜組·物部三》：『江南之三白，不脛而走半九州矣，然吴興造者，勝於金昌。』

〔四〕吴王墓，宋范成大《吴郡志》卷三十九：『吴王闔廬墓在虎丘山劍池下。《吴越春秋》云：「闔閭葬於國西北虎丘，穿土爲山，積壤爲丘，發五郡之士，十萬人共治，千里使象，摙土鑿池。四周水深丈餘，銅椁三重，澒水銀爲池，池廣六十步，黄金珠玉爲鳧雁，扁諸之劍，魚腸之干在焉，葬之三日，金精上揚，爲白虎據墳，故曰虎丘。」』

〔五〕劍池，《江南通志》卷十二：『（虎丘）其最勝者爲劍池。兩岸劃開，中涵石泉，深不可測。世傳秦皇鑿山求劍處也。』

〔六〕虎丘，《太平寰宇記》卷九十一：『虎丘山，在縣西北九里。《吴越春秋》：闔閭葬於國西北，積壤爲丘，摙土臨湖以葬。三日，金精上揚，爲白虎據墳，故曰虎丘山。』

其四

風鬟霧鬢劇多情，一水盈盈遠態生。山色自招游屐去，荷香不放酒船行。烟中菰葉斜分港，雨後波光亂入城。有約再來如昨夢，十年空負釣蓑輕。右西湖〔一〕

箋注

〔一〕西湖，舊稱武林水、金牛湖、錢塘湖、西子湖等，因位於浙江杭州市西邊，宋代始稱西湖。《漢書·地理志》會稽郡錢唐縣：『武林山，武林水所出，東入海，行八百三十里。』

其五

嗚榔遠自真州郭〔一〕，竟日蒲帆百里程。策杖路迷知雨滑，振衣江黑恐崖傾。危檣歷歷依山泊，漁火幢幢隔岸明。自溷京塵憐老大，石城南望一含情〔二〕。右燕子磯〔三〕

箋注

〔一〕嗚榔，亦作『嗚桹』。《文選·潘岳〈西征賦〉》：『纖經連白，鳴桹厲響。』李善注：『《説文》曰：桹，高木也。以長木叩舷爲聲，言曳纖經於前，鳴長桹於後，所以驚魚，令入網也。』

〔二〕石城，宋岳珂《桯史·石城堡寨》：『六朝建國江左，臺城爲天闕，復築石頭城於右，宿師以守，蓋如古人連營之制。』

〔三〕燕子磯，《（乾隆）江南通志》卷十一《山川·江寧府》：『燕子磯在上元界觀音門外。磴道盤曲而上，丹崖翠壁凌江欲飛。絶頂有亭，能攬江天之勝。聖祖仁皇帝南巡，屢幸此。』

櫛髮有白者感賦

我髮黑如漆，俄然間斑白。初視驚以愕，此物何由得？思之識其故，俯首三太息。人生血氣中，蘧廬宅魂魄〔一〕。摇摇止水渾〔二〕，擾擾天君役〔三〕。憂多能傷人，所中非寸尺。我生覯喪亂，動止雜鳴鏑。搶攘歷危途，沉痛隱遭螫。時雖在童稚，五内倘已坼〔四〕。既而守貧窶，兼膺門户責。性拙匪梯榮，力弱難親穡〔五〕。青衫十七年，誤受蠹魚厄〔六〕。雕蟲渾小技，心腎逢鏤刺。每當落拓時，痛哭嫌逼窄。三十獲一第，所負良已釋〔七〕。逐隊來長安，厥苦乃不億。束縛困銜橛〔八〕，囁嚅羞顔色。夏日能鑠金，揮汗承明直〔九〕。烈日曝其軀，緇塵難洗滌。冬日飽風霾，凍蠅聲唧唧。堅冰結我鬚，逢人强拂拭。形貌極焦勞，精神未索莫。重與骨肉别，萬里音塵隔。魂夢越江山，涕洟沾枕席〔一〇〕。群居陽爲歡，簫歌亦蕭寂。點金豈有術，索米易交謫〔一一〕。妻孥時一至，去來如路陌。側聞高堂人，念子復不懌。以此縈心魂，安能保終黑〔一二〕。乍見惟一縷，令我胸懷惻。計當漸盈頭，皤然雪霜積。大藥不可成，神仙杳難即。染之事後生，乃非吾所克。他日乘柴車，兒孫不相識。阿弟納節歸，二老溪橋側。但憂早衰謝，或遜長年客。修短亦何常，所期在令德。兀然還獨坐，仰視空天碧。

校訂

《實庵詩略》選録此詩。

魂魄，《實庵詩略》作『神魄』。

鳴鏑，《實庵詩略》作『鋒鏑』。

唧唧，《實庵詩略》作『嘖嘖』。

極，《實庵詩略》作『劇』。

簫歌，《實庵詩略》作『笙歌』。

箋注

〔一〕蘧廬，《莊子·天運》：『仁義，先王之蘧廬也，止可以一宿，而不可久處。』郭象注：『蘧廬，猶傳舍也。』

〔二〕止水，《莊子·德充符》：『仲尼曰：「人莫鑒於流水而鑒於止水。」』成玄英疏：『止水所以留鑒者，爲其澄清故也。』

〔三〕天君，《荀子·天論》：『心居中虛，以治五官，夫是之謂天君。』

〔四〕『我生』句，曹濂《儀部公行狀》：『九歲，居先王父之喪，哀毁如成人。時值鼎革，滿地兵戈，先王母携煢煢兩孤，不遑寧處。然每當遷徙，必載遺書以從，至則和熊課讀，焚膏繼晷，究未嘗以亂離廢學。』

〔五〕『既而』四句，曹貞吉《歲暮感舊書懷二十八韵》：『煢煢弃路隅，艱難時隕涕。提携惟老母，追隨有弱弟。搶攘兵戈中，生全偶然濟。茹苦甘熊丸，長貧恒斷薺。租税苦追呼，風雨門常閉。』

〔六〕『青衫』句，曹申吉《珂雪集跋》：『憶余六齡時，偕家兄就外塾，自此同几研者十有四載。兄於書無所不窺，閎覽精思，每至深夜。』曹濂《儀部公行狀》：『乙未先叔父成進士，官翰林，揚歷中外，不六年而躋九列。而先大夫方潦倒諸生間，布衣徒行，無改寒素。人有以閥閲相稱者，面輒發赤，惟壹志讀書，篝燈洛誦，常漏下三十刻。』

〔七〕『三十』句，曹貞吉於康熙二年癸卯（一六六三）中解元，康熙三年甲辰（一六六四）以三甲第八十三名聯捷進士。張貞《誥授奉政大夫禮部儀制清吏司郎中曹公墓志并銘》：『年三十，中康熙癸卯鄉試第一，甲辰，成進士。』

〔八〕銜橛，明文徵明《失解無聊用履仁韵寫懷兼簡蔡九逵》：『疲馬尚憐銜橛在，冥鴻翻困稻粱謀。』

〔九〕承明，見《歲暮感舊書懷二十八韵》箋注〔一一〕。

〔一〇〕『重與』句，曹溓《儀部公行狀》：『而先叔父以少宰出撫黔中，因奉母以歸，先大夫送至蘆溝橋下，離别之際，固難以爲懷，初不意慈母悌弟，遂於此成永訣也。先大夫獨留京國，常鬱鬱不自樂，然而驛使星馳，月或四三至，萬里倡酬，歲常盈帙。迨自甲寅亂後，南天鮮雁足之書，故鄉有垂白之母，先大夫欲歸不能，欲留不可，日夕惟以眼泪洗面。』

〔一一〕交謫，《詩經·邶風·北門》：『我入自外，室人交遍謫我。』鄭玄箋：『我從外而入，在室之人更迭遍來責我。』

〔一二〕『側聞』句，曹禾《雲將公墓志銘》：『未幾而吏部改授大中丞，出撫貴州矣。中丞既行，太夫人旋歸，庀家政而資舍人以守官。久之，吴逆難作，南北不相通者八年，太夫人慮中丞之闇於大義也，則悲傷凄惻，痛於心而不形於言。舍人則囁嚅隱忍，惴惴焉而不敢歸寧其母。』

和杞園夢游詩三首〔一〕

其一

夾路天桃宛轉迷〔二〕，雲霞一片水東西。無因得逐胡麻去〔三〕，看盡翩翩蛺蝶衣。

箋注

〔一〕杞園，即張貞，見《玲瓏四犯·送杞園游西湖》箋注〔一〕。

〔二〕夭桃，《詩經·周南·桃夭》：『桃之夭夭，灼灼其華。』

〔三〕『無因』句，見《風流子·題劉岱儒葭水山房》箋注〔六〕。

其二

行盡春林路不迷，神仙只在石橋西。雙成小玉花間出〔一〕，裊裊風吹金縷衣。

箋注

〔一〕雙成小玉，唐白居易《長恨歌》：『金闕西廂叩玉扃，轉教小玉報雙成。』雙成，見《無題十首》其五箋注〔六〕。小玉，見《留春令·感舊》箋注〔三〕。

其三

青溪幾道夢還迷，尋得仙源谷口西。不是桃花飛似雨，無緣忽上水田衣〔一〕。

箋注

〔一〕水田衣，見《卜算子·秧針》箋注〔一〕。

送車與三黄門視河〔一〕

其一

河渠纔上治安書，持節還登使者車。自古波臣尊底績，於今民命重爲魚。濁流勢控三門險，荷鍤功分八閘餘。歷歷帆檣欣北指，從他海若覓歸墟〔二〕。

校訂

《實庵詩略》選録此組詩。

箋注

〔一〕車萬育（一六三二—一七〇五），字與三，又字鶴田、敏州，湖廣邵陽（今湖南邵陽）人。康熙三年（一六六四）進士，歷官户科給事中、兵科給事中。《（光緒）湖南通志》卷一百八十八《人物志二十九・寶慶府・邵陽縣》：『車萬育，字鶴田……改户科給事中，上《河工一勞永逸疏》，復上《運道機宜六事》，奉旨隨同諸大臣督理河工，以滇藩變，中止。充丙辰會試同考官，外艱服闋，補兵科掌印給事中。』黄門，《後漢書・百官志三》：『黄門侍郎，六百石。……掌侍從左右，給事中，關通中外。及諸王朝見於殿上，引王就坐。』

〔三〕海若，見《賀新涼・爲其年題詞》箋注〔四〕。歸墟，《列子・湯問》：『渤海之東，不知幾億萬里，有大壑焉，實維無底之谷，其下無底，名曰歸墟。』

其二

淇園竹盡付洪波〔一〕，夾道蒼生涕泪多。萬里盤渦原就下，十年璧馬重爲河〔二〕。
乘槎佇看艘同鳥，攻岸寧容霧隱鼉。無恙桃花流自穩，陽侯驚避使星過〔三〕。

校訂

重，《實庵詩略》作『殫』。

箋注

〔一〕淇園，位於今河南淇縣北部淇奥。南朝梁任昉《述异記》：『衛有淇園，出竹，在淇水之上。詩云「瞻彼淇奥，緑竹猗猗」是也。』

〔二〕璧馬，《左傳·襄公十九年》：『（襄公）賄荀偃束錦，加璧、乘馬，先吴壽夢之鼎。』杜預注：『古之獻物，必有以先，今以璧馬爲鼎之先。』

〔三〕陽侯，見《滿江紅·過滹沱》箋注〔四〕。使星，見《得黔中信偶成》箋注〔一〕。

其三

一綫長淮路不迂，宋人於此走神都。舳艫直壓清流下，庚癸無煩赤縣呼〔一〕。謀舍幾年紛國是，安瀾一旦啓良圖。何當便築宣房就〔二〕，民力東南乍可蘇。

箋注

〔一〕庚癸，《左傳·哀公十三年》：『吴申叔儀乞糧於公孫有山氏，曰「佩玉縈兮，余無所繫之！旨酒一盛兮，余與褐之父睨之！」對曰：「粱則無矣，粗則有之。若登首山以呼曰，庚癸乎！則諾。」』杜預注：『軍中不得出糧，故爲私隱。庚，西方，主穀；癸，北方，主水。』南朝梁劉勰《文心雕龍·諧讔》：『叔儀乞糧於魯人，歌佩玉而呼庚癸。』赤縣，《史記·孟子荀卿列傳》：『中國名曰赤縣神州。赤縣神州内自有九州，禹之序九州是也，不得爲州數。中國外如赤縣神州者九，乃所謂九州也。』

〔二〕宣房，見《滿江紅・過滹沱》箋注〔三〕。

其四

登彼黿山有所思，功成神禹鎖巫支〔一〕。如何東下鴨頭水〔二〕，不見西來鷁尾旗。畫省誰能籌賈讓〔三〕，金堤君好夢玄彝〔四〕。獨憐風雪青門外〔五〕，三疊歌殘罷酒卮。

箋注

〔一〕『登彼』句，《太平寰宇記》卷十六：『淮渦神在黿山之下。《淮陽記》按，古岳瀆。經云，禹治水三至桐柏山，乃獲淮渦水神，名曰無支祁。喜應對言語，辨江淮之淺深，原隰之遠近。形若獼猴，縮鼻高額，青軀白首，金目雪牙，頭伸百尺，力逾九象，搏擊騰踔，疾奔輕利。……遂頸鎖大索，鼻穿金鈴，徙淮泗陰，鎖黿山之足。淮水乃安流，注於海。』

〔二〕鴨頭水，漢史游《急就篇》卷二：『春草鷄翹鳧翁濯。』顏師古注：『春草、鷄翹、鳧翁，皆謂染彩而色似之。若今染家言鴨頭緑、翠毛碧云。』宋陸游《秋日郊居八首》其一：『山雨霏微鴨頭水，溪雲細薄魚鱗天。』

〔三〕賈讓，《漢書・溝洫志》：『哀帝初，平當使領河堤，奏言：「九河今皆寘滅，按經義治水，有決河深川，而無堤防雍塞之文。河從魏郡以東，北多溢決，水迹難以分明。四海之衆不可誣，宜博求能浚川疏河者。」下丞相孔光、大司空何武，奏請部刺史、三輔、三河、弘農太守舉吏民能者，莫有應書。待詔賈讓奏言：「治河有上、中、下策……」』

〔四〕玄彝，《吴越春秋》卷四：『禹乃登山，仰天而嘯，因夢見赤綉衣男子，自稱玄夷蒼水使者，聞帝使丈命於斯，故來候之。……謂禹曰：「欲得我山神書者，齋于黄帝岩之下。三月庚子，登山發石，金簡之書存矣。」禹退又齋三月，庚子登宛委山，發金簡之書，案金簡玉字，得通水之理。』

〔五〕青門，見《摸魚子·咏蒓》箋注〔五〕。

再咏芋〔一〕

野老爐邊味自真，芋魁遭遇亦何頻。長源要是山中相〔二〕，明逸終爲林下人〔三〕。耳畔松風堪鬥茗，窗間夜雨總傷神。最憐爾凍抽萌苦，侯喜於今有後身〔四〕。

箋注

〔一〕芋，見《煨芋》箋注〔一〕。

〔二〕長源，唐李泌，字長源。見《煨芋》箋注〔四〕。

〔三〕明逸，《宋史·隱逸傳上》：『种放，字明逸，河南洛陽人也。……放得辟穀術，别爲堂於峰頂，盡日望雲危坐。每山水暴漲，道路阻隔，糧糗乏絶，止食芋栗。』

〔四〕『最憐』二句，唐韓愈《石鼎聯句詩序》：『元和七年十二月四日，衡山道士軒轅彌明自衡山來，舊與劉師服進士衡湘中相識，將過太白，知師服在京，夜抵其居宿。有校書郎侯喜，新有能詩聲……喜視之若無人。彌明忽軒衣張眉，指爐中石鼎謂喜曰：「子云能詩，與我賦此乎？」……劉與侯皆已賦十餘韵，彌明應之如響，皆穎脱含譏諷。夜盡三更，二子思竭不能續，因起謝曰：「尊師非世人也，某伏矣。願爲弟子，不敢更論詩。」』《石鼎聯句詩》彌明聯句：『秋瓜未落蒂，凍芋强抽萌。』

送霂兒歸里〔一〕

其一

立馬青門慘不歡〔二〕，黄雲次第拂歸鞍。一家骨肉存亡痛，萬里兵戈道路難。京國如余還索米〔三〕，高堂憑爾勸加餐。清秋擬上柴車去〔四〕，白露丹楓葉正寒。

校訂

底本詩題作『附送霂兒歸里』，《實庵詩略》選録此組詩第一首，詩題中無『附』字。此詩或最初爲附録於其他詩詞之後的附詩，底本抄録時也一并抄存了『附』字，今據《實庵詩略》删去。

如，《實庵詩略》作『笑』。

葉，《實庵詩略》作『夜』。

箋注

〔一〕霂兒，即曹貞吉次子曹霂，見《賀新凉·送霂》箋注〔一〕。

〔二〕青門，見《摸魚子·咏蒓》箋注〔五〕。

〔三〕索米，見《賀新凉·寄李武曾，用朱錫鬯韵》箋注〔六〕。

〔四〕柴車，見《冬日過宣武門即事》箋注〔二〕。

其二

癡頑我自耐風波，磨蝎星辰奈老何〔一〕。半世已隨泡影散〔二〕，三春虚向泪中過。怪來白髮垂霜雪，何處青山挂薜蘿〔三〕。四載相逢今又去，夢魂先爾渡長河。

箋注

〔一〕磨蝎星辰，見《減字木蘭花·雜憶》其一箋注〔二〕。

〔二〕泡影，《金剛經·應化非真分》：『一切有爲法，如夢幻泡影，如露亦如電，應作如是觀。』

〔三〕薜蘿，見《歲暮感舊書懷二十八韻》箋注〔一一〕。

擬西苑應制〔一〕

別館風微夏日凉，宸游法從駐長楊〔二〕。一天翠靄横朝暮，十里平湖入渺茫。雲際簫韶驚鳥路〔三〕，水邊樓閣沁荷香。西山迢遞青如許，爲勸中流萬歲觴〔四〕。

箋注

〔一〕西苑，見《和家弟啓事瀛臺之作》箋注〔二〕。

〔二〕長楊，見《花朝某將軍招飲》其二箋注〔三〕。

〔三〕簫韶，見《瞻禮大享殿十二韵》箋注〔六〕。

〔四〕萬歲觴，唐玄宗《千秋節宴》：『蘭殿千秋節，稱名萬歲觴。』《舊唐書·玄宗本紀》：『（開元十七年）八月癸亥，上以降誕日，宴百寮於花萼樓下。百寮表請以每年八月五日爲千秋節。』

聽鄰家哭聲

青草池邊蛙亂鳴，浮雲慘淡月三更。那堪譜盡淋鈴曲〔一〕，更聽人間嗚咽聲。

箋注

〔一〕淋鈴曲，見《臺城路·遼后洗妝樓》箋注〔四〕。唐元稹《琵琶歌》：『因兹彈作雨霖鈴，風雨蕭條鬼神泣。』

天道

天道何須問是非，鄧攸門户更誰依〔一〕。傷心翻作忘情語，只當黔南總未歸〔二〕。

箋注

〔一〕『鄧攸』句，見《減字木蘭花·雜憶》其五箋注〔四〕。

〔二〕『只當』句，張貞《御史中丞曹公哀辭并序》：『康熙十九年十二月初五日，填撫貴州、御史中丞曹公伏節雲南。』曹濂《儀部公行狀》：『辛酉七月，得先叔父盡節滇雲之信，先大夫痛切鴒原，朝夕號泣，中秋遥奠，作《痛哭詩》七律五首，一字一泪，讀者莫不酸鼻。』

壽高陽夫子〔一〕

其一

從來閥閲稱賢相，千古何人可肖形。蘇氏弓裘惟草制〔二〕，章家茅土只傳經〔三〕。根蟠趙郡紛才杰〔四〕，里是高陽聚德星。屈指登瀛三十載，幾多桃李在門庭。

箋注

〔一〕李霨（一六二五—一六八四），字景霱，號坦園，直隸高陽（今河北高陽）人。順治三年（一六四六）進士，累官太子太保，户部尚書，保和殿大學士。謚文勤。有《心遠堂詩集》。

〔二〕『蘇氏』句，宋朱弁《曲洧舊聞》卷七：『吕惠卿之謫也，詞頭始下，劉貢父當草制，東坡呼曰：「貢父平生作劊子，今日纔斬人也。」貢父引疾謁急而出。東坡一揮而就，不日傳都下，紙爲之貴。暨紹聖初，牽復知江寧府，惠卿所作到任謝表，句句論辨……使其得志，必殺二蘇無疑矣。蓋當時臺諫論列，多子由章疏，而謫詞東坡當筆故也。』北宋眉州蘇洵、蘇軾、蘇轍父子，先世爲趙郡欒城（今河北趙縣）人。蘇軾《亡妻王氏墓志銘》：『治平二年五月丁亥，趙郡蘇軾之妻王氏，卒於京師。』蘇轍《黄州快哉亭記》署名『趙郡蘇轍記』。弓裘，《禮記·學記》：『良冶之子，必學爲裘；良弓之子，必學爲箕。』

〔三〕章家，清王相《百家姓考略》：『章，商音。河間郡（今河北中部河間一帶地區），系出姜姓。齊太公支子，封於鄣，子孫去邑爲章氏。』河間郡，原爲戰國趙地。茅土，《文選·李陵〈答蘇武書〉》：『陵謂足下當享茅土之薦，受千乘之賞。』李善注：『《尚書緯》曰：「天子社，東方青，南方赤，西方白，北方黑，上冒以黄土，將封諸侯，各取方土，苴以白茅，以爲社。」』漢蔡邕《獨斷》卷下：『天下太社以五色土爲壇，皇子封爲王者受天子之社土，以所封之方色，東方受青，南方受赤，他如其方色，苴以白茅，授之各以其所封方之色，歸國以立社，故謂之受茅土。』

〔四〕趙郡，漢高帝四年改邯鄲郡置趙國，治所在邯鄲。……建安中改爲郡，三國魏太和中復爲國，并移治房子（今高邑西南）。西晉末復爲郡。……北魏移治平棘（今趙縣），轄境相當於今河北趙縣、元氏、高邑、柏鄉等縣地。隋初廢，大業及唐天寶、至德時又曾分别改欒州及趙州爲趙郡。

其二

冠劍元臣佐冕旒〔一〕，三台星近五雲浮〔二〕。頻開甲第仍黄閣〔三〕，早珥貂蟬尚黑頭〔四〕。魚水功名垂鼎石，金聲詞賦領清流。安期自餉如瓜棗〔五〕，底事茫茫問十洲〔六〕。

箋注

〔一〕元臣，唐韓愈《送汴州監軍俱文珍序》：『當藩垣屏翰之任，有弓矢鈇鉞之權，皆國之元臣，天子所左右。』

〔二〕三台星，見《送程職方周量守桂林》其一箋注〔四〕。

〔三〕黄閣，見《鶯啼序·送牧仲榷税贛關》箋注〔三〕。

〔四〕貂蟬，見《癸丑元旦》其三箋注〔三〕。

〔五〕『安期』句，見《漁家傲·讀〈漢史〉》箋注〔三〕。

〔六〕十洲，漢東方朔《海内十洲記》：『漢武帝既聞王母説八方巨海之中有祖洲、瀛洲、玄洲、炎洲、長洲、元洲、流洲、生洲、鳳麟洲、聚窟洲。有此十洲，乃人迹所稀絶處。』

示霂用蘇韻〔一〕

狂飆掠歲已峥嶸，相見惟聞飲泣聲。千里踏來黄葉路，三年愧爾白雲情〔二〕。愁中作客籌鹽米，夢裏逢人亂死生。濁酒一瓢鄉味在，任他風雪暗長檠〔三〕。

箋注

〔一〕霂，即曹貞吉次子曹霂，見《賀新涼·送霂》箋注〔一〕。

〔二〕白雲情，南朝齊謝朓《拜中軍記室辭隨王箋》：『白雲在天，龍門不見。』

〔三〕長檠，唐韓愈《短燈檠歌》：『長檠八尺空自長，短檠二尺便且光。』

賦得如夢幻泡影如露亦如電〔一〕

其一

似霧蒙花認未真，浮生半枕想成因。説來不欲逢痴客，無是惟期效至人〔二〕。蕉覆鹿隍爭爾我〔三〕，車行螘穴問君臣〔四〕。獨憐驢背邯鄲路，一瞬黄粱尚隔塵〔五〕。

箋注

〔一〕如夢幻泡影如露亦如電，見《送霂兒歸里》其二箋注〔一〕。

〔二〕至人，《莊子·齊物論》：『至人神矣！大澤焚而不能熱，河漢沍而不能寒，疾雷破山、風振海而不能驚。』《莊子·外物》：『唯至人乃能游於世而不僻，順人而不失己。』

〔三〕『蕉覆』句，《列子·周穆王》：『鄭人有薪於野者，遇駭鹿，禦而擊之，斃之。恐人見之也，遽而藏諸隍中，覆之以蕉，不勝其喜。俄而遺其所藏之處，遂以爲夢焉。順途而咏其事。傍人有聞者，用其言而取之。既歸，告其室人曰：「向薪者夢得鹿而不知其處；吾今得之，彼直真夢者矣。」室人曰：「若將是夢見薪者之得鹿邪？詎有薪者邪？今真得鹿，是若之夢真邪？」夫曰：「吾據得鹿，何用知彼夢我夢邪？」』

〔四〕『車行』句，見《晨興》箋注〔三〕。

〔五〕『獨憐』句，見《南鄉子·夏夕無寐，茫茫交集，輒韵語寫之，不求文也》箋注〔一〕。

其二

叱石成羊未足誇〔一〕，杯藏弓影易爲蛇〔二〕。人間誰識風憐目〔三〕，天上空傳雨作花〔四〕。陽羨重重籠内戲〔五〕，蜃樓矗矗海邊霞〔六〕。須彌芥子常尋事〔七〕，漫道壺中不是家〔八〕。

箋注

〔一〕『叱石』句，見《都門逢黄子厚以海上文石相贈賦謝》其二箋注〔二〕。

〔二〕『杯藏』句，見《良鄉道上送舅氏之大名》箋注〔三〕。

〔三〕風憐目，《莊子·秋水》：『夔憐蚿，蚿憐蛇，蛇憐風，風憐目，目憐心。』

〔四〕『天上』句，宋祝穆《方輿勝覽·江東路·建康府》：『雨花臺。梁武帝時，有雲光法師講經於此，感得天雨賜花，天厨獻食。』

〔五〕『陽羨』句，南朝梁吴均《續齊諧記》：『陽羨許彦，相綏安山行，遇一書生……求寄鵝籠中……乃口中吐出一銅奩子，奩子中具諸飾饌，珍羞方丈，其器皿皆銅物，氣味香旨，世所罕見……又於口中吐一女子，年可十五六，衣服綺麗，容貌殊絶，共坐宴……女子於口中吐出一男子，年可二十三四，亦穎悟可愛，乃與彦叙寒温……男子又於口中吐一婦人，年可二十許，共酌戲談甚久……』

〔六〕『蜃樓』句，見《天香·龍涎香》箋注〔二〕。

〔七〕須彌芥子，見《百字令·中秋和其年，時甫過地震》箋注〔三〕。

〔八〕『漫道』句，唐段成式《酉陽雜俎》續集卷四：『釋氏《譬喻經》云：「昔梵志作术，吐出一壺，中有女與屏，處作家室。梵志少息，女復作術，吐出一壺，中有男子，復與共卧。梵志覺，次第互吞之，拄杖而去。」』

其三

西風捲浪雪叢叢，鶴眼争圓蟹眼同〔一〕。小草功名杯影裏，大千世界雨聲中。跳珠有悟三生在，噴玉𩴾休萬法空。莫向波心求色相，和烟和霧總朦朧。

箋注

〔一〕『鶴眼』句，清袁樹珊《中西相人探原》：『鶴眼……主富貴。……蟹眼……主貧賤。』

其四

小立花陰悵獨醒，鬚眉忽現眼中青。狂人欲避翻追日，處士無聊偶贈形〔一〕。開鏡自憐成老大，移燈不忍見漂零。峥嶸怪爾隨身去，月黑茫茫何處亭。

箋注

〔一〕『處士』句，晋陶淵明有《形影神三首》，其序言：『貴賤賢愚，莫不營營以惜生，斯甚惑焉；故極陳形影之苦言，神辨自然以釋之。好事君子，共取其心焉。』

其五

天際微雲淡欲過，霏霏練影下長河。鶴聲警起三秋重，仙掌承來五夜多〔一〕。荷葉垂垂圓不定〔二〕，芙蓉裊裊落如何。那堪憔悴爲霜日，又逐西風響敗柯。

箋注

〔一〕仙掌，見《減字木蘭花·雜憶》其二箋注〔三〕。五夜，見《贈張參宇山人二首》其二箋注〔三〕。

〔二〕『荷葉』句，宋周邦彦《蘇幕遮》：『葉上初陽乾宿雨，水面清圓，一一風荷舉。』

其六

雲車風馬勢崔嵬〔一〕，列缺豐隆未易才〔二〕。玉女投壺含笑去〔三〕，靈旗捲幔入窗來。千重積霧光難掩，一副空岩影自回。可是天公生幻想，熒熒石火莫深猜〔四〕。

箋注

〔一〕雲車風馬，晋傅玄《吴楚歌》：『雲爲車兮風爲馬。』

〔二〕列缺，《史記·司馬相如列傳》：『貫列缺之倒景兮，涉豐隆之滂沛。』裴駰集解引《漢書音義》曰：『列缺，天閃也。』豐隆，見《挽遜業二首》其一箋注〔一〕。未易才，《晋書·王珣傳》：『弱冠與陳郡謝玄爲桓温掾，俱爲温所敬重，嘗謂之曰：「謝掾年四十，必擁旄杖節。王掾當作黑頭公。皆未易才也。」』

〔三〕玉女投壺，見《苦雨行》箋注〔二〕。

〔四〕『熒熒』句，北齊劉晝《劉子·惜時》：『人之短生，猶如石火，炯然以過，唯立德貽愛爲不朽也。』

乙卯元日過天咫齋頭遇沈康臣小飲翌日見投一詩賦答四首〔一〕

其一

經年橐筆稀吟事，正日相逢覆酒杯。上客軒眉文字飲〔二〕，鯫生避舍散樗才〔三〕。

心驚馬齒堂堂去〔四〕，指點梅花細細開。自信形骸原脱略，笋輿欣藉故人來〔五〕。

校訂

馬長淑《渠風集略》卷二選録此組詩第一、二首，詩題作《乙卯元日過天咫齋頭遇沈康臣小飲依韵賦答》。

箋注

〔一〕乙卯，清康熙十四年（一六七五），曹貞吉居内閣中書任。程賜榮，字天咫，號歌岩，婺源人，清諸生。工詩，著有《歌岩集》《歌岩後集》。沈康臣，見《答沈康臣》箋注〔一〕。

〔二〕上客，《禮記·曲禮上》：『食至起，上客起。』鄭玄注：『敬尊者。』軒眉，《魏書·路思令傳》：『貴戚子弟未經戎役，至於銜杯躍馬，志逸氣浮，軒眉攘腕，便以攻戰自許。』文字飲，唐韓愈《醉贈張秘書》：『長安衆富兒，盤饌羅膻葷，不解文字飲，惟能醉紅裙。』

〔三〕鯫生，見《減字木蘭花·雜憶》其八箋注〔五〕。散樗才，《莊子·逍遥游》：『吾有大樹，人謂之樗，其大本擁腫，而不中繩墨，其小枝捲曲，而不中規矩，立之塗，匠者不顧。』

〔四〕馬齒，北周庾信《謹贈司寇淮南公詩》：『猶憐馬齒進，應念節旄稀。』堂堂，見《冬日和人韵》其二箋注〔二〕。

〔五〕笋輿，即竹輿，元方回《歲除夜過白土市不宿夜幾失道田家地卧四十韵》：『江南舊行役，兩夫肩竹輿。』

其二

幾載肩隨紅藥署〔一〕，旬休直舍數銜杯〔二〕。摧頹久廢長鯨飲〔三〕，駑鈍終慚短簿才。馬稍頻經人未老，琴樽猶在爾能來〔四〕。自憐手版匆匆去〔五〕，魚鑰朱門開未開〔六〕。

箋注

〔一〕紅藥署，宋劉敞《寄子華内翰時亦宿齋是夕風雨》：『君居白玉堂，我在紅藥署。出處豈不同，咫尺限相遇。』

〔二〕旬休，唐元稹《崔二十二院長思愴曩游因投五十韵》：『朝士遇旬休，豪家得春賜。』直舍，唐韓愈《與華州李尚書書》：『獨宿直舍，無可告語，展轉歔欷，不能自禁。』

〔三〕長鯨飲，見《沁園春·日照李博開作生壙成，自題云：『竹帛誰千古，烟霞我一丘。』余喜其能達生也，詞以贈之》箋注〔一二〕。

〔四〕『馬稍』句，《南史·柳世隆傳》：『常自云：「馬稍第一，清談第二，彈琴第三。」在朝不干世務，垂簾鼓琴，風韵清遠，甚獲世譽。』

〔五〕手版，見《癸丑元旦》其一箋注〔四〕。

〔六〕魚鑰，南朝梁簡文帝《秋閨夜思》：『夕門掩魚鑰，宵床悲畫屏。』

其三

珍重龍門御李來〔一〕，風流何遜許追陪〔二〕。那知剪燭三更話，博得休文八咏才〔三〕。門外雀羅當晝静，春前壁壘爲君開。白雲署裏無多事，坐對西山好舉杯。

箋注

〔一〕御李，見《春日象先見過附贈》箋注〔四〕。

〔二〕何遜，見《减字木蘭花·雜憶》其六箋注〔二〕。

〔三〕『博得』句，南朝齊沈約（四四一—五一三），字休文，吴興武康（今浙江德清）人，與謝朓等開創『永明體』。沈約任東陽太守時，曾寫《八咏詩》，題於玄暢樓。

其四

雄談喜共博陵崔方崖〔一〕，獻歲椒花鸜鵒杯。身病那能同鶴健，鬢枯莫是盡江才〔二〕。無多好友千峰別謂汪喬二子〔三〕，幾許愁腸一醉開。屈指元宵烟月裏，相思肯踏軟紅來〔四〕。

箋注

〔一〕崔徵璧（一六三九—一七一四），字方崖，一字記功，號文宿，清長垣（今屬河南）人。康熙九年（一六七〇）進士，由中書舍人佐郡登州，擢守懷慶府，官至工部侍郎。著有《西清初學編》《詩韵鵠》《東海集》《游梁草》等。

〔二〕盡江才，見《多麗·送葉慕盧南歸》箋注〔七〕。

〔三〕汪喬二子，汪懋麟，見《爪茉莉·本意，和蛟門，用宗梅岑韵》箋注〔一〕。喬萊，見《山花子·題石林小照》箋注〔一〕。

〔四〕軟紅，見《霓裳中序第一·爲杞園題〈浮家圖〉》箋注〔三〕。

題龔半千畫册爲丁來公黄門作〔一〕

其一

聽慣江南欸乃聲〔二〕，青山白紵不勝情。驚看獵獵蒲風起，還似當年挂席行〔三〕。

校訂

《實庵詩略》選録此組詩。

箋注

〔一〕龔半千，即龔賢，見《蝶戀花·題龔半千畫》箋注〔一〕。丁泰，字來公，山東日照人，順治十五年（一六五八）進士，官吏科給事中、工科給事中。黄門，見《送車與三黄門視河》箋注〔一〕。因丁泰曾官給事中，故稱。

〔二〕欸乃，見《沁園春·泛舟明湖，訪仲愚留飲即事，李道思、劉伯叙繼至》箋注〔三〕。

〔三〕挂席，見《讀李武曾南行詩偶題却寄》箋注〔四〕。

其二

緑楊夾岸水浮天，罨畫溪邊鴨嘴船〔一〕。殘月曉風烟景在，令人却憶柳屯田〔二〕。

箋注

〔一〕罨畫溪，《（光緒）長興縣志》：『罨畫溪在縣西八里，花時游人競集，溪半有罨畫亭。唐鄭谷詩云：「顧渚山邊郡，溪將罨畫通。」一名西溪。』

〔二〕『殘月』句，宋柳永《雨霖鈴》：『今宵酒醒何處，楊柳岸曉風殘月。』柳永曾任屯田員外郎，故世稱柳屯田。

頌嘉見過出示移居之作依韵奉和四首〔一〕

其一

帝里春光嫵媚甚，月明風細影寥寥。跫音忽喜來空谷〔二〕，屐齒何妨暫折腰。揮麈莫辭燈五夜〔三〕，澆愁好借酒千瓢。巷南巷北經過便，一任東西柳絮飄。

校訂

《實庵詩略》選録此組詩，詩題作《和頌嘉移居之作》。東西，《實庵詩略》作『東風』。

箋注

〔一〕頌嘉，即曹禾，見《金縷曲·同頌嘉飲綸霞齋讀新詩》箋注〔一〕。曹貞吉另有《賀誦嘉迎養并移居之作》。

〔二〕『跫音』句，《莊子·徐無鬼》：『夫逃虛空者……聞人足音跫然而喜矣。』

〔三〕五夜，見《贈張參宇山人二首》其二箋注〔三〕。

其二

年多漸覺面崢嶸，旅舍遷來似耦耕。豈爲客營三徑易〔一〕，只緣家具一囊輕。黄金白雪羞逢世，斗酒雙柑衹聽鶯〔二〕。高卧北窗渾不厭〔三〕，隔墻休送管弦聲。

箋注

〔一〕三徑，見《水調歌頭·大醉放言》箋注〔一〇〕。

〔二〕『斗酒』句，見《減字木蘭花·雜憶》其三箋注〔四〕。

〔三〕『高卧』句，宋辛弃疾《水龍吟》：『問北窗高卧，東籬自醉應別有、歸來意。』

其三

天街衣馬入新年，倦客壚頭擁被眠。自愛銀幡金勝節〔一〕，難求九府一文錢〔二〕。

河邊淑氣還賒柳〔三〕，門外寒風劇折綿。索句春燈珠錯落，輸君興致足翩翩。

箋注

〔一〕銀幡金勝節，南朝梁宗懔《荆楚歲時記》：『立春之日，悉剪彩爲燕以戴之，貼「宜春」二字。』宋王之道《减字木蘭花·和魯如晦立春》：『彩幡金勝。一笑酬春聊適性。』

〔二〕九府一文錢，見《江城子·戲作》箋注〔四〕。

〔三〕淑氣，唐柳道倫《賦得春風扇微和》：『青陽初入律，淑氣應春風。』

其四

燕市風流得大都，荆高舊是酒人徒〔一〕。好天良夜應知己，緑鬢朱顔失故吾。玩世步兵聊縱誕〔二〕，揓車寧朔悵非夫〔三〕。朝來却憶淮南友，已泛輕舟甓社湖〔四〕。是日得子静北來信〔五〕。

校訂

是日得，《實庵詩略》作『時聞』。

箋注

〔一〕『燕市』句，見《哭家企鑒叔六首》其三箋注〔一〕。

〔二〕『玩世』句，《晋書·阮籍傳》：『籍本有濟世志，屬魏晋之際，天下多故，名士少有全者，籍由是不與世事，遂酣飲爲常。文帝初欲爲武帝求婚於籍，籍醉六十日，不得言而止。鍾會數以時事問之，欲因其可否致之罪，皆以酣醉獲免。……籍聞步兵厨營人善釀，有貯酒三百斛，乃求爲步兵校尉。』

〔三〕『搥車』句，《資治通鑒》卷一三八：『中書郎王融自恃人地，三十内望爲公輔。嘗夜直省中……搥車壁嘆曰：「車前無八騶，何得稱丈夫。」』寧朔，南齊王融曾爲寧朔將軍，故稱。

〔四〕甓社湖，在江蘇高郵西北。湖東西長七十里，南北寬五十里。宋黄庭堅《呈外舅孫莘老二首》其二：『甓社湖中有明月，淮南草木借光輝。』

〔五〕子静，即喬萊，見《大酺·石林席上聞弦索》箋注〔一〕。喬萊爲江蘇寶應人，故言『淮南友』。

燈蕊

燈蕊無端集，音書何處來。蘭心遥夜吐，燕尾向人開。骨肉渾多難，交游弃不才〔二〕。頻年慵作答，落落莫深猜。

校訂

馬長淑《渠風集略》卷二選録此詩。作答，《渠風集略》作『作客』。

箋注

〔一〕『骨肉』句，曹濂《儀部公行狀》：『迨自甲寅亂後，南天鮮雁足之書，故鄉有垂白之母，先大夫欲歸不能，欲留不可，日夕惟以眼泪洗面，視草餘閑則同新城今大司寇王先生阮亭、德州今少司農田先生漪亭、商丘今中丞宋先生牧仲、秀水今檢討朱先生錫鬯、宜興故檢討陳先生其年、江都故比部汪先生蛟門及一時諸名公商量風雅，消滅歲月。』

濂兒省余都門兩宿而去作此送之〔一〕 追録

入門驚我瘦，相對各沾襟。十日燕齊路，三秋患難心。來如萍不定，去似夢難尋。寄語諸兄弟，人琴感正深〔二〕。

箋注

〔一〕濂兒，即曹貞吉長子曹濂，見《賀新涼·地震後喜濂至都門》箋注〔一〕。

〔二〕『人琴』句，見《賀新涼·送阮亭東歸兼悼西樵》箋注〔八〕。曹濂《儀部公行狀》：『庚申冬，十月先王母捐幃，訃至，先大夫一慟而絶，再藥醒，急僦車一輛，冒雪星奔，憑軾號啕，感傷行路，其抵家也，望廬而哭，血泪交流，舉家百口踴擗助哀，地坼天崩，生氣都盡。今先王母墓木已拱，而不孝濂等回思曩日景况每不禁泪淫淫下也。辛酉七月，得先叔父盡節滇雲之信，先大夫痛切鴿原，朝夕號泣，中秋遥奠，作《痛哭詩》七律五首，一字一泪，讀者莫不酸鼻。即後此先叔父既葬數年，先大夫每遇墓所，未嘗不長慟失聲也。』

不寐

不寐仍高枕，天街夜柝殘。貧知生事拙〔一〕，老入醉鄉難。曲曲腸千結，茫茫感萬端。明朝添白髮，莫作曉霜看。

箋注

〔一〕生事，猶生計。唐白居易《觀稼》：『停杯問生事，夫種妻兒穫。』

送霦〔一〕

羡爾青門策蹇頻〔二〕，春風浩蕩一閑身。應思十丈紅塵裏〔三〕，大有支離可笑人〔四〕。

箋注

〔一〕霦，即曹貞吉次子曹霦，見《賀新涼·送霦》箋注〔一〕。

〔二〕青門，見《摸魚子·咏蓴》箋注〔五〕。

〔三〕十丈紅塵，見《風流子·題劉岱儒葭水山房》箋注〔五〕。

〔四〕支離，唐杜甫《咏懷古迹五首》其一：『支離東北風塵際，漂泊西南天地間。』

題王安節畫〔一〕

風吹槲葉未全丹，照眼黄花已滿欄。秋色恰如人意淡，憑君放筆寫荒寒。

箋注

〔一〕王槩（一六四五—約一七一〇），字安節，秀水（今浙江嘉興）人，居金陵（今江蘇南京），精繪畫、篆刻，與孔尚任、周亮工、李漁、湯燕生等交游。著有《學畫淺説》。

春日早過天寧寺用韵〔一〕

兩月春風撲面塵，郊原霽色動鮮新。鈴聲響答疑禪誦，山影低迷似故人。未見桃花紅作雨，只憐芳草緑爲茵。可能便駕柴車去〔二〕，濰水秋來定足蒓〔三〕。

箋注

〔一〕天寧寺，見《冬至前一日偶過天寧寺訪陳心齋裴蘆院》箋注〔一〕。

〔二〕柴車，見《冬日過宣武門即事》箋注〔二〕。

〔三〕濰水，見《途中大風雪倦極有作》箋注〔三〕。蒓，見《摸魚子·咏蒓》箋注〔一〕。

飲李伯含寓齋用韵〔一〕

擊筑悲歌燕市中〔二〕，酒懷浩落幾人同。盤餐已飽灤河鯽〔三〕，觴政還疑梓澤風〔四〕。老去文章羞問世，醉來星斗亂垂空。是日座中有徵詩餘者。廣寧門外春如水〔五〕，何日相携緑草叢。

校訂

《實庵詩略》選録此詩，詩題作《飲李舍人寓齋用韵》。

《實庵詩略》無小注。

箋注

〔一〕李文遠，字伯含，山東新城（今山東桓臺）人，康熙九年（一六七〇）進士。官内閣中書、户部郎中、貴州都匀府知府等。

〔二〕『擊筑』句，見《哭家企鑒叔六首》其三箋注〔一〕。
〔三〕灤河，在今河北省東北部，上源閃電河，繞經内蒙古多倫縣北，折向東南流，始稱灤河。
〔四〕觴政，明王志堅《表异録》卷十：『觴政，酒令也。』澤風，《文選・謝莊〈月賦〉》：『順辰通燭，從星澤風。』李善注：『月之從星，則以風以雨。孔安國《尚書傳》曰：「月經於箕，則多風；離於畢，則多雨。」然澤則雨也。』
〔五〕廣寧門，見《見新曆有感》箋注〔二〕。

寄家信用韵

一官自笑如閑客，孤影幢幢老病餘。中酒那能三日醉，因風聊寄數行書。遥思青草黄蘆岸，坐釣槎頭縮項魚〔一〕。隻字天涯勞問訊，花朝應得到吾廬〔二〕。

校訂

《實庵詩略》選録此詩。
醉，《實庵詩略》作『醒』。

箋注

〔一〕縮項魚，即縮項鯿。唐杜甫《解悶》其六：『即今耆舊無新語，漫釣槎頭縮頸鯿。』仇兆鰲注：『趙曰：習鑿齒《襄陽耆舊傳》云：「峴山下漢水中出鯿魚，味極肥而美，襄陽人采捕，遂以槎斷水，因謂之槎頭縮項鯿。」』

〔二〕花朝，見《花朝曉發姑孰》箋注〔一〕。

清明郊行　是日大風

阜成門外去〔一〕，盡日苦驚飆。流水新沙岸，斜陽舊板橋。牛耕山下坂，柳拂路邊條。野哭多荒冢，悲風續大招〔二〕。

箋注

〔一〕阜成門，明清時期北京内城九門之一，位於今北京西城區。

〔二〕大招，宋洪興祖《楚辭補注》卷十：『《大招》者，屈原之所作也。或曰景差，疑不能明也。屈原放流九年，憂思煩亂，精神越散，與形離别，恐命將終，所行不遂，故憤然大招其魂，盛稱楚國之樂，崇懷、襄之德，以比三王，能任用賢，公卿明察，能薦舉人，宜輔佐之，以興至治，因以風諫，達己之志也。』

過高梁河〔一〕

歌哭中情异，參差油壁車〔二〕。朝光紛野馬，止水上游魚〔三〕。漠漠山容淡，青青麥甲舒。城陰春似水，驢背重踟蹰。

箋注

〔一〕高梁河，位於今北京西直門一帶。

〔二〕油壁車，見《越溪春·郭外，用宋人韵》箋注〔一〕。

〔三〕止水，見《櫛髮有白者感賦》箋注〔二〕。

閱盧德水集偶題〔一〕

其一

德水詞源宗老杜〔二〕，公安雲霧苦難披〔三〕。沙中若肯求金屑，石破天驚也自奇。

箋注

〔一〕盧世㴶（一五八八—一六五三），字德水，號紫房，晚號南村病叟，山東德州人。明天啟五年（一六二五）進士，除户部主事，改監察御史，稱疾去。工詩，有《尊水園集略》。

〔二〕『德水』句，盧德水素好杜甫詩，著有《讀杜私言》《杜詩胥鈔》《杜詩餘論》等。

〔三〕公安，見《讀明詩偶成》其六箋注〔二〕。

其二

風流拂水舊傳衣〔一〕，真氣淋漓識者稀。牝牡驪黄渾忘却〔二〕，只緣老子愛天機。

箋注

〔一〕傳衣，《景德傳燈録》卷三：『逮夜，乃潛令人自碓坊召能行者入室，告曰：「……今以法寶及所傳袈裟用付於汝，善自保護，無令斷絶。」』

〔二〕牝牡驪黄，《列子·説符》：『秦穆公謂伯樂曰：「子之年長矣，子姓有可使求馬者乎？」伯樂對曰：「……有九方皋，此其於馬，非臣之下也，請見之。」穆公見之，使行求馬，三月而反報曰：「已得之矣，在沙丘。」穆公曰：「何馬也？」對曰：「牝而黄。」使人往取之，牡而驪。穆公不説。召伯樂而謂之曰：「敗矣！子所使求馬者，色物牝牡，尚弗能知，又何馬之能知也？」伯樂喟然太息曰：「一至於此乎？是乃其所以千萬臣而無數者也。若皋之所觀，天機也。得其精而忘其粗，在其内而忘其外。見其所見，不見其所不見；視其所視，而遺其所不視，若皋之相者，乃有貴乎馬者也。」馬至，果天下之馬也。』

方于魯墨歌〔一〕

峨嵋知我有墨癖〔二〕，一丸投贈來神奇。上云方氏建元造，三生果樹花參差。豹囊什襲烏玉燦〔三〕，古光射出驚妖魑。敬滁端溪不敢試，用非其據識者嗤。我聞有明中葉富制作〔三〕，專攻一藝皆可師。墨之爲道誠瑣細，名家往往能樹中原旗。文通忠迪開草昧，水天龍氣呈葳蕤〔四〕。其後小華推獨步〔五〕，好以珠寶雜松脂。增墨之光減墨色，麻城論列無偏陂。幼博高名不脛馳〔六〕，規隨超鼐窺藩籬〔七〕。膠輕宜南不宜北，神物剥落生人悲。人言丁氏父子美無度，一兩可染三萬之毛錐〔八〕。二潘定虛得名耳〔九〕，世目那有真妍媸。爰集大成方于魯〔二〕，一點落紙光離離。百餘年來散如雨，零圭斷璧安得之。老生常談墨欲黑，易水法在誰能治〔一〇〕。余生腕中雖有鬼〔一一〕，好事不減公擇痴。頻年攫取不稱意，虎皮羊質空爾爲。一生能着幾兩屐〔一二〕，及其老也貪難醫〔三〕。頗怪昨夕得佳夢，龍賓十二隨游嬉〔一三〕。天明打門來短札，詑我價等連城貲。潘谷一拜寧敢吝〔一四〕，惜哉尚非奚廷珪。以之换藥良不惡，君能久視我所期。獨憐老蟫吮咀英華了〔一五〕，不成脉望將安追〔一六〕。

校訂

《實庵詩略》、鄧漢儀《詩觀三集》卷八皆選録此詩。

忠迪，底本作『敬迪』，據《實庵詩略》《詩觀三集》改。

圭，《實庵詩略》《詩觀三集》作『珪』。

貧，底本作『貧』，據《實庵詩略》《詩觀三集》改。

箋注

〔一〕方于魯（一五四一——一六〇八），明萬曆間著名墨工，安徽歙縣人。有《方氏墨譜》。明李維楨《大泌山房集》卷十四《方于魯墨譜序》：『今之工於墨者，則無如于魯氏矣。于魯故名大潡，晚乃以字行，更字建元。』

〔二〕峨嵋，即曹禾，見《金縷曲·同頌嘉飲綸霞齋讀新詩》箋注〔一〕。

〔三〕豹囊，唐馮贄《雲仙雜記·養硯墨筆紙》：『養墨以豹皮囊，貴乎遠濕。』

〔四〕『文通』句，文通忠迪，明代嘉靖間製墨名家查文通、龍忠迪。明高濂《遵生八箋·論墨》：『余所見國初查文通、龍忠迪墨、碧天龍氣墨、水晶宫墨、遂安方正牛舌墨。……世宗時，邵格之墨，如方于魯寥天一、九玄三極、國寶、非烟等墨，亦皆精品。』

〔五〕小華，羅小華，字含章，號小華，安徽人，明代嘉靖間製墨名家。明高濂《遵生八箋·論墨》：『若今世所尚，以羅小華爲最，羅之墨固善矣。』

〔六〕幼博，程君房，字幼博，名大約，君房爲其號，以號行。安徽歙縣人，明萬曆間製墨名家。

〔七〕規隨，漢揚雄《法言·淵騫》：『或問蕭曹，曰：「蕭也規，曹也隨。」』李軌注：『蕭何規創於前如一，曹參奉隨於後不失。』超鼐，南唐製墨名家奚超、奚鼐。元陶宗儀《南村輟耕録》

卷二十九《墨》：『至唐末，墨工奚超，與其子廷珪，自易水渡江，遷居歙州，南唐賜姓李氏。廷珪父子之墨，始集大成，然亦尚用松烟。廷珪初名廷邽，故世有奚廷珪墨，又有李廷珪墨，或有作庭珪字者，僞也，墨亦不精。……李超，鼐之子，始居歙州，南唐賜姓李氏。』

〔八〕『人言』句，明劉侗、于奕正《帝京景物略》卷一：『丁南羽父子，一兩可染三萬筆。』丁氏父子，丁瓚、丁雲鵬父子。丁雲鵬，字南羽，號聖華居士，安徽休寧人。

〔九〕二潘，指潘嘉客、潘方凱。潘嘉客，名一駒，號蝶庵，一號安道人，新安（今安徽歙縣）人。明代墨工。官至廣東通判。潘方凱，字膺祉，室名茹韋軒，新安（今安徽歙縣）人。明代墨工。

〔一〇〕易水法，明張九一《緑波樓詩集》卷九：『易水法而墨道窮，黟閣成而藝圃出，小華躍技，幼博聯輝，直令邵格之諸公服膺，若方于魯，猶傭大耳。』

〔一一〕『余生』句，明王鐸《蘭亭序并律詩帖》：『恨腕中鬼不能驅筆，帶習氣不得暢懷。』

〔一二〕『一生』句，見《送賈石公還山西》箋注〔二〕。

〔一三〕龍賓十二，見《月下笛・悼何蕤音》箋注〔六〕。

〔一四〕潘谷，北宋製墨名家，歙州（治今安徽歙縣）人。宋蘇軾《書潘谷墨》：『賣墨者潘谷，余不識其人，然聞其所爲，非市井人也。墨既精妙，而價不二。』

〔一五〕老蟫，《爾雅・釋蟲》：『蟫，白魚。』郭璞注：『衣書中蟲，一名蛃魚。』

〔一六〕脉望，唐段成式《酉陽雜俎》續集卷二：『據《仙經》曰：蠹魚三食神仙字，則化爲此物，名曰脉望……可求還丹，取此水和而服之，即時换骨上賓。』

輯評

〔一〕鄧漢儀曰：『一語領起』。

〔二〕鄧漢儀曰：『纔入于魯，次第不紊。』

〔三〕鄧漢儀曰：『往往有此癖。』

鄧漢儀曰：『紛綸鋪叙，皆有根據，而筆力開張，亦覺潑墨淋漓，滿紙風雨。』

春盡漫興

九十春光今日盡，閑庭步屧悵何之。携將柏葉仙人傳〔一〕，吟得松園老子詩。滿地榆錢矜爛熳，漫天柳絮落參差。與君草草成茲别，明歲還來看鬢絲。

校訂

《實庵詩略》選録此詩。

園，《寶庵詩略》作『圓』。

箋注

〔一〕柏葉仙人，《太平廣記》卷三十五：『柏葉仙人田鸞，家居長安。世有冠冕，至鸞家富，而兄弟五六人，皆年未至三十而夭。鸞年二十五，母憂甚，鸞亦自懼，常聞道者有長生術，遂入華山，求問真侶，心願懇至。至山下數十里，見黃冠自山而出，鸞遂禮謁，祈問隱訣，黃冠舉頭指柏樹示之曰：「此即長生藥也。何必深遠，但問志如何爾。」鸞遂披尋仙方，云：「側柏服之久而不已，可以長生。」』

新釀初熟岱輿方崖過飲至醉各贈二首〔一〕

其一

濁釀吾鄉舊，當杯紫露新。香凝滋蕙室，味似采茶人。佳客來何暮，開樽浣路塵。
眉峰剛一寸，爛醉起嶙峋〔二〕。

校訂

《實庵詩略》選録此組詩第一、二首，詩題作《新釀初熟岱輿方厓過飲》。樽，《實庵詩略》作『尊』。

箋注

〔一〕王鍾岳，字岱輿，號恒石，又號冰潭，河北正定人。順治間諸生。有《香草亭詩》。方崖，即崔徵璧，見《乙卯元日過天咫齋頭遇沈康臣小飲翌日見投一詩賦答四首》其四箋注〔一〕。

〔二〕『眉峰』句，清田雯《長句送峨嵋南歸》：『眉峰一寸嶙峋高。』作者自注：『「眉峰剛一寸，爛醉起嶙峋。」實庵句也。』

其二

同巷經過便，形骸那復存。入門争脱帽，送客更留髡〔一〕。薄宦盤飧減，春風笑語温。大星垂户牖，歷落射青樽。右柬岱輿

校訂

飧，《寶庵詩略》作『餐』。

《寶庵詩略》無小注。

箋注

〔一〕『送客』句，《史記·滑稽列傳·淳于髡》：『若乃州閭之會，男女雜坐，行酒稽留，六博投壺，相引爲曹，握手無罰，目眙不禁，前有墮珥，後有遺簪，髡竊樂此，飲可八斗而醉二參。日暮酒闌，合尊促坐，男女同席，履舄交錯，杯盤狼藉，堂上燭滅，主人留髡而送客。羅襦襟解，微聞薌澤，當此之時，髡心最歡，能飲一石。』

其三

僦舍頻來往〔一〕，開樽得老春。簾疏穿好月，耳熱得賢人。幸爾留缸面〔二〕，何妨漉角巾〔三〕。任教風味峻，花下且須親。

箋注

〔一〕僦舍，租賃之屋。

〔二〕缸面，見《飲鄉中酒至醉》其二箋注〔一〕。

〔三〕漉角巾，見《秋日雪中同魏元永家弟瀇餘夏忱飲鄉中酒至醉偶成》箋注〔二〕。

其四

荆高久寂寞，幾見酒人徒〔一〕。從事原堪醉〔二〕，公榮不可呼〔三〕。是日招中玉不至〔四〕。真成三日假，幻入百官圖〔五〕。落落心期在，渾忘是老夫。右柬方崖

箋注

〔一〕『荆高』句，見《哭家企鑒叔六首》其三箋注〔一〕。

〔二〕從事，見《摸魚子·答沈融谷》箋注〔八〕。

〔三〕『公榮』句，南朝宋劉義慶《世説新語·簡傲》：『王戎弱冠詣阮籍，時劉公榮在坐，阮謂王曰：『偶有二斗美酒，當與君共飲。彼公榮者，無預焉。』二人交觴酬酢，公榮遂不得一杯，而言語談戲，三人無异。或有問之者，阮答曰：『勝公榮者，不得不與飲酒；不如公榮者，不可不與

飲酒；惟公榮，可不與飲酒。』

〔四〕中玉，曹之璜，字中玉，湖南醴陵人，康熙初貢生。有《燕游日記》《柳舫紀行》諸集。

〔五〕百官圖，《宋史·范仲淹傳》：『時吕夷簡執政，進用者多出其門。仲淹上《百官圖》，指其次第曰：「如此爲序遷，如此爲不次，如此則公，如此則私。況進退近臣，凡超格者，不宜全委之宰相。」夷簡不悦。』

春盡日左珣招飲同諸子看花限静字〔一〕

纔過浴佛辰〔二〕，耽此佳日永。師君折柬招，入門得幽境。繁花明綺席，緑陰淡人影。坐久衣薄寒，林深燭先秉。垂天月半規，清照鬢眉冷。素瓷白于雪，豆登亦以整〔三〕。興來人語雜，耳熱松風静。我輩寂無歡，束帶困簿領〔四〕。仿佛籠中猿，倏焉放霞嶺。方當慕嵇吕〔五〕，未敢希箕潁〔六〕。酒闌分袂去，匆匆夜將丙。清漏出翠微，蘧然發深省。

校訂

《實庵詩略》選録此詩，詩題作《春盡日左珣招同諸子看花限静字》。

柬，《實庵詩略》作『簡』。

霞，《實庵詩略》作『遐』。

箋注

〔一〕師若琪，字左珣，直隸安肅（今河北徐水）人，康熙三年（一六六四）進士。歷官內閣中書、江寧府知府、蘇州府知府、襄陽府知府。

〔二〕浴佛辰，南朝梁宗懍《荊楚歲時記》：『四月八日，諸寺設齋，以五色香水浴佛，共作龍華會。』

〔三〕豆登，《詩經·大雅·生民》：『于豆于登。』毛傳：『木曰豆，瓦曰登。豆薦葅醢也，登大羹也。』

〔四〕簿領，《文選·劉楨〈雜詩〉》：『沉迷簿領書，回回自昏亂。』劉良注：『簿領書，謂文書也。』

〔五〕嵇呂，《晉書·嵇康傳》：『東平呂安服康高致，每一相思，輒千里命駕，康友而善之。』

〔六〕箕潁，晉皇甫謐《高士傳·許由》：『由於是遁耕於中岳潁水之陽、箕山之下，終身無經天下色。』

再用前韵

九十春已暮〔一〕，忽忽駒過影〔二〕。濃睡日當午，不覺清晝永。懶病醫則難，渾如瘿附頸。出門擬何之，塵中尋闕境。吾友闢精廬，門徑頗修整。嫩緑作庭陰，好女明妝靚。掃地坐其下，飛英入杯皿。隔墻聞歌呼，似笑吾徒冷。老子興婆娑，因之發猛省。今者我不樂，負此良夜静。長鯨吸百川〔三〕，轆轤汲深井。不記歸何時，但覺疏星耿。是夕月無雲，暈圓成巨餅。天街衆籟息，燈火猶炳炳。躑躅果下騮〔四〕，恍疑乘舴艋〔五〕。幸免金吾訶〔六〕，深巷門堪打。頹然撫枕卧，明日罷謁請。

校訂

《實庵詩略》選録此詩。

箋注

〔一〕九十，一季九十日。唐陳陶《春歸去》：『九十春光在何處，古人今人留不住。』

〔二〕駒過影，見《和家弟啓事瀛臺之作》箋注〔五〕。

〔三〕『長鯨』句，見《沁園春・日照李博開作生壙成，自題云：『竹帛誰千古，烟霞我一丘。』余喜其能達生也，詞以贈之》箋注〔一二〕。

〔四〕果下騮，見《初夏雜感》其一箋注〔一〕。

〔五〕舴艋，見《丹陽道中夜作二首》其一箋注〔一〕。

〔六〕金吾，見《癸丑元旦》其三箋注〔二〕。

豐臺芍藥〔一〕

其一

右安門外路〔二〕，十里入花田。村落聯蜂户，園丁類蝶眠。枝繁全作纈，地僻迴疑仙。誰信緇塵裏，猶存小輞川〔三〕。

箋注

〔一〕豐臺芍藥，清潘榮陛《豐臺芍藥》：『京都花木之盛，惟豐臺芍藥甲於天下。舊傳揚州劉貢父譜三十一品，孔常父譜三十三品，王通叟譜三十九品，亦云瑰麗之觀矣。今揚州遺種絶少，而京師豐臺，於四月間連畦接畛，倚擔市者日萬餘莖。游覽之人，輪轂相望。』

〔二〕右安門，北京城外城城門之一。因位於北京外城南垣右側，故稱右安門。

〔三〕小輞川，見《冬日雨山亭觀晚照同松友學士》箋注〔二〕。

其二

桔槔煩老圃〔一〕，激水射平田。婦子忙終歲，辛勤博幾錢。曉凝千葉露，香入五陵烟〔二〕。何事矜傾國，長齋繡佛前。

箋注

〔一〕桔槔，見《德清訪馮令不值歸途暮景可喜詩以志之》箋注〔二〕。

〔二〕五陵烟，唐岑參《登總持閣》：『晴開萬井樹，愁看五陵烟。』

四月望日飲梁河齋頭至醉詩以記之即柬梁河并示少玉〔一〕

好雨膩如膏，四月方及半。任子新釀熟，折簡集親串。日暮天街滑，歷落人迹散。

入門已秉燭，飣餖羅几案〔二〕。素碗霜雪色，琥珀光凌亂〔三〕。感君兄弟意，觴行遂無算。吾儕聚京華，回首隔鄉縣。巷北與巷南，未得數相見。踪迹等浮漚，流光若激電。不醉擬如何，荏苒良宵宴。琤琤亂投瓊，迢迢聽銀箭。縱横雜談諧，不覺雨聲斷。更闌上馬去，凉風吹我面。歸來三日卧，伏枕絶筆硯。余病良已瘳，未審君所患。

校訂

《實庵詩略》選録此詩，詩題作《四月望日飲梁河齋頭歸柬之并示少玉》。如何，《實庵詩略》作『何如』。宴，《實庵詩略》作『晏』。

箋注

〔一〕任琪，字仲玉，號梁河，山東高密人。順治十二年乙未（一六五五）進士，官至禮部郎中。任玥（一六三二—一六八七），字少玉，號希庵，山東高密人。順治十八年（一六六一）進士，官至掌京畿道監察御史。

〔二〕飣餖，宋郭應祥《好事近·丁卯元夕》：『客來草草辦杯盤，飣餖雜蔬果。』

〔三〕『素碗』句，唐李白《客中行》：『蘭陵美酒郁金香，玉碗盛來琥珀光。』

短歌咏史

其一

大兒孔文舉，小兒楊德祖，餘子碌碌無足數〔一〕。正平志大不可量，乃欲身爲天下父。丞相轅門畫歌舞，岑牟小吏來擊鼓。鼓聲淵淵丞相怒〔二〕，鸚鵡洲邊賦鸚鵡〔三〕。芳草萋萋一抔土，禰生黄祖皆千古〔四〕。

校訂

《實庵詩略》選録此組詩，詩題作《咏史二首》。《山左詩鈔》卷三十一選録此組詩第一首，詩題作《咏史》。

箋注

〔一〕『大兒』句，《後漢書·禰衡傳》：『禰衡，字正平，平原般人也。少有才辯，而尚氣剛傲，好矯時慢物。……唯善魯國孔融及弘農楊脩。常稱曰：「大兒孔文舉，小兒楊德祖。餘子碌碌，莫足數也。」融亦深愛其才。』

〔二〕『丞相』句，見《珍珠簾·爲牧仲題〈楓香詞〉》箋注〔七〕。

〔三〕『鸚鵡』句，《後漢書·禰衡傳》：『祖長子射爲章陵太守，尤善於衡。……射時大會賓客，人有獻鸚鵡者，射舉卮於衡曰：「願先生賦之，以娱嘉賓。」衡攬筆而作，文無加點，辭采甚麗。』

〔四〕『禰生』句，《後漢書·禰衡傳》：『後復侮慢於表，表耻不能容，以江夏太守黄祖性急，故送衡與之，祖亦善待焉。……後黄祖在蒙衝船上，大會賓客，而衡言不遜順，祖慚，乃訶之。衡更熟視曰：「死公！云等道？」祖大怒，令五百將出，欲加箠。衡方大罵，祖恚，遂令殺之。』

其二

故人夜就先生宿，先生足加故人腹。故人者誰劉文叔，有足何曾敢伸縮。自是光芒映少微，客星犯座奚其速〔一〕。披裘明日歸江東〔二〕，太史當奏客星伏。

箋注

〔一〕『故人』句，《後漢書·逸民傳·嚴光》：『（光武帝）復引光入，論道舊故，相對累日。

帝從容問光曰：「朕何如昔時？」對曰：「陛下差增於往。」因共偃卧，光以足加帝腹上。明日，太史奏客星犯御坐甚急。帝笑曰：「朕故人嚴子陵共卧耳。」』

〔二〕『披裘』句，見《和翌辰小屋如漁舟》其七箋注〔一〕。

病中口占

僦舍容高卧〔一〕，翛然似住山。愁知三夏永，病得一身閑。藥裹容開閉，書蟫任往還〔二〕。疑中千日酒，酩酊未朱顏。

箋注

〔一〕僦舍，租賃之屋。

〔二〕書蟫，見《方于魯墨歌》箋注〔一七〕。

送趙鐵源典東粤試〔一〕

雙旌迢遞瘴雲開，荔子香濃作陣來。細雨帆低章貢水，秋風人上越王臺〔二〕。珠明南海應如昨，兵洗天河勢欲回。日下夔龍虚左待〔三〕，不須悵望嶺頭梅。

箋注

〔一〕趙文熞，字玉藻，號鐵源，山東膠州人，康熙九年（一六七〇）進士，選授庶吉士，官至翰林院侍講。

〔二〕越王臺，見《馬近温尋親嶺南詩以送之》箋注〔四〕。

〔三〕夔龍，見《遥送家弟澹餘奉使祭告南岳》箋注〔八〕。

雨夜

愁霖朝復暮，入夜得微涼。濕瓦明螢火，虚窗納電光。颼飀風不定〔一〕，淅瀝漏何長。疑在空山裏，時聞檐蔔香〔二〕。

箋注

〔一〕颼飀，《文選·左思〈吴都賦〉》：『與風颻颺，颲瀏颼飀。』

〔二〕檐蔔，唐段成式《酉陽雜俎》卷十八：『陶真白言：梔子剪花六出，刻房七道，其花香甚，相傳即西域檐蔔花也。』

戲作

弱女縈懷抱，相看眼倍青〔一〕。朝來微雨後，親爲捕蜻蜓。

箋注

〔一〕眼倍青，見《飲鄉中酒至醉》其二箋注〔二〕。

舍中人至感賦〔一〕

北堂鄭重封鮭菜〔二〕，辛苦長鬚遠道來。千里雨痕紛緑色，一囊蝦子帶紅開。時艱作客誰甘味，食指勞親愧不才。爲報羈人仍健飯，秋風病骨莫深猜。

箋注

〔一〕舍中人，三國魏曹操《遺令》：『諸舍中無所爲，學作履組賣也。』

〔二〕北堂，見《賀新涼·冬夜書懷》箋注〔六〕。

雨後

晴雲舒捲半天中，屋角朝來細細風。砌雨暫寬燕市熱，庭花已富海南紅。蟲聲唧唧千門起，黍色油油萬畝同。却憶東皋秋氣早〔一〕，一鞭牛背訪鄰翁。

箋注

〔一〕東皋，晋陶淵明《歸去來兮辭》：『登東皋以舒嘯，臨清流而賦詩。』

雨夜

積雨凉生入夜佳，嘈呟金鐵亂庭槐。泉聲疑在空舲峽〔一〕，練色渾如百丈崖〔二〕。浩淼莫窮銀漢水，蕭條不減旅人懷。蓬門已自堪羅雀，何事苔痕又上階。

箋注

〔一〕空舲峽，王士禛《漁陽精華録·空舲峽》，惠棟注：『《水經注》：「湘水北徑建寧縣，而傍湘水縣，北有空舲峽，驚浪雷奔，浚同三峽。」樂史《寰宇記》：「空舲峽，山在秭歸東一百二十五里。」《荆州圖副》云：「此峽絶崖壁立數百丈，飛鳥所不能栖。」』

〔二〕百丈崖，李白《求崔山人百丈崖瀑布圖》，王琦注：『《天台山志》：百丈岩，在天台縣西北二十五里崇道觀西北，與瓊台相望，峭險束隘，四山墻立。下爲龍湫，翠蔓蒙絡，水流聲潨然，盤澗繞麓，入爲靈溪。由高視下，凄神寒骨。』

雨夜偶思往事

曾聽夜雨濤聲壯，回首江湖十載餘。野泊小舟鄰鬼魅，波穿急電走龍魚。心驚春水千尋長，命繫危檣一髮如〔一〕。今日虚堂聞滴瀝，豆棚茗碗入華胥〔二〕。

箋注

〔一〕一髮，《漢書·枚乘傳》：『夫以一縷之任，係千鈞之重，上縣無極之高，下垂不測之淵，雖甚愚之人，猶知哀其將絶也。』

〔二〕華胥，見《蝶戀花》（五月黄雲）箋注〔四〕。

劉子羽詩集刻成見寄悵然有懷兼致渭清杞園〔一〕

老去悲歌慨以慷，一緘冰雪動光芒。敢云針芥同欣賞〔二〕，如有鬚眉對激昂。别後更誰償酒債，年來真怪減詩囊。寄書故里洪沱長〔三〕，夢裏瑯琊道路長。

校訂

張貞《渠丘耳夢録》乙集『曹儀部』、《實庵詩略》均選録此首，詩題均作《劉子羽見寄詩集悵然有懷并致渭清杞園》。

詩囊，《渠丘耳夢録》《實庵詩略》作『慳囊』。

沱，《渠丘耳夢録》《實庵詩略》作『陀』。

箋注

〔一〕劉子羽，即劉翼明，見《讀劉子羽詩有寄》其一箋注〔一〕。渭清，即李澄中，見《霓裳中序第一・咏龍鬚，爲渭清賦》箋注〔一〕。杞園，即張貞，見《玲瓏四犯・送杞園游西湖》箋注〔一〕。

〔二〕『敢云』句，《三國志・吴書・虞翻傳》：『虞翻，字仲翔，會稽餘姚人也。』裴松之注引三國吴韋昭《吴書》：『虎魄不取腐芥，磁石不受曲針。』

〔三〕洪沱，清顧祖禹《讀史方輿紀要》卷三十五《山東六》：『牟山縣西南十五里。山北有故城，即牟鄉城也，隋因置牟山縣。其相聯絡者有洪陁山，山多巨石，巑岏高聳。』曹貞吉家鄉安丘，古稱牟山。隋開皇十六年（五九六）置牟山縣，治今山東安丘西南，屬高密郡。大業二年（六〇六）改安丘縣。

細雨

細雨漸添秋氣冷，泥深委巷少人行。貧知索米難求飽，老覺攤書亦近名。午夢欲回聞滴瀝，濃雲將散未分明。東鄰日夕悲歌發，妒爾常吹入破聲〔一〕。

箋注

〔一〕入破聲，《新唐書・五行志二》：『天寶後，詩人多爲憂苦流寓之思，及寄興于江湖僧寺。

而樂曲亦多以邊地爲名，有伊州、甘州、凉州等，至其曲遍繁聲，皆謂之「入破」……破者，蓋破碎云。』

正子席上作〔一〕

華堂深靚夜無風，銀燭當筵故故紅〔二〕。酒氣欲隨荷露滴，雨聲只在藥欄中。座驚短麈三更話，秋滿長安四壁蟲。慚傍玉山陪嘯咏〔三〕，西園詞賦讓人工。

箋注

〔一〕岳端，字正子、正之，號兼山、紅蘭室主人，又號玉池生、長白十八郎、東風居士。安和親王岳樂（清太祖努爾哈赤孫）第三子。康熙二十三年（一六八四）封多羅勤郡王，二十九年（一六九〇）降固山貝子，後又因事革爵。精詩畫，善山水，有《玉池生稿》。與王士禛、姜宸英、顧貞觀等交契。

〔二〕故故，宋楊萬里《癸巳省宿咏南宫小桃》：『孤坐南宫悄，桃花故故紅。』

〔三〕玉山，南朝宋劉義慶《世説新語・容止》：『裴令公有俊容儀，脱冠冕，粗服亂頭皆好。時人以爲「玉人」。見者曰：「見裴叔則如玉山上行，光映照人。」』

秋夜聞擣衣聲

天際飛鴻怨不任，秋風何處起嗚砧。關山直北羈人泪，刀尺城南少婦心〔一〕。響入行雲高不落，聲隨流水去難尋。遥知纖手慵來易，寂寂空閨月滿林。

箋注

〔一〕刀尺，《玉臺新咏·古詩〈爲焦仲卿妻作〉》：『左手持刀尺，右手執綾羅。』

和渭清見懷之作步韵〔一〕

其一

蘆溝折柳已三年〔二〕，又是清秋玉露天。書寄瑯琊無雁影〔三〕，愁多湖海亂烽烟。車塵馬足勞何已，流水高山曲未傳〔四〕。來札知擬刻小集未成。爾困青袍余白髮，可能俱是少人憐〔五〕。

箋注

〔一〕渭清，即李澄中，見《霓裳中序第一·咏龍鬚，爲渭清賦》箋注〔一〕。

〔二〕蘆溝，蘆溝橋，在北京廣安門西，跨永定河上。建於金，清初重建。

〔三〕『書寄』句，李澄中爲諸城人，諸城古屬琅琊郡，故言。

〔四〕流水高山，見《瀟湘逢故人慢·張晴峰修雷琴成有贈》箋注〔二〕。

〔五〕『爾困』句，唐羅隱《偶題》：『我未成名君未嫁，可能俱是不如人。』李澄中生於崇禎二年（一六二九），雖弱冠爲諸生，但屢屢科舉不第，至康熙十八年（一六七九）應『博學鴻詞』科，授翰林院檢討。就此組詩詩意看，當作於李澄中出仕前隱居家鄉諸城期間。青袍，唐杜甫《徒步歸行》：『青袍朝士最困者，白頭拾遺徒步歸。』

其二

海上仙人去復回，雲書鳥篆出蓬萊〔一〕。龍沙有路誰能到〔二〕，石髓無緣只自哀〔三〕。夢裏長林麋鹿健，秋來短褐雪霜催。殷勤問訊山中友，輸爾常栽處士梅〔四〕。

箋注

〔一〕鳥篆，《後漢書·酷吏傳·陽球》：『或獻賦一篇，或鳥篆盈簡，而位升郎中，形圖丹青。』李賢注：『八體書有鳥篆，象形以爲字也。』

〔二〕龍沙，《後漢書·班超傳贊》：『定遠慷慨，專功西遐。坦步葱雪，咫尺龍沙。』李賢注：『葱嶺、雪山，白龍堆沙漠也。』

〔三〕石髓，見《都門逢黄子厚以海上文石相贈賦謝》其二箋注〔一〕。

〔四〕處士梅，見《和子延盆梅》其二箋注〔二〕。

其三

入洛曾游碣石宫〔一〕，夜闌擊筑動悲風。蕭條誰續荆高飲〔二〕，落拓吾懷大小東〔三〕。病榻維摩仍好在，愁吟詩句苦難工。遥天萬里晴如洗，悵望青烟九點中〔四〕。

箋注

〔一〕碣石宫，《史記·孟子荀卿列傳》：『（騶衍）如燕，昭王擁彗先驅，請列弟子之座而受業，築碣石宫，身親往師之。』張守節正義：『碣石宫在幽州薊縣西三十里寧臺之東。』

〔二〕荆高飲，見《哭家企鑒叔六首》其三箋注〔一〕。

〔三〕大小東，見《記變》箋注〔二〕。

〔四〕青烟九點，唐李賀《夢天》：『遥望齊州九點烟，一泓海水杯中瀉。』

其四

相對無能更捋鬚，驚聞好語自菰蘆〔一〕。幾年越客同莊舄〔二〕，一卷離騷愧左徒〔三〕。候館蟲鳴燕市月，秋風人醉大明湖〔四〕。便思驢背從君去，游倦常披豁落圖〔五〕。

箋注

〔一〕菰蘆，三國蜀諸葛亮《與兄子瑜書》：『東吴菰蘆中，乃有奇偉如此人。』

〔二〕『幾年』句，《史記·張儀列傳》：『越人莊舄仕楚執珪，有頃而病。楚王曰：「舄故越之鄙細人也，今仕楚執珪，貴富矣，亦思越不？」中謝對曰：「凡人之思故，在其病也。彼思越則越聲，不思越則楚聲。」使人往聽之，猶尚越聲也。』

〔三〕『一卷』句，《史記·屈原列傳》云：『屈原者，名平，楚之同姓也。爲楚懷王左徒。……屈平疾王聽之不聰也，讒諂之蔽明也，邪曲之害公也，方正之不容也，故憂愁幽思而作離騷。』

〔四〕大明湖，見《冬日過趵突泉用松雪韵》箋注〔四〕。

〔五〕豁落圖，道教的符籙。唐李白《留别曹南群官之江南》：『身佩豁落圖，腰垂虎盤囊。』

中秋後一日送杞園東歸〔一〕

二載始相見，聚首纔一月。蒼然秋色中，重與故人别。子來覩國光，巍峨瞻帝闕。紅燭燒已殘，勝負殊未決。云何揮手去，歸路馬蹩躠〔二〕。易水流湯湯〔三〕，蘆溝沙似雪。荒原帶兵氣，風雨莽凄切。心知念倚閭〔四〕，浮名非所屑。因之感余懷，憂來不能輟。

校訂

《實庵詩略》選録此詩。

箋注

〔一〕杞園，即張貞，見《玲瓏四犯·送杞園游西湖》箋注〔一〕。

〔二〕鼇鼇，見《天未明行和蛟門》箋注〔五〕。
〔三〕易水，在今河北省西部。見《百字令·咏史》其二箋注〔四〕。
〔四〕倚閭，見《送石林南還以登山臨水送將歸爲韵》其七箋注〔三〕。

題李成畫〔一〕

其一

一湖春水拍堤平，沙路人歸細雨横。寒食清明好烟景，斜風吹入柳條聲。

箋注

〔一〕李成（九一九—九六七），字咸熙，先輩是唐宗室，居長安，後遷居山東營丘，人稱李營丘。工詩，善山水畫。

其二

落筆丹青千載事，何人得似李營丘〔二〕。便思一棹烟中去，破帽蕭蕭雨打頭。

箋注

〔一〕李營丘，見《題李成畫》其一箋注〔一〕。

爲張夫子題鸚䳇杯限豪字〔一〕

匏落何堪儷羽毛〔二〕，離離猶自帶雲濤。洲邊賦筆人誰在〔三〕，隴首家山夢轉勞。
九曲尋常供泛蟻，百年辛苦佐持螯〔四〕。若教配取鸕鷀杓〔五〕，樽俎風流得二豪。

校訂

《實庵詩略》選録此詩，詩題作《爲海鹽先生題鸚䳇杯限豪字》。

箋注

〔一〕張夫子，曹貞吉《珂雪詞》有《百字令十一調·張先生席上咏鸚䳇杯》。鸚䳇杯，明曹昭《格古要論·鸚䳇杯》：『即海螺盞，出廣南，土人雕磨，類鸚䳇，或用銀相足，作酒杯，故謂之鸚䳇杯。鸕鷀杓亦海螺，俱不甚直錢。』

〔二〕匏落，《莊子·逍遥游》：『今子有五石之匏，何不慮以爲大樽，而浮乎江湖，而憂其匏落無所容？則夫子猶有蓬之心也夫！』

〔三〕『洲邊』句，見《短歌咏史》其一箋注〔三〕。

〔四〕持螯，見《漁家傲·秋感》箋注〔三〕。

〔五〕鸕鷀杓，唐李白《襄陽歌》：『鸕鷀杓，鸚鵡杯，百年三萬六千日，一日須傾三百杯。』王琦注：『楊齊賢曰：鸕鷀，水鳥，其頸長，刻杓爲之形。』

又賦長歌〔一〕

微茫一穴通仇池〔二〕，玲瓏九折穿武彝。乾坤靈秘無不有，何乃得之鸚鵡卮〔三〕。海氣鴻濛蘊精怪，颶風陰火千年吹。鮫姝龍伯不敢愛，神光倏向人間馳。隴西珍禽得形似，誰爲刻劃施刀錐。先生寶此亦已久，滿堂動色皆嗟咨。珠宫貝闕堆琥珀〔四〕，長鯨一吸能爾爲〔五〕。鸚鵡杯，銀鑿落，五斗一石俱不惡。出門耳熱聞天風，北斗闌干挂城角。

校訂

《實庵詩略》選録此詩。

何乃，《實庵詩略》作『何意』。

刻劃，《實庵詩略》作『刻畫』。

箋注

〔一〕此首仍爲賦鸚鵡杯而作。

〔二〕『微茫』句，《後漢書·西南夷傳·白馬氐》：『居於河池，一名仇池，方百頃，四面斗絶。』李賢注：『仇池，山，在今成州上禄縣南。《仇池記》曰：「仇池百頃，周回九千四十步，天形四方，壁立千仞……仇池凡二十一道，可攀緣而上，東西二門。盤道下至上，凡有七里上則崗阜低昂，泉流交灌。」』

〔三〕鸚鵡卮，見《爲張夫子題鸚鵡杯限豪字》箋注〔一〕。

〔四〕琥珀，見《四月望日飲梁河齋頭至醉詩以記之即柬梁河并示少玉》箋注〔三〕。

〔五〕長鯨一吸，見《沁園春·日照李博開作生壙成，自題云：『竹帛誰千古，烟霞我一丘。』余喜其能達生也，詞以贈之》箋注〔一二〕。

送謝方山賫詔之江右〔一〕

春陰漠漠霏春雪，杳靄西山素屏列。蘆溝驛路如掌平〔二〕，有客垂鞭馬蹀躞。龍旗十丈捲東風，朱顔色映宮袍紅。尺一驚傳自天下〔三〕，遥知父老同呼嵩。峨岢大艑中流去〔四〕，兩峭孤絶霏烟霧。匡廬瀑白彭澤清〔五〕，此爲康樂揮毫處〔六〕。王人氣盛壓波臣，舟行不借馬當神。切雲高閣供吟眺，珠簾畫棟江之濱。此地由來開大府，樵唱漁歌嬉士女。於今鎖鑰重洪都〔七〕，戈船下瀨軍南浦。掃盡欃槍翌軫明〔八〕，嗷嗷鴻雁集百堵。君到恰逢櫻笋時，春鱭出網銀刀舉〔九〕。男兒意氣羨封侯，不然銜命窮遐陬。古來逢使等將相，折衝樽俎鑾烟收。寧論陸賈千金槖〔一〇〕，且作相如萬里游〔一一〕。好采風謡獻天子，歸來瑣闥封詞頭〔一二〕。

箋注

〔一〕謝重輝，字千仞，號方山，山東德州人。官刑部郎中。著有《杏村詩集》。

〔二〕蘆溝，桑幹河，爲永定河上游，流經北京，至天津附近入海河。如掌平，唐沈佺期《長安道》：『秦地平如掌，層城入雲漢。』

〔三〕尺一，《後漢書·陳蕃傳》：『陛下宜采求失得，擇從忠善。尺一選舉，委尚書三公。』李賢注：『尺一，謂板長尺一，以寫詔書也。』

〔四〕峨岢，宋陸游《客談荆渚武昌慨然有作》：『去歲出蜀初東游，峨舸大艑下荆州。』

〔五〕匡廬，見《臺城路·送分虎歸長水》箋注〔七〕。彭澤，即今鄱陽湖，在江西北部。《山海經·海内東經》：『廬江出三天子都，入江，彭澤西，一曰天子鄣。』郭璞注：『彭澤，今彭蠡也，在尋陽彭澤縣。』

〔六〕康樂，《宋書·謝靈運傳》：『謝靈運，陳郡陽夏人也。……靈運少好學，博覽群書，文章之美，江左莫逮。從叔混特知愛之。襲封康樂公，食邑二千户。』謝靈運《孝感賦》：『貫廬江之長路，出彭蠡而南浮。』

〔七〕鎖鑰，明尹耕《紫荆關》：『漢家鎖鑰惟玄塞，隘地旌旗見紫荆。』

〔八〕欃槍，《文選·張衡〈東京賦〉》：『欃槍旬始，群凶靡餘。』李善注：『欃槍，星名也。謂王莽在位如妖氣之在天。』翌軫，唐王勃《滕王閣詩序》：『南昌故郡，洪都新府。星分翼軫，地接衡廬。』

〔九〕春鱭，明黄省曾《魚經》：『有鮆魚，狹薄而首大，長者盈尺，其形如刀，俗呼爲刀鱭，初春而出於湖。《爾雅》曰：「鮤，鱴刀。」注：「今之鮆魚也，亦呼爲刀魚。」』

〔一〇〕陸賈千金槖，《史記·陸賈列傳》：『及高祖時，中國初定，尉他平南越，因王之。高祖使陸賈賜尉他印爲南越王。……（尉他）乃大説陸生，留與飲數月。曰：「越中無足與語，至生來，令我日聞所不聞。」賜陸生槖中装直千金，他送亦千金。陸生卒拜尉他爲南越王，令稱臣奉漢約。歸報，高祖大悦，拜賈爲太中大夫。』

〔一一〕相如萬里游，見《蝶戀花·送荔裳入蜀，再用前韵》箋注〔三〕。

〔一二〕瑣闥，《樂府詩集·郊廟歌辭·章慶舞》：『霧集瑶階瑣闥，香生綺席華茵。』詞頭，朝廷命詞臣撰擬詔敕時的摘由或提要。清袁枚《隨園詩話》卷一：『余以翰林，改官江南，一時送行詩甚多，其佳者如：劉文定公綸時官編修，詩云：「弱水神仙少定居，詞頭草罷領除書。」』

感温都監女事〔一〕

天壤王郎牛馬風〔二〕，沙洲寂寞泣孤鴻〔三〕。个人真解爲情死，心許儋州禿鬢翁〔四〕。

箋注

〔一〕温都監女事，明馮夢龍《情史》上《温都監女》：『坡公之謫惠州也，惠有温都監女，頗有色。年十六，不肯嫁人。聞坡公至，甚喜，謂人曰：「此吾婿也。」每夜，聞坡諷咏，則徘徊窗外。坡覺而推窗，則其女逾墻而去。坡從而物色之，温具言其然。坡曰：「吾當呼王郎與子爲姻。」未幾，坡過海，此議不諧。及坡回惠日，其女已死，葬沙灘之側矣。坡悵然，賦《孤鴻》，調寄《卜算子》云：「缺月挂疏桐，漏斷人初静。時見幽人獨往來，縹緲孤鴻影。驚起却回頭，有恨無人省。揀盡寒枝不肯栖，寂寞沙洲冷。」』

〔二〕天壤王郎，南朝宋劉義慶《世説新語・賢媛》：『王凝之謝夫人既往王氏，大薄凝之。既還謝家，意大不説。太傅慰釋之曰：「王郎，逸少之子，人身亦不惡，汝何以恨乃爾？」答曰：「一門叔父，則有阿大、中郎；群從兄弟，則有封、胡、遏、末。不意天壤之中，乃有王郎！」』

〔三〕『沙洲』句，宋蘇軾《卜算子・黄州定慧院寓居作》：『時見幽人獨往來，縹緲孤鴻影。……揀盡寒枝不肯栖，寂寞沙洲冷。』

〔四〕儋州秃鬢翁，指蘇軾。宋黄庭堅《病起荆江亭即事十首》其七：『玉堂端要真學士，須得儋州秃鬢翁。』

春日郊原看花晚至廣恩寺同子綸修來賦〔一〕

漫漫春晝長，三月初破二。祓禊未及期〔二〕，出郭了花事。名園結伴入，飛英已滿地。杯酒温旅顔，嫩草供濃睡。花影落深巵，淡淹難成醉〔三〕。是日重陰合，雨脚森欲墜。塵沙浩茫茫，郊原但一氣。白塔鬱峥嶸，丹樓聳蒼翠。俱似霧中看，殊有蕭然意。探幽興不違，駕言尋古寺〔四〕。數折得石橋，山門封薜荔〔五〕。拄杖僧頭白，指點説榮悴。畫壁辨龍蛇〔六〕，斷碑卧贔屭〔七〕。當階覆老松，虬枝供位置。危磴苔衣滑，空廊鼠塵細。健足等猿猱，未遽愁顛躓。所憂暝色迫，荏苒春城閉。何當結茅屋，遂署休休字〔八〕。

校訂

《實庵詩略》、鄧漢儀《詩觀三集》卷八皆選録此詩。詩題中『原』，《實庵詩略》《詩觀三集》均作『園』；『子綸修來』，《詩觀三集》作『田子綸顔修來』。

榮悴，《實庵詩略》《詩觀三集》作『榮瘁』。

供，《實庵詩略》《詩觀三集》作『工』。

暝，底本作『冥』，據《實庵詩略》《詩觀三集》改。

箋注

〔一〕廣恩寺，在今北京市西城區下斜街南口外。清朱琦有《廣恩禪寺碑記》。子綸，即田雯，見《金縷曲・同頌嘉飲綸霞齋讀新詩》箋注〔一〕。修來，即顔光敏，見《蝶戀花・修來席上咏秋海棠》箋注〔一〕。

〔二〕祓禊，見《蝶戀花》（二月花明）箋注〔一〕。

〔三〕淡淹，亦作『淡沱』，風光明净。宋陸游《暮春》：『湖上風光猶淡沱，尊前懷抱頗清真。』

〔四〕駕言，《詩經・邶風・泉水》：『駕言出游，以寫我憂。』

〔五〕薜荔，見《歲暮感舊書懷二十八韵》箋注〔一三〕。

〔六〕龍蛇，宋辛弃疾《水調歌頭・壽趙漕介庵》：『金鑾當日奏草，落筆萬龍蛇。』

〔七〕贔屭，蠵龜的别名。明楊慎《升庵集・龍生九子》：『一曰贔屭，形似龜，好負重，今石碑下龜趺是也。』

〔八〕『遂署』句，《舊唐書・文苑下・司空圖》：『圖有先人别墅在中條山之王官谷，泉石林亭，頗稱幽栖之趣。自考槃高卧，日與名僧高士游咏其中。晚年爲文，尤事放達，嘗擬白居易《醉吟傳》爲《休休亭記》曰：「司空氏禎貽溪之休休亭，本名濯纓亭，爲陝軍所焚。天復癸亥歲，復葺於壞垣之中，乃更名曰休休。休，休也，美也，既休而具美存焉。蓋量其才一宜休，揣其分二宜休，耄且聵三宜休。又少而惰，長而率，老而迂，是三者皆非濟時之用，又宜休也……」』

輯評

鄧漢儀曰：『布景細，造語幽。』

乳燕同子綸修來作〔一〕

海燕雙紅襟，依我梁間住。僦舍静無囂〔二〕，蛛網交回互。借君數月栖，只似盟鷗鷺〔三〕。豈慰稻粱求，諒無金丸懼。一壘費經營，勞勞朝復莫〔四〕。掠水拂花梢，舞風唼柳絮。知非王謝堂〔五〕，安之若厥素。荏苒新雛生，軟語侏𠌯訴〔六〕。始焉黄口齊，既而紫頷露。其母獵飛蟲，呢喃遞相哺。乃悟大造功，隨物見生趣。佇看羽毛豐，翅翻榆枋路〔七〕。秋社倏及期，烏衣結伴去。主人謝不敏，舊窠謹將護。明歲杏花穠，遲汝桑乾渡〔八〕。

校訂

《實庵詩略》選録此詩。

莫，《實庵詩略》作『暮』，同。
拂花梢，《實庵詩略》作『帶芹泥』。
羽毛，《實庵詩略》作『毛羽』。
題題，《實庵詩略》作『提提』。
窠，《實庵詩略》作『巢』。

箋注

〔一〕子綸，即田雯，見《金縷曲·同頌嘉飲綸霞齋讀新詩》箋注〔一〕。修來，即顏光敏，見《蝶戀花·修來席上咏秋海棠》箋注〔一〕。
〔二〕僦舍，租屋。
〔三〕盟鷗鷺，見《春日過唯小園柬天池明遠》箋注〔二〕。
〔四〕莫，古同『暮』。
〔五〕王謝堂，見《風流子·金陵懷古》箋注〔一一〕。
〔六〕侏儺，見《閔黔風有述》箋注〔二〕。
〔七〕題題，鳥群飛貌。榆枋，見《沁園春·再贈李君，聊廣其意》箋注〔五〕。
〔八〕桑乾，今永定河上游。相傳每年桑椹成熟時河水乾涸，故名。

送峨嵋歸省〔一〕

人生殊麋鹿〔二〕，何得常相守。斯語信曠達，乃非吾所取。自我來長安，與子共晨夕〔三〕。辛苦耐微官，形影不相失。同舍誰最豪，記得汪與喬〔四〕。落落無嫌猜，謬稱金石交。癸丑秋將莫，石林引病去。未幾汪子歸，葉散薊門樹。爾我興闌珊，索居逼歲寒。三載飽風霾，動止偕悲酸。燈下飲君酒，失意頻搔首。太息北堂中〔五〕，各有垂白母。匆匆遽上書，掉頭尋舊廬。小舟挂席行〔六〕，未及西風初。君歸盡子職，此日誠當惜。有暇仍著書，大業名山得。獨憐未歸人，憔悴易沾巾。離緒如懸旌，南望一傷神。

箋注

〔一〕峨嵋，即曹禾，見《金縷曲·同頌嘉飲綸霞齋讀新詩》箋注〔一〕。

〔二〕『人生』句，《墨子·非樂上》：『今人固與禽獸麋鹿、蜚鳥、貞蟲异者也。』

〔三〕『自我』句，曹貞吉和曹禾均爲康熙三年進士，同官内閣中書。

〔四〕汪與喬，汪懋麟與喬萊。汪懋麟，見《爪茉莉・本意，和蛟門，用宗梅岑韵》箋注〔一〕。喬萊，見《山花子・題石林小照》箋注〔一〕。

〔五〕北堂，見《賀新涼・冬夜書懷》箋注〔六〕。

〔六〕挂席，見《讀李武曾南行詩偶題却寄》箋注〔四〕。

熱甚與杞園話舊口占〔一〕

陽烏不動火雲紅〔二〕，僦舍相看似病翁〔三〕。愛煞西園亭子好，萬竿修竹一簾風。

校訂

《實庵詩略》選録此詩。

愛煞，《實庵詩略》作『却憶』。

箋注

〔一〕杞園，即張貞，見《玲瓏四犯・送杞園游西湖》箋注〔一〕。

〔二〕陽烏，《文選・左思〈蜀都賦〉》：『羲和假道於峻岐，陽烏回翼乎高標。』李善注：

『《春秋元命苞》曰：「陽成於三，故日中有三足烏，烏者，陽精。」』

〔三〕僦舍，租賃之屋。

長歌爲董烈婦作〔一〕

東海之濱有奇士，厥姓爲董樵其名〔二〕。結茅山中二十載，龐公不入襄陽城〔三〕。維節與義作庭訓，化及童孺兼釵荆。君有中男飽經術，嶢嶢頭角稱儒英。一朝示疾在床褥，于時新婦方歸寧。長鬟走報顔色死，不食不語心怦怦。蹇衛疾馳三百里〔四〕，亂山崒嵂鵂鶹驚。落月蒼凉聞鬼哭，颸風吹海天冥冥。吁嗟夫子終不起，未亡人在顔何頳。嚴妝具服告家廟，從容畢命朱絲繩。其弟瞠目不忍視，以頭搶地胡能争。良人魂去纔咫尺，鏘然環佩相隨行。雲車風馬勢縹緲，鮫姝神女紛將迎。凉飈拂地偃庭樹，一家骨肉悲無聲。孰知歸全出天性，生者所哀死所榮。我聞秩宗有令典〔五〕，烏頭雙闕高峥嶸。潛德幽光賴以發，興民之行風俗成。賞一勸百事非細，有婦如此法當旌。何爲至今仍寂寞，有司之責將誰懲？嗚呼！有司之責將誰懲？何不早飛尺一達天庭〔六〕！

箋注

〔一〕董烈婦，《（民國）萊陽縣志·人物·列女》載王士禛《董烈婦孫氏傳》：『東海高士曰董樵，其爲人磊砢負奇節。隱居盛山久之，稍稍出游吴越江淮間，賣藥自給。予識樵在十五年以前，相遇廣陵，别去又八九年。已見諸京師，慨然謂予曰：「樵不德，去年中子道廣死，婦孫同日以身殉，死甚烈，徒以貧賤見格於有司，不得上聞於朝，以表暴於天下後世，吾負烈婦矣。」言已泣下。予嘗備官禮部，闡幽表貞，予職也。且念樵之意，有足悲者，作董烈婦傳。烈婦孫氏，棲霞人，諸生士彦子，歸萊陽董樵子道廣。樵客即墨而道廣病。烈婦方歸省父母，心動趣歸。道廣病且殆，烈婦瞑目絶飲食，矢必死。三日，道廣死，烈婦從容告廟，與姑劉氏訣。劉曉大義，知事不可已。以頭觸壁，血流涕泗被面。烈婦弟仲桂長跪慟哭，請緩須臾死，弗聽。或曰：「前年叔死，娣不死，何居？」烈婦曰：「娣有遺腹，義不得死。吾無子，義當死，尚何言？」顧仲桂曰：「歸語父母，勿過哀，女無以答劬勞，是所以報耳。」遂自經死。康熙九年七月六日也。訃聞，其母哭之慟。士彦曰：「有女如是，於吾足矣，何悲爲？於是海岱間人莫不奇烈婦之節，而多士彦之賢者。」』

〔二〕董樵，孫静庵《明遺民録》卷十：『明董樵，字亦樵，萊陽諸生。國變後，徙居文登海濱，日荷薪入市易米，人莫知其住處。有紳士要於路，欲與語。樵弃薪道左，詭云：「吾科頭，當取冠與公揖。」竟去不來。紳士取弃薪以歸，曰：「此高士所遺也。」樵從此不復入市矣。』

〔三〕『龐公』句，《後漢書·遺民列傳》：『龐公者，南郡襄陽人也。居峴山之南，未嘗入城府。夫妻相敬如賓。荆州刺史劉表數延請，不能屈，乃就候之。謂曰：「夫保全一身，孰若保全天下乎？」龐公笑曰：「鴻鵠巢於高林之上，暮而得所栖，黿鼉穴於深淵之下，夕而得所宿。夫趣舍行止，亦人之巢穴也。且各得其栖宿而已，天下非所保也。」因釋耕於壟上，而妻子耘於前。表指而問曰：「先生苦居畎畝而不肯官禄，後世何以遺子孫乎？」龐公曰：「世人皆遺之以危，今獨遺之以安。雖所遺不同，未爲無所遺也。」表嘆息而去。後遂携其妻子登鹿門山，因采藥不反。』

〔四〕蹇衛，指駑鈍的驢子。

〔五〕令典，《左傳·宣公十二年》：『蔿敖爲宰，擇楚國之令典。』楊伯峻注：『令典謂禮法政令之善者。』

〔六〕尺一，見《送謝方山賫詔之江右》箋注〔三〕。

初秋偶成三首

其一

風氣乍蕭摵〔一〕，庭日淡曦光。雲薄晴復陰，雨脚森茫茫。客子無好懷，坐對天蒼凉。檐花如索笑〔二〕，爛熳争秋陽。徑草靡靡生，灌木森以長。濁醪易成醉，商歌還激昂。

校訂

《實庵詩略》選録此組詩第一、二首，詩題作《初秋偶成二首》。

箋注

〔一〕蕭摵，唐劉禹錫《游桃源一百韵》：『日莫山徑窮，松風自蕭摵。』

〔二〕檐花，唐杜甫《醉時歌》：『清夜沉沉動春酌，燈前細雨檐花落。』趙次公注：『檐花近乎檐邊之花也。學者不知所出，或以檐雨之細如花，或遂以檐花爲檐雨之名。故特爲詳之。』

其二

天街足蟛蜞〔一〕，雙螯漸可把。郭索出筐筥〔二〕，想見金膏瀉。伊余懲老饕〔三〕，歷冬已徂夏。次道寧作佛〔四〕，嗜欲亦以寡。胡然見獵喜，騁思佐杯斝。無勞臨濟喝〔五〕，一笑堪墮馬。

校訂

喝，底本作『唱』，據《實庵詩略》改。

箋注

〔一〕蟛蜞，明陶宗儀《南村輟耕録·食品有名》：『若鰟魚子名螳螂子，及松江之上海、杭州之海寧人，皆喜食蟛蜞螯，名曰鸚哥嘴，以有極紅者似之故也。』

〔二〕郭索，見《桂枝香·蟹》箋注〔三〕。

〔三〕伊余，自指，我。三國魏曹植《責躬詩》：『伊余小子，恃寵驕盈。』老饕，見《雪夜讀書以病止酒感賦》箋注〔七〕。

〔四〕『次道』句，《晋書·何充傳》：『何充，字次道，廬江灊人……性好釋典，崇修佛寺，供給沙門以百數，糜費巨億而不吝也。親友至於貧乏，無所施遺，以此獲譏於世。阮裕嘗戲之曰：「卿志大宇宙，勇邁終古。」充問其故，裕曰：「我圖數千户郡尚未能得，卿圖作佛，不亦大乎！」於是郗愔及弟曇奉天師道，而充與弟準崇信釋氏，謝萬譏之云：「二郗諂於道，二何佞於佛。」充能飲酒，雅爲劉惔所貴。惔每云：「見次道飲，令人欲傾家釀。」言其能温克也。』

〔五〕臨濟喝，《五燈會元》卷十一：『師謂僧曰：「有時一喝如金剛王寶劍，有時一喝如踞地師子，有時一喝如探竿影草，有時一喝不作一喝用。汝作麽生會？」僧擬議，師便喝。』

其三

斜月入我窗，掩映鬢眉清。螢火逐微風，紛然自將迎。蜻蛚伏草間〔一〕，應候時一鳴。感此夜初長，兼之摇落情。兒女歡佳夕，乞巧臨前榮〔二〕。老子拙無匹，欹枕聽秋聲。

箋注

〔一〕蜻蛚，《文選·晋張載〈七哀詩〉》：『仰聽離鴻鳴，俯聞蜻蛚吟。』李善注：『蔡邕《月令章句》曰：「蟋蟀，蟲名，俗謂之蜻蛚。」』

〔二〕『兒女』句，見《蝶戀花》（七月西疇）箋注〔一〕。前榮，房屋的南檐。唐韓愈《示兒》：『前榮饌賓親，冠婚之所於。』

懷杞園〔一〕

故人京洛別，今日渡滹沱〔二〕。驛路青山盡，西風白鳥多。輕雲還出谷，病葉漸辭柯。苦憶連床語〔三〕，秋燈鬢欲皤。

箋注

〔一〕杞園，即張貞，見《玲瓏四犯·送杞園游西湖》箋注〔一〕。

〔二〕滹沱，見《滿江紅·過滹沱》箋注〔一〕。

〔三〕連床語，見《南鄉子·夏夕無寐，茫茫交集，輒韵語寫之，不求文也》其二箋注〔三〕。

郊行同修來作〔一〕

出郭騁遠目，曠然天宇大。修涂膩如膏，野水紛瀠帶。始悟昨夕雨，兹地乃滂霈。人家住翠微，渺渺烟蘿外。荒原一以登，海氣浮沆瀣〔二〕。秋風入鳴雁，霽色澄關塞。草蟲食豆葉，應候發天籟。嗒焉驢背人〔三〕，與爾共長慨。

校訂

《實庵詩略》選録此詩。

烟蘿，《實庵詩略》作「蘿烟」。

箋注

〔一〕修來，即顏光敏，見《蝶戀花·修來席上咏秋海棠》箋注〔一〕。

〔二〕沆瀣，屈原《遠游》：『餐六氣而飲沆瀣兮，漱正陽而含朝霞。』王逸注：『《陵陽子明經》言：春食朝霞……冬飲沆瀣，沆瀣者，北方夜半氣也。』

〔三〕嗒焉，悵然若失貌。《莊子·齊物論》：『南郭子綦隱几而坐，仰天而噓，嗒焉似喪其耦。』

泛舟行〔一〕

官河浩蕩城東隅，舳艫銜尾舟人呼。五閘屹屹蓄水利，奔流直下跳圓珠。九日已過氣蕭瑟，田子治具招吾徒〔二〕。方舟次第羅几案，琉璃色映紅氍毹。微風舒舒旗脚轉，波痕淡折靴文粗。鳧鷖亂流唼荇葉，枯楊夾岸森千株。欸乃聲中魚網急〔三〕，恍惚身入江南圖。溪橋小市足蝦菜，人聲往往雜燕吴。過峽灘平水清淺，牽以百丈驅兩驢。諸君觴行乃無算，發狂大呼驚僮奴。潞河浮圖倏在眼〔四〕，峭帆恨不凌江湖。返櫂攀蘿登古堞，蒼然秋色鋪平蕪。夕陽欲下衆山紫，回光激蕩紛有無。郊壇陵廟雄制作，風雲慘淡神靈居。龍蟠虎踞勢應爾，不然何以稱皇都。結束短後上馬去，城頭莫角吹烏烏。

校訂

清田雯《古歡堂集》卷一七言古詩《九月十日同北山阮亭兩先生實庵蛟門方山修來子昭良哉諸子介眉家兄泛通惠河屬郁生作圖歌以紀之》一詩後附曹貞吉和詩，無題。清鄧漢儀《詩觀三集》卷八著録此詩，詩題作《田子綸招往通惠河泛舟行》。清戴璐《藤陰雜記》卷十一亦著録此詩。

田子，《古歡堂集》《藤陰雜記》作『田郎』。

吾，《古歡堂集》《藤陰雜記》作『我』。

波痕，《古歡堂集》《藤陰雜記》作『波浪』。

文，《古歡堂集》《藤陰雜記》作『紋』。

葉，《古歡堂集》《藤陰雜記》作『藻』。

過峽，《藤陰雜記》作『巫峽』。

呼，《古歡堂集》《藤陰雜記》《詩觀三集》作『叫』。

攀，《古歡堂集》《藤陰雜記》作『扳』。

鋪，《古歡堂集》《藤陰雜記》《詩觀三集》作『來』。

衆，《古歡堂集》《藤陰雜記》作『寒』。

神靈，《古歡堂集》作『群靈』。

《藤陰雜記》無『郊壇陵廟雄制作，風雲慘淡神靈居。龍蟠虎踞勢應爾，不然何以稱皇都』四句。

莫角，《古歡堂集》《藤陰雜記》作『莫笳』，《詩觀三集》作『暮角』。

烏烏，《古歡堂集》《藤陰雜記》《詩觀三集》作『嗚嗚』。

箋注

〔一〕本詩爲曹貞吉應田雯招邀往通惠河泛舟行而作。清吴錫麒《有正味齋日記》：『馮鷺庭送田山薑《大通橋秋泛圖》來題，一時作者皆國初諸老，如安丘曹貞吉、闕里顔光敏、茌山王曰高、揚州汪懋麟、莆田林堯英、商丘宋犖、平原張完臣、東海趙文照、黄州葉封、嘉禾李符、吴門顧嗣曾、茂苑孟亮揆、同里謝重輝，而詩則竹垞九言最爲矯特，今刻《曝書亭集》中者是也。』

〔二〕田子，即田雯，見《金縷曲·同頌嘉飲綸霞齋讀新詩》箋注〔一〕。

〔三〕欸乃，見《沁園春·泛舟明湖，訪仲愚留飲即事，李道思、劉伯叙繼至》箋注〔三〕。

〔四〕潞河，清顧祖禹《讀史方輿紀要·京師輿圖》：『沽水，一名西潞河。東潞河自塞外丹花嶺合九泉水，南經密雲東北七十里之安樂故城，西南與螺山水合爲西潞河，又南經順義東北十里狐奴故城，西與鮑丘水合，爲東潞河。』《（乾隆）武清縣志·形勝》：『潞水一河，上達七省漕運，每值夏秋，糧艘估舶，晝夜往來，風帆上下，洵邑中一巨閱也。』

輯評

『過峽』二句，鄧漢儀曰：『補此一筆，妙。』

『夕陽』四句，鄧漢儀曰：『不減少陵《渼陂行》。』

鄧漢儀曰：『一路叙置，藻麗繽紛。結束尤見遒健，讀者爲之神王。』

送賡揚叔東歸〔一〕

自憐七載長安客，臨水登山此送君。老矣浮名驚昨夢，悲哉秋色淡斜曛。原邊風雨愁無已，脚底燕齊路漸分。歸去好扶笻竹杖，孤雲野鶴若爲群。

箋注

〔一〕賡揚叔，曹貞吉族叔曹大忠，《安丘連池曹氏族譜》卷七《世系》『十一世』：『諱大忠，廷翼次子，字賡揚，庠生。』

題蛟門少壯三好圖〔一〕

汪子逢人乞作照，禹生落筆神能肖〔二〕。音律書酒致不同，兼之乃可稱三好。經營慘淡尺幅中，美人奏技臨春風。朱暈耳根有差别，周昉士女天然豐〔三〕。一姬洞簫吹欲徹，一姬檀口歌將發。其一背面理箜篌，雲鬟掠削肌如雪。解識回眸一笑時，陽城下蔡皆痴絶〔四〕。主人安坐紅氍毹，丰姿玉潤鬑鬑鬚。鸜鵒螺卮金不落〔五〕，憑陵酒氣高陽徒〔六〕。樽前侍者雅頭奴，穠纖合度千金軀。意態盈盈不可畫，東風駘蕩消魂初。别爲大几羅筆硯，縹緗架插牙籤遍〔七〕。萬卷由來敵百城，五車之多寧足羨〔八〕。舍人於此良不凡〔九〕，胸蟠武庫才華擅。一人擁卷慧且柔，耳邊似不聞清謳。掌箋娘子司香史〔一〇〕，閨中林下堪同流。嗚呼！自古男兒讀書取將相，致身往往天人儔。不然飲醇近婦女，亦可消磨萬古之閑愁。伊余真是山中叟〔一一〕，蕭條絲竹杯無酒。小時誦書如貫珠，追憶渾如箝在口。君之所好我則無，蒲團静悟還能否。

箋注

〔一〕蛟門，即汪懋麟，見《爪茉莉·本意，和蛟門，用宗梅岑韵》箋注〔一〕。少壯三好圖，禹之鼎爲汪懋麟作。清秦瀛《己未詞科録》卷十一：『蛟門比部效蕭琛作《少壯三好圖》，謂音律、詩、酒也。圖今在秦敦夫編修家。』清姚鼐《惜抱軒文集》卷十：『汪蛟門《少壯三好圖》，康熙間題咏數十家，今藏秦編修敦夫處，屬題其末：世間嗜好總雲烟，差有風流翰墨傳。長卷展窮階蔭轉，强將衰病附前賢。』

〔二〕禹生，禹之鼎，字上吉，一字尚基，號慎齋，江南江都（今江蘇揚州）人。康熙中，官鴻臚寺序班，以善畫召入内廷供奉。尤工寫照，有《王會圖》等傳世。

〔三〕『朱暈』句，元夏文彦《圖繪寶鑒》卷二：『張萱，京兆人。善畫人物，而於貴公子與閨房之秀最工。……其畫婦人，以朱暈耳根，以此爲别。』周昉，又稱周景玄，字仲朗，京兆（今陝西西安）人，唐代畫家，擅畫人物、仕女、佛像等，有《揮扇仕女圖》《内人雙陸圖》傳世。

〔四〕陽城下蔡，戰國楚宋玉《登徒子好色賦》：『玉曰：天下之佳人莫若楚國，楚國之麗者莫若臣里，臣里之美者莫若臣東家之子。東家之子，增之一分則太長，減之一分則太短……嫣然一笑，惑陽城，迷下蔡。』李善注：『陽城、下蔡，二縣名。蓋楚之貴介公子所封，故取以喻焉。』

〔五〕鸚鵡螺卮，見《爲張夫子題鸚鵡杯限豪字》箋注〔一〕。

〔六〕高陽徒，《史記·酈生陸賈列傳》：『初，沛公引兵過陳留，酈生踵軍門上謁……使者出謝曰：「沛公敬謝先生，方以天下爲事，未暇見儒人也。」酈生瞋目案劍叱使者曰：「走！復入言沛公，吾高陽酒徒也，非儒人也。」』

〔七〕縹緗，見《賀誦嘉迎養并移居之作》箋注〔二〕。

〔八〕五車，《莊子·天下》：『惠施多方，其書五車。』

〔九〕舍人，汪懋麟於康熙六年（一六六七）中進士，授内閣中書舍人，故稱。

〔一〇〕司香史，《明史·職官志三》：『洪武二年，定置内使監奉御六十人，尚寶一人，尚冠七人，尚衣十人，尚佩九人，尚藥七人，紀事二人，執膳四人，司脯二人，司香四人，太廟司香四人，涓潔二人。』

〔一一〕伊余，見《初秋偶成三首》其二箋注〔三〕。

題讀碑圖〔一〕

度尚弟子邯鄲淳，高文卓犖娥江濱〔二〕。中郎大書爲隱語，銀鈎剥落封埃塵〔三〕。世傳曹楊此猜忌，鷄肋之禍成逡巡〔四〕。老牛舐犢不敢愛，才多識寡灾其身。兹圖巨石矗然竪，龍纏龜負何嶙峋。反袖深思必魏祖，大冠長劍英雄人。修也凝立若有得，眉間失喜談津津。突鬢期門作虎狀，兩馬齕步森蘭筋。畫工點染不草草，長松千尺龍鱗皴。郭熙慣用鷄爪法〔五〕，摹來粉本還精神。爾日河山勢鼎峙，黄星不照江之濆〔六〕。阿瞞平生脚未到〔七〕，豐碑贔屭胡由陳。承訛踵謬那可道，丹青慘淡疑非真。古來萬事等蕉鹿〔八〕，區區縑素安足論。

校訂

清鄧漢儀《詩觀三集》卷八、《山左詩鈔》卷三十一選録此詩。

謬，《山左詩鈔》作『繆』。

箋注

〔一〕讀碑圖，五代至宋初畫家李成所作《讀碑圖》，圖中所畫碑即曹娥碑。《後漢書·列女傳·孝女曹娥》：『孝女曹娥者，會稽上虞人也。父盱，能弦歌，爲巫祝。漢安二年五月五日，於縣江泝濤婆娑迎神，溺死，不得尸骸。娥年十四，乃沿江號哭，晝夜不絶聲，旬有七日，遂投江而死。至元嘉元年，縣長度尚改葬娥於江南道傍，爲立碑焉。』

〔二〕『度尚』句，《後漢書·列女傳·孝女曹娥》：『至元嘉元年，縣長度尚改葬娥於江南道傍，爲立碑焉。』李賢注引《會稽典録》：『上虞長度尚弟子邯鄲淳，字子禮。時甫弱冠，而有异才。尚先使魏朗作曹娥碑，文成未出，會朗見尚，尚與之飲宴，而子禮方至督酒。尚問朗碑文成未？朗辭不才，因試使子禮爲之，操筆而成，無所點定。朗嗟嘆不暇，遂毁其草。其後蔡邕又題八字曰：「黄絹幼婦，外孫齏臼。」』

〔三〕『中郎』句，見《讀唐人詩偶題》其四箋注〔二〕。

〔四〕『世傳』句，《後漢書·楊震傳》：『脩字德祖，好學，有俊才，爲丞相曹操主簿，用事曹氏。及操自平漢中，欲因討劉備而不得進，欲守之又難爲功，護軍不知進止何依。操於是出教，唯曰「鷄肋」而已。外曹莫能曉，脩獨曰：「夫鷄肋，食之則無所得，弃之則如可惜，公歸計决矣。」乃令外白稍嚴，操於此回師。脩之幾决，多有此類。脩又嘗出行，籌操有問外事，乃逆爲答記，敕守舍兒：「若有令出，依次通之。」既而果然。如是者三，操怪其速，使廉之，知狀，於此忌脩。且以袁術之甥，慮爲後患，遂因事殺之。』

〔五〕郭熙，字淳夫，河陽温縣（今屬河南）人，北宋畫家，工繪山水寒林，學李成。有畫論《林泉高致》。

〔六〕黄星，即土星，古人認爲是瑞星。《晋書·天文志中》：『一曰景星，如半月，生於晦朔，助月爲明。或曰，星大而中空。或曰，有三星，在赤方氣，與青方氣相連，黄星在赤方氣中，亦名德星。二曰周伯星，黄色，煌煌然，所見之國大昌。』

〔七〕阿瞞，《三國志·魏書·武帝紀》：『太祖武皇帝，沛國譙人也，姓曹，諱操，字孟德，漢相國參之後。』裴松之注：『《曹瞞傳》曰：「太祖一名吉利，小字阿瞞。」』

〔八〕蕉鹿，見《賦得如夢幻泡影如露亦如電》其一箋注〔三〕。

輯評

『爾日』八句，鄧漢儀曰：『定論不磨。』

鄧漢儀曰：『入尾一番批駁，真讀史之識，如我意中之所欲云。』

劉木齋招飲至醉〔一〕

丙辰建子月〔二〕，寒風在庭樹。炙背臨前榮〔三〕，淡然絶塵慮。劉子片紙招，斗酒集親故。云是鄉中法，醖釀成紫露。伊余客京洛〔四〕，荏苒朝復莫。痴鈍凍後蠅，支離棘中絮。獨于飲酒時，往往得真趣。斜日登君堂，樸樕忘禮數。須臾羅衆賓，高談抒情愫。香濃琥珀流〔五〕，川吸長鯨怒〔六〕。雙螯白於雪，金紫膏凝注。一舉三十觴，耳熱微風度。蕉葉君難勝〔七〕，亦復同歌呼。無乃如蘇公，醉醒齊所遇。漏盡金吾訶〔八〕，天街那可駐。月影淡昏黄，繁霜飛作霧。來時騎馬來，歸時徒步去。

箋注

〔一〕劉果（一六二七—一六九九），字毅卿，號木齋，晚號樵雲老人，山東諸城人。順治十五年（一六五八）進士，歷官太原推官、河間知縣、刑部江南司主事、江南提學僉事等。有《十柳堂詩集》。

〔二〕丙辰，清康熙十五年（一六七六），曹貞吉在内閣中書舍人任上。建子月，夏曆十一月。建子，指以夏曆十一月（子月）爲歲首的曆法。屬周正。唐楊炯《公卿以下冕服議》：『夫改正朔者，謂夏后氏建寅，殷人建丑，周人建子。』

〔三〕炙背，三國魏嵇康《與山巨源絶交書》：『野人有快炙背而美芹子者，欲獻之至尊，雖有區區之意，亦已疏矣。』前榮，見《初秋偶成三首》其三箋注〔二〕。

〔四〕伊余，見《初秋偶成三首》其二箋注〔三〕。

〔五〕琥珀，見《四月望日飲梁河齋頭至醉詩以記之即柬梁河并示少玉》箋注〔三〕。

〔六〕川吸長鯨，見《沁園春·日照李博開作生壙成，自題云：『竹帛誰千古，烟霞我一丘。』余喜其能達生也，詞以贈之》箋注〔一二〕。

〔七〕蕉葉，見《雪夜讀書以病止酒感賦》箋注〔五〕。

〔八〕金吾，見《癸丑元旦》其三箋注〔二〕。

爲子正題蕭尺木畫〔一〕

昔年放舟登采石〔二〕，振衣謫仙樓上頭。縱横四壁列岩壑，云是蕭子丹青留。峨嵋天半雪中出〔三〕，三分太華紛垂旒〔四〕。匡廬瀑布疑在目〔五〕，跳珠濺玉無時休。天門日觀更奇絶，秦松五鬣風颼飀〔六〕。卧游真可傲宗炳，興酣使酒驚陽侯〔七〕。楚詞一編窮物狀，經營慘淡神明遒。山鬼窈窕搴薜荔〔八〕，湘妃游咏驂鸞虯。古屋龍蛇逞意匠，驅役萬象精靈愁。老人筆底具造化，元氣磅礴非雕鎪。我欲從之乞粉本〔九〕，其人已往歸丹丘〔一〇〕。吾家司馬富圖籍，牙籤甲乙琅函收〔一一〕。出此一卷供清嘯，飄摇落木當高秋。廣庭無人氣蕭摵，置身惝恍疑十洲〔一二〕。水明沙碧足佳致，輕舠兩兩浮安流。琴鶴翛然殊自得，婦孺瑣細牽車牛。清明上河不可見，對此亦可消煩憂。諸公題詩遂滿紙，黄鐘大吕難爲酬〔一三〕。我擬扛鼎苦力弱，草間蟲語聲啾啾。舉似阿連定一笑〔一四〕，倘可覆甕將安求〔一五〕。

箋注

〔一〕徐元正（一六四四—一七二〇），字子正，一字子貞。浙江德清人。康熙二十四年（一六八五）進士，授翰林院編修，歷官吏部右侍郎、左都御史、工部尚書。有《清嘯樓草》《鸞坡存草》。徐倬之子，曹貞吉《珂雪詞》有《木蘭花慢·送徐方虎假歸》。蕭雲從（一五九六—一六七三），字尺木，號默思、無悶道人、石人、鐘山老人等，姑孰（今安徽蕪湖）人，一作當塗（今安徽當塗）人。明末清初畫家。

〔二〕采石，見《閑居偶憶舊游》其二箋注〔一〕。康熙元年，太平知府胡季瀛重建謫仙樓，請蕭雲從爲太白樓創作壁畫。畫成後，蕭雲從有《太白樓畫壁記》，并得到王士禛、宋犖等衆多詩人題咏。王士禛有《采石太白樓觀蕭尺木畫壁歌》，宋犖有《謫仙樓觀蕭尺木畫壁》。

〔三〕峨嵋，見《蘇武慢·元宵雪後作》箋注〔二〕。

〔四〕太華，見《滿庭芳·和人潼關》箋注〔一〕。

〔五〕匡廬，見《臺城路·送分虎歸長水》箋注〔七〕。

〔六〕五鬣，見《山花子·爲人題簾上畫松》箋注〔一〕。

〔七〕陽侯，見《滿江紅·過滹沱》箋注〔三〕。

〔八〕『山鬼』句，見《歲暮感舊書懷二十八韻》箋注〔一三〕。

〔九〕粉本，見《都門晤沈大行因憶湖上之游》其二箋注〔三〕。

〔一〇〕丹丘，屈原《遠游》：『仍羽人於丹丘兮，留不死之舊鄉。』王逸注：『丹丘晝夜常明也。』

〔一一〕牙籤，見《賀誦嘉迎養并移居之作》箋注〔二〕。

〔一二〕十洲，見《壽高陽夫子》其二箋注〔六〕。

〔一三〕黄鐘大吕，《周禮·春官宗伯下·大司樂》：『乃奏黄鐘，歌大吕，舞雲門，以祀天神。』鄭玄注：『以黄鐘之鐘、大吕之聲爲均者。黄鐘，陽聲之首。大吕爲之合，奏之以祀天神，尊之也。』

〔一四〕阿連，見《長歌送蛟門歸江都》箋注〔一三〕。

〔一五〕『傖可』句，《晉書·文苑傳·左思》：『初，陸機入洛，欲爲此賦，聞思作之，撫掌而笑，與弟雲書曰：「此間有傖父，欲作《三都賦》，須其成，當以覆酒甕耳。」及思賦出，機絶嘆伏，以爲不能加也，遂輟筆焉。』

郊外晚行

我行殊未遠，戀此秋日光。回薄帶長陂〔一〕，四顧浩茫茫。牧馬鳴西風，齕立何昂藏〔二〕。雉兔伏草間，欲發無大黄〔三〕。群山鬱濃翠，迢遞臨天閶。輜車集廣術〔四〕，哼哼走且僵。蕭然返重闉，斜月窺女墻〔五〕。

箋注

〔一〕回薄，盤旋回繞。《宋書·符瑞志下》：『紫氣從景陽樓上層出，狀如烟，回薄良久。』

〔二〕齕立，明王世貞《題趙文敏畫兩馬行》：『飲齕立卧皆天姿。』

〔三〕大黄，宋蘇軾《江城子·密州出獵》：『老夫聊發少年狂，左牽黄，右擎蒼。錦帽貂裘，千騎卷平岡。』

〔四〕廣術，清惲敬《新喻縣文昌宫碑銘》：『環門而觀者，忻舞相告，喁喁於廣術。』王先謙注：『廣術，邑中大道也。』

〔五〕女墻，見《題張杞園春岑閣》其二箋注〔一〕。

上巳前一日北山招同諸子郊外看花之作〔一〕

選勝名園當永晝，春風拂徑落花多。峥嶸古塔干霄上，烟靄長蕪載酒過。迹似竹林人淡蕩，游先祓禊日清和〔二〕。何來鐘磬催歸急，矯首青山戀薜蘿。

箋注

〔一〕王曰高，字北山，山東茌平人。順治十五年（一六五八）進士，改庶吉士，授翰林院編修，官禮科都給事中。有《槐軒集》。

〔二〕祓禊，見《哨遍·題萬柳堂》箋注〔八〕。

戲作口號

漸老頽唐不自知，年來牛馬任呼之。偶然爲客陳寒具〔一〕，錯被人間唤餅師。

箋注

〔一〕寒具，《太平廣記》卷二百九：『《晋書》中有飲食名寒具者……是今所謂饊餅。桓玄嘗盛陳法書名畫，請客觀之。客有食寒具，不濯手而執書畫，因有污。玄不懌。自是會客，不設寒具。』

有感偶成

七載金門索米頻〔一〕，敝裘如蝟耐緇塵〔二〕。漢庭自重文園令〔三〕，内史何勞嘆積薪〔四〕。

箋注

〔一〕金門索米，見《賀新凉·寄李武曾，用朱錫鬯韵》箋注〔六〕。

〔二〕蝟，唐杜甫《前苦寒行二首》其一：『漢時長安雪一丈，牛馬毛寒縮如蝟。』仇兆鰲注引《炙轂子》：『蝟似鼠，性獰鈍，物少犯則毛刺攢起。』

〔三〕園令，《史記·司馬相如列傳》：『相如拜爲孝文園令。』司馬貞索隱：『《百官志》云「陵園令，六百石，掌案行掃除」也。』

〔四〕内史，《舊唐書·職官志二》：『中書舍人六員。……隋曰内史舍人……煬帝改内書舍人……武德初爲内史舍人。』

豐臺看花口號

其一

緑楊踠地草芊綿〔一〕，淡沱風光四月天〔二〕。自嘆痴頑閑老子，十年幾度到花前。

箋注

〔一〕踠地，屈曲斜垂着地貌。北周庾信《楊柳歌》：『河邊楊柳百丈枝，別有長條踠地垂。』

〔二〕淡沱，見《春日郊原看花晚至廣恩寺同子綸修來賦》箋注〔三〕。

其二

紅藥當門露幾枝，桃源有路足追隨。如何錯認蓮花社，也學攢眉向練師〔一〕。

箋注

〔一〕『如何』句，元陶宗儀《説郛·不入社諸賢傳》：『時遠法師與諸賢結蓮社，以書招淵明。

淵明曰：「若許飲，則往。」許之，遂造焉。忽攢眉而去。』

其三

攲帽垂鞭穩勝藜[一]，夕陽歸路板橋西。城南亭子多臨水，擬脱朝衫醉似泥。

箋注

〔一〕攲帽垂鞭，見《賣花聲·丁巳清明》箋注〔四〕。

其四

勝地尋花香滿衣，紛紛蛺蝶傍人飛。廣寧門外車如水[一]，又逐黄塵十丈歸。

箋注

〔一〕廣寧門，明清北京城外城西側正門。

種菜詩贈吴孟舉〔一〕

我聞古賢豪，不皆老田里。况復荷鋤耰，辛苦事荆杞。竭來學圃人，乃是州錢子〔二〕。詎爲耗壯心，寓意偶然爾。想當時雨足，菜甲生靡靡。溪流如箭注，桔槔聲在耳〔三〕。春韭與秋菘〔四〕，蒙茸差可喜。吾徒耽黄虀〔五〕，入口叶宫徵。何必大官羊〔六〕，每食輒減齒。在昔蘇雲卿，結茅東湖涘〔七〕。陋彼張丞相，不曳朱門履。吴子富經術，抗懷無乃似。安能浮舴艋，一涉浯溪水〔八〕。看汝着青蓑，蕭然蔬枰裏〔九〕。便當追沮溺〔一〇〕，耦耕從兹始。

校訂

鄧漢儀《詩觀三集》卷八選録此詩。皆，《詩觀三集》作『肯』。

箋注

〔一〕吴之振（一六四〇—一七一七），字孟舉，浙江石門（今浙江桐鄉）人。康熙時貢生，官中書科中書。與吕留良選《宋詩鈔》，有《黄葉村莊集》。清錢林輯《文獻徵存録》卷十：『吴之振，字孟舉，自號黄葉村農，石門人，有《黄葉村莊集》，刻《宋詩鈔》至百數十家秘本。買名園曰「黄葉村莊」，作《種菜詩》。』

〔二〕州錢子，吴之振爲浙江石門州錢（今浙江桐鄉西石門）人。清王士禛《賦送孟舉年道兄南還》：『女陽亭北指州錢，夾岸垂楊幾千樹。』

〔三〕桔槔，見《德清訪馮令不值歸途暮景可喜詩以志之》箋注〔二〕。

〔四〕春韭與秋菘，《南史·周顒傳》：『文惠太子問顒菜食何味最勝，顒曰：「春初早韭，秋末晚菘。」』

〔五〕黄虀，宋朱敦儒《朝中措》：『自種畦中白菜，腌成瓮裏黄虀。』

〔六〕大官羊，宋陸游《題龍鶴菜帖》：『先生直玉堂，日羞太官羊。』太官，《漢書·百官公卿表》：『太官……令丞。』顔師古曰：『太官主膳食。』

〔七〕蘇雲卿，《宋史·隱逸傳下》：『蘇雲卿，廣漢人。紹興間，來豫章東湖，結廬獨居，待鄰曲有恩禮，無良賤老稚皆愛敬之，稱曰蘇翁。』

〔八〕浯溪，《湖南通志·地理志》：『祁陽縣……浯溪在縣西南（《一統志》），溪在州北，水路百餘里流入湘江，此溪口水石絶奇（《零陵總記》）。』

〔九〕蔬枰，清王晫《今世説》卷七《栖逸》：『宋射陵奉母不樂仕宦，退隱射陽之濱，自號耕海潛夫，名其圃曰蔬枰。宋名曹，字郊臣，江南鹽城人，工爲詩，尤精書法。』

〔一〇〕沮溺，《論語・微子》：『長沮、桀溺耦而耕，孔子過之，使子路問津焉。……曰：「滔滔者，天下皆是也，而誰以易之？且而與其從辟人之士也，豈若從辟世之士哉？」耰而不輟。』

輯評

鄧漢儀曰：『寄興蕭條，固自具烟霞骨相。』

重陽後一日寄杞園〔一〕

昨日黄花今日風，籬邊咄咄漫書空〔二〕。狂來老眼還能白，酒入衰顔暫得紅。薄宦那如鷄肋好〔三〕，浮生多在雁聲中。故人怪我歸何暮，愧爾滄溟一釣筒。

箋注

〔一〕杞園，即張貞，見《玲瓏四犯・送杞園游西湖》箋注〔一〕。

〔二〕咄咄漫書空，《晋書・殷浩傳》：『浩雖被黜放，口無怨言，夷神委命，談咏不輟，雖家人不見其有流放之感。但終日書空，作「咄咄怪事」四字而已。』

〔三〕鷄肋，見《冬日雜感》其二箋注〔二〕。

贈柳敬亭〔一〕

誰遣開元遺老在〔二〕，岑牟高座説興亡〔三〕。醉來齒頰還慷慨，聽去鬚眉盡激昂〔四〕。洛下青山私上客，鏡中白髮亂秋霜。樽前莫話寧南事〔五〕，朱雀橋邊泪幾行〔六〕。

校訂

鄧漢儀《詩觀三集》卷三，陶煊、張璨《國朝詩的》之《山東卷》卷一、吴翌鳳《國朝詩補》卷一皆選録此詩。

箋注

〔一〕柳敬亭，見《沁園春·贈柳敬亭》箋注〔一〕。

〔二〕開元遺老，唐白居易《江南遇天寶樂叟》：『白頭老叟泣且言，禄山未亂入梨園。能彈琵琶和法曲，多在華清隨至尊。……歡娱未足燕寇至，弓勁馬肥胡語喧。豳土人遷避夷狄，鼎湖龍去哭軒轅。從此漂淪落南土，萬人死盡一身存。』

〔三〕岑牟，見《賣花聲・咏鼓子花》其二箋注〔四〕。

〔四〕『醉來』句，見《賀新凉・再贈柳敬亭》箋注〔五〕。

〔五〕『樽前』句，清徐釚《本事詩》卷八：『顧開雍《柳生歌序》：楊之泰州柳生，名遇春，號敬亭，本曹姓。……柳生還吴中，酒酣時，時向人説寧南事，聞者皆涕下，而柳生從説書益奇。』

〔六〕朱雀橋，見《賀新凉・爲其年題詞》箋注〔六〕。

輯評

鄧漢儀曰：『今年秋，於陳階六座間猶晤柳老，意氣衰頹盡矣，尚爲一故人灑出塞之涕。讀此詩結句，令我彷徨。』

爲姚陟山題神游閣〔一〕

先生理學名公孫〔二〕，當年建業開雄藩。維時鯨鯢沸江水，崩騰海岳天吴奔〔三〕。大兵奇獄無不有，哀哀白骨愁青磷。先生平反奉德意，期於人世清煩冤〔四〕。失出人臣之小過，翻令坎壈灾其身〔五〕。騎箕一去二十載，山河雖邈遺風存。事久論定傳不朽，廉頑立懦薄夫敦〔六〕。郎君孝思通冥漠，夙輪風馬追無垠〔七〕。夢回建閣庀俎豆。神游之額公則云。擘窠三字銀鉤屈，穠桃幾樹春花繁〔八〕。南山入望鬱蒼翠，苕溪一帶流潺湲。公之正氣爲星岳，憑依所在惟天親。靈風乍來環佩冷，飆車欲下雲旗翻。魂魄終當戀桑梓，功名久已垂乾坤。我聞在昔陰德吏，高冠長劍森蘭蓀。此閣兀然峙千古，遥遥好配于公門〔九〕。

箋注

〔一〕姚淳燾（一六三二—一七〇三），字子瞻，號陟山，烏程（今浙江湖州）人。康熙六年（一六六七）進士，授中書舍人。歷官湖廣提學、岳常澧道副使。曾伏闕爲父訟冤。神游閣，姚淳燾爲其父姚延著所築。清方象瑛《健松齋集》卷六《神游閣記》：『同年姚主事陟山構其先方伯神游閣成，囑余紀其事。……一時名人題咏，莫不嘆方伯精誠不泯，陟山之孝能冥通先志以有此閣也。』

〔二〕『先生』句，姚延著，字象懸，烏程（今浙江湖州）人。順治六年進士，歷官廣西慶遠知府、廣東嶺南道副使、江南按察使、河南左布政使。因『金壇獄』案被誣處死。姚延著爲姚舜牧之孫，姚舜牧（一五四三—一六二七），字虞佐，號承庵，烏程（今浙江湖州）人。明萬曆元年舉人。歷任新興、廣昌知縣。精於經學。著有《四書疑問》《五經疑問》《姚承庵集》等。

〔三〕天吳，見《賀新涼・爲其年題詞》箋注〔四〕。

〔四〕『大兵』句，《清史稿・姚延著傳》：『十六年，鄭成功内犯，陷鎮江，入攻江寧。延著佐總督郎廷佐繕守備，安輯危城，閭閻不擾。民間時有羊尾黨，事發，株連數百人。延著謂廷佐曰：「寇在門，不可興大獄，摇人心。」獄乃解。當事急，人多疑貳。民間有宿怨，輒誣以通敵。延著嚴治反坐，多所全活。』

〔五〕『失出』句，《清史稿・姚延著傳》：『旋以憂歸，而金壇獄起。鎮江之陷也，屬縣戒嚴。金壇知縣任體坤集縣中士大夫王重、袁大受等謀遣諸生十輩詣鎮江乞緩兵。丹徒亂民王再興兵起，復令書吏、耆民數十人送款，盡竊庫帑以遁。喀喀木等擊敗成功，體坤乃復至縣，賂重、大受謁大吏，謂士民送款，冀掩弃城罪。重、大受居鄉多不法，爲諸生所撓。至是欲以叛坐諸生，泄私怨，列姓名以上。巡按馬騰聲疏聞，下廷佐令延著鞫其獄。延著縶縣吏李鍾秀，訊得實，欲但坐體坤，餘皆減罪。大受騰書京師爲蜚語，欲并陷延著，御史馮班發其狀。時侍郎尼滿奉詔勘提督馬逢知獄，命即訊，乃坐重、大受及諸士大夫集議者。諸生及書吏、耆民送款者皆斬，體坤以被逼迫減爲絞。巡按何可化又疏劾延著讞從叛罪人史記青、管得勝傅輕比，又有王天福、韓王錫并縱不擬罪，與金壇獄并論，亦坐絞。時喀喀木主軍事，新破敵，尤威重，素不慊於延著。民間謂延著之死，喀喀木實主之。就刑日，江寧爲罷市，士民哭踴。喪歸，數百里祭奠不絶，建祠鷄鳴山下私祀焉。』

〔六〕廉頑立懦，《孟子·萬章下》：『故聞伯夷之風者，頑夫廉，懦夫有立志。』

〔七〕尻輪風馬，見《笛家·九日，長安遣興，和其年》箋注〔八〕。

〔八〕『郎君』句，清方象瑛《健松齋集》卷六《神游閣記》：『乙巳夏，公殁已五年，陟山方家居，夢先公登一閣，四面環山，桃梅馥郁，公語陟山：「汝爲吾創此乎？」書「神游閣」三字授之。陟山驚寤，然荏苒未遑也。甲寅奉假南歸，始買地舍旁，構樓三楹，前對道場山，環植花木，悉如公指。』

〔九〕于公門，《漢書·于定國傳》：『于定國，字曼倩，東海郯人也。其父于公爲縣獄史、郡決曹，決獄平，羅文法者于公所決皆不恨。郡中爲之生立祠，號曰于公祠。……始，定國父于公，其閭門壞，父老方共治之。于公謂曰：「少高大閭門，令容駟馬高蓋車。我治獄多陰德，未嘗有所冤，子孫必有興者。」至定國爲丞相，永爲御史大夫，封侯傳世云。』

送子綸歸省〔一〕

其一

年來頻折柳，別緒正紛紛。歲序逢摇落，含情復送君。霜天圍野水，雁陣入歸雲。余亦思家客，離亭手重分。

箋注

〔一〕子綸，即田雯，見《金縷曲·同頌嘉飲綸霞齋讀新詩》箋注〔一〕。

其二

念豈蒓鱸切〔一〕，知君有老親。傳來眠食損，歸去雪霜新。落葉迷空館，寒風愴故人。脂車非遠道〔二〕，惜別漫傷神。

箋注

〔一〕蒓鱸，見《木蘭花慢·送孫開盛假歸，用稼軒韵》箋注〔三〕。

〔二〕脂車，油塗車軸，以利運轉。

其三

大雅憑誰續，茲行益我愁。共傾桑落酒〔一〕，已過菊花秋。北闕承明直〔二〕，東河汗漫游〔三〕。浮雲成昨夢，渺渺入齊州〔四〕。

箋注

〔一〕桑落酒，見《七夕和蛟門步韵》其一箋注〔四〕。

〔二〕承明，見《歲暮感舊書懷二十八韵》箋注〔一一〕。

〔三〕汗漫游，見《題李渭清燕磯獨眺圖二首》其二箋注〔一〕。

〔四〕齊州，唐轄境相當於今山東濟南、禹城、齊河等市縣地，北宋政和六年升爲濟南府。

其四

馬齒余加長，論交兄弟行。盟先邾莒國〔一〕，家共魯齊鄉〔二〕。人逐西風散，思同客路長。重來未遲莫，珍重水曹郎〔三〕。

箋注

〔一〕邾莒國，春秋二小國名。北魏楊衒之《洛陽伽藍記》卷三：『羊者是陸産之最，魚者乃水族之長。所好不同，并各稱珍。以味言之，甚是優劣：羊比齊魯大邦，魚比邾莒小國。』

〔二〕『家共』句，曹貞吉爲山東安丘人，田雯爲山東德州人，故言。

〔三〕水曹郎，水部曹郎，明清時期都水清吏司設在工部。康熙十五年田雯在工部營繕司郎中任上奉旨監督北京城東通惠河大通橋漕運事務，康熙三十八年任户部侍郎，曾奉旨修淮安高安堰河工。

再題神游閣

飛閣流丹矗絳霄，先生淑問軼臯陶〔一〕。清風自可興頑懦〔二〕，正氣于今傍斗杓。夢覺依稀蘭佩冷，魂歸惝怳桂旗招。素車白馬時來往，莫逐錢塘八月潮〔三〕。

箋注

〔一〕先生，姚陟山之父姚延著，見《爲姚陟山題神游閣》箋注〔二〕。淑問軼臯陶，《詩經·魯頌·泮水》：『淑問如臯陶，在泮獻囚。』孔穎達疏：『所囚者，服罪之人。察獄之吏當受其辭而斷其罪，故使善聽獄如臯陶者獻之。』清方象瑛《健松齋集》卷六《神游閣記》：『江南獄訟素繁，至是有仇釁者，率誣入叛案，公平反最多。』

〔二〕頑懦，見《爲姚陟山題神游閣》箋注〔六〕。

〔三〕『素車』句，見《百字令·咏史》其一箋注〔一〕。

秋日戲效宋人體

景色三秋淡若無，千林葉散草痕枯。糟𩞄餟盡寧中聖〔一〕，主客圖成得大都。鴻雁信來寒橘柚，鯉魚風起滿江湖〔二〕。寧知索米金門者〔三〕，歷落嶔崎有是夫。

箋注

〔一〕糟𩞄，見《壬子除夕》其二箋注〔三〕。中聖，《三國志·魏書·徐邈傳》：『徐邈，字景山，燕國薊人也。……魏國初建，爲尚書郎。時科禁酒，而邈私飲至於沉醉。校事趙達問以曹事，邈曰：「中聖人。」達白之太祖，太祖甚怒。度遼將軍鮮于輔進曰：「平日醉客謂酒清者爲聖人，濁者爲賢人，邈性修慎，偶醉言耳。」竟坐得免刑。』

〔二〕鯉魚風，見《賀新凉·送阮亭東歸，兼悼西樵》箋注〔三〕。

〔三〕索米金門，見《賀新凉·寄李武曾，用朱錫鬯韵》箋注〔六〕。

賀阮亭納姬〔一〕

神光離合影空濛，海水巫雲略許同〔二〕。遂使朱弦拋永夜，將無團扇掩秋風。頰留獺髓三分色〔三〕，鈿壓蛾眉一曲工。珍重個人名字好，從教耳畔喚東東〔四〕。

箋注

〔一〕阮亭，即王士禛，見《浣溪沙・步阮亭紅橋韵》其一箋注〔一〕。

〔二〕『海水』句，唐元稹《离思五首》其四：『曾經滄海難爲水，除却巫山不是雲。』

〔三〕獺髓，晋王嘉《拾遺記》卷八：『（孫和）舞水精如意，誤傷夫人頰，血流污袴……（太醫）曰：「得白獺髓，雜玉與琥珀屑，當滅此痕。」』

〔四〕東東，唐竇巩《悼妓東東》：『惟有側輪車上鐸，耳邊長似叫東東。』

壽趙興寰中丞

帝念東郊切，元臣樹大藩。旌旄寬左顧，膏雨潤平原。地控重溟險，身當泰岳尊。

飲冰群吏肅〔一〕，挾纊萬人温〔二〕。内政魚鹽足，中權虎豹屯。烏臺雄使節〔三〕，司馬晋便蕃。寒暑農功恤，匡襄國計存。高牙威自遠，鈴閣静無喧。以此勛勞重，宜哉介錫繁。黑頭方燕喜，紫綬已加恩。曳履行三命〔四〕，懸弧復一元〔五〕。雪明花近幄，露湛酒盈樽。笙筑聞仙籟，氍毹射早暾〔六〕。岡陵嵐翠集，珠玉瑞泉噴。何限華封祝〔七〕，謳謡托片言。

箋注

〔一〕飲冰，謂受命從政，爲國憂心。《明史·李應昇傳》：『陛下振紀綱，則片紙若霆；大臣捐私曲，則千里運掌；臺諫任糾彈，則百司飲冰。』

〔二〕挾纊，《左傳·宣公十二年》：『申公巫臣曰：「師人多寒。」王巡三軍，拊而勉之，三軍之士皆如挾纊。』杜預注：『纊，綿也。言説以忘寒。』

〔三〕烏臺，御史臺。《漢書·朱博傳》：『是時御史府吏舍百餘區，井水皆竭；又其府中列柏樹，常有野烏數千栖宿其上，晨去暮來，號曰「朝夕烏」。』

〔四〕三命，《周禮·大宗伯》：『壹命受職，再命受服，三命受位。』

〔五〕懸弧，唐韋應物《始建射侯》：『男子本懸弧，有志在四方。』一元，指天下。《晋書·赫連勃勃載記》：『夷一元之窮灾，拯六合之沉溺。』

〔六〕氍毹，毛毯。《樂府詩集·隴西行》：『請客北堂上，坐客氈氍毹。』早暾，屈原《九歌·少司命》：『暾將出兮東方，照吾檻兮扶桑。』

〔七〕華封祝，《莊子·天地》：『堯觀乎華，華封人曰：「嘻，聖人。請祝聖人，使聖人壽。」堯曰：「辭。」「使聖人富。」堯曰：「辭。」「使聖人多男子。」堯曰：「辭。」封人曰：「壽、富、多男子，人之所欲也，女獨不欲，何邪？」堯曰：「多男子則多懼，富則多事，壽則多辱。是三者非所以養德也，故辭。」』成玄英疏：『華，地名也，今華州也。封人者，謂華地守封疆之人也。』

壽陳太夫子

嬀汭開華胄〔一〕，喬松卜大年〔二〕。一經尊耆舊，七葉貴貂蟬〔三〕。棣萼聯枝暖，臯夔令望懸〔四〕。驊騮先道路，雕鶚勢騰騫。盛德師王烈，清風并魯連〔五〕。籬邊高躅在〔六〕，閭左義聲傳〔七〕。以此貽謀遠，宜哉主器賢。聖朝方籲俊〔八〕，夫子着先鞭。日影花磚迥，藜光寶炬然。北門雄八柄〔九〕，東壁羨三遷〔一〇〕。視草黄麻重〔一一〕，分泥紫誥宣〔一二〕。統均鶩晋鍚，人物樂陶甄。望識崔盧峻〔一三〕，身居裴馬前〔一四〕。虞廷推穆穆，周道美平平。秉憲今尊矣，調元有待焉〔一五〕。萊衣宮錦製，法曲大官筵。令序觀陽復，殊榮介壽全。生徒羅絳帳，卿士列星躔。詎餉如瓜棗，還斟似醴泉。華封何限意〔一六〕，鼇祝正綿綿。

箋注

〔一〕媯汭，媯河隈曲處。媯河，源出今北京延慶，流入桑乾河。北魏酈道元《水經注》卷十三：『㶟水又東南左會清夷水，亦謂之滄河也。……即滄河之上源也。郭守敬按：滄河，今名媯河，出延慶州東北。』汭，《資治通鑒》卷八十九：『漢中山王曜、趙染寇長安。六月，曜屯渭汭，染屯新豐。』胡三省注：『《春秋左氏傳》曰：「虢公敗戎於渭汭。」杜預曰：「水之隈曲曰汭。」王肅曰：「汭，入也。」呂忱曰：「汭者，水相入也。即渭水入河處。」』

〔二〕喬松，見《滿江紅·咏青陽署中老桑》箋注〔八〕。

〔三〕貂蟬，見《癸丑元旦》其三箋注〔三〕。

〔四〕皋夔，《尚書·虞書·大禹謨》：『帝曰：「皋陶，惟兹臣庶，罔或於予正，汝作士，明於五刑，以刑五教，期於予治。」』《尚書·虞書·舜典》：『帝曰：「夔，命汝典樂。」』

〔五〕魯連，即魯仲連。《史記·魯仲連鄒陽列傳》：『魯仲連者，齊人也。好奇偉俶儻之畫策，而不肯仕宦任職，好持高節。』

〔六〕高躅，見《送戴岵瞻夫子還山》其二箋注〔三〕。

〔七〕閭左，《史記·陳涉世家》：『二世元年七月，發閭左適戍漁陽。』司馬貞索隱：『閭左謂居閭里之左也，秦時復除者居閭左。今力役凡在閭左盡發之也。又云，凡居以富强爲右，貧弱爲左。秦役戍多，富者役盡，兼取貧弱者也。』

〔八〕籲俊，《尚書·立政》：『古之人迪惟有夏，乃有室大競，籲俊尊上帝。』孔穎達疏：『招呼賢俊之人，與共立於朝，尊事上天。』

〔九〕八柄，《周禮·天官·大宰》：『以八柄詔王馭群臣：一曰爵，以馭其貴；二曰禄，以馭其富；三曰予，以馭其幸；四曰置，以馭其行；五曰生，以馭其福；六曰奪，以馭其貧；七曰廢，以馭其罪；八曰誅，以馭其過。』

〔一〇〕三遷，宋俞文豹《吹劍録外集》：『趙忠肅號得全，宗伊川之學，由司諫三遷至大用。』

〔一一〕視草，《舊唐書·職官志二》：『玄宗即位，張説、陸堅、張九齡、徐安貞、張洎等召入禁中，謂之翰林待詔。王者尊極，一日萬機，四方進奏，中外表疏批答，或詔從中出，宸翰所揮，亦資其檢討，謂之視草。』

〔一二〕紫誥，古代詔書以錦囊盛，紫泥封口，加印章，後因稱皇帝詔令爲紫誥。唐蘇頲《春晚紫微省直寄内》：『内史通宵承紫誥，中人落晚愛紅妝。』

〔一三〕崔盧，魏晋至唐代，山東士族崔氏、盧氏世居高顯之位。《舊唐書·竇威傳》：『高祖笑曰：「比見關東人與崔盧爲婚，猶自矜伐，公代爲帝戚，不亦貴乎！」』

〔一四〕裴馬，《新唐書·裴行儉傳》：『遷吏部侍郎，與李敬玄、馬載同典選，有能名，時號「裴馬」。』

〔一五〕調元，謂執掌大政。唐李益《述懷寄衡州令狐相公》：『調元方翼聖，軒蓋忽言東。』

〔一六〕華封，見《壽趙興寰中丞》箋注〔七〕。

寒夜飲酒歌即送吴天章歸河中時陶季蒼石在座〔一〕

中條千仞青溟開，長河雪浪如驚雷。山川盤鬱古蒲坂，扶輿閒氣生奇才。吴生卓犖名公子，詞源屈注蛟龍摧。垂棘之璧不入貢〔二〕，行年三十猶蒿萊〔三〕。燕山雪花大如手〔四〕，騎驢一吊昭王臺〔五〕。荆高筑聲未銷歇〔六〕，行吟碣石悲風來。我有濁醪色味劣，藏之不減葡萄醅。夜闌與子共斟酌，徑須引滿三百杯〔七〕。短裘蒙茸亂鬢髮，高談跌宕凌鄒枚〔八〕〔一〕。贈我新詩力扛鼎，五十六字琅玕排。行間蕭散復兀奡〔九〕，猩紅小印吴綾裁。維時歲莫佳客集，形骸脱略無嫌猜。處士淮南挂席至〔一〇〕，舍人河北從軍回。草草訂交良不惡，縱横酒氣浮樽罍。出門驚沙撲燈滅〔二〕，大星磊落垂天街。拂衣明日歸山去，人生聚散何爲哉。

校訂

鄧漢儀《詩觀三集》卷八選録此詩。詩題中『蒼石』，《詩觀三集》作『魏蒼石』。

味，《詩觀三集》作『未』。

百，《詩觀三集》作『千』。

莫，《詩觀三集》作『暮』。

歸，《詩觀三集》作『故』。

箋注

〔一〕吴雯（一六四四—一七〇四），字天章，號蓮洋，蒲州（今山西永濟）人，康熙十八年（一六七九）以諸生召試博學鴻詞，不第。浪游南北，爲王士禛所賞。有《蓮洋集》。陶季（一六一六—一七〇三），本名澂，字季深，後以字行，去深曰季，江蘇寶應人。明諸生，入清隱居。有《舟車集》。魏麟徵，字蒼石，溧陽（今江蘇溧陽）人。康熙六年（一六六七）進士，官至邵武府知府。著有《石屋詩鈔》。河中，今山西永濟，唐代曾設蒲州府，因位於黄河中游而得名河中府。

〔二〕垂棘之璧，《左傳·僖公二年》：『晋荀息請以屈産之乘與垂棘之璧，假道於虞以伐虢。』

杜預注：『垂棘出美玉，故以爲名。』

〔三〕蒿萊，唐岑參《送杜佐下第歸陸渾別業》：『還須及秋賦，莫即隱蒿萊。』

〔四〕『燕山』句，唐李白《北風行》：『燕山雪花大如席，片片吹落軒轅臺。』

〔五〕昭王臺，見《滿江紅・金臺懷古》箋注〔一〕。

〔六〕『荆高』句，見《哭家企鑒叔六首》其三箋注〔一〕。

〔七〕『徑須』句，唐李白《將進酒》：『烹羊宰牛且爲樂，會須一飲三百杯。』

〔八〕鄒枚，見《送頌嘉六階之湯泉》其一箋注〔三〕。

〔九〕兀奡，兀傲。晋陶淵明《飲酒二十首》其十三：『規規一何愚，兀傲差若穎。』

〔一〇〕挂席，見《讀李武曾南行詩偶題却寄》箋注〔四〕。

輯評

〔一〕鄧漢儀曰：『想見其人。』

〔二〕鄧漢儀曰：『金盞欲鳴。』

鄧漢儀曰：『寫得一往豪氣勃發，竟欲呼吴郎出於紙上。』

雪獅行〔一〕

大秦之獸來雪山，中庭屹立光芒寒。血舌電目勢趨走，神威矗矗當重關。天公昨夜紛玉戲〔二〕，瑶華三尺須臾間。呆女痴兒工作劇〔三〕，强呵凍手來雕刓。堅冰屹屹鏤鬑鬣，蹲夷䶊䫖精神完〔四〕。平脅曼膚出意匠，呀然爪距愁相搏。穴腹置燈燈微曙，化城彷彿聞旃檀〔五〕。旭日曈曨下檐霤，魋鼻儋耳還凋殘〔六〕。威加百獸竟何益，六花不鑄黄金顔〔七〕。世間成毁偶然耳，誰爲喜怒驚邯鄲〔八〕。夏蟲語冰定大笑〔九〕，獅乎與爾齊斯觀。

箋注

〔一〕雪獅，宋張耒《戲作雪獅絶句》：「六出裝來百獸王，日頭出後便郎當。」

〔二〕玉戲，見《蝶戀花》（十一月）箋注〔三〕。

〔三〕作劇，開玩笑。

〔四〕蹲夷䶊䫖，《文選・王延壽〈魯靈光殿賦〉》：「玄熊䶊䫖以齗齗，却負載而蹲跠。」李周翰注：『言玄熊吐舌出齒，却負戴楝梁而蹲踞也。』李善注：『䛐談，吐舌貌。』

〔五〕旃檀，梁沈約《瑞石像銘》：『莫若圖妙像於檀香，寫遺影於祇樹。』

〔六〕魈，大而突出。清陳維崧《菩薩蠻·燕市贈相者》：『鶡鼻與魈肩，何嘗直一錢。』儋耳，《山海經·大荒北經》：『有儋耳之國。』郭璞注：『其人耳大垂下儋在肩上。』

〔七〕六花，雪花結晶六瓣，故名。

〔八〕邯鄲，見《南鄉子·夏夕無寐，茫茫交集，輒韵語寫之，不求文也》其一箋注〔一〕。

〔九〕夏蟲語冰，《莊子·秋水》：『井蛙不可以語於海者，拘於虛也；夏蟲不可以語於冰者，篤於時也。』

題文姬歸漢圖同阮亭作〔一〕

欲雪不雪天冥冥，西風慘淡吹高旌。磧中數騎蕭然行，霜寒草短蹄蹴冰。兩馬齕步嘶咿嚶，馬通馬語人則懵。韝緣錦帶籠蒼鷹〔二〕，吹唇捲葉如有聲。得非十八拍已成〔三〕，有美一人玉雪清。風鬟霧鬢傷離情，斷絶母子心怦怦。故園歸去惟棘荆，南鄰東里奔鼯鼪〔四〕。青蠅白璧顔胡䞓〔五〕，公獨有意憐傾城。漢官牽車指北庭，黄金詎博千秋名。中郎遺笥腹作經〔六〕，屈蟠武庫羅斗星〔七〕。十吏腕脱難爲勝〔八〕，老瞞此舉快平生〔九〕。故人誼重蛾眉輕〔一〕，太尉墳草鬱青青〔一〇〕，銅雀何爲鎖娉婷〔一一〕。

校訂

鄧漢儀《詩觀三集》卷八、《山左詩鈔》卷三十一皆選録此詩。詩題中『阮亭』，《詩觀三集》《山左詩鈔》皆作『王阮亭』。

不，底本作『欲』，據《詩觀三集》《山左詩鈔》改。

冥冥，《山左詩鈔》作『溟溟』。

故園，《山左詩鈔》作『故國』。

誼，《山左詩鈔》作『宜』。

箋注

〔一〕文姬歸漢圖，宋陳居中作有《文姬歸漢圖》，描繪漢使相迎，文姬與左賢王對坐餞别的場景。金張瑀亦有《文姬歸漢圖》，描繪文姬貂冠胡服與護衛馳於歸途。從詩意看，本詩所題《文姬歸漢圖》當爲張畫。文姬，《後漢書·列女傳·董祀妻》：『陳留董祀妻者，同郡蔡邕之女也，名琰，字文姬。博學有才辯，又妙於音律。適河東衛仲道。夫亡無子，歸寧於家。興平中，天下喪亂，文姬爲胡騎所獲，没於南匈奴左賢王，在胡中十二年，生二子。曹操素與邕善，痛其無嗣，乃遣使者以金璧贖之，而重嫁於祀。』阮亭，即王士禛，見《浣溪沙・步阮亭紅橋韵》其一箋注〔一〕。王士禛有《文姬歸漢圖》詩。

〔二〕鞲縧，見《醉落魄・咏鷹》箋注〔二〕。

〔三〕十八拍，相傳蔡文姬作有《胡笳十八拍》。

〔四〕鼯鼪，唐韓愈《南山詩》：『峥嶸躋冢頂，倏閃雜鼯鼬。』

〔五〕青蠅白璧，唐陳子昂《宴胡楚真禁所》：『青蠅一相點，白璧遂成冤。』

〔六〕中郎，《後漢書・蔡邕傳》：『蔡邕，字伯喈，陳留圉人也。……初平元年，拜左中郎將，從獻帝遷都長安，封高陽鄉侯。』

〔七〕武庫，《晋書・杜預傳》：『預在内七年，損益萬機，不可勝數，朝野稱美，號曰「杜武庫」，言其無所不有也。』

〔八〕『十吏』句，《漢書・陳遵傳》：『王莽素奇遵材，在位多稱譽者，繇是起爲河南太守。既至官，當遣從史西，召善書吏十人於前，治私書謝京師故人。遵馮几，口占書吏，且省官事，書數百封，親疏各有意，河南大驚。數月免。』腕脱，《新唐書・蘇頲傳》：『玄宗平内難，書詔填委，獨頲在太極後閤，口所占授，功狀百緒，輕重無所差。書史白曰：「丐公徐之，不然，手腕脱矣。」』宋蘇軾《和趙郎中捕蝗見寄次韵》：『往來供十吏，腕脱不容歇。』

〔九〕老瞞，見《題讀碑圖》箋注〔七〕。

〔一〇〕太尉，《三國志·魏書·武帝紀》：『玄謂太祖曰：「天下將亂，非命世之才不能濟也，能安之者，其在君乎！」』裴松之注：『《魏書》曰：「太尉橋玄，世名知人，睹太祖而异之，曰：『吾見天下名士多矣，未有若君者也！君善自持。吾老矣！願以妻子爲托。』由是聲名益重。」《續漢書》曰：「玄字公祖，嚴明有才略，長於人物。」』

〔一一〕『銅雀』句，見《滿江紅·和錫鬯吳大帝廟下作》箋注〔七〕。

輯評

『欲雪』八句，鄧漢儀曰：『一幅塞上圖。迷離慘淡，不可言説。』

『得非』二句，鄧漢儀曰：『衹此一句，千鈞之力。』

〔一〕鄧漢儀曰：『誰肯？』

『太尉』二句，鄧漢儀曰：『駁得是。』

正子有緑水送春帆之句喜而贈之〔一〕

緑水春帆句有神，飄然意態足清新。阿誰解道澄江練，輸與吾家綉虎人〔二〕。

箋注

〔一〕正子，即岳端，見《正子席上作》箋注〔一〕。

〔二〕綉虎人，見《減字木蘭花・雜憶》其六箋注〔一〕。

春晚同牧仲湘舞二鮑顥士元禮寓匏偶過祖園小飲各賦絶句〔一〕

其一

一年只合餘三月，上巳韶光兩度游〔二〕。瘦馬獨吟何處去，撩天烟絮淡生愁。

箋注

〔一〕牧仲，即宋犖，見《天香・咏緑牡丹，爲牧仲作》箋注〔一〕。路鶴徵（一六三四—一六九〇），字湘舞，江蘇華亭（今屬上海）人。有《畹薌詞》。高層雲，字二鮑，號謖苑，江蘇華亭（今屬上海）人。康熙十五年（一六七六）進士，官至太常寺少卿。有《改蟲齋詩略》。王項齡（一六四二—一七二五），字顓士，號瑁湖，江蘇華亭（今屬上海）人。康熙十五年（一六七六）進士，官至工部尚書，武英殿大學士。有《世恩堂集》。葉舒崇，字元禮，吴江（今江蘇蘇州）人。康熙十五年進士，官中書舍人。柯崇樸，字寓匏，浙江嘉善人。貢生，官内閣中書。康熙十八年（一六七九）舉博學宏詞，因丁憂未試。有《振雅堂集》。祖園，見《齊天樂·春晚同諸子游祖園》箋注〔一〕。

〔二〕上巳，見《哨遍·題萬柳堂》箋注〔八〕。宋吴自牧《夢粱録·三月》：『三月三日上巳之辰，曲水流觴故事，起於晋時。唐朝賜宴曲江，傾都禊飲踏青，亦是此意。』

其二

咫尺花源路尚迷，人家遥隔板橋西。到門一曲風潭静，萬樹陰中老鸛啼〔一〕。

箋注

〔一〕老鸛，《詩經·豳風·東山》：『鸛鳴於垤，婦嘆於室。』毛傳：『鸛好水，長鳴而喜也。』鄭玄箋：『鸛，小鳥也。將陰雨則鳴。』

其三

蘼蕪十里亂如絲〔一〕，緑入長堤柳半垂。惆悵東園春事晚，梨花一樹正參差。

箋注

〔一〕蘼蕪，見《木蘭花·春晚》箋注〔一〕。

其四

紅藥怒生如靺鞨〔一〕，老藤斜挂作虬龍。酒酣風起松濤涌，彷彿清秋萬壑鐘。

箋注

〔一〕靺鞨，即紅瑪瑙，因産於靺鞨，故稱。《舊唐書·肅宗紀》：『（上元二年）壬子，楚州刺史崔侁獻定國寶玉十三枚……七曰紅靺鞨，大如巨栗，赤如櫻桃。』

其五

幾回爛醉少年場，急管哀絲鬥夜涼。太息頭顱今種種〔一〕，竹林闌入一神傷。

箋注

〔一〕種種，《左傳·昭公三年》：『余髮如此種種，余奚能爲。』杜預注：『種種，短也。』

其六

分湖紫蟹想輪囷〔一〕，陶莊黃雀已沾唇〔二〕。老饕老去無多望〔三〕，願住江南作好春。

箋注

〔一〕分湖紫蟹，明李日華《紫桃軒雜綴》卷三：『吾郡風物極佳者，汾湖紫蟹，陶莊黃雀。』輪囷，《禮記·檀弓下》：『美哉輪焉。』鄭玄注：『輪，輪囷，言高大。』

〔二〕陶莊黃雀，明張岱《陶庵夢憶·方物》：『嘉興則馬交魚脯、陶莊黃雀。』

〔三〕老饕，見《雪夜讀書以病止酒感賦》箋注〔七〕。

其七

腰鼓當筵唱柘枝〔一〕，風前玉樹繫人思。音徽歇絶今如許，不是花間好酒悲。時與元禮談及永瞻〔二〕，故云。

箋注

〔一〕柘枝，唐章孝標《柘枝》：『柘枝初出鼓聲招，花鈿羅衫聳細腰。』

〔二〕元禮，即葉舒崇，見《春晚同牧仲湘舞二鮑顓士元禮寓匏偶過祖園小飲各賦絶句》其一箋注〔一〕。永瞻，卓允域，字永瞻，浙江仁和人，清諸生。

其八

數尺殘陽入短籬，隔墻猶露蒨桃枝。最憐人影匆匆散，不及銀塘月上時。

讀史有感

不盡中宵太息聲，十年清夢落邊城。龍荒雪窖尋常事，大有人間蘇子卿〔一〕。

箋注

〔一〕『龍荒』句，《漢書·李廣蘇建列傳》：『武字子卿……律知武終不可脅，白單于。單于愈益欲降之，乃幽武置大窖中，絶不飲食。天雨雪，武卧嚙雪與旃毛并咽之，數日不死，匈奴以爲神，乃徙武北海上無人處，使牧羝，羝乳乃得歸。』

題畫竹

古人作畫如學書，興酣落筆神明俱。奮臂大呼走真氣，生枝枯卉森千株。古人學書如作畫，淋漓墨海供揮灑。古釵脚與屋漏痕〔一〕，鑿破鴻蒙起光怪。由來絶藝恒相兼，以書作畫筆力銛。雪松老人得此意〔二〕，驅役萬象收洪纖〔三〕。只今畫竹不盈幅，茅堂開視無蒸炎。一竿直上拂雲氣，琅玕片玉紛相黏。一竿横絶飽風雨，嶔崎磊落窺湘簾。天馬籋雲脱羈靮〔四〕，神龍出霧揚鬚髯。其餘點綴不草草，嫩籜初應驚雷占。此君寫照略形似，何殊頰上三毫添〔五〕。俯視王夏培塿耳〔六〕，敢與太華争尊嚴。若於昔人求位置，左帷與可右子瞻〔七〕。卷端自署銀鉤屈，儐之隻字應三縑。公游道山三十載〔八〕，零緗敗素神所潛。郎君什襲等守器，錦綈賵首標牙籤〔九〕。伊余童年獲方曲〔一〇〕，動摇墨氣溟蒙沾。藏之懷袖逾拱璧，六丁攝取憂惔惔〔一一〕。今觀此卷觀亦止，長語作頌寧非諂。

箋注

〔一〕『古釵』句，見《月下笛·悼何蕤音》箋注〔七〕。

〔二〕雪松老人，張繼倫，字漢萄，一字學海，號雪松老人。工書，善畫竹。明崇禎三年（一六三〇）副貢。山東安丘人。張貞之父。朱彝尊《雪松老人傳》：『雪松老人，姓張氏，名繼倫，青州安丘人。生時，父夢葡萄蔓延於庭，字之曰漢萄，後更字學海。……老人工行草書，善畫墨竹。』

〔三〕洪纖，大小，巨細。《文選・班固〈典引〉》：『鋪觀二代洪纖之度，其賾可探也。』張銑注：『言布觀殷周二代大小之度，其幽深之迹亦可探究也。』

〔四〕靷，《禮記・少儀》：『牛則執紖，馬則執靷。』鄭玄注：『紖、靷，皆所以繫制之者。』孔穎達疏：『紖、靷，俱牽牛馬之物。』

〔五〕頰上三毫，《晉書・顧愷之傳》：『嘗圖裴楷象，頰上加三毛，觀者覺神明殊勝。』

〔六〕王夏，明代王紱、夏昶的并稱。《明史・文苑傳》：『王紱，字孟端，無錫人。博學，工歌詩，能書，寫山木竹石，妙絶一時。……崑山夏昶者，亦善畫竹石，亞於紱。畫竹一枝，直白金一錠，然人多以饋遺得之。』培塿，《左傳・襄公二十四年》：『大叔曰：「不然，部婁無松柏。」』杜預注：『部婁，小阜；松柏，大木，喻小國异於大國。』

〔七〕與可，文同，字與可，北宋畫家，尤擅長畫竹，蘇軾表親。曾任洋州、湖州知州，有《丹淵集》。子瞻，蘇軾，字子瞻。

〔八〕公，指張繼倫。道山，宋惠洪《冷齋夜話》卷七：『世傳端明已歸道山，今尚爾游戲人問邪？』

〔九〕賻首，指書册或書畫條幅卷首貼綾之處。宋周密《齊東野語·紹興御府書畫式》：『用紅霞雲鸞錦褾，碧鸞綾裏，白鸞綾引首，高麗紙賻，白玉軸，檀香木杆。』

〔一〇〕伊余，見《初秋偶成三首》其二箋注〔三〕。方曲，明楊慎《丹鉛總録》卷十二：『《北史·楊愔傳》「以方曲障面」，讀者不解「方曲」爲何語。按《説文》作笛，蠶簿也……《方言》「簿謂之曲」，此云「方曲障面」，蓋竹織方扇也。』

〔一一〕六丁，《後漢書·梁節王暢傳》：『從官卞忌自言能使六丁。』李賢注：『六丁，謂六甲中丁神也。若甲子旬中，則丁卯爲神，甲寅旬中，則丁巳爲神之類也。役使之法，先齋戒，然後其神至，可使致遠方物及知吉凶也。』

和木齋四月一日豐臺看花〔一〕

其一

誰遣清和一月遲，濃陰如幄繫人思。不知緑遍芭蕉未，又是開殘芍藥時。勝地莫辭中聖酒〔二〕，斜陽端欲挂疏籬。樂游原上歸何暮〔三〕，恐惹緇塵點鬢絲。

箋注

〔一〕木齋，即劉果，見《劉木齋招飲至醉》箋注〔一〕。

〔二〕中聖酒，見《秋日戲效宋人體》箋注〔一〕。

〔三〕樂游原，在長安城南。唐李商隱《樂游原》：『向晚意不適，驅車登古原。夕陽無限好，只是近黄昏。』

其二

尋芳又較去年遲，野草幽塘慰所思。燕子營將新壘後，楊花飛過晚春時。何來上客牛心炙〔一〕，幾處人家麂眼籬〔二〕。惆悵山公騎馬路〔三〕，垂垂帽影與鞭絲。

箋注

〔一〕牛心炙，南朝宋劉義慶《世説新語·汰侈》：『王君夫有牛，名八百里駮，常瑩其蹄角。王武子語君夫：「我射不如卿，今指賭卿牛，以千萬對之。」君夫既恃手快，且謂駿物無有殺理，便相然可，令武子先射。武子一起便破的，却據胡床，叱左右速探牛心來。須臾，炙至，一臠便去。』

〔二〕麂眼籬，竹籬，籬格斜方如麂眼，故名。宋陸游《明日又來天微陰再賦二首》其二：

『短籬圍麂眼，幽徑繚羊腸。』

〔三〕山公，晋山簡，字季倫。南朝宋劉義慶《世説新語·任誕》：『山季倫爲荆州，時出酣暢。人爲之歌曰：「山公時一醉，徑造高陽池，日莫倒載歸，酩酊無所知。復能乘駿馬，倒著白接籬。舉手問葛强，何如并州兒。」高陽池在襄陽。强是其愛將，并州人也。』

却憶

其一

當風聊復一披襟，磕磕冰盤入夏深〔一〕。却憶家園濃翠裏，如拳新摘水林檎〔二〕。

校訂

林檎，底本作『林捡』，『捡』同『擒』，誤，當作『檎』。

箋注

〔一〕磕磕冰盤，明劉侗、于奕正《帝京景物略·春場》：『立夏日，啓冰，賜文武大臣，編氓得賣買，手二銅盞疊之，其聲礚礚，曰冰盞。』

〔二〕水林檎，明李時珍《本草綱目》：『林檎，即柰之小而圓者。其味酢者，即楸子也。其類有金林檎、紅林檎、水林檎、蜜林檎、黑林檎，皆以色味立名。』

其二

赤雲夾日射黃埃〔一〕，那得花光拂面來。却憶野塘方十畝，白蓮香裏納涼回。

箋注

〔一〕赤雲夾日，《左傳·哀公六年》：『是歲也，有雲如衆赤鳥，夾日以飛三日。』《史記·楚世家》：『十月，昭王病於軍中，有赤雲如鳥，夾日而蜚。』

其三

星飛幾點亂螢光，瑟瑟槐風入夜涼。却憶豆棚新浴後〔一〕，一編野史說興亡。

箋注

〔一〕『却憶』句，清王士禛《題聊齋志异》：『姑妄言之姑聽之，豆棚瓜架雨如絲。』

題畫

其一

楓岸青青未着霜，烟波杳靄似三湘。興來更上層樓望，奇絶君山一點蒼〔一〕。

箋注

〔一〕君山，北魏酈道元《水經注·湘水》：『（洞庭）湖中有君山……湘君之所游處，故曰君山矣。』

其二

月色波光共渺然，弄珠神女影娟娟〔一〕。扁舟倘乞樵風便，衝破玻璃萬頃天。

箋注

〔一〕弄珠神女，漢張衡《南都賦》：『耕父揚光於清泠之淵，游女弄珠於漢皋之曲。』李善注引《韓詩外傳》：『鄭交甫將南適楚，遵彼漢皋臺下，乃遇二女，佩兩珠，大如荆鷄之卵。』

口號二首

其一

魚鑰沉沉總未開〔一〕，天街輿馬共徘徊。先生早起緣何事，只向門前看月來。

箋注

〔一〕魚鑰，見《乙卯元日過天咫齋頭遇沈康臣小飲翌日見投一詩賦答四首》其二箋注〔六〕。

其二

老子年來倦夙興，誰教月底對紅燈。五更趺坐蕭條甚〔一〕，只似人間行脚僧。

箋注

〔一〕趺坐，見《奇石歌贈李諫臣》箋注〔四〕。

擬上九日内監觀馬應制〔一〕

其一

日射銅龍輦道寬〔二〕，黄袍影裏簇金鞍。吾皇自是多神武，莫作當年戲馬看。

箋注

〔一〕上九日，《太平御覽》卷九九一引晋周處《風土記》：『俗上九月九日，謂爲上九。』

〔二〕銅龍，明李東陽《送進士歸省》：『宵辭禁漏銅龍盡，曉散朝行白鷺稀。』

其二

何來雲錦繞宫墻，霧鬣風鬃未易方〔一〕。遥識天顔多喜色，奚官遍賜紫萸囊〔二〕。

箋注

〔一〕霧鬣風鬃，元張伯淳《洗馬圖》：『蕭蕭霧鬣與風鬃，撲面征塵一洗空。』

〔二〕奚官，職司養馬。《晋書・職官志》：『少府，統材官校尉、中左右三尚方、中黄左右藏、左校、甄官、平準、奚官等令。』紫萸囊，南朝梁宗懔《荆楚歲時記》：『九月九日四民并藉野飲宴。按杜公瞻云……今北人亦重此節，佩茱萸、食餌、飲菊花酒，云令人長壽。……又《續齊諧記》云：「汝南桓景隨費長房游學，長房謂之曰：『九月九日，汝家中當有灾厄，急令家人縫囊，盛茱萸繫臂上，登山飲菊花酒，此禍可消。』景如言，舉家登山，夕還，見鷄犬牛羊一時暴死。長房聞之曰：『此可代也。』」今世人九日登高飲酒，婦人帶茱萸囊，蓋始於此。』

其三

沙平草淺日微寒，龍種權奇欲試難〔一〕。風入四蹄馳道遠，任教吹墮切雲冠〔二〕。

箋注

〔一〕龍種，北周庾信《春賦》：『馬是天池之龍種，帶乃荆山之玉梁。』權奇，《文選・顔延之〈赭白馬賦〉》：『雄志倜儻，精權奇兮。』張銑注：『權奇，善行貌。』

〔二〕切雲冠，屈原《九章・涉江》：『帶長鋏之陸離兮，冠切雲之崔嵬。』王逸注：『戴崔嵬之冠，其高切青雲也。』

阿濫堆爲阮亭作〔一〕

一曲人傳阿濫堆，怨入琵琶小忽雷〔二〕。見説關山多雨雪，凌風何處却飛來。

箋注

〔一〕阿濫堆，南宋王灼《碧鷄漫志》卷四：『阿濫堆，《中朝故事》云：「驪山多飛禽，名阿濫堆。明皇御玉笛，采其聲，翻爲曲子名。左右皆傳唱之，播於遠近，人競以笛效吹。故張祜詩云：『紅樹蕭蕭閣半開，玉皇曾幸此宫來。至今風俗驪山下，村笛猶吹阿濫堆。』」』阮亭，即王士禛，見《浣溪沙·步阮亭紅橋韵》其一箋注〔一〕。

〔二〕小忽雷，見《聽鄰女琵琶和蛟門》箋注〔六〕。

廬山高壽王年伯〔一〕

廬山高〔二〕，高幾許？乃是天地鴻蒙之奥府。九叠爲峰，三叠爲泉，大江日夜流潺湲。謝公讀書闢精舍〔三〕，慧遠結社開白蓮〔四〕。自有此山以來，跳日月，霏雲烟。雨露之所潤，扶輿之所綿，荆揚之所萃，彭蠡之所漩。蔚爲奇材數千尺，亭亭直上勢欲摩青天。一枝離奇夭矯不可測，儼如西方老佛手，持貝葉翻空掩映香爐顛。一枝颯然作偃蓋，輪輪囷囷委蛇溪洞邊。一枝初放尚蜿蜒，嵚崎砐硉蛟龍躔。一枝質如青銅形如鐵石，秦松漢柏不足擬其古，霜皮黛色不足爲其妍〔五〕。已乘風雷雜雲氣，兄杶幹而弟梓楩〔六〕。飛騰踴躍升天府，將與扶桑若木蟠垓埏〔七〕。其下或爲茯苓，爲虎魄，爲玉樹，爲芝蘭〔八〕。青條森森争茂密，彷彿瑯環瑜珥羅階前。噫吁嘻，廬山之高有如此，舉似先生胡不然。

箋注

〔一〕廬山高，《宋史·文苑傳六》：『劉恕字道原，筠州人。父涣字凝之，爲潁上令，以剛直不能事上官，弃去。家於廬山之陽，時年五十。歐陽修與涣，同年進士也，高其節，作《廬山高》詩以美之。涣居廬山三十餘年，環堵蕭然，饘粥以爲食，而游心塵垢之外，超然無戚戚意，以壽終。』

〔二〕廬山，在江西九江市南。北魏酈道元《水經注》卷三十九：『王彪之《廬山賦叙》曰：

「廬山，彭澤之山也。雖非五岳之數，穹窿嵯峨，實峻極之名山也。」孫放《廬山賦》曰：「尋陽郡南有廬山，九江之鎮也。臨彭蠡之澤，接平敞之原。」《開山圖》曰：「山四方，周四百餘里，疊鄣之岩萬仞，懷靈抱异，苞諸仙迹。」』

〔三〕『謝公』句，元陶宗儀《説郛・不入社諸賢傳》：『謝靈運祖玄有功晋室，靈運爲康樂公主孫，襲封「康樂公」，文章爲江右第一。……至廬山一見遠公，肅然心伏，及即寺築臺，翻涅槃經，鑿池植白蓮。時遠公諸賢，同修净土之業，因號「白蓮社」，靈運嘗求入社，遠公以其心雜而止之。』

〔四〕『慧遠』句，《高僧傳・慧遠傳》：『遠於是與弟子數十人，南適荆州，住上明寺。後欲往羅浮山，及届潯陽，見廬峰清静，足以息心，始住龍泉精舍。』

〔五〕霜皮黛色，見《山花子・爲人題簾上畫松》箋注〔五〕。

〔六〕杶，香椿。《尚書・禹貢》：『厥貢羽毛齒革，惟金三品，杶幹栝柏。』梓，明李時珍《本草綱目・木二・梓》：『按陸佃《埤雅》云：梓爲百木長，故呼梓爲木王。蓋木莫良於梓，故《書》以《梓材》名篇，《禮》以梓人名匠，朝廷以梓宫名棺也。』楩，《尚書・禹貢》：『齒革羽毛惟木。』孔安國傳：『木，楩梓豫章。』

〔七〕扶桑若木，唐李嶠《日》：『旦出扶桑路，遥升若木枝。』垓埏，《文選・漢司馬相如〈封禪文〉》：『上暢九垓，下泝八埏。』李善注引孟康曰：『暢，達也。……埏，地之八際也。』

〔八〕爲玉樹，爲芝蘭，南朝宋劉義慶《世説新語·言語》：『謝太傅問諸子侄：「子弟亦何預人事，而正欲使其佳？」諸人莫有言者。車騎答曰：「譬如芝蘭玉樹，欲使其生於階庭耳。」』

贈方山〔一〕

其一

共爾爲郎久，官寒情倍親。拂衣今日去，悵望濁河濱。積雪明關路，驚風上面塵。燕齊分一水，鼓枻到城闉〔二〕。

箋注

〔一〕方山，即謝重輝，見《送謝方山賫詔之江右》箋注〔一〕。

〔二〕鼓枻，屈原《漁父》：『漁父莞爾而笑，鼓枻而去。』城闉，宋陸游《野興二首》其一：『東望城闉十里遥，野人生計日蕭條。』

其二

余之曾大父〔一〕，結綬古漁陽〔二〕。猶及先丞相〔三〕，爲僚共一堂。寒家傳六世，夫子衍青箱。記憶吾何有，因君泪數行。

箋注

〔一〕『余之』句，曾大父，指曹貞吉曾祖曹應塤，《安丘連池曹氏族譜》卷七《世系》：『應塤，一麟長子，字友甫，一字和甫，號肖岩，以庠生入太學，考授華陰縣縣丞，再遷遵化縣縣丞，以長子貴，敕贈徵仕郎光禄寺大官署署丞。嘉靖二十八年十二月初三日生，天啟五年三月十八日卒，享年七十有八。』

〔二〕『結綬』句，曹應塤曾爲遵化縣丞，遵化秦時爲漁陽郡地，故言。

〔三〕先丞相，指謝重輝伯父謝陞，謝重輝亦爲謝陞嗣子。謝陞，字伊晋，明萬曆三十五年進士。崇禎十三年以禮部尚書兼東閣大學士入閣，晋少保兼太子太保、吏部尚書、武英殿大學士。崇禎十五年被罷相。入清後官至建極殿大學士管吏部尚書。順治二年卒，追贈太傅，謚號清義。

其三

似水交情淡，真能飲我醇。詞源窺正始，文筆薄先秦。龍腹歸名士〔一〕，驪歌感故人〔二〕。長安知己盡，離索一傷神。

箋注

〔一〕『龍腹』句，《三國志·魏書·華歆傳》：『議論持平，終不毀傷人。』裴松之注引三國魏魚豢《魏略》：『歆與北海邴原、管寧俱游學，三人相善，時人號三人爲「一龍」，歆爲龍頭，原爲龍腹，寧爲龍尾。』

〔二〕驪歌，告別的歌。

其四

宋玉章江去〔一〕，風帆不少留。君行殊未遠，脉脉動離愁。壞驛冰霜結，高原松柏幽。阡開京兆後，來續酒人游。

箋注

〔一〕宋玉，《史記·屈原賈生列傳》：『屈原既死之後，楚有宋玉、唐勒、景差之徒者，皆好辭而以賦見稱。』

送翁武原之任黄州

其一

延秋門外馬蹄輕〔一〕，雪後看山眼倍明。此去髯蘇舊游地〔二〕，依然詞賦走江聲。

校訂

原，底本作『源』。翁介眉，字武原，又字萝白，錢塘（今浙江杭州）監生，歷官黄州同知、桂林府知府。輯有《清詩初集》。清朱彝尊撰、清李富孫注《曝書亭集詞注》卷三：『《浙人詩存》：「翁介眉，字武原，錢唐人，隴州司馬世庸子，有選《清詩初集》。」』又同時詩人王士禛《帶經堂集·送翁武原赴黄州岐亭丞》、陳維崧《湖海樓詩集·送錢塘翁武原同知黄州》、李澄中

《卧象山詩集・送翁武原之任桂林》、李良年《秋錦山房集・送翁武原之官黄州别駕二首》、朱彝尊《曝書亭集・送翁武原之官黄州郡丞》、李因篤《受祺堂詩・送翁武原郡丞之黄州任》、吴雯《蓮洋集・送翁武原之官黄州》、彭孫遹《松桂堂全集・送翁武原赴黄州》等諸多與翁介眉的送别唱和詩，亦均作『武原』，據以改。

黄州，底本作『廣州』，本組詩其一言『此去髯蘇舊游地』，雖則蘇軾確曾官惠州（今廣東惠州），似可解。但其二所言『七澤三湘』『郢中聲』諸意象，均與湖北有關。《清史稿》卷六十七：『黄州府，順治初，沿明制，屬湖廣布政司。康熙三年，屬湖北布政司。』《（光緒）黄州府志》卷十一《職官表・同知》：『己未，翁介眉，錢塘例監。』知翁介眉於康熙十八年己未任黄州同知。《（雍正）廣西通志》卷五十七《桂林府知府》：『翁介眉，浙江錢塘籍海鹽人，康熙二十二年任。』《栖霞寺志》卷上：『翁介眉，字夢白，杭州人，桂林府太守。』相關史志資料未見有翁介眉任職廣州的記載。綜上，底本詩題中『廣州』當作『黄州』。

箋注

〔一〕延秋門，唐長安禁苑西門。清李因篤《受祺堂詩》卷二十一《送翁武原郡丞之黄州任》：『使君客長安。』自注：『謂尊大人西安郡丞。』尊大人，翁武原之父翁世庸，《（乾隆）杭州府志》卷八十九《人物四・翁世庸》：『翁世庸，字用公，錢塘人，順治戊戌進士，授思恩知縣，遷隴州知州，王輔臣叛，秦隴震動，世庸連上血書，請兵未至，城陷被執，世庸不屈，以死自誓。』

〔二〕『此去』句，宋蘇軾《客位假寐》：『同僚不解事，慍色見髯鬚。』蘇軾曾因『烏臺詩案』被貶爲黄州（今湖北黄岡）團練副使，故言。

其二

美人文筆接西京，佐郡新煩露冕行〔一〕。七澤三湘無限好，高歌一和郢中聲〔二〕。

箋注

〔一〕露冕，《後漢書·郭賀傳》：『拜荆州刺史，引見賞賜，恩寵隆异。及到官，有殊政。……顯宗巡狩到南陽，特見嗟嘆，賜以三公之服，黼黻冕旒。敕行部去襜帷，使百姓見其容服，以章有德。』

〔二〕郢中聲，見《蘭陵王·送二舅之沅州》箋注〔一〇〕。

夢至老鶴亭得詩

斷隴遥連麥甲青，海雲晝涌帶潮腥。漁舟一葉輕如許，細雨斜風老鶴亭〔一〕。

箋注

〔一〕老鸛亭，《（乾隆）淮安府志》卷二十八《古迹》：『桃源縣……老鸛亭，一治東北六十里，即古崇河驛。地爲清、桃分界，河上有橋，橋上有亭，其橋名崇亭橋。』

初夏偶成

嫩緑菰蒲三尺生，荷錢一一點空明〔一〕。偶然曲沼添新水，便作江湖夜雨聲。

箋注

〔一〕『荷錢』句，宋趙長卿《朝中措·首夏》：『荷錢浮翠點前溪，梅雨日長時。』

咏雲

雨脚垂垂半日陰，斜風吹斷杳難尋。不知出岫緣何事，懶慢無心更作霖〔一〕。

箋注

〔一〕『不知』句，晋陶淵明《歸去來兮辭》：『雲無心以出岫，鳥倦飛而知還。』

秋夜獨坐偶成

其一

不寐思前事，風雷撼大東〔一〕。那知來帝里，還與故園同。城郭虛無裏，人烟震蕩中。寒蟲聲唧唧，似爲話途窮。

箋注

〔一〕大東，見《家弟旋里不數日即還朝賦此志別》箋注〔一〕。

其二

瓦礫餘生在，匆匆歲月過〔一〕。幾經身似葉，不覺鬢成皤。厚載因人薄，昆明歷劫多〔二〕。書空渾不廢，伏枕奈愁何。時地震，人傷左臂。

箋注

〔一〕『瓦礫』句，見《減字木蘭花・雜憶》其二箋注〔一〕。

〔二〕『昆明』句，見《過廢宅有感》箋注〔一〕。

其三

灝氣地中行〔一〕，隆隆虛谷聲。秋燈懸九陌〔二〕，巷哭動三更。白露侵衣濕，青磷照夜明。客心悲未已，怊悵斗初橫。

箋注

〔一〕灝氣，唐柳宗元《始得西山宴游記》：『悠悠乎與灝氣俱而莫得其涯，洋洋乎與造物者游而不知其所窮。』

〔二〕九陌，唐駱賓王《帝京篇》：『三條九陌麗城隈，萬户千門平旦開。』

杞人

其一

杞人憂不細〔一〕，圓蓋迴蒼蒼。詎識千尋厚〔二〕，翻憐八柱僵〔三〕。檣烏窺蜃闕〔四〕，屋瓦裂昆陽〔五〕。痛哭何時定，渾疑古戰場。

箋注

〔一〕『杞人』句，《列子·天瑞》：『杞國有人，憂天地崩墜，身亡所寄，廢寢食者。』

〔二〕尋，《詩經·魯頌·閟宮》：『是斷是度，是尋是尺。』鄭玄箋：『八尺曰尋。』

〔三〕八柱，屈原《天問》：『八柱何當？東南何虧？』王逸注：『言天有八山爲柱。』洪興祖補注：『《河圖》言，昆侖者，地之中也，地下有八柱，柱廣十萬里，有三千六百軸，互相牽制，名山大川，孔穴相通。』

〔四〕蜃闕，見《金明池·大熱，有懷蓬萊閣》箋注〔二〕。

〔五〕『屋瓦』句，《漢書·王莽傳》：『昆陽時已降漢，漢兵守之。嚴尤、陳茂與二公會，二公縱兵圍昆陽。……昆陽中兵出并戰，邑走，軍亂。大風蜚瓦，雨如注水，大衆崩壞號譁，虎豹股栗，士卒犇走，各還歸其郡。』

其二

梯航輸上國〔一〕，歌管集中流。一旦蛟龍走，千秋瓦礫愁。風霆驕白晝，雲氣淡幽州。落日驚沙起，依稀魑魅愁。

箋注

〔一〕『梯航』句，亦作『梯杭』，『梯山航海』的省語。唐玄宗《賜新羅王》：『玉帛遍天下，梯杭歸上都。』

示濂〔一〕

頻年報罷聽秋聲〔二〕，策蹇青門此一行〔三〕。地軸風雷還澒洞，天邊鴻雁劇縱橫。荒田耐可傭耕去，孤燭相看太瘦生〔四〕。矯首浮雲纓索絶，任他雄劍自悲鳴。

箋注

〔一〕濂，曹貞吉長子曹濂，見《賀新凉·地震後喜濂至都門》箋注〔一〕。

〔二〕報罷，科舉時代考試落第稱報罷。曹貞吉《封濂兒落卷與之》自注：『余初下第，年亦十八。』

〔三〕青門，見《摸魚子·咏蒓》箋注〔五〕。

〔四〕太瘦生，宋歐陽修《六一詩話》：『李白《戲杜甫》云：「借問別來太瘦生，總爲從前作詩苦。」太瘦生，唐人語也，至今猶以「生」爲語助，如「作麽生」「何似生」之類是也。』

寄宗定九〔一〕

廣陵名士誰稱賢，南陽宗炳今幾傳〔二〕。獨踞選樓閲千古〔三〕，維摩著作相後先。昔年偶泛邗江棹，我友正寓樓西偏。謂西樵也〔四〕。小園位置不草草，雜花滿地争春妍。主人出郭了幽事，愛而不見心茫然。比官冷署得汪子〔五〕，酒酣蹋地金莖邊。誦君佳詞爪茉莉，如水放溜珠噴泉。老夫乘興弄筆墨，自料與子難執鞭。齒頰何期借傖父，謂余同調宜相憐。寄來團扇雪霜色，就中一一圖蘭荃。烏絲斜界矮行紙〔六〕，小香私印吳麟鐫〔七〕。緑浄依稀魚子箧，紅明的皪桃花箋。細想此君多逸興，何時痛飲同幽燕。今年五月夏大熱，火雲如日緇塵闐。君游長安獲半刺〔八〕，疲驢欲雇無青錢。余亦卧病虎橋側〔九〕，失之覿面寧非天。海陵秦子晚秋至〔一〇〕，紫萸黄菊重陽前。入門下馬出君咏，芙蓉初日交澄鮮。遥知東原讀書處，紅楓一樹青藤纏。家徒四壁亦不惡，丈夫得失何有焉。道貌逢人問肥瘦，作書擬倩飆輪旋。黄葉村中足高卧，詩成還付江南船。

箋注

〔一〕宗定九，即宗元鼎，見《爪茉莉·本意，和蛟門，用宗梅岑韵》箋注〔一〕。

〔二〕宗炳，《宋書·隱逸傳》：『宗炳，字少文，南陽涅陽人也。……妙善琴書，精於言理，每游山水，往輒忘歸。……好山水，愛遠游，西陟荆、巫，南登衡岳，因而結宇衡山，欲懷尚平之志。有疾還江陵，嘆曰：「老疾俱至，名山恐難遍睹，唯當澄懷觀道，卧以游之。」凡所游履，皆圖之於室，謂人曰：「撫琴動操，欲令衆山皆響。」……元嘉二十年，炳卒，時年六十九。衡陽王義季與司徒江夏王義恭書曰：「宗居士不救所病，其清履肥素，終始可嘉，爲之惻愴，不能已已。」』

〔三〕選樓，見《木蘭花慢·題文孝祠壁》箋注〔二〕。

〔四〕西樵，見《賀新涼·送阮亭東歸，兼悼西樵》箋注〔一〕。
〔五〕汪子，即汪懋麟，見《爪茉莉·本意，和蛟門，用宗梅岑韵》箋注〔一〕。
〔六〕烏絲，見《綺羅香·沈融谷新娶夫人善琴書，同人共賦》箋注〔三〕。
〔七〕小香，宗元鼎又號小香居士。吴麟，字仁趾，江南歙縣人，工篆刻。
〔八〕半刺，《太平御覽》卷二六三引晋庾亮《答郭遜書》：『别駕，舊與刺史别乘，同流宣化於萬里者，其任居刺史之半，安可任非其人。』《宋書·百官志下》：『（刺史）官屬有别駕從事史一人，從刺史行部。』因宗元鼎曾銓注州同知，故言。
〔九〕虎橋，見《單予思招飲歸來漏三鼓矣天街悄然不知攘攘者皆歸何處慨然成咏》箋注〔三〕。
〔一〇〕海陵秦子，秦定遠，字以御，江蘇泰州人。清康熙二年武舉人，工詞。海陵，泰州古稱。

和其年説餅〔一〕

老傖吃麵如蚱蜢，齒牙雖鈍猶堪騁。廉公矍鑠未遺矢〔二〕，有腹纍然疑垂癭。座中三五江南客，常笑吾徒耽食穬〔三〕。何爲見獵輒心喜，鷙若秋鷹搦兔猛。諸君安坐聽説餅，賤子食經還井井。作䭔貴圓餅貴薄〔四〕，映紙分明見字影。櫻桃饆饠古所珍〔五〕，顔色何殊在枝梗。田家餺飩苦膠口〔六〕，但能飽此亦天幸。今年二麥較不登〔七〕，篝車欲下層陰冷〔八〕。荒陂倘或十斛收，爲君更出吴纖靚。快談不覺霜氣濃，出門惟見疏星耿。瓦礫滿街須深省，瘦馬一蹶將墜阱。疾風吹燭走驚沙，城上柝稀鄰夜丙。

箋注

〔一〕其年，即陳維崧，見《水調歌頭·午日和其年》箋注〔一〕。

〔二〕『廉公』句，《史記·廉頗藺相如列傳》：『趙使者既見廉頗，廉頗爲之一飯斗米、肉十斤，被甲上馬，以示尚可用。趙使還報王曰：「廉將軍雖老，尚善飯，然與臣坐，頃之三遺矢矣。」趙王以爲老，遂不召。』

〔三〕穬，明宋應星《天工開物·麥》：『穬麥獨産陜西，一名青稞，即大麥，隨土而變。』

〔四〕䭔，南朝梁顧野王《玉篇》卷九：『蜀人呼蒸餅爲䭔。』

〔五〕櫻桃饆饠，唐段成式《酉陽雜俎·酒食》：『韓約能作櫻桃饆饠，其色不變。』

〔六〕餺飩，北魏賈思勰《齊民要術》卷九：『餺飩挼如大指許，二寸一斷，著水盆中浸，宜以手向盆旁挼使極薄，皆急火逐沸熟煮。非直光白可愛，亦自滑美殊常。』

〔七〕二麥，大麥、小麥。宋范成大《夏日田園雜興》其三：『二麥俱秋斗百錢，田家唤作小豐年。』

〔八〕篝車，清唐孫華《喜雨》：『喜聞桔槔罷，預想篝車盈。』

和石林閑居〔一〕

其一

地僻無車馬，蕭然市隱居。雀羅當晝静，蠹葉下空疏〔二〕。力倦難追日，心貪未見書。苦吟還面壁，習氣那能除。

箋注

〔一〕石林，即喬萊，見《山花子·題石林小照》箋注〔一〕。

〔二〕蠹葉，元宋無《僧日觀畫蒲萄》：『風窗秋疑蠹葉語，露架夜憶虬柯垂。』

其二

兀兀窮年住〔一〕，秋來倍憶家。翻翾龍角豆，爛漫牽牛花。茗粥流柈滑〔二〕，霜籬撲棗斜。羈栖無不可，只是負烟霞。

箋注

〔一〕『兀兀』句，唐韓愈《進學解》：『焚膏油以繼晷，恒兀兀以窮年。』

〔二〕柈，盤子。晋葛洪《抱朴子·應嘲》：『土柈之盈案，無益於腹虚也。』

其三

九月多陰雨，寒深病骨知。頳陽供曝背，秃筆懶修詞〔一〕。馬瘦兒童侮，瓶空雀鼠嗤。輕肥復何有，躑躅竟如兹。

箋注

〔一〕秃筆，唐杜甫《題壁上韋偃畫馬歌》：『戲拈秃筆掃驊騮，欻見騏驎出東壁。』

其四

晚起緣多暇，西風吹雁殘。定知三丈日，移過幾重欄。霜信披衣怯，家人入夢闌。

餘生存瓦礫，天地一何寬。

其五

我面峥嶸甚，還思如瓠時〔一〕。官羊難滅齒〔二〕，玉粒尚翻匙。已自憐鷄肋〔三〕，全勝齕木皮。疏狂聊送日，争遣外人知。

箋注

〔一〕『還思』句，《莊子·逍遥游》：『魏王貽我大瓠之種，我樹之成而實五石，以盛水漿，其堅不能自舉也。剖之以爲瓢，則瓠落無所容。』

〔二〕官羊，宋陸游《題龍鶴菜帖》：『先生直玉堂，日羞太官羊。』太官，《漢書·百官公卿表》：『太官……令丞。』顏師古曰：『太官主膳食。』

〔三〕鷄肋，見《冬日雜感》其二箋注〔二〕。

其六

玉立一峰孤，霞明日欲晡。微紅侵屋角，亂縝入雲膚。弱女纔窺鏡，衰翁未染鬚。

流行與坎止〔一〕，落落復奚拘。

箋注

〔一〕『流行』句，《漢書·賈誼傳》：『寥廓忽荒，與道翱翔。乘流則逝，得坎則止。』顔師古注：『孟康曰：「《易》坎爲險，遇險難而止也。」張晏曰：「謂夷易則仕，險難則隱也。」』

其七

松風初瀹茗，宫徵乍調虀。黄緑自橙色，尖團各蟹臍〔一〕。夜澄零露肅，秋老大星低〔二〕。便欲拖藜杖，聽鐘潭柘西〔三〕。

箋注

〔一〕尖團，尖臍和團臍。宋蘇軾《丁公默送蝤蛑》：『堪笑吴興饞太守，一詩换得兩尖團。』

〔二〕大星，《史記·天官書》：『心爲明堂，大星天王，前後星子屬。』司馬貞索隱引《鴻範五行傳》曰：『心之大星，天王也。前星，太子；後星，庶子。』

〔三〕潭柘，潭柘寺位於北京門頭溝區東南部的潭柘山麓，始建於西晋永嘉元年，初名『嘉福寺』，康熙皇帝賜名爲『岫雲寺』。

其八

暖日青蟲集，飛飛菜甲輕。行廊驚蝶睡，采菊得蜂聲。萬物此俱寂，因風時一鳴〔一〕。草堂開士過〔二〕，茶話有餘清。

箋注

〔一〕『萬物』句，唐常建《題破山寺後禪院》：『萬籟此俱寂，惟聞鐘磬聲。』

〔二〕開士，見《夏日集慈因庵與寒灰上人論詩三首》其二箋注〔一〕。

其九

設客無寒具〔一〕，攤書得小齋。窗斜隨位置，几曲費安排。已作三年卧，難尋五岳鞋〔二〕。分明類禪定，撒手覓懸崖。

箋注

〔一〕寒具，見《戲作口號》箋注〔一〕。

〔二〕五岳鞋，清梁清標《歸舟漫興》其二：『五岳芒鞋生壯色，四山花氣漲春雲。』

其十

跫然聞屐齒，短韵亦時拈。頓覺鬢眉長，無如老病兼。此來慵酒盞，那更賦香奩。擬試君平卜〔一〕，離愁可再添。

箋注

〔一〕君平卜，《漢書·王貢兩龔鮑傳》：『蜀有嚴君平……君平卜筮於成都市，以爲卜筮者賤業，而可以惠衆人。有邪惡非正之問，則依蓍龜爲言利害。與人子言依於孝，與人弟言依於順，與人臣言依於忠，各因勢導之以善，從吾言者，已過半矣。』

喜蛟門至同諸子集峨嵋齋頭限六月〔一〕

城頭慘淡霜鐘歇，天街水流馬腹没。失喜故人峭帆落，躍起藜床脚不襪。便欲邀留十日飲，狼藉壺觴枕糟麧。喚明那得林邊鵲，緣壁還愁夜中蝎。峨嵋山人促治具，蕭爽高齋背城闕。賤子痴鈍類凍蠅，諸公組練饒精卒。劇談星斗挂檐霤，大嚼肥膻雜果核。頷頤撐拄僅能軍，老手尊拳未相揋〔二〕。入月坤輿稍寧謐〔三〕，卵色青天潛妖孛〔四〕。杯酒夜闌失酣睡，五更甚幸無朝謁。只恐漏盡金吾訶〔五〕，俸錢重向糾曹罰〔六〕。款段歸來燈火滅〔七〕，華胥未到鷄聲發〔八〕。老屈風生疑簸蕩，深巷犬爭如訟訐。白露下窗影飄忽，彷彿蓐收手金鉞〔九〕。支骨寧當數雁喉，驅車何必窺鼠窟。明日城南汗漫游〔一〇〕，浣溪沙成更弄笏。

箋注

〔一〕蛟門，即汪懋麟，見《爪茉莉・本意，和蛟門，用宗梅岑韵》箋注〔一〕。峨嵋，即曹禾，見《金縷曲・同頌嘉飲綸霞齋讀新詩》箋注〔一〕。

〔二〕尊拳，《晋書・劉伶傳》：『嘗醉與俗人相忤。其人攘袂奮拳而往。伶徐曰：「鷄肋不足以安尊拳。」其人笑而止。』揋，擾亂。

〔三〕坤輿，《周易・說卦》：『坤爲地……爲大輿。』孔穎達疏：『爲大輿，取其能載萬物也。』

〔四〕卵色，唐沈青箱《過臺城感舊》：『夜月琉璃水，春風卵色天。』妖孛，《新唐書・虞世南傳》：『後星孛虛、危，歷氏，餘百日，帝訪群臣。世南曰：「昔齊景公時，彗見，公問晏嬰，嬰曰：『公穿池沼畏不深，起臺榭畏不高，行刑罰畏不重，是以天見彗爲戒耳。』景公懼而修德，後十六日而滅。臣願陛下勿以功高而自矜，勿以太平久而自驕，慎終於初，彗雖見，猶未足憂。」』

〔五〕金吾，見《癸丑元旦》其三箋注〔二〕。

〔六〕糾曹，州郡屬官録事參軍的別稱。職掌糾舉六曹，勾稽失謬。唐劉寬夫《汴州糾曹廳壁記》：『郡府之有録事參軍，猶文昌之有左右轄，南臺之有大夫中丞也。糾正邪慝，提條舉目，俾六聯承式，屬邑知方。』

〔七〕款段，見《柬李召林侍御》箋注〔二〕。

〔八〕華胥，見《蝶戀花》（五月黃雲）箋注〔四〕。

〔九〕蓐收，古代傳説中的西方神名，司秋。《禮記·月令》：『孟秋之月……其日庚辛，其帝少皞，其神蓐收。』鄭玄注：『蓐收，少皞氏之子，曰該，爲金官。』

〔一〇〕汗漫游，見《題李渭清燕磯獨眺圖二首》其二箋注〔一〕。

九日同諸子黑龍潭登高仍次前韵〔一〕

濃陰暫爲重陽歇，鯉魚風捲殘雲没〔二〕。登高有約成故事，搦擋青鞋與布襪。健足那能追麈鹿，老懷只願飽糟麧。聽松此際似聞鐘，照壁何人喜見蝎。城陰石甃老龍睡，靈雨年年護瑶闕。瑟瑟白楊作秋雨，腹空大可羅肴核。冢中骨朽磷火青，夜深或與行人揖〔三〕。對此吾徒敢不樂，而況天驚隕怪孛〔四〕。紛紛裙屐自來去，勝游何必煩請謁。我飲不過兩蕉葉〔五〕，叵羅今日寧辭罰〔六〕。隔岸斷畦菘芽白，霜前靡靡天街發。烏帽半敧各耳熱，藏鈎拇戰疑攻訐〔七〕。飢鴉掠風集高樹，聚散如人亦倏忽。老子但索十斛米，諸君行秉千秋鉞。興闌步屧草痕濕，慎勿誤踏精靈窟。小閣雖傾攝衣上，搘頤倒却參軍笏〔八〕。

箋注

〔一〕黑龍潭，見《笛家·九日，蛟門招集諸子游黑龍潭》箋注〔一〕。

〔二〕鯉魚風，見《賀新涼·送阮亭東歸，兼悼西樵》箋注〔三〕。

〔三〕搰，擾亂。

〔四〕怪孛，見《喜蛟門至同諸子集峨嵋齋頭限六月》箋注〔四〕。

〔五〕蕉葉，見《雪夜讀書以病止酒感賦》箋注〔五〕。

〔六〕叵羅，酒杯。

〔七〕藏鈎，南朝梁宗懍《荆楚歲時記》：『歲前，又爲藏彄之戲。始於鈎弋夫人。按《漢武故事》云：「上巡狩河間，見清光自地屬天。望氣者云：「下有貴子。」上求之。見一女子在空室中，姿色殊艷。兩手皆拳，數百人擘之莫舒，上自披即舒。號拳夫人。善素女術，大有寵，即鈎弋夫人也。」辛氏《三秦記》曰：「漢昭帝母鈎弋夫人，手拳有國色。世人藏鈎起於此。」周處《風土記》曰：「進清醇以告蠟，竭恭敬以明祀，乃有藏鈎。」俗呼爲行彄。蓋婦人所作金環以鍇指而纏者。臘日祭後，叟嫗各隨其儕爲藏鈎之戲。分二曹以較勝負，得一籌者爲勝。其負者起拜謝勝者。』拇戰，鄭逸梅《藝林舊事·拇戰起始考》：『考拇戰之史，謝肇淛《五雜組》云：後漢諸將，相宴集爲手勢令，其法以手掌爲虎膺，指節爲松根，大指爲蹲鴟，食指爲鈎戟，中指爲玉柱，無名指爲潛虬，小指爲奇兵，腕爲三洛，五指爲奇峰。然蒲留仙《聊齋筆記》云：唐皇甫松有手勢酒令，五指皆有名目，大指名蹲鴟，中指名玉柱，食指名鈎棘，無名指名潛虬，小指名奇兵，掌名虎膺，指節名松根，通五指名五峰。按今之拇戰，俗稱豁拳，頗類於是，則唐時已有此戲矣。二説分歧，不知孰是。聞明袁福徵有《拇陣篇》，當有詳述，惜不易獲此書一讀耳。』

〔八〕『措頤』句，《太平御覽》卷五六九：『《趙書》曰：『石勒參軍周延爲館陶令，斷官絹數百匹，下獄，以八議宥之。後每大會，使俳優着介幘黄絹單衣，優問：「汝爲何官，在我輩中？」曰：「我本爲館陶令。」抖擻單衣曰：「政坐取是，故入汝輩中。」以爲笑。』

和子綸移居〔一〕

東鄰跛象牽雙車，西鄰官冷頻移家。門外草深藏鬼火，墻頭雨壞窺山霞。六鰲贔屭工破碎〔二〕，問誰蓬户誰高衙。老屋巍然良不惡，疏籬一任風吹斜。有時舴艋送白墮〔三〕，可無吟眺酬黄花。點綴長空景幽細，晚紅天色三兩鴉。拍張暫學鸜鵒舞〔四〕，夔牛霜重還堪撾〔五〕。久欲從君徵僻事，圓蓋果否勞女媧〔六〕。

校訂

清田雯《古歡堂集》卷六有《移居詩》，詩後附曹貞吉、王士禛、朱彝尊、陳維崧、汪懋麟、施閏章、林堯英、汪楫、曹禾等諸家和詩，皆不著詩題。

巍然，《古歡堂集》作『巋然』。

堪，《古歡堂集》作『操』。

箋注

〔一〕子綸，即田雯，見《金縷曲·同頌嘉飲綸霞齋讀新詩》箋注〔一〕。

〔二〕六鰲，見《蘇武慢·元宵雪後作》箋注〔四〕。

〔三〕舴艋，指兩頭尖尖的小船。白墮，北魏楊衒之《洛陽伽藍記·法雲寺》：『河東人劉白墮善能釀酒。季夏六月，時暑赫晞，以甖貯酒，暴於日中。經一旬，其酒不動，飲之香美，醉而經月不醒。』明焦竑《焦氏筆乘·物名》：『劉白墮善釀酒，而名酒曰白墮。』

〔四〕拍張，清金農《題方氏池上壁》：『水木自明瑟，鳧鷖何拍張。』

〔五〕夔牛，此處指夔牛鼓。《山海經·中山經》：『（岷山）其上多金玉，其下多白瑉，其木多梅棠，其獸多犀象，多夔牛。』郭璞注：『今蜀山中有大牛，重數千斤，名爲夔牛。』《太平御覽》卷五八二引《帝王世紀》曰：『黄帝殺夔，以其皮爲鼓，聲聞五百里。』

〔六〕圓蓋，漢蔡邕《明堂月令論》：『明堂九室，以茅蓋屋，上圓下方……堂方，百四十四尺……屋圜，屋徑二百一十六尺……且圓蓋方載，六九之道也。』

戲柬健行

威行三輔使君稀，攬轡澄清願尚違〔一〕。卜式暫來游鳳沼〔二〕，王章依舊困牛衣〔三〕。頓驚馬首傳呼減，久識人間温飽非。珍重虀鹽好風味〔四〕，他年次第領春暉。

箋注

〔一〕攬轡澄清，南朝宋劉義慶《世説新語·德行》：「陳仲舉言爲士則，行爲世範，登車攬轡，有澄清天下之志。」

〔二〕卜式，《漢書·食貨志》：「是時，豪富皆争匿財，唯卜式數求入財以助縣官。天子乃超拜式爲中郎，賜爵左庶長，田十頃，布告天下，以風百姓。初，式不願爲官，上强拜之，稍遷至齊相。語自在其《傳》。」又見《漢書·卜式傳》。

〔三〕「王章」句，見《南鄉子·夏夕無寐，茫茫交集，輒韵語寫之，不求文也》其四箋注〔三〕。

〔四〕虀鹽，腌菜和鹽。清王士禛《池北偶談·楊斛山先生》：「三原馬谿田光禄生日，聲妓滿堂，聞公至，急揮去，設虀鹽相對而已。」

健行言昔年同玉少登運城望鹽池風景甚佳意玉少必有詩然不可問矣代爲作一章〔一〕

野狐泉上動薰風〔二〕，百尺憑陵入望空。錯認水天渾一色，鹽花如雪月明中。

箋注

〔一〕劉梁嵩，字玉少，一字次山，江南江都（今江蘇揚州）人，康熙三年（一六六四）進士，授江西崇義知縣。鹽池，又名鹽湖、銀湖，位於山西運城市南。

〔二〕野狐泉，運城勝景。唐元稹《野狐泉柳林》：『去日野狐泉上柳，紫芽初綻拂眉低。』

曉行

曉行經紫陌，殘月尚如弓。鴉陣凌寒急，牛車宿火紅。羈懷愁北雪，老面耐西風。辛苦十年事，追隨豹尾中〔一〕。

箋注

〔一〕豹尾，見《珍珠簾·爲牧仲題楓香詞》箋注〔四〕。

冬日憶村居

夕陽山下路，獨樹亦爲村。野水淡無色，松聲常在門。荒園老桑柘，汐社散鷄豚〔一〕。底事年年約，難招羈客魂。

箋注

〔一〕汐社，見《沁園春·日照李博開作生壙成，自題云：『竹帛誰千古，烟霞我一丘。』余喜其能達生也，詞以贈之》箋注〔八〕。

遠郵

遠郵珍棗脯，老泪盡南天。倏忽十年事，開緘倍黯然。遥知慈母意，難附楚江船。

念此心尤切，推窗月正圓。

校訂

馬長淑《渠風集略》卷二選録此詩。

十年

十年一抵足〔一〕，乃是夢中來。健羽憑誰借，羈愁似暫開。半床蝴蝶幻〔二〕，萬里鷓鴣哀〔三〕。怪爾霜鐘急〔四〕，無端勒却回。

箋注

〔一〕『抵足』句，曹濂《儀部公行狀》：『庚戌，考授秘書院中書，迎先王母於京邸，與先叔父同舍而居，朝夕承歡，連床風雨者凡八閱月。』

〔二〕蝴蝶幻，見《蝶戀花·題王宓草畫蝶》箋注〔四〕。

〔三〕『萬里』句，曹貞吉《得家弟見懷詩却寄同用蘇韵》：『鷓鴣啼不歇，瘴雨千山中。』

〔四〕霜鐘，《山海經·中山經》：『（豐山）有九鐘焉，是知霜鳴。』郭璞注：『霜降則鐘鳴，故言知也。』

有感

豈是中年易感傷，盛衰今夕斷人腸。飢烏自分無全樹，倉鼠方當有剩糧。蒙袂久拚從夜壑〔一〕，挂瓢何意到門墻〔二〕。寒風對爾惟三嘆，金谷銅山亦渺茫〔三〕。

箋注

〔一〕蒙袂，《禮記·檀弓下》：『齊大饑，黔敖爲食於路，以待餓者而食之。有餓者蒙袂輯屨，貿貿然來。』鄭玄注：『蒙袂，不欲見人也。』拚，捨弃。夜壑，《莊子·大宗師》：『夫藏舟於壑，藏山於澤，謂之固矣。然而夜半有力者負之而走，昧者不知也。』

〔二〕挂瓢，見《讀劉子羽詩有寄》其三箋注〔三〕。

〔三〕金谷，見《天香·咏緑牡丹，爲牧仲作》箋注〔三〕。銅山，《漢書·佞幸列傳·鄧通》：『文帝時間如通家游戲，然通無他伎能，不能有所薦達，獨自謹身以媚上而已。上使善相人者相通，曰：「當貧餓死。」上曰：「能富通者在我，何説貧？」於是賜通蜀嚴道銅山，得自鑄錢。鄧氏錢布天下，其富如此。』

贈歌者

零落樽前舊舞衣，假師容鬢尚依稀。黄蘆苦竹千秋恨〔一〕，愁逐梁塵一夜飛〔二〕。

校訂

鄧漢儀《詩觀三集》卷八選録此詩。

箋注

〔一〕黄蘆苦竹，唐白居易《琵琶行》：『住近湓江地低濕，黄蘆苦竹繞宅生。』

〔二〕梁塵，《太平御覽》卷五七二引漢劉向《别録》：『漢興已來，善歌者魯人虞公，發聲清哀，蓋動梁塵。』

輯評

鄧漢儀曰：『兩愁相并，合有此語。』

咏鬧蛾　倣竹枝體〔一〕

十三少女學梳頭，手插蛾兒顫不休。記得當時簫鼓夜，隨他明月下樊樓〔二〕。

箋注

〔一〕鬧蛾，明劉若愚《酌中志·飲食好尚紀略》：『自歲莫正旦，咸頭戴鬧蛾，乃烏金紙裁成，畫顔色裝就者；亦有用草蟲、蝴蝶者。』清王夫之《雜物贊·活的兒》：『以烏金紙剪爲蛺蝶，朱粉點染，以小銅絲纏綴針上，旁施柏葉。迎春，元日，冶游者插之巾幅，宋柳永詞所謂「鬧蛾兒」也，或亦謂之「鬧嚷嚷」。』竹枝體，劉禹錫《竹枝詞并引》：「四方之歌，异音而同樂。歲正月，余來建平，里中兒聯歌竹枝，吹短笛擊鼓以赴節，歌者揚袂睢舞，以曲多爲賢，聆其音，中黄鐘之羽，卒章激訐如吴聲，雖傖佇不可分，而含思宛轉，有淇濮之灩音。昔屈原居沅湘間，其民迎神詞多鄙陋，乃爲作《九歌》，到於今荆楚鼓舞之。故余亦作《竹枝詞》九篇，俾善歌者颺之，附於末。後之聆巴歈知變風之自焉。』

〔二〕樊樓，清錢謙益《金陵雜題絶句二十五首繼乙未春留題之作》其一：『淡粉輕烟佳麗名，開天營建記都城。而今也入烟花録，燈火樊樓似汴京。』

正月晦日口占

似水韶光不奈何，爲郎十載鬢空皤〔一〕。甚思一葦飄然去〔二〕，江北江南聽棹歌。

箋注

〔一〕『爲郎』句，曹濂《儀部公行狀》：『壬申，視歙篆未竟，遷户部廣東司員外郎。甲戌，升禮部儀制司郎中。……（丙辰）十一月，升湖廣提學道……迨引見之日，以膝軟故，跪不能起。……而先大夫病實不支，遂解組歸矣。……丁丑三月，先大夫始抵里門。』

〔二〕一葦，宋蘇軾《前赤壁賦》：『縱一葦之所如，凌萬頃之茫然。』

擬送孫樹百東歸〔一〕

其一

緑蕪千里送征車，夕拜名郎鬢未華〔二〕。補闕自能關社稷，言歸差不負烟霞。紆威石磴泉三疊，宛轉柴門路幾叉。約略丹成通地肺〔三〕，好分黍米報天涯。

箋注

〔一〕孫蕙，字樹百，號泰岩，又號笠山，山東淄川人。順治十八年（一六六一）進士，歷任寶應縣知縣、福建鄉試正考官、給事中。工詩文，著有《笠山詩選》《歷代循良録》等。

〔二〕名郎，明彭大翼《山堂肆考》卷四十九：『元豐官制，禮部郎中謂之名表郎官。』

〔三〕地肺，明謝肇淛《五雜組》卷四：『荆州濟江西岸有地肺，洪潦常浮不没，其狀若肺焉，故名。駱賓王吸金丹於地肺，即此也。或云：終南山，亦曰地肺。一云：太一山。』

其二

雲山無恙輞川莊〔一〕，高卧全收竹徑凉。聖主求言心自切〔二〕，孤臣報國日何長。一天薜荔惟郊墅，萬仞芙蓉落混茫。漫道皂囊封事晚〔三〕，苦吟句已滿奚囊〔四〕。

箋注

〔一〕輞川莊，見《冬日雨山亭觀晚照同松友學士》箋注〔二〕。

〔二〕『聖主』句，孫蕙曾官户科給事中、掌印給事中，掌諫言、監察，故言。《明史·職官志三》：『六科，掌待從、規諫、補闕、拾遺、稽察六部百司之事。』

〔三〕皁囊封事，宋劉攽《漢官儀》：『凡表章，皆皁囊封事。』漢制，群臣上章奏，如事涉秘密，則以皁囊封之。

〔四〕『苦吟』句，見《減字木蘭花·雜憶》其七箋注〔三〕。

送丁雁水之南贛任〔一〕

河渠曾奏治安書，司馬旬宣下玉除〔二〕。使節遥臨分水嶺，行厨初膾帶冠魚。三眠人柳低承蓋〔三〕，一路桃花亂擁車。振屧鬱孤臺上去〔四〕，風清百粤望徐徐。

箋注

〔一〕丁煒（一六二七—一六九六），字瞻汝，又作澹汝，號雁水，清泉州晋江陳埭人。歷任魯山縣丞、直隸獻縣知縣、户部主事、兵部郎中、贛南分巡道、湖廣按察使、姚安知府，有《問山詩集》《問山文集》《紫雲詞》等。

〔二〕旬宣，《詩經·大雅·江漢》：『王命召虎，來旬來宣。』毛傳：『旬，遍也。』玉除，《文選·曹植〈贈丁儀〉》：『凝霜依玉除，清風飄飛閣。』李善注：『玉除，階也。』

〔三〕三眠人柳，見《水龍吟·咏柳絮，用坡公楊花韵》箋注〔一〕。

〔四〕鬱孤臺，見《鶯啼序·送牧仲榷税贛關》箋注〔二〇〕。

代送丁雁水之南贛任〔一〕

其一

十八灘過盡，高城二水分〔二〕。使君發微咏，猿鶴静相聞。紅入佛桑樹，黄開庾嶺雲〔三〕。定知人吏散，拄笏對斜曛〔四〕。

箋注

〔一〕丁雁水，即丁煒，見《送丁雁水之南贛任》箋注〔一〕。

〔二〕『十八灘』句，《（同治）萬安縣志》卷一《山川》：『贛江，其源有二，章水，《漢志》云：「豫章出大庾縣界。」貢水，《漢志》云：「湖漢水，（按張尚瑗《贛江考》：「湖漢水者，貢水也。」）出雩都縣新樂山。二水北流至贛縣東北始合，故謂之贛江。」二百四十里至萬安縣治，其間有灘十八。』高城，位於今江西泰和縣南。《（光緒）泰和縣志》卷二《輿地考·古迹》：『白口城，在縣南五里，梁大寶元年，陳霸先自嶺南引兵欲討侯景，進頓南康，高州刺史李遷仕來拒。霸先遣杜僧明築城於白口禦之，即今高城是也。』

〔三〕庾嶺，即大庾嶺，在江西大庾縣南。唐鄭谷《咸通十四年府試木向榮》：『庾嶺梅先覺，隋堤柳暗驚。』

〔四〕拄笏，見《喝馬一枝花・送沈茶星之來賓任》箋注〔三〕。

其二

見詩詩總好，風格比陰何〔一〕。旌節花開處，公庭遮緑蘿。杉檣江上集，賨布日南多〔二〕。不用嚴烽燧，天心近止戈。

箋注

〔一〕陰何，南朝梁詩人何遜和陳詩人陰鏗的并稱。唐杜甫《解悶十二首》其七：『孰知二謝將能事，頗學陰何苦用心。』

〔二〕賨布，《後漢書・南蠻西南夷傳》：『秦昭王使白起伐楚，略取蠻夷，始置黔中郡。漢興，改爲武陵。歲令大人輸布一匹，小口二丈，是謂賨布。』

夏日雨後獨坐

過雨疑秋色，當風白葛輕〔一〕。斷雲仍掣電，濕瓦已飛螢。流水市聲寂，經天銀漢明。樽空那成醉，暫得兩眉横。

箋注

〔一〕白葛，《莊子·讓王》：『冬日衣皮毛，夏日衣葛絺。』唐杜甫《送段功曹歸廣州》：『交趾丹砂重，韶州白葛輕。』

喜雨

桑林急雨下重城，澎湃還疑地軸傾。半夜驚雷興菜色，虚堂流水作秋聲。三農卒歲憂時計〔一〕，一飽關心薄宦情。明日定知煩暑净，天街瀟灑葛衣輕〔二〕。

箋注

〔一〕三農，《周禮·天官·大宰》：『一曰三農，生九穀。』鄭玄注引鄭司農云：『三農，平地、山、澤也。』

〔二〕葛衣，《韓非子·五蠹》：『冬日麑裘，夏日葛衣。』

再喜雨

連霄急電走豐隆〔一〕，解愠南窗六月風。似霧曉添蓮葉上，如絲涼入稻花中。一天白雨足燕市，萬畝黄雲憶大東〔二〕。寄語耕人須努力，於今天子重田功。

箋注

〔一〕豐隆，見《挽遜業二首》其一箋注〔一〕。

〔二〕大東，見《家弟旋里不數日即還朝賦此志别》箋注〔一〕。

夏日對鏡有感

逝水西流無盡時，勸君莫染鬢邊絲。北邙新冢皆年少〔一〕，到得白頭知是誰。

箋注

〔一〕北邙，見《百字令·天龍寺高歡避暑宫遺址，和錫鬯》箋注〔四〕。

十年

十年難博一官成，白髮隨愁積漸生。夢筆那曾逢五色〔一〕，聽猿常是叫三聲〔二〕。未忘家計終懷土〔三〕，共識天心早厭兵。芳草滿川叱牛去，老農只合伴深耕。

箋注

〔一〕『夢筆』句，見《多麗·送葉慕廬南歸》箋注〔七〕。

〔二〕『聽猿』句，北魏酈道元《水經注·江水》：『每至晴初霜旦，林寒澗肅，常有高猿長嘯，屬引淒异，空谷傳響，哀轉久絶。故漁者歌曰：「巴東三峽巫峽長，猿鳴三聲泪沾裳。」』

〔三〕懷土，《論語·里仁》：『君子懷德，小人懷土。』孔曰：『重遷。』

雨後有感

急雨颯然至，跳珠作瓦聲。荷翻千葉白，螺泛一舟輕。久客只添歲，逢人慚問名。此生真寂寞，那更學長生〔一〕。

箋注

〔一〕學長生，宋蘇軾《過大庾嶺》：『仙人拊我頂，結髮受長生。』

爲牧仲題雙江唱和集〔一〕

其一

浩思臨風不易裁，振衣獨上鬱孤臺〔二〕。扁舟誰破澄江色，白板橋頭處士來。

校訂

清宋犖《西陂類稿》卷四《雙江唱和集》附録此組詩，題爲《讀雙江唱和集作》。《（同治）贛縣志》卷四十九之三《國朝詩》選録此組詩第一、二首，《（同治）贛州府志》卷七十六《藝文志》選録此組詩第二首，詩題皆作《讀宋牧仲雙江唱和集》。

臨風，《贛縣志》作『風月』。

箋注

〔一〕牧仲，即宋犖，見《天香·咏緑牡丹，爲牧仲作》箋注〔一〕。《雙江唱和集》，宋犖以刑部員外郎榷關贛州期間所倡和詩歌的結集。王士禛《雙江唱和集序》：『虔州當閩楚百粤之會，挾雙江之奇，爲東南山水最勝處。宋君牧仲奉命視榷其地，值閩粤湖南初定之後，爲政清净，務與商休息。放衙無事，時時與客登高望遠，形爲歌詩。』宋犖《漫堂年譜》『十九年庚申』條：『五月，復命如都，刻《雙江唱和集》。』集後附施閏章、曹貞吉、謝重輝、陳維崧、曹禾、林堯英等題詩。

〔二〕鬱孤臺，見《鶯啼序·送牧仲榷税贛關》箋注〔二〇〕。

其二

納納溪聲走白沙，魚床蟹舍兩三家〔一〕。吟安主客圖中句，輸爾青山出菜花。

箋注

〔一〕魚床蟹舍，見《浣溪沙·題畫》箋注〔一〕。

其三

吹浪船頭豚拜趨，峭帆如鶩下彭湖。一雙斑管凌江去〔一〕，玉立分明大小孤〔二〕。

箋注

〔一〕斑管，毛筆。因以斑竹爲杆，故稱。

〔二〕大小孤，大孤山與小孤山。大孤山，在今江西九江市南鄱陽湖出口處，因山形如鞋，又名鞋山。清王士禛《大孤山》：『宫亭湖上好烟鬟，倭髻初成玉鏡閑。霧閣雲窗不留客，蘋花香里過鞋山。』小孤山，在今江西彭澤北，安徽宿松東。宋陸游《入蜀記》卷二：『過澎浪磯、小孤山，二山東西相望。小孤屬舒州宿松縣，有戍兵。』

其四

雛鳳教隨老鳳哦，中原文筆宋家多〔一〕。他年名字鷄壇上〔二〕，争許人間喚小坡〔三〕。

校訂

教，《雙江唱和集》作『聲』。

箋注

〔一〕『雛鳳』句，宋犖之父宋權，明天啟五年（一六二五）進士，官至順天巡撫。入清後，任内翰林國史院大學士，加太子太保，纂修太宗文皇帝實録總裁官。

〔二〕鷄壇，明陶宗儀《説郛》卷六十引晋周處《風土記》：『越俗性率樸，初與人交，有禮：封土壇，祭以犬鷄，祝曰：「卿雖乘車我戴笠，後日相逢下車揖。我步行，君乘馬，他日相逢卿當下。」』

〔三〕小坡，北宋蘇軾的兒子蘇過，此處借指宋犖。宋蘇軾《題過所畫枯木竹石三首》：『老可能爲竹寫真，小坡今與竹傳神。』

題貞靖祠白松〔一〕

我聞新甫之柏何蒼蒼〔二〕，鮫皮黛色淩風霜。又聞龍門之桐高百尺〔三〕，落砢離奇世無匹。房家白松將毋同，雙抽玉樹摩蒼穹。其堅鐵石質冰雪，五鬣風響聲鐘鏞〔四〕。貞靖祠前勢拱揖〔五〕，彷彿翁仲來秦宫〔六〕。星辰箕尾時上下，霓旌素節紛相從。公之神靈所呵護，千秋不損針蒙茸。憶昔雙鳬飛北海，土膏土德培厚風。召伯甘棠誰剪伐〔七〕，三槐矾碑猶能恭。峿城父老謹伏臘〔八〕，鼓聲坎坎疑豐隆〔九〕。魂魄依稀還戀此，雲車不隔關西東。嗚呼！松兮松兮觀亦止，杶榦凡材安足齒。他日名垂天壤中，豈讓新甫之柏龍門桐。

箋注

〔一〕貞靖祠，陝西三原人房建極祠。房建極，字秉中，明崇禎四年（一六三一）進士，歷官新鄉知縣、兵部主事，里人私謚貞靖。清萬言《題貞靖祠雙松》詩序：『貞靖，三原房公曹建極私謚。兵曹於崇禎癸未遭闖逆之難，入山中，絶粒死。邑人愍之，爲議謚立祠，祠有白松兩樹，其子僉都御史廷楨屬予賦之。』清姜宸英《湛園集》卷三《貞靖祠雙松記》：『故兵部主事三原房公，以明崇禎十三年省墓歸里，值賊李自成盜據關中，脅降諸縉紳，强之官。公不屈，走深山匿迹，至絶粒死。里人哀其節，私謚貞靖先生，立祠祀之。其嗣君今慎庵京兆，得白松二株於涇陽，韓氏歸植之祠廡外。時松以拱把，又種异，或滋疑其難植。閲今二十年，豐幹攢起相對峙，如人拱揖狀，摽枝外蔭，高出墻垣數尋，恍如百餘年物。人皆以是松之堅貞皓潔爲與公類，意者其神靈所憑。過其下者，莫不咨嗟生敬。』

〔二〕新甫之柏，《詩經·魯頌·閟宫》：『徂來之松，新甫之柏。是斷是度，是尋是尺。』

〔三〕龍門之桐，漢枚乘《七發》：『龍門之桐，高百尺而無枝。』

〔四〕五鬣，見《山花子·爲人題簾上畫松》箋注〔一〕。鐘鏞，見《冬日雜感》其一箋注〔二〕。

〔五〕『貞靖』句，清姜宸英《湛園集》卷三《貞靖祠雙松記》：『閲今二十年，豐幹攢起相對峙，如人拱揖狀，摽枝外蔭，高出墻垣數尋，恍如百餘年物。』

〔六〕翁仲，見《望江南·代泉下人語》箋注〔三〕。

〔七〕召伯甘棠，《史記·燕召公世家》：『周武王之滅紂，封召公於北燕……召公巡行鄉邑，有棠樹，决獄政事其下，自侯伯至庶人各得其所，無失職者。召公卒，而民人思召公之政，懷棠樹不敢伐，哥咏之，作《甘棠》之詩。』《詩經·召南·甘棠》：『蔽芾甘棠，勿翦勿伐，召伯所茇。』陸璣疏：『甘棠，今棠梨，一名杜梨。』三槐，《周禮·秋官·朝士》：『面三槐，三公位焉。』

〔八〕峿城，曹貞吉家鄉安丘的古稱。《水經》：『汶水出朱虚縣泰山，北過其縣東。』酈道元

注：『伏琛晏謨并言：「水出縣東南峿山，山在小泰山東者也。」汶水自縣東北徑峿城北。《地理風俗記》曰：「朱虛縣東四十里有峿城亭，故縣也。」』

〔九〕豐隆，見《挽遜業二首》其一箋注〔一〕。

秋夕偶成

風低竹影窺簾色，雨打瓜棚亂葉聲。老子清齋無一事〔一〕，孤燈明滅憶平生。

箋注

〔一〕清齋，唐陸龜蒙《寒夜文宴潤卿有期不至》：『草堂虛灑待高真，不意清齋避世塵。』

阮亭病酒走筆調之〔一〕

十日不相見，聞君中聖人〔二〕。那能受蕉葉〔三〕，乃與麯生親〔四〕。尺八還聆響〔五〕，笠篌乍吐茵。歸來未岑寂，耳熱對橫陳〔六〕。

箋注

〔一〕阮亭，即王士禛，見《浣溪沙·步阮亭紅橋韵》其一箋注〔一〕。

〔二〕中聖人，見《秋日戲效宋人體》箋注〔一〕。

〔三〕蕉葉，見《雪夜讀書以病止酒感賦》箋注〔五〕。

〔四〕麯生，宋曾慥《類説》卷六引《開天傳信記》：『葉法善有道術，居玄真觀。一日會數朝士，滿坐思酒。忽有人叩門，稱麯秀才，突入坐，少年秀美，論談不凡。法善潛以小劍擊之，應手墮地，化爲瓶。榼中美酒，遂共飲之，皆曰：「麯生風味，不可忘也。」』

〔五〕尺八，古管樂器，竹製，竪吹，六孔，旁一孔蒙竹膜。因管長一尺八寸而得名，今仍流行於日本，形製稍异。

〔六〕橫陳，南朝梁沈約《夢見美人詩》：『立望復橫陳，忽覺非在側。』

寓直口號

其一

霜鐘歷歷度晴空〔一〕，睡起疏櫺斷續風。幾點星稀天未曉，一聲鶴唳月方中。

箋注

〔一〕霜鐘，見《十年》箋注〔四〕。

其二

隔窗人吏語方倦，飢鼠窺燈去復回。那堪夢破三更後，金水橋頭聞雁來〔一〕。

箋注

〔一〕金水，見《曉起》箋注〔一〕。

其三

玉宇虛涼白露垂，銀潢屈注映罘罳〔一〕。鷄聲亂起四天静，却憶月明茅店時。

箋注

〔一〕罘罳，見《有鴿入禁門罘罳中不能去》箋注〔一〕。

題清源四節傳〔一〕

其一

當年鐵騎蹴重圍，日射金鱗雨土霏。自識軍聲能震疊，翻令女德有光輝。一門共矢如霜操，九地相携含笑歸。不是罡風吹浩劫，倫常千古竟誰依。

箋注

〔一〕清源四節傳，清解自修撰。解自修，臨清人，順治十四年（一六五七）舉人，候選知縣。其所作《清源四節傳》今未見。清源，臨清的别名。《（乾隆）臨清直隸州志》卷八上《人物·列女》載『四節』本事：『李氏，處士解昇妻，年及笄適解，事姑純孝，解早夭，欲自縊，親戚勸之，遂晝夜教子讀書。崇禎壬午兵至，與次媳趙氏投井死，長媳楊氏覓姑與母不得，赴火死。時楊氏母胡氏孀居就養於解有年，先一日自經死。督學施閏章、知州郭鄤旌其門曰「天萃節烈」。後子自修中國朝順治丁酉舉人。』『四節』本事後載清施閏章《四節傳序》：『生死之際亦大矣。捐軀倉卒之間，抗節烽火之際，男子且難之，况婦人乎？或一邑而得數人，或一姓而先後得一二人，亦足以礪世砥俗，光照後裔。况慷慨從容，一門四節并見一時者哉！余過清源，孝廉解子自修來謁，出《四節傳》，讀之不覺流涕。夫解子母李相夫子以謹肅聞，稱未亡人，以《内則》諸書訓二子婦，有足多者。兵至，與趙相抱投井，烈矣。楊爲解子妻，倉皇相失，匿頹垣中，覓姑與母不得，决意自經，又慮死而裸，義不受辱身後，遂赴火而燼，何其立志較然不滓也！胡媪者，楊之母也，亦先一夕經死。此四氏者，不謀而合，不旋踵而決。凛凛生氣，雖與日月争光可也。今解子既領鄉薦，有聲齊魯，同里士大夫爲傳，載在州乘矣。解子猶泣而屬余，言以表之，即解子之爲人可概見矣。嗚呼！彼四氏者，豈待言語文辭不朽哉？余非史氏，恐其言不足行遠，而天下貞女烈婦湮没離亂間者，蓋不知凡幾也。天生四氏于一門，而又昌解子以不湮其名，四氏之目瞑矣，余又何掩卷嘆息而流涕也哉？』

其二

正氣寧貽夫子羞，成仁此日更安求。靈旗自繞三千界〔一〕，碧磷猶明四十秋。豈少鬚眉稱國士，終輸巾幗占清流。夜闌撫卷堪惆悵，冷雨西窗打未休。

箋注

〔一〕三千界，三千大世界之略稱。佛教的世界觀，以須彌山爲中心，七山八海交互繞之，再以鐵圍山爲外郭，是曰一小世界。合此小世界一千爲小千世界，合此小千世界一千爲中千世界，合此中千世界一千爲大千世界。三千大千世界者，示此大千世界，成自小千、中千、大千三種之千也。

和念東先生郊外韵〔一〕

其一

一讀南華一惘然〔二〕，夔蚿終不罷相憐〔三〕。山中麋鹿招同隱，世上鶯花妒盛年。地踞蓬壺輕弱水〔四〕，聲傳粥鼓静諸天〔五〕。終慚下士難聞道〔六〕，矯首青冥路幾千。

校訂

鄧漢儀《詩觀三集》卷八選録此組詩，詩題作《和高念東先生郊外韵三首》。陶煊、張璨《國朝詩的》之《山東卷》卷一選録第一首，詩題作《和高念東先生郊外韵三首（選一）》。

箋注

〔一〕念東先生，即高珩，見《摸魚子·謝念東先生惠藥》箋注〔一〕。

〔二〕南華，《南華真經》的省稱，《莊子》的别名。

〔三〕『夔蚿』句，見《賦得如夢幻泡影如露亦如電》其二箋注〔三〕。

〔四〕蓬壺，見《鎖窗寒·倭奩》箋注〔九〕。

〔五〕粥鼓，宋蘇軾《大風留金山兩日》：『灊山道人獨何事，半夜不眠聽粥鼓。』

〔六〕『終慚』句，《道德經》第四十一章：『上士聞道，勤而行之；中士聞道，若存若亡；下士聞道，大笑之。不笑不足以爲道。』

其二

因風弱絮倍悠然，過雨穠華已可憐。海若安知河伯樂〔一〕，蜉蝣真羨蟪蛄年〔二〕。無才不墮文章劫，有福還生兜率天〔三〕。日月神山堪寄傲，匆匆桃熟歲三千〔四〕。

箋注

〔一〕『海若』句，《莊子·秋水》：『於是焉，河伯欣然自喜，以天下之美爲盡在己。……北海若曰：「井蛙不可以語於海者，拘於虛也……」』

〔二〕『蜉蝣』句，《莊子·逍遥游》：『朝菌不知晦朔，蟪蛄不知春秋，此小年也。』

〔三〕兜率天，佛教謂天分許多層，第四層叫兜率天。《妙法蓮華經·妙音菩薩品》：『若有人受持讀誦，解其義趣，是人命終……即往兜率天上彌勒菩薩所。』

〔四〕『匆匆』句，晋張華《博物志》卷八：『王母索七桃，大如彈丸，以五枚與帝，母食二枚。帝食桃，輒以核著膝前。母曰：「取此核，將何爲？」帝曰：「桃甘美，欲種之。」母笑曰：「此桃三千年一生實。」』

其三

饒舌豐干自快然，寒山數偈動悲憐〔一〕。金多難鑄公卿骨，氣短能銷賈屈年〔二〕。却笑輩郎渾易老〔三〕，終輸太守早生天〔四〕。北邙新冢今如許〔五〕，未必纍纍礙大千。

箋注

〔一〕『饒舌』句，宋釋道原《景德傳燈録》卷二十七：『一日豐干告之曰：「汝與我游五臺，即我同流；若不與我去，非我同流。」曰：「我不去。」豐干曰：「汝不是我同流。」寒山却問：「汝去五臺作什麽。」豐干曰：「我去禮文殊。」曰：「汝不是我同流。」暨豐干滅後，閭丘公入山訪之，見寒拾二人圍爐語笑，閭丘不覺致拜。二人連聲咄叱。寺僧驚愕曰：「大官何拜風狂漢耶？」寒山復執閭丘手笑而言曰：「豐干饒舌。」』

〔二〕賈屈，西漢賈誼、戰國屈原的并稱。《史記》有《屈原賈生列傳》。

〔三〕輦郎，《漢書・劉向傳》：『向字子政，本名更生。年十二，以父德任爲輦郎。』顏師古注引服虔曰：『輦郎，如今引御輦郎也。』

〔四〕『終輸』句，太守，此處指劉向之子劉歆。《漢書・劉歆傳》：『歆由是忤執政大臣，爲衆儒所訕，懼誅，求出補吏，爲河内太守。以宗室不宜典三河，徙守五原，後復轉在涿郡，歷三郡守。』《漢書・王莽傳》：『歆怨莽殺其三子，又畏大禍至，遂與涉、忠謀，欲發。……劉歆、王涉皆自殺。』

〔五〕北邙，見《百字令・天龍寺高歡避暑宮遺址，和錫鬯》箋注〔四〕。

輯評

鄧漢儀曰：『三首有透闢語，能增道氣。』

念東先生生日見示一詩有他日冰桃定餉君之句賦此奉答〔一〕

八百春秋定可期，一卮聊復伴軍持〔二〕。他年但索如瓜棗，若待蟠桃是幾時。

箋注

〔一〕念東先生，即高珩，見《摸魚子·謝念東先生惠藥》箋注〔一〕。

〔二〕軍持，澡罐或净瓶，僧人游方時携帶之，貯水以備飲用及净手。

發沅州舅氏家報有感〔一〕

其一

破帽單衫去未休，碧雲紅樹正清秋。行人莫上最高嶺，不見家山空白頭。

箋注

〔一〕沅州舅氏，曹貞吉有《蘭陵王·送二舅之沅州》，本詩中沅州舅氏當指其二舅劉悫之。曹申吉《少傅公行狀》：『子三：……次悫之，側室張氏出，官蔭生，娶順治丙戌進士户部郎中周公歷長女。』沅州，明清時沅州府治芷江（今湖南芷江）。

其二

蠶叢聽盡鷓鴣聲〔一〕，似髮中原空復情〔二〕。裘馬於今誰感激，青雲失路一諸生。

箋注

〔一〕蠶叢，見《蝶戀花·送荔裳入蜀，再用前韻》箋注〔二〕。鷓鴣聲，見《留客住·鷓鴣》箋注〔三〕。

〔二〕似髮中原，見《留客住·鷓鴣》箋注〔四〕。

其三

沅江一曲抱城來〔一〕，鐵騎連營暮角哀。十道羽書傳幕府，參軍瘦馬莫遲回。

箋注

〔一〕沅江，又稱沅水，位於湖南西部。劉禹錫《游桃源一百韻》：『沅江清悠悠，連山鬱岑寂。』

其四

記得羊車最少年〔一〕，誦書翻水相君憐〔二〕。那知瘴雨清浪道，十萬軍儲挽不前。

箋注

〔一〕『記得』句，《晉書·衛玠傳》：『總角乘羊車入市，見者皆以爲玉人，觀之者傾都。』羊車，《隋書·禮儀志五》：『（羊車）其制如軺車，金寶飾，紫錦幰，朱絲網。馭童二十人，皆兩鬢髻，服青衣，取年十四五者爲，謂之羊車小史。駕以果下馬，其大如羊。』

〔二〕相君，對宰相的尊稱，此處指曹貞吉外祖、劉忞之父劉正宗，劉正宗入清後歷任秘書院大學士、吏部右侍郎、弘文院大學士、文華殿大學士兼禮部尚書，參謀朝廷機要，故稱。

警悟二首

其一

紛紛蠻觸欲無天〔一〕，不攬松風半晌眠。海水曾窺千丈淺，月輪定減幾分圓。也知郭况餘金穴〔二〕，果否彭鏗得大年〔三〕。小鳥枋榆還坐笑〔四〕，南溟頻徙竟徒然〔五〕。

箋注

〔一〕蠻觸，《莊子·則陽》：『有國於蝸之左角者，曰觸氏。有國於蝸之右角者，曰蠻氏。時相與争地而戰，伏尸數萬，逐北，旬有五日而後反。』

〔二〕『也知』句，《太平廣記》卷二三六：『漢郭况，光武皇后之弟也。纍金數億，家童四百人。以金爲器皿，鑄冶之聲，徹於都鄙。時人謂郭氏之室，不雨而雷。言鑄冶之聲盛也。於庭中起高閣，厝衡石於其上以稱量。下有藏金窟，列武士衛之。錯雜寶以飾臺榭，懸明珠於梁棟間。光彩射目，晝視如星，夜望如月。里語曰：「洛陽多錢，郭氏萬千，都城之富難匹。」其内寵者，皆以玉器盛食。故東京謂郭氏家爲瓊厨金窟。』

〔三〕彭鏗，屈原《天問》：『彭鏗斟雉，帝何饗？受壽永多，夫何久長？』王逸注：『彭鏗，彭祖也。』漢劉向《列仙傳》：『彭祖者，殷大夫也。姓籛，名鏗，帝顓頊之孫，陸終氏之中子。歷夏至殷末八百餘歲，常食桂芝，善導引行氣。歷陽有彭祖仙室，前世禱請風雨，莫不輒應。常有兩虎，在祠左右。祠訖地即有虎迹，云後升仙而去。』

〔四〕枋榆，見《沁園春·再贈李君，聊廣其意》箋注〔五〕。

〔五〕南溟頻徙，《莊子·逍遥游》：『北冥有魚，其名爲鯤，鯤之大，不知其幾千里也。化而爲鳥，其名爲鵬，鵬之背，不知其幾千里也。怒而飛，其翼若垂天之雲。是鳥也，海運則將徙於南冥。南冥者，天池也。』

其二

珠桿蒲團閱大千〔一〕，須彌芥子入空禪〔二〕。饒他雲物三秋幻，不動天形一粒圓。竹帛莫榮泉下骨，貂蟬難覓枕中緣〔三〕。去人去楚紛多事，舉似瞿曇恐未然〔四〕。

箋注

〔一〕大千，見《題清源四節傳》其二箋注〔一〕。
〔二〕須彌芥子，見《百字令·中秋和其年，時甫過地震》箋注〔三〕。
〔三〕貂蟬，見《癸丑元旦》其三箋注〔三〕。
〔四〕瞿曇，《遼史·禮志六》：『悉達太子者，西域浄梵王子，姓瞿曇氏，名釋迦牟尼。以其覺性，稱之曰「佛」。』

秋夜感懷

其一

十年重抵足，破夢已三更。瘴癘兵戈地〔一〕，艱難旅雁情。人言殊汗漫，老淚久縱橫。深愧未聞道，空教白髮生。

箋注

〔一〕『瘴癘』句，曹貞吉《送家弟之黔中》其一：『一道旌旗開瘴癘，百蠻君長見將迎。』

其二

翻覺難成寐，摇摇此夜心。天風正號怒，瑟瑟下空林。宦拙鄉思切，秋多露氣沉。吾生初不意，飄泊到於今。

其三

颯然秋氣入，蒲柳遽先衰〔一〕。造物莽摇落，神仙安可期。觀河應皺面，對客苦搘頤。天地鴻毛在，茫茫信所之。

箋注

〔一〕『蒲柳』句，南朝宋劉義慶《世説新語・言語》：『蒲柳之姿，望秋而落；松柏之質，經霜彌茂。』

又口號二首

其一

白髮於今也世情，羈人頭上雪盈盈。鏡中莫作尋常看，多少愁心結得成。

其二

心折寒雲一雁聲，飄搖似動故人情。江湖滿地稻粱足，月黑關山何處行。

哭夏抑公〔一〕

麻衣如雪返青山，隔歲秋風未擬還。不分故人成白骨，空勞清夢繞江關。奇才自昔難逢世，大藥何曾解駐顔。一慟寢門招逝魄，燭花掩映泪痕斑。

箋注

〔一〕夏抑公，《（同治）新建縣志》卷四十八：『夏以鋒，字抑公，惟徵子。善承家學，康熙甲辰進士，官中書舍人。以詩古文辭知名輦下，又精岐黄，奉詔診視宫闈，輒奏效，都人士争禮之。丁外艱，扶柩歸里。……久之，鬱鬱不得意，没於彭澤。』

閏中秋寓直對月〔一〕

其一

四十七年重閏月，回頭遥憶我生初〔二〕。心驚蓂莢垂垂發〔三〕，老識悲歡漸漸疏。再滿蟾光還□夜，平分桂影自留餘。周廬襆被何時已〔四〕，抱得清暉慰索居。

箋注

〔一〕寓直，唐宋之問《和姚給事寓直之作》：『寓直光輝重，乘秋藻翰揚。』

〔二〕『四十』句，張貞《誥授奉政大夫禮部儀制清吏司郎中曹公墓志并銘》：『（曹貞吉）生崇禎七年正月。』清康熙十九年（一六八〇），曹貞吉四十七歲，在内閣中書舍人任上。

〔三〕蓂莢，見《百字令·閏八月壽阮亭》箋注〔六〕。

〔四〕周廬，見《直南苑》其四箋注〔二〕。

其二

桂輪難得見重圓，有客東華思惘然。天上貂蟬終少分，人間花月不論錢。霓裳曲羆音仍續，玉斧修來魄正懸〔一〕。無那罡風吹永夜〔二〕，鴻聲一一落燈前。

箋注

〔一〕玉斧，見《小游仙詩七首》其四箋注〔一〕。

〔二〕罡風，明屠隆《彩毫記·游玩月宫》：『虚空來往罡風裏，大地山河一掌輪。』

不寐口占

風急裂窗紙，如聞太息聲。那能窮五夜〔一〕，莫是閏三更。白露秋方重，銀蟾老更明。支床餘病骨，心折斗初横。

箋注

〔一〕五夜，見《贈張參宇山人二首》其二箋注〔三〕。

讀史四首

其一

驚傳瘴海到降王，面縛仍依日月光〔一〕。鑾觸自然歸覆載〔二〕，蚍蜉何計罩金湯〔三〕。牽羊李勢顔能厚〔四〕，握爪真卿骨自香〔五〕。記得蓬萊遺事在〔六〕，河山三世亦云長〔七〕。

箋注

〔一〕「驚傳」句，《晋書·李勢傳》：「勢，字子仁，壽之長子也。……壽死，勢嗣僞位，赦其境内，改元曰太和。……勢既誅奕，大赦境内，改年嘉寧……大司馬桓温率水軍伐勢……勢乃夜出東門，與昝堅走至晋壽，然後送降文於温曰：「僞嘉寧二年三月十七日，略陽李勢叩頭死罪。伏惟大將軍節下，先人播流，恃險因釁，竊自汶、蜀。勢以暗弱，復統末緒，偷安荏苒，未能改圖……」勢尋輿櫬面縛軍門，温解其縛，焚其櫬，遷勢及弟福、從兄權親族十餘人于建康，封勢歸義侯。升平五年，死于建康。在位五年而敗。」

〔二〕鑾觸，見《警悟二首》其一箋注〔一〕。覆載，《莊子・天地》：『夫道覆載萬物者也，洋洋乎大哉。』

〔三〕蚍蜉，唐韓愈《調張籍》：『蚍蜉撼大樹，可笑不自量。』金湯，《漢書・蒯通傳》：『必將嬰城固守，皆爲金城湯池，不可攻也。』顔師古注：『金以喻堅，湯喻沸熱不可近。』

〔四〕牽羊，《史記・宋微子世家》：『周武王伐紂克殷，微子乃持其祭器造於軍門，肉袒面縛，左牽羊，右把茅，膝行而前以告。於是武王乃釋微子，復其位如故。』

〔五〕『握爪』句，《晋書・卞壺傳》：『峻進攻青溪，壺與諸軍距擊，不能禁。賊放火燒宫寺，六軍敗績。壺時發背創，猶未合，力疾而戰，率厲散衆及左右吏數百人，攻賊麾下，苦戰，遂死之，時年四十八。……咸康六年，成帝追思壺，下詔曰：「壺立朝忠恪，喪身凶寇……」其後盜發壺墓，尸僵，鬢髮蒼白，面如生，兩手悉拳，爪甲穿達手背。』

〔六〕『記得』句，《史記・秦始皇本紀》：『既已，齊人徐市等上書，言海中有三神山，名曰蓬萊、方丈、瀛洲，仙人居之。請得齋戒，與童男女求之。於是遣徐市發童男女數千人，入海求仙人。』

〔七〕『河山』句，《史記・秦始皇本紀》：『始皇享國三十七年……二世皇帝享國三年。』

其二

禍來名滅豈由人，茅土居然貳負臣。异姓真須盟白馬〔一〕，清流不意走黄巾〔二〕。長刀遮客謀何老〔三〕，單騎還朝局亦新。歸骨中原多大癘，紛紛許遠與張巡〔四〕。

箋注

〔一〕『异姓』句，《資治通鑒》卷十三：『太后議欲立諸吕爲王，問右丞相陵，陵曰：「高帝刑白馬盟曰：『非劉氏而王，天下共擊之。』今王吕氏，非約也。」』

〔二〕清流，東漢末年，太學生郭泰、賈彪，大臣李膺、陳蕃等人，聯合批評朝政，反對宦官，自稱『清流』。黄巾，《後漢書·皇甫嵩傳》：『角等知事已露，晨夜馳敕諸方，一時俱起，皆着黄巾爲摽幟，時人謂之「黄巾」。』

〔三〕『長刀』句，清吴偉業《柳敬亭傳》：『未幾，而有左兵之事。左兵者，寧南伯良玉，軍噪而南，尋奉詔守楚，駐皖城待發。守皖者，杜將軍宏域，與生爲故人。寧南嘗奏酒，思得一异客，杜既已泄之矣。會兩人用軍，事不相中。念非生莫可解者。乃檄生至進之。左以爲此天下辯士，欲以觀其能。帳下用長刀遮客，引就席。坐客咸振慴失次，生拜訖，索酒，詼啁諧笑，旁若無人者。左大驚，自以爲得生晚也。居數日，左沉吟不樂，熟視生曰：『生揣我何念？』生曰：『得毋以亡卒入皖，而杜將軍不法治之乎？』左曰：『然。』生曰：『此非有君侯令，杜將軍不敢以專也，生請銜命矣。』馳一騎，入杜將軍軍中斬數人乃定。』龔鼎孳《沁園春·贈説書柳叟》：『片語回春，千金逃賞，遮客長刀玩弄來。』

〔四〕許遠與張巡，《新唐書·肅宗代宗本紀》：『安慶緒陷睢陽，太守許遠及張巡、鄆州刺史姚訚、左金吾衛將軍南霽雲皆死之。』

其三

蠻夷大長老夫尊，几杖頻頒异數存〔一〕。讓國那曾逃泰伯，發蒙先已料公孫〔二〕。兵戈久厭天南苦，輸挽難招閶左魂〔三〕。若使全軍歸海曲〔四〕，何年真雪越人冤。

箋注

〔一〕『蠻夷』句，《史記·南越列傳》：『南越王尉佗者，真定人也，姓趙氏……及孝文帝元年，初鎮撫天下，使告諸侯四夷從代來即位意，喻盛德焉。乃爲佗親冢在真定，置守邑，歲時奉祀。召其從昆弟，尊官厚賜寵之。詔丞相陳平等舉可使南越者，平言好時陸賈，先帝時習使南越。乃召賈以爲太中大夫，往使。因讓佗自立爲帝，曾無一介之使報者。陸賈至南越，王甚恐，爲書謝，稱曰：「蠻夷大長老夫臣佗……」』

〔二〕『讓國』句，《史記·吳太伯世家》：『吳太伯、太伯弟仲雍，皆周太王之子，而王季歷之兄也。季歷賢，而有聖子昌，太王欲立季歷以及昌，於是太伯、仲雍二人乃奔荆蠻，文身斷髮，示不可用，以避季歷。季歷果立，是爲王季，而昌爲文王。太伯之奔荆蠻，自號句吳。荆蠻義之，從而歸之千餘家，立爲吳太伯。』

〔三〕閶左，見《壽陳太夫子》箋注〔七〕。

〔四〕海曲，海隅。唐王勃《滕王閣序》：『屈賈誼於長沙，非無聖主；竄梁鴻於海曲，豈乏明時？』

其四

三節真王馬鬣封〔一〕，袁劉遺恨在番禺〔二〕。黄金舊鑄淮南印〔三〕，匕首新衝袁盎胸〔四〕。盤水自難寬豎子〔五〕，天心端欲息邊烽。白頭父老堪相慰，五嶺今年不賦賨〔六〕。

箋注

〔一〕三節真王，《史記·南越列傳》：『秦時已并天下，略定楊越，置桂林、南海、象郡，以謫徙民，與越雜處十三歲。佗，秦時用爲南海龍川令。……秦已破滅，佗即擊并桂林、象郡，自立爲南越武王。』馬鬣封，見《沁園春·再贈李君，聊廣其意》箋注〔八〕。

〔二〕『袁劉』句，漢末三國時期，原南越王地方爲交州，成爲袁紹、劉備、孫吴等政權勢力的争奪地。

〔三〕『黄金』句，《史記·淮南衡山列傳》：『趙王彭祖、列侯臣讓等四十三人議，皆曰：「淮南王安甚大逆無道，謀反明白，當伏誅。」膠西王臣端議曰：「淮南王安廢法行邪，懷詐僞心，以亂天下，熒惑百姓，倍畔宗廟，妄作妖言。春秋曰『臣無將，將而誅』。安罪重於將，謀反形已定。臣端所見其書節印圖及他逆無道事驗明白，甚大逆無道，當伏其法。而論國吏二百石以上及比者，宗室近幸臣不在法中者，不能相教，當皆免官削爵爲士伍，毋得宦爲吏。其非吏，他贖死金二斤八兩。以章臣安之罪，使天下明知臣子之道，毋敢復有邪僻倍畔之意。」丞相弘、廷尉湯等以聞，天子使宗正以符節治王。未至，淮南王安自剄殺。……國除爲九江郡。』

〔四〕『匕首』句，《史記·袁盎晁錯列傳》：『袁盎者，楚人也，字絲。……袁盎雖家居，景帝時時使人問籌策。梁王欲求爲嗣，袁盎進説，其後語塞。梁王以此怨盎，曾使人刺盎。刺者至關中，問袁盎，諸君譽之皆不容口。乃見袁盎曰：「臣受梁王金來刺君，君長者，不忍刺君。然後刺君者十餘曹，備之！」袁盎心不樂，家又多怪，乃之棓生所問占。還，梁刺客後曹輩果遮刺殺盎安陵郭門外。』

〔五〕『盤水』句，《漢書·賈誼傳》：『故其在大譴大何之域者，聞譴何則白冠氂纓，盤水加劍，造請室而請辠耳，上不執縛係引而行也。』顔師古注引如淳曰：『水性平，若己有正罪，君以平法治之也。加劍，當以自刎也。或曰，殺牲者以盤水取頸血，故示若此也。』

〔六〕五嶺，見《懷近温》箋注〔四〕。賦賨，漢許慎《説文解字·貝部》：『賨，南蠻賦也。』《晉書·李特載記》：『巴人呼賦爲賨。』

感事成一絶句

依舊繁纓照馬紅〔一〕，路人争識李河中〔二〕。獨憐王氣蕭條盡〔三〕，荔子香濃憶故宫。

箋注

〔一〕繁纓，《禮記·禮器》：『大路繁纓一就，次路繁纓七就。』孔穎達疏：『繁，謂馬腹帶也。』

〔二〕李河中，《舊五代史·高祖紀下》：『以鄆州節度使、檢校太師、兼侍中李守貞爲河中節度使。』

〔三〕『獨憐』句，《資治通鑑》卷二百九十：『初，彦超將反，判官崔周度諫曰：「魯，詩書之國，自伯禽以來不能霸諸侯，然以禮義守之，可以長世。公於國家非有私憾，胡爲自疑！况主上開諭勤至，苟撤備歸誠，則坐享太山之安矣。獨不見杜中令、安襄陽、李河中竟何所成乎！」』

秋深有感

長安居不易〔一〕，荏苒十年居。一夜霜風急，凄然憶舊廬。朝寒欺病骨，晚食得秋蔬。游子那能去，衰親尚倚閭〔二〕。

箋注

〔一〕『長安』句，宋蔡正孫《詩林廣記》卷十《咸陽原上草》：『《復齋漫録》云：「樂天以詩謁顧况，况曰：『長安物貴，居大不易。』及讀至《咸陽原上草》云：『野火燒不盡，東風吹又生。』嘆曰：『有句如此，居亦何難，前言戲之耳。』」』

〔二〕倚閭，見《送石林南還以登山臨水送將歸爲韵》其七箋注〔三〕。

客夢

客夢連宵亂，尻輪信所之〔一〕。半空迷弱絮，一髮引游絲。苦語杜鵑得，深情蝴蝶知。茫茫關路杳，何處問天涯。

箋注

〔一〕尻輪，見《笛家·九日，長安遣興，和其年》箋注〔八〕。

念東先生惠詞序賦謝〔一〕

其一

晦迹金門世念輕，一編花草閱浮生。悲歌自昔宜燕市〔二〕，綺語寧當問姓名。七寶牟尼終是幻，千年楚漢亦何情。因君頓欲焚書舞，瀟灑天龍法雨聲。

箋注

〔一〕念東先生，即高珩，見《摸魚子・謝念東先生惠藥》箋注〔一〕。高珩有《珂雪詞序》，見曹貞吉《珂雪詞》卷首，清康熙刻乾隆補刻本。又見高珩《栖雲閣文集》卷五《實庵詞序》。

〔二〕『悲歌』句，見《哭家企鑒叔六首》其三箋注〔一〕。

其二

敢以桓譚重子雲〔一〕，辟支小果自聲聞〔二〕。思携海上風濤色，一洗花間塵土文。好語穿來珠錯落，神山引去碧氤氳。他年興到還長嘯，定在蘇門麋鹿群〔三〕。

箋注

〔一〕『敢以』句，《後漢書・桓譚傳》：『桓譚，字君山，沛國相人也。父成帝時爲太樂令。譚以父任爲郎，因好音律，善鼓琴。博學多通，遍習五經，皆詁訓大義，不爲章句。能文章，尤好古學，數從劉歆、楊雄辯析疑异。』楊雄，西漢辭賦家，字子雲，蜀郡成都（今四川成都）人。漢王充《論衡・超奇》：『（桓譚）又作《新論》，論世間事，辯照然否，虛妄之言，僞飾之辭，莫不證定。彼子長、子雲說論之徒，君山爲甲。』

〔二〕辟支小果，宋嚴羽《滄浪詩話·詩辯》：『禪家者流，乘有小大，宗有南北，道有邪正。學者須從最上乘，具正法眼，悟第一義，若小乘禪，聲聞辟支果，皆非正也。論詩如論禪，漢、魏、晋與盛唐之詩，則第一義也。大曆以還之詩，則小乘禪也，已落第二義矣。晚唐之詩，則聲聞、辟支果也。』

〔三〕『他年』句，《晋書·阮籍傳》：『籍嘗於蘇門山遇孫登，與商略終古及栖神導氣之術，登皆不應，籍因長嘯而退。至半嶺，聞有聲若鸞鳳之音，響乎岩谷，乃登之嘯也。』麋鹿群，《文選·劉孝標〈廣絶交論〉》：『是以耿介之士，疾其若斯。裂裳裹足，弃之長鶩，獨立高山之頂，歡與麋鹿同群。』李善注：『孔安國曰：「隱居山林，是同群也。」』

其三

嚼破虛空欲話難，只將文字慰衰殘。舟移海岸人誰在，楓落吴江水自寒。白傅或能返兜率〔一〕，盧生那得出邯鄲〔二〕。玉清未必音塵絶〔三〕，一匕還分絳雪丹。

箋注

〔一〕兜率，兜率天，見《和念東先生郊外韵》其二箋注〔三〕。

〔二〕『盧生』句，見《南鄉子·夏夕無寐，茫茫交集，輒韵語寫之，不求文也》其一箋注

〔一〕。

〔三〕玉清，見《蕪陰觀競渡五絶句》其一箋注〔一〕。

讀某人集有感

其一

大冠長劍盡書生〔一〕，召對青蒲水火争〔二〕。一局殘棋渾未了，姑蘇臺上鹿縱横〔三〕。

箋注

〔一〕大冠，北齊顔之推《顔氏家訓·涉務》：『梁世士大夫，皆尚褒衣博帶，大冠高履，出則車輿，入則扶侍。』

〔二〕青蒲，《文選·任昉〈天監三年策秀才文〉三》：『比雖輻凑闕下，多非政要；日伏青蒲，罕能切直。』李周翰注：『青蒲，天子内庭也，以青色規之，而諫者伏其上。』

〔三〕姑蘇臺，見《百字令·咏史》其一箋注〔三〕。

其二

館閣當年儲相材，竄身牛李亦堪哀〔一〕。寧知議論關兵氣，耐可焚香淪茗來。

箋注

〔一〕竄身，《漢書·王莽傳上》：『章因自竄姓名，凡爲十一人，皆署官爵，爲輔佐。』顔師古注：『竄，謂厠著也。』牛李，指唐朝以牛僧孺爲首的牛党和以李德裕爲首的李黨。《新唐書·李德裕傳》：『（李逢吉）欲引僧孺益樹黨，乃出德裕爲浙西觀察使。俄而僧孺入相，由是牛、李之憾結矣。』

其三

見説清流异濁流，紛紛龍腹與龍頭〔一〕。徙薪曲突何人會〔二〕，群盗如毛百不憂。

箋注

〔一〕『紛紛』句，見《贈方山》其三箋注〔一〕。

〔二〕徙薪曲突，《漢書·霍光傳》：『人爲徐生上書曰：「臣聞客有過主人者，見其竈直突，傍有積薪，客謂主人，更爲曲突，遠徙其薪，不者且有火患。主人嘿然不應。俄而家果失火，鄰里共救之，幸而得息。於是殺牛置酒，謝其鄰人，灼爛者在於上行，餘各以功次坐，而不録言曲突者。……今茂陵徐福數上書言霍氏且有變，宜防絶之。鄉使福説得行，則國亡裂土出爵之費，臣亡逆亂誅滅之敗。往事既已，而福獨不蒙其功，唯陛下察之，貴徙薪曲突之策，使居焦髮灼爛之右。」』

其四

請劍朱雲社稷臣〔一〕，挂冠梅福竟全身〔二〕。山中若肯長高卧，氣節居然屬此人。

箋注

〔一〕朱雲，《漢書·朱雲傳》：『朱雲，字游，魯人也，徙平陵。……至成帝時，丞相故安昌侯張禹以帝師位特進，甚尊重。雲上書求見，公卿在前。雲曰：「今朝廷大臣上不能匡主，下亡以益民，皆尸位素餐，孔子所謂『鄙夫不可與事君』『苟患失之，亡所不至』者也。臣願賜尚方斬馬劍，斷佞臣一人以厲其餘。」上問：「誰也？」對曰：「安昌侯張禹。」』

〔二〕梅福，《漢書·梅福傳》：『梅福，字子真，九江壽春人也。少學長安，明《尚書》《穀梁春秋》，爲郡文學，補南昌尉。後去官歸壽春，數因縣道上言變事，求假軺傳，詣行在所條對急政，輒報罷。……至元始中，王莽顓政，福一朝弃妻子，去九江，至今傳以爲仙。其後，人有見福於會稽者，變名姓，爲吴市門卒云。』

其五

百年蜀洛總前塵，過眼玄黄局又新〔一〕。永夜挑燈悲往事，憑誰喚醒夢中人。

箋注

〔一〕玄黄，《周易·坤》：『夫玄黄者，天地之雜也，天玄而地黄。』

立冬日袁士旦過飲以二詩見投依韵賦答〔一〕

其一

委巷經過少，跫然到草堂〔二〕。人同籬菊静，佩有芰荷香。易水初成釀，燕山正落桑。故鄉歸未得，且認醉爲鄉。

箋注

〔一〕袁啟旭，字士旦，號中江，安徽宣城人。有《中江紀年稿》。

〔二〕跫然，見《頌嘉見過出示移居之作依韵奉和四首》其一箋注〔二〕。

其二

斗酒娱今夕，花寒暗入冬。妙香參鼻觀〔一〕，爛醉起眉峰。軋軋遲鳴雁，迢迢引暮鐘。昭亭多秀色，句裏暫相逢。

箋注

〔一〕鼻觀，宋蘇軾《和黄魯直燒香二首》其一：『不是聞思所及，且令鼻觀先參。』

初冬夜集聯句〔一〕

羈栖欲何爲，不如行荷鍤。念東先生笻倦招提游〔二〕，飲愛文字洽。牧仲晚照横蒼山，涼風吹白帢。實庵稻芒蟹初擘，松床酒新壓。阮亭殘菊映深杯，狂言遞相狎。方山人皆白社侶，詩競黃池歃〔三〕。阮亭妙畫鑒東丹，是日觀東丹王《射鹿圖》〔四〕，歸舟憶巫峽。阮亭座中吟《不得荔裳妻孥消息》詩。牧仲西曹最喜齋，北陸巧當袷〔五〕。念翁霜威逼檐牙，星芒動簾押〔六〕。牧仲不妨乘興哦，未中考功法〔七〕。念翁暖思漢廟酎〔八〕，冷畏堯厨萐〔九〕。阮亭卮漏川灌河，氣壯兕出柙〔一〇〕。牧仲暫爾聖賢中，詎必金貂插。實庵采隱蓼廬霍〔一一〕，泛宅羡苕霅〔一二〕。阮亭斗室即江湖，拍浮類鳧鴨。牧仲旅懷歡已忘，韵險句偏恰。念翁天馬行駊娑〔一三〕，海鯨動呀呷。聲殷雷破壁，勢急帆離夾。阮亭縱横字屢乙，宕蕩顔能甲。實庵銘鑱聱叟樽，書留老嫗箑。牧仲裘矜貂鼲貴，扇委蛟龍匣。阮亭久企松子游〔一四〕，無事山公札。方山稍聞動鼉鼓，曾否熟羊胛。實庵勿憚金吾訶〔一五〕，重沽錢未乏。念翁

校訂

陳維崧《篋衍集》卷十二《聯句》、宋犖《西陂類稿》卷二十二《聯句集》皆選録此詩，詩題同。宋犖《聯句集》詩題下有小注：『同高念東先生、曹實庵、王阮亭、謝方山。』

念東先生，《篋衍集》《西陂類稿》皆作『念翁』。

『筇倦』句，《西陂類稿》有小注：『先是，有勝國寺之約。』

阮亭座中吟《不得荔裳妻孥消息》詩，《西陂類稿》作『阮亭座中吟《不得荔裳妻孥下峽消息》詩』。《篋衍集》并上句小注，作『時觀東丹王《射鹿圖》，阮亭於座中吟《不得荔裳妻孥下峽消息》詩』。

離，《篋衍集》《西陂類稿》皆作『出』。

宕蕩，《篋衍集》《西陂類稿》皆作『跌蕩』。

山公，底本、《西陂類稿》皆作『宣公』，據《篋衍集》改。山公，晋代山濤。《晋書·山濤傳》：『濤再居選職十有餘年，每一官缺，輒啓擬數人，詔旨有所向，然後顯奏，隨帝意所欲爲先……濤所奏甄拔人物，各爲題目，時稱「山公啓事」。』

沾，《篋衍集》作『酟』，同。

箋注

〔一〕《初冬夜集聯句》唱和詩人念東先生、念翁，均指高珩，見《摸魚子·謝念東先生惠藥》箋注〔一〕。牧仲，即宋犖，見《天香·咏緑牡丹，爲牧仲作》箋注〔一〕。實庵，即曹貞吉。阮亭，即王士禛，見《浣溪沙·步阮亭紅橋韵》其一箋注〔一〕。方山，即謝重輝，見《送謝方山賫詔之江右》箋注〔一〕。

〔二〕招提，見《夏日集慈因庵與寒灰上人論詩三首》其三箋注〔一〕。白帢，見《摸魚子·

答沈融谷》箋注〔四〕。

〔三〕『人皆』句，清吴偉業《靈岩觀設戒》：『不信黄池會，今看白社開。』白社，見《湖上宴集》箋注〔三〕。黄池畝，《左傳·哀公十三年》：『公會晉侯及吴子於黄池。』杜預注：『陳留封丘縣南有黄亭，近濟水。夫差欲霸中國，尊天子，自去其僭號而稱子，以告令諸侯，故史承而書之。』《史記·吴太伯世家》：『（吴王夫差）十四年春，吴王北會諸侯於黄池，欲霸中國以全周室。』

〔四〕東丹王《射鹿圖》，東丹王，遼耶律倍（八九九—九三七），遼太祖耶律阿保機長子，遼國太子，封東丹國王。善畫，有《射鹿圖》。王士禛有《東丹王射鹿圖》詩。

〔五〕北陸，《左傳·昭公四年》：『古者，日在北陸而藏冰。』杜預注：『陸，道也。謂夏十二月，日在虚危，冰堅而藏之。』袷，夾衣。《漢書·匈奴傳上》：『服綉袷綺衣。』顔師古注：『袷者，衣無絮也。』

〔六〕簾押，亦作『簾柙』，裝在簾上作鎮押之用的物件。唐李商隱《燈》：『影隨簾押轉，光信簟文流。』

〔七〕考功法，按一定標準考核官吏的政績。《漢書·谷永傳》：『治天下者尊賢考功則治，簡賢違功則亂。』

〔八〕漢廟酎，《史記·平準書》：『而列侯坐酎金失侯者百餘人。』裴駰集解引如淳曰：『漢儀注王子爲侯，侯歲以户口酎黄金於漢廟，皇帝臨受獻金以助祭。大祀日飲酎，飲酎受金。金少不如斤兩，色惡，王削縣，侯免國。』

〔九〕堯厨蓮，《太平御覽》卷八七三引《孫氏瑞應圖》曰：『蓮莆，王者不徵滋味，庖厨不逾深盛，則生於厨。一名倚扇，一名實閭，一名倚蓮。生如蓮，枝多葉少，根如絲，轉而風生。主於飲食清涼，驅殺蟲蠅。舜時生於厨，又堯時冬死夏生，又舜時生於厨及階左。』

〔一〇〕兕出柙，《論語·季氏》：『虎兕出於柙，龜玉毀於櫝中，是誰之過與？』

〔一一〕廬霍，《文選·謝靈運〈初發石首城〉》：『游當羅浮行，息必廬霍期。』李善注：『廬、霍，二山名也。』

〔一二〕『泛宅』句，《新唐書·隱逸傳·張志和》：『願爲浮家泛宅，往來苕霅間。』苕霅，苕溪、霅溪二水的并稱，在今浙江湖州境内。

〔一三〕駁娑，《三輔黄圖·建章宫》：『駁娑宫。駁娑，馬行疾貌。馬行迅疾，一日之間遍宫中，言宫之大也。』

〔一四〕松子游，《史記·留侯世家》：『留侯乃稱曰：「家世相韓，及韓滅，不愛萬金之資，爲韓報讎彊秦，天下振動。今以三寸舌爲帝者師，封萬户，位列侯，此布衣之極，於良足矣。原弃人間事，欲從赤松子游耳。」』赤松子，司馬貞索隱引《列仙傳》：『神農時雨師也，能入火自燒，昆侖山上隨風雨上下也。』

〔一五〕金吾，見《癸丑元旦》其三箋注〔二〕。

贈友人　徐君光漢

其一

執紼東門遠别離，三年重見鬢如絲。曲江賓從蕭條盡〔一〕，大有人間鸚鵡卮〔二〕。

箋注

〔一〕曲江賓從，唐李肇《唐國史補》卷下：『進士爲時所尚久矣……既捷，列書其姓名於慈恩寺塔，謂之題名會；大宴於曲江亭子，謂之曲江會。』

〔二〕鸚鵡卮，見《爲張夫子題鸚鵡杯限豪字》箋注〔一〕。

其二

身負鹽官國士知〔一〕，夕陽弱水去何之。於今墳草芊芊長〔二〕，石馬無聲嘶向誰。

箋注

〔一〕國士，宋黄庭堅《書幽芳亭》：『士之才德蓋一國，則曰國士。』

〔二〕芊芊，草木茂盛的樣子。

其三

他年鏡具知何日〔一〕，䰟見羊曇泪已垂〔二〕。寂寞九原誰不朽〔三〕，與君斟酌細論之。

箋注

〔一〕『他年』句，漢劉向《列仙傳》：『負局先生者，不知何許人也。語似燕代間人。常負磨鏡局，徇吴市中炫磨鏡。一錢因磨之，輒問主人得無有疾苦者，輒出紫丸藥以與之，得者莫不愈。如此，數十年後大疫，病家至户到與藥，活者萬計，不取一錢。吴人乃知其真人也。後主吴山絶崖，頭懸藥下與人，將欲去時，語下人曰：「吾還蓬萊山，爲汝曹下神水，崖頭一旦有水白色，流從石間來下，服之多愈疾。」立祠十餘處。』

〔二〕『䰟見』句，見《南鄉子·夏夕無寐，茫茫交集，輒韵語寫之，不求文也》其三箋注

〔三〕。

〔三〕九原，九泉，黄泉。

雪夜飲阮亭齋頭以風雪夜歸人爲韵〔一〕

其一

楗户慘不樂〔二〕，出門迷西東。堅冰結層陰，馬毛拳北風。飢烏啞然集，落落蒼烟中。所思渺無端，未見心則冲。

校訂

鄧漢儀《詩觀三集》卷八選録此組詩第四、五首，詩題作《雪夜飲阮亭齋頭》。

箋注

〔一〕阮亭，即王士禛，見《浣溪沙·步阮亭紅橋韵》其一箋注〔一〕。

〔二〕楗户，閉門。楗，關門的木閂。徐珂《清稗類鈔·才辯·王小能謂風亦畏寒》：『王丹麓病起畏寒，每當雪夕，輒楗户禦風。』

其二

頳陽十日温〔一〕，釀此一尺雪。圓璧與方圭，觸物成皓潔。貂敝絮不如，納袖冷於鐵。爐存火微紅，那得炙手熱。

箋注

〔一〕頳陽，夕陽。唐李白《九日登巴陵置酒望洞庭水軍》：『劍舞轉頳陽，當時日停曛。』

其三

鸚鵡畏網羅，黄雀憂彈射。奔車太行側，張帆瞿塘下。伊余七不堪〔一〕，帶乞三日假。簌簌聽檐花，金鐎響深夜〔二〕。

箋注

〔一〕伊余，見《初秋偶成三首》其二箋注〔三〕。七不堪，三國魏嵇康《與山巨源絶交書》：

『又人倫有禮，朝廷有法，自惟至熟，有必不堪者七，甚不可者二：卧喜晚起，而當關呼之不置，一不堪也。抱琴行吟，弋釣草野，而吏卒守之，不得妄動，二不堪也。危坐一時，痹不得摇，性復多虱，把搔無已，而當裹以章服，揖拜上官，三不堪也。素不便書，又不喜作書，而人間多事，堆案盈几，不相酬答，則犯教傷義，欲自勉强，則不能久，四不堪也。不喜吊喪，而人道以此爲重，己爲未見恕者所怨，至欲見中傷者，雖瞿然自責，然性不可化，欲一心順俗，則詭故不情，亦終不能獲無咎無譽，如此五不堪也。不喜俗人，而當與之共事，或賓客盈坐，鳴聲聒耳，囂塵臭處，千變百伎，在人目前，六不堪也。心不耐煩，而官事鞅掌，機務纏其心，世故繁其慮，七不堪也。』

〔二〕金鐎，《史記·李將軍列傳》：『及出擊胡，而廣行無部伍行陳，就善水草屯，舍止，人人自便，不擊刀斗以自衛。』裴駰集解引孟康曰：『以銅作鐎器，受一斗，晝炊飯食，夜擊持行，名曰刀斗。』

其四

空明白碰窗〔一〕，蒙茸紅地衣。兩叟竹間坐，掩映生容輝。晶盤行素鱗，橘柚香霧霏。興至輒復飲，酒盡還當歸。

箋注

〔一〕白硾，宋高似孫《剡録》卷七《剡硾》：『薛能送浙東王大夫詩：「越毫逐厚俸，剡硾得佳名。」注曰：「近相傳以搗熟紙名硾。」《鷄林志》曰：「高麗紙治之緊滑，不凝筆，光白可愛，號白硾紙。」』

輯評

『空明』二句，鄧漢儀曰：『二老對酌圖。』

其五

天街浩茫茫，深巷空無人。一燈明滅間，黯淡疑青磷。豈不愛瑶華，翻憂墊我巾。虎橋石徑滑〔一〕，差勝十丈塵〔二〕。

箋注

〔一〕虎橋，見《單予思招飲歸來漏三鼓矣天街悄然不知攘攘者皆歸何處慨然成咏》箋注〔三〕。

〔二〕十丈塵，見《霓裳中序第一·爲杞園題〈浮家圖〉》箋注〔三〕。

輯評

鄧漢儀曰：『此豈復有宦情。』

初秋偶過學圃有懷先大兄〔一〕

池塘猶是緑陰濃，三徑依稀宿草封〔二〕。一别暫沽燕市酒〔三〕，十年纔拜墓門松。鳩車行處曾同挽〔四〕，蒜髮垂時可再逢〔五〕。自分此生兄弟少，情懷兀兀入秋冬。

箋注

〔一〕先大兄，曹貞吉族兄曹元胤，字孝先，準貢生，候選布政司經歷。明崇禎六年（一六三三）十二月十六日生，康熙十年（一六七一）十一月二十五日卒，享年三十九歲。

〔二〕三徑，見《水調歌頭·大醉放言》箋注〔一〇〕。宿草，見《南鄉子·夏夕無寐，茫茫交集，輒韵語寫之，不求文也》其三箋注〔四〕。

〔三〕燕市酒，見《哭家企鑒叔六首》其三箋注〔一〕。

〔四〕鳩車，《錦綉萬花谷》卷十六引晋張華《博物志》：『小兒五歲曰鳩車之戲，七歲曰竹馬之戲。』宋王黼等《重修宣和博古圖》卷二十七：『漢鳩車、六朝鳩車……二器狀鳲鳩形，置兩輪間，輪行則鳩從之……爲兒童戲。』

〔五〕蒜髮，宋張淏《雲谷雜記》卷二：『今人言壯而髮白者，目之曰蒜髮，猶言宣髮也。』

中秋痛哭詩

其一

滄海横流事已非，白頭相見志全違。提携貧賤甘黄獨〔一〕，老大兵戈墜鐵衣。當日帛書隨雁足，何時丹旐返柴扉〔二〕。蠻江處處猿啼苦，回首難尋舊釣磯。

箋注

〔一〕黄獨，宋陳師道《後山詩話》：『老杜云：「長鑱長鑱白木柄，我生托子以爲命。黄獨無苗山雪盛，短衣數挽不掩脛。」往時儒者不解黄獨義，改爲黄精，學者承之。以予考之，蓋黄獨是也。《本草》赭魁注：黄獨肉白皮黄，巴漢人蒸食之，江東謂之土芋。余求之江西，謂之土卵，煮食之類芋魁云。』

〔二〕丹旐，猶丹旌。南朝梁何遜《王尚書瞻祖日》：『昱昱丹旐振，亭亭素蓋立。』

其二

釁序當年振羽翰〔一〕，逢時容易説彈冠〔二〕。遂成千古人琴痛〔三〕，欲結來生兄弟難。白馬江深迷遠棹，黄茅瘴苦阻歸鞍〔四〕。那能倒用司農印〔五〕，空博啼鵑淚血乾。

箋注

〔一〕釁序，《北齊書·文宣帝紀》：『八月，詔郡國修立釁序，廣延髦俊，敦述儒風。』

〔二〕彈冠，《漢書·王貢兩龔鮑傳》：『吉與貢禹爲友，世稱「王陽在位，貢公彈冠」，言其取舍同也。』顔師古注：『彈冠者，且入仕也。』

〔三〕人琴痛，見《濂兒省余都門兩宿而去作此送之追録》箋注〔二〕。

〔四〕黄茅瘴，見《減字木蘭花·雜憶》其八箋注〔二〕。

〔五〕倒用司農印，《舊唐書·段秀實傳》：『及韓旻追駕，秀實以爲宗社之危，期於頃刻，乃使人走諭靈岳，竊令言印。不遂，乃倒用司農印印符以追兵。旻至駱驛得符，軍人亦莫辯其印文，惶遽而回。』

其三

七載悲歌慨以慷，中原如髮詎能忘〔一〕。死生沉痛嗟雙鬢，消息然疑只异鄉。那得幾時同大被，常因一雨想聯床。全家摧折烏蠻盡〔二〕，豈獨生歸嘆阻長。

箋注

〔一〕中原如髮，見《留客住·鷓鴣》箋注〔四〕。

〔二〕烏蠻，古代西南少數民族地區。唐杜甫《秋日夔府咏懷奉寄鄭監審李賓客之芳一百韻》：『絶塞烏蠻北，孤城白帝邊。』

其四

逝水茫茫不可期，浮生有盡幾何離。覆巢自信無完卵〔一〕，拔木寧堪更折枝。大渡河邊橫照處〔二〕，小龍番外晚秋時〔三〕。烏頭馬角千年恨〔四〕，此事誰知也到伊。

箋注

〔一〕『覆巢』句，南朝宋劉義慶《世説新語·言語》：『孔融被收，中外惶怖。時融兒大者九歲，小者八歲。二兒故琢釘戲，了無遽容。融謂使者曰：「冀罪止於身，二兒可得全不？」兒徐進曰：「大人豈見覆巢之下，復有完卵乎？」尋亦收至。』

〔二〕大渡河，清姚瑩《康輶紀行》卷一：『瀘定橋下水，《四川通志》以爲涐水，蓋自打箭鑪徼外流入大渡河者。按：今《輿圖》，水北自章谷土司境內，西南徑上魚通、下魚通，受打箭鑪徼外之水，南過瀘定橋、泰寧營、冷邊土司，西受松林河水，東南流受老鵶漩河水，東流過清溪縣，南受流沙河水，又西受越嶲河水，東至峨邊，皆名大渡河。』

〔三〕小龍番，見《木蘭花慢·寄武曾》箋注〔五〕。

〔四〕烏頭馬角，見《百字令·咏史》其二箋注〔二〕。

其五

南雲北雁悵慈闈，睡覺呻吟萬慮非。兩地關河空極目，一時雪霰正交飛。夢中執手寧全別，身後還家可當歸。膝下輸君先侍母，所嗟渾未着麻衣〔一〕。

箋注

〔一〕麻衣，《禮記·間傳》：『又期而大祥，素縞麻衣。』鄭玄注：『謂之麻者，純用布，無采飾也。』

冬日晚行

四野蒼烟亂，頽陽半在天〔一〕。西風正摇落，日暮轉凄然。峿嶺千尋矗〔二〕，清泉一帶懸。悠悠驅馬處，回首動經年。

箋注

〔一〕頽陽，見《雪夜飲阮亭齋頭以風雪夜歸人爲韵》其二箋注〔一〕。

〔二〕峿嶺，峿山，在山東安丘西南。

投龍泉莊宿

疲馬行何已，人家欲上燈。雪痕依草白，嵐氣帶林青。古屋穿牛火〔一〕，平田照歲星〔二〕。藏名汐社老〔三〕，相見亦忘形。

校訂

鄧漢儀《詩觀三集》卷八選録此詩。

箋注

〔一〕牛，牽牛宿。火，大火星，又名心宿。

〔二〕歲星，即木星。

〔三〕汐社，見《沁園春·日照李博開作生壙成，自題云：『竹帛誰千古，烟霞我一丘。』余喜其能達生也，詞以贈之》箋注〔八〕。

輯評

鄧漢儀曰：『好光景。』

飯田家

遠市難呼酒，盤飧愧老農。塗泥艱卒歲，風雪歷深冬。吾輩甘粗糲，何人當鼎鐘〔一〕。年豐應有得，願汝力田逢。

箋注

〔一〕鼎鐘，《三國志·魏書·陳思王植傳》：『每覽史籍，觀古忠臣義士，出一朝之命，以徇國家之難，身雖屠裂，而功銘著於鼎鐘，名稱垂於竹帛，未嘗不拊心而嘆息也。』

宿田舍與向若侄夜談〔一〕

老未工時態，寧堪雁影孤。羈栖空歲月，飄泊且江湖。正下麻衣泪〔二〕，難求肺病蘇。去年當此夕，風雪認迷途。余於去年是日出國門。

箋注

〔一〕向若，曹貞吉族侄曹瀚，字向若。《安丘連池曹氏族譜》卷八：『諱瀚，元胤長子，字向若，監生，候選州同。』

〔二〕麻衣，見《中秋痛哭詩》其五箋注〔一〕。

補去年初出國門一絶句

十載重尋舊路歸，鳳池清夢尚依稀。蘆溝一樣沙如雪〔一〕，只是風前泪滿衣。

箋注

〔一〕蘆溝，桑乾河，爲永定河上游，流經北京，至天津附近入海河。曹貞吉《中秋後一日送杞園東歸》：『易水流湯湯，蘆溝沙似雪。』

冬日行汶河道中〔一〕

隔歲還家路，重來倍損神。沙邊飛鷺影，驢背過橋人。麥甲肥沾雪，山容淡作皴。敝裘渾耐冷，躑躅大河濱。

箋注

〔一〕汶河，即汶水，見《蝶戀花》（六月溪堂）箋注〔二〕。

送霖之金陵〔一〕

其一

雪花如手項王城〔二〕，風捲寒蘆颯颯聲。此去江南好時節，攝山鐘阜正雙清〔三〕。

箋注

〔一〕霖，即曹貞吉次子曹霖，見《賀新涼·送霖》箋注〔一〕。

〔二〕項王城，下相是項羽的故里，位於今江蘇宿遷。

〔三〕攝山，清顧祖禹《讀史方輿紀要》卷二十《江寧縣》：『攝山，府東北四十五里。山周四十里，與衡陽諸山接。陳霸先敗齊兵於幕府山，其江乘、攝山、鐘山諸軍相次克捷是也。《地記》：「攝山形方，四面重嶺似傘，亦名傘山。東連畫石山，西南接落星山。」』鐘阜，南京紫金山的別名，唐唐彥謙《金陵九日》：『九重天近瞻鐘阜，五色雲中望建章。』雙清，唐杜甫《屏迹三首》其二：『杖藜從白首，心迹喜雙清。』仇兆鰲注引楊守阯曰：『心迹雙清，言無塵俗氣也。』

其二

游子休歌行路難，敝裘如蝟怯風酸〔一〕。腰纏十萬吾何敢，遲爾歸來閲歲寒。

箋注

〔一〕敝裘如蝟，見《有感偶成》箋注〔二〕。

壬戌初冬偶集春草堂聯句〔一〕

寒日欝重陰，殘菊瘦如削。升六良會亦偶然，蕭晨非素約。竹船籬根暗蛩寂，枝頭乾葉落。向若藜床酒新漉〔二〕，晶盤蟹初斫。腴比玳瑁膏，光擬琥珀酌〔三〕。瀲灩鸚鵡卮〔四〕，淡沱鸕鷀杓〔五〕。升六此地足蕭散，何必尋丘壑。星留徑曲森樹石，欄疏富花藥。向若枸杞綴青紅，蘿薜劇蕭索。升六細雨點微塵，斜風捲輕籜。竹船霜冷柿紅凋，日回雲影薄。星留相期文字飲，未敢雜詼謔。升六貧家足芋栗，飯客供藜藿〔六〕。夕照在樹杪，晚晴收雨脚。岸幘意疏放，解衣氣磅礴〔七〕。竹船天光窺睥睨，溪聲酣彴略〔八〕。誰能餐沆瀣，我但餔糟粕。升六角户甘避舍，得句如釋縛。耳熱想潺湲，眼明見寥廓。竹船烏語入昏黄，人醉忘酬酢。星留長吟逼夕舂，高談恐鄰瘧。素壁羅蒼山，松皮方振籜。巉岩莽回互，飛揚少根著。升六便欲隨黄綺〔九〕，此中侶猿玃。豈不憚險艱，中情欣所托〔一〇〕。向若寧知五十非，難鑄六州錯〔一一〕。升六幽磴足愁陟，苦茗手親瀹。竹船所嗟暝色迫，重門下銀鑰。更慮街卒呵，嚴城響金柝。出門上馬去，三嘆從中作。升六

校訂

馬長淑《渠風集略》卷六選録此詩。

升六，《渠風集略》皆署作『實庵』。

星留，《渠風集略》皆署作『燦垣』。《（道光）安丘新志》卷二十六《流寓傳》：『曹煜，字燦垣，直隸清苑諸生。因父官安丘，遂寄籍焉。……工制義，善書法。與弟炲并有文譽。』星留當爲曹煜字或號。

文字飲，《渠風集略》作『飲文字』。

忘，《渠風集略》作『忽』。

箋注

〔一〕壬戌，清康熙二十一年壬戌（一六八二），曹貞吉丁母憂，守制閭里，與子侄輩和同里詩人唱和，本詩與《竹船用松皮爲假山聯句四十韻》《送竹船卯君游九仙諸山》《竹船談九仙之勝共爲聯句》《新秋雨霽學圃堂看蓮與竹船聯句二十韻》《壬戌初秋竹船向若見過聯句》諸首均作於這一時期。升六，曹貞吉字升六。馬常沛，字竹船，山東安丘人。諸生。清詩人，有《春草堂集》《河岳集》等。向若，即曹貞吉族侄曹瀚，見《宿田舍與向若侄夜談》箋注〔一〕。

〔二〕藜床，唐杜甫《寒雨朝行視園樹》：『衰顔動覓藜床坐，緩步仍須竹杖扶。』

〔三〕光擬琥珀，見《雪夜讀書以病止酒感賦》箋注〔三〕。

〔四〕鸚鵡巵，見《爲張夫子題鸚鵡杯限豪字》箋注〔一〕。

〔五〕淡沱，見《豐臺看花口號》其一箋注〔二〕。鸕鷀杓，詳見《爲張夫子題鸚鵡杯限豪字》箋注〔五〕。

〔六〕藜藿，見《采菊葉煮蟹戲作》箋注〔四〕。

〔七〕解衣氣磅礴，《莊子·田子方》：『宋元君將畫圖，衆史皆至，受揖而立，舐筆和墨，在外者半。有一史後至者，儃儃然不趨，受揖不立，因之舍。公使人視之，則解衣般礴羸。君曰：「可矣，是真畫者也。」』

〔八〕彴略，《漢書・武帝紀》『初榷酒酤。』顔師古注：『榷者，步渡橋，《爾雅》謂之石杠，今之略彴是也。』

〔九〕黄綺，漢初商山四皓中夏黄公、綺里季的合稱。《史記・留侯世家》：『留侯曰：「此難以口舌争也。顧上有不能致者，天下有四人。」』司馬貞索隱：『四人，四皓也，謂東園公、綺里季、夏黄公、角里先生。按：《陳留志》云：「園公姓庾，字宣明，居園中，因以爲號。夏黄公姓崔名廣，字少通，齊人，隱居夏里修道，故號曰夏黄公。角里先生，河内軹人，太伯之後，姓周名術，字元道，京師號曰霸上先生，一曰角里先生。」』

〔一〇〕中情，漢張衡《思玄賦》：『苟中情之端直兮，莫吾知而不恧。』

〔一一〕六州錯，《資治通鑑》卷二六五：『全忠留魏半歲，羅紹威供億，所殺牛羊豕近七十萬，資糧稱是，所賂遺又近百萬。比去，蓄積爲之一空。紹威雖去其逼，而魏兵自是衰弱。紹威悔之，謂人曰：「合六州四十三縣鐵，不能爲此錯也。」』

竹船用松皮爲假山聯句四十韵〔一〕

馬子有奇癖，剥此蒼官腹。升六置之素壁間，巉岩支老屋。向若偶爾過閑庭，恍如入深谷。冷淡意自真，嶙峋峰亂矗。竹船洞天仇池奥〔二〕，地脉長房縮〔三〕。慘淡通神明，經營勞心目。中峰偉然尊，群山趨而逐。升六依稀似二勞〔四〕，直欲凌三竺〔五〕。向若滉漾看江湖，蕩析波痕蹙。升六濤聲杳初歇，嵐光儼新沐。翠凝青嶂斜，岩仄迴岡複。苔厚長巑岏〔六〕，巘削勻骨肉。竹船側聞急雨聲，共擬看飛瀑。向若坐愛石粼粼，行德風謖謖。竹船正可走狙麂，居然隱樵牧。升六神往一攀緣，臨崖足畏縮。向若安得理長鑱〔七〕，便欲成小築。泰華鬱岧嶢，攬之不盈掬。眼界蒼烟生，夢游靈境熟。非不羅衆妙，其如窘方幅。升六世事善幻化，静致媚幽獨。几應供怪石，堂宜名枯木。四壁動琴操，錚鏦響林麓。升六清音良可娱，我亦厭絲竹。側理富丘壑〔八〕，不妨作畫讀。向若曲折披麻皴〔九〕，突兀礬頭秃。溜雨青桐根，窈墨蛟龍伏。升六門庭太詼詭，中或産术茯〔一〇〕。向若困蠹露槎枒，無乃藏虺蝮。蠟屐康樂豪〔一一〕，投書昌黎哭〔一二〕。所嗟塵土士，未饒烟霞福。升六勝地界村郭，同人集五六。紅葉入冬妍，碩果經霜馥。沽酒剩提携，留客耽信宿。竹船清濁溷賢聖，庖烹雜水陸。行觴鯨屢吸，索句頷頻顣。縱横類塗鴉，趺宕同奔鹿。野棠寒作花，勢欲敵殘菊。升六疾風吹五鬣，長夜氣肅肅。涼月紛上衣，茅檐飛蝙蝠。向若

校訂

馬長淑《渠風集略》卷六選録此詩。

升六，《渠風集略》皆署作『實庵』。

向若，《渠風集略》皆署作『霖』。曹霖，即曹貞吉次子，見《賀新涼・送霖》箋注〔一〕。向若，即曹貞吉族侄曹瀚，見《宿田舍與向若侄夜談》箋注〔一〕。

『世事』四句，底本此處無署名，《渠風集略》署爲『竹船』。

『側理』二句，《渠風集略》作『墨潑陵谷分，峰迴神氣蓄。』

桐，《渠風集略》作『銅』。

墨，《渠風集略》作『黑』。

鯨屢吸，《渠風集略》作『録事苛』。

額頻顣，《渠風集略》作『漏聲速』。

向若，底本脱，《渠風集略》作『霖』。

箋注

〔一〕竹船，即馬常沛，見《壬戌初冬偶集春草堂聯句》箋注〔一〕。升六，曹貞吉字升六。向若，曹貞吉族侄曹瀚，見《宿田舍與向若侄夜談》箋注〔一〕。

〔二〕仇池，《後漢書・西南夷傳・白馬氐》：『白馬氐者，武帝元鼎六年時，分廣漢西部，合以爲武都……氐人……居於河池，一名仇池，方百頃，四面斗絶。』李賢注：『仇池，山，在今成州上禄縣南。《三秦記》曰：仇池縣界，本名仇維，山上有池，故曰仇池，山在含洛二谷之間，常爲水所衝激，故下石而上土，形似覆壺。』

〔三〕『地脉』句，《太平廣記》卷十二：『房有神術，能縮地脉，千里存在，目前宛然，放之復舒如舊也。』

〔四〕二勞，嶗山的别名。元于欽《齊乘》：『大小二勞山，即墨東南六十里，岸海名山也。』

〔五〕三竺，見《風流子・錢塘懷古》箋注〔七〕。

〔六〕巑岏，《楚辭・劉向〈九嘆〉》：『登巑岏以長企兮，望南郢而窺之。』王逸注：『巑岏，鋭山也。』

〔七〕長鑱，元王禎《農書》卷十三：『長鑱，踏田器也……在園圃區田，皆可代耕，比於钁斸省力，得土又多。古謂之蹠鏵，今謂之踏犁，亦耒耜之遺制也。』

〔八〕側理，見《口號》箋注〔一〕。

〔九〕披麻皴，見《題陳章侯潑墨圖》箋注〔四〕。

〔一〇〕朮，《爾雅・釋草》：『朮，山薊。』郭璞注：『《本草》云：朮，一名山薊。今朮似薊而生山中。』邢昺疏：『陶注云：有兩種，白朮葉大有毛，甜而少膏；赤朮葉細小，苦而多膏是也。』茯，茯苓。《淮南子・説山訓》：『千年之松，下有茯苓。』高誘注：『茯苓，千歲松脂也。』

〔一一〕『蠟屐』句，見《蘭陵王送二舅之沅州》箋注〔八〕。

〔一二〕『投書』句，見《永遇樂·和人〈望華山〉》箋注〔六〕。

送竹船卯君游九仙諸山〔一〕

其一

離亭執手月將圓，便跨青驢入五蓮〔二〕。鷄黍且成十日飲，烟霞真結一生緣。山間得句知全好，洞口逢人即是仙。太息盧敖從此去〔三〕，雲中笙鶴自年年。

箋注

〔一〕竹船，即馬常沛，見《壬戌初冬偶集春草堂聯句》箋注〔一〕。張在辛（一六五一—一七三八），字卯君，張貞長子。工篆刻、書法，有《篆印心法》《隱厚堂遺詩》。九仙，宋蘇軾《登常山絶頂廣麗亭》：『南望九仙山，北望空飛埃。』清查慎行補注：『《名勝志》：盧山，在諸城縣西南四十五里。又二十五里，爲九仙山，高聳摩空，常有仙人居之，峰巒十有一，盤石十有八。本集有「九仙今已壓京東」，自注云：「九仙在東武，奇秀不減雁蕩。」』

〔二〕五蓮，《（乾隆）諸城縣志》卷六《山川考》：『五蓮山，在九仙東五里，本名五朵，九仙之别峰也。明神宗敕建光明寺，賜名五蓮，始自爲一山。』

〔三〕盧敖，《淮南子・道應訓》：『盧敖游乎北海。』高誘注：『盧敖，燕人，秦始皇召以爲博士，使求神仙，亡而不反也。』

其二

風吹席帽任攲斜，凍雨柴門到即家。枕上似曾聞落葉，夢中端恐負黄花。人來汐社仍三宿〔一〕，路入仙源定幾叉。慚愧穀苗深處老，難騎款段溯蒹葭〔二〕。

箋注

〔一〕汐社，見《沁園春・日照李博開作生壙成，自題云：『竹帛誰千古，烟霞我一丘。』余喜其能達生也，詞以贈之》箋注〔八〕。

〔二〕款段，見《柬李召林侍御》箋注〔一二〕。

竹船談九仙之勝共爲聯句〔一〕

君從九仙來，青鞋着幾兩。骨相帶烟霞，及兹雙眸放。想像龍湫黑，兼聞雲海滃。

樵徑自紆威，泉聲必悲壯。升六薄劣愧名山，扶持憑竹杖。塵容聊一滌，幽懷此焉暢。竹船神明入惝恍，耳目悦清曠。身出青冥間，氣凌猿鳥上。升六雪霽共追游，嵐光紛似颺。向若霜白寒薜蘿，潮青浮漭沆〔二〕。升六萬歲峰突兀〔三〕，聚仙屹相向。五蓮勢矗矗〔四〕，崒嵂不相讓。飛瀑瀉澄潭，澎湃噴雪浪。石壁削崚嶒，攀躋祝神貺。狂客耽險僻，登眺恣跌宕。窈窕荷葉棚，虛敞光明藏。鐘魚聽愈寂，蕨笋勞相餉。歸來夢魂中，時作巑岏狀〔五〕。竹船夙昔慕靈境，行藤未草創。因君山水情，添我文字障。十旬飽塵土〔六〕，胸懷始浩蕩。頗類宗少文〔七〕，卧游邈意匠。升六何時了婚嫁，便當脱塵坱。振衣天柱顛，逌然發高唱〔八〕。向若

校訂

馬長淑《渠風集略》卷六選録此詩，詩題作《竹船自東武歸談九仙之勝因共聯句》。

兩，《渠風集略》作『輛』。

升六，《渠風集略》皆署作『實庵』。

『雪霽』二句，《渠風集略》置於『萬歲』句前，不署『向若』。

薜蘿，《渠風集略》作『薜荔』。

蕨筭，《渠風集略》作『筭蕨』。

藤，《渠風集略》作『縢』。

『何時』四句，《渠風集略》皆署爲『實庵』。

箋注

〔一〕竹船，即馬常沛，見《壬戌初冬偶集春草堂聯句》箋注〔一〕。九仙，見《送竹船卯君游九仙諸山》箋注〔一〕。

〔二〕漭沆，《文選·張衡〈西京賦〉》：『顧臨太液，滄池漭沆。』薛綜注：『漭沆猶洸瀁，亦寬大也。』

〔三〕萬歲峰，又名萬壽峰，在九仙山東南部。爲九仙山名峰之一。萬歲峰下一石壁上，有一明代石刻，刻『萬歲峰』三字，明隆慶二年諸城知縣馬時泰所題。

〔四〕五蓮，見《送竹船卯君游九仙諸山》其一箋注〔二〕。

〔五〕巑岏，見《竹船用松皮爲假山聯句四十韵》箋注〔五〕。

〔六〕十旬，《文選·張衡〈南都賦〉》：『酒則九醖甘醴，十旬兼清。』李善注：『十旬，蓋清酒百日而成也。』劉良注：『九醖、十旬皆酒名。』

〔七〕宗少文，《南史·宗少文傳》：『宗少文，南陽涅陽人也。……少文妙善琴書圖畫，精於言理，每游山水，往輒忘歸。征西長史王敬弘每從之，未嘗不彌日也。乃下入廬山，就釋慧遠考尋文義。兄臧爲南平太守，逼與俱還，乃於江陵三湖立宅，閑居無事。武帝召爲太尉行參軍，驃騎道憐命爲記室參軍，并不就。』

〔八〕逌然，《列子·力命》：『終身逌然，不知榮辱之在彼也在我也。』張湛注：『逌然，自得貌。』

新秋雨霽學圃堂看蓮與竹船聯句二十韻〔一〕

雨過初澄暑，長陂水乍平。竹船堞光分樹色〔二〕，屐齒印泥聲。升六偶踐看花約，遂成載酒行。竹船荷傾千葉露，風響一床箏。升六蟬咽調商律，蝶飛趁午晴。孤亭窗面面，曲砌竹莖莖。園果垂檐下，畦蔬入饌烹。竹船鉢聲名士價，餕味主人情。始就鴻文範〔三〕，終憂鼠量盈〔四〕。鳥鳴當晝静，霞影落杯明。促坐移河舫，高談出豆棚。寧知筒葉碧，解使纈紋赬。升六花密香侵席，波翻緑上楹。竹船雲低隨日脚，耳熱羡茶鐺。石丈如人立〔五〕，松濤帶瀑清。升六爲探幽磴滑，驟訝葛衣輕〔六〕。杖履追名勝，儀型起後生。竹船頭顱悲種種，身世但怦怦。升六地僻宜疏放，人閑絶送迎。竹船夕陽西下落，

寂寞返柴荆。升六

箋注

〔一〕竹船，即馬常沛，見《壬戌初冬偶集春草堂聯句》箋注〔一〕。

〔二〕堞，《文選·左思〈魏都賦〉》：『於是崇墉濬洫，嬰堞帶涘。』李善注：『堞，城上女墻也。』

〔三〕鴻文範，漢揚雄《太玄·文》：『鴻文無範，恣於川。』

〔四〕鼠量，宋王之道《相山集》卷十六《西江月·試茶》：『看花不覺酒浮觴，醉倒寧辭鼠量。』

〔五〕石丈，宋葉夢得《石林燕語》卷十：『米芾詼譎好奇……知無爲軍，初入州廨，見立石頗奇，喜曰：此足以當吾拜。遂命左右取袍笏拜之，每呼曰「石丈」。』

〔六〕葛衣，見《喜雨》箋注〔二〕。

壬戌初秋竹船向若見過聯句〔一〕

其一

涼月紛紛逼酒清，生衣團扇坐檐楹〔二〕。竹船明河屈注方垂露，北斗闌干欲挂城。升六痛飲不妨觴十舉，長吟莫負夜三更。向若竹林人去近千載，天遣吾徒橫得名。升六

箋注

〔一〕壬戌，見《壬戌初冬偶集春草堂聯句》箋注〔一〕。竹船，即馬常沛，見《壬戌初冬偶集春草堂聯句》箋注〔一〕。向若，即曹貞吉族侄曹瀚，見《宿田舍與向若侄夜談》箋注〔一〕。

〔二〕生衣，夏衣。唐王建《秋日後》：『立秋日後無多熱，漸覺生衣不著身。』

其二

老子今年老更狂，無端闌入少年場。升六悲歌慷慨有何意，歷落嵚崎渾未妨〔一〕。竹船幾點疏星流大火〔二〕，滿城哀杵亂啼螿。向若任他白髮垂垂長，擊鉢聲中喜漏長。升六

箋注

〔一〕『歷落』句，曹貞吉《減字木蘭花・雜憶》其三：『偶然游戲，人道東方真玩世。君曰非狂，歷落嶔崎也未妨。』

〔二〕『幾點』句，《詩經・豳風・七月》：『七月流火，九月授衣。』毛傳：『火，大火也；流，下也。』鄭玄箋：『大火者，寒暑之候也。火星中而寒暑退，故將言寒先著火所在。』

其三

幾夜蛟龍走大東〔一〕，老農私願祝年豐。升六　篝車已慰疇人望，爛醉還期我輩同。竹船　千尺玉繩橫碧落〔二〕，一枝銀燭對秋風。向若　盤餐草草酬今夕，早韭終當讓晚菘〔三〕。升六

箋注

〔一〕大東，見《家弟旋里不數日即還朝賦此志別》箋注〔一〕。

〔二〕玉繩，《文選・張衡〈西京賦〉》：『上飛闥而仰眺，正睹瑤光與玉繩。』李善注引《春秋元命苞》曰：『玉衡北兩星爲玉繩。』

〔三〕晚菘，見《種菜詩贈吴孟舉》箋注〔四〕。明李時珍《本草綱目·菜一·菘》：『菘，即今人呼爲白菜者。有二種，一種莖圓厚微青，一種莖扁薄而白。其葉皆淡青白色……燕京圃人又以馬糞入窖壅培，不見風日，長出苗葉皆嫩黄色，脆美無滓，謂之黄芽菜，豪貴以爲嘉品。』

過何三墓吊之以詩〔一〕

落日空林有所思，荒烟宿草莽離離。只今狐兔縱横處，記否鬚眉欲動時。

箋注

〔一〕何真（一三二一—一三八八），字邦佐，號羅山，東莞人。由元入明後官至四川、山西、浙江、湖廣布政使。洪武二十年，封東莞伯。去世後以侯禮葬京師城南八里岡，謚『忠靖』。明孫蕡有《送何三元帥北上》詩。

馬上望大澤

萬仞芙蓉色〔一〕，青天通一門。昔人讀書處，精舍築雲根。氣逼魚龍冷，山臨溟涬尊〔二〕。何當脱塵坱，粥鼓伴晨昏。

校訂

鄧漢儀《詩觀三集》卷八、《山左詩鈔》卷三十一、《（道光）重修平度州志》卷十四《藝文志中》皆選録此詩。

坱，《山左詩鈔》《重修平度州志》皆作『鞅』。

箋注

〔一〕萬仞芙蓉，見《華不注》箋注〔四〕。

〔二〕溟涬，《淮南子·本經訓》：『舜之時，共工振滔洪水，以薄空桑，龍門未開，吕梁未發，江淮通流，四海溟涬，民皆上丘陵，赴樹木。』高誘注：『溟涬，無岸畔也。』

輯評

『萬仞』四句，鄧漢儀曰：『氣象直是不同。』

鄧漢儀曰：『精杰。』

秋日

翩翩豆葉黃如蝶，寂寂楓林紅欲然。目極平蕪秋色遠〔一〕，鴉飛不到夕陽邊。

箋注

〔一〕平蕪秋色，明周世選《秋暮自西村道經衛河》：『野望平蕪秋色闌，疏雲斜照雁南天。』

新河道中〔一〕

嗚咽長河水亂流，霜濃草短入殘秋。珊瑚山下經行處，敗葉蕭蕭正打頭。

箋注

〔一〕新河，明清時期先後屬直隸正定府、冀州直隸州，今河北新河。《（康熙）新河縣志》：『唐堯時禹分天下爲九州，東北爲冀州，新河冀之東域也。』

旅夜

老去曾無伏櫪悲〔一〕，松肪吹火照吟詩。形骸自嘆蕭條極，髀肉生來定幾時〔二〕。

箋注

〔一〕『老去』句，三國魏曹操《龜雖壽》：『老驥伏櫪，志在千里。烈士暮年，壯心不已。』

〔二〕『髀肉』句，《三國志·蜀書·先主傳》：『荆州豪杰歸先主者日益多，表疑其心，陰禦之。』裴松之注引晋司馬彪《九州春秋》：『備住荆州數年，嘗於表坐起至厠，見髀裏肉生，慨然流涕。還坐，表怪問備，備曰：「吾常身不離鞍，髀肉皆消。今不復騎，髀裏肉生。日月若馳，老將至矣，而功業不建，是以悲耳。」』

冬日東萊道中感懷〔一〕

望裏浮勞兩點青〔二〕，十年馬首復東溟。月明潮滿圍孤嶼，野闊天低見大星。愁似春雲多靉靆〔三〕，老如秋葉易飄零。寒風盡日吹何已，恐有魚龍捲浪腥。

校訂

鄧漢儀《詩觀三集》卷八、《山左詩鈔》卷三十一皆選録此詩。

箋注

〔一〕東萊，《國語·齊語》：『通齊國之魚鹽於東萊，使關市幾而不徵。』韋昭注：『東萊，齊東萊夷也。』

〔二〕浮勞，山東半島浮山、勞山的并稱。清齊召南《水道提綱》卷一：『即墨南境，勞山東，折而西，經浮山所南，又折而北，至縣西南之女姑口。自女姑口，西北經膠州東南之會海口，麻灣口，即南膠河口也。』

〔三〕靉靆，晋潘尼《逸民吟》：『朝雲靉靆，行露未晞。』

輯評

『月明』二句，鄧漢儀曰：『嵯峨蕭瑟。』

『寒風』二句，鄧漢儀曰：『結亦雄。』

鄧漢儀曰：『讀之開拓心胸，推倒豪杰。』

旅次口號用韵

年來百事不關情，布被繩床夜氣清〔一〕。殘夢欲回驚帛裂，飢烏飛掠曉窗聲。

箋注

〔一〕繩床，見《尾犯·笋》箋注〔二〕。

歸途感懷用壁間韵

天意垂垂雪，黏雲海氣黄。荒村收市早，老馬倦途長。身世全同葉，鬢眉慣受霜。廉公仍健飯〔一〕，差可傲張蒼〔二〕。

箋注

〔一〕『廉公』句，見《和其年説餅》箋注〔二〕。

〔二〕『差可』句，《漢書·張蒼傳》：『張蒼，陽武人也……蒼免相後，口中無齒，食乳，女子爲乳母。妻妾以百數，嘗孕者不復幸。年百餘歲乃卒。』

且自

其一

日暮歸來雪一藜，團圞兒女話窗西。滿床笏是尋常事〔一〕，且自圍爐擘蟹臍。

校訂

鄧漢儀《詩觀三集》卷八選録此組詩。

箋注

〔一〕滿床笏，《舊唐書·崔義玄傳》：『開元中，神慶子琳等皆至大官，群從數十人，趨奏省闥。每歲時家宴，組佩輝映，以一榻置笏，重叠於其上。』

其二

雪覆茅檐二尺餘，蕭條門巷出無車。濁醪一斗何曾醉，且自關門噉鰒魚〔一〕。

箋注

〔一〕噉，北齊顏之推《顏氏家訓·風操》：『江陵姚子篤，母以燒死，終身不忍噉炙。』盧文弨補注：『噉……與啗、啖并同，食也。』鰒魚，藍水《嶗山志·物産》：『鰒魚，俗名鮑魚，嶗山沿海俱産，以鮑魚島附近爲多。』清袁枚《隨園食單》：『鰒魚，炒薄片甚佳，楊中丞家削片入鷄湯豆腐中，號稱「鰒魚豆腐」，上加陳糟油澆之。』

輯評

鄧漢儀曰：『别有胸懷。』

琉璃瓶貯金魚戲作

朝來觱栗風怒號〔一〕，山城小市聞餳簫〔二〕。琉璃瓶子十錢買，窗閒的礫明秋毫。

金鑾兩頭淡容與，揚鬐鼓鬣欣所遭。水晶宫闕光明藏，噞喁瀺灂隨游遨〔三〕。忽爲鰲身映天黑，連山拔浪滄溟高。一柱巍然屹作鎮，巨靈仙掌分波濤。天吴激蕩影破碎〔四〕，應龍纏尾風雷驕。兒童瞠目嘆希有，老夫安坐神不撓。須彌芥子有何意〔五〕，江湖杯杓同逍遥。莊生齊物觀物始〔六〕，鵾鵬變怪如鷦鷯〔七〕。西域眩人擅神异〔八〕，出入水火陰陽逃。偃師招邀君王怒〔九〕，書生隱現鵝籠挑〔一〇〕。東西跳丸走日月〔一一〕，星辰棋列從斗杓。耳所不及難臆測，六合内外何紛呶。泡影自昔等夢幻〔一二〕，比于人事差堅牢。請君卑之勿高論，竟須酌盡春酒瓢。

箋注

〔一〕觱栗，《詩經·豳風·七月》：『一之日觱發，二之日栗烈。無衣無褐，何以卒歲？』毛傳：『觱發，風寒也。栗烈，寒氣也。』明楊慎《丹鉛總録》卷十六：『按《説文》，觱，羌人吹角也，其聲悲栗，故名觱栗。冬日寒風驟發，其聲似之，所以風寒謂之觱發也。』

〔二〕餳簫，《詩經·周頌·有瞽》：『簫管備舉。』鄭玄箋：『簫，編小竹管，如今賣餳者所吹也。』

〔三〕噞喁，《文選·左思〈吴都賦〉》：『葺鱗鏤甲，詭類舛錯，溯洄順流，噞喁沉浮。』劉逵

注：『喚喁，魚在水中群出動口貌。』瀺灂，象聲詞，水流聲。唐薛能《壽安水館》：『鷺鷗上樹滿池水，瀺灂一聲中夜聞。』

〔四〕天吴，見《賀新涼・爲其年題詞》箋注〔四〕。

〔五〕須彌芥子，見《百字令・中秋和其年，時甫過地震》箋注〔三〕。

〔六〕莊生齊物，《莊子・齊物論》：『天地與我并生，而萬物與我爲一。』

〔七〕『鶡鵬』句，見《警悟二首》其一箋注〔五〕。鶡鶡，見《水調歌頭・大醉放言》箋注〔七〕。

〔八〕西域眩人，《漢書・張騫傳》：『而大宛諸國發使隨漢使來……以大鳥卵及犛靬眩人獻於漢。』顔師古注：『眩，讀與幻同。即今吞刀、吐火、植瓜、種樹、屠人、截馬之術皆是也。』

〔九〕『偃師』句，《列子・湯問》：『翌日，偃師謁見王。王薦之曰：「若與偕來者何人邪？」對曰：「臣之所造能倡者。」穆王驚視之，趣步俯仰，信人也，巧夫鎮其頤，則歌合律；捧其手，則舞應節。千變萬化，唯意所適。王以爲實人也，與盛姬、内御并觀之。技將終，倡者瞬其目而招王之左右侍妾。王大怒，立欲誅偃師。偃師大懾，立剖散倡者以示王，皆傅會革木膠漆白黑丹青之所爲。』

〔一〇〕『書生』句，見《賦得如夢幻泡影如露亦如電》其二箋注〔五〕。

〔一一〕跳丸走日月，見《百字令・朱錫鬯過訪不值，悵然有寄》箋注〔四〕。

〔一二〕『泡影』句，見《送霖兒歸里》其二箋注〔二〕。

四月初二日异風竟日郊原如掃而小園諸花皆安好如故詩以紀之

驚風如箭響東原〔一〕，一夕能令天地昏。萬紫千紅無恙在，渾疑乞得衛花幡。

箋注

〔一〕驚風，勁風。漢司馬相如《上林賦》：『然後揚節而上浮，凌驚風，歷駭猋。』

過滸山鋪〔一〕

山風吹雨作之而，三尺茨菰罥釣絲〔二〕。唤着漁人都不應，湖邊揞笠看多時。

箋注

〔一〕滸山鋪，又名滸山泊、滸山濼，位於今山東鄒平城西十五里九龍山西。清王士禛《滸山鋪》：『山市依湖岸，烟光晝杳冥。竹欄看鴨鬥，茅屋帶龍腥。一水兼天白，群峰挾雨青。漁舟與沙鳥，來去墨王亭。』

〔二〕茨菰，即慈姑。明李時珍《本草綱目·果六·慈姑》：『慈姑，一根歲生十二子，如慈姑之乳諸子，故以名之。』罥，《文選·鮑照〈蕪城賦〉》：『澤葵依井，荒葛罥塗。』呂延濟注：『罥，繞。』

過德州

無聊再渡長河水，擊棹空明何限情。舊恨難窮如夏日，新詩漸拙似鶯聲。十年綸閣黄金盡〔一〕，一瞬鄉園白髮生。竹葉舟邊問舟子，北來南去幾多程。

箋注

〔一〕綸閣，唐徐堅《初學記》卷十一：『又中書職掌綸誥，前代詞人，因謂綸閣。』

稷下懷古〔一〕

淄水東流碧玉圍〔二〕，爽鳩城下麥苗肥〔三〕。朱輪列第人何在，白馬雕龍事已非〔四〕。自昔游談多意氣，於今弦誦有光輝。雪宫一帶殘陽裏〔五〕，對此茫茫安所歸。

箋注

〔一〕稷下，《史記·田敬仲完世家》：『宣王喜文學游説之士，自如騶衍、淳于髡、田駢、接予、慎到、環淵之徒七十六人，皆賜列第，爲上大夫，不治而議論。是以齊稷下學士復盛，且數百千人。』司馬貞索隱：『劉向《别録》曰：「齊有稷門，齊城門也。談説之士期會於其下。」《齊地記》曰：「齊城西門側，系水左右有講室，趾往往存焉。」蓋因側系水出，故曰稷門，古「側」「稷」音相近耳。又虞喜曰：「齊有稷山，立館其下以待游士。」亦异説也。《春秋傳》曰：「莒子如齊，盟於稷門。」』

〔二〕淄水，《水經》：『淄水出泰山萊蕪縣原山，東北過臨淄縣東。』

〔三〕爽鳩城，少昊時爽鳩氏之國。《晏子春秋》：『景公飲酒樂，公曰：「古而無死，其樂若何？」晏子對曰：「古而無死，則古之樂也，君何得焉？昔爽鳩氏始居此地，季荝因之，有逢伯陵因之，蒲姑氏因之，而後太公因之。古若無死，爽鳩氏之樂，非君所願也。」』

〔四〕白馬，《史記·平原君虞卿列傳》：『平原君厚待公孫龍。公孫龍善爲堅白之辯，及鄒衍過趙言至道，乃絀公孫龍。』裴駰集解引劉向《別録》曰：『齊使鄒衍過趙，平原君見公孫龍及其徒綦毋子之屬，論「白馬非馬」之辯，以問鄒子。鄒子曰：「……及至煩文以相假，飾辭以相惇，巧譬以相移，引人聲使不得及其意。如此，害大道。夫繳紛争言而競後息，不能無害君子。」坐皆稱善。』雕龍，《史記·孟子荀卿列傳》：『騶衍之術迂大而閎辯；奭也文具難施；淳于髡久與處，時有得善言。故齊人頌曰：「談天衍，雕龍奭，炙轂過髡。」』

〔五〕雪宮，戰國時齊宣王離宮。《孟子·梁惠王下》：『齊宣王見孟子於雪宮。』趙岐注：『雪宮，離宮之名也。宮中有苑囿臺池之飾，禽獸之饒。』

稷下懷古〔一〕

其一

談天炙輠語砰訇〔二〕，横議能高處士聲。翘館只今餘片土〔三〕，夕陽明滅亂苔生。

箋注

〔一〕稷下，見前首《稷下懷古》箋注〔一〕。

〔二〕談天炙輠，《史記·孟子荀卿列傳》：『談天衍，雕龍奭，炙轂過髡。』司馬貞索隱：『劉向《别録》「過」字作「輠」。輠，車之盛膏器也。炙之雖盡，猶有餘津，言髡智不盡如炙輠也。』

〔三〕翹館，《西京雜記》卷四：『平津侯（公孫弘）自以布衣爲宰相，乃開東閤，營客館，以招天下之士。其一曰欽賢館，以待大賢；次曰翹材館，以待大才；次曰接士館，以待國士。』

其二

章華宫殿鬱崔嵬〔一〕，碣石黄金亦有臺〔二〕。不及宣王能好客，乘軒無數大夫來〔三〕。

箋注

〔一〕章華宫殿，春秋時楚國宫殿，故址在今湖北監利。《左傳·昭公七年》：『楚子成章華之臺，願以諸侯落之。』

〔二〕『碣石』句，見《滿江紅·金臺懷古》箋注〔一〕。

〔三〕『不及』句，見前首《稷下懷古》箋注〔一〕。

其三

齊髡縱誕足千秋〔一〕，鄒衍雄談大九州〔二〕。七十六人才定可〔三〕，偶然諧笑便名流。

箋注

〔一〕齊髡，《史記·滑稽列傳》：『淳于髡者，齊之贅婿也。長不滿七尺，滑稽多辯，數使諸侯，未嘗屈辱。』

〔二〕『鄒衍』句，《史記·孟子荀卿列傳》：『以爲儒者所謂中國者，於天下乃八十一分居其一分耳。中國名曰赤縣神州。赤縣神州内自有九州，禹之序九州是也，不得爲州數。中國外如赤縣神州者九，乃所謂九州也。於是有裨海環之，人民禽獸莫能相通者，如一區中者，乃爲一州。如此者九，乃有大瀛海環其外，天地之際焉。其術皆此類也。』

〔三〕『七十』句，見前首《稷下懷古》箋注〔一〕。

齊謳行〔一〕

日暮登高堂，明燈照箜篌。衆賓且勿喧，聽我歌齊謳。霸迹既已湮，游談良足羞。所思在哲人，今古空悠悠。太息魯連子，大義垂千秋。蹈海不帝秦，矢去聊城收。千金等鴻毛，拂衣歸林丘〔二〕。卓哉管幼安，皂帽還青州。立身魏晋間，鴻鵠杳難儔〔三〕。嗤彼華太尉，割席寧少留〔四〕。武侯起瑯琊，志大無時酬。抗聲吟梁父，聞達非所求。三分亦偶爾，成敗豈人謀〔五〕。諸子不可見，使我心則憂。

箋注

〔一〕齊謳，《漢書·高帝紀上》：『漢王既至南鄭，諸將及士卒皆歌謳思東歸。』顔師古注：『謳，齊歌也，謂齊聲而歌，或曰齊地之歌。』

〔二〕『太息』句，《漢書·魯仲連鄒陽列傳》：『魯仲連者，齊人也。好奇偉俶儻之畫策，而不肯仕宦任職，好持高節。……於是新垣衍起，再拜謝曰：「始以先生爲庸人，吾乃今日知先生爲天下之士也。吾請出，不敢復言帝秦。」秦將聞之，爲却軍五十里。適會魏公子無忌奪晋鄙軍以救趙，擊秦軍，秦軍遂引而去。於是平原君欲封魯連，魯連辭讓者三，終不肯受。平原君乃置酒，酒酣起前，以千金爲魯連壽。魯連笑曰：「所貴於天下之士者，爲人排患釋難解紛亂而無取也。即有取者，是商賈之事也，而連不忍爲也。」遂辭平原君而去，終身不復見。其後二十餘年，燕將攻下聊城，聊城人或讒之燕，燕將懼誅，因保守聊城，不敢歸。齊田單攻聊城歲餘，士卒多死而聊城不下。魯連乃爲書，約之矢以射城中，遺燕將。……燕將見魯連書，泣三日，猶豫不能自決。欲歸燕，已有隙，恐誅；欲降齊，所殺虜於齊甚衆，恐已降而後見辱。喟然嘆曰：『與人刃我，寧自刃。』乃自殺。聊城亂，田單遂屠聊城。歸而言魯連，欲爵之。魯連逃隱於海上，曰：『吾與富貴而詘於人，寧貧賤而輕世肆志焉。』」

〔三〕『卓哉』句，《三國志·魏書·袁張凉國田王邴管傳》：『管寧，字幼安，北海朱虚人也。年十六喪父，中表愍其孤貧，咸共贈賵，悉辭不受，稱財以送終。長八尺，美鬚眉。與平原華歆、同縣邴原相友，俱游學於异國，并敬善陳仲弓。天下大亂，聞公孫度令行於海外，遂與原及平原王烈等至於遼東。度虚館以候之。既往見度，乃廬於山谷。時避難者多居郡南，而寧居北，示無遷志，後漸來從之。太祖爲司空，辟寧，度子康絶命不宣。』

〔四〕『嗤彼』句，南朝宋劉義慶《世説新語·德行》：『管寧、華歆共園中鋤菜，見地有片金，管揮鋤與瓦石不异，華捉而擲去之。又嘗同席讀書，有乘軒冕過門者，寧讀如故，歆廢書出看。寧割席分坐，曰：「子非吾友也！」』

〔五〕『武侯』句，《三國志·蜀書·諸葛亮傳》：『亮躬耕隴畝，好爲《梁父吟》。身長八尺，每自比於管仲、樂毅，時人莫之許也。惟博陵崔州平、潁川徐庶元直與亮友善，謂爲信然。』諸葛亮《前出師表》：『臣本布衣，躬耕於南陽，苟全性命於亂世，不求聞達於諸侯。』

送邑侯馬公之任〔一〕

渠邑海岱間，蕞爾實名勝〔二〕。牟婁稱最古〔三〕，麟經及齊乘。襟濰帶汶流〔四〕，群山互綿亘。夙昔富文儒，衣冠一何盛。懷哉古哲人，高風溯管鄭〔五〕。農樸士亦淳，非公耻由徑。煌煌青史中，撫字多賢令。擊斷靡所施，魑魅迹已屏。俗衰自何年，波頽不復静。典型既云遠，刀錐賢豪競。弱肉强之食，十室鮮一剩。誰敷借叢神，閭左紛名姓。奈何長吏權，猰貐執其柄〔六〕。頻年雨澤愆，萑苻懼難净〔七〕。膏血嗟已竭，走險豈天性。我侯出名族，飲冰風節勁。驅車渡長河，烹鮮行爲政〔八〕。太阿寧倒持〔九〕，皎皎秦宫鏡〔一〇〕。與彼賢達游，鼓宫而商應。白公善風諭〔一一〕，尚欲達宸聽。矧惟桑若梓，敢不告以正。陽晝説陽鱎〔一二〕，諄復非爲佞。

箋注

〔一〕邑侯馬公，清康熙間安丘縣令馬若夔。《安丘新志》卷十二《秩官表》：『馬若夔，河南河内人，貢生，三十六年任。』清康熙三十六年，曹貞吉因病辭官里居，曹濂《儀部公行狀》：『丁丑三月，先大夫始抵里門，疾勢稍減。』是年冬，安丘縣行鄉飲酒禮，曹貞吉爲大賓。曹濂《儀部公行狀》：『舉鄉飲大賓，猶能成禮而歸。』

〔二〕蕞爾，《左傳·昭公七年》：『鄭雖無腆，抑諺曰「蕞爾國」，而三世執其政柄。』杜預注：『蕞，小貌。』

〔三〕牟婁，見《題張杞園春岑閣》其一箋注〔七〕。

〔四〕濰，見《途中大風雪倦極有作》箋注〔三〕。汶，見《蝶戀花》（六月溪堂）箋注〔二〕。

〔五〕管鄭，管寧與鄭玄的并稱。管寧，見《齊謳行》箋注〔三〕。鄭玄，北海高密（今山東高密）人，《後漢書·張曹鄭列傳》：『國相孔融深敬於玄，屣履造門。告高密縣爲玄特立一鄉，曰「昔齊置『士鄉』，越有『君子軍』，皆异賢之意也。……今鄭君鄉宜曰『鄭公鄉』。昔東海于公僅有一節，猶或戒鄉人侈其門閭，矧乃鄭公之德，而無駟牡之路！可廣開門衢，令容高車，號爲『通德門』」。』

〔六〕猰貐，又稱窫窳。《文選·揚雄〈長楊賦〉》：『昔有彊秦，封豕其土，窫窳其民。』李善注引李奇曰：『以喻秦貪婪，殘食其人也。』《山海經·海內南經》：『窫窳龍首，居弱水中……其狀如龍首，食人。』郭璞注：『窫窳，本蛇身人面，爲貳負臣所殺，復化而成此物也。』

〔七〕萑苻，《左傳·昭公二十年》：『鄭國多盜，取人於萑苻之澤。』

〔八〕『烹鮮』句，《道德經》第六十章：『治大國若烹小鮮。』

〔九〕太阿，唐盧照鄰《五悲》：『何异夫操太阿以烹小鮮。』《文選·李斯〈上書秦始皇〉》：『垂明月之珠，服太阿之劍。』李善注：『《越絶書》曰：楚王召歐冶子、干將作鐵劍二枚，二曰太阿。』

〔一〇〕秦宫鏡，《西京雜記》卷三：『高祖初入咸陽宫，周行庫府，金玉珍寶，不可稱言。……有方鏡，廣四尺，高五尺九寸，表裏有明，人直來照之，影則倒見。以手捫心而來，則見腸胃五臟，歷然無礙。人有疾病在內，則掩心而照之，則知病之所在。』

〔一一〕『白公』句，唐白居易《與元九書》：『僕志在兼濟，行在獨善，奉而始終之則爲道，言而發明之則爲詩。謂之諷諭詩，兼濟之志也。』

〔一二〕『陽晝』句，漢劉向《説苑·政理》：『宓子賤爲單父宰，過於陽晝，曰：「子亦有以送僕乎？」陽晝曰：「吾少也賤，不知治民之術。有釣道二焉，請以送子。」子賤曰：「釣道奈何？」陽晝曰：「夫扱綸錯餌，迎而吸之者，陽鱎也，其爲魚薄而不美；若存若亡，若食若不食

〔三〕虎頭飛食肉，見《消息·和錫鬯〈度雁門關〉》箋注〔七〕。

其二

布囊何必問贏餘，種菊栽松滿舊廬。香踏青鞋三徑草〔一〕，鉛分緑字一床書〔二〕。紛紛時尚知全好，寂寂孤懷要破除。無那疏狂醫不得，清晨還上看山輿〔三〕。

箋注

〔一〕三徑，見《水調歌頭·大醉放言》箋注〔一〇〕。

〔二〕緑字，古代石碑上刻的文字，填以色漆，故稱。唐司空曙《奉和常舍人晚秋集賢院即事寄徐薛二侍郎》：『香卷青編內，鉛分緑字中。』

〔三〕山輿，山車，《太平御覽》卷七七三引《孝經援神契》：『虞舜德盛於山陵，故山車出。山車，自然之物也，山藏之精。』

其三

蕭摵東原處士莊〔一〕，蜂衙蟻陣一何忙〔二〕。風低野竹莖莖曲，露浥庭花樹樹香。

耐可荷鋤常學稼〔三〕，安能橐筆更爲郎〔四〕。忘機翻愧粘泥絮〔五〕，又逐枋榆二鳥翔〔六〕。

箋注

〔一〕蕭摵，凋零，零落。

〔二〕蜂衙蟻陣，宋陸游《睡起至園中》：『更欲世間同省事，句回蟻陣放蜂衙。』

〔三〕耐可，寧可，願得。

〔四〕橐筆，《漢書·趙充國傳》：『卬家將軍以爲安世本持橐簪筆事孝武帝數十年。』顏師古注引張晏曰：『橐，契囊也。近臣負橐簪筆，從備顧問，或有所紀也。』

〔五〕沾泥絮，元許謙《次韵丘以道》：『心事沾泥絮，生涯逐浪萍。』

〔六〕枋榆二鳥，見《沁園春·再贈李君，聊廣其意》箋注〔五〕。

其四

白髮今年漸入梳，勞勞終日混泥塗。移家避地我非策，買犢生駒人笑愚。病懶翻疑泉石痼〔一〕，詩遲似辦夏秋租。飛揚跋扈群公在，老子低眉早伏輸。

箋注

〔一〕泉石痼，宋楊萬里《送劉惠卿二首》其二：『舊病詩狂與酒狂，新來泉石又膏肓。』

其五

兀坐時防暑氣侵，才如襪綫窘長吟〔一〕。書殘自恨生秦後，句冷人嫌入宋深。作客牙籤隨藥裹〔二〕，思家青李與來禽〔三〕。草堂一枕聞天籟，叱犢呼鷄盡好音。

箋注

〔一〕才如襪綫，宋孫光憲《北夢瑣言》卷五：『韓昭仕蜀，至禮部尚書、文思殿大學士。粗有文章，至於琴棋書算射法，悉皆涉獵，以此承恩於後主。時有朝士李臺瑕曰：「韓八座事藝，如拆襪綫，無一條長。」時人譏之。』

〔二〕牙籤，見《賀頌嘉迎養并移居之作》其一箋注〔一〕。藥裹，宋陸游《病中偶得名酒小醉作此篇是夕极寒》：『詩囊羞澀悲才盡，藥裹縱横覺病增。』

〔三〕青李與來禽，晋王羲之《來禽帖》：『青李、來禽、櫻桃、日給藤子皆囊盛爲佳，函封多不生。』來禽，即沙果，也稱花紅、林檎、文林果。

其六

白雲深巷不關門，地僻依稀住遠村。馬勃牛溲争入座〔一〕，鷄塒鹿柴漫稱尊。千年蕨杖應難覓，一片寒山可與言。摇膝擠頤人自倦，水蕻花發雨中繁〔二〕。

箋注

〔一〕馬勃，一名屎菰，生於濕地及腐木的菌類。牛溲，即牛遺，車前草的别名。二者皆至賤，均可入藥。唐韓愈《進學解》：『玉札丹砂，赤箭青芝，牛溲馬勃，敗鼓之皮，俱收并蓄，待用無遺者，醫師之良也。』

〔二〕水蕻，一年生草本。全株有毛，葉子闊卵形，花紅色或白色，可觀賞，花果可入藥。

其七

雨聲澎湃作朝凉，八尺風漪引睡長〔一〕。海若欲同河伯語〔二〕，華胥應笑大槐忙〔三〕。略知書畫晚何益，未染髭鬚白不妨。永日漫漫無限好，談仙説鬼任荒唐。

箋注

〔一〕風漪，宋陸游《乙夜納涼》：『八尺風漪真美睡，故應高枕到窗明。』

〔二〕海若、河伯，見《賀新涼·爲其年題詞》箋注〔四〕。

〔三〕華胥，見《蝶戀花》（五月黄雲）箋注〔四〕。大槐，見《沁園春·長夏少事，撫枕輒睡，夢境荒忽，不一而足，因集古人夢事成篇》箋注〔六〕。

其八

納納澄潭避暑回〔一〕，疾風忽捲市聲豗〔二〕。棲遲硯北成朝暮〔三〕，泥水城南斷往來。摒擋方書三易稿，經營苦釀五骰媒。故園入月無消息，遮莫荒蕪遍草萊。

箋注

〔一〕納納，濡濕貌。

〔二〕豗，撞擊聲。

〔三〕棲遲，《詩經·陳風·衡門》：『衡門之下，可以棲遲。』朱熹集傳：『棲遲，游息也。』

其九

赤日曈曨過鳥稀，朅來燕市换生衣〔一〕。身同行脚隨緣住，心羡游絲到處飛。小屋如舟還處陸，早年似瓠亦能肥〔二〕。寄聲汐社漁樵侶〔三〕，辛苦爲余護釣磯。

箋注

〔一〕生衣，見《壬戌初秋竹船向若見過聯句》其一箋注〔二〕。

〔二〕瓠，漢許慎《説文解字·瓠部》：『瓠，匏也。』清王筠《説文解字句讀》：『今人以細長者爲瓠，圓而大者爲壺盧。古無此别也。』

〔三〕汐社，見《沁園春·送藍公漪還閩》箋注〔八〕。

其十

不定心情舴艋舟，端居何處豁離愁。一千客路詎爲遠，五十衰翁安所求。飲濕難勝金鑿落〔一〕，病狂終掣錦絛韝〔二〕。只今面目俱塵土，怕對晴沙雙白鷗。

箋注

〔一〕飲濕，宋蘇軾《岐亭五首》其四：『三年黄州城，飲酒但飲濕。』金鑿落，以鎸鏤金銀爲飾的酒盞。

〔二〕韝，古代射箭時戴的皮製袖套。

諸葛銅鼓歌爲樹百作〔一〕

漢家丞相武鄉侯〔二〕，一窺火井炎精留〔三〕。五月蠻烟開瀘水〔四〕，紫苗花猺群歌謳〔五〕。銘功不用五熟釜，爰鑄此鼓威遐陬〔六〕。陰陽爲爐廻意匠，驅役萬象豐隆愁〔七〕。公之神明入微細，元氣鼓蕩非雕鎪。制定南人賦賨布〔八〕，建牙吹角躬操枹〔九〕。一鳴大聲出關洛，飛廉銅馬仍歸劉〔一〇〕。再鳴紫髯敢睆鼎〔一一〕，蒲牢吼斷長江流〔一二〕。三鳴宇内物皆静，普天四海無戈矛。大星一夜墜清渭，鼓亦黯黮埋荒丘。風雨剥蝕長莓蘚，牛羊礪角昏龍虬。入土千年發光怪，于闐緑玉丹砂浮〔一三〕。蠻女金釵那敢叩，何時不脛來皇州。古今老輩誰復在，岐陽石鼓差堪儔〔一四〕。我游燕市雨初歇，華堂寂歷風颸飀。三代人物不可見，對此亦足銷煩憂。酒酣起作漁陽操〔一五〕，淵淵之響喑夔牛。邇來天威削三叛〔一六〕，飛頭鑿齒歸懷柔〔一七〕。伏波銅柱屹然立〔一八〕，功成卧鼓藏天棓〔一九〕。五兵皆當化農器，耒耜錢鎛親來牟〔二〇〕。清廟明堂有考擊，黄鐘大吕兼鳴球〔二一〕。高齋但可理弦索，響泉韵磬琴聲幽。何爲虛懸此神物，激蕩勇氣非良謀。黄門聞之定失笑〔二二〕，腐儒議論寧當收。

箋注

〔一〕諸葛銅鼓，清薛福成《振百工説》：『諸葛亮在伊尹伯仲之間，所製有木牛流馬，有諸葛燈，有諸葛銅鼓，無不精巧絶倫。』清趙翼《關索插槍岩歌》『荒村處處瘞銅鼓』自注：『蠻村多銅鼓，皆云諸葛鼓也。』樹百，即孫蕙，見《擬送孫樹百東歸》其一箋注〔一〕。

〔二〕『漢家』句，諸葛亮，字孔明，號卧龍，琅琊陽都（今山東沂南）人，三國時期蜀漢丞相。蜀後主劉禪繼位，諸葛亮被封爲武鄉侯。

〔三〕炎精，指火德，諸葛亮《爲後主伐魏詔》：『今賊效尤，天人所怨，奉時宜速，庶憑炎精祖宗威靈相助之福，所向必克。』

〔四〕『五月』句，《三國志・蜀書・諸葛亮傳》：『三年春，亮率衆南征。』南朝宋裴松之注引

《漢晋春秋》曰：『亮至南中，所在戰捷。聞孟獲者，爲夷、漢所服，募生致之。既得，使觀於營陳之間，問曰：「此軍何如？」獲對曰：「向者不知虛實，故敗。今蒙賜觀看營陳，若祇如此，即定易勝耳。」亮笑，縱使更戰，七縱七禽，而亮猶遣獲。獲止不去，曰：「公，天威也，南人不復反矣。」』瀘水，位於今四川省的金沙江。

〔五〕苗，苗族，主要分布於貴州、湖南、雲南、四川、湖北等省和廣西壯族自治區。猍，仡佬族，西南地區少數民族之一。

〔六〕遐陬，《宋書·謝靈運傳》：『内匡寰表，外清遐陬。』

〔七〕豐隆，見《挽逐業二首》其一箋注〔一〕。

〔八〕賓布，見《代送丁雁水之南贛任》其二箋注〔二〕。

〔九〕枹，漢許慎《説文解字·木部》：『枹，擊鼓杖也。』

〔一〇〕飛廉，《三輔黄圖·觀》：『飛廉觀在上林，武帝元封二年作。飛廉，神禽能致風氣者，身似鹿，頭如雀，有角而蛇尾，文如豹。武帝命以銅鑄置觀上，因以爲名。』銅馬，《後漢書·董卓傳》：『悉取洛陽及長安銅人、鍾虡、飛廉、銅馬之屬，以充鑄焉。』劉，三國蜀政權建立者劉備。

〔一一〕紫髯，見《滿江紅·和錫鬯吴大帝廟下作》箋注〔二〕。

〔一二〕蒲牢，《文選·班固〈東都賦〉》『於是發鯨魚，鏗華鐘』，李善注引三國吴薛綜曰：『海中有大魚曰鯨，海邊又有獸名蒲牢。蒲牢素畏鯨，鯨魚擊蒲牢，輒大鳴。凡鐘欲令聲大者，故作蒲牢於上。所以撞之者爲鯨魚。』

〔一三〕于闐，古西域國名，在今新疆和田一帶。

〔一四〕岐陽石鼓，又稱陳倉石鼓、陳倉石碣，唐貞觀元年（六二七）在陝西鳳翔府陳倉山（今寶鷄石鼓山）被發現，元明清時期，藏於燕京。石鼓文記述了秦始皇統一前的一段歷史，是中國最早的石刻詩文，乃篆書之祖。

〔一五〕漁陽操，見《賣花聲·咏鼓子花》箋注〔一〕。

〔一六〕三叛，指春秋邾庶其、黑肱、莒牟夷，又一説指周管叔、蔡叔、武庚。

〔一七〕飛頭，唐段式成《酉陽雜俎》卷四：『嶺南溪洞中，往往有飛頭者，故有飛頭獠子之號。』清蒲松齡《聊齋自志》：『睫在目前，怪有過於飛頭之國。』

〔一八〕伏波銅柱，見《送家弟之黔中》其五箋注〔三〕。

〔一九〕天棓，星宿名，屬三垣之中的紫微垣，《史記·天官書》：『右五星曰天棓。』張守節正義：『天棓五星在女床東北，天子先驅，所以禦兵也。占：星不具，國兵起也。』

〔二〇〕耒耜，古代耕地翻土的農具。耒是耒耜的柄，耜是耒耜下端的起土部分。錢，古田器名，似今之鐵鏟。鎛，古代鋤類農具。來牟，《詩經·周頌·思文》：『貽我來牟，帝命率育。』朱熹集傳：『來，小麥。牟，大麥也。』

〔二一〕黄鐘大吕，見《爲子正題蕭尺木畫》箋注〔一三〕。鳴球，《尚書·益稷》：『戛擊鳴球，搏拊琴瑟。』孔傳：『球，玉磬。』孔穎達疏：『《釋器》云：球，玉也。鳴球謂擊球使鳴。樂器惟磬用玉，故球爲玉磬。』

〔一三〕黄門，《後漢書·安帝紀》：『壬午，詔太僕、少府減黄門鼓吹，以補羽林士。』李賢注引《漢官儀》曰：『黄門鼓吹百四十五人。』

又一律

反袖揚槌試一鳴，噌吰猶似壯軍聲。光扶炎鼎酬三顧〔一〕，響入蠶叢厭五兵〔二〕。銅雀臺高雄鄴下〔三〕，金仙清泪出西京〔四〕。茫茫往迹悲如許，怪底漁陽氣未平〔五〕。

箋注

〔一〕三顧，《三國志·蜀書·諸葛亮傳》：『由是先主遂詣亮，凡三往，乃見。』

〔二〕蠶叢，見《蝶戀花·送茘裳入蜀，再用前韵》箋注〔二〕。五兵，《周禮·夏官·司兵》：『掌五兵五盾。』鄭玄注引鄭司農云：『五兵者，戈、殳、戟、酋矛、夷矛。』

〔三〕銅雀臺，見《百字令·咏史》其五箋注〔一〕。

〔四〕『金仙』句，見《漁家傲·讀〈漢史〉》箋注〔七〕。

〔五〕漁陽，見《珍珠簾·爲牧仲題〈楓香詞〉》箋注〔八〕。

爲同年趙玉峰題金碧園〔一〕

其一

泉飛澗道落孱顔〔二〕，簌簌檐花沓靄間。潑墨濃雲千樹擁，只疑貌得米家山〔三〕。

箋注

〔一〕趙士麟，字麟伯，號玉峰，雲南澄江人。康熙三年（一六六四）進士。歷任貴州平遠府推官、河北容城知縣、浙江巡撫、江蘇巡撫、兵部督捕侍郎、吏部左侍郎等職。金碧園爲趙士麟在京師購置的園林。趙士麟《金碧園記》：『園曰金碧，取金馬碧鷄之義，志鄉思也。』

〔二〕孱顔，參差不齊貌。

〔三〕米家山，宋米芾善以水墨點染寫山川岩石。雖似不求工細，但雲烟連綿、林木掩映，别具疏秀脱俗之風格。其子友仁繼承家學，并在山水技法上有所發展。世因稱其父子所畫山水爲『米家山』。

其二

西山如黛盡憑欄，秋雨秋風策杖難。聞道此中堪大隱〔一〕，誰移粉本到長安。

箋注

〔一〕大隱，見《墨莊行爲王近微使君作》箋注〔一三〕。

其三

流丹飛閣倚巑岏，雨幔風窗取次看〔一〕。我欲穿雲窺洞壑，蘿烟石髮不勝寒〔二〕。

箋注

〔一〕巑岏，高峻的山峰。

〔二〕石髮，生於水邊石上的苔藻。

其四

秋英滿地土花斑〔一〕，石磴陰森盡日閑。夢到仙都君記否，匆匆一別又人間。

箋注

〔一〕土花，苔蘚。

哭林愧蓼同年〔一〕

銜杯纔幾日，楚些已招魂〔二〕。同宴趙銀臺金碧園纔數日耳〔三〕。辛苦辭鄉縣，崎嶇傍國門。甫酬百里願，未報九重恩。余亦嗟遲暮，空餘齒髮存。

箋注

〔一〕林象祖，字羽堯，號愧蓼，順治十七年（一六六〇）舉人，康熙三年（一六六四）進士，歷任常熟知縣、内府科給事中，贈太常寺少卿。

〔二〕楚些招魂，漢王逸《招魂章句序》：『《招魂》者，宋玉之所作也。招者，召也。以手曰招，以言曰召。魂者，身之精也。宋玉憐哀屈原，忠而斥弃，愁懣山澤，魂魄放佚，厥命將落。故作《招魂》，欲以復其精神，延其年壽，外陳四方之惡，内崇楚國之美，以諷諫懷王，冀其覺悟而還之也。』《招魂》是沿用楚國民間流行的招魂詞的形式寫成的，句尾皆有『些』字，如『魂兮歸來，東方不可以托些』，故稱。

〔三〕趙銀臺，即趙士麟，見《爲同年趙玉峰題金碧園》其一箋注〔一〕。金碧園，見《爲同年趙玉峰題金碧園》箋注〔一〕。

答渭清〔一〕

其一

積雪明虛牖，柴門盡日關。客來驚剥啄，只似到深山。落葉莽蕭摵〔二〕，孤筇自往還。聞君發高咏，聲滿碧空間。

校訂

鄧漢儀《詩觀三集》卷八選録此組詩，詩題作《答李渭清》。

箋注

〔一〕渭清，即李澄中，見《霓裳中序第一·咏龍鬚，爲渭清賦》箋注〔一〕。

〔二〕蕭摵，凋零，零落。

其二

君別仙源久，仍多世外談。斯時感摇落〔一〕，大雪滿空潭。氣象山靈闊〔二〕，烟霞静者耽。無生倘可學〔三〕，我欲結茅庵。

箋注

〔一〕『斯時』句，戰國楚宋玉《九辯》：『悲哉秋之爲氣也！蕭瑟兮草木摇落而變衰。』

〔二〕山靈，《文選·班固〈東都賦〉》：『山靈護野，屬御方神。』李善注：『山靈，山神也。』

〔三〕無生，佛教語，謂没有生滅，不生不滅。

輯評

鄧漢儀曰：『二首筆路甚高。』

柝聲

一柝鳴殘漏，空林啄木聲。風斜吹乍遠，霜冷韵偏清。大野天垂幕，高城夜點兵。驟聞堪下泪，况復到三更。

校訂

鄧漢儀《詩觀三集》卷八、《山左詩鈔》卷三十一均選録此首。

輯評

『大野』四句，鄧漢儀曰：『凄響高調，一時并集。』

鈴聲

漏下天街静，勞勞竟夜行。非關塔上語〔一〕，莫作雨淋聲〔二〕。響帶驚沙急，愁催白髮生。去來寧有意，偏向枕邊鳴。

箋注

〔一〕塔上語，宋蘇軾《大風留金山兩日》：『塔上一鈴獨自語，明日顛風當斷渡。』

〔二〕雨淋聲，宋王灼《碧鷄漫志》卷五：『《明皇雜録》及《楊妃外傳》云：「帝幸蜀，初入斜谷，霖雨彌旬，棧道中聞鈴聲，帝方悼念貴妃，采其聲爲《雨淋鈴》曲以寄恨。時梨園弟子惟張野狐一人，善篳篥，因吹之，遂傳於世。」』唐白居易《長恨歌》：『行宫見月傷心色，夜雨聞鈴腸斷聲。』

題元祐黨籍碑〔一〕

大書三百餘九人，摭金屈玉何嶙峋。宋室諸賢异門户，洛蜀朔黨争紛紜〔二〕。蘇程門人護師説〔三〕，乃爲嶺路開荆榛。元豐諸臣列散地〔四〕，鷙鳥將擊還逡巡。同文獄起時局變〔五〕，司空入相清流冤〔六〕。宣仁尚蒙老奸耻〔七〕，君宗厨顧安足云〔八〕。哲徽兩廟子孫耳〔九〕，震驚匕鬯悲人神〔一〇〕。豐碑亦可戒萬世，堅珉不泐岐與申〔一一〕。同類何爲自標幟，凶終隙末難具陳。北轅南渡理應爾〔一二〕，善人盡矣寧圖存。鐘鳴霜降有先識，一聲杜宇傷心魂〔一三〕。巋然此石近千載，土花綉澀蠻烟昏〔一四〕。諸賢名字等鴻爪〔一五〕，箕尾一去誰復論〔一六〕。神光炯炯燭深夜，蛟龍常護莓苔痕。

校訂

鄧漢儀《詩觀三集》卷八、《山左詩鈔》卷三十一皆選録此首。

箋注

〔一〕元祐黨籍碑，宋徽宗時，貪官蔡京勾結宦官獨專朝政，爲打擊政敵，給司馬光、蘇軾等人扣上元祐奸黨的帽子，在文德殿門外樹立黨人碑，上面刻寫三百零九個黨人名字，并刻石頒布天下。被刻上黨人碑的官員，重者關押，輕者貶放遠地，非經特許，不得内徙。

〔二〕洛蜀朔黨，《五朝名臣言行録》卷七：『當時有洛黨、川黨、朔黨之語。洛党者，以程正叔侍講爲領袖，朱光庭、賈易等爲羽翼；川党者，以蘇子瞻内翰爲領袖，吕陶等爲羽翼；朔党者，以劉摯、梁燾、王岩叟、劉安世爲領袖，羽翼尤衆。』

〔三〕蘇程，蜀黨領袖蘇軾、洛黨領袖程頤。

〔四〕元豐，宋神宗趙頊的年號（一〇七八—一〇八五）。散地，唐岑參《虢中酬陝西甄判官見贈》：『微才弃散地，拙宦慚清時。』

〔五〕同文獄，宋紹聖四年（一〇九七），新黨羅織『同文館之獄』，打擊舊黨。

〔六〕司空入相，王安石哲宗朝曾爲司空，故稱。

〔七〕宣仁，宣仁太后，又稱高太后，北宋英宗皇后。新舊黨争中，反對王安石變法，元豐八年（一〇八五）其子神宗死後，立哲宗，以太皇太后身份臨朝稱制，復起用司馬光等，恢復舊法。

〔八〕厨顧，《後漢書·黨錮傳》：『自是正直廢放，邪枉熾結，海内希風之流，遂共相摽搒，指天下名士，爲之稱號。上曰「三君」，次曰「八俊」，次曰「八顧」，次曰「八及」，次曰「八厨」，猶古之「八元」「八凱」也。……俊者，言人之英也。……顧者，言能以德行引人者也。……及者，言其能導人追宗者也。……厨者，言能以財救人者也。』

〔九〕哲徽，哲，宋哲宗趙煦；徽，宋徽宗趙佶。

〔一〇〕匕鬯，《周易·震》：『震驚百里，不喪匕鬯。』王弼注：『匕，所以載鼎實；鬯，香酒。奉宗廟之盛也。』

〔一一〕珉，《説文解字》：『珉，石之美者。』岐，即宋代王珪，字禹玉，成都華陽人，曾被封岐國公。王珪曾被視爲元祐奸黨，刻上元祐黨籍碑，但隨後又得以平反。《宋史·吕公著傳》：『珪由是得罪，追貶萬安軍司户參軍，削諸子籍。徽宗即位，還其官封。蔡京秉政，復奪贈謚。政和中，又復之。』申，宋代吕公著，字晦叔，壽州（今安徽鳳臺）人，曾被封申國公。也曾被視爲元祐奸黨，刻上元祐黨籍碑，但隨後也得以平反。《宋史·吕公著傳》：『徽宗立，追復太子太保。蔡京擅政，復降左光禄大夫，入黨籍，尋復銀青光禄大夫。紹興初，悉還贈謚。』

〔一二〕北轅，北宋徽宗、欽宗二帝於靖康二年爲金人所俘，後死於金國。南渡，宋高宗渡長江遷於南方建都，史稱『南渡』。

〔一三〕杜宇，見《南鄉子·夏夕無寐，茫茫交集，輒韵語寫之，不求文也》其五箋注〔一〕。

〔一四〕土花，金屬器皿表面長期受泥土剥蝕而留下的痕迹。

〔一五〕鴻爪，見《百字令·朱錫鬯過訪不值，悵然有寄》箋注〔六〕。

〔一六〕箕尾，箕星與尾星。兩宿相接，屬東方七宿。在箕星與尾星之間有一星宿名叫『傅説』。《莊子·大宗師》：『傅説得之，以相武丁，奄有天下，乘東維，騎箕尾，而比於列星。』

輯評

『大書』二句，鄧漢儀曰：『直點出，老甚。』

『同類』六句，鄧漢儀曰：『數言爲北宋君臣定案。』

鄧漢儀曰：『竟是元祐一則史斷。筆光騰焯，可以燭天。』

又題二絶句

其一

三百九人儼在茲〔一〕，大書深刻意何爲。分明一樣如椽筆〔二〕，不及磨崖聱叟碑〔三〕。時亦讀《浯溪中興頌》。

箋注

〔一〕三百九人，見《題元祐黨籍碑》箋注〔一〕。

〔二〕如椽筆，《晉書·王珣傳》：『珣夢人以大筆如椽與之，既覺，語人云：「此當有大手筆事。」俄而帝崩，哀册謚議，皆珣所草。』

〔三〕聱叟，《新唐書·元結傳》：『樊左右皆漁者，少長相戲，更曰聱叟。彼誚以聱者，爲其不相從聽，不相鈎加，帶笭箵而盡船，獨聱齖而揮車。』磨崖聱叟碑，元結曾撰《大唐中興頌》，刻於浯溪石崖上，時人謂之摩崖碑。浯溪，在湖南祁陽縣。

其二

千佛名經更不疑〔一〕，難將荆棘混蘭枝。岐公中國顔何厚，也附當年元祐碑〔二〕。

箋注

〔一〕千佛名經，宋王讜《唐語林》卷四：『進士張倬，濮陽王柬之曾孫也。時初落第，兩手捧登科記頂之，曰：「此千佛名經也。」其企羡如此。』

〔二〕『岐公』句，見《題元祐黨籍碑》箋注〔一一〕。

書浯溪碑後〔一〕

天寶之末吁可悲，青騾西幸何艱危〔二〕。太子誓師朔方至，兩京再建天王旂〔三〕。靈武功名久寂寞，吊古重拂摩崖碑。道州作頌魯公筆〔四〕，驪珠顆顆青天垂〔五〕。鋪揚大業刻金石，忠義激發爲文辭。瘴雨磨洗千餘載，弩張劍拔還欹崎。詞嚴義正少諷刺，何殊端委陳歌詩。山谷老人好持論〔一〕，乃以攘取大物訾〔六〕。撫軍監國有何意〔七〕，虚文辭讓識者嗤。復仇九世古所貴，况清鐘簴還京師〔八〕。紫袍扶輦出不意，淋鈴棧道庸當歸〔九〕。所惜功成少調護，月明南内終凄其〔一〇〕。青史或能議聖德〔一一〕，當時誰道中興非。不然但守東宫職，龍樓問寢西南陲。坐令軋犖竊神器〔一二〕，區區退避將奚爲〔一三〕。

校訂

鄧漢儀《詩觀三集》卷八、《山左詩鈔》卷三十一選録此首。《（乾隆）浯溪新志》卷九《藝文志三》録此詩，詩題作《讀〈浯溪志〉懷古》。《（嘉慶）湖南通志》卷十三《山川六》、《（光緒）湖南通志》卷十八《地理十八・山川六》亦皆録此詩，不具詩題。中國國家博物館藏曹貞吉此詩手迹，詩後跋曰：「右《題《浯溪碑》近作，書爲牧翁世臺先生，即求教定。貞吉具草。」

旂，曹貞吉手迹及各本作「旗」。

摩崖，曹貞吉手迹及各本作「磨崖」。

辭，曹貞吉手迹作「詞」。

還，曹貞吉手迹作「猶」。

少諷刺，曹貞吉手迹作「尠諷刺」，其他各本作「尠風刺」。

意，《（嘉慶）湖南通志》《（光緒）湖南通志》皆作「議」。

軋犖，曹貞吉手迹作『軋禄』。

箋注

〔一〕浯溪碑，《湖南通志·地理志》：『祁陽縣……浯溪在縣西南（《一統志》），溪在州北，水路百餘里流入湘江，此溪口水石奇絶（《零陵總記》）。溪在縣南五里，水清石峻，唐上元中，經略使元結家焉。結作《大唐中興頌》，顔真卿大書刻於此崖（《方輿勝覽》）。』

〔二〕青騾西幸，王士禛《昭陽顧符稹畫棧道圖歌》：『阿瞞四紀作天子，青騾西幸何倉皇。』

〔三〕『太子』句，《新唐書·肅宗本紀》：『迎太子治兵于朔方。……壬戌，裴冕等請皇太子即皇帝位。甲子，即皇帝位于靈武。』

〔四〕道州，元結曾任道州刺史，故稱。魯公，顔真卿曾被封爲魯郡開國公，故稱。

〔五〕驪珠，見《蝶戀花》（三月桐華）箋注〔二〕。

〔六〕山谷老人，黄庭堅，字魯直，號山谷道人，晚號涪翁，洪州分寧（今江西修水）人，北宋著名文學家、書法家，江西詩派開山之祖。有楷書《題大唐中興頌後》摩崖碑，碑在湖南省祁陽縣浯溪。『山谷』句，黄庭堅《書摩崖碑後》：『明皇不作苞桑計，顛倒四海由禄兒。九廟不守乘輿西，萬官已作烏擇栖。撫軍監國太子事，何乃趣取大物爲。』

〔七〕撫軍監國，《左傳·閔公二年》：『冢子君行則守，有守則從。從曰撫軍，守曰監國。』

〔八〕『況情』句，宋黄庭堅《書摩崖碑後》：『事有至難天幸爾，上皇跼蹐還京師。』鐘簴，《新唐書·于公异傳》：『鐘簴不移，廟貌如故。』

〔九〕淋鈴棧道，見《鈴聲》箋注〔二〕。

〔一〇〕『月明』句，宋黄庭堅《書摩崖碑後》：『南内凄凉幾苟活，高將軍去事尤危。』南内，玄宗自蜀回，住南内興慶宫，後遷西内軟禁。

〔一一〕軋犖，《新唐書·逆臣傳上》：『安禄山，營州柳城胡也。本姓康。母阿史德，爲覡，居突厥中，禱子於軋犖山，虜所謂鬥戰神者，既而妊。及生，有光照穹廬……母以神所命，遂字軋犖山。』

輯評

『靈武』十句，鄧漢儀曰：『筆意極似義山《韓碑》。』

〔一〕鄧漢儀曰：『以下大發正論。』

〔二〕鄧漢儀曰：『定論。』

〔三〕鄧漢儀曰：『結亦矯健。』

鄧漢儀曰：『明皇西幸，非肅宗即位靈武，天下事去矣，腐儒奈何以攘位譏之？此篇議論，極是透快。』

讀阮亭祭酒贈蛟門詩有作〔一〕

日射觚稜金碧分〔二〕，故人名在九重雲。當年筆墨縱横甚，何處仍尋舊練裙〔三〕。

箋注

〔一〕阮亭祭酒，即王士禛。見《浣溪沙·步阮亭紅橋韵》其一箋注〔一〕。蛟門，即汪懋麟，見《爪茉莉·本意，和蛟門，用宗梅岑韵》箋注〔一〕。

〔二〕觚稜，宫闕上轉角處的瓦脊成方角稜瓣之形。

〔三〕練裙，《宋書·羊欣傳》：『獻之嘗夏月入縣，欣着新絹裙晝寢，獻之書裙數幅而去。欣本工書，因此彌善。』

和渭清客興次韵〔一〕

懶漫誰歌昔昔鹽〔二〕，飄零藥裹與書籤〔三〕。遨頭自愛山間好〔四〕，屐齒翻從雪後淹。獨夜寒風生老樹，他鄉明月挂疏簾。祇今容鬢蕭條甚〔五〕，何處重尋舊紫髯。

箋注

〔一〕渭清，即李澄中，見《霓裳中序第一·咏龍鬚，爲渭清賦》箋注〔一〕。

〔二〕昔昔鹽，宋洪邁《容齋續筆·昔昔鹽》：「薛道衡以「空梁落燕泥」之句爲隋煬帝所嫉。考其詩名《昔昔鹽》，凡十韵……《樂苑》以爲羽調曲。」

〔三〕藥裹，見《和馮大木夏日雜咏》其五箋注〔二〕。

〔四〕遨頭，宋蘇軾《次韵劉景文周次元寒食同游西湖》：「遨頭要及浣花前。」作者自注：「成都太守自正月二日出游，謂之遨頭，至四月十九日浣花乃止。」

〔五〕容鬢，唐杜甫《早花》：「直苦風塵暗，誰憂容鬢催。」

寒夜集阮亭書舟題王武畫菊〔一〕

十月天氣寒，白日匿西陸〔二〕。朔風掠樹杪，畢哺烏尾秃〔三〕。深巷悄無聲，哀柝如啄木。率爾登君堂，窈然入空谷。連床富縹緗〔四〕，舟車寧非屋。黄花淡似人，静致媚幽獨。掩映壁間畫，兩兩悅心目。遠寄自山中，生綃裁巨幅。五色鬱披離，數枝紛樸蔌。磊砢伴蒼官〔五〕，偃蹇蛟龍伏。吾徒飽塵土，愧此松與菊。筆墨定何物，使我歸心觸。迢迢夜渠央〔六〕，爛醉弛冠服。

箋注

〔一〕阮亭，即王士禛，見《浣溪沙・步阮亭紅橋韵》其一箋注〔一〕。王武（一六三二—一六九〇），字勤中，晚號忘庵，又號雪顛道人，吴縣（今江蘇蘇州）人，擅畫花鳥。

〔二〕西陸，《文選・郭璞〈游仙詩〉之七》：『蓐收清西陸，朱羲將由白。』李善注引司馬彪《續漢書》曰：『日行北陸謂之冬，西陸謂之秋。』

〔三〕畢哺，畢逋，烏鴉的别稱。

〔四〕縹緗，縹，淡青色；緗，淺黄色。古時常用淡青、淺黄色的絲帛作書囊書衣。

〔五〕蒼官，松或柏的别稱。

〔六〕渠央，渠，通『遽』，晋陶潛《讀山海經十三首》其八：『方與三辰游，壽考豈渠央。』

正月十日登白塔遠眺〔一〕

其一

石磴穿雲上，巋然窣堵波〔二〕。東瀛浮日月，北戒盡山河〔三〕。榆塞驚沙入〔四〕，丹城列雉多。一身輕似葉，憑眺意如何。

箋注

〔一〕白塔，位於北京北海公園瓊華島上，建於清順治八年（一六五一），是一座藏式喇嘛塔。

〔二〕窣堵波，梵語音譯，即佛塔。

〔三〕北戒，《新唐書·天文志一》：『天下山河之象存乎兩戒。北戒，自三危、積石，負終南地絡之陰，東及太華，俞河……所以限戎狄也。』

〔四〕榆塞，《漢書·韓安國傳》：『後蒙恬爲秦侵胡，辟數千里，以河爲竟，累石爲城，樹榆爲塞，匈奴不敢飲馬於河。』

其二

宸居真咫尺，霽色滿觚稜〔一〕。風度雲韶曲〔二〕，春融太液冰〔三〕。尋常瞻氣象，杖履快飛騰。連袂都人士，追隨得未曾。

箋注

〔一〕觚稜，宫闕上轉角處的瓦脊成方角棱瓣之形。

〔二〕雲韶曲，黄帝《雲門》樂和虞舜《大韶》樂的并稱。

〔三〕太液，太液池，即今北京故宫西華門外的北海、中海、南海三海。元時名西華潭，清代稱太液池。

其三

由來傳勝迹，此地有妝樓。一代繁華盡，千年花草愁。霓旌雲外直〔一〕，粥鼓夜中幽〔二〕。誰唱白翎雀〔三〕，琵琶怨未休。

箋注

〔一〕霓旌，唐杜甫《哀江頭》：『憶昔霓旌下南苑，苑中萬物生顏色。』

〔二〕粥鼓，見《和念東先生郊外韻》其一箋注〔五〕。

〔三〕白翎雀，明張憲《白翎雀》：『《摩訶》不作《兜勒》聲，聽奏筵前《白翎雀》。』

其四

寺與旃檀接〔一〕，人同上苑游。塵中存法相〔二〕，物外得林丘〔三〕。地涌青藍色，天開島嶼幽。出門騎馬去，風霧變衣裘。

箋注

〔一〕旃檀，檀香。

〔二〕法相，《法華經·化城喻品》：『大聖轉法輪，顯示諸法相。』

〔三〕林丘，晋謝安《蘭亭二首》其一：『伊昔先子，有懷春游，契兹言執，寄傲林丘。』

題楊水心畫蝶爲阮亭作〔一〕

園林遲日尋常見〔二〕，入眼生綃略許同。兒女輕紈無用處，任他栩栩菜花中。

箋注

〔一〕楊水心，又名楊涵，號笠雲，山東青州人，清初詩人。阮亭，即王士禛，見《浣溪沙·步阮亭紅橋韵》其一箋注〔一〕。

〔二〕遲日，見《雙雙燕·見燕子營巢有感》箋注〔三〕。

爲趙仲符題像〔一〕

其一

目送行雲意態閑，三毛頰上有無間。老夫自笑頭如雪〔二〕，猶及樽前對玉山〔三〕。

箋注

〔一〕趙執信（一六六二—一七四四），字伸符，號秋谷，晚號飴山老人、知如老人。青州府益都縣顔神鎮（今山東博山）人，清代詩人、詩論家、書法家。著有《飴山堂集》《談龍録》《聲調譜》《禮俗權衡》等。

〔二〕老夫，《禮記·曲禮上》：『大夫七十而致事……適四方，乘安車，自稱曰老夫。』鄭玄注：『老夫，老人稱也。』

〔三〕玉山，見《正子席上作》箋注〔三〕。

其二

葡萄瀲灧潑春醅，屈注詞源激電來〔一〕。文酒祇今誰第一，匆匆懷抱爲君開。

箋注

〔一〕屈注，《爾雅·釋詁下》：『屈，聚也。』唐杜甫《奉同郭給事湯東靈湫作》：『倒懸瑶池影，屈注滄江流。』

帝京蹋燈詞和沈客子韵〔一〕

其一

半臂誰家游冶郎，踏歌齊出善和坊〔二〕。葡萄酌盡却歸去，明月隨人照曲房〔三〕。

箋注

〔一〕蹋燈，清毛奇齡《西湖蹋燈詞序》：『乃作《西湖蹋燈詞》六十首，傳於人間，豈亦京師蹋燈之意乎？』沈季友，字客子，號南疑，浙江平湖人。康熙二十六年（一六八七）副榜貢生。著有《學古堂詩集》。

〔二〕善和坊，唐范攄《雲溪友議》卷二：『崔涯者，吴楚之狂生也，與張祜齊名。每題一詩於倡肆，無不誦之於衢路……祜、涯久在維揚，天下晏清，篇詞縱逸，貴達欽憚，呼吸風生，頗暢此時之意也。贈詩曰：「覓得黄騮被綉鞍，善和坊裏取端端，揚州近日渾成差，一朵能行白牡丹。」』

〔三〕曲房，漢枚乘《七發》：『往來游宴，縱恣於曲房隱間之中。』

其二

衣香人語出燈棚，買得蛾兒手自擎〔一〕。白玉橋頭天似水，那能坐月到三更。

箋注

〔一〕蛾兒，古代婦女於元宵節前後插戴在頭上剪彩而成的應時飾物。宋辛弃疾《青玉案·元夕》：『蛾兒雪柳黄金縷，笑語盈盈暗香去。』

其三

銀花高吐鳳凰翎〔一〕，夾路鵝笙簇錦輧〔二〕。暗卜宜男心自喜〔三〕，阿奴今夜得雙燈。

箋注

〔一〕銀花，唐蘇味道《正月十五夜》：『火樹銀花合，星橋鐵鎖開。』

〔二〕鵝笙，清王夫之《長相思二首》其一：『蛛網閑窗密，鵝笙隔院吹。』輧，古代一種有帷幔的車，多供婦女乘坐。

〔三〕宜男，舊時祝頌婦人多子之辭。

其四

條風那復偃輕貂〔一〕，春入城陰雪盡消。月底香塵雙鬢影〔二〕，太平時節可憐宵。

箋注

〔一〕條風，東風。一名明庶風，主春分四十五日。宋周邦彦《應天長》：『條風布暖，霏霧弄晴，池塘遍滿春色。』

〔二〕香塵，晋王嘉《拾遺記》卷九：『（石崇）又屑沉水之香如塵末，布象床上，使所愛者踐之。』

其五

有客城南侍晏回，看燈直上晾鷹臺〔一〕。酒從仙掌金莖落〔二〕，人自花天月地來。

箋注

〔一〕晾鷹臺，元代游獵之所，獵者常携鷹休憩於此，故名。其地在今北京市郊南苑。

〔二〕仙掌金莖，見《減字木蘭花·雜憶》其二箋注〔三〕。

其六

拂拂鞭絲過地壇〔一〕，九微燈火散千官〔二〕。飇輪只鼓魚龍戲〔三〕，似海春光不覺寒。

箋注

〔一〕地壇，又稱『方澤』『方丘』。今北京市安定門外有明清地壇，明嘉靖九年建，清重加修治。方形，周圍約五十丈，廣八九丈，中有方壇。

〔二〕九微燈火，《太平御覽》卷八一六引《漢武内傳》：『燔百和香，燃九微燈，以待西王母。』

〔三〕魚龍戲，唐張説《侍宴隆慶池應制》：『魚龍百戲紛容與，鳧鷁雙舟較溯洄。』

暮春雨中阮亭招同卧雲幼華孝堪修來悔人杞園天章仲符游善果寺分韵得禪字〔一〕

緊余性懶慢，好結物外緣〔二〕。夙昔慕精廬，寂寞心所便。暮春三月半，雨脚當空懸。霏霏上人衣，淡蕩疑輕烟。雅游集少長，勝果瞻人天〔三〕。碑存成化字〔四〕，寺創蕭梁前〔五〕。廊空鼠雀飢，像古精神全。柳密已藏鴉，槐疏未庇蟬。高閣領衆妙，遐矚窮幽燕。雉堞莽迴互〔六〕，群山秀嬛娟。雲氣幻蒼白，人聲知市廛。僧雛供伊蒲〔七〕，一飽輒欣然。天宇忽澄霽，塔頂争孤圓。空中響鈴鐸，微風語喧闐。妙畫出靈迹，法書辨前賢。蹴踏龍象没〔八〕，矶硉蛟螭纏〔九〕。絹理鵝膜細，墨燦兒睛妍。時老僧出李龍眠《渡海羅漢圖》，後有蘇、黄跋語〔一〇〕。發狂各大叫，得未曾有焉。古人勤小物〔一一〕，於藝必精專。而况蘇黄流，名字垂星躔。煌煌法門寶，呵護勞金仙〔一二〕。吾徒塵中人，鑒别愧老禪。上馬更惆悵，迢迢暮鐘傳。

箋注

〔一〕阮亭，即王士禛，見《浣溪沙·步阮亭紅橋韵》其一箋注〔一〕。孫必振（一六一九—一六八八），字孟起，號卧雲，山東諸城人。順治十六年（一六五九）進士，授陵川知縣。康熙十五年官河南道監察御史，調兩浙巡鹽。著有《種德堂文集》。王又旦（一六三六—一六八七），字幼華，號黄湄，郃陽（今陝西合陽）人，清詩人，名列『金臺十子』。孫寶仍，字孝堪，又字孟滋，號恕齋，益都（今山東博山）人，孫廷銓長子。官光禄寺署正，有《恕隱齋詩》。修來，即顔光敏，見《蝶戀花·修來席上咏秋海棠》箋注〔一〕。朱載震（？—一七〇七），字悔人，湖北潛江人。知石泉縣，有《東浦集》。杞園，即張貞，見《玲瓏四犯·送杞園游西湖》箋注〔一〕。吴雯（一六四四—一七〇四），字天章，山西蒲州人，授臨潁縣知縣。康熙十八年（一六七九）舉博學宏詞，放歸。有《蓮洋集》。伸符，即趙執信，見《爲趙伸符題像》箋注〔一〕。善果寺，坐落在北京廣安門内廣義街東側，北京外八刹之一。

〔二〕物外，漢張衡《歸田賦》：「苟縱心於物外，安知榮辱之所如！」

〔三〕人天，佛教語，六道輪回中的人道和天道。

〔四〕成化，明憲宗朱見深的年號（一四六五—一四八七）。

〔五〕「寺創」句，見《水龍吟·春日送客過慈仁寺感舊》箋注〔七〕。

〔六〕雉堞，《文選·鮑照〈蕪城賦〉》：「板築雉堞之殷，井幹烽櫓之勤。」李善注：「鄭玄《周禮》注曰：「雉，長三丈，高一丈。」杜預《左氏傳》注曰：「堞，女墻也。」」

〔七〕伊蒲，《書言故事·釋教》：「齋供食曰伊蒲饌。」

〔八〕龍象，元辛文房《唐才子傳·貫休》：「昔謂龍象蹴蹋，非驢所堪，果僧中之一豪也。」

〔九〕矶硉，山石突出貌。

〔一〇〕蘇黄，北宋蘇軾、黄庭堅的并稱。

〔一一〕小物，小事。《國語·晋語九》：「夫君子能勤小物，故無大患。」

〔一二〕金仙，唐李白《與元丹丘方城寺談玄作》：「朗悟前後際，始知金仙妙。」王琦注：「金仙，謂佛。』

春日過石林新齋不值偶題〔一〕

其一

小築那經意，居然魚鳥莊。偶來看野色，真似到江鄉。石笋恰當户，藤梢亂過墻。探幽迷洞壑，盡日得微凉。

箋注

〔一〕石林，即喬萊，見《山花子·題石林小照》箋注〔一〕。

其二

鳥語午方静，漫漫春晝長。溪聲迴略約，花氣入微茫。愛此草亭寂，遥分山色蒼。主人杳何許，無乃負林塘。

鄰家逐盜竟夕喧闐余曉方聞之啞然一笑成兩絶句

其一

一出南塘真是幻〔一〕，虚舟飄瓦亦何爲〔二〕。五陵年少全知我〔三〕，不索空江博士詩。

箋注

〔一〕一出南塘，猶言『南塘一出』，《晉書·祖逖傳》：『逖以社稷傾覆，常懷振復之志。賓客義徒皆暴桀勇士，逖遇之如子弟。時揚土大饑，此輩多爲盗竊，攻剽富室，逖撫慰問之曰：「比復南塘一出不？」或爲吏所繩，逖輒擁護救解之。談者以此少逖，然自若也。』

〔二〕虚舟，《莊子·山木》：『方舟而濟於河，有虚船來觸舟，雖有惼心之人不怒。』飄瓦，《莊子·達生》：『復讎者不折鏌干，雖有忮心者不怨飄瓦，是以天下平均。』成玄英疏：『飄落之瓦，偶爾傷人，雖忮逆褊心之夫，終不怨恨，爲瓦是無心之物。』

〔三〕五陵年少，唐白居易《琵琶行》：『五陵年少争纏頭，一曲紅綃不知數。』

其二

金戈楚漢成皋日〔一〕，鐵馬袁曹官渡時〔二〕。輸却山中高士卧，松風一枕不曾知。

箋注

〔一〕『金戈』句，用楚漢争於成皋戲比擬鄰家逐盗。成皋，故城在今河南滎陽汜水鎮西北境。

〔二〕『鐵馬』句，用東漢末年曹操與袁紹之間的官渡之戰戲比鄰家逐盗。

壽劉年伯母〔一〕

其一

籬花初放欝金堂〔二〕，手把茱萸盡一觴。大節已酬黄鵠志〔三〕，佳兒今作紫薇郎〔四〕。即看烏闕千秋壯，翻憶丸熊五夜長〔五〕。况復階庭多玉樹〔六〕，家門餘慶詎云央。

箋注

〔一〕年伯，科舉時代爲對父親同年登科者的尊稱，明代中葉以後亦用以稱同年的父親或伯叔。

〔二〕鬱金堂，唐沈佺期《古意》：『盧家少婦鬱金堂，海燕雙栖玳瑁梁。』

〔三〕『大節』句，漢劉向《列女傳》：『陶嬰者，魯陶門之女也，養幼孤，無强昆弟，紡績爲産。魯人或聞其義，將求焉。嬰聞之，恐不得免，作歌明己之不更二也。其歌曰：『黄鵠之早寡兮七年不雙。』

〔四〕紫薇郎，唐代中書舍人的别稱。

〔五〕丸熊，見《南鄉子·夏夕無寐，茫茫交集，輒韵語寫之，不求文也》其二箋注〔二〕。

〔六〕玉樹，見《盧山高壽王年伯》箋注〔八〕。

其二

寶婺星分玉女光〔一〕，蓬山雲氣擁蘭房。坤儀月旦尊鍾郝〔二〕，巽命焜煌出廟廊。

蓂莢恰周元會日〔三〕，衣冠初聚朗陵鄉〔四〕。他年大耋膺殊福〔五〕，法酒官羊介壽長〔六〕。

箋注

〔一〕寶婺，即婺女星。

〔二〕坤儀，猶母儀。月旦，《後漢書·許劭傳》：『初，劭與靖俱有高名，好共核論鄉黨人物，每月輒更其品題，故汝南俗有「月旦評」焉。』南朝宋劉義慶《世説新語·賢媛》：『王司徒婦鍾氏女，太傅曾孫，亦有俊才女德。鍾、郝爲娣姒，雅相親重。鍾不以貴凌郝，郝亦不以賤下鍾。東海家內則郝夫人之法，京陵家內範鍾夫人之禮。』

〔三〕蓂莢，見《百字令·閏八月壽阮亭》箋注〔六〕。元會，皇帝於元旦朝會群臣稱正會，也稱元會。

〔四〕朗陵，故址在今河南確山縣西南三十五里。《漢書·地理志》：『汝南郡……縣三十七：……朗陵。』顔師古注引應劭曰：『朗陵山在西南。』

〔五〕大耋，古八十歲曰耋，一説指七十歲。

〔六〕介壽，《詩經·豳風·七月》：『爲此春酒，以介眉壽。』鄭玄箋：『介，助也。』

王伯昌書來索敷彝先生墓表愴然有作〔一〕

其一

故人墓上生春草，還憶離亭執手時。老眼泪枯懸不落，重泉路杳去安之〔二〕。達生全悟王孫理〔三〕，後死空慚幼婦詞〔四〕。他日東歸渡濰水，青山紅樹有餘悲。

箋注

〔一〕此二首作於康熙二十三年（一六八四）。曹貞吉《王敷彝先生墓表》：『今年（康熙二十三年）二月，其孤孫廣嗣馳一札至長安，以墓門之石爲請，曰先生人意也。……康熙二十三年四月立夏日，同里曹某爲之表。』王伯昌，王訓長孫王廣嗣。張貞《杞田集·文林郎山西平陽府萬泉縣知縣王公行狀》：『孫男二，廣孠、廣基，俱諸生。』王訓（一六一四—一六八三），字敷彝，一字念泉，號悔齋，山東安丘人。順治四年（一六四七）進士，官直隸萬全縣知縣。著有《悔齋全集》《論語日知編》《學庸思辨録》《七篇指略》。

〔二〕重泉，猶九泉。

〔三〕達生，《莊子・達生》：『達生之情者，不務生之所無以爲。』郭象注：『生之所無以爲者，分外物也。』

〔四〕幼婦詞，見《讀唐人詩偶題》其四箋注〔二〕。

其二

白髮無官老鄭虔〔一〕，青衫羸馬耐寒壇〔二〕。攤書硯北人爭笑，避世墻東汝較賢〔三〕。兒女債多寧不死，文章心苦定堪傳。深鎸有道碑何愧〔四〕，我識先生四十年。

箋注

〔一〕鄭虔，字弱齊，唐鄭州滎陽（今屬河南）人。玄宗時爲廣文館博士，世稱『鄭廣文』。擅詩、書、畫，當時有『鄭虔三絶』之譽。與杜甫爲至友。杜甫曾爲之作《醉時歌》，詩注：『贈廣文館博士鄭虔。』《醉時歌》有云：『諸公衮衮登臺省，廣文先生官獨冷。甲第紛紛厭粱肉，廣文先生飯不足。先生有道出羲皇，先生有才過屈宋。德尊一代常轗軻，名垂萬古知何用。……日糴太倉五升米，時赴鄭老同襟期。』

〔二〕青衫，見《減字木蘭花・天津道中》箋注〔一〕。

〔三〕墻東，《後漢書・逸民傳・逢萌》：『君公遭亂獨不去，儈牛自隱。時人謂之論曰：「避世墻東王君公。」』

〔四〕有道，《周禮·春官·大司樂》：『凡有道者，有德者，使教焉。』鄭玄注：『道，多才藝者。』

不寐有感枕上口占

其一

斜月小窗寂，銅鐎夜漏稀〔一〕。病兼歸思動，愁與睡鄉違。自惜風塵久，寧知故舊非。曉來添鬢雪，片片鏡中飛。

箋注

〔一〕銅鐎，銅製的盆形炊器，下有三足，附長柄，多用於温羹。或說即刁斗，古代軍中用以炊飯、巡更，盛行於漢晉。

其二

咄咄吾何敢〔一〕，重泉有老親。艱難昨日事，嘘蹴舊時人〔二〕。身賤真相負，途窮那諱貧。所憂千指在，冥報向誰陳〔三〕。

箋注

〔一〕咄咄，晋陸機《東宫詩》：『冉冉逝將老，咄咄奈老何！』

〔二〕嘑蹴，《孟子·告子上》：『一簞食，一豆羹，得之則生，弗得則死。嘑爾而與之，行道之人弗受；蹴爾而與之，乞人不屑也。』

〔三〕冥報，晋陶潛《乞食》：『銜戢知何謝，冥報以相貽。』

再到瀛臺有感〔一〕

十五年前覲玉清〔二〕，心驚幾度斗初横。可憐毛髮今如許，猶踏鰲金背上行。

箋注

〔一〕瀛臺，在北京清故宫西苑太液池（即今中南海）中，也名南臺、趯臺。三面臨水，中有勤政、涵光、香扆三殿，康熙、乾隆兩朝常作爲夏日聽政之所。

〔二〕玉清，前蜀花蕊夫人《宫詞》其五十七：『玉清迢遞無塵到，殿角東西五月寒。』

不寐

支骨繩床對月明〔一〕，鉦聲斷處復鷄聲〔二〕。曉來臨鏡堪惆悵，又得霜髯一兩莖。

箋注

〔一〕繩床，見《尾犯·笋》箋注〔二〕。

〔二〕鉦，形似鐘而狹長，有長柄可執，擊之而鳴。漢許慎《説文解字·金部》：『鉦，鐃也。似鈴，柄中，上下通。』

題李耕客行脚圖〔一〕

其一

桐帽棕鞋尚未能〔二〕，軟塵十丈苦相仍〔三〕。三年彈指渾如夢，輸爾廬山種菜僧。

箋注

〔一〕李符，原名符遠，字分虎，號耕客，浙江嘉興人。少與兄李繩遠、李良年齊名，號『浙西三李』，與朱彝尊等結詩社，著有《香草居集》《耒邊詞》。

〔二〕桐帽，以桐木爲骨子做成的襆頭。宋陸游《游前山》：『平生一桐帽，自惜犯塵埃。』

〔三〕軟塵十丈，見《霓裳中序第一·爲杞園題〈浮家圖〉》箋注〔三〕。

其二

未消眉宇英雄色，何事維摩共一龕〔一〕。寄語碧鷄狂道士〔二〕，且留詞客住江南。

箋注

〔一〕維摩，維摩詰，《維摩詰經》中說他和釋迦牟尼同時，是毗耶離城中的一位大乘居士。嘗以稱病爲由，向釋迦遣來問訊的舍利弗和文殊師利等宣揚教義。爲佛典中現身說法、辯才無礙的代表人物。

〔二〕碧鷄狂道士，李符與朱彝尊爲至交，朱彝尊《同里李（符）游於滇遇碧鷄山道士謂曰子前身廬山行脚僧也後十年當仍歸廬山（符）乃畫廬山行脚圖俾予題詩二首》其一：『畫裏分明廬岳僧，雲峰有約十年登。江湖到處勾留住，看爾入山能不能。』其二：『桃鄉一望水挼藍，擬結鄰居共釣潭。休信碧鷄狂道士，閑拋老屋在花南。』

閨中大雷雨即事

八月天氣温，驕陽倏已伏〔一〕。愛此月華明，清輝媚幽獨。電光入我窗，如螢不可撲。三更風雨至，霹靂自相觸〔二〕。殷殷聲垂溜，洶洶勢崩屋〔三〕。未聞人事愆，頓覺天威速。無乃鼓魚龍〔四〕，豐隆燒尾禿〔五〕。彷彿住深山，懸崖聽飛瀑。夜深百靈集，陰盛群動肅〔六〕。床床屋漏痕，顛倒及衾褥。燈火半明滅，鷄聲仍斷續。高卧良獨難，披衣行彳亍〔七〕。

箋注

〔一〕伏，農曆劃分夏季最炎熱的三個階段，即三伏：初伏、中伏、末伏。

〔二〕殷殷，漢司馬相如《長門賦》：『雷殷殷而響起兮，聲象君之車音。』溜，《左傳·宣公二年》：『三進及溜，而後視之。』孔穎達疏：『溜謂檐下水溜之處。』陸德明釋文：『溜，屋霤也。』

〔三〕洶洶，唐韓愈《瀧吏》：『惡溪瘴毒聚，雷電常洶洶。』

〔四〕魚龍，指古代百戲雜要中能變化爲魚和龍的猞猁模型。唐李商隱《宫妓》：『不須看盡魚龍戲，終遣君王怒偃師。』

〔五〕豐隆，見《挽遜業二首》其一箋注〔一〕。

〔六〕群動，晋陶潜《飲酒二十首》其七：『日入群動息，歸鳥趨林鳴。』

〔七〕彳亍，走走停停貌。

渭清以楊水心墨竹見貽且賦長篇歌以志謝〔一〕

無肉令人瘦，無竹令人俗〔二〕。老生之常談，醫俗莫如竹。緊余之俗不可醫，惟憑修竹淡鬚眉。燕山早寒飽霜雪，此君不減珊瑚枝。時於楮墨求形似，真而不妙恒痴肥。文同不作子瞻死〔三〕，何人能寫蒼蒼姿。金溪吴宏工草竹〔四〕，筆筆篆籀兼獻羲〔五〕。當年爲我染方麴〔六〕，動摇白日無炎曦。綉頂瀟湘管仲姬〔七〕，蘭披薙倒識者誰。吾友齋頭得巨幅，烟雲變怪何葳蕤。猩紅小印圖輔峭，崚崚瘦骨當窗攲。數竿排空破晴碧，老龍出霧垂其漦〔八〕。文柯接葉窈深黑，此中無乃藏妖魑。墨光古淡神理足，滿堂動色皆嗟咨。我識楊君二十載，手奪造化非心期。連宵夢入篔簹谷〔九〕，琅玕片片清風吹。長鬚打門來好語，脱手持贈真如遺。先以長句力扛鼎，髣髴杜老夔州詩〔一〇〕。砰訇大聲出金石，鼓蕩元氣流肝脾。愧我小巫邾莒耳〔一一〕，敢以壁壘當雄師。避之三舍不獲命〔一二〕，旗靡轍亂心能知〔一三〕。寒日閉門等蝟縮，抽萌凍芋吟酸嘶〔一四〕。似聽冰花響乾籜，湘君環佩來何遲〔一五〕。

箋注

〔一〕渭清，即李澄中，見《霓裳中序第一·咏龍鬚，爲渭清賦》箋注〔一〕。楊水心，又名楊涵，字輔峭，號笠雲，山東益都（今青州）人，清初詩人。

〔二〕『無肉』句，見《滿江紅·題阮亭寓竹》箋注〔七〕。

〔三〕文同（一〇一八—一〇七九），字與可，自號笑笑先生，人稱石室先生，梓州永泰（今四川鹽亭東）人。北宋畫家、詩人。歷官邛州、洋州等知州或知縣。元豐初年，官湖州知州，世人稱文湖州。擅畫墨竹，主張畫竹先當『胸有成竹』。開創『湖州竹派』。著有詩文集《丹淵集》。子瞻，北宋文學家、書畫家蘇軾的字。

〔四〕金溪吴宏，吴宏（一六一五—一六八〇），宏，一作弘，字遠度，號竹史、西江外史，江西金溪人。擅畫山水，亦畫墨竹。爲「金陵八家」之一。

〔五〕獻羲，晋代書法家王羲之、王獻之的省稱。

〔六〕方麴，竹織方扇。

〔七〕管仲姬，管道昇，字仲姬，書畫名家趙孟頫之妻，精於詩，尤擅畫墨竹梅蘭。

〔八〕渫，涎沫。

〔九〕篔簹谷，宋蘇軾《文與可畫篔簹谷偃竹記》：「因以所畫篔簹谷偃竹遺予曰：『此竹數尺耳，而有萬丈之勢。』篔簹谷在洋洲。與可嘗令予作洋洲三十咏，篔簹谷其一也。」

〔一〇〕杜老夔州詩，宋陳善《捫虱詩話》：「觀子美到夔州以後詩，簡易純熟，無斧鑿痕，信是如彈丸矣。」宋王十朋《夔路十賢·少陵先生》：「夔州三百篇，高配風雅頌。」

〔一一〕小巫，《太平御覽》卷七三五引《莊子》：「小巫見大巫，拔茅而弃，此其所以終身弗如也。」郙莒，見《送子綸歸省》其四箋注〔一〕。

〔一二〕「避之」句，《左傳·僖公二十三年》：「及楚，楚子饗之，曰：『公子若反晋國，則何以報不穀？』對曰：『子女玉帛，則君有之，羽毛齒革，則君地生焉。其波及晋國者，君之餘也，其何以報君？』曰：『雖然，何以報我？』對曰：『若以君之靈得反晋國，晋、楚治兵，遇於中原，其辟君三舍。若不獲命，其左執鞭弭，右屬櫜鞬，以與君周旋。』」

〔一三〕旗靡轍亂，《左傳·莊公十年》：「吾視其轍亂，望其旗靡，故逐之。」

〔一四〕抽萌凍芋，唐軒轅彌明《石鼎聯句》：『秋瓜未落蒂，凍芋强抽萌。』

〔一五〕湘君，晋張華《博物志》卷八：『堯之二女，舜之二妃，曰湘夫人。舜崩，二妃啼，以涕揮竹，竹盡斑。』

爲渭清題明月蘆花圖有懷輔峭〔一〕

其一

爐燼燈昏此憶君，故山明月照離群。荻花如雪天如水，一一鴻聲何處聞。

箋注

〔一〕渭清，即李澄中，見《霓裳中序第一·咏龍鬚，爲渭清賦》箋注〔一〕。輔峭，即楊水心，見《渭清以楊水心墨竹見貽且賦長篇歌以志謝》箋注〔一〕。

其二

似捲怒潮江浩蕩，疑飛弱絮夜空明。漁舟只在最深處，欸乃一聲秋水清〔一〕。

箋注

〔一〕欸乃，見《沁園春·泛舟明湖，訪仲愚留飲即事，李道思、劉伯叙繼至》箋注〔三〕。

雙鵝篇〔一〕

鵝池生爾乃具萬古不泯之精靈。當年蹈海有高致，拏舟半夜魚潮腥〔二〕。文章自能發光怪，亂頭粗服誰敢憎〔三〕。何不化爲長虹百尺亘天外，舒寫抑塞磊落之奇情。又何不化爲蒼麟〔四〕，爲朱鳳〔五〕，爲卿雲〔六〕，爲景星〔七〕。羽儀盛世焕文采，醖釀元氣流和平。不然只將抔土埋傲骨，輪輪囷囷，枯槁寂滅，安取百世千秋名。縣伯伐石良好事〔八〕，山靈削鑿山鬼驚。縱令豐碑十丈矗雲表，螭纏黿負形模精。與爾本來面目何加損，重泉失喜輸其誠〔九〕。化爲雙鵝甚瑣細，闇然自媚慚平生〔一〇〕。官閣鑿池有底急〔一一〕，稻粱飲啄空營營。感恩惟有徐宗伯〔一二〕，凡世之人何重輕。酒酣嫚駡孫七政〔一三〕，先生取友原分明。鵝兮鵝兮速飛去，世上樊籠總堪懼。貪看雙足亂浮雲，影入青冥不知處。

校訂

馬長淑《渠風集略》卷二選録此首。清王培輯《雙鵝集》收録此詩。

卿雲，《渠風集略》作『慶雲』。

《雙鵝集》無『感恩惟有徐宗伯，凡世之人何重輕。酒酣嫚罵孫七政，先生取友原分明』四句。

箋注

〔一〕雙鵝篇，宋登春（約一五一五—一五八六），字應元，號海翁、鵝池生，真定府冀州新河縣（今河北新河）人。明詩人、畫家，有《宋布衣集》。李澄中《雙鵝篇賦贈》：『新河詩人宋登春，别號鵝池生。死後百餘年，柘城王益仲來作令，訪其遺址，署碑曰：「明詩人鵝池生宋登春故里。」酒三奠，拜於碑下。是夕有二天鵝止碑上，居人迫之不去，因持以獻。益仲則大喜，鑿池署内畜之。吾友周屺公，親見此鵝，爲賦一詩。常語余曰：「天鵝壯偉异常鵝。」當益仲鑿井灌池時，不二尺得故井，益喜，自負顧鵝，不唼喋池水中，獨依依益仲左右，尤事之可感者。』曹貞吉是篇亦是爲此次唱和活動而作。

〔二〕拏舟，撑船。

〔三〕亂頭粗服，南朝宋劉義慶《世説新語·容止》：『裴令公有俊容儀，脱冠冕，粗服亂頭皆好，時人以爲玉人。』

〔四〕蒼麟，古代傳説中的一種動物，像鹿，全身有鱗甲，有尾。

〔五〕朱鳳，即朱雀。

〔六〕卿雲，即慶雲。

〔七〕景星，大星，德星，瑞星。

〔八〕縣伯，晋代侯、伯、子、男皆封以縣，歷代因之，明廢。此處借指新河知縣王培。

〔九〕失喜，唐杜甫《遠游》：『似聞胡騎走，失喜問京華。』

〔一〇〕闇然，曲意逢迎貌。

〔一一〕有底，如許。唐杜甫《可惜》：『花飛有底急，老去願春遲。』

〔一二〕徐宗伯，徐學謨（一五二一—一五九三），字叔明，一字子言，號太室山人，南直隸蘇州府嘉定（今屬上海）人。明嘉靖二十九年（一五五〇）進士，授兵部主事，歷荆州知府，累遷右副都御史，官至禮部尚書。有《世廟識餘録》《海隅集》。徐學謨與宋登春來往頻繁，結交甚密，爲宋登春撰《鵝池生傳》：『客於徐宗伯家，居無何，一日謂宗伯曰：「汝爲我具小舟一隻，載酒果送我蹈海。」宗伯如其言，果蹈海而去，不知所終云。山人所著，有《燕石文集》《布衣詩集》《清平唱和》《詩禪瑣評》數卷行於世。』

〔一三〕孫七政，字齊之，自號滄浪生，虞山（今江蘇常熟虞山鎮）人，淹通五經，由諸生入太學，與四方名士酬和篇什，名稱日起，王世貞、汪道昆皆折輩行與交，性任俠，喜結客，尊酒論文座中常滿，而生産日挫，敦重孝友，不苟取予，苦吟羸瘦卒。其友吴孺子有《春日大醉再寄孫七政七政每駡我》：『旬日江村外，香醪困死人。眼隨他是甚，心與我何親。駡有官人口，閑多處士身。交交黄鳥亂，無賴十分春。』

贈宋維德〔一〕

君家丞相天人姿〔二〕，手扶大化流淳熙〔三〕。雲雷事業勒彝鼎，金貂閥閱森蘭芝〔四〕。觀察風期美無度〔五〕，雪園壇坫稱雄師〔六〕。三十年來傳著作，巋然魯殿靈光遺〔七〕。燕山文酒未索寞，好風忽送雙江湄。鬱孤高臺入雲漢〔八〕，老鳳雛鳳聲相隨〔九〕。維德清新開府句〔一〇〕，山言豪放夔州詩〔一一〕。一時作者誰抗席，眉山父子差似之〔一二〕。今歲京國大比士，摩挲倦眼衡般倕〔一三〕。乙夜清燈得巨軸〔一四〕，天孫文錦光離離〔一五〕。驪珠已落老夫手〔一六〕，失之眉睫争毫厘。撤棘知爲宋伯子〔一七〕，鐵網正陋珊瑚枝〔一八〕。古戰文場今在眼，冬烘頭腦叢嘲譏〔一九〕。文章誰信有真契，由來遇合非人爲。桐魚石鼓發异響〔二〇〕，淵淵佇聽鳴咸池〔二一〕。

箋注

〔一〕宋基（一六五一—一六九五），宋犖長子，字維德，號似齋，貢生。直隸保定府同知。

〔二〕君家丞相，指宋維德的父親宋犖，見《天香·咏緑牡丹，爲牧仲作》箋注〔一〕。

〔三〕淳熙，唐李商隱《韓碑》：『嗚呼聖皇及聖相，相與烜赫流淳熙。』

〔四〕金貂閥閱，宋維德的祖輩即爲宦，祖父宋權（一五九八—一六五二），字元平，號雨恭，歸德府（今河南商丘）人，明天啟年間進士，任都察院右僉都御史。入清後，贈少保兼太子太保，謚文康。蘭芝，南朝宋劉義慶《世説新語·言語》：『謝太傅問諸子侄：「子弟亦何預人事，而正欲使其佳？」諸人莫有言者，車騎答曰：「譬如芝蘭玉樹，欲使其生於階庭耳。」』

〔五〕風期美無度，宋維德之父宋犖曾被康熙帝譽爲『清廉爲天下巡撫第一』。

〔六〕雪園，梁園的别稱，南朝宋謝惠連曾以梁園爲背景寫《雪賦》，故稱。故址在今河南商丘東，宋氏爲河南商丘人，故稱。

〔七〕魯殿靈光，見《晶章行贈楊樹滋明府》箋注〔一八〕。

〔八〕鬱孤高臺，見《鶯啼序·送牧仲榷税贛關》箋注〔一二〇〕。宋犖曾任贛州知府，有《秋日登鬱孤臺歌》等詩。

〔九〕老鳳雛鳳，唐李商隱《韓冬郎即席爲詩相送一座盡驚他日余方追吟連宵侍坐裴回久之句有老成之風因成二絶寄酬兼呈畏之員外》其一：『桐花萬里丹山路，雛鳳清於老鳳聲。』

〔一〇〕『清新開府』句，唐杜甫《春日憶李白》：『清新庾開府，俊逸鮑參軍。』

〔一一〕山言，宋至（一六五六—一七二六），宋犖次子，字山言，晚號方庵，河南商丘人。康熙四十二年（一七〇三）進士，官編修。曾主貴州鄉試，提督浙江學政。工詩。有《緯蕭草堂詩》《牂牁集》。夔州詩，見《書劉次山詩後》其一箋注〔二〕。

〔一二〕眉山父子，北宋文學家蘇洵和他的兒子蘇軾、蘇轍，爲四川眉山人，故稱。

〔一三〕般倕，巧匠魯班即公輸般與舜臣倕的并稱。

〔一四〕乙夜，二更時候，約爲夜間十時。

〔一五〕天孫，《史記·天官書》：『婺女，其北織女。織女，天女孫也。』

〔一六〕驪珠，見《蝶戀花》（三月桐華）箋注〔二〕。

〔一七〕撤棘，《舊五代史·和凝傳》：『貢院舊例，放牓之日，設棘於門及閉院門，以防下第不逞者。』伯子，長子，宋維德爲宋犖長子，故言。

〔一八〕『鐵網』句，宋梅堯臣《送韓子文寺丞通判瀛州》：『選才才且殊，鐵網收珊瑚。』

〔一九〕冬烘頭腦，五代王定保《唐摭言·誤放》：『鄭侍郎董主文，誤謂顔標乃魯公之後。時徐方未寧，志在激勸，忠烈即以標爲狀元……尋爲無名子所嘲曰：『主司頭腦太冬烘，錯認顔標作魯公。』

〔二〇〕桐魚石鼓，南朝宋劉敬叔《异苑》卷二：『晋武帝時，吴郡臨平岸崩，出一石鼓，打之無聲，以問張華。華云：「可取蜀中桐材刻作魚形，打之，則鳴矣。」於是如言，音聞數十里。』

〔二一〕咸池，《禮記·樂記》：『《咸池》備矣。』鄭玄注：『黄帝所作樂名也，堯增修而用之。咸，皆也，池之言施也，言德之無不施也。』

讀齊民要術有感效長慶體〔一〕

聖人畫疆里，井牧和萬民〔二〕。種分黍與稌〔三〕，地區壤與墳〔四〕。厥惟土物愛〔五〕，用志乃不分〔六〕。匪直驅游惰，兼使風俗敦。阡陌變井田，古法日以湮。陋彼悝僅輩〔七〕，反裘而負薪〔八〕。漢廷議鹽鐵〔九〕，聚訟徒紛紜。唐置勸農使〔一〇〕，文具意不存。根本實先撥，安睹枝葉繁。其流爲戰伐，白骨愁青磷。所以言利者，灾必逮夫身。酷吏或永世，箕斂誠禍源。天道有盈虧，高明鬼瞰人〔一一〕。雖以劉晏材〔一二〕，不救忠州屯。烱戒在史牒，一一寧具陳。誰挽江河流，而返黄農淳〔一三〕。我願百有位，無令鞭扑勤。藏富於民間，豈慮邦家貧。元氣自充盈，豫大國體尊〔一四〕。禮樂亦可興，何有兵刑煩。掩卷三太息，嗟哉蟣虱臣。

箋注

〔一〕齊民要術，北魏賈思勰撰，其書專主農事，又旁采异聞，文詞古雅，援引博奧，爲農家書之最古者。長慶體，元稹與白居易友善，詩歌風格相近似，元有《元氏長慶集》，而白有《白氏長慶集》，皆成書於唐穆宗長慶年間，故元白詩體被稱爲『長慶體』。

〔二〕井牧，謂按土質區劃田地，或爲井田耕作，或爲牧地畜牧，二牧而當一井，以便於授田、貢賦。

〔三〕黍，黍子，一年生草本植物，種子去皮後稱黄米。稌，稻子。

〔四〕壤，《説文解字·土部》：『壤，柔土也。』墳，《方言》卷一：『墳，地大也，青幽之間，凡土而高大者謂之墳。』

〔五〕土物，《尚書·酒誥》：『惟曰我民迪小子，惟土物愛，厥心臧。』孔傳：『惟土地所生之物，皆愛惜之，則其心善。』孫星衍疏：『土物者，土所生之物，謂黍、稷。』

〔六〕用志，《莊子·達生》：『用志不分，乃凝於神，其痀僂丈人之謂乎？』

〔七〕悝，李悝，戰國魏國人，任魏文侯相，主持變法。實行『善平糴』政策，由國家根據收成控制糧價。僅，孔僅，西漢大臣、鹽鐵商、財政家。河南南陽人。漢武帝任其爲大農令，領鹽鐵事，主管鹽鐵專賣。

〔八〕反裘而負薪，漢劉向《新序·雜事二》：『魏文侯出游，見路人反裘而負芻，文侯曰：「胡爲反裘而負芻？」對曰：「臣愛其毛。」文侯曰：「若不知其裏盡而毛無所恃邪？」明年，東陽上計錢布十倍，大夫畢賀，文侯曰：「此非所以賀我也，譬無异夫路人反裘而負芻也。將愛其毛，不知其裏盡毛無所恃也。今吾田地不加廣，士民不加衆，而錢十倍，必取之士大夫也。吾聞之下不安者，上不可居也，此非所以賀我也。」』漢桓寬《鹽鐵論·非鞅》：『無异於愚人，反裘而負薪，愛其毛，不知其皮盡也。』

〔九〕『漢廷』句，見《入試戲作》箋注〔一〕。

〔一〇〕勸農使，漢承秦制，置大農丞十三人，各領一州，以勸農桑力田者，此勸農官之始。後唐宋均置勸農使。

〔一一〕『高明』句，《文選·揚雄〈解嘲〉》：『高明之家，鬼瞰其室。』

〔一二〕劉晏，唐代名宦劉晏（七一六—七八〇），字士安，曹州南華（今山東菏澤西北）人，歷任户部侍郎、吏部尚書、同平章事、度支鹽鐵轉運租庸使等官，封彭城縣開國伯。實施了改革榷鹽法、漕運和常平法等一系列的財政改革措施，爲安史之亂後的唐朝經濟發展做出了重要的貢獻。建中元年（七八〇），遭楊炎誣陷而死。

〔一三〕黄農，黄帝、神農的合稱。

〔一四〕豫大，《周易·豫》：「聖人以順動，則刑罰清而民服，豫之時義大矣哉。」

送田綸霞之武昌任分韵得鹽字〔一〕

乙丑獻歲寒風銛〔二〕，長空的皪飛銀蟾。維時天子大賜酺，兒童歌舞歡茅檐〔三〕。地安門外陳百戲〔四〕，五花爨弄魚龍噞〔五〕。火樹星橋達南苑〔六〕，群工拜舞金莖沾〔七〕。烏啼月落不知曙，氍毹匝地香塵黏。春光如此良不惡，何爲促治晨裝嚴。我友告我方出鎮，燕山楚水程郵籤〔八〕。此地由來開大府〔九〕，舳艫百萬常相銜〔一〇〕。太倉玉粒仰供億〔一一〕，帆檣直壓東流恬。況復川澤莽迴亘，十年烽火連滇黔〔一二〕。天戈一指碧鷄靜〔一三〕，光輝翼軫妖氛熸〔一四〕。大江依然走日夜，烏林赤壁軍聲潛〔一五〕。古來戰地劇蕭瑟，英風卓犖懷紫髯〔一六〕。杯酒惟澆處士冢，斯人不作憂惔惔〔一七〕。西南民力賴長養，鮮于子駿群所瞻〔一八〕。君富文學饒意氣，風流江左褰車襜。龍尾巉巖那容上，一麾江漢司米鹽〔一九〕。洞庭杯勺在指顧，遥峰半露衡山尖。興來拄笏但清嘯〔二〇〕，湘流差似臣心廉。黄鶴樓子須搥碎〔二一〕，小巫囁嚅羞詹詹〔二二〕。余老較君一歲長，頭童齒豁行腰鐮〔二三〕。敝裘如蝟飽塵土，斑騅小甜尋青簾。人生聚散非麋鹿，乘車戴笠安能兼〔二四〕。行矣努力期建樹，相思倘肯勞針砭。

箋注

〔一〕田綸霞，即田雯，見《金縷曲·同頌嘉飲綸霞齋讀新詩》箋注〔一〕。

〔二〕乙丑，清康熙二十四年（一六八五）。獻歲，《楚辭·招魂》：『獻歲發春兮，汨吾南征。』王逸注：『獻，進。』

〔三〕賜酺，《宋史·禮志十六》：『賜酺。自秦始，秦法，三人以上會飲則罰金，故因事賜酺，吏民會飲，過則禁之。唐嘗一再舉行。』

〔四〕地安門，俗稱後門，是北京中軸綫上的標志性建築之一，明清皇城北門，位於皇城北垣正中。百戲，古代樂舞雜技的總稱。

〔五〕五花爨弄，金元院本的别稱。『爨弄』意爲表演，院本演出大都由末泥、引戲、副净、副末、裝孤五人組成，故名。魚龍，魚龍百戲，古代百戲雜要節目。噞，魚在水面張口呼吸貌。

〔六〕火樹星橋，見《蘇武慢·元宵雪後作》箋注〔一〕。南苑，《清一統志》：『南苑在京城永定門外二十里，方一百六十里。元爲下馬飛放泊，明永樂中增廣，亦名南海子。……周圍繚以垣墻，四達爲門，麋鹿雉兔，蕃息其中，時命禁旅行圍，以肄武事。』

〔七〕金莖，見《減字木蘭花·雜憶》其二箋注〔三〕。

〔八〕郵籤，驛館、驛船等夜間報時的更籌。唐杜甫《宿青草湖》：『宿槳依農事，郵籤報水程。』

〔九〕開大府，清武昌府屬湖北布政司，武昌城仍爲各級衙門薈萃之地。

〔一〇〕舳艫，晋郭璞《江賦》：『舳艫相屬，萬里連檣。』

〔一一〕太倉，《史記·平準書》：『太倉之粟陳陳相因，充溢露積於外，至腐敗不可食。』

〔一二〕『十年』句，康熙十二年，清朝廷下令撤藩，鎮守雲南的平西王吴三桂發起『三藩之亂』。康熙二十年，清軍進入昆明，三藩之亂始告結束。

〔一三〕碧鷄，山名，在今雲南昆明附近。清顧祖禹《讀史方輿紀要·雲南一·雲南府》：『碧鷄山，府西南三十里，東瞰滇池，蒼崖萬丈，緑水千尋，下有碧鷄閣。』

〔一四〕翼軫，十八宿中的翼宿和軫宿。古爲楚之分野。武昌古屬楚地，田雯將之武昌任職，故言。熸，滅。

〔一五〕烏林，在湖北嘉魚西，位於長江北岸。《三國志·吴書·周瑜傳》：『是歲，又與周瑜、程普等西破曹公於烏林，圍曹仁於南郡。』

〔一六〕紫髯，見《滿江紅·和錫鬯吴大帝廟下作》箋注〔二〕。

〔一七〕惔，火燒貌。

〔一八〕鮮于子駿，鮮于侁（一〇一八—一〇八七），字子駿，唐鮮于叔明後裔，四川閬中人，宋仁宗景祐元年（一〇三四）進士，累官至集賢修撰。爲官清正，著有《詩傳》《易斷》。

〔一九〕米鹽，《漢書·酷吏傳·咸宣》：『宣爲左内史，其治米鹽，事小大皆關其手。』顔師古注：『米鹽，細雜也。』

〔二〇〕拄笏，見《喝馬一枝花·送沈荼星之來賓任》箋注〔三〕。

〔二一〕『黄鶴』句，唐李白《醉後答丁十八以詩譏余捶碎黄鶴樓》：『黄鶴高樓已捶碎，黄鶴仙人無所依。』明楊慎《升庵詩話》：『李太白過武昌，見崔顥《黄鶴樓》詩，嘆服之，遂不復作，去而賦《金陵鳳凰臺》也。其事本如此。其後禪僧用此事作一偈云：「一拳捶碎黄鶴樓，一脚踢翻鸚鵡洲。眼前有景道不得，崔顥題詩在上頭。」傍一游僧亦舉前二句而綴之曰：「有意氣時消意氣，不風流處也風流。」又一僧云：「酒逢知己，藝壓當行。」元是借此事設辭，非太白詩也，流傳之久，信以爲真。宋初有人僞作太白《醉後答丁十八》詩云「黄鶴高樓已捶碎」一首，樂史編太白遺詩，遂收入之。近日解學士縉作《吊太白》詩云：「也曾捶碎黄鶴樓，也曾踢翻鸚鵡洲。」殆類優伶副净滑稽之語。噫，太白一何不幸耶！』

〔二二〕詹詹，《莊子·齊物論》：『大言炎炎，小言詹詹。』成玄英疏：『詹詹，詞費也。』

〔二三〕頭童齒豁，唐韓愈《進學解》：『頭童齒豁，竟死何裨！』

〔二四〕乘車戴笠，《初學記》卷十八引晋周處《風土記》：『越俗性率樸，初與人交有禮，封土壇，祭以犬鷄，祝曰：「卿雖乘車我戴笠，後日相逢下車揖。我步行，卿乘馬，後日相逢卿當下。」』

送周雪客之晉陽藩幕任〔一〕

晉國天下强，神京之右臂。三輔係安危〔二〕，牧伯實重寄。誰其司要領，統茲庶職事。井牧養萬民〔三〕，筭緡窮地力〔四〕。唐風儉以勤，董率視有位。守令古諸侯，承流逮群吏。我友名公子，貴重瑚璉器〔五〕。風雅起梁園〔六〕，詩歌繼北地。夙荷堂構遺〔七〕，俯仰鮮失墜。十載汝南灣〔八〕，泉石勞位置。妙簡佐旬宣〔九〕，豈惟鹽鐵議〔一〇〕。安車出東門，渺渺雲山際。七十二河間，濤聲驚夢寐。建樹期自今，簿書良非易。暫爾鸞鳳栖，終騫鴻鵠翅。遥識晉寺碑，遍署梨莊字。

箋注

〔一〕周在浚，字雪客，一字龍客，號梨莊。清代文學家。周亮工之子。晉陽，故址在今山西太原晉源區境内。

〔二〕三輔，西漢治理京畿地區的三個職官的合稱。

〔三〕井牧，見《讀齊民要術有感效長慶體》箋注〔二〕。

〔四〕算緡，《漢書·武帝紀》：『初算緡錢。』顔師古注引李斐曰：『緡，絲也，以貫錢也。一貫千錢，出算二十也。』

〔五〕瑚璉器，《論語·公冶長》：『子貢問曰：「賜也何如？」子曰：「女器也。」孔曰：「言女器用之人。」曰：「何器也？」曰：「瑚璉也。」』何晏注引包咸曰：『瑚璉，黍稷之器，夏曰瑚，殷曰璉，周曰簠簋，宗廟之器貴者。』

〔六〕梁園，即梁苑。西漢梁孝王的東苑，故址在今河南開封東南。周亮工、周在浚父子爲河南祥符人，故言。

〔七〕堂構，《尚書·大誥》：『若考作室，既底法，厥子乃弗肯堂，矧肯構。』孔安國傳：『以作室喻治政也。父已致法，子乃不肯爲堂基，况肯構立屋乎？』

〔八〕汝南灣，周在浚曾僑居於江寧汝南灣。《（乾隆）江南通志》卷十一：『汝南灣在府東八里當秦淮曲折處，晋汝南王渡江家於此。』

〔九〕旬宣，見《送丁雁水之南贛任》箋注〔二〕。

〔一〇〕鹽鐵議，見《入試戲作》箋注〔一〕。

渭清以詩來贈硯潭草蟲一幀賦此奉答〔一〕

早年事耕稼，林居友麑犢〔二〕。豆葉作藕黄，秋卉上眉緑。草蟲于此時，飛鳴各有族。喓喓兩股動，趯趯一躍速〔三〕。爲類誠瑣細，天機悦幽獨。爾雅詎能名〔四〕，豳風聊復讀〔五〕。何人富奇情，寫生輒盈幅。山草與山花，演染成小簇。捲歸四壁間，秋聲動茅屋。白露倏然集，庭砌莎鷄宿〔六〕。入夜數聲啼，與爾或相續。

箋注

〔一〕渭清，即李澄中，見《霓裳中序第一·咏龍鬚，爲渭清賦》箋注〔一〕。

〔二〕麑犢，幼鹿。

〔三〕『喓喓』句，《詩經·召南·草蟲》：『喓喓草蟲，趯趯阜螽。』鄭玄注：『喓喓，聲也。趯趯，躍也。』

〔四〕爾雅，我國最早解釋詞義的專著，『十三經』之一。

〔五〕豳風，《詩經》的十五《國風》之一。《豳風·七月》：『五月斯螽動股，六月莎鷄振羽。

七月在野，八月在宇，九月在户，十月蟋蟀入我床下。』

〔六〕莎鷄，又名絡緯，俗稱紡織娘、絡絲娘。《詩經·豳風·七月》：『六月莎鷄振羽。』

題雷田濯足圖〔一〕

其一

天削芙蓉萬仞開，長松夭矯倚雲栽〔二〕。滄浪之水何曾濁〔三〕，也與先生濯足來。

箋注

〔一〕雷田，即李澄中，見《霓裳中序第一·咏龍鬚，爲渭清賦》箋注〔一〕。

〔二〕天削芙蓉，唐李白《登廬山五老峰》：『廬山東南五老峰，青天削出金芙蓉。』

〔三〕『滄浪』句，見《墨莊行爲王近微使君作》箋注〔一五〕。

其二

披襟獨對海天空，眉宇滄溟略許同。一笠一竿歸去好，負他明月與清風。

馬上口占

其一

興來不復悵途窮，馬首迢迢指大東〔一〕。幾陣西風吹豆葉，連枷聲在夕陽中〔二〕。

箋注

〔一〕大東，見《家弟旋里不數日即還朝賦此志別》箋注〔一〕。

〔二〕連枷，由一個長柄和一組平排的竹條或木條構成的農具，用來拍打穀物使脱粒。漢許慎《説文解字·木部》：『柫，擊禾連枷也。』宋范成大《秋日田園雜興十二絶》其八：『笑歌聲裏輕雷動，一夜連枷響到明。』

其二

暗憶家園餅餌香，蕎花如蜜午風凉。於今躑躅長途裏，羞説牟婁是故鄉〔一〕。

箋注

〔一〕牟婁，見《題張杞園春岑閣》其一箋注〔七〕。曹貞吉故鄉安丘，春秋時縣境内分屬杞、莒、紀三國，故言。

其三

直沽南下水浮天〔一〕，滿眼魚蝦不取錢。争似廣陵江上見，銀鰣潑刺到樽前〔二〕。

箋注

〔一〕直沽，海河的别名。

〔二〕銀鰣，鰣魚，體側扁，背黑緑色，腹部銀白色，眼周圍銀白色帶金光，鱗下多脂肪，是名貴的食用魚。

其四

欸乃一聲日色晡〔一〕，亂帆如葉下平湖。曉來思倩何人筆，寫作秋林待渡圖。

箋注

〔一〕欸乃，見《沁園春·泛舟明湖，訪仲愚留飲即事，李道思、劉伯叙繼至》箋注〔三〕。

天津道中

負軛初遵渚〔一〕，揚舲得未曾。農人栖蟹舍，水鳥戀魚罾。天地疑浮動，陰陽乍鬱蒸。連宵急風雨，爛醉任懵騰〔二〕。

箋注

〔一〕遵渚，《詩經·豳風·九罭》：『鴻飛遵渚，公歸無所。』

〔二〕懵騰，唐韓偓《格卑》：『惆悵後塵流落盡，自拋懷抱醉懵騰。』

津門即事〔一〕

在在關河阻，黄昏獨問津。荒祠啼怪鳥，疲馬駭秋磷。關吏尊嚴甚，奚囊點索頻〔二〕。寧知天壤内，真有税愁人。

箋注

〔一〕津門，天津的别稱。

〔二〕『奚囊』句，見《減字木蘭花·雜憶》其七箋注〔二〕。

滄州道中〔一〕

不才還佐郡〔二〕，日夜計郵程。似馬秋風駛，隨身襆被輕。幾繩新雁度，一路草蟲鳴。迢遞愁何極，依依去國情。

箋注

〔一〕滄州，清初屬直隸省河間府，後大部分屬天津府。

〔二〕『不才』句，康熙二十四年乙丑（一六八五）秋，曹貞吉由中書舍人出爲徽州同知，此首詩當作於赴徽州同知任途中。

泊頭題壁〔一〕

慵草十行下鳳池，偶隨南雁到江湄。也知佐郡非吾事，只欠黄山數首詩。

校訂

清端方《壬寅銷夏録·江允凝黄山圖册·題跋》著録曹貞吉此詩，不著詩題，詩後有跋語：『此余出都時，旗亭題壁句也，到郡一載，尚爾食言，卧游兹圖，彌增神往矣。北海曹貞吉。』數，《壬寅銷夏録》作『幾』。

箋注

〔一〕泊頭，今屬河北滄州，清代屬直隸省河間府。

途次偶成

垂老爲新婦，逢迎苦未工。何心施粉黛，端恐厭龍鍾。回首雲門道，西風墮柿紅。

便思抛手版，抱犢此山中〔一〕。

箋注

〔一〕抱犢，唐王維《送友人歸山歌二首》其一：『入雲中兮養鷄，上山頭兮抱犢。』

齊河道中感懷〔一〕

漸入家山路，翻令百感生。一官兼仕隱，十載愧身名。地勢分齊魯，農祥問稻粳。晨裝趨岳麓，好傍翠微行〔二〕。

箋注

〔一〕齊河，今屬山東德州，清代隸屬山東布政使司濟南府。

〔二〕翠微，《爾雅·釋山》：『未及上，翠微。』郭璞注：『近上旁陂。』郝懿行義疏：『翠微者……蓋未及山頂孱顔之間，葱鬱葐蒕，望之芊芊青翠，氣如微也。』

入山

驚濤猶在耳，蠟屐復山行〔一〕。黄葉晚秋色，緑蘿陰雨聲。雲開朝日白，路轉野橋横。泰頂浮雲翠，登臨萬古情。

箋注

〔一〕蠟屐，南朝宋劉義慶《世説新語·雅量》：『或有詣阮，見自吹火蠟屐，因嘆曰：「未知一生當着幾量屐！」神色閑暢。』

張夏道上大風〔一〕

自甘牛馬走，那復厭風塵。今日莽摇落，山行良苦辛。峰多迷向背，水亂起嶙峋。幸不吹成雨，嗟哉叱馭人〔二〕。

箋注

〔一〕張夏，今屬山東濟南長清區，清代屬山東濟南府。

〔二〕叱馭人，《漢書·王尊傳》：『先是，琅邪王陽爲益州刺史，行部至邛郲九折阪，嘆曰：「奉先人遺體，奈何數乘此險！」後以病去。及尊爲刺史，至其阪，問吏曰：「此非王陽所畏道邪？」吏對曰：「是。」尊叱其馭曰：「驅之！王陽爲孝子，王尊爲忠臣。」』

説瘻〔一〕

山民飲山泉，淵渟少流蕩〔二〕。時乃病贅疣，厥族非一狀。昔爲汗漫游〔三〕，能悉諸瘻況。或圓如覆盂，附頸而直上。與頭互低昂，屹屹不相讓。或細如懸針，至末始一放。譬彼儋耳人〔四〕，左右紛宕漾。或巨如瓶罌，或小如栗橡。一髻突然撑，兩峰呀然向。汩汩似作聲，纍纍疑負襁。始悟造物奇，經營邈意匠。阿婦自云佳，粉澤頗摒擋。阿郎自城歸，銀釵買相餉。不信妲與褒〔五〕，能使殷周喪。

箋注

〔一〕癭，生在皮膚、肌肉、筋骨等處的囊狀腫瘤，多生於頸部。

〔二〕『山民』句，清戴名世《贈趙翏期序》：『齊魯山澤間多癭瘤之疾，臃腫輪囷，纍纍然相屬於項下者。』

〔三〕汗漫游，見《題李渭清燕磯獨眺圖二首》其二箋注〔一〕。

〔四〕儋耳人，古代西南少數民族有儋耳風俗，雕鏤其頰，皮連耳廓，分爲數支，下垂至肩，作爲妝飾。

〔五〕妲與褒，殷商紂王的寵妃妲己與周幽王的寵妃褒姒。

宿張夏〔一〕

天風響空山，晝夜撼茅屋。三更急雨至，庭際波痕蹙。老樹酣笙鐘，流泉碎珠玉。白雲集户間，始悟雲中宿。客裏又重陽，荏苒流光速。還當策疲馬，悠然入深谷。

箋注

〔一〕張夏，見《張夏道上大風》箋注〔一〕。

泗源與平萬聯句〔一〕

誰抽頑石髓，一綫吐龍涎。遥識鴻蒙破，驚看地肺穿〔二〕。功存神靈迹，氣在混茫先。汩汩陰崖底，瀧瀧祇樹邊〔三〕。合洙垂孔澤〔四〕，并汶放堯船〔五〕。四瀆尊河洛〔六〕，三川配澗瀍〔七〕。星分滕薛國〔八〕，書記决排年〔九〕。響逐笙竽細，波回荇蔕妍。青天飛雪下，大地走珠圓。小玉溝中出，石門山下漩。轉輸給天府〔一〇〕，溉灌潤平田。洗鉢瞿曇業〔一一〕，濯纓高士賢〔一二〕。歌隨漁父唱，思共馬蹄詮。石壁莓苔暗，豐碑贔屭偏〔一三〕。至人心有會，知者樂堪傳。興寄濠梁上〔一四〕，神游箕潁前〔一五〕。群峰皆秀拔，萬木盡便娟。勝事真難再，臨流一惘然。

箋注

〔一〕泗源，唐李吉甫《元和郡縣志》卷十一：『泗水，源出縣東陪尾山，其源有四，四泉俱導，因以爲名。』沈起雷，字平萬，原名隆峴，號白門，沈皞日侄，浙江平湖人。由貢生授訓導職。有《草廬稿》。

〔二〕地肺，見《擬送孫樹百東歸》其一箋注〔三〕。田雯《趵突泉歌》：『乍聽只疑地肺坼，坐久如聞江鼉漲。』

〔三〕祇樹，『祇樹給孤獨園』的簡稱，相傳釋迦牟尼成道後，憍薩羅國的給孤獨長者用大量黃金購置舍衛南祇陀太子園地，建築精舍，請釋迦說法。

〔四〕『合洙』句，北魏酈道元《水經注》：『洙水又西南流於卞城西，西南入泗水，亂流西南至魯縣東北，又分爲二水，水側有故城，兩水之分會也。洙水分北流徑孔里北，是謂洙泗之間矣。』

〔五〕『并汶』句，汶水係濰河主要支流，源出臨朐縣沂山。相傳唐堯等上古帝王曾在泗水、汶水一帶活動，故言。

〔六〕四瀆，《爾雅·釋水》：『江、河、淮、濟爲四瀆。四瀆者，發源注海者也。』

〔七〕三川，河、洛、伊三條河的合稱。澗瀍，《尚書·洛誥》：『我乃卜澗水東、瀍水西，惟洛食。』

〔八〕星分，《周禮·保章氏》：『以星土辨九州之地，所封封域皆有分星，以觀妖祥。』滕薛國，滕國、薛國均爲周代諸侯國，位於今山東滕州一帶。

〔九〕排年，《明史·食貨志一》：『歲役里長一人，甲首一人，董一里一甲之事。先後以丁糧多寡爲序，凡十年一周，曰排年。』

〔一〇〕天府，《周禮·春官·天府》：『天府，掌祖廟之守藏與其禁令。』

〔一一〕瞿曇，釋迦牟尼的姓。

〔一二〕濯纓，見《墨莊行爲王近微使君作》箋注〔一五〕。

〔一三〕贔屭，見《春日郊原看花晚至廣恩寺同子綸修來賦》箋注〔七〕。

〔一四〕『興寄』句，《莊子·秋水》：『莊子與惠子游於濠梁之上。莊子曰：「鯈魚出游從容，是魚樂也。」惠子曰：「子非魚，安知魚之樂？」莊子曰：「子非我，安知我不知魚之樂？」』

〔一五〕箕潁，《史記·伯夷列傳》：『而説者曰堯讓天下於許由。』《正義》引皇甫謐《高士傳》云：『許由字武仲。堯聞致天下而讓焉，乃退而遁於中岳潁水之陽，箕山之下隱。』

宿遷道中〔一〕

魯南三日路，回首項王城〔二〕。白雁帶秋色，黄河流水聲。孤帆天際落，急網樹邊明。怕作來朝雨，陰陽氣未平。

箋注

〔一〕宿遷，位於今江蘇省北部。

〔二〕項王城，因宿遷是西楚霸王項羽的故鄉，故言。

舟過安宜有懷石林偶成二首却寄兼示頌嘉〔一〕

其一

木落淮南第一程，匆匆蝦菜慰平生。縱横雁字三秋尾，浩蕩湖光八寶城〔二〕。細雨如塵迷雉堞，輕舟似葉泛空明。故人只在雲多處，戴笠乘車千古情。

箋注

〔一〕安宜，今屬江蘇寶應縣，位於江蘇省中部，淮河下游。石林，即喬萊，見《山花子·題石林小照》箋注〔一〕。頌嘉，即曹禾，見《金縷曲·同頌嘉飲綸霞齋讀新詩》其一箋注〔一〕。

〔二〕八寶城，寶應縣的别稱。

其二

明鏡朝朝白髮新，歲寒難覓久要人〔一〕。偶尋江上漁樵侶，還憶天邊侍從臣。汐社依然歡父老〔二〕，馬曹那得識經綸〔三〕。因風并訊峨嵋子〔四〕，緑酒黃花更幾巡。

箋注

〔一〕久要，《文選·曹植〈箜篌引〉》：『久要不可忘，薄終義所尤。』劉良注：『久要，久交也。』

〔二〕汐社，見《沁園春·送藍公漪還閩》箋注〔八〕。

〔三〕馬曹，南朝宋劉義慶《世説新語·簡傲》：『王子猷作桓車騎騎兵參軍，桓問曰：「卿何署？」答曰：「不知何署，時見牽馬來，似是馬曹。」桓又問：「官有幾馬？」答曰：「不問馬，何由知其數？」又問：「馬比死多少？」答曰：「未知生，焉知死？」』

〔四〕峨嵋子，曹頌嘉號峨嵋。

由針魚嘴乘月放舟至天門山〔一〕

初日流澄暉，寒波渺無極。一葦若浮鷗，白露衣上滴。微聞欸乃聲，不辨江天色。蘆荻響蕭蕭，漁罾斷岸側。江豚吹浪游，黿鼉出復没。牛渚在何處〔二〕，咫尺楓林黑。惜哉夜氣濃，不及登采石〔三〕。憶昔謫仙人〔四〕，遠游時挂席〔五〕。泛月衣錦袍，嘯咏固甚適。爲樂未百年，青山遂埋迹。余本湖海士，荏苒滯京國。兹行亦偶耳，仕止非意必。今夕領佳趣，寧謂天地窄〔六〕。浮家愧未能〔七〕，弭棹三太息。

箋注

〔一〕針魚嘴，位於和州直隸州（治所在今安徽和縣歷陽鎮）東十五里。《（光緒）直隸和州志》卷四《山川》：『針魚嘴，州東十五里，即楊林河出江大口也，以産針魚得名。或云本名徵儒，以明太祖駐此聘陶安諸儒。對面有思賢港，今訛爲針魚、私鹽也。』天門山，《（乾隆）太平府志》卷三《山川·當塗縣》：『天門山在郡西南三十里，本名博望，亦稱東梁山，與和州西梁山夾大江對峙如門闕，故曰天門山。卧江中，遠望如横黛，故又名蛾眉。』《（光緒）直隸和州志》卷四《山川》：『天門山，州南六十里。石磯巉岩，俯瞰大江，與博望山對峙如門，故名。一名峨眉山，亦曰西梁山。』

〔二〕牛渚，在今安徽馬鞍山境内。唐李白《夜泊牛渚懷古》：『牛渚西江夜，青天無片雲。登舟望秋月，空憶謝將軍。』

〔三〕采石，采石磯，又名牛渚磯，在今安徽馬鞍山境内。

〔四〕謫仙人，李白有《望天門山》《夜泊牛渚懷古》諸詩，寫天門山、牛渚磯風光。

〔五〕挂席，見《讀李武曾南行詩偶題却寄》箋注〔四〕。

〔六〕『寧謂』句，宋辛弃疾《霜天曉角·赤壁》：『半夜一聲長嘯，悲天地、爲予窄。』

〔七〕浮家，《新唐書·隱逸傳·張志和》：『願爲浮家泛宅，往來苕、霅間。』

吊嚴烈女〔一〕

苕溪之水清且漣〔二〕，扶輿佳氣生名賢〔三〕。釣臺高風今古傳〔四〕，司空家法直如弦。紅閨女子性便娟，化爲百煉歸重泉。前身疑是古劍仙，浩然氣作長虹旋。子孝臣忠可比肩，伯奇弘演同千年〔五〕。但知從一志氣專，結縭告廟徒文焉。呑磁如飴金不堅，我腸雖裂身則全。慷慨從容兩弗愆，含笑入土心怡然。動摇環佩朝九天，霓旌絳節紛後先。群真導從東王前〔六〕，至性由來金石穿。精誠不隔黄壚邊〔七〕，廉頑立懦須麋權〔八〕。輸爾弱女撑坤乾，朝野好惡公而平。烏頭雙闕峙彼阡，豐碑矶硉蛟龍纏。老余白髮慚筆椽，東望紫氣成飛烟。吴越迢遞山與川，溪毛沼沚胡能宣〔九〕，作歌憑吊存遺編。

箋注

〔一〕嚴烈女，浙江湖州雙林鎮人嚴四英。名士徐渭有《嚴烈女傳》：『嘉靖辛亥，渭既交於湖歸安潘君釴時誼，次年夏五月書來，且曰爲君求得繼室於釴縣雙林鄉，實嚴翁某長女，某翁父故某府知府，某同産兄弟也。渭見嚴翁與語大悦，許女焉。及察其動止，顧私獨以其駁也，固謝之。其後四年，倭夷寇浙西，入雙林。遇翁，斷其一臂。翁死，乃牽其二女俱去，行若干里許，過某橋，長女初許渭者，奮投橋下，溺死焉。浙及他道，自有寇以來，婦女虜，其還者以千計，而女獨死，難矣。事聞，渭痛之如室焉，且悔。以爲當其時，苟成之，或得免。然天欲成斯人名，渭獨且奈何？疑其父而及其女，而不知其生而悔於其死，其可及乎？作《嚴烈女傳》。』

〔二〕苕溪，一名苕水，有二源：一曰東苕，出浙江天目山；一曰西苕，出西天目山。兩溪至湖州合流，東北流入太湖。因夾岸多苕花，秋後花飄散水上如飛雪，故名。

〔三〕扶輿，猶扶摇，盤旋升騰貌。

〔四〕『釣臺』句，見《和翌辰小屋如漁舟》其七箋注〔一〕。

〔五〕伯奇，《太平御覽》卷五一一引《琴操》曰：『尹吉甫，周卿也。子伯奇，母早亡，吉甫更娶後妻，乃譖之于吉甫……吉甫大怒，放伯奇于野。宣王出游，吉甫從之，伯奇作歌以感之。宣王聞之曰：「此放子之辭也。」吉甫乃求伯奇而感悟，遂射殺其妻。』弘演，漢劉向《新序·義勇》：『衛懿公有臣曰弘演，遠使未還。……狄人追及懿公於滎澤，殺之，盡食其肉，獨舍其肝。弘演至，報使於肝畢，呼天而號，盡哀而止。曰：「臣請爲表。」因自刺其腹，内懿公之肝而死。齊桓公聞之曰：「衛之亡也以無道，今有臣若此，不可不存。」於是救衛於楚丘。』

〔六〕東王，《太平廣記》卷一：『木公，亦云東王父，亦云東王公，蓋青陽之元氣，百物之先也。冠三維之冠，服九色雲霞之服，亦號玉皇君。』

〔七〕黄壚，《淮南子·覽冥》：『上際九天，下契黄壚。』高誘注：『黄壚，黄泉下有壚土也。』

〔八〕廉頑立懦，《孟子·萬章下》：『故聞伯夷之風者，頑夫廉，懦夫有立志。』

〔九〕溪毛沼沚，《左傳·隱公三年》：『澗、溪、沼、沚之毛，蘋蘩藴藻之菜。』杜預注：『毛，草也。』孔穎達疏：『即下句蘋蘩藴藻是也。』

丙寅新秋士旦過飲荷亭依韵和之〔一〕

入秋三日快新凉，摒擋生衣面曲塘〔二〕。上客偶同文字飲〔三〕，微風偏送芰荷香。泉流濊濊常虚壁〔四〕，山翠霏霏易夕陽。曾是當年歌舞地，孤雲猶自駐溪旁。

箋注

〔一〕丙寅，康熙二十五年（一六八六），曹貞吉在徽州同知任上。士旦，即袁啟旭，見《立冬日袁士旦過飲以二詩見投依韵賦答》箋注〔一〕。

〔二〕生衣，見《和馮大木夏日雜咏》其九箋注〔一〕。

〔三〕『上客』句，見《乙卯元日過天咫齋頭遇沈康臣小飲翌日見投一詩賦答四首》其一箋注〔二〕。

〔四〕濊，漢許慎《説文解字》：『濊，水裂去也。』

拜昭明太子廟〔一〕

其一

昔讀昭明選，今過文孝祠。靈旂空想像，玉佩尚葳蕤。鷄黍鄉人泪，江山故國思。釣魚臺畔水，千古自淪洏。

箋注

〔一〕蕭統（五〇一—五三一），字德施，南陵郡（今江蘇丹陽）人。南朝梁武帝蕭衍的長子，天監元年（五〇二）立爲皇太子，未及即位而逝。謚號『昭明』，世稱『昭明太子』。輯有《文選》，爲我國現存最早的詩文總集。昭明太子廟，此處當是指池州昭明太子廟。蕭梁時期，昭明太子曾在今池州境内僑置晋陽、和城（僑於今安徽東至東流鎮）二縣，後其衣冠冢建在石城秀山（今安徽池州貴池區境内），故池州昭明太子遺迹甚多，如文孝祠、文選樓、昭明太子廟等，《元和郡縣志》《江南通志》《大清一統志》《讀史方輿紀要》《池州府志》及池州府六邑各縣縣志等史料均載。文人也多有吟咏，如明李昌祺《春日游池州梁昭明太子廟》、明東流縣令楊秀芳《游石潭鎮文孝祠》、明朱瑀《文孝祠》等詩。曹貞吉長子曹溓《儀部公行狀》：『是歲（戊辰），乃有秋九月復視篆於池之青陽。』戊辰，即康熙二十七年（一六八八），是年曹貞吉以徽州同知暫攝青陽，此組詩及《珂雪詞·珂雪詞補遺》之《木蘭花慢·題文孝祠壁》等皆創作於這一時期。

其二

乃翁本英絶〔一〕，末路悔心多。白馬大同殿〔二〕，秋風堆堰波。君臣自魚水〔三〕，骨肉極兵戈〔四〕。一目湘東忍〔五〕，凄其奈爾何。『君臣』句，謂朱异等。

箋注

〔一〕乃翁，指昭明太子的父親梁武帝蕭衍。『白馬』句，見《南鄉子·夏夕無寐，茫茫交集，輒韵語寫之，不求文也》其四箋注〔四〕。

〔二〕大同殿，梁武帝曾用『大同』年號（五三五—五四六）。

〔三〕『君臣』句，《梁書·朱异傳》：『朱异，字彦和，吴郡錢唐人也。……是時，侯景鎮壽春，累啓絶和，及請追使。又致書與异，辭意甚切，异但述敕旨以報之。八月，景遂舉兵反，以討异爲名。……初，景謀反，合州刺史鄱陽王範、司州刺史羊鴉仁并累有啓聞，异以景孤立寄命，必不應爾，乃謂使者：「鄱陽王遂不許國家有一客！」并抑而不奏，故朝廷不爲之備。及寇至，城内文武咸尤之。皇太子又製《圍城賦》，其末章云：「彼高冠及厚履，并鼎食而乘肥，升紫霄之丹地，排玉殿之金扉，陳謀謨之啓沃，宣政刑之福威，四郊以之多壘，萬邦以之未綏。問豺狼其何者？訪虺蜴之爲誰？」蓋以指异。异因慚憤，發病卒，時年六十七。』

〔四〕『骨肉』句，《梁書·元帝紀》：『冬十月丙寅，魏軍至于襄陽，蕭詧率衆會之。……反者斬西門關以納魏師，城陷于西魏。世祖見執，如蕭詧營，又遷還城内。』

〔五〕『一目』句，《梁書·元帝紀》：『初生患眼，高祖自下意治之，遂盲一目，彌加愍愛。』

其三

頗怪岳陽詧，翻然借寇兵〔一〕。遂令文武盡〔二〕，不見寢園成。落日嘑湘鬼〔三〕，空山薦杜衡〔四〕。通天臺上表〔五〕，腸斷沈初明〔六〕。

箋注

〔一〕『頗怪』句，《周書·蕭詧傳》：『蕭詧字理孫，蘭陵人也，梁武帝之孫，昭明太子統之第三子。……詧既與江陵搆隙，恐不能自固，大統十五年，乃遣使稱藩，請爲附庸。……魏恭帝元年，太祖令柱國于謹伐江陵，詧以兵會之。及江陵平，太祖立詧爲梁主，居江陵東城，資以江陵一州之地。其襄陽所統，盡歸於我。詧乃稱皇帝於其國，年號大定。』

〔二〕『遂令』句，見《木蘭花慢·題文孝祠壁》箋注〔九〕。

〔三〕湘鬼，宋張炎《清平樂·題處梅家藏所南翁畫蘭》：『黑雲飛起。夜月啼湘鬼。』

〔四〕杜衡，屈原《九歌·山鬼》：『被石蘭兮帶杜衡，折芳馨兮遺所思。』

〔五〕通天臺，在今陝西淳化西北甘泉山故甘泉宫中。《漢書·武帝紀》：『（元封）二年冬十月……作甘泉通天臺。』顔師古注：『通天臺者，言此臺高，上通於天也。《漢舊儀》云高三十丈，望見長安城。』

〔六〕沈初明，《南史·沈炯傳》：『沈炯字初明，吴興武康人也。……魏克荆州，被虜，甚見禮遇，授儀同三司。以母在東，恒思歸國，恐以文才被留，閉門却掃，無所交接。時有文章，隨即弃毁，不令流布。嘗獨行經漢武通天臺，爲表奏之，陳己思鄉之意。』

步壁間韵偶成

其一

那能斗室賦閑居，身世飄零葉不如。江上一帆憔悴絶，懶從弦朔問盈虚〔一〕。

箋注

〔一〕弦朔，農曆每月的初七、初八，廿二、廿三日，因月亮半圓，形似弓弦，故名弦日；農曆每月初一日稱朔日。

其二

風前梧葉當頭落，雨後秋光潑眼新。閑把迦陵歌一闋〔一〕，不須疑陸復疑辛〔二〕。

箋注

〔一〕迦陵，唐玄應《一切經音義》卷一：『迦陵頻伽……迦陵者，好；毗伽者，聲：名好聲鳥也。』

〔二〕陸，南宋詩人陸游；辛，南宋詞人辛弃疾。

其三

鎮皖樓邊好江水〔一〕，潯陽九派到來深〔二〕。一年七渡緣何事〔三〕，鏡裏清霜已漸侵。

箋注

〔一〕鎮皖樓，位於今安徽安慶境内。清康熙二十四年（一六八五），安徽巡撫薛柱斗於舊址再建，并額以『鎮皖』。

〔二〕潯陽，長江流經江西省九江市北的一段。九派，長江在湖北、江西一帶分爲很多支流，故稱。

〔三〕『一年』句，清康熙二十九年庚午（一六九〇），曹貞吉暫攝安慶府知府。曹貞吉長子曹濂《儀部公行狀》：『庚午，署安慶府篆，先大夫正己率屬，交勵清節，一時僚幕諸賢，六邑大令，咸凛凛奉法，無敢隕越焉。』此首當作於是年。

其四

層陰竹木遠無天，幾處新粳綠水邊。忽見田家秋色好，故山風物尚依然。

寄汪蛟門〔一〕

馬棰打門索君飲，披帷輒得真吾曹。高閣張燈奮頤頰，劇談莊雅窮秋毫。我官可稱蟣虱吏，子才直欲奴僕騷。新詩脱口唳秋鶴，方麴細字如牛毛。别來阻風鑾江口〔二〕，薄命遂使舟人操。驚風入夜捲蘆荻，荒烟滿眼堆蓬蒿。豈有江魚供晨飯，定無村店沽濁醪。石城南下峭飃駛，以風爲馬車爲尻。小邑斗大富岩壑，芒屩日與蒼山鏖。習久能無工顔膝，囊慳所恨無錢刀〔三〕。方塘芙蕖二畝闊，訟庭碧柳千尋高。草蟲盈砌鳴嘖嘖，響泉聒耳流滔滔。驅除疾憂賴白墮〔四〕，圖畫雲漢憎劉褒〔五〕。甘瓜略同仙掌露，嘉果遥比綏山桃〔六〕。飢蚊噆膚甚錐刺，老鴞啼樹難網絛。練溪水滿當速去，會須一看黄山濤。

箋注

〔一〕蛟門，即汪懋麟，見《爪茉莉·本意，和蛟門，用宗梅岑韵》箋注〔一〕。

〔二〕鑾江口，位於今江蘇儀徵境内。

〔三〕囊慳，猶言慳囊，即撲滿，聚錢器。口小，錢易入不易出，故稱。宋范成大《催租行》：『床頭慳囊大如拳，撲破正有三百錢。』

〔四〕白墮，見《和子綸移居》箋注〔三〕。

〔五〕劉褒，唐張彦遠《歷代名畫記》卷四引晋張華《博物志》：『劉褒，漢桓帝時人，曾畫

《雲漢圖》，人見之覺熱，又畫《北風圖》，人見之覺涼。官至蜀郡太守。』

〔六〕綏山桃，漢劉向《列仙傳》卷上：『葛由者，羌人也。周成王時，好刻木羊賣之。一旦騎羊而入西蜀。蜀中王侯貴人追之，上綏山。綏山在峨眉山西南，高無極也。隨之者不得復還，皆得仙道。綏山多桃，故里諺曰：「得綏山一桃，雖不得仙，亦足以豪。」』

題施汜郎小照〔一〕

昔年坐君寄雲樓，曹生三十方黑頭〔二〕。次仲先生出揖客〔三〕，衣冠肅穆虬髯修。吾師時秉豫章節〔四〕，絳帷隔在南天陬。汜郎四齡弄竹馬〔五〕，瑤環瑜珥天人儔。是日觴行乃無算，敬亭緑雪茶香浮〔六〕。匆匆小別二十載，驚濤不返江河流。老成凋謝遽如許，羊曇泪灑燕雲愁〔七〕。因風弱絮劇飄泊，瞥然鴻爪新安留〔八〕。青山紅樹莽蕭摵，練溪一捺來輕舟。拭目欣看吾與汝，低徊舊雨心如抽〔九〕。君於懷袖出小照，雙瞳剪水神明遒〔一〇〕。高梧百尺滴秋露，琴樽靜對何夷猶〔一一〕。陶令閑情有寄托〔一二〕，美人響屧蒼苔幽〔一三〕。憶在鰲峰寫紈素，誰其題者梅宣州〔一四〕謂淵公。烟雲過眼不自惜，六丁攝取生煩憂〔一五〕。少年行樂須及早，如余衰白堪爲羞。

箋注

〔一〕施閏毓，字汜郎，號北簷，安徽宣城人，施閏章之弟，諸生，工書。

〔二〕『昔年』句，曹貞吉年三十歲時，即康熙二年癸卯，中山東鄉試第一名解元，次年中進士。曹貞吉《櫛髮有白者感賦》：『三十獲一第，所負良已釋。』是年曹貞吉赴宣城拜見恩師施閏章。王煒《鴻爪集序》：『先生昔以諸生受知施公，癸卯發解，即走宛陵拜謁。』

〔三〕次仲先生，施譽，字次仲，安徽宣城人，施閏章叔父。

〔四〕吾師，施閏章（一六一九—一六八三），字尚白，一字屺雲，號愚山、媲蘿居士、蠖齋，晚號矩齋，安徽宣城人。順治十三年（一六五六），施閏章擢山東提學僉事，在濟南居官五年。曹貞吉之子曹濂撰《儀部公行狀》記其父『試輒冠軍，而於學憲施愚山先生則尤受國士之知』。豫章，楚漢時期設置，治南昌（在今江西南昌）。施閏章於順治十八年（一六六一）調任江西布政司參議。

〔五〕竹馬，見《初度感懷》其一箋注〔二〕。

〔六〕敬亭，敬亭山，位於安徽宣城北。

〔七〕羊曇泪灑，見《南鄉子·夏夕無寐，茫茫交集，輒韵語寫之，不求文也》其三箋注〔三〕。

〔八〕『因風』句，清康熙二十四年（一六八五）曹貞吉出任徽州同知，清康熙三十一年（一六九二）卸任。新安，徽州别稱。

〔九〕舊雨，唐杜甫《秋述》：『秋，杜子卧病長安旅次，多雨生魚，青苔及榻。常時車馬之客，舊雨來。今雨不來。』

〔一〇〕雙瞳剪水，見《綺羅香·宋牧仲座上聞歌》箋注〔三〕。

〔一一〕夷猶，從容自得。

〔一二〕陶令，陶淵明曾任彭澤令，故稱。閑情，陶淵明有《閑情賦》。

〔一三〕響屧，宋范成大《吴郡志》卷八：『響屧廊，在靈岩山寺，相傳吴王令西施輩步屧，廊虚而響，故名。』

〔一四〕梅宣州，梅清（一六二三—一六七九），字淵公，號瞿山，安徽宣城人。順治十一年（一六五四）舉人，善詩、書、畫。著有《天延閣集》《瞿山詩略》，畫有《黄山風景圖》册。

〔一五〕六丁，見《題畫竹》箋注〔一一〕。

別祁民〔一〕

闌干別淚亦何長，福薄難消一瓣香〔二〕。辛苦祁山諸父老，嗇夫爭得似桐鄉〔三〕。

箋注

〔一〕清康熙二十五年歲次丙寅（一六八六），曹貞吉攝祁門縣政。祁門，今安徽祁門。曹貞吉長子曹濂《儀部公行狀》：『明年，回新安，視篆祁門。祁，岩邑也。山高灘急，土瘠民貧，素稱難治。先大夫至則慎重詞獄，屏絶羨耗，罷門攤船課之徵，免磁土水車之税，洗手奉公，不名一錢，祁人作《却金歌》以美之。簿書稍暇，延接士類，與之談文講藝，恂恂若儒生。及其履堂皇，親案牘，則星瞳戟髯，老吏猾胥咸股栗不敢仰視，而邑中不逞子弟亦皆屏迹郊關之外，數月間無敢入公府者。』

〔二〕一瓣香，見《減字木蘭花·雜憶》其四箋注〔二〕。

〔三〕嗇夫，漢許慎《説文解字·嗇部》：『田夫謂之嗇夫。』

題江允凝黄山圖册〔一〕

其一

霜葉濃於紅韎韐〔二〕，秋山洗出青芙蓉〔三〕。分明小李將軍筆〔四〕，粉本誰移六六峰。

校訂

清端方《壬寅銷夏録·江允凝黄山圖册》題『第七鄰石』詩録曹貞吉是首。

箋注

〔一〕江注（一六二六—一六八五），字允凝，徽州歙縣人，善詩畫，著有《允凝詩草》。曾作《黄山圖册》册頁五十幀，一經示人，名士競相題咏。

〔二〕紅韎韐，見《春晚同牧仲湘舞二鮑顒士元禮寓匏偶過祖園小飲各賦絶句》其四箋注〔一〕。

〔三〕青芙蓉，唐李白《望廬山五老峰》：『廬山東南五老峰，青天削出金芙蓉。』

〔四〕小李將軍，見《疏影·咏落照，遥和錢舍人》箋注〔四〕。

其二

師子林中積蘚斑〔一〕，師子峰下松雲間。自是烟霞生不律，直將十指作黄山。

校訂

此詩當是題清端方《壬寅銷夏録·江允凝黄山圖册》第三十三圖《師子峰》，但《壬寅銷夏録》失收。

箋注

〔一〕師子林，獅子林，位於安徽黄山，在後海獅子峰下。

至日同謝寶臣登斗山亭望黄山〔一〕

其一

夙昔慕靈境，鼓枻來新安。四序一以周，面目慚名山。凌空想猿鳥，披圖晤荆關〔二〕。嗟我塵中人，安能生羽翰。布襪與青鞋，决計良獨難。

箋注

〔一〕斗山亭，位於徽州府治西北，又名浮丘亭。《古今圖書集成·方輿彙編·職方典》第七百九十四卷《徽州府部匯考八·徽州府古迹考》：『浮丘亭，即治西北，雉堞上有兩古木。宋郡守洪適倚木建。亭海陽吴儆爲之作賦，舊斗山亭，即其址，今廢。』

〔二〕荆關，見《青玉案·雁字》箋注〔一〕。

其二

長至美風日，使君富清暇。招邀文字飲，追攀嵇吕駕〔一〕。崇岡冠斗極〔二〕，丹霄出亭榭。長河雙白龍，奔注澄潭下。冬嶺矗千尋，危梯通一罅。

箋注

〔一〕嵇吕，見《春盡日左珣招飲同諸子看花限静字》箋注〔五〕。

〔二〕斗極，北斗星與北極星。

其三

雲物淡容與，微風吹散之。劃然八窗開，群峰儼在茲。片片青蓮花〔一〕，涌出天都奇〔二〕。萬象闢混茫，一氣清肝脾。鸞鶴爾飛來，永結山中期。

箋注

〔一〕青蓮花，喻指黄山主峰蓮花峰。

〔二〕天都，黄山主峰天都峰。

其四

側聞此山中，俯仰紛殊狀。峨峨天子鄣〔一〕，納納光明藏。無峰不高寒，有泉必悲壯。雲作海濤翻，松具支離相。何以寫我憂，九節仙人杖〔二〕。

箋注

〔一〕天子鄣，即三天子鄣，又稱三天子都。《山海經·海内南經》：『三天子鄣山，在閩西海北。一曰在海中。』郭璞注：『今在新安歙縣東，今謂之三王山，浙江出其邊也。張氏《土地記》曰：東陽永康縣南四里有石城山，上有小石城，云黄帝曾游此。即三天子都也。』

〔二〕九節仙人杖，見《永遇樂・和人〈望華山〉》箋注〔五〕。

冬日游問政山晚過寶相寺〔一〕

薄寒中人懶無那，蹋壁空齋只高卧。老梅一樹覆檐溜，入夜清香鼻觀破。下浣五日風色佳〔二〕，摒擋青鞋着兩個。病夫尚未要人扶，健足如狙真可賀〔三〕。俯視郊原但一氣，練江似箭東流大。風雷何日起龍孫〔四〕，寒碧千條不容涴〔五〕。春林玉版好同參，無肉安能令人餓〔六〕。昔賢寧爲問政來，眼底烟霞招老惰。愧余浹歲初登臨，面目堪受山靈唾。雙行祇樹擁精藍〔七〕，竟須俯首蓮花座。半竿寒日忽下舂〔八〕，輞川圖中彈指過〔九〕。有約重來逼歲除，人生坐困蟻行磨。

箋注

〔一〕問政山，《古今圖書集成・方輿彙編・職方典》第七百八十七卷《徽州府部匯考一・徽州府星野考》：『問政山，在府城東五里，爲縣治屏障，宛若舞鳳翔鸞，游龍伏虎，一名華屏，叢筱干霄，濕翠沾人，山椒有高眉峰。唐有于方外者，自荆南掌書記弃妻學道，其從弟德晦刺史歙州來訪之，爲築室山上，號問政山，房山有萬仞花屏亭、興道觀，又有鐘樓峰，峰後爲寶相寺，寺側有泉，甚甘洌。翠竹長松，幽源曲塢，最爲幽逸者矣。』《古今圖書集成·博物彙編·神异典》第二百五十一卷《神仙部》列傳二十八：『按《衡岳志》：聶師道，歙人，少好道學。唐末于濤爲歙刺史，其兄爲方外道士，居於郡之南山中。師道往事之，濤時詣方外咨以郡政，乃名其山爲問政山。吴朝以師道常居是山，因號爲問政先生焉。』《古今圖書集成·方輿彙編·職方典》第七百九十三卷《徽州府部匯考七》：『寶相寺，在問政山，鐘樓峰下，修篁蔽蔭，山翠欲滴，唐光化間刺史陶雅建，原名寶相，宋大中祥符間，賜額昭應，禪院後遷城内西南隅，明正德間創於此。』

〔二〕下浣，明楊慎《丹鉛總録》卷三：『俗以上浣、中浣、下浣爲上旬、中旬、下旬，蓋本唐制十日一休沐。』

〔三〕狙，古書上説的一種猴子。

〔四〕龍孫，宋梅堯臣《韓持國遺洛笋》：『龍孫春吐一尺牙，紫錦包玉離泥沙。』

〔五〕涴，污。

〔六〕『無肉』句，見《滿江紅·題阮亭寓竹》箋注〔七〕。

〔七〕祇樹，見《泗源與平萬聯句》箋注〔三〕。精藍，佛寺。

〔八〕下春，《淮南子·天文訓》：『（日）至於連石，是謂下春。』高誘注：『言將欲冥，下象息春，故曰下春。』

〔九〕輞川圖，唐王維所作山水畫。

陳欽若招飲烏聊山較射晚登攬秀亭〔一〕

歲云暮矣風怒號，雲黃日淡寒折膠〔二〕。對此吾徒慘不樂，潁川瞿圃相招邀〔三〕。興酣帷幬突兀出山脊〔四〕，翻然旗角西南飄。以車行酒馬行炙，雜陳水陸兼烹炰〔五〕。興酣踴地競起舞，敝裘慣如終風鏖〔六〕。角材百步程巧力〔七〕，廣場氣靜無紛囂。將軍磊落貂錦袍，廿年前侍螭池坳。大黃一發穿七札〔八〕，疾如鶻落秋雲高。使君風流謝客曹，樓船曾破鮫宮濤。左托右抱神不撓，英姿颯颯真人豪。茂宰大雅攻莊騷〔九〕，睥睨小技如承蜩〔一〇〕。虎頭健兒好身手〔一一〕，結束短後懸弓刀。争拓弦聲作霹靂，寒鋩萬點光搖搖。洞虱穿石各能事〔一二〕，麗龜拂背窮秋毫。老夫病廢柳生肘〔一三〕，角弓倒把心無聊。難驅駟鐵隨驚飆〔一四〕，孤亭直上領衆妙。寒溪似箭流滔滔，幾縷晚烟帶回薄。一眉新月垂松梢，燈火闌珊促歸去，巡檐索句煩推敲。

箋注

〔一〕烏聊山，《古今圖書集成·方輿彙編·職方典》第七百八十九卷《徽州府部匯考三·徽州府城池考》：『徽州府城池，在烏聊山麓，隋義寧中唐越國公汪華築。』《古今圖書集成·方輿彙編·職方典》第七百八十七卷《徽州府部匯考一·徽州府星野考》：『烏聊山，一名富山，在郡城內東南，高二十八仞。漢建安之亂，邑人毛甘以萬户屯山上，吴將賀齊破之，因置新都。《元和郡縣志》云：上有毛甘故城。隋末汪華起兵，亦嘗屯軍，義寧中自萬安山遷治於此，其山盤礴治城，雄挾闤闠，上有數石，號曰落星石，前爲東岳廟，俯瞰澄江，宛委如龍，遠峰近巒，飛翠送青，爲登眺之逸地矣。下有仙姑井，宋鄭仙姑居此，蘇轍常造其家，多所問，答其北曰萬山，舊有飛雨樓。相傳呂純陽避難此山。』

〔二〕折膠，《漢書·晁錯傳》：『欲立威者，始於折膠。』顔師古注引蘇林曰：『秋氣至，膠可折，弓弩可用，匈奴以爲候而出軍。』

〔三〕潁川，東漢時陳寔、荀淑兩家享名當時，均爲潁川人，兩家父子同游或聚會，稱爲『潁川集』。矍圃，位於曲阜城內，孔廟西南。金孔元措《孔氏祖庭廣記》卷九：『昔先聖射於矍相之圃，觀者如堵焉。』

〔四〕帷幨，三國魏阮籍《大人先生傳》：『美宫室而盛帷幨，擊鐘鼓而揚其章。』

〔五〕水陸，唐白居易《秦中吟・輕肥》：『尊罍溢九醞，水陸羅八珍。』

〔六〕終風，《詩經・邶風・終風》：『終風且暴，顧我則笑。』毛傳：『終日風爲終風。』

〔七〕角材，《吕氏春秋・簡選》：『選練角材，欲其精也。』高誘注：『角，猶量也。』

〔八〕大黄，《六韜・虎韜・軍用》：『陷堅陣，敗强敵，大黄參連弩……爲翼，飛鳧電影自副。』七札，唐吴兢《貞觀政要・征伐》：『箭穿七札，弓貫六鈞。』戈直注：『札，甲也。養由基射穿七札。』

〔九〕莊騷，《莊子》和《離騷》。

〔一〇〕『睥睨』句，《莊子・達生》：『仲尼適楚，出於林中，見痀僂者承蜩，猶掇之也。仲尼曰：「子巧乎！有道邪？」曰：「我有道也。五、六月累丸二而不墜，則失者錙銖；累三而不墜，則失者十一；累五而不墜，猶掇之也。吾處身也，若厥株拘；吾執臂也，若槁木之枝；雖天地之大，萬物之多，而唯蜩翼之知。吾不反不側，不以萬物易蜩之翼，何爲而不得！」孔子顧謂弟子曰：「用志不分，乃凝於神，其痀僂丈人之謂乎！」』

〔一一〕虎頭，見《消息・和錫鬯〈度雁門關〉》箋注〔七〕。

〔一二〕洞虱，《列子・湯問》：『紀昌者，又學射於飛衛。飛衛曰：「爾先學不瞬，而後可言射矣。」紀昌歸，偃卧其妻之機下，以目承牽挺，二年之後，雖錐末倒眦而不瞬也，以告飛衛，飛衛曰：「未也，必學視而後可。視小如大，視微如著，而後告我。」昌以氂懸虱於牖，南面而望之，旬

其三

綉葆油幢非所宜〔一〕，棕鞋桐帽好相隨〔二〕。拖條榔栗穿雲去〔三〕，便是前身苦行師。

箋注

〔一〕綉葆，亦作綉褓，覆裹嬰兒的綉被。

〔二〕桐帽，見《題李耕客行脚圖》其一箋注〔二〕。

〔三〕榔栗，亦作榔櫪，可爲杖。

題程非二吴觷公紀年倡和〔一〕

其一

白社風規兩逸民〔二〕，興來高唱昉溪濱〔三〕。即今鶴髮添多少，摇筆千回莫厭頻。

校訂

程非二，底本作『程非非』，誤。

箋注

〔一〕程守，《（乾隆）歙縣志》卷十四：『程守，字非二，號蝕庵，郡城人，弱冠入籍錢塘爲諸生，歲甲申謝去，一意爲詩，詩刻劃多創語，不肯寄人籬下，性復澹泊，操守極嚴，年七十一卒。所著有《省静堂集》《汰錦詞》。時與并稱風雅槐塘。』吴勝修，字萬公，安徽歙縣人。

〔二〕白社，見《湖上宴集》箋注〔三〕。

〔三〕昉溪，位於安徽歙縣許村，因南朝梁文學家任昉曾隱居垂釣於此而得名。

其二

儲王風格真才子〔一〕，皮陸篇章好弟兄〔二〕。寄語文人莫相妒，一吟一倡足平生。

箋注

〔一〕儲王，唐代詩人儲光羲、王維的并稱，二人是好友，且都擅長作山水田園詩，詩歌格調高逸，意趣深遠。

〔二〕皮陸，唐代詩人皮日休、陸龜蒙的并稱。二人友情深篤，詩風相近，互相唱和的詩篇很多。

偶出至東山營別周副戎棠芾〔一〕

閉門今匝月，躡屐暫東山。頓覺郊原闊，及兹心目閑。濕雲猶片片，流水已潺潺。珍重故人去，鞭絲愴旅顔。

箋注

〔一〕周奭，字棠芾，京衛人，順治十五年（一六五八）武進士，歷任廟灣營游擊、徽州營參將等。談文禮士，有儒將風。康熙二十八年（一六八九），周奭由徽寧參將升壽春營副將，曹貞吉作此詩贈行，同儕所作贈行詩詞輯爲《參戎周棠芾去思詩集》，曹貞吉爲之作序。

賦贈雨峰和尚即用原韵〔一〕

其一

流水孤雲識此心，木蓮花底覓知音。飄然一笠翠微去，彈盡人間霹靂琴〔二〕。

箋注

〔一〕雨峰和尚，清明耀《香嚴禪師語録》：『法兄黄山雨峰和尚，因能舍子，出家黄山，開發已具離塵之志，待欲於黄山手中鏟去鬈鬆，不意遷延歲月，年忽八旬。』

〔二〕霹靂琴，由被雷擊過的桐木製成，故名。宋李廌《霹靂琴》：『天公憐冤憤，霹靂驅怪伏。蛟龍出蒼幹，電火燃裂腹。……裂爲君子琴，日奏太古曲。』

其二

鳥啼花落亦何心，嚼破虚空見賞音。欲覓吾師行脚處〔一〕，只除買藥與修琴。

箋注

〔一〕行脚，唐杜牧《大夢上人自廬峰回》：『行脚尋常到寺稀，一枝藜杖一禪衣。』

其三

飛來錫杖本無心〔一〕，澗水泠泠太古音。便欲與師彈一曲，世間那有響泉琴〔二〕。

箋注

〔一〕錫杖，杖頭有一鐵卷，中段用木，下安鐵纂，振時作聲。梵名『隙弃羅』，取錫錫作聲爲義。《得道梯橙錫杖經》：『汝等今當受持錫杖。所以者何？是錫杖者，名爲智杖，亦名德杖。彰顯聖智，故名智杖；行功德本，故曰德杖。』

〔二〕響泉琴，唐李綽《尚書故實》：『李汧公取桐孫之精者，雜綴爲之，謂之百納琴，用蝸殼爲徽，其間三面尤絶异。通謂之響泉、韵磬，弦一上可十年不斷。』宋王讜《唐語林》卷六：『李汧公鎮宣武，好琴、書。自造琴，取新舊桐材扣之，合律者裁而膠綴。所蓄二琴殊絶，其名「響泉」「韵磬」者也。』

其四

黄花翠竹見禪心，梵唄如聞世外音〔一〕。想像空山明月夜，右肩偏袒自鳴琴。

箋注

〔一〕梵唄，佛教徒唱頌短偈或歌贊之聲。

婺源道中〔一〕

其一

又逐荒鷄發，嚴裝帶曙星。浮雲同去住，敗葉感飄零。落磵泉聲咽，空山石氣青。載馳今四載〔二〕，曾否厭勞形。

箋注

〔一〕婺源，今江西婺源，古屬徽州府。

〔二〕載馳，《詩經·鄘風·載馳》：『載馳載驅，歸唁衛侯。』

其二

水竹湛清華，迢迢嶺路賒〔一〕。千盤鳥道曲，一地緑陰遮。殘日懸山腹，行人畏虎牙。算緡紛小市〔二〕，酤酒買魚蝦。

箋注

〔一〕賒，遠。

〔二〕算緡，見《送周雪客之晋陽藩幕任》箋注〔四〕。小市，漢王褒《僮約》：『販於小市，歸都擔枲。』

其三

盡日桔槔響〔一〕，臨流聽不窮。嵐拖千頃白，葉落半岩紅。路出層霄外，舟行亂石中。人家足烟火，縹緲隔溪東。

箋注

〔一〕桔槔，井上汲水的工具。

紀异

自是窮陰候〔一〕，豐隆何處來〔二〕。天瓢傾浩蕩，地軸撼摧頹。麥甲茸茸發，溪流脉脉開。靈臺堪紀异〔三〕，長至更聞雷〔四〕。

箋注

〔一〕窮陰候，《文選·鮑照〈舞鶴賦〉》：『於是窮陰殺節，急景凋年。』李善注：『《禮記》曰：「季冬之月，日窮於次。」《神農本草經》曰：「秋冬爲陰。」』

〔二〕豐隆，見《諸葛銅鼓歌爲樹百作》箋注〔七〕。

〔三〕靈臺，《文選·張衡〈東京賦〉》：『左制辟雍，右立靈臺。』薛綜注：『司曆紀候節氣者曰靈臺。』

〔四〕長至，唐白居易《冬至宿楊梅館》：『十一月中長至夜，三千里外遠行人。』

志快

半年常閔雨〔一〕，雲漢象昭回〔二〕。天聽高難問，民勞重可哀。遥空飛急電，破壁走驚雷。幾捺長河水，浮槎歸去來〔三〕。

箋注

〔一〕閔雨，宋陳亮《上孝宗皇帝第二書》：『其君之有志於民而閔雨者必書，無志於民而不閔雨者必書。』

〔二〕『雲漢』句，《詩經·大雅·雲漢》：『倬彼雲漢，昭回於天。』鄭玄箋：『雲漢，謂天河也。昭，光也。倬然天河水氣也，精光轉運於天。時旱渴雨，故宣王夜仰視天河，望其候焉。』

〔三〕浮槎，見《霓裳中序第一·爲杞園題〈浮家圖〉》箋注〔四〕。

有所聞作

其一

聖世難沽折檻聲〔一〕，青蒲白簡氣縱横〔二〕。千秋鈎黨同文獄，十月柴車出塞行〔三〕。蟲臂鼠肝争底事〔四〕，黄沙皂帽若爲情。遥知破面風霜惡，莫學湘纍怨未平〔五〕。

箋注

〔一〕折檻，《漢書·朱雲傳》：『至成帝時，丞相故安昌侯張禹以帝師位特進，甚尊重。雲上書求見，公卿在前。雲曰：「……臣願賜尚方斬馬劍，斷佞臣一人以厲其餘。」上問：「誰也？」對曰：「安昌侯張禹。」上大怒……御史將雲下，雲攀殿檻，檻折。……上意解，然後得已。及後當治檻，上曰：「勿易！因而輯之，以旌直臣。」』

〔二〕青蒲，《文選·任昉〈天監三年策秀才文〉三》：『比雖輻凑闕下，多非政要，日伏青蒲，罕能切直。』李周翰注：『青蒲，天子内庭也，以青色規之，而諫者伏其上。』白簡，《晋書·傅玄傳》：『每有奏劾，或值日暮，捧白簡，整簪帶，竦踴不寐，坐而待旦。』

〔三〕『千秋』句，見《題元祐黨籍碑》箋注〔五〕。

〔四〕蟲臂鼠肝，《莊子·大宗師》：『俄而子來有病，喘喘然將死，其妻子環而泣之。犁往問之，曰：「叱！避！無怛化！」倚其户與之語曰：「偉哉造化！又將奚以汝爲，將奚以汝適？以汝爲鼠肝乎？以汝爲蟲臂乎？」』

〔五〕湘纍，《漢書·揚雄傳》：『因江潭而淮記兮，欽吊楚之湘纍。』顔師古注引李奇曰：『諸不以罪死曰纍，荀息、仇牧皆是也。屈原赴湘死，故曰湘纍也。』

其二

黨論斷斷二十年〔一〕，甘陵南北有人焉〔二〕。疏狂自合安時命，風雪無如中聖賢〔三〕。精衛可能填北海〔四〕，燭龍照不到冰天〔五〕。烏頭馬角嗟何及〔六〕，回首闕門落日懸。

箋注

〔一〕斷斷，争辯貌。

〔二〕『甘陵』句，見《蝶戀花·看演皋陶劇，仍用前韵》箋注〔六〕。

箋注

〔一〕平萬，即沈起雷，見《泗源與平萬聯句》箋注〔一〕。曹貞吉與沈皞日、沈起雷叔侄多有倡和。

〔二〕襶襶，見《蝶戀花》（正月春盤）箋注〔四〕。

〔三〕長至，夏至。《禮記·月令》：『是月也，日長至，陰陽争，死生分。』

讀龍眠風雅偶題〔一〕

其一

白雪黄金幾廢興〔二〕，雲龍一派苦相仍〔三〕。人間舞遍霓裳曲〔四〕，安世房中得未曾〔五〕。

箋注

〔一〕龍眠風雅，清潘江輯，潘江（一六一九—一七〇二），字蜀藻，號木厓，又號耐翁、河墅先生。康熙間諸生，桐城人。著有《木厓集》《木厓續集》。施閏章《龍眠風雅序》：『潘子蜀藻，以文辭名江上，多所輯撰，間搜其鄉先生之詩若干卷，曰《龍眠風雅》。』

〔二〕『白雪』句，清王夫之《明詩評選》卷六評袁宏道《和萃芳館主人魯印山韵》：『李、何、王、李俱有從入。舍其從入，即無自位……王、李則有「萬里千山」「雄風浩氣」「中原白雪」「黄金紫氣」等字，舍此則王、李、鍾、譚更無可言詩矣。』

〔三〕雲龍，雲龍社，取雲間（松江别稱）、龍眠（桐城别稱）地名以名社。明方以智《膝寓信筆》：『雲間、龍眠，唱和相得，故舒章有「雲龍」之目。』

〔四〕霓裳曲，見《百字令·中秋和其年，時甫過地震》箋注〔二〕。

〔五〕安世房中，《安世房中歌》，原名《房中祠樂》，漢高祖唐山夫人所作。《漢書·禮樂志》：『周有《房中樂》，至秦名曰《壽人》。凡樂，樂其所生，禮不忘本。高祖樂楚聲，故《房中樂》楚聲也。孝惠二年，使樂府令夏侯寬備其簫管，更名曰《安世樂》。』

其二

江東壇坫久塵埋，争宋争唐正復佳。奇絶岙山堂上老〔一〕，放翁不學學誠齋〔二〕。

箋注

〔一〕 畬山堂上老，方文（一六一二—一六六九），字爾止，號畬山，安徽桐城人。明諸生，入清後，隱居金陵。其詩多取材於民歌、村語、街巷瑣事。有《竹枝詞》《畬山集》。

〔二〕 放翁，南宋詩人陸游的號；誠齋，南宋詩人楊萬里的號。二人均爲南宋『中興四大詩人』。

其三

頹雲如墨壓城開，彤管風流盡草萊〔一〕。不信試看泲水上〔二〕，靈旗颯颯夜深來。

箋注

〔一〕 彤管，《詩經·邶風·静女》：『静女其孌，貽我彤管。』毛傳：『古者后夫人必有女史彤管之法，史不記過，其罪殺之。』鄭玄箋：『彤管，筆赤管也。』

〔二〕 泲水，濟水，見《減字木蘭花·雜憶》其四箋注〔一〕。

其四

藥地老人不可作〔一〕，言言提唱盡宗風。當年月黑鵑啼處，愁絶中原一髮通〔二〕。

箋注

〔一〕藥地老人，方以智（一六一一—一六七一），字密之，號鹿起，一作曼公，安徽桐城人。明崇禎十三年（一六四〇）進士，授翰林院檢討。入清後爲僧，改名弘智，字無可，號『藥地和尚』。有《浮山詞》《通雅》《物理小識》《藥地炮莊》等。

〔二〕中原一髮，見《留客住·鷓鴣》箋注〔四〕。

其五

遺老争傳鄧森廣〔一〕，朱弦疏越古人風。冬青杜宇猶能説〔二〕，只似開元鶴髮翁。

箋注

〔一〕鄧森廣，潘江《龍眠風雅》卷三十四：『字柬之，號顛厓，崇禎間貢生。少負才磊落，跌宕自喜，于時人罕所推讓。爲人重然諾，尚風義，有國士之風，急人之難，揮金如土苴，不屑也。遭時多故，慨然欲扣囊底智，以匡濟自任。……所著《杲園集》三十卷，其文則元本經術，穿穴史學；詩則含嚼風騷，浸淫三唐。』

〔二〕杜宇，見《南鄉子・夏夕無寐，茫茫交集，輒韵語寫之，不求文也》其五箋注〔一〕。

憶霈〔一〕

秋來聞善病，三月不成眠。汝正悲荀粲〔二〕，吾今老鄭虔〔三〕。書遲千里外，夢破五更前。舐犢何時慰，團圞話昔年。

箋注

〔一〕霈，曹貞吉第三子，字晹若，一字叔甘，號去怠，監生。考授州同知。

〔二〕荀粲，《三國志・魏書・荀彧傳》裴松之注引《晋陽秋》：『婦病亡……痛悼不能已，歲餘亦亡，時年二十九。』

〔三〕鄭虔，《新唐書・鄭虔傳》：『安禄山反，遣張通儒劫百官置東都，僞授虔水部郎中……賊平……貶台州司户參軍事……後數年卒。』唐杜甫《八哀詩・故著作郎貶台州司户滎陽鄭公虔》：『老蒙台州掾，泛泛浙江槳。』

和賜金園詩韵四首〔一〕

其一

爲狗爲衣别弄姿〔二〕，無心出岫起長遲〔三〕。絲絲釀就行空勢，片片乘來作雨時。太史祥占三素滿〔四〕，岱宗彌合萬方知〔五〕。何須十二峰頭望，只倩微陰覆短籬。右嶺上雲

箋注

〔一〕本詩爲和張英《賜金園春山八咏詩》而作。張英詩分咏賜金園八景，此組和詩則爲四首，分咏『嶺上雲』『原上村』『溪上路』『石上泉』。張英（一六三七—一七〇八），字敦復，號圃翁，桐城人。卒謚文端。康熙丁未進士，官至文華殿大學士兼禮部尚書。著有《篤素堂文集》《周易衷論》等。賜金園，《桐舊集》：『桐城張文端公以山水爲性情，自稱曰「圃翁」。嘗以水衡錢构園居之，名「賜金園」。』

〔二〕爲狗爲衣，見《賀新凉·再贈柳敬亭》箋注〔四〕。

〔三〕無心出岫，晋陶潛《歸去來兮辭》：『雲無心以出岫，鳥倦飛而知還。』

〔四〕三素，《黄庭内景玉經》：『元氣所合，列宿分，紫烟上下三素雲。』梁丘子注：『日光有紫、青、絳三色，爲三素雲。』

〔五〕萬方，《漢書·張安世傳》：『聖王褒有德以懷萬方，顯有功以勸百寮，是以朝廷尊榮，天下鄉風。』

其二

雨足西疇緑滿原，滃然竹樹對花軒。數家自結鷄豚社〔一〕，一水常圍薛荔門〔二〕。蟹欲肥時償酒債，墻當缺處見山痕。編籬插棘渾無用，野老徐歸月半昏。右原上村

箋注

〔一〕鷄豚社，南朝梁宗懔《荆楚歲時記》：『社日，四鄰并結宗會社，宰牲牢，爲屋於樹下，先祭神，然後享其胙。』因祭社多用鷄、猪，故鄉社也稱『鷄豚社』。宋陸游《泛富春江》：『還家正及鷄豚社，剩伴鄰翁笑口開。』

〔二〕薜荔，見《歲暮感舊書懷二十八韵》箋注〔一三〕。

其三

三叉小徑自縈迴〔一〕，水長陂塘蔭緑苔。滿地夕陽人影亂，打頭黄葉笛聲來。攜將瘦竹臨流醉，招得鄰翁盡日陪。我已忘機等鷗鳥〔二〕，圓沙宿鷺莫深猜。右溪上路

箋注

〔一〕三叉小徑，見《水調歌頭·大醉放言》箋注〔一〇〕。

〔二〕『我已』句，見《春日過唯小園東天池明遠》箋注〔二〕。

其四

誰開混沌滴潺湲，石吐龍涎得幾年。落澗響從新雨後，鬥茶香散晚風前。霜痕入谷粼粼細，魚影跳波的的圓〔一〕。亂撒珍珠君記否，山林富貴此中偏。右石上泉

箋注

〔一〕的的圓，滚圓貌。宋李綱《寓居通城僧舍東軒池蓮盛開竹庵珪老有意見過戲贈此篇》：

『好抛筠粉娟娟净，來看荷珠的的圓。』

和最古園韵八首〔一〕

其一

閲盡枯榮托本根〔二〕，咸陽一火盡成原〔三〕。纔沾小雨疑無有，乍惹條風長子孫。復見天心終緑縟，祥占歲事喜殷繁。東皇點染芊芊色〔四〕，不記城南舊燒痕。右燒後草

箋注

〔一〕本詩爲和姚文燮《最古園春山八咏》。姚文燮，字經三，號羹湖，一作耕壺，桐城人。

〔二〕『閲盡』句，唐白居易《賦得古原草送别》：『離離原上草，一歲一枯榮。野火燒不盡，春風吹又生。』

〔三〕咸陽一火，《史記·項羽本紀》：『項羽引兵西屠咸陽，殺秦降王子嬰，燒秦宫室，火三月不滅。』

〔四〕東皇，司春之神。

其二

老去真參龍樹禪〔一〕，藤梢橘刺各因緣。誰傳夢裏三生慧〔二〕，來補枝頭五色天〔三〕。紫陌看花争爛熳，驪珠落掌倍輕圓。移雲就月渾閑事，萬緑陰森自可憐。右接活樹

箋注

〔一〕龍樹，《龍樹菩薩傳》：『其母樹下生之，因字阿周陀那。阿周陀那，樹名也。以龍成其道，故以龍配字，號曰龍樹也。』

〔二〕三生，指前生、今生、來生。慧，慧業，《維摩經·菩薩品》：『知一切法，不取不捨，入一相門，起於慧業。』

〔三〕五色天，《淮南子·覽冥訓》：『往古之時，四極廢，九州裂……於是女媧煉五色石以補蒼天，斷鰲足以立四極。』

其三

風雷一夜起琅玕〔一〕，乞得蕭蕭只數竿。移向小窗醫瘦俗〔二〕，書來老衲報平安。

湘靈鼓瑟餘音裊〔三〕，洛女凌波雜佩寒〔四〕。千畝渭川容坐卧〔五〕，任教攲側籜皮冠。右分叢竹

箋注

〔一〕琅玕，唐杜甫《鄭駙馬宅宴洞中》：『主家陰洞細烟霧，留客夏簟青琅玕。』仇兆鰲注：『青琅玕，比竹簟之蒼翠。』

〔二〕醫瘦俗，見《滿江紅·題阮亭寓竹》箋注〔七〕。

〔三〕湘靈鼓瑟，見《虞美人·雨過》箋注〔二〕。

〔四〕『洛女』句，見《玉連環·水仙》箋注〔一〕。

〔五〕千畝渭川，《史記·貨殖列傳》：『陳、夏千畝漆；齊、魯千畝桑麻；渭川千畝竹……此其人皆與千户侯等。』唐孟浩然《登總持寺浮圖》：『竹繞渭川遍，山連上苑斜。』

其四

引將春澗水泠泠，披拂微風酒易醒。萬縷自拖烟雨氣，三眠多在短長亭〔一〕。凄清未入金城色〔二〕，掩冉初分碧漢星。記得永豐坊裏路〔三〕，漫天猶識舊時青。右初插柳

箋注

〔一〕三眠，見《水龍吟・咏柳絮，用坡公楊花韵》箋注〔一〕。

〔二〕金城，《晋書・桓温傳》：『温自江陵北伐，行經金城，見少爲琅邪時所種柳皆已十圍，慨然曰：「木猶如此，人何以堪！」攀枝執條，泫然流涕。』

〔三〕永豐坊，唐代洛陽永豐坊。唐孟棨《本事詩・事感》：『白尚書姬人樊素善歌，妓人小蠻善舞……因爲楊柳枝詞以托意，曰：「一樹春風萬萬枝，嫩於金色軟於絲。永豐坊裏東南角，盡日無人屬阿誰？」及宣宗朝，國樂唱是詞。上問誰詞，永豐在何處。左右具以對之，遂因東使，命取永豐柳兩枝，植於禁中。』

其五

自分微生甘息機，啄苔又近釣魚磯。衛公醫後修翎長〔一〕，太子騎來緱嶺飛〔二〕。警露三更驚睡穩，聽琴一闋賞音稀。青田舊侶多年别，雲海茫茫安所歸。右病愈鶴

箋注

〔一〕衛公，唐代衛國公李靖。《古今圖書集成・博物匯編・禽蟲典》卷九引《逸史》：『李衛

公游嵩山，見鶴呻吟曰：「我鳥仙，爲樵者傷脚，得人血則愈。」李公解衣，即刺血。鶴曰：「世間人至少，且未是。」乃令拔眼睫毛，持往來都下，但映眼照之，即是矣。公中路自視，乃馬頭也。至東洛，所遇非少。悉非全人，皆犬彘驢馬之類。惟一老翁是人。李公言病鶴之意，老翁笑下驢，宣臂刺血。李公得之以塗鶴，即愈。鶴謝曰：「公即爲明時宰相，當復上升。相見非遥，慎毋懈惰。」李公謝，鶴遂冲天而去。』

〔二〕『太子』句，緱嶺，緱氏山。漢劉向《列仙傳·王子喬》：『王子喬者，周靈王太子晋也。好吹笙，作鳳凰鳴。游伊洛之間，道士浮丘公接以上嵩高山。三十餘年後，求之於山上，見桓良曰：「告我家：七月七日待我於緱氏山巔。」至時，果乘白鶴駐山頭，望之不得到，舉手謝時人，數日而去。』

其六

嚴灘千尺乍收緡〔一〕，入手儵然失錦鱗。此去似逃阿育劫〔二〕，重來怕遇武陵人〔三〕。微名易作貪夫餌，厚實難甘烈士脣。一釣六鰲終幻劇〔四〕，滄波無礙緑楊津〔五〕。右脱鈎魚

箋注

〔一〕嚴灘，見《和翌辰小屋如漁舟》其七箋注〔一〕。北魏酈道元《水經注·浙江水》：『自縣（桐廬縣）至於潛，凡十有六瀨，第二是嚴陵瀨，瀨帶山，山下有一石室，漢光武帝時嚴子陵之所居也。故山及瀨，皆即人姓名之。』

〔二〕阿育劫，見《過廢宅有感》箋注〔一〕。此處指凡塵、人世。阿育，阿育王，古印度摩揭陀國孔雀王朝國王，立佛教爲國教，并廣建寺塔，對發展佛教有重要影響。

〔三〕武陵人，見《催雪·紅梅》箋注〔三〕。

〔四〕『一釣』句，《列子·湯問》：『而龍伯之國有大人，舉足不盈數步而暨五山之所，一釣而連六鰲，合負而趣歸其國，灼其骨以數焉。』

〔五〕緑楊津，明薛瑄《金陵春望四首》其四：『麗日斜明紅杏塢，暖烟輕護緑楊津。』

其七

歸路兜玄憶此鄉〔一〕，人家何處鬱金堂〔二〕。亂銜花雨飛難定，交唼芹泥口亦香〔三〕。誤下珠簾驚自語，雙窺綉户影相將。去年剩有紅絲贈〔四〕，擬報深恩托畫梁。

右尋巢燕

箋注

〔一〕兜玄，《太平廣記》卷八十三：『（薛君冑）忽覺兩耳中有車馬聲，因頽然思寢，頭纔至席，遂有小車，朱輪青蓋，駕赤犢出耳中，各高二三寸，亦不覺出耳之難。車有二童，緑幘青帔，亦長二三寸，憑軾呼御者踏輪扶下，而謂君冑曰：「吾自兜玄國來，向聞長嘯月下，韵甚清激，私心奉慕，願接清論。」君冑大駭曰：「君適出吾耳，何謂兜玄國來？」二童子曰：「兜玄國在吾耳中，君耳安能處我？」』

〔二〕鬱金堂，見《壽劉年伯母》其一箋注〔二〕。

〔三〕芹泥，唐杜甫《徐步》：『芹泥隨燕觜，花蕊上蜂鬚。』

〔四〕『去年』句，唐郭紹蘭《寄夫》：『（任宗賈湘中，數年不歸。紹蘭作詩，繫於燕足。時宗在荆州，燕忽泊其肩。見足繫書，解視之，乃妻所寄也，感泣而歸。）我婿去重湖，臨窗泣血書。殷勤憑燕翼，寄與薄情夫。』

其八

漫受虞人贈繳侵，歸心常傍碧山岑〔一〕。樊籠自識難投止，刀几何能更擇音。一任呦呦驚吠犬，不妨麌麌出寒林〔二〕。斷腸母子悲相失，明月蘆花好共尋。右放生麂

箋注

〔一〕虞人，《左傳·昭公二十年》：『十二月，齊侯田於沛，招虞人以弓，不進。』杜預注：『虞人，掌山澤之官。』

〔二〕麌麌，《詩經·小雅·吉日》：『獸之所同，麀鹿麌麌。』毛傳：『麌麌，衆多也。』

閱歌岩集偶題〔一〕

其一

難向山陰辨尹邢〔二〕，中郎醉後眼逾青〔三〕。煤烟蠹簡千秋在，鬼語幽墳不可聽。

箋注

〔一〕歌岩集，程賜榮所撰詩集名。程賜榮，字天咫，號歌岩，婺源人，清諸生。工詩，著有《歌岩集》《歌岩後集》。

〔二〕尹邢，《史記·外戚世家》：『尹夫人與邢夫人同時并幸，有詔不得相見。尹夫人自請武帝，原望見邢夫人，帝許之。即令他夫人飾，從御者數十人，爲邢夫人來前。尹夫人前見之，曰：「此非邢夫人身也。」帝曰：「何以言之？」對曰：「視其身貌形狀，不足以當人主矣。」於是帝乃詔使邢夫人衣故衣，獨身來前。尹夫人望見之，曰：「此真是也。」於是乃低頭俯而泣，自痛其不如也。諺曰：「美女入室，惡女之仇。」』

〔三〕『中郎』句，《晋書·阮籍傳》：『宣帝爲太傅，命籍爲從事中郎。』另見《飲鄉中酒至醉》其二箋注〔二〕。

其二

偶來蕭寺商風雅〔一〕，長揖軒眉致不同。試問年年綉水上，文章何處哭途窮〔二〕。

箋注

〔一〕蕭寺，見《水龍吟·春日送客過慈仁寺感舊》箋注〔七〕。

〔二〕哭途窮，《晋書·阮籍傳》：『時率意獨駕，不由徑路，車迹所窮，輒慟哭而反。』

其三

紛紛老縠緑張王〔一〕，爨下溝中自不妨。別有天機須認取，休論牝牡與驪黄〔二〕。

箋注

〔一〕張王，熾盛。清趙翼《大銀杏樹歌》：『霜侵雪蝕老不死，拏攫空中勢張王。』

〔二〕牝牡與驪黄，見《閲盧德水集偶題》其二箋注〔二〕。

其四

莫將撰著等閑論，咏史篇篇血墨痕。曝背南榮君已重〔一〕，殘書猶可教兒孫。

箋注

〔一〕曝背南榮，漢司馬相如《上林賦》：『曝於南榮。』郭璞曰：『榮，屋南檐也。』

其五

寶婺城邊三丈日，錦屏山下一枝藤。文人失路尋常事，不必虞翻感吊蠅〔一〕。

箋注

〔一〕虞翻，《三國志·吴書·虞翻傳》：『虞翻，字仲翔，會稽餘姚人也。……翻性疏直，數有酒失。……權積怒非一，遂徙翻交州。雖處罪放，而講學不倦，門徒常數百人。……在南十餘年，年七十卒。』吊蠅，猶言吊影。《三國志·魏書·陳思王植傳》：『竊感《相鼠》之篇，無禮遄死之義，形影相吊，五情愧赧。』

雪中感述〔一〕

其一

余天之幸民，不爲天所絶。去年禱龍母〔二〕，朱旗明列缺。偶作星源游〔三〕，歸途慘不悦。滕六何自來〔四〕，釀此三尺雪。方圓各异態，遇物成皓潔。叱馭吾何敢，輿夫任蹩躠。

箋注

〔一〕此組詩當作於康熙二十八年己巳（一六八九）曹貞吉在徽州府同知任上視篆青陽之際。

〔二〕『去年』句，曹濂《儀部公行狀》：『戊辰夏，大旱，新令尹將至，行有日矣，先大夫愀然曰：「我豈以五日京兆而於祁漠不相關耶！」憶東坡《寓惠集》中有虎頭祈雨之術，乃禱於西峰九龍之潭。虎首甫沉，風霆驟作，大雨傾盆，遠近沾足。祁人异之，立石放生池畔，以記其事。先大夫亦爲長歌以志喜，有「使君無德及爾祁，此事乃關於職司」之句，是歲乃有秋。九月，復視篆於池之青陽。……己巳，返署。』

〔三〕星源，婺源的别稱，明清時屬徽州府。

〔四〕滕六，見《渡江雲·欲雪》箋注〔三〕。

其二

昨宵宿古坑〔一〕，夜半風力猛。開門微霰集，珠圓差可捧。豈惟角墊巾，兼憂屐齒擁。屢變意復然，將收勢更勇。快哉連朝暮，不復辨畦町。吾欲歌屢豐〔二〕，君其徵麥隴〔三〕。

箋注

〔一〕古坑，清代屬徽州府婺源縣，今屬江西。

〔二〕屢豐，清聖祖玄燁《夏旱步禱南郊喜雨》：『願惟歌屢豐，餘粟栖比屋。』

〔三〕麥隴，唐李白《贈徐安宜》：『川光净麥隴，日色明桑枝。』

其三

我來浹旬朔〔一〕，天色正蔚藍。百里綉水流，無復笙鐘酣。頗喜長至夜〔二〕，惠此一勺甘。起石鞭蟄龍，風雷起空潭。天施殊未厭，瑶華挂我簪。所愧遠游人，大澤豈能貪。

箋注

〔一〕旬朔，《文選·曹攄〈思友人詩〉》：『自我别旬朔，微言絶於耳。』劉良注：『十日爲旬，月初曰朔。』

〔二〕長至，見《紀异》箋注〔四〕。

其四

除日决冤獄，九華之西山。兩至兩降祥，私幸無空還〔一〕。兹行倍遠道，五嶺愁躋攀。入井泥滑滑，登天步險艱。獨餘耳目清，盡日玩荆關〔二〕。夜闌茅店宿，濁酒温旅顔。

箋注

〔一〕『兩至』句，指曹貞吉兩至祁門事。張貞《誥授奉政大夫禮部儀制清吏司郎中曹公墓志并銘》：『公之由中翰出而同知徽州也，平簡温敏，洗手奉公，逾年，政大洽。會祁門令闕，公即以材攝令事。其治行非一端，而大者罷門攤船課、汰磁土水車之税，祁人作《却金歌》以美之。新令既至，公首以貪暴相戒，令不能從，大反公所爲，未幾而閭左變起，圜署罷市，夷竈塞井，令不堪其辱，雉經以死。人情汹汹，恐致他虞，太守請於臺曰：「非曹君不能定此亂。」遂檄公以往，公故示整暇，紆道游白岳，信宿始達，徐抵其魁於法，盡除其政之煩苛者，邑中外皆帖服。及將還郡，行有日矣，公念邑中大旱，亟用東坡先生虎頭祈雨法禱於西峰九龍潭，虎首甫沉，風雷驟起，澍雨沾足，邑人立石放生池記其事。』

〔二〕『盡日』句，曹濂《儀部公行狀》：『長夏多暇，日與歙令靳熊封先生及新安諸名士坐修篁濃翠中，講求聲韵之學，客去，則弄紅絲小研，磨方程諸家舊墨，而衡其甲乙，磨已復洗，耽玩不厭，雖瓶甑生塵，不問也。』荆關，見《青玉案·雁字》箋注〔一〕。

贈于臣虎〔一〕

其一

烏衣白帢舊門墻〔二〕，竹箭南金未易方。偶踞吟壇飛赤幟，鍾嶸高穩讓專長〔三〕。

箋注

〔一〕于王棖，字臣虎，江都（今江蘇揚州）人。與孔尚任等唱和交游。

〔二〕烏衣，見《八歸·題其年〈填詞圖〉》箋注〔三〕。白帢，見《摸魚子·答沈融谷》箋注〔四〕。

〔三〕鍾嶸，字仲偉，潁川長社（今河南長葛）人。著有《詩品》。

其二

歲寒亭下雪霏霏〔一〕，送子金河坐釣磯。一路江山供眺咏，何人解識謝玄暉〔二〕。

箋注

〔一〕歲寒亭，位於歙城（今安徽歙縣境内）。宋蘇轍《歙縣歲寒堂》：『檻外甘棠錦綉屏，長松何者擅亭名？浮花過眼無多日，勁節凌寒盡此生。暗長茯苓根自大，旋收金粉氣尤清。長官不用求琴譜，但聽風吹作弄聲。』

〔二〕謝玄暉，南朝詩人謝朓，字玄暉，陳郡陽夏（今河南太康）人。唐李白《金陵城西樓月下吟》：『解道澄江浄如練，令人長憶謝玄暉。』

爲右湘題風木圖〔一〕

其一

誰把丹青繪蓼莪〔二〕，淋漓紙上泪痕多。無端最是終風惡〔三〕，摇落長條奈爾何。

校訂

查士標寫贈汪沅《風木圖》，畫卷有查士標、鄭簠、湯燕生、曹貞吉、黄生、程守、龔賢、靳治荆、王煒、汪士鋐、汪洪度、汪舟等人的題跋。曹貞吉此組題詩，在《風木圖》畫中詩題作《觀風木圖有感題贈右湘道翁》。

箋注

〔一〕汪沅（一六六二—一六九〇），字右湘，號硯村，别號梅麓、秋水，安徽歙縣人。著有《梅麓詩存》《硯村集》《水香園遺詩》。

〔二〕蓼莪，明李時珍《本草綱目》：『抱根叢生，故曰抱娘。』《詩經·小雅·蓼莪》：『蓼蓼者莪，匪莪伊蒿。哀哀父母，生我劬勞。』

〔三〕終風，見《陳欽若招飲烏聊山較射晚登攬秀亭》箋注〔六〕。

其二

華屋山丘不可論〔一〕，陰房壞道易黄昏。休將鐘鼎欺泉壤，争及當年老瓦盆〔二〕。

箋注

〔一〕華屋山丘，見《花發沁園春·咏司馬相如私印》箋注〔四〕。

〔二〕老瓦盆，見《蝶戀花》（九月凉風）箋注〔四〕。

其三

誓墓寧當更遠游〔一〕，故山風雨暗松楸。皋魚莫抱終天恨〔二〕，麥飯時時到隴頭〔三〕。

校訂

隴頭，《風木圖》畫卷題詩作「壠頭」。

箋注

〔一〕誓墓，去官歸隱。《晋書·王羲之傳》：「時驃騎將軍王述少有名譽，與羲之齊名，而羲之甚輕之，由是情好不協……述後檢察會稽郡，辯其刑政，主者疲於簡對。羲之深耻之，遂稱病去郡，於父母墓前自誓。」

〔二〕「皋魚」句，《韓詩外傳》卷九：「孔子行，聞哭聲甚悲。孔子曰：『驅驅！前有賢者。』至則皋魚也，被褐擁鐮哭於道傍。孔子辟車與之言曰：『子非有喪，何哭之悲也？』皋魚曰：『吾失之三矣：少而游學諸侯，以後吾親，失之一也；高尚吾志，間吾事君，失之二也；與友厚而小絶之，失之三矣。樹欲静而風不止，子欲養而親不待也，往而不可得見者親也。吾請從此辭矣。』立槁而死。』

〔三〕麥飯，見《滿庭芳·和錫鬯李晉王墓作》箋注〔七〕。

其四

天荒地老恨漫漫，寸草春暉欲報難。變徵歌成飛雪霰，烏聊夜氣黑如盤〔一〕。

箋注

〔一〕烏聊，烏聊山，在今安徽歙縣境内。清江登雲《橙陽散志》：『烏聊山，一名富山，今呼汪王，山有落星石，上有毛甘故城，隋末汪越國保聚於此。義寧中，乃遷州治於山下，即今府城。』

試眼鏡戲作

五夜藜光共此生〔一〕，雙瞳剪水照人明〔二〕。那知頭白江南日，一片玻璃當眼睛。

箋注

〔一〕五夜藜光，見《木蘭花慢·送徐方虎假歸》箋注〔五〕。

〔二〕雙瞳剪水，見《綺羅香·宋牧仲座上聞歌》箋注〔四〕。

哭翼辰〔一〕

七人五作下泉塵，聞道先生又返真。三十年來文酒伴，二千里外馬牛身。落花時節悲良友，啼鴂聲中過暮春。鷄絮那能磨鏡去〔二〕，魯明江上一沾巾〔三〕。

箋注

〔一〕翼辰，即馬天撰，見《答馬翼辰用原韵》箋注〔一〕。

〔二〕鷄絮，《後漢書·徐穉傳》：『穉嘗爲太尉黄瓊所辟，不就。及瓊卒歸葬，穉乃負糧徒步到江夏赴之，設鷄酒薄祭，哭畢而去，不告姓名。』李賢注引謝承書曰：『穉諸公所辟雖不就，有死喪負笈赴吊，常於家豫炙鷄一隻，以一兩綿絮漬酒中，暴乾以裹鷄，徑到所起冢隧外，以水漬綿，使有酒氣，斗米飯，白茅爲藉。以鷄置前，醱酒畢，留謁則去，不見喪主。』

〔三〕魯明江，長江南岸支流，在安徽省南部。《（嘉慶）蕪湖縣志》卷一《地理志·山川》：『魯明江在縣西南三十餘里，與繁昌縣分界。《一統志》云：魯仲明居此，故名。』

啖虎〔一〕

夜色如盤漏點催，驚風似箭走奔雷。白頭老子齒牙豁，猶自燈前啖虎來。

箋注

〔一〕啖虎，宋劉宰《次聖與小兒啖虎脯篇》：『嘉饋得虎臠，新獵出林莽。對之懶下箸，殺氣猶可想。』

四月晦日作〔一〕

垂老功名事可知，無端留滯楚江湄〔二〕。黄山濃翠杳何許，又過榴花一月期。

箋注

〔一〕晦日，指農曆每月的最後一天。

〔二〕楚江，長江的别稱。

登樓書所見

濕雲潑墨未全收，殘碧參差認遠洲。不信西南風力猛，亂帆如葉下吴頭〔一〕。

箋注

〔一〕吴頭，宋祝穆《方輿勝覽》卷十九《江西路》：『（豫章）地接衡廬，上控百粤，吴頭楚尾，左九江，右洞庭，襟三江，帶五湖，當淮海之襟帶，扼甌閩交廣之吭。』

述夢

因風弱絮可憐生，五載并州也繫情〔一〕。夢至太函君記否〔二〕，一天烟雨過春城。

箋注

〔一〕『五載』句，金元好問《家山歸夢圖三首》其一：『別却并州已六年，眼中歸路直於弦。』

〔二〕太函，太函山，位於今安徽歙縣境内。

登樓得句因足成之

鶯黄嫩似碧初破，山翠横如眉乍匀。又是晚凉好天氣，生衣團扇屬何人〔一〕。

箋注

〔一〕生衣，見《和馮大木夏日雜咏》其九箋注〔一〕。

舟抵銅陵〔一〕

雨絲摇曳古銅陵，泯泯江流一派青。濃睡夜來虚好月，解維今日帶疏星。黄楊歲歲心驚閏，六鷁飛飛夢欲醒〔二〕。不似漫天飄柳絮，有時還得化浮萍〔三〕。

箋注

〔一〕銅陵，今安徽銅陵，清屬安徽省池州府。

〔二〕六鷁飛飛，見《賀新凉·寄李武曾，用朱錫鬯韵》箋注〔八〕。

〔三〕『不似』句，清納蘭性德《攤破浣溪沙》：『風絮飄殘已化萍。』

答謝寶臣見懷之作步韵〔一〕

頭上平臨大火懸，生衣團扇坐忘年〔二〕。三杯濁酒誰成醉，十幅蒲帆已放船。長雨波添桃葉渡〔三〕，客溪秋入鷓鴣篇〔四〕。夢魂衹爲懷人去，辛苦江魚尺素箋。

箋注

〔一〕謝寶臣，見《至日同謝寶臣登斗山亭望黄山》箋注〔一〕。

〔二〕生衣，見《和馮大木夏日雜咏》其九箋注〔一〕。團扇，見《多麗·送葉慕廬南歸》箋注〔一〇〕。

〔三〕桃葉渡，見《風流子·金陵懷古》箋注〔六〕。

〔四〕鷓鴣篇，元馬臻《二禽篇二首》其二：『鷓鴣鷓鴣，不知春色何負汝，每到春來聲更苦。百年不得此身安，尚憶當時在行旅。……説盡人間行路難，凄風苦雨心腸斷。』

庚午中元有感〔一〕

佳節翻令百感生，重泉骨肉劇含情。二千里外松楸泪，五十年來嗚咽聲。鷄肋那曾關造化，羊腸終不到公卿〔二〕。驚看霜鬢侵尋長，一擲圓冰氣未平〔三〕。

箋注

〔一〕庚午，清康熙二十九年（一六九〇），曹貞吉在徽州同知任上，時年五十七歲。中元，南朝梁宗懍《荆楚歲時記》：『七月十五日，僧尼道俗悉營盆供諸佛。』

〔二〕『鷄肋』句，宋楊萬里《曉過皂口嶺》：『半世功名一鷄肋，平生道路九羊腸。』鷄肋，見《冬日雜感》其二箋注〔二〕。

〔三〕圓冰，元龍輔《女紅餘志·鏡》：『李月素，大鏡名正衣，小鏡名約黄，中鏡名圓冰。』

承恩寺撥悶〔一〕

不斷青天霹靂聲，秋原如掌野雲平〔二〕。無端高卧僧樓上，十日斜風細雨情。

箋注

〔一〕承恩寺，原址在今北京石景山區模式口。

〔二〕如掌，唐沈佺期《長安道》：『秦地平如掌，層城入雲漢。』

秋柳

柳作鵝兒色，還如乍放時。江潭憔悴極〔一〕，怪底鬢成絲。

箋注

〔一〕江潭，《楚辭·漁父》：『屈原既放，游於江潭，行吟澤畔。』王逸注：『戲水側也。』

題蕭尺木畫爲熊封作〔一〕

生綃罨畫作重樓，朱鳥歌殘怨未休。蝴蝶如輪肩兩翅，夢回曾否到羅浮〔二〕。

箋注

〔一〕蕭尺木，即蕭雲從，見《爲子正題蕭尺木畫》箋注〔一〕。熊封，即靳治荆，見《臺城路·爲熊封題〈金陵覽古〉詩卷》箋注〔一〕。

〔二〕羅浮，見《暗香·緑萼梅》箋注〔二〕。

讀汜郎近詩戲作〔一〕

飄零身世許丁卯〔二〕，淡淹心情元左司〔三〕。何物人間能白髮，西窗碎雨汜郎詩。

箋注

〔一〕汜郎，見《題施汜郎小照》箋注〔一〕。

〔二〕許丁卯，唐代詩人許渾，字用晦，潤州丹陽（今屬江蘇）人。大和進士，官至郢州刺史。精於律體。曾居潤州城南丁卯澗橋，著有《丁卯集》，世稱『許丁卯』。元方回《瀛奎律髓》卷二十五：『今江湖學詩者，喜許渾詩「水聲東去市朝變，山勢北來宫殿高」「湘潭雲盡暮山出，巴蜀雪消春水來」，以爲「丁卯句法」。』

〔三〕元左司，金代詩人元好問，字裕之，號遺山，太原秀容（今山西忻州）人。金宣宗興定五年（一二二一）進士，官至尚書省左司員外郎，故稱『元左司』。有《遺山集》《遺山樂府》。

哭蛟門〔一〕

其一

回首鷄壇道益孤〔二〕，蒼茫天地嘆無徒。名高豈合爲身累，才大真成與患俱。人説龍蛇爭晚歲，那知詩酒送潛夫〔三〕。驚聞老淚枯難下，解脱輸君在夜途。

箋注

〔一〕蛟門，即汪懋麟，見《爪茉莉·本意，和蛟門，用宗梅岑韵》箋注〔一〕。康熙二十七年（一六八八），汪懋麟卒於揚州里第，曹貞吉作此組詩哀悼。王士禛《汪比部傳》：『既得疾，彌留，令洗硯磨墨，嗅之。復令烹佳茗以進，自謂香沁心骨，口占二絶句云云，大笑，呼奇絶而逝，實康熙二十七年四月十一日也，年止五十。』

〔二〕鷄壇，見《爲牧仲題雙江唱和集》其四箋注〔二〕。

〔三〕潛夫，《後漢書・王符傳》：『王符，字節信，安定臨涇人也。少好學，有志操……耿介不同於俗，以此遂不得升進。志意蘊憤，乃隱居著書三十餘篇，以譏當時失得，不欲章顯其名，故號曰《潛夫論》。』

其二

鳳凰池上定交年，骯髒襟懷不受憐。燈火九微連午夜〔一〕，熊羆千帳扈甘泉〔二〕。鯫生憔悴江潭日〔三〕，夫子流傳鸚鵡篇〔四〕。痛飲高歌一彈指，孤墳宿草已芊芊。

箋注

〔一〕燈火九微，晋張華《博物志》卷八：『漢武帝好仙道……七月七日，夜漏七刻，王母乘紫雲車而至，於殿西南面，東向，頭上太華髻，青氣鬱鬱如雲。有三青鳥，如烏大，立侍母旁。時設九微燈。』

〔二〕熊羆，見《墨莊行爲王近微使君作》箋注〔一八〕。

〔三〕鯫生，自謙詞，猶小生。江潭，見《賀新凉・再贈柳敬亭》箋注〔一三〕。

〔四〕鸚鵡篇，見《余與蛟門作禁中烟火詩家弟濬餘題以長句蛟門依韵和之得二首余復步家弟韵却呈蛟門》箋注〔三〕。

其三

天道從來有變更，吾曹底用氣難平。休論華屋山丘事〔一〕，且受千秋萬世名。咫尺紅橋餘索寞〔二〕，飄摇黄葉感淒清。梧桐閣下殷勤别，念爾真同蒿里行〔三〕。

箋注

〔一〕華屋山丘，見《花發沁園春·咏司馬相如私印》箋注〔四〕。

〔二〕紅橋，見《浣溪沙·步阮亭紅橋韵》其一箋注〔一〕。

〔三〕蒿里行，晋崔豹《古今注》：「《薤露》《蒿里》并哀歌也。出田横門人。横自殺，門人傷之，爲作悲歌。言人命薤上露，易晞滅也。亦謂人死魂魄歸於蒿里。……至孝武時，李延年乃分二章爲二曲：《薤露》送王公貴人，《蒿里》送士大夫庶人。使挽柩者歌之，世亦呼爲挽歌。」

其四

儒臣法吏兩闌珊，似海君恩欲報難。金矢精嚴群吏肅，銀鈎卓犖御屏看。平山堂下重陰合〔一〕，第五泉邊夕照殘。此是先生栖隱處，他年鏡具更來觀。

箋注

〔一〕『平山堂』句，清李斗《揚州畫舫録》卷十六：『蛟門幼聰慧，童時登蜀岡憑吊歐陽文忠公游賞勝概，慨然有復古之志。及冠，與兄耀麟請於守令議復，以他事見阻。……癸丑中，汝守金長真以移知揚州府事來京，寓蛟門，遂請以復山堂爲急務。金公性好古，守汝時考淮西舊碑，勒段、韓二文於碑之陰陽。迨移守揚州，軍興旁午，公日觴咏蜀岡，興文教，繼風雅。值蛟門丁母憂歸里，膺薦舉博學不赴，遂捐貲修復山堂。蛟門以八分書平山堂額，夜夢歐公命書聯句云「登斯樓也，大哉觀乎」八字，故祇園庵僧蘗根詩有「一聯曾入詩人夢，兩字長留太守吟」之句。同時儀徵黄北垞因宋劉原父出守是州，與蛟門修復山堂時皆官舍人，故黄詩有「終始全憑兩舍人」句。山堂落成，金公有《朝中措》詞云……其時和者有吴薗次、程昆侖、毛大可、孫豹人、宗鶴問、彭桂、華龍楣、歸允恭、龔半千、黄石閭，凡此皆一時之勝。……死後葬於山堂側。』

苦憶

苦憶楊千寺中水〔一〕，精藍何日得重游。不須抵死嗟遲暮，祇爲名泉合可留。

箋注

〔一〕楊千寺，安徽歙縣羅氏家族於宗族墓地旁所建寺院。

題熊封小照〔一〕

其一

細目真如房相國，修眉全勝李王孫。一編石上縱橫讀，蘇陸篇章好共論〔二〕。

箋注

〔一〕熊封，即靳治荆，見《臺城路·爲熊封題〈金陵覽古〉詩卷》箋注〔一〕。

〔二〕蘇陸，北宋詩人蘇軾和南宋詩人陸游的并稱。

其二

盤錯心知慧業兼，山堂盡日下鈎簾。他年重讀丹青引〔一〕，頰上三毫爲爾添。

箋注

〔一〕丹青引，唐杜甫有《丹青引贈曹將軍霸》。

題胡熙臣畫馬

曹霸丹青略許同〔一〕，天閑貌得五花驄〔二〕。祇今顛頷長蕪裏，倦聽蕭蕭柳岸風。

箋注

〔一〕曹霸，唐代著名畫家，譙縣（今安徽亳州）人，擅畫馬，杜甫有《丹青引贈曹將軍霸》《韋諷録事宅觀曹將軍畫馬圖》。

〔二〕天閑，宋陸游《感秋》：『古來真龍駒，未必置天閑。』

爲熊封題安節畫〔一〕

其一

極目青天數雁行，江湖雙鬢老滄浪。晚來只傍蘆洲泊，消受船頭一寸霜。

箋注

〔一〕熊封，即靳治荆，見《臺城路·爲熊封題〈金陵覽古〉詩卷》箋注〔一〕。安節，即王槩，見《題王安節畫》箋注〔一〕。

其二

苦憶攤書秋樹根，撩天風雨暗柴門。洪陀舊隱無尋處〔一〕，飄泊江南黄葉村。

箋注

〔一〕洪陀，見《劉子羽詩集刻成見寄悵然有懷兼致渭清杞園》箋注〔三〕。

其三

林鴉啼過暮鐘時，溪口寒風特地吹。占得一枝渾未穩，亂山急雪欲何之〔一〕。

箋注

〔一〕『占得』句，曹操《短歌行》：『月明星稀，烏鵲南飛。繞樹三匝，何枝可依？』

題蕭翼賺蘭亭圖〔一〕

長衫潦倒蕭蘭臺，老僧垂死心如灰。云何靳此耳目玩，頷頤揞拄矜奇才。我聞彼法喜清浄，忍留長物爲身灾。獨惜貞觀全盛主，乃與一衲争纖埃。昭陵玉匣正復出〔二〕，戎温無類何有哉〔三〕。世傳五字不損本，赤刀宏璧同昭回〔四〕。烟雲過眼關底急，不如酌盡葡萄醅。

箋注

〔一〕唐代畫家閻立本所作《蕭翼賺蘭亭圖》，描繪了御史蕭翼從高僧辯才手中將有『天下第一行書』之稱的《蘭亭集序》騙取到手并獻給唐太宗的故事。

〔二〕『昭陵』句，明王世貞《弇州四部稿・藝苑卮言附録三》：『《蘭亭禊叙》唐文皇初得之，命趙模、馮承素、諸葛真之流拓本以賜諸王。後《禊叙》入玉匣從葬昭陵，而拓本存人間者，尚直數萬錢。至定武石刻，謂爲歐陽率更所拓，石本留禁中，因未經摸拓，獨爲完善。』

〔三〕『戎温』句，宋米芾《書史》：『余跋曰：……鬱鬱昭陵，玉碗已出。戎温無類，誰寶真物。』清高宗弘曆《題定武蘭亭帖後》其二：『檢校纔聞褚遂良，旋教玉匣伴文皇。戎温無賴千秋恨，豈礙經天日月常。』《題宋人蕭翼賺蘭亭圖二首》其二：『何須真本計求千，過舉難辭責備賢。豈料戎温仍出世，至今又復幻雲烟。』

〔四〕赤刀宏璧，《尚書・顧命》：『赤刀、大訓、弘璧、琬琰在西序；大玉、夷玉、天球、河圖在東序。』

題宓草畫蝶〔一〕

空明天色蔚藍同，炙眼桃花落瓣紅。老子全如蝴蝶懶，輸他兩翅扇東風。

箋注

〔一〕宓草，即王著，見《蝶戀花·題王宓草畫蝶》箋注〔一〕。

題江封翁廬墓圖〔一〕

其一

七十行年已白頭，麻衣如雪向山丘。攀條正墮臯魚淚〔二〕，冷雨淒風卒未休。

箋注

〔一〕封翁，《漢書·食貨志下》：『封君皆氏首仰給焉。』顔師古注：『封君，受封邑者，謂公主及列侯之屬也。』

〔二〕臯魚淚，見《爲右湘題風木圖》其三箋注〔二〕。

其二

丙舍曾爲誓墓辭〔一〕，牛風馬走欲安之。松楸回首堪惆悵，忍作先生腸斷詩。

箋注

〔一〕丙舍，元迺賢《秋夜有懷侄元童》：『墓田丙舍知何所，一夜令人白髮長。』晢墓，見《爲右湘題風木圖》其三箋注〔一〕。

爲江辰六題借書圖〔一〕

其一

新豐美酒斗十千〔二〕，重價酬書不論錢。怪底胸中蟠屈甚，化爲鴻寶氣衝天。

箋注

〔一〕江闓（一六三四—一七〇一），字辰六，别號牂牁生，晚號鹵夫。徽州歙縣人，貴州貴陽籍。清初著名詩人、詞人。康熙二年（一六六三）舉人，康熙十八年（一六七九）薦舉博學鴻詞。歷任益陽縣令、均州知州、解州知府等。著有《春蕪集》。

〔二〕『新豐』句，唐王維《少年行》：『新豐美酒斗十千，咸陽游俠多少年。』

其二

還書借書闕底急，一瓻兩瓻信有諸〔一〕。只愁風雨長安路，忙煞門前秃尾驢〔二〕。

箋注

〔一〕『一瓻』句，《廣韵·六脂》：『瓻，酒器，大者一石，小者五斗。古之借書盛酒瓶。』宋邵博《聞見後録》：『借書一瓻，還書一瓻。』

〔二〕秃尾驢，《北史·楊愔傳》：『其聰記强識，半面不忘……後有選人魯漫漢，自言猥賤，獨不見識，愔曰：「卿前在元子思坊騎秃尾草驢，經見我不下，以方麴鄣面，我何不識卿？」』宋陸游《春日雜興十二首》其五：『出仕常騎秃尾驢，歸休自駕折轅車。』

皖城候代 庚午追録〔一〕

穩睡高春得未曾〔二〕，夜來白鳥氣憑陵。緑槐覆地小亭寂，只似黄山退院僧。

箋注

〔一〕皖城，今安徽潛山，清代屬安慶府。庚午，清康熙二十九年（一六九〇），曹貞吉在徽州同知任上，并暫攝安慶府知府。

〔二〕高春，《淮南子·天文訓》：『至於淵虞，是謂高春。』高誘注：『高春……民碓春時也。』

題汪素白廣孝篇〔一〕

孝德在天壤，炳如日星垂。横塞極其量，曾閔殫其施〔二〕。放之彌六合，約之始庭闈。羔羊跪而乳〔三〕，返哺稱烏慈〔四〕。凡在血氣中，孰忍乖天彝。嗟彼不孝人，何异獍與鴟〔五〕。曩哲有微言，鏗鏘金石詞。汪子敦至性，錫類颺風詩。上溯帝迄王，下逮耕樵兒。大者爲顯揚，細亦及粢飴。燎然若指掌，較焉如列眉。持以壽梨棗〔六〕，當使風俗熙。何難挽江河，而返軒庖羲〔七〕。余生愧鮮民，安能與於斯。此道不中絶，黽勉望來兹。

箋注

〔一〕汪素白，汪偉，字位三，安徽黟縣人。明末恩貢生。築室深山，窮經明理。著有《廣孝篇》《天僭講義》《聽石吟》。廣孝，《禮記・坊記》：『於父之執，可以乘其車，不可衣其衣，君子以廣孝也。』

〔二〕曾閔，曾參與閔損的并稱。二人皆爲孔子弟子，都以孝著稱。《後漢書・明帝紀》：『昔曾、閔奉親，竭觀致養。』

〔三〕『羔羊』句，《公羊傳・莊公二十四年》：『腶脩云乎？』何休注：『羔取其執之不鳴，殺之不號，乳必跪而受之類，死義知禮者也。』

〔四〕『返哺』句，明李時珍《本草綱目・禽之三・慈烏》：『此鳥初生，母哺六十日，長則反哺六十日，可謂慈孝矣。』

〔五〕獍與鴟，《漢書・郊祀志上》：『祠黄帝用一梟、破鏡。』顔師古注引孟康曰：『梟，鳥名，食母。破鏡，獸名，食父。』

〔六〕梨棗，舊時刻版印書多用梨木或棗木。

〔七〕庖羲，即伏羲。

壽叟公〔一〕

獨立狂流重此翁，幾人能現碧方瞳〔二〕。參差白業三生案〔三〕，坐去清江一釣筒。種子可精文選理，難兄久蹈魯連風〔四〕。他年振策光明頂〔五〕，謖謖松聲聽許同。

箋注

〔一〕叟公，即吴勝修，見《題程非二吴叟公紀年倡和》其一箋注〔一〕。

〔二〕碧方瞳，晋葛洪《神仙傳》卷十：『李根，字子源，許昌人也。……昔在壽春吴太文家，太文從之學道。……太文説「根兩目童子皆方」。按《仙經》説：「八百歲人瞳子方也。」』

〔三〕白業，《大乘義章》：『善法鮮浄，名之爲白。』

〔四〕魯連風，《史記·魯仲連鄒陽列傳》：『太史公曰：「魯連其指意雖不合大義，然余多其在布衣之位，蕩然肆志，不詘於諸侯，談説於當世，折卿相之權。」』

〔五〕振策，晋陸機《赴洛道中作詩二首》其二：『振策陟崇丘，安轡遵平莽。』光明頂，黄山主峰之一。

壽寶臣〔一〕

納納寒流去復還，多君彩鷁上青天〔二〕。歸來滿酌如澠酒，夜雪梅花又一年。衣染京塵成往事，人依冰署羨真仙。慚余斗大山城裏，矯首龍舒幾縷烟。

箋注

〔一〕寶臣，見《至日同謝寶臣登斗山亭望黄山》箋注〔一〕。

〔二〕多君，感君。唐高適《同郭十題楊主簿新廳》：『多君有知己，一和郢中吟。』

贈熊封步竹垞韵〔一〕

其一

鐵壁故超絶，稜稜氣骨清。程書弃糟粕，食古淡聰明。白雪尋常聽，朱弦一再行。誰同王節信〔二〕，官閣費將迎。

箋注

〔一〕熊封，即靳治荆，見《臺城路·爲熊封題〈金陵覽古〉詩卷》箋注〔一〕。竹垞，即朱彝尊，見《滿江紅·和錫鬯吴大帝廟下作》箋注〔一〕。

〔二〕王節，《周禮·地官·掌節》：『掌守邦節，而辨其用，以輔王命。』鄭玄注：『王有命，則别其節之用，以授使者、輔王命者，執以行爲信。』

其二

新詩出京洛，夜雨感當年。曾共直廬被，同斞太液泉〔一〕。一麾生白髮〔二〕，回首隔青烟。客路稀雙鯉〔三〕，相思詎易傳。

箋注

〔一〕斞，挹，舀。

〔二〕一麾，見《賀新凉·壬子歲寄家弟用韻》箋注〔三〕。

〔三〕雙鯉，漢蔡邕《飲馬長城窟行》：『客從遠方來，遺我雙鯉魚。呼兒烹鯉魚，中有尺素書。』

感謝恩師王志民老師，十幾年來對我悉心教導，關愛備至，是嚴師，也是慈父，『匪面命之，言提其耳』，激勵我在學術之途力求進取，不敢輕易懈怠。感謝恩師羅時進老師，在箋注過程中爲我解惑答疑，和煦藹然，潤物無聲。感謝山東大學杜澤遜老師、宋開玉老師，在我收集曹貞吉作品的起步階段，他們無私地提供珍貴資料，給予我鼓勵。感謝濰坊學院籍成山老師，自我入職以來，十餘年間關心提挈，如良師似益友，在本書的整理過程中更是給予了莫大的支持。感謝齊魯書社劉玉林副總編輯、張超編輯，在他們的不斷督促下，書稿最終得以完成，并編輯出版。特別感謝安丘曹氏第二十四世後人曹生成先生，曹先生熱心於家族事業，傳承家族文化，搜羅輯佚家族文獻，爲曹氏家族文化研究者提供了包括族譜在内的諸多珍稀的一手資料。二〇〇九年在我撰寫博士論文的過程中，曹先生即慷慨借閲曹氏族譜，十幾年來，我所做的曹氏相關研究，無不得到他的無私幫助。

鑒於水平有限，加之整理時間漫長，箋注中的疏漏在所難免，不當之處，尚祈方家不吝賜正。

趙紅衛

二〇二二年三月三十一日

題王石谷畫頁〔一〕

其一

嶺嶠曾傳戴笠圖，斜風細雨一身孤。不須抵死嗟留滯，多少峨冠士大夫〔二〕。右雨笠

箋注

〔一〕王翬（一六三二—一七一七），字石谷，號耕烟散人、烏目山人，江蘇常熟人。工山水畫。著有《清暉畫跋》。

〔二〕峨冠，高冠。元無名氏《漁樵記》第一折：『他則待人前賣弄些好妝梳，扮一個峨冠士大夫。』

其二

人言吴帶可當風〔一〕，姑射仙人致不同〔二〕。試上昆侖峰頂望，無端噫氣爲誰雄。

右飆輪

箋注

〔一〕吴帶可當風，見《題陳章侯潑墨圖》箋注〔三〕。

〔二〕姑射仙人，見《多麗·送葉慕廬南歸》箋注〔八〕。

其三

何人放筆寫荒寒，蒼狗白衣眼倦看〔一〕。待得朝陽濃翠歇，霏霏夕霧又成團。右雲龕

箋注

〔一〕蒼狗白衣，見《賀新涼·再贈柳敬亭》箋注〔四〕。

其四

長林葉散影扶疏，點綴冰花玉不如。昨夜夢中騎白鳳，九天風露濕衣裾。右

珠樹〔一〕

箋注

〔一〕珠樹，唐王初《望雪》：『銀花珠樹曉來看，宿醉初醒一倍寒。』

其五

切雲高閣可栖鸞，綉户珠幢八寶欄。絶頂有人閑似我，天風環佩鎮生寒〔一〕。右阿閣

箋注

〔一〕『絶頂』句，宋蘇軾《水調歌頭》：『我欲乘風歸去，又恐瓊樓玉宇，高處不勝寒。』

沙城苦雨用王安節看梅詩韵〔一〕

卧閣頻年倦夙興，無端又覓一枝藤。摧頹折翼辭巢鳥，辛苦衝泥行脚僧〔二〕。厭聽

催花連夜雨，愁看挂壁短檠燈。隱囊暫憩君何怪〔三〕，嶺路新攀幾萬層。

箋注

〔一〕王安節，見《爲熊封題安節畫》其一箋注〔一〕。

〔二〕衝泥，宋蘇軾《是日宿水陸寺寄北山清順僧二首》其二：『披榛覓路衝泥入，洗足關門聽雨眠。』

〔三〕隱囊，《資治通鑒》卷一七六：『上倚隱囊，置張貴妃於膝上。』胡三省注：『隱囊者，爲囊實以細軟，置諸坐側，坐倦則側身曲肱以隱之。』

程萬斯印册〔一〕

能事何須借齒牙〔二〕，驚看父子各名家〔三〕。徐郎作底勞喧染，惆悵人間没骨花〔四〕。

箋注

〔一〕程以辛，字萬斯，安徽歙縣人。程邃之子。工篆刻，有《程萬斯印存》。

〔二〕齒牙，稱譽。宋蘇軾《上荆公書》：『願公少借齒牙，使增重於世。』

〔三〕『警看』句，程萬斯父程邃，字穆倩，號垢區、垢道人、黄海釣者、静者，晚號江東布衣。以金石書畫名世。

〔四〕『徐郎』句，宋蘇轍《王詵都尉寶繪堂詞》：『异花没骨朝露香。』自注：『徐熙畫花落筆縱横，其子嗣變格，以五色染就，不見筆迹，謂之「没骨」，蜀趙昌蓋用此法耳。』元夏文彦《圖繪寶鑒》卷三：『徐崇嗣，熙之孫，畫花鳥，綽有祖風，又出新意，不用描寫，止以丹粉點染而成，號没骨圖，以其無筆墨骨氣而名之，始於崇嗣也。』

咏牧童

其一

青蓑覆背笠覆首，三三兩兩出寒林。戴嵩圖畫尋常見〔一〕，只有爾曹無古今。

箋注

〔一〕戴嵩，唐代畫家，善畫牛。宋董逌《廣川畫跋》：『戴嵩畫牛，得其性於盡處，畫録至謂

牛與牧童點睛，圓明對照，見形容着目中。至飲流赴水，則浮景見牛唇鼻相連。』

其二

猩猩騎象出扶南〔一〕，困蠢離奇各自諳。争似牧童牛背穩，一川芳草緑毿毿。

箋注

〔一〕扶南，《梁書·諸夷傳》：『扶南國，在日南郡之南，海西大灣中，去日南可七千里，在林邑西南三千餘里。城去海五百里。有大江廣十里，西北流，東入於海。其國輪廣三千餘里，土地洿下而平博，氣候風俗大較與林邑同。出金、銀、銅、錫、沉木香、象牙、孔翠、五色鸚鵡。』

微雨却晴步育庵壁間韵

自分黄昏雨打窗，鸕鷀小杓對春缸〔一〕。那知星斗垂垂在，無恙輕帆過楚江。

箋注

〔一〕小杓，宋蘇軾《汲江煎茶》：『大瓢貯月歸春甕，小杓分江入夜瓶。』

秋浦道中讀樊川集偶題〔一〕

其一

武庫森羅萬象雄，如椽健筆讓誰工。原十六衛知何益〔二〕，不在甘泉豹尾中〔三〕。

校訂

十，底本闕。

箋注

〔一〕秋浦，唐時池州治所在秋浦縣，五代時改名貴池，清代屬安徽省池州府，今安徽省池州市貴池區。樊川集，唐代詩人杜牧的詩文集。

〔二〕十六衛，《新唐書·百官志四上·十六衛》：『左右衛……掌宮禁宿衛，凡五府及外府皆總制焉。……左右驍衛、左右武衛、左右威衛、左右領軍、左右金吾、左右監門衛上將軍以下，品同。』

〔三〕甘泉豹尾，《漢書·揚雄傳》：『是時趙昭儀方大幸，每上甘泉，常法從，在屬車間豹尾中。』顏師古注引服虔曰：『大駕屬車八十一乘，作三行，尚書御史乘之，最後一乘懸豹尾。』

其二

牛相維州策未工，邊人戰血至今紅〔一〕。紫微何事輕持論〔二〕，書記平安紙一通。

箋注

〔一〕『牛相』句，《新唐書·牛僧孺傳》：『是時，吐蕃請和約弛兵，而大酋悉怛謀舉維州入之劍南，於是李德裕上言：「韋皋經略西山，至死恨不能致，今以生羌二千人燒十三橋，搗虜之虛，可以得志。」帝使群臣大議，請如德裕策。僧孺持不可，曰：「吐蕃綿地萬里，失一維州無害其强。今修好使者尚未至，遽反其言。且中國禦戎，守信爲上，應敵次之。彼來責曰：『何故失信？』贊普牧馬蔚茹川，若東襲隴坂，以騎綴回中，不三日抵咸陽橋，則京師戒嚴，雖得百維州何益！」帝然之，遂詔返降者。時皆謂僧孺挾素怨，横議沮解之，帝亦以爲不直。』

〔二〕紫微，《新唐書·百官志二》：『開元元年，改中書省曰紫微省，中書令曰紫微令。』杜牧曾官中書舍人，故名。唐鄭谷《高蟾先輩以詩筆相示抒成寄酬》：『張生故國三千里，知者唯應杜紫微。』

其三

齊山如玉列屏風〔一〕，秋浦盈盈一水通。怪底川原渾未改〔二〕，有人重看杏花紅。

此語别有所謂。

箋注

〔一〕齊山，位於今安徽池州境内。會昌四年，杜牧遷池州刺史，游齊山，寫下了《九日齊山登高》。

〔二〕『怪底』句，杜牧祖父杜佑《杜城郊居王處士鑿山引泉記》記樊川别墅：『其城曲墟落，緇黄童艾，杜名杜氏，遍周川原。』

其四

紫雲一曲錦堂中，燈火揚州五夜同〔一〕。乞得吴興身已老，尋春人自怨東風〔二〕。

箋注

〔一〕『紫雲』句，《太平廣記》卷四十四引《唐闕史》：『牧既爲御史久之，分務洛陽時，李

司徒願罷鎮閑居，聲妓豪華，爲時第一。洛中名士，咸謁見之。李乃大開宴席，當時朝客高流，無不臻赴，以牧持憲，不敢邀至。牧遣座客達意，願預期會。李不得已馳書，方對酒獨斟，亦已酣暢，聞命遽來。時會中已飲酒，女妓百餘人，皆絶藝殊色。牧獨坐南行，瞪目注視。引滿三卮，問李云：「聞有紫雲者孰是？」李指示之。牧復凝睇良久，曰：「名不虛得，宜以見惠。」李俯而笑，諸妓皆亦回首破顏。牧又自飲三爵，朗吟而起曰：「華堂今日綺筵開，誰喚分司御史來？忽發狂言驚滿座，兩行紅粉一時回。」意氣閑逸，旁若無人。牧又自以年漸遲暮，常追賦感舊詩曰：「落魄江湖載酒行，楚腰纖細掌中情。十年一覺揚州夢，贏得青樓薄幸名。」又曰：「觥船一棹百分空，十載青春不負公。今日鬢絲禪榻伴，茶烟輕颺落花風。」』

〔二〕『乞得』句，《太平廣記》卷二七三引《唐闕史》：『太和末，牧復自侍御史出佐沈傳師江西宣州幕，雖所至輒游，而終無屬意，咸以非其所好也。及聞湖州名郡，風物妍好，且多奇色，因甘心游之。……有里姥引鴉頭女，年十餘歲。牧熟視曰：「此真國色，向誠虛設耳。」因使語其母，將接致舟中。姥女皆懼，牧曰：「且不即納，當爲後期。」姥曰：「他年失信，復當何如？」牧曰：「吾不十年，必守此郡；十年不來，乃從爾所適可也。」母許諾，因以重幣結之，爲盟而別。故牧歸朝，頗以湖州爲念。然以官秩尚卑，殊未敢發。尋拜黄州、池州，又移睦州，皆非意也。牧素與周墀善，會墀爲相，乃并以三箋干墀，乞守湖州。意以弟頭目疾，冀於江外療之。大中三年，始授湖州刺史。比至郡，則已十四年矣，所約者已從人三載而生三子。……因賦詩以自傷曰：「自是

尋春去校遲，不須惆悵怨芳時。狂風落盡深紅色，緑葉成陰子滿枝。」』

贈魏昭士〔一〕

其一

吾道曾黄流派遠〔二〕，西江人物重琅玕。山川盤鬱紛奇氣，湖海襟期得大觀。綉虎一門推作述〔三〕，文壇兩代静波瀾。廣平齒頰難輕借〔四〕，真擬劉公八部看〔五〕。

箋注

〔一〕曹貞吉《上宋大中丞書》：『四月中，寧都魏昭士來，其人其文，皆足千古。』魏世效（一六五五—一七二五），宗派名會潮，字昭士，又字耕廡，江西寧都人。魏禮長子。文學家。著有《耕廡文稿》。《清史稿·文苑傳一》有傳。

〔二〕曾黄，曾鞏，江西南豐人。黄庭堅，江西洪州分寧人。

〔三〕綉虎，見《減字木蘭花·雜憶》其六箋注〔一〕。

〔四〕廣平，唐皮日休《〈桃花賦〉序》：『余嘗慕宋廣平之爲相，貞姿勁質，剛態毅狀，疑其

鐵腸與石心，不解吐婉媚辭。然睹其文而有《梅花賦》，清便富艷，得南朝徐庾體，殊不類其爲人也。後蘇相公味道得而稱之，廣平之名遂振。』廣平即唐代宋璟，宋璟被封爲廣平郡公，故稱。

〔五〕劉公八部，《三國志・魏書・劉馥傳》裴松之注引《晉陽秋》曰：『每有興發，手書郡國，丁寧款密，故莫不感悦，顛倒奔赴，咸曰：「得劉公一紙書，賢於十部從事也。」』

其二

老去蓬蹤易感傷，真慚白髮少年場。猪肝自笑逢迎拙〔一〕，鷄肋從教途轍妨〔二〕。投劾未能餘汗漫〔三〕，論交今始見文章。歲寒亭下殷勤别〔四〕，彈指西風過草堂。

箋注

〔一〕猪肝，《後漢書・周黄徐姜申屠列傳》：『客居安邑。老病家貧，不能得肉，日買猪肝一片，屠者或不肯與，安邑令聞，敕吏常給焉。仲叔怪而問之，知，乃嘆曰：「閔仲叔豈以口腹累安邑邪？」遂去，客沛。以壽終。』

〔二〕鷄肋，見《庚午中元有感》箋注〔二〕。

〔三〕投劾，《後漢書・周黄徐姜申屠列傳》：『（仲叔）遂辭出，投劾而去。』李賢注：『自投其劾狀而去也。』

〔四〕歲寒亭，見《贈于臣虎》其二箋注〔一〕。

送熊封之固原任〔一〕

皇帝在位三十載，詔下郡國徵循良。雁堂靳君名公子，門庭舄奕侔金張〔二〕。雄才犀利飽經術，下簾官閣凝清香。布穀勸耕同保介〔三〕，猿公導引朝軒皇〔四〕。山水窟中聞公事，如民春氣十年强。啓事朝登夕報可，璽書特簡綏岩疆。大纛高牙自兹去，邊風颯颯飛沙狂。花馬池旁千帳宿，野狐嶺上三秋凉。男兒意氣當一豁，安能局促終山鄉。隴上健兒好身手，弓弦霹靂飢鳶翔。黄羊野馬供庖宰，復陶阿錫爲衣裳〔五〕。四海一家撤亭障，防秋無用千軍裝。淡烟落日昔人句，悠悠羌管神飛揚。斯時搦筆寫關塞，定能悲壯返河梁。平安火報但歌舞，幽燕老將同舉觴。梁園賓從盛文藻〔六〕，倡予和汝堆縑緗〔七〕。金印斗大那足計，碧油紅旆非天荒〔八〕。歲寒亭子一揮手，老夫何處搜奚囊。澄之汰之瓦礫後〔九〕，清塵濁水真茫茫。少年努力樹令德，無爲坐待鬢糜蒼。

箋注

〔一〕熊封，即靳治荆，見《臺城路·爲熊封題〈金陵覽古〉詩卷》箋注〔一〕。《八旗文經》

卷五十七：『靳治荆，字熊封，隸漢軍鑲黄旗，歷官安徽歙縣知縣、甘肅固原州知州、浙江寧波府同知、江西吉安府知府，嘗刻明嘉靖間歙人王寅仲房《新都秀運集》二卷，著有《思舊録》。』

〔二〕舄奕，漢應瑒《文質論》：『衮冕旗旒，舄奕乎朝廷。』金張，《文選·左思〈咏史八首〉其一》：『金張藉舊業，七葉珥漢貂。』李善注：『班固《漢書·金日磾傳贊》曰：「夷狄亡國，羈虜漢庭，七葉内侍，何其盛也。」七葉，自武至平也。又，《張湯傳贊》曰：「張氏之子孫相繼，自宣元以來，爲侍中、中常侍者凡十餘人，功臣之後，唯有金氏、張氏親近貴寵，比於外戚。」』

〔三〕『布穀』句，宋陸游《夜聞蟋蟀》：『布穀布穀解勸耕，蟋蟀蟋蟀能促織。』

〔四〕猿公，《吴越春秋》卷九：『處女將北見於王，道逢一翁，自稱曰袁公。問于處女：「吾聞子善劍，願一見之。」女曰：「妾不敢有所隱，惟公試之。」於是袁公即杖箖箊竹，竹枝上頡橋，未墮地，女即捷末。袁公則飛上樹，變爲白猿。遂别去。』

〔五〕阿錫，《漢書·禮樂志》：『被華文，厠霧縠，曳阿錫，佩珠玉。』顔師古注引如淳曰：『阿，細繒。錫，細布也。』

〔六〕『梁園』句，《漢書·司馬相如傳》：『是時梁孝王來朝，從游説之士齊人鄒陽、淮陰枚乘、吴嚴忌夫子之徒，相如見而説之，因病免，客游梁，得與諸生游。』《漢書·枚乘傳》：『復游梁，梁客皆善屬辭賦，乘尤高。』

〔七〕缣緗，唐駱賓王《上兖州刺史啓》：『頗游簡素，少閲缣緗。』

〔八〕碧油紅旆，宋葉夢得《石林燕語》卷六：『節度使旌節：門旗二，龍虎旌一，節一，麾槍二，豹尾二，凡八物。旗以紅繒爲之九幅，上爲塗金銅龍頭以揭旌，加木盤。節以金銅葉爲之。盤三層，加紅絲爲旄。麾槍亦施木盤。豹尾以赤黄布畫豹文。皆以髤漆爲杠。文臣以朱，武臣以黑。旗則綢以紅繒，節及麾槍則綢以碧油，故謂之碧油紅旆。受賜者藏於公宇私室，皆别爲堂，號節堂。每朔望之次日祭之，號衙日。唐制有六纛，今無有也。』

〔九〕瓦礫，《吕氏春秋·先職覽·樂成》：『禹之决江水也，民聚瓦礫。』

重修漁梁壩落成紀事〔一〕

在昔新安號全盛，典章文物恒昭垂。名世巨公不可數，鼎銘鐘勒光離離。考亭夫子衍化澤，六經復旦儒人師〔二〕。農熙士恬各有道，苻萑不警鋋無施〔三〕。肇牽車牛遠服賈，黄金百萬羅高貲。維時漁梁實水口〔四〕，大川一束波淪漪。估舡燈火泊梁下，攊絲調管聲嘔咿。青樓十二連雲起，粉白黛緑銜金卮。何年石落水清淺，略無停蓄惟奔馳。此如貨泉一散不可聚，雖有陶頓難爲治〔五〕。又如文章少藴藉，昆侖直下不用砥柱維。坐此民氣遂不振，豐亭之象成瘡痍。長吏瞠視不知救，高談食肉何人斯。我來皇

帝歲乙丑，臨川何計蘇窮黎〔六〕。井深綆短鮮籌畫，跳丸日月星頻移〔七〕。紫陽有靈得賢守〔八〕，立興百廢寧規隨。疇咨父老周利弊，大夫卿士人無訾。刀布如山置水次，白石鑿鑿忘調飢。畚鍤有聲走風雨，子來萬衆疑謀私。權輿執徐迨協洽，屹然虹偃江之湄。爰開斗門放巨溜，銀濤似箭驚夔跜。蛟龍跋浪不敢過，那復瑣瑣游魚黿。依舊帆檣集晚照，荆關圖畫非人爲〔九〕。我聞朝廷重水利，陽侯效順宣房釐〔一〇〕。公之此舉可入告，采風誰爲陳歌詩。

箋注

〔一〕《（乾隆）歙縣志》卷十七《藝文志》載吳苑《重修漁梁壩記》：『康熙二十六年，會太守朱公廷梅甫莅郡，遂以是爲請。及下車，即與郡丞曹公貞吉、别駕沈公弼、蔣公燦、歙令靳公治荆，經營相度。』《（乾隆）江南通志》卷六十六《河渠志》載朱廷梅《修漁梁壩記》：『予甫下車，即申請撫憲，并致書紳士之家廣陵者，紳士誼篤維桑，慨任工費，予喜出望外。於是循江而觀，逡巡周覽，擇日祭告，以戊辰正月八日開工。得吳子嵩、汪子士鋐、吳子瞻泰，仿嚴郡之石梁規制，縱横各半，中爲鰲背而坦其脊。』

〔二〕考亭夫子，南宋理學家朱熹爲徽州婺源（今屬江西）人，後遷徙至建陽（今屬福建）考

亭，故稱。

〔三〕苻萑，《左傳·昭公二十年》：『鄭國多盜，取人於萑苻之澤。』

〔四〕漁梁實水口，位於今安徽歙縣境内，明清時期爲徽商出入徽州府的要道。

〔五〕陶頓，春秋末年陶朱公范蠡與猗頓的并稱。《史記·貨殖列傳》：『猗頓用鹽鹽起。』裴駰集解引《孔叢子》曰：『猗頓，魯之窮士也。耕則常飢，桑則常寒。聞朱公富，往而問術焉。朱公告之曰：「子欲速富，當畜五牸。」於是乃適西河，大畜牛羊于猗氏之南，十年之間其息不可計，貲擬王公，馳名天下。以興富於猗氏，故曰猗頓。』

〔六〕『我來』句，《（康熙）徽州府志》卷之三《郡職官》：『同知：……曹貞吉，字升六，山東安丘人，進士，康熙二十四年任。』曹貞吉《桂留堂文集序》：『乙丑冬，隨牒貳新安。』

〔七〕跳丸日月，見《百字令·朱錫鬯過訪不值，悵然有寄》箋注〔四〕。

〔八〕紫陽，山名，在安徽省歙縣城南。

〔九〕荆關，見《青玉案·雁字》箋注〔一〕。

〔一〇〕陽侯，見《滿江紅·過滹沱》箋注〔四〕。宣房，見《滿江紅·過滹沱》箋注〔三〕。

高枕定能容杜甫〔三〕，練裙何必問羊欣〔四〕。蘭亭禊事重修日〔五〕，隨意苔裀坐夕曛。

箋注

〔一〕春榼，藤草名。晋嵇含《南方草木狀》：『榼藤，依樹蔓生，如通草藤也。其子紫黑色，一名象豆，三年方熟。其殼貯藥，歷年不壞，生南海，解諸藥毒。』

〔二〕古芸，宋沈括《夢溪筆談》卷三：『古人藏書辟蠹用芸。芸，香草也，今人謂之七里香者是也。葉類豌豆，作小叢生，其葉極芬香，秋後葉間微白如粉污。辟蠹殊驗，南人采置席下，能去蚤虱。』

〔三〕『高枕』句，唐杜甫《返照》：『衰年肺病惟高枕，絶塞愁時早閉門。』

〔四〕『練裙』句，《宋書・羊欣傳》：『羊欣，字敬元，泰山南城人也……泛覽經籍，尤長隸書。不疑初爲烏程令，欣時年十二，時王獻之爲吴興太守，甚知愛之。獻之嘗夏月入縣，欣着新絹裙晝寢，獻之書裙數幅而去。欣本工書，因此彌善。』

〔五〕『蘭亭』句，晋王羲之《蘭亭集序》：『永和九年，歲在癸丑，暮春之初，會於會稽山陰之蘭亭，修禊事也。』

題熊封看梅詩卷〔一〕

十里梅花冰雪叢，看花仙吏去匆匆。祇今聽盡關山曲〔二〕，人在五原明月中。

箋注

〔一〕熊封，即靳治荆，見《臺城路·爲熊封題〈金陵覽古〉詩卷》箋注〔一〕。看梅詩卷，靳治荆《思舊録·鄭谷口簠》：『江上有地名石柱衝，古梅盛開，帶山映水者數里不絶，谷口載酒邀予暨諸同人往游，流連竟日。』王士禛《居易録》：『金陵鄭谷口簠頃寄其《石柱看梅詩卷十絶句》，熊封又介予友曹員外升六貞吉寄其詩數百篇，請予論次。風流好事如此，非俗吏也。今遷知固原州。』

〔二〕關山曲，《樂府詩集》卷二十三：『《樂府解題》曰：「關山月，傷離别也。」』

題西畬印譜〔一〕

嗚呼古文不可見，得其似者惟圖章。李斯程邈已千古〔二〕，金石刻畫今渺茫。蠆尾

蠶頭存彝鼎，雷回班剥疑琮璜〔三〕。岐陽之鼓未作臼，天爲萬世維淳龐〔四〕。石經斶匾各體勢，楚金寧傍陽冰墻〔五〕。零銅碎玉自秦漢，點畫雖具精神亡。金玉犀象太作劇，青田老凍推燈光。有明中葉壽承出〔六〕，葵丘玉帛同尊王〔七〕。鵠跱鸞翔品清栗，弩張劍拔神飛揚。雪漁及門號尊足〔八〕，於今贋鼎連車量。文采風流久銷歇，百年僅見陳師皇。張□顧荃亦好手〔九〕，尚欠跌宕還矜莊。昨日人傳穆倩死〔一〇〕，秋墳寂歷蠻烟荒。我於今歲得俞子〔一一〕，如乳投水芥引鍼。奏刀劃然族理解，垂雲倒薤風洋洋。維珠則圓玉則潤，攀橋提震光青箱。余性愛古慎齒頰，不褒鹽嫫爲施嬙〔一二〕。鐵筆縱横嘆希有，大璣小璧歸奚囊。此書若成定不朽，作歌幸恕狂夫狂。

箋注

〔一〕西畲，見《題俞丹嶼小照》箋注〔一〕。

〔二〕李斯，《泰山志》卷十五《金石記一》：『《史記·秦始皇本紀》云：上泰山，立石封，祀其下。云：刻所立石，是秦有文字之證，今李斯篆是也。』。傳爲由李斯書寫的刻石有《琅邪刻石》《嶧山刻石》《會稽刻石》等。程邈，宋陳思《書小史》卷三：『程邈，字元岑，下邽人。始爲衙縣獄吏，得罪始皇，幽繫雲陽獄中。覃思十年，變大篆，益小篆方圓，而爲隸書三千字。奏上，

始皇善之，出爲御史。』

〔三〕琮璜，《墨子·明鬼下》：『珪璧琮璜，稱財爲度。』

〔四〕淳龐，《淮南子·泰族訓》：『淳龐敦厚者，《書》之教也。』

〔五〕陽冰，李陽冰，字少温，趙郡（今河北趙縣）人，唐代書法家。《金壺記》：『李陽冰尤精書學，其豪駿墨勁，當時人謂之筆虎。』

〔六〕壽承，文彭，字壽承，號三橋，長洲（今江蘇蘇州）人。文徵明長子。工書法、篆刻。

〔七〕葵丘，謝縉，字孔昭，號葵丘，吴縣（今江蘇蘇州）人。工詩畫。有《蘭庭集》。

〔八〕雪漁，何震，字主臣，一字長卿，號雪漁，海陽（今安徽休寧）人。篆刻流派雪漁派創始人。許令典《甘氏印集叙》：『自雲間顧氏廣搜古印，匯輯爲譜，新安雪漁，神而化之，祖秦漢而孫宋元，其文輕淺多致，止用凍石而急就，猶爲絶唱。』及門，《論語·先進》：『子曰：「從我於陳、蔡者，皆不及門也。」』

〔九〕顧苓，疑當爲顧苓。《（光緒）蘇州府志》卷八十八：『顧苓，字云美，太僕卿存仁後。少篤學，尤潛心篆隸，凡金石、碑版及鼎彝、刀尺、款識、蟲魚、蝌蚪之書皆能誦之，晚而篆隸益精，臨摹秦漢銅章、玉印，見者以爲不減吾衍、文彭。』清李崧《沈莊樗古隸歌》：『國初顧苓與鄭簠，大江以南稱兩雄。苓也謹嚴筆屈鐵，簠也流宕徒横從。』

〔一〇〕穆倩，即程邃，見《題程萬斯印册》箋注〔二〕。

〔一一〕俞子，俞欽奇，見《題俞丹嶼小照》箋注〔一〕。

〔一二〕鹽嫫，古代醜女無鹽和嫫母的并稱。施嬙，古代美女西施和毛嬙的并稱。

壬申歲暮同士旦京少方山大木東塘集新城司農邸舍以夜闌更秉燭爲韵〔一〕

其一

歲暮寒氣銛，濃霜堆屋瓦。短裘各蒙茸，旅酒供傾瀉。萍散近十年，星聚始今夜。

箋注

〔一〕康熙三十一年（一六九二）曹貞吉以積功升户部廣東司員外郎，又至京師，應王士禛邀，與袁啟旭、蔣景祁、謝重輝、馮廷櫆、孔尚任等友人在王士禛寓所暢飲，分『夜闌更秉燭』一句爲韵，各賦詩五首，曹貞吉即作此組詩。蔣景祁《東舍集》卷一有《歲暮集阮亭先生宅，用『夜闌更秉燭』爲韵五首》。同安丘曹實庵、德州謝方山、曲阜孔東塘諸先生暨宣城袁士旦》。袁啟旭《中江紀年詩集》卷四有《臘月二十六日，阮亭先生招同曹實庵、謝方山兩員外、孔東塘博士、馮

大木舍人、蔣京少司馬宴集，用『夜闌更秉燭』爲韻，各賦五首》。馮廷櫆《馮舍人遺詩》卷四有《集阮亭先生寓齋，以『夜闌更秉燭』分韻五首》。孔尚任有詩《王阮亭先生招飲，同曹實庵、謝方山、馮大木、袁士旦、蔣京少諸公分韻，得『夜闌更秉燭』五字》。袁啟旭，字士旦，號中江，安徽宣城人。有《中江紀年稿》。京少，即蔣景祁，見《渡江雲·送蔣京少下第游楚》箋注〔一〕。千仞，即謝重輝，見《送謝方山賫詔之江右》箋注〔一〕。大木，見《和馮大木夏日雜咏》箋注〔二〕。孔尚任，字聘之、季重，號東塘、雲亭山人，山東曲阜人，曾官國子監博士、户部主事、員外郎等。著有《桃花扇》。新城司農，即王士禛，見《浣溪沙·步阮亭紅橋韵》其一箋注〔一〕。

其二

湖海久憔悴，羞澀及柔翰〔一〕。老懷入秋冬，逢人易悲嘆。謖謖塵聲中，良宵倏已闌。

箋注

〔一〕柔翰，見《念奴嬌·讀畫樓，周子雪客言近將以甘露閣改作，爲賦此》箋注〔五〕。

其三

蠻語苦未忘，終風乃爾勁〔一〕。榠楂味久疏〔二〕，橘柚咀已更。悪縮等生狙〔三〕，貧也而非病。

箋注

〔一〕終風，見《陳欽若招飲烏聊山較射晚登攬秀亭》箋注〔六〕。

〔二〕榠楂，明李時珍《本草綱目》卷三十：『木李生於吴越，故鄭樵《通志》謂之蠻楂。云俗呼爲木梨，則榠楂蓋蠻楂之訛也。』

〔三〕悪縮，《新唐書·李石傳》：『方是時，宦寺氣盛，陵暴朝廷，每對延英，而仇士良等往往斥訓以折大臣，石徐謂曰：「亂京師者訓、注也，然其進，孰爲之先？」士良等悪縮不得對。』

其四

江南美岩壑，黄山實靈境。桐帽與棕鞋〔一〕，逌然愜素秉〔二〕。回頭石笋矼〔三〕，使我夢魂冷。

箋注

〔一〕桐帽，見《題李耕客行脚圖》其一箋注〔二〕。

〔二〕逌然，《列子·力命》：『終身逌然，不知榮辱之在彼也在我也。』張湛注：『逌然，自得貌。』

〔三〕石笋矼，黄山勝景，在黄山始信峰與仙人峰之間，矼上多怪石。

其五

避人鑷白髭，來逐五斗粟〔一〕。殘月及曉風，未抵將跋燭〔二〕。金鐎響琅璫〔三〕，宵行良刺促。

箋注

〔一〕五斗粟，見《歲暮感舊書懷二十八韵》箋注〔一九〕。

〔二〕跋燭，《舊唐書·柳公權傳》：『每浴堂召對，繼燭見跋，語猶未盡，不欲取燭，宫人以蠟泪揉紙繼之。』

〔三〕金鐎，唐駱賓王《蕩子從軍賦》：『鐵騎朝常警，銅焦夜不鳴。』明顔文選注：『銅鐎，以

銅作鐎器，受一斗，晝炊飯食，夜擊巡營，亦名刁斗。』

和客子獨樹簃偶刊步韻〔一〕

先生骫髀負奇骨，幾年慣踏天街泥。江湖浩浩戒舟楫，乾乾颯颯逐輪蹄。大官日給因紅粟，生徒或送酸黄虀。以之自奉良不惡，何必遥羡玉山稊〔二〕。羸馱襁負各兒女，籠中之鶴塒中鷄。十丈軟紅散如雨〔三〕，城南韋曲尋幽栖〔四〕。長安馬客驚意氣，千群腰褭風塵低。獨樹簃中好竹木，維葉莫莫還萋萋。庭下翻翻龍角豆，牽牛爛熳争秋荑。吊望諸君撅驢尾，和漸離筑平頭奚〔五〕。梨栗尋常供驥子，釵荆樸遫隨萊妻。褦襶難求龍皮扇〔六〕，恧縮詎有辟寒犀〔七〕。皋比罷講麋歲月〔八〕，蘿窗晏坐仍鈎稽。伫聽花縣報衙鼓〔九〕，白頭鳩杖來黔黎〔一〇〕。君用文章飾吏治，能馴貙虎如麛麑。常平事業應爾爾〔一一〕，剸繁割劇疑農畦〔一二〕。駟鐵能令群動肅，輶軒可指諸方迷。功成身老泛湖去，有人長補衮衣兮〔一三〕。

箋注

〔一〕客子，即沈季友，見《帝京蹋燈詞和沈客子韻》其一箋注〔一〕。王士禛《題沈客子林

屋幽居圖五首》金榮注：『客子，名季友，家平湖，先生門人。』獨樹簃，沈季友在京師的居所，清查慎行有《沈客子舊寓都門所居名獨樹簃自撰七言古詩曹實庵錢玉友湯西厓皆有和章今來索余補作仍次原韵》。

〔二〕玉山，《山海經·西山經》：『又西三百五十里，曰玉山，是西王母所居也。』郭璞注：『此山多玉石，因以名云。《穆天子傳》謂之群玉之山。』稊，《莊子·秋水》：『計中國之在海内，不似稊米之在太倉乎。』

〔三〕十丈軟紅，見《霓裳中序第一·爲杞園題〈浮家圖〉》箋注〔三〕。

〔四〕韋曲，在唐長安城南郊。元駱天驤《類編長安志》卷九：『韋曲在樊川，唐韋安石之别業，林泉花竹之勝境。』

〔五〕漸離筑，見《百字令·咏史》其二箋注〔四〕。

〔六〕褦襶，見《蝶戀花》（正月春盤）箋注〔四〕。龍皮扇，五代王仁裕《開元天寶遺事·龍皮扇》：『元寶家有一皮扇子，製作甚質。每暑月宴客，即以此扇子置於坐前，使新水灑之，則颯然風生，巡酒之間，客有寒色，遂命撤去。明皇亦曾差中使去取看，愛而不受，帝曰：「此龍皮扇子也。」』

〔七〕辟寒犀，五代王仁裕《開元天寶遺事·辟寒犀》：『開元二年冬至，交趾國進犀一株，色黄如金，使者請以金盤置於殿中，温温然有暖氣襲人。上問其故，使者對曰：「此辟寒犀也。頃自

隋文帝時，本國曾進一株，直至今日。」上甚悦，厚賜之。』

〔八〕皋比，原指虎皮，古人坐虎皮講學，後因以指講席。宋朱熹《横渠先生畫像贊》：『早悦孫吴，晚逃佛老。勇撤皋比，一變至道。』

〔九〕花縣，今河南河陽。見《憶舊游·題郭熙〈秋江行旅圖〉》箋注〔四〕。

〔一〇〕白頭鳩杖，《後漢書·禮儀志中》：『年始七十者，授之以王杖，餔之糜粥。八十、九十，禮有加賜。王杖長九尺，端以鳩鳥爲飾。鳩者，不噎之鳥也。欲老人不噎。』王先謙集解引惠棟曰：『《風俗通》云：漢高祖與項籍戰京索間，遁叢薄中，時有鳩鳴其上，追者不疑，遂得脱。及即位，异此鳥，故作鳩杖，賜老人也。』

〔一一〕常平，宋羅大經《鶴林玉露》卷十三：『惠民之法，莫善於常平。司馬温公曰：「此三代聖人之法，非李悝、耿壽昌所能爲也。」陳止齋曰：「《周禮》以年之上下出斂法。蓋年下則出，恐穀貴傷民；年上則斂，恐穀賤傷農也。即常平之法。」』

〔一二〕剸繁割劇，《明史·汪廣洋傳》：『誥詞稱其剸繁治劇，屢獻忠謀，比之子房、孔明。』

〔一三〕補衮衣，《詩經·大雅·烝民》：『衮職有闕，維仲山甫補之。』鄭玄箋：『衮職者，不敢斥王之言也。王之職有闕輒能補之者，仲山甫也。』

題卓氏傳經堂〔一〕

其一

夾河龍戰四天昏，碎首青蒲動至尊〔二〕。北闕綱常留廟貌〔三〕，西山薇蕨長兒孫〔四〕。含元殿側銅仙泪〔五〕，石子岡邊杜宇魂〔六〕。剩有清風激頑懦，瀟瀟暮雨侍郎村。

箋注

〔一〕卓氏傳經堂，清姚禮《郭西小志·卓氏傳經堂》：『卓火傳（天寅），仁和栖水人，發之之孫、人月之子也。發之，字左車，一名能儒，字無量，號蓮句。順治甲午副貢，著有《漉籬集》。人月，字珂月，貢生，著有《蕊淵集》《續千文》。卓氏長於《春秋》，言經學者無以難之。火傳猶富於才，家有傳經堂，又有相於閣。名流過訪，參考經義者，恒停舟於廣濟橋。而傳經之名海内皆知之。陸藎思有《傳經堂》詩。火傳子允域、允基。允域，字永瞻；允基，字次厚，皆諸生。一經傳授，克紹箕裘，足爲鄉邦矜式。』

書王孝子傳後〔一〕

其一

童時快讀温陵傳，回首蓬蒿四十年。文字何由關至性，孤兒一見感重泉〔二〕。西風落日田横島，大雪空山夢覺緣〔三〕。豈是豐干慣饒舌〔四〕，衆生煩惱此情牽。

箋注

〔一〕王孝子，名王原，直隸文安縣人。事見《明史·孝義傳》。戴名世有《王孝子詩》記其事迹。

〔二〕孤兒，《明史·孝義傳二》：『王原，文安人。正德中，父珣以家貧役重逃去。原稍長，問父所在。母告以故，原大悲慟。乃設肆於邑治之衢，治酒食舍諸行旅。遇遠方客至，則告以父姓名、年貌，冀得父踪迹。久之無所得。既娶婦月餘……號泣辭母去，遍歷山東南北，去來者數年。』

〔三〕『西風』句，《明史·孝義傳》：『一日，渡海至田横島，假寐神祠中，夢至一寺，當午，炊莎和肉羹食之。一老父至，驚覺。原告之夢，請占之。老父曰：「若何爲者？」曰：「尋父。」老

父曰：「午者，正南位也。莎根附子，肉和之，附子膾也。求諸南方，父子其會乎？」原喜，謝去，而南逾洛、漳，至輝縣帶山，有寺曰夢覺，原心動。天雨雪，寒甚，卧寺門外。及曙，一僧啓門出，駭曰：「汝何人？」曰：「文安人，尋父而來。」曰：「識之乎？」曰：「不識也。」引入禪堂，憐而予之粥。珣方執爨竈下，僧素知爲文安人，謂之曰：「若同里有少年來尋父者，若倘識其人。」珣出見原，皆不相識，問其父姓名，則王珣也。珣亦呼原乳名。相抱持慟哭，寺僧莫不感動。珣曰：「歸告汝母，我無顔復歸故鄉矣。」原曰：「父不歸，兒有死耳。」牽衣哭不止。寺僧力勸之，父子相持歸，夫妻子母復聚。後原子孫多仕宦者。』

〔四〕豐干慣饒舌，見《和念東先生郊外韵》其三箋注〔一〕。

其二

孤生那識嚴親面，天地鴻毛不可尋。金石能通徵錫類，鬼神來告慰初心。夢中莎米根何苦，定裏山僧感亦深〔一〕。簪笏百年渾未艾，高門喬木正垂陰。

箋注

〔一〕『夢中』句，見《書王孝子傳後》其一箋注〔三〕。

送湯慎庵送親南歸〔一〕

洛下潘輿足勝游，清和時節放輕舟〔二〕。歸心早渡黄河水，客夢遥憐白鷺洲。擬着萊衣拜家慶〔三〕，還分虎竹領諸侯〔四〕。荷香一路濃如許，不憶仙郎舊日籌。

箋注

〔一〕湯慎庵，曹貞吉又有《代人送湯慎庵送親還金陵》。

〔二〕『洛下』句，晋潘岳《閑居賦》：『太夫人乃御版輿，升輕軒，遠覽王畿，近周家園。體以行和，藥以勞宣，常膳載加，舊痾有痊。』

〔三〕萊衣，見《永遇樂·送孫屺瞻學士歸省》箋注〔七〕。

〔四〕分虎竹，《後漢書·宦者傳序》：『苴茅分虎，南面臣人者，蓋以十數。』

偶書熊封驪山絶句後〔一〕

回首潼華足戰攻〔二〕，春風蕩潏水溶溶。輸他褒女嫣然笑，不上驪山一舉烽〔三〕。

箋注

〔一〕熊封，即靳治荆，見《臺城路·爲熊封題〈金陵覽古〉詩卷》箋注〔一〕。驪山，《（乾隆）西安府志》卷三《名山志》：『驪山，在（臨潼）縣南里許，即藍田北山，綿亘而東五十餘里。』《漢書·劉向傳》：『秦始皇葬於驪山之阿，下錮三泉，上崇山墳，其高五十餘丈，周回五里有餘。』

〔二〕潼華，陝西潼關和華山的并稱。宋陸游《秋懷十首末章稍自振起亦古義也》其十：『潼華臨黄河，古出名將相。』

〔三〕『輸他』句，《史記·周本紀》：『褒姒不好笑，幽王欲其笑萬方，故不笑。幽王爲烽燧大鼓，有寇至則舉烽火。諸侯悉至，至而無寇，褒姒乃大笑。幽王説之，爲數舉烽火。其後不信，諸侯益亦不至。』

答靳雁堂見寄之作步韵〔一〕

黟峰振策自年年〔二〕，羡爾獨探玉井蓮〔三〕。踪迹略同鴻雪影，遭逢難定想非天。牛羊日落歸屯牧，禾黍秋高静塞烟。老我金門吟思減〔四〕，側身西望一茫然。

箋注

〔一〕靳雁堂，即靳治荆，見《臺城路·爲熊封題〈金陵覽古〉詩卷》箋注〔一〕。

〔二〕振策，見《壽雋公》箋注〔五〕。

〔三〕玉井蓮，見《疏影·咏金絲荷葉》箋注〔三〕。

〔四〕金門，見《秋日過滴翠園呈望石侍御六首》其一箋注〔三〕。

三溪山水絶勝余三度過此景物不同詩以紀之

丙寅詩追録〔一〕

其一

曲曲三溪道，偏驚乍到人。千年留奥府〔二〕，一髮引通津。峰合疑無路，崖傾似有神。黄昏防夜虎，列炬達城堙。

箋注

〔一〕三溪，今安徽旌德三溪。丙寅，清康熙二十五年（一六八六），曹貞吉在徽州同知任上。

〔二〕奥府，漢焦贛《易林·乾之觀》：『江河淮海，天之奥府。衆利所聚，可以饒有。』

其二

再涉三溪險，冥迷積霧中。窮陰不到日，萬木盡含風。鳥篆封苔蘚〔一〕，雷斤闢混濛〔二〕。青天望京國，心折北來鴻。

箋注

〔一〕鳥篆，《後漢書·酷吏傳·陽球》：『或獻賦一篇，或鳥篆盈簡，而位升郎中，形圖丹青。』李賢注：『八體書有鳥篆，象形以爲字也。』

〔二〕雷斤，唐李肇《唐國史補》卷下：『或曰雷州春夏多雷，無日無之。雷公秋冬則伏地中，人取而食之，其狀類彘。又云與黄魚同食者，人皆震死。亦有收得雷斧、雷墨者，以爲禁藥。』斤，漢許慎《説文解字·斤部》：『斤，斫木斧也。』

其三

又是三溪近，繁華滿路開。映山紅躑躅，匝地紫玫瑰。列戍兵猶勁，浮天波正來〔一〕。旌陽濃翠裏，日暮興悠哉。

箋注

〔一〕浮天，宋蘇軾《同王勝之游蔣山》：『峰多巧障日，江遠欲浮天。』

送洪雨平〔一〕

數騎雪中去，關河落木多。黄山莽迢遞，歸客意如何。遥憶雲深處，諸峰挂緑蘿。讀書兼學道，歲月詎蹉跎。

箋注

〔一〕洪雲行，字雨平，安徽歙縣人，康熙中爲浙江餘姚縣丞。受業於汪洪度。

長至署中偶成〔一〕

一綫陽回事有無，西山玉立雪模糊〔二〕。閑窗筆墨縱横甚，點綴長林豐草圖〔三〕。

箋注

〔一〕長至，見《步平萬喜雨韵》箋注〔三〕。

〔二〕西山，北京西郊群山的總稱。曹貞吉有多首詩咏及西山，如《送方山假歸》其三『西山玉立起嶙峋，歸路秋風及采蒓』，《秋日過滴翠園呈望石侍御六首》其一『西山翠靄來朝暮，北闕晴霞辨有無』等。

〔三〕長林豐草圖，明代李流芳所作《長林豐草圖》畫軸。

送丁勖庵南歸〔一〕

河橋楊柳色，常自鬱青青。送子涉江去，飛花晝杳冥。春光劇駘蕩，别緒易飄零。十里蘇堤路，鶯啼正可聽。

箋注

〔一〕丁灝（一六三七—一七一八後），字勖庵，浙江仁和（今屬杭州）人，有《鼓枻文集》。曾燦《六松堂文集》卷十二《丁勖庵鼓枻集序》：『丁字勖庵，負少年不羈之材，遨游名公巨卿間，幾二十年。其志蓋有用於世也，久而不遇，浮家秣陵，思欲垂竿江潭，以終老其年，而先以「鼓枻」名其集。』孔尚任有《送丁勖庵南還》二首。

有所聞作

吾尚挂朝籍，先除名士名。病蠶慵作繭，老驥罷長鳴。才盡詩難好〔一〕，心空道始成〔二〕。朝來視天地，如水一般平。

箋注

〔一〕才盡，《梁書·江淹傳》：『淹少以文章顯，晚節才思微退，時人皆謂之才盡。』

〔二〕心空，唐王維《青龍寺曇壁上人兄院集》：『眼界今無染，心空安可迷。』

書殷彥來歲寒集後〔一〕

老去初參無字禪，丘遲剩錦亦堪憐〔二〕。吟君負手巡檐句，只當西風夢惠連〔三〕。

箋注

〔一〕殷譽慶，字彥來，號蘧齋，又號蘧門，華亭（今屬上海）人，占籍江都。清諸生，師事王士禛、曹寅。有《菰蘆集》。清沈德潛《清詩別裁集》卷二十五：『殷譽慶，字彥來，江南江都人。王漁洋嘗稱殷彥來之才，憐其屈抑未遇，余未與相識，覓其稿不易得矣。於友人處得近體二章，皆首尾完善有聲光者。』

〔二〕丘遲剩錦，《南史·江淹傳》：『淹少以文章顯，晚節才思微退，云爲宣城太守時罷歸，始泊禪靈寺渚，夜夢一人自稱張景陽，謂曰：「前以一匹錦相寄，今可見還。」淹探懷中得數尺與之，此人大恚曰：「那得割截都盡。」顧見丘遲謂曰：「餘此數尺既無所用，以遺君。」自爾淹文章躓矣。』

〔三〕夢惠連，《南史·謝方明傳》：『子惠連，年十歲能屬文，族兄靈運嘉賞之，云：「每有篇章，對惠連輒得佳語。」嘗於永嘉西堂思詩，竟日不就，忽夢見惠連，即得「池塘生春草」，大以爲

工。常云：「此語有神功，非吾語也。」』

題梅廷尉洗桐圖〔一〕

桐陰書屋繫人思，黛色霜皮也自奇〔二〕。欲學先生勤洗濯，愧無相對好鬚眉。

箋注

〔一〕梅廷尉，梅鋗，字爾熾，號桐崖，安徽宣城人。康熙丁未進士，歷官太平縣知縣、御史中丞、福建巡撫、左都御史等。清詩人張英亦有《題梅桐崖洗桐圖》詩。

〔二〕黛色霜皮，見《山花子·爲人題簾上畫松》箋注〔五〕。

送馮敬南之任梧州〔一〕

其一

論交慚馬齒，踪迹却同君〔二〕。憶佐新安郡，曾窺黄海雲。探幽靈壽杖，送客陟釐

文。龍目香中去〔三〕，榕陰日易曛。

箋注

〔一〕馮𧤏，字敬南，號竹窗，山西代州（今代縣）人。康熙二十七年（一六八八）進士，官中書舍人、梧州府同知、南寧府同知等。與萬斯同、孔尚任、李塨、王源等交游。有《芋寧堂詩草》。《（乾隆）梧州府志》卷十二《職官》記其康熙三十四年（一六九五）任梧州府同知。清田雯《送馮敬南赴梧州少府序》：『梧州古蒼梧地。蒼梧，刺桐花也。輿地志無以花名郡者，或以桂，或以柳，唯西粤有之，梧州又其一焉。』

〔二〕『論交』句，馮𧤏於康熙二十七年中進士，授内閣中書舍人，時年曹貞吉五十五歲，在徽州同知任上。又曹貞吉清康熙九年（一六七〇）也曾授内閣中書舍人一職。

〔三〕龍目，即龍眼，桂圓。《文選·左思〈蜀都賦〉》：『旁挺龍目，側生荔枝。』李善注：『《南裔志》曰：龍眼，荔枝，生朱提南廣縣……龍眼似荔枝，其實亦可食。』

其二

銀緋軍司馬〔一〕，珍重小馮君。知泛湘流曲，能開衡岳雲。荒人争負弩，龍户解論文〔二〕。莫聽鷓鴣語〔三〕，高吟對夕曛。

箋注

〔一〕銀緋軍司馬，清代稱府同知曰司馬，因馮甕任梧州府同知，故稱。王源《送馮敬南序》：『馮子敬南爲蒼梧司馬，既行，屬錢子亮功索予文爲贈。……敬南年少登第，文章名天下，而負奇氣，卓犖喜談兵，有孫雁門遺風，及與交，果然。』

〔二〕龍户，也稱蜑户、蛋户。明胡震亨《唐音癸籤·龍户馬人》：『龍户，在儋耳、珠崖，其人目睛皆青碧，善伏水，蓋即所謂昆侖奴也。』清屈大均《廣東新語·舟語·蛋家艇》：『昔時稱爲龍户者，以其入水輒綉面文身，以象蛟龍之子。』

〔三〕鵏鴣語，見《留客住·鵏鴣》箋注〔三〕。

爲袁杜少題怪石供〔一〕

綉壁空青一帶懸，米顛袍笏憶從前。何當便入仇池去，領略人間小有天。

箋注

〔一〕袁佑，字杜少，號霽軒，山東東明人。康熙拔貢，官内閣中書。康熙十八年召試博學鴻

儒，授翰林院編修。後官至中允。有《霽軒詩鈔》《詩禮疑義》等。

袁節女詩

袁氏有奇女，未識幗與巾。但知所天没，不可以爲人〔一〕。死易立孤難，嬰杵同千春〔二〕。有志既不遂，何爲數夕晨。閉閤絶粒死，毅魄成青磷。譬諸烈丈夫，可擬草莽臣。陶潛晋處士，何嘗秉國鈞。枋得當宋季，名未達楓宸〔三〕。卒之青史中，炳炳復麟麟〔四〕。期不負寸心，存殁何足云。告廟而結縭，形迹徒紛紜。惜乏輶軒告〔五〕，不獲承温綸〔六〕。作詩備遺忘，大義終不泯。

箋注

〔一〕『但知』句，《孟子·離婁上》：『不得乎親，不可以爲人；不順乎親，不可以爲子。』

〔二〕『死易』句，《史記·趙世家》：『公孫杵臼曰：「立孤與死孰難？」程嬰曰：「死易，立孤難耳。」』

〔三〕『枋得』句，《宋史·謝枋得傳》：『謝枋得，字君直，信州弋陽人也……以江東提刑、江

西招諭使知信州……師夔下安仁，進攻信州，不守。枋得乃變姓名，入建寧唐石山，轉茶坂，寓逆旅中，日麻衣躡屨，東鄉而哭，人不識之，以爲被病也。已而去，賣卜建陽市中，有來卜者，惟取米屨而已，委以錢，率謝不取。其後人稍稍識之，多延至其家，使爲弟子論學。天下既定，遂居閩中。』楓宸，三國魏何晏《景福殿賦》：『芸若充庭，槐楓被宸。』

〔四〕『卒之』句，《宋史·謝枋得傳》：『至元二十三年，集賢學士程文海薦宋臣二十二人，以枋得爲首，辭不起。又明年，行省丞相忙兀台將旨詔之，執手相勉勞。枋得曰：「上有堯、舜，下有巢、由，枋得名姓不祥，不敢赴詔。」丞相義之，不强也。……二十六年四月，至京師，問謝太后欑所及瀛國所在，再拜慟哭。已而病，遷憫忠寺，見壁間《曹娥碑》，泣曰：「小女子猶爾，吾豈不汝若哉！」留夢炎使醫持藥雜米飲進之，枋得怒曰：「吾欲死，汝乃欲生我邪？」弃之於地，終不食而死。』

〔五〕輶軒，《文選·張協〈七命〉》：『語不傳於輶軒，地不被乎正朔。』李善注引《風俗通》曰：『秦周常以八月輶軒使采异代方言，藏之秘府。』

〔六〕温綸，皇帝詔令的敬稱。

送方山假歸〔一〕

其一

東門祖帳去如飛，道路驚看早拂衣。莫遣北山怨猿鶴，故鄉今見一人歸。

箋注

〔一〕方山，即謝重輝，見《送謝方山賁詔之江右》箋注〔一〕。

其二

回首名場感慨多〔一〕，早年意氣半銷磨。論交海内賢豪盡，不值先生一笑何。

箋注

〔一〕名場，唐羅隱《送沈先輩歸送上嘉禮》：『擬把金錢贈嘉禮，不堪栖屑困名場。』

其三

西山玉立起嶙峋〔一〕，歸路秋風及采莼。我唱驪駒非一闋〔二〕，此行端的解傷神。

箋注

〔一〕西山，見《長至署中偶成》箋注〔二〕。

〔二〕驪駒，《漢書·王式傳》：『至江公著《孝經説》，心嫉式，謂歌吹諸生曰：「歌《驪駒》」。式曰：「聞之于師：客歌《驪駒》，主人歌《客毋庸歸》。今日諸君爲主人，日尚早，未可也。」』顔師古注引服虔曰：『逸《詩》篇名也，見《大戴禮》。客欲去，歌之。』

題陳求夏詞集〔一〕

曾共迦陵細論文〔二〕，頷頤揞拄各能軍。十年泉路無消息，燕市悲歌又見君。

箋注

〔一〕陳履端（一六四九—一七二六），字求夏，一字晚耘，陳維崧嗣子。由廪貢授淮安府山陽縣訓導。著有《爨餘詞》。

〔二〕迦陵，即陳維崧，見《水調歌頭·午日和其年》箋注〔一〕。

朝天集

過暈嶺〔一〕

蜀道天下奇，千盤矗雲表。不緣五丁鑿〔二〕，何由露天巧。新安山水窟〔三〕，兹嶺當户繞。一綫通混茫，百折愈幽悄〔二〕。人行雲氣中，路出群峰杪。溪谷窈深黑，冥濛神所保。絶壁翠紅交，仙人紛羽葆。豈惟勞心魂，實乃亂昏曉。健足追猿猱，排空接飛鳥。便欲陵長風，俯覽抒懷抱。

校訂

鄧漢儀《詩觀三集》卷九録此詩。

何由露天巧，《詩觀三集》此句後有『頗思李昭道，圖像入微渺。棧閣兼縲綱，人物極纖小』

四句。

混茫，《詩觀三集》作『混芒』。

箋注

〔一〕暈嶺，在今安徽省南部績溪縣境内。

〔二〕五丁，《藝文類聚》卷七引漢揚雄《蜀王本紀》：『天爲蜀王生五丁力士，能移山，秦王獻美女與蜀王，蜀王遣五丁迎女。見一大蛇入山穴中，五丁并引蛇，山崩，秦五女皆上山，化爲石。』

〔三〕新安，新安郡，即徽州與嚴州大部。

輯評

〔一〕鄧漢儀曰：『愈細愈顯，似柳州筆墨。』

三溪〔一〕

兩峰倏焉合，一水奔而赴。似髮通羊腸，此走金陵路。陰崖疑鬼神，遑辨朝與暮。

鐵壁聳千仞，斧痕隱然露。題字久剥蝕，修名信難據。緬惟洪荒初〔二〕，氤氳元氣聚〔三〕。山川自盤鬱，梯航那得度。削鑿始何年，混沌傷其故。雄關峙絶巔，一夫儼可拒〔四〕。王公重設險〔五〕，屹屹金湯固〔六〕。我來值長至，天風正號怒。濃翠沾衣裳，霏霏作薄霧〔七〕。一月兩經過，能無臨深懼。何必九折坂，王陽始畏馭〔八〕。

校訂

鄧漢儀《詩觀三集》卷九録此詩。

倏焉，《詩觀三集》作『倏然』。

梯航，《詩觀三集》作『梯行』。

箋注

〔一〕三溪，位於今安徽省黄山市休寧縣境内。源於蓮花山，由蓮花溪、大洪溪、寒冲溪匯流而得名。

〔二〕緬惟，遥想。

〔三〕氤氲，《舊唐書·李義府傳》：『邃初冥昧，元氣氤氲。』

〔四〕『一夫』句，唐李白《蜀道難》：『劍閣峥嶸而崔嵬，一夫當關，萬夫莫開。』

〔五〕『王公』句，《易・坎》：『王公設險，以守其國。』

〔六〕金湯，見《登高遠眺》箋注〔三〕。

〔七〕霏霏，屈原《九章・涉江》：『霰雪紛其無垠兮，雲霏霏而承宇。』

〔八〕『何必』句，《漢書・王尊傳》：『琅琊王陽爲益州刺史，行部至邛崍九折阪，嘆曰：「奉先人遺體，奈何數乘此險！」後以病去。』九折坂，在今四川邛崍山。山路險阻迴曲，須九折乃得上，故名。宋陸游《遺興》：『九折阪頭休絶嘆，世間何地不羊腸。』

輯評

『兩峰』四句，鄧漢儀曰：『作游記妙手。』

雪中作

王事那辭瘁，念此徒旅艱。山行四百里，筋力儻已殫。江南飽烟雨，流水聲潺湲。長歌泥滑滑，肩我上巑岏〔一〕。昨夕雨脚收，私幸后土乾。出門即修途，大雪何漫漫。酸風射兩眸〔二〕，步履憂蹣跚。群峰峙玉屏，咫尺成奇觀。采石尤奇絶，粉本金碧山〔三〕。輿臺氣已盡〔四〕，何以陵高寒。客子擁短裘，尚慮肢體單。矧彼無衣人，安能

陟千盤。頓軛三太息〔五〕，黽勉謀朝餐。

校訂

《山左詩鈔》卷三十一選録此首。清張維屏《清詩人徵略》卷七録此首詩題，以此首爲曹貞吉名篇。

箋注

〔一〕巑岏，高峻的山峰。

〔二〕『酸風』句，唐李賀《金銅仙人辭漢歌》：『魏官牽車指千里，東關酸風射眸子。』

〔三〕粉本，古人作畫，先施粉上樣，然後依様落筆，故稱畫稿爲『粉本』。

〔四〕輿臺，《文選·張衡〈東京賦〉》：『發京倉，散禁財，賚皇僚，逮輿臺。』張銑注：『輿臺，賤職。』

〔五〕太息，屈原《離騷》：『長太息以掩涕兮，哀民生之多艱。』

輯評

趙執信曰：『老杜《發秦州》諸篇起法。』

清流關懷古〔一〕

太尉躍馬萬人敵，宋祖金戈揮白日。堅壁青山未肯降，偏師忽繞羊腸出〔二〕。滁州西澗水淙淙，排空直下千艨艟。背城一戰遽成縛，蕭然敗籜隨秋風。旁午羽書飛似雪〔三〕，淮甸已無唐日月。王氣全歸夾馬營〔四〕，烟波一葦堪愁絶〔五〕。不見江頭片甲還，宮中猶唱念家山〔六〕。花壓闌干春草碧，誰念沙場刀箭瘢。

校訂

《山左詩鈔》卷三十一、鄧漢儀《詩觀三集》卷九、馬長淑《渠風集略》卷二皆選録此首。張維屏《清詩人徵略》卷七著録詩題，以此首爲曹詩名篇，詩題作《清流關七古》。

箋注

〔一〕清流關，位於今安徽省滁州市西郊關山中段，始建於南唐。

〔二〕『太尉』句，《資治通鑒》卷二九二：『上命太祖皇帝倍道襲清流關。皇甫暉等陳於山下，

方與前鋒戰，太祖皇帝引兵出山後，暉等大驚，走入滁州，欲斷橋自守。太祖皇帝躍馬麾兵涉水，直抵城下。暉曰：「人各爲其主，願容成列而戰。」太祖皇帝笑而許之。暉整衆而出，太祖皇帝擁馬頸突陳而入，大呼曰：「吾止取皇甫暉，它人非吾敵也！」手劍擊暉，中腦，生擒之，并擒姚鳳，遂克滁州。』

〔三〕旁午，交錯，紛繁。

〔四〕夾馬營，在河南洛陽市東北，相傳宋太祖趙匡胤生於此。

〔五〕一葦，《詩經·衛風·河廣》：『誰謂河廣，一葦杭之。』

〔六〕念家山，宋馬令《南唐書·後主紀》：『舊曲有《念家山》，王親演爲《念家山破》，其聲焦殺，而其名不祥，乃敗徵也。』

輯評

趙執信曰：『每讀温飛卿「後主荒宫有曉鶯，飛來只隔西江水」，以爲叙亡國敗軍而涉筆之妙如此。此篇殆進於古人矣。』

鄧漢儀曰：『與陳後主同一敗破，言之可嘆。然「一片降旗出石頭」，屢敗人意，是獨何耶？』

磨盤山感懷

山以磨盤名，思之杳難測。幾經登頓勞，始悟溪谷迫。坡陀不可窮〔一〕，嶺横而峰側。我亦學蟻行，旋轉如通陌。懸崖危石崩，空林野燒黑。月落鵂鶹啼〔二〕，客子愴魂魄。余本懶慢人，今年苦行役。鷄肋何足珍，羈紲行當釋〔三〕。

箋注

〔一〕坡陀，山勢起伏貌。

〔二〕鵂鶹，羽棕褐色，有横斑，尾黑褐色，腿部白色。外形和鴟鴞相似，但頭部没有角狀的羽毛，在古書中常被視爲不祥之鳥。

〔三〕羈紲，馬絡頭和馬韁繩。宋王安石《酬冲卿月晦夜有感》：『君方感莊周，浩蕩擺羈紲。』

輯評

趙執信曰：『森然如奇鬼。』

論史

長淮之南北，千古帝王宅〔一〕。豐沛初發祥，濠梁亦奮迹〔二〕。亭長羅八荒〔三〕，布衣提三尺〔四〕。彭城項王都〔五〕，下邳寄奴迹〔六〕。砣碭賊朱三〔七〕，一時屈群力。產茲數英雄，山川必靈秘。一望亘荒烟，不見風雲色。始知异人生，不盡在都邑。宇宙始屯蒙〔八〕，雲雷開草澤。肇造每艱難，乃受開成責。畢郢及諸馮〔九〕，越在東西國。利遠則志定，心勞則智出。不聞逸德人〔一〇〕，能創開天績。懷古發長謠，聊以送寒日。

箋注

〔一〕千古帝王宅，指漢高祖劉邦故園，劉邦爲沛郡豐邑（今江蘇豐縣）人。

〔二〕濠梁，清顧祖禹《讀史方輿紀要》卷二十一《江南三·鳳陽縣》：『濠水，在府南十里，有二源，東源出濠塘山，西源出鎮鄉山，流至舊府城西南五十里升高山而合。又東北流至城東十五里，有石絶水，謂之濠梁，亦曰石梁河，今之九虹橋也。橋有九梁，故名。又經臨淮城東至新河口而入淮，謂之濠口。』

〔三〕亭長，劉邦初仕秦朝，授沛縣泗水亭長。八荒，見《永遇樂·和人〈望華山〉》箋注〔一一〕。

〔四〕三尺，指劍。

〔五〕『彭城』句，楚漢時，西楚霸王項羽建都彭城。彭城，今江蘇徐州古稱。

〔六〕『下邳』句，南朝宋開國皇帝劉裕曾任下邳太守。下邳，古時轄區主要包括今天的睢寧縣、邳州市、宿豫區及周圍的部分地區，治所原在徐州市睢寧縣境內。寄奴，南朝劉宋開國皇帝劉裕，小名寄奴。

〔七〕『碭碭』句，五代後梁太祖朱溫，因排行第三，世人稱朱三，宋州碭山（今安徽碭山縣）人。

〔八〕屯蒙，《資治通鑒》卷二百五：『自文明草昧，天地屯蒙。』胡三省注：『屯者，物之始。蒙者，物之稚。言后稱制之初，猶天地生物之始。』

〔九〕畢郢，在今陝西咸陽市東。《孟子·離婁下》：『文王生於岐周，卒於畢郢。』諸馮，《孟子·離婁下》：『舜生於諸馮。』一說在今山東省諸城市北部的舜王街道諸馮村，一說在今山東菏澤境內，一說在山西垣曲縣諸馮山下。

〔一〇〕逸德，《尚書·胤征》：『天吏逸德，烈於猛火。』孔安國傳：『逸，過也。天王之吏爲過惡之德，其傷害天下，甚於火之害王。』

輯評

趙執信曰：『使轉縱横，筆如截鐵。持論亦正。』

渡淮水作

其一

客心趨北闕，淮水共湯湯。江漢分流去，朝宗道路長〔一〕。橋浮通馬驛，岸闊見漁梁〔二〕。小市人聲雜，渾疑到故鄉。

箋注

〔一〕朝宗，《周禮·春官·大宗伯》：『春見曰朝，夏見曰宗，秋見曰覲，冬見曰遇。』

〔二〕漁梁，築堰攔水捕魚的一種設施。

其二

過淮驚野闊，入望盡平疇。山勢遠趨海，天形圓作漚〔一〕。飛蟲迎暖日，水鳥没清

流。去國無多日，還來覲九斿〔二〕。

箋注

〔一〕漚，水泡。唐白居易《想東游五十韵》：『幻世春來夢，浮生水上漚。』

〔二〕九斿，亦作『九旒』。《禮記·樂記》：『龍旂九旒，天子之旌也。』

途次遇李華西率然有贈〔一〕

其一

青門折柳處，躍馬學從軍。慣識風雲色，曾穿虎豹群。師臨清渭度〔二〕，符向嶺頭分。辛苦十年事，蓬踪又見君〔三〕。

校訂

鄧漢儀《詩觀三集》卷九選録第一首，詩題作《途次遇李華西有贈》。

度，《詩觀三集》作『渡』。

箋注

〔一〕李彦瑁，字輯五，號華西，陝西三原人。康熙六年（一六六七）進士，曾任中書舍人、肇慶同知、黄州知府等。

〔二〕清渭，《詩經·邶風·谷風》：『涇以渭濁，湜湜其沚。』毛傳：『涇渭相入而清濁异。』

〔三〕『辛苦』句，曹貞吉與李華西曾同在京師任中書舍人，後均由中書舍人出爲同知，李華西爲肇慶同知，曹貞吉爲徽州同知。

輯評

『辛苦』二句，鄧漢儀曰：『説不盡。』

鄧漢儀曰：『兩君皆以中秘出爲郡丞，故叙述舊事，不勝感嘆。』

其二

奏最君無愧〔一〕，飄然過嶺船。那能載廉石〔二〕，自愛酌貪泉〔三〕。雨雪王程迫，艱難我輩先。同人今幾在，遥憶鳳池邊〔四〕。

箋注

〔一〕奏最，考績列爲優等，以此向朝廷上報。唐蘇頲《贈彭州權別駕》：『莫愴分飛岐路別，還當奏最掖垣來。』

〔二〕廉石，見《鶯啼序·送牧仲榷稅贛關》箋注〔一三〕。

〔三〕貪泉，《晉書·吴隱之傳》：『未至州二十里，地名石門，有水曰貪泉，飲者懷無厭之欲。隱之既至，語其親人曰：「不見可欲，使心不亂。越嶺喪清，吾知之矣。」乃至泉所，酌而飲之，因賦詩曰：「古人云此水，一歃懷千金。試使夷齊飲，終當不易心。」及在州，清操踰厲，常食不過菜及乾魚而已，帷帳器服皆付外庫，時人頗謂其矯，然亦終始不易。』

〔四〕鳳池，唐杜佑《通典》卷二十一：『魏晉以來，中書監令掌贊詔令，記會時事，典作文書，以其地在樞近，多承寵任，是以人因其位，謂之「鳳凰池」焉。』

符離潰〔一〕

魏公主戰不主和，始終一節無偏頗〔二〕。用兵非長古所忌，武侯猶乃煩譏訶〔三〕。德遠未能了此事〔四〕，東湖老子先機多〔五〕。富平敗由都統死〔六〕，淮西叛始將軍苛〔七〕。

符離一潰遂塗地，百萬夜散迴雕戈。生靈喋血那介意，如雷鼻息寢以訛〔八〕。心學若此良不惡，申息父老將如何〔九〕。嗚呼，申息父老將如何！至今功德還巍峨。

校訂

鄧漢儀《詩觀三集》卷九、《山左詩鈔》卷三十一皆選録此首。

箋注

〔一〕符離，安徽宿州古稱。符離潰，南宋孝宗趙昚即位之初，鋭志恢復中原，隆興元年（一一六三）四月，任命張浚爲北伐主帥，展開隆興北伐。一度收復靈壁、虹縣和宿州等地，威懾中原。後在金軍優勢兵力的反攻下，兵敗符離，損失慘重。

〔二〕『魏公』句，宋孝宗隆興元年，張浚被封爲魏國公，一直主張北伐抗金，收復中原。

〔三〕武侯，三國蜀諸葛亮死後謚爲忠武侯。

〔四〕德遠，張浚字德遠。

〔五〕東湖老子，《宋史·隱逸傳下》：『蘇雲卿，廣漢人。紹興間，來豫章東湖，結廬獨居，待鄰曲有恩禮，無良賤老稚皆愛敬之，稱曰蘇翁……少與張浚爲布衣交，浚爲相，馳書函金幣，屬豫章帥及漕曰：「余鄉人蘇雲卿，管、樂流亞，遁迹湖海有年矣。近聞灌園東湖，其高風偉節，非

折簡能屈。幸親造其廬，必爲我致之。」……旦遣使迎伺，則扃户闃然，排闥入，則書幣不啓，家具如故，而翁已遁矣，竟不知所往。』

〔六〕『富平』句，《宋史·張浚傳》：『時金帥兀朮猶在淮西，浚懼其復擾東南，謀牽制之，遂決策治兵，合五路之師以復永興。金人大恐，急調兀朮等由京西入援，大戰於富平。涇原帥劉錡身率將士薄敵陳，殺獲頗衆。會環慶帥趙哲擅離所部，哲軍將校望見塵起，驚遁，諸軍皆潰。浚斬哲以徇，退保興州。命吴玠聚兵扼險于鳳翔之和尚原、大散關，以斷敵來路；關師古等聚熙河兵于岷州大潭，孫渥、賈世方等聚涇原、鳳翔兵于階、成、鳳三州，以固蜀口。浚上書待罪，帝手詔慰勉。』

〔七〕『淮西』句，《宋史·張浚傳》：『劉光世在淮西，軍無紀律，浚奏罷光世，以其兵屬督府，命參謀兵部尚書吕祉往廬州節制。而樞密院以督府握兵爲嫌，乞置武帥，乃以王德爲都統制，即軍中取酈瓊副之。浚奏其不當，瓊亦與德有宿怨，列狀訴御史臺，乃命張俊爲宣撫使，楊沂中、劉錡爲制置判官以撫之。未至，瓊等舉軍叛，執吕祉以歸劉豫。』

〔八〕『如雷』句，宋羅大經《鶴林玉露》卷六：『南軒言：「符離之役，諸軍皆潰，唯存帳下千人。某終夕彷徨，而先公（魏公張浚）方熟寢，鼻息如雷。先公心法，如何可學！」』

〔九〕申息，申國和息國，西周至春秋初期淮河上游的兩個國家，後被楚國所滅，楚國以申國、息國的遺民組建了申息之師，成爲楚國開疆拓土的精鋭之師。《左傳·僖公二十八年》：『既敗，王

使謂之曰：「大夫若入，其若申息之老何？」』杜預注：『申息二邑子弟皆從子玉而死，言何以見其父老。』

輯評

『魏公』六句，鄧漢儀曰：『瑕瑜不掩，數語爲魏公定案。』

汪懋麟曰：『以史爲詩。』

鄧漢儀曰：『從來才與節不能兼，故赤膽忠肝，可鑒天日，而以當軍國之際，鮮有不僨者。嗟乎！豈獨一張魏公乎？』

口號四首

其一

牛火烘爐也便温，老翁擁絮自當門。笑余何事衝風去，豈少農書課子孫。

校訂

鄧漢儀《詩觀三集》卷九選録第一首，詩題作《口號》。

彭城懷古五絶句

其一

穆滿巡游事已非〔一〕，白雲黄竹尚依稀。徐方若也無兵氣〔二〕，騄耳瑶池竟不歸〔三〕。

校訂

鄧漢儀《詩觀三集》卷九選録第四首，詩題作《彭城懷古》。

箋注

〔一〕穆滿，周穆王，名滿，後人稱之爲『穆天子』或『穆滿』。《穆天子傳》記載了周穆王駕八駿西巡天下，行程九萬里，會見西王母的故事。西晋太康二年（二八一），在今河南汲縣發現了一座戰國時期魏國墓葬，出土了一大批竹簡，通稱『汲冢竹書』，其中包括《穆天子傳》。

〔二〕徐方，《詩經·大雅·常武》：『徐方繹騷，震驚徐方。』高亨注：『徐方，徐邦。』宋朱熹

《齋居感興二十首》其四：『君看穆天子，萬里窮轍迹。不有祈招詩，徐方御宸極。』

〔三〕騄耳，見《哭漢儀》箋注〔一六〕。

其二

劉項當年紛逐鹿〔一〕，重圍如暈鬥兵稀〔二〕。真人不死尋常事〔三〕，作底鴻門却放歸〔四〕。

箋注

〔一〕劉項，劉邦、項羽的并稱。逐鹿，《史記·淮陰侯列傳》：『秦失其鹿，天下共逐之。』裴駰集解引張晏曰：『以鹿喻帝位也。』

〔二〕『重圍』句，唐李世民《遼城望月》：『臨城却影散，帶暈重圍結。』

〔三〕真人，《史記·秦始皇本紀》：『始皇曰：「吾慕真人。」自謂「真人」，不稱朕。』

〔四〕『作底』句，《史記·項羽本紀》：『沛公則置車騎，脱身獨騎，與樊噲、夏侯嬰、靳彊、紀信等四人持劍盾步走，從酈山下，道芷陽間行。沛公謂張良曰：「從此道至吾軍，不過二十里耳。度我至軍中，公乃入。」沛公已去，間至軍中，張良入謝，曰：「沛公不勝杯杓，不能辭。謹使臣良奉白璧一雙，再拜獻大王足下；玉斗一雙，再拜奉大將軍足下。」項王曰：「沛公安在？」良曰：

「聞大王有意督過之，脱身獨去，已至軍矣。」』

其三

宋公揚袂攬群材〔一〕，劍槊風雲江左來〔二〕。九日登高曾戲馬，于今牧豎識荒臺〔三〕。

箋注

〔一〕宋公，指南朝宋開國皇帝武帝劉裕，字德輿，小名寄奴。祖籍彭城，東晋安帝時被封爲宋公。

〔二〕江左，東晋及南朝宋、齊、梁、陳各代的基業都在江左，故當時人又稱這五朝及其統治下的全部地區爲江左，南朝人則專稱東晋爲江左。

〔三〕『九日』句，項羽滅秦後，自立爲西楚霸王，定都彭城，於城南里許的南山上，構築崇臺，以觀戲馬、演武和閱兵等，名戲馬臺。《南齊書·禮志上》：『宋武爲宋公，在彭城，九日出項羽戲馬臺，至今相承，以爲舊准。』

其四

妙舞清歌關盼盼〔一〕，英雄卓犖張徐州〔二〕。繁華過眼如飛電，何處春風燕子樓〔三〕。

箋注

〔一〕關盼盼，唐代名伎，唐中期名臣尚書張建封妾，一説係建封子張愔之妾。

〔二〕張徐州，即張建封，貞元四年（七八八）授徐泗節度使，故稱。

〔三〕燕子樓，唐白居易《〈燕子樓〉詩序》：『徐州故張尚書有愛妓曰盼盼，善歌舞，雅多風態。予爲校書郎時，游徐、泗間，張尚書宴予，酒酣，出盼盼以佐歡，歡甚。予因贈詩云：「醉嬌勝不得，風裊牡丹花。」一歡而去，爾後絶不相聞，迨兹僅一紀矣。昨日，司勛員外郎張仲素繢之訪予，因吟新詩，有《燕子樓》三首，詞甚婉麗。詰其由，爲盼盼作也。繢之從事武寧軍累年，頗知盼盼始末，云：「尚書既歿，歸葬東洛，而彭城有張氏舊第，第中有小樓，名燕子。盼盼念舊愛而不嫁，居是樓十餘年，幽獨塊然，於今尚在。」予愛繢之新咏，感彭城舊游，因同其題，作三絶句。』

輯評

鄧漢儀曰：『我輩繫情，偏在此等。』

其五

蘇公作賦黄樓上〔一〕，賓從風流自一時。惆悵斯人千載上，茫茫逝水去安之？

箋注

〔一〕蘇公，北宋著名文學家蘇軾，曾爲徐州太守。黄樓，宋蘇轍《黄樓賦并叙》：『熙寧十年秋七月乙丑，河决於澶淵，東流入鉅野，北溢於濟，南溢於泗。八月戊戌，水及彭城下，余兄子瞻適爲彭城守。水未至，使民具畚鍤，畜土石，積芻茭，完窒隙穴，以爲水備，故水至而民不恐。自戊戌至九月戊申，水及城下者二丈八尺，塞東西北門，水皆自城際山，雨晝夜不止。子瞻衣製履屨，廬於城上。調急夫，發禁卒以從事，令民無得竊出避水，以身帥之，與城存亡。故水大至而民不潰……子瞻曰：「澶淵誠塞，徐則無害。塞不塞天也，不可使徐人重被其患。」乃請增築徐城，相水之衝，以木堤捍之，水雖復至，不能以病徐也，故水既去而民益親。於是即城之東門爲大樓焉，堊以黄土，曰土實勝水。徐人相勸成之。轍方從事於宋，將登黄樓，覽觀山川，吊水之遺迹，乃作

黄樓之賦。』

輯評

汪懋麟曰：『真放翁論古手。』

入嶧縣界〔一〕

陽回驚歲晚，客到似殊方。旅食真無味，長吟自不妨。途窮迴野火，水阻悵漁梁。地接龜蒙氣〔二〕，人同鄒魯鄉〔三〕。風寒初割面，露冷久沾裳。汐社長湖側〔四〕，柴車古驛旁〔五〕。虎符方伯重〔六〕，蒲壁小臣將〔七〕。敢後塗山會〔八〕，還賡天保章〔九〕。

箋注

〔一〕嶧縣，秦置，魯南三大縣之一，現爲棗莊市嶧城區。

〔二〕龜蒙，《詩經·魯頌·閟宫》：『奄有龜蒙。』毛傳：『龜，山也；蒙，山也。』

〔三〕鄒魯，鄒國、魯國的并稱。鄒，孟子故鄉；魯，孔子故鄉。

〔四〕汐社，見《沁園春·日照李伯開作生壙成，自題云：『竹帛誰千古，烟霞我一丘。』余喜

其能達生也，詞以贈之》箋注〔八〕。

〔五〕柴車，見《冬日過宣武門即事》箋注〔二〕。

〔六〕方伯，《禮記·王制》：『千里之外設方伯。』

〔七〕蒲璧，或當爲『蒲璧』，《周禮·春官·大宗伯》：『子執穀璧，男執蒲璧。』鄭玄箋：『穀，所以養人；蒲爲席，所以安人，二玉蓋或以穀爲飾，或以蒲爲瑑飾，璧皆徑五寸。』

〔八〕塗山，《尚書·虞書·益稷》：『予創若時，娶於塗山。』《左傳·哀公七年》：『禹合諸侯於塗山，執玉帛者萬國。』

〔九〕天保章，《詩經·小雅·天保》：『天保定爾，亦孔之固。』鄭玄箋：『保，安。爾，女也。女，王也。』

輯評

汪懋麟曰：『短排自勁。』

忽見效劍南體

忽見山形喜欲狂，寧知千里隔渠陽〔一〕。家貧年尾難償債，兒病床頭自撿方。夢覺

蘧廬終幻劇〔二〕，舟浮竹葉且徜徉。吾生偶爾同萍梗，不必青州是故鄉。

箋注

〔一〕渠陽，今天津市寶坻區的舊稱，古時有京東三陽：漁陽（薊縣），渠陽（寶坻），雍陽（武清）。

〔二〕蘧廬，見《櫛髮有白者感賦》箋注〔一〕。

過滕縣見行井田處偶成〔一〕

孟氏祖仁義〔二〕，不類縱横人〔三〕。憑軾説齊梁〔四〕，志在安斯民。發論實崇閎，河漢驚庸君〔五〕。儻學儀衍輩〔六〕，得無西入秦。泰山自岩岩〔七〕，功利寧侈陳。小扣則小鳴〔八〕，不陋滕主臣。壤地五十里，禄制田以分。眉臚貢助徹〔九〕，掌指周夏殷〔一〇〕。維時轍雖東〔一一〕，良法未全湮。經界犁然正，溝涂一一新。安知三代後，不睹黄農淳〔一二〕。所苦鋒鏑交，咫尺逼强鄰。待爾井田成，白骨哀青磷。君子道其常，但使吾説存。王道無近功〔一三〕，成毁安足論。

校訂

《山左詩鈔》卷三十一、《（乾隆）兖州府志》卷二十九《藝文志五》、清王培荀《鄉園憶舊録》卷五皆選録此首。《（道光）滕縣志》卷十三《藝文志下》選録此首，詩題作《過滕縣行井田處》。清張維屏《國朝詩人徵略》卷七以此詩爲曹貞吉詩名篇，詩題作《過滕縣偶成》。

『扣』，《滕縣志》作『叩』。

『成毁』，《兖州府志》《滕縣志》作『毁譽』。

箋注

〔一〕滕縣，今山東棗莊市滕州市。井田，《孟子·滕文公上》：『方里而井，井九百畝。其中爲公田，八家皆私百畝，同養公田。公事畢，然後敢治私事。』

〔二〕孟氏，孟子，戰國時著名思想家、政治家、教育家，名軻，字子輿。其言行被編爲《孟子》一書，主張仁政。

〔三〕縱横人，縱横家，戰國時期一批從事政治活動的謀士，以審察時勢、陳明利害的方法，以『合縱』『連横』的主張，游説列國君主，對當時形勢有一定影響，代表人物爲蘇秦、張儀。

〔四〕『憑軾』句，孟子曾游歷宋、薛、滕、魯、魏、齊等國，滕文公、梁惠王、齊威王、齊

宣王都很重視他的意見。

〔五〕河漢，南朝梁劉孝標《辨命論》：『夫聖人之言，顯而晦，微而婉，幽遠而難聞，河漢而不測。』

〔六〕儀衍，戰國時期縱橫家張儀與公孫衍的并稱。

〔七〕『泰山』句，《詩經・魯頌・閟宫》：『泰山岩岩，魯邦所詹。』孔穎達疏：『言泰山之高岩岩然，魯之邦境所至也。』

〔八〕小扣則小鳴，《禮記・學記》：『善待問者如撞鐘，叩之以小者則小鳴，叩之以大者則大鳴，待其從容，然後盡其聲。』

〔九〕眉臚，宣布，頒布。貢助徹，《孟子・滕文公上》：『夏后氏五十而貢，殷人七十而助，周人百畝而徹，其實皆什一也。』

〔一〇〕掌指，猶指掌，《禮記・仲尼燕居》：『明乎郊社之義，嘗禘之禮，治國其如指諸掌而已乎？』

〔一一〕轍雖東，指周王室國都由鎬京動遷至東洛邑之事。

〔一二〕黄農，黄帝、神農的合稱。

〔一三〕王道，儒家提出的一種以仁義治天下的政治主張，與『霸道』相對。《史記・十二諸侯年表》：『是以孔子明王道，干七十餘君，莫能用。』

輯評

汪懋麟曰：『議論詩全以氣勝，而練句尤極老。』

趙執信曰：『皇皇大章，筆氣亦極老横。』

途次和鄭瑚山韵〔一〕

白雲紅樹伴孤征，歲暮翻爲執玉行〔二〕。敢以蓬踪悲去住，聊從馬足論功名。乘車戴笠當年約，濁酒黄鷄我輩情〔三〕。温室青蒲真咫尺，西風遮莫太寒生〔四〕。

箋注

〔一〕鄭載飏，字元周，號瑚山、岵恩，縉雲（今屬浙江）人。康熙六年（一六六七）進士，以中書舍人任寧國府同知。有《金華集》《宛陵遺稿》《虚白齋遺集》。

〔二〕執玉，古以不同形制之玉圭區别爵位，因以指稱仕宦。

〔三〕『濁酒』句，宋華岳《暮春述懷》：『幸有黄鷄并濁酒，且和風月醉柴扉。』

〔四〕遮莫，任憑。

題昭君故里〔一〕

明妃自有村〔二〕，知在歸峽裏〔三〕。云何督亢陂〔四〕，乃有王嬙里。置之勿深論，姑與言其理。嬙也薄祜人〔五〕，入宫非得已。青冢與黑江〔六〕，遭逢正爾爾。丹青良誤身〔七〕，虚名安足恃。我來值歲暮，驅車經小市。趁墟多老嫗〔八〕，蓬頭而歷齒。或爲登徒妻〔九〕，或爲玉川婢〔一〇〕。爾曹值太平，婚嫁自桑梓。阿儂織流黄〔一一〕，阿郎勤耕耔。賣布買銀釵，貿粟置酒醴。團欒榾柮爐〔一二〕，笑語燈窗底。兒女互提携，飲食足清旨。以視上馬裝，險夷真倍蓰〔一三〕。敢告山川靈，無爲生彼美。

箋注

〔一〕王嬙，字昭君，漢南郡秭歸（今屬湖北）人，元帝宫人。匈奴呼韓邪單于入朝，求美人爲閼氏，以結和親，她自請嫁匈奴。現内蒙古呼和浩特市南有昭君墓，世稱青冢。見《漢書·元帝紀》、《漢書·匈奴傳》及《後漢書·南匈奴傳》。

〔二〕明妃，晋避司馬昭諱，改稱王昭君爲明君，後人又稱明妃。唐杜甫《咏懷古迹五首》其

三：『群山萬壑赴荆門，生長明妃尚有村。』

〔三〕歸峽，歸州西陵峽。

〔四〕督亢陂，戰國燕的膏腴之地。《史記・燕召公世家》：『太子丹陰養壯士二十人，使荆軻獻督亢地圖於秦，因襲刺秦王。』

〔五〕薄祜，三國魏嵇康《幽憤詩》：『嗟余薄祜，少遭不造。』

〔六〕青冢，唐杜甫《咏懷古迹五首》其三：『一去紫臺連朔漠，獨留青冢向黄昏。』黑江，黑龍江，匈奴與漢的界河，又傳説昭君出塞途中投此江而亡。元馬致遠《漢宫秋》第二折：『怎下的教他環佩影摇青冢月，琵琶聲斷黑江秋。』

〔七〕『丹青』句，《西京雜記》卷二：『元帝後宫既多，不得常見，乃使畫工圖形，按圖召幸之。諸宫人皆賂畫工，多者十萬，少者亦不減五萬。獨王嫱不肯，遂不得見。匈奴入朝求美人爲閼氏，於是上案圖以昭君行。及去召見，貌爲後宫第一，善應對，舉止閑雅。帝悔之，而名籍已定，帝重信於外國，故不復更人。乃窮案其事，畫工皆弃市，籍其家資皆巨萬。』

〔八〕趁墟，趕集。唐柳宗元《柳州峒氓》：『青箬裹鹽歸峒客，緑荷包飯趁虚人。』

〔九〕登徒，戰國楚宋玉《登徒子好色賦》：『其妻蓬頭攣耳，齞唇歷齒，旁行踽僂，又疥且痔，登徒子悦之，使有五子。』

〔一〇〕玉川婢，元辛文房《唐才子傳》卷八：『盧仝，范陽人，初隱少室山，號玉川子。家

甚貧，惟圖書堆積。後卜居洛城，破屋數間而已。一奴長鬚不裹頭，一婢赤脚老無齒。』。

〔一一〕『阿儂』句，《樂府詩集·相逢行》：『大婦織綺羅，中婦織流黄。』

〔一二〕榾柮爐，見《冬日偶成》其二箋注〔三〕。

〔一三〕倍蓰，謂數倍。倍，一倍；蓰，五倍。《孟子·滕文公上》：『夫物之不齊，物之情也。或相倍蓰，或相什百，或相千萬。』

輯評

汪懋麟曰：『不必深辨，但以議論寓慨。』

趙執信曰：『氣體逼真坡公。』

臘月念三日同人偶集僧舍和蒼石韵〔一〕

其一

重到青門閲歲華〔二〕，全删春蚓與秋蛇。終輸齊客能祠竈〔三〕，不信瞿曇却有家〔四〕。殘臘渾如金欲盡，韶光那似酒難賒。竟須爛熳酬今夕，燭蕊纔開三兩花。

校訂

念，《山左詩鈔》卷三十一作『廿』，同。

箋注

〔一〕念，『廿』的大寫，二十。魏麟徵，字蒼石，江蘇溧陽人。康熙丁未進士，官至邵武府知府，著有《石屋詩鈔》。

〔二〕青門，見《摸魚子·咏蒓》箋注〔五〕。

〔三〕祠竈，清富察敦崇《帝京歲時紀勝》：『廿三日更盡時，家家祀竈，院内立杆，懸挂天燈。祭品則羹湯灶飯、糖瓜糖餅，飼神馬以香糟炒豆水盂。』

〔四〕瞿曇，釋迦牟尼的姓，亦作佛的代稱，此處借指和尚。

其二

十年側理共金華〔一〕，壁壘俄開辨鳥蛇。星使重來惟貰酒〔二〕，蘧廬三宿便爲家〔三〕。霜天寂歷鈴聲苦，珠斗闌干月色賒〔四〕。强欲從君呵凍筆，可憐賦不到梅花。

箋注

〔一〕側理，見《口號》箋注〔一〕。金華，金華殿，在未央宫内。

〔二〕星使，見《得黔中信偶成》箋注〔一〕。

〔三〕蘧廬，見《木蘭花慢·寄武曾》箋注〔四〕。

〔四〕珠斗，見《秋霽·本意》箋注〔二〕。賒，遠。

不寐

不寐緣何事，鈴聲引夜長。相輪嗚替戾〔一〕，棧道訴郎當。雁叫江天闊，蛩吟砌草荒。一般摇落意，况復在殊鄉。

箋注

〔一〕相輪，佛教語，貫串在刹杆上的圓環，多與塔的層數相應，爲塔的表相，故稱。

大風過涿鹿

客子遠行邁〔一〕，駕言還江鄉〔二〕。驚風蕩沙塵，白日藏曦光。漭泱朱龍河〔三〕，似箭流湯湯。此地舊霸國，軒轅古戰場〔四〕。荒哉十里霧，使我徒旅傷。安得指南車〔五〕，庶同飛鳥翔。

校訂

鄧漢儀《詩觀三集》卷九選録此首。

箋注

〔一〕行邁，《詩經·王風·黍離》：『行邁靡靡，中心摇摇。』

〔二〕駕言，《詩經·邶風·泉水》：『駕言出游，以寫我憂。』

〔三〕漭泱，廣大貌。朱龍河，在今河南南樂縣西南。

〔四〕『此地』句，《史記·黄帝本紀》：『蚩尤作亂，不用帝命。於是黄帝乃征師諸侯，與蚩尤戰於涿鹿之野，遂禽殺蚩尤。』

〔五〕指南車，相傳黄帝與蚩尤戰於涿鹿之野，蚩尤作大霧，兵士皆迷。黄帝作指南車以示四方，遂擒蚩尤。

輯評

『此地』二句，鄧漢儀曰：『勁筆。』

汪懋麟曰：『雄健自喜。』

三家店壁間讀阮亭先生題詩有感〔一〕

崇朝苦驚飆，日暮神弗揚。塵土上須麋，行李無輝光。土銼引我睡〔二〕，四壁垂星芒。輪囷劈窠書〔三〕，署字爲漁洋。起坐乃更讀，金薤何琳琅〔四〕。史公刺客傳，處士易水章〔五〕。筑聲未銷歇，羽歌正激昂〔六〕。一唱而三嘆，讀之心焉傷。隔歲秋風高，吹我去江鄉。匆匆數語別，離緒毒中腸。一北復一南，譬彼鴻雁翔。先生賦歸來，乃在垔室旁〔七〕。卧病遂經年，鷄骨尚支床。惓懷不能寐，負手巡檐廊。珠斗横闌干〔八〕，金柝驚琅璫〔九〕。疲馬齕南榮〔一〇〕，昏燈挂東墻。何時魯連陂〔一一〕，巾車共徜徉〔一二〕。

箋注

〔一〕三家店，位於北京門頭溝東北部的永定河畔，明清時期商賈雲集，有『京西第一村』之稱。阮亭先生，即王士禛，見《浣溪沙·步阮亭紅橋韵》其一箋注〔一〕。

〔二〕土銼，炊具，猶今之砂鍋。唐杜甫《聞斛斯六官未歸》：『荆扉深蔓草，土銼冷疏烟。』

〔三〕輪囷，《禮記·檀弓下》：『美哉輪焉。』鄭玄注：『輪，輪囷，言高大。』劈窠書，清朱履貞《書學捷要》：『書有擘窠書者，大書也。特未詳擘窠之義，意者，擘，巨擘也。窠，穴也。即大指中之窠穴也，把握大筆在大指中之窠，即虎口中也。小字、中字用撥鐙，大筆大書用擘窠。』

〔四〕金薤，倒薤書的美稱。唐韓愈《調張籍》：『平生千萬篇，金薤垂琳琅。』

〔五〕『史公』句，司馬遷《史記·刺客列傳》記荆軻爲燕太子丹刺秦王事。

〔六〕『筑聲』句，見《百字令·咏史》其二箋注〔四〕。

〔七〕『先生』句，王士禛《漁洋山人自撰年譜》卷上：『康熙十一年壬子，三十九歲……六月，奉命典四川鄉試……歸下三峽，次衛輝，聞太夫人訃（夫人卒於八月初一日），徒跣奔喪，十一月抵里。山人抵里後，寢處苫土，哀毁骨立，杖而後起。終三年喪，未嘗一飲酒茹葷也……康熙十二年癸丑，四十歲。居廬。長兄考功以毁致疾，七月卒……康熙十四年乙卯，四十二歲。服闋。夏，以父命赴京師。秋，需次歸里……康熙十五年丙辰，四十三歲。正月，赴京師。五月，補户部

四川司郎中。』堊室，古時居喪者居住的屋子，四壁用白泥粉刷。《禮記·喪大記》：『既練，居堊室，不與人居。』

〔八〕珠斗，見《秋霽·本意》箋注〔二〕。

〔九〕金柝，即刁斗，古代軍中夜間報更用器。琅璫，指鈴鐸。

〔一〇〕榮，屋檐兩頭翹起的部分。

〔一一〕魯連陂，見《水調歌頭·喜厚餘至都，率然有贈》箋注〔四〕。

〔一二〕巾車，晉陶淵明《歸去來兮辭》：『或命巾車，或棹孤舟。』

輯評

汪懋麟曰：『勁敵在前，壁壘那得不整。』

趙北口三首〔一〕

其一

西澱年來春水平〔二〕，鴳鶺鳧雁各春聲〔三〕。孤帆怕向蠡吾去〔四〕，細雨斜風空

復情。

校訂

鄧漢儀《詩觀三集》卷九、馬長淑《渠風集略》卷二皆選録此組詩，詩題作《過趙北口》。陳以剛等《國朝詩品》卷五選録第一、三首。《（乾隆）任丘縣志》卷十一《藝文志下》、《山左詩鈔》卷三十一皆選録第三首，詩題作《趙北口》。

《山左詩鈔》不録汪懋麟評語。

箋注

〔一〕趙北口，春秋戰國時曾爲燕國易水長城重要關口，由於趙北口界東西兩淀，爲衆水所環抱，衹有南北大路一綫相通，所以此處關城險峻，易守難攻，素有『燕南隘首，趙北津頭』的美譽。位於今河北省保定市安新縣境。

〔二〕西淀，即白洋淀，河北省中部淡水湖。

〔三〕鵁鶄，即赤頭鷺，嘴長，脚高。

〔四〕蠡吾，西漢置，東漢桓帝父劉翼曾封蠡吾侯於此，治今河北省保定市博野縣西南。

其二

春陰漠漠閉深龕，鷗語蓮香路舊諳〔一〕。橋下數聲欸乃急〔二〕，重尋旅夢大江南。

箋注

〔一〕欸乃，見《沁園春·泛舟明湖，訪仲愚留飲即事，李道思、劉伯叙繼至》箋注〔三〕。

輯評

〔一〕鄧漢儀曰：『雙語。』

其三

咫尺菰蘆望渺然，魚床掩映水雲偏。分明記得經行處，鶯脰湖邊鴨嘴船〔一〕。

校訂

渺，《渠風集略》作『杳』。

箋注

〔一〕鶯脰湖，在今江蘇省蘇州市吴江區，以湖形似鶯脰而得名。鴨嘴船，船形扁長似鴨嘴，故稱。清王士禛《題蘇臺楊柳枝詞後二首》其二：『雁齒紅橋鴨嘴船，曲塵風起豔陽天。』

輯評

汪懋麟曰：『三詩豐度超絶。』
鄧漢儀曰：『三首俱翩翩有逸致。』

拜董子祠〔一〕

其一

公孫曲學譏千古〔二〕，董相昌言重一時〔三〕。客子風塵憔悴絶，摳衣還拜廣川祠〔四〕。

校訂

《山左詩鈔》卷三十一選録第二首，詩後不録汪懋麟評語。

箋注

〔一〕董子，即董仲舒，西漢政治家、思想家。董子祠，位於董仲舒故里今河北景縣廣川鎮境。

〔二〕『公孫』句，《史記·儒林列傳》：『及竇太后崩，武安侯田蚡爲丞相，絀黄老、刑名百家之言，延文學儒者數百人，而公孫弘以春秋白衣爲天子三公，封以平津侯。天下之學士靡然鄉風矣。……固之徵也，薛人公孫弘亦徵，側目而視固。固曰：「公孫子，務正學以言，無曲學以阿世！」』

〔三〕『董相』句，漢武帝元光元年（前一三四），漢武帝下詔徵求治國方略，董仲舒在著名的《舉賢良對策》中把儒家思想與當時的社會需要相結合，并吸收了其他學派的理論，系統地提出了『天人感應』『大一統』學説、『罷黜百家，獨尊儒術』等主張，創建了一個以儒學爲核心的新的思想體系，被漢武帝采納，使儒學成爲中國社會正統思想，影響長達兩千多年。

〔四〕搵衣，見《送李召林之任粤東》其二箋注〔二〕。

其二

三策天人動漢廷〔一〕，江都謫去嘆沉冥〔二〕。武皇事事堪惆悵，豈獨金門失歲星〔三〕。

箋注

〔一〕『三策』句，元光元年，漢武帝令郡國舉孝廉，策賢良，董仲舒連上三篇策論作答，因首篇專談『天人關係』，故史稱『天人三策』或『賢良對策』。

〔二〕『江都』句，《史記·儒林列傳》：『董仲舒，廣川人也。……今上即位，爲江都相。以春秋灾异之變推陰陽所以錯行，故求雨閉諸陽，縱諸陰，其止雨反是。行之一國，未嘗不得所欲。中廢爲中大夫，居舍，著灾异之記。是時遼東高廟灾，主父偃疾之，取其書奏之天子。天子召諸生示其書，有刺譏。董仲舒弟子吕步舒不知其師書，以爲下愚。於是下董仲舒吏，當死，詔赦之。於是董仲舒竟不敢復言灾异。』

〔三〕『豈獨』句，《太平廣記》卷六引《東方朔别傳》：『朔未死時，謂同舍郎曰：「天下人無能知朔，知朔者太王公耳。」朔卒後，武帝得此語，即召太王公問之曰：「爾知東方朔乎？」公對曰：「不知。」「公何所能？」曰：「頗善星曆。」帝問：「諸星皆具在否？」曰：「諸星具在，獨不

見歲星十八年，今復見耳。」帝仰天嘆曰：「東方朔生在朕旁十八年，而不知是歲星哉！」慘然不樂。』

其三

六籍依然出劫灰〔一〕，玉杯繁露見奇才〔二〕。如何也學長沙傅，一吊湘纍更不回〔三〕。

箋注

〔一〕『六籍』句，《史記·儒林列傳》：『及至秦之季世，焚詩書，坑術士，六藝從此缺焉。』

〔二〕『玉杯』句，《漢書·董仲舒傳》：『説《春秋》事得失，《聞舉》《玉杯》《蕃露》《清明》《竹林》之屬，復數十篇。』顏師古注：『皆其所著書名也。』

〔三〕『如何』句，《史記·屈原賈誼列傳》：『於是天子後亦疏之，不用其議，乃以賈生爲長沙王太傅。賈生既辭往行，聞長沙卑濕，自以壽不得長，又以適去，意不自得。及渡湘水，爲賦以吊屈原。……居數年，懷王騎，墮馬而死，無後。賈生自傷爲傅無狀，哭泣歲餘，亦死。』

輯評

汪懋麟曰：『議論絶句如此乃妙。』

雨發富莊驛〔一〕

青陽倏已分〔二〕，修涂正迢遞。畿南五百里，身過即夢寐。連朝雲族會，入夜雨聲至。驚風撼老屋，屹屹懼顛墜。庭憂百川灌，床疑一葦繫〔三〕。我馬即虺隤，我僕亦憔悴〔四〕。遂成一日留，王程嘆濡滯。駕言出荒村〔五〕，雨脚森垂地。漭漭溝澮盈〔六〕，淰淰流沙細〔七〕。依稀語汶間〔八〕，不覺鄉井异。衝泥走羊腸，咄咄風塵吏。

校訂

鄧漢儀《詩觀三集》卷九選録此首。

箋注

〔一〕富莊驛，位於河北泊頭西，爲通津要衢。

〔二〕青陽，《尸子·仁意》：『春爲青陽，夏爲朱明。』

〔三〕一葦，見《冬日雜感》其三箋注〔一〕。

〔四〕『我馬』句，《詩經·周南·卷耳》：『陟彼崔嵬，我馬虺隤。……陟彼砠矣，我馬瘏矣。我僕痡矣，云何吁矣。』毛傳：『虺隤，病也。』

〔五〕駕言，見《大風過涿鹿》箋注〔二〕。

〔六〕漭漭，《文選·宋玉〈高唐賦〉》：『涉漭漭，馳蘋蘋。』李善注：『漭漭，水廣遠貌。』

〔七〕淰淰，散亂不定貌。

〔八〕浯，浯河，發源於沂山東麓，東北流經安丘、諸城入濰河。

輯評

『庭憂』二句，鄧漢儀曰：『天荒地老之景。』

鄧漢儀曰：『長途苦雨，寫得真樸，彌令旅情不歡。』

漫河苦雨和靳熊封壁間韵〔一〕

斷雲横野岸，積雨妒春陽。澗道堪浮馬，神工欲化羊〔二〕。城荒存霸國，岸闊認漁

莊。顛倒衾裯臥〔三〕，誰能憩隱囊〔四〕。

校訂

鄧漢儀《詩觀三集》卷九選録此首。

箋注

〔一〕漫河，位於河北省衡水市阜城縣境内。靳熊封，即靳治荆，見《臺城路·爲熊封題〈金陵覽古〉詩卷》箋注〔一〕。曹貞吉兒子曹濂在《儀部公行狀》中言其父『長夏多暇，日與歙令靳熊封先生及新安諸名士坐修篁濃翠中，講求聲韵之學』。曹貞吉在安徽任上完成的詩集《朝天集》《鴻爪集》，都有靳治荆的題辭序跋。

〔二〕『神工』句，見《都門逢黄子厚以海上文石相贈賦謝》其二箋注〔二〕。

〔三〕衾裯，《詩經·召南·小星》：『肅肅宵征，抱衾與裯，實命不猶。』

〔四〕隱囊，供人倚憑的軟囊，猶今之靠枕、靠褥之類。

雨後行德水道中〔一〕

其一

好雨及春半，初晴氣窈冥。林光凝淺碧，天色界空青。路入齊封古，雲生岱岳靈〔二〕。衝泥行未遠，莫滯使臣星〔三〕。

校訂

鄧漢儀《詩觀三集》卷九選録第二首。

箋注

〔一〕德水，見《滿江紅·德水道中》箋注〔一〕。

〔二〕岱岳，《淮南子·墬形訓》：『中央之美者，有岱岳，以生五穀桑麻，魚鹽出焉。』高誘注：『岱岳，泰山也。』

〔三〕使臣星，見《得黔中信偶成》箋注〔一〕。

其二

縱橫皆積水，莫辨九河流〔一〕。勢欲浮牛馬〔二〕，懸知下鷺鷗。雲猶屯北陸，耕已遍西疇。麥隴含朝爽〔三〕，蕲蕲入故丘〔四〕。

箋注

〔一〕九河，禹時黄河的九條支流。

〔二〕牛馬，《莊子·秋水》：『秋水時至，百川灌河。涇流之大，兩涘渚崖之間，不辨牛馬。』

〔三〕朝爽，見《喝馬一枝花·送沈荼星之來賓任》箋注〔三〕。

〔四〕蕲蕲，清吴嘉紀《送吴眷西歸長林》：『小麥蕲蕲秀，雉來麥上飛。』

輯評

『縱横』二句，鄧漢儀曰：『高氣逼人。』

路入平原見麥苗甚茂喜而賦之

青青肥麥甲，一雨驗農祥〔一〕。已覺粘天碧，行看覆隴黄。身勞思稼穡，宦薄望倉箱〔二〕。何必登場日，纔聞餅餌香。

箋注

〔一〕農祥，《宋史·樂志十二》：『紹興祀太社太稷十七首：……土發而祭，農祥是祈。』

〔二〕倉箱，《詩經·小雅·甫田》：『乃求千斯倉，乃求萬斯箱。』鄭玄箋：『成王見禾穀之税，委積之多，於是求千倉以處之，萬車以載之。是言年豐收入逾前也。』朱熹集傳：『箱，車箱也。』

平原懷古

張禄丞相初封侯〔一〕，秦王大索魏齊頭〔二〕。故人雖在誼不出，平原志節凌高秋。布衣言歡閉函谷，十日之飲翻百憂〔三〕。虞卿金印若脱屣，相携直下夷門游〔四〕。夷門

公子緩郊勞，坐令逋客揮吴鈎〔五〕。厠中朽骨有變化，蜥蜴不斬爲龍虬〔六〕。望門投止竟何益，六州不鑄雙青眸〔七〕。嗚呼！英雄作事立頑懦〔八〕，酒澆絲綉無時休〔九〕。人生要自有緩急，區區成敗安足謀。

箋注

〔一〕張禄丞相，秦丞相范雎，字叔，魏國芮城（今山西芮城）人，著名政治家、軍事謀略家。曾改名張禄，故稱張禄丞相。

〔二〕『秦王』句，《史記·范雎蔡澤列傳》：『齊襄王聞雎辯口，乃使人賜雎金十斤及牛酒，雎辭謝不敢受。須賈知之，大怒，以爲雎持魏國陰事告齊，故得此饋，令雎受其牛酒，還其金。既歸，心怒雎，以告魏相。魏相，魏之諸公子，曰魏齊。魏齊大怒，使舍人笞擊雎，折脅摺齒。雎詳死，即卷以簀，置厠中。賓客飲者醉，更溺雎，故僇辱以懲後，令無妄言者。雎從簀中謂守者曰：「公能出我，我必厚謝公。」守者乃請出弃簀中死人。魏齊醉，曰：「可矣。」范雎得出。後魏齊悔，復召求之。魏人鄭安平聞之，乃遂操范雎亡，伏匿，更名姓曰張禄……范雎既相秦，秦號曰張禄，而魏不知，以爲范雎已死久矣……秦昭王聞魏齊在平原君所，欲爲范雎必報其仇……魏齊聞信陵君之初難見之，怒而自剄。趙王聞之，卒取其頭予秦。』

〔三〕『故人』句，《史記·范雎蔡澤列傳》：『秦昭王聞魏齊在平原君所，欲爲范雎必報其仇，

乃詳爲好書遺平原君曰：「寡人聞君之高義，原與君爲布衣之友，君幸過寡人，寡人願與君爲十日之飲。」平原君畏秦，且以爲然，而入秦見昭王。昭王與平原君飲數日，昭王謂平原君曰：「昔周文王得呂尚以爲太公，齊桓公得管夷吾以爲仲父，今范君亦寡人之叔父也。范君之仇在君之家，願使人歸取其頭來；不然，吾不出君於關。」平原君曰：「貴而爲交者，爲賤也；富而爲交者，爲貧也。夫魏齊者，勝之友也，在，固不出也，今又不在臣所。」』

〔四〕『虞卿』句，《史記·范睢蔡澤列傳》：『趙孝成王乃發卒圍平原君家，急，魏齊夜亡出，見趙相虞卿。虞卿度趙王終不可說，乃解其相印，與魏齊亡，間行，念諸侯莫可以急抵者，乃複走大梁，欲因信陵君以走楚。信陵君聞之，畏秦，猶豫未肯見。』虞卿，名信，卿爲其官職，趙國中牟（今河南鶴壁）人，戰國時期名士。夷門，戰國魏都城的東門，故址在今河南開封城内東北隅，因在夷山之上，故名。

〔五〕『夷門』句，《史記·范睢蔡澤列傳》：『信陵君大慚，駕如野迎之。魏齊聞信陵君之初難見之，怒而自剄。趙王聞之，卒取其頭予秦。』

〔六〕『厠中』句，《史記·范睢蔡澤列傳》：『魏齊大怒，使舍人笞擊睢，折脅摺齒。睢詳死，即卷以簀，置厠中。賓客飲者醉，更溺睢，故僇辱以懲後，令無妄言者。睢從簀中謂守者曰：「公能出我，我必厚謝公。」守者乃請出弃簀中死人。魏齊醉，曰：「可矣。」范睢得出。後魏齊悔，復召求之。魏人鄭安平聞之，乃遂操范睢亡，伏匿，更名姓曰張禄。』

〔七〕『六州』句，見《壬戌初冬偶集春草堂聯句》箋注〔一一〕。

〔八〕立頑懦，見《爲姚陟山題神游閣》箋注〔六〕。

〔九〕酒澆絲綉，唐李賀《浩歌》：『買絲綉作平原君，有酒唯澆趙州土。』

禹城道中和壁間韵二首〔一〕

其一

洲邊幾點白沙鷗，籬下一雙烏犉牛〔二〕。駘蕩東風吹不歇，淡烟芳草入齊州〔三〕。

校訂

鄧漢儀《詩觀三集》卷九選録此組詩。

箋注

〔一〕禹城，今山東德州禹城。

〔二〕犉牛，母牛。宋陸游《初夏出游》：『犉牛將犢過，雄雉挾雌飛。』

〔三〕齊州，北魏皇興三年改冀州置，治歷城（今濟南）。唐轄境相當於今山東濟南、禹城、

濟陽、齊河等地。北宋政和六年升爲濟南府。

其二

幾處飛虹幾道泉，一庭杲日一林烟〔一〕。計程淮上逢寒食，跕跕風前墮紙鳶〔二〕。

箋注

〔一〕杲日，《詩經·衛風·伯兮》：『杲杲出日。』

〔二〕跕跕，墜落貌。

輯評

鄧漢儀曰：『二首韵甚。』

齊河道中望泰山積雪〔一〕

岱宗高峨峨〔二〕，鴻濛闢靈境。陰崖六月寒，冰雪常耿耿。仙人赤脚游，蹴踏層峰

頂。而我塵中人，瞻言但引領。滉漾海水潮，縹緲峨嵋影。群帝翳白鳳〔三〕，微茫露光景。霓旌曳流輝，素女明妝靚〔四〕。蕩潏雲氣會，飂颸天風冷〔五〕。及兹目一豁，明發陟遐嶺。

校訂

鄧漢儀《詩觀三集》卷九、陳以剛等《國朝詩品》卷五皆選録此首。崖，《國朝詩品》作『岸』。

箋注

〔一〕齊河，今山東德州齊河。

〔二〕岱宗，見《登岱二首》其一箋注〔一〕。

〔三〕群帝，道家謂五方之帝。白鳳，北周庾信《象戲賦》：『白鳳遥臨，黄雲高映。』

〔四〕素女，《史記·封禪書》：『太帝使素女鼓五十弦瑟，悲，帝禁不止，故破其瑟爲二十五弦。』

〔五〕飂颸，風聲。

輯評

『滉漾』八句，鄧漢儀曰：『摹擬泰山積雪，光影團射，目不及瞬。』

鄧漢儀曰：『精警。』

長城鋪〔一〕

其一

七雄昔雲擾〔二〕，屹屹各守邊〔三〕。兹地畫東秦〔四〕，長城防未然。連山走溟渤，一髮窮青天。嗟彼筑城人，白骨埋荒烟〔五〕。柝聲達楚趙，王業當千年。云何松間餓，曾不崇朝焉〔六〕。在德不在險〔七〕，持論寧非賢。

校訂

鄧漢儀《詩觀三集》卷九選録第一首。

箋注

〔一〕長城鋪，《（道光）濟南府志》卷十二《古迹二》：『長清縣……長城鋪，縣志云：長城在縣治東南九十里，説者云縣治迆南七十里五道嶺東爲長城鋪，土人因長城而建姜烈女祠，非秦所築長城也。』清顧炎武《山東考古録·考杞梁妻》：『余過長清縣之長城鋪，見有杞梁妻祠。』

〔二〕七雄，指戰國時秦、楚、燕、齊、韓、趙、魏七强國。雲擾，《文選·揚雄〈長楊賦〉》：『豪俊麋沸雲擾，群黎爲之不康。』李善注：『如麋之沸，若雲之擾，言亂之甚也。』

〔三〕屹屹，猶矻矻，勤奮不懈貌。

〔四〕東秦，戰國時秦昭王曾稱西帝，齊湣王曾稱東帝，兩國皆以其富强而東西并立，後因稱齊國或齊地爲『東秦』。

〔五〕『嗟彼』句，漢陳琳《飲馬長城窟行》：『生男慎勿舉，生女哺用脯。君獨不見長城下，死人骸骨相撐拄。』

〔六〕曾不崇朝，《詩經·衛風·河廣》：『誰謂宋遠，曾不崇朝。』鄭玄箋：『崇，終也。行不終朝，亦喻近。』

〔七〕在德不在險，《史記·吴起列傳》：『魏文侯既卒，起事其子武侯。武侯浮西河而下，中流，顧而謂吴起曰：「美哉乎山河之固，此魏國之寶也！」起對曰：「在德不在險……」』

輯評

鄧漢儀曰：『詩文貴有識，始不爲兔園册子所愚。』

其二

老生之恒談，强秦筑長城。下流苦難居，祖龍受惡名〔一〕。維時燕趙齊，設險各相仍。塹山而堙谷，萬杵聲砰訇。既非役鬼工，曷由不日成。老弱疲轉輸〔二〕，丁壯困棘矜〔三〕。天心惡殺伐，匹婦通精誠〔四〕。所以杞梁妻，嗷然輒使崩〔五〕。王者守四裔〔六〕，仁義爲甲兵。居中大無外〔七〕，蕩詄天階平〔八〕。豈學斗筲人〔九〕，區區若挈瓶〔一〇〕。

箋注

〔一〕祖龍，《史記·秦始皇本紀》：『（三十六年）秋，使者從關東夜過華陰平舒道，有人持璧遮使者曰：「爲吾遺滈池君。」因言曰：「今年祖龍死。」』裴駰集解引蘇林曰：『祖，始也；龍，人君象。謂始皇也。』

〔二〕轉輸，唐吴兢《貞觀政要·征伐》：『士馬疲於甲胄，舟車倦於轉輸。』

〔三〕棘矜，戟柄。棘，通『戟』，古代一種合戈、矛爲一體的長柄兵器。

〔四〕精誠，《莊子·漁父》：『真者，精誠之至也，不精不誠，不能動人。』

〔五〕『所以』句，《列女傳》卷四：『莊公襲莒，殖戰而死。莊公歸，遇其妻，使使者吊之於路。杞梁妻曰：「今殖有罪，君何辱命焉？若令殖免於罪，則賤妾有先人之弊廬在下，妾不得與郊吊。」於是莊公乃還車詣其室，成禮然後去。杞梁之妻無子，内外皆無五屬之親。既無所歸，乃枕其夫之尸於城下而哭，内誠動人，道路過者莫不爲之揮涕，十日，而城爲之崩。』噭然，《公羊傳·昭公二十五年》：『昭公於是噭然而哭。』何休注：『噭然，哭聲貌。』

〔六〕四裔，指幽州、崇山、三危、羽山四個邊遠地區。

〔七〕無外，《公羊傳·隱公元年》：『王者無外，言奔，則有外之辭也。』何休注：『王者以天下爲家，無絶義。』

〔八〕蕩詄，《漢書·禮樂志》：『天門開，詄蕩蕩，穆并騁，以臨饗。』顔師古注引如淳曰：『詄讀如迭。詄蕩蕩，天體堅清之狀也。』王先謙補注：『天體廣遠，言象俱忘，故曰詄蕩蕩。』

〔九〕斗筲人，《論語·子路》：『曰：「今之從政者何如？」子曰：「噫！斗筲之人，何足算也。」』邢昺疏：『斗，量名，容十升。筲，竹器，容斗二升。』

〔一〇〕挈瓶，《左傳·昭公七年》：『雖有挈瓶之知，守不假器，禮也。』

宿泰安和壁間韵

其一

上巳山行倦〔一〕，閑來住草廬。苦吟攤飯後〔二〕，幽夢下簾餘。劚藥長鑱柄〔三〕，扶衰禿尾驢。鐘聲翠微發，隔水見樵漁。

箋注

〔一〕上巳，見《蝶戀花》（二月花明）箋注〔一〕。

〔二〕攤飯，宋陸游《春晚村居雜賦絶句六首》其五：『澆書滿挹浮蛆甕，攤飯横眠夢蝶床。』自注：『東坡先生謂晨飲爲澆書，李黄門謂午睡爲攤飯。』

〔三〕劚，挖。

其二

鴻濛留奥府，天地闢精廬〔一〕。風雨秦松在，云亭漢禪餘〔二〕。神巫還擊鼓，山客

盡騎驢。㴔㴔汶流石，差堪着老漁。

箋注

〔一〕精廬，佛寺，僧舍。

〔二〕『云亭』句，《史記·封禪書》：『昔無懷氏封泰山，禪云云……黄帝封泰山，禪亭亭。』

其三

青冥望不極，何處是吾廬。薄俗褰裳慣，鄉心説餅餘〔一〕。腹盈嗟鼴鼠〔二〕，技盡笑黔驢〔三〕。想象桃花發，金溝正可漁。

箋注

〔一〕説餅，南朝梁吴均《餅説》：『公曰：「今日之食，何者最先？」季曰：「仲秋御景，離蟬欲静，燮燮曉風，凄凄夜冷，臣當此景，唯能説餅。」』

〔二〕『腹盈』句，《莊子·逍遥游》：『偃鼠飲河，不過滿腹。』

〔三〕『技盡』句，唐柳宗元《黔之驢》：『驢不勝怒，蹄之。虎因喜，計之曰：「技止此耳！」』

其四

憶昨一麾出〔一〕，承明念舊廬〔二〕。行踪飄泊極，朋輩死生餘。練水還浮棹，黄山穩跨驢。桃源杳何許，一訊武陵漁〔三〕。

箋注

〔一〕一麾，見《賀新凉・壬子歲寄家弟用韵》箋注〔三〕。此詩爲曹貞吉由中書舍人出爲徽州同知途中所作，故言。

〔二〕『承明』句，見《歲暮感舊書懷二十八韵》箋注〔一一〕。

〔三〕『桃源』句，見《催雪・紅梅》箋注〔三〕。

望徂徠有懷石守道先生〔一〕

驅車徂徠下，亂石紛坡陀〔二〕。元氣自氤氳〔三〕，千古無磷磨〔四〕。緬惟石守道，讀書秋澗阿。和鳴韓范歐〔五〕，接迹金鑾坡〔六〕。四賢一不肖〔七〕，持論高峨峨。慶曆聖德

詩〔八〕，遂激清流波。彦國亦偉人〔九〕，乃有鬼怪訶〔一〇〕。飢烏噤無聲，奈彼人國何〔一一〕。

校訂

鄧漢儀《詩觀三集》卷九録此首。

『遂激清流波』句後，《詩觀三集》有『群公方嚮用，先生終轗軻』二句。

箋注

〔一〕徂徠，在山東省泰安市東南。《詩經·魯頌·閟宫》：『徂來之松，新甫之柏。是斷是度，是尋是尺。』石介（一〇〇五—一〇四五），字守道，一字公操，兗州奉符（今山東泰安）人，北宋學者，思想家。曾創建泰山書院、徂徠書院，以《易》《春秋》教授諸生，宋理學先驅，『泰山學派』創始人。

〔二〕坡陀，山勢起伏貌。

〔三〕氤氲，見《三溪》箋注〔三〕。

〔四〕磷磨，《論語·陽貨》：『不曰堅乎？磨而不磷。』

〔五〕『和鳴』句，慶曆年間，韓琦、范仲淹、歐陽修、富弼等人發起慶曆新政，石介是慶曆

新政的積極支持者。

〔六〕金鑾坡，即金鑾殿，唐朝宮殿名，文人學士待詔之所。

〔七〕四賢一不肖，指北宋蔡襄因范仲淹慶曆新政失敗被貶一事而寫的五首詩，分別頌揚范仲淹、余靖、尹洙、歐陽修等四人，謂之四賢；抨擊高若訥一人，謂之一不肖。

〔八〕『慶曆』句，石介爲支持慶曆新政，賦《慶曆聖德頌》，贊革新派。

〔九〕彦國，《晋書·胡毋輔之傳》：『胡毋輔之，字彦國，泰山奉高人也。……輔之少善高名，有知人之鑒。性嗜酒，任縱不拘小節。與王澄、王敦、庾敳俱爲太尉王衍所昵，號曰「四友」。澄嘗與人書曰：「彦國吐佳言如鋸木屑，霏霏不絶，誠爲後進領袖也。」』

〔一〇〕『乃有』句，石介《怪説下》：『佛、老以妖妄怪誕之教壞亂之。』石介《去二畫本記》：『有老子生焉，然後仁義廢而禮教壞；有佛氏出，然後三綱弃而五常亂。嗚呼！老與佛，賊聖人之道者也，悖聖人之治者也。』

〔一一〕人國，國家。

輯評

『饑烏』二句，鄧漢儀曰：『最是。』

鄧漢儀曰：『所以東林諸公畢竟詆毀不得。』

途次口占

其一

輕烟漠漠入徂徠，麥隴愔愔斷綉開。水碧沙明認鄉土，亂流真渡汶河來。

校訂

鄧漢儀《詩觀三集》卷九録此組詩。

其二

夕氣空濛乍結陰，絲絲園柳變春禽〔一〕。短衣騎馬荒山路，擁鼻誰成梁父吟〔二〕。

箋注

〔一〕『絲絲』句，南朝宋謝靈運《登池上樓》：『池塘生春草，園柳變鳴禽。』

〔二〕擁鼻，《晉書·謝安傳》：『安本能爲洛下書生咏，有鼻疾，故其音濁，名流愛其咏而弗

能及，或手掩鼻以斆之。』梁父吟，《三國志·蜀書·諸葛亮傳》：『亮躬耕隴畝，好爲《梁父吟》。』

輯評

鄧漢儀曰：『先生七絕雋妙，真令摩詰、龍標閣筆。』

嶅山〔一〕

青天削芙蓉〔二〕，片片垂嵐光。連宵魂夢清，引入山水鄉。登頓不辭勞〔三〕，拾級陟崇崗。絶壁青紅交，怪石苔蘚蒼。馬夏大手筆〔四〕，金碧亦鋪張。宜此宅神明，風雷開混茫。玉帛走河朔，岳瀆儼分行〔五〕。岱雲西北來〔六〕，龍氣森然凉。靈旗與風馬〔七〕，陟降殊非常。空冥仰無極，鸞鶴紛翱翔。渺矣汶河流〔八〕，荒哉新甫疆〔九〕。日暮騎馬回，濃翠沾衣裳。

校訂

鄧漢儀《詩觀三集》卷九録此首。

箋注

〔一〕鰲山，位於山東泰安新泰城東四公里汶南鎮境内。

〔二〕『青天』句，唐李白《望廬山五老峰》：『廬山東南五老峰，青天削出金芙蓉。』

〔三〕登頓，《文選·謝靈運〈過始寧墅詩〉》：『山行窮登頓，水涉盡洄沿。』李周翰注：『登頓，謂上下也。』

〔四〕馬夏，南宋畫家馬遠和夏珪，二人均擅長畫山水。

〔五〕岳瀆，五岳和四瀆的并稱。岳，《周禮·春官·大宗伯》：『以血祭祭社稷、五祀、五岳。』鄭玄注：『五岳，東曰岱宗、南曰衡山、西曰華山、北曰恒山、中曰嵩高山。』瀆，見《泗源與平萬聯句》箋注〔六〕。

〔六〕岱雲，漢應劭《風俗通義·山澤·五岳》：『岱者，長也。萬物之始，陰陽交代，雲觸石而出，膚寸而合，不崇朝而遍雨天下，其惟泰山乎！』

〔七〕風馬，唐柳宗元《雷塘禱雨文》：『風馬雲車，肅焉徘徊。』

〔八〕汶河，見《蝶戀花》（六月溪堂）箋注〔二〕。

〔九〕新甫，新甫山，主體在今山東省新泰市西北的泉溝鎮。《詩經·魯頌·閟宫》：『徂來之松，新甫之柏。』

輯評

『岱雲』四句，鄧漢儀曰：『作意爲奇，有龍雷紛動之勢。』

蒙山出雲歌〔一〕

新安黄海天下奇〔二〕，東蒙出雲差似之。我來恰當春暮時，上巳已過清明遲〔三〕。萬山一氣無端倪，如馬如日不可知。絳衣掩映何葳蕤，化爲蒼狗空中馳〔四〕。欲行不行司者誰，欲斷不斷微風吹。陽氣鼓蕩驚躨跜〔五〕，縱横列缺兼王鸙〔六〕。八荒霖雨天無私，我聞貝闕光陸離〔七〕。天吴海若夾水飛〔八〕，蜃樓閃爍千虹蜺〔九〕。城郭人物靡不爲〔一〇〕，闟婆隱現波瀰瀰〔一一〕。觀河面皺悲酸嘶，我有大腹一鴟夷〔一二〕。竟須引滿金屈卮〔一三〕，醒來紅日窺東籬。

校訂

《山左詩鈔》卷三十一、鄧漢儀《詩觀三集》卷九、馬長淑《渠風集略》卷二、王培荀《鄉園

憶舊録》卷五、《（康熙）青州府志》卷二十二《藝文志》、《（雍正）山東通志》卷三十五《藝文志》、《（光緒）費縣志》卷二《山川附藝文》皆選録此首。

不斷，《鄉園憶舊録》作『欲續』。

波，《詩觀三集》作『婆』。

箋注

〔一〕蒙山，古稱『東蒙』『東山』，有『亞岱』之稱，地處山東省臨沂市西北、沂蒙山區腹地。

〔二〕新安，即徽州與嚴州大部。黄海，『黄山雲海』的略稱。宋王存《九域志》：『新安黄山，有雲如海，稱黄海，一稱雲海。』

〔三〕上巳，見《蝶戀花》（二月花明）箋注〔一〕。

〔四〕蒼狗，見《賀新涼·再贈柳敬亭》箋注〔四〕。

〔五〕躨跜，《文選·王延壽〈魯靈光殿賦〉》：『虯龍騰驤以蜿蟺，頷若動而躨跜。』吕延濟注：『躨跜，動貌。言虯龍飛舉盤屈，頷然若動也。』

〔六〕王，大。齯，漢許慎《説文解字》：『老人齒。』

〔七〕貝闕，見《金明池·大熱，有懷蓬萊閣》箋注〔三〕。

〔八〕天吴，見《賀新凉·爲其年題詞》箋注〔四〕。

〔九〕虹蜺，亦作『虹霓』，即螮蝀。

〔一〇〕『城郭』句，《史記·天官書》：『海旁蜃氣象樓臺，廣野氣成宮闕然。』宋沈括《夢溪筆談·异事》：『登州海中，時有雲氣如宫室、臺觀、城堞、人物、車馬、冠蓋，歷歷可見，謂之海市，或曰蛟蜃之氣所爲。』

〔一一〕闉婆，南朝梁蕭衍《十喻詩·乾闉婆詩》：『蜃蛤生异氣，闉婆鬱中天。』

〔一二〕鴟夷，漢揚雄《酒箴》：『鴟夷滑稽，腹如大壺。盡日盛酒，人復藉酤。』

〔一三〕金屈卮，唐李賀《浩歌》：『箏人勸我金屈卮，神血未凝身問誰。』

輯評

『萬山』六句，鄧漢儀曰：『空中描寫，何等靈奇。』

汪懋麟曰：『縱横變幻，神似東坡。』

鄧漢儀曰：『寫得雲氣變幻離奇，不可方物，豈徒藻彩之紛綸。』

王培荀曰：『形容甚妙。』

山民嘆

一

軋軋機聲徹曉催，機聲未盡剪刀裁。問君何事匆匆極，長吏新膺上考來〔一〕。

箋注

〔一〕長吏，《漢書·百官公卿表》：『皆有丞、尉，秩四百石至二百石，是爲長吏。』

二

風吹槲葉半林霜〔一〕，新葉抽萌舊葉黄。似蟻春蠶難作繭，官家早晚又開倉。

箋注

〔一〕槲，落葉喬木，葉可喂柞蠶，清王士禛《山蠶詞四首》其一：『清溪槲葉始濛濛，樹底春蠶葉葉通。』

三

如掌山田蔓草青，兒童菜色婦鵠形〔一〕。不辭努力躬耕去，里正勾人到縣庭〔二〕。

箋注

〔一〕鵠形，宋胡繼宗《書言故事·貧乏》：『言飢餓者爲鵠形。』

〔二〕里正，《公羊傳·宣公十五年》：『什一行而頌聲作矣。』何休注：『一里八十户……其有辯護伉健者，爲里正。』

四

天行人事兩堪悲，鞭朴難勝軀命危。今歲社錢還倍出〔一〕，循良要勒感恩碑〔二〕。

箋注

〔一〕社錢，唐盧綸《村南逢病叟》：『卧驅鳥雀惜禾黍，猶恐諸孫無社錢。』

〔二〕循良，《史記·太史公自序》：『奉法循理之吏，不伐功矜能，百姓無稱，亦無過行。作

《循吏列傳》。』

五

汨墮村村各有碑，兔園老子手如捶〔一〕。鴻濛削鑿山靈笑，何用磨崖大筆爲。

箋注

〔一〕兔園，見《沁園春·贈柳敬亭》箋注〔五〕。

六

木皮争似草根香，婦女携籃似采桑。聞道帝城寒食近，踏青挑菜一時忙。

輯評

汪懋麟曰：『此等絶句，亦惟蘇、陸有之。』

過疏太傅故里〔一〕

其一

疏傅歸來日〔二〕，黄金滿橐裝。差堪具牛酒，何暇問田莊。聖主恩能厚，儒臣道有光。古今誰勇退，高節屬吾鄉〔三〕。

校訂

鄧漢儀《詩觀三集》卷九選録第一首。

箋注

〔一〕疏太傅，西漢名臣疏廣，字仲翁，祖籍東海蘭陵（今山東省臨沂市蘭陵縣），曾祖遷於泰山郡巨平（今寧陽縣西部）。本始元年初，宣帝徵其爲博士郎、太中大夫，地節三年（前六十七）封其爲太子太傅。

〔二〕疏傅，疏廣的侄子疏受，字公子，當時亦以賢明被選爲太子家令，後升爲太子少傅。

〔三〕『古今』句，見《拜先外祖墓》箋注〔一五〕。

其二

公等抽身好，先幾見獨微。漢家重文法，太子失英威〔一〕。自是殷憂切，誰云止足非。試看蕭長倩，咫尺蹈危機〔二〕。

箋注

〔一〕『漢家』句，《漢書·雋疏于薛平彭列傳》：『地節三年，立皇太子，選丙吉爲太傅，廣爲少傅。數月，吉遷御史大夫，廣徙爲太傅，廣兄子受字公子，亦以賢良舉爲太子家令。受好禮恭謹，敏而有辭。宣帝幸太子宫，受迎謁應對，及置酒宴，奉觴上壽，辭禮閑雅，上甚歡説。頃之，拜受爲少傅。……太子每朝，因進見，太傅在前，少傅在後。父子并爲師傅，朝廷以爲榮。』

〔二〕『試看』句，《漢書·蕭望之傳》：『蕭望之字長倩，東海蘭陵人也。……宣帝崩，太子襲尊號，是爲孝元帝。望之、堪本以師傅見尊重，上即位，數宴見，言治亂，陳王事。……弘恭、石顯等知望之素高節，不詘辱，建白「望之前爲將軍輔政，欲排退許、史，專權擅朝。幸得不坐，復賜爵邑，與聞政事，不悔過服罪，深懷怨望，教子上書，歸非於上，自以托師傅，懷終不坐。非頗詘望之於牢獄，塞其怏怏心，則聖朝亡以施恩厚」。上曰：「蕭太傅素剛，安肯就吏？」顯等曰：

「人命至重，望之所坐，語言薄罪，必亡所憂。」上乃可其奏。顯等封以付謁者，敕令召望之手付，因令太常急發執金吾車騎馳圍其第。使者至，召望之。望之欲自殺，其夫人止之，以爲非天子意。望之以問門下生朱雲。雲者好節士，勸望之自裁。於是望之仰天嘆曰：「吾嘗備位將相，年逾六十矣，老入牢獄，苟求生活，不亦鄙乎！」字謂雲曰：「游，趣和藥來，無久留我死！」竟飲鴆自殺。』

輯評

『公等』二句，鄧漢儀曰：『看二疏有身分。』

鄧漢儀曰：『前史曾言之。』

其三

薄俗艷圭組〔一〕，驚傳早拂衣。黄塵千騎散，白髮兩人歸。沂水東流急，琅琊夕照微〔二〕。宣元陵廟盡〔三〕，兹事尚依稀。

箋注

〔一〕圭組，《文選·任昉〈王文憲集序〉》：『既襲圭組，對揚王命，因便感咽，若不自勝。』劉良注：『圭，諸侯所執也。組，綬，所以繫印者也。』

〔二〕琅琊，山東臨沂舊稱。

〔三〕宣，指漢宣帝劉詢；元，指漢元帝劉奭。

郯城道中作〔一〕

山行良已疲，振策遵平陸〔二〕。淡淹沂水流〔三〕，粼粼上眉緑。頓軛問官亭，老柳幾枝秃。此地困陽侯〔四〕，驚濤捲茅屋。苔壁綉龍蛇，仿佛波浪蹴。老稚繞我車，塵土堆面目。鶉衣不掩骭〔五〕，彀食那盈腹〔六〕。晝則學寒號〔七〕，夜或如鷺宿。安得萬間厦，使汝歡顔足〔八〕。安得紅朽倉，使汝元氣復。安得纏樹繒，使汝美衣服〔九〕。安得金錯刀〔一〇〕，使汝充笥簏。哀哉復哀哉，斯人信煢獨。

校訂

鄧漢儀《詩觀三集》卷九、陳以剛等《國朝詩品》卷五皆選録此首。

枝，《國朝詩品》作『株』。

浪，《國朝詩品》作『痕』。

箋注

〔一〕郯城，今山東省臨沂市郯城縣，清代隸屬沂州府。

〔二〕振策，見《壽萸公》箋注〔五〕。

〔三〕淡淹，水蕩漾貌。唐杜甫《醉歌行》：『春光淡淹秦東亭，渚蒲芽白水荇青。』

〔四〕陽侯，見《滿江紅·過滹沱》箋注〔四〕。

〔五〕鶉衣，《荀子·大略》：『子夏貧，衣若縣鶉。』骭，小腿。

〔六〕鷇食，《莊子·天地》：『夫聖人鶉居而鷇食，鳥行而無彰。』成玄英疏：『鷇者，鳥之子，食必仰母而足。』

〔七〕寒號，寒號蟲，又名『鶡鴠』。明李時珍《本草綱目·禽二·寒號蟲》引郭璞曰：『鶡鴠，夜鳴求旦之鳥。夏月毛盛，冬月裸體，晝夜鳴叫，故曰寒號。』

〔八〕『安得萬間厦』句，唐杜甫《茅屋爲秋風所破歌》：『安得廣厦千萬間，大庇天下寒士俱歡顔，風雨不動安如山。』

〔九〕『安得纏樹繒』句，《資治通鑒》卷一八一記煬帝大業六年（六〇一）：『諸蕃請入豐都市交易，帝許之。先命整飾店肆，檐宇如一，盛設帷帳，珍貨充積，人物華盛，賣菜者亦藉以龍須席。胡客或過酒食店，悉令邀延就坐，醉飽而散，不取其直，給之曰：「中國豐饒，酒食例不取

直。」胡客皆驚嘆。其黠者頗覺之，見以繒帛纏樹，曰：「中國亦有貧者，衣不蓋形，何如以此物與之，纏樹何爲？」市人慚不能答。』

〔一〇〕金錯刀，古代錢幣名，王莽攝政時鑄造。漢張衡《四愁詩》：『美人贈我金錯刀，何以報之英瓊瑶。』

輯評

『此地』四句，鄧漢儀曰：『可見水患不祇維揚。』

『老稚』四句，鄧漢儀曰：『真是《流民圖》。』

『安得』十句，鄧漢儀曰：『連聲嘆息。』

鄧漢儀曰：『山左之民，豐年則粒米狼戾，凶歲則滿路流移。乙巳春，雨暘偶愆，而鄒、滕境上，民之挈妻抱子者相繼矣。固須節儉，以爲長久之法。』

過峒峿馬上口占〔一〕

其一

此地勾吴戰壘開〔二〕，餘皇三肄楚江隈〔三〕。争桑女子渾閑事〔四〕，白日旌旗入

郢來〔五〕。

箋注

〔一〕峒峿，位於今江蘇徐州新沂境内。

〔二〕勾吴，明楊慎《丹鉛餘録》卷十三：『越曰於越，吴曰勾吴，邾曰邾婁，本一字而爲二字，古聲雙叠也。』

〔三〕餘皇，《左傳·昭公十七年》：『子魚先死，楚師繼之，大敗吴師，獲其乘舟餘皇。』杜預注：『餘皇，舟名。』肆，演習。

〔四〕『争桑』句，《史記·吴太伯世家》：『初，楚邊邑卑梁氏之處女與吴邊邑之女争桑，二女家怒相滅，兩國邊邑長聞之，怒而相攻，滅吴之邊邑。吴王怒，故遂伐楚，取兩都而去。』

〔五〕郢，楚國的都城，在今湖北省江陵縣附近。

其二

六朝列戍古鐘離〔一〕，折戟沉沙千載悲〔二〕。惟有女郎題筆處，春風開遍野棠枝。

箋注

〔一〕鐘離，本春秋楚邑，治今安徽鳳陽東北。

〔二〕『折戟』句，唐杜牧《赤壁》：『折戟沉沙鐵未銷，自將磨洗認前朝。』

下相懷古〔一〕

其一

黄河東注項王城，慘淡風雲指顧生。草草鴻溝盟楚漢〔二〕，匆匆戲下失韓彭〔三〕。艱難亞父縱横策〔四〕，辛苦勾吴子弟兵〔五〕。遺恨九原六州鐵〔六〕，不留神武鎮咸京。

校訂

鄧漢儀《詩觀三集》卷九選録此組詩。

箋注

〔一〕下相，今江蘇宿遷西南，西楚霸王項羽的故里。

〔二〕鴻溝，《史記·高祖本紀》：『項羽恐，乃與漢王約，中分天下，割鴻溝而西者爲漢，鴻溝而東者爲楚。』

〔三〕『匆匆』句，《史記·淮陰侯列傳》：『及項梁渡淮，信杖劍從之，居戲下，無所知名。項梁敗，又屬項羽，羽以爲郎中。數以策干項羽，羽不用。漢王之入蜀，信亡楚歸漢。』《史記·魏豹彭越列傳》：『項籍入關，王諸侯，還歸，彭越衆萬餘人毋所屬。漢元年秋，齊王田榮畔項王，（漢）乃使人賜彭越將軍印，使下濟陰以擊楚。楚命蕭公角將兵擊越，越大破楚軍。漢王二年春，與魏王豹及諸侯東擊楚，彭越將其兵三萬餘人歸漢於外黄。』

〔四〕亞父，《史記·項羽本紀》：『亞父者，范增也。』裴駰集解引如淳曰：『亞，次也。尊敬之次父，猶管仲爲仲父。』《史記·項羽本紀》：『范增説項羽曰：「沛公居山東時，貪於財貨，好美姬。今入關，財物無所取，婦女無所幸，此其志不在小。吾令人望其氣，皆爲龍虎，成五采，此天子氣也。急擊勿失。」……亞父受玉斗，置之地，拔劍撞而破之，曰：「唉！竪子不足與謀。奪項王天下者，必沛公也，吾屬今爲之虜矣。」……項王乃疑范增與漢有私，稍奪之權。范增大怒，曰：「天下事大定矣，君王自爲之。願賜骸骨歸卒伍。」項王許之。行未至彭城，疽發背而死。』

〔五〕勾吴，見《過峒峿馬上口占》其一箋注〔二〕。

〔六〕『遺恨』句，《史記·項羽本紀》：『人或説項王曰：「關中阻山河四塞，地肥饒，可都以霸。」項王見秦宮皆以燒殘破，又心懷思欲東歸，曰：「富貴不歸故鄉，如衣綉夜行，誰知之

者！」』九原，九泉，黄泉。六州鐵，見《平原懷古》箋注〔七〕。

輯評

鄧漢儀曰：『重瞳失着盡多，此能寫盡。』

其二

旗懸卿子冠軍頭〔一〕，誰道荆人似沐猴〔二〕。救趙已收三豎子〔三〕，入關新劫五諸侯〔四〕。乘時江左英雄色，落日陰陵感慨秋〔五〕。亭長艤舟堪共濟，中原何必盡歸劉〔六〕。

校訂

艤，《詩觀三集》作『檥』，同。

箋注

〔一〕卿子冠軍，《史記·項羽本紀》：『諸别將皆屬宋義，號爲卿子冠軍。……項羽晨朝上將軍宋義，即其帳中斬宋義頭，出令軍中曰：「宋義與齊謀反楚，楚王陰令羽誅之。」』

〔二〕『誰道』句，《史記・項羽本紀》：『人或説項王曰：「關中阻山河四塞，地肥饒，可都以霸。」項王見秦宫皆以燒殘破，又心懷思欲東歸，曰：「富貴不歸故鄉，如衣綉夜行，誰知之者！」説者曰：「人言楚人沐猴而冠耳，果然。」項王聞之，烹説者。』

〔三〕『救趙』句，《史記・項羽本紀》：『項羽已殺卿子冠軍，威震楚國，名聞諸侯。乃遣當陽君、蒲將軍將卒二萬渡河，救鉅鹿。戰少利，陳餘復請兵。項羽乃悉引兵渡河，皆沉船，破釜甑，燒廬舍，持三日糧，以示士卒必死，無一還心。於是至則圍王離，與秦軍遇，九戰，絶其甬道，大破之，殺蘇角，虜王離。涉間不降楚，自燒殺。當是時，楚兵冠諸侯。諸侯軍救鉅鹿下者十餘壁，莫敢縱兵。及楚擊秦，諸將皆從壁上觀。楚戰士無不一以當十，楚兵呼聲動天，諸侯軍無不人人惴恐。於是已破秦軍，項羽召見諸侯將，入轅門，無不膝行而前，莫敢仰視。項羽由是始爲諸侯上將軍，諸侯皆屬焉。』竪子，對人的鄙稱，猶今言『小子』。

〔四〕『入關』句，《史記・項羽本紀》：『漢王部五諸侯兵，凡五十六萬人，東伐楚。項王聞之，即令諸將擊齊，而自以精兵三萬人南從魯出胡陵。』又《史記・高祖本紀》：『漢王以故得劫五諸侯兵，遂入彭城。項羽聞之，乃引兵去齊，從魯出胡陵，至蕭，與漢大戰彭城靈壁東睢水上，大破漢軍，多殺士卒，睢水爲之不流。』

〔五〕陰陵，春秋時爲楚邑，故城在今安徽定遠西北。《史記・項羽本紀》：『項王至陰陵，迷失道。』

〔六〕『亭長』句，《史記·項羽本紀》：『於是項王乃欲東渡烏江。烏江亭長艤船待，謂項王曰：「江東雖小，地方千里，衆數十萬人，亦足王也。願大王急渡。今獨臣有船，漢軍至，無以渡。」項王笑曰：「天之亡我，我何渡爲！且籍與江東子弟八千人渡江而西，今無一人還，縱江東父兄憐而王我，我何面目見之？縱彼不言，籍獨不愧於心乎？」……乃自刎而死。』

輯評

汪懋麟曰：『雄健有嘍啨風。』

鄧漢儀曰：『羽自入關以後，着着都錯，即如亭長一議未便或非，而腐儒必曰天定不可强爲，豈不可笑？』

寒食二首〔一〕

其一

□見烏銜紙〔二〕，心驚寒食來。河邊一抔土〔三〕，寂寞野花開。婦子流離甚，輸君在夜臺〔四〕。棠梨今夕雨，沾灑爲誰哀。

箋注

〔一〕寒食，南朝梁宗懔《荆楚歲時記》：『去冬節一百五日，即有疾風甚雨，謂之寒食。禁火三日，造餳大麥粥。』

〔二〕烏銜紙，宋蘇軾《寒食雨二首》其二：『那知是寒食，但見烏銜紙。』

〔三〕一抔土，指墳墓。

〔四〕夜臺，東漢末阮瑀《七哀詩》：『冥冥九泉室，漫漫長夜臺。』

其二

愧我爲人子，真成汗漫游〔一〕。何時一盂飯，澆向故山頭。鷄肋知無益〔二〕，蓬踪苦未休。長河如箭急，嗚咽自東流。

箋注

〔一〕汗漫游，見《題李渭清燕磯獨眺圖二首》其二箋注〔一〕。

〔二〕鷄肋，見《庚午中元有感》箋注〔二〕。

青山懷古

江上巋然矗一丘，蕭蕭蘆荻淡生愁〔一〕。自憐白髮爲司馬〔二〕，猶向青山吊故侯。折戟沉沙成往事〔三〕，靈風夢雨定千秋〔四〕。將軍戰死關天運，莫作胥濤撼石頭〔五〕。

箋注

〔一〕『蕭蕭』句，唐劉禹錫《西塞山懷古》：『從今四海爲家日，故壘蕭蕭蘆荻秋。』

〔二〕司馬，唐制於每州置司馬，以安排貶謫或閑散的人。後世稱府同知曰司馬，本此。康熙二十四年乙丑（一六八五）秋，曹貞吉由中書舍人出爲徽州同知，故言。

〔三〕『折戟』句，見《消息·和錫鬯〈度雁門關〉》箋注〔五〕。

〔四〕靈風夢雨，唐李商隱《重過聖女祠》：『一春夢雨常飄瓦，盡日靈風不滿旗。』

〔五〕胥濤，宋魯應龍《閑窗括异志》：『伍子胥逃楚仕吴，吴王賜以屬鏤之劍，自殺，浮其尸於江，遂爲濤神，謂之胥濤。』

姑熟道中雜咏〔一〕

其一

麥光浮翠菜花黄，好雨絲絲入曉凉。怪是荷錢纔出水〔二〕，風來已自作蓮香。

箋注

〔一〕姑熟，一作姑孰，即今安徽省當塗縣。

〔二〕荷錢，初生的小荷葉，因其圓小如錢，故稱。

其二

畫圖最愛吴裝好，淺絳深藍次第開。一幅河陽小平遠〔一〕，行春誰駕笋輿來〔二〕。

箋注

〔一〕平遠，宋郭熙《林泉高致·山水訓》：『山有三遠：自山下而仰山顛，謂之高遠；自山前

而窺山後，謂之深遠；自近山而至遠山，謂之平遠。』

〔二〕行春，《後漢書・鄭弘傳》：『弘少爲鄉嗇夫，太守第五倫行春，見而深奇之，召署督郵，舉孝廉。』李賢注：『太守常以春行所主縣，勸人農桑，振救乏絶。』笋輿，見《乙卯元日過天咫齋頭遇沈康臣小飲翌日見投一詩賦答四首》其一箋注〔五〕。

其三

紫髯東下亂流腥〔一〕，夢日城邊樹色青〔二〕。野闊於今無戰壘，夕陽何處玩鞭亭〔三〕。

箋注

〔一〕紫髯，見《滿江紅・和錫鬯吴大帝廟下作》箋注〔二〕。

〔二〕夢日城，王敦城，位於今安徽省蕪湖市。《晉書》載，晉明帝太寧初年，大將王敦屯兵蕪湖，駐扎鷄毛山，籌劃率兵攻打晉都南京，遂依山壘土築城。志稱『王敦城』。

〔三〕玩鞭亭，位於今安徽省蕪湖市境内。《晉書・明帝紀》：『六月，敦將舉兵内向，帝密知之，乃乘巴滇駿馬微行，至於湖，陰察敦營壘而出。有軍士疑帝非常人。又敦正晝寢，夢日環其城，驚起曰：「此必黄鬚鮮卑奴來也。」帝母荀氏，燕代人，帝狀類外氏，鬚黄，敦故謂帝云。於是

使五騎物色追帝。帝亦馳去，馬有遺糞，輒以水灌之。見逆旅賣食嫗，以七寶鞭與之，曰：「後有騎來，可以此示也。」俄而追者至，問嫗，嫗曰：「去已遠矣。」因此鞭示之。五騎傳玩，稽留遂久。又見馬糞冷，以爲信遠而止不追。帝僅而獲免。』

其四

三千歌舞宴崔嵬〔一〕，宋祖凌歊舊有臺〔二〕。不及青山一抔土，亂雲生處使人哀。

箋注

〔一〕崔嵬，《詩經·周南·卷耳》：『陟彼崔嵬，我馬虺隤。』毛傳：『崔嵬，土山之戴石者。』

〔二〕『宋祖』句，宋陸游《入蜀記》卷二：『凌歊臺，正如鳳凰、雨花之類，特因山顛名之，宋高祖所營。面勢虛曠，高出氛埃之表，南望青山龍山九井諸峰如在几席。』凌歊，謂滌除暑氣。

鴻爪集

宿藁口〔一〕

迢遞華陽百里程〔二〕，亂山深處夢魂清。夜來驚枕有奇響，知是松聲是水聲。

箋注

〔一〕藁口，位於安徽旌德境内。

〔二〕華陽，今安徽省安慶市望江縣華陽鎮，位於皖西南長江北岸。

琴溪〔一〕

突兀飛虹百尺餘，懸崖何處覓仙居。年年上巳桃花水〔二〕，惆悵琴高赤鯉魚〔三〕。

箋注

〔一〕琴溪，長江支流青弋江的支流，位於今安徽涇縣東北。汀、漕二溪在琴高山合流後稱琴溪，經赤灘注入青弋江。

〔二〕上巳，見《蝶戀花》（二月花明）箋注〔一〕。

〔三〕『惆悵』句，晋干寶《搜神記》卷一：『琴高，趙人也。能鼓琴。爲宋康王舍人。行涓彭之術，浮游冀州、涿郡間二百餘年。後辭入涿水中，取龍子，與諸弟子期之。曰：「明日皆潔齋候。」於水旁設祠屋。果乘赤鯉魚出，來坐祠中。且有萬人觀之。留一月，乃復入水去。』

琴魚

仙人騎將赤鯉去，此地遂有琴高魚〔一〕。清溪千仞不見底，森如碧玉流長渠。其魚瑣細不入格，形模恢詭堪驚吁。三月三日初舉網〔二〕，一網億萬無留餘。吹以春風暴以日，奔走南北何賢愚。練江緑螺同色味，不煩鼎俎尤清虛。吴宫膾殘亦奇物〔三〕，未聞骨相如此臞。老生常談海若納百谷〔四〕，鯤鵬變怪蒙莊書〔五〕。南溟一徙九萬里〔六〕，濤

飛山立群靈趨。巨鱗首尾不可截，舳艫入腹舟人呼。又嘗目擊東海魚大上〔七〕，眼光如炬扶南珠〔八〕。神龍愛寶抉之去，化爲智井懲貪夫〔九〕。防風骨節中梁棟，片鱗一鬣能專車〔一〇〕。嗚呼！其大也如彼，其小也如此。乃識造化功，兼悟神仙旨。逆旅主人告余言〔一一〕，琴仙之惠誠汪濊〔一二〕。一年一度無愆期〔一三〕，思之安能得其理。或云昔日神鼎金膏成，服食之餘弃于水〔一四〕。爲魚不復作魚香，黍米神功應爾爾。恬淡寧爲口腹累，江鰣河魴皆腥穢〔一五〕。啖久定可殺三彭〔一六〕，赤松黄石吾徒耳〔一七〕。霓旌絳節紛相從，萼緑飛瓊供驅使〔一八〕。君莫小視琴川魚，琴川之魚天下無。

箋注

〔一〕『仙人』句，見《琴溪》箋注〔三〕。

〔二〕三月三日，見《蝶戀花》（二月花明）箋注〔一〕。

〔三〕膾殘，宋高承《事物紀原·蟲魚禽獸部·膾殘》：『越王勾踐之保會稽也，方斫魚爲膾，聞有吴兵，弃其餘於江，化而爲魚，猶作膾形，故名膾殘，亦曰王餘魚。』唐皮日休《松江早春》：『穩憑船舷無一事，分明數得膾殘魚。』

〔四〕海若，見《賀新凉·爲其年題詞》箋注〔四〕。

〔五〕『鯤鵬』句，《莊子·逍遥游》：『北冥有魚，其名曰鯤。鯤之大，不知其幾千里也；化而爲鳥，其名爲鵬。鵬之背，不知其幾千里也。怒而飛，其翼若垂天之雲。』

〔六〕『南溟』句，《莊子·逍遥游》：『是鳥也，海運則將徙於南冥。南冥者，天池也。』

〔七〕大上，最上。

〔八〕南珠，即合浦珠。晋葛洪《抱朴子·祛惑》：『凡探明珠，不於合浦之淵，不得驪龍之夜光也。』

〔九〕眢井，枯井。

〔一〇〕鬣，魚頷旁小鰭。

〔一一〕逆旅，旅館，客舍。

〔一二〕汪濊，深廣。

〔一三〕『一年』句，元賈銘《飲食須知》卷六：『今宣城涇縣於三月三前後三四日亦出小魚，土人炙收寄遠，或即此魚。』愆期，誤期，失期。

〔一四〕『或云』句，宋趙與時《賓退録》：『今寧國府涇縣東北二十里有琴溪，溪之側石臺高一丈，曰琴高臺，俗傳琴高隱所，有廟存焉。溪中别有一種小魚，他處所無，俗謂琴高投藥滓所化，號琴高魚。歲三月，數十萬一日來集，漁者網取，漬以鹽而曝之。州縣須索無藝，以爲苞苴土宜，其來久矣。舊亦入貢，乾道間始罷。』

〔一五〕江鯆，鯆魚，背黑綠色，鱗下多脂肪，産於長江中下游。河魴，魴魚，淡水魚，銀灰色，腹部隆起。

〔一六〕三彭，《太平廣記》卷二十八《神仙·僧契虚》：『已而至一殿上，有具簪冕者，貌甚偉……捀子命契虚謁拜，且曰：「此稚川真君也。」真君召契虚上，訊曰：「爾絶三彭之仇乎？」不能對。……契虚因問捀子。曰：「彭者三尸之姓，常居人中，伺察其罪。每至庚申日，籍於上帝。故學仙者當先絶其三尸，如是則神仙可得。」』

〔一七〕赤松，《史記·留侯世家》：『願弃人間事，欲從赤松子游耳。』司馬貞索隱引《列仙傳》：『神農時雨師也，能入火自燒，昆侖山上隨風雨上下也。』黄石，《史記·留侯世家》：『良嘗閑從容步游下邳圯上，有一老父，衣褐……出一編書，曰：「讀此則爲王者師矣。後十年興。十三年孺子見我濟北，穀城山下黄石即我矣。」遂去，無他言。不復見。旦日視其書，乃《太公兵法》也……子房始所見下邳圯上老父與太公書者，後十三年從高帝過濟北，果見穀城山下黄石，取而葆祠之。』

〔一八〕蕚緑，《太平廣記》卷五十七：『蕚緑華者，女仙也。年可二十許，上下青衣，顔色絶整。以晉穆帝升平三年己未十一月十日夜降於羊權家。』飛瓊，《太平廣記》卷七十引唐佚名《逸史》：『唐開成初，進士許瀍游河中，忽得大病，不知人事，親友數人，環坐守之。至三日，蹶然而起，取筆大書於壁曰：「曉入瑶臺露氣清，坐中唯有許飛瓊。塵心未盡俗緣在，十里下山空月明。」書畢復寐。及明日，又驚起，取筆改其第二句曰：「天風飛下步虚聲。」書訖，兀然如醉，不復寐

矣。良久漸言曰：「昨夢到瑶臺，有仙女三百餘人，皆處大屋，内一人云是許飛瓊，遣賦詩，及成，又令改曰：『不欲世間人知有我也。』既畢，甚被賞嘆，令諸仙皆和。」』

拜愚山先生野殯〔一〕

其一

杜宇聲中飛紙灰〔二〕，野棠開處長青苔。荒林寂寞應含笑，白髮門生鏡具來〔三〕。

校訂

《山左詩鈔》卷三十一、錢仲聯《清詩紀事》皆選録此詩。《山左詩鈔》、《安丘曹氏家學守待》第十四卷附《評語》載汪士鋐評語。

箋注

〔一〕愚山先生，即施閏章，見《題施汜郎小照》箋注〔四〕。

〔二〕杜宇，見《南鄉子·夏夕無寐，茫茫交集，輒韵語寫之，不求文也》其五箋注〔一〕。

〔三〕白髮門生，曹貞吉兒子曹濂撰《儀部公行狀》記其父『試輒冠軍，而於學憲施愚山先生

則尤受國士之知』。

其二

幽宫一拜一潸然，絮酒何能到下泉〔一〕。記否生存華屋處〔二〕，兔葵燕麥已芊芊〔三〕。

箋注

〔一〕絮酒，謂祭奠用酒。

〔二〕『記否』句，見《花發沁園春・咏司馬相如私印》箋注〔四〕。

〔三〕兔葵燕麥，見《百字令・天龍寺高歡避暑宫遺址，和錫鬯》箋注〔三〕。

其三

文章華國竟何爲，逝水東流有盡期〔一〕。最是長安風雪裏，含情相對夜深時。

箋注

〔一〕逝水，《論語・子罕》：『子在川上曰：「逝者如斯夫，不舍晝夜。」』

輯評

汪士鋐云：『《野殯》三章，低徊欲絶。嘗從先生論施公往事，先生涕交頤，遂共飲泣，不復語。施公殁，先生經紀其後，不遺餘力。嗚呼，此真古人情事，而作詩者之本也。』

王煒云：『丁卯春，先生去宛陵，友人汪栗亭以試事從之，哭拜於施愚山先生之殯宫。先生昔以諸生受知施公，癸卯發解，即走宛陵拜謁。及是往哭，宿草荒烟，爲之大痛。歸與栗亭長慟旅臺，經紀其後人不遺餘力。』

喜晤瞿山〔一〕

其一

聞聲常失喜，况復見鬚眉。小别知何日，吴霜冉冉垂〔二〕。入門花藥富，把臂夕陽遲。四壁紛岩壑，欣然快所私〔三〕。

箋注

〔一〕瞿山，即梅清，見《題施汜郎小照》箋注〔一四〕。

〔二〕吴霜，宋范成大《丙申元日安福寺禮塔》：『耳畔逢人無魯語，鬢邊隨我是吴霜。』

〔三〕所私，宋歐陽修《西湖念語》：『而清風明月，幸屬於閑人。并游或結於良朋，乘興有時而獨往。鳴蛙暫聽，安問屬官而屬私。』

其二

孝廉船屢放〔一〕，懷刺不逢人〔二〕。常苦音塵絶，何由形影親。寧知良會沓，仍在宛溪濱〔三〕。便欲買山住，瞿硎同結鄰〔四〕。

箋注

〔一〕孝廉船，見《哭漢儀》箋注〔五〕。

〔二〕懷刺，《後漢書·文苑傳·禰衡》：『始達潁川，乃陰懷一刺，既而無所之適，至於刺字漫滅。』

〔三〕宛溪濱，宣城古名宛陵，以宛溪之濱，陵陽之麓，取山水首字而定名。

〔四〕瞿硎，《晋書·隱逸傳》：『瞿硎先生者，不得姓名，亦不知何許人也。太和末，常居宣城郡界文脊山中，山有瞿硎，因以爲名焉。大司馬桓温嘗往造之，既至，見先生被鹿裘，坐於石室，神無忤色，温及僚佐數十人皆莫測之，乃命伏滔爲之銘贊。』

其三

山僧與童子，點染倩佳兒。健筆縱横甚，平添老樹枝。孤亭懸縹緲，雙塔鬱參差。
矶硉蛟龍勢〔一〕，携歸也自奇。

箋注

〔一〕矶硉，山石突出貌。

拜姜如農先生墓二首〔一〕

其一

東海姜夫子，英靈接混茫。潛身敬亭野〔二〕，吾道有輝光。鷄絮鄉人薦〔三〕，丹青
志士傷〔四〕。似聞曾請劍〔五〕，疏草尚琳琅。

箋注

〔一〕姜埰（一六〇七—一六七三），字如農，號敬亭山人，又號宣州老兵，山東萊陽人。明

崇禎四年（一六三一）進士，官至禮科給事中。康熙二十六年，曹貞吉在徽州同知任，三月往宣城，拜姜如農墓，并作此二首。

〔二〕『潛身』句，《明史·姜埰傳》：『國變後，流寓蘇州以卒。且死，語其二子曰：「吾奉先帝命戍宣州，死必葬我敬亭之麓。」二子如其言。』

〔三〕鷄絮，《後漢書·徐穉傳》：『穉嘗爲太尉黄瓊所辟，不就。及瓊卒歸葬，穉乃負糧徒步到江夏赴之，設鷄酒薄祭，哭畢而去，不告姓名。』李賢注：『謝承書曰：「穉諸公所辟雖不就，有死喪負笈赴吊。常於家豫炙鷄一隻，以一兩綿絮漬酒中，暴乾以裹鷄，徑到所起冢隧外，以水漬綿使有酒氣，斗米飯，白茅爲藉，以鷄置前，醊酒畢，留謁則去，不見喪主。」』

〔四〕『丹青』句，唐高蟾《金陵晚望》：『世間無限丹青手，一片傷心畫不成。』

〔五〕請劍，《明史·姜埰傳》：『先是，給事中方士亮論密雲巡撫王繼謨不勝任，保定參政錢天錫因夤緣給事中楊枝起、廖國遴，以屬延儒，及廷推，遂得俞旨。適帝有「爲人出缺」諭，蓋舉廷臣積習告戒之，非爲天錫發也。埰探之未審，謂帝實指其事，倉卒拜疏。而帝於是時方憂勞天下，默告上帝，戴罪省愆。所頒戒諭，詞旨哀痛，讀者感傷。埰顧反覆詰難，若深疑於帝者，帝遂大怒，曰：「埰敢詰問詔旨，藐玩特甚。」立下詔獄考訊。掌鎮撫梁清宏以獄詞上，帝曰：「埰情罪特重。且二十四氣之説，類匿名文書，見即當毁，何故累騰奏牘。其速按實以聞。」』

其二

巋然三尺在〔一〕，草色自青青。意氣存終古，風雷走百靈。孤臣悲永戍，弱子勒遺銘。白也詩無敵〔二〕，長吟好共聽。

箋注

〔一〕三尺，指墳墓。

〔二〕『白也』句，唐杜甫《春日憶李白》：『白也詩無敵，飄然思不群。』

穀雨日游敬亭　同游者爲朱廣德立山、梅侍御桐崖、阮黄門于岳、梅孝廉瞿山、耦長〔一〕

憶昔登北樓，山色横遠緑。京塵二十年〔二〕，游屐不復續。穀雨美風日，駕言趨山麓。樵徑陡紆威，林光悦幽獨。松花撲人衣，濃翠生眉目。笋抽碧玉圍，驚雷起龍族。山僧當晝眠，烟青焙茶熟。但期飲文字，何用雜絲肉〔三〕。振衣額珠樓〔四〕，石磴莽迴

複。穿林若生玃〔五〕，躡嶠疑奔鹿。神志一以曠，觀聽得清淑。長橋駕螮蝀〔六〕，雙流争起伏。塔頂鬱峥嶸，人烟集水陸。一髮辨麻姑〔七〕，蒼然數峰矗。遐搜竟忘疲，荏苒龍銜燭〔八〕。耽彼夜氣佳，翻訝流光速。及兹未去間，良會當再卜。

箋注

〔一〕敬亭，敬亭山，位於安徽省宣城市北，南朝齊謝朓有《游敬亭山》，唐李白有《獨坐敬亭山》。朱國柱，字立山，襄平（今遼寧遼陽）人，曾任安徽廣德州守。梅鋗，號桐崖，宣城人，康熙六年（一六六七）進士，官福建巡撫。阮爾詢，字于岳，宣城人，官拜左副都御史。梅孝廉瞿山，見《題施氾郎小照》箋注〔一四〕。梅庚，字耦長、耦耕，又字子長，號雪坪，晚年號聽山翁，康熙二十年（一六八一）舉人，官泰順知縣，書畫家，詩人。

〔二〕京塵，見《口號四首》其四箋注〔二〕。

〔三〕絲肉，指樂聲和歌聲。清余懷《板橋雜記》引王士禛《秦淮雜詩》：『秦淮絲肉中宵發，玉律抛殘整翠鈿。』

〔四〕額珠樓，敬亭山樓閣名。

〔五〕玃，古書上説的一種大猴子。

〔六〕螮蝀，虹的别名，借指橋。

〔七〕麻姑，麻姑山，位於宣城境内，與敬亭山東西對峙。

〔八〕龍銜燭，《楚辭·天問》：『日安不到，燭龍何照？』王逸注：『言天之西北有幽冥無日之國，有龍銜燭而照之也。』

敬亭和雪坪韵〔一〕

山深三月始聞鵑，櫻熟茶香似往年。高閣全收空翠色，長溪倒映蔚藍天。青蓮詩句自千古〔二〕，黄蘖兒孫今幾傳〔三〕。我欲登臨騁遠目，緑楊城郭正茫然。

箋注

〔一〕雪坪，即梅庚，見《穀雨日游敬亭》箋注〔一〕。

〔二〕『青蓮』句，青蓮，唐代詩人李白，字太白，號青蓮居士。李白《獨坐敬亭山》：『衆鳥高飛盡，孤雲獨去閑。相看兩不厭，只有敬亭山。』

〔三〕黄蘖，黄檗宗，佛教禪宗派别之一。宣歙觀察使裴休曾迎黄檗宗創始人希運禪師居城中開元寺開堂演法，唐大中三年，希運禪師在敬亭山南麓開創廣教寺。

和瞿山韵〔一〕

巨筆如椽存妙迹〔二〕，扶衰更上一層樓。蓬根無定悲今雨〔三〕，鴻爪重尋感舊游〔四〕。氣接方壺真咫尺〔五〕，身隨雲海共沉浮。蒼然平楚看何極，只有雙溪匝地流。

箋注

〔一〕瞿山，見《題施汜郎小照》箋注〔一四〕。

〔二〕巨筆如椽，《晉書·王珣傳》：『珣夢人以大筆如椽與之，既覺，語人云：「此當有大手筆事。」俄而帝崩，哀册、謚議，皆珣所草。』

〔三〕蓬根無定，晉潘岳《西征賦》：『飄萍浮而蓬轉。』

〔四〕鴻爪，見《百字令·朱錫鬯過訪不值，悵然有寄》箋注〔六〕。

〔五〕方壺，《列子·湯問》：『渤海之東不知幾億萬里，有大壑焉，實惟無底之谷，其下無底，名曰歸墟……其中有五山焉：一曰岱輿，二曰員嶠，三曰方壺，四曰瀛洲，五曰蓬萊。』

和高槎客見投之作〔一〕

其一

論交争得望肩齊，處世無能學突梯〔二〕。憶唱輕塵三叠曲〔三〕，頻驚茅店數聲鷄〔四〕。重尋京國人何在，忽到昭亭句自題〔五〕。便欲留君雨中坐，夜深好爲奮豪犀〔六〕。

箋注

〔一〕高不騫，字槎客，晚號小湖，江蘇華亭（今上海松江）人，清初詩人。

〔二〕突梯，圓滑貌。

〔三〕輕塵三叠曲，即《陽關三叠》，即唐王維《送元二使安西》：『渭城朝雨浥輕塵，客舍青青柳色新。勸君更盡一杯酒，西出陽關無故人。』

〔四〕茅店數聲鷄，唐温庭筠《商山早行》：『鷄聲茅店月，人迹板橋霜。』

〔五〕昭亭，即敬亭山，晉時爲避司馬昭諱改名。

〔六〕豪犀，古時刷鬢的器具。

其二

詩思渾如上峽船，多君吴榜下青天〔一〕。吟殘嚴子披裘處〔二〕，行到江淹舊渚邊〔三〕。春色滿城初擘絮，鰲峰三月正啼鵑。相思更在梧桐掖，憑藉飛鴻一一傳。

箋注

〔一〕吴榜，船棹。

〔二〕嚴子披裘處，《後漢書·逸民傳》：『嚴光字子陵，一名遵，會稽餘姚人也。少有高名，與光武同游學。及光武即位，乃變名姓，隱身不見。帝思其賢，乃令以物色訪之。後齊國上言：「有一男子，披羊裘釣澤中。」』

〔三〕江淹舊渚邊，即南京秦淮河畔的禪靈渚渡，見《書殷彦來歲寒集後》箋注〔二〕。

爲雪坪題長安論詩圖兼懷阮亭先生〔一〕

其一

日下秋風遠別離〔二〕，思君卧病魯連陂〔三〕。那堪漂泊江南後，重讀漁洋幼婦詞〔四〕。

箋注

〔一〕雪坪，即梅庚，見《穀雨日游敬亭》箋注〔一〕。阮亭先生，即王士禛，見《浣溪沙·步阮亭紅橋韵》其一箋注〔一〕。

〔二〕日下，指京都。

〔三〕魯連陂，見《水調歌頭·喜厚餘至都，率然有贈》箋注〔四〕。

〔四〕幼婦詞，見《讀唐人詩偶題》其四箋注〔二〕。

其二

鬈枯眉落見當時，畫壁旗亭足夢思〔一〕。開卷恍然成一笑，分明雙樹影參差〔二〕。

箋注

〔一〕畫壁旗亭，見《摸魚子·題錫鬯〈蕃錦集〉》箋注〔三〕。

〔二〕雙樹，娑羅雙樹，爲釋迦牟尼入滅之處。

答朱立山〔一〕

昌黎咏二鳥〔二〕，青田賦二鬼〔三〕。厥義雖雷同，厥詞良恢詭。余老官復卑，餘茲髮與齒。一麾落南服〔四〕，新安好山水〔五〕。紛紛説黄白〔六〕，得名偶然耳。一壑復一丘，青峭俱堪喜。自顧寡儔侣，安能吐奇瑋。懿哉斬鐵壁〔七〕，翩翩佳公子〔八〕。刻意摹放翁〔九〕，清言亦何綺。我時竭駑鈍，跌宕不自止。私計天壤中，一夔已足恃〔一〇〕。丁卯暮春月，偶躡昭亭屐〔一一〕。茲地實舊游，屈指閲兩紀〔一二〕。振袂登鰲峰，風日仍

清美。傾蓋得立山〔一三〕，幨帷亦駐此。豐沛名家流〔一四〕，桐川賢刺史〔一五〕。貽我冰雪詩，深厚杜陵髓〔一六〕。旖旎入西昆〔一七〕，蘭畹金荃似〔一八〕。縱横藝圃間，載籍追皇始。派别星宿源〔一九〕，力作中流砥。陋彼斗筲人〔二〇〕，聲蛙而色紫〔二一〕。淵衷慎虚憍，老筆懲波靡。傖夫誠樸僿〔二二〕，不覺瞿然起〔二三〕。五體遂投地，結言望風旨。光岳氣不孤，聚在三百里〔二四〕。謂靳也。緬維京洛游，群賢策疲骫。祭酒盛壇坫〔二五〕，海内執鞭弭。筆墨戒流易〔二六〕，藩籬頗堅峙。風塵十載餘，花散河橋矣。前年淡亭殁〔二七〕，去年黄湄死〔二八〕。卓犖顔考功〔二九〕，一病不復理。令人殊短氣，泪滴練溪尾〔三〇〕。遇子恨已遲，猶足張吾壘〔三一〕。乃知韓劉儕〔三二〕，所重在角犄。雲龍那敢方〔三三〕，臭味差堪擬。願學松柏姿，勿爲穠桃李。

箋注

〔一〕朱立山，見《穀雨日游敬亭》箋注〔一〕。

〔二〕昌黎，指唐代詩人韓愈，因其據郡望自稱昌黎人，故世稱韓昌黎。二鳥，韓愈有《感二鳥賦》。

〔三〕青田，指元末明初文學家、政治家劉基，因其爲青田縣（今屬浙江省温州市文成縣）

人，故稱。二鬼，劉基有《二鬼》詩。

〔四〕『一麾』句，指曹貞吉由内閣中書人出任徽州府同知。南服，古代王畿以外地區分爲五服，故稱南方爲『南服』。

〔五〕新安，新安郡，即徽州與嚴州大部。

〔六〕黄白，術士所謂煉丹化成金銀的法術。

〔七〕懿，《爾雅》：『懿，美也。』靳鐵壁，指清詩人靳治荆，曾任安徽歙縣知縣，與曹貞吉唱和，見《漫河苦雨和靳熊封壁間韵》箋注〔一〕。

〔八〕『翩翩』句，《史記·平原君列傳》：『太史公曰：平原君，翩翩濁世之佳公子也。』

〔九〕放翁，見《讀陸放翁詩偶題》其一箋注〔一〕。

〔一〇〕一夔，《吕氏春秋·察傳》：『夔能和之以平天下，若夔者一而足矣……故曰夔一足，非一足也。』

〔一一〕昭亭屐，猶言謝公屐，《宋書·謝靈運傳》：『尋山陟嶺，必造幽峻，岩嶂千重，莫不備盡。登躡常着木履，上山則去前齒，下山去其後齒。』昭亭，見《和高槎客見投之作》其一箋注〔五〕。

〔一二〕兩紀，一紀爲十二年。

〔一三〕傾蓋，《史記·鄒陽傳》：『諺曰：「有白頭如新，傾蓋如故。」何則？知與不知也。』

《孔子家語·致思》：『孔子之郯，遭程子於塗，傾蓋而語終日，甚相親。』

〔一四〕豐沛，漢高祖劉邦故鄉，今江蘇省豐縣。

〔一五〕桐川，安徽廣德的别稱。桐川賢刺史，因朱立山曾爲安徽廣德州守，故言。

〔一六〕杜陵，在長安城東南，杜甫祖籍杜陵，常自稱少陵野老或杜陵布衣。

〔一七〕西昆，西昆體，北宋初期出現的一種詩風，以楊億、劉筠、錢惟演爲代表，從形式上模仿晚唐李商隱，詞藻綺麗，詩風旖旎，有《西昆酬唱集》。

〔一八〕蘭畹金荃，見《摸魚子·答沈融谷》箋注〔五〕。

〔一九〕星宿源，《宋史·河渠志一》：『今西蕃朵甘思南鄙曰星宿海者，其源也。四山之間，有泉近百泓，匯而爲海，登高望之，若星宿布列，故名。』

〔二〇〕斗筲，見《長城鋪》其二箋注〔九〕。

〔二一〕色紫，《論語·陽貨》：『子曰：「惡紫之奪朱也。」』

〔二二〕樸僿，樸實。

〔二三〕瞿然，驚悟貌。

〔二四〕『光岳』句，曹溓《儀部公行狀》中言其父『長夏多暇，日與歙令靳熊封先生及新安諸名士，坐修篁濃翠中，講求聲韵之學』。

〔二五〕祭酒，此處指王士禛，因其曾任國子監祭酒，故稱。

〔二六〕流易，清王士禛等《師友詩傳録》：『詩自《三百篇》後，漢魏遞降，拘限聲病，喜尚形似，以流易爲辭，其喪於雅正者久矣。』

〔二七〕淡亭，林堯英，字蜚伯，號淡亭，福建莆田人，清詩人。

〔二八〕黄湄，即王又旦，見《暮春雨中阮亭招同卧雲幼華孝堪修來悔人杞園天章伸符游善果寺分韵得禪字》箋注〔一〕。王又旦康熙二十五年三月離世，姜宸英《户科掌印給事中黄湄王公墓表》：『户部掌印給事中黄湄王君，以今年三月日卒官於京師。』康熙二十六年曹貞吉在徽州同知任由新安赴宛陵，途次所作成《鴻爪集》，故言『去年黄湄死』，由『前年淡亭殁』句可推知，林堯英當卒於康熙二十四年。

〔二九〕顔考功，即顔光敏，見《蝶戀花·修來席上咏秋海棠》箋注〔一〕。

〔三〇〕練溪，即練江，又名徽溪、西溪，錢塘江上游幹流新安江主要支流之一，流經安徽績溪、歙縣。

〔三一〕壘，壘塊，比喻胸中鬱積的不平之氣。

〔三二〕韓劉，疑當爲『韓柳』，唐代文學家韓愈、柳宗元的并稱。

〔三三〕雲龍，喻朋友相得。

同梅瞿山定九雪坪沈方鄴汪雨公施汜郎汪扶晨集吴綺園寓齋與定九談天官家言聯句得四十韻〔一〕

圓蓋迴無垠，磅礴劇深廣。非探罔象珠〔二〕，誰其窮指掌。實庵吾叔耽絶學〔三〕，疏觀勞俯仰。旁搜歐羅書〔四〕，巧測璣衡象〔五〕。雪坪南冥皇宅寬，西極帝居敞。旨既洞高深，辭因陳慨慷。綺園閶闔自寥廓〔六〕，橐籥亦規倣〔七〕。關憑虎豹看〔八〕，氣作蜃蠔想〔九〕。扶晨我聞事灾祥，在天必垂象。熒心以德遷〔一〇〕，西彗以奸長。雨公靈憲洵足徵〔一一〕，耶蘇頗疑罔。諸家紛聚訟，折衷孰堪奬。方鄴周髀與蓋天〔一二〕，群書昧羅網。汜郎秦宓辨固雄〔一三〕，鄒衍談亦莽〔一四〕。何如汝南精〔一五〕，亟荷平陽賞〔一六〕。扶晨高會盛陵陽，通守得任昉〔一七〕。振藻戛韺韶〔一八〕，折節到菰蔣〔一九〕。雪坪如星聚偶然，揚鑣競吾黨。況復風日佳，清談轉高爽。瞿山布算通中西，搜奇遍今曩。旗鼓誰則當，羔雁吾亦儻〔二〇〕。煌矣靈臺器〔二一〕，疇云敝帚享。問業得精專，窮神見佛仿。風雷由節制，垣野辨墳壤。實庵運會漸開通，經緯自昭朗。積候承古初〔二二〕，妙義本微茫。所愧疏見聞，觀察局盆盎。庶幾賢博奕〔二三〕，敢謂窺參兩〔二四〕。定九連朝風雨怒，奔雷助

雹響。瞿山積靄沉楚山，飛濤擊吴榜〔二五〕。方鄴鰲壁赭嵯峨，宛練碧流漭。綺園歡歌復東軒，旅宴憶西瀼。紫蒂泛杯中，紅藥翻階上。汜郎夏氣破春來，遥情倍孤往。瞿山縱横棋一枰，汗漫屐幾緉〔二六〕。雨公單衣謝毳罽，豐厨出蝦鮝。笋園歇雨開，茗柯寄雲養。雪坪駢羅坐方淹，沉湎趣還强。明發問昭亭，一笑適莽蒼。綺園

箋注

〔一〕梅瞿山，即梅清，見《題施汜郎小照》箋注〔一四〕。定九，即梅文鼎，見《爪茉莉·本意，和蛟門，用宗梅岑韵》箋注〔一〕。沈泌，字方鄴，宣城人，清代『宣城派』重要詩人。雪坪，即梅庚，見《春草碧·題梅雪坪小照》箋注〔一〕。汪作霖，字雨公，安徽歙縣人，清詩人。施汜郎，見《題施汜郎小照》箋注〔一〕。汪士鈜，原名徵遠，字扶晨，一字栗亭，安徽潛口人，工詩古文辭。纂修《黄山志續集》，著有《栗亭詩集》《四顧山房集》《瀫玉堂詩》等。吴菘，字綺園，安徽歙縣人，以舉人授中書。清詩人，著有《箋卉》等。

〔二〕罔象，即象罔，《莊子·天地》：『黄帝游乎赤水之北，登乎崑侖之丘而南望，還歸，遺其玄珠。使知索之而不得，使離朱索之而不得，使喫詬索之而不得也。乃使象罔，象罔得之。』王先謙集解引宣穎曰：『似有象而實無，蓋無心之謂。』

〔三〕吾叔，即梅庚族叔，清代著名天文學家梅文鼎。

〔四〕歐羅，泛指歐洲。

〔五〕璣衡，璿璣玉衡的省稱，古代觀測天體的儀器。

〔六〕閶闔，屈原《離騷》：『吾令帝閽開關兮，倚閶闔而望予。』王逸注：『閶闔，天門也。』

〔七〕橐籥，古代鼓風吹火用的器具。《道德經》第五章：『天地之間，其猶橐籥乎？虚而不屈，動而愈出。』

〔八〕『關憑』句，屈原《招魂》：『魂兮歸來，君無上天些。虎豹九關，啄害下人些。一夫九首，拔木九千些。』

〔九〕蠛蠓，《宋史·樂志六》：『以聲言之，大而至於雷霆，細而至於蠛蠓，無非聲也。』

〔一〇〕熒，火星，因其熒熒如火，行踪不定，令人迷惑，故又稱『熒惑』。心，指二十八星宿中的心宿。熒心，猶言熒惑守心，預示着灾禍的來臨。

〔一一〕靈憲，曆法書，東漢天文學家張衡著。

〔一二〕周髀，《晉書·天文志》：『蔡邕所謂周髀者，即蓋天之説也。其本庖犧氏立周天曆度，其所傳則周公受於殷高，周人志之，故曰周髀。』

〔一三〕秦宓，字子敕，廣漢綿竹（今四川德陽北）人，三國蜀漢時謀臣，善舌辯。

〔一四〕鄒衍，戰國末期齊國人，陰陽家學派與五行學説代表人物。

〔一五〕『何如』句，早期的梅姓，主要活躍於河南汝南一帶。

〔一六〕平陽賞，漢馬融《長笛賦》：『融既博覽典雅，精核數术，又性好音律，能鼓琴吹笛。而爲督郵，無留事，獨卧郿縣平陽鄔中。有洛客舍逆旅，吹笛爲《氣出》《精列》相和。融去京師逾年，暫聞，甚悲而樂之。』

〔一七〕『通守』句，《梁書·任昉傳》：『六年春，出爲寧朔將軍、新安太守。在郡不事邊幅，率然曳杖，徒行邑郭，民通辭訟者，就路決焉。爲政清省，吏民便之。視事期歲，卒於官舍，時年四十九。闔境痛惜，百姓共立祠堂於城南。』

〔一八〕韺韶，亦作『韶英』，舜樂和帝嚳樂。唐韓愈、孟郊《城南聯句》：『歲律及郊至，古音命《韶》《韺》。』

〔一九〕菰蔣，茭白。

〔二〇〕羔雁，《周禮·春官·大宗伯》：『卿執羔，大夫執雁。』

〔二一〕靈臺，漢張衡《東京賦》：『乃營三宫，布教頒常。復廟重屋，八達九房。規天矩地，授時順鄉。造舟清池，惟水泱泱。左制辟雍，右立靈臺。』

〔二二〕積候，謂觀察天文。

〔二三〕『庶幾』句，《論語·陽貨》：『子曰：「飽食終日，無所用心，難矣哉！不有博弈者乎？爲之猶賢乎已。」』

〔二四〕參兩，《周易·説卦》：『參天兩地而倚數，觀變於陰陽而立卦。』

〔二五〕吴榜，指船。

〔二六〕汗漫，見《題李渭清燕磯獨眺圖二首》其二箋注〔一〕。緉，古代計算鞋的單位，相當於『雙』。

過鰲峰不見諸道士〔一〕

其一

鴻迹曾留歲月更〔二〕，舊游如霧不勝情。分明白鶴峰前路〔三〕，少却丁丁落子聲。

箋注

〔一〕鰲峰，指鰲魚峰，黄山奇景之一。

〔二〕鴻迹，見《百字令·朱錫鬯過訪不值，悵然有寄》箋注〔六〕。

〔三〕白鶴峰，黄山山峰名。

其二

丹竈久應無宿火，塵封全失舊題名。寧知雲水飄然侶〔一〕，也似人間隔死生。

箋注

〔一〕雲水，僧道雲游四方，如行雲流水，故稱。

題錢舜舉寫生册子〔一〕

草蟲

砌草侵眉緑，檐瓜帶蔓豐。喓喓如動股，知是繪豳風〔二〕。

箋注

〔一〕錢選，字舜舉，號玉潭，湖州（今浙江吴興）人，南宋末至元初的著名花鳥畫家。

〔二〕『喓喓』句，《詩經·豳風·七月》：『五月斯螽動股。』

鷓鴣〔一〕

瘴黑黄陵祠〔二〕，月暗湘江口。輈輈數聲啼〔三〕，征人盡回首。

箋注

〔一〕鷓鴣，羽毛大多黑白相雜，多生活在丘陵、山地的草叢或灌木叢中。鳴聲特殊，略似『行不得也哥哥』。曹貞吉《留客住·鷓鴣》：『瘴雲苦。遍五溪、沙明水碧，聲聲不斷，只勸行人休去。』

〔二〕黃陵祠，見《得家弟見懷詩却寄同用蘇韵》箋注〔五〕。

〔三〕軥輈，象聲詞，鳥鳴聲。

蜻蜓

偷眼畏百勞〔一〕，寧憂褐父睨。田田荇葉間〔二〕，何處不堪避。

箋注

〔一〕百勞，同『伯勞』，又名鶪或鴂，額部和頭部的兩旁黑色，頸部藍灰色，背部棕紅色，有黑色波狀横紋。吃昆蟲和小鳥，善鳴。

〔二〕田田，《江南》：『江南可采蓮，蓮葉何田田。』荇，荇菜，多年生草本植物，葉略呈圓形，浮在水面，根生水底，夏天開黄花，結橢圓形蒴果。

蟬

飲露翛翛静，因風嘒嘒聞。天然垂兩翅，薄似鬢邊雲〔一〕。

箋注

〔一〕鬢邊雲，即蟬鬢，古代婦女的一種髮式。兩鬢薄如蟬翼，故稱。

蟹

青草黄蘆岸，漁燈明滅時。誰能熟爾雅，常是誤蟛蜞〔一〕。

箋注

〔一〕『誰能』句，南朝宋劉義慶《世説新語·紕漏》：『蔡司徒渡江，見彭蜞，大喜曰：「蟹有八足，加以二螯。」令烹之。既食，吐下委頓，方知非蟹。後向謝仁祖説此事，謝曰：「卿讀《爾雅》不熟，幾爲《勸學》死！」』蟛蜞，甲殼綱。似蟹，體小，螯足無毛，紅色，步足有毛，穴居於近海地區江河沼澤的泥岸中。

蝶

翩翩紅雨中，團扇不須撲。日暮憺忘歸〔一〕，花間隨意宿。

箋注

〔一〕憺，屈原《九歌·東君》：『羌聲色兮娱人，觀者憺兮忘歸。』

螳螂

天下之勇蟲，越王曾式汝〔一〕。只愁黄雀來，鳴蜩亦難取〔二〕。

箋注

〔一〕『天下』句，《吴越春秋》卷三：『太子友曰：「適游後園，聞秋蜩之聲，往而觀之，夫秋蟬登高樹，飲清露，隨風撟撓，長吟悲鳴，自以爲安。不知螳螂超枝緣條，曳腰聳距，而稷其形。夫螳螂翕心而進，志在有利，不知黄雀盈緑林，徘徊枝陰，蹶蹴微進，欲啄螳螂。夫黄雀但知伺螳螂之有味，不知臣挾彈危擲，蹭蹬飛丸，而集其背。……夫吴徒知逾境征伐非吾之國，不知越王將選死士，出三江之口，入五湖之中，屠我吴國，滅我吴宫。天下之危莫過於斯也！」』

〔二〕『只愁』句，《莊子·山木》：『睹一蟬，方得美蔭而忘其身，螳螂執翳而搏之，見得而忘其形；异鵲從而利之，見利而忘其真。』漢韓嬰《韓詩外傳》：『螳螂方欲食蟬，而不知黄雀在後，舉其頸欲啄而食之也。』

鷄雛

孟氏陳王道，惟兹五母鷄〔一〕。雕籠生意足，春草自萋萋。

箋注

〔一〕『孟氏』句，《孟子·盡心上》：『五母鷄，二母彘，無失其時，老者足以無失肉矣。』

爲施孝虔題趙承旨人物卷子〔一〕

伯時好畫馬〔二〕，見呵秀鐵面〔三〕。松雪將無同，紈素九州遍。贗鼎人争傳〔四〕，驪黄那能辨。此卷獨不然，乃作騎驢變。長耳鳴北風，四蹄蹴冰霰。嗒焉驢背人〔五〕，冲寒意已倦。席帽何攲斜〔六〕，紅罽光凌亂。疑是孟襄陽〔七〕，苦吟出荆峴〔八〕。又疑長爪

生，錦囊文續斷〔九〕。一僕莽淩兢，似畏銀海眩。彳亍板橋側，驚落梅花片。墨燦小兒睛，絹學鵝溪練〔一〇〕。承旨故勝流，此圖乃自見。畫驢不畫馬，必逢世眼賤。願子什襲珍，勿使龍媒擅〔一一〕。

箋注

〔一〕施彦恪，字孝虔，一字少慕，號遜岩，安徽宣城人，施閏章子。工書法。趙孟頫，字子昂，號松雪道人，又號水精宫道人、鷗波，浙江吴興（今浙江湖州）人。著名書法家、畫家。因曾官翰林學士承旨，故世稱趙承旨。

〔二〕伯時，宋李公麟的字。

〔三〕『見呵』句，北宋京城法雲寺僧法秀，字圓通，俗姓辛，秦州隴城（今甘肅天水）人，性格嚴厲，道風峻潔。時人皆稱其爲『秀鐵面』。李公麟畫馬，黄庭堅作艷詞，皆曾受其當面指責。

〔四〕贋鼎，《韓非子·説林下》：『齊伐魯，索讒鼎，魯以其雁往，齊人曰：「雁也。」魯人曰：「真也。」』

〔五〕嗒焉，《莊子·齊物論》：『南郭子綦隱几而坐，仰天而嘘，嗒焉似喪其耦。』

〔六〕席帽，晋崔豹《古今注·席帽》：『本古之圍帽也，男女通服之。以韋之四周，垂絲網之，施以珠翠。丈夫去飾……丈夫藤席爲之，骨鞔以繒，乃名席帽。』

忠，各因勢導之以善，從吾言者，已過半矣」。』

〔三〕避世墻東，《後漢書·逸民傳·逢萌》：『君公遭亂獨不去，儈牛自隱。時人謂之論曰：「避世墻東王君公。」』

其三

耆舊人傳鄭谷口，隸書卓犖信登壇〔一〕。先生腕底千鈞力，只作雕蟲小技看〔二〕。

箋注

〔一〕『耆舊』句，鄭簠（一六二二—一六九三），字汝器，號谷口，江蘇上元（今南京）人。清代書法家，尤精於隸書。清方朔《曹全碑》跋：『國初鄭谷口山人專精此體，足以名家，當其移步換形，覺古趣可挹。至於聯扁大書，則又筆墨俱化爲烟雲矣。』

〔二〕雕蟲小技，漢揚雄《法言·吾子》：『或問：「吾子少而好賦？」曰：「然。童子雕蟲篆刻。」俄而曰：「壯夫不爲也。」』

其四

闡義高文敵史遷〔一〕，名山光怪要人傳〔二〕。如何尚學瑯環秘〔三〕，只少塵中造

業錢。

箋注

〔一〕史遷，司馬遷爲太史令，掌修史，故稱。

〔二〕『名山』句，司馬遷《報任少卿書》：『僕誠以著此書，藏之名山，傳之其人，通邑大都，則僕償前辱之責，雖萬被戮，豈有悔哉。』

〔三〕琅環，亦作『琅嬛』，傳説中天帝藏書的地方。

題坡公墨迹〔一〕

丁卯之歲夏方初〔二〕，宛陵游子將歸歟。登堂發篋觀畫圖，最後乃見髯公書〔三〕。絹理細等鷄子膚，墨光慘淡神明俱。端人正士位置殊，雲臺高議聞嗟吁。漏痕釵脚非形模〔四〕，玉環飛燕何肥癯〔五〕。奎宿光落西南隅〔六〕，峨眉山色秀不枯。扶輿佳氣爲名儒〔七〕，文章道義懸斗樞〔八〕。筆墨亦足驚凡愚，五百年中無事無。盜賊水火寧私諸，巋然魯殿靈光孤〔九〕。疑有神物相匡扶，伊余身賤豕負塗〔一〇〕。腕中有鬼安能驅，褒

揚光旦羞鹽嫫〔一一〕。出門上馬躍以呼，城頭日暮烏畢逋〔一二〕，頓忘漂泊仍江湖。

箋注

〔一〕坡公，即宋代蘇軾，字子瞻，號東坡居士，眉州眉山（今屬四川眉山）人，著名文學家、書法家。

〔二〕丁卯，即康熙二十六年（一六八七），曹貞吉在徽州同知任由新安赴宛陵，途中寫下此詩。

〔三〕髯公，蘇軾美胡鬚，故有『髯公』之稱。

〔四〕漏痕，見《月下笛·悼何蕤音》箋注〔七〕。

〔五〕玉環飛燕，宋蘇軾《孫莘老求墨妙亭詩》：『短長肥瘦各有態，玉環飛燕誰敢憎。』

〔六〕奎宿，二十八宿之一，爲西方白虎七宿的第一宿，有星十六顆，因其形似胯而得名，古人多因其形亦似文字而認爲它主文運和文章。

〔七〕扶輿，元黄公紹《古今韵會舉要》：『扶輿，佳氣貌。』

〔八〕斗樞，北斗七星的第一星，名天樞。

〔九〕魯殿靈光，見《晶章行贈楊樹滋明府》箋注〔一八〕。

〔一〇〕伊余，見《初秋偶成三首》其二箋注〔三〕。豕負塗，猶言『負塗豕』，《周易·

睽》：『上九：睽孤，見豕負塗。』

〔一一〕 鹽嫫，中國歷史上醜女無鹽和嫫母的并稱。

〔一二〕 畢逋，鳥尾擺動貌。

雨中發陵陽〔一〕

一綫雙羊路〔二〕，方塘納納深〔三〕。如釵記菖葉〔四〕，似髮辨秧針。雨脚還瀟灑，歸程怕滯淫。兹游信奇絶，不負廿年心。余乙巳游宛，今二十餘年矣。〔五〕

箋注

〔一〕 陵陽，位於今安徽池州市青陽縣南部。

〔二〕 雙羊路，宋代宣城梅堯臣《早春田行》：『風雪雙羊路，梅花溪上村。』

〔三〕 納納，包容貌。

〔四〕 菖葉，菖蒲，多年生草本植物，葉子形狀像劍，又名劍蘭。

〔五〕 宛，宣城古稱宛陵。乙巳，康熙四年乙巳（一六六五），或爲作者記憶之誤，當爲康熙六年丁未，曹貞吉爲吴越之游。見《浣溪沙·步阮亭紅橋韵》其一箋注〔一〕。清康熙二十七年戊

辰（一六八八），曹貞吉在徽州同知任上，是年秋，攝政青陽，此詩當作於是年，故言『今二十餘年矣』。

宣城道中 三月晦日作〔一〕

溪流通略彴〔二〕，山意破溟濛。天落曾青色〔三〕，人行浄緑中。野花光拂面，新竹勢排空。烏犉一雙去〔四〕，沙鷗幾點同。嶺雲横雉堞，壞道卧羆熊。戽水農人健〔五〕，分秧婦子工。村深啼布穀，陂滿下魚罾〔六〕。淰淰含朝爽〔七〕，陶陶入夏風。驅車非遠道，回首憶冥鴻〔八〕。謂晴岩也。〔九〕

箋注

〔一〕康熙二十六年（一六八七），曹貞吉在徽州同知任上，三月往宣城。晦日，農曆每月最後的一天。

〔二〕略彴，小木橋。

〔三〕曾青，礦石名，色青。

〔四〕牸，母牛。

〔五〕戽水，汲水灌田。

〔六〕魚罾，捕魚的網。

〔七〕淰淰，散亂不定貌。朝爽，見《喝馬一枝花·送沈茶星之來賓任》箋注〔三〕。

〔八〕冥鴻，漢揚雄《法言·問明》：『鴻飛冥冥，弋人何篡焉。』李軌注：『君子潛神重玄之域，世網不能制禦之。』

〔九〕晴岩，即吳肅公，見《贈街南先生》其一箋注〔一〕。

山行口號

其一

雲際蒼然秀色鋪，萬松深處翠糢糊。便思作使馬遥父〔一〕，爲畫春山欲雨圖。

箋注

〔一〕馬遥父，馬遠（一一四〇—一二二五），字遥父，號欽山，祖籍河中（今山西永濟），生長於臨安（今浙江杭州），南宋光宗、寧宗兩朝畫院待詔，擅畫山水。存世作品有《踏歌圖》《水

圖》《梅石溪梟圖》《西園雅集圖》等。

其二

舊年秋葉明于纈，今日春山翠欲流。荆浩王維皆絶技〔一〕，一經烘染便春秋。

箋注

〔一〕荆浩，五代畫家，擅畫山水。王維，唐代畫家、詩人，擅山水畫。

旌陽道中〔一〕

夾路花香能破鼻，連車麥穗欲登場。奇峰雲斂四山静，少女風來一味凉〔二〕。

箋注

〔一〕旌陽，位於皖南山區，地處黄山北麓。

〔二〕少女風，見《快雨行》箋注〔五〕。

曉晴

竟夕喧雷電，能愁過嶺心。曉雲開斷續，山氣失陰沉。曲磵咽危石，長林悦夏禽。千盤聊復陟，拾級得幽尋。

過嶺

又躡登山屐〔一〕，初晴物色鮮。林光新沐後，濃翠正娟娟。紅萼乍收蕊，白雲如擘綿〔二〕。置身霄漢上，目極一潸然。

箋注

〔一〕登山屐，見《蘭陵王·送二舅之沅州》箋注〔八〕。

〔二〕擘綿，宋張炎《木蘭花慢》：『怕東風、未肯擘晴綿。』

早發華陽〔一〕

初日淡流暉，駕言出南郭〔二〕。道旁列坊表〔三〕，山骨莽鑿削。少保信冰銜〔四〕，尚書亦高爵。門第軼金張〔五〕，功名薄衛霍〔六〕。駒隙劇倏忽〔七〕，電光争閃爍。華屋與山丘〔八〕，俯仰殊哀樂。祠廟尚巍峨，丹楹而刻桷〔九〕。泯泯百年期，精爽安所托〔一〇〕。

箋注

〔一〕華陽，建鎮於宋代，明萬曆年間稱花揚，清順治年間改稱華陽。

〔二〕駕言，見《大風過涿鹿》箋注〔二〕。

〔三〕坊表，牌坊、石碑。

〔四〕少保，《尚書·周官》：『少師、少傅、少保曰三孤。』孔安國傳：『此三官名曰三孤。孤，特也。言卑於公，尊於卿，特置此三者。』冰銜，見《夏日偶成》其一箋注〔二〕。

〔五〕金張，漢時金日磾、張安世二人的并稱。二氏子孫相繼，七世榮顯。

〔六〕衛霍，西漢名將衛青和霍去病的并稱。

〔七〕駒隙，見《和家弟啓事瀛臺之作》箋注〔五〕。

〔八〕『華屋』句，見《花發沁園春·咏司馬相如私印》箋注〔四〕。

〔九〕丹楹，《左傳·莊公二十三年》：『秋，丹桓宮楹。』杜預注：『楹，柱也。』刻桷，《左傳·莊公二十四年》：『二十有四年春，王三月，刻桓宮桷。』杜預注：『刻，鏤也。桷，椽也。將逆夫人，故爲盛飾。』孔穎達疏：『丹楹刻桷，皆爲將逆夫人，故爲盛飾。』

〔一〇〕精爽，《左傳·昭公二十五年》：『心之精爽，是謂魂魄。』

黄山紀游詩

過潛口飲汪扶晨齋頭同吴䔄公兒霂〔一〕

冒雨看山未擬回，欹斜席帽晚風催〔二〕。故人忽返三鄣路〔三〕，絳蜡𩀨燒幾寸灰。作達可能駕嵇吕〔四〕，高談已許儷鄒枚〔五〕。遥知紅樹峰頭滿，遲女光明頂上來〔六〕。

校訂

汪士鋐、吴菘編《黄山志續集》卷四選録此首。

箋注

〔一〕潛口，位於今安徽黄山境内。汪扶晨，即汪士鋐，見《同梅瞿山定九雪坪沈方鄴汪雨公施汜郎汪扶晨集吴綺園寓齋與定九談天官家言聯句得四十韵》箋注〔一〕。吴䔄公，即吴勝修，見

《題程非二吴叀公紀年倡和》其一箋注〔一〕。霦，即曹貞吉次子曹霦，字掌霦。

〔二〕席帽，見《爲施孝虔題趙承旨人物卷子》箋注〔六〕。

〔三〕三鄗，見《至日同謝寶臣登斗山亭望黄山》其四箋注〔一〕。

〔四〕嵇吕，三國魏嵇康與吕安的并稱。《晋書·嵇康傳》：『東平吕安服康高致，每一相思，輒千里命駕，康友而善之。』

〔五〕鄒枚，漢鄒陽、枚乘的并稱，二人皆以才辯著名當時。見《珍珠簾·爲牧仲題〈楓香詞〉》箋注〔二〕。

〔六〕女，即女宿，或稱爲『寶婺』『須女』『婺女』。光明頂，黄山主峰之一。

初望見天都雲門諸峰〔一〕

其一

拔地驚天萬仞峰，仙人掌上現芙蓉〔二〕。自疑飛鳥飛難到，明日翛然杖一筇〔三〕。

校訂

汪士鋐、吴菘編《黄山志續集》卷四選録第一首、第三首。

箋注

〔一〕天都峰，位於黄山東南部，與光明頂、蓮花峰并稱黄山三大主峰，是其中最爲險峻者。雲門峰，黄山山峰，位於黄山西南部。

〔二〕仙人掌上，安徽黄山有一景點名仙人指路，位於雲谷寺至皮篷路口。芙蓉，即芙蓉峰，位於黄山北端，東連磨盤峰，西接探頭峰，山勢挺拔秀逸，形若芙蓉出水，故名。

〔三〕翛然，《莊子·大宗師》：『翛然而往，翛然而來而已矣。』

其二

昨宵夢破三更雨，今日晴奔萬壑雷。自是山靈慰岑寂，故教青峭一時來。

其三

千林紫翠變朝昏，刈稻人忙水竹村。過眼兜羅纔一現〔一〕，匆匆又似閉桃源。

箋注

〔一〕兜羅，兜羅綿，此處喻指雲海。

浴温泉

堯時十日出，百穀皆焦毁。后羿彎弧射，九烏墮地死〔一〕。其精爲温泉〔二〕，千年蕩邪穢。兹山藴靈异，一勺良詼詭。我聞古至人，丹成藏於此〔三〕。蕩潏石乳流〔四〕，時吐硃砂蕊。一濯清肺肝，再濯易毛髓。豈惟區聖凡，實乃雜神鬼。陋彼華清宫〔五〕，恩波浴肥婢〔六〕。

校訂

汪士鋐、吴菘編《黄山志續集》卷四選録此首。

箋注

〔一〕『堯時』句，《淮南子·本經訓》：『逮至堯之時，十日并出，焦禾稼，殺草木，而民無所食。猰貐、鑿齒、九嬰、大風、封豨、修蛇皆爲民害。堯乃使羿誅鑿齒於疇華之野，殺九嬰於凶水之上，繳大風於青丘之澤，上射十日，而下殺猰貐，斷修蛇於洞庭，擒封豨於桑林。萬民皆喜，置

注〔八〕。

〔一二〕普門，佛教語，謂普攝一切衆生的廣大圓融的法門。願力，佛教語，誓願的力量，多指善願功德之力。三生，佛教語，指前生、今生、來生。

〔一三〕黄金布地，唐玄奘《大唐西域記》卷六：『善施長者仁而聰敏，積而能散，拯乏濟貧，哀孤恤老，時美其德，號給孤獨焉。聞佛功德，深生尊敬，願建精舍，請佛降臨。世尊命舍利子隨瞻揆焉，唯太子逝多園地爽塏。尋詣太子，具以情告。太子戲言：「金遍乃賣。」善施聞之，心豁如也，即出藏金，隨言布地。有少未滿，太子請留，曰：「佛誠良田，宜植善種。」即於空地，建立精舍。世尊即之，告阿難曰：「園地善施所買，林地逝多所施，二人同心，式崇功業。自今已去，應謂此地爲逝多林給孤獨園。」』

〔一四〕聲聞禪，《大乘義章》卷十七：『觀察四諦而得道者，悉名聲聞。』

賦贈中洲大和尚〔一〕

名山端不負禪栖，白足僧來杖一藜〔二〕。麈尾亂隨花雨落，經聲猶帶浙潮低。香聞木樨知無隱〔三〕，指竪天龍自不迷〔四〕。便欲與師分佛火〔五〕，門前立雪到腰齊〔六〕。

校訂

汪士鋐、吴菘編《黄山志續集》卷四選録此首。

箋注

〔一〕中洲大和尚，即释海岳，字菌人，號中洲，江蘇丹徒人，家居鎮江。清順治十六年（一六五九）三歲時出家，曾爲南京清凉寺住持、黄山慈光寺住持。能詩文，著有《緑蘿庵詩集》《萬山拜下堂稿》等。慈光寺位於安徽黄山朱砂峰下，康熙四十年（一七〇一）中洲和尚曾募銀維修。

〔二〕白足僧，後秦鳩摩羅什弟子曇始，足白於面，雖跣涉泥淖而未嘗污濕，時稱『白足和尚』。

〔三〕木樨，桂花。

〔四〕天龍，佛教語，謂諸天與龍神。

〔五〕佛火，指供佛的油燈香燭之火。

〔六〕『門前』句，《宋史·楊時傳》：『至是，又見程頤於洛，時蓋年四十矣。一日見頤，頤偶瞑坐，時與游酢侍立不去。頤既覺，則門外雪深一尺矣。』

普門和尚内賜金鉢〔一〕

西方之聖人，偏袒赤兩脚。乞食舍衛城〔二〕，一鉢隨所托。初祖來震旦〔三〕，信器傳心各〔四〕。吾師闢精廬，健足走京洛。擊柝繞宫墻，響振重門鑰〔五〕。玉食分尚方〔六〕，伊蒲恣大嚼〔七〕。鉢盂出内賜，寒芒射廊閣。聲似玉琅璈〔八〕，色勝金鑿落〔九〕。師去幾何年，晶光還閃爍。兒孫等頭目〔一〇〕，護惜閲今昨。法侣洵有人，捧禮三嘆作。

校訂

汪士鋐、吴菘編《黄山志續集》卷四選録此首。

箋注

〔一〕普門和尚，明代高僧，曾率衆僧從西側攀援黄山主峰天都峰。

〔二〕舍衛城，古印度佛教勝地，因祇園精舍而聞名於世。

〔三〕初祖，指菩提達摩。震旦，古代印度稱中國爲震旦。

〔四〕信器，即信具，指佛教禪宗傳法的衣鉢。心各，《增廣賢文》：『人各有心，心各有見。』

〔五〕重門鑰，宋蘇軾《八月十五日看潮五絶》其一：『寄語重門休上鑰，夜潮留向月中看。』

〔六〕尚方，見《僧有領印歸里者詩以送之》其二箋注〔一〕。

〔七〕伊蒲，見《暮春雨中阮亭招同卧雲幼華孝堪修來悔人杞園天章伸符游善果寺分韻得禪字》箋注〔七〕。

〔八〕玉琅璈，古玉製樂器。

〔九〕金鑿落，以鎸鏤金銀爲飾的酒盞。

〔一〇〕頭目，借指性命。

内賜銀字經爲松雪書〔一〕

其一

舊識王孫筆，銀泥落紙勻。空山藏秘笈，貝葉重文人〔二〕。侍從餘清暇，揮毫動紫宸〔三〕。悠悠三百載，戈法尚如新〔四〕。

校訂

汪士鈜、吴菘編《黄山志續集》卷四選録此組詩。

箋注

〔一〕松雪，元代畫家、書法家趙孟頫。

〔二〕貝葉，貝多樹的樹葉，古印度人用以寫經。

〔三〕紫宸，唐宋時爲接見群臣及外國使者朝見慶賀的内朝正殿，在大明宫内。

〔四〕戈法，見《謁朱文公祠瞻禮御書扁額恭紀》箋注〔一〇〕。

其二

爲念七司户〔一〕，逢時上玉堂。雕龍新事業，離黍舊門墻〔二〕。珠氣驚縫掖〔三〕，銀鈎護法王〔四〕。何年辭大内，曾惹御爐香。

箋注

〔一〕七司户，趙孟頫曾任宋朝真州司户參軍，後人遂謂之『趙七司户』。

〔二〕離黍，見《孤鸞·送陸蓋思歸武林，時新有悼亡之戚》箋注〔二〕。

〔三〕縫掖，大袖單衣，古儒者所服。

〔四〕法王，佛教對釋迦牟尼的尊稱。

内賜袈裟

不讀華嚴經，安知佛富貴。七寶供檀施〔一〕，纓絡光委地〔二〕。無縫天人衣〔三〕，細細排珠璣。普公荒黟山〔四〕，此衣出内製。慈寧春晝晴〔五〕，針神勞位置〔六〕。千佛繞其身，七條圜舍利〔七〕。一一白鶴飛，朵朵青蓮綴。當年辭九重，捧持走中尉。迄今逾百載，猶帶旃檀氣。緬惟古德尊，體貌何雄毅。説法空山中，偏袒露右臂。夜深百靈集，是人非人類。大衆頭如黿，作禮生怖畏〔八〕。今疊一空箱，神龍尚呵衛。儒門愧淡薄，孰敢當其位。

校訂

汪士鋐、吴菘編《黄山志續集》卷四選録此首。

箋注

〔一〕檀施，布施。

〔二〕瓔絡，珠玉串成的裝飾物，多作頸飾。

〔三〕無縫天人衣，《太平廣記》卷六十八引前蜀牛嶠《靈怪集》：『（郭翰）乘月卧庭中，時有清風，稍聞香氣漸濃。翰甚怪之，仰視空中，見有人冉冉而下，直至翰前，乃一少女也。……徐視其衣并無縫。翰問之，謂翰曰：「天衣本非針綫爲也。」』

〔四〕普公，即普賢洞，位於玉屏峰東北側的山谷中。相傳普賢和尚在黄山修行時即居此，故名。黟山，秦時因其山色如黛，故稱。唐玄宗好道，於天寶年間敕改『黟山』爲『黄山』。

〔五〕慈寧，慈寧宫，始建於明嘉靖十五年（一五三六），爲明清時皇后妃子居處。

〔六〕針神，見《摸魚子·題錫鬯〈蕃錦集〉》箋注〔一一〕。

〔七〕七條，即鬱多羅僧七條袈裟的别名，僧侣法衣中的上衣。因衣有横截七條，故稱。

〔八〕怖畏，唐道世《法苑珠林》：『又佛地論云，五怖畏者：一不活畏，二惡名畏，三死畏，四惡趣畏，五怯畏。』

藤杖

珍重住山老，穿雲杖一條。如聞獅子吼〔一〕，聲落海門潮〔二〕。行藥林中去〔三〕，閑尋華撥苗〔四〕。好留伴麈尾〔五〕，風雨夜蕭蕭。

校訂

汪士鋐、吴菘編《黄山志續集》卷四選録此首。

箋注

〔一〕獅子吼，《維摩詰經·佛國品》：『演法無畏，猶獅子吼。其所講説，乃如雷震。』

〔二〕海門湖，《法華經·觀世音菩薩普門品》：『妙音觀世音，梵音海潮音，勝彼世間音。』

〔三〕行藥，魏晋南北朝士大夫喜服一種烈性藥五石散以養生，服藥後漫步以散發藥性，謂之『行藥』。

〔四〕華撥，多年生藤本植物，中醫用乾燥果穗入藥。

〔五〕麈尾，見《花朝某將軍招飲》其四箋注〔一〕。

老人峰〔一〕

綉壁崚嶒萬仞孤，攀蘿直上一笻扶。老人與我俱頭白，神鼎刀圭乞得無〔二〕。

校訂

汪士鋐、吴菘編《黄山志續集》卷四選録此首。

箋注

〔一〕老人峰，位於黄山東部，天都峰東側，峰頂數石如老人。

〔二〕神鼎，指道教煉丹藥的鼎器。刀圭，中藥的量器。

天都峰下看紅葉〔一〕

其一

青鞋未到散花塢〔二〕，選勝端宜在此中。一片明紅驚照眼，不知是柏是丹楓。

校訂

汪士鋐、吴菘編《黄山志續集》卷四選録此組詩。

箋注

〔一〕天都峰，位於黄山東南，面對蓮花峰，爲黄山三大主峰之一。

〔二〕青鞋，草鞋。散花塢，黄山勝景名。

其二

纔自桃花源上回，三秋那得有花開。天門一望堪愁絶〔一〕，疑换人間甲子來。

箋注

〔一〕天門，黄山勝景名。

迎送松〔一〕

其一

一松迎我來，一松送我去。不如住山僧，樸遫忘禮數〔二〕。

校訂

汪士鋐、吴菘編《黄山志續集》卷四選録此組詩。

箋注

〔一〕迎送松，清程弘志《黄山志定本》：『迎送松，亦在小心坡，根緣石罅，無土，枝葉交接，與游人肅對，有若揖讓者然。』

〔二〕樸遫，猶樸素。

其二

閲盡往來人，只似長亭柳〔一〕。冰雪作鬚眉，何曾驚老醜。

箋注

〔一〕長亭，古時於道路每隔十里設長亭，常用爲送别之處。

其三

浮雲朝夕更，雙松尚如故。却笑游山人，頭上生松樹。

望天都峰〔一〕

三天子鄣信奇絶〔二〕，天都更是諸峰長。目斷穹嶐不可極，鳥飛亦作枋榆搶〔三〕。風雷只到半山腰，下界陰沉上宣朗。不無跌宕走猿猱，亦或幽深藏魍魎。黛色止堪供圖畫，蠶叢誰敢萌向往〔四〕。月明定復聞笙鶴〔五〕，露下自應流沆瀣。遥傳軒后此調御〔六〕，是耶非耶逮今曩。華岳蒼龍脚不到〔七〕，伯仲名山理亦儻。金支玉節羅仙仗〔八〕。如有三公赤舄朝〔九〕，不殊五岳明堂饗〔一〇〕。想像諸天大和會，安期羨門等階坳〔一一〕，肩摩日月天爲黨。草衣道士爲余説，絶頂憑陵足心賞。北固金焦指顧

間〔一二〕，江流一綫争尋丈〔一三〕。長干浮圖塔頂圓〔一四〕，三吴三楚平如掌〔一五〕。今年高秋乘興來，摒當芒鞋着幾緉〔一六〕。凡軀未能借羽翮，矯首烟霄餘悵惘。盧敖九節那可求〔一七〕，海上神山空髣髴。縱饒雲氣蕩胸臆，豈有仙靈生肹蠁〔一八〕。何來天馬行駊娑〔一九〕，鳥語不聞山樂響。高卧玉屏兩足疲〔二〇〕，自忘身在青冥上。

校訂

汪士鋐、吴菘編《黄山志續集》卷四選録此首。

箋注

〔一〕天都峰，位於黄山東南，西對蓮花峰，東連鉢盂峰，與光明頂、蓮花峰并稱黄山三大主峰。

〔二〕三天子鄣，見《至日同謝寶臣登斗山亭望黄山》其四箋注〔一〕。

〔三〕枋榆，見《沁園春·再贈李君，聊廣其意》箋注〔五〕。

〔四〕蠶叢，見《蝶戀花·送茘裳入蜀，再用前韵》箋注〔二〕。

〔五〕笙鶴，漢劉向《列仙傳》：『王子喬者，周靈王太子晋也。好吹笙，作鳳凰鳴。游伊洛之間，道士浮丘公接以上嵩高山。三十餘年後，求之於山上，見柏良曰：「告我家，七月七日待我於

緱氏山巔。」至時，果乘白鶴駐山頭，望之不得到，舉手謝時人，數日而去。』

〔六〕軒后，即黄帝軒轅氏。

〔七〕華岳，指西岳華山。蒼龍，華山蒼龍嶺，山勢陡峭，山脊形如蒼龍。

〔八〕金支，一種黄金飾品，常施於樂器之上。古代一種調節樂擊聲的樂器。《漢書·禮樂志》：『金支秀華，庶旄翠旌。』顔師古注引臣瓚曰：『樂上衆飾，有流溯羽葆，以黄金爲支，其首敷散，若草木之秀華也。』玉節，北周庾信《北園新齋成應趙王教》：『玉節調笙管，金船代酒卮。』倪璠注：『《漢書音義》曰：「管，漆竹，長一尺，六孔。古以玉作，不但竹也。」……節，竹約也，以玉爲之，故云玉節矣。』

〔九〕赤舄，《詩經·豳風·狼跋》：『公孫碩膚，赤舄幾幾。』毛傳：『赤舄，人君之盛履也。』

〔一〇〕明堂，《孟子·梁惠王下》：『夫明堂者，王者之堂也。』

〔一一〕安期，晋皇甫謐《高士傳》：『安期生者，琅琊人也，受學河上丈人，賣藥海邊，老而不仕，時人謂之千歲公。秦始皇東游，請與語三日三夜，賜金璧直數千萬。』羡門，《史記·秦始皇本紀》：『三十二年，始皇之碣石，使燕人盧生求羡門、高誓。』裴駰集解引韋昭曰：『古仙人。』

〔一二〕北固，山名，在今江蘇省鎮江市東北。金焦，見《風流子·京口懷古》箋注〔一〕。

〔一三〕争，相差。

〔一四〕長干，故址在今江蘇省南京市南，此處借指南京。浮圖，同『浮屠』，佛塔。

〔一五〕三吳，泛指長江下游一帶。三楚，泛指長江中游以南，今湖南、湖北一帶。

〔一六〕緉，雙。

〔一七〕盧敖，即盧生，秦代博士，曾爲秦始皇尋求古仙人羨門、高誓及芝奇長生仙藥。九節，見《永遇樂·和人〈望華山〉》箋注〔五〕。

〔一八〕肸蠁，亦作『肹蠁』，縹緲，隱約。

〔一九〕馺娑，《三輔黄圖·建章宫》：『馺娑宫，馺娑，馬行疾貌。馬行迅疾，一日之間遍宫中，言宫之大也。』

〔二〇〕玉屏，黄山玉屏峰，介於天都峰、蓮花峰之間，爲黄山三十六小峰之一，因峰壁如玉雕屏障，故名。

過小心坡〔一〕

昔人亦有言，臨淵而集木。側身天地間，安往不觳觫〔二〕。吾生飽憂患，路比羊腸曲。夙等王陽畏〔三〕，未效阮公哭〔四〕。今日復何日，探此萬仞谷。一髮走青冥，百折入幽獨。足垂二分强，寸進還寸縮。耳目不暇營，累我腰與腹。誰能作蛇行，差堪學

蟥伏〔五〕。軀命争毫末，神志得清淑。撒手愧老禪，聊復縱遐矚。

校訂

汪士鋐、吴菘編《黄山志續集》卷四選録此首。

箋注

〔一〕小心坡，黄山勝景名，位於登玉屏峰道中。

〔二〕觳觫，《孟子·梁惠王上》：『吾不忍其觳觫，若無罪而就死地。』

〔三〕『夙等』句，見《三溪》箋注〔八〕。

〔四〕阮公哭，見《閱歌岩集偶題》其二箋注〔二〕。

〔五〕蟥，古同『蚓』，蚯蚓。

卧龍松歌〔一〕

黄山有松皆不俗，一枝兩枝等朱珊。輪輪囷囷各异態〔二〕，不沾寸土精神完。我來九月劇蕭摵〔三〕，震蕩勇氣凌高寒。紅葉滿山飽秋雨，諸松俱在青雲端。鼓衰力竭不得

上，忽驚神物當空蟠。澗壑陰森足冰雪，此松偃蹇無凋殘〔四〕。朱鱗火鬣具頭角，土花綉澀莓苔斑。出爲霖雨亦何有，千秋濃睡風雷慳。鼎湖騎汝去不返〔五〕，争乃復卧青冥間。我踞松上歌一闋，天門積翠常漫漫。

校訂

汪士鋐、吴菘編《黄山志續集》卷四、《山左詩鈔》卷三十一皆選録此首。

箋注

〔一〕卧龍松，位於黄山卧雲峰，地處始信峰東側，樹幹分爲兩枝，附岩盤曲生長，頂枝反側融爲一體，作伏卧狀，昂首，角折鬌張，有蒼龍凌波之勢。

〔二〕輪輪囷囷，盤曲貌。

〔三〕蕭摵，凋零。

〔四〕偃蹇，高聳貌。

〔五〕鼎湖，《史記·封禪書》：『黄帝采首山銅，鑄鼎於荆山下。鼎既成，有龍垂胡髯下迎黄帝，黄帝上騎，群臣後宫從上者七十餘人，龍乃上去。餘小臣不得上，乃悉持龍髯。龍髯拔，墮，墮黄帝之弓。百姓仰望黄帝既上天，乃抱其弓與胡髯號，故後世因名其處曰鼎湖，其弓曰烏號。』

度一綫天〔一〕

鳥飛不到玉屏峰〔二〕，千古微存日月踪。路濕飽經霜信雨，雲歸常護卧龍松〔三〕。五丁鑿處陰崖險〔四〕，雙屐來時翠靄重。嗚咽泉聲生晝冷，披裘六月可能從。

校訂

汪士鋐、吴菘編《黄山志續集》卷四選録此首。

箋注

〔一〕一綫天，黄山勝景，在文殊洞下方，登玉屏峰道中，過小心坡、渡仙橋，有一道兩壁夾成的狹長石巷，人行其中，仰望長空，藍天僅存一綫。

〔二〕玉屏峰，見《望天都峰》箋注〔二〇〕。

〔三〕卧龍松，見《卧龍松歌》箋注〔一〕。

〔四〕五丁，見《過翬嶺》箋注〔二〕。

登立雪臺看後海一帶諸峰〔一〕

玉屏秀削如崇墉，寒風颯沓無春冬。衆山拱揖作環衛，天都正踞南天中〔二〕。立雪臺前松聲起，動摇爪距森虬龍〔三〕。支離拳曲學偃蓋〔四〕，孤鶴聳立姿氋氃〔五〕。雙眼及兹得一放，諸峰倒影來相從。儼如萬靈集北闕〔六〕，大冠長劍容能恭。軒皇負扆待朝會〔七〕，東序西序懸鐘鏞〔八〕。浮丘容成左右相〔九〕，龐眉皓首臨崆峒〔一〇〕。又如當年戰涿鹿〔一一〕，雨師風伯驅豐隆〔一二〕。旌旄幢節不可紀，前茅後勁光熊熊〔一三〕。直北有山更青峭，石笋刺破蒼烟空。幾枝瘦玉各林立，群真初下蓬萊宫。我疑造物無有此，偶爾作戲哀龍鍾。所惜蓮花亘西障，雙繭登頓憂巃嵸〔一四〕。要當蹴蹋金鰲脊，發狂大叫驚青童。

校訂

汪士鋐、吴菘編《黄山志續集》卷四、《山左詩鈔》卷三十一皆選録此首。

箋注

〔一〕立雪臺，在玉屏峰後，黄山著名的觀景臺之一。後海，黄山以雲海著稱，後海位於獅子峰和始信峰北，清凉臺和獅子峰是最佳觀景地。

〔二〕天都，黄山天都峰。南天，黄山南天門。

〔三〕虬龍，屈原《天問》：『焉有虬龍，負熊以游？』王逸注：『無角曰虬。』

〔四〕偃蓋，松樹枝葉横垂，張大如傘蓋之狀。

〔五〕氄氃，毛松散貌。

〔六〕北闕，見《秋日過滴翠園呈望石侍御六首》箋注〔五〕。

〔七〕負扆，背靠屏風，指皇帝臨朝聽政。

〔八〕東序西序，《尚書·顧命》：『西序東向，敷重底席，綴純，文貝仍几。東序西向，敷重豐席，畫純，雕玉仍几。……赤刀、大訓、弘璧、琬、琰，在西序。大玉、夷玉、天球、河圖，在東序。』

〔九〕浮丘，《文選·郭璞〈游仙詩〉》：『左挹浮丘袖。』李善注引《列仙傳》曰：『浮丘公接王子喬以上嵩高山。』

〔一〇〕『龐眉』句，唐杜甫《戲爲韋偃雙松圖歌》：『黑入太陰雷雨垂，松根胡僧憩寂寞。龐

眉皓首無住著，偏袒右肩露雙脚。』崆峒，即廣成子。《莊子·在宥》：『黄帝立爲天子十九年，令行天下，聞廣成子在於空同之上，故往見之。』

〔一二〕涿鹿，《莊子·盜跖》：『然而黄帝不能致德，與蚩尤戰於涿鹿之野，流血百里。』成玄英疏：『涿鹿，地名，今幽州涿鹿郡是也。』

〔一三〕豐隆，見《挽遜業二首》其一箋注〔一〕。

〔一三〕前茅後勁，《左傳·宣公十二年》：『前茅慮無……中權後勁。』

〔一四〕登頓，行止。巃嵸，山勢高峻貌。

宿文殊院同中洲和尚蒉公夜話〔一〕

置身千盤上，顥氣倍清肅。珠斗垂闌干〔二〕，眉月照幽獨。青女寒作花〔三〕，白雲夜留谷。茫茫海濤中，吾徒此栖宿。居士富奇情，麈尾聲謖謖〔四〕。老衲話無生〔五〕，趺坐等枯木〔六〕。舌本饒青蓮〔七〕，跌宕如珠玉。緊余塵土士〔八〕，未辨機鋒速。妙義聆三車〔九〕，高談折五鹿〔一〇〕。詎期牛火旁，領此半芋福〔一一〕。永夜響天風，疾威吹板屋。布被各蒙頭，匡床眠乍熟。

校訂

汪士鋐、吴菘編《黄山志續集》卷四選録此首。

箋注

〔一〕文殊院，位於黄山天都、蓮花兩峰之間，後依玉屏峰。中洲和尚，見《賦贈中洲大和尚》箋注〔一〕。

〔二〕『珠斗』句，見《過潛口飲汪扶晨齋頭同吴雋公兒霖》箋注〔二〕。雋公，即吴勝修，見《過潛口飲汪扶晨齋頭同吴雋公兒霖》箋注〔一〕。

〔三〕青女，《淮南子·天文訓》：『至秋三月……青女乃出，以降霜雪。』高誘注：『青女，天神，青霄玉女，主霜雪也。』

〔四〕麈尾，見《花朝某將軍招飲》其四箋注〔一〕。謖謖，勁力貌。

〔五〕無生，佛教語，謂不生不滅。

〔六〕趺坐，見《奇石歌贈李諫臣》箋注〔四〕。

〔七〕青蓮，佛教以爲蓮花清净無染，此處指佛經。

〔八〕緊，惟，祇。

〔九〕三車，《妙法蓮華經·譬喻品》：『爾時長者即作是念：此舍已爲大火所燒，我及諸子若

不時出，必爲所焚。我今當設方便，令諸子等得免斯害。父知諸子先心各有所好種種珍玩奇异之物，情必樂著，而告之言：「汝等所可玩好，希有難得，汝若不取，後必憂悔。如此種種羊車、鹿車、牛車，今在門外，可以游戲。汝等於此火宅，宜速出來，隨汝所欲，皆當與汝。」爾時，諸子聞父所説珍玩之物，適其願故，心各勇鋭，互相推排，競共馳走，争出火宅。是時長者見諸子等安隱得出，皆於四衢道中露地而坐，無復障礙，其心泰然，歡喜踴躍。』

〔一〇〕折五鹿，《漢書・朱雲傳》：『是時，少府五鹿充宗貴幸，爲梁丘易。自宣帝時善梁丘氏説，元帝好之，欲考其异同，令充宗與諸易家論。充宗乘貴辯口，諸儒莫能與抗，皆稱疾不敢會。有薦雲者，召入，攝齋登堂，抗首而請，音動左右。既論難，連拄五鹿君，故諸儒爲之語曰：「五鹿岳岳，朱雲折其角。」』

〔一一〕『詎期』句，《太平廣記》卷九十六：『懶殘者，唐天寶初衡岳寺執役僧也。退食，即收所餘而食，性懶而食殘，故號懶殘也。晝專一寺之工，夜止群牛之下，曾無倦色，已二十年矣。時鄴侯李泌寺中讀書……時將去矣，候中夜，李公潛往謁焉，望席門通名而拜。懶殘大訴，仰空而唾曰：「是將賊我。」李公愈加敬謹，惟拜而已。懶殘正撥牛糞火，出芋啖之。良久乃曰：「可以席地。」取所啖芋之半以授焉，李公捧承，盡食而謝。謂李公曰：「慎勿多言，領取十年宰相。」公又拜而退……後李公果十年爲相也。』

文殊院觀鋪海歌〔一〕

蓬萊閣外海作山〔二〕，文殊院下山爲海。神物由來不易逢，天爲吾徒澆塊磊。白雲一片涌空濛，眼底千峰皆杳靄。只疑渾沌開窮荒，或有風雷泣真宰。澒洞得無憂懷襄〔三〕，帆檣似欲歌欸乃〔四〕。鰲身一抹映天黑，鯨波萬里連渤澥〔五〕。天都直可作員嶠〔六〕，蓮蕊蓮花餘蓓蕾。似宜騰擲走蛟龍，詎容細瑣藏蚌蠏。過眼一洗碧琉璃，驚風猛浪嗟何在。仙人作劇太神奇〔七〕，頓還舊觀那足駭。

校訂

汪士鋐、吴菘編《黄山志續集》卷四、《山左詩鈔》卷三十一、徐世昌《晚晴簃詩匯》卷三十五、沈德潛《清詩別裁集》卷六皆選録此首。

下，《清詩別裁集》卷六作『外』。

『只疑渾沌開窮荒，或有風雷泣真宰。澒洞得無憂懷襄，帆檣似欲歌欸乃』四句，《清詩別裁集》卷六作『只疑天一生水開窮荒，江漢朝宗此間匯』。

直，底本闕。《黄山志續集》作『真』，《山左詩鈔》《晚晴簃詩匯》《清詩别裁集》作『直』。『似宜騰擲走蚊龍，詎容細瑣藏蚌蟹。過眼一洗碧琉璃，驚風猛浪嗟何在』四句，《清詩别裁集》卷六作『須臾長風吹散碧琉璃，湫渫茫洋竟何在』。作劇，《清詩别裁集》卷六作『游戲』。頓還舊觀那足駭，《清詩别裁集》卷六作『我欲直上高空問真宰』。并有沈德潛短評曰：『得此起結，乃見作手。』

箋注

〔一〕鋪海，清黄景仁《尹六丈爲作雲峰閣圖歌以爲贈》：『又曾黄山看鋪海，石壁雲踪至今在。』

〔二〕蓬萊閣，在山東省烟臺市蓬萊區北丹崖山上，面臨黄海，北宋嘉祐年間建。

〔三〕懷襄，《尚書·堯典》：『湯湯洪水方割，蕩蕩懷山襄陵，浩浩滔天。』蔡沈集傳：『懷，包其四面也。襄，駕出其上也。』

〔四〕欸乃，見《沁園春·泛舟明湖，訪仲愚留飲即事，李道思、劉伯叙繼至》箋注〔三〕。

〔五〕渤澥，即渤海。

〔六〕天都，天都峰。員嶠，見《和子延中丞登望海樓韵二首》其一箋注〔五〕。

〔七〕作劇，戲弄，開玩笑。

蓮花峰〔一〕

我聞花開十丈藕如舡，太華頂上何便娟〔二〕。又聞給孤園邊功德水〔三〕，五色蓮花世無比。兩者余嘗夢見之，不道蓮峰奇若此。游人歷歷到花鬚，夜深多宿蓮花柎。冷光朝暮相激射，餐霞飲露神仙徒。千松萬松破石出，磴道高懸勢矶硉〔四〕。俯看蓮蕊纔及肩，菡萏何時與花匹。雲梯百步在眼前，海門落日争新鮮。鰲魚洞口莽昏黑〔五〕，散花塢下丹楓妍〔六〕。惟有天都堪并矗〔七〕，諸峰鵠立皆臣僕〔八〕。老人傴僂吁可笑〔九〕，高撑孤髻山之足。濃翠霏霏衣袖中，排空御氣如飛蓬〔一〇〕。路人驚我白雲出，老夫適謁浮丘公〔一一〕。

校訂

汪士鋐、吴菘編《黄山志續集》卷四、《山左詩鈔》卷三十一、徐世昌《晚晴簃詩匯》卷三十五皆選録此首。

箋注

〔一〕蓮花峰，位於黄山中部，玉屏峰西南，東對天都峰，是黄山最高峰。由於周圍群山環繞，頗似蓮花，故得此名。

〔二〕太華，即西岳華山，在陝西省華陰市南，太華峰五峰合稱蓮花峰。唐韓愈《古意》：『太華峰頭玉井蓮，開花十丈藕如船。』便娟，輕盈美好貌。

〔三〕給孤園，給孤獨園，見《初至慈光寺瞻禮四面佛》箋注〔一三〕。功德水，唐玄奘譯《稱贊净土佛攝受經》：『何等名爲八功德水？一者澄净，二者清泠，三者甘美，四者輕軟，五者潤澤，六者安和，七者飲時除飢渴等無量過患，八者飲已定能長養諸根四大。』

〔四〕矾硉，高聳突出貌。

〔五〕鰲魚，即鰲魚背，又名鰲魚峰，黄山奇景之一。

〔六〕散花塢，黄山名勝。

〔七〕天都，黄山天都峰。

〔八〕鵠立，直立。

〔九〕老人，黄山老人峰，位於黄山東部，天都峰東側，峰頂數石如老人。

〔一〇〕排空御氣，唐白居易《長恨歌》：『排空馭氣奔如電，升天入地求之遍。』飛蓬，《商君

書·禁使》：『飛蓬遇飄風而行千里，乘風之勢也。』

〔一一〕浮丘公，見《登立雪臺看後海一帶諸峰》箋注〔九〕。

祥符寺捧讀印我大師血書華嚴經〔一〕

古之賢聖人，身過無留迹。何以萇弘血，三年而化碧〔二〕。精誠動天地，形象不能隔〔三〕。頗聞明中葉，昇僧弘願力〔四〕。舌上青蓮花，散爲百千億。以血代墨瀋，血盡舌不拆。八十一卷中，字字黄金色。結法何莊嚴，行間少欹仄。好手鄭居士，繪彼極樂國。法界逮修羅〔五〕，維摩兼帝釋〔六〕。天人龍鬼衆，呵護乃其職。非具大神通，曷就此功德。下士學膜拜〔七〕，歌咏善知識〔八〕。但期捫吾舌〔九〕，未敢圖作佛。

校訂

汪士鋐、吴菘編《黄山志續集》卷四、《山左詩鈔》卷三十一皆選録此首。《山左詩鈔》詩題無『捧』字。

箋注

〔一〕祥符寺，位於安徽黄山卧龍橋南頭，桃花溪南岸。

〔二〕『何以』句，《莊子·外物》：『人主莫不欲其臣之忠，而忠未必信，故伍員流於江，萇弘死於蜀，藏其血三年，而化爲碧。』

〔三〕形象，《禮記·樂記》：『在天成象，在地成形。』

〔四〕願力，佛教語，多指善願功德之力。

〔五〕法界，《華嚴經·十通品》：『入於真法界，實亦無所入。』修羅，見《邯鄲行》箋注〔八〕。

〔六〕維摩，指《維摩詰經》。帝釋，亦稱『帝釋天』，忉利天之主，居須彌山頂善見城。

〔七〕下士，佛教語，三士之一，指貪著世間快樂，對輪回還未生起自覺的人。

〔八〕善知識，佛教語，聞名爲『知』，見形爲『識』。

〔九〕捫吾舌，《詩經·大雅·抑》：『莫捫朕舌，言不可逝矣。』

觀羅念庵先生題壁〔一〕

誰教墨海走生虬，蹴浪翻雲未肯休。非佛非仙公自在，孤行健筆亦千秋。

校訂

汪士鋐、吴菘編《黄山志續集》卷四選録此首。

箋注

〔一〕羅洪先（一五〇四—一五六四），字達夫，號念庵，江西吉水人，王陽明學派的重要繼承者和開拓者，杰出的地理製圖學家。

水晶庵看蕭尺木畫　二幀皆作雪景〔一〕

其一

處士風流鸞鶴姿，强呵凍筆寫漣洏〔二〕。何人擁鼻吟詩苦〔三〕，好是江干夜雪時。

校訂

汪士鋐、吴菘編《黄山志續集》卷四選録此組詩。

箋注

〔一〕蕭尺木，即蕭雲從，見《爲子正題蕭尺木畫》箋注〔一〕。

〔二〕漣洏，泪流貌。

〔三〕擁鼻吟詩，南朝宋劉義慶《世説新語·雅量》：『桓公伏甲設饌……（謝安）方作洛生咏諷。』劉峻注：『安能作洛下書生咏，而少有鼻疾，語音濁，後名流多斆其咏，弗能及，手掩鼻而吟焉。』

其二

當年曾貌峨嵋雪，太白樓高特地寒〔一〕。今日水晶庵裏見，江天萬里自漫漫。

箋注

〔一〕太白樓，位於安徽歙縣城西。

佛子庵贈師古上人〔一〕

其一

阿師結制處〔二〕，修竹半籬斜。滿地堆黄葉，無人掃落花。容溪秋漸老，山客病思家。猶帶烟霞氣，逢君一鬥茶。

校訂

汪士鋐、吴菘編《黄山志續集》卷四選録此組詩。

箋注

〔一〕佛子庵，位於安徽省西南部潜山市。

〔二〕結制，宋吴自牧《夢粱録·僧寺結制》：『四月十五日結制，謂之「結夏」。蓋天下寺院僧尼庵合設齋供僧，自此僧人安居禪教律寺院，不敢起單雲游……其僧人一刻不敢妄出，齋戒嚴肅，不敢觸犯，神天報應在目前。大刹日供，三日或五日换堂，俱都寺主辦，皆十方檀信施助耳。

蓋孟夏望日，乃法王禁足、釋子護生之日，自此有九十日，可以安單辦道。』

其二

愔愔禪榻静，淡淡夕陽閑。小試紅絲硯〔一〕，俄看破墨山。廛中存罨畫〔二〕，物外得荆關〔三〕。更愛微吟好，吟成刻竹間。上人爲余作畫，甚佳。

箋注

〔一〕紅絲硯，宋杜綰《雲林石譜》：『青州縣，紅絲石産土中，其質赤黄，紅紋如刷絲，縈繞石面，而稍軟，扣之無聲，琢爲硯，先以水漬之，乃可用。蓋石質燥渴，頗發墨。唐林甫唐猷頃作墨譜，以此石爲上品器。』

〔二〕罨畫，明楊慎《丹鉛總録·訂訛·罨畫》：『畫家有罨畫，雜彩色畫也。』

〔三〕荆關，見《青玉案·雁字》箋注〔一〕。

答熊封見贈之作〔一〕

其一

出門惟跨一青驢，細雨斜風勝索居。幾載似逃文字劫，兹行擬返薜蘿初〔二〕。神仙未敢期溟涬〔三〕，老懶從教暫破除。無那世塵消不得〔四〕，頓令七日別華胥〔五〕。

校訂

汪士鋐、吴菘編《黄山志續集》卷四選録此組詩，《山左詩鈔》卷三十一選録第二首。

箋注

〔一〕熊封，即靳治荆，見《臺城路·爲熊封題〈金陵覽古〉詩卷》箋注〔一〕。

〔二〕薜蘿，見《歲暮感舊書懷二十八韵》箋注〔一三〕。

〔三〕溟涬，漢張衡《靈憲》：『太素之前，幽清玄静。寂寞冥默，不可爲象。厥中惟靈，厥外惟無。如是者永久焉，斯謂溟涬，蓋乃道之根也。』

〔四〕無那，無奈。

〔五〕華胥，見《蝶戀花》（五月黄雲）箋注〔四〕。

其二

乍入仙都眼界生，最高寒處少人行。雲中孤鶴同心迹，洞口長松解送迎。吟對千峰斜照色，夢回三日海濤聲。與君俱作軒皇隸〔一〕，横墮罡風爾許情〔二〕。

箋注

〔一〕軒皇，即黄帝軒轅氏。

〔二〕罡風，道教謂高空之風。爾許，如此，如許。

答吴雲逸

其一

結伴雨中去，松雲托契深。十年引清夢，三日坐香林。山静那知歲，泉幽時可尋。

逢僧黄葉路，談笑亦無心。

校訂

汪士鋐、吴菘編《黄山志續集》卷四選録此組詩。

其二

後海何曾到〔一〕，探奇志未償。蓮峰愁落日〔二〕，鰲背怯新霜〔三〕。仙路隔霄漢，天風吹渺茫。感君相念甚，持贈詎能忘。

箋注

〔一〕後海，見《登立雪臺看後海一帶諸峰》箋注〔一〕。

〔二〕蓮峰，黄山蓮花峰。

〔三〕鰲背，見《蓮花峰》箋注〔五〕。

珂雪詩輯佚

馬近温尋親之嶺南詩以送之〔一〕

其一

衝雪辭家去路賒，五年城外足天涯。蠻人舊種桬棠果，嶺際空傳荔子花。萬里寒風吹短袂，一江春水泛歸艖。年來珍重離群意，待爾東郊眺落霞。

校訂

輯自《曹貞吉父子詩稿》，《詩稿》中本詩題下共二首，此爲其一。其二爲《珂雪初集》中《馬近温尋親嶺南詩以送之》。

箋注

〔一〕馬近温，見《馬近温尋親嶺南詩以送之》箋注〔一〕。

鰲峰即事〔一〕

遥天芳草碧於緗，拂拂微雲助晚凉。幾處烟光分夕照，誰家燈火隔垂陽。燕泥沾絮苔痕净，花氣撩人蜂脚香。怪得邇來逸興減，鄉思一半寄濰陽〔二〕。

校訂

輯自《曹貞吉父子詩稿》。

箋注

〔一〕鰲峰，翰林院。元馬祖常《上京翰苑書懷》其一：『誰知重見鰲峰客，颯颯臨風鬢已星。』

〔二〕濰陽，濰縣在濰水之北，故名。

春日象先翼辰見過即席賦贈各成一首〔一〕

十載論交君第一，驚看兩鬢漸成霜。爾逢青眼舌猶在〔二〕翼辰將入縣幕，我弄白雲病欲狂。流水孤桐高士韻，夕陽芳草故人觴。深卮擬向松間滿，坐聽鶯聲出短墻。

校訂

輯自《曹貞吉父子詩稿》，《詩稿》中本詩題下共二首，分贈李焕章（字象先）、馬天撰（字翼辰），其一爲《珂雪初集》中《春日象先見過賦贈》，此爲其二，爲贈馬天撰而作。

箋注

〔一〕象先，即李焕章，見《春日象先見過賦贈》箋注〔一〕。翼辰，即馬天撰，見《答馬翼辰用原韵》箋注〔一〕。

〔二〕青眼，見《飲鄉中酒至醉》其二箋注〔二〕。

書所見

其一

盈盈十五髮垂芊，漫束纖腰學蕩船。却笑旁人爲着力，佯持畫橈數晴鳶。

其二

憔悴雲鬢正不支，迎風乍見斂眉時。生來慣識前塘路，阿母鄰船正哺兒。

其三

欲向江南唱采蓮〔一〕，弓腰舞袖自嫣然。一篙忽而中流出，却憶當年吴絳仙〔二〕。

校訂

輯自《曹貞吉父子詩稿》。

箋注

〔一〕『欲向』句，《江南》：『江南可采蓮，蓮葉何田田。魚戲蓮葉間。魚戲蓮葉東。魚戲蓮葉西。魚戲蓮葉南。魚戲蓮葉北。』

〔二〕吴絳仙，明馮夢龍《情史》卷六：『煬帝幸江都，至汴，帝御龍舟，蕭妃乘鳳舸。一日，帝將登鳳舸，憑殿脚女吴絳仙肩。喜其柔麗，不與群輩齒，愛之甚，久不移步。絳仙善畫長蛾眉。帝色不自禁，回輦召絳仙，將拜婕妤，適絳仙下嫁玉工萬群，故已之，擢爲龍舟首楫，號曰崆峒夫人。』

蕪陰觀競渡八絶句　其一、其七、其八

其一

汨羅往事已成塵〔一〕，憑吊翻令感慨新。歌賦楚些渾未得，且來江上看飛鱗。

其七

江上游人薄暮還，彩旌摇曳帶香烟。驚看寶炬千舟發，疑是螢飛亂碧天。

其八

誰家游子大江濱，危坐凝眸迥出神。非獨看船看不厭，看船更看看船人。

校訂

輯自《曹貞吉詩稿》，共八首。其中，其二、其三、其四、其五、其六見《燕陰觀競渡五絶句》。

箋注

〔一〕『汨羅』句，《史記·屈原賈生列傳》：『屈原至於江濱，被髮行吟澤畔。顏色憔悴，形容枯槁。……乃作懷沙之賦。……於是懷石遂自投汨羅以死。』

中秋二首呈杞園〔一〕

其一

中年佳節助酸辛，况復天涯憶遠人。弱子無知還待月，病夫當酒易傷神。故交失

意明朝別，孤燭離筵此夕真〔二〕。簫鼓誰家仍得醉，不堪夢裏到濰濱。

其二

兩子諸孫皆遠道，獨留白髮倚柴扉。風塵北地憐浮梗，瘴癘南天憶釣磯〔三〕。何物世間愁得似，偶來塞上雁初飛。清光猶是當年好，底事婆娑與願違。

校訂

輯自清張貞《渠丘耳夢録》乙集《曹儀部》。

箋注

〔一〕杞園，即張貞，見《玲瓏四犯·送杞園游西湖》箋注〔一〕。

〔二〕『故交』句，清張貞《祭曹實庵先生文》：『乙卯秋，余下第東歸，先生搤腕累日，賦詩贈行，有「故交失意明朝別，孤燭離筵此夕真」之句。』

〔三〕『兩子』句，曹濂《儀部公行狀》：『迨自甲寅亂後，南天鮮雁足之書，故鄉有垂白之母，先大夫欲歸不能，欲留不可，日夕惟以眼泪洗面。』

藏經樓舊藏古綉歌〔一〕

道之大者含元氣，小物亦足千秋垂。地藏古佛有遺蜕〔二〕，黄金妙相光離離。袈裟至今貯經閣，千年不毁神靈司。天吴紫鳳文斷續〔三〕，青蓮幾朵纏葳蕤。非錦非綉那易測，天衣無縫差得之〔四〕。蠻女刺成共檀施，右肩偏袒常相隨。爾日慈航涉溟渤，一針萬里如星馳。颶風陰火不敢射，魚龍跋浪瞻威儀。名山小住八十載，莊嚴展也天人師〔五〕。兒孫護惜等頭目，捧持膜拜唯嗟咨。余雖下士未聞道，好奇之癖安能醫。六合内外無不有，失喜頗類優婆夷〔六〕。此時暾日明殿角，長空一洗青琉璃。器鉢無聲鳥語静，相輪替戾微風吹〔七〕。興闌踏屐下山去，作歌妄欲傳來兹。

校訂

《（乾隆）池州府志》卷九《山川志·青陽下》、周贇輯《（光緒）九華山志》卷五《營建·樓閣·藏經樓》、釋德森輯《（民國）九華山志》卷首均録此詩，署曹貞吉。

箋注

〔一〕《（民國）九華山志》卷三『藏經樓』條：『在化城寺後，即供明萬曆朝所賜藏經之所。清康熙、乾隆兩次所賜御筆額真本，亦奉其上。咸豐七年，化城全寺被毀，唯斯樓獨存。清曹貞吉歌：「……」』

〔二〕遺蜕，僧、道認爲死是遺其形骸而化去，故稱其遺體爲『遺蜕』。

〔三〕天吴紫鳳，唐杜甫《北征》：『天吴及紫鳳，顛倒在裋褐。』

〔四〕天衣無縫，見《内賜袈裟》箋注〔三〕。

〔五〕展也，《詩經·小雅·車攻》：『允矣君子，展也大成。』鄭玄箋：『展，誠也。』

〔六〕優婆夷，《魏書·釋老志十》：『俗人之信憑道法者，男曰優婆塞，女曰優婆夷。』

〔七〕相輪，見《不寐》箋注〔一〕。替戾，《晋書·藝術傳·佛圖澄》：『及曜自攻洛陽，勒將救之，其群下咸諫以爲不可。勒以訪澄，澄曰：「相輪鈴音云：『秀支替戾岡，僕谷劬秃當。』此羯語也。秀支，軍也。替戾岡，出也。」』

將至九華二首

其一

天地忽慘凄，夕陽淡明滅。一峰兩峰晴，一峰兩峰雪。

其二

快風吹雪去，了了辨山容。九十九峰頂，亂落青芙蓉。

校訂

周贇輯《（光緒）九華山志》卷九《國朝詩》選録此組詩。《（乾隆）池州府志》卷八《山川志·青陽上》録作一首，考其韵脚，當爲二首，《九華山志》是。

娑羅樹歌寄答汪扶晨〔一〕

我聞舍衛布金地，寶欄秖樹森成行〔二〕。蔚然圓蓋蔭十畝，枝枝葉葉常相當。老佛

口吐青蓮坐其下，作禮圍繞是人非人寧可量。鑾君鬼伯以億數，頭如黿鼉身堵墻〔三〕。莊嚴净土世鮮匹，何時移種三天鄗〔四〕。無亦霏微等月桂，天風飄送江南鄉。輪囷離奇挺十丈，霜皮黛色殊昂藏〔五〕。糾纏枝幹走風雨，東西榮瘁占饑穰。香參鼻觀類薝蔔〔六〕，瓣英紫白争飛揚。顆顆子落紅靺鞨〔七〕，珊瑚擊碎石家堂〔八〕。游女拾取茜裙裹，蘭房戲賭金釵雙。我來不見花開落，但見緑陰匝地流清光。掃地布席儼深幄，徵文考獻防遺忘。斷碑剥蝕李北海〔九〕，捶金屈玉懸星芒。高文典册氣蒼古，豈矜月露風雲章〔一〇〕。開元人物信卓犖，何爲一放同三湘。好事當年盛吴下，虞山宗伯名其莊〔一一〕。記曲娘子亦瀟灑，紅豆不打雙鴛鴦〔一二〕。舞衫歌扇墨痕滿，酒闌人散烏啼霜〔一三〕。祇今荒烟蔓草一望不可識，美人名士皆銷亡。吾徒相聚劇石火，江河千古終茫茫。汪子摇筆强余和，未聞龍文鼎可扛〔一四〕。長空無雲夏大熱，鑊湯思避謀非臧。安得解衣盤礴卧樹底，交柯接葉生微凉。

校訂

輯自清鄧漢儀《詩觀三集》卷十三。清吴苑《北黟山人詩》卷十《聯句集》於吴苑《娑羅花》詩後附詩兩首：一爲潘稼堂《娑羅樹歌》，一爲曹貞吉此詩，依前首附詩題《前題》。吴苑《娑羅

花》詩前小序中提及：『小園踞潛虬山，濱豐樂溪，有樹曰娑羅，青羊王百穀因以顔其園，樹古不知年，相傳來自西域，虬蟉拏攫，蔭映數畝，五七歲一花，花類觚爵，繽紛如雪，芬馥數里，秋冬結實如紅豆，安丘曹實庵使君及余師潘稼堂先生皆有歌。余少時藉卉彌日，摩挱不忍去，宦游長安十四年，遂與契闊。歸省四年，方睹作花，盛如疇昔。爰集汪氏兄弟栗亭、于鼎、文治、王子名友、季弟綺園飛觴半月，爲尋花之盟。兒瞻泰、瞻淇亦列坐末，拈毫聯句，得如干韵。昔浣花卜築，堂傳四松；栗里編籬，門惟五柳。對兹嘉植，竊欣慕焉。』汪士鋐、吴菘《黄山志續集》卷四有靳治荆《卧龍松歌用曹實庵先生娑羅樹歌韵》。

蔓草，《北黟山人詩》作『多草』。

一望，《北黟山人詩》闕。

箋注

〔一〕汪扶晨，即汪士鋐，見《同梅瞿山定九雪坪沈方鄴汪雨公施汜郎汪扶晨集吴綺園寓齋與定九談天官家言聯句得四十韵》箋注〔一〕。

〔二〕『我聞』句，見《泗源與平萬聯句》箋注〔三〕。

〔三〕『鑾君』句，宋蘇軾《王維吴道子畫》：『鑾君鬼伯千萬萬，相排競進頭如黿。』

〔四〕三天鄣，見《至日同謝寶臣登斗山亭望黄山》其四箋注〔一〕。

〔五〕霜皮黛色，唐杜甫《古柏行》：『霜皮溜雨四十圍，黛色參天二千尺。』

〔六〕薝蔔，明李時珍《本草綱目・木三・卮子》集解引蘇頌曰：『今南方及西蜀州郡皆有之。木高七八尺，葉似李而厚硬。又似樗蒲子，二三月生白花，花皆六出，甚芬香，俗説即西域薝蔔也。夏秋結實如訶子狀，生青熟黄，中仁深紅，南人競種以售利。』

〔七〕紅靺鞨，即紅瑪瑙，因産於靺鞨，故稱。《舊唐書・肅宗紀》：『（上元二年）壬子，楚州刺史崔侁獻定國寶玉十三枚……七曰紅靺鞨，大如巨栗，赤如櫻桃。』

〔八〕『珊瑚』句，《晋書・石崇傳》：『與貴戚王愷、羊琇之徒以奢靡相尚……武帝每助愷，嘗以珊瑚樹賜之，高二尺許，枝柯扶疏，世所罕比。愷以示崇，崇便以鐵如意擊之，應手而碎。愷既惋惜，又以爲嫉己之寶，聲色方厲。崇曰：「不足多恨，今還卿。」乃命左右悉取珊瑚樹，有高三四尺者六七株，條幹絶俗，光彩曜日，如愷比者甚衆。愷怳然自失矣。』石家堂，即石崇金谷園。晋石崇《金谷詩序》：『有別廬在河南縣界金谷澗中，或高或下，有清泉茂林，衆果、竹、柏、藥草之屬，莫不畢備。又有水碓、魚池、土窟，其爲娱目歡心之物備矣。』

〔九〕李北海，李邕，字泰和，鄂州江夏（今湖北省武漢市武昌區）人。唐代書法家。天寶初，爲汲郡、北海二郡太守，世稱『李北海』。

〔一〇〕月露風雲章，《隋書・李諤傳》：『連篇累牘，不出月露之形；積案盈箱，唯是風雲之狀。』

〔一一〕『好事』句，崇禎十四年錢謙益迎娶名妓柳如是，并爲之在虞山建『絳雲樓』和『紅豆館』。虞山宗伯，即錢謙益（一五八二—一六六四），字受之，號牧齋，晚號蒙叟、東澗老人，江蘇常熟人。學者稱虞山先生，清初詩壇盟主之一。南明弘光時爲禮部尚書，入清後又任禮部侍郎，故人稱虞山宗伯。

〔一二〕『記曲』句，見《催雪・紅梅》箋注〔六〕。

〔一三〕烏啼霜，唐張繼《楓橋夜泊》：『月落烏啼霜滿天，江楓漁火對愁眠。』

〔一四〕龍文鼎，唐韓愈《病中贈張十八》：『龍文百斛鼎，筆力可獨扛。』

輯評

『我聞』句，鄧漢儀曰：『援引斑駁。』

『輪困』四句，鄧漢儀曰：『寶光燦爛，令人目奪。』

『顒顒』四句，鄧漢儀曰：『形容不可思議。』

『我來』二句，鄧漢儀曰：『昌黎得意處。』

『好事』六句，鄧漢儀曰：『此段憑吊處，轉復風流滿紙。』

鄧漢儀曰：『徵引佛藏，誇示多寶，不足爲奇。我愛其筆姿流溢處，艷思警調，絡繹相生，正覺迷離欲絶。先生自一麾以後，才益超騰，匪人可及。』

蒼龍珠墨歌〔一〕

昔人製墨等伐毛，獨羨參軍得真髓。翕闢縱横神智生，變化從心發妙理。沐日浴月入窈冥，烟雲過眼常青青。遇方成珪圓則璧，登峰造極空羅程。七十老翁心力在，指下蛟螭現光怪。赤水珠緑罔象求，激蕩陰陽起澎湃。墨君堂上芝蘭友〔二〕，開函時見雙龍走。神物由來必終合，雷令之言良不苟〔三〕。絢彩懸藜百美集〔四〕，漏泄玄機真宰泣〔五〕。顆顆鮫人盤内珍〔六〕，磊落豹囊藏什襲〔七〕。素功素功洵奇絶，黟山碧海同銷歇。能事畢矣何所加，厥功懋哉媲蒼頡。

校訂

輯自曹聖臣輯《曹氏墨林》下卷，詩後題『徽郡司馬北海曹貞吉拜題』，北京圖書館藏清康熙二十七年自刻本。曹聖臣（一六一五—一六八九），原名孺昌，字昌言，號素功，安徽歙縣人，歲貢生，授官未赴。工於製墨，有《曹氏墨林》二卷。

箋注

〔一〕蒼龍珠墨，曹素功所製墨之一。

〔二〕芝蘭，見《廬山高壽王年伯》箋注〔八〕。

〔三〕『神物』句，見《晶章行贈楊樹滋明府》箋注〔一五〕。

〔四〕懸藜，《史記·范睢蔡澤列傳》：『梁有縣藜。』裴駰集解引薛綜曰：『縣藜，一曰美玉。』

〔五〕真宰，《莊子·齊物論》：『若有真宰，而特不得其朕。』

〔六〕鮫人，見《天香·龍涎香》箋注〔三〕。

〔七〕豹囊，唐馮贄《雲仙雜記·養硯墨筆紙》：『養墨以豹皮囊，貴乎遠濕。』

闈中咏懷 殘句

頻經馬稍神猶王，三過龍門鬢已霜。

校訂

曹濂《儀部公行狀》：『是（壬申）秋，復分校武會試，得會元倪君錦等二十六人，《闈中咏

懷》詩有「頻經馬稍神猶王〔一〕，三過龍門鬢已霜」之句，先大夫至是蓋已三司文柄矣。』

箋注

〔一〕馬稍，《南史·柳世隆傳》：『（柳世隆）常自云：「馬稍第一，清談第二，彈琴第三。」』稍，同槊。

殘句

使君無德及爾祁，此事乃關於職司。

校訂

曹濂《儀部公行狀》：『戊辰夏，大旱，新令尹將至，行有日矣，先大夫愀然曰：「我豈以五日京兆而於祁漠不相關耶！」憶東坡《寓惠集》中有虎頭祈雨之術，乃禱於西峰九龍之潭。虎首甫沉，風霆驟作，大雨傾盆，遠近沾足。祁人异之，立石放生池畔，以記其事。先大夫亦爲長歌以志喜，有「使君無德及爾祁，此事乃關於職司」之句。』

家學守待珂雪文稿

代賀鄭方伯榮陟偏撫序[一]

皇帝在位之二十八年[二]，萬靈和，四氣調，薄海内外，靡有兵革。爰於春王正月，駕六龍，戒倌人[三]，而行南巡狩之禮焉。於時六軍雷動，萬騎星馳，文武諸大吏莫不屬櫜鞬、同量衡，以肆覲於雨花牛首之下。皇帝若曰：『余一人巡行江左，董正治官，其澄清表率之權，惟兹一个臣是賴。』則今大方伯鄭公是也。於是文綺之錫，牛酒之頒，恩禮稠叠，有加無已。且親灑宸翰，銀鈎墨海，虎卧龍跳，以勒諸紫微之署，如此其榮矣哉！勸矣哉！維兹兩江僚屬以及金陵父老子弟莫不曰：『聖天子崇奬廉能，如此其至，覆金甌，筑沙堤，特旦暮事耳。』

時當盛夏，驛騎南來，則聖人惠顧衡湘，特以我公晋大中丞，而鎮撫其地。上江

諸守令謀所以稱賀，而乞言於余。余曰：『諸君子亦知公立身之本末乎！公以弱冠陟巍科，取上第，世祖章皇帝臨軒而親策之，俾列木天之選〔四〕，燭撤金蓮，班稱玉笋，遇至渥矣。爰試之以煩劇，授尚書水部郎。公克勤小物，巨細躬親。齒革羽毛，飭庀必謹；竹頭木屑，搊擋靡遺。一有經營，無廢工，無窳器，洗手奉事，不名一錢，守至嚴矣。爰試之以文衡，晋黔南督學使者，貴竹之地，夙號天荒，公文旌所至，士類鼓舞，青草黄茅之中，皆弦誦焉，文教洽矣。爰試之以克詰〔五〕，試之以祥刑〔六〕，於是乎有甬東之節，於是乎有玉門之命，於是乎有楚南之除。公惟潔清自矢，故所至或稱神君，或稱父母。至精察矣而非苛，至仁恕矣而非縱。門無苞苴，室有懸魚矣，而非矯激以名高，違道以干譽。今開藩以來甫一歲耳，而問之民，民樂春臺矣；問之吏，吏凛冰霜矣；問之官，若奉嚴師，若依慈母矣。是不可以爲天子之大臣乎哉？今行矣！將見三湘七澤之間，沐恩膏而咏勤苦。洞庭之波不足喻其清，回雁之峰不足方其介也。我公之德，洵山高而水長矣！而未也，我皇上具知人則哲之聖神，計必歷試其勛勞，而後登之紫禁，優以黄扉，使海内習知其姓名，庶一旦登庸，不至驚天下之耳目。如唐之姚宋〔七〕，宋之范韓〔八〕，率由斯道也，而又何疑於公乎！异日者，調玉燭而奠金甌，宴彤弓而頌赤舄，江南之人曰：「是嘗藩翰乎我而衽席之者也。」湖南之人

曰：「是嘗鎮撫乎我而噢咻之者也〔九〕。」以至浙東、陝右、貴竹之人莫不皆曰：「是嘗臨蒞乎我而寓過化存神之妙者也〔一〇〕。」公之功不勒乎鼎彝，公之名不垂於天壤，公之澤不且被於奕祀也乎〔一一〕？』

諸守令曰：『然！』遂濡筆而爲之序。

箋注

〔一〕鄭端（一六三九—一六九二），字司直，一字德信，曾任安徽布政使，故稱鄭方伯。河北棗强人。順治十六年（一六五九）進士，授翰林院庶吉士。歷任工部主事、户部郎中、貴州提學僉事、浙江台州巡海道僉事、陝西凉莊道、湖南按察使、安徽布政使、偏沅巡撫、江蘇巡撫等。康熙三十一年（一六九二）逝於任上。著有《日知堂文集》《政學録》《朱子學歸》《孫子匯徵》等。

〔二〕皇帝在位之二十八年，即康熙二十八年（一六八九），鄭端升任偏沅巡撫。

〔三〕倌人，《詩經·鄘風·定之方中》：『命彼倌人，星言夙駕。』毛傳：『倌人，主駕者。』

〔四〕木天，宋沈括《夢溪筆談》卷二十四：『内諸司舍屋唯秘閣最宏壯，閣下穹隆高敞，相傳謂之木天。』

〔五〕克詰，《尚書·立政》：『其克詰爾戎兵，以陟禹之迹。』孔安國傳：『其當能治汝戎服兵器。』

〔六〕祥刑，《尚書·吕刑》：『有邦有土，告爾祥刑。』孔安國傳：『告汝以善用刑之道。』

〔七〕唐之姚宋，唐開元時期宰相姚崇、宋璟的并稱。

〔八〕宋之范韓，北宋名臣范仲淹、韓琦的并稱。

〔九〕噢休，《新唐書·高郢傳》：『縱未能出禁財，贍鰥寡，猶當稍息勞弊，以噢休之。』

〔一〇〕過化存神，《孟子·盡心上》：『夫君子所過者化，所存者神，上下與天地同流。』趙岐注：『過此世能化之，存在此國，其化如神。』

〔一一〕奕祀，累世，代代。清胡鳴玉《訂訛雜録·奕禩》：『禩同祀，商謂年爲祀。奕禩，猶奕世也。』

桂留堂文集序〔一〕

余東海之老農也，生平鹿鹿〔二〕，文質無所底。乙丑冬，隨牒貳新安，度翬嶺，抵華陽，山川靈秀之氣，撲人眉宇。維時馮式流覽，長吟『山從人面起，雲傍馬頭生』〔三〕之句，欣然忘疲，意必有賢人君子托處其地者然。

甫適館，而吴子耳公以名紙入。其人清以修，其論和以平，如飲醇醪，不覺自醉

矣。既乃投予詩刻一編，詰朝坐笋輿中〔四〕，曼聲讀之，達昉溪始終卷〔五〕。乃懼然而异之，曰：『此即山川靈秀之氣所盤鬱而生，而意中之所謂賢人君子者也。』緣是數相過，無間晨夕。

丁卯春〔六〕，吴子既以憂去官，而余亦東西作牛馬走，風塵憔悴，不通聞問者久之。今年秋仲，跫然肯來，投余文集一編，則别去二載，又裒然成帙矣。吴子曰：『盍序之。』余曰：『文章一道，豈漫然而已哉？古之賢人君子，既其實不既其名，故談忠説孝，如道家珍，如數指螺，不過抒寫其夙昔之所固有，而天下後世遂見之以爲文，此猶景星卿雲，不得已而呈象，而人遂仰若苞符也。嗚呼至哉！揆之往古，六經尚矣。自時厥後，正則有正則之文〔七〕，漆園有漆園之文〔八〕，太史公有太史公之文，即韓柳歐蘇之文，彼數君子者，曷嘗曰我爲如是之文，遂可垂不朽於斯世哉！而諸子固已傳矣，何則？既其實不既其名也。今吴子之集具在，纏綿悱惻，原本忠孝之意居多，而言情之篇，乃至聲泪俱盡，此豈枯木朽株，衣被丹青以爲華藻者哉？吴子進矣，顧余不能文，何以序？吴子之文，亦即以修德、省身、寡過之言，與吴子交勉於無既耳。』

箋注

〔一〕《桂留堂文集》，清吴之騄著，康熙間刊。吴之騄，見《白龍潭觀瀑有懷吴耳公》箋注

〔一〕。

〔二〕鹿鹿，《漢書·蕭何曹參傳贊》：『蕭何、曹參皆起秦刀筆吏，當時録録未有奇節。』顔師古注：『録録猶鹿鹿，言在凡庶之中也。』

〔三〕『山從』句，出自唐李白《送友人入蜀》。

〔四〕詰朝，《左傳·僖公二十八年》：『戒爾車乘，敬爾君事，詰朝將見。』杜預注：『詰朝，平旦。』

〔五〕昉溪，見《題程非二吴專公紀年倡和》其一箋注〔三〕。

〔六〕丁卯春，即康熙二十六年丁卯（一六八七）春，是年曹貞吉在徽州同知任上。

〔七〕正則，屈原《離騷》：『名余曰正則兮，字余曰靈均。』

〔八〕漆園，《史記·老子韓非列傳》：『莊子者，蒙人也，名周。周嘗爲蒙漆園吏。』

張亢友天都贈别集序〔一〕

《天都贈别集》者，亢友張子與新安人士倡酬之作也。亢友以烏衣門第、白帢名流〔二〕，早掇科名，馳聲場屋，行將分輝藜火〔三〕，著籍金閨，雖魚龍之縱大壑，鵷鸞之在層霄，不足以喻之也。

歲在丁卯〔四〕，惠然肯來。嚴灘七里〔五〕，遂致孝廉之舡〔六〕；黟嶺千尋，還躡謝客之屐〔七〕。於斯時也，大火初流，凉颸乍引。華鐙錯落，咳唾精神；紅友拍浮，篇章燦爛。機雲入洛〔八〕，未足方之；皮陸擅場〔九〕，擬兹蔑矣！無何，賤子以代庖北去〔一〇〕，飄零九子之峰；先生以訪戴西來〔一一〕，彳亍昉溪之岸〔一二〕。蓬踪相失，方深避客之嫌；尺素遥傳，乃得驚人之句。論交則三郭夙望〔一三〕，四姓名家；掞藻則十賚英華，六朝金粉。江雲渭樹〔一四〕，既惠我而思存；芳草王孫〔一五〕，復登高而賦作。允稱异水涌泉，非秋垂露者矣〔一六〕。僕也刀錐末吏，摇落陳人。『沉舟側畔千帆過』，垂白髮於少年之場；『病樹前頭萬木春』〔一七〕，際青陽於歲除之會。所謂『臣之壯也，尚不如人』〔一八〕；身將隱矣，文安所用〔一九〕？徐鼎臣之居商洛，憔悴何堪〔二〇〕；白太傅之在潯陽，凄凉欲絶〔二一〕。無能爲役，受命兹慚。庶幾一言作弁，邀靈文字之緣；千載爲期，附名簡牘之末云爾。

箋注

〔一〕張起宗，字亢友，一字蓴山，號香眉居士等，浙江鄞縣（今屬寧波）人。康熙三十年（一六九一）進士，曾知河内縣。工書善畫，著有《高梧閣集》。

〔二〕烏衣門第，見《賀新涼·爲其年題詞》箋注〔六〕。白帢，見《摸魚子·答沈融谷》箋注〔四〕。

〔三〕藜火，見《木蘭花慢·送徐方虎假歸》箋注〔五〕。

〔四〕歲在丁卯，即康熙二十六年丁卯（一六八七），是年曹貞吉在徽州同知任上。

〔五〕嚴灘，見《和翌辰小屋如漁舟》其七箋注〔一〕。

〔六〕孝廉之舡，見《哭漢儀》箋注〔五〕。

〔七〕謝客之屐，見《蘭陵王·送二舅之沅州》箋注〔八〕。

〔八〕機雲入洛，見《拜先外祖墓》箋注〔二四〕。

〔九〕皮陸，見《題程非二吴𦟢公紀年倡和》其二箋注〔二〕。

〔一〇〕賤子，謙稱自己。唐杜甫《奉贈韋左丞丈二十二韵》：『丈人試静聽，賤子請具陳。』代庖，《莊子·逍遥游》：『庖人雖不治庖，尸祝不越樽俎而代之矣。』

〔一一〕訪戴，見《送戴岵瞻夫子還山》其二箋注〔四〕。

〔一二〕昉溪，見《題程非二吴𦟢公紀年倡和》其一箋注〔三〕。

〔一三〕三鄣，見《過潛口飲汪扶晨齋頭同吴𦟢公兒霖》箋注〔三〕。

〔一四〕江雲渭樹，唐杜甫《春日憶李白》：『渭北春天樹，江東日暮雲。』

〔一五〕芳草王孫，漢淮南小山《招隱士》：『王孫游兮不歸，春草生兮萋萋。』

〔一六〕『允稱』句，北周庾信《謝趙王示新詩啓》：『文异水而湧泉，筆非秋而垂露。』

〔一七〕『沉舟』『病樹』句，出自唐劉禹錫《酬樂天揚州初逢席上見贈》。

〔一八〕『臣之』句，出自《燭之武退秦師》。

〔一九〕『身將』句，《左傳·僖公二十四年》：『身之文也，身將隱，焉用文之？是求顯也。』

〔二〇〕『徐鼎臣』句，《宋史·文苑傳三》：『徐鉉字鼎臣，揚州廣陵人。……淳化二年，廬州女僧道安誣鉉姦私事，道安坐不實抵罪，鉉亦貶静難行軍司馬。初，鉉至京師，見被毛褐者輒哂之，邠州苦寒，終不御毛褐，致冷疾。一日晨起方冠帶，遽索筆手疏，約束後事，又别署曰：「道者，天地之母。」書訖而卒，年七十六。』

〔二一〕『白太傅』句，唐白居易《琵琶行》：『潯陽江頭夜送客，楓葉荻花秋瑟瑟。……我從去年辭帝京，謫居卧病潯陽城。潯陽地僻無音樂，終歲不聞絲竹聲。』

又何軒詩序〔一〕

余尚忍見錫餘之詩也耶〔二〕！余兄弟少孤露，賴太夫人以活〔三〕。及長，宦京師，聚首無幾，而錫餘撫黔，旋遭横逆，南北隔絶。太夫人抑鬱致疾，弃養里第。服未闋，錫餘之喪歸，一老僕携兩孤兒，向余大痛。詢其相從患難之狀，舉非人世所忍聞者。

出詩數十紙，謂皆隨時輯存，尚多行草行毁不及收拾之作。甫入目，痛貫肌骨，因長號，置不復閲。今十餘年矣，溆兒學識幸粗就〔四〕，因檢付之，俾録以存，且以知乃父所遇之艱，不敢不勉自樹立，是則老人所深望也夫！

時康熙壬申春日書於江南官署〔五〕。

校訂

向余大痛，《安丘曹氏家學守待》卷十八《又何軒古近體詩》作『向余大慟。』

出詩數十紙，《安丘曹氏家學守待》卷十八《又何軒古近體詩》作『出詩草數十紙。』

時康熙句，《安丘曹氏家學守待》卷十八《又何軒古近體詩》作『康熙壬申冬日同懷兄貞吉書』。

箋注

〔一〕又何軒詩，曹申吉著，《安丘曹氏家學守待》卷十八載曹申吉《又何軒古近體詩》，本序見卷首。

〔二〕錫餘，即曹申吉，見《解語花·咏水仙，同家弟作》箋注〔一〕。

〔三〕太夫人，曹貞吉、曹申吉兄弟之母劉太夫人（一六一四—一六八〇），曹氏十一世曹復

植之妻，安丘劉正宗之女。敕封太孺人，誥封太淑人，累封太夫人，入《山東通志》并邑志《烈女傳》，崇祀節孝祠。

〔四〕淑兒，曹申吉四子曹淑（一六七二—一七二三），字湘鄰，一字履霜，又字鄘渠，號去靡，庠生。

〔五〕康熙壬申，清康熙三十一年壬申（一六九二）。

參戎周棠芾去思詩集序〔一〕

棠芾周公〔二〕，派衍絳侯〔三〕，里居左輔〔四〕。童年作賦，曾然劉子之藜〔五〕；弱冠彎弧，乃擲班生之筆〔六〕。在昔章皇帝臨軒而選，實懷黄石之奇〔七〕；拊髀而思，遂獲非熊之佐〔八〕。登諸禁近，位以期門〔九〕。天子鑾輅以延英，元老鷹揚而教射。公是時，輕裘緩帶，適當入洛之年〔一〇〕；虎奮龍驤，早預剖符之列〔一一〕。授瓦亭守戎〔一二〕，把麾初試，聿登千將之壇；介馬疾馳，不愧萬夫之長。調廣昌城守，金城千里，如當道而卧熊羆；玉帳五申，儼盛夏而荷冰雪。晋崇明游擊將軍，鰲身映天黑，常分强弩以習流；魚眼射波紅，每駕樓船而轉戰。威行海上，算出師中。移鎮廟灣營〔一三〕，帆檣

爰集，合萬寶而效朝宗；刁斗無驚，晏波臣而尊正朔。嘉績茂矣，崇秩加焉，乃分路於延安，邊近榆林，地屬上郡。李將軍之善射，苦月臨關〔一四〕；張韓公之築城，酸風度幕〔一五〕。帝旌厥伐，人羡其榮。陟新安參府〔一六〕，實坐鎮於東山云。余時下承明之廬〔一七〕，膺典午之寄〔一八〕。醇醪十斛，遂教虎帳坐書生；細柳千行，爲愛龍賓客下士〔一九〕。春花爛漫，等廉藺之言歡〔二〇〕；秋月精瑩，忘形骸而修睦。論交投分，實閱五年，而公以綜煩理劇之勞，遂膺龍節虎符之重，特簡壽春營副總兵，統數百里之封疆，樹大將軍之壁壘。於其行也，三軍□隊，雙推在途，旗物光輝，酒漿夾路，思留鞭而不逮，擬借冠而未能。士嘆於庠，民嗟於巷。於是各抒藻思，分製佳篇。羊叔子之去荊南，碑留峴首〔二一〕；張令公之臨薊北，詩滿朝班〔二二〕。信乎！文昇水而涌泉，筆非秋而垂露者矣。僕也實惟目擊，匪出風聞。挹彼菁華，蔚爲盛事。他日者勒之金石，豈徒閥閱之榮〔二三〕？采以輶軒，庶重旗常之績云爾〔二四〕。

校訂

廟彎營，當爲『廟灣營』，明清時期軍防，在今江蘇省鹽城市阜寧縣廟灣古城。

箋注

〔一〕參戎，明清時期武官參將，俗稱參戎。周棠芾，即周奭，順天人，歷任廟灣營游擊、徽州營參將等。

〔二〕棠芾，《史記·燕召公世家》：『召公之治西方，甚得兆民和。召公巡行鄉邑，有棠樹，決獄政事其下，自侯伯至庶人各得其所，無失職者。召公卒，而民人思召公之政，懷棠樹不敢伐，哥咏之，作《甘棠》之詩。』

〔三〕絳侯，《史記·絳侯周勃世家》：『絳侯周勃者，沛人也。其先卷人，徙沛。……以將軍從高帝反者燕王臧荼，破之易下。所將卒當馳道爲多。賜爵列侯，剖符世世勿絶。食絳八千一百八十户，號絳侯。』

〔四〕左輔，唐杜甫《沙苑行》：『君不見，左輔白沙如白水，繚以周牆百餘里。』仇兆鰲注：『夢弼曰：《漢書》：京兆尹、左馮翊、右扶風，謂之三輔。同州漢屬馮翊郡，故曰左輔。』

〔五〕劉子之藜，見《木蘭花慢·送徐方虎假歸》箋注〔五〕。

〔六〕班生之筆，《後漢書·班梁列傳》：『班超字仲升，扶風平陵人，徐令彪之少子也。爲人有大志，不修細節。……家貧，常爲官傭書以供養。久勞苦，嘗輟業投筆嘆曰：「大丈夫無它志略，猶當效傅介子、張騫立功异域，以取封侯，安能久事筆研間乎？」』

〔七〕黄石之奇，《史記·留侯世家》：『有頃，父亦來，喜曰：「當如是。」出一編書，曰：「讀此則爲王者師矣。後十年興。十三年孺子見我濟北，穀城山下黄石即我矣。」遂去，無他言，不復見。旦日視其書，乃太公兵法也。』

〔八〕非熊之佐，見《墨莊行爲王近微使君作》箋注〔一八〕。

〔九〕期門，《漢書·地理志下》：『漢興，六郡良家子選給羽林、期門，以材力爲官，名將多出焉。』

〔一〇〕入洛之年，見《拜先外祖墓》箋注〔二四〕。

〔一一〕剖符，猶剖竹。古代帝王分封諸侯、功臣時，以竹符爲信證，剖分爲二，君臣各執其一，後因以爲分封、授官之稱。

〔一二〕瓦亭，《後漢書·隗囂傳》：『囂出不意，懼更有大兵，乃使王元拒隴坻，行巡守番須口，王孟塞鷄頭道，牛邯軍瓦亭。』李賢注：『安定烏支縣有瓦亭故關，有瓦亭川水，在今原州南。』

〔一三〕移鎮廟灣營，《（乾隆）江南通志》卷一百一十《職官志·武職》：『周奭，京衛（北京）人，康熙十六年任（廟灣營游擊）。』

〔一四〕『李將軍』句，《史記·李將軍列傳》：『廣出獵，見草中石，以爲虎而射之，中石没鏃，視之石也。因復更射之，終不能復入石矣。』唐王昌齡《出塞二首》其一：『秦時明月漢時關，萬里長征人未還。但使龍城飛將在，不教胡馬度陰山。』

〔一五〕『張韓公』句，《舊唐書·張仁愿傳》：『時突厥默啜盡衆西擊突騎施娑葛，仁愿請乘虚奪取漠南之地，於河北築三受降城，首尾相應，以絶其南寇之路。……仁愿固請不已，中宗竟從之。仁愿表留年滿鎮兵以助其功。時咸陽兵二百餘人逃歸，仁愿盡擒之，一時斬於城下，軍中股栗，役者盡力，六旬而三城俱就。以拂雲祠爲中城，與東、西兩城相去各四百餘里，皆據津濟，遥相應接，北拓地三百餘里，於牛頭朝那山北置烽候一千八百所。自是突厥不得度山放牧，朔方無復寇掠，減鎮兵數萬人。仁愿初建三城，不置壅門及曲敵、戰格之具。或問曰：「此邊城禦賊之所，不爲守備，何也？」仁愿曰：「兵貴在攻取，不宜退守。寇若至此，即當并力出戰，回顧望城，猶須斬之，何用守備，生其退恧之心也？」其後常元楷爲朔方軍總管，始築壅門以備寇，議者以此重仁愿而輕元楷焉。……景龍二年，拜左衛大將軍、同中書門下三品，累封韓國公。』

〔一六〕陟新安參府，《（道光）徽州府志》卷八之一《職官志·武職官》：『徽州營參將：……周奭，順天（北京）人，康熙二十四年任。』曹貞吉於康熙二十四年六月出爲徽州同知，《（道光）徽州府志》卷七之一《職官表·郡職官》：『清軍鹽捕同知：……曹貞吉，安丘人，進士，二十四年任。』

〔一七〕承明之廬，見《歲暮感舊書懷二十八韵》箋注〔一一〕。

〔一八〕典午，北周庾信《哀江南賦》：『居笠轂而掌兵，出蘭池而典午。』吴兆宜注：『因典午爲司馬氏隱謎，故司馬之官亦借以爲用。』

〔一九〕龍賓，見《月下笛・悼何蕤音》箋注〔六〕。

〔二〇〕廉藺之言歡，《史記・廉頗藺相如列傳》：『既罷歸國，以相如功大，拜爲上卿，位在廉頗之右。廉頗曰……相如聞，不肯與會。相如每朝時，常稱病，不欲與廉頗争列。已而相如出，望見廉頗，相如引車避匿。……相如曰：「夫以秦王之威，而相如廷叱之，辱其群臣，相如雖駑，獨畏廉將軍哉？顧吾念之，强秦之所以不敢加兵於趙者，徒以吾兩人在也。今兩虎共鬥，其勢不俱生。吾所以爲此者，以先國家之急而後私仇也。」廉頗聞之，肉袒負荆，因賓客至藺相如門謝罪。曰：「鄙賤之人，不知將軍寬之至此也。」卒相與歡，爲刎頸之交。』

〔二一〕『羊叔子』句，見《遥送家弟澹餘奉使祭告南岳》其二箋注〔二〕。

〔二二〕『張令公』句，《舊唐書・張説傳》：『俄而爲姚崇所構，出爲相州刺史，仍充河北道按察使。俄又坐事左轉岳州刺史，仍停所食實封三百户，遷右羽林將軍，兼檢校幽州都督。』張説《幽州新歲作》：『去歲荆南梅似雪，今年薊北雪如梅。』另有《幽州夜飲》。

〔二三〕閥閲，宋秦觀《王儉論》：『自晋以閥閲用人，王謝二氏，最爲望族。』

〔二四〕旗常，《周禮・春官・司常》：『日月爲常，交龍爲旂……王建大常，諸侯建旂。』

孫仲愚過江集序〔一〕

歲在丁未，余家居無憀，遂鼓枻爲汗漫游〔二〕。仲愚實先我渡江，相遇武林，不覺啞然一笑。自是，烟雨湖光，時有我兩人艇子，篇章往復，雜以嘲詼，至今魂夢猶常在重陽庵前〔三〕、大觀臺上也〔四〕。一入春明〔五〕，不知歲月之逝，今仲愚墓木已拱〔六〕，而余亦垂垂老矣。

甲子九月，孝堪貽我一編〔七〕，曰：『此亡弟《過江集》也。』開卷尺許，泫然流泪。夫人身世之故，等於野馬塵埃〔八〕，電光石火，幻矣！於其中無端而有離合，而有欣戚，又幻之幻也！余與仲愚，生同里，長同爲諸生，雲門、歷下，蔑不聚也；而生平游處之久，則無如西子湖者。今其詩雖存，而一時屐齒之所歷，麈尾之所向，酒旗歌扇之所樂，荒烟蔓草之所悲，則皆杳如隔世矣。嗟夫！余生怫鬱困悴之狀，又寧僅失一故人而已哉？爰題數語，復之孝堪，若詩之工拙，必有能知之者，不具論。

箋注

〔一〕孫仲愚，即孫寶侗，見《沁園春・泛舟明湖，訪仲愚留飲即事，李道思、劉伯叙繼至》

箋注〔一〕。

〔二〕『歲在丁未』句，康熙六年丁未（一六六七）夏，曹貞吉與張貞結伴爲吴越之游，張貞《祭曹實庵先生文》：『憶丁未首夏，先生需次里居，結伴南游，泛棹長淮，艤舟邗上，時四方名士多僑寓其間，投壺贈縞，論交甚衆，相與登紅橋，過竹西，上下平山堂，藍輿畫舫，匏尊竹杖，歡聚月餘，始各散去。』

〔三〕重陽庵，《明一统志》卷三十八：『重陽庵，在吴山之右，山有泉自洞中涌出，瀦而爲池。』

〔四〕大觀臺，《（雍正）浙江通志》卷四十《古迹二》：『大觀臺，《錢塘縣志》：在紫陽山頂，左江右湖，據會城之勝。』

〔五〕春明，指仕宦。清錢謙益《寄長安諸公書》：『春明之夢已殘，京華之書久絶。』

〔六〕墓木已拱，《左傳・僖公三十二年》：『爾何知中壽？爾墓之木拱矣。』杜預注：『合手曰拱。』

〔七〕孝堪，即孫寶仍，見《暮春雨中阮亭招同卧雲幼華孝堪修來悔人杞園天章仲符游善果寺分韵得禪字》箋注〔一〕。

〔八〕野馬塵埃，見《百字令・咏史》其三箋注〔九〕。

中洲大和尚緑蘿庵詩序〔一〕

僧而禪歟？余不得而知也。僧而詩歟？余尤不得而知也。何也？禪與詩，兩相妨者也。雖然，槁木死灰，非禪歟？而吾謂其近於詩；拈鬚入甕〔二〕，非詩歟？而吾謂其近於禪，然則禪與詩蓋兩相生者也。夫詩僧豈易言哉？歷觀於古，若皎然、靈一、齊己、貫休之屬〔三〕，莫不吮咀華英，含吐風雅，其上者乃至敓錢劉之席〔四〕，而抽温李之簟〔五〕，他不具論。若賈長江非詩僧乎〔六〕？而天下後世相與尸而祝之，尊爲賈島佛，則詩僧之品地概可知矣。

中洲大和尚者，法門龍象也，而乃殫力於詩，其爲詩也，真可以敓錢劉之席，而抽温李之簟。乃説者或疑其病於禪。夫枝頭梅子〔七〕，取其熟也；臨去秋波〔八〕，貴無盡也。迦葉聞琴〔九〕，啓其新也；小玉頻呼〔一〇〕，逢其故也。以爲病於禪，則大千世界亦可碎爲微塵，而《青龍疏鈔》盡可付咸陽一炬也〔一一〕。以爲不病於禪，則黄花翠竹亦見天心〔一二〕，片石孤雲亦徵道體也〔一三〕。今緑蘿庵之詩具在，余受而讀之，不惟無蔬筍氣〔一四〕，且無烟火氣矣。將見天都峰頂，常懸日月慧燈，而慈光片地，放白毫

光，轉大法輪，日揭揭於木蓮花下也，是爲序。

校訂

日揭揭於木蓮花下也，《綠蘿庵詩》作『日揭揭焉於木蓮花下也』。

《綠蘿庵詩》結尾有『北海曹貞吉纂』一句。

箋注

〔一〕中洲大和尚，見《賦贈中洲大和尚》箋注〔一〕。南京圖書館藏清康熙刻本《綠蘿庵詩》載曹貞吉是序。

〔二〕撚鬚人衆，謂苦吟。明黎遂球《徐無減詩序》：『撚鬚人衆，稱銖較兩，則宜用王、孟、高、岑。』唐盧延讓《苦吟》：『吟安一個字，撚斷數莖鬚。』

〔三〕皎然，唐代詩僧，本姓謝，字清晝，吴興（今浙江湖州）人。安史之亂後皈依空門。著有《杼山集》《詩式》。靈一（七二七—七六二），唐代詩僧，俗姓吴，廣陵（今江蘇揚州）人，有《靈一集》《法性論》。齊己，約生活於晚唐五代時期的詩僧，本姓胡，名得生，潭州益陽（今湖南益陽）人。有《白蓮集》。貫休（八三二—九一二），本姓姜，字德隱，號禪月大師，婺州蘭溪（今浙江蘭溪）人，有《禪月集》。《四庫全書總目》卷一五一：『唐代緇流，能詩者衆，其有集傳

於今者，惟皎然、貫休及齊己。皎然清而弱，貫休豪而粗，齊己……雖頗沿武功一派，而風格獨遒。』

〔四〕錢劉，唐代詩人錢起、劉長卿的并稱。

〔五〕温李，唐代詩人温庭筠、李商隱的并稱。

〔六〕賈長江，唐朝詩人賈島，因曾官遂州長江縣主簿，故稱賈長江。初落拓爲僧，後還俗。詩以苦吟著名，有『推敲』故事流傳。

〔七〕枝頭梅子，明蔣一葵《堯山堂外紀》卷四十七：『趙清獻公帥蜀，有妓戴杏花，清獻戲語之曰：「髻上杏花真有幸。」妓應聲曰：「枝頭梅子豈無媒！」逼晚，使值宿老兵呼之。幾二鼓，不至，復令人速之。趙周行室中，忽高聲自呼曰：「趙抃不得無禮！」遂令止之。老兵忽自幕後出，曰：「某度相公不過一個時辰此念息矣。雖承命，實未嘗往也。」』

〔八〕臨去秋波，明馮夢龍《情史類略》卷十五：『丘瓊山過一寺，見四壁俱畫《西厢》，丘訝曰：「空門安得有此？」僧曰：「老僧從此悟禪。」丘問：「何處得悟？」答曰：「是『怎當他臨去秋波那一轉』。」』

〔九〕迦葉聞琴，宋延壽《宗鏡録》卷七十六：『又如迦葉聞琴起舞，阿難常好歌吟，俱以往昔曾爲樂人，以業習之餘故。若煩惱餘習，是變易緣。有業餘習，是變易因。感變易生死，即是果報。』

〔一〇〕小玉頻呼，元釋念常《佛祖歷代通載》卷二十：『值漕使陳君入山問法，演誦小豔詩云：「頻呼小玉元無事，只要檀郎認得聲。」（圓悟禪）師侍側，忽大悟，即以告演，演詰之。師曰：「今日真喪目前機也。」演喜曰：「吾宗有汝，自茲高枕矣。」』

〔一一〕青龍疏鈔，唐長安青龍寺道氤大師曾闡釋唐玄宗《御注金剛經》，題爲《御注金剛經宣演》，又名《青龍疏》。四川德山宣鑒禪師又注《青龍疏》，題爲《金剛經青龍疏鈔》，簡稱《青龍疏鈔》。

〔一二〕黄花翠竹，南唐釋静、釋筠輯《祖堂集》卷十四：『華嚴座主數人問：「禪師何不許青青翠竹是法身，鬱鬱黄花是般若？」師曰：「法身無像，對翠竹以成形；般若無知，對黄花而現相。非彼黄花翠竹，而有般若法身乎？經云：『佛真法身，猶若虚空，應物現形，如水中月。』黄花若是般若，般若則同無情。翠竹若是法身，翠竹還同應物不？」』

〔一三〕片石孤雲，唐李頎《題璿公山池》：『片石孤雲窺色相，清池皓月照禪心。』

〔一四〕蔬笋氣，宋蘇軾《贈詩僧道通》：『語帶烟霞從古少，氣含蔬笋到公無。』自注：『謂無酸餡氣也。』宋葉夢得《石林詩話》卷中：『近世僧學詩者極多，皆無超然自得之氣，往往反拾掇模效士大夫所殘弃。又自作一種僧體，格律尤凡俗，世謂之酸餡氣。』

華荆山詞序〔一〕

以詞爲詩之餘，則曲亦詞之餘乎哉？推而上之，詩亦文之餘；等而下之，凡《子夜吴歌》《挂真兒》《打棗竿》之類，皆曲之餘乎哉？總之，元音自在天地，隨其所觸而文生焉，猶之以鳥鳴春、以雷鳴夏之意云爾。故詞者，詩之變，而不可謂詩之餘；曲者，詞之變，而不可謂詞之餘也。顧其變也，亦出於不得不然之數，而非人力之所能與，謂非天地之元音爲之乎？

詞昉於唐，説者以青蓮二闋爲星宿海〔二〕，今頗疑其含宫嚼徵，非青蓮本色。且其時旗亭畫壁所歌皆唐人絶句〔三〕，無所謂《憶秦娥》《菩薩蠻》者，大約自温韋諸人始也〔四〕。而趙宋一代，則自天子以至於庶人，由宫闈而逮夫草野，莫不有詞，而詞於是乎大盛。『曉風殘月』〔五〕，奉爲章程；『滴粉搓酥』〔六〕，形諸對偶。張三影〔七〕、柳三變至名滿天地間。即大蘇填詞，雄逸變化，猶謂其不解唱曲子。蓋彼時主於諧聲，故有詞客操觚，美人按拍，不瞬息而唱遍國中者。所以難也，今歌詞之法既不傳，文人墨士偶然涉筆，不過作紙上觀，而乃以鹵莽滅裂之道行之〔八〕，惑矣！

華子荆山，雲間雅士也，而又爲吾友寓瓠快婿，『山抹微雲』〔九〕，其來有自。頃從楊子學萊許余寄《尋雲草》一帙，余讀而善之，方欲與熊封大令謀壽諸梓〔一〇〕，而荆山死矣。嗟乎，夫工於詞，即可以死人乎哉？彼不工於詞而死者，何限也；工於詞而不死者，又何限也。不得已而歸之於命，又不得已而托之於偶然，然其詞則不可以不傳也，故援筆而爲之序。

箋注

〔一〕華荆山，上海人。下文言：『華子荆山，雲間雅士也。』云間，舊時松江府的别稱，今上海。

〔二〕青蓮二闋，指《菩薩蠻》（平林漠漠烟如織）和《憶秦娥》（簫聲咽）兩首詞。星宿海，《宋史·河渠志一·黄河上》：『今西蕃朵甘思南鄙曰星宿海者，其源也。四山之間，有泉近百泓，匯而爲海，登高望之，若星宿布列，故名。』

〔三〕旗亭畫壁，見《摸魚子·題錫鬯〈蕃錦集〉》箋注〔三〕。

〔四〕温韋，温庭筠、韋應物的并稱。

〔五〕曉風殘月，出自宋柳永《雨霖鈴》。

〔六〕滴粉搓酥，出自宋曾覿《訴衷情》。

〔七〕張三影，宋陳師道《後山詩話》：『尚書郎張先善著詞，有云「雲破月來花弄影」「簾幕捲花影」「墜輕絮無影」，世稱誦云「張三影」。』

〔八〕鹵莽滅裂，《莊子·則陽》：『長梧封人問子牢曰：「君爲政焉勿鹵莽，治民焉勿滅裂。」』郭象注：『鹵莽滅裂，輕脱粗略，不盡其分。鹵莽，猶粗粗也，謂淺耕稀種也。滅裂，斷其草也。』

〔九〕山抹微雲，出自宋秦觀《滿庭芳》。宋葉夢得《避暑録話》卷下：『少游取以爲《滿庭芳》辭，而首言「山抹微雲，天粘衰草」，尤爲當時所傳。蘇子瞻於四學士中最善少游，故他文未嘗不極口稱善，豈特樂府然。猶以氣格爲病，故常戲云「山抹微雲秦學士，露花倒影柳屯田」。』

〔一〇〕熊封大令，即靳治荆，見《臺城路·爲熊封題〈金陵覽古〉詩卷》箋注〔一〕。

靳熊封入關集序〔一〕

今夫詩也者，吾人節宣性情之具也。性情不能以自著，而必於詩乎寄之，故曰『言者，心之聲也』。

熊封靳使君與余共游處者七年，一旦膺廉能之選以行，壬申六月〔二〕，揮手於歲寒亭下〔三〕，慷慨登車，無離别可憐之色，吾知其過人遠矣。今年盛夏，銀鹿西來〔四〕，

寄余《入關集》一帙，余受而讀之，因作而嘆曰：『熊封詎有异人之筆墨哉？祇有异人之性情而已。夫自淮南以至中州、關陝，皆古來聖賢豪杰崛起發祥之地也，於水則有黄河之奔肆，汧渭之縈迴，霸滻之流注；於山則有太室、少室、終南、太華峰之尊嚴，龍門、砥柱之奇險；於地則爲彭門、成皋，楚漢之所戰争，豐鎬、雍岐，周秦之所肇造。無地不可供吟眺，無事不足繫感慨者也。今熊封含毫邈然，經營慘淡，一似夫幽人逸士探奇選勝之所爲，絶不類乘傳車、擁大旆者之載馳而載驅也，异矣！』

夫熊封之詩屢變而益上，余皆得而言之。其始也，悠揚嘽緩，如携彈公子，翩翩游芳圃中，是爲《南行日記》；其繼也，飛揚跋扈，如河魁老將，氣味沉雄，是爲《三十六蓮峰稿》；其盛也，如安期、羨門，挾雲氣而上征，又如泛大海觀蓬壺、員嶠諸島，森乎不得其津涯也，是爲《黄山紀游詩》。今則雄渾之至，糅以清蒼，如聞秦聲，如奏『豳』『雅』，覺冰車鐵馬，森森在行墨間，若令壯士撥鵾鷄弦唱『出塞』『入塞』之歌〔五〕，足使天地悲凉，風雲變色，是爲《入關集》。觀止矣！嗟乎！余老而才盡，方且欲屏弃筆硯，以事空王〔六〕，而獨於故人之詩有不能默默焉者，則熊封之性情爲何如耶！

箋注

〔一〕靳熊封，即靳治荆，見《臺城路·爲熊封題〈金陵覽古〉詩卷》箋注〔一〕。

〔二〕壬申六月，康熙三十一年（一六九二）六月。

〔三〕歲寒亭，《（光緒）重修安徽通志》卷四十五《輿地志·古迹二·徽州府》：『歲寒亭，在歙縣治，舊名松風亭，宋令王薦建。《方輿勝覽》：歙縣歲寒亭，蘇轍有詩，今刻石亭上。《府志》：元紫陽書院山長張炳購於趙評事家，得其地以歸學，明正統間立亭。』

〔四〕銀鹿，唐李肇《唐國史補》卷上：『顔魯公之在蔡州，再從侄峴家僮銀鹿始終隨之。』

〔五〕鵾鷄弦，唐段安節《樂府雜録》：『開元中，梨園則有駱供奉、賀懷智、雷海清。其樂器或以石爲槽，鵾鷄筋作弦，用鐵撥彈之。』

〔六〕空王，見《春日送客過慈仁寺感舊》箋注〔二〕。

韓環集序〔一〕

詞至今日而盛極矣。顧言《草堂》者〔二〕，多失之流易；而宗南渡者，又過於雕鎪。二者交譏，蓋迄今未有定論也。

余壬申歲底〔三〕，衝北風，冒急雪，復入春明〔四〕，憊矣！意興闌珊，比於曉風殘月〔五〕。誦古人『相遇無故物，安得不速老』之句〔六〕，以爲感慨。又誦『舊友皆霄漢，此身猶路岐』之句〔七〕，以自附於孟郊、梅聖俞、常秩之倫，以爲娱樂，而所遇詞人則幾於肩摩踵接，其成書亦不啻汗牛充棟，蓋余自束髮入都，未嘗見人文之盛如此也。

柯子南陔，武唐職志，其著作久已唱遍旗亭。一旦過余而言曰：『吾將偕吾友曼真合刻《韓環集》以行，子盍爲我序之。』余曰：『奇偶之數，豈漫然而已哉？古來士君子立身制行，未有不資乎麗澤而孑焉以處者，故曰「友者，身之半也」。即善作爲言語之人，亦各有偶，彼蘇李、曹劉、沈宋、元白、皮陸之流〔八〕，其最著也。而自有《金荃》《蘭畹》以還〔九〕，若歐晏之大雅〔一〇〕，秦李之風流〔一一〕，姜史之清新〔一二〕，辛劉之毫宕〔一三〕，亦安能踽踽然孤行於世也乎？今二子之詞具在，大要温柔敦厚，出入於清真、玉田、天游、仁近之間〔一四〕，固已絶二者之交譏，而詞場於是乎有定論矣。獨是余以垂暮之年，宜銷聲匿影，息絶交游，讓裙屐少年出一頭地〔一五〕，猶賓賓焉取詞章而衡論之，如白頭老嫗爲他人作嫁衣裳，不自知醜且老也，陋矣！』然不能塞其請，爲書數語歸之。

安丘曹某。

箋注

〔一〕《韓環集》，柯煜與沈樹本詞作合集名。柯煜（一六六六—一七三六），字南陔，號石庵，浙江嘉善人。康熙六十年（一七二一）進士，以磨勘名黜。雍正元年（一七二三）復成進士。官宜都知縣，改衢州府教授，充明史纂修官。工詩詞，著有《石庵樵唱》《月中簫譜詞》。沈樹本，字厚餘，號曼真，又號操堂、艙翁，歸安（今浙江湖州）人。康熙五十一年（一七一二）進士，官編修。工詩，與海寧楊次也、平湖陸陸堂、嘉善柯南陔齊名，人稱『浙西四才子』。有《竹溪詩略》《艙翁詩集》《湖州詩摭》。

〔二〕草堂，即《草堂詩餘》，南宋何士信編輯的詞選。

〔三〕壬申歲，清康熙三十一年壬申（一六九二），曹貞吉在徽州同知任上。

〔四〕春明，見《孫仲愚過江集序》箋注〔五〕。

〔五〕曉風殘月，宋柳永《雨霖鈴》：『多情自古傷離别，更那堪、冷落清秋節。今宵酒醒何處？楊柳岸、曉風殘月。』

〔六〕『相遇』句，《古詩十九首·回車駕言邁》作『所遇無故物，焉得不速老』。

〔七〕『舊友』句，出自唐陳季卿《别兄弟》。

〔八〕蘇李，蘇武和李陵；曹劉，曹植和劉楨；沈宋，沈佺期和宋之問；元白，元稹和白居易；皮陸，皮日休和陸龜蒙。

〔九〕金荃、蘭畹，見《摸魚子·答沈融谷》箋注〔五〕。

〔一〇〕歐晏，歐陽修、晏殊。

〔一一〕秦李，秦觀、李清照。

〔一二〕姜史，姜夔、史達祖。

〔一三〕辛劉，辛弃疾、劉過。

〔一四〕清真，周邦彥，號清真居士。玉田，張炎，號玉田。天游，曾開，字天游。仁近，仇遠，字仁近。

〔一五〕裙屐少年，《北史·邢巒傳》：『蕭深藻是裙屐少年，未洽政務。』

代壽大司農王公八十序〔一〕

嘗讀《詩》而至《天保》《鳧繹》《既醉》之章，知祝嘏之事，非但臣以此期之君也，即君亦以此期之臣。蓋大臣者，國之元氣也。元氣盛，而國運之昌隆即由乎此，如周之周、召、畢、散〔二〕，漢之蕭、曹、丙、魏〔三〕，皆宗臣也。故嘗以一身之進退，

繫數百年治亂安危之故。即或功成身老，而其君不憚咨嗟太息以留之，其同列諸臣亦不辭旁引曲喻以勉之。《詩》《書》所載，可考而知也。

若今大司農先生可以當之而無愧矣。先生以孝友之資，探鄒魯之秘，蘊深積厚，蔚爲文章。當先皇帝時，早已歌《鹿鳴》，宴瓊林，揚歷中外，垂四十載。今黄髮鮐背，視履不衰，方且理錢穀之繁，當計相之位，精神發越，可兼數人。今歲在癸酉，爲先生八衮良辰，地官諸寅屬謀所以稱觴者而乞言於余。余曰：『欲識先生之所以壽，觀先生之所以報國者而可矣，觀先生之所以禔躬者而可矣〔四〕，觀先生之所以恤民者而可矣。忠勤體國之臣，彼蒼所純佑也。先生於版曹則極其精詳〔五〕，於西曹則極其仁恕〔六〕。其衡文也，則公以明。其榷關也，則清以慎。試之於蠶叢、鳥道之險〔七〕，而忠勤如故也。試之於龍堆、雁塞之區〔八〕，而忠勤如故也。試之於彭蠡、錢塘、閩海之間，而忠勤亦如故也。由艾而耆而耄耋，所處皆繁劇之任，所爲皆少壯之事，非得於天者厚哉？昔人有言：『嗜欲深者，其天機淺〔九〕。』先生筮仕之始，即不以家累自隨，一琴一鶴，翛然自遠。今已門施行馬〔一〇〕，户列椒圖〔一一〕。而入其門則無人門焉者，游其堂則無人堂焉者，惟聞棋聲丁丁，茶香拂拂而已。自古有處膏不潤如是者乎？《語》云：『仁者壽。』先生視天下之人，儼如民胞物與〔一二〕，故於蜀中有請停楠木之

疏，於西江有禁加耗私派之示，於閩浙有嚴虚冒扣剋、誣良私拷之政。舟車所至，天下莫不仰之爲景星，爲慶雲，爲甘雨，爲和風，而先生冲然善下，不殊一韋布諸生也〔一三〕，難矣。或曰先生匪第仁也，而且甚勇，與人交，煦煦笑語，如恐傷之，而大義所在，則屹如泰山喬岳，不可動摇。先生又非第文也，而且甚武，八旬之年，詩歌制義，矢口即成，固矣。而羌人竊發，則親當矢石；楚逆鴟張，則居然保障，又何矍鑠如昔也！用是天子嘉之，位以八座，寵以温綸。朱提來自太府〔一四〕，文綺出於尚方〔一五〕。珍奇品物錯落於牙盤，蹀躞名駒光輝於道路。而且墨海銀鈎，龍跳虎卧，『養素』之扁，高懸於政事之堂；御製之詩，照耀乎鄴侯之架。恩禮稠叠，三代以還，所絶無而僅有者也。謂不足以壽民而壽國也哉？先生自庚午而後〔一六〕，引年者凡三，難進易退之節，海内高之，而皇上重去老成，屢蒙慰留温旨。即今歲咫尺天顔，從容造膝，家人父子，無以遠過。傳諸後世，彪炳史册，固將與周、召、丙、魏同爲宗臣，彼區區張蒼、羅結、范長生諸人〔一七〕，安能望其項背也哉？是爲序。

箋注

〔一〕大司農王公，户部尚書王騭，字辰岳，又字相居，登州府福山（今屬山東烟臺）人。順

治十二年（一六五五）進士，歷任江西巡撫、閩浙總督、户部尚書。康熙三十四年（一六九五）卒，享年八十二歲。此序作於康熙三十二年。大司農是漢朝廷管理國家財政的官職。因明清兩代以户部掌漕糧田賦，故户部尚書又稱爲大司農。

〔二〕周之周、召、畢、散，周公、召公、畢公、散宜生。

〔三〕漢之蕭、曹、丙、魏，蕭何、曹參、丙吉、魏相。

〔四〕禔躬，《明史·隱逸傳·劉閔》：『求古聖賢禔躬訓家之法，率而行之。』

〔五〕版曹，《宋史·食貨志下一》：『若使經制司能事事檢察，則雖户部版曹，亦可廢矣。』

〔六〕西曹，刑部的别稱。唐元稹《送復夢赴韋令幕》：『西曹舊事多持法，慎莫吐他丞相茵。』

〔七〕蠶叢，見《蝶戀花·送荔裳入蜀，再用前韵》箋注〔二〕。

〔八〕龍堆，《周書·异域傳上》：『是知雁海龍堆，天所以絶夷夏也；炎方朔漠，地所以限内外也。』

〔九〕『嗜欲』句，《莊子·大宗師》：『其耆欲深者，其天機淺。』

〔一〇〕行馬，《周禮·天官·掌舍》：『掌舍掌王之會同之舍，設梐枑再重。』鄭玄注：『梐枑謂行馬，行馬再重者，以周衛，有外内列。』

〔一一〕椒圖，明陸容《菽園雜記》卷二：『椒圖，其形似螺螄，性好閉口，故立於門上。』

〔一二〕民胞物與，宋張載《西銘》：『民吾同胞，物吾與也。』

〔一三〕韋布，《宋史·黄祖舜傳》：『抱道懷德之士，不應書干禄，老於韋布。』

〔一四〕朱提，見《尉遲杯·咏朱碧山銀槎，照蔡松年詞填》箋注〔六〕。

〔一五〕文綺，《六韜·盈虚》：『帝堯王天下之時，金銀珠玉不飾，錦綉文綺不衣。』

〔一六〕庚午，即康熙二十九年（一六九〇）。

〔一七〕張蒼，《史記·張丞相列傳》：『張丞相蒼者，陽武人也。好書律曆。秦時爲御史……蒼與絳侯等尊立代王爲孝文皇帝。四年，丞相灌嬰卒，張蒼爲丞相。』羅結，《魏書·羅結傳》：『羅結，代人也，其先世領部落，爲國附臣。劉顯之謀逆也，太祖去之。結翼衛鑾輿，從幸賀蘭部。後以功賜爵屈蛇侯。太宗時，除持節、散騎常侍、寧南將軍、河内鎮將。世祖初，遷侍中、外都大官，總三十六曹事。年一百七歲，精爽不衰。』范長生，北魏崔鴻《十六國春秋》卷八十：『范長生，涪陵丹輿人也……岩居穴處，求道養志，甚有名德，兼善天文，頗曉術數，年過百歲，爲蜀人所重，奉之如神。』

袁信庵先生詩序〔一〕

今天下何多詩人也！而守初盛之藩籬者，或病於塵飯土羹而不可用〔二〕；開宋元之門徑者，亦流於支離率易而無所取裁，二者交譏，其論每斷斷不相下，蓋詩道之敝也

久矣。

若睢陽袁信庵先生則不然。信庵爲大司馬文孫〔三〕，又世際隆平，使竭聲色之奉，極裘馬之好，亦安所不快意？不然，而規刀錐之利，美田宅，權子母，亦世族之自好者矣，而顧殫力於詩。夫詩者，窮然後工者也。撚鬚入甕〔四〕，惟山林憔悴者能之，而履豐席豫則不暇以爲〔五〕。即爲矣，常惑於世俗之説，而不得其神明變化之道，雖爲，猶弗爲也。余生也晚，不獲交先生，而與其外孫誨存氏者游〔六〕，因以得縱讀先生之詩。其雄渾而博大者，非杜陵之精髓乎？其真樸而淡遠者，非劍南之神理乎？其峭潔而幽深者，非竟陵之絶詣乎？乃喟然興嘆曰：『是矣！是矣！所謂擇其言之尤雅而出之者，先生當不愧斯語矣。』雖然，先生豈山林憔悴者流乎？何其不惑於世俗之説，而神而明之至此極也？吾知之矣。昔賢之論曰：謝景滌芳蘭竟體〔七〕，張思曼吐納風流〔八〕，以云雅也。夫使其人而雅，雖置之市廛，而珠光玉氣自不可掩；其人而俗，即草衣木食猶傖父也。請以一語題先生之集，曰：『雅。』誨存其首肯乎否也？

抑余又聞諸中州士大夫之言曰：『袁氏一門，比於雙丁、二到〔九〕。』信庵難兄曰與參先生者〔一〇〕，著作等身，不勝剞劂，緣諸郎既於摧折，其筆墨遂如殘月曉風，是則可惜也夫！

箋注

〔一〕袁賦諶（一六三三—一六八九），字仲方，號信庵，河南睢州（今睢縣）人。明兵部尚書袁可立孫，國子監生，收藏家。

〔二〕塵飯土羹，《韓非子·外儲説左上》：『夫嬰兒相與戲也，以塵爲飯，以塗爲羹，以木爲胾；然至日晚必歸饟者，塵飯塗羹可以戲而不可食也。』

〔三〕大司馬，明清時期用作兵部尚書的別稱。袁可立（一五六二—一六三三），字禮卿，號節寰，河南睢州（今睢縣）人。曾任蘇州府推官、巡城御史、左通政、登萊巡撫、兵部侍郎、兵部尚書等職。文孫，《尚書·立政》：『繼自今文子文孫。』孔安國傳：『文子文孫，文王之子孫。』

〔四〕撚鬚入甕，見《中洲大和尚緑蘿庵詩序》箋注〔二〕。

〔五〕履豐席豫，清魏裔介《兼濟堂文集》卷十九《敕封孺人孟母張太君墓志銘》：『吾讀《列女傳》而嘆女德之善教子者，大約集蓼茹苦之家多，而履豐席豫之家少。蓋左氏所云，人勞則善心生，逸則忘善也。』

〔六〕誨存，袁信庵外侄孫王式穀，字誨存，太康人，康熙二十七年（一六八八）進士，歷任中書舍人、兵部車駕司郎中、江西督學等。

〔七〕謝景滌，南朝梁謝覽（四七二—五〇九），字景滌，陳郡陽夏（今河南太康）人。芳蘭

竟體，《南史·謝覽傳》：「覽此生芳蘭竟體，想謝莊政當如此。」」

〔八〕張思曼，南朝齊張緒，字思曼，吴郡吴縣（今蘇州）人。吐納風流，《南史·張緒傳》：「緒吐納風流，聽者皆忘飢疲，見者肅然如在宗廟。」

〔九〕雙丁，指三國魏丁儀、丁廙兄弟。二到，指南朝梁到溉、到洽兄弟。《梁書·到溉傳》：「時以溉、洽兄弟比之二陸，故世祖贈詩曰：「魏世重雙丁，晋朝稱二陸，何如今兩到，復似凌寒竹。」」

〔一〇〕與參先生，袁信庵之兄袁賦誠（一六一七—一六八〇），字一倩，一字與參，小字東居，號楚雄。明崇禎十七年（一六四四）拔貢，授融縣知縣。弘光元年（一六四五）任吴縣教諭，丁父喪去官。清順治六年（一六四九）補確山縣教諭，歷任廣西南寧府新寧州知州、雲南楚雄府通判等。著有《袁賦誠詩集》。

馬竹船詩序〔一〕

今天下之人，無不工詩，此道可謂大盛。余於聲律無所窺，今益老懶，思焚弃筆硯，於時賢之詩不敢置可否。而一讀竹船新咏，乃不覺目明而心開，蓋不喜竹船之能

詩，而喜吾友翼辰之子竹船之能詩也〔二〕。

翼辰與予交近三十年，同學諸子，寥寥如晨星，翼辰又以老病廢。余一官鷄肋，凡十載不獲共晨夕，即時時夢見之，又不知果吾翼辰否？不知尚能肆力於詩否？不知談鋒尚矯矯如往日否？今竹船集中，凡所閱風晨月夕、看劍引杯、痛哭無聊之所爲，一如種紙齋頭、伴鶴軒中余兩人促膝談心故事也，豈不大快也哉！余有子不能詩，而與竹船稱忘形友，即時與竹船相酬唱，而文采無足觀。或但能世余之舊好，而詩詞亦在所略也乎！至竹船之詩之工拙，世有目者皆能知之，故不具語云。

箋注

〔一〕馬竹船，即馬常沛，見《壬戌初冬偶集春草堂聯句》箋注〔一〕。

〔二〕翼辰，馬竹船之父馬天撰，見《答馬翼辰用原韵》箋注〔一〕。

高槎客詞跋〔一〕

今天下言詞者，非辛蘇則秦柳〔二〕，然亦襲其貌耳，至於神理，都未夢見。若語以

南渡諸家，舌撟而不下矣〔三〕。高子槎客投余一編，大都出入於玉田、碧山之間〔四〕，而細膩過之。若《畫堂春》之『一痕烟浪長柔藍』，《蝶戀花》之『黄葉清江，换却來時路』，《燕山亭》之『别院秋千，閑了樹頭紅影』，《疏影》之『問取纖痕，雨瓣殘紅，可得輕盈如此』，雖使昔人復生，吮毫按拍，無以加也。高子年在終賈〔五〕，便已凌轢詞壇，遲之數年，吾知有井水吃處，莫不歌《羅裙譜》也〔六〕。爲題數語歸之，試質之竹垞先生〔七〕，以僕言爲然否耶。

校訂

若語以南渡諸家，清刻本《羅裙草》作『若語以南渡後諸家』。

槎客，清刻本《羅裙草》作『查客』。

『若《畫堂春》』句，清刻本《羅裙草》作『若《畫堂春》之「一痕烟浪長柔藍」，《渡江雲》之「西風陣陣，卷荒烟、翠淡峰螺」，《月華清》之「雲際無風，淡了碧痕千頃」，《桂枝香》之「響滴林梢，倦葉也應飄落」，《燕山亭》之「别院秋千，閑了樹頭紅影」，雖起昔人於今，吮毫按拍，無以加之也』。

便已凌轢詞壇，清刻本作『便已凌轢詞壇如此』。

羅裙譜，清刻本《羅裙草》作『羅裙草』。

清刻本序末署『安丘曹貞吉』。

箋注

〔一〕高不騫，字槎客，一作查客，晚號小湖，江南華亭（今屬上海）人。師事朱彝尊。著有《商榷集》《羅裙草》《傅天集》《松圩書屋集》。國家圖書館藏清康熙刻本《羅裙草》一卷，卷前有曹貞吉是序。

〔二〕辛蘇，辛弃疾、蘇軾的并稱。秦柳，秦觀、柳永的并稱。

〔三〕舌撟而不下，《史記·扁鵲倉公列傳》：『目眩然而不瞚，舌撟然而不下。』司馬貞索隱：『撟，舉也。』

〔四〕玉田，張炎；碧山，王沂孫。

〔五〕終賈，《後漢書·胡廣傳》：『終、賈揚聲，亦在弱冠。』李賢注：『前《書》，終軍年十八，爲博士弟子，自請願以長纓必羈南越王而致之闕下。上奇其對，擢爲諫大夫，往説越。越聽命，天子大悦。賈誼年十八，以誦詩屬文稱於郡中，文帝召爲博士。』

〔六〕『吾知』句，宋葉夢得《避暑録話》卷下：『余仕丹徒，嘗見一西夏歸明官云，凡有井水飲處，即能歌柳詞，言傳之廣也。』

〔七〕竹垞先生，即朱彝尊，見《滿江紅·和錫鬯吴大帝廟下作》箋注〔一〕。

江氏祇紹堂記〔一〕

歙州之俗最稱近古，皆敬宗而收族。每一姓聚居，先營祠宇，相地高以敞，飭材巨以堅，徵匠巧以緻，雖素習纖勤者，費貲累千百不少惜。間遇伏臘，聚其宗人於祠，陳豆俎，潔樽罍，少長有序，祀畢而飫其餕，藹如也，翼如也。俗之追遠而崇先，莫歙若矣。

歙之江氏，子姓最繁，望甲一郡。有侶雲君者，娶於姜，憫外舅堯如君歿而無後，欲構堂以祀，其子德符敬承先志，買地於城東南隅問政山之麓，會將建祠，而侶雲君父子俱即世。至康熙辛亥始即舊基而廓之，作堂三楹，顔曰『祇紹』，以供堯如君暨配某木主。又恐歲久弛廢，并祀侶雲君兩世於堂中，俾引之勿替。而告厥成，以永其不匱之孝者，實惟侶雲君之孫衡先也。

按《禮經》所載，上自七廟，下至祭禰於寢，皆有定制，親盡則祧。正朱子所謂『心無窮而分則有限』者，且先王緣情以制服，因義以立宗，故祖免無服之族人皆得爲

後，而緦服之婿與功服之甥不得爲後，非以重宗昉、嚴祭統歟？今江君爲祖母之外氏立祠，而以祖若父祔食，其事誠爲非古，然自世教日衰，戚媚誼薄，飲食訟而乾糇愆，有視其外姻如行路者，而江君克體先志，不忍死其祖若父也。其祠隆隆然歷三世而克成，其祭洞洞然合兩姓以永好，即其厚於外氏者若此，而本宗之遜睦禋祀之具修，更可知矣。

余丞徽且八載，既稔其事，又與新沐先生有寮宋之雅〔二〕，因綴其始末而俾予以言。余以其俗之過厚，而禮制雖嚴，亦因乎人情所不能已者，乃不辭而爲之書。

箋注

〔一〕曹貞吉康熙二十四年（一六八五）出任徽州府同知，是記文末言『余丞徽且八載』，當是康熙三十一年（一六九二）在徽州府同知任上爲歙縣江氏所作。

〔二〕寮宋，指僚屬或同僚。北齊顔之推《顔氏家訓·勉學》：『孝元初出會稽，精選寮宋。』

上宋大中丞書〔一〕

謹啓：客歲下役回，承雅惠種種，光怪陸離，不可狎視。小往大來，殊切慚惶也。

捧讀大札，灑灑洋洋，唐宋名家無以復過，誦之連日，朝夕不倦，以爲光寵，然而崇獎逾涯，則不敢當也。某於黃山，纔闢藩籬，發詞弇鄙，而憲臺齒頰一及，覺枯木朽株皆有生色矣。

今年二月中，某適有白門之役，往返匝月。歸來於靳令處接憲札一通〔二〕，兼讀太夫子遺集〔三〕，真如景星卿雲，千古常新，不勝贊嘆。至貴鄉諸先輩名集，則如玉樹瓊林，後先輝映，未嘗不俯首於中州人文之盛，而憲臺表章之功巨也。新作日新月异，何屢變而不窮耶？佩服！佩服！某一官潦倒，心事猶如死灰，承問新篇，不勝忸怩，細檢敗篋，所存僅二百首，皆頹靡而不可收拾，以登文几，未有不啞然失笑者。然而不敢匿醜，正以見老生末路，氣盡鼓衰，可鄙亦可憐也云何！

四月中，寧都魏昭士來〔四〕，其人其文，皆足千古。晤問知憲臺起居佳勝，新祉洊膺，而翰墨所及，意言鄭重，憫其垂成，期以後效，感激之下，不覺涕零。昭士於清和月杪，泛錢塘之棹矣，薄有佽助，殊爲汗顔。兹遴下走，代叩崇階。敬勒蕪言，用道積闊。不腆侑函，伏冀鑒茹。

箋注

〔一〕宋大中丞，即宋犖，見《天香·咏緑牡丹，爲牧仲作》箋注〔一〕。宋犖曾任江蘇巡撫，

因清代巡撫也稱中丞，所以曹貞吉尊稱宋犖爲大中丞。是書作於康熙三十一年，答宋犖書信，參見宋犖《西陂類稿》卷二十九《答曹實庵先生》。

〔二〕靳令，見《臺城路·爲熊封題〈金陵覽古〉詩卷》箋注〔一〕。

〔三〕太夫子，指宋犖之父宋權，見《爲牧仲題雙江唱和集》其四箋注〔一〕。

〔四〕魏昭士，即魏世效，見《贈魏昭士》其一箋注〔一〕。

答陳滁岑先生書〔一〕

老先生以鴻才碩德，高蹈邱園。擁連屋之書，兼百城之樂，所謂名可得而聞，身不可得而見者也。僕以東海鄙人，代庖貴郡，專愚自用，開罪於士大夫者良多，然孤踪蓬寄，或亦共諒其不得已也。五月中，辱承大札，兼讀等身之著，正如入五都之市，光怪陸離，不可追視。老先生之貺我多矣，敬謝教至！

《古今賦會》一書，真匯渤溟之流而探酉山之秘者，海内人士望此久矣，何不刊布寰區，以慰飢渴，而乃以佛頭之穢待之〔二〕？小生承命以來，惟有惶怖，所以未敢敬答一書者，良以僕淺才薄殖，不敢輕視兹役，故未得吮毫濡墨。一，加以交替事殷，胥

吏簿書擁立，惱人不啻蠅蚋，中懷作惡，興至輒罷罷而。且溽暑苦人，終日如坐鑊湯中。三，歸來匝月，始克成章，然而惡甚，不敢即出以見長者，故遲遲至今耳。謹録序文一通，用塵記室，望大作家不遺葑菲〔三〕，賜之筆削，俾操觚之家，不至開卷噴飯，乃大幸也。此由衷之言，伏冀采擇。若書成之後，祈早惠一部，以示子弟，更爲感也。

僕於老先生雖未識荆〔四〕，然文章一道，有若磁鐵，神馳左右，正匪自今則謂與他人未嘗謀面，而先生終日晤言可也，何如？

校訂

操觚，底本作『操瓢』，據文意改。

箋注

〔一〕陳焯（一六一九—一六九二），字默公，號滌岑，又號越樓，安徽桐城人。順治九年（一六五二）進士，授兵部主事，以耳聾不仕。工詩文，善草隸，著有《滌岑詩文前後集》，又輯《古今賦會》《宋元詩會》。

〔二〕佛頭之穢，《景德傳燈録》卷七：『崔相公入寺，見鳥雀於佛頭上放糞，乃問師曰：「鳥雀還有佛性也無？」師云：「有。」崔云：「爲什麽向佛頭上放糞？」師云：「是伊爲什麽不向鷂子頭上放？」』

〔三〕葑菲，《詩經·邶風·谷風》：『采葑采菲，無以下體。』鄭玄箋：『此二菜者，蔓菁與葍之類也，皆上下可食，然而其根有美時有惡時，采之者不可以根惡時并弃其葉。』

〔四〕識荆，唐李白《與韓荆州書》：『白聞天下談士相聚而言曰：「生不用封萬户侯，但願一識韓荆州。」何令人之景慕一至於此耶！』

賀青州道啓〔一〕

伏以節鉞遄臨，風紀肅少陽之野；衮衣至止，謳歌訖瀚海之邦。惟寄托首重宣猷，肆綏靖必資名世。恭以先生際泰夔龍，瑞時麟鳳。豐標玉立，祥鍾華岳三峰；介節水持，清比黄河一笑。中州敷澤，早分花縣之符〔二〕；粉署含香〔三〕，便識神羊之氣〔四〕。疇咨倍切，嘉賴彌殷。謂海岱形勝奥區，孰是猷分左顧；知姓字人寰倚重，終當惠此一方。爰膺簡在於絲綸，隨睹旌旗之赫奕。白童黄叟，戴德者已閱歲周星；遠至邇安，

聞風者亦途歌巷舞。某蓬茅下士，蔀屋編氓。丁年握槧，幸分蘭蕙於元方；壯歲服官，喜覲龍光於臺座。別逾十載，曠若千秋。讀除目而葵傾，望雙旌而雀躍。其奈馬牛走於江甸，無由泥首青齊；蠓蠛寄於山城，未獲抒誠尺一。然而桑梓在念，知陽春不弃葑菲〔五〕；山斗是依，諒絲麻無遺菅蒯。敬修尺素，致候起居。

箋注

〔一〕清順治初年，青州設分巡道。康熙六年（一六六七）裁青州道，康熙九年（一六七〇）復設青州海防道。康熙四十年裁，加登萊道改爲登萊青道，仍治於萊州。此啓所致青州道當爲青州海防道周亮工（一六一二—一六七二），明末清初文學家、篆刻家、收藏家。字元亮，又有陶庵、減齋、緘齋、適園、櫟園等別號，學者稱櫟園先生、櫟下先生。河南祥符（今開封）人，明崇禎十三年（一六四〇）進士，曾任山東濰縣知縣，遷浙江道監察御史。入清後，任鹽法道、兵備道、布政使、左副都御史、户部右侍郎等。康熙元年（一六六二）起復爲山東青州海防道，五年（一六六六）調江南江安糧道。工詩、文、篆刻、繪畫，著有《賴古堂集》《讀畫録》等。周亮工爲青州海防道期間，招攬地方名士，安丘張貞與樂安李焕章、諸城李澄中、壽光安致遠深獲周亮工青睞，被稱爲『真意亭四君子』。

〔二〕花縣之符，見《憶舊游・題郭熙〈秋江行旅圖〉》箋注〔四〕。

〔三〕粉署含香，見《口號》箋注〔四〕。
〔四〕神羊，《晋書·輿服志》：『或謂獬豸神羊，能觸邪佞。』
〔五〕葑菲，見《答陳滌岑先生書》箋注〔三〕。

代祭李太夫人文

坤靈毓德，體順承乾，清門華胄，鼻祖登壇，遜國諸臣，義激肺肝，離奇輪囷，蔚爲芝蘭，此太夫人之家門赫奕，而非同蓬門之單寒也。洎乎笄年，來嬪於李，百兩於歸，齊姜宋子，振振繩繩，實由於此。蘋藻必親，寒燠必視，葵糈瓠菹，甘之如薺，是太夫人之爲婦乃過於爲女矣。明綱解紐，乾坤易位，金斗奥區，江淮重地，圍以三匝，攻以百計，雖在鬚眉，震慴失次，女而士行，維城攸繫，玉孕珠含，實惟此際。若夫青燈熒熒，寒星炯炯，四部五車，沉酣酩酊，書等於身，眼高於頂，雜佩可捐，帨纓可屏，相君騰達，遂游木天〔一〕，門施行馬〔二〕，邸有平泉，群玉册府，紀録攸全，石渠天禄，編摩勉旃，煒煌大業，提命在焉。宣文絳帳三十六年〔三〕，此天留賢母於期頤，以開景運之綿綿也乎。況乃統均之司，進退有位，燮理之功，陶成庶彙，訓詞煌

象服是宜，朱顔緑鬢，秋水爲神，野鶴等韵，薛鳳荀龍〔四〕，繞膝并進，已溺已飢，哀此道殣，不溢不驕，仙李委順，衆香國中，本來可認，洵吾儒所，謂生寄死歸而釋氏所云蓮花接引者也。某等或仰慈訓，或慕徽音，舊歲嘉平，法酒載斟，士集衿佩，朝列纓簪，錦綈玉軸，長歌短吟，春秋無極，祝嘏自今，詎期□鶴，一夕遥臨，蕭颯晨風，陰森夏霖，萬卉敷榮，一萱隕林，吁嗟上相，何以爲心也哉。

煌，言簡義備，振古淑媛，誰爲罕譬，彼零陵、宜都諸賢，又何足以方類也耶。

箋注

〔一〕木天，見《代賀鄭方伯榮陟偏撫序》箋注〔四〕。

〔二〕行馬，見《代壽大司農王公八十序》箋注〔一〇〕。

〔三〕絳帳，《後漢書・馬融傳》：『居宇器服，多存侈飾。常坐高堂，施絳紗帳，前授生徒，後列女樂，弟子以次相傳，鮮有入其室者。』

〔四〕薛鳳，《舊唐書・薛收傳》：『元敬，隋選部侍郎邁子也，有文學，少與收及收族兄德音齊名，時人謂之「河東三鳳」。收爲長雛，德音爲鸑鷟，元敬以年最小爲鵷鶵。』荀龍，《後漢書・荀淑傳》：『有子八人：儉，緄，靖，燾，汪，爽，肅，專，并有名稱，時人謂之八龍。』

王敷彝先生墓表〔一〕

敷彝先生視余年二十以長，蓋嘗與先大夫同隸上庠，同試於有司，其名氏迭爲甲乙，是余之執友也。先生通籍爲先皇帝之丁亥，距甲辰凡十七年，是余之前輩也。余固陋無似，先生不遐弃予，嘗以制舉業相指示，特未嘗執贄耳，先生即退讓不居，而余事先生不敢不謹，是余之師也。癸亥夏五，余服闋入春明，時先生病甚，登堂執手，形神凄黯，曰：『余病矣，恐不復見子，願以兩孫爲托。』余亦嗚咽，不獲辭。閲三月，而先生之訃至，余哭之失聲。嗟乎！嗟乎！余與先生因已生受其教，死受其托矣，而一官匏繫，殁未嘗拊其棺，葬未嘗臨其穴，吾負先生！吾負先生！今年二月，其孤孫廣嗣馳一札至長安〔二〕，以墓門之石爲請，曰先生人意也。余於世之文君子無能爲役，而先生死不忘余，是安可以不文辭？

謹按：先生姓王氏，諱訓，敷彝其字，晚號悔齋，安邱峠山里人。舉順治丁亥進士，仕爲山西萬泉令。居二歲，遇兵變歸里，里居三十餘年而考終命，得年七十。有子早世，僅二孫在耳。方先生之少也，門户中衰，里役狎至，先生以孤露措拄其間，

內而鹽米凌雜，外而公私逋負，手口卒瘏，略無暇日。又以其間篝燈夜讀，凡經書傳注，以及《左》《國》《史》《漢》，皆手録數過，丹黄爛然。如是者十年，乃得充博士弟子。又十年，成進士。先生之於學，可謂勤而有志者矣。國初，雲雷甫集，官人不次釋褐之士有不崇朝而登臺閣、列侍從者，先生獨得一山城如斗大，撫摩教誨，不鄙其民。無幾，姜逆變作，三晋風靡，同時諸長令或死或降，先生乃間道請兵，歸命主上，事平之後，終以失守免歸。先生之才，固未嘗有所設施也。晚歲結茆濰東，不入公府，撰著等身，不勝剞劂。而其平生得力於舉子業爲多。憶辛酉夏秋間，余方伏草土，以其暇課子弟，先生時時過存，余偶有叩擊，輒洛誦先輩名作，數十篇不遺一字。時先生行年六十有八，而神明不衰如此。先生性孝友，奉太孺人，色養兼至，愛其弟誥，終身無間言。與人和易，近於泛愛，而胸中涇渭井然，義有不可，千夫莫奪，然亦以此戾於俗，鬱抑以終。嗚乎！傷哉！余聞諸張子杞園，先生易簀前五日，猶衣冠肅客，談笑如常時。今讀其豫畫後事，委曲詳至，略無怖畏，翛然往來，幾於坐脱，非天人之理講究至熟，能齊一死生如是耶？嗚呼！先生往矣！余他日歸牟婁〔三〕，有疑誰與析？有奇誰與賞？足有所往，而倀倀其何之？正使墳生宿草，猶未解涕泗之滂沱也。生□年，卒□年。娶張氏，封孺人，前卒。暨娶潘氏，子一人，□，諸生，前卒。

女子二人，昏嫁皆名族。以卒之歲十月十二日葬甘棠村之原。康熙二十三年四月立夏日，同里曹某爲之表。

校訂

『生□年，卒□年』，張貞《杞田集·文林郎山西平陽府萬泉縣知縣王公行狀》：『公生於萬曆四十二年（一六一四）正月二十六日辰時，卒於康熙二十二年（一六八三）閏六月十日寅時，得年七十。』

『子一人，□』，張貞《杞田集·文林郎山西平陽府萬泉縣知縣王公行狀》：『男一人，士魯，諸生。』

箋注

〔一〕王敷彝，即王訓，見《王伯昌書來索敷彝先生墓表愴然有作》箋注〔一〕。

〔二〕廣嗣，王訓長孫。張貞《杞田集·文林郎山西平陽府萬泉縣知縣王公行狀》：『男一人，士魯。……孫男二，廣孪、廣基，俱諸生。』

〔三〕牟妻，見《題張杞園春岑閣》其一箋注〔七〕。

清故歲貢生漪園李公墓志銘〔一〕

蓋余兄弟之受業於漪翁先生也，歲惟丙戌暨庚寅，先生之捐館舍也，以戊午，時余兄弟皆宦游，第遥執心喪禮。今歲丁丑，余以病乞歸，先生宰木合圍矣〔二〕，而燧中之石久虚以待余。良以先生與余習，余知先生亦最深。文生於情，自不至以飾字浮詞蔽先生實行也，病雖急，誼則何敢辭？

謹按：先生姓李氏，渌其名，字漪園。始祖由樂安徙居邑之峰山里，六世而高祖天祥公始卜宅於夏坡。一傳，而贈主事西庵公式廓之，是爲先生曾祖。再傳，而太守鳳岡公光大之，是爲先生祖。鳳岡公故廉吏，一經而外，無賄遺子孫。易簀時，先生父華封公甫三齡，齒稚家寒，門楔幾中落，卒能飭躬種德，紹前烈以啓俊昆。有丈夫子五人，先生其長也。先生生而具异才，華封公復迪以家學，嘗兄弟駢肩，咿唔涵泳，盛寒暑弗輟。適巨豪有思鯨噬者，壓椽而結屋，瞍呼瞋視，勢蓋耽耽，然比夜聞書聲，頓惶駭不寐，曉即撤材去，曰：『儒脉未絶，産不可圖也。』華封公以食指衆，將析箸，先生諫，不聽，語三難弟曰：『吾家止一厚産，例宜均，顧吾輩壯，得薄田無慮。庶弟

幼且矇，難自力，盍悉膏腴界之。』三弟以爲然，共請於華封公，華封公察其誠勉，從之。華封公殁，值鼎革初，揭竿四起，夏坡尤邇，巨冠焚掠之毒聲不絶於耳。先生外禦内安，卒保無虞。人能於哀毁之餘，茂殖其學業，故泮游三十載，累試輒冠軍，然以文體高古，不合圓熟式，凡親受教如德聞孫公、胞弟養徵、族弟培之、從侄斂若、用若、用若子奕諸名公及余兄弟皆先後掇科甲，而先生獨不一遇。嗟夫！使先生稍貶其格，則必售。主司稍精其鑒，則亦售。乃生無媚骨，既不屑降志以徇人，彼目瞖俗塵，復不能破例而拔俊。緣是按劍之叱，頻加於投珠之客；彩筆無靈，誠天地間一大恨事。要之，孤標浩氣，自足千古，區區一第，固不足爲先生重輕也。先生名日盛，學者争就正之，一見其文，即决其窮通，某早售，某晚達，某雖才不端，某縱學無成。當下品騭，人多不曉，厥後無爽毫髮者，惟神而明之，自别有卓識，固非操術射覆，懸擬偶中者比也。臨文以神理爲主，嘗謂：文貴善用，裨官雜劇，悉寓靈機；種樹條桑，皆合妙諦。遺迹取神，在學者會通之。執文求文，文猶有盡；離文求文，文乃無窮矣。其教人也不一法，跅弛者裁制之〔三〕，迂腐者恢擴之，要期成德達材，各有所就。一時學士，以不及門爲耻。就中尤奇余兄弟，恒語余老僕曰：『汝幼主非常人，當善視之。』戊子、己丑間，已罷設絳帳矣，庚寅，特爲予兄弟授業者再，得始終有成

焉。知己之感，永矢弗忘。

先生自審所學究與俗不諧，遂絶意進取，遁迹丘園，日惟講道著書，奬引後進爲事。歲甲辰，以明經貢太學，時例就廷試者即與選，同人多慫恿之，先生竟不赴，蓋以母劉太夫人春秋高，不忍一日離，而以五斗米折腰，尤生平所深耻者。洎母夫人以期頤終，先生年逾七旬矣，猶呼天戧地，血漬苫塊間，其孺慕之性，老而彌篤如此。丁巳嘉平，際先生八帙誕辰，門生戚黨，虔製錦屏以賀，於時扶杖周旋，視聽未少衰，咸謂天嗇先生以名者，厚先生以壽。自兹百齡永錫，俾後生小子，長奉以爲式。老成具在，實爲桑梓幸。孰意祝嘏之頌方陳，修文之符旋至〔四〕。晦朔倏四易，而先生騎鯨長逝矣，則康熙十七年四月廿四日也，距生故明萬曆二十六年十二月初二日，得年八十有一。葬八珠山之陽，元配宓氏早卒。繼王氏，後先生一年卒，壽八十二。副室潘氏、李氏。子六，其曄、其晅、其昉、其時、其杲、其成。女子三。孫男九，性、忠、愫、憬、瞻屺、望屺、惟、悳、愻。曾孫三，必信、夢兆、學魯。玄孫四，婚嫁皆名族。

先生孝友出天性，與人交以誠，光明坦易，不墜冥冥之行。卒之日，百里内外哭奠者踵接。顧受恩如余，乃不克一臨，僅使兒輩代陳牲醴，隱隱此衷，抱歉者二十年，

泚筆之頃，猶有餘痛焉。姑揮泪而志其墓，且繫以銘。曰：

萃天庥，蘊地脉。鬱鬱佳城，先生是宅。孕秀含真，式昭厥德。宜爾子孫，俾繩繩而緝緝。

賜進士第、奉政大夫、禮部儀制清吏司郎中、丙子科廣西鄉試副主考、甲戌科武會試同考官、前户部廣東清吏司員外郎、江南徽州府同知、庚午科武鄉試同考官、内閣掌典籍事、誥敕撰文中書舍人加一級、纂《玉牒》、甲子科順天鄉試同考官、同邑受業門人曹貞吉頓首拜撰。

箋注

〔一〕李淥（一五九八—一六七八），字漪園，山東安丘夏坡（今安丘市輝渠鎮夏坡村）人。歲貢生。曹貞吉、曹申吉兄弟業師。

〔二〕宰木，《公羊傳・僖公三十三年》：『秦伯怒曰：「若爾之年者，宰上之木拱矣。」』何休注：『宰，冢也。』

〔三〕跅弛，《汉书・武帝纪》：『夫泛駕之馬，跅弛之士，亦在御之而已。』顔師古注：『跅者，跅落無檢局也。弛者，放廢不遵禮度也。』

〔四〕修文，見《冬日過原思墓擬有所問三首》其三箋注〔一〕。

邑庠生馬慎祇暨配劉氏合葬墓志銘〔一〕

公諱□□，字□□，安丘人。曾祖文煒，嘉靖壬戌進士，歷任大中丞、巡撫西江，有清節，爲隆、萬間名臣，世所稱定宇公者是也。丈夫子三：長應龍，萬曆壬辰進士，任禮部郎中，以博學聞，初任杞縣令，有惠政，所著等身，今載邑乘；次從龍，亦舉壬辰進士，任工科給事中，伉直不與時合，早年引身退。天啟間，以尚寶寺卿、大理寺寺丞召，不起；次友龍，早卒，公祖也。父□□，亦早卒。公承奕葉清白之後，且累世孤露，賴伯祖黄門公撫育以生。幼穎悟，美姿容。舞象後〔二〕，爲邑諸生。性磊落，便弓馬，頗好客，余時雖幼，常見其户外屨滿也。崇禎壬午，以難卒，厥嗣今鴻臚君甫六歲耳〔三〕。

嗚呼，公單傳者二世矣，及公又早卒，雖大中丞之遺澤，有不能庇其後昆。而鴻臚君乘時鵲起，爲邑通人，今五男子林立，振振繩繩，方興未艾，伊誰之功？則惟余姨母之拮據卒瘏以致此也。姨母姓劉氏，爲外祖少傅公愛女，及笄，歸慎祇公，舉案

相莊，皆其餘事，所最難者，以共姜之節，兼程嬰、公孫杵臼之心，行丈夫所難行之事，爲不可及也。慎祇公既卒，扶廣柳之車〔四〕，獨返里門，維時風雨漂摇，家徒四壁，撫煢煢藐孤，相對飲泣，此雖在鬚眉，亦無不震慴失次者，而姨母乃曰：『馬氏存亡，在我而已，未亡人敢不勉終厥緒以貽先君子羞。』於是，出其父書，坐鴻臚君於側而督之，一燈熒熒，形影相吊，此雖在天地鬼神，亦未有不陰啓而默相焉者。顧鴻臚君既長，性復好客，姨母委曲摒擋，饌輒不移時而具，即鴻臚君之賓客，亦無不訝爲有餘者。而不知陶母之髮屢髢，珠璫翠鈿時時在質庫間也。嗚呼痛哉！人未有不欲其子之成名者，而才具不足以濟，則亦不能延譽而疏榮。况閨閣者流，吝財出於天性，姨母獨豁達好施，生平急難扶危之事，紙不勝書。而余所得而樂道者，則在教子成名之一事，爲能告無過於九原耳。鴻臚君既貴，姨母方在康强，百日金門，高堂念切，遂乞身歸養，承歡膝下者幾廿年，可稱是母是子矣。异日者，鴻臚君翔步天衢，翟茀之錫〔五〕，綸綍之榮〔六〕，應計日可待，吾姨母不亦逌然其含笑也乎？其生卒、子姓備録於左，將於某年月日合葬於十里河之原。其甥曹貞吉，時在江南，從嗣君之請而爲之銘曰：

昔藐孤，今國器。昔門祚中衰，而今克永世。白髮青燈，熒熒者泪。鐘鳴鼎食，

熊熊者氣。相見夜泉，可以無愧。

校訂

『諱□□，字□□』，據曹貞吉《鴻臚馬公墓志銘》、張貞《杞田集·馬太孺人劉氏傳》，馬氏名『長祜』，字『慎祇』。曹貞吉《鴻臚馬公墓志銘》：『太學公亦生一子，文學公長祜，是爲公父。』張貞《杞田集·馬太孺人劉氏傳》：『文學長祜之妻，鴻臚序班良顯之母也。』

西江，據曹貞吉《鴻臚馬公墓志銘》、張貞《杞田集·馬太孺人劉氏傳》，『西江』當爲『江西』。曹貞吉《鴻臚馬公墓志銘》：『高祖文煒，明嘉靖壬戌進士，歷任大中丞，巡撫江西，爲隆、萬間名臣，載諸史册。』張貞《杞田集·馬太孺人劉氏傳》：『巡撫江西僉都御史馬文煒之曾孫婦。』

父□□，據曹貞吉《鴻臚馬公墓志銘》、張貞《杞田集·馬太孺人劉氏傳》，馬禛祇之父名『道勸』。曹貞吉《鴻臚馬公墓志銘》：『又次友龍，即公之曾祖也，早卒，生一子，太學公道勸。』張貞《杞田集·馬太孺人劉氏傳》：『太學道勸之婦。』

箋注

〔一〕馬長祜，字慎祇，山東安丘人。娶劉氏，爲安丘劉正宗第三女。曹貞吉母劉太夫人爲安丘劉正宗次女，故馬慎祇夫婦爲曹貞吉之姨父。曹貞吉《鴻臚馬公墓志銘》：『又次友龍，即公之曾

祖也，早卒，生一子，太學公道勸。太學公亦生一子，文學公長祜，是爲公父，娶外祖少傅劉公正宗女。公生甫六歲，值壬午之變，文學公携家避兵海上，卒罹於難。』張貞《杞田集·馬太孺人劉氏傳》：『馬太孺人爲少傅大學士正宗第三女，巡撫江西僉都御史馬文煒之曾孫婦，處士友龍之孫婦，儀部應龍、黄門從龍之從孫婦，太學道勸之婦，文學長祜之妻，鴻臚序班良顯之母也。』

〔二〕舞象，《禮記·内則》：『十有三年，學樂，誦詩，舞勺；成童，舞象，學射御。』鄭玄注：『先學勺，後學象，文武之次也。成童，十五以上。』孔穎達疏：『舞象，謂舞武也。熊氏云：「謂用干戈之小舞也。」』

〔三〕鴻臚君，馬長祜之子馬良顯（一六三七—一六九六），字臣鵠，又字臣哉。考授鴻臚寺序班，旋弃歸。詳見曹貞吉《鴻臚馬公墓志銘》。

〔四〕廣柳之車，《史記·季布欒布列傳》：『季布許之。迺髡鉗季布，衣褐衣，置廣柳車中，并與其家僮數十人，之魯朱家所賣之。』裴駰集解引鄧展曰：『皆棺飾也。載以喪車，欲人不知也。』

〔五〕翟茀，《詩經·衛風·碩人》：『翟茀以朝。』毛傳：『翟，翟車也，夫人以翟羽飾車。茀，蔽也。』

〔六〕綸綍，《禮記·緇衣》：『王言如絲，其出如綸。王言如綸，其出如綍。』

鴻臚馬公墓志銘〔一〕

公與余爲外兄弟，自學步履語言，以及成童，漸長而壯，同仕於朝，未嘗或離。迨公里居，余亦歷官南北，不得朝夕與共者廿餘年。去歲之杪，公一病竟不起，傷已！時余亦有歸志，計余歸期，相距纔三月耳，未獲握手一訣，又足悲矣！今歸，窆有日，公之懞嗣以墓門之石請，謂戚里中至親無如余，而悉公之生平者，亦無如余也，余誼不得辭。

公姓馬氏，諱良顯，字臣鵠，又字臣哉。高祖文煒，明嘉靖壬戌進士，歷任大中丞，巡撫江西，爲隆、萬間名臣，載諸史册。丈夫子三：長應龍，萬曆壬辰進士，任禮部郎中，以博洽稱；次從龍，與兄同榜進士，任工科給事中，剛正廉介，爲勝國直臣，告養家居，以尚寶、大理兩起官，皆不就；又次友龍，即公之曾祖也，早卒，生一子，太學公道勸。太學公亦生一子，文學公長祐，是爲公父，娶外祖少傅劉公正宗女。公生甫六歲，值壬午之變，文學公携家避兵海上，卒罹於難。嗚呼！公之家單傳三世矣，又於數百里之外猝遇禍變，兵戈擾攘中，扶柩歸里，四壁蕭然，饔飧不給。

余姨母拮据卒瘏，左右撑拄，衣食即得不匱，而流離患難，母子孀孤，茹荼飲恨之事，殆有不忍言者矣。姨母乃於女工之暇，出先人遺書，呼公至前，涕泣而教誨之，公亦自知所遇之艱，竭力奉命，以無負以慈代嚴之心。稍長，即通經術，弱冠入泮，未幾食餼，人以爲有積德者必有厚報也。歲己酉，考授鴻臚寺序班，本期禄養，然遠離庭闈，不勝依依膝下之想，故居官百日，即乞歸養，是亦時人中不多有者。公性至孝，養體養志，纖微必周，姨母家法素嚴，以公箕裘之任重，期公者厚，少不率教，即加督責，不以三世遺孤，稍寬假姑息也。親心或偶不懌悦，公即坐卧不敢安寧處，率妻携子長跪待命，愉色婉容，必得歡心而後已。嗚呼！難矣！公少年嗜酒，母命少飲，即戒之終身，對客終日，不過三盞。宅後治一圃，顔之曰『唯小園』，蓋無日不以養親爲念也。己巳秋，姨母以壽終，擗捅幾絶，祭葬一準於禮。公年已逾五十，朝夕涕泣，不异孺子，哀毁骨立，粗糲三年，公之孝可謂生死如一者乎！自兹以後，公遂不復曩時壯盛矣。丙子冬遘疾，醫藥迭投，不能奏效，逼歲除十日而終。公體壯偉，美丰儀，一時同官，咸屬瞻望。性磊落慷慨，重然諾，取與不苟。而晚年惟喜幽居，雖近城市，閉户不出，動輒經旬。讀書之暇，課僮僕藝花種蔬而已。工臨池，間爲小詩以適意，然不斤斤事此也。諸如濟急周貧，給棺施藥，又其餘事，不勝紀矣。

公生於崇禎十年四月十三日丑時，卒於康熙三十五年十二月二十日辰時，得年六十。娶王氏，太僕卿業弘孫、廩生憲祖女也。生男某、某，孫男某、某。今於康熙三十六年九月二十九日葬於瀧水之阡，爲之銘曰：

渺渺孤煢，慈母教，嚴君同。憂心忡忡，烏反哺，報所生。翱翔廊廟，移家孝，作國忠。愛日情切，辭金闕，戀萱庭。從親地下，樂洩洩，樂融融。如堂如斧，爲爾之宫。宜子宜孫，其何終窮。

箋注

〔一〕馬良顯，見《邑庠生馬慎祇暨配劉氏合葬墓志銘》箋注〔二〕。

李孺人誄言 并序〔一〕

康熙二十八年歲在己巳冬十一月，李孺人以疾終於内寢。盤匜罷陳，琴瑟撤御。悲風號木，玄雲作絮。吾姻兄杞園先生感泉路之阻長〔二〕，悼漆燈之明滅，悲同夫落葉哀蟬，戚等於弦摧柱折。嗚呼！哀哉！朝蕣空花，浮漚易散。弱草栖夫輕塵，流光疾

於激電。其姻家曹貞吉，時在天都，聞之而嘆曰：『是可誄也。』詞曰：

隴西系望，仙李蟠根。蘭儀玉度，發於德門。之子于歸，六珈爲佩。兩小無猜〔三〕，鷄鳴旦昧〔四〕。爰相夫子，維孟與梁〔五〕。無非無議，云何不臧。乃生男子，玉立昂藏，河東之鳳，掩靄書香。乃生女子，蕙質芭芳，謝庭咏絮〔六〕，宜爾姑嫜。盥彼晨風，閱此鞠凶。質非金石，壽非松柏。譬諸行路，各返其宅。兒啼於堂，女泣於室。夫子在患，形孤影隻。嗚呼哀哉，女子有恒，明妝艷冶。孺人唾之，崇其修雅。女子有恒，鬼廟神弦。孺人唾之，守其静專。女子有恒，群居廢日。孺人唾之，内閾不出。戊申六月，坤維失奠。雙卧重樓，餘生一綫。死喪之威，神魂交戰。噭然一哭，坐脱立見。嗚呼哀哉！印册煒煌，錦囊綺麗。鑾篋不拂，商歌罔儷。去水無聲，流離易碎。悲甚擲琴，傷同掩袂。人亦有言，夢到仙山。雲房結翠，文杏截椽。是耶非耶，孺人在焉。披服儼雅，環佩珊然。太息自陳，前身仙籍。今返蓬瀛，仍居舊職。屏去威嚴，慮君不識。我儀圖之，或乏愧色。嗚呼哀哉！

校訂

《安丘張氏家乘》録此文，題作《李孺人誄并序》。

詞曰，《安丘張氏家乘》録曹貞吉《李孺人誄并序》作『辭曰』。《安丘張氏家乘》録曹貞吉《李孺人誄并序》誄末署：『賜進士第、奉政大夫、同知江南徽州府事、前内閣掌典籍事、誥敕撰文中書舍人、同里姻侍生曹貞吉頓首拜撰。』

箋注

〔一〕李孺人，安丘張貞之妻。張貞《杞田集》卷八《亡妻李孺人壙志》：『孺人李氏，青州安丘人，嘉靖己未進士西安大同兩郡守諱遷梧之曾孫，處士諱三祝之孫，崇禎癸酉舉人諱涵之女，壬子選貢翰林院孔目張貞之妻也。生於崇禎乙亥六月四日辰時，卒於康熙己巳十一月十八日辰時，得年五十五。』張貞《杞田集》卷十二《亡妻李孺人行略》：『康熙己巳仲冬之初，余以懷抱抑鬱，疽發於項，當瞑眩瞀亂之際，吾妻李孺人無病而殂。』

〔二〕姻兄杞園先生，指張貞，見《玲瓏四犯·送杞園游西湖》箋注〔一〕。安丘曹氏與張氏多有聯姻，張貞次女張震，是曹貞吉三子曹霈的妻子，其三女是曹申吉四子曹溆的妻子。而張貞的兩個孫女，又分别嫁給了曹申吉的孫子曹曾衍和曹貞吉的同族兄弟曹煌吉的兒子曹鼎善。故曹貞吉稱張貞爲姻兄。

〔三〕兩小無猜，見《南鄉子·夏夕無寐，茫茫交集，輒韵語寫之，不求文也》其四箋注〔二〕。

〔四〕雞鳴旦昧，《詩經·鄭風·女曰雞鳴》：『女曰雞鳴，士曰昧旦。』

〔五〕維孟與梁，見《南鄉子·夏夕無寐，茫茫交集，輒韵語寫之，不求文也》其四箋注〔二〕。

〔六〕謝庭咏絮，見《蝶戀花》（十一月）箋注〔四〕。

楹聯附

爲朱太守題玉照堂

其一

蕉葉雨來清鶴夢，木蘭花發照冰心。

其二

拄笏對青山，千尺嵐光浮客座；開簾霏玉屑，一方月影淡中庭。

安慶江防廳大堂

羽扇論兵，千里波瀾歸坐鎮；熊幡佐治，萬家襏襫樂春耕〔一〕。

箋注

〔一〕襏襫，《國語·齊語》：『首戴茅蒲，身衣襏襫，沾體塗足，暴其發膚，盡其四支之敏，以從事於田野。』韋昭注：『襏襫，蓑薜衣也。』

雲將公行述〔一〕

先君子之弃不孝諸孤而長逝也，在壬午之十二月〔二〕。距今已四十年，於時兩孤俱孩，幼無知識，不能道先君子之行事，墓門片石，遂成闕如。今先妣太夫人又復見背〔三〕，穆卜康熙壬戌四月十七日合窆荒塋，將乞海内大人先生之文爲泉壤光寵，又安能已於狀乎？獨是不孝貞吉之侍先君膝下凡九年，其前四五年，童昏不復記憶，可憶

者，三四年間事耳。閱世既久，恍如夢寐，而兼以苫塊餘生，頭白齒豁，多病健忘，又安能狀先君子乎？嗚呼！天下鮮民未有如不孝者也。人誰無父？而不孝之有父祇九年，使九年之中盡能記憶，且不足盡先君子也，而又半喪於童昏，半瞀於老病。然則，先君子之嘉言懿行，將聽之若存若亡也乎？此又非不孝孤之所敢出矣。

謹按：先君諱復植，字宗建，號雲將，世爲安丘之連池里人。高祖諱汝勤，歲進士，以子貴封奉政大夫、南京户部郎中。曾祖諱一麟，前丙辰進士，任蘇州府吴江縣知縣，入邑志篤行傳。祖諱應塤，太學生，任遵化縣縣丞，贈徵仕郎、光禄寺大官署署丞。考諱詮，太學生，任光禄寺大官署署丞，以孫貴，誥贈通議大夫、大理寺卿，再贈通奉大夫、禮部右侍郎加一級。妣姓王氏，同邑處士業峻公女，前封孺人，今誥封太淑人，誥贈夫人，實生先君。云先大父早艱於嗣，禱於觀音大士而生先君。先君生而穎异，白皙，美鬚眉，姿狀若天人。性沉毅，寡言詞，孝友出於自然，不務矯飾。讀書數行俱下，一過目終身不忘。先大父既晚得先君子，故其愛之也倍至，而望之也亦倍切，延師課讀不少衰，嘗曰：『是將大吾門也。』十四歲，受知於督學世臣李公，入上庠，略試輒高等。與故相國孫文定公、少司寇念東高公名相頡頏〔四〕。戊寅、己卯間，邑侯三原房公屢拔冠軍，以國士相期許。凡三入棘闈，不售，僅餼於庠，而志益

堅，文益進。壬午闈，義見賞於高密令匡山何公〔五〕，幾遇矣，又以細故擯落，而先君亦遂坎壈以終。嗚乎！痛哉！先君於書，手不停披，經史子籍，莫不研究。先大父性好聚書，連屋充棟。先君子成童以後，即坐臥其間。先大父解綬歸來，課其所業，則丹鉛殆遍矣，爲之色喜者久之。又嘗留心經世之務，談古今利害成敗，瞭若指掌。當流寇之亂中州也，嘗酒半慷慨而言曰：『天下者，一人之身也。神京其首，齊晋則左右臂，中州則腹心也。安有腹心壞而能久存者乎？天下亂矣！』維時先大父尚營屋宇，先君顧叔父郁文公而嘆曰：『營此何爲？』〔六〕未幾而海内雲擾，邑里丘墟。盛衰之際，其有以見之矣。生平爲制義及雜著凡若干種，藏於家，而厄於喪亂，不獲存隻字。嗚呼！痛哉！先君持身如玉，而飲人以和，一時人士目爲僑肸〔七〕，以爲旦暮問登膴仕，其建樹正未可量，而竟不得邀一命以歿。嗚呼！痛哉！先君捐館舍之九年，而次子申吉售於辛卯，又十二年，而不孝貞吉售於癸卯，又十八年，而幼孫湛售於辛酉，何一非先君子之所積累也乎？使先君而在，亦僅六十有七歲耳，未大耋也。乃宰木已拱，九原難作，家更隆替，人閲存亡。不孝亦垂垂老矣。邈若山河，豈不信哉？

先君性廉潔，口不道阿堵物。猶憶不孝六歲時，自外家持百錢歸，先君見之，輒大恚，曰：『兒何不廉？既飲且食，又携錢歸耶？速返之。』不孝雖在童稚，爾時覺無

地自置也，其嚴於律身而義以垂訓如此。先君雅善臨池，猶憶秋燈熒熒，和墨作小楷，銀鈎屈曲，朱絲燦爛，蓋日可萬字也。先君於詩律最細，特未及作耳。當不孝五歲，即手録唐人七言一册付之，丙夜吟誦，略能上口，迄今讀詩遇『巴陵一望洞庭秋』之什〔八〕，未嘗不泣下霑襟也。先君善擇交，少許可，於宵壬之類，去之惟恐不遠，疾惡如風，蓋其天性。平居安於儉薄，室無媵侍，與先慈相敬如賓友，不孝日侍膝前，未嘗見疾言怒色也。嗚呼！氣備四時而遭逢拂逆至此，天道顧可問耶？

先君生於萬曆乙卯四月初五日，卒於崇禎壬午十二月二十六日，得年二十有八耳。嗚呼！痛哉！厥後以次子貴，於順治十四年敕贈文林郎、翰林院庶吉士。順治十八年，誥贈通議大夫、大理寺卿。康熙六年，誥贈通奉大夫、禮部右侍郎加一級。元配先慈姓劉氏，原任少傅、大學士憲石公女，敕封太孺人，誥封太淑人、太夫人。男二人：長即不孝貞吉，康熙癸卯山東解元，甲辰聯捷進士，任内閣中書舍人加一級，娶同邑處士王公爰莊女，封孺人；次申吉，順治辛卯舉人，乙未進士，歷任吏部右侍郎、貴州巡撫，娶同邑郯城縣訓導鄒公良士女，誥封淑人，贈夫人，繼娶壽光兵部侍郎魏公琯女，封夫人。孫男八人：長濂，邑廩生，娶同邑庠生張公若曦女，繼娶高密廩生單公宸箴女。次霦，官監生，娶同邑郡庠生劉公琬女，再娶同邑處士李公琯女。俱貞吉

出。次澐，三品蔭生，候選七品京官，娶同邑進士、户部郎中周公歷長男、丘縣教諭泰生公女，早亡。申吉出。次霈，監生，娶同邑拔貢生、候選翰林院孔目張公貞女。次湛，辛酉舉人，聘高密進士、候補給事中任公琪女，娶同邑庠生王公際熙女。俱貞吉出。次濡，申吉出，早亡。次淑，次注，俱申吉出，未聘。孫女七：一適同邑庠生王公德亮男、庠生倓，貞吉出。一適同邑進士李公孟雨孫、廩生公訥男、監生仔，申吉出。一適同邑候選縣丞韓公知愛男、庠生助。一適同邑進士、保定巡撫、都御史劉公祚遠男、候選州同仁京，早亡。俱貞吉出。一許字諸城進士、河南道御史孫公必振男、庠生濰湑。申吉出。一幼未許字，貞吉出。一幼未許字，申吉出。曾孫男五：長曾衍，霂出。繼澐，後聘同邑廩生張公在辛女。次曾符，未聘。濂出。次曾怡，未聘。霂出。次曾譽，未聘。濂出。次曾唯，湛出，尚幼。曾孫女四：一濂出，一霂出，一霈出，一湛出，俱未許字。外曾孫男十餘人，不具載。

不孝身丁大故，神志耗亡，詮次遺行，不文不備。伏望大人君子憫念歿存，不惜如椽，勒之貞珉。豈惟不孝等銜感不朽，先君子實受賜焉。謹狀。

不孝貞吉血泣述略。

賜進士出身、文林郎、河南道監察御史年家眷晚生孫必振頓首填諱。

校訂

民國二十二年（一九三三）續修石印本《安丘曹氏族譜》卷二録此文，題作《雲將公行狀》。

獨是，《族譜》本作『獨念』。

膝下，《族譜》本無。

蓮池里，《族譜》本作『連池里』。

歲進士，《族譜》本作『歲貢生』。

『今誥封太淑人，誥贈夫人』，《族譜》本作『今誥封淑人，贈夫人』。

既晚得先君子，《族譜》本作『既晚得嗣』。

課讀，《族譜》本作『督課』。

略試，《族譜》本作『每試』。

孫文定公，《族譜》本作『孫文成公』，誤，《清史稿·孫廷銓傳》：『（康熙）十三年，卒，謚文定。』

解綬，《族譜》本作『解組』。

慷慨而言曰，《族譜》本作『慷慨言曰』。

久存者乎，《族譜》本作『久存者也』。

凡若干種，《族譜》本作『若干種』。

先君而在，《族譜》本作『先君子而在』。

亦僅，《族譜》本作『亦僅僅』。

宰木，《族譜》本作『墓木』。

山河，《族譜》本作『江河』。

先君，《族譜》本作『家君』。

大恚，《族譜》本作『不喜』。

返之，《族譜》本作『反之』。

蓋日可萬字也，《族譜》本作『蓋可萬字也』。

五歲，《族譜》本作『五歲時』。

二十有八耳，《族譜》本作『二十有八歲』。

庠生助，《族譜》本作『助』。

霂，《族譜》本誤作『霖』。

大人君子，《族譜》本脱『人』字。

『不孝』下署題句，《族譜》本無。

箋注

〔一〕雲將公，曹氏十一世曹復植（一六一五—一六四二），曹貞吉、曹申吉之父，字宗建，號雲將，廩生，以次子曹申吉貴，敕贈文林郎、翰林院庶吉士加一級，再贈通議大夫、大理寺正卿，累贈通奉大夫、禮部右侍郎加一級。

〔二〕壬午，曹復植於崇禎壬午（一六四二）在戰亂中遇害於安東衛。

〔三〕先妣太夫人，曹貞吉、曹申吉兄弟之母劉太夫人。

〔四〕故相國孫文定公，孫廷銓（一六一三—一六七四），山東益都（今淄博博山）人，初名廷鉉，字枚先，謚文定。明崇禎進士，歷官兵部尚書、户部尚書、吏部尚書等要職，官至清康熙朝秘書院大學士。少司寇念東高公，即高珩，見《摸魚子・謝念東先生惠藥》箋注〔一〕。孫維均修，馬步元纂《（民國）續安丘新志・文苑傳》記曹復植『聲名藉甚，與益都孫廷銓、淄川高珩相頡頏，家多藏書，莫不通究，尤留心經世之學，好論古今利害成敗』。

〔五〕匡山何公，何平，字匡山，自號竹罌老人。明崇禎十三年（一六四〇）進士。授高密縣令，擢禮部儀制司主事。入清後，官至福建督糧道布政司參議。有《學圃亭稿》。

〔六〕叔父郁文公，曹氏十一世曹復彬，字郁文，歲貢生，曹貞吉叔父。

〔七〕僑肸，《文選・王粲〈贈文叔良〉》：『延陵有作，僑肸是與。』李善注：『公孫僑，子產

也；羊舌肸，叔向也。』

〔八〕『巴陵』句，出自唐張説《送梁六自洞庭山作》。

劉太夫人行述〔一〕

不孝貞吉，今無母矣，尚何言哉！尚何言哉！憶辛亥三月，拜送東歸，蘆溝道上，母搴簾揮手令回，爾時母甚清健，不孝年未强仕，以爲非久當請急歸，奉色笑有日，未甚以此别爲戚戚也。嗚呼！孰意遂成永訣哉！吾母素無病，今年三月始感痰疾，厥後時作時已，未嘗呻吟床褥。迨十月間，忽成腫症。不孝聞之，食寢皆廢，方謀請假歸養，而訃音至矣。嗚呼！痛哉！生不能奉菽水，没不能親飯含，有子如此，何如其無？猶忍於草土之中，强顏視息，執筆以狀母之懿行哉？然使吾母懿行不彰，是益重不孝罪矣。

謹按：先慈姓劉氏，原任少傅、大學士憲石公次女〔二〕，幼嫻《女誡》《女孝經》諸書。及笄，歸先君通奉公。其奉吾祖母王夫人也無間言，而與先君子相敬如賓友。甫十年所，而先君子賫志以殁，撫煢煢藐孤，以至成立，凡一絲一粒，皆出吾母經營，

不孝十年前尚未知有鹽米諸細務也。吾母性明達，識大體，其於不孝輩愛之甚，而課程不少衰。猶憶不孝甫成童時，吾母坐小樓，明燈紡績，立不孝輩於傍，而督其弗率，援據古昔，稱引先德，言詞慷慨，聲泪俱下，不孝輩俯首祇承，亦感動飲泣。厥後略辨之無，薄有名第，於吾母之初願始償。嗚呼！孰知其爲不相見之本哉？吾母自奉甚儉薄，而爲不孝輩延師致譽，則無所靳惜，猶憶攻舉子業時，館師授餐，與夫友人過從，飲食咸極豐腆。退而視堂上之食，則粗糲也。壬午、癸未後，家中落，歲復不登，一切公私賦税皆吾母手口卒瘏所辦，笥中衣飾，時在質庫中，初不令不孝輩知也，所恨不孝輩立身齷齪，無所表見，致吾母之幽光不顯。嗚呼！痛哉！不孝自聞訃以來，五内崩裂，中夜不寢。思及四十年堅貞苦節，鞠育孤露，恩勤備至。子孫男女婚嫁凡十四舉，皆出吾母一人心血，而不孝輩所以仰酬高厚者何在？此真乳羊烏鳥之不若矣，尚可以爲人耶？吾母生平嚴於祭祀。凡歲時告廟、上冢，必手自治具，務極豐潔，得一鮮品，不以獻，不敢嘗也。性純孝，年至六十餘，哭王母與外王母之墓，未嘗不盡哀。少傅公有遺女甫笄，而少傅公捐館舍，吾母輒分孫女之奩以嫁之，無幾微見顔色也。吾母善持家，秉持臧獲，嚴而有恩，好施予，布帛菽粟，恒與親黨共之，視己之有也如人，而視人之無也如己，解衣推食，其天性也。嘗戒不孝輩以多藏厚亡之義，

合饗之日，不得私蓄一錢，稍有餘，即施之親戚之無告者。生平存人之孤，拯人之危，完人之婚事，不可枚舉。不孝昏瞀之餘，所闕略多矣。

吾母屢蒙覃恩，龍章三錫，而家居不務華侈，衣無紈綺。晚年恒聚諸孫輩，訓以先業之艱難，持守之不易，以及立心之和厚，居家之儉勤，未嘗不娓娓三復也。今秋八九月，疾稍間，猶課諸僕婦織作，親爲治綿，諸孫諫以病體非宜，曰：『吾樂此不疲也。』嗚呼！纔數月間事耳，乃遽至於不起乎！痛哉！

比年，二東大饑，吾母以望七之年，率諸孫輩耕治薄田，努力完公家租稅，且以供不孝京邸之需，而食指浩繁，嗷嗷待哺，姻戚稱貸，有求輒應，升斗之費，不可貲算，此鬚眉男子所難。吾母以宣髮種種，殫力支撑，而意緒淒惻，又不減當年篝燈飲泣時也，安得而不病？病安得而不劇耶？言念及此，真不覺椎心而嘔血也。吾母雖茹素有年，未嘗深究佛理，而臨終數日，忽危坐持誦佛號，從容笑語，若忘其疾，諸孫跪問後事，輒不應，但令念佛。窅冥之際，若有所睹，含笑而終，幾於坐脱，豈非立心平等，於瑜迦之理有暗合者哉〔三〕！

先慈生於故明萬曆四十二年十一月初一日，終於皇清康熙十九年十月十七日，享年六十有七歲。以次子貴，敕封太孺人，誥封太淑人、太夫人，其子孫男女、婚嫁具

載先君行述中，故不再贅云。不孝素不文，且苫次冥迷，事多遺忘，語無倫次，惟冀大人先生憫其鞠凶，略其弇鄙，賜以鴻章，永光泉壤，殁存俱感不朽。

不孝孤哀子曹貞吉泣血謹述。

校訂

民國二十二年（一九三三）續修石印本《安丘曹氏族譜》卷二録此文，題作《劉太夫人行狀》。

迨，《族譜》本作『逮』。

課程，《族譜》本作『程課』。

傍，《族譜》本作『旁』。

凡，《族譜》本無。

何在，《族譜》本作『安在』。

儉勤，《族譜》本作『勤儉』。

『不孝』下署題句，《族譜》本無。

箋注

〔一〕劉太夫人，見《又何軒詩序》箋注〔三〕。

〔二〕原任少傅、大學士憲石公，即劉正宗，見《摸魚子·拜墓》箋注〔一〕。

〔三〕瑜迦，猶言瑜伽。《瑜伽論記》卷一之上：『此中意説三乘所有境、行、果法并名瑜伽。』

珂雪文稿補遺

碑銘

皇清羽客清心王公哀辭碑

王子清心爲吾邑名族，世有顯人。嘗娶妻生一女矣。一旦弃初服、襲黄冠以去，游登萊諸名山，數年歸，創三教堂於汶水之陽，聚其徒而居之。甲寅五月，趺跏以終。嗚呼！其古之所謂坐脱者耶！其至戚曹貞吉時官京師，聞其没而哀之，辭曰：

瑯琊著姓，蔚爲國華。簪纓彯組，大纛高牙。烏衣門巷，綿綿瓞瓜〔一〕。太丘有道〔二〕，爲善於家。維公之生，豐軀偉幹。幼服孺衣，頗攻鉛槧。寡母在堂，熊丸時啖〔三〕。有妻有女，嗃嗃無變。無何决計，遂襲黄冠。一瓢一笠，烟霞往還。芝罘蓬

島，縹緲神仙。嵐光淡滅，海氣淪漣。策杖歸來，年甫三十。其言塞默，其容沉寂。其度淵凝，其氣歛抑。余雖不敏，知公有得。公曰否否，我行未成。鳩工庀材，精廬始營。融冶金鐵，衣被丹青。有赫其廟，有翼其庭。衆信檀施，聚材若流。一椽一角，宏麗是求。一茅一瓦，匠石是陬。有而不德，惟行之修。在河之陽，堂名三教。瞿曇拈花，厥形惟肖。孔李通家，相視而笑。公儒家者流，匪阿所好。不常厥居，不私厥取。有徒濟濟，而躬塊處。有田每每，而家莫補。母兮尸饔，女兮靡怙。甲寅之夏，天降玉棺。趺跏而逝，鶴馭翩躚。大化無期，歸於自然。坐脱立亡，維公有焉。海上有人，見公東去。杖履依然，長橋方渡。惝恍失之，莫窮其故。聞公解脱，釋然而悟。余性寡昧，安識神仙。六合之外，存而不言。所嗟外氏，伶俜有年。僅餘一子，其忍奪旃。寒夜小窗，一燈熒熒。吮毫而書，老泪成冰。忘情者兄，余不忘情。姑勒之石，以當哀銘。

康熙二十四年，歲在乙丑，賜進士、奉政大夫、江南徽州府同知、前内閣掌典籍事、誥敕撰文中書舍人加一級、纂修《玉牒》、甲子順天鄉試同考、眷弟曹貞吉頓首拜撰。雍正十二年，歲在甲寅，三月吉旦立石。邑後學馬曾書丹并篆額。徒劉一則、袁一美，孫十四人、曾孫十六人、玄孫十一人、五代孫二人。俗嗣子生員王士選暨孫生

員王國式、生員王國憲，曾孫王行可、王際可、王信可。

校訂

輯自《安丘稾街王氏族譜》卷十五。王清心，字密藏，安丘人。稾街王氏十三世祖，稾街王氏因在安丘稾街定居（今屬安丘興安街道），史稱稾街王。曹貞吉爲其姊夫，故在哀辭中自稱『至戚曹貞吉』。王清心後出家爲道，創立汶陽道院，供奉儒釋道三教鼻祖，名三教堂，今屬山東安丘新安街道。

箋注

〔一〕綿綿瓞瓜，《詩經·大雅·綿》：『綿綿瓜瓞，民之初生。』毛傳：『綿綿，不絕貌。瓜，紹也。瓞，瓝也。』

〔二〕太丘有道，《後漢書·許劭傳》：『劭嘗到潁川，多長者之游，唯不候陳寔。又陳蕃喪妻還葬，鄉人畢至，而劭獨不往。或問其故，劭曰：「太丘道廣，廣則難周；仲舉性峻，峻則少通。故不造也。」』

〔三〕熊丸時啖，見《南鄉子·夏夕無寐，茫茫交集，輒韵語寫之，不求文也》其二箋注〔二〕。

序跋

黄山草序

黄山奇秀甲天下，天下人莫不知有黄山者，而游人蓋寡，何哉？以其烟巒千叠，在虚無縹緲間，鳥道蠶叢，心駭目眩，一難也；裹糧往游，濟勝乏具，一遇陰雨，輒苦淹留，二難也；非有烟霞之癖在其胸中，山水之緣結於夢寐，即一游再游，究何關涉？三難也。若黄君自先則不然，自先生黟陽，視三十六峰特几案間物。故杖屐所至，筆歌墨舞，如道家珍，如數指螺。若鴻濛以來特設此奇，以供先生之描寫，而他人不得與焉。則謂前此無游人，游屐自先生始也可；謂前此并無詩人，留題自先生始，無不可也。余老無勝情，兼無好句，唯日把先生一編，坐對天都諸峰，嗒然而已，又豈能以片言爲重哉！

北海弟曹貞吉拜書

校訂

輯自清黄元治《黄山草》。黄元治，字自先，又字體仁、涵齋，號樵谷鈍夫，黟縣人。康熙中副貢生。歷官貴州平遠府、江西建昌府、雲南大理府通判，升雲南澂江知府，累官大理寺卿、刑部左侍郎。爲官清廉，民間稱爲『青菜太守』。擅詩文，精於書法。著有《黟中雜記》《燕晋游草》《西山記游》《黄山草》《滇南草》《入黔草》《朝京草》等。

笙次詩稿序〔一〕

新安山水之最异者，莫如黄山，數百里石峰削天，不藉尺寸土壤，其靈光怳惚，不可名狀，真宇内奇觀也。一名曰黟山，以其原爲黟有，故不没其實，非特取其色之黑而已。黟昔隸歙州，衹一縣，後裂而爲六，山雖入歙，名仍存舊，故言黄山者惟黟、歙得而私之，而其清淑之氣鍾於人物者，亦惟黟、歙得之最多。余始至郡，即交歙之汪生扶晨、吴生綺園〔二〕，皆其錚錚不群者，而黟以遠未之見焉。今年夏，攝事於黟，乃合黟人士而大校之，經義題外，并考詩歌，其琳琅彪炳，美不勝收，而江生鏞字笙

次特爲魁杰，余批其試藝曰：『風雨離合，烟雲變幻，望而推爲遠到之士。』生來謁，冲和篤厚，君子也。余出近詩《朝天集》《鴻爪集》及詩餘共相質證，生亦手一編屬余點定。急爲披覽，驚其古體跌宕峭拔，近體之傲岸蒼凉，令我嗒然神游，立身天都、蓮花峰頂，遠視白岳，如盆山小樹，亦一大快心也。丹鉛之餘，用揭數語於卷端，一以見花封古治自有佳士，其清音幽韵，足與山川相答響；一以見文墨之士不受簿書羈紲，而樂與二三君子賡酬道古，以志一時相得之雅。故忝以一日之長，聊相鼓勸。柳柳州曰：『思惟報國，獨有文章〔三〕。』其吾黨之事也歟？其吾黨之事也歟？

校訂

輯自《（同治）黟縣三志》卷十五之六《藝文志·題序類》，署名『知縣曹貞吉』。曹濂《儀部公行狀》：『辛未（一六九一）之秋，又一視黟篆，黟人德之。比其返也，争置旗扁以榮其行，朱彩迷離，照耀川谷，數十里不絶。』是序當寫於曹貞吉康熙三十年辛未視篆黟縣期間。

箋注

〔一〕《笙次詩稿》爲安徽黟縣人江鏞所作，《續修四庫提要》著録。《（同治）黟縣三志》卷

六上《人物補傳·文苑》載：『江鏞，字笙次，蓬廈人，廪生。穎异恬静，精究經史，餘力爲詩歌、古文，康熙中，知縣曹貞吉觀風，异其文，拔置第一。著《笙次詩稿》，曹公爲序，其族人江碧亦爲之序。』又《（民國）安徽通志稿·藝文考稿·集部十七·别集十六》：『《笙次詩稿》，清江鏞撰。鏞，字笙次，黟縣人，康熙廪生。事迹具《縣三志·文苑傳》。詩爲安丘曹貞吉定，有貞吉及族人碧序。光緒《通志》著録，無卷數。貞吉知黟縣，觀風，拔鏞第一，稱其「古體跌宕峭拔」「近體傲岸蒼凉」「清音幽韵，足與山川相答響」云。《縣志》録詩一首。』

〔二〕汪生扶晨，即汪士鋐，吴生綺園，即吴菘，見《同梅瞿山定九雪坪沈方鄴汪雨公施汜郎汪扶晨集吴綺園寓齋與定九談天官家言聯句得四十韵》箋注〔一〕。

〔三〕『思惟』句，唐柳宗元《獻平淮西雅表》作『思報國恩，獨唯文章』。

許田詩序　殘句

原本少陵而佽助之以眉山、劍南。

校訂

原序已佚，殘句輯自《兩浙輶軒録》。許田，字莘野，一名畾，字畾父，一字改邨，别號青塍，

浙江錢塘（今杭州）人。康熙癸未進士，官四川高縣知縣。著《亦快閣出疆詩集》《留槎》《雙松》《勸駕》《知津》等集。《兩浙輶軒録》卷十『許田』載：『《碧鷄詩話》：許莘野詩，北海曹貞吉《序》謂「原本少陵而佽助之以眉山、劍南。」』

多時珍詩序 殘句

上下錢劉，包括蘇陸，《江行》數作，豹之一斑，龍之片甲也。

校訂

原序已佚，殘句輯自清陶樑《國朝畿輔詩傳》卷二十五：『多時珍，時珍，號玉岩，阜城人。康熙二十六年舉人，官内閣中書。曹貞吉序玉岩詩：「上下錢劉，包括蘇陸，《江行》數作，豹之一斑，龍之片甲也。」』

秋錦山房詞序

秋錦數游都下，與予論詩相倡和，蓋自己亥之歲。其後秋錦游處相半，雖在萬里

外，緘書寄咏，歲必一二至以爲常。若倚聲一事，秋錦固素爲之，未嘗示予也。予近頗廢詩，以填詞自遣。適秋錦以應詔北至〔一〕，復時時過從，相與論詞，遂録其曩作，合以新製如干首見示，然其散失者多矣，非全帙也。

秋錦論詞，必盡掃蹊徑，獨露本色。嘗謂南宋詞人，如夢窗之密，玉田之疏，必兼之乃工。今讀是集，洵非虚語。以秋錦之才，顧落魄不偶，頃者賦詩殿上，竟遭擯落。其詩得之惋惜者之口，始傳於外。或有相勞苦者，惟笑謝而已。出都時，自吟斷句云：『還家未敢焚詩草，翻恐人疑是不平。』又云：『兒童莫笑詩名賤，已博君王一飯來。』其意致灑然，不近於榮利如此。著述不足以盡秋錦，而况乎其爲詞也？

安丘曹貞吉

校訂

輯自李良年《秋錦山房詞》，清龔翔麟輯《浙西六家詞》本。

箋注

〔一〕朱彝尊《曝書亭集》卷八十《徵士李君行狀》：『君諱良年，字武曾。……歲戊午（一六

七八），天子思得博學文儒，備顧問著作之選，君被薦入京師。』是序亦應是康熙十七年戊午（一六七八）曹貞吉作於内閣中書任上。

耒邊詞序

余家瀕海之鄉，椎魯少文。比學爲填詞，發音輒傖鄙不可耐，正如扣缶擊髀，其聲嗚嗚，斷不能擁鼻作一情語。方自厭之，每思曰：『此豈才有所限邪？抑求之而未得其道也？』丙辰冬，分虎自南來，見示《耒邊》新制。其温麗者真可分周、柳之席而入《花間》之室。即間作辛、陸體，而和平大雅，亦不至於鐵將軍銅綽板〔二〕。余曰：『道在是矣。持此以往，雖上掩昔人，可也。』因題數語歸之，且以志余愧云。北海弟曹貞吉。

校訂

輯自清李符《耒邊詞》，乾隆《香草居集》本。是序爲康熙十五年丙辰（一六七六）曹貞吉作於内閣中書任上。李符，見《臺城路·送分虎歸長水》箋注〔一〕。《香草居集》附高層雲《布衣

李君墓表》：『君詩清空一氣，如姑射仙子，吸風飲露。詞則盡掃臼窠，獨露本色。曹舍人升階嘆爲稼軒後身。』

箋注

〔一〕銅綽板，見《觀樂行》箋注〔七〕。

披雲閣詞序

謂賦格爲古詩之流，殊未推其極致；概詞家以樂府之目，要亦舉其大凡。原夫詞之爲道也，填來體制，無過一闋三終；譜出聲情，不啻千端萬族。譬猶雜陳采色，絢爛雖同；微辨宮商，鏗鏘各异。能明斯義，庶可與言。自曲度《秦娥》，流麗啓蘭荃之秀〔一〕；歌殘《金縷》，陽春傳箏篴之哀。逮北宋詡爲專門，尤推南渡；金元存其逸響，不絕中原。勝國相仍，本朝獨盛。家推綉虎〔二〕，人握靈蛇〔三〕。莫非踵事增華，直欲後來居上。則有海陽望姓，芒氏名賢。擅雕龍吐鳳之才，具吞虎食牛之氣。妙手則裁雲剪浪，奇聲則戛石敲金。玉樹冰桃，結鄰洛水；霜痕烟色，步武秋崖。在月下

潮生，已舊有浮溪歌調；豈霞箋玉滴，可渾無乳燕吟情。爾乃徜徉於鶴林、甘露之間，嘯傲於三竺、六橋之側〔四〕。桃花潭岸，送客汪倫〔五〕；甘蔗山房，留賓任昉〔六〕。梗萍莫定，磊塊難消。雅好新聲，爰成一卷。豪如玉局〔七〕，艷仿屯田〔八〕。周、秦競綽約於毫端，辛、陸亦繽紛於研北。杜鵑啼處，花瓣成斑；梅子黄時，雨絲如霧。姜白石探春而後，張玉田久客之年。遂使鐫蕉尾於韓郎，著栟櫚於鄧伯。竹山、竹屋〔九〕，篁韻凄清；夢窗、草窗〔一〇〕，鷄談騷屑。若其發妙旨於律中，運巧思於景外。按碧山而追剡曲〔一一〕，方駕沂孫；撫絳萼以唱梅溪〔一二〕，平觀達祖。曉風殘月〔一三〕，時遇諸扁舟匹馬之吟；膩粉搓酥〔一四〕，不多於鏡裏屏間之什。意者東湖成集，可廢蘆川〔一五〕；西麓名編，足該紅葉也已〔一六〕。僕昔流連綺語，協律良難；君今恣獵倚聲，放歌自喜。裝書問序，詎云風雅之外篇；潑墨贈言，敢曰蟲魚之小技。

校訂

輯自清汪灝《披雲閣詞》。汪灝（一六六一？—一七二二），字紫滄，安徽休寧人。康熙四十二年（一七〇三）進士，選庶吉士，授翰林院編修。工詩文，著有《知本堂詩文稿》《披雲閣詩集》《披雲閣詞》等。

箋注

〔一〕蘭荃，見《摸魚子·答沈融谷》箋注〔五〕。

〔二〕綉虎，見《減字木蘭花·雜憶》其六箋注〔一〕。

〔三〕靈蛇，《晉書·文苑傳》：「西都賈馬耀靈蛇於掌握，東漢班張發雕龍於綈槧。」

〔四〕三竺、六橋，見《風流子·錢塘懷古》箋注〔七〕。

〔五〕「桃花」句，見《花發沁園春·賦得「流水桃花色」》箋注〔六〕。

〔六〕任昉，《梁書·任昉傳》：「昉好交結，獎進士友，得其延譽者，率多升擢，故衣冠貴游，莫不争與交好，坐上賓客，恒有數十。」

〔七〕玉局，見《水調歌頭·爲龔節孫題〈種橘圖〉》箋注〔二〕。

〔八〕屯田，北宋詞人柳永，因曾任屯田員外郎，故稱。

〔九〕竹山，蔣捷，號竹山。竹屋，高觀國，號竹屋。

〔一〇〕夢窗，吴文英，號夢窗。草窗，周密，號草窗。

〔一一〕碧山，王沂孫，號碧山。

〔一二〕梅溪，史達祖，號梅溪。

〔一三〕曉風殘月，見《韓環集序》箋注〔五〕。

〔一四〕膩粉搓酥，宋王明清《玉照新志》卷五：『錢塘幕府樂籍，有名姝張足女名濃者，色藝妙天下，君頗顧之。如「無所事，盈盈秋水，淡淡春山」與「一段離愁堪畫處，横風斜雨挹垂楊」及「帷雲剪水，滴粉搓酥」，皆爲濃而作。當時都人有「曉風殘月柳三變，滴粉搓酥左與言」之對。』

〔一五〕『意者』句，張元幹，字仲宗，自號蘆川居士、真隱山人。南宋初詞人，有《蘆川詞》。曾學詩於東湖居士。

〔一六〕『西麓』句，宋陳允平，號西麓，詩有《西麓詩稿》，詞有《西麓繼周集》。《唐多令·秋暮有感》詞云：『心事寄題紅。』

祁門倪氏族譜序

余在郡署披閱《大清會典》，已知新安當推轂倪氏爲著族。迨因屬邑祁令缺，視縣篆，詢所爲世家巨室，有文武簪纓纍纍若貫珠，忠臣孝子，代不乏人，節婦貞夫，振古爲烈，如倪氏族者，洵不概覯也。永樂、嘉、萬以來，先賢類輯譜書，惟崇禎間大司農實符公評定宗牒爲大〔一〕，彰明較著。觀其宗制明，宗祊肅，宗法嚴，宗誼篤，誠倣曲阜而軼歐蘇，法圖書而詳世系，不犯北方肉譜之譏，不貽崇韜拜墓之誚，更不以

魚目亂珠，致非其族類者得以影響竊附而混其宗派也。至若義以率祖，原本詳明，各知其身之所自出；仁以率親，支派清析，群識其宗之所由分，譜孰有過於此乎？即使董狐、倚相與孟堅、子長輩復起而操觚執筆〔二〕，亦無多讓焉。余竊謂人：罔百年身而所賴以綿其瓜瓞者，子孫也；家無百世澤而所藉以傳於奕葉者，典籍也。據典籍以稽世，由世次以辨位，即前乎千百年而如見於一日也，雖後乎億萬世而可知於一時也。

公先世自御史倪寬公以儒雅名於漢〔三〕，右丞若水公以直諫著於唐〔四〕，大司馬康民公以豐功偉烈踵於後〔五〕，至於公疊遷顯秩，歷諫議以拜司農，事關君國，不憚痛哭流涕，屢牘逆鱗，至翦除奸佞而後已，公真社稷臣矣哉。尋掌團營，嚴訓練而戎政以肅；總督糧儲，悉利弊而天帑以贍。望重於朝右，名炳於史策。事功節烈有難以更僕數者，兼之譜牒所載，世多賢達，謂非新安著族歟？顧自公輯譜以後，又數世於兹矣，脱不有主盟宗誼者毅然繼起而修明之，數傳之支派蔑由叙，後代之事實靡從紀，堂堂大族，不又嘆文獻無徵哉。今合倪氏諸祠縉紳文學暨老成人輯纂之，或筆或削，矢公矢慎，不徇一己臆見，不滋後人遺議，參互考訂，斟酌成書，遂乃鳩工綉梓，不逾數月而輒告成。將見兹譜竣而宗制益明，宗祊益肅，宗法愈嚴，而宗誼愈篤矣。豈復有問乃祖而不知誰何，遇本宗而視爲秦越者哉？余故樂爲之序以弁其首。

時康熙二十七年，歲次戊辰清和月，賜進士第、奉政大夫、江南徽州府同知、前內閣掌典籍事、誥敕撰文中書舍人加一級、纂修《玉牒》、充甲子科順天鄉試同考官北海實庵曹貞吉拜撰。

校訂

輯自清倪望重等修清光緒二年刻《祁門倪氏族譜》卷首《曹實庵先生序》。作於康熙二十七年，時曹貞吉在江南徽州府同知任上，暫領祁門縣。

箋注

〔一〕大司農實符公，倪思輝，字韞之，號實符，直隸祁門（今安徽祁門）人。明萬歷三十五年（一六〇七）進士，官至户部尚書。

〔二〕董狐，春秋晋史官。《左傳·宣公二年》：『孔子曰：「董狐，古之良史也。書法不隱。」』倚相，《尚書序》引《春秋左氏傳》曰：『楚左史倚相，能讀三墳、五典、八索、九丘，即謂上世帝王遺書也。』陸德明音義：『楚靈王時史官也。』孟堅，東漢史學家班固，字孟堅。子長，西漢史學家司馬遷，字子長。

〔三〕倪寬，西漢千乘縣（今山東廣饒）人。《史記·儒林列傳》：『伏生教濟南張生及歐陽生，

歐陽生教千乘兒寬，兒寬既通《尚書》，以文學應郡舉，詣博士受業，受業孔安國……及湯爲御史大夫，以兒寬爲掾，薦之天子。天子見問，説之。張湯死後六年，兒寬位至御史大夫。九年而以官卒。寬在三公位，以和良承意從容得久，然無有所匡諫。於官，官屬易之，不爲盡力。』

〔四〕若水，倪泉（六六一—七一九），字若水，中山藁城（今屬河北石家莊）人，唐朝名宦，官至尚書右丞。

〔五〕康民，倪時思，字康民，唐乾符間人，官至兵部尚書。

大易辯志序

《繫辭上》傳之文曰：『君子所居而安者，《易》之序也；所樂而玩者，爻之辭也。』蓋爲學《易》者言之也。夫居安、樂玩，豈非其志之所存哉？志無所歧，然後發爲言辭，不悖吉凶悔吝之指；措諸事業，悉合進退存亡之道。極乎參贊化育，直有彌綸天地、曲成萬物之功，莫不於志基之，志顧不廣且大乎？抑不獨學《易》者有志也，彼作《易》者先有其志。嘗觀全《易》紀載，不過理、數兩端而四，聖人之所爲，其志各有所寓：羲皇之點畫，純乎數而包括夫理者也；文周之彖爻，依乎數而旁

通夫理者也；孔子之十翼，全乎理而適協夫數者也。夫前聖人豈不能舉後聖人所爲而盡爲之？然其志精專，夫固有所不暇矣。不暇爲而仡仡焉爲之説，夫亦將有所待矣。推是意也，即韋編三絶而後，何必不待後來之闡發耶？

黄岳先生負資英异，以《易》學爲宗，自少至老，研極理、數之奥，著成《辯志》一編，自述其生平篤好之深，弁諸簡端，剞劂問世。余伏而讀之，廣矣！大矣！非天下之至精，其孰能與於此？乃余於此尤有异焉者，秦漢以還，易道不絶如綫，疏箋百氏，言人人殊，率不免於離經畔道之譏。中間用之占驗，用之清談，要皆背馳於先、後天之旨，不足采也。後儒之斐然杰出者，無如有宋之世，自《皇極經世書》以『内聖外王』之學引其端〔一〕，復得濂溪以《太極圖説》總其匯〔二〕，厥後程氏之《大傳》、考亭之《本義》〔三〕，尋源竟委，縷析條分，引申觸類，而四千九十六卦之變化始燦然若日星之揭於中天，是宋儒之彰察理數，可稱極盛矣！而先生數百之年後，獨承其統而光大之，將見真儒輩出，濡首窮經，邃心《易》卦之幾深，以求盡性而至命，殆不亞於濂、洛、關、閩之盛。接踵宋世者，其必自《辯志》一書始。

余生也晚，未得望見門墻，而風聲所及，固已陶淑甚深，今又承乏先生之鄉，交先生之後人，得讀先生之遺書，其亦有厚幸也夫！

時康熙庚午春月之吉，北海後學曹貞吉盥手書。

校訂

輯自張習孔《大易辯志》，清康熙二十九年（一六九〇）詒清堂刻本。張習孔，字念難，號黄岳，安徽歙縣人，晚年僑居揚州，建詒清堂，從事藏書、刻書活動。順治己丑進士，任刑部郎中、山東督學僉事。著《大易辯志》二十四卷、《檀弓問》四卷、《詒清堂集》十七卷、《雲谷卧餘》二十卷《續》八卷，《七勸口號》一卷、《家訓》一卷、《繫辭學訓》一卷、《使蜀紀事》一卷。事迹見《（民國）歙縣志》卷七《人物志·文苑》、《（康熙）揚州府志》卷二十六《人物傳四·流寓》等。

箋注

〔一〕《皇極經世書》，宋邵雍撰。

〔二〕《太極圖説》，宋周敦頤撰，周敦頤號濂溪。

〔三〕程氏之《大傳》，宋程頤《周易程氏傳》。考亭之《本義》，朱熹，徽州婺源人，後遷徙到建陽考亭。有《周易本義》。

批檀弓序

《禮記》一書，或以爲漢儒作。朱子則謂漢儒之文最醇者，莫如董仲舒，仲舒之文，最醇者莫如三《策》，今觀其文，未嘗有《禮記》中一語也，如《樂記》『天高地下，萬物散殊』六語，固諸儒所未見及。蓋古今來流傳，得此文字如此，是則然已。若《檀弓》一篇，伏而讀之，凡君臣、父子、夫婦、昆弟、朋友之道悉備，誠與『天高地下』之旨有相發，明其爲游、夏之徒之所撰而聖人之所定無疑矣。顧聖人之經，傳之萬世，且功令懸以取士，學者但取注疏并集説貫穿揣摩之足矣。乃僅視以爲文，而略其意義，賞其詞章，從而加評品焉，毋乃褻乎？《傳》有之：『言以足志，文以足言』，『言之無文，行之不遠』。然則聖人之經即聖人之文也。聖人之文，固非後世之文所敢望。若《檀弓》上、下卷，其章句特异，實爲後世之文所取則者，宜汪子謙子讀之而有深嗜也。近代之讀經者好爲异論，於《大禹謨》則譏其漸排矣。於《車攻》章『選徒囂囂』，議其悖於『有聞無聲』矣。虞山錢氏以謂是非聖無法度侮聖人之言者，豈知經者哉？汪子之於《檀弓》也，丹黄錯互，訓故解釋，略倣荆川、鹿門《文

編》《文鈔》義例，而敬之如神明，奉之如拱璧，好之如嗜慾，孳孳矻矻，老而不已，以爲非後世之文所敢望，且能得其意義之所存焉。斯善讀經者已。鹿門嘗云：『文章逸氣，惟司馬子長有之，後此則歐陽公，最後則以自任也。』而畫家亦以逸品居神品之上。《檀弓》之文，真可謂逸矣。此固聖人之文之逸，而非後代文章家所謂逸也。吾願世之讀是經者，因其文辭之可喜，沉潛反覆，深造而自得焉。將所以處君臣、父子、夫婦、昆弟、朋友之道得矣。夫汪子之於《檀弓》也，而豈徒哉？

北海曹貞吉謹序。

校訂

輯自清汪有光《批檀弓》，康熙黟縣汪氏樂取堂刻本。汪有光，字謙子，安徽新安人。是書首有曹貞吉序及汪有光自序。

標孟序

戰國之士，縱横馳騁，其文章議論，往往恢詭放誕，離經叛道，獨孟子生其間，

稱仁義，抑功利，貴王賤霸，力距邪説，明於井田、封建、學校之制，而私淑於孔子。然其文時有奇氣，蓋欲引君當道，因其機而利導之，如『太王好色』『公劉好貨』等語，讀之可喜可愕，若與戰國之士無大异者，而要其歸粹然一軌於正。先儒曰：『聖人之文猶化工也，賢人之文猶巧工也。』《孟子》七篇，校之孔子《論語》，其規模氣象稍别，獨其詞氣靉涌，真如泰山之雲，觸石而出，膚寸而合，則亦謂之化工而已矣。同時《莊子》之文深博無涯涘，然虚無悠謬，君子所不取。荀卿之文，明王道，述禮樂，然使其與孟子相遇，性善、性惡之辨，終不能合也。後世之名文章家者，無不讀《孟子》。昌黎《原道》，自堯舜歷數之，至於孔孟。程子謂其必有所見，其《送王秀才序》，喜其『好舉孟子之所道者』。柳州自序其文，則云參之《孟》《荀》《莊》《老》，以盡其變。若蘇氏父子皆喜讀孟氏書。梅聖俞於科場中，謂子瞻試藝絶類《孟子》；老泉贊歐陽公文，歷數孟子、陸宣公、韓李二公文以比擬之。而司馬温公與王介甫書，稱其平日好《老子》《孟子》，而所爲與之背馳。要之，諸君子特文人之雄耳，其於孟子之道，誠不知其何如也。由孟子而來一千八百餘年，至明初，方正學著書〔一〕，其辨仁義、王霸甚悉，談井田、封建、學校甚備，其文時有奇氣，而粹然一出於正，故其所成就卓犖。若此，是豈非真能讀《孟子》者哉？汪子《標孟》一書，其

於章句心融神悟，冰解凍釋，若舍《孟子》無文者。乃自序曰：『當今之世，而不急急焉以文誘人，則孔孟或幾乎息矣。』然後知其憂深而思遠也。蓋將欲斯世由孟子之文而坐進於斯道也。雖然人皆可以爲堯舜，顧爲堯舜者蓋寡。今世以文章取士，用四子、六經命題，七篇之旨，童而習之矣，至其爲文，率膚淺庸陋，若不知有孟氏者，何也？汪子此書出，使天下之士伏而讀之，其於文也，幾矣！彼區區摹擬秦漢者，奚爲也？

時康熙丙寅仲冬月，北海曹貞吉敬書

校訂

輯自清汪有光《標孟》，康熙黟縣汪氏樂取堂刻本。是書首有曹貞吉序及汪有光自序，題曰《標孟》。

箋注

〔一〕方正學，方孝孺（一三五七—一四〇二），字希直、希古，號遜志，寧海（今屬浙江）人。因其在漢中府任教授時，蜀獻王題『正學』二字贈其書齋，故又稱『正學先生』。歷任漢中府

教授、翰林院侍講學士、文學博士等，參與政務。主持《太祖實録》《類要》等史籍的纂修，有《周禮考次》《大易枝辭》《宋史要言》《遜志齋集》等。

江允凝黄山圖册題跋

此余出都時，旗亭題壁句也。到郡一載，尚爾食忘卧游，兹圖彌增神往矣。

北海曹貞吉

校訂

輯自清端方《壬寅消夏録·江允凝黄山圖册·題跋》録曹貞吉詩跋：『「慵草十行下鳳池，偶隨南雁到江湄。也知佐郡非吾事，祗欠黄山幾首詩。」此余出都時，旗亭題壁句也。到郡一載，尚爾食忘卧游，兹圖彌增神往矣。北海曹貞吉。』曹貞吉《珂雪三集古近體詩》録是首題詩，題爲《泊頭題壁》。清康熙二十四年，曹貞吉出爲徽州府同知，路過泊頭（今屬河北滄州）所作。一年後題此跋。江注（一六二六—一六八五後），一名萬禧，字允凝、允冰，安徽歙縣人，善詩畫。

題浯溪碑詩跋

右《題〈浯溪碑〉》近作，書爲牧翁世臺先生，即求教定。

貞吉具草

校訂

中國國家博物館藏曹貞吉手迹，楷書《題浯溪碑》七言古詩一首，詩後跋語曰：……當爲康熙三十一年接宋犖書信後隨《上宋大中丞書》一同寄奉之作。曹貞吉《珂雪三集古近體詩》有《書浯溪碑後》。

響山樓稿序 存目

校訂

《響山樓稿》是清人周在都的詩集。周在都（一六五五—？），字燕客，河南祥符人。明末清初

名宦周亮工第五子。年十九，父卒，從軍粤西，後薄宦於山左、陝右等地。晚年至京師，多與當世名士唱酬。

袁行雲《清人詩集叙録》著録：『雪舫吟一卷、桑乾草一卷、響山樓稿一卷、餐雲書屋稿一卷、盧溝送别詩一卷。中國科學院圖書館藏抄本。周在都撰。在都字燕客，河南開封人。亮工第五子。亮工多子，存者六人，在浚、在揚、在延、在建、在都、在青，在浚、在延、在建詩僅見選輯。在都詩以抄本傳……《響山樓稿》有曹實庵、錢之清序，時已署篆淄川，與高珩、唐夢賚聯吟。』但今檢其他各版書目，館藏則均著録周在都《響山樓稿》諸集爲清康熙刻本。孫殿起《販書偶記》著録：『桑乾草一卷、響山樓稿一卷、餐雲書屋稿一卷、雪舫吟一卷。大梁周在都撰，康熙戊子（一七〇八）精刊。』《中國古籍總目》《中國古籍善本書目》也均著録了是集的清康熙刻本。現查國家圖書館、中國科學院文獻情報中心（原中國科學院圖書館）均收藏了『桑乾草一卷、響山樓稿一卷、餐雲書屋一卷、雪舫吟一卷』的清康熙刻本，且清刻本《響山樓稿》衹有錢之清一篇序，不見曹貞吉序。

曹貞吉於康熙九年（一六七〇）至康熙二十三年（一六八四）任内閣中書舍人，與王士禛、王士禄、宋琬、龔鼎孳、曹禾、曹爾堪、汪懋麟、陳維崧等人唱和頻繁。周在浚即周在都的兄長，字雪客，一字龍客，號梨莊，河南祥符人，清代文學家，周亮工之子。曹貞吉與周在浚多有酬唱，二人倡導的詞壇活動在清初詞壇影響廣泛。諸如康熙九年贈柳敬亭、康熙十年（一六七

一）『秋水軒唱和』等。據曹貞吉與周氏兄弟之交游，曹貞吉爲周在浚胞弟周在都的詩集作序，是存在可行性的。惜袁行雲先生所著録《響山樓稿》鈔本及集中曹貞吉序今尚未見，無從查考，現謹存其目，以待後考。

題辭

或語題辭

『牟婁』見於春秋，名甚古〔一〕。自三代以迄今兹，名人畸士往往間出，如郎宗、郎顗、管幼安、孫賓碩之徒〔二〕，非不彪炳史册，而求其全集大都闕如，君子傷焉。今聖天子崇奬文學，吾友張子杞園適逢其會，嘗以博學宏詞徵，遇太夫人憂，乃不獲與五十人之數。而杞園亦遂韜光斂彩，以大肆其力於文章，凡可驚可愕洞心駭目之事，悉於行墨發之。今其全帙具在，或如太史公，或如韓吏部，或如柳柳州，以及劉蜕、孫樵之屬，無不神明逼肖，蓋杞園之學不名一家，故遇物肖形亦如化工付物。千載而後，與館閣諸君子金匱石室之文較長絜大，其傳之久近正未可知也。而猶托其名曰

『或語』，以示可有可無之意，其實光怪陸離，爲天地間不可少之物，無智愚皆知之也。以是流布於泰山北海之間，或不致憾於牟婁之無傳人，如東漢之若没也哉。

校訂

輯自張貞《杞田集》卷首，是篇乃曹貞吉爲張貞《或語集》所作題辭。

箋注

〔一〕牟婁，見《題張杞園春岑閣》其一箋注〔七〕。

〔二〕郎宗、郎顗，《後漢書·郎顗傳》：『郎顗，字雅光，北海安丘人也。父宗，字仲綏，學《京氏易》，善風角、星算、六日七分，能望氣占候吉凶，常賣卜自奉。安帝徵之，對策爲諸儒表，後拜吴令。時卒有暴風，宗占知京師當有大火，記識時日，遣人參候，果如其言。諸公聞而表上，以博士徵之。宗恥以占驗見知，聞徵書到，夜懸印綬於縣廷而遁去，遂終身不仕。顗少傳父業，兼明經典，隱居海畔，延致學徒常數百人。晝研精義，夜占象度，勤心鋭思，朝夕無倦。州郡辟召，舉有道、方正，不就。』管幼安，《三國志·魏書·袁張涼國田王邴管傳》：『管寧，字幼安，北海朱虚人也。年十六喪父，中表愍其孤貧，咸共贈賵，悉辭不受，稱財以送終。長八尺，美鬚眉。與平原華歆、同縣邴原相友，俱遊學於异國，并敬善陳仲弓。天下大亂，聞公孫度令行於海外，遂與

原及平原王烈等至於遼東。度虛館以候之。既往見度，乃廬於山谷。時避難者多居郡南，而寧居北，示無遷志，後漸來從之。太祖爲司空，辟寧，度子康絶命不宣。』孫賓碩，《三國志·魏書·閻温傳》：『孫賓碩者，北海人也，家素貧。……後數歲，唐衡及弟皆死。岐乃得出，還本郡。三府并辟，展轉仕進，至郡守、刺史、太僕，而賓碩亦從此顯名於東國，仕至豫州刺史。初平末，賓碩以東方饑荒，南客荆州。至興平中，趙岐以太僕持節使安慰天下，南詣荆州，乃復與賓碩相遇，相對流涕。岐爲劉表陳其本末，由是益禮賓碩。頃之，賓碩病亡，岐在南，爲行喪也。』

幽夢影·小品評語

富貴而又安閑，自能謙恭也。

校訂

輯自張潮《幽夢影》。《幽夢影》：『富貴而勞悴，不若安閑之貧賤；貧賤而驕傲，不若謙恭之富貴。』曹實庵評。

詞評

錦瑟詞詞話　一則

長調最忌蕪蔓。蛟門《鶯啼序》諸什，嚴整簡勁，直以龍門筆意作《草堂》致語，大奇。

校訂

輯自汪懋麟《錦瑟詞·詞話》：『曹升六貞吉曰：……』

棠村詞評　二則

其一

此詞繁弦促拍，正以短峭圓緊稱佳。先生此作，直臻三昧。

其二

盧山萬叠雲錦，此云『月明一點匡盧小』，濃淡各勝。

校訂

輯自梁清標《棠村詞》。梁清標，見《鎖窗寒・爲梁大司農悼亡》箋注〔一〕。

《棠村詞》卷中：『《錦帳春・春暮》：「柳色摇金，鶯聲如剪。誰打叠、春光成片。落花風，寒食雨，想海棠睡晚。重簾深院。　何限離情，這般消遣。收拾去、韶光一半。語東君，留暮景，把芳菲莫捲。人歸非遠。」曹升六云：「此詞繁弦捉拍，正以短峭圓緊稱佳。先生此作，直臻三昧。」』

《棠村詞》卷中：『《千秋歲・長至泊盧山下》：「遥青縹緲。彭蠡湖天曉。葭管動，陽回早。香閨添彩綫，畫閣薰龍腦。人何處，樓船官燭寒相照。　星渚環山堞，戰壘埋荒草。傷往迹，渾如掃。爐峰烟未改，鹿洞雲還繞。濤萬叠，月明一點匡盧小。」曹升六云：「盧山萬叠雲錦，此云『月明一點匡盧小』，濃淡各勝。」』

改蟲齋詞評　二則

其一

秀冶之氣，溢於眉宇。

其二

輕描淡寫，宛轉傳神，真繪月繪風之手。

校訂

輯自聶先、曾王孫編《百名家詞鈔》選録高層雲《改蟲齋詞》：『曹升六貞吉曰：「秀冶之氣，溢於眉宇。」又曰：……』

書札

與張貞書　一通

小僕今晨行矣。所諭悉以委之，自不敢誤也。親家處《二刻驚奇》請亦賜一觀，聊以撥悶耳。此啓。杞翁親家〔一〕。

弟貞吉頓首。

校訂

輯自曹貞吉手札，允升館制餖版箋，上海圖書館藏。

箋注

〔一〕杞翁親家，見《玲瓏四犯·送杞園游西湖》箋注〔一〕。

與顔光敏書　六通

其一

自春來，三接手教，因乏便鴻，尚無報章，知年兄必能相諒也。小兒回，知底事全仗年兄餘光，雖出當事之惠，猶解推也。且適館授餐，有加無已，弟寧作石人耶？敢不終身佩之。

夏斗老騎驢覓科，不謂後時，匆匆一言，不獲再晤矣。輦下詞客，自然雲集，但雀羅之門，從未枉高賢之駕。其有素交者，投贈亦復寥寥，弟自分迂腐陳人，正未敢沿門投刺，若復縱横其間，面皮三寸矣，年兄尚何取於弟耶？

著作極力捃拾，猶不足二十種，盡以相寄，以爲引睡之具可，以爲噴飯之具亦無不可也。

佳箑領到，但恐無如許善書者，謹留以待時，或托人轉求亦可。

方署，惟冀保攝，爲道自愛。使旋，順候興居，并闔宅福履。不既。

其二

盛使來，又接手教，兼詢近履，知闔宅平善爲慰。年兄即吉在邇，想轉眴可晤芝眉矣。

別諭原屬過慮，然已托髯公諄致，差不辱命也。月來諸博學，皇皇得失，佳箑未得悉徵，俟此局小定，可以彙寄矣。

諸容另悉，不次不莊。

其三

向乏便鴻，遂疏音問，然此心無日不在左右也。人回，敬候年伯母起居，并闔宅福履。

我輩握手之期，或在夏秋，但弟貧病之餘，筆研荒廢，塵土面目，真無以對故人矣。奈何？

吾鄉灾荒之狀，不忍深思，不敢多言，剥膚之患，非杞憂也。

詩餘一道，向因少事，借以送日，結習所在，筆墨遂多。其年、錫鬯日督付

梓〔二〕，所以未即灾梨者：作者林立，羞事雷同，一；囊無餘貲，難修不急，二；心懶憚於檢校，三；草草結構，不敢自信，四。俟年兄入都後，再加斧斤，方可出以示人耳，云何？《詩略》亦半年未刷印，敝笥中搜得一册奉寄，俟印出時，不妨多帶耳。

佳箑日爲在心，所以遲遲至今者，因入冬宏詞之士方大集，歲底始得散完，又最難收。日來因考期在即，諸公鍵户不通人事，不忍亂其文思，故交卷不多，先寄去十四柄。内巨公詞翰，尚未數數也，俟徵完再寄。

久不晤阮兄，尊集尚未得讀，俟小暇，當過彼寓細觀耳。令弟年兄寓最遠，雪後道阻，未及一訪，看花在邇，領益正有日也。意緒草草，筆不盡罄。

弟貞吉頓首

其四

連日未晤，渴思惄如。啓者粗紙一幅，求年兄小楷一段，將爲模楷，懇即賜爲感。前論已致之舍弟矣。

容面不既。

其五

數日來未晤矣，舍弟昨有信來，云去年讀大作三紙，服其秀絶，更欲求全集一觀，不知可賜教否？又欲購廣平申鳧盟集一部〔二〕，但弟與隨叔太史無素〔三〕，并煩年兄鼎力一求，何如？

示之，容面道，不既。

弟貞吉頓首

其六

三年之别，計秋高定可握手，不謂年兄又以假請也，令人悵悵。大集曾自阮兄處携來一讀，高山流水，實移我情。但阮兄尚未鉛黄，弟亦未僭妄，此時尚在阮亭案頭云〔四〕。已有字寄去矣。

敝邑二麥不登，有如貴郡，幸三伏雨足，秋禾似茂，但未知將來何如耳。同人濟濟，深慶連茹，此古昔未有之盛，我輩生際昌期，目睹盛典，爲榮多矣，正不必厠身其間，然後愉快也，云何云何。弟胸次枯槁，閣筆有年，間有拈弄，亦如

秋蛩夏蚓，絶不成聲，承年兄見索，謹以一帙請教。乃吾愚山夫子與李武曾評定者〔五〕，年兄泚筆抹之，便中仍擲下何如？

扇又得八柄寄上，所餘不多矣，此時群公衮衮，更難仰求，容徐圖之耳。老母藉庇粗安，但比來善病，令人牽縈，年兄何以教之也？使旋，敬問年伯母起居。并闔宅平善。草草不既欲陳。

校訂

輯自上海圖書館編《顔氏家藏尺牘》。顔光敏，見《蝶戀花・修來席上咏秋海棠》箋注〔一〕。

箋注

〔一〕其年，即陳維崧，見《水調歌頭・午日和其年》箋注〔一〕。錫鬯，見《滿江紅・和錫鬯吴大帝廟下作》箋注〔一〕。

〔二〕廣平申鳧盟，申涵光（一六二〇—一六七七），字孚孟，一字和孟，號鳧盟、鳧明、聰山等，明太僕寺丞申佳胤長子，河北廣平人。順治十八年（一六六一）恩貢生，以詩名，河朔詩派領袖人物。著有《聰山詩選》《聰山文集》《荆園小語》《荆園進語》等。生平概略見《清史稿・

偶刻附呈大誨，去人倚馬，草草奉復，不既欲陳。

其四

道里阻長，瞻言無自。遥憶芝眉，惟深太息。

弟於季夏之杪始獲釋祁門之擔〔二〕，披絮入棘，情狀已極，不堪爲達者告也。拙集乃少年陳唾，承老世臺一番拂拭，幾於刻畫無鹽〔三〕，而感激之私，則又何能自已也？佳評雖揄揚過當，然行間紙上，頓覺奕奕生光。謝謝。五十部拜領〔四〕，大費經營，奈何？奈何？

貴鄉距楚稍遠，風鶴之警，可必其無。獨是維揚諸友，忽遭折閲，令人惻然，而老世臺則尤爲關切者。想天佑善人，或超然於事外，未可知也。

於使者之返，聯布謝忱，兼候興居，不一。

其五

弟於中秋前三日，以公事至白門，晤令侄年翁，美秀而文，真不忝烏衣子弟。聞其十月間歸里門，當共圖傾倒耳。

拙詞又看出一二字，再煩老世兄爲一改正。昔人云較書如掃落葉，信然。老世兄得無笑其人面上起草乎？

颶風既息，田園無恙。吉人天相，信而有徵。弟不作誑語也。

旅邸節夜，顧影蕭然，率成報章，不盡欲陳。

其六

老世兄風流弘長，爲一時僑肸〔五〕。弟辱在世好，奉教有年，拙詩拙詞，本不足齒，而校讎之勞，剞劂之費，可謂不遺餘力，雖草木乎猶能知之，向乏便鴻，所以猶稽申謝也。

見委《辯志》序言，弟齋心領略，知爲先夫子一生得力之書，鴻寶光華，久而彌著，謹草數行以志向往，恐不足爲佛頭之穢也〔六〕。至於師生二字〔七〕，乃功令所禁，故序中不敢及之。

尊詞風神駘蕩，自是三變後身，弟退食之暇，長吟默嘆，爲日久矣。而以鄙見揆之，於中《集古》諸什，可以單行一世，將使《蕃錦》一集，不得專美。其餘俟卒業後面商去取，當令海内人士毫無遺議，而後即安。若弁簡數言，不過費墨池一瀋耳，

雖不敏，豈敢靳哉？何如？何如？

承惠尊刻，種種妙絶，惟有欽挹。令侄世翁，恂恂儒雅，其好句可抵連城。每過荒齋，時有叩擊，君家之興，未有艾也。

因風裁答，不知所云。

其七

歲月如流，葛裘數易，渴想老世臺叔度襟期，輒爲神往。晤令侄世翁，知尊體偶爾違和，不久自當勿藥以膺新福也〔八〕。弟賦質硜硜，每自嫌其直，遂不謂老世兄乃能相諒，於筆墨之外，所謂一人知己，可以不朽也。佳詩日昇月新，可謂竿頭之進，但弟涼薄，當之有愧耳，容當武韵以謝，用志不忘。

厚惠領悉，頂戴不盡矣。謝謝。《集古》諸刻，如無縫天衣，巧奪造化，手敏心靈，一至於此。謹珍諸巾箱，以當珙璧。

人回，敬候起居，伏愿因時葆攝，爲道自玉。不悉。

校訂

輯自張潮《尺牘友聲初集》。其一、其二輯自乙集，其三、其四、其五、其六輯自丙集，其七輯自丁集。

箋注

〔一〕靳公，即靳治荆，見《臺城路·爲熊封題〈金陵覽古〉詩卷》箋注〔一〕。

〔二〕『弟於』句，曹溓《儀部公行狀》：『（康熙二十七年）戊辰夏，大旱，新令尹將至，行有日矣，先大夫愀然曰：「我豈以五日京兆而於祁漠不相關耶！」憶東坡《寓惠集》中有虎頭祁雨之術，乃禱於西峰九龍之潭。虎首甫沉，風霆驟作，大雨傾盆，遠近沾足。祁人异之，立石放生池畔，以記其事。先大夫亦爲長歌以志喜，有「使君無德及爾祁，此事乃關於職司」之句，是歲乃有秋。』

〔三〕刻畫無鹽，《晋書·周顗傳》：『庾亮嘗謂顗曰：「諸人咸以君方樂廣。」顗曰：「何乃刻畫無鹽，唐突西施也。」』

〔四〕五十部拜領，張潮《尺牘偶存》卷一《與曹升六郡丞》：『《珂雪詞》校讎再四，應無訛謬。靳父母評語，俱補刊入。遵命漫綴拙評，以志嚮慕，然言之不文，奚异佛頂着穢，徒供大方捧

腹耳。兹印若干部，幸祈照到。』

〔五〕僑肸，見《雲將公行述》箋注〔七〕。

〔六〕『見委』句，康熙二十八年張潮贈予曹貞吉《珂雪詞》雕版并請曹貞吉爲其父張習孔所撰《大易辯志》作序。張潮《尺牘偶存》卷一《與曹升六郡丞》：『謹將《珂雪詞》板二束賫送貴署，幸爲照到。其間訛字，已經改補，但恐讎校未精，有辜台委耳。附有懇者，先君《大易辯志》一書，生平心力所注，時有發前人所未發者，而《繫辭》則尤多闡析，敢求老祖臺自公之暇，賜以大序。』康熙二十九年庚午（一六九〇）曹貞吉撰《大易辯志序》，署『時康熙庚午春月之吉，北海後學曹貞吉盥手書』。佛頭之穢，見《答陳滌岑先生書》箋注〔二〕。

〔七〕師生，張習孔於清順治九年至十三年曾任山東提學僉事，於山東士子多所獎掖，《（康熙）揚州府志》卷二十六《人物傳四·流寓》記其『所拔士往往多獲售』。時曹貞吉正習舉子業，故有師生之誼。

〔八〕『晤令侄』句，張潮《尺牘偶存》卷一《與曹實庵郡丞》：『自別臺顔，星霜屢易。凡敝鄉來者，莫不極口老祖臺清操美政。而舍侄則尤沐鴻慈造就之恩，感且不朽。潮自孟夏以來，迭遭拂逆，大病之後，復患創瘍，四肢已廢其三，十指僅虚其一，不第楮生毛穎，久付塵封，即盥濯、衣冠，一切人事俱廢，以故未通魚雁，想老祖臺或能鑒宥於形迹之外也。』

與宋犖書　二通

其一

先生論詞可謂直溯崑崙矣。所愧者，拙著粗惡，不足以當之耳。然何能不以感耶！敬謝教矣。容再面煩，不既。草復牧翁老世臺先生。

侍貞吉頓首。

其二

老世臺久以題詞見命，向來匆匆，忘云髮種種而心不長，可笑也！讀大司農詞，歸方悟及，盼諒。填成一闋，歌聲嗚嗚，的是傖父面目，於大集不能揄揚萬一，奈何，奈何！謹以草稿呈覽，聊博一笑。

貴體未安，不必信作報章也。云何！

侍貞吉頓首。

校訂

輯自《和松庵存札》，國家圖書館藏稿本，爲宋犖與友朋書札結集。

行楷書札　一通

公祭事，昨商之阮老〔一〕。阮老之意，止出一兩或五錢耳，然衹得聽之，或我三人出全分，子側年兄出半分〔二〕，折祭之數，再議核减，若何？許年兄處已相聞否〔三〕？分金祈即付，以便置辦也。此商。

弟貞吉頓首。

校訂

輯自清葛嗣浵《愛日吟廬書畫别録》卷二《清名人尺牘彙裝上》。收信者無考。

箋注

〔一〕阮老，即王士禛。

〔二〕子側年兄，即王士祜（一六三二—一六八一），字子側，一作子測，一字叔子，號東亭，又號古鉢山人，山東新城（今淄博桓臺）人，王士禛之兄。

〔三〕許年兄，即許聖朝，山東聊城人，康熙二年（一六六三）舉人，康熙十二年（一六七三）進士，官陝西鹽驛道、臨洮府知府等。王士祜、許聖朝、顏光敏、曹貞吉同爲康熙二年舉人，曹貞吉爲解元。

附録一　序跋　題記

珂雪集跋

曹申吉

憶余六齡時，偕家兄就外塾，自此同几研者十有四載。兄於書無所不窺，閎覽精思，每至深夜。癸巳、甲午之間，予從事聲律，時與兄商榷淵源，流連風雅，而兄方耽心制舉業，略不涉筆，無從測其閫奥也。

迨甲辰歲，兄冠進賢，返里，拈筆即工。此後凡兩游燕市，一至秣陵、宣城間，一至西子湖上，流覽景物，低徊山川，興至情深，多成歌咏。予每受而讀之，賞其造句精警，結體遐亮，秀逸入庾謝之室，高華敚王李之席，顧予數年所製，同蛩鳴草間耳。

兄五年中著述盈篋，予同阮亭王子擇其尤雅者若干篇，付之梓人，而爲識其大概

如此。

康熙己酉歲上巳日，弟申吉謹跋

曹貞吉《珂雪集》（即《珂雪初集》）。《安丘曹氏家學守待》卷十八曹申吉《澹餘文集》亦録此文。

珂雪二集序

曹申吉

余兄弟少孤，兄長予一歲。奉母食貧，相依爲命，二十以前，不知世間有離別事。順治乙未，予蒙恩入館。丙申春，兄來視予京邸，數日而歸。時年甫少，未覺别之可悲也。丁酉，兄秋試不得志，十月至都省母。予雖稱禄養，而俸入不繼，質衣而食。又初直講幄，扈從南苑，兄瀕歸，不得馬，就市人貰一下駟，童奴步從過直廬，視予言别，予有《南苑遥送家兄》詩，黯然之懷，實始諸此。戊戌，予出參楚藩，歲杪抵家。己亥仲春，赴荆南，蓋聚首兩月餘也。庚子，予由宛丘内召，七月過里，與兄别於歷下。予入都未久，兄亦旋來。時外王父方謝政，人事變遷，而兄以屢試不見收，未免懷抱爲惡。辛丑，予謝病歸田，日得商榷文字，如同就里塾時。

康熙癸卯，兄舉於鄉，爲第一人。甲辰春，公車北指，予策一驢，行積雪中，送至昌樂西郭外，賦詩爲别。既而兄捷南宫，六月旋里。予即以休沐期滿，别兄入都。是年，蓋交相送也。丙午，兄來京邸，時方居先大母憂，未赴選人。而兄之稱詩，自此始矣。丁未，予奉使祭告南岳，兄亦爲吴越之游。戊申春，予便道省母於家，十日而行，兄有送予還朝詩，復偕行至歷下言别。予别兄之什，所謂『雙鴻不相見，抗音思頡頏』『飄我若浮雲，繚繞華不岡』者是也。是歲六月，予鄉有地震之异，山崩川坼，廬舍爲墟，兄亦病傷臂。顧以念予憂切，僦一牛車至都，相見悲歔，長歌互答，道再生如隔世事耳。冬深雪盛，復亟歸侍母。

自是而兄之詩格日益進，氣日益老，予同阮亭王子論定其數年所作而刊之吴中，即《珂雪初集》也。

己酉秋，兄至都就試，庚戌，得中書舍人。一年之中，連床風雨，擊鉢行吟，此唱彼賡，兄酹弟勸，生平之歡，無逾此歲。

迨辛亥春，予拜黔中之節，奉母南還，兄送至蘆溝東數里，握手躑躅，不能成句，别後而寄予數章，予亦不能答也。嗚呼！予兄弟少更禍亂，長多離索，年未四旬，而去國懷鄉，憔悴逼側，循視齒髮，已有老不如人之嘆。即郵筒萬里，篇什往來，彼以

寫憂，此以當泣，殆彿鬱之意多而歡愉之言少矣。予羈旅窮荒，經年善病，如士龍之去浚儀，穎濱之在雷州，雖名位篇章不逮往哲，而望遠當歸，情思則一。行將納節歸田，躬耕養母，伏處牟妻，垂釣汶水。葺先人之廬，聚古昔之書，閉門掃徑，以待兄歸，區區之志，如此而已。

是集也，始於己酉之二月，迄於壬子之四月。予與李子武曾論定而付之梓人，得若干篇，因歷叙生平聚散之感，而繫諸簡末。對此茫茫，百端交集，文也云乎哉！

康熙壬子歲夏至前二日，弟申吉百拜撰

是篇是曹申吉爲曹貞吉《珂雪二集》所作序。乾隆三十五年，曹貞吉曾孫曹益厚匯集《十子詩略》卷三《實庵詩略》《朝天集》《鴻爪集》《黄山紀游詩》合刻爲《珂雪詩集》，置曹申吉、李良年爲曹貞吉《珂雪二集》所作序於卷首。又曹氏家族刊刻《安丘曹氏家學守待》，置是序於《珂雪集》（即《珂雪初集》）前。《四庫全書存目叢書》據中山大學圖書館、復旦大學圖書館藏清康熙刻本，匯集合印曹貞吉諸詩集，亦置是序於《珂雪集》（即《珂雪初集》）前。《安丘曹氏家學守待》卷十八曹申吉《澹餘文集》亦載是序。

珂雪二集序

李良年

予讀曹舍人升階先生集，竊喜詩教之復振也。嘗考前世文章，而識詩之所以升降之故，其來有漸。開元、天寶間，作者、源流各有所自，體殊則盡變，趣异則并勝，其時詩未有派也。自元和列主客之目，而詩派以興。宋則西昆、豫章爲最著，然當時所稱同館十有五人，吕居仁所列三十五家，今其詩乃不盡傳，傳者或不爲世所寶惜。弗師古而襲派，未見其得也。劉後村有云：『方元和體盛行，退之猶未免諧俗，而子厚獨能成一家之言。』韓子蒼、徐師川不爲山谷詩，山谷益重之。然則前人當詩派極盛之際，而矯然自异者，猶不乏焉。勝國風人，媲美前哲，其弊也，入於派而不知所變，夫合數十百人之精神志慮，争習爲形似，尚安冀其參伍錯綜，以盡詩之變哉？詩與派之互爲盛衰，斯可睹矣。

先生之詩發源初、盛，折入於眉山、劍南，無摹擬之迹，而動與之合，可謂矯然風氣之外者。竊觀先生之意，寧特以自工其言，抑亦轉移風尚，將有藉於此也。异時予客京師，追隨文酒之末，伏見一時大雅，并以推陳致新，起衰救弊爲任，而齊魯稱

詩最富。若安丘、新城，著述聚於一門，此其尤盛者。

舍人之職，地在樞近，無案牘之擾，自來作者多出於其中。今國家尤重兹選，故舍人以詩鳴者，亦莫盛於此時。先生産詩學極盛之鄉，入參禁掖，直省餘閑，分儕命侣，作爲詩歌，潤色鴻業，其涯際不易測也。予不能詩，妄喜論詩，躬耕吴越之間，行且資當代之篇章，朗吟送日，既樂觀風氣之遷，又自幸其所遭已。

嘉興後學李良年拜撰

曹貞吉《珂雪二集》。是篇是李良年爲曹貞吉《珂雪二集》所作序。李良年《秋錦山房集》卷十四録此序，題作《曹升階〈珂雪集〉序》。

曹實庵先生詩序

黄宗羲

余至新安，得交實庵先生。其爲人淵渟岳峙，望之使人意消。英辭風譽，播於寰宇，而處之若無。靳使君架上有先生《珂雪詩》净本，因携至舟中讀之，其爲詩如江平風霽，微波不興，而汹涌之勢，澎湃之聲，固已隱然在其中矣。世稱李詩得變風之體，杜詩得變雅之體，先生蓋兼有之。余順流而下，惟恐瞬息漁浦，不竟先生之集也。

今之爲詩者，曰：必爲唐，必爲宋，規規焉俛首縮步，至不敢易一辭，出一語，縱使似之，亦不足貴。於是識者以爲有所學即病，不若無所學之爲得也。雖然，學之至而後可無所學，以無所學爲學，將使魏、晋、三唐之爲高山大川者，不幾蕩爲丘陵糞壤乎？故程不識之治兵也，正部曲行伍，營陳擊刁斗，軍不得自便，敵不敢犯；李廣行無部曲，行陳人人自便，不擊刁斗自衛，敵卒犯之，無以禁。即學詩者之明驗矣。

先生之詩，以功夫勝，古今諸家，揣摩略盡，而後歸之自然，故平易之中，法度歷然，猶不識之治兵也。不求與古人合而不能不合，不求與古人异而不能不异，謂之有所學可也，謂之無所學亦可也。先生之鄉，有馮汝言先生者，輯《漢魏六朝詩紀》，衣被天下，江山寂寞，天未酬其藝苑之功，學者疑焉。顧百年以後，清淑之氣，萃於先生，今而後亦可以釋然矣。

黄宗羲《南雷文定》四集卷之一

朝天集引

袁啟旭

今上之庚申，旭彈劍入都門。是時安丘曹公實庵掌敕綸扉，與新城王學士、商丘

宋比部、予里施侍讀日事酬唱，文酒過從，殆無虚日。旭以布衣晚學，得執櫜鞬，以從事左右。諸巨公皆不以旭爲不肖，而引之同聲之末。未幾，公丁内艱去。旭以懶拙，不善趨走，非京洛所宜，遂濩落歸江表。至今歲丙寅，不覺歷有七稔矣，公仍以内閣隨牒出貳新安。新安，宛陵接壤地也。私幸即可追隨如七年前。莅任甫十日，即奉檄北發。旭竊自審萍踪莫定，東西南北，難必相從，怏怏者久之。春杪，偶客沙城，爲歙中諸子約游黄山，探幽問政，適公雙旌初返，歡然相對，猶如曩年京洛時。因得捧讀其《朝天》一集，高蒼清勁，一往情深。噫！何感而多風也！然公之著作，故爲薄海所頌述，兹固無容深道。獨計七年前，燕臺文物之盛，雲集飆舉，固有不止於前數公者。即數公而論，侍讀已往，比部分憲潞河，學士旋里善病，昔之歡游宴好者，一別如雨，天街攬轡之餘，能無慨於今昔之殊耶？然以公之才望道德，自當雍容侍從。他日秩滿内召，重經往路，土風民命，何一非入告之具？東南赤子又將翹首俟之。安知新城、商丘不還，與我公同朝鼎立，賡鹽梅舟楫之寄哉！

旭，野人也。不敢忘疇昔之雅，故因序及之。宣城袁啟旭撰。

跋朝天集後　靳治荆

治荆北鄙豎儒，鮮識文義，然頗樂從四方君子游，如今之郡司馬實庵曹公，非平日所欲望見顔色而未得者乎？自承乏來歙，未逾年，公以内翰膺分府，命治荆得從屬員之末。接睹丰采，當即蒙公不以俗吏相視，勉之以政術，淑之以風雅，諄諄如也。是年輯瑞期近，公尋奉牒入覲。雨雪往而楊柳還。於其途次所經歷，京邸所興懷，共得詩若干首，題曰《朝天集》，志爲王事勞，非無故而行也。

治荆以公謬謂粗知學吟，得於自公之暇，虔奉以讀，而公忠愛纏綿之情，文章政事之概，悉於斯乎見之矣，豈嚶鳴小言所可同日語者哉！公或者不惜提命，俯而教之，則奉是編以周旋，又何能自已也！

康熙丙寅夏五，武密靳治荆敬跋

曹貞吉《朝天集》

鴻爪集序

王煒

古聖經世垂教，以道器分形上下。舉目俯仰，無非器耳。然則道成虛謂歟？器可循歷指數，而道不可見。不可見而又非無，將於何驗之？則固有名之道器，語其分形，判爲上下者。盈世間無非斯，人結爲宇宙，以成斯世。頂踵七尺，五官百骸，可循可數，其所以運之之神明，不可得見焉。分屬飛走，發於動直，代謝相尋，運爲千萬世，乃所謂道耳。道非器不形，器非道不立，上下者微顯之稱也。不獨禽魚、卉木梏諸色質，即德行、事功、言語，昔人以配宇宙，謂之三不朽者，有一定皆謂器，道即寓乎其間。不分之，無以見精微；不合之，無以證實驗。經世之士，何以體諸躬而不虛垂教之旨哉？詩文爲言語之神明，神明一本諸心。能出三不朽，心固運立宇宙、成世經世者，苟詩文無關世道，君子所不取。雖不可概責之人，人豈可謂世無其人乎？

某讀曹實庵先生《鴻爪集》，竊有感於立言名集之指。夫雪鴻爪迹，見道言也。先生第言其東西無定之踪，而神明所合，皆本至性。懷贈酬唱，情緒顯然可見。

丁卯春，先生去宛陵，友人汪栗亭以試事從之，哭拜於施愚山先生之殯宫。先生

也，能不敬爲識之！

康熙丁卯秋七月，屬吏靳治荆拜題。

鴻爪集題辭

靳治荆

是集乃曹公實庵先生往來陵陽所作也。名曰《鴻爪》，計詩四十四首，備具諸體，其間爲贈答，爲聯吟，或憶往昔，或紀目前，以至賦物咏懷，無不淋漓盡致，感慨繫之。昔人讀唐詩至韓杜，讀宋詩至蘇陸，每有望洋之嘆，以其無所不該，無一不爲世寶也。兹四十四首中，而吸精硾髓，各盡四家之精華，而兼臻其妙。唐耶？宋耶？不昔分而今合耶？公歸，治荆方謁道左，公即出是集，命治荆細閲之。

嗟呼！公之提命於治荆者，可謂諄且摯矣。舊夏五以《朝天集》見示，今夏五以《鴻爪集》見示。一歲之中，兩讀鴻寶，治荆幸矣。受公裁成者，真不淺矣。所愧治荆實不敏，縱勉强學吟，恐終無當於公之提命何也！至是集之爲韓、爲杜、爲蘇、爲陸，世之讀者自能辨之，治荆又何多贅焉？

曹貞吉《鴻爪集》卷首

丁卯夏五，黄山屬吏武密靳治荆敬題。

黄山紀游詩序

汪士鋐

古今山水詩，明麗沉鬱，推謝康樂、杜少陵。逮昌黎、坡公自闢堂奥，一以妥貼排奡，一以玲瓏奇秀，别開生面。四公性情，與山水相副，筆墨又與性情相赴，争高競爽，未易言也。

吾師安丘曹夫子，以西清名彦，佐郡新安，庚午晚秋，公事之暇，爲黄山游，游凡七日，得詩三十七首。余家阮溪，在黄山之麓，公出山，手授一帙，予受而讀之，紀程書事，一歸簡净。讀至《登峰》《望海》諸詩，千態萬狀，鯨呿鰲擲，雲逗星離，不覺洞心駭目，魂斷色飛，一時驚濤驟馬，摶鷙藏龍，舞袖峨冠，戰陣搜狩，一切可喜可愕之事，矗出楮表，予不禁作而嘆曰：此軒轅氏明堂朝會之圖，而百靈真宰，鴛行而鵠立者，一經拈出，吾知巨靈、夸娥必將幻爲赤文緑字，勒之仙榜丹臺，天龍呵護，觀止矣！兼康樂、少陵、昌黎、坡公之長，細入無間而一氣包舉，力大而思深，

自尊其骨采性靈以出於四公之外，觀止矣！

昔伯牙學琴於成連，至蓬萊山刺船而去，伯牙四望，但聞海水汨没，山林窅冥，群鳥悲號，仰天嘆曰：『吾師乎！移吾情矣！』余登山者九，追憶所見，莫能名狀，讀此一編，謂之始到黄山可也。吾師移吾情矣！

新安受業汪士鋐撰

黄山紀游詩跋

江闓

三十七首中，無一意不創，無一語不奥，無一字不生，咳唾總非凡響。坡仙道場山有『我從山水窟中來，尚愛此山看不足』，廬山詩有『横看成嶺側成峰，到處看山了不同』句，惟黄山足當之。昌黎有曰：『横空盤硬語。』惟實庵先生足當之，後此游人能無閣筆！

年弟江闓跋

黄山紀游詩跋

吴啟鵬

吾歙黄山，奇峰拔地，崩壑驚人，十岳以外，罕見其比，而其名至唐始著，其紀游至宋始見，亦猶匡廬之顯於唐，雁山之顯於宋也。蓋山川之靈氣不輕發泄，一若有鬼神呵禁之者。然秘者不能自秘，刻畫烟雲，驅使泉石，唯文人能奪鬼神之權耳。雖然，游黄山者何限，黄山之詩文亦何限？塵心俗軌，世人多一篇詩文，山靈多一重障蔽，是將使此山復歸無名之始也。顧靈心相契，安丘曹夫子、武密靳夫子先後來游，途畏峰澀，兩夫子搜异不止，發爲詩文，山若爲之增高，水若爲之加深，流播人寰，杖履生色，因付梓人，一洗臨川之誚也。

受業吴啟鵬拜手題

珂雪詩集序

曹益厚

先曾大父儀部公《珂雪詩》《詞》行世久矣，而詩無全刻。《初集》爲新城王漁洋

先生所論次，未有序。《二集》則我叔曾祖中丞公同嘉興李武曾先生訂於黔署，各有序。逮中丞公殉黔中之難，曾大父久淹薇省，後乃出貳新安，刻有《朝天》《鴻爪》《黄山》諸集，亦各有序。而先是，漁洋復爲重訂《珂雪》兩集，并附後作若干首，與商丘朱中丞牧仲、郃陽王給事幼華、曲阜顔考功修來、黄岡葉工部井叔、德州田中丞子綸、謝刑部千仞、晋江丁副使雁水、江陰曹祭酒頌嘉、江都汪刑部季角諸先生詩，定爲《十子詩略》，即此集卷之三者是也。顧此集既出，常單行，而原板分藏各家，原序遂缺，卷次不明。因依《珂雪詞》例，將此集與《朝天》等集分上、下兩卷，仍以《珂雪》名集，冠以《珂雪》原序。謹述舊聞，詳厥端緒，便觀覽焉。

又曾大父自新安内召，回翔郎署，以疾辭湖廣學政，遂歸里。前後十餘年詩若干首，未及付梓，并《珂雪》遺詩尚夥，後或有力，裒集增補，將以是爲斷。然前在丙寅、丁卯間，我叔祖中憲公方守廣陵，撫臺雅公見諸刻，深爲激賞，亟索全稿，將序而刊之棗梨。既庀，卒以事去，不果。豈天固不欲吾儀部之詩之大昌於世歟？抑猶有待也？

時乾隆三十五年又五月中浣，曾孫益厚薰沐謹識。

《安丘曹氏家學守待》第六卷《珂雪詩集序》

詩觀三集・曹貞吉詩跋　鄧漢儀

實庵先生之從中秘出補新安郡司馬也，朝臣共惜之。抵維揚小泊，瀕行，知余在董子祠，肩輿過訪。時落葉滿地，霜雪在眉，念余貧不能振，太息而去，其往來詩簡，相訂以吴子劍宜爲轉遞。今春，劍宜果以所郵《珂雪》稿見授，余爲細加評跋，以示劍宜，互相擊節，促之登梨。其詩高秀蒼老，七古尤爲出色。張子山來亦爲捧手贊嘆，固爲世寶。

鄧漢儀《詩觀三集》卷八選録曹貞吉詩後附鄧漢儀跋語

四庫全書總目・珂雪詩

《珂雪詩》（無卷數），國朝曹貞吉撰。貞吉，字升六，號實庵，安丘人。康熙甲辰進士，官至禮部員外郎。初，王士禛有《十子詩略》之刻，貞吉與焉，因其版分藏各家，故往往各以别本單行。後其曾孫益厚，即士禛所録，附以《朝天》《鴻爪》《黄

山紀游》等集，總顔之曰《珂雪詩》。貞吉詩格遒煉，其黄山諸作，極爲宋犖所推。在京師時，和其《文姬歸漢圖》等長歌，極有筆力，今檢集中不載。又士禎《感舊集》所選《登望海樓》《吴山晚眺》《金山》諸詩，亦皆不見集中，則全稿之散失者多矣。

《四庫全書總目·珂雪詩》集部别集類存目十。按：曹貞吉《珂雪二集》中存《和子延中丞登望海樓韵》詩二首，《珂雪初集》存《吴山晚眺》詩一首、《金山》詩四首。

四庫全書·皇朝文獻通考·珂雪詩

曹貞吉撰，貞吉，字升六，號實庵，安丘人，康熙甲辰進士，官至禮部員外郎，臣等謹按王士禎嘗選《十子詩略》，貞吉其一也，詩格遒煉，爲世所推，惜稿多散佚，故士禎《感舊集》所選《登望海樓》《吴山晚眺》《金山》諸詩，是集中皆未之見焉。

《四庫全書·皇朝文獻通考》卷二百三十四

珂雪詞序

高珩

六義之學，至揚、馬而乃浩瀚，故昔人以能賦爲大手。比來文士，賦殊寥寥，固宜歸之詞曲，明矣。

夫聲律，始於《八闋》，此星宿海也，而其氣與天地之氣相通。天地之氣日開，故聲律之道亦日暢，而詞曲中之天地，亦復曠然無盡。三唐可謂四瀆行地，浩淼千秋矣，至滄溟所歸，非宋詞元曲將何屬焉？蓋所貴乎大海者，蛟龍出没，風雨驚飛，天地迴旋，日月隱現。詞曲亦然，於六義中，變賦之體而得風之用，故非五七言詩之所可盡矣。前人漫有軒輊，矜其所長，文人習氣耳，恐未爲定論也。

今日之以詞曲名海内者，指不勝屈。而實庵之詞，則鍠鍠先鳴，跗注之君子，往往壁上觀矣。予每讀實庵之詞，驚魂蕩魄，儻恍不定。初讀吊古諸作，慷慨悲凉，羽聲四起，如逢祖士雅、劉越石諸人。既而讀咏物諸作，入微窮變，五色陸離，又若樹珠幢於谷王之曲，而百寶䢼赴也。已乃過實庵所，求諸作，盡讀之，無體不工，而田居世外之音，往往而遇，如聞魚山之梵，兩腋生風，五濁欲洗，又疑非金馬直廬間人

也。因復更有請焉：陸海局促，蚊蚋一器，啾啾耳。神游八極之表，攬化人之袂而上征者，亦有人乎？然而左思、曹唐，尚窘邊幅，玄風未暢，是則吾所深望於實庵者。倘肯走筆貺我，當拍洪崖之肩，灑酒曼聲而歌之，步虛之音，上薄禹餘、黄曾天上，九華、紫微諸仙子，安知不拊雲璈而和之乎！

客謂予曰：『實庵生有异徵，蓋自比丘中乘願來者，淡於榮利久矣。今不究粲、可之宗，而反抽秦、黄之簟，綺語未盡，毋乃爲秀鐵面所呵歟！』予听然而笑，曰：『是未可執也。夫慧業文人，宿習難净；迦葉聞琴，固其所也。而義之予奪有殊，實際理地，一字未盡，便成毒鴆。即古德《青龍疏鈔》，亦須付咸陽一炬。至於縱横入妙，能轉法華，則本來寂滅，不礙鶯花。文字性離，無非般若，頻呼小玉，亦可證入圓通有餘矣。實庵方究研《佛頂尊經》，果能鞭心於此，離即離非，能所何碍焉？况區區《花間》《蘭畹》，遽至仰涴虛空耶？吾將就實庵而叩之。』

東蒙高珩題

曹貞吉《珂雪詞》卷首，清康熙刻乾隆補刻本。又見高珩《栖雲閣文集》卷五《實庵詞序》。

珂雪詞序

王煒

言爲心之聲，凡其言可以垂世傳久者，必其人足以命世，世不能用，而後出於此。上之建立宇宙、綱維世道，如尼山之修明六藝；次亦特抒卓識，使後世見其心於斯人斯世中，如莊周、屈平之儔，故其言炳然不可磨滅，千萬世誦之弗衰。《典》《謨》降而子、史，《三百篇》降而《離騷》、樂府，則時會使然，正不必限體於古今常格也。羅近溪有云：『聖諭六語，繼統於虞廷十六字。夫人心道心，危微精一，執中之旨微矣。』孝順父母之語，愚頑童稚，誰不能言，而謂繼統虞廷，可乎？然非妄也。庸俗之言，皆古聖身體所發，習焉不察，安望其行著？故舜好察邇言，爰稱大智。天道聖教，豈外於庸言庸行哉？

子、史、《離騷》、樂府，皆所謂自見其心者。自樂府變爲近體，近體禪爲詩餘，識者有江河日下之嘆，而黄庭堅謂晏殊之詩餘爲《高唐》《神女》之流，張耒謂賀鑄之詞如屈、宋、蘇、李。此豈無見而漫言？蓋所遇者天機，不復計其形貌，即童謡婦嘆，無不有至微寓焉。此亦伯樂相馬之説，運之腕舌，則庖丁之解牛已。

二三十年來，詩屢變而下，學士髦俊出其餘勇於詩餘，詩餘則屢進而上。安丘曹實庵先生，以咏物、懷古諸編爲海内所推。予受《珂雪詞》讀之，真如仰昆侖，泛溟渤，莫測其所際。骫髒磊落，雄渾蒼茫，是其本色，而語多奇氣，惝怳傲睨，有不可一世之意。至其珠圓玉潤、迷離哀怨，於纏綿款至中，自具瀟灑出塵之致，絢爛極而平淡生，不事雕鎪，俱成妙詣。其融篇，則如萬頃澄湖，千重岩嶂，長濤細漪，隨風而成，瓌异秀冶，觸目而得；琢句，則如蹙金結綉，層剥蕉心，天成於初日芙蓉，不盡於抽絲獨繭；煉字，則險麗摇曳而生香，雋逸蜿蜒而流奕，洵乎此宗之大家，不但於蘇、辛、秦、李、姜、史分其一席而已也。

先生命世長才，無心游藝，即詩文之高妙，不足以概生平，况於詞之末技乎！就詞想其胸次，甚有似於莊周。莊周識高學廣，思密才雄，故其言洸洋縱恣，不可端倪。先生無境不超，有途必入，引之以孤緒，而運之以浩瀚，流連故觀者如温嶠之照牛渚、韓愈之登華山、伯牙之移情海島，非斯世所常聞見，而留與斯人，賞奇如莊、屈，誠藝林之奇遘也。蓋先生生於鄒魯之邦，身尼山之教，而於天道人事之氣運，静觀默會於升降之數，苟一旦得時而乘，轉凄婉纖艷之情，爲風雨雲雷之用，驅龍蛇虎豹以禦疆圉，使麟鳳接武廟堂。海内之人，因詞而見其心。以《珂雪》比於廣平《梅花》之

偶興，則斯詞也，其不朽之先聲矣。

新安王煒撰

曹貞吉《珂雪詞》卷首，清康熙刻乾隆補刻本

咏物詞序

陳維崧

霜凋魏帳，月中之剩瓦何多；水咽秦關，地上之殘城不少。天若有情，天寧不老？石如無根，石豈能言！銅駝觳觫，恒逢秋至以偏啼；銀雁鰖沙，慣遇天陰而必出。山當雨後，易結修眉；竹到江邊，都斑細眼。

溯夫皇始以來，代有不平之事。千年關塞，來往精靈；萬古河山，憑陵鬼物。縱復人稱恨甚，事奈愁何！江淹工愀愴之辭，鮑照擅蒼凉之賦。正恐世閲世以成川，年復年而作谷。捧黎陽之土，堙此何窮？積函谷之泥，封來不盡。然而劍鋒盡缺，總爲旁觀；壺口新殘，只因細故。青史則幾番劉項，誠然於我何堪？黄河則滿地袁曹，遑曰干卿奚事！或蝦蟆陵上，暮年紅袖所閑談；或鸛雀樓邊，故老白頭之夜話；或武擔過客，曾看石鏡於成都；或盩厔居民，偶得銅盤於渭水。苟非目擊，即屬親聞。事皆

磊砢以魁奇，興自顛狂而感激。捶床叫絶，蛟螭夭矯於胸中；踞案横書，蝌蚪盤旋於腕下。誰能鬱鬱，常束縛於七言四韵之間；對此茫茫，姑放浪於減字偷聲之内。吟成十闋，事足千秋。趙明誠《金石》之録，遜此華文；郭弘農《山海》之編，慚斯麗製。

嗟乎！烟霾天水，囂宫既蔓草千堆；浪打章門，灌廟亦殘陽一片。悲哉季札，劍影徒青；逝矣劉郎，奩痕尚紫。銀槎泛斗，難追博望之勛名；彩筆凌雲，空羡馬卿之詞賦。何况長平綉鏃，恨血全紅；大食冰瓷，愁雲半黑。織成魚素，粘海氣以猶腥；掣得龍髯，鼓天風而倍怒。豈非嘻嘻出出，《諾臯》之所未收；怪怪奇奇，《齊諧》之所不載者哉！

僕每怪夫時人，詞則呵爲小道。儻非杰作，疇雪斯言？以彼流連小物之懷，無非淘洗前朝之恨。人言燕市，實悲歌慷慨之場；我識曹君，是文采風流之裔。狂歌颯沓，聊憑鳳紙以填來；老興淋漓，亟命鸞笙爲譜去。

陽羡陳維崧題

曹貞吉《珂雪詞》卷首，清康熙刻乾隆補刻本。陳維崧《陳檢討四六》卷九録此序，題作《曹實庵咏物詞序》。《昭代叢書》辛集别編卷三十三録此序，題作《咏物十詞序》。《（道光）安丘

新志》卷十一《藝文考》録此序，題作《珂雪詞序》。

珂雪詞跋　張潮

從來詞家小令多而長調少，大凡合中調、長調計之，其幅數僅足與小令相等，實庵先生獨優於長調，其中有似序者，有似記者，有似賦者，有似書牘者，可謂極詞家之能事，因爲壽之梨棗，與天下共讀之，當令海内文人一齊拜服耳。

新安張潮山來氏敬跋。

曹貞吉《珂雪詞》，清康熙張潮刻本

咏物十詞跋　楊復吉

孫桴庵選刊《國朝十六家詞》，山左入居其三：《二鄉亭》也，《炊聞》也，《衍波》也。外此則安丘曹實庵先生《珂雪詞》，雅堪媲美。兹《咏物十詞》寄托遥深，風華掩映，漫堂中丞以爲駕《樂府補題》諸作而上之，誠然哉。

乙亥仲冬震澤楊復吉識。

《昭代叢書》辛集別編《咏物十詞》

題珂雪堂咏物詞譜　張貞

實庵詩文妙天下，間倚聲作詞，遂奪宋人之席。近吴薗次有《名家詞選》，得《珂雪集》，即用壓卷，流傳江左，一時皆推爲絶唱。吴介兹最愛其咏物諸調，手録廿一闋，屬王宓草繪爲圖譜，凡八幀，氣韵生趣，秀溢楮墨間。徐熙野逸，黄筌富艷，既兼有之，至分布配合，參差掩映，可謂『人巧極，天工錯』矣！宓草固以寫生名家，未必便能盡如此合作，良由佳句逼出精思，因成詞壇雅語。實庵出示索題，留几案者三閱月，盤礴展玩，幾不能舍。然余既得附名前後，托以不朽，已有偏幸矣，何必更效據舷狡獪邪！

康熙癸亥重午日，張貞識。

張貞《杞田集》卷十四

跋曹實庵咏物詞　宋犖

今人論詞，動稱辛、柳。予觀稼軒詞，以『佛狸祠下，一片神鴉社鼓』爲最；耆卿詞，以『關河冷落，殘照當樓』與『楊柳岸，曉風殘月』爲佳，它亦未盡稱是。迨白石翁崛起南宋，玉田、草窗諸公互相倡和，如野雲孤鶴，去留無迹，此竹垞論詞所以必推南宋也。今讀實庵咏物十首，仿佛《樂府補題》諸作，擬諸白石《暗香》《疏影》，何多讓焉？阮亭讀之，拍案稱善，曰：『曹大乃爾奇絶！』予亦云。

宋犖《西陂類稿》卷二十八

四庫全書總目·珂雪詞

《四庫全書》題爲『禮部員外郎曹貞吉撰』

《珂雪詞》二卷，國朝曹貞吉撰。貞吉有《珂雪詩》，已著録，是編則其詩餘也。上卷凡一百三十四首，下卷凡一百五首，其總目所載補遺，尚有《卜算子》《浪淘沙》

《木蘭花》《春草碧》《滿江紅》《百字令》《木蘭花慢》《臺城路》等八調，而皆有録無書，殆以附在卷末，裝緝者偶佚之歟？

其詞大抵風華掩映，寄托遥深，古調之中緯以新意，不必模周範柳，學步邯鄲，而實不失爲雅製，蓋其天分於是事獨近也。陳維崧集有貞吉《咏物詞序》，云：『吟成十首，事足千秋。趙明誠《金石》之録，遜此華文；郭弘農《山海》之篇，慚斯麗制。』雖友朋推挹之詞不無溢量，要在近代詞家，亦卓然一作手矣。

舊本每調之末，必列王士禛、彭孫遹、張潮、李良年、曹勷、陳維崧等評語，實沿明季文社陋習，最可厭憎，今悉删除，以清耳目。且以見文之工與不工，原所共見；傳與不傳，在所自爲。名流之序、跋、批點，不過木蘭之櫝，日久論定，其妍醜不由於此。庶假借聲譽者，曉然知標榜之無庸焉。

《珂雪詞》卷首，清康熙刻乾隆補刻本。《四庫全書總目》集部詞曲類二。『學步邯鄲而實不失爲雅製』，『實』，《四庫全書總目》作『自』。『曹勷』，當爲『曹禾』，曹禾點評《珂雪詞》并作詞話。曹禾，字頌嘉，號峨嵋。曹勷，字允大，號峨雪，卒於清順治十二年（一六五五），早於曹貞吉始作詞的時間。四庫館臣當把『曹峨嵋』誤爲『曹峨雪』。

四庫全書簡明目録・珂雪詞

《珂雪詞》二卷，國朝曹貞吉撰。貞吉詩集、詞集，皆以珂雪爲名。而其詞寄托遥深，風華掩映，實遠過其詩，蓋才性有所偏至也。

清詞四家録・珂雪詞題記

王瀣

《珂雪詞》結響甚高，賦物不滯，通幅無一怨語。自以咏古諸作爲第一，其餘他作，亦筆勢森秀，真國初一作家也。

冬飲題記。

王瀣《清詞四家録》

雲韶集・國朝詞序

陳廷焯

詞創於六朝，成於三唐，廣於五代，盛於兩宋，衰於元，亡於明，而復盛於我國

朝也。國朝之詩可稱中興，詞則軼三唐、兩宋，等而上之。國初如梅村、棠邨、南溪、漁洋、珂雪、藝香、華峰、飲水、羡門、西堂、秋水、武曾、分虎、晋賢、覃九、蘅圃、松坪、莘野、紫綸、奕山諸家，各具旗鼓，互有短長。而聖於詞者，莫如其年、竹垞兩家，譬之於詩，一時李杜，分道揚鑣，各有千古，詞至是蔑以加矣。朱、陳外，首推樊榭，而南香、石牧并重於時。繼之小山、鶴汀、香雪、曇華、滓虚、綉谷諸家，俱能變化三唐，出入兩宋，而獨樹一幟，此詞之再盛也。嗣是而後，板橋名重江南，竹香名重武陵，漁川名重臨潼，橙里名重安徽，而琢春、梅鶴尤爲杰出，名不逮板橋諸家，而詞骨實過之。益以淡存、龍威，并峙兩雄；遂佺、夢影，亦不多讓；位存起而囊括之，信爲當時第一作手，此詞之又盛也。繼而春橋、荀叔、湘雲、秋潭、聖言、對琴諸家，風格微低，猶堪接武。而銅弦以魄力争雄，竹嶼以風流制勝。自璞函出，直逼朱、陳，分鑣樊榭；芝田、晴波、蠡槎、蕢漁，起而羽翼之，此詞之復盛也。乾嘉以還，谷人一時獨步，而蓉裳、伊仲、次仲、頻伽、米樓、荔裳、吉暉諸君，古風雖遠，亦不在元人下。故論詞以兩宋爲宗，而斷推國朝爲極盛也。

陳廷焯《雲韶集》卷十四

吴氏石蓮庵刻山左人詞序

繆荃孫

戊戌之冬，吴糧儲仲飴同年屬爲校刻《山左人詞》，先得國初王西樵、阮亭、宋玉叔、曹實庵四家，續於《百家詩選》得楊聖期、唐濟武兩家。宋詞得李端叔、辛稼軒、周公謹、李清照四家。己亥，復得國朝趙飴山、田在田兩家。庚子，又於《六十家詞》得柳耆卿、晁無咎、王錫老、侯彦周四家，於《典雅詞》得趙渭師一家。共十七家。荃孫校刊訖而序之曰：

夫古人之詞，往往在編集之外，故《鷄肋集》七十卷，而《琴趣》目爲外篇。王漁洋三十六種，而阮亭詩餘不在其列。零星小帙，湮没尤易，此薈萃之難也。宋人填詞，悉以應歌。有襯字，無襯字，長短之不同；有單調，有雙調，離合之不一。舊刻罕覯，鮮可折衷。萬紅友云：『世遠音亡，字訛書錯，只可闕疑而已。』此校讎之難也。《詞綜》載柳耆卿《樂章集》九卷，今一卷；李端叔《姑溪詞》二卷，今三卷；晁無咎《鷄肋集》詞一卷，荃孫藏明鈔《鷄肋集》七十卷，無詞。與毛子晋跋合。今六卷，編次大异。端叔家本無棣，集題趙郡，乃其族望，《書録解題》誤爲趙郡人。公謹家本濟南，久客

吴興，《草窗詞》題弁陽嘯翁，籍貫亦异。《衍波詞》《阮亭詩餘》，名异而詞又不异。此考訂之難也。昔朱竹垞輯《詞綜》，王德甫輯《續詞綜》，所見山左詞人專集約三十餘，今僅得十七家。然北宋之柳，南宋之辛，閨秀之李，國朝之二王，皆詞中之大家，沾溉後學，獲益非淺。仲飴新擢閩臬，將之任，閩中多藏書，尚存陳季立、徐興公之遺風，如獲所未見者，刻爲續編，不更快歟。光緒辛丑三月，江陰繆荃孫序於鐘山講舍。

吴重憙《吴氏石蓮庵刻山左人詞》。『只可闕疑而已』，《吴氏石蓮庵刻山左人詞》作『只可闕疑』，萬樹《詞律》卷七校《傾杯樂》，云『世遠音亡，字訛書錯，只可闕疑而已』。繆荃孫《藝風堂文續集》卷五亦載此文，引文與萬樹《詞律》同。據以校補『而已』二字。

吴氏石蓮庵刻山左人詞序　吴重憙

山左前人，詩文均有輯本，惟詞無聞。己亥歲，王廉生祭酒出所藏漁洋詞寫定本爲倡，屬刻《山左人詞》，歸而商之繆炎之太史，更出各藏本，彙而刻之，得十七家。

按：朱氏《詞綜》載和凝以下山左詞人共三十餘家，今專集多不可見，僅得此若干種，

勿輯將益散失，乃請太史代勘，以覆諸墨。而庚子七月北都之變，祭酒闔家殉國，竟不及視此本之成矣。

光緒二十七年二月，海豐後學吴重憙謹識。

吴重憙《吴氏石蓮庵刻山左人詞》

詞莂序

節録　張爾田

倚聲之學，導源晚唐，播而爲五季，衍而爲北宋，流波競響，南渡極矣。元雜以俗樂，歷明而益誇，淫哇嘌唱，轉折怪异，不祥之音作。有清興，一振之於雅，大音復完。綜而権之：其年、竹垞、梁汾、容若，皆以淵奥之才，辟徑孤行。西河、珂雪，幺弦自操，如律之應，夐思頑藻，此其獨也。其後樊榭起於浙，皋文倡於常，抑流競之靡，而軌諸六義。雖挈瓶庸受，逐宕失返，若夫越世扶衰，有足美焉。稚圭、蓮生，因物騁辭，力追雅始，就其獨至，亦稱迥秀。咸、同戎馬，鹿潭以卑官聲於江湖間，并世作者，半塘之大，大鶴之精，彊邨之沉，與蕙風之穆，駸駸乎拊南宋而上矣。

朱祖謀編《詞莂》

梅邊吹笛譜序　節録　張其錦

我朝斯道復興，若嚴蓀友、李秋錦、彭羨門、曹升六、李耕客、陳其年、宋牧仲、丁飛濤、沈南渟、徐電發諸公，率皆雅正，上宗南宋，然風氣初開，音律不無小乖，詞意微帶豪艷，不脱《草堂》、前明習染。

凌廷堪《梅邊吹笛譜》

雲起軒詞鈔序　文廷式

詞家至南宋而極盛，亦至南宋而漸衰。其衰之故，可得而言也。其聲多嘽緩，其意多柔靡，其用字則風雲月露、紅紫芬芳之外，如有戒律，不敢稍有出入焉。邁往之士，無所用心。沿及元、明而詞遂亡，亦其宜也。

有清以來，此道復振，國初諸家，頗能宏雅。邇來作者雖衆，然論韵遵律，輒勝前人，而照天騰淵之才、溯古涵今之思、磅礴八極之志、甄綜百代之懷，非窘若囚拘

者所可語也。

詞者，遠繼風騷，近沿樂府，豈小道歟！自朱竹垞以玉田爲宗，所選《詞綜》，意旨枯寂，後人繼之，尤爲冗漫。以二窗爲祖禰，視辛劉若仇讎，家法若斯，庸非巨謬？二百年來，不爲籠絆者，蓋亦僅矣。曹珂雪有俊爽之致，蔣鹿潭有沉深之思，成容若學《陽春》之作而筆意稍輕，張皋文具子瞻之心而才思未逮，然皆斐然有作者之意，非志不離於方罫者也。

余於斯道，無能爲役，而志之所在，不尚苟同。三十年來，涉獵百家，権較利病，論其得失，亦非捫籥而談矣。而寫其胸臆，則率爾而作，徒供世人之指摘而已。然淵明詩云：『兀傲差若穎。』故余亦過而存之，且書此意，以自爲其序焉。

光緒壬寅十二月，萍鄉文廷式。

文廷式《雲起軒詞鈔》

過存詩略紀事

謝章鋌

余生平咏物、咏古及一切應酬之作頗夥，率不留稿，蓋以無所寄托也。數年前，

與友人爲鬮詩之戲，其法拈題分韵，限香三寸，成詩三首，或五律，或七律，移寫糊名，立兩人爲主司分閲之，定其甲乙，所作不下數十卷。老友徐雲汀一鶚於散佚之餘，掇拾一二刻之，則今所傳《過存詩略》者是。中如《咏殘燈》云：『烟團孤月冷，風曳一星尖。』《寒鴉》云：『水村微有雨，驛樹已無花。』此類甚多，觀者以爲警策。近閲曹實庵貞吉《珂雪詞》，鴉陣填《金縷曲》句云：『寒話空林飛且止，似商量、明日風兼雨。』用意頗與余同，但詩詞之造句則有辨矣。又代泉下人語填《望江南》句云：『白骨怯清秋。』此五字殊覺慘動，比『陌上人，歸翁仲』語，爲尤佳也。

謝章鋌《稗販雜録》卷三《詞話紀餘》

花間詞選跋　朱祖謀

曹珂雪先生詞在國初諸老中别樹一幟，吾友文道希同年謂其獨有俊爽之致，非嘽緩、柔曼者所能比較也。此册爲其手録唐五代詞，殆生平把玩之本。卷耑標題《花間》，然如李太白、白樂天、李後主、馮正中諸人，皆《花間》所不載，竊所未喻。

癸亥秋仲，武曾先生携以見示，率書其後。孝臧。

曹貞吉編定手鈔《花間詞選》，復旦大學圖書館藏

花間詞選跋　沙彦楷

右曹升六先生《花間詞選》手定本一册。其所以仍名爲《花間》者，殆因《花間集》中，如李太白、白樂天爲詞家初祖，竟未入選，李後主、馮正中等又因時代相同，未能列入，唐五代詞未窺全豹，故擷取《花間》菁英，并補録唐五代前後諸名家，别成《花間詞選》一編，留示後人，取去自有深意。應爲刊印行世，列竹垞《詞綜》之前，以傳一家選本。

彊邨先生爲清末詞學大家，與先生後先暉映，乃題此册。以與《花間》原集不符，不用原名，固爲矜慎，惟以未得先生選録及命名原意，故特表而出之，以告當世。

辛卯盛夏，後學沙彦楷更名旮，年七十七，謹跋。

曹貞吉編定手鈔《花間詞選》，復旦大學圖書館藏

花間詞選跋　沙彦楷

是編首題《花間詞選》，而封面則又題《花間詞選鈔》，似名稱尚未確定，鄙意不如改爲《花間詞選補》較爲切當。謹質之當代治詞學者。

是年新秋，昚又記。

曹貞吉編定手鈔《花間詞選》，復旦大學圖書館藏

續修四庫全書總目提要·別本珂雪詩初集一卷二集一卷三集四卷珂雪文稿二卷　曹氏家抄本

清曹貞吉撰。貞吉撰有《珂雪詞》，前提要已著録。其所撰詩集，前提要存目者爲《朝天》《鴻爪》《十子詩略》《黄山紀游》諸種之總名，此本所載在前列各種之外，共六卷，計詩幾近千首，集前無總目，按其次序，似係依年編次者。《初集》所載，乃康熙乙巳至己酉五年者。《二集》所載，則己酉迄壬子四年所撰，兩集均曾刻印，一在

吴中，一在貴州，皆其弟申吉所編刻者。《三集》所載，則癸丑以後於十餘年之詩，向無刻本，世極罕見。貞吉自登進士後，始刻意爲詩，自是以後，凡流覽景物，低徊山川，興至情深，多成歌咏。又篤於手足，連床風雨，時相唱和，及申吉赴貴州，猶復郵筒萬里，篇什往還，《初》《二》兩集所載極多。吴三桂變後，悲弟情切，怫鬱之意，時時流露於字裏行間。《三集》所載，《讀史有感》諸首，又《遠郵》《十年》《有感》《秋夜感懷》《警悟》《天道》《聽鄰家哭聲》諸什，無不哀感。而《中秋痛哭詩五首》，尤爲沉痛。貞吉詩格遒練，自成一家。當時最爲王士禛、宋犖輩所推重。申吉序謂其詩『造句精警，結體遐亮，秀逸入庾謝之室，高華敚王李之席者』，亦非虚譽。至前提要所稱《文姬歸漢圖歌》《登望海樓》《吴山晚眺》《金山》諸詩，亦皆在此集中，并未散失也。文稿所載，計有序、跋、書、啓、祭文、志銘等類，寥寥二十餘篇，恐已失散矣。惟稿中有詞集序跋頗多，於填詞一道，發揮至深，亦殊有價值也。

《續修四庫全書總目提要》集部清别集類

式訓集·曹實庵先生文苑傳跋

張柏恒

國朝康熙十子迭主文壇者數十年，詞賦詩歌，膾炙人口。曹實庵先生其一也。先

生珂雪詞流傳禁中，入禦覽，已歷有年。所庚午修國史，其姪元孫承文復以珂雪詞并家傳上之。遂與當時所稱十子者并列文苑傳。蓋自先生策名清時入中翰，備春官，典試南粵，視學湖廣，其人其文蚤已聲施天下，兹者名登國史，歷久彌光，當其冬不爐，夏不扇，五夜窮經，蚊蝨積面之日，固不僅在一時文名炳燿寰區已也。先文孝公銘其墓曰：『人中之龍，文中之虎。』斯言也，可以百世俟矣。

張柏恒《式訓集》卷十二

蕉園詩集序

張介禮

吾邑有清之初詩學最盛，若劉憲石、曹實庵、曹淡如、馬蓼亭諸先生，揚風扢雅，迭執騷壇牛耳。辛江峰繼起，與馬席公、辛小山、劉霽亭等號爲七子，下逮先他庵公，百餘年間詩格演變，大約宗子美而祖放翁。道咸以降又盛倡中晚唐，於石桐、少鶴爲近。時值承平，人多暇豫，發爲詩歌悉和平中正流連光景之辭，而無褊迫噍殺之音，即一邑之詩亦足覘國家之盛衰矣。此其始，皆二三鄉先生啓之，浸淫涵濡遂成教化，流風所被積數十百年未有，已觀《渠風集略》及《渠風續集》所載豈不信然乎？

韓蕉園先生其晚出者也。先生天資清妙，迥絶塵俗，一生坎坷不遇，爲詩則不作牢愁抑塞語。晚歲遭回禄，圖籍蕩然，手訂詩稿亦散佚不存，而斷章零什村夫俗子猶能上口，若不求工而自工者非充乎其中，自然流露而能若是哉！乙亥夏，余以事旋里，曹君鼎雯手一卷相示，計詩若干首則皆韓先生之門生所撮録，或非當時經意之作，而每一披覽，清新俊逸之氣，隱隱浮現於字裏行間。是此卷雖不足盡先生之詩，而先生之詩所以能上紹清初諸老輩者亦可見一斑矣。鼎雯篤風義猶逮事先生，搜輯先生之詩甚勤。嘗言：同門某君所蓄先生詩，篇什較富，携以游秦。今鼎雯將以所得先生遺稿付刊矣，某君尚珍藏秘惜未以示人，豈亦有所待乎？鼎雯盍書以質之。

民國二十四年十二月同邑後學張介禮序

韓鳳舉《蕉園詩集》

附録二　詩評　詞評　贈答

安丘曹氏家學守待・評語

《西陂類稿・答曹實庵書》：每念足下奇人，黄山奇境，必有不朽之篇，爲山靈增重。今讀《紀游》諸什，其高則天都、始信諸峰拔地參天也。其浩瀚無際，則文殊臺之雲海也。其離奇夭矯，則擾龍、卧龍諸松之盤空聳翠，駭人心目也。此山名作寥寥，向推虞山，今被實庵壓倒矣！熊峰和章，森秀雄恣，有韓蘇氣象；掌霖長短句，駸駸奪玉田之席。足下拍肩挹袂，其樂可知。

《漁洋詩話》：安丘二曹：禮部貞吉，字升六，中丞申吉，字錫餘，兄弟齊名。禮部在京師，和余《文姬歸漢圖》等長歌，極有筆力。中丞淪没异域，未見其止，祭告南岳有句云：『雪花飛過洞庭去，愁對斑斑湘竹林。』

《漁洋年譜》：康熙十年辛亥，遷户部福建司郎中。郝公惟訥敏公爲尚書，程周量可則以員外郎，爲同舍，朝夕相唱和。而宋荔裳琬、曹顧庵爾堪、施愚山閏章、沈繹堂荃皆在京師，與先生兄弟爲文酒之會。《考功年譜》：時又有武鄉程崑崙康莊至京師，澤州陳説岩敬廷、合肥李容齋天馥官翰林，泗州施匪莪端教官司城，德州謝方山重輝、安丘曹實庵貞吉、江陰曹峨眉禾與汪蛟門懋麟皆官中書舍人，數以詩歌相贈答，名士如雲會集，一時令人神往。

趙秋谷《談龍録》：本朝詩人，山左爲盛，先清止公與萊陽宋觀察荔裳同時，繼之者新城王考功西樵及其弟司寇阮亭，而安丘曹禮部升六、諸城李翰林漁村、曲阜顔吏部修來、德州謝刑部方山、田侍郎、馮舍人後先并起，然各有所就，了無扶同依傍，故詩家以爲難。秀水朱翰林竹垞、南海陳處士元孝、蒲州吴徵君天章及洪昉思皆云然。《愚山集・燕臺詩序》：山左舊游，舉進士能詩者，既有田子綸、曹升六、王仲威諸子，李子與即墨楊子六謙又同召至都下，不爲不遇。吾嘗校其文，拔最多士。今數來論詩，詩日有聞，吾喜諸子之足張吾軍也。夫吾黨豈徒以詩雄耶？

《居易録》：丙辰、丁巳間，商丘宋犖牧仲、郃陽王又旦幼華、安丘曹貞吉升六、曲阜顔光敏修來、黄岡葉封井叔、德州田雯子綸、謝重輝千仞、晋江丁煒雁水及門人

江陰曹禾頌嘉、江都汪懋麟季角皆來談藝，予爲定《十子》刻之。

張山來潮曰：詞賦之盛，首推西清，而山左尤擅，其最如田公綸霞、顔公修來、謝公方山，皆矯然獨出者。而實庵曹公則深沉博麗，衆美悉兼，近復鏟華，全以識勝。《朝天》諸作，得之車塵馬足間，而精詣如許，真不可及。至中丞公宿爲詞場領袖，《黔行》《黔寄》二集，久埋塵土，今一出而光采射人。王西樵先生評云：『深思老筆，揉以清蒼。』嗚呼！盡之矣。

吴劍宜曰：昔人云：青山緑水中作二千石，是第一快事。新安山水佳勝，而近得中翰曹公來治吾郡，詩才文筆，炤燿岩嵐，固爲人地兩絶。而甫莅漸江，旋承輯瑞，往來燕齊，道上著《朝天集》，河聲黛色，盡貯奚囊。他時搜勝天都，發爲詩歌，靈奥當復奚似？及讀中丞公《黔行》《黔寄》二種，抉怪武溪，闡奇貴竹，直與康樂、柳州同垂不朽。宜孝威、山來之極爲欣賞也。

鄧孝威曰：實庵曹公授新安郡司馬，到任四十日，即代覲北上。維時冰雪載途，車煩馬殆，公則據軾朗吟，所過名城大都，荒墟古寨，窮檐廢井，一一譜之於詩，比至邗，出詩見示，余爲三嘆，復爲點次授梓。因問君家開府詩，公爲揮涕，曰：『吾弟《黔行》《黔寄》二集，久苦散失。』余曰：『昔壬子歲，江孝廉闓在貴陽，上謁開府，

開府曾以二稿手授，江君轉寄，今尚在篋衍中。』公喜甚，曰：『能爲表章，則亡弟感深泉壤。』因爲附刻《朝天集》之後。

張杞園《題珂雪堂詞譜》：實庵詩文妙天下，間倚聲作詞，遂奪宋人之席。吴薗次《名家詞選》以爲壓卷，流傳江左，一時推爲絶唱。

汪退谷士鋐《鴻爪集跋》：夫子詩氣清力厚，似根本於杜、韓，更放而之香山、劍南，然謂摹倣四家，不得蓋其氣與力，足以包舉，非四家之詩，而爲石翁夫子之詩，故化其迹而莫可名也。

汪士鋐《拜愚山先生野殯詩跋》：《野殯》三章，低徊欲絶。嘗從先生論施公往事，先生涕交頤，遂共飲泣，不復語。施公殁，先生經紀其後，不遺餘力。嗚呼！此真古人情事，而作詩者之本也。

《安丘曹氏家學守待》第十四卷附『評語』

清朝論詩絶句·曹貞吉　蔣士超

梁丘作者曹珂雪，壓卷黄山一首詩。似海似山天水闊，仙人游戲本神奇。

郭紹虞編《萬首論詩絶句》

國朝詩話·珂雪詩評語　節録　楊際昌

王胥庭熙『到門流水遠，尋境白雲遮』『人行沙岸小，樹近夕陽偏』，曹升六貞吉『橋横殘照出，雪壓大河流』……皆詩中畫也。其深細處，正恐畫手難到，所以爲高。

楊際昌《國朝詩話》卷二

咏物詞評　王士禛　曹禾　宋犖

王阮亭先生曰：《拾遺》《洞冥》《杜陽雜編》諸書所記，類無事實。實庵先生咏

物，皆取其聞見所及耳，而神光離合，望之如蜃氣結成樓閣，每讀一過，覺江風海雨，摵摵生齒牙間也。

朱錫鬯先生曰：『詞至南宋始工。』斯言出，未有不大怪者，惟實庵舍人意與予合。今就咏物諸詞觀之，心慕手追，乃在中仙、叔夏、公謹諸子，兼出入天游、仁近之間。北宋自方回、美成外，慢詞有此幽細綿麗否？若讀者仍謂不如北宋，則舍人亟藏之，俟後世子雲論定可矣。

宋牧仲先生曰：今人論詞，動稱辛、柳。不知稼軒詞以『佛狸祠下，一片神鴉社鼓』爲最，過此則頹然放矣。耆卿詞以『關河冷落，殘照當樓』與『楊柳岸，曉風殘月』爲佳，非是則淫以褻矣。迨白石翁崛起南宋，玉田、草窗諸公互相倡和，戛戛乎陳言之務去，所謂『如野雲孤飛，去留無迹』者。此竹垞論詞必以南宋爲宗也。今讀實庵《咏物十首》，仿佛《樂府補題》諸作，而一種窅渺之思、瑰麗之辭，與夫沉鬱頓挫之氣，直駕諸公而上之，擬諸白石《暗香》《疏影》之篇，何多讓焉！義山曰：『願書萬本誦萬遍，口角流沫右手胝。』余於此詞亦云。

曹貞吉《珂雪詞》卷首，原係《咏物十詞》後題《總評》

懷古詞評　高珩等

高念東先生曰：吾讀諸詞，想見實庵搦管時，必連浮大白，蹋足起舞，高唱梁伯龍『問天涯何事，恰纔歸』曲數過，然後用葉法善攝魂碑法，令荆卿舞劍，漸離擊筑，紅綫捧硯，隱娘濡筆，阮步兵太息之聲，庾子山涕洟之賦，一時并集，乃克有此耳。轉而思之，存亡崇替，此是人間常事，斷不可免者。其不實則乾闥婆城，不久則邯鄲道枕耳。諸公泉下回首，或能莞爾發願，一出頭來，必了因緣大事，另作生活，方是英靈男子。如尚悲思不已，生既狰獰，死復沉滯，再來依然故吾耳。萬劫黑海尚有分在，可憂也。僕學空門，而亦爲之怦怦心動．方知俗心難盡，習氣難空如此，大須懺悔祓除，庶幾不復墮情想濁劫乎！

王阮亭先生曰：填詞，小道也，然魯直謂晏叔原樂府爲《高唐》《洛神》之流，張文潛謂賀方回幽潔如屈、宋，悲壯如蘇、李。夫屈、宋，《三百》之苗裔，蘇、李，五言之鼻祖，而謂晏、賀之詞似之，世亦無疑二公之論爲過情者，然則填詞非小道可知也。實庵舍人久以詩鳴海内，近爲樂府，輒至數百首，分其一藝，足自名家。今所

刻《懷古》四闋、《咏史》五闋，特其淩雲臺之一榱一桷耳，然已可推倒一世，開拓萬古。吾故不敢自擬魯直、文潛，而竊欲躋實庵於宋玉、陳思、屬國、都尉之間。世不乏賞音，其或以吾爲貢諛者，吾亦任之。

張杞園曰：昔人論詞，以七郎、清照爲當家，以其纏綿旖旎，動人情思耳。余謂不如東坡、稼軒，慷慨雄放，爲不失丈夫本色。今觀實庵數闋，意興淋漓，胸懷浩蕩，至其上下千古，則一往情深，低徊欲絶，置之蘇、辛集中，寧易差別邪？實庵詩才奔逸，横絶一世，詞既不足以盡實庵，而兹刻又不足以盡實庵之詞，讀者亦窺其一斑兩斑可矣。

張山來曰：《珂雪詞》縱横變化，不可方物。非辛、非柳、非蘇、非黄、非周、非秦，而辛、柳、蘇、黄、周、秦之美畢備。由其才具閎博，學殖淵邃，舉生平所誦習子史百家、古文奇書，含咀醖釀而出之。淺陋之士，烏能窺其堂奥，測其涯涘哉！

曹貞吉《珂雪詞》卷首

詞話

曹禾

實庵兄爲人端飭，不苟訾笑。至填詞，乃婉麗纖媚，時或飛揚跋扈，俶詭不羈，

此彭澤《閑情》，廣平《梅花》，令人不能測識也。

蛟門自負詩歌不可一世，獨以文章讓予，填詞推實庵。三人每酒酣争勝，氣不能下。近予頗爲長短調，實庵怒罵曰：『汝不思壓倒蛟門，乃闖吾藩籬耶？吾將爲古文辭矣。』予曰：『諾。請屬櫜鞬以從。』時田子綸霙、顔修來光敏在座，爲之捧腹絶倒。

柳生敬亭以評話聞公卿，入都時，邀致接踵。一日過石林，許曰：『薄技必得諸君子贈言以不朽。』實庵首贈以二闋，合淝尚書見之扇頭，沉吟嘆賞，即援筆和韵，珂雪之詞一時盛傳京邑。學士顧庵叔自江南來，亦連和二章，敬亭名由此增重。

阮亭先生閲實庵懷古《風流子》數闋，拍案稱善，題其稿曰：『曹大乃爾奇絶！』詞以神氣爲主，取韵者次也，鏤金錯彩其末耳。本朝士大夫詞筆風流，幾上追南唐、北宋。彭、王、鄒、董，夙擅美聲，近來同人中惟錫鬯、蛟門、方虎、實庵超然并勝。實庵不爲閨襜靡曼之音，我視之更覺嫵媚，其神氣勝也。

實應陶處士澂入都門，呼予與實庵爲『南曹北曹』。友朋間遂以此爲稱號。今讀《珂雪詞》，予雖十年學，不能并驅也。昔人稱衙官屈、宋，實庵衙官我有餘矣。

王元美論詞云：『寧爲大雅罪人。』予以爲不然。文人之才，何所不寓？大抵比物流連，寄托居多。《國風》《離騷》，同扶名教，即宋玉賦美人，亦猶主文譎諫之義，

良以端言之不得，故長言咏嘆，隨所指以托興焉。必欲如柳屯田之『蘭心蕙性』『枕前言下』等語，不幾風雅掃地乎！實庵詞無一語無寄托者，予之所以服膺也。

雲間諸公論詩宗初、盛唐，論詞宗北宋，此其能合而不能離也。夫離而得合，乃爲大家。若優孟衣冠，天壤間只生古人已足，何用有我？實庵與予意合，其詞寧爲創，不爲述；寧失之粗豪，不甘爲描寫。妍媸好醜，世必有能辨之者。

康熙歲次丙辰夏五，江上年弟禾具草。

曹貞吉《珂雪詞》卷首

珂雪詞題辭　陳維崧等

賀新凉　陽羨陳維崧其年

滿酌凉州醞，愛佳詞、一編《珂雪》，雄深蒼穩。萬馬齊喑蒲牢吼，百斛蛟螭囷蠢。算蝶拍、鶯簧休混。多少詞場談文藻，向豪蘇、膩柳尋藍本。吾大笑，比蛙黽。

爇殘樺燭剛餘寸，嘆從來、虞卿坎坷，韓非孤憤。耳熱杯闌無限感，目送塞鴻飛盡。况眼底、群公袞袞。作達放顛無不可，勸臨淄、且傅當筵粉。城柝沸，夜烏緊。

前調　次韵答贈曹舍人京師見寄之作　舊山鄧漢儀孝威

名士盈東國，更曹家、賦詩横槊，英豪無敵。珥筆縱隨丞相後，聲價由來赫奕。看落筆、群公動色。日轉宫槐催貰酒，笑停鞭、大道青樓側。如此事，何人得？昔年也作燕臺客，到於今、攀龍屠狗，人都間隔。萸水西風黄葉下，落得啾啾唧唧。喜雄篇，蒼鷹怒擊。寄到邗溝明月下，快高吟，紅蠟銷三尺。空遠望，西山碧。

霓裳中序第一　桃鄉農李符耕客

紅絲小硯北，不斷閑情渾似織，東魯詞人第一。勝飄泊周郎，蕒洲漁笛。犀幃夜寂，寫錦箋、都洗香澤。銀釭下，唤來翠袖，記曲譜瑶瑟。　疇昔，酒瓢吟屐，記踏遍，銅駝巷陌。旗亭曾畫素壁，破帽重尋，斷闋空憶、紫薇花下客。更引起、年時賦筆。增惆悵，尊前舊侣，鏡裏鬢絲白。

天香　由拳沈季友客子

銀沫香邊，翠鬟聲裏，思君風調曾折。燕市重來，鞭絲問處，便有桃鄉人説。紫

苔雙破，怪小徑、冷於吹雪。摒擋書籤茗碗，料應此意清絶。東華幾堆官熱，算爭如、滿毫花屑。笑指池頭鳳影，風流誰奪？我本飄零殘客，儘狂舞、秋山一丸月。願作團光，照人時節。

水調歌頭　舟中作　心齋張潮山來

買棹故鄉去，冰雪喜隨身。中流鼓枻欹坐，對此陟釐紋。不用紅牙鐵板，且趁曉風殘月，銅斗擊來頻。讀罷兩三闋，齒頰欲生芬。　彼秦黄，與蘇陸，亦何神？雄深蒼穩一嘆陳檢討其年評公詞『雄深蒼穩』，欣賞共奇文。試看高懷吊古，以及閑情咏物，浣筆絶纖塵。願得有心侶，枕秘散氤氳。

畫屏秋色　錢塘吴陳琰寶崖

曾借菑州住，對二老念東、豹嵒兩先生、哦盡陳思妍句，翩若驚鴻，飄如迴雪，洛神親賦。簾閣坐焚香，又報道、津亭催鼓。指皂蓋，天都路。想車過黄山，芙蓉叠叠，多少酒痕墨瀋，香雲遮護。　懷古。溪村林塢。記任昉、風流遺處。爭如司馬，官閑衙散，頻修簫譜。眉子硯將穿，朝朝傳寫紅牙度。轉笑青衫徒苦。我正倦游歸，回

首齊烟九點，夢斷那時人語。時余方辭濟南太守修志之請。

清張潮康熙刻本《珂雪詞》載《賀新涼》至《水調歌頭》四調五闋。其後各本《珂雪詞》卷首載《賀新涼》至《畫屏秋色》五調六闋。

大江東去　讀《珂雪詞》奉懷曹實庵司馬，用東坡韵　柯煜

英雄好手，算崢嶸、鐵槊蔗竿人物。幻出君才還八斗，胸有圖書東壁。鳳閣詩成，蘭臺賦罷，談笑生冰雪。流傳樂府，世間無此清杰。　相見瀟灑官情，山黄岳白，正商飈初發。三十六峰吟遍了，袖拂紫霞明滅。疇昔知音，何年載酒，真賞窮毫髮。不眠心事，共君千里明月。

柯煜《小丹丘詞》

相思兒令　題曹實庵《珂雪詞》　孔傳鐸

磊磊珠圓玉潤，白石認前身。不帶齊東風味，疑是過江人。　可嘆生不逢辰。似馮唐、郎署沉淪。至今嬌女紅窗，爲君歌動檀唇。

孔傳鐸《紅蕚詞》卷上

望江南　雜題我朝諸名家詞集後　朱祖謀

留客住，絶調鷓鴣篇。脱盡詞流薌澤習，相高秋氣對南山，騄度衍波前。曹升六

朱祖謀《彊村語業》卷三

望江南　飲虹簃論清詞百家　盧前

標南宋，始自實庵詞。心往手追張叔夏，幽深綿麗已兼之。周、賀不同時。曹貞吉

陳乃乾輯《清名家詞》後附盧前《飲虹簃論清詞百家》

百字令　曹升六儀部《行樂圖》，爲吴逸所繪，今藏裔孫善揆許　黄孝紓

詞仙歸去，渺素雲黄鶴，頓成今古。一徑緑天開畫本，風度軒軒韶舉。黍夢金臺，冰銜紫闥，參伍鵷鸞侣。宋王斂手，騷壇鼎足分取。正是白岳乘軺，芙蓉天半，打叠登高賦。游遍名山歸把卷，燕寢凝香亭午。珂雪題箋，金星拂硯，多少閑情緒。吴郎妙筆，傳神都在阿堵。

《同聲月刊》一九四四年十一月第四卷第二號同聲社采輯《今詞林》，原署名『匑庵』。黄孝紓，號匑庵。

古今詞話・曹貞吉珂雪詞　沈雄

沈雄曰：實庵詞，久從南溪讀其一二，恨未窺其全豹。《珂雪》新箋，欲想見其丰采而未可得。兹覽陳檢討題詞云：『愛佳詞，一編《珂雪》，雄深蒼穩』『算蝶板、鶯簧不准。多少詞場談文藻，向豪蘇、膩柳尋藍本。吾大笑，比蛙黽』。君詞更出其望外。

沈雄《古今詞話・詞評卷下》

論詞絶句　其十三　孫爾準

炊聞玉友二鄉亭，山左才人未徑庭。只有曹家珂雪句，白楊涼雨耐人聽。

孫爾準《泰雲堂詩集》卷四《假歸集》

論詞絶句又四十首·曹貞吉　譚瑩

千秋公論試評量，南渡詞人特擅場。十五家同收四庫，定知誰許魯靈光。我朝詞集，《四庫》所收者，唯《珂雪詞》《十五家詞》，餘俱存目耳。

譚瑩《樂志堂詩集》卷六

詞苑萃編·珂雪詞評　王士禛

曹實庵不爲閨襜靡曼之音，而氣韵自勝，其淡處絶似宋人。

馮金伯《詞苑萃編》卷八引

刻瑶華集述　節録　蔣景祁

曹解元升六清思密致，與新城王、萊陽宋別爲一派。

蔣景祁《瑶華集》

百名家詞鈔·珂雪詞·諸家詞評　吴綺等

吴薗次綺曰：《珂雪詞》字字香艷，至議論風生處，有烘雲托月之勢。

汪修如俊曰：家仲繩侄極艷稱《珂雪詞》，如嬌鶯欲醉，花曉初舒，一日令歌者按紅牙度之，會心處幾令心癢欲搔，惜不能向麻姑借爪耳。請付諸梓，以公同好。

張山來潮曰：先君視學山左，每謂詞章之妙，無過宋萊陽、王新城昆季，而尤重曹安丘，每抄其《珂雪詞》，把玩不釋。以其才情淵博，寄調清新，能於咀商嚼羽處，凌轢蘇、黄，揶揄秦、柳，真山左三大家也。

聶晋人先曰：實庵先生長調之妙，妙絶古今，若使《花庵》選手見之，亦不能局於令慢間矣。是刻初得之薗次、山來二處，再得於槎客歸舟所携，恐俱非全帙。擬借羽向黄山、白岳間求之，必能一時紙貴，百家增色，恨余之抱痾不能也。

《百名家詞鈔·珂雪詞》引

雲韶集・珂雪詞評　陳廷焯

實庵詞風韵之高，不減南宋諸賢，詞至是一變旨道矣。

陳廷焯《雲韶集》卷十四

白雨齋詞話・珂雪詞評　陳廷焯

曹升六《珂雪詞》，在國初諸老中，最爲大雅，才力不逮朱、陳，而取徑較正。國朝不乏詞家，《四庫》獨收《珂雪》，良有以也。

陳廷焯《白雨齋詞話》卷三

升六詞，余最愛其《掃花游・春雪》一篇，如云：『一夜梅花，暗落西窗似雨。飄摇去，試問逐風，歸到何處？』又云：『擁斷關山，知有離人獨苦。漫凝佇，聽寒城數聲譙鼓。』綿雅幽細，斟酌於美成、梅溪、碧山、公謹而出之者。

陳廷焯《白雨齋詞話》卷三

『萬馬齊喑蒲牢吼』，此迦陵題《珂雪詞》語，然直似先生自品其詞，吾恐升六尚謙讓未遑也。

陳廷焯《白雨齋詞話》卷三

詞有表裏俱佳，文質適中者，温飛卿、秦少游、周美成、黄公度、姜白石、史梅溪、吴夢窗、陳西麓、王碧山、張玉田、莊中白是也，詞中之上乘也。有質過於文者，韋端己、馮正中、張子野、蘇東坡、賀方回、辛稼軒、張皋文是也，亦詞中之上乘也。有文過於質者，李後主、牛松卿、晏元獻、歐陽永叔、晏小山、柳耆卿、陳子高、高竹屋、周草窗、汪叔耕、李易安、張仲舉、曹珂雪、陳其年、朱竹垞、厲太鴻、過湘雲、史位存、趙璞函、蔣鹿潭是也，詞中之次乘也。有有文無質者，劉改之、施浪仙、楊升庵、彭羡門、尤西堂、王漁洋、丁飛濤、毛會侯、吴薗次、徐電發、嚴藕漁、毛西河、董蒼水、錢保馚、汪晋賢、董文友、王小山、王香雪、吴竹嶼、吴穀人諸人是也，詞中之下乘也。有質亡而并無文者，則馬浩瀾、周冰持、蔣心余、楊荔裳、郭頻伽、袁蘭邨輩是也，并不得謂之詞也。論詞者本此類推，高下自見。

陳廷焯《白雨齋詞話》卷八

詞徵・清初三變　張德瀛

愚謂本朝詞有三變，國初朱、陳角立，有曹實庵、成容若、顧梁汾、梁棠村、李秋錦諸人以羽翼之，盡祛有明積弊，此一變也。樊榭崛起，約情斂體，世稱大宗，此二變也。茗柯開山采銅，創常州一派，又得惲子居、李申耆諸人以衍其緒，此三變也。

張德瀛《詞徵》卷六

柯亭詞論・清初三期　蔡嵩雲

清詞派别，可分三期。浙西派與陽羨派同時。浙西派倡自朱竹垞，曹升六、徐電發等繼之，崇尚姜、張，以雅正爲歸。陽羨派倡自陳迦陵，吴薗次、萬紅友等繼之，效法蘇、辛，惟才氣是尚，此第一期也。常州派倡自張皋文，董晋卿、周介存等繼之，振北宋名家之緒，以立意爲本，以叶律爲末，此第二期也。第三期詞派，創自王半塘，

葉遐庵戲呼爲桂派，予亦姑以桂派名之。和之者有鄭叔問、況蕙風、朱彊村等，本張皋文意内言外之旨，參以淩次仲、戈順卿審音持律之説，而益發揮光大之。此派最晚出，以立意爲體，故詞格頗高。以守律爲用，故詞法頗嚴。今世詞學正宗，惟有此派。餘皆少所樹立，不能成派。其下者，野狐禪耳。故王、朱、鄭、況諸家，詞之家數雖不同，而詞派則同。

蔡嵩云《柯亭詞論》

西圃詞説　節録　田同之

本朝士夫，詞筆風流，自彭、王、鄒、董，以及迦陵、實庵、蛟門、方虎，并浙西六家等，無不追宗兩宋，掉鞅後先矣。而其間惟實庵先生，不習閨襜靡曼之音，既細咏之，反覺嫵媚之致，更有不減於諸家者，非其神氣獨勝乎？由是知詞之一道，亦不必盡假裙裾，始足以寫懷送抱也。

田同之《西圃詞説》

詞學通論　吴梅

清初諸老，惟珂雪最爲大雅。才力雖不逮朱、陳，而取徑則正大也。其詞大抵風華掩映，寄托遥深，古調之中，緯以新意，蓋其天分於此事獨近耳。至咏物諸作，爲陳迦陵推挹者，吾甚無取也。

吴梅《詞學通論》

長句送峨嵋南歸　田雯

眼中之人南北曹，飛揚跋扈文章豪。酒後耳熱各大叫，脱衫據地風蕭蕭。阿大樂府譜新曲，眉峰一寸嶙峋高。眉峰剛一寸，爛醉起嶙峋，實庵句也。小謝偏師出勁敵，衙官屈宋窮搜雕。旌旗壁壘非一色，藩籬闌入狂且驕。坐客聞之掀髯笑，奪席攘臂叢譏嘲。幽燕老將刁斗壯，傖夫絳灌甘遁逃。海内非此二子者，千秋無乃太寂寥。上數語，述實庵詞話事。是時西山送凉雨，亭前老樹風雷交。天陰烏栖聲屑瑟，夜黑茅屋燈飄飖。詰朝

忽買潞河棹，縱横書巷纏牛腰。丈夫際時耽微禄，胡爲杖笠尋漁樵。君山一峰最奇拔，下臨大江生汐潮。烽烟落日蛟龍伏，葭菼秋風鴻雁號。浩淼之鄉漫園宅，輸君痛飲歌離騷。燕市屠沽遭白眼，幾人擊筑還吹簫。尚與北曹共晨夕，短轅鈍馬同游遨。暑凉雨過離筵濕，檐花迸落鳴新蜩。

《安丘曹氏家學守待》第十四卷附。又田雯《古歡堂集》卷五録此詩。

次曹實庵懷舊　馬翼辰

羞聽旁人説壯游，峼湖烟水幾驚秋。狂來對酒憐青眼，老去談經笑白頭。三徑松陰成我懶，兩行屐齒許君留。相逢縱爾遺佳句，曲裏陽春不解愁。

《安丘曹氏家學守待》第十四卷附。又張貞《渠丘耳夢録》乙集引，『相逢縱爾遺佳句』，『遺』作『貽』。

海上雜詩　其九　宋犖

十子成高會，葉井叔、林蜚伯、曹升六、田子綸、王幼華、曹頌嘉、顔修來、汪季甪、謝方山及余也。

千秋有素期。况從王祭酒，風雅得宗師。熊白雪中賦，仙岩花下披。余藏董文敏《仙岩圖》。幾多離索感，暮雨聽潮時。

宋犖《西陂類稿》卷六

秋日示介維　其三　宋犖

曹實庵靳熊封年來共酬倡，鹿窗句子訝偏清。何妨鼓吹西江派，也學涪翁作主盟。

宋犖《西陂類稿》卷十一

春暮懷友詩三十七首　其二十八　劉謙吉

曹頌嘉禾往赤城，曹升六貞吉賦詩送之。

二月春風扈赤城，曹生騎馬苦拘儜。建安兄弟原同調，芳草閑吟送我行。壬子年，同

劉謙吉《雪作鬚眉詩鈔》卷八

送田少參雯之楚分韵得江字　朱彝尊

前年白下君送我，臨當解纜拔柳椿。勞勞亭子惜分袂，津吏伐鼓聲逢逢。今年燕市我送君，西山積雪連崆峣。夕陽欲落猶未落，返景倒射紅油窗。人生會難別苦易，君又乘傳熊渠邦。川涂迢遞四千里，計程涉濟河淮江。翻飛蒼雁且莫致，攬環結佩何時雙。深杯當前宜縱飲，滿貯獸火傾羊羫。坐中曹貞吉謝重輝鬥奇句，掉險類舞都盧橦。譬諸宫商迭相奏，竽瑟椌楬紛琤摐。君亦録别留新詩，偏師一出長城降。古來文人志開濟，豈必翰墨驚冥惷。邇者七澤罷兵革，燒畬買犢齊耕塽。芻茭米粟待輪輓，筲籔穇秅争牽扛。有時清暇集參佐，赤闌湖口浮艕艭。雄風颯然蘋末至，怒濤直指臺根撞。武昌魚湝十千尾，宜城酒醖二百缸。維藩樹屏昔所重，快意不在張牙幢。吾今謫官一無事，思從楚客搴蘭茳。題襟漢上許酬和，他日抽帆偃畫杠。

朱彝尊《曝書亭集》卷十二

送曹郡丞貞吉之官徽州　朱彝尊

勝絶新安郡，高秋擁傳行。江流清見底，山色翠當楹。萬壑雲爲海，三都石作城。漆林分井社，松蓋辨陰晴。墨愛麋丸漬，茶先穀雨烹。由來風土美，見説訟庭清。之子齊東彦，才華鄴下并。詞源白石叟，詩法玉谿生。鳳詔趨晨久，鸞臺典籍榮。後來薪愈積，老去驥長鳴。豈厭承明出，遥思厩吏迎。名山謝康樂，隱吏許宣平。晚飯桃花米，春厨竹笋萌。麥光題素紙，龍尾滌金坑。暇有懷人作，知同惜别情。十年呼薊酒，雙調譜秦箏。忽漫登長道，沉吟數去程。迹猶淹旅食，心已定歸耕。七里嚴陵瀨，千秋黟帥營。相尋試酬和，編筏采紅蘅。

朱彝尊《曝書亭集》卷十二

讀曹實庵郡司馬朝天集却寄　顧圖河

畫旗雙引趨王程，朱輪轣轆斑騅鳴。郵籤絡繹報期會，憑軾不斷哦詩聲。一囊已

滿乍撿發，珠犀眩光騰光晶。燕雲豁達蕩胸臆，朔雪曠快清神明。冥搜欲發神鬼秘，拔筆直共山川争。廢原荒國吊前古，雄關重鎮思豪英。興來放意一抒寫，天風浩浩行間生。誠齋兩集舊傳播，楊誠齋有先、後《朝天集》。老傖浪得千年名。何如此帙足披誦，金石衝口鳴錚錚。文章陪輦在指顧，尚抱郡牒隨朝正。吾聞黟山大奇峭，攢峰直上青天撑。或者山靈乞真宰，敕遣快筆親題評。聖燈仙掌競刻露，丹台玉几争披呈。兜羅綿鋪旱海白，芙蓉砂朱砂名映温泉頳。化城金碧嵌空構，周游恍惚升天行。遥聞側聽不可到，先生獨主兹山盟。郊坰小隊出公暇，竹兜藤舁山裝輕。高吟不妨猿鳥和，絶唱或與靈仙并。拂苔灑墨字碗大，入石三寸岩巒驚。編成一集急寄我，渴心苦望餐金莖。

顧圖河《雄雉齋選集》

賀新郎

曹升六舍人寄《珂雪詞》九闋，賦贈　黄垍

淮海風流，樂章文彩，卓哉綉虎家傳。賦成珂雪，聲望滿燕山。自是才傾八斗，奪建安、七子文壇。鳳池上，年年載筆，奇藻動微垣。　盱衡千百載，南唐西蜀，代遠人湮。問於今誰繼，辛陸衣冠。楚客九歌既就，香風滿、紅葉階前。承恩久，天

顔有喜，歸院賜金蓮。

黄垍《露華亭詞》

沁園春 丙辰，曹升階年兄以三詞寄余，余病不能和。隔歲，乃僅賦一章見意，時曹在中秘　黄垍

捧讀新詞，玉質金聲，清越以長。似鳳凰池畔，吟成七步，沉香亭北，賦就三章。詞旨淋漓，珠璣錯落，八斗應難罄所藏。雲箋上，見香分辛陸，秀比鍾王。別來雲水茫茫。更夢斷、凉州月滿梁。記天池鎩羽，蒙君惠顧，朔風吹雪，送我還鄉。感念生平，且歌且泣，一夜相思兩鬢霜。短吟罷，恨江淹才盡，老大徒傷。

黄垍《露華亭詞》

永遇樂 柳絮和曹實庵　宋犖

望去非花，飄來疑雪，輕狂如許。未作浮萍，已離深樹，此際誰爲主。隋堤三月，

幾回翹首，一片漫天飛舞。最堪憐、無根無蒂，總被東風弄汝。蹋歌魏女，離情多少，問道春光何處。乍撲空簾，旋黏芳徑，好倩鶯銜取。還思往日，鵝黄初染，變態頓分今古。枉垂著、長條踠地，綰伊不住。

宋犖《西陂類稿》卷二十三

答曹實庵書　宋犖

犖頓首復實庵足下：七月廿八日得書，知起居佳勝。拜惠春茗新烟，荷荷。往歲拙句奉送有云：『他時相憶如相寄，玄璧龍團色色佳。』何足下久要不忘乃爾耶！每念足下奇人，黄山奇境，必有不朽之篇，爲山靈增重。今讀《紀游》諸什，其高則天都、始信諸峰拔地參天也；其浩瀚無際，則文殊臺下之雲海也；其離奇夭矯，則擾龍、卧龍諸松之盤空聳翠，駭人心目也。此山名作寥寥，雖有傳者，今被實庵壓倒矣。熊封和章，森秀雄恣，有韓蘇氣。掌霖長短句，鬖鬖奪玉田之席。足下拍肩揖袂，其樂可知。

犖居此，凡百任運，極人世崎嶇傾險，皆以『守拙』二字處之，心地蕭閑，不廢

吟嘯。昨楚中朱悔人來，盤桓經月，偕至兒更唱迭和，得詩數十首，差慰岑寂。今悔人歸東浦，至兒亦將返里，此後又當閣筆矣！西江文官，大小六百餘人，無一好文墨、商風雅者。昨一人過東林寺，囑其訪王新建遺迹，歸而見復云：『新建詩在屏風上，已破壞，無足取。聞有一僧名惠遠能詩，偶他出，未及見。』嗟哉！即此事令人如何發付？真可笑殺也。犖於足下，不過多輿夫四人，門前鼓吹一部，實則青鞋布襪、挹泉嚼蕊之樂，遜足下不知何等矣。偶收拾三年來拙詩，共三卷，寄阮亭點定，目前正謀付梓，梓成即寄正。熊封、掌霖、介維諸君均希道意。漱鄉沈文端、賈靜子、劉山蔚諸集，并此中《三孔集》及拙作二箋奉覽，窑器四件侑簡，統祈照入。

月日犖再拜。

宋犖《西陂類稿》卷二十九

答朱悔人　宋犖

犖頓首復悔人足下：五年闊別，兩月盤桓，文酒流連，無殊疇昔，其樂可知！足

下解纜章江後，諷咏『送君南浦，傷如之何』語，真不覺黯然魂消矣。接手札兼宣示近詩及廬山碑刻、蔬笋種種，不獨金石之音迸流几案，而名山烟嵐之縹緲，碑版文翰之奇古，林壑風物之幽邃，一一挹取不盡。但别後詩思已枯，不能即爲屬和，須興發乃補爲之，先以此爲息壤可耳，笑笑。昨曹實庵以《黄山紀游詩》見寄，犖答以『君爲黄山主人，盡探黄山之勝。犖爲廬山主人，不得一望廬山面目。較君縱多輿夫四人、門前鼓吹一部，亦何益哉？』今爲足下作答，觸迕前言，彌增悵恨。目下江南梓人即至，當爲足下綉雕《章江集》一卷。其中寄大兒基二律，與淡公茶話二絶，并昨寄簡次兒至一律，僭爲删去，知不罪也。拙作《禦變詩》刻王文成《開先寺紀功碑》後，自是勝舉，愧不敢承。尊稿評上。犖再拜。

宋犖《西陂類稿》卷二十九

與曹升六郡丞

張潮

孟夏浣讀教旨，撝抑謙光，溢於楮穎，三復之下，景仰彌深，不禁咨嗟大息。俗務羈絆，未獲言歸鄉國，時親左右，聆麈論而問奇字，爲悵悵也。鄧孝老今歲竟未來

揚，《詩觀》藏板，無從可得。俟其到日，即索板刷印尊著數十册郵上。近刻佳什更進，令潮諷咏不忍釋手，敬謝大教。

《珂雪詞》校讎再四，應無訛謬。靳父母評語，俱補刊入。遵命漫綴拙評，以志嚮慕，然言之不文，奚异佛頂着穢，徒供大方捧腹耳。兹印若干部，幸祈照到。

楚氛起於倉猝，殊出意外，我郡不無震鄰之恐，賴有老祖臺鎮定撫戢，未雨綢繆，則訛言不興，而衆嘩自息，我郡可恃以無恐矣。第是邗江鹺業，全在漢上，尤爲剥膚，聞已大受其毒。則涓滴微貲，不知作何，究竟將來，且糊口無策，言念及此，曷勝於邑！辱蒙世誼殷篤，捉筆不覺覶縷也。臨風馳結，不盡依依。

張潮《尺牘偶存》卷一

與曹升六郡丞

張潮

洊聞老公祖年世臺先生移節諸郡邑，惠政覃敷，頌聲遐播，行見名列御屏，榮膺内召，額手忭舞，曷罄名言?·客冬，數行修候并《詩觀》尊著呈上，想達臺端。謹將《珂雪詞》板二束賫送貴署，幸爲照到。其間訛字，已經改補，但恐讎校未精，有辜台委耳。

附有懇者，先君《大易辯志》一書，生平心力所注，時有發前人所未發者，而

《繫辭》則尤多闡析，敢求老祖臺自公之暇，賜以大序，俾《三都》藉皇甫先生而益重，當亦仁人君子之所不拒者耳。不揣冒干，伏惟俞允。臨池翹企，曷任主臣。

張潮《尺牘偶存》卷一

與曹實庵郡丞　張潮

自別臺顔，星霜屢易。凡敝鄉來者，莫不極口老祖臺清操美政，而舍侄則尤沐鴻慈造就之恩，感且不朽。

潮自孟夏以來，迭遭拂逆，大病之後，復患創瘍，四肢已廢其三，十指僅虚其一。不第楮生毛穎，久付塵封，即盥濯、衣冠，一切人事俱廢，以故未通魚雁，想老祖臺或能鑒宥於形迹之外也。近始擘去瘡痂，粗能握管，奉懷拙句，郵政大方，極知不足以稱述高深，惟冀賤名或得出入懷袖，不啻躬承謦咳耳。

舍侄春月在邗時，備道台愛，種種兼之。拙詞蒙賜教削，捧閲之餘，且感且愧。此後倘有所作，自當洗去浮艷，但恐朽木土墻，終無進益，虚負師承。然謝愛佩德之私，當與有生俱永矣。

張潮《尺牘偶存》卷一

寄曹實庵先生　張潮

自老祖臺先生内擢以來，無日不神馳左右，當年夏庇，時在胸臆間。每京師來者，咸極口鼎茵多福，宸眷優隆，忭慰爲劇。兹以宛陵袁士老入都之便，肅候崇禧，扇墨伴函暨近刻附呈臺政，統希鑒茹是荷。臨緘馳溯，曷任主臣。

張潮《尺牘偶存》卷四

與曹實庵　李良年

某不走候問於先生前，爲歲者再，知先生必訝其疏戾，即某亦自嘆爲真疏戾也。關河杳邈，傳聞异辭，伏處荒村，追惟曩誼，不獨先生有對床之感矣。此種情懷，非可托諸筆墨，僅以寒暄數字，仰塵掌記。揆之鄙意，未獲所安。是以久負此疏戾之愆也。邸信繹聯，備聞清望，兼悉台履珥筆金門之暇，著述等身，當不減杜陵凄激耳。

憶昨棲遲天末，驛使裝書，郵箋乞句。天倫多贈答之章，賤子荷品題之目。此時此樂，何可再尋。鷓鳥竹雞，已成陳迹。如何！如何！候雁將南，有可釋區區慕念者。得賜手書，微詞見慰，幸不淺矣。肅此奉候起居。令叔四先生，令公子世兄，想俱佳勝，統祈聲致不宣。

李良年《秋錦山房外集》卷一

與曹升階

李良年

客冬，手書賜答，仰荷垂憶，更辱見懷倚聲，撫昔念今，情詞婉折。拜讀之餘，百端交集矣。今春，晤蛟門先生於維揚，更述近履，河清可俟，雙龍易合，蠻風蜑雨，慮不足減眠食耳。庭始之變，初聞泣下，再聞駭愕，天道至今日亦不可問矣。爲文哀之，慘痛閣筆，僅留半稿，容續畢寄呈也。舍弟分虎，來游長安，特令晋謁。儻出其撰著請正，幸先生推所以教某者教之。舍弟曩游皆爲夢境。今潦倒而北，統邀奬借，庶靈臺無息炊之嘆耳。冗次率候，摇筆神迋。

李良年《秋錦山房外集》卷一

附録三　傳記資料

儀部公任内閣中書舍人授文林郎敕命　康熙十四年

皇帝制曰：錫類推恩，朝廷之大典；分猷亮采，臣子之常經。爾内閣辦事中書舍人加一級曹貞吉，秉質純良，持心端謹。簡司翰墨，奉職罔愆。慶典欣逢，恩綸宜賁。茲以覃恩授爾爲文林郎，錫之敕命。於戲！宏敷章服之榮，用勵靖共之誼。欽茲寵命，懋乃嘉猷。

制曰：恪共奉職，良臣既殫厥心；貞順宜家，淑女爰從其貴。爾内閣辦事中書舍人加一級曹貞吉之妻王氏，含章協德，令儀夙著於閨闈；黽勉同心，内治相成於夙夜。茲以覃恩封爾爲孺人。於戲！龍章載焕，用褒敬戒之勤；翟茀欽承，益勵柔嘉之則。

民國重修《安丘連池曹氏族譜》卷一

儀部公任江南徽州府同知授奉政大夫誥命　康熙二十七年

皇帝制曰：宣猷佐治，端資貳守之良；課吏安民，并紀協恭之績。爾江南徽州府同知曹貞吉，禔躬恪慎，莅事精勤。分雙旌五馬之榮，襄六典九條之治。詰奸宄而克静，礪廉隅以自持。慶典欣逢，褒章宜焕。兹以覃恩特授爾階奉政大夫，錫之誥命，於戲！撫循是職，贊良牧以宣猷；綸綍式頒，沐新恩而勵節。

制曰：良臣宣力於外，效厥勤勞；賢媛襄職於中，膺兹寵錫。爾江南徽州府同知曹貞吉妻王氏，終温且惠，既静而專。綦縞從夫，克贊素絲之節；蘋蘩主饋，爰流彤管之輝。兹以覃恩封爾爲宜人。於戲！敬爾有官，著肅雍而并美；職思其内，迪黽勉以同心。

民國重修《安丘連池曹氏族譜》卷一

誥授奉政大夫禮部儀制清吏司郎中曹公墓志并銘

張杞園先生撰

公曹姓，諱貞吉，字迪清，一字升六，别號實庵。幼具夙慧，初學爲文章，即有神解。甫髫，與弟濬餘同負俊聲。辛卯，濬餘膺鄉薦，而公獨不利於有司，益自奮厲，博極群書，篝鐙洛誦，深夜不休。年三十，中康熙癸卯鄉試第一，甲辰，成進士，庚戌，以推擇爲中書舍人。壬子，余充貢賦，入京師，見公自公之暇，專力攻詩，與今户部侍郎田公綸霞、巡撫都御史宋公牧仲、刑部郎中謝公千仞、故國子祭酒曹公頌嘉、給事中王公幼華、刑部主事汪公季角更唱迭和，都人有『十子』之目。新城王阮亭先生尤激賞公詩，爲鑒定版行之。自是學日益博，名日益著，人間以史傳故實相咨，事雖隱僻，公應對如流，論者謂不減張司空在典午之代也。所著有《珂雪詩》《珂雪詞》《十子詩略》，暨後《朝天》《鴻爪》《黄山紀游》諸集若干卷。此公之文學於古有考，於後可傳，海内之人無不知之者也。

公之由中翰出而同知徽州也，平簡温敏，洗手奉公，逾年，政大洽。會祁門令闕，

公即以材攝令事。其治行非一端，而大者罷門攤船課、汰磁土水車之税，祁人作《却金歌》以美之。新令既至，公首以貪暴相戒，令不能從，大反公所爲，未幾而閭左變起，圍署罷市，夷竈塞井，令不堪其辱，雉經以死。人情洶洶，恐致他虞，太守請於臺曰：『非曹君不能定此亂。』遂檄公以往，公故示整暇，紆道游白岳，信宿始達，徐抵其魁於法，盡除其政之煩苛者，邑中外皆帖服。及將還郡，行有日矣，公念邑中大旱，亟用東坡先生虎頭祈雨法禱於西峰九龍潭，虎首甫沉，風雷驟起，澍雨沾足，邑人立石放生池記其事。

是秋，復視篆青陽，諸吏抱牘進曰：『兑漕例徵三千金爲公私費。』公笑曰：『猾吏欲以腐鼠嘗我耶？水次近縣門，何須多金！當事知我貧，或不過督也。』宿弊遂洗。又署安慶、黟縣諸篆，公治之如前政。壬申計吏，公首登薦剡，視歙篆尚未竣事，遷户部廣東司員外郎以去。甲戌遷禮部儀制司郎中。其居儀曹最久，於貢舉學校，悉遵舊典，政尚寬平。胥吏有毛舉細故以文法中人者，輒格不行。公尤有人倫鑒。甲子，分校順天鄉試，得解元王君顒等正副榜十二人，多文章知名。庚午分校江南武闈，甲戌分校武闈會試，丙子典試粤西，所取亦皆奇偉之士。安民而復知人，又因以知公之爲吏，能不負其所學者也。

公九歲而喪父宗伯公，毁瘠如成人。又痛宗伯公早世，事母劉太夫人色養甚備。與其弟同學相友愛，煦煦怡怡，終身無間言。庚辛之交，公在中書，澹餘爲少宗伯，居同邸舍，夜雨對床，銜杯談藝，兄弟之樂，人艷稱之。未幾，澹餘以少宰鎮撫貴竹，公留京師，中懷結轖，然而驛使月必三四至，歌吟互答，歲常盈帙。癸丑冬，滇逆之變，澹餘身陷其中，公進退維谷，日夕惟以眼泪洗面。辛酉，澹餘盡節滇雲，公聞之，一慟幾絶，作《中秋慟哭詩》五章，其辭酸楚不可讀，然後知公内行淳至，不愧古人，而非僅以文章名世者也。

公生而嗜書，以歌詩爲性命，始得法於三唐，後乃旁及兩宋，泛濫於金元諸家。世之矜言體格而以剽賊塗塈爲能事者，公深鄙之。其爲人亦然，介節自許，意所不顧，萬夫不能回其首也。以是多取嫉於人，而亦以是爲清議所重。會銓曹闕員，上命大臣各舉才望堪任者一人，大宗伯特以公應。衆謂其且峻擢，而公病矣。丙子十一月秩滿，升僉事提學湖廣，引見之日，以跪久膝軟不能起，侍衛扶掖以出，竟解官歸。既抵里，猶與余輩數人修香山洛社之會。有司舉公鄉飲大賓，亦能成禮。不意戊寅八月偶失飲食節，舊疾大作，而公不起矣，則康熙三十七年十一月四日也。距生崇禎七年正月二十二日，得年六十有五。卒之又明年十一月二十日，葬於縣東北十二户之原。配王宜

人、側室李氏。生子男七：濂，邑廩生；霦，官監生；霈，太學生，候選州同知；湛，辛酉舉人，揀選知縣；澶，太學生，候選州同知；澣、涵，尚幼。女四：嫁邑庠生王倓；郡庠生韓助；太學生、候選州同知劉仁京；歲貢生李桀。孫男八：曾衍、曾符、曾怡、曾譽、曾紹、曾祚、曾桂、曾祐。孫女六。曾孫男二：崇厚、勉厚。曾孫女一。

嗚呼！余與公生同里閈。猶憶順治乙酉，余纔總角，吾先君自外歸，曰：『今日余於劉太史家見其曹氏兩外孫，爽朗玉立，精神足以蔭映數人，真一時龍鸞也！』余雖不知爲何人，然已竊心識之。亡何，先君厭代，余以孤童持門户，早通賓客。既見二曹，始知爲先君所稱者，因與定交，且與其兄弟先後結爲婚姻，同休戚，共憂樂，以肺腑相托者垂五十年。此公之諸子目余爲知公，具狀請銘，余即任之而不辭者也。以嘗志澹餘墓，不復次其世家。係之銘曰：

不媚其骨，不甘其言，不薄霜雪，而愛陽春。其修辭也，得諸魏晋以上；其立政也，直追兩漢以前。於惟實庵，妮古成性，絶俗非忤。取往哲以相擬，庶幾乎人中之龍，文中之虎。

民國重修《安丘連池曹氏族譜》卷三。張貞《渠亭山人半部稿・潛州集・墓志銘》亦録此文。

祭曹實庵先生文

張貞

維康熙三十七年，歲在戊寅十一月初四日，皇清誥授奉政大夫、禮部儀制清吏司郎中實庵曹先生卒於里第。姻弟張貞於未斂之前，已服深衣，哭先生於床。既斂之後，復製朋友之服，哭先生於殯宫。迨歷三旬，又率男在辛、在戊、在乙暨孫壯輿、敬輿、扶輿、重輿、簡輿、岱輿，爲文一章，寓絮芻而告先生之靈。曰：

嗚呼！先生逐不起耶？理數可憑，今竟不可知耶？天道無親，常與善人。前修之言，亦不足盡信耶？既而思之，先生蔭藉高華，才名奕奕。領解額，登甲科，揚曆内外，三十餘年，位躋容臺，秩列三事，兒孫繞膝，壽考令終，先生之得於天者，不爲薄矣。獨是余與先生戚誼交道，有出於尋常締結之外者，何能已於悲耶！

余初識先生，在學《詩》誦《勺》之年，時余門祚乍衰，觸境多畏，見儔人廣坐，輒思引去。君家兄弟，初露頭角，嶄然自异，邑人望之，以爲秀出天外，不可梯接，乃獨與余有水乳之合，每一聚晤，促膝引手，移日分夜。既講同人之好，復締兩姓之歡。熙熙怡怡，白首無間。曹張之交，論者以爲有終始也。

憶丁未首夏，先生需次里居，結伴南游，泛棹長淮，艤舟邗上。時四方名士，多僑寓其間，投紵贈縞，論交甚衆。相與登紅橋，過竹西，上下平山堂，籃輿畫舫，匏尊竹杖，歡聚月餘，始各散去。是後經行其地，痛良朋之遽往，嘆勝踐之難逢，又何能不悲耶！

歲庚在戌，先生筮仕中翰，儤直禁中，旬日休沐，用其暇以讀書，所養愈深，而詩亦加工。又與諸僚友迭吟遞唱，一時有『十子』之目。

壬子，余以選拔充賦入都，先生以余名譽未彰，爲游揚於公卿間，至今猶有知余姓字者，先生力也。乙卯秋，余下第東歸，先生扼腕累日，賦詩贈行，有『故交失意明朝別，孤燭離筵此夕真』之句。先生朋友之義，至是極矣，又何能不悲耶！

乙丑，先生同守新安。又三年，余悼亡傷逝，家居無聊，買舟南下，羈栖白門。先生聞之，遣平頭挾資斧，邀余爲黄山之游。余雖未赴，而先生之意厚矣！亡何，先生内擢版部，旋進秩宗。余以老病崔隤，裹足不入長安，尺一之牘，歲必數至。當其官南宫也，以在中書日久，朝章國故，已極博綜，故居儀曹，深諳典禮，宗伯取裁焉。郎潛五年，以才望推擇視湖廣學政。未赴而宿疾頓增，遂免歸。先生雖以病歸，猶與余晨夕過從，杯酒言歡。維歲之春，又與劉、馬諸君修洛陽九老、睢陽五老之會。不

肖如余，亦相招入社，坐無拘忌，不限醉醒。方謂此樂可常，孰意追隨未幾，典型忽遠，豈不尤可悲耶！

嗚呼！先生已矣！余邈焉寡儔，書有疑義，誰與共析？壺有名酒，誰與共斟？蘭時蕭辰，誰與共賞？東阡北陌，誰與共游？哀樂互乘，誰爲可語？緩急時有，誰爲足恃？興言及此，匪木人石心，何能不噭然其一哭耶！

涕泗之餘，實難閔默。欲爲長些大招而不能，欲摛詞拈韵而無暇，因略述交情，告哀楮幕。先生有靈，或能鑒此悃誠也耶！嗚呼哀哉！尚饗。

張貞《渠亭山人半部稿·潛州集·祭文》

儀部公墓表

從侄孫錫田頓首撰

竊惟奎璧輝於渤海，我實庵大人所爲以文章名世也。大人諱貞吉，字升六，少負鴻才，知遇之奇，蜚聲中外，歷代高年碩德受顯封，不備述。父宗建公，數奇早亡，母劉太夫人苦節訓讀。癸卯，由鄉薦第一，聯捷鰲背，月滿萱堂，當與乙未泥金，同扶機一粲也。棹回聖湖，以中書舍人迎母色養，壎篪競和，樂允無極。弟赴黔，奉母

叔父。

先大夫生而英挺絶倫，讀書過目不忘，七歲，偕先叔父出就外傅，規行矩步，履蹈有恒，鄉鄰有識者，早已决爲大成器。九歲，居先王父之喪，哀毁如成人。時值鼎革，滿地兵戈，先王母携煢煢兩孤，不遑寧處。然每當遷徙，必載遺書以從，至則和熊課讀，焚膏繼晷，究未嘗以亂離廢學。歲乙酉，先大夫年甫十二，先叔父年十一，俱有奇童之目。邑侯石觀張公聞之，召與諸生同試，拔置前茅，大加獎异。知己之感，先大夫終身念之不忘。

丁亥，補邑博士弟子員。戊子，娶吾母王宜人。辛卯，先叔父舉於鄉，先大夫發憤下帷，攻苦益力，無何以高材生餼於官。乙未，先叔父成進士，官翰林，揚歷中外，不六年而躋九列。而先大夫方潦倒諸生間，布衣徒行，無改寒素。人有以閥閲相稱者，面輒發赤，惟壹志讀書，篝燈洛誦，常漏下三十刻，是以文名日起，試輒冠軍，而於學憲施愚山先生則尤受國士之知。癸卯，舉鄉試第一人。放榜之日，主司知爲大廷尉之兄，以爲年必遲暮，意稍不懌，及進謁，固翩翩少年也，乃復大喜。越明年，遂登進士第。時先曾王母王太夫人猶能健飯，先叔父以假歸里，先王母率二子稱觴上壽，三世一堂，貂褕映輝，先曾王母顧而樂之，即同里之人亦詡詡然稱曹氏兩孤能榮親也。

是年冬，居先曾王母憂，讀禮之暇，鈎貫經史，搜撮苑部，於一切周秦兩漢六朝唐宋諸書靡不縱觀。既除喪，以其所學發而爲詩、爲詞、爲古文辭，無不登峰造極。蓋先大夫少即工詩，恐妨制舉業而不爲，迨一至中江，再泛聖善湖，而《珂雪初集》成矣。戊申六月夜，地大震，有聲如雷霆，先大夫最先覺，恐先王母受驚，徒跣急叩雙扉，大聲哀號。比鑰魚初啓，而坤輿漸寧，回視階面，瓦礫已盈數尺，假使當時稍移跬步，即身罹其灾矣。人謂誠孝格天，神實默佑云。

庚戌，考授秘書院中書，迎先王母於京邸，與先叔父同舍而居，朝夕承歡，連床風雨者凡八閲月。而先叔父以少宰出撫黔中，因奉母以歸，先大夫送至蘆溝橋下，離別之際，固難以爲懷，初不意慈母悌弟，遂於此成永訣也。先大夫獨留京國，常鬱鬱不自樂，然而驛使星馳，月或四三至，萬里倡酬，歲常盈帙。迨自甲寅亂後，南天鮮雁足之書，故鄉有垂白之母，先大夫欲歸不能，欲留不可，日夕惟以眼泪洗面。視草餘閑，則同新城今大司寇王先生阮亭、德州今少司農田先生漪亭、商丘今中丞宋先生牧仲、秀水今檢討朱先生錫鬯、宜興故檢討陳先生其年、江都故比部汪先生蛟門及一時諸名公商量風雅，消滅歲月，此《十子詩略》《珂雪詞》之所由成也。雖著述日富，而心則傷矣。先大夫以朋友爲性命，投縞贈紵，幾遍天下。汲引後進，有昌黎、廬陵

之風，故凡詞人墨客之入春明者，咸以爲當代龍門，各持所業以相質，苟片長足録，先大夫必加意拂拭，逢人説項，士之以此成名者指不勝屈。

乙卯，欽奉恩詔加一級，敕授文林郎，封吾母爲孺人。己未，纂修《玉牒》，告成，欽賜白金二十兩。庚申冬十月，先王母捐幃，訃至，先大夫一慟而絶，再藥始蘇，急僦牛車一輛，冒雪星奔，憑軾號啕，感傷行路。其抵家也，望廬而哭，血泪交流，舉家百口，踴擗助哀，地坼天崩，生氣都盡。今先王母墓木已拱，而不孝濂等回思曩日景况，每不禁泪涇涇下也。辛酉七月，得先叔父盡節滇雲之信，先大夫痛切鴒原，朝夕號泣，中秋遥奠，作《痛哭詩》七律五首，一字一泪，讀者莫不酸鼻。即後此先叔父既葬數年，先大夫每過墓所，未嘗不長慟失聲也。《書》云：『惟孝友於兄弟。』竊謂先大夫有焉。壬戌，葬吾先王母。癸亥，葬先叔父訖，起復，補原官。

甲子，分校北闈，得解元王君顒等正、副榜十二人，皆一時知名士。乙丑四月，升内閣典籍。六月，升徽州府同知，過泊頭，題壁詩云：『慵草十行下鳳池，偶隨南雁到江湄。也知佐郡非吾事，只欠黄山數首詩。』其襟懷灑落，概可知矣。十月抵徽，適當輯瑞之期，未逾月，復隨計册入覲。於時歲暮，王程叱馭而進，先大夫憑車覽眺，賦物懷人，雨雪往而楊柳還，吟咏不輟。益都趙秋谷先生投贈詩云：『除却鳴騶兼束

帶，更無一點世間塵。』真得先大夫之曠懷雅致也。明年，回新安，視篆祁門。祁，岩邑也。山高灘急，土瘠民貧，素稱難治。先大夫至則慎重詞獄，屏絶羨耗，罷門攤船課之徵，免磁土水車之税，洗手奉公，不名一錢，祁人作《却金歌》以美之。簿書稍暇，延接士類，與之談文講藝，恂恂若儒生。及其履堂皇，親案牘，則星瞳戟髯，老吏猾胥咸股栗不敢仰視，而邑中不逞子弟亦皆屏迹郊關之外，數月間無敢入公府者。先大夫之治行，固於祁門略見一斑矣。

丁卯暮春，有事於宛陵，宛陵，故先大夫舊游地也，郡中諸賢豪多於先大夫稱素心交，至是文酒流連，詩篇往復，清宴敬亭，有『鴻爪重尋感舊游』之句，遂以《鴻爪》名集。因得展拜愚山先生野殯，荒烟宿草，爲之大慟，賦詩三章，情詞凄惻，經紀其後人不遺餘力，一時大江南北莫不高先大夫之義焉。當其去祁門也，代者爲某君，臨岐請益，先大夫具以所以治祁者告之，某君弗善也，既乃果反先大夫之所爲，不半年，激成民變，圍署罷市，夷竈塞井，某君不堪其辱，投繯以死。死之日，人情洶洶，幾致不測。太守和臣朱公謂先大夫曰：『非先生無能定此變者。』以先大夫舊有德於祁人也。先大夫乃引車就道，而故示之以暇，紆道往游白岳，次日始抵縣，徐置首惡於法而民畏，盡芟煩苛之令而民悦，咸洗心革面以聽約束，而先大夫撫懷備至，一如前

日也。

戊辰夏，大旱，新令尹將至，行有日矣，先大夫愀然曰：『我豈以五日京兆而於祁漠不相關耶！』憶東坡《寓惠集》中有虎頭祈雨之術，乃禱於西峰九龍之潭。虎首甫沉，風霆驟作，大雨傾盆，遠近沾足。祁人异之，立石放生池畔，以記其事。先大夫亦爲長歌以志喜，有『使君無德及爾祁，此事乃關於職司』之句，是歲乃有秋。

九月，復視篆於池之青陽，下車之日，諸吏抱牘以進，曰：『刻日兑漕例徵白金三千，以濟公私之費。』先大夫啞然笑曰：『猾吏無狀，乃敢以腐鼠嘗我耶？水次近在縣門，何須多金！若督糧監税，或悉我之清貧，不過督也。至慮丁弁跳梁，則吾得制梃而撻之矣，横徵奚爲哉。』是歲，兑漕宿弊一空，而事卒辦。會值校試童子，先大夫手自披閲，不假幕賓。後督學高素侯先生歲科兩試，凡居二十名以内者悉録無遺，一縣孤寒有獎拔之感。冬十月，再遇覃恩，晋封奉政大夫，誥封吾母爲宜人。

己巳，返署，檢點行篋，惟有摺叠扇數十握，則出俸金之所購也。長夏多暇，日與歙令靳熊封先生及新安諸名士坐修篁濃翠中，講求聲韵之學。客去，則弄紅絲小研，磨方程諸家舊墨，而衡其甲乙，磨已復洗，耽玩不厭，雖瓶甑生塵，不問也。庚午，署安慶府篆，先大夫正己率屬，交勵清節，一時僚幕諸賢，六邑大令，咸凛凛奉法，

無敢隕越焉。十月，分校武闈，得士八人。辛未之秋，又一視黔篆，黔人德之，比其返也，争置旗扁以榮其行，朱彩迷離，照耀川谷，數十里不絶。今臺中廖連山先生，時宰海陽，目睹其盛，謂先大夫曰：『反懷磚之俗而變卧轍之風，今而知先生之善化民也。』歲杪，計吏兩臺廉得先大夫治狀，首列薦剡。

壬申，視歙篆未竟，遷户部廣東司員外郎。甲戌，升禮部儀制司郎中。是時，今相國桐城張公方正位容臺，與先大夫故爲同年好友，雅相推重，凡儀曹所上條奏，經先大夫所手定，無不畫可上聞。先大夫每從奏對之後，咫尺天威，進止合度，在廷咸屬目焉。會遇皇太子大婚之期，先大夫以儀臣專司其事，晨昏趨署，勤勞有加，禮成，欽賜文綺二表裏。是秋，復分校武會試，得會元倪君錦等二十六人，《闈中咏懷》詩有『頻經馬稍神猶王，三過龍門鬢已霜』之句，先大夫至是蓋已三司文柄矣。儀曹固號清華，而所領職務殊不爲簡，其中貢舉、學政尤事之大者，先大夫莅事，一切悉遵舊章，政尚寬大，胥吏輩有毛舉細故中人以法者，輒格不行。乙亥夏，吏部選郎闕人，上諭五部大臣各舉才望正郎一員，以備簡用，於是大宗伯佛公以先大夫應詔，引見暢春苑，上親詢籍貫出身，先大夫以次對，畢，佛公復跪奏曰：『此故貴州撫臣曹申吉之兄也。』上慘然動容久之，始知先叔父滇南就義，聖心未嘗忘也已。乃復諭先大夫曰：『好生做

官。』是日固以循資用户曹袁公，而天顔和霽，告語温文，在廷諸臣以咸謂將有不次之擢焉。丙子正月，偶以飲食失調，兩足癱軟，狀有似於風痰，服藥廿劑，旋即平復，日猶趨署供職。五月，奉命典試粤西。次趙州，疾作，延醫調理數日，病良已。冒熱兼程，車煩馬殆，而瘴雨蠻烟，又不能無所感觸，雖參苓日進，元氣不能再復。三閱月始抵桂林，閉鎖闈者旬有五日。比事竣，得士劉君如晏等正、副榜四十八人。撤棘之後，即星馳復命，入署辦事。會磨勘直省試卷兼考核各學差，辰入酉出，日以爲常，而食少事煩，不孝濂等心竊憂之矣。十一月，升湖廣提學道，三楚人士固夙耳先大夫盛名，又以新經持衡右廣，八林人才，搜羅殆盡，莫不引領傾心，樂就臯比。迨引見之日，以膝軟故，跪不能起。上顧左右侍衛曰：『此虚症也。何不扶之？』於是侍衛周、鮑二公扶掖而起，送出中左門，而先大夫病實不支，遂解組歸矣。先大夫宿負文章經濟，而西清一席，浮沉金馬者十餘載，悠悠索米，無所見長，及官典午，晋郎署，雖循分盡職，少有建樹，而抱負未盡展舒也。乃二豎相侵，不竟其用，朝野惜之。

丁丑三月，先大夫始抵里門，疾勢稍減。至戚好友，時相過從，笑言終日。又與劉先生崐石、張先生杞園及一時諸耆宿，倣白社遺意，結老人之會，月凡再舉，未嘗不扶杖以從。舉鄉飲大賓，猶能成禮而歸。或獨乘肩輿，遣興郊原，或時過野墅，與

田夫野老閑話農桑，怡然自適。不孝濂等私計先大夫既脱軟紅，自此優游林下，順時頤養，可冀延年。乃戊寅之秋，舊疾復作，不孝濂等雖甚惶怖，猶謂先大夫是疾，前此乍劇乍減，當不至遽爲大患也。詎意自此以後，床褥支離，藥餌無效，沉綿數月，竟弃不孝諸孤而長逝耶。嗚呼！痛哉！

先大夫素性恬淡，通籍三十餘年，所至屢空，不識阿堵爲何物。與郡邑大夫交，即極相引重，而甘貧守約，竿牘不至公門，此尤通邑所知，無俟喋喋者也。處友朋交游間，落落穆穆，不輕爲然諾，然遇人有緩急，則周旋患難，身任不辭。生死窮通，不以易念，或義所當爲，不俟請求，往往陰爲之地，而究亦不以告之。君子之交淡如水，其先大夫之謂矣。先大夫隆準豐頤，氣體凝重，居恒正襟危坐，静若枯禪，啜茗焚香，意泊如也。一生愛惜物命，細逮昆蟲，即放魚之作，屢形篇什，凡此皆壽徵，亦貴徵也，乃年不登耄耋，位不過曹郎，理數豈足憑，而天道尚可問耶？嗚呼！痛哉！

先大夫所著有《珂雪集》二卷，《十子詩略》一卷，《朝天》《鴻爪》《黄山紀游詩》各一卷，《珂雪詞》一卷，行於世；《古文辭》一卷，《實庵未刻詩稿》、經書制藝各千餘首，藏於家。

先大夫在國爲名臣，在家爲孝子，在海内爲聞人，在鄉黨爲善士。不孝溓草土餘生，語無倫次，亦何能仰述萬一？伏冀仁人君子鑒兹本末，哀其質直，錫以鴻章，用光泉壤，不孝溓等生生世世，載德靡有涯際矣。

先大夫生於崇禎七年正月二十二日，卒於康熙三十七年十一月初四日，享年六十有五。配吾母王氏，同邑處士爰莊公女，誥封宜人。生子七人：長即不孝溓，次霦、霈、湛、澶、澣、涵。不孝溓，邑廪生，娶邑庠生張公若曦女，繼娶高密縣庠生單公扆箴女，再繼娶邑庠生王公飆女。霦，官監生，娶同邑庠生劉公琬女，繼娶同邑處士李公琯女。霈，監生，考授州同，娶同邑翰林院孔目張公貞女，繼娶同邑黔西州知州周公泰生女。湛，辛酉舉人，揀選知縣，娶同邑庠生王公際熙女，繼娶濰縣庚戌進士、都督、同知、雲南武定參將李公珵女。俱吾母王宜人出。澶，監生，考授州同，聘昌樂縣丙辰進士、左春坊左諭德閻公世繩女。澣，聘高密縣甲辰進士、淮安府知府單公務孜女。涵，聘歷城縣都督僉事、四川成都副將趙公成女。俱庶母李氏出。女子四人：長適邑庠生王公德亮男、庠生倓；次適同邑考授縣丞韓公知愛男、郡庠生助；次適同邑乙未進士、保定巡撫、都御史劉公祚遠男、考授州同知仁京，俱吾母王宜人出；次適壽光縣甲辰進士、刑部右侍郎李公迥男、歲貢生槼，庶母李氏出。孫男八

人：曾衍、曾符、曾怡、曾礜、曾紹、曾祚、曾桂、曾祐。曾衍，邑庠生，娶同邑郡庠生張公惟幾女。霖出，出繼不孝濂從父弟澐嗣。曾符，監生，考授州同，娶同邑太學生周公晋生女，繼娶同邑太學生李公佐聖女。不孝濂出。曾怡，娶同邑庠生王公廣基女。霖出。曾礜，娶同邑拔貢生孫公敏女。不孝濂出。曾紹，聘同邑處士馬公庭箴女。湛出。曾祚，聘同邑庠生王公旭女。曾桂，聘同邑歲貢生李公仁榮女。曾祐，未聘。俱霈出。孫女六人：長適同邑太學生孫公起昭男昕。霖出。次適同邑考授州同知張公在戊男壯輿。湛出。次適同邑庠生李公怡男、太學生永齡。次適同邑歲貢生王公元雅男、庠生任長。俱霈出。次許字同邑樂清縣知縣馬公庭符男坪。霖出。次未字，湛出。曾孫男二人：崇厚、勉厚。崇厚，曾礜出。勉厚，曾怡出。俱未聘。曾孫女一人，曾礜出，未字。

民國重修《安丘連池曹氏族譜》卷二，《安丘曹氏家集》第二種亦載。

王太恭人行狀　曹濂

吾母姓王氏，爲邑中右族，代有顯貴。吾外祖處士公諱爰莊，外祖母馬夫人，是

生吾母。吾母生而端凝，言笑不苟，早嫻閨訓，年十六，于歸我先大夫。

時先大父贈通奉大夫、少宗伯公早捐館舍，惟祖母劉太夫人在堂，吾母上事孀姑，下和娣姒，内外翕然稱之。吾先大夫垂髫游泮，旋即食餼，治舉子業有聲，每試冠軍。時先叔父中丞公早歲通籍，不數年位九列矣，而先大夫顧數躓場屋，益發憤揣摩，不自沮抑，每讀書，輒至丙夜，吾母亦相與勸勉，篝燈夜坐，攻女紅事，操勞不倦。迨康熙癸卯，先大夫以解元登鄉書，逾年聯捷成進士，年纔三十耳。吾母佐讀之力爲多焉。又數年，先大夫以選爲中書舍人，官京師，而吾母家居侍吾祖母劉太夫人，色養備至。太夫人，相國少傅公女，少貴重而性嚴毅，少不適意，即呵怒及之。吾母柔順承歡，每治飲食，必自詣厨下，督諸僕婦烹飪。既進食，太夫人食於房，則吾母於簾外立；食於堂，則吾母於檐底立。俟食已，無他語，乃歸室，亦不令太夫人知也。或遇有呵責，吾母惟婉容愉色以謝，不申理一言，而太夫人旋已冰釋矣。此不孝輩所時常親見者。及太夫人即世後，吾外祖母馬夫人亦已年高，而吾母之事母與事姑等。馬夫人性亦嚴急，片語失意，則嗔怒不可回，吾母委曲將順，務得歡心，常迎請吾外祖母於家奉養。

吾先大夫由中書舍人外任新安郡丞，又内擢户部副郎，轉儀曹正郎，游宦中外二

十餘年，皆庶母李氏隨任，吾母以外祖母故不常往也。又能先意承志，於錢糧門户，一切區處，不以累及老人，至數十年，以高壽終，則吾母之孝於姑與母者，俱人所不能及矣。而尤謹於祀事，每遇春秋祀先節及忌日，祭器必自洗滌，品物必自檢點。或諸子婦及家人輩趨事，稍有弗虔，則終日不懌，年老猶扶掖詣神主前，僕僕再拜。前歲寒食節，年八十有二矣，尚乘肩輿詣先隴拜掃，及外祖父母墳墓，則其不忘孺慕如此。生平自奉甚薄，食無兼味，服厭華縠，布衣蔬食，恬淡自如。不孝輩或從旁微勸，則怡然笑曰：『我自甘此，不樂厚味華飾也。』至於和平慈愛，出於天性，而不事姑息，嘗立不孝等於前，縷述先大夫一生，青年淬志，讀書立品，以及服官勤慎，交友肫誠諸大節，欲其無墜先業。不孝等或出門一步，則必諭以遇事含忍，而切切以生事爲戒。不肖等至今尚能稍自謹飭，未至佻達浮薄爲里巷指目者，不敢不率母教也。而於諸少子若不孝澶、澼、涵等，尤所鍾愛。澶等早喪生母，吾母撫之甚厚，摩弄珍惜，不异己出。澶等每一追憶，未嘗不涕泗旁皇也。嗚呼！痛哉！

吾母治家嚴肅，尼巫媪嫗輩未嘗令其足涉門閾也。生平重親戚，念鄉黨，於窮乏故舊不能自存者，雖素無蓄積，心力不副，而吉凶患難，問慰周恤，務盡己心，必誠必信，而接人謙下，樸而彌真，煦煦然惟恐傷人意，即村嫗農婦久與接對，終不覺爲

屨膺翟褕五品命婦也。嗚呼！以吾母之孝慈懿淑如此，服食約素如此，接物謙和如此，謂宜餘慶悠長，即百齡未足以酬不盡之福，何爲一旦而遽至不起耶！吾母素强健，無疾病。癸未、甲申間，因骨肉多故，未免暮境心傷。比年以來，以不孝濙、涵僥倖青衿，謂其不廢學業，時復顧之色喜，精神比舊有加，添進飲食。自舊年丁酉，言語間始少有顛倒，不孝濂等以爲此高年之常，未以爲异，乃於十一月間卒然得疾。憶是月初一，爲不孝湛生日，侵晨，肅衣冠拜於床下，吾母已蚤起，揮手止勿拜，笑語如常。詎期入夜而病即大作，藥餌無效，沉綿兩月，遽弃不孝等而長逝耶。嗚呼！痛哉！

吾母生於崇禎九年三月初六日丑時，終於康熙五十七年正月初八日申時，享年八十有四。康熙十四年，以先大夫任内閣中書，恭遇覃恩，敕封孺人，再以康熙二十七年任江南徽州府同知，恭遇覃恩，誥封宜人。子七人：長即不孝濂，歲貢生，娶邑庠生張公若曦女，繼娶高密縣庠生單公扆箴女，再繼娶同邑庠生王公飆女。霂，官廕生，候選八品京官，娶郡庠生劉公琬女，繼娶處士李公琯女。霈，監生，候選州同知，娶翰林院孔目張公貞女，繼娶鄖陽府通判周公泰生女，再繼娶處士馬公超宗女。湛，辛酉舉人，任廣東雷州府遂溪縣知縣，娶同邑庠生王公際熙女，繼娶濰縣庚戌進士、都督、同知、雲南武定營參將李公琝女。俱吾母宜人出。澶，監生，候選州同知，娶昌

樂縣丙辰進士、左春坊左諭德閻公世繩女。澣，庠生，娶高密縣甲辰進士、江南淮安府知府單公務孜女。涵，廩生，娶歷城縣左都督、四川成都府城守副將趙公成女。俱庶母李出。女四人：長適邑庠生王公德亮男、庠生倓。次適候選縣丞韓公知愛男、郡庠生助。次適乙未進士、巡撫直隸、右副都御史劉公祚遠男、候選州同知仁京。俱吾母宜人出。次適壽光縣甲辰進士、刑部右侍郎李公迴男、歲貢生渠。庶母李出。孫男十一人：曾衍，廩生，娶郡庠生張公惟幾女。霦出，出繼從弟澐嗣。曾環，監生，娶張氏，繼韓氏。霈出。曾符，監生，考授州同知，娶甲午舉人周公派長孫女、太學生晋生女，繼娶太學生李公佐聖女。濂出。曾怡，娶邑庠生王公廣基女。霦出。曾譽，娶拔貢生孫公敏女。濂出。曾紹，娶處士馬公廷珍女。湛出。曾祚，娶歲貢生王公旭女。曾桂，娶歲貢生李公仁滎女。曾祐，庠生，娶邑增生馬公御驄女，俱霦出。曾綬，聘李氏，澶出。曾祺，聘李氏，涵出。孫女十一人：長適太學生孫公起昭男、庠生昕。霦出。次適考授州同知張公在戊男、廩貢生壯輿。湛出。次適邑庠生李公怡男、太學生永齡。次適同邑利津縣訓導王公元雅男、庠生任長。俱霈出。次適樂清縣知縣馬公庭符男、廩生曰坪。霦出。次適郡庠生韓公助男、庠生際亨。湛出。次澶出，次澣出，次涵出，俱未字。曾孫男九人：崇厚，曾譽出。勉厚，娶濰縣現任安丘縣學訓導郭公

一瑚孫女、庠生公女。履厚，聘濰縣郎公方遠女，俱曾怡出。秉厚，聘太學生李公承霖女，曾紹出。篤厚、和厚、樸厚，俱曾符出。保厚，曾譽出。得厚，曾紹出。俱幼未聘。曾孫女十二人。

今將以十月十二日合葬新塋，不孝濂等草土餘生，志意迷亂，語無倫次，伏冀大人先生哀其血誠，略賜采覽，錫以鴻章，俾吾母孝慈懿行得以有聞於世，則吾母没且不朽。不孝濂等生生世世之感戴，寧有涯際耶？

民國重修《安丘連池曹氏族譜》卷二載，原文不署作者。《安丘曹氏家集》第二種亦載。

安丘連池曹氏族譜·曹貞吉小傳

諱貞吉，復植長子，字迪清，一字升六，號實庵。康熙癸卯解元，甲辰進士，授内弘文院中書舍人，歷内閣掌典籍事，誥敕撰文中書舍人、加一級，敕授文林郎，纂修《玉牒》，甲子順天鄉試同考官，升江南徽州府同知，庚午科江南鄉試同考官，誥授奉政大夫，累升户部廣東清吏司員外郎、禮部儀制清吏司郎中，甲戌科武會試同考官，丙子科廣西典試副主考，升湖廣提學道按察司僉事。以第七子貴例贈中憲大夫。鄉飲

大賓。入郡志文學傳。崇禎七年正月二十二日生，康熙三十七年十一月初四日卒，享年六十有五。配王氏，敕封孺人，誥封宜人，又以子貴，例贈太恭人。側室李氏，例贈太恭人。生七子：濂、霂、霈，王出；澶、澣、涵，李出。葬城東北曹家莊前，有碑記。

民國重修《安丘連池曹氏族譜》卷四

安丘曹氏家學守待·儀部公傳

曹貞吉，字升六，號實庵，前進士一麟玄孫。父復植，廩生，早卒。母劉食貧課讀，亂離不廢書，髫年即與弟申吉有聲黌序間。癸卯，以第一領鄉薦。甲辰成進士，授中書舍人，歷典籍，出佐徽郡，洗手奉公，逾年大治。署篆祁門，汰船課、磁土、水車之税，祁人作《却金歌》以美之。新令至，首戒以貪，未幾致變，令縊死，人情汹汹。太守請於上憲曰：『非曹公無能定此亂者。』檄往，抵魁於法，苛政除而邑安。瀕行禱雨，遠邇沾足，祁人伐石頌德。數攝邑郡，廉明著一時，擢户部員外郎，遷禮部郎中。前後分校北闈及典試粤西，所得士皆知名，升僉事，提學湖廣，以老病歸。

生平著述最富，尤長詩歌，新城王士禛訂其集，與宋犖、田雯諸子合梓之，世稱『康熙十子』。著有《珂雪全集》行世，嘉慶間編入四庫館書，列國史文苑傳、府志文學傳。子霦、湛、澣、涵，孫曾衍，曾孫益厚，俱以學行世其家，詳本傳。

《安丘曹氏家學守待·珂雪文稿》卷前

清史稿·文苑傳一·曹貞吉

當是時，山左詩人王氏兄弟外，有田雯、顏光敏、曹貞吉、王苹、張篤慶、徐夜皆知名。……貞吉，字升六，安丘人。與雯同年進士，禮部郎中。詩格遒練，有《實庵詩略》。兼工倚聲，吴綺選名家詞，推爲壓卷。

清史列傳·文苑傳一·曹貞吉

曹貞吉，字實庵，山東安丘人。康熙三年進士，官至禮部郎中。生而嗜書，以歌詩爲性命。始得法於三唐，後乃旁及兩宋，泛濫於金元諸家，所爲詩，氣清力厚，一

往情深，而不喜矜言體格。嘗爲《黄山紀游》諸作，宋犖見之，曰：『此山名作，向推虞山，今被實庵壓倒矣。』在京師時，和王士禛《文姬歸漢》等長歌，極有筆力。士禛選《十子詩略》，貞吉與焉。閒倚聲作詞，追踪宋人。吴綺《名家詞選》，以爲壓卷，流傳江左，一時推爲絶唱。爲人介特自許，意所不欲，萬夫不能回。以是多取嫉於人，而亦以是爲清議所重。尤篤於師友，嘗從施閏章游，閏章殁，經紀其後，不遺餘力。每與汪士鋐話及往事，涕泗交頤。所作《拜愚山野殯》三章，低徊欲絶。著有《朝天》《鴻爪》《黄山紀游》等集。其後人彙刊之，曰《珂雪詩》。然士禛《感舊集》所撰諸詩，皆不見集中，蓋全稿多散失云。

李元度《國朝先正事略》卷三十七《文苑》

國朝先正事略・文苑・曹貞吉

實庵，名貞吉，字升六，安丘人。山薑同年進士，官禮部郎中。詩格遒煉，其黄山諸作，極爲宋牧仲所推。著有《實庵詩略》。

山東通志·人物志第十一·曹貞吉

曹貞吉，字升六，號實庵，安丘人。康熙二年，舉鄉試第一。三年，成進士。授中書舍人，出爲徽州府同知，數攝郡縣，以廉惠稱。在京師時與商丘宋犖、郃陽王又旦、曲阜顔光敏、黄岡葉封、德州田雯、謝重輝、晋江丁煒、江陰曹禾、江都汪懋麟以詩相倡和，號爲『十子』，新城王士禛定其詩刊之。又工填詞，與秀水朱彝尊、宜興陳維崧相伯仲，《四庫全書提要》稱其『風華掩映，寄托遥深，卓然近代作手』。士禛、懋麟及彭孫遹、張潮、李良年、曹勳諸人交口嘆爲絶詣。一生在官，治行爲文名掩，用薦遷户部員外郎，歷禮部郎中、湖廣提學道，以疾歸。著有《朝天》《鴻爪》《黄山紀游》諸集，其曾孫益厚合士禛所刊，總名之曰《珂雪詩》，《四庫全書》亦録之。子涵，國史有傳。

《（光緒）山東通志》卷百七十五《人物志第十一·國朝人物·青州府》

康熙青州府志·文學·曹貞吉傳

曹貞吉，字實庵，安丘人。癸卯領解，捷南宫，授中書舍人。出佐徽州，數攝郡邑，所至有廉聲。擢户部員外，遷儀部郎中。前後分校順天鄉試、武會試、江南武闈及粤西，所得皆名士。簡提學湖廣，未赴，卒。公於書無所不讀，而尤以歌詩爲性命，所著《珂雪詩》《朝天》《鴻爪》《黄山紀游》諸集。

咸豐青州府志·人物傳十·曹貞吉

曹貞吉，字升六，復植子。康熙二年，以第一人舉於鄉。三年，成進士。少有譽望，介持自許，有萬夫不回之力。通籍後，以中書舍人居京師，日與商丘宋犖、郃陽王又旦、曲阜顔光敏、黄岡葉封、德州田雯、謝重輝、晋江丁煒、江陰曹禾、江都汪懋麟十人相倡和，新城尚書王士禛號爲『十子』，定其詩刊之。又工填詞，與秀水朱彝尊、宜興陳維崧相伯仲，《四庫書目提要》稱其『風華掩映，寄托遥深，卓然近代作

手』。王士禛、彭孫遹、張潮、李良年、曹勳、汪懋麟諸人，交口嘆爲絶詣。一生在官，治行爲文名掩，其由中書出爲徽州同知，數攝郡縣，皆廉惠有爲，用薦遷户部員外郎，歷升至廣東僉事提學道，以疾歸。有《朝天》《鴻爪》《黄山紀游》諸集，其曾孫益厚合士禛所刊，總顔之曰《珂雪詩》，《四庫全書》亦録之。子涵，别有傳。霦，字掌霦，蔭生，工詩詞。康熙辛酉鄉試，聞主司爲父執友，即馳歸，人高其行。著有《棗花田舍詩》《冰絲詞》。霦弟湛，字露繁，舉人，遂溪知縣，不尚煩苛，母老告歸，遂溪人爲立生祠。湛弟瀞，字幼旬，生員，不務帖括，喜爲詩，著有《雪舫集》。益厚，湛孫，别有傳。

民國重修《安丘連池曹氏族譜》卷四、《安丘曹氏家集·珂雪詞》卷下前、《安丘曹氏家學守待·珂雪文稿》卷前均録此傳，標《青州府志》。『歷升至廣東僉事提學道』，『廣東』當爲『湖廣』。

安丘連池曹氏族譜引《青州府志·人物傳》

曹貞吉，字實庵，安丘人。弟申吉，字澹餘，皆生而穎异，髫年即有聲黌序間。

獨澹餘早達，十七舉於鄉，又四年乙未成進士。而實庵數躓文場，至癸卯始領解捷南宮，授中書舍人，出佐徽郡，數攝邑篆，所至有廉潔聲。擢户部員外，遷儀部郎中。前後分校順天鄉試、武會試及典試粤西，所得皆奇偉之士。公於書無所不讀，而尤以詩歌爲性命，所著有《珂雪詩》《詞》《朝天》《鴻爪》《黄山紀游》諸集，膾炙海内。生平内行醇謹，事母盡孝，友愛有加。方在中翰時，澹餘任少宗伯，居同邸舍，夜雨對床，壎唱篪和，都人士無不艷稱。澹餘弱冠受主知，十餘年間，由庶常洊歷少宰，巡撫黔南，以荒裔人不知學，多方誘掖，文治大洽。不幸逆藩煽亂，始而飛章告變，後則蠟丸達表，竟陷賊中，崎嶇以死。雖流離顛覆，不廢書卷，日新富有，遂臻絶境。所著《黔行》《黔寄》諸集，與伯氏可稱二難。實庵遷湖廣提學僉事，以老病歸，邑人舉鄉飲大賓。次子霖，官監生，才詣超隽，雅善詩詞，有父叔風。

民國重修《安丘連池曹氏族譜》卷四引《青州府志人物傳》

『儀部中丞兩公府志文學傳』

公舉儀部公鄉賢呈文

宣統元年　邑人馬步元撰

爲公舉鄉賢，呈請核准，行查原籍，奏請入祠事。

竊維録賢褒德，枌榆久式其表坊；顯微闡幽，桑梓宜崇其俎豆。伏見安丘縣已故進士、原任湖廣提學道按察司僉事曹貞吉，簪纓舊族，詩禮名家。早歲孤貧，立身介特。撫手澤而隕涕，能讀父書；盡色養以承歡，恪遵母訓。提携弱弟，不憂風雨之飄摇；譽美神童，遂致科名之繼起。登蘂榜而魁多士，捷步南宫；入薇省而展長才，蜚聲西掖。洎乎新安佐治，劇邑兼權，翕頌神君，争歌廉吏。當及瓜之已代，尚戒虎苛；俾伏莽之潛消，不驚犬吠。政既成於皖水，秩旋晋夫郎官。錢穀寓精心，趙謙光無慚粉署；典章持大體，孔休源不愧容臺。襄棘闈則桃李盈門，試桂林則珊瑚入網。漢江持節，方秉尺以量才；海國養疴，遽投簪而解組。綜平生之揚歷，治績兼優；要時望之推崇，文章尤著。集傳《珂雪》，勝紀《黄山》。藝圃聯鑣，盛名參『十子』之列；詞壇樹幟，偉著登《四庫》之編。此史館所以特徵，而《文苑》與焉立傳者也。至其情敦故舊，誼切睦婣，重葛藟之本根，篤蔦蘿之戚婭。克成宅相，公爲少傅劉憲石外孫。扶其困而日用常供，不忘師資，公游施愚山先生門。恤其後而殷勤無已。揚清風於兩袖，遠邇同欽；傳故篋之一經，子孫濟美。淑身淑世，昭昭者寔已無愧；立德立言，卓卓者洵堪不朽。

職等載稽志乘，博采鄉評。言念芳徽，仰典型於在昔；曷勝傾慕，希秩祀於將來。

爲此取具同鄉京官印結，粘呈投遞，伏乞大部核准，行查原籍，奏請入祀鄉賢祠，以順鄉情而昭遺範，寔爲德便。

再：該故紳於康熙三十七年病卒，其後裔現無入仕之人。合并聲明上呈。

吏部員外郎張祖厚

具呈人：翰林院編修馬步元

度支部主事李效曾

事以宣統元年同鄉京官馬步元等呈請，學部核准，行查原籍，經山東巡撫部院孫、提學使司羅查覆，彙奏恩准依議。於宣統三年春，奉上諭：『原任湖廣提學道按察司僉事曹貞吉入祀鄉賢祠，并仰安丘縣知縣傳知該故紳後裔，恭行典禮，題名勒碑，以彰崇祀。俾後世子孫永深頂戴。』十八世守信謹識。

民國重修《安丘連池曹氏族譜》卷一

乾隆浯溪新志·叙傳二·曹貞吉

曹貞吉，字升六，安丘人。順治庚子解元，官禮部員外郎。有《朝天集》《珂雪集》。

道光安丘新志·事功志·曹貞吉

曹貞吉，字升六，與弟申吉髫年并有文譽，顧弟早達，而貞吉數躓，癸卯始發解，連捷，成進士，授中書。出佐徽郡，洗手奉公，逾年大治。旋攝祁門篆，罷船課、汰磁土水車之税，祁人作《却金歌》頌之。新令至，首戒以貪，不聽，未幾閭左變起，圜署罷市，令縊死。人情洶洶，恐有他虞。太守請於上官，曰：『非曹某不能定此亂。』檄往，抵其魁於法，苛政除，而邑以安。擢户部員外郎，遷禮部郎中，分校順天鄉試、武會試，典試粵西，所得皆知名士。尋升湖廣提學僉事，以老病歸。生平嗜讀書，尤好爲詩歌，始法三唐，後乃旁及兩宋，泛濫於金元諸家。與宋牧仲、顔修來等相唱和，稱『康熙十子』，論者謂不減張司空之在典午也。著有《珂雪詩》《詞》《十子詩略》《朝天》《鴻爪》《黄山紀游》諸集。詞入四庫館，傳載國史。子：濂、霦、霈、湛、澣、涵，并能承家學，聞於時。

文獻徵存録　錢林

曹貞吉，字升六，又字實庵，安丘人，順治庚子解元，官禮部員外。《登望海樓》云：『尊前忽覺來三島，此外猶聞更九州。』《花朝得舍弟過江消息》云：『花明故國初啼鳥，人渡空江欲暮潮。』競傳之。有《朝天集》《珂雪集》，宋牧仲《答實庵書》曰：『每念足下奇人，黄山奇境必有不朽之篇爲山靈增重，讀《紀游》諸什，此山名作寥寥，向推虞山，今被實庵壓倒矣。』弟申吉，字澹餘，順治乙未進士，官貴州巡撫，王士禛曰：『二曹兄弟齊名，中丞淪没异域，未見其止。』《祭告湖南》有句云：『雪花飛過洞庭去，愁對斑斑湘竹林。』

《文獻徵存録》卷十

顔氏家藏尺牘・姓氏考・曹貞吉　顔光敏

曹貞吉，字迪清，一字升六，號實庵，山東安丘人。康熙三年進士，歷官禮部郎

中。有《珂雪堂總集》。《四庫全書總目》：『貞吉詩格遒煉，其黄山諸作，極爲宋犖所推，在京師，和其《文姬歸漢圖》等長歌，極有筆力，今檢集中不載。又王士禛《感舊集》所選《登望海樓》《吴山晚眺》《金山》諸詩亦不見，則全稿之散失者多矣。』又貞吉詩集、詞集，皆以珂雪爲名。而其詞寄托遥深，風華掩映，實遠過其詩，蓋才性有偏至也。張貞《珂雪堂詞譜題辭》：『實庵詩文妙天下，間倚其聲作詞，遂奪宋人之席，吴薗次《名家詞選》以爲壓卷，流傳江左，推爲絶唱。』

《顔氏家藏尺牘・姓氏考・曹貞吉》

清詩紀事初編・曹貞吉

曹貞吉，字升階，又字升六，號實庵，安丘人。康熙三年進士，考授内閣中書，出爲徽州府同知，内召禮部儀制司郎中，以疾辭湖廣學政歸里。未得卒年。事具《清史列傳・文苑傳》。撰《珂雪集》一卷，《朝天集》一卷，《鴻爪集》一卷，《黄山紀游詩》一卷，《珂雪詞》二卷。王士禛嘗選宋琬、王又旦、顔光敏、葉封、田雯、謝重輝、丁煒、曹禾、汪懋麟及貞吉之詩爲《十子詩略》，世稱『金臺十子』。貞吉詩從

七子入手，世貴眉山、劍南，乃稍變其體，故爲士禛所賞。然讀其七古諸篇，悲歌慷慨，自是才人，與弟申吉可稱二難。蓋盛衰之感，不能寓於膚闊，此其所以折而入宋歟？尤工填詞，出入南北宋，無語無寄托，不爲閨襜靡曼之音。時人以比嘉善曹爾堪，稱南北二曹，然其變化無端處，非爾堪所能及也。

《清詩紀事初編》卷六乙編

渠丘耳夢録·曹儀部

張貞

曹實庵儀部與其弟澹餘皆以詩名於時。實庵天才雄放，且久官都門，日與四方名勝更唱迭和，篇章尤富，不能盡録，録其爲余作者數首。《病起與杞園小飲》云：『胸中磊塊無時無，形貌雖腴神明臞。連宵氣急勢澎湃，隱囊假寐難須臾。兀然趺坐等枯木，鐙前影弄鬖鬖鬚。床頭熟釀故鄉麴，潺湲入耳神魂趨。擬傾一盞沃焦釜，恐置冰炭勞醫巫。今日故人對清嘯，二豎無煩桃茢驅。一舉十觴那成醉，酒懷浩蕩凌江湖。中年作惡賴陶寫，絲竹嘔啞非良圖。無寧揮麈共譚笑，唾壺擊碎歌嗚嗚。枚生七發酒德頌，恍惚置我鴻濛都。心和氣平理則壽，五岳方寸何區區。』《中秋後一日送杞園東

歸》：『二載始相見，聚首纔一月。蒼然秋色中，重與故人別。子來觀國光，巍峨瞻帝闕。紅燭燒已殘，勝負殊未决。云何揮手去，歸路馬蹩躠。易水流湯湯，盧溝沙似雪。荒原帶兵氣，風雨莽凄切。心知念倚閭，浮名非所屑。因之感余懷，憂來不能輟。』《杞園輯寶典成詩以贈之》：『博物何人號冠軍，風流思曼若爲群。平分秦相摩崖筆，遍勒周王石鼓文。座側青箱移歲月，腕中不律走風雲。詞華愧我蕭條甚，欲問鷄窗乞碧芸。』《過杞園齋頭贈李象先兄弟》云：『爛熳春光流水俱，枝頭好鳥自相呼。竹林初入誰高士，白社重來愧酒徒。千古文章推海岳，一尊風雨對菰蘆。擬將五色天孫錦，綉作東園二仲圖。』《謝杞園贈墨》云：『君家文物焕縹緗，珍重陳玄出豹囊。千杵何人規作月，一丸我欲唤爲莊。光分側理寧辭染，價借龍賓未許方。守黑只今成快友，從教俯首十三行。』《客廣陵送杞園之白門》云：『送子秦淮拂釣磯，石城烟雨碧山圍。船從朱雀桁邊去，燕自烏衣巷口飛。千里同人時載酒，一番握手未成歸。舊題名處應還在，芳草萋萋正染衣。』《劉子羽見寄詩集悵然有懷并致渭清杞園》云：『老去悲歌慨以慷，一緘冰雪動光芒。敢云針芥同欣賞，如有鬚眉對激昂。别後更誰償酒債，年來真怪減慳囊。寄書故里洪陀長，夢裏琅邪道路長。』《中秋二首呈杞園》：『中年佳節助酸辛，况復天涯憶遠人。弱子無知還待月，病夫當酒易傷神。故交失意明朝别，孤

燭離筵此夕真。簫鼓誰家仍得醉，不堪夢裏到濰濱。兩子諸孫皆遠道，獨留白髮倚柴扉。風塵北地憐浮梗，瘴癘南天憶釣磯。何物世間愁得似，偶來塞上雁初飛。清光猶是當年好，底事婆娑與願違。』《熱甚與杞園話舊》：『陽烏不動火雲紅，僦舍相看似病翁。却憶西園亭子好，萬竿修竹一簾風。』

張貞《渠丘耳夢録》乙集

池北偶談·焦桂花　王士禛

曹升六貞吉舍人曾於内庫檢視書籍，見庫房柱上有嘉靖間一帖，記烏玉、黄玉、緑玉、白玉、紅玉各若干斤，玉璞七萬幾千斤。後書答應焦桂花傳。

王士禛《池北偶談》卷二十五

香祖筆記　王士禛

明仁宗賜禮侍金問《歐陽居士集》凡二十册，遭回禄，失其八，後在文華殿從容

言及賜書事，宣宗促命内侍補之復完。余聞曹舍人貞吉云，官典籍日料檢内府藏書，宋刻《歐陽集》凡有八部，竟無一全者。蓋鼎革之際散軼，不可勝道矣。

王士禛《香祖筆記》卷十二

杏花春雨樓賦序　吴綺

于鼎、文治兩汪子，世居歙之松明山。杏花深處，新構一小樓，兄弟讀書其上，曹實庵使君取宋人『杏花春雨江南』句，顔之曰『杏花春雨樓』，友人吴聽翁登而樂之，援筆而爲之賦。

吴綺《林蕙堂全集》卷一《杏花春雨樓賦》

清秘述聞　法式善

康熙二年癸卯科鄉試……山東考官：刑科給事中張維赤，字螺浮，浙江海寧人，乙未進士。禮部郎中張應瑞，字受庵，漢軍正白旗人，乙未進士。題『天下歸仁』三

句，『洋洋乎發』一節，『吾豈若使』三句。解元曹貞吉，字升六，安丘人，甲辰進士。

法式善《清秘述聞》卷一

康熙三十五年丙子科鄉試……廣西考官：編修吴昺，字永年，江南全椒人，辛未進士。禮部郎中曹貞吉，字升六，山東安丘人，甲辰進士。題『詩可以興』二句，『發强剛毅』二句，『非聖人而』二句。解元劉如晏，字愧嬰，臨桂人。

法式善《清秘述聞》卷三

清實録·聖祖實録·三十五年

康熙三十五年丙子……以翰林院編修張瑗爲四川鄉試正考官，户部郎中陸鳴珂爲副考官；翰林院檢討樊澤達爲廣東鄉試正考官，吏部郎中劉曾爲副考官；翰林院編修吴昺爲廣西鄉試正考官，禮部郎中曹貞吉爲副考官。工科給事中黨聲振爲福建鄉試正考官，翰林院檢討王者臣爲副考官。

乾隆江南通志・學校志・學宫三

（康熙）三十年，（黟縣）知縣曹貞吉修（文廟）正殿及明倫堂。

康熙徽州府志・職官志二・郡職官

曹貞吉，字升六，山東安丘人。進士。康熙二十四年任（徽州同知）。

康熙續安丘縣志・貢舉表第二

舉人：康熙二年癸卯，曹貞吉，解元。見進士。

進士：康熙三年甲辰，曹貞吉，申吉兄，字升階，授秘書院中書舍人。

《（康熙）續安丘縣志》卷十三

嘉慶黟縣志·雜志·寺觀

林歷庵，在縣南十里林歷山。歲辛未，郡司馬曹貞吉改名玉虹山。

名家詩鈔小傳·樂圃詩鈔小傳　節録　鄭方坤

顔光敏，字修來，別字樂圃……鋭意著述，激揚風雅，思成一家言。以抗衡於轀退、荔裳、西樵、阮亭諸公之間，曹升六舍人、田子綸户部寔左右之，東國風流，沾丐海内，今所傳長安十子詩者是已。

鄭方坤《名家詩鈔小傳》卷二

漁洋山人自撰年譜注補·十子詩略　惠棟

是年，宋牧仲犖、王幼華又旦、曹升六貞吉、顔修來光敏、葉井叔封、田子綸雯、

謝千仞重輝、丁雁水煒、曹頌嘉禾、汪季用懋麟皆來談藝，先生爲定《十子詩略》刻之。

惠棟《漁洋山人自撰年譜注補》卷下『康熙十六年丁巳四十四歲』條。『丁雁水煒』，清宋犖《漫堂年譜》作『林輩伯堯英』。

郎潛紀聞二筆・輦下十子　陳康祺

汪蛟門懋麟、田綸霞雯、宋牧仲犖、曹頌嘉禾、丁幼華又旦、顔修來光敏、葉井叔封、曹升六貞吉、謝千仞重輝，同稱詩輦下，時號十子，亦見《亞谷叢書》。

陳康祺《郎潛紀聞二筆》卷五

郎潛紀聞四筆・康熙間輦下十子　陳康祺

輦下十子者，顔修來郎中居其首，其九人則德州田雯山薑、商丘宋犖牧仲、郃陽王又旦幼華、江陰曹禾頌嘉、安丘曹貞吉升六、德州謝重輝方山、仁和丁澎葯園、黄

修來，岡葉封井叔、江都汪懋麟蛟門也。前筆但紀姓名，未詳事迹，茲博考而補之。修來，初宮中書，會天子幸太學，加恩四氏子弟之官於朝者，授禮部主事，尋充會試同考官，出督龍江關税務，官至考功郎。山薑，順治己亥進士，由中書升部屬，累遷貴州巡撫，移撫江南，終户、刑二部侍郎。牧仲，以蔭入仕，通判黄州，累遷至江蘇巡撫，入爲吏部尚書。幼華，順治戊戌進士，知潛江縣，以治行徵舉給事中，補吏科，轉户科掌印，典試廣東。頌嘉，康熙甲辰進士，以中書試鴻博，授編修，官至國子祭酒。升六，順治庚子解元，官禮部員外。方山，以父蔭起家，官刑部郎中。葯園，順治乙未進士，官禮部郎中，典詞試河南。井叔，順治十六年進士，除延平推官，改知登封縣，遷西城兵馬司指揮，舉詞科，報罷，以工部主事終。蛟門，康熙丁未進士，官中書，舉詞科，以未終服辭，旋授主事。十子者，皆掇科名，隸仕籍，且有任連帥六卿者。蓋其時聖祖崇尚儒雅，二三大老宏奬風流，故士之負才翹异者，皆獲有所表見，不終老於槃阿歌嘯間也。或曰『燕臺十子』中，有施愚山侍讀，蓋續入詩社者。

廣陵詩事·輦下十子　阮元

蛟門在京師，與田侍郎綸霞、宋中丞牧仲、曹祭酒頌嘉、丁廉使淡汝、王給諫幼華、顔吏部修來、葉工部井叔、曹禮部升六、謝刑部千仞，以詩相倡和，時號『十子』。

阮元《廣陵詩事》卷三

雪橋詩話·輦下十子　楊鍾羲

郃陽王幼華從孫豹人受詩，時輦下稱詩，有『十子』之目，『十子』者，田綸霞雯、宋牧仲犖、丁淡汝澎、曹頌嘉禾、曹升六貞吉、謝千仞重輝、葉井叔封、顔修來光敏，幼華其一。

楊鍾羲《雪橋詩話》卷二

學餘堂文集·李渭清燕臺詩序　施閏章

山左舊游，舉進士能詩者，既有田子綸、曹升六、王仲威諸子，李子與即墨楊子六謙又同召至都下，不爲不遇。吾嘗校其文，拔最多士，今數來論詩，詩日有聞。蘇子瞻之告李方叔謂：『落其華而成其實，毋少得於中而務張其外。』間舉以語二子，忻然識之不忘。吾喜諸子之足張吾軍也。夫吾黨豈徒以詩雄邪？

施閏章《學餘堂文集》卷六

清稗類鈔·鑒賞類·王荆門藏四十七家法書　徐珂

諸城王荆門家藏有國初諸大名家墨迹一册，爲其鄉前輩李漁村徵君渭清故物。漁村舉康熙乙未宏博，文名震都下，一時知名之士，多與之游，因徵集各人法書成此卷。凡四十七人，人各一頁，或半頁，爲半頁者二，國初文獻，略具於此。其尤著者，如

王文簡、田山薑、朱竹垞、毛西河、陳其年、施愚山、曹升六、謝方山、湯文正、彭羨門、尤西堂、潘次耕，尤爲希世之珍也。

徐珂《清稗類鈔·鑒賞類·王荆門藏四十七家法書》

後記

書稿終於畫上了句號，歷時十餘年執着的念想，也可以有個交代了。從一念萌生，到所願成真，十餘年間，書稿的撰寫過程也是我學術成長的歷程。

世紀之交，地域文化研究方興未艾，我則因供職於濰坊學院，對北海（濰坊）文化頗爲關注，又因緣於碩士論文以納蘭詞爲研究主題，與納蘭并稱『京華三絶』的安丘詞人曹貞吉自然就進入了我的視野。二〇〇八年獲批省教育廳項目《山左詞人曹貞吉研究》，可稱是我研究曹氏的一個可資一記的開端。也因爲當時收集、閱讀曹氏作品的種種不便，我便萌生了整理出一部曹貞吉全集，并爲之作箋的想法，然苦於才疏學淺，衹能把這一念想暫存心底。

二〇〇九年，非常有幸忝列王志民老師門下，攻讀博士學位。其時正逢導師主持策劃『山東文化世家研究書系』的編撰，所選山東歷史上最具代表性的二十八個文化

家族，安丘曹氏正爲其一，因緣相契，我以曹貞吉家族爲博士論文的研究主題，同時撰寫完成了書系中的《明清安丘曹氏家族文化研究》一種。二〇一五年，『山東文化世家研究書系』獲山東省社科優秀成果獎特等獎。隨後，王志民老師主持『中國名門家風叢書』，選世家名門十一家，我則撰寫了其中的《安丘曹氏家風》一種。二〇一六年，該書系獲山東省社科優秀成果獎二等獎。二〇一七年，山東師範大學王勇老師主持齊魯優秀傳統文化傳承創新工程重點項目『齊魯家譜整理項目』，我應邀主持撰寫子課題《〈安丘曹氏族譜〉整理研究》。隨着對曹氏研究的逐步深入和漸次展開，輯成曹貞吉全集，并爲之箋注的念想也越來越强烈。

一念起萬水千山，七八年間，雖着力於對曹氏家族文化、家風、族譜的鉆研，但輯成曹貞吉全集并爲之作箋注的想法一直耿耿於懷，未嘗一日放弃，其間也從未停止對曹貞吉詩詞文作品的輯佚收集。隨着資料的日益豐富，曹貞吉全集日漸完備，箋注工作也由一開始的隨興選注變成對諸集的分批整理。有了前期的成果積累，二〇一七年《曹貞吉全集箋注》入選國家古籍整理出版專項經費資助項目，這一立項把完成曹貞吉全集箋注的執念變成了指日可待的有計劃可執行的現實課題。雖然拘於學識，限於精力，輯佚、校訂、箋注的過程步履維艱，但在師友們的鼓勵和支持下，終於完成是稿。